Deutsche Bilder

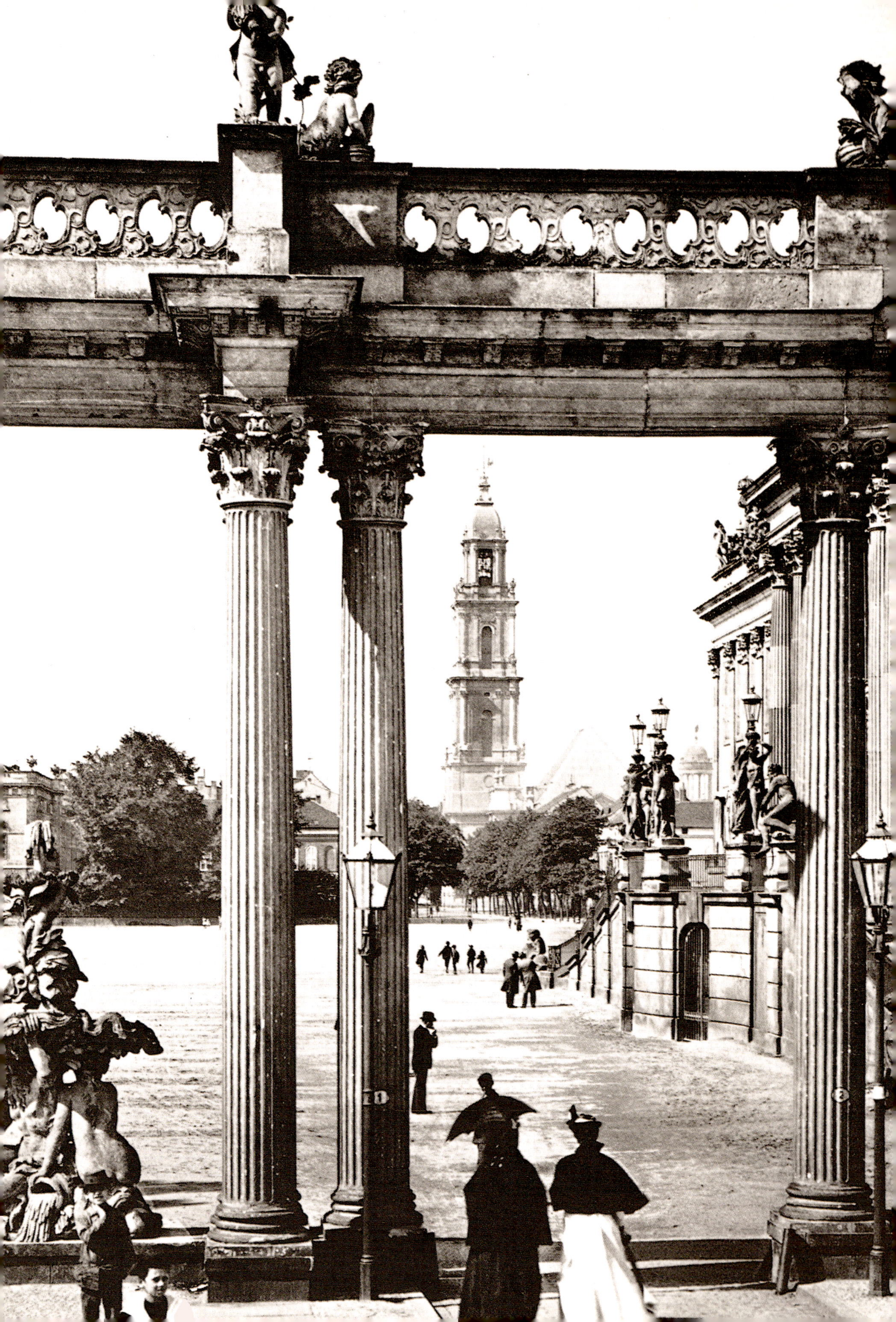

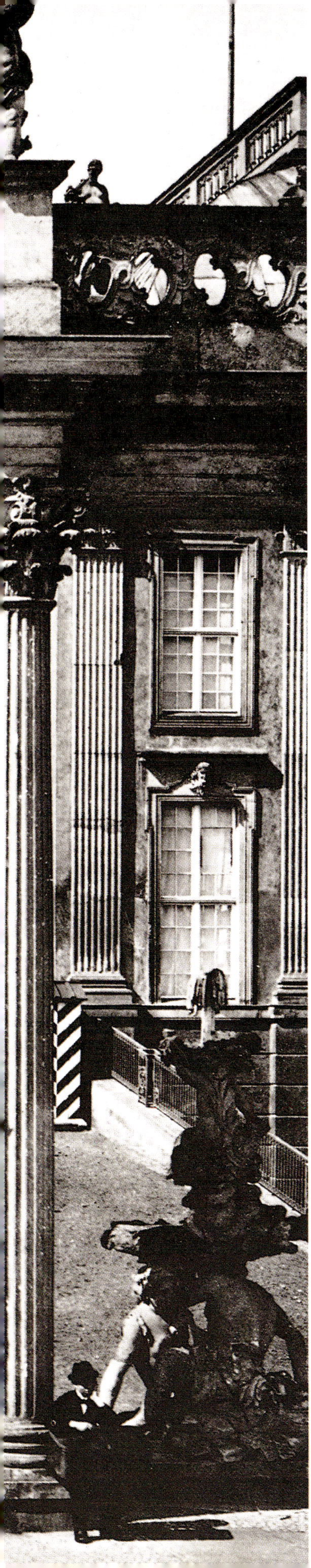

Bernd G. Längin

Deutsche Bilder

Städte, Landschaften und Menschen auf alten Fotos

Eine nostalgische Wanderung durch deutsche Landschaften jenseits politischer Grenzen

Potsdam,
das Stadtschloß mit den
Lustgartenkolonnaden
und Garnison Kirche.

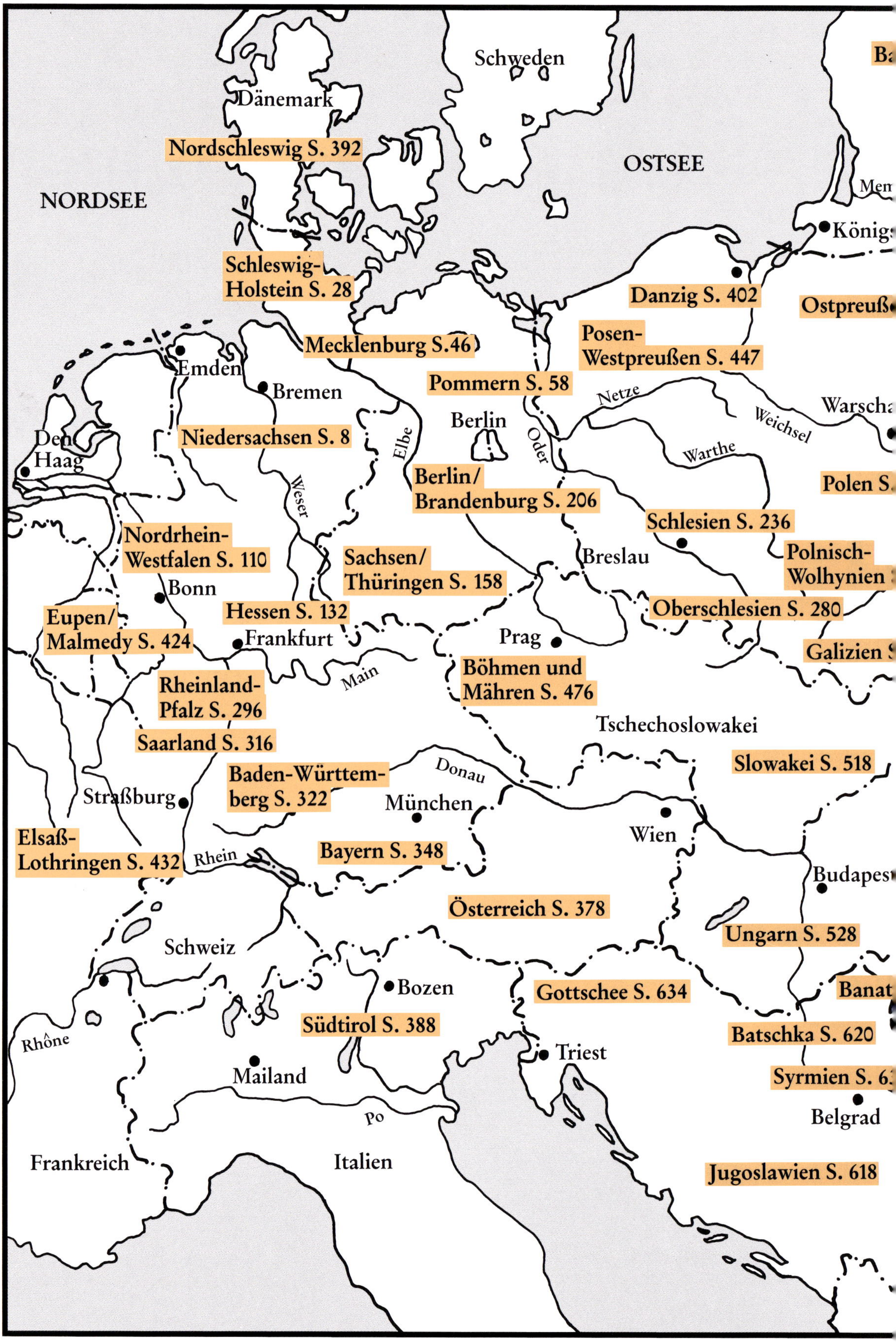

Schweden
Dänemark
Nordschleswig S. 392
OSTSEE
NORDSEE
Schleswig-
Holstein S. 28
Danzig S. 402
Ostpreuß
Mecklenburg S.46
Posen-
Westpreußen S. 447
Emden
Bremen
Pommern S. 58
Netze
Weichsel
Warscha
Den
Haag
Niedersachsen S. 8
Berlin
Oder
Elbe
Warthe
Weser
Berlin/
Brandenburg S. 206
Polen S.
Schlesien S. 236
Nordrhein-
Westfalen S. 110
Sachsen/
Thüringen S. 158
Breslau
Polnisch-
Wolhynien
Bonn
Hessen S. 132
Oberschlesien S. 280
Eupen/
Malmedy S. 424
Frankfurt
Prag
Galizien
Main
Rheinland-
Pfalz S. 296
Böhmen und
Mähren S. 476
Tschechoslowakei
Saarland S. 316
Slowakei S. 518
Baden-Württem-
berg S. 322
Donau
Straßburg
München
Wien
Elsaß-
Lothringen S. 432
Rhein
Bayern S. 348
Budapest
Österreich S. 378
Ungarn S. 528
Schweiz
Bozen
Gottschee S. 634
Banat
Südtirol S. 388
Batschka S. 620
Rhône
Triest
Mailand
Syrmien S. 6
Po
Belgrad
Frankreich
Italien
Jugoslawien S. 618

Inhaltsverzeichnis

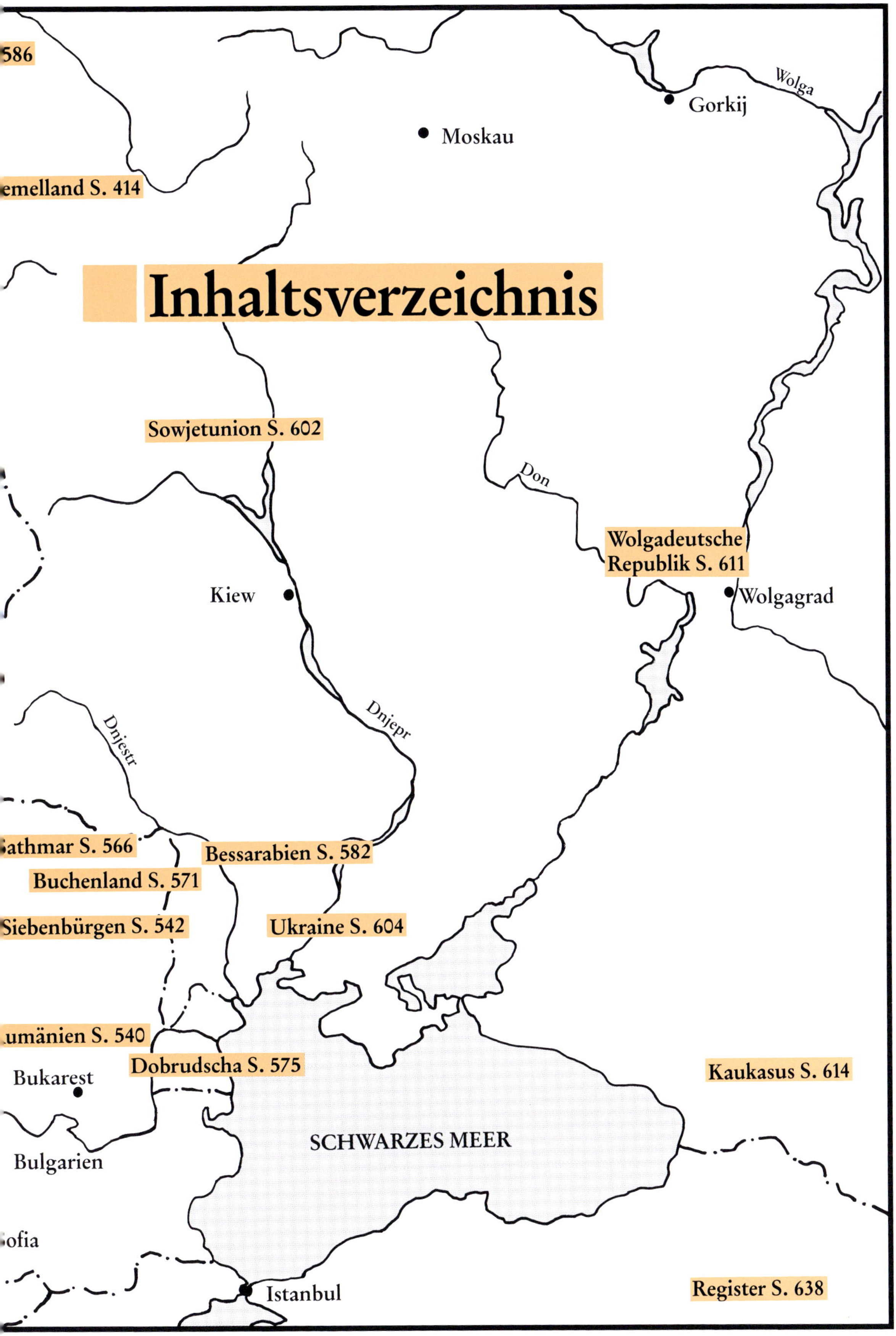

„Jedes Ansehen geht über in ein Betrachten,
jedes Betrachten in ein Sinnen,
jedes Sinnen in ein Verknüpfen."
Johann Wolfgang von Goethe

DEUTSCHE BILDER ... ein Titel, der zum Nachdenken zwingt. Auch dann noch, wenn DEUTSCHE BILDER - mit einem Stichtag im Jahre neunzehnhundertdreiunddreißig - ausschließlich für ein Buch der Erinnerung stehen, für einen Spaziergang durch die jüngste Vergangenheit, der an die Vergänglichkeit, aber auch an Erhaltenes, Bleibendes erinnert. Wenn DEUTSCHE BILDER darüber hinaus besonders politisch gesehen zu nichts verpflichten. Die Nachdenklichkeit bleibt, und am Hauptwort kann das nicht liegen. Es muß das Eigenschaftswort sein.

Das deutsche Schicksalsjahr 1933 ... Annahmeschluß gewissermaßen für die Bildredaktion dieses Buches. Damit für das, was drei Fotografengenerationen schwarz auf weiß festgehalten haben, als die Fotografie noch ein relativ junges Medium war. Anhand der Schlagzeilen der Presse nachzuvollziehen, ernennt Hindenburg Hitler zum Reichskanzler. Der deutsche Reichstag wird aufgelöst, Neuwahlen werden angesetzt. Heinrich Mann verläßt die preußische Akademie der Künste, das Reichstagsgebäude brennt. Bertolt Brecht verläßt Deutschland. Bruckners „Die Marquise von O." erfährt in Erfurt die Uraufführung. Deutschland verliert in diesem Jahr in Bologna ein Fußballänderspiel gegen Italien mit 1:2. Max Schmeling geht im Weltmeisterschafts-Ausscheidungskampf gegen Max Baer in New York durch k.o. unter ...

1933: Noch liegen Dresden und Leipzig in Deutschlands Mitte. Noch ist Deutschlands räumliche Einheit groß genug, um mit der Kamera ungestört auf Fontanes Spuren durch die Mark oder mit Eichendorff durch Schlesien zu wandern, mit Wiechert durch Ostpreußen oder mit Storm hinauf zur Waterkant. Und tatsächlich sind es erst ein paar Jahrzehnte her, daß sich der Österreicher in seinem Stammland noch fest im „deutschen Osten" wähnte.

Doch längst wohnt, wer deutsch spricht und denkt, wer für all das steht, was bei Freund und Feind als „typisch deutsch" gilt, nicht mehr unbedingt im Deutschland „zwischen Fels und Meer". Aus der langen Kette fruchtbarer Begegnungen mit den Nachbarvölkern, gewaltiger Auswanderungsbewegungen, aber auch aufgrund eines verlorenen Krieges gibt es weite Gebiete, in denen man seit Jahrhunderten „deutsch" war oder geblieben ist, ohne jetzt Teil des Staatsvolkes zu sein. Menschen, die Deutschland im Gegensatz zum Vaterland „Mutterland" nennen, die daher nicht selten mehrere Loyalitäten besitzen, sind es nun, die DEUTSCHE BILDER zu einem Titel, über den man nachdenkt, diesen Bildband zu weit mehr als einem Deutschland-Buch machen.

Und da es dabei einfach nicht am Substantiv liegen kann, muß es wohl ausschließlich das Eigenschaftswort sein.

Wir Deutschen haben es schon in der eigenen, unbestreitbar recht verzwickten Familie noch nie recht verstanden, deutsche Bilder gänzlich unbefangen zu sehen: Das Münchner Oktoberfest ist für den Bayer ein bayerisches Naturereignis, das „Häuslebaue" hat schwäbisches Gewicht, das Brandenburger Tor zeugt von Preußens Gloria, Aschback ist etwas für Pommern und Schlesische Himmelfahrt ein durch und durch schlesisches Gericht.

Doch was, wenn DEUTSCHE BILDER wie in der vorliegenden optischen Chronik (und damit politisch ungestützt) plötzlich nicht an Rhein und Oder, nicht einmal mehr an Maas und Memel enden? Wenn sie durch den Großteil Europas führen und trotzdem nicht in fremde Welten? Die „deutsche" Kirchenburg in Siebenbürgen, die „deutsche" Siedlung an der Wolga, das Denkmal in Bozen oder die Straße von Memel nach Nimmersatt? Deutsche Stationen und Szenen somit in räumlichen und geistigen Zusammenhängen, wie sie in einer längst aufgebrochenen Welt nicht mehr bestehen. Aufnahmen, die provozieren können, weil sie einmal alt, daneben hin und wieder nur schwer ohne ein politisches Schicksal zu sehen sind.

Es ist das Eigenschaftswort, das deutsch in DEUTSCHE BILDER, das - wenn auch ohne Pathos, Aggression und Vorurteil - in der Konzeption dieses Buches so grenzüberschreitend wirkt, daß der moderne Mensch damit zum Nachdenken angeregt werden könnte.

Trotzdem scheint es wieder genügend Gründe dafür zu geben, DEUTSCHE BILDER wie im vorliegenden Band an sich vorüberziehen zu lassen, auf bescheidenere Art nachzuerleben, was häufig überholt, längst vergangen oder verloren ist und doch Geschichte blieb. Gerade heute. Spricht man doch wieder von einer werdenden Einheit Europas, geprägt von der Vielfalt der Völker und Volksgruppen. Von einem Europa, in dem Minderheiten ein Bindeglied werden könnten, wo sie einst zum Zankapfel wurden. Ein Europa, in dem deutsche Bilder, Aufnahmen, die weit über Deutschland hinausreichen, vom Eigenschaftswort her in keiner Weise mehr provozieren könnten. So entstehen plötzlich auch Bilder gerade über das historische Bild hinaus. Dadurch erhält der vorliegende Band eine zusätzliche Legitimation.

DEUTSCHE BILDER, wie sie einmal selbstverständlich waren. Deutsch für ganze Landschaften auch außerhalb des Kernlandes, für Bauwerke, in erster Linie aber für Menschen, die bei aller partikulären Färbung im Einzelfall einen in sich zusammenhängenden Kulturkreis bildeten. Für eine Volksgruppe, die sich - ganz gleich ob in München, Breslau oder Hermannstadt - in Sprache, Brauchtum, Liedern, Sagen und Scherzen eine Eigenart erhalten hatte, die Walther von der Vogelweide einmal als „deutsche Zucht" bezeichnete. Für etwas, was wir Heutigen auf gut neudeutsch mit einem deutschen „Way of Life" umschreiben würden.

Man muß nur hinsehen, um das zu erkennen. Das allerdings muß man.

Bernd Längin

Alphabetisches Inhaltsverzeichnis

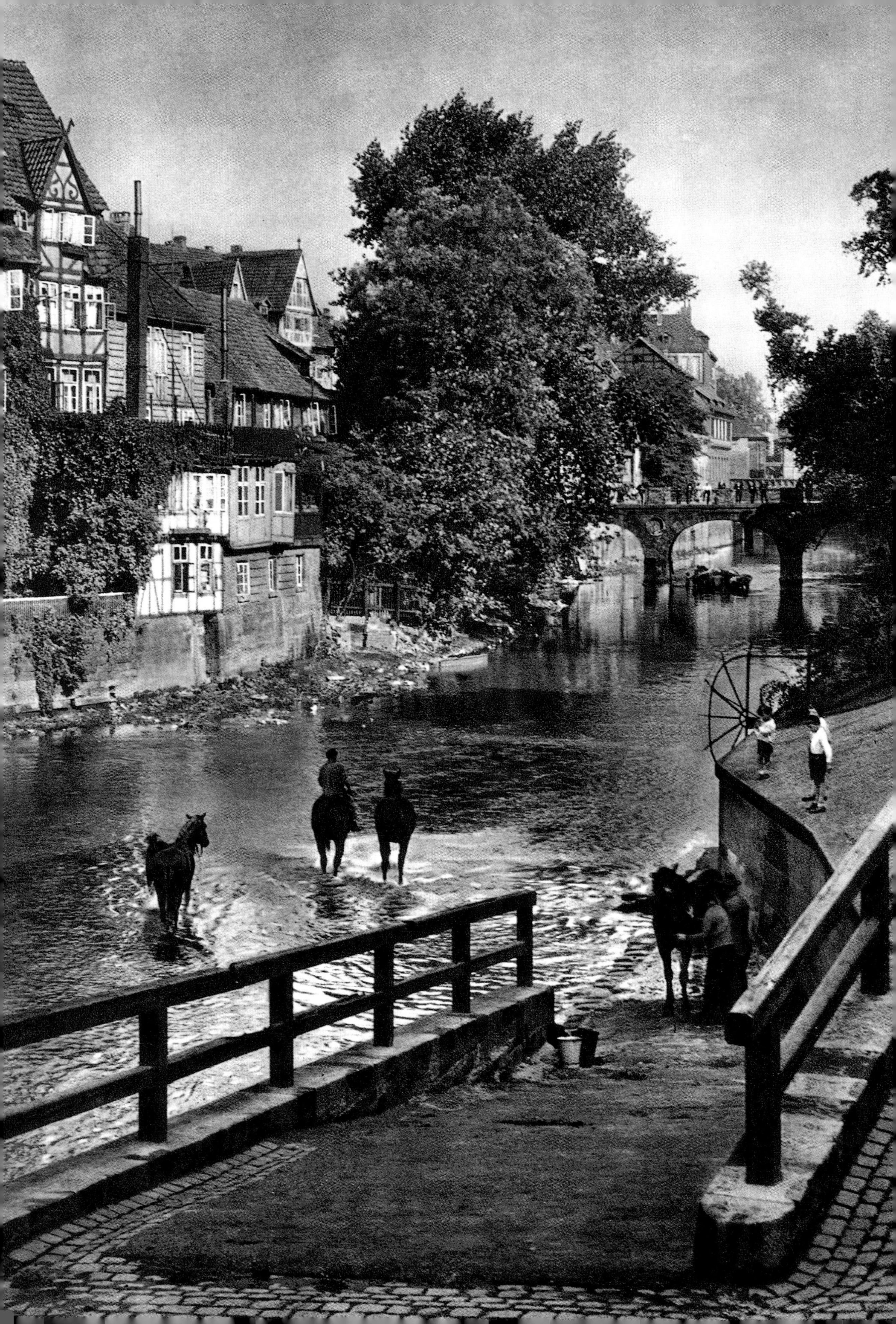

Zeittafel

9 n. Chr. Römer scheitern beim Versuch, den Bereich der Germania bis zur Niederelbe auszudehnen,

300 Landnahme der Sachsen,

783 Niederlage der Sachsen gegen die Franken bei Osnabrück,

787 Bremen Bischofssitz,

852 Errichtung des Hildesheimer Doms,

956 Lüneburg wird Salinenstadt,

1035 Bremen erhält Marktrecht,

1056 Papst Viktor II. in Goslar,

1150 Hannover als vicus Hanovere erstmals erwähnt,

1358 Bremen tritt Hanse bei,

1648 Teilfriede von Osnabrück,

1683 Emden Hauptstützpunkt der Flotte des Großen Kurfürsten,

1714 Kurfürst Georg Ludwig von Hannover besteigt englischen Thron, bis 1837 Personalunion Hannovers mit Großbritannien,

1814 Gebietszuwachs und Königreich Hannover,

1866 Hannover kämpft im Preußisch-Deutschen Krieg auf der Seite Österreichs, nach dessen Niederlage von Preußen annektiert,

1871 Bremen als 24. Bundesstaat beim Deutschen Reich.

Hannover: an der Leine-Insel. Die Großstadt im Grünen im historischen sächsischen Stammesgebiet hat sich aus einer alten germanischen Siedlung am „Hohen Ufer" der Leine – auf dem Gebiet der späteren Altstadt – entwickelt. Hannover wurde im 17. Jh. zur Residenzstadt erhoben und sollte unter Kurfürst Ernst August seine große kulturelle Blüte erleben.

Im plattdeutschen Tiefland zwischen Ems und Elbe

Ausgerechnet ein Pfarrer aus dem Schweizer Emmental ist es gewesen, der 1823 kriegslüsternen Königen einen Landstrich zwischen Aller, unterer Weser und Elbe als geeigneten Tummelplatz für ihre Untugenden empfahl. Der literarisch talentierte Jeremias Gotthelf schrieb damals: „Immer ärmlicher und dürftiger wurde das Land, nur Sand, Heidekraut, kleine Fichtensträucher begegneten dem suchenden Auge; Dörfer, auch nur einzelne Häuser waren nirgends zu erblicken. Hier in dieser Wüste wäre Raum für die streitsüchtigen Könige ... nicht mehr in den fruchtbaren Feldern und Wiesen ihres Staates, sondern in der Lüneburger Heide sollen sie den Kampf ausfechten und keiner gezwungen sein, in demselben sein Leben einzusetzen ...".

Es bedurfte ein paar Jahrzehnte später tatsächlich eines Hermann Löns, eines Westpreußen, um hier rechtzeitig vermittelnd einzugreifen, das heißt die Lüneburger Heide zu dem zu machen, was sie tatsächlich ist, nämlich eine Naturlandschaft von ganz besonderem Reiz. Zugegeben, die gewaltigen Wälder, die einst die Heide bedeckten, um dann in den Salinen Lüneburgs verheizt zu werden, waren endgültig Heidekraut und Wacholder gewichen. Daran war auch für den auf Jagd-, Spuk-, Tier- und Waldgeschichten spezialisierten Löns nichts zu ändern. Doch „auf der Lüneburger Heide, in dem wunderschönen Land" sollte Löns trotzdem noch 1000 verschiedene Gesichter entdecken, vom düsteren Totengrund bis zum emsigen Imker.

Es bleibt bis heute zweifelhaft, ob die als „sturmfest und erdverwachsen" bekannten Niedersachsen – deren echtes Wesen sich schon früh in den Hansestädten Bremen, Hamburg und Lübeck spiegelte – übermütiges Kriegsgeplänkel in ihrer Mitte gerade so geduldet hätten. Hatte doch selbst der glanzvollste unter den niedersächsischen Großen, Heinrich der Löwe, so manche Fehde lieber im Slawenland ausgetragen als zuhause. Niedersachsen kämpften Britanniens Kolonialkriege in Amerika oder hielten Gibraltar gegen Napoleon. Niedersächsische Bauernmissionare standen in Südafrika ihren Mann, das stolze Bremen hielt sich an die Losung „Zieht auf das Meer hinaus zu neuen kühnen Taten, gleichet im Sturmgebraus den alten Hanseaten". In Amerika gab es einmal 80 Gemeinden mit dem Namen Hannover und 22 Braunschweigs, Kanadas älteste „deutsche" Stadt hieß Lüneburg, Revals Wehrtürme „de Bremer" und „Kiek in de Kök". Man sieht bereits daran, daß das Land zwischen Nordsee, Holland, Teutoburger Wald, Harz und Elbe seinen Menschen selbst zu eng geworden war.

Niedersachsen und andere haben Löns sein Eintreten für die Heide – für Niedersachsen selbst – übrigens nicht vergessen. Das Grab des Heidedichters bei Fallingbostel ist alljährlich das Ziel einiger Tausend Verehrer. Der Lützelflüher Pastor Jeremias Gotthilf dagegen ist in Niedersachsen heute so gut wie unbekannt.

Niedersachsen: **Carl Friedrich Gauß, Mathematiker, Hannah Arendt, Soziologin, Wilhelm Busch, Dichter, Till Eulenspiegel, Volksnarr, August Iffland, Schauspieler, Adolf Freiherr von Knigge, Schriftsteller, Theo Lingen, Schauspieler, Auguste Wilhelmine Amalie Luise, Königin, Erich Maria Remarque, Schrift-**

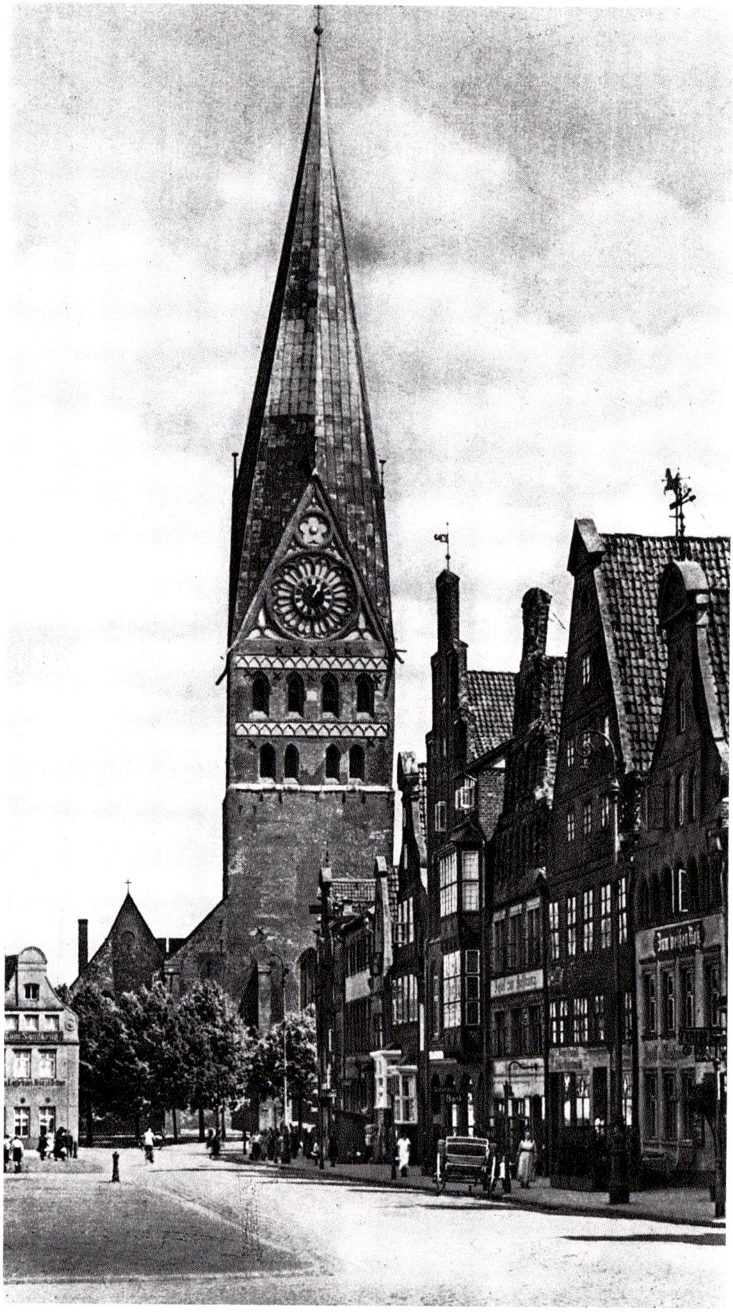

Lüneburg: „Am Sand". Die Stadt in der Heide, am Rande der Elbniederung, einst einflußreiches Mitglied der Hanse, war früh durch ergiebige Salzquellen zu Wohlstand gekommen. Kirchen, Rathaus und viele Bürgerhäuser aus der Zeit zwischen dem 14. und 16. Jh. konnten sich um den langgestreckten, reizvollen Marktplatz „Am Sand" erhalten, der zu den schönsten deutschen Stadtplätzen zählt. Als Zeugnis vom frühen Wohlstand des Bürgertums gilt die mächtige fünfschiffige Hallenkirche St. Johannis aus dem 13./14. Jh.

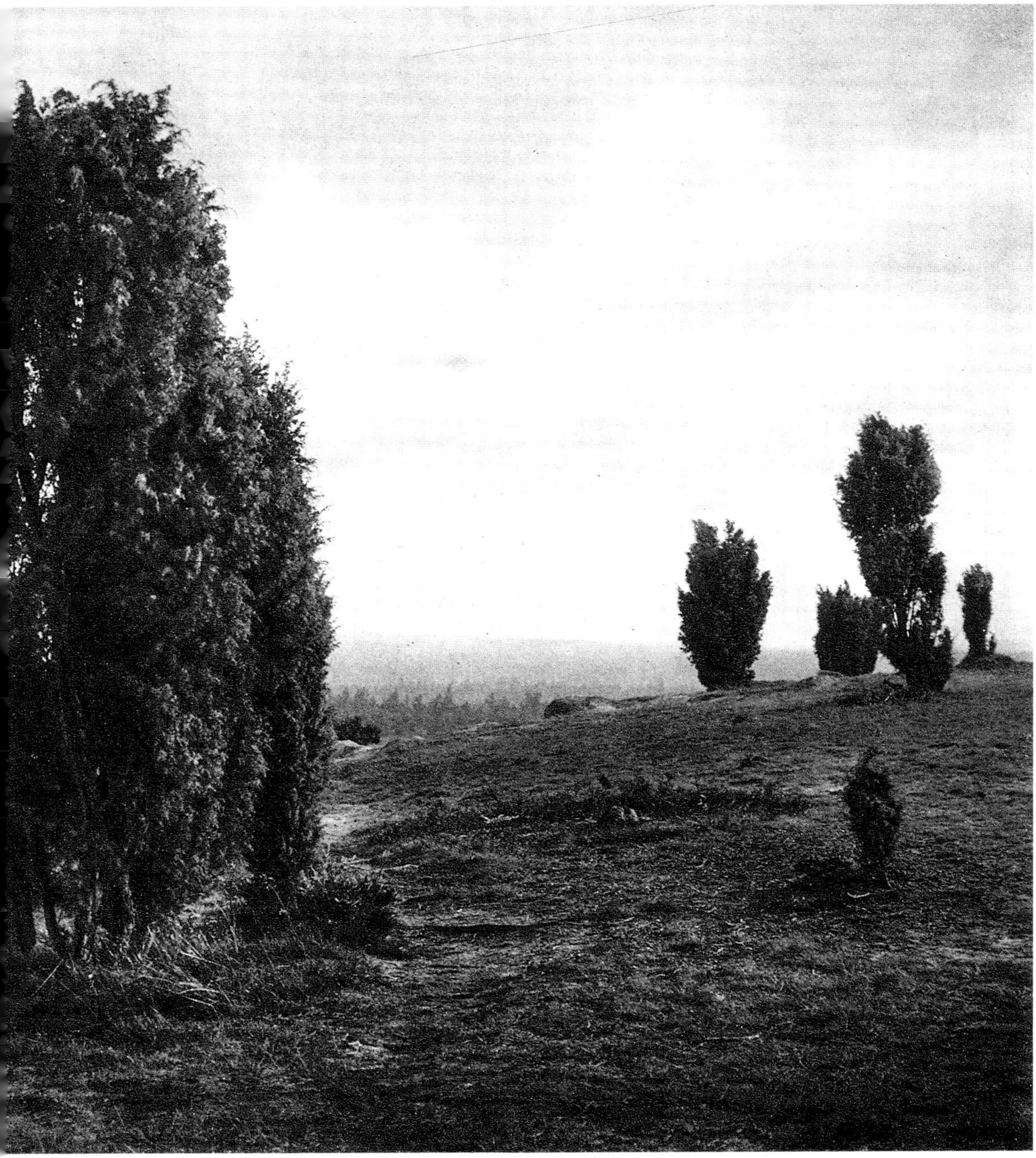

Lüneburger Heide: der „Totengrund". Herman Löns machte die vierzigtausend Quadratkilometer große Heide zwischen Hamburg und Hannover mit seinen Liedern bekannt, Theodor Storm beschrieb ihre herbe Romantik. Raubbau war an der Wiege der Heide gestanden, die Friedrich Engels einmal die Norddeutsche Sahara nennen sollte. Nachdem die Wälder hier in den Salinen von Lüneburg verheizt worden waren, blieb für die Lüneburger nicht viel mehr als eine trockene, wenig fruchtbare Fläche zurück, die zu den ödesten Gegenden Deutschland zählte. Die reizvollsten Heidelandschaften liegen um Wilsede, darunter der viel besuchte Totengrund. – Heidekräuter sind es übrigens, die die Grundlage zu einem scharfen lokalen Branntwein stellen, den die einen Ratzeputz, die Einheimischen aber „Halb Teufel – halb Satan" nennen.

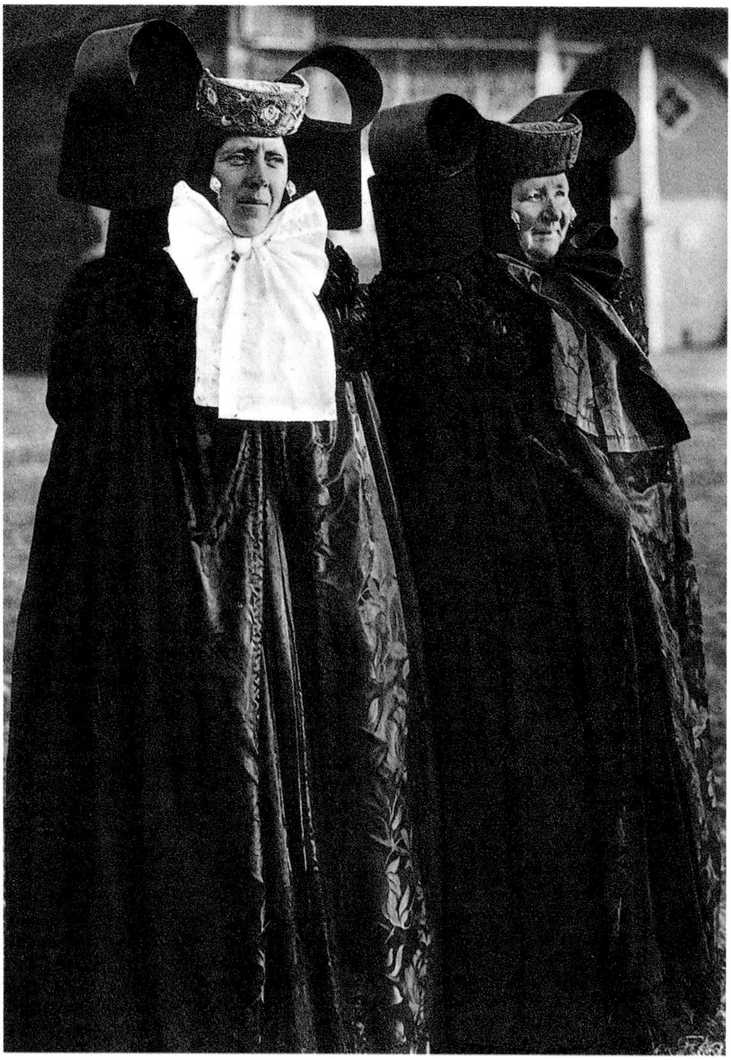

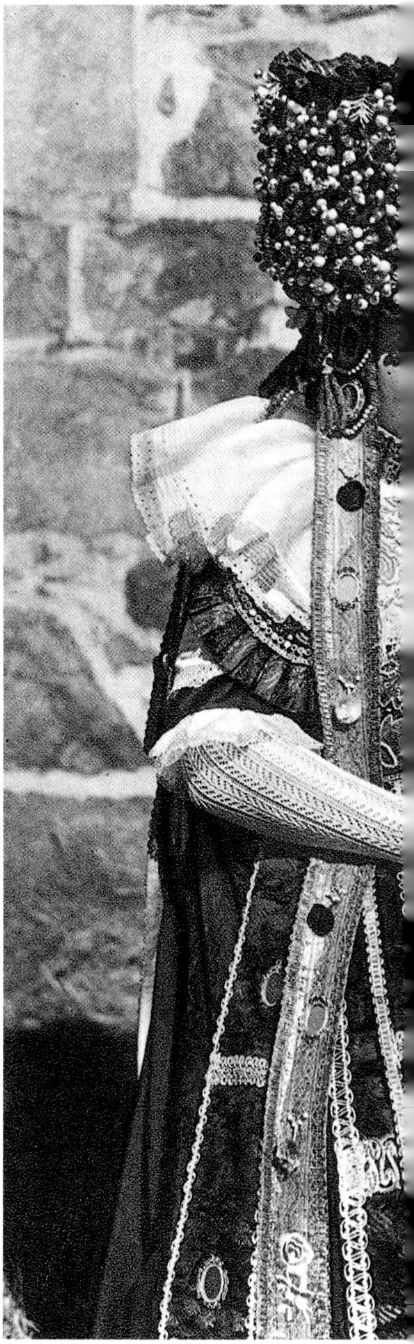

Im Bückeburger Land: Großbäuerinnen im großen Radmantel. Die auffälligen Bückeburger Trachten – am häufigsten Produkte des 19. Jh., waren weithin bekannt. Als besonders reizvoll galt der warm gefütterte seidene Radmantel, der von den Großbäuerinnen des alten Fürstentums Schaumburg-Lippe während des Winters getragen wurde. Rätselhaft sollte allerdings die Herkunft der niedrigen, mit Gold und Perlen bestickten Flügelhauben bleiben.

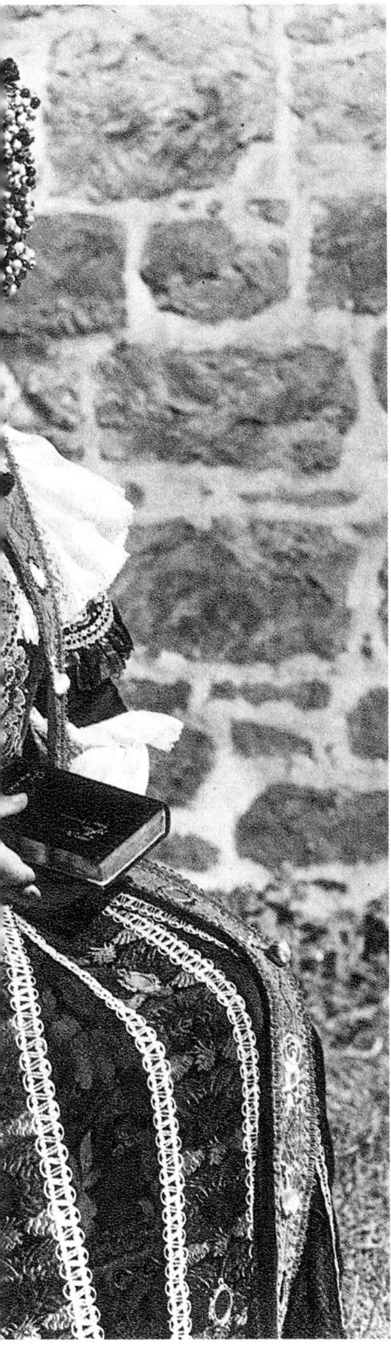

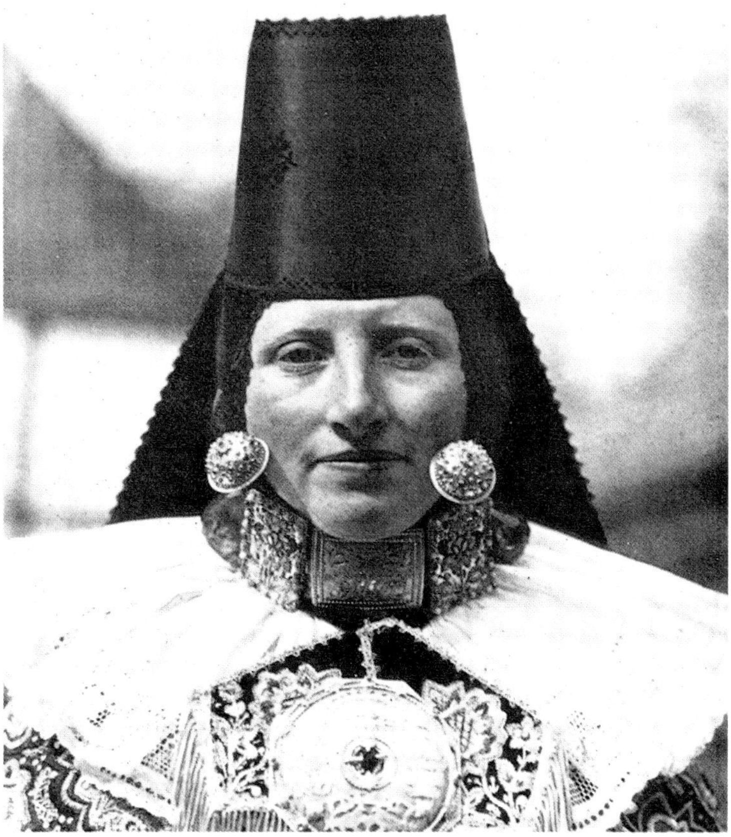

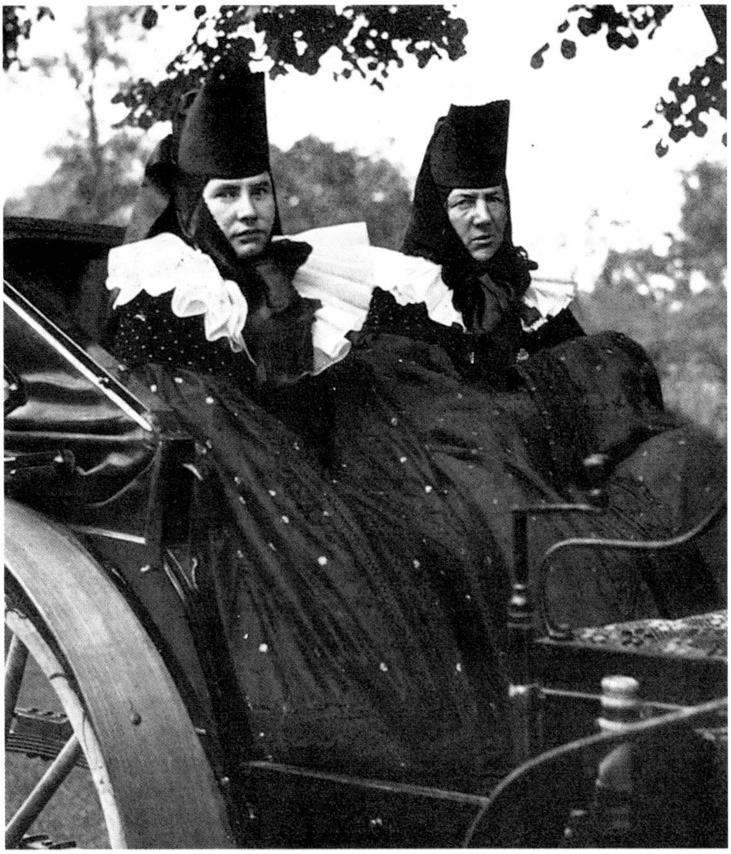

Braut aus Probsthagen/Kreis Schaumburg-Lippe in der Lindhorster Tracht (oben) – Bäuerin in der Festtracht mit reich gesticktem Schultertuch und weißen Spitzenkragen (oben rechts) – Lindhorster Bäuerinnen aus Schaumburg-Lippe im dunklen, getupften Radmantel und weißen Radkragen auf dem Weg zur Kirche.

Osnabrück: das Rathaus an der westlichen Schmalseite des Marktes. Die alte niedersächsische Bischofs- und Hansestadt im Hasetal, umrahmt von Wiehengebirge und Teutoburger Wald, ist eng mit dem Namen Karl des Großen verbunden. Von hier aus betrieb er die Christianisierung, in Osnabrücks Umland soll der Kaiser seinen Widersacher Widukind besiegt und bekehrt haben. Im Friedenssaal des 1487–1512 erbauten Rathauses wurde 1648 der Teilfriede zwischen den protestantischen Reichsständen, dem Kaiser und den Schweden als Beendigung des Dreißigjährigen Krieges ausgehandelt.

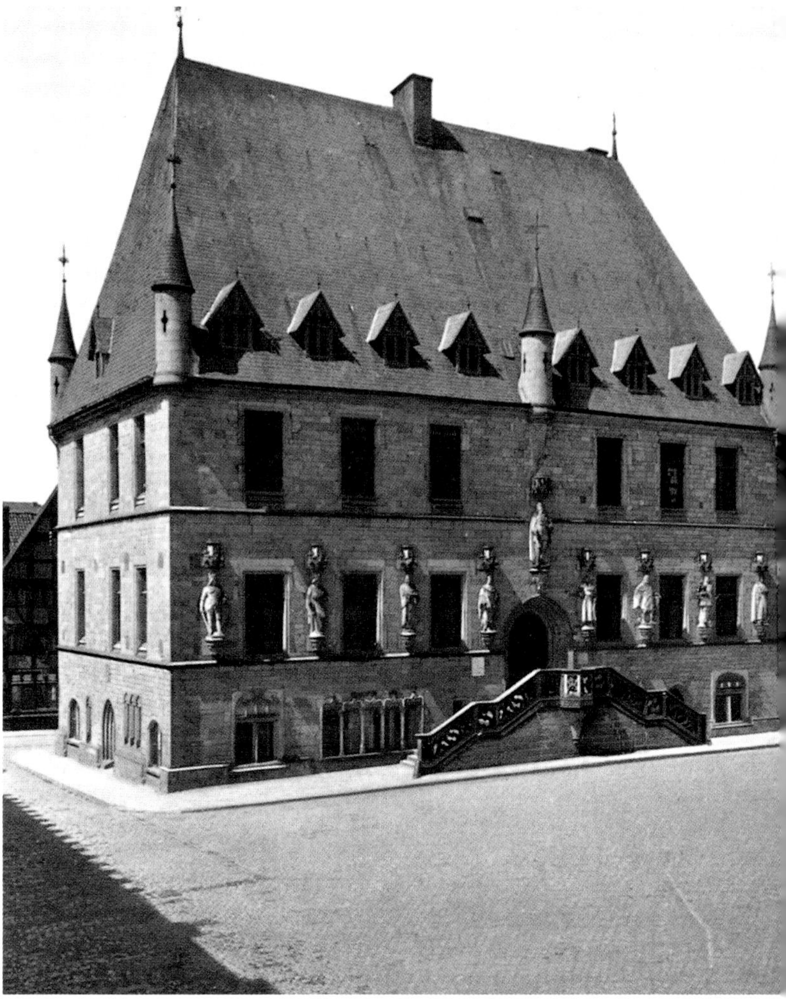

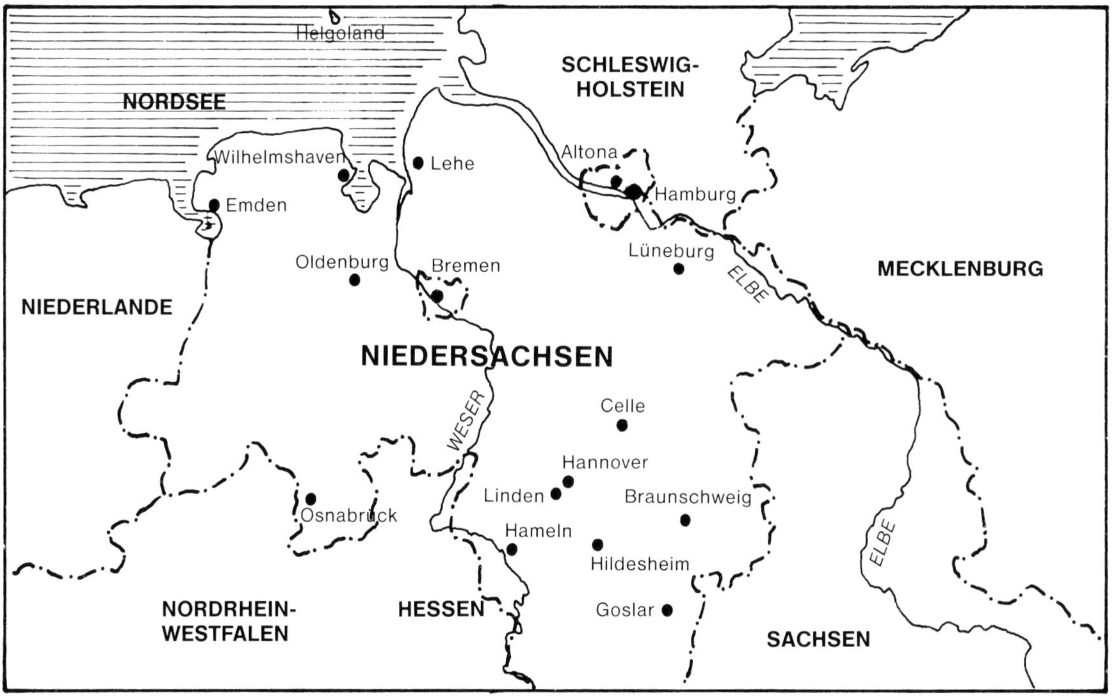

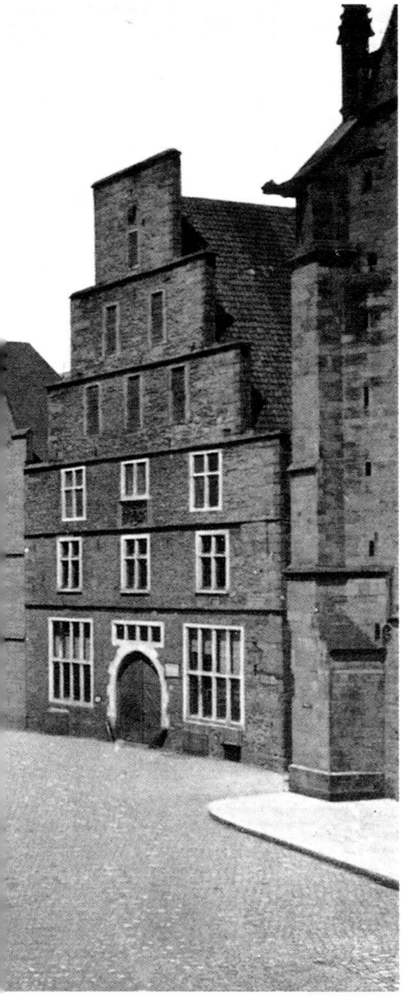

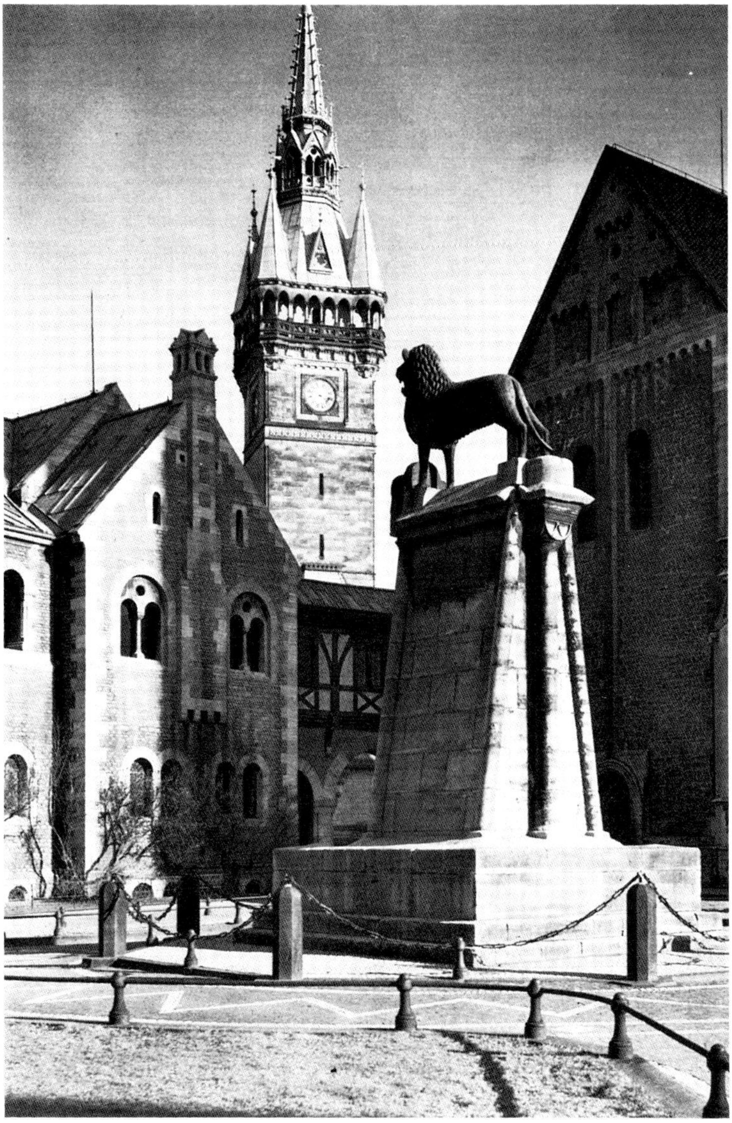

Braunschweig: Bronzestandbild des Braunschweiger Löwen auf dem Burgplatz. Der aus Erz gegossene Braunschweiger Löwe – Heinrich der Löwe hatte ihn 1166 als Zeichen seiner Macht aufgestellt – ist das Wahrzeichen der Welfenstadt im Norden des Harzvorlandes, gleichzeitig das älteste Beispiel einer freistehenden Denkmalsplastik in Deutschland. Braunschweig an der Ocker zählt zu den ältesten Städten Deutschlands: bereits um 860 wird an dieser Stelle eine Burg genannt, 1031 dann ein Dorf Bruneswiek. Gehörte hier die Löwensäule in das Programm jedes Touristen, blieben lokale Erzeugnisse wie die legendäre Biermarke „Braunschweiger Mumme und Salvateröl", Pfefferkuchen und Schlackwurst selten unversucht.

's Awends, wenn 'k to Bedde gaae,
Legg 'k mie in Marieens Schaut (Schoß),
Marie is mien Mooder,
Johannes is mien Brooder,
Jesus is mien Gleidesmann,
De mien'n Weg woh wysen kann.
Waar ick ligg un waar ick staan,
Folgt mie veertein Engel na:
Twee to mienem Koppe,
Twee to mienen Föten,
Twee to miener rechten Syt,
Twee to miener linken Syt,
Twee, de mie decket,
Twee, de mie wecket,
Un twee, de mie 'n Weg tom Hemmel wyst.

Hildesheim: das Tempelhaus (links) und das Wedekindsche Haus am Markt – Das spätgotische Rathaus.
Die alte Bischofsstadt im Vorland des Harzes war durch die Kirchenbauten des Bischofs Bernward (993–1022) und seiner Nachfolger einst Zentrum der frühromanischen Kunst im alten Reich. Das Tempelhaus am Markt aus dem 14. und 15. Jh., mit seinem prächtigen Renaissanceerker von 1592, hatte seinen Namen von einer Synagoge in der Nähe erhalten. Hildesheims Rathaus – hier vor der Erneuerung – ist ein Werk der Spätgotik. –
In Hildesheim fand der hl. Godehard seine letzte Ruhestätte.

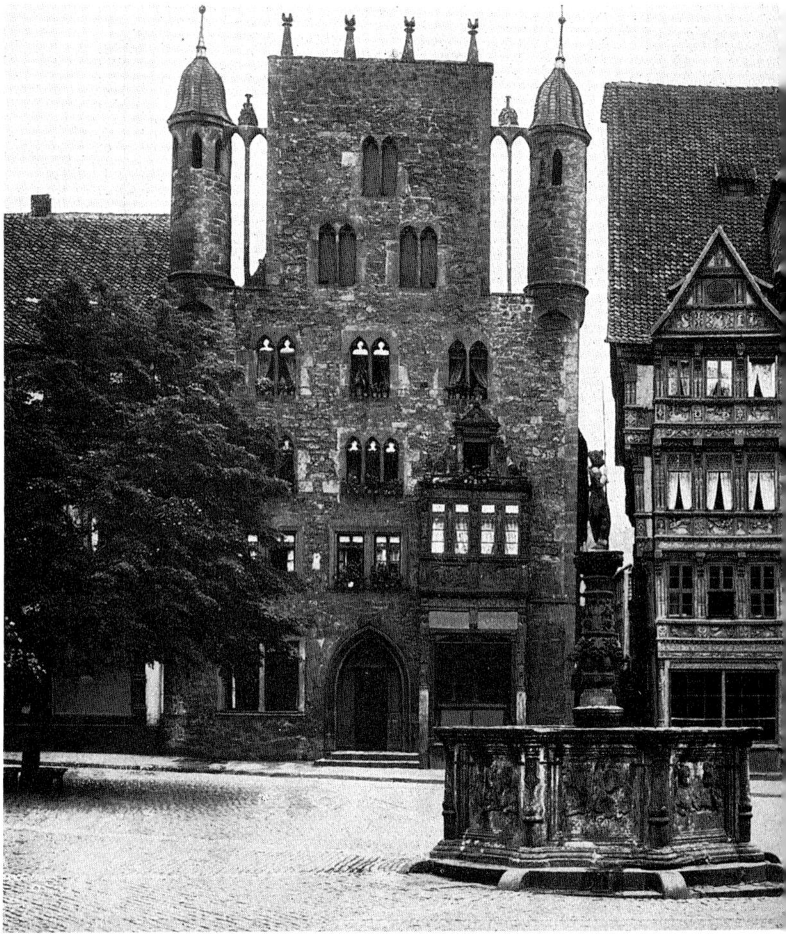

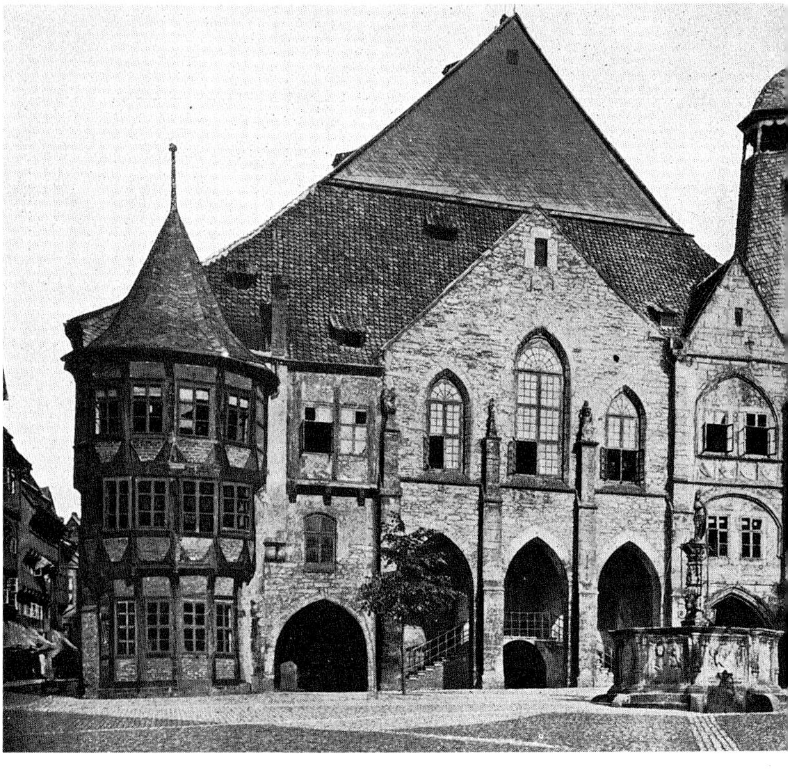

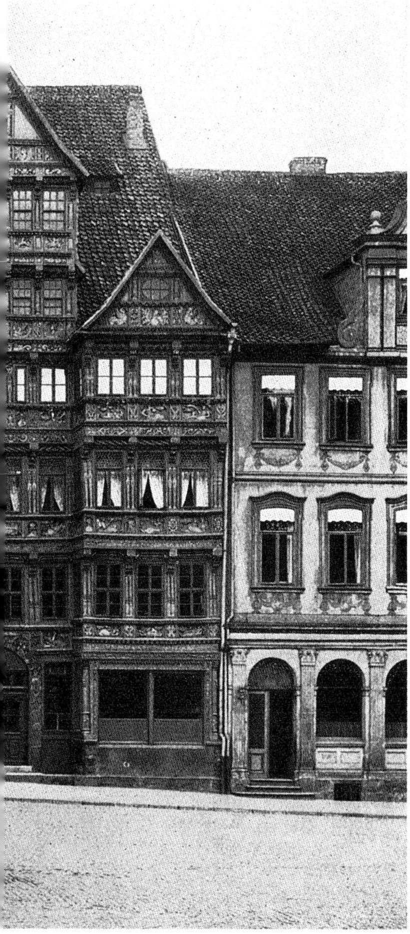

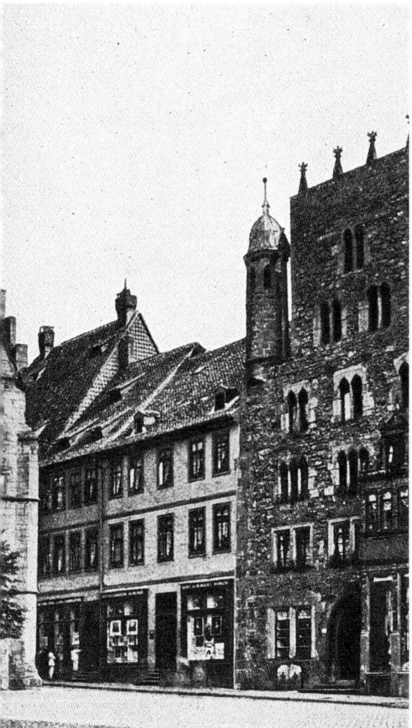

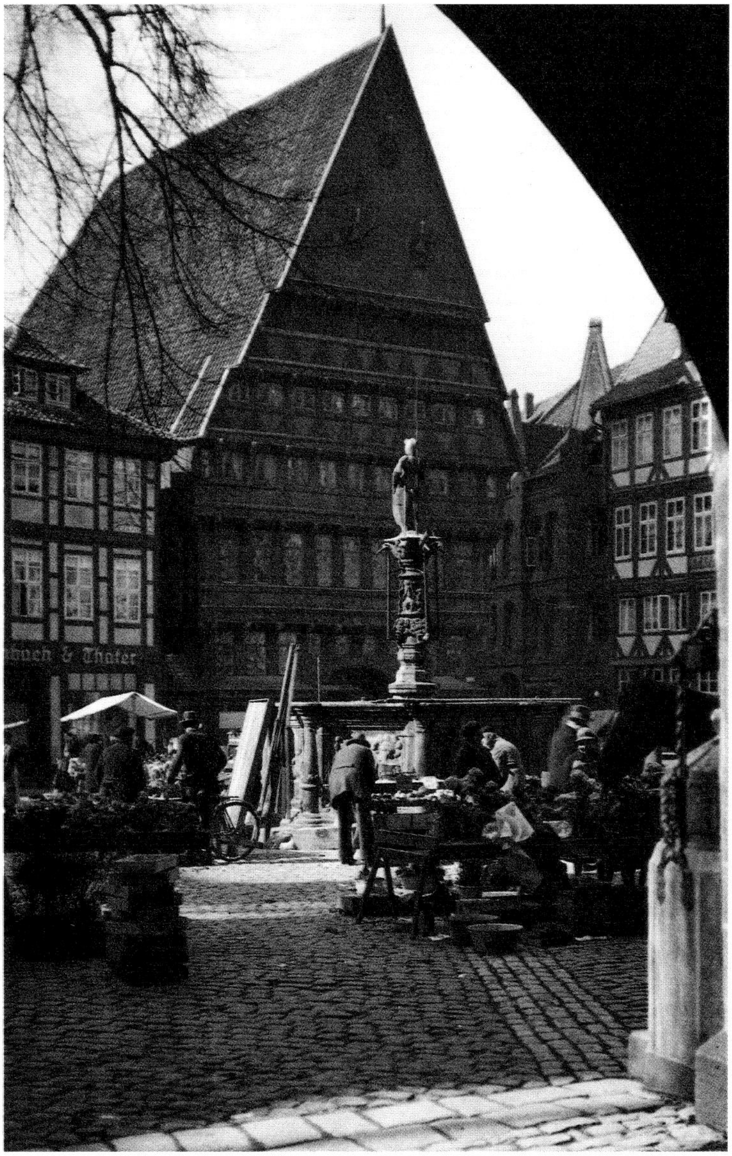

Das Knochenhauer-Amtshaus zu Hildesheim, ein uraltes Wahrzeichen des Ständegedankens. Die Hildesheimer Handwerkskunst, gepaart mit dem Wohlstand der Bürgerschaft, schlug sich einst in zahlreichen Profanbauten nieder. Darunter besonders bedeutend und bekannt das Knochenhauer-Amtshaus von 1529, das einmal als „schönstes Holzhaus der Welt" angesehen wurde.

Goslar an der Gose: der Marktplatz mit „Kaiserworth" (links) und Rathaus – Das Musikkorps des Realgymnasiums und Gymnasiums Goslar.
Seit dem Jahre 922 hatte sich die Marktsiedlung am nördlichen Steilabhang des Harzes kräftig entwickelt. Dank dem Silberbergbau im nahen Rammelsberg erblühte sie schließlich zur Kaiser – und Reichsstadt, in der zahlreiche Reichstage abgehalten wurden. Goslars Reichtum sollte in der deutschen Geschichte eine große Rolle spielen. Friedrich Barbarossa und Heinrich der Löwe stritten sich um seine Geldquellen, was die staufische Italienpolitik schwer erschütterte und zum Bruch zwischen Kaiser und Herzog, Staufern und Welfen führte. Als bedeutendes Ereignis in der Stadtgeschichte gilt der Besuch Papst Viktors II. bei Heinrich III. im Jahre 1056. Goslars Rathaus am altertümlichen Marktplatz ist ein Bauwerk des 15. und 16. Jh., das Kaiserworth (1494) war das ehemalige Gildehaus der Gewandschneider, später neben dem „Weißen Roß" und dem „Römischen Kaiser" Goslars bekanntestes Gasthaus.

Auf der Suche nach einer Verbindung seiner Zeit zum Heiligen Römischen Reich Deutscher Nation eröffnete Kaiser Wilhelm I. 1871 im Kaiserstuhl des Goslaer Doms den ersten Reichstag des Deutschen Reiches.

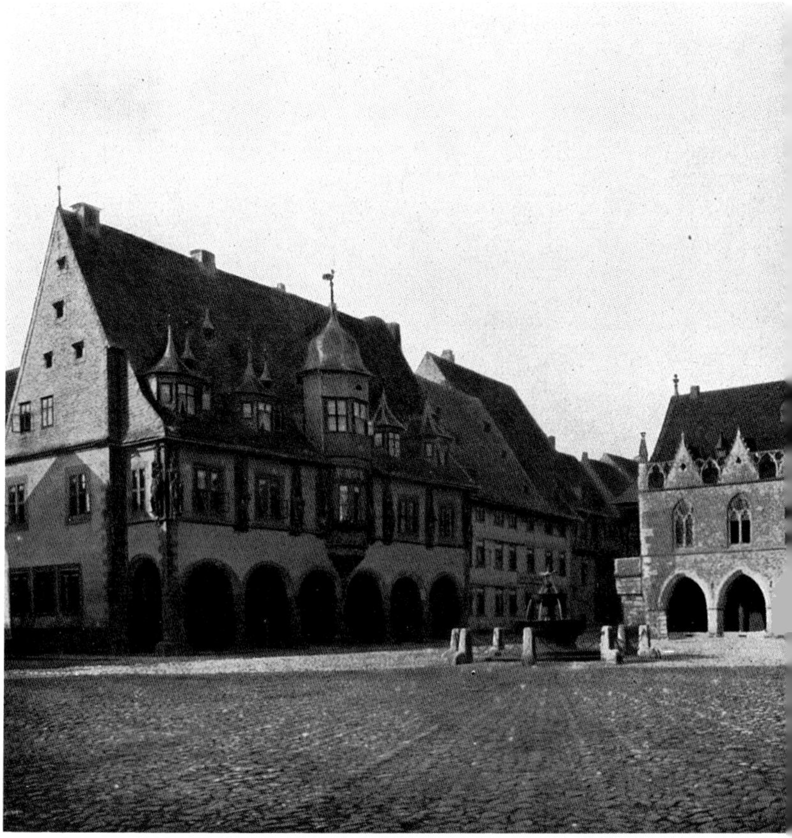

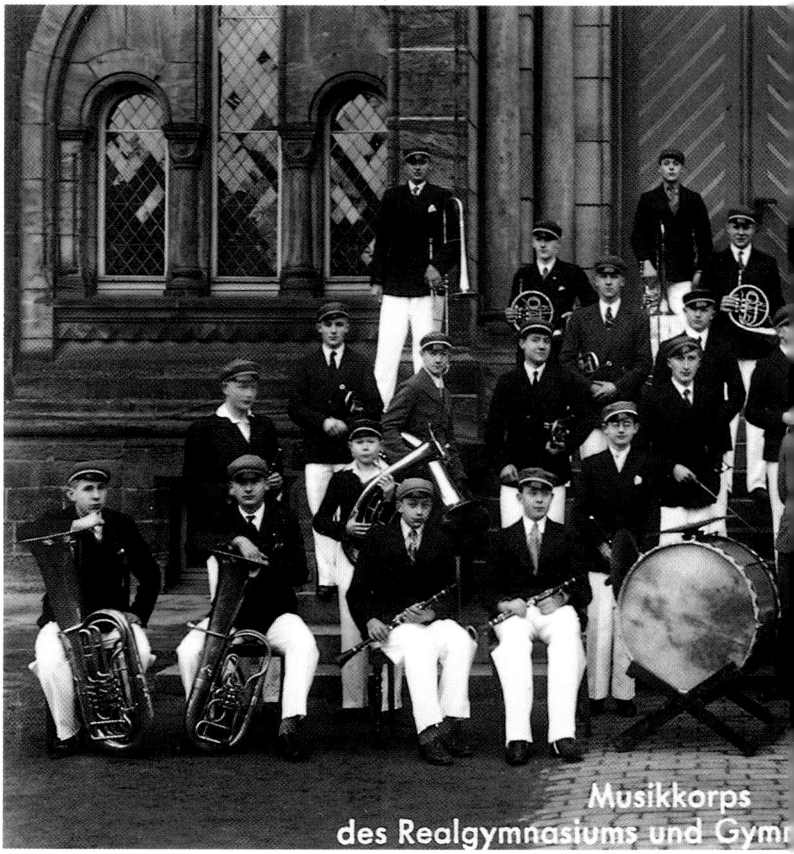

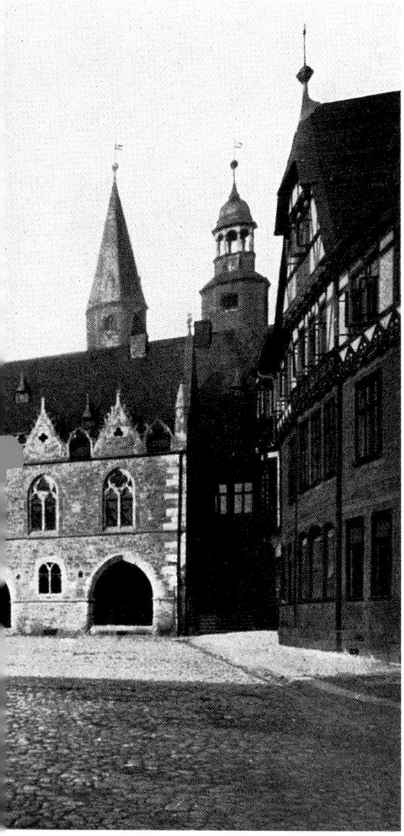

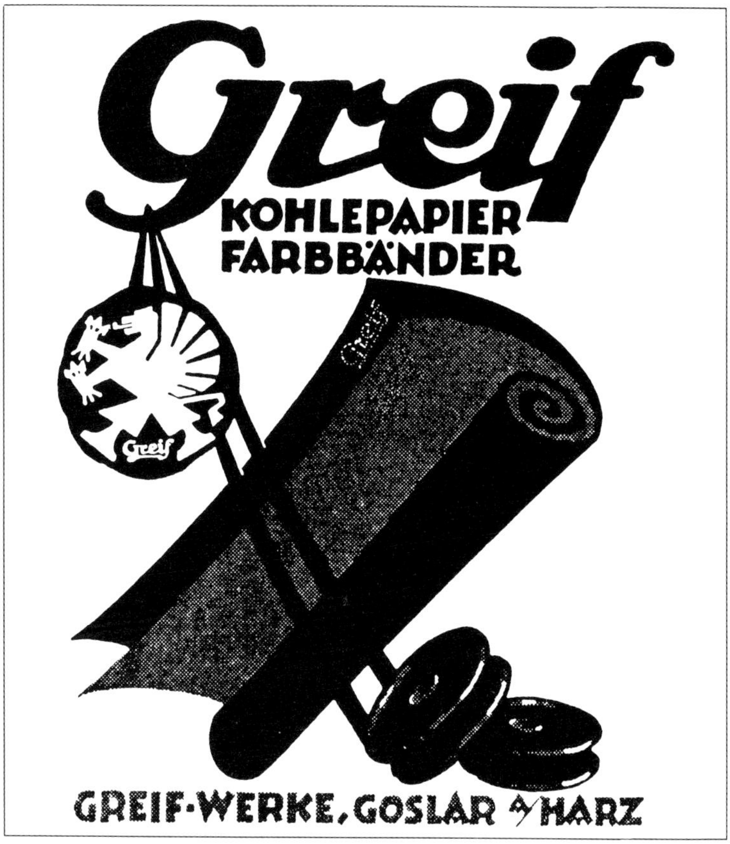

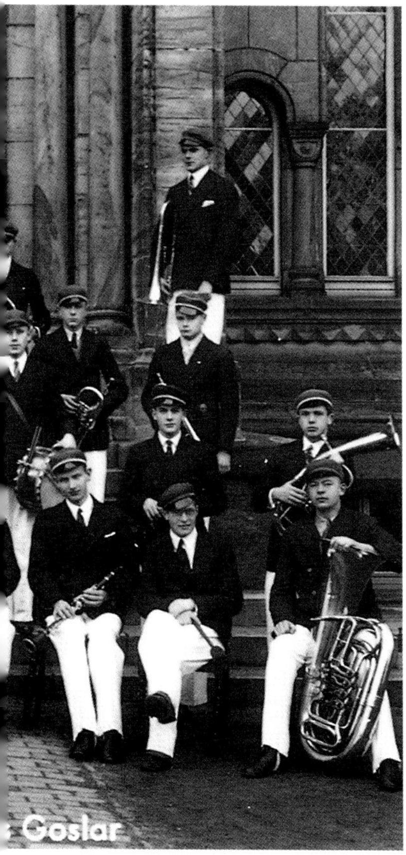

Plattdütsch

Mag männigeen ok hissen
Un schelln up use Platt,
Ick hebb et leew van Harten,
Ick luster mi nich satt.

Et klingt so leew un prächtig,
As hör ick Moders Stimm',
As hör ick summen un brummen
In brune Heide de Imm'.

As wenn an't Mär de Bulgen
Mit Macht an't Oewer slaht,
Still där den Abendfräden
De Abendklocken gaht.

En weeke Hand ganß lisen
Mi strakelt äwer't Hart,
As wenn ick nur vergäten
Schull all min Leed un Smart.

Mag männigeen ok hissen,
Man to! Wat schad't denn datt?
Gott ward noch lang erholen
Us' olet leewet Platt!

Georg Theilmann, Oldenburg.

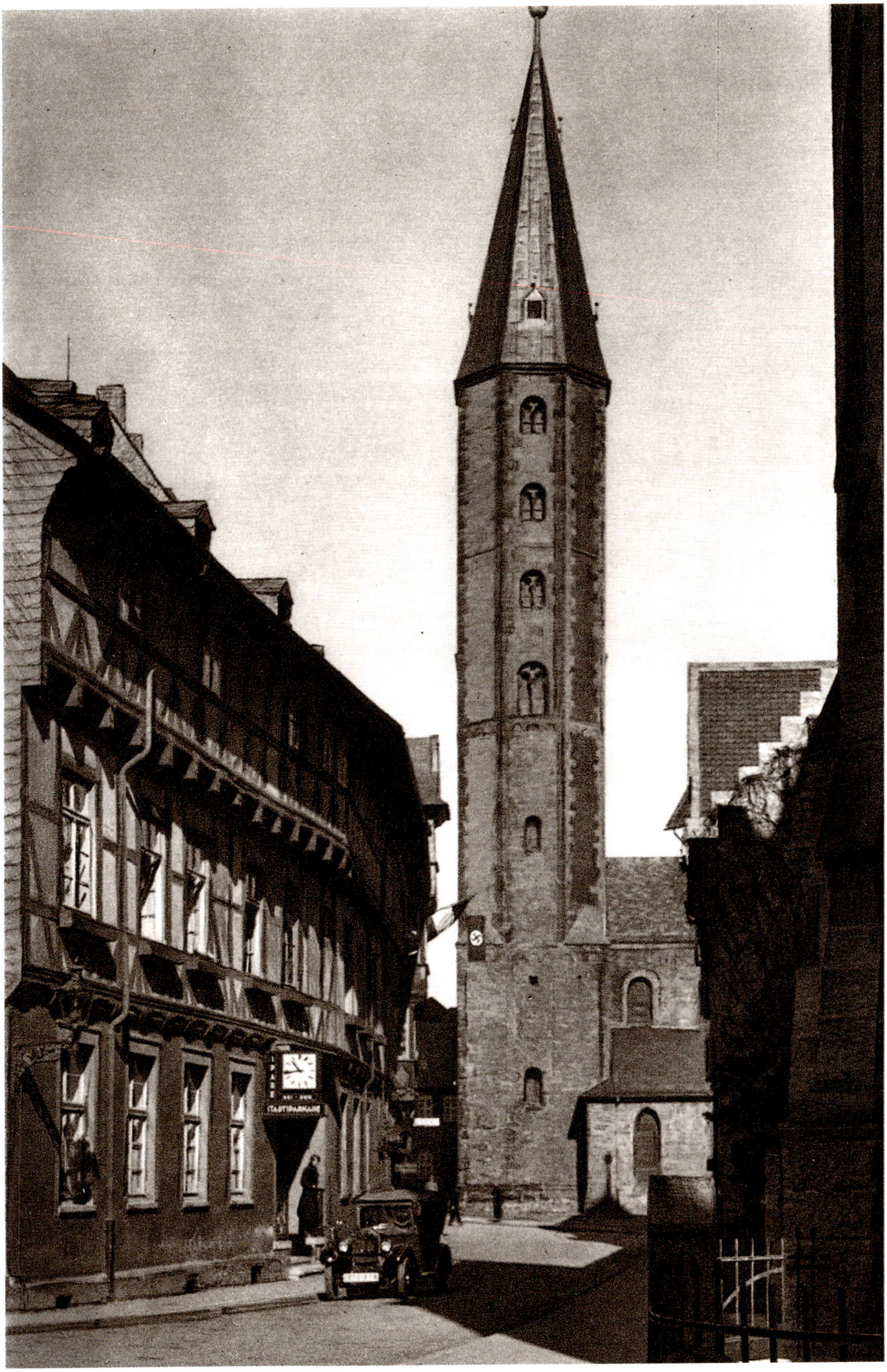

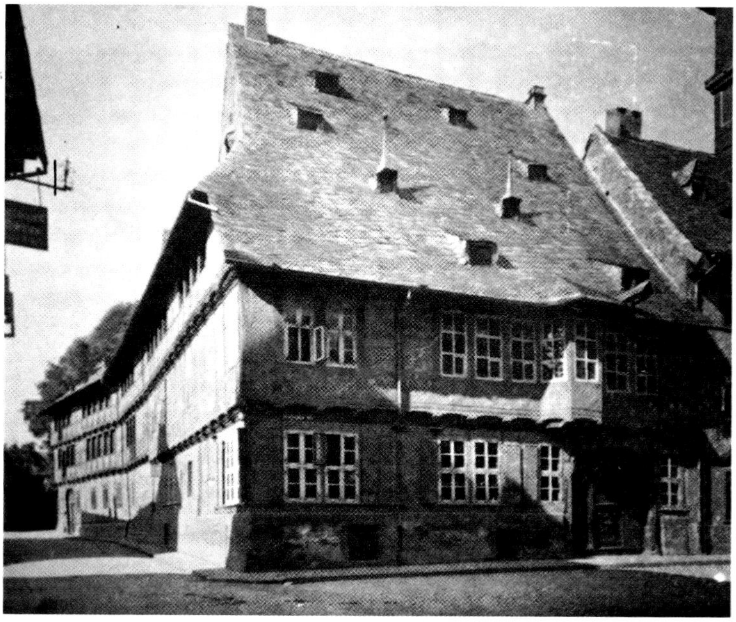

Goslar: die spätromanische Marktkirche (links), eine der vier Pfarrkirchen der Stadt. – Werner von Siemens, der Gründer des späteren Weltunternehmes Siemens-AG und das Stammhaus der Familie Siemens in Goslar.

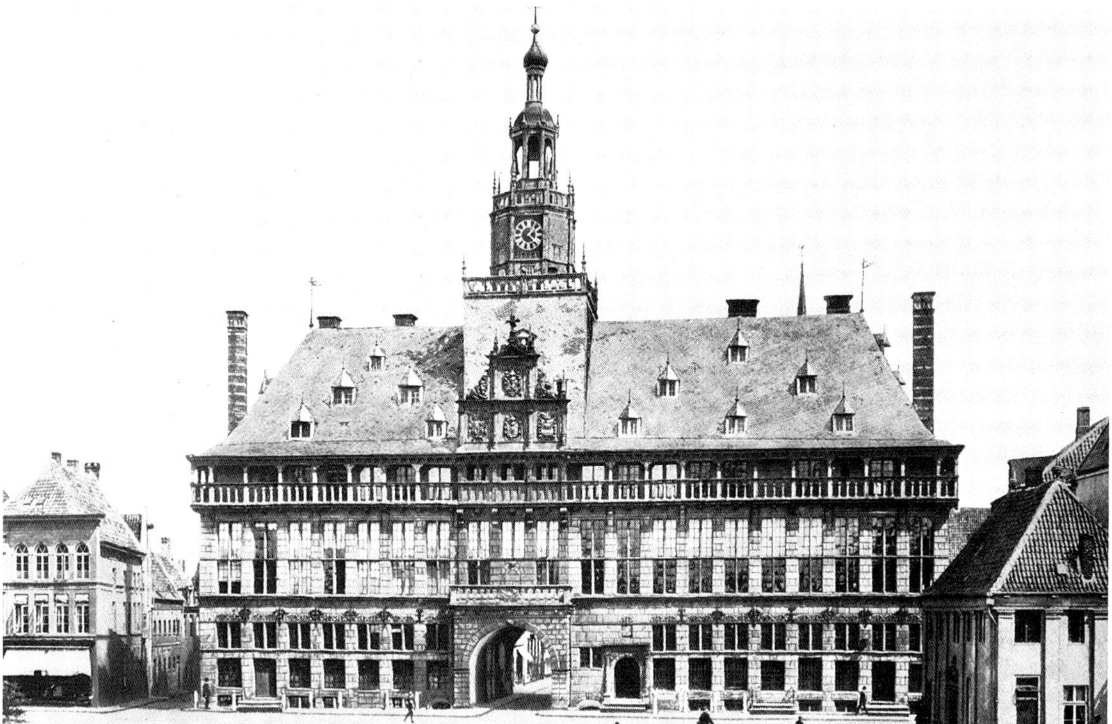

Emden: das Renaissance-Rathaus am Ratsdelft. Die größte Stadt Ostfrieslands hatte einen der bedeutendsten Häfen Europas, bis die Ems ihr Bett verlagerte, was die Anlagen für längere Zeit unbrauchbar machte. Emdens Blütezeit begann mit regen Handelsbeziehungen mit Skandinavien, England und den Niederlanden im 16. Jh. Während ihres Freiheitskrieges gegen Spanien suchten dann zahlreiche niederländische Flüchtlinge Zuflucht in der Stadt, was ihr zu einem weiteren wirtschaftlichen Aufschwung verhalf.
In Emdens Rathaus, neben dem Casino, der Großen Kirche und dem Hafen eine touristische Attraktion, befindet sich eine einzigartige Rüstkammer mit Waffen aus dem 16.-19. Jh.

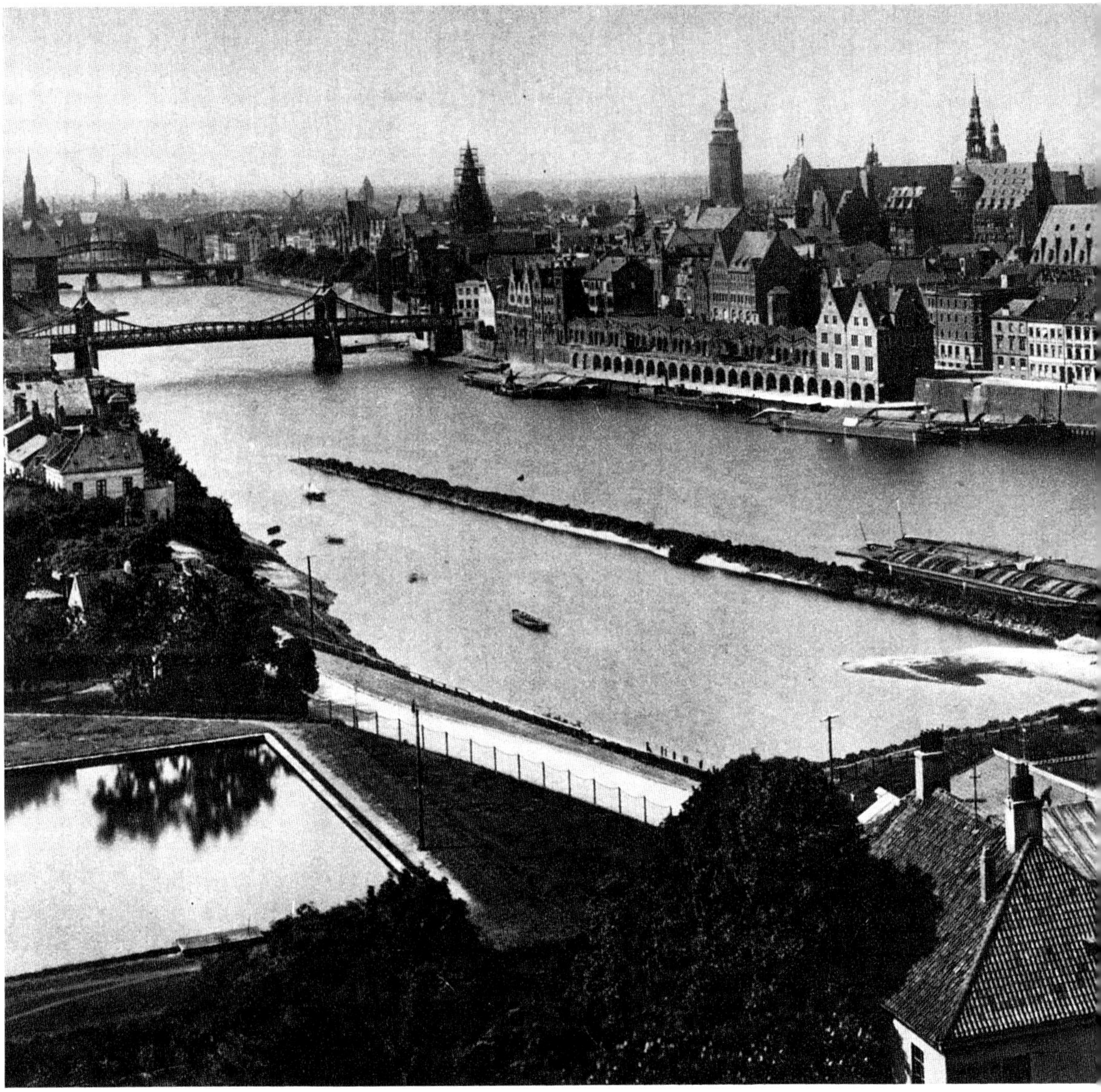

In Middernagt, tor twolften Stund,
Maakt Roland to Neejahr syn Rund
As ooler Bremer Grootpapa,
Un gloofst du wyt em, is he da.
He weet, wo Barthel synen Most
Herhoolt un wat de Staat uns kost.
He wunschet dy, myn sötet Kind,
En frohet Neejahr, drum geschwind
Giv my de Hand un Druck un Kuß,
So'n zuckersöten Hochgenuß,
Dat is em löwer as 'ne Ode
Un leere Singsang na de Mode.

Bremen, Eingangstor des Nordens – Die Rolandstatue aus dem Jahre 1404 vor dem Rathaus.
Der reckenhafte, 5,4 m hohe Landsknecht mit dem erhobenen Schwert wachte einst als Sinnbild der hohen Marktfreiheit und des Königsbannes über die Käx, den öffentlichen Pranger. Bremen – schon unter Karl dem Großen Bischofssitz, freie Reichsstadt ab 1646 – galt als Deutschlands „Schlüssel zum Reich" und „Schlüssel zur Welt". Von Bremen aus unternahmen die Friesen 1048 die erste deutsche Nordpolfahrt, 1147 schifften sich hier Ritter und

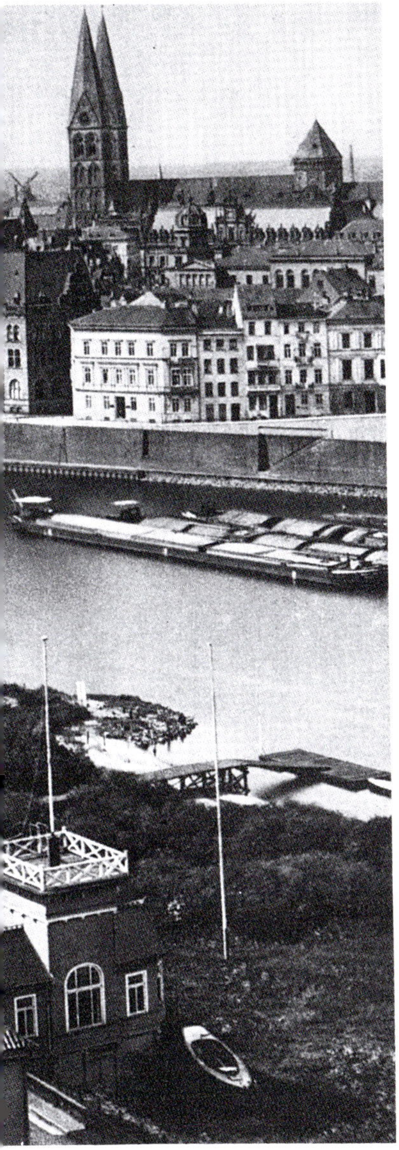

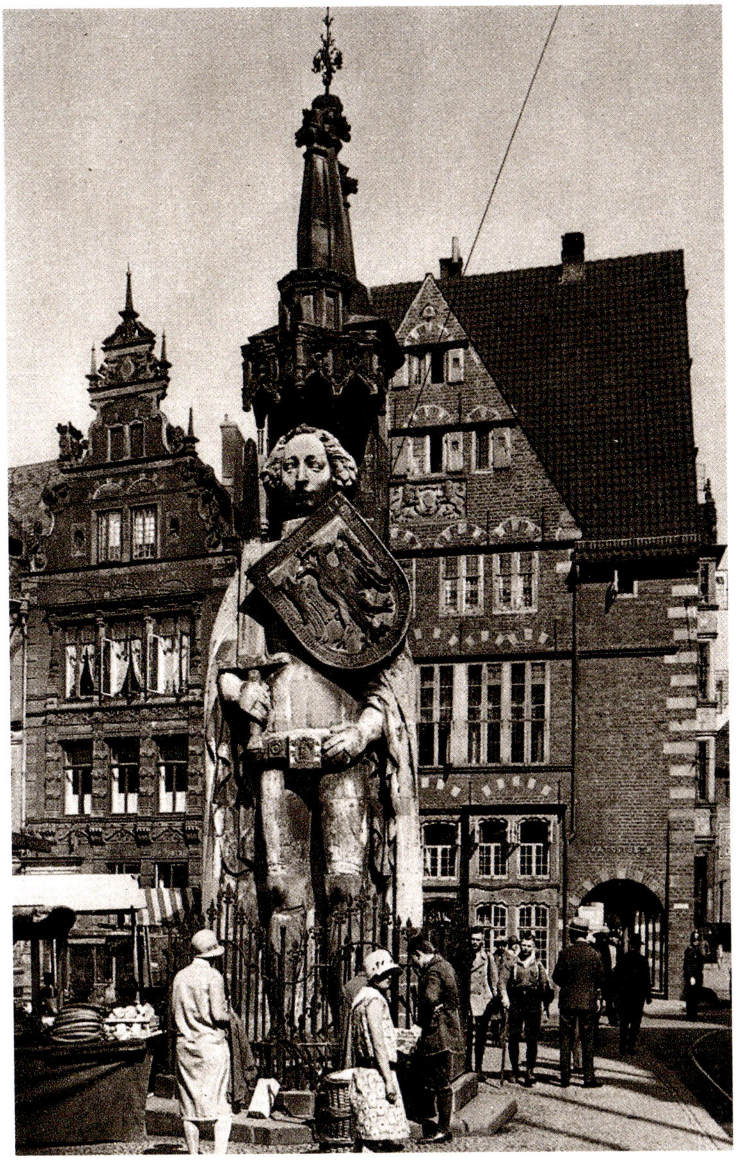

Pilger zu ihrem zweiten Kreuzzug ein, 1782 segelte die „Präsident von Bremen" nach Kanton, die „Asia" nach Bombay. 1840 fuhren zwischen Bremen und Nordamerika 1122 Schiffe, davon 842 unter bremischer Flagge. Bremens Flotte hatte einst sechsmal soviel Register-Tonnen wie die Handelschiffe ganz Frankreichs zusammen ... und sie war es, die den Bremer Kaufmann zur Tauschhand Deutschlands machte.

Bremen (folgende Seiten): das gotische, 1595 im Stil der Weserrenaissance erbaute Rathaus mit seinen prächtigen Laubengängen, daneben der schiefe Turm der Pfarrkirche Unserer Lieben Frauen als eines der Wahrzeichen der Stadt. –
Der Rathaussaal, der in der Umbauperiode im 17. Jh. seine Renaissanceform erhielt, die ihn zu einem der vornehmsten Festsäle Deutschlands machte. Unter dem Gebäude der berühmte Weinkeller, wo im Faß die „Rose" blüht und die „Zwölf Apostel" geheimnisvolle Tafelrunden halten.

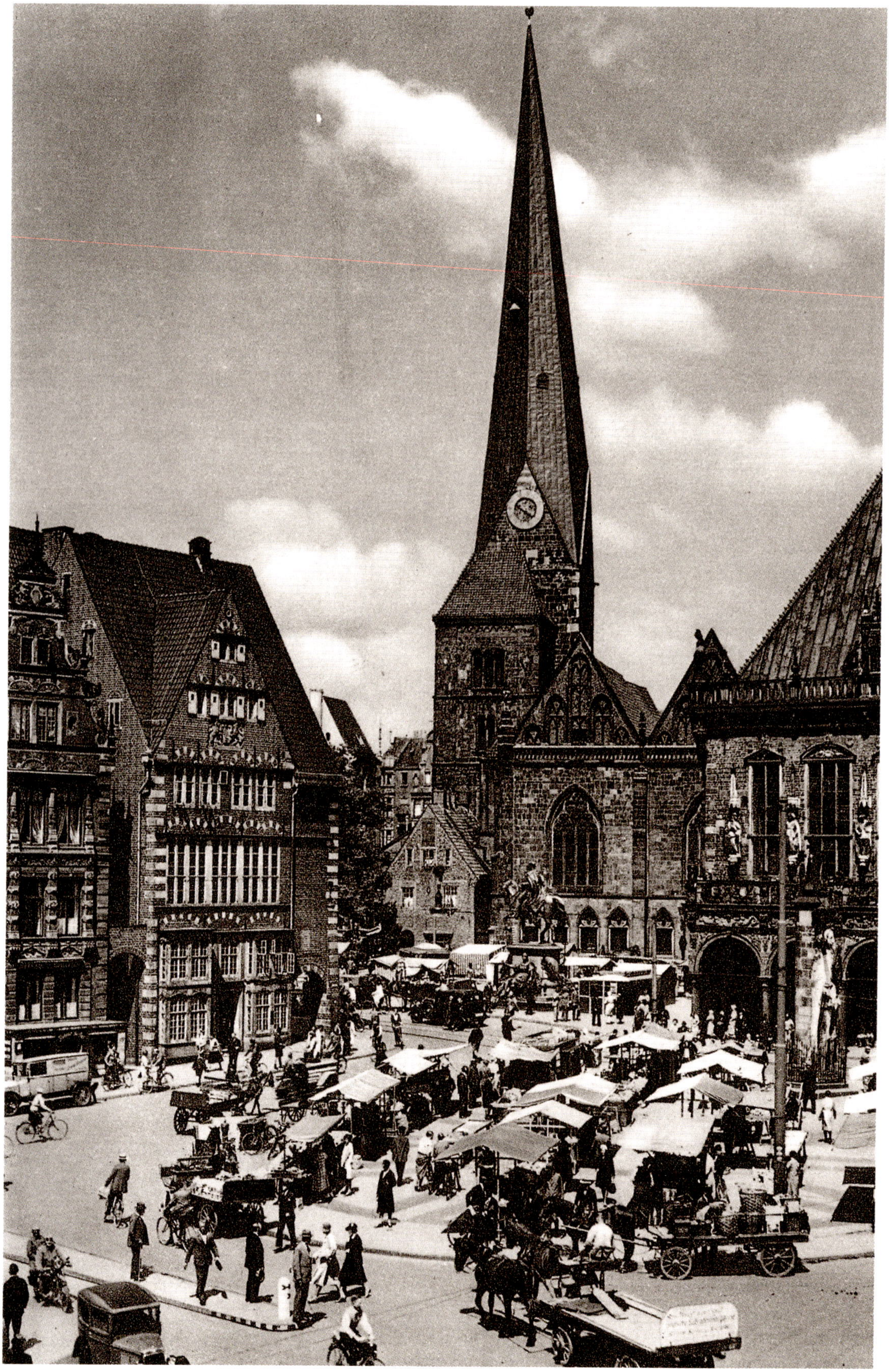

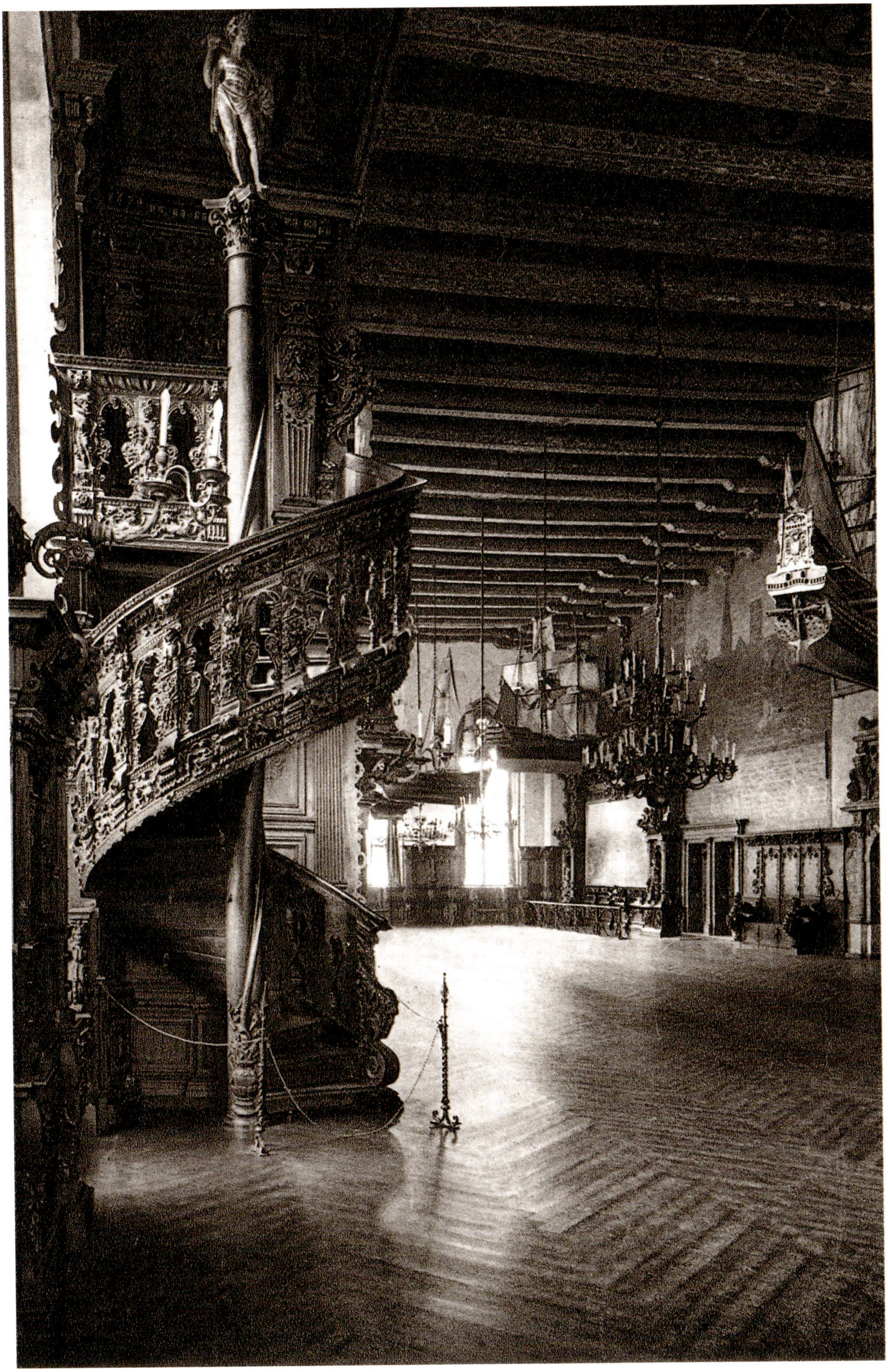

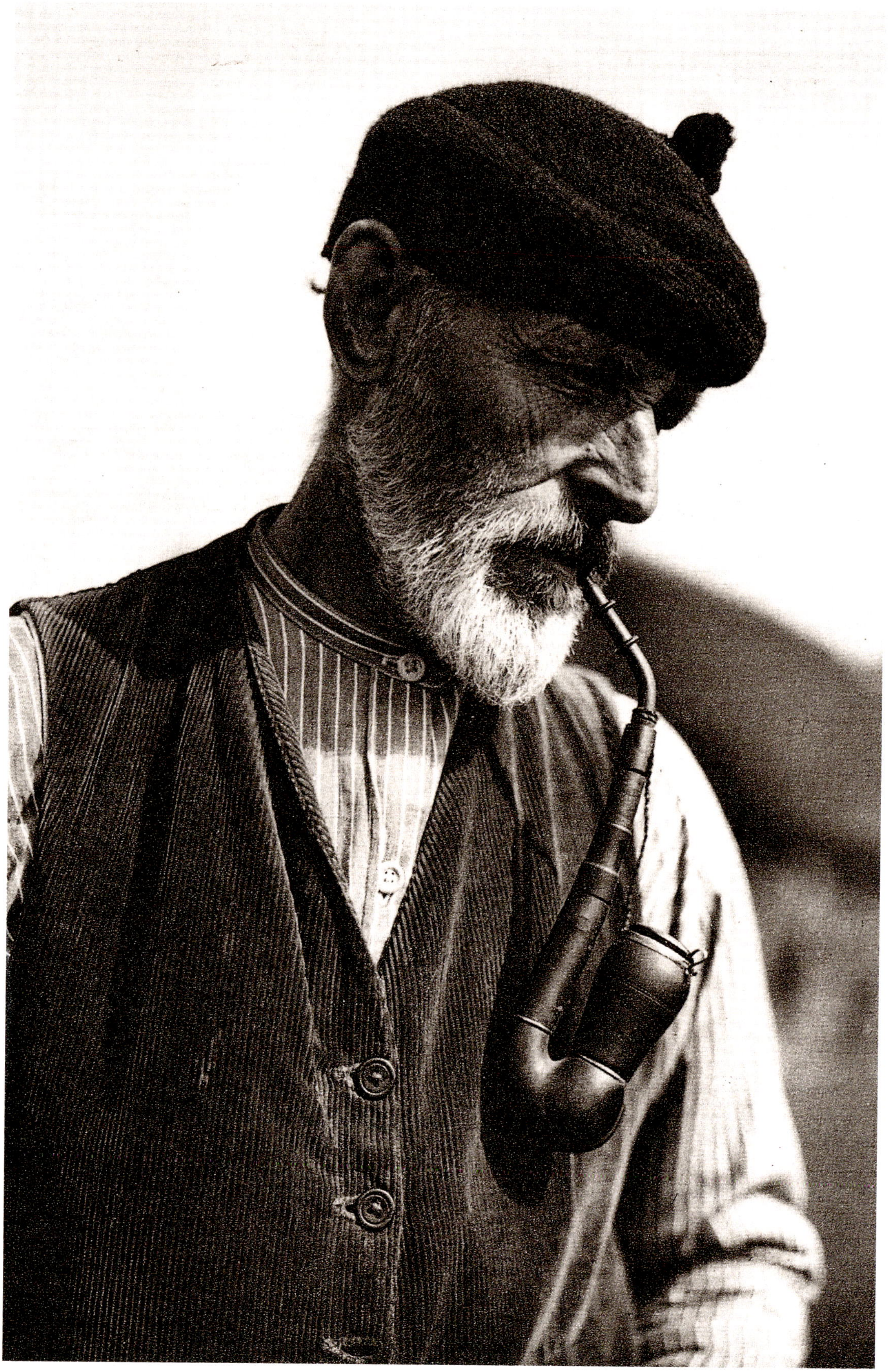

Zeittafel:
810 Karl der Große gliedert Holstein dem Frankenreich ein,
834 Hammaburg Sitz eines Erzbistums,
947 Otto der Große gliedert Schleswig dem Reich ein,
1035 Mark Schleswig an Knut den Großen von Dänemark,
1143 Lübeck erste deutsche Kaufmannssiedlung an der Ostsee,
1189 Kaiser Friedrich Barbarossa gesteht Hamburg Handels- und Schiffahrtsprivilegien zu,
1241 Lübeck und Hamburg in der Hanse,
1460 Holstein und Schleswig durch Personalunion mit Dänemark verbunden,
1570 Kiel Residenzstadt des Herzogtums Schleswig-Holstein-Gottorf,
1616 Hamburg zu einer der stärksten Festungen Europas ausgebaut,
1810 Nordwestdeutschland bis Lübeck französisch,
1815 Hamburg und Holstein (ohne Schleswig) beim Deutschen Bund,
1848-50 und 1864 Deutsch-Dänische Kriege; Schleswig, Holstein und Lauenburg an Preußen und Österreich,
1866 Deutscher Krieg, Schleswig-Holstein Preußen einverleibt,
1918 Matrosenaufstand in Kiel gibt Signal zum Ausbruch der Revolution,
1920 Nordschleswig nach Volksabstimmung an Dänemark.

Inselfriese. Die Menschen, die sich auf die Nordfriesischen Inseln und Halligen zurückgezogen hatten, waren Bauern, Fischer, (in alten Tagen gelegentlich auch einmal Strandräuber) und Schiffer auf großer Fahrt. Von den Inseln kamen die tüchtigsten Steuerleute und Kapitäne, die sich dem Walfang verschrieben.

Schleswig-Holstein, als einziges deutsches Land von zwei Seiten meerumschlungen, ist bei der Vergabe von großen Naturwundern vielleicht etwas zu kurz gekommen. Dafür wird die Reise über Land oder ein Stück hinaus auf's Meer hier zu einer Liftfahrt durch die Etagen der Geschichte. Erinnern wir doch nur an die Ortsnamen: Dänischenhagen und Fresen-, also Friesenburg, Sachsenwald und Windeby (oder Wendendorf). Daneben das slawische Eutin, Krokau und Putlos. Und wer mit Ortsbezeichnungen wie Övelgönne, Winjshoog oder Curslack nichts anzufangen weiß, konzentriert sich dafür auf Blankenese (weiße Nase), Langeneß (lange Nase), Schenefeld (schönes Feld) oder Altona (allzu nah).
Doch zugegeben: dieses Spiel mit Namen kann in Deutschlands Norden nicht immer tierisch ernst genommen werden. Steht es mit ihnen doch wie mit den Kieler Sprotten, die auch nicht unbedingt aus Kiel stammen müssen (übrigens aber immer - bitteschön - ohne Kopf und Schwanz, dafür mit Gräten und Haut gegessen werden). Oder denken wir an den berühmten Wasserträger Johann Wilhelm Bentz, der an der Elbe nur „Hummel" gerufen wurde, um dafür mit „Mors-Mors" zurückzuschimpfen, wenn ihm die Hamburger Buttjes ins kostbare Naß spuckten. Mors-Mors lehnt sich übrigens an ein berühmtes Götz-von-Berlichingen-Zitat an, was die Hamburger heute sicher zu den einzigen Bewohnern des Erdballs macht, die sich beim Begrüßen von vornherein auf die menschliche Kehrseite konzentrieren.
Dänen, Wenden, Friesen, Slawen ... hier ist die Stelle, wo es einfach hingehört, daß ein Dänenkönig Göttrik um das Jahr 800 herum einmal mit Hilfe der von

Schleswig-Holstein: meerumschlungen, hart umkämpft

Karl geschlagenen Sachsen seine Herrschaft bis in den niedersächsischen Raum hinein ausdehnen wollte. Doch sein früher Tod (ausgerechnet durch die Hand eines Gefolgsmannes) machte ihm einen Strich durch die imperialistische Rechnung eines glanzvollen nordischen Reiches an der Ostsee. Dafür drang jetzt deutsche Kaisermacht in den Norden. Otto II. gründete die Mark Schleswig, der Dänenkönig wurde lehnspflicht. Doch geregelt war noch nichts: Nach dem Aussterben der Schauensburger etwa fiel Schleswig an die dänische Krone zurück, 1460 wählte die schleswig-holsteinische Ritterschaft den dänischen König gar zum Herzog von Schleswig und Holstein. Über den Versuch, Schleswig endgültig Dänemark einzuverleiben, kam es 1848/50 dann zum Krieg. Und 1864 wurde auf den Düppeler Schanzen das Schicksal der Provinzen zugunsten Preußens und Österreichs entschieden. Zwei Jahre später fiel alles doch noch den Preußen zu, die den Landesteil zum politischen wie geistigen „Sturmbock vor der gewaltigen Heersäule Deutschland" (Langbehn) ausbauten.
Friesische Festigkeit und sächsische Zähigkeit waren als Größe dafür ja längst fest einzuplanen. Erinnern wir uns zurück in jene Tage, als sich die deutschen Kaiser mehr um Italien als um Deutschland kümmerten ... und das, obwohl es mit der Sicherheit im Land zwischen Elbe und Lübecker Bucht, auf Flüßen und Meeren damals recht schlecht bestellt war. Raubritter und Seeräuber, Strandbewohner und gierige Fürsten hatten den Handel

des 13. Jahrhunderts praktisch lahmgelegt. Als Antwort darauf griffen die Kaufleute damals kurzerhand zur Selbsthilfe: Lübeck und Hamburg gründeten ein Städtebündnis, aus dem die mächtige Hanse entstand. Der Höhepunkt der Hansemacht, ein Handelsmonopol zwischen Brügge und Nischni-Nowgorod, sollte die Ostsee zum deutschen Meer machen. Hamburg war jetzt das deutsche Tor zur Welt, Lübeck die Königin der Hanse.

Schleswig-Holsteiner: **Theodor Storm, Dichter, Hans von Seeckt, General, Max Planck, Physiker, Peter Petersen, Pädagoge, Peter III., russischer Kaiser, Johann Friedrich Overbeck, Maler, Theodor Mommsen, Historiker, Thomas Mann, Schriftsteller, Detlev von Liliencron, Dichter, Hugo Eckener, Luftfahrtpionier, Matthias Claudius, Dichter, Dietrich Buxtehude, Komponist, Ernst Barlach, Bildhauer, Ernst Curtius, Archäologe, Emanuel Geibel, Dichter, Carl Maria von Weber, Komponist.**

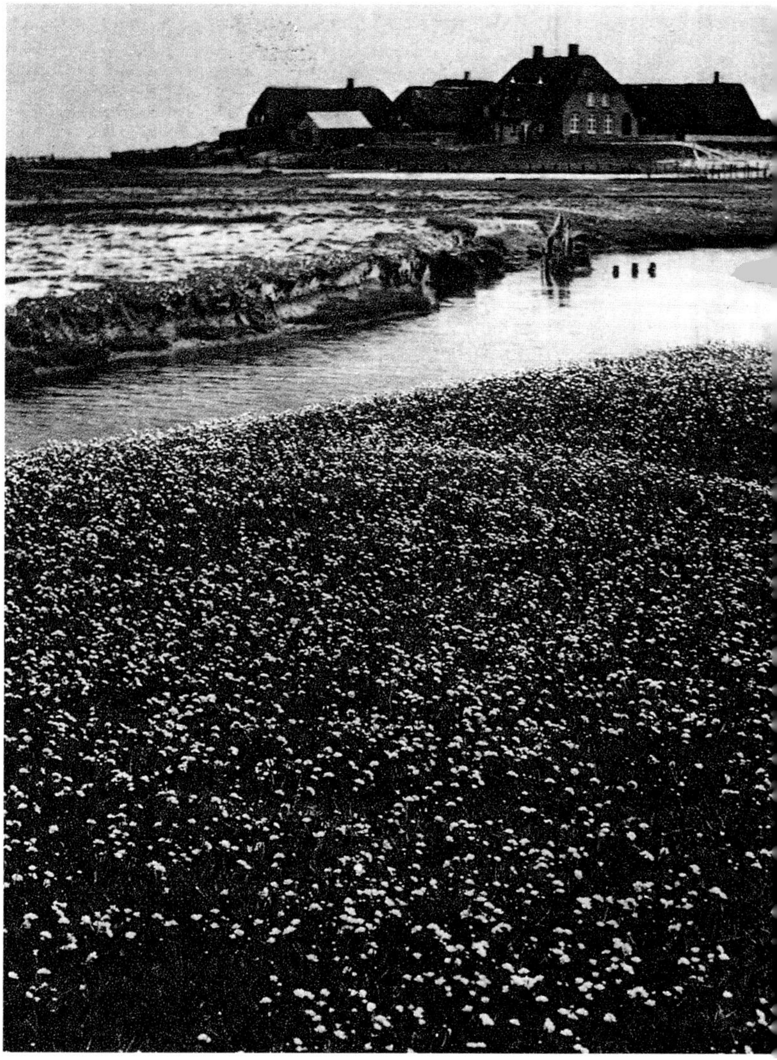

Blick auf die Hallig Langeneß. Die Halligen sind Teile des alten Festlandes, die eindringendes Meerwasser davon abgeschnitten haben. Gerade hier war die Nordsee als Mordsee nie zu unterschätzen, was die Vergangenheit der Halligen zu einer Geschichte der Sturmfluten macht. Symbolisch dafür steht bis heute der legendenumwobene Hafenort Runholt, der einst untergegangen sein soll ... dessen Glocken bei Flut jedoch immer noch läuten. Das typische Hallighaus erhebt sich seit rund 1000 Jahren auf der Warf, einer aus Halligerde aufgeworfenen künstlichen Erhebung. Seine Bewohner hatten praktisch nie politischen Feinde. Doch immer drohte ihnen der „blanke Hans", das Meer, dem sie ständig ausgeliefert waren.

Halligen, Geest-, Marsch- und Moorinseln in Deutschlands nördlichstem Norden waren einst von den „frisiaz" besiedelt worden. „Menschen mit geschmückten Haar" ... inzwischen wiederum intim gekürzelt: mit Friesen.

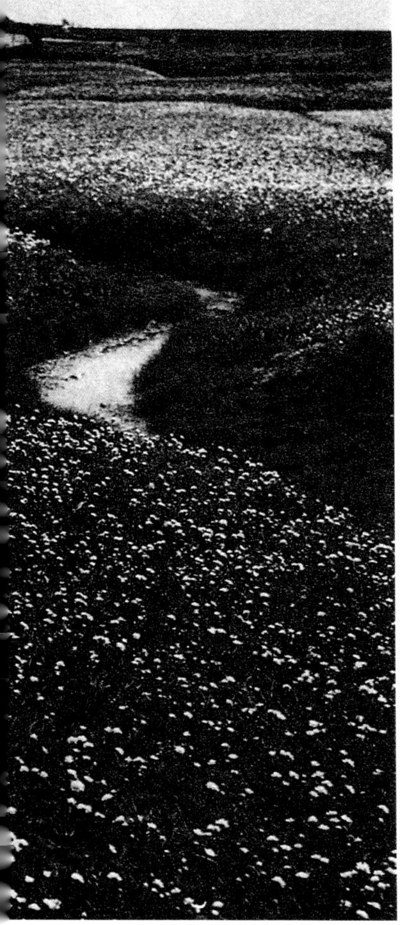

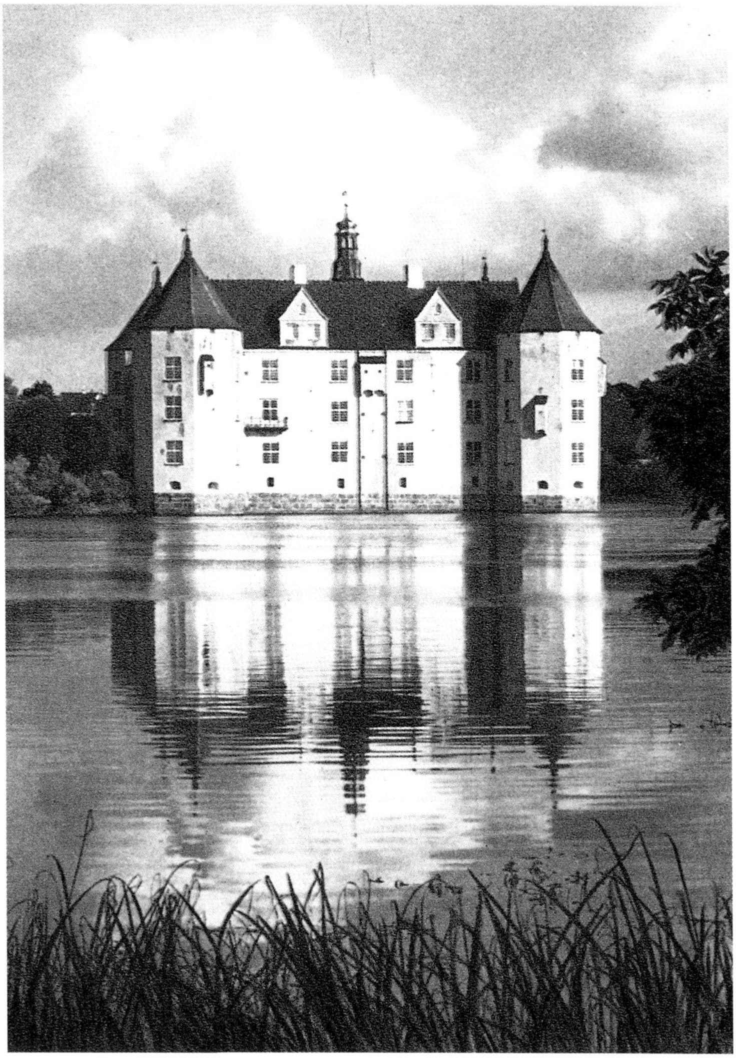

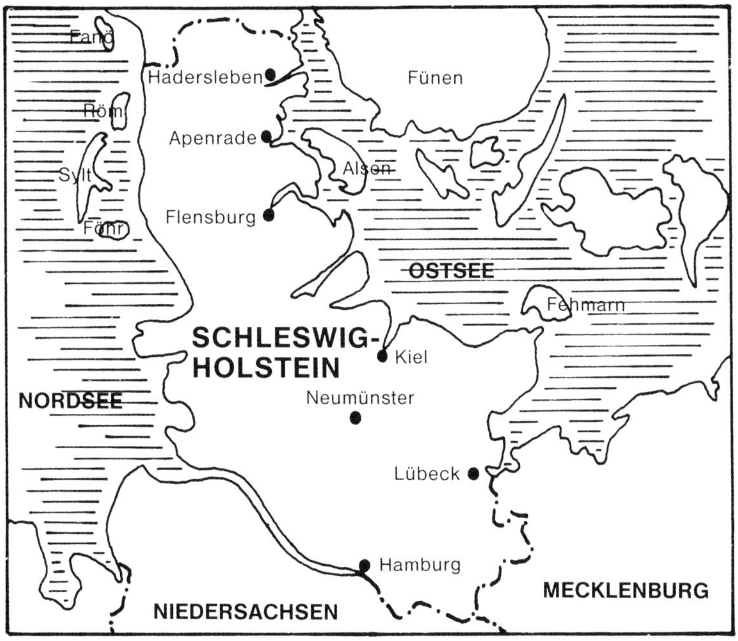

Schloß Glücksburg. Das schleswig-holsteinische Wasserschloß, an der Stelle einer alten Klosteranlage der Zisterzienser im 16. Jh. erbaut, wird gerne die Wiege der Königshäuser genannt. Bauherr Herzog Johann der Jüngere von Sonderburg war nicht nur der Stammvater des Hauses Schleswig-Holstein, sondern auch der Königshäuser Norwegens, Griechenlands und Dänemarks. 1866 kam Glücksburg, das in seinem Konzept die Baugesinnung der Renaissance repräsentiert, an Preußen.

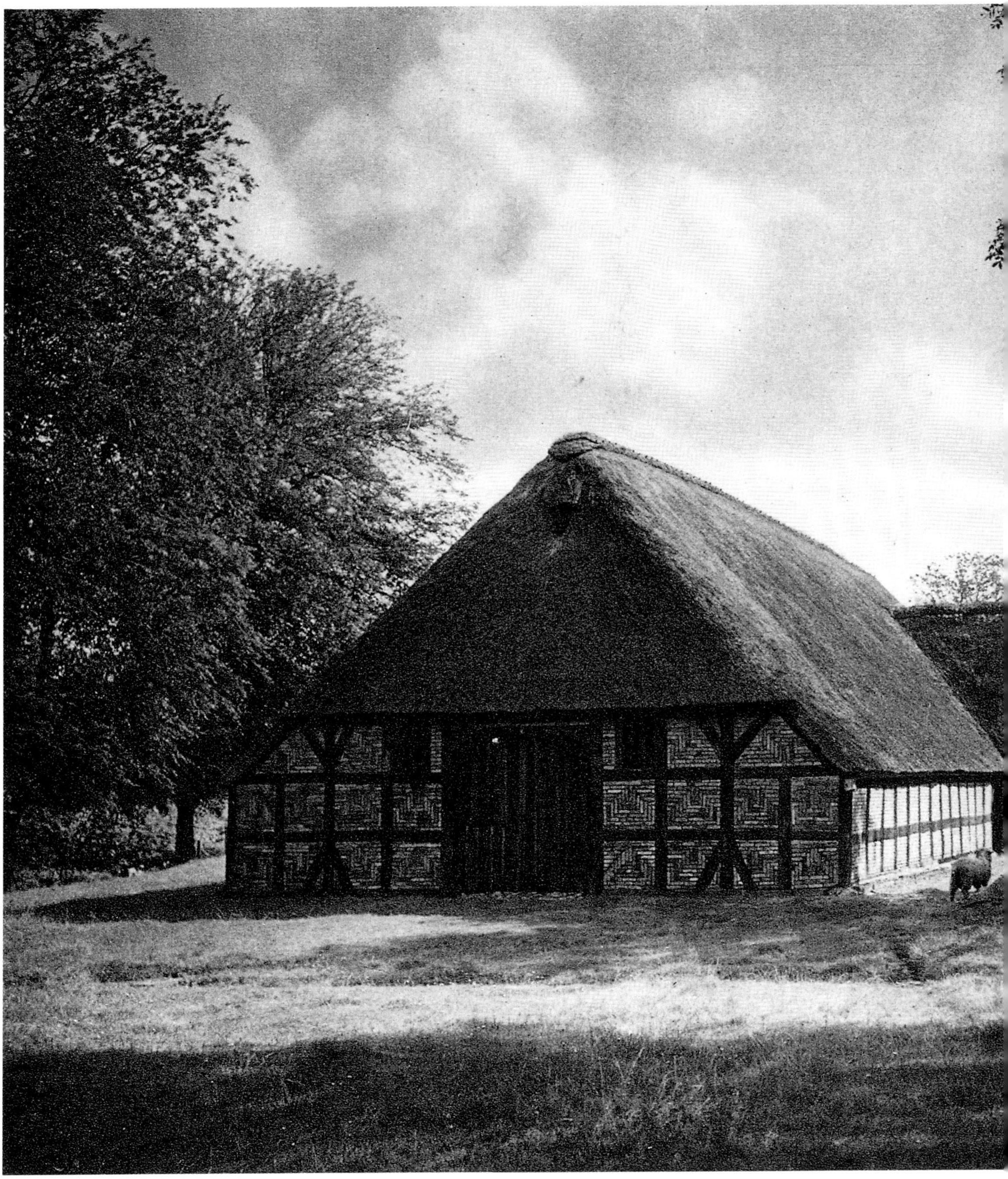

Ostenfelder Bauernhaus in Husum. Die „Graue Stadt am Meer“ ist die wirtschaftlich bedeutendste nordfriesische Siedlung auf dem Festland. Hier stand die Wiege so bedeutender Männer wie des Kartographen Johann Mejer oder des Schnitzers Hans Brüggemann. Husums größter Sohn jedoch ist der Dichter Theordor Storm („Der Schimmelreiter“) geblieben, der hier auf dem St. Jürgen-Friedhof auch begraben wurde.

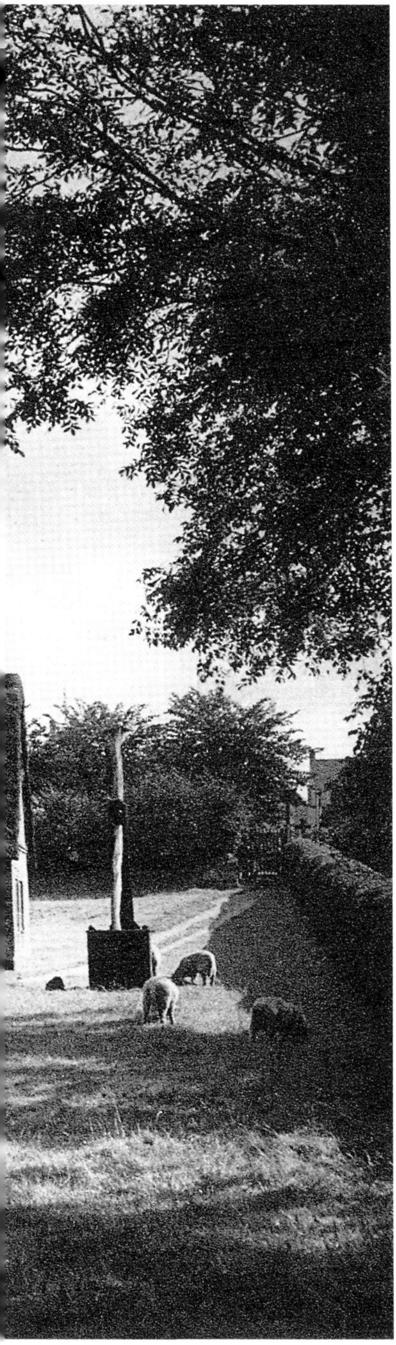

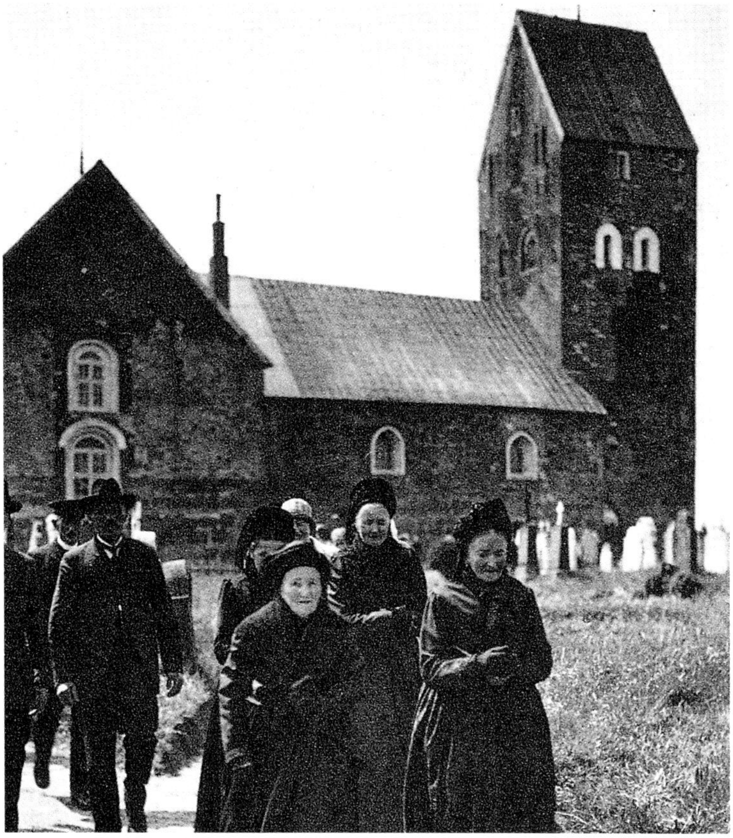

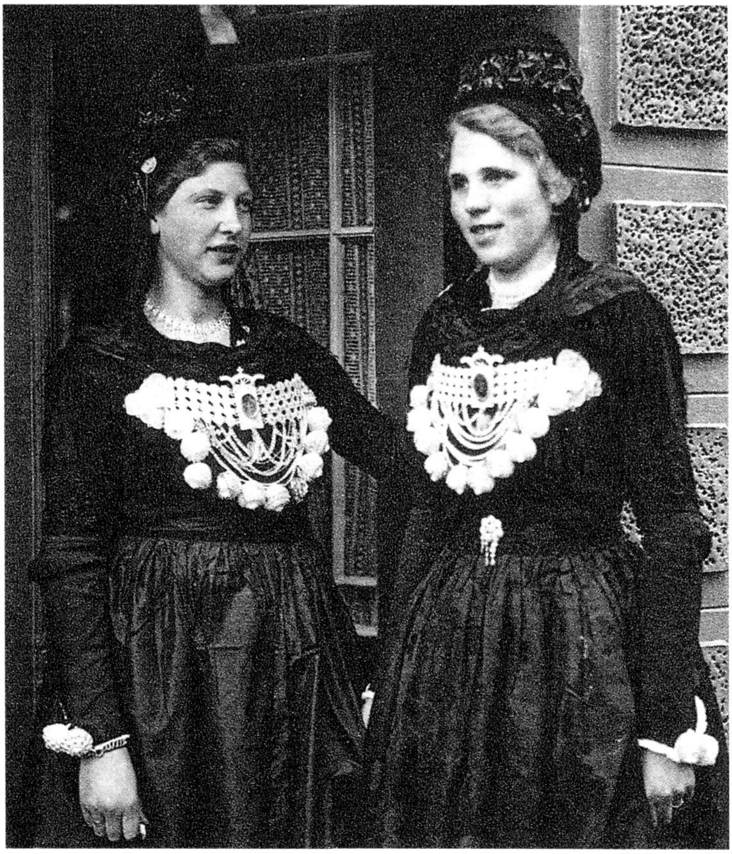

Föhr: Kirchgang und Frauen in ihrer Tracht. Die alten Trachten auf Föhr wurden allen Vermutungen nach durch die Gewänder der Stiftsdamen in schleswig-holsteinischen Klöstern beeinflußt. So waren die Kleider der Friesinnen schwarz, um sich nur an Schultern und Hals durch Rot – und Grüntöne etwas zu lichten.

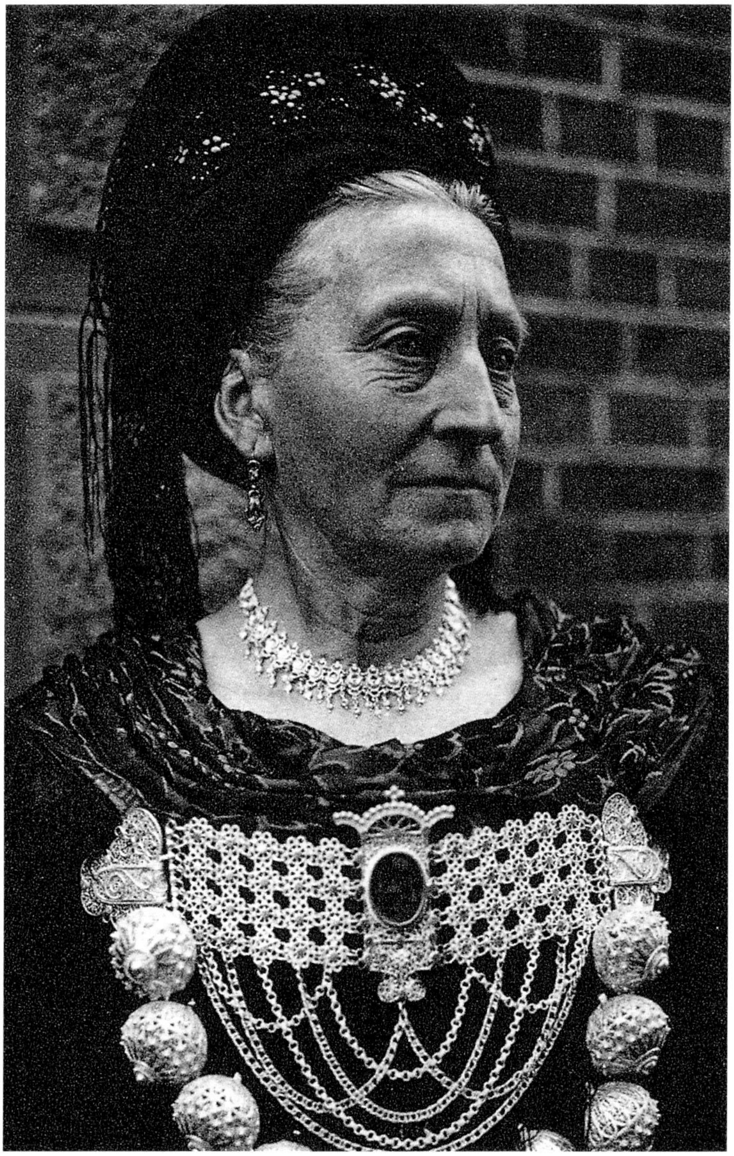

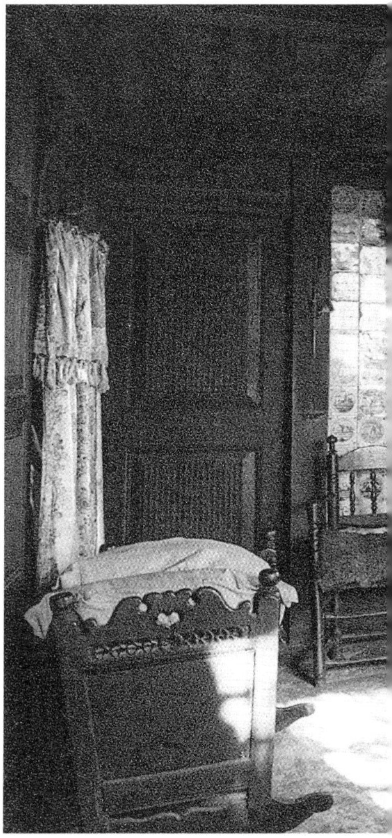

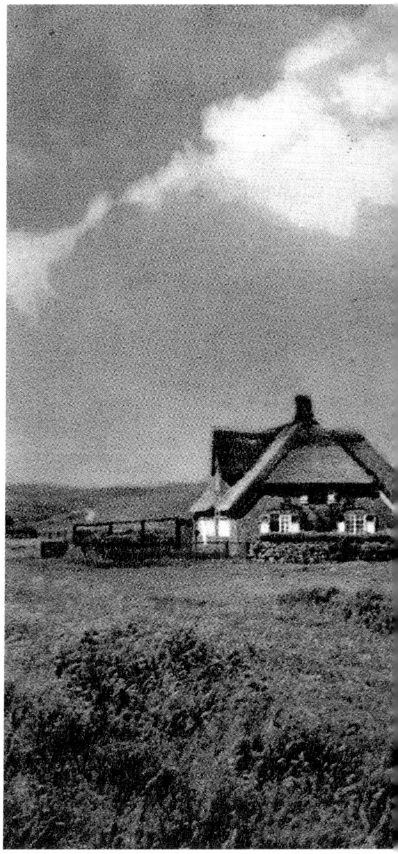

Friesin in Wyk auf Föhr in ihrer Festtracht. Von Wohlstand und Stolz zeugen der prachtvolle Silberschmuck über der Brust, der durch Armkette und Halsband noch ergänzt wird.

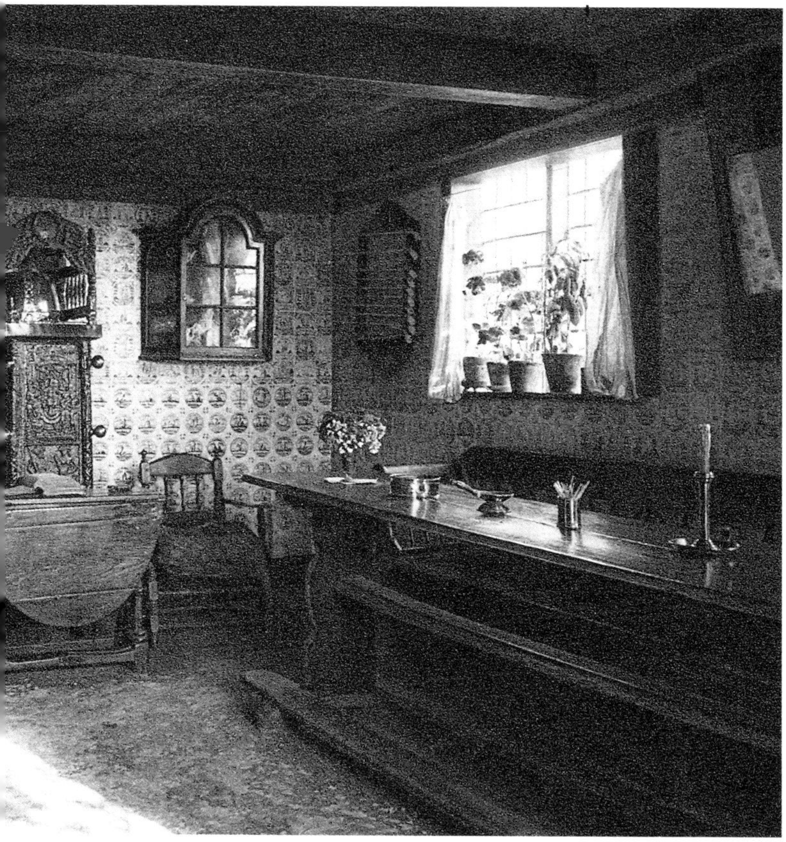

Bauernstube in Meldorf/Kreis Süderdithmarschen. Meldorf, auf einer von Marsch und Wattenmeer umgebenen Geestzunge, war das frühe Zentrum der Dithmarscher. Sie bildeten einst „in einem klein Land von Größe" (Neocorus) im Gegensatz etwa zu den Nordfriesen eine politisch unabhängige Volksgemeinde, was in blutigen Fehden etwa mit Holsteiner Grafen und Hamburger Kaufleuten immer wieder einmal bewiesen werden mußte. Typisch für die Dithmarscher war dabei, daß sie ihre Frauen mit in ihre Kriegshändel nahmen. Sie waren es dann auch, die bei jedem „Heldentod" dem Himmel für „solche Männer und Söhne dankten, die für das Vaterland gestorben sind". 1868 bekam Meldorf trotzdem eine preußische Verfassung.

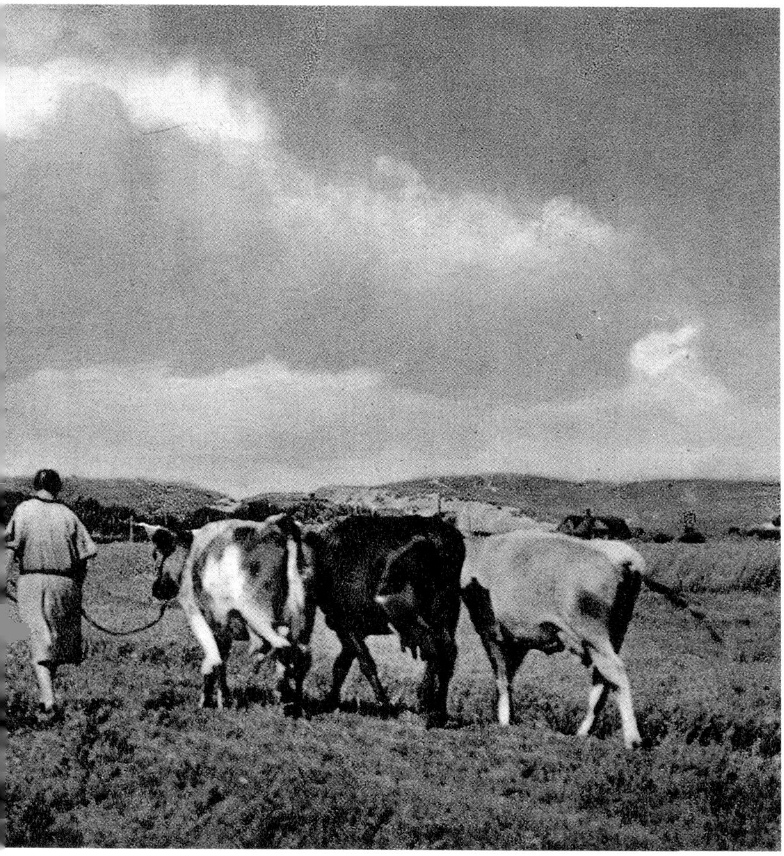

Friesengehöft bei Westerland an der Westküste der Insel Sylt. Die Seefahrt hatte den nordfriesischen Inseln jene wirtschaftliche und kulturelle Blüte gebracht, die sich in einer reichen Wohnkultur und Volkskunst niederschlug. Die Nordfriesen – ihr Wappenspruch war das „Lever duat üs Slav", („Lieber tot als Sklave") – hatten sich seit Mitte des 19. Jh. der schleswigholsteinischen Bewegung für Deutschland angeschlossen und nach 1920 dann lautstark dagegen gewehrt, als nationale Minderheit zu gelten. Ein Engagement übrigens, das Behauptungen widerlegte, daß im Land der Friesen eigentlich jeder Grabstein beredter ist als der Nordfriese selbst.

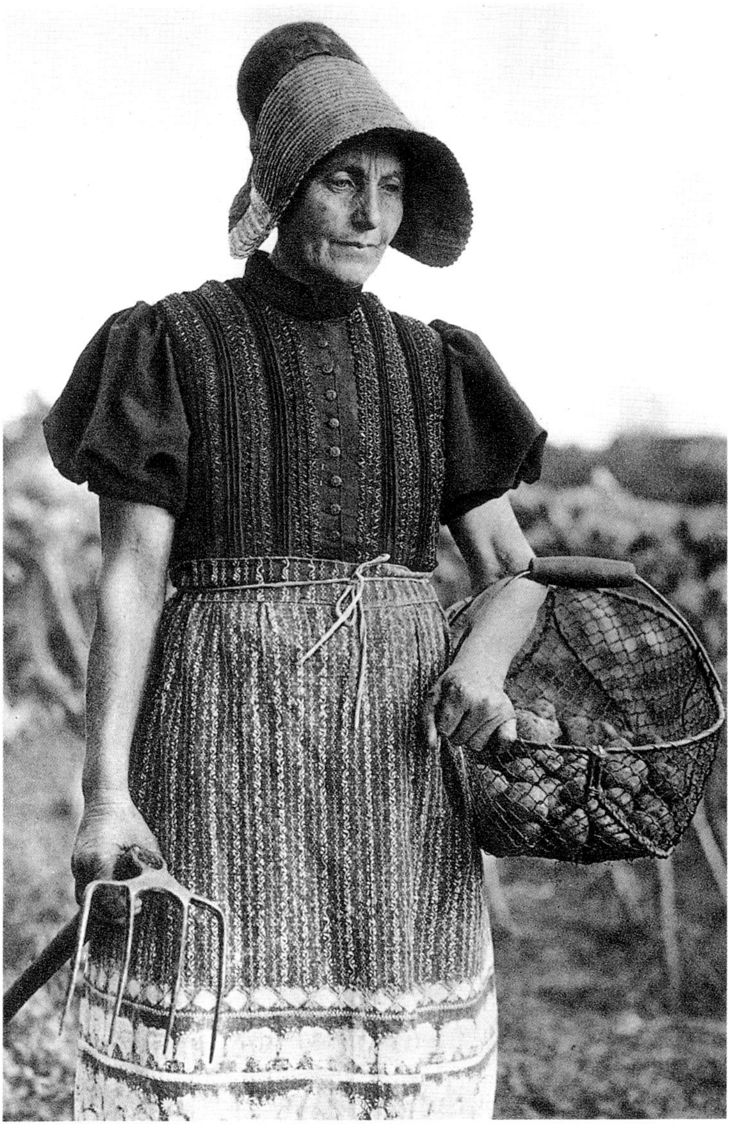

Geestbäuerin aus Sittensen mit der für das deutsche Küstengebiet typischen Helgoländer Strohkappe. Die Geest ist ein weitgehend sandiger, unfruchtbarer Landstreifen, der höher als das Marschland liegt. Das Geestland ertreckt sich von der Zuider-See bis zur Elbe und reicht im Süden fast bis an das Mittelgebirge heran. Von besonderer Bedeutung sind hier Bodenschätze wie Kalisalze und schon in grauer Vorzeit schöpften die Geestbauern Öl aus sogenannten „Fettlöchern“.

Kiel: Riesenschwimmkran der Germaniawerft (rechte Seite). Kiel an der Kieler Förde war bis zur Eingliederung in Preußen eine kleine holsteinische Universitätsstadt, immer im Schatten Hamburgs und Lübecks. Während des Ausbaus zum Reichskriegshafen entstanden hier dann mächtige Werften, um den Ansprüchen der Kriegsmarine gerecht zu werden. Die Kieler Universität war 1848 die Keimzelle der Erhebung des Herzogtums gegen Dänemark. Aus Kiels Herzog-Friedrich-Straße stammt der impressionistische Dichter Detlev Liliencron.

Kiels Bedeutung als Marinehafen spielte eine Rolle beim Bau des Nord-Ostsee-Kanals (Fertigstellung 1895), der der Flotte eine sichere Verbindung zwischen den beiden Meeren sichern sollte.

Dithmarschen in Schleswig-Holstein:

Och Gottes! min Nawersche[1]), denk se sik doch,
min Mann de weer fischen un kreeg man en Pogg[2]).
Ik heff mi meist[3]) loopen uut Hoasen en Saln[4]),
um Botter to koopen un Nelken to haln.
Wo heff ik dat hild[5]) hatt und schüert und spaelt,
de Messen de blenkert, die Bratpann is aelt.
Och Gottes! min Meddersch, wat fang ik nu an!
Dar stat nu min Schütteln, min Putt[6]) und min Pann.

Joh. Wilh. Boysen.

[1]) Nachbarin. [2]) Frosch. [3]) beinahe. [4]) aus Strümpfen mit Schuhsohlen. [5]) geschäftig.
[6]) Topf.

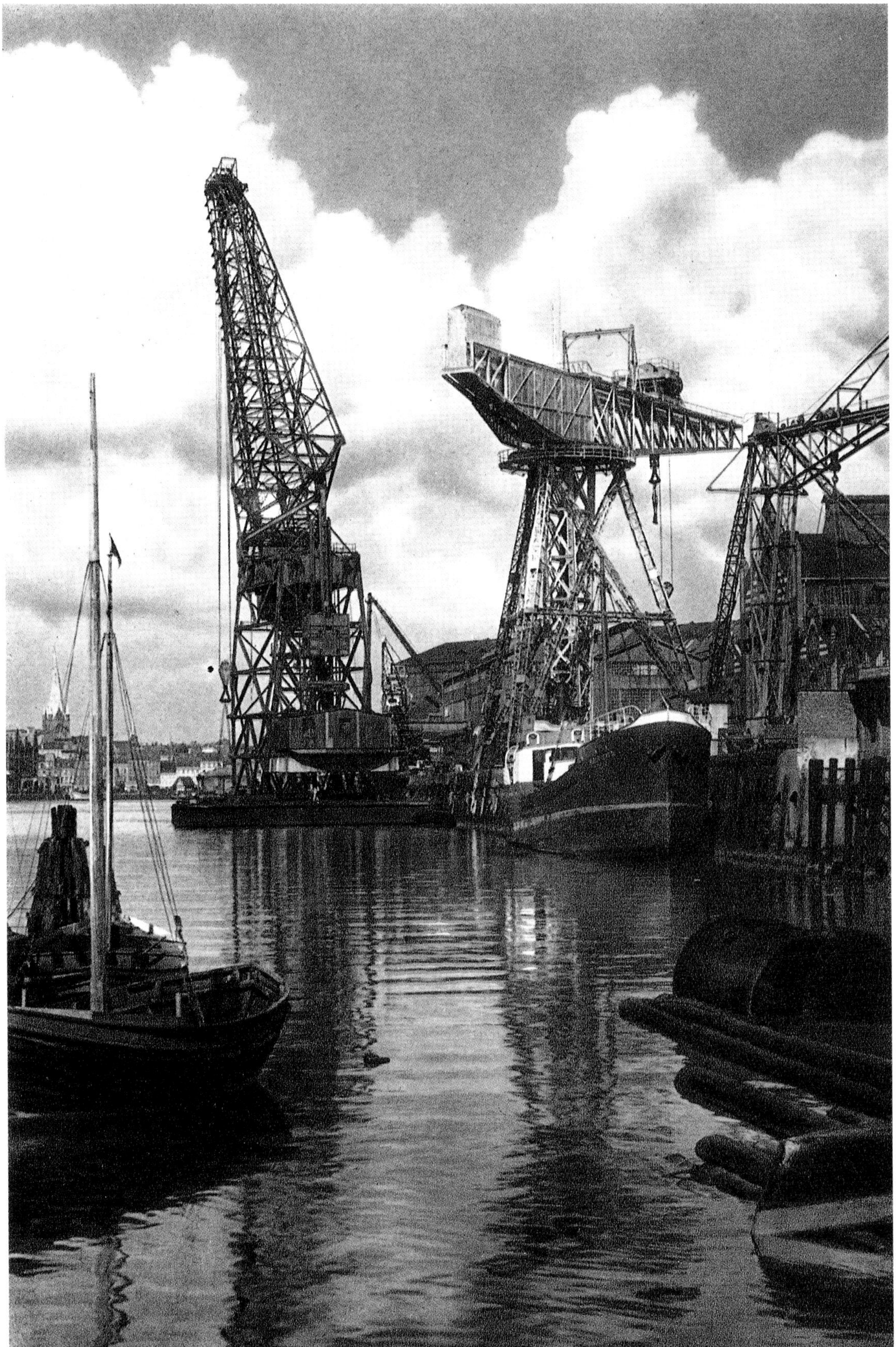

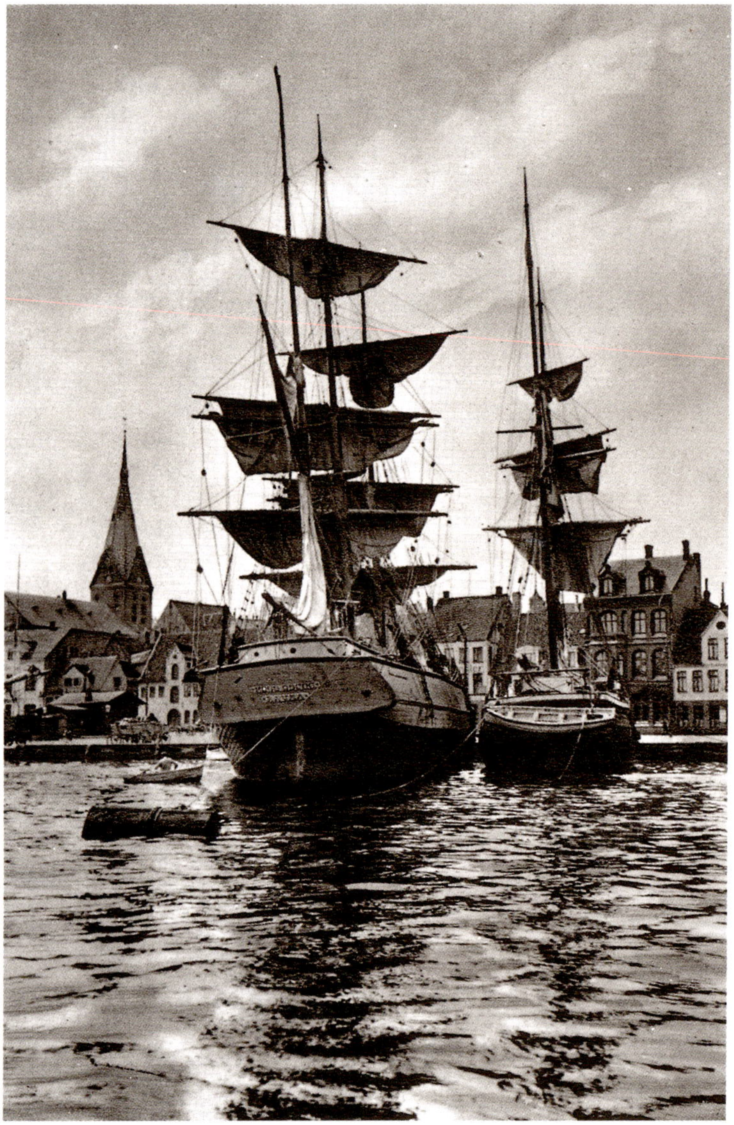

Flensburg: Im Hafen. Die alte Handels - und Hafenstadt Flensburg (Freihafen seit 1924) legt sich hufeisenförmig um die Flensburger Förde. In unmittelbarer Nähe der dänischen Grenze ergab hier eine Volksabstimmung nach dem Ersten Weltkrieg - fünf Wochen, nachdem sich Nordschleswig für Dänemark entschieden hatte - eine große Mehrheit für den Verbleib beim Deutschen Reich. Wirtschaftlich hatte Flensburg durch seine Abtrennung von Nordschleswig damit allerdings sein nördliches Hinterland verloren.

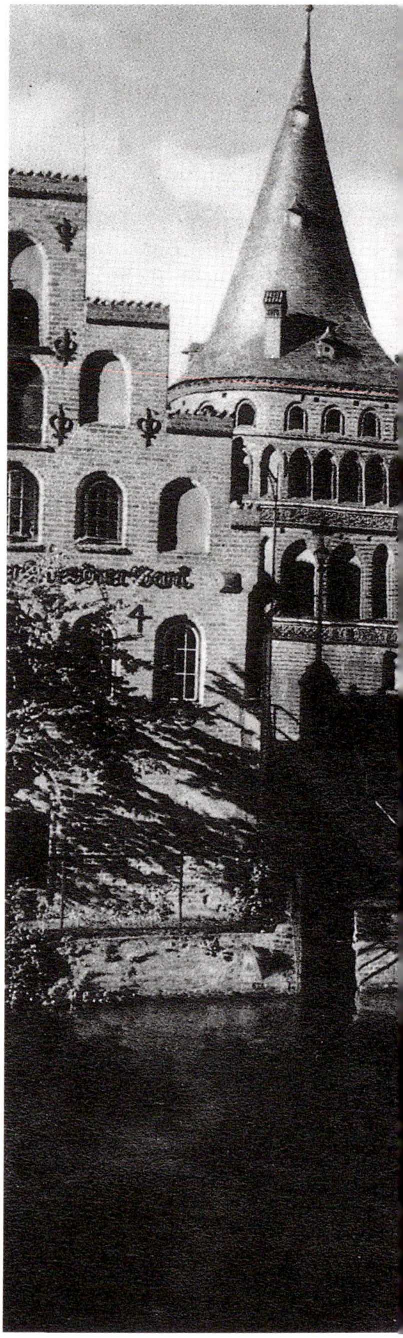

Lübeck: das Holstentor. Die im 12. Jh. gegründete „Königin der Hanse", neben Köln bald die größte deutsche Stadt, war so etwas wie ein Pionier auf dem Gebiet des Bauhandwerks. Die Lübecker errichteten bereits im Mittelalter viele Bürgerhäuser aus festem Stein, der im übrigen Reich fast ausschließlich nur für öffentliche Großbauten und Befestigungen verwendet wur-

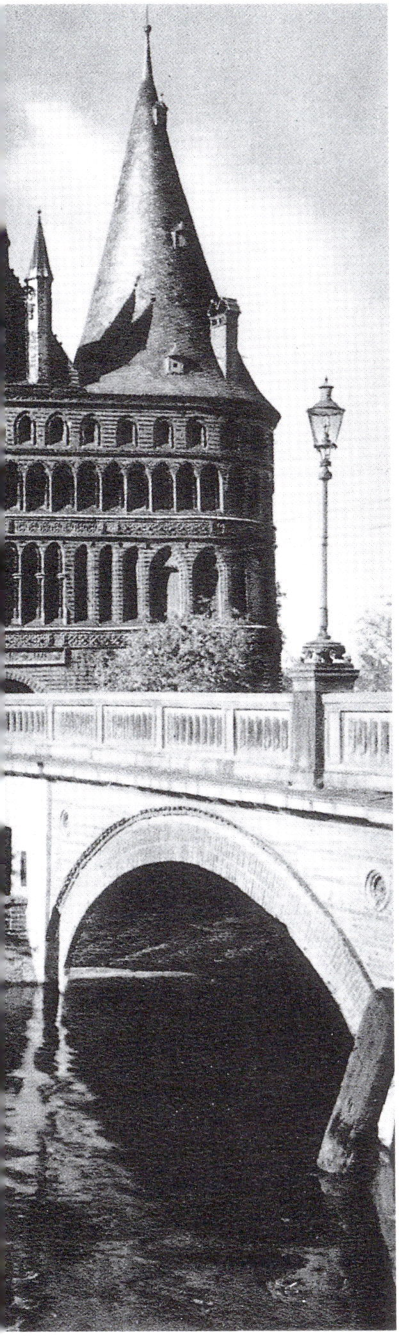

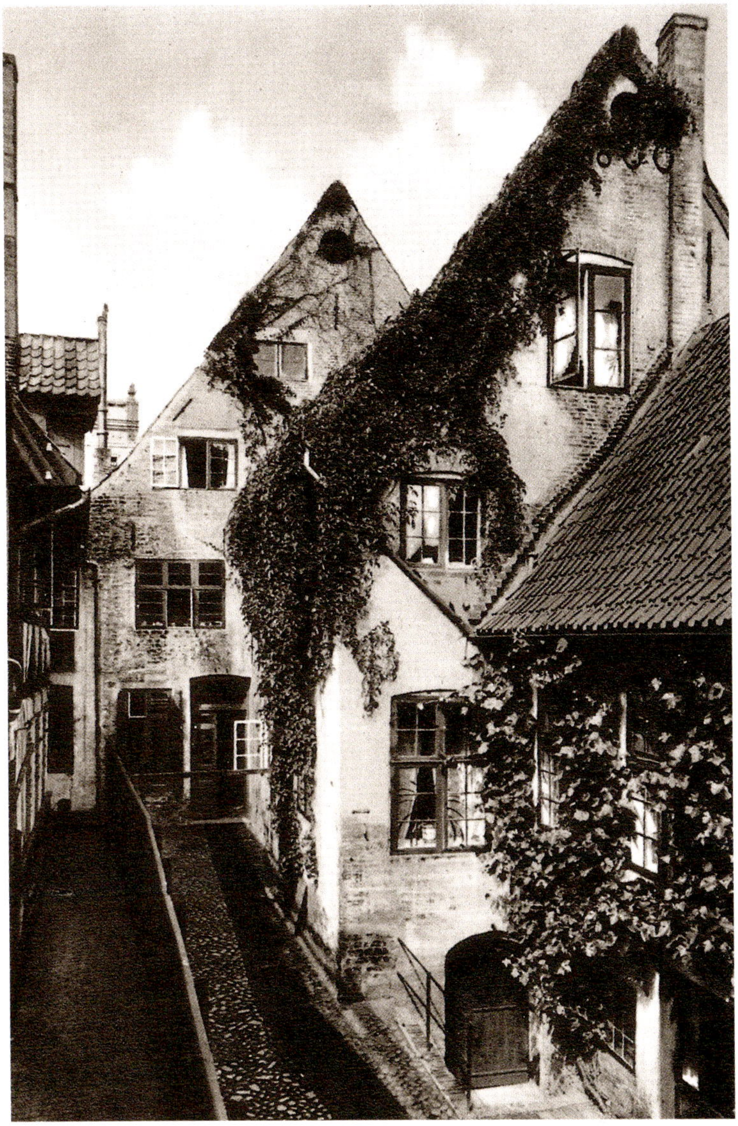

de. Das Wahrzeichen von Thomas Manns „siebengetürmter Vaterstadt“ ist das ab 1467 erstellte Holstentor, einst Teil der Stadtbefestigung. Über seiner Durchfahrt steht das Motto der hanseatischen Handelsherren „CONCORDIA DOMI FORIS PAX“ – „Eintracht im Innern, Friede draußen“.

Flensburg: in der Altstadt. Flensburgs alter Stadtteil zeichnet sich durch viele Idylle aus. Rote Backsteinbauten aus dem 15./16. Jh. und gotische Kirchen machen die nördlichste Stadt Schleswig-Holsteins zu einem lohnenden Ausflugsziel. Flensburg – im Wappen das Nesselblatt Holsteins und die Löwen Schleswigs – ist Mittlerin zwischen der deutschen und dänischen Kultur, Deutschlands „Tor zum Norden“ und anerkannte Rum-Metropole. Von hier stammt der berühmte Luftschiffer Hugo Eckener, ein Mitarbeiter des Grafen Zeppelin.

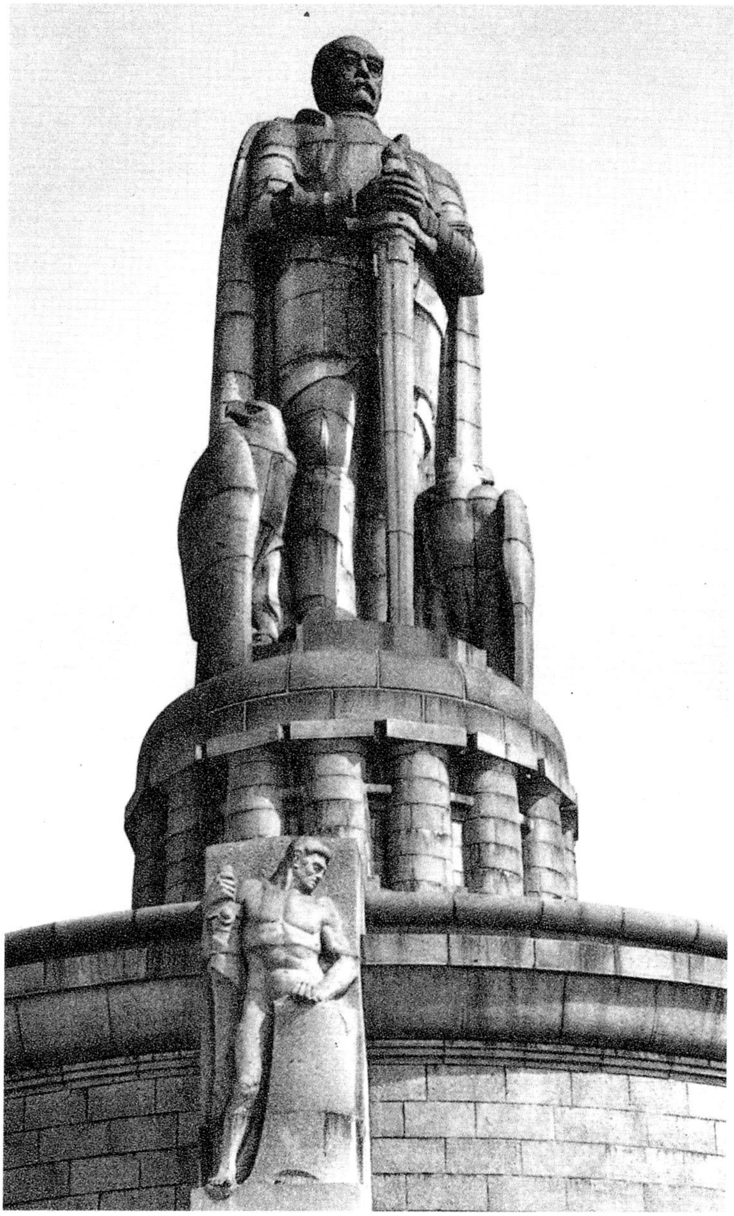

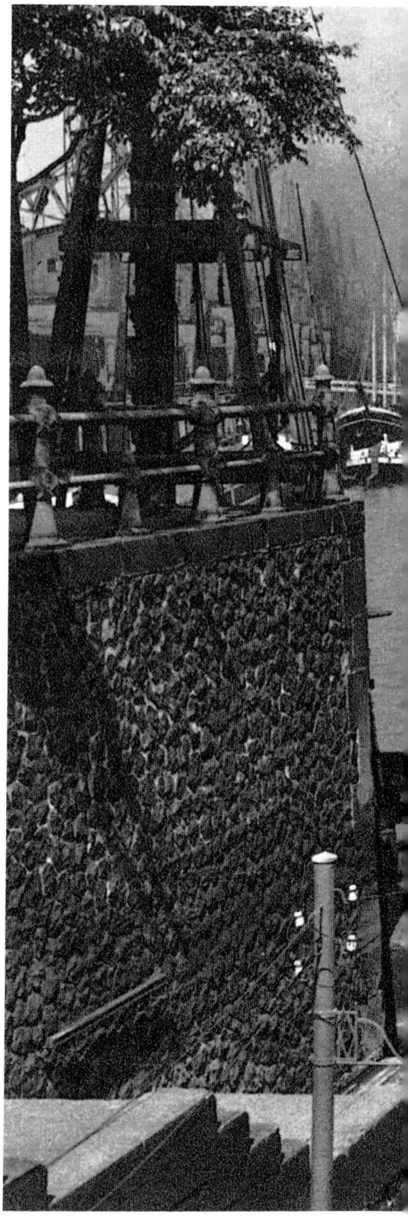

Das Bismarckdenkmal über den Wallanlagen bei den St. Pauli-Landungsbrücken. Viele Namen sind mit Hamburg, der Stadt im Mündungstrichter der Elbe, verbunden: Matthias Claudius brachte hier seinen „Wandsbeker Boten" heraus, Lessing war Dramaturg am Nationaltheater, Klopstock vollendete hier den „Messias", Heine erlernte im Betrieb seines Onkels den Bankberuf. Händel, Telemann und Bach wirkten in Hamburg, Mendelssohn-Bartholdy und Brahms waren Hamburger. Auf der Vergnügungsachse St. Pauli dirigierte einst Lortzing oder hatte Lehar eine Uraufführung, hier verkehrten Ringelnatz und Morgenstern, gastierten Tauber und Jannings. Und natürlich gab es die Hamburger Originale wie den Aal-Weber, die Zitronen-Jette, den Piepenreimers und die Hafentypen Jan und Hein . . .

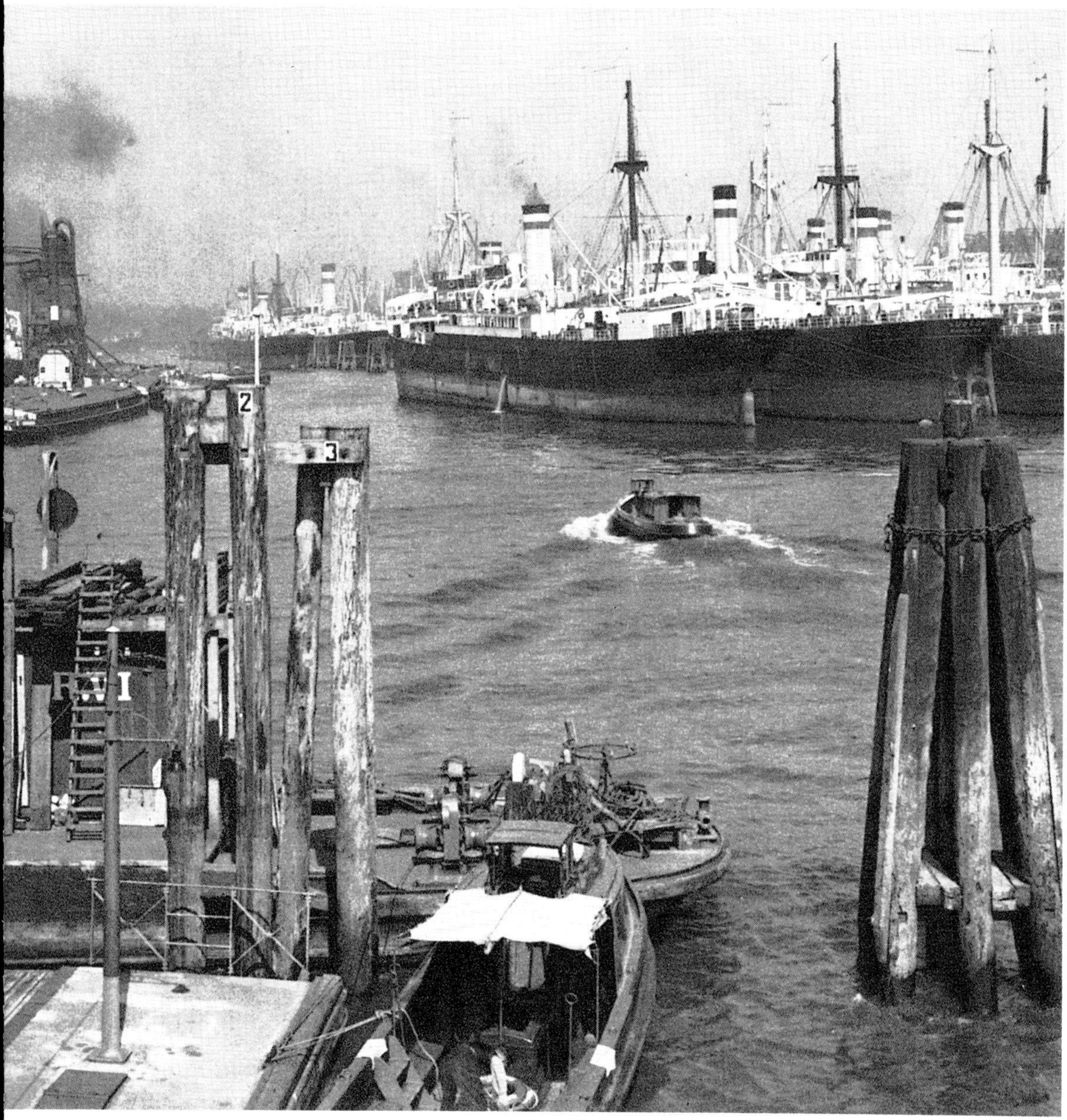

Kaiser-Wilhelm-Hafen der Hapag in Hamburg. Die Freie und Hansestadt Hamburg, gewachsen aus der Hammaburg an der Alsterfurt, die zu Zeiten Karls des Großen angelegt worden war, wartete immer mit Superlativen auf. Die Stadt hatte die erste Börse Europas (1558), die erste Handelskammer (1665), die erste Oper (1678) und das erste Nationaltheater Deutschlands (1767) ... und natürlich ihren Hafen, dessen Gründung auf das Jahr 1189 zurückgeführt werden kann. Damals hatte Kaiser Friedrich I. Barbarossa der Schiffer- und Kaufmannssiedlung auf der Unterelbe bis zur Nordsee Zollfreiheit gewährt. 1241 schloß Hamburg dann den Schutzvertrag mit Lübeck, aus dem die Hanse erwuchs. Hamburgs Hafen wurde dank der weltstädtischen Großzügigkeit der Bürger und dem hier so charakteristischen Ineinandergreifen von Wasser und Land zur Heimat des größten Teils der deutschen Handelsflotte.

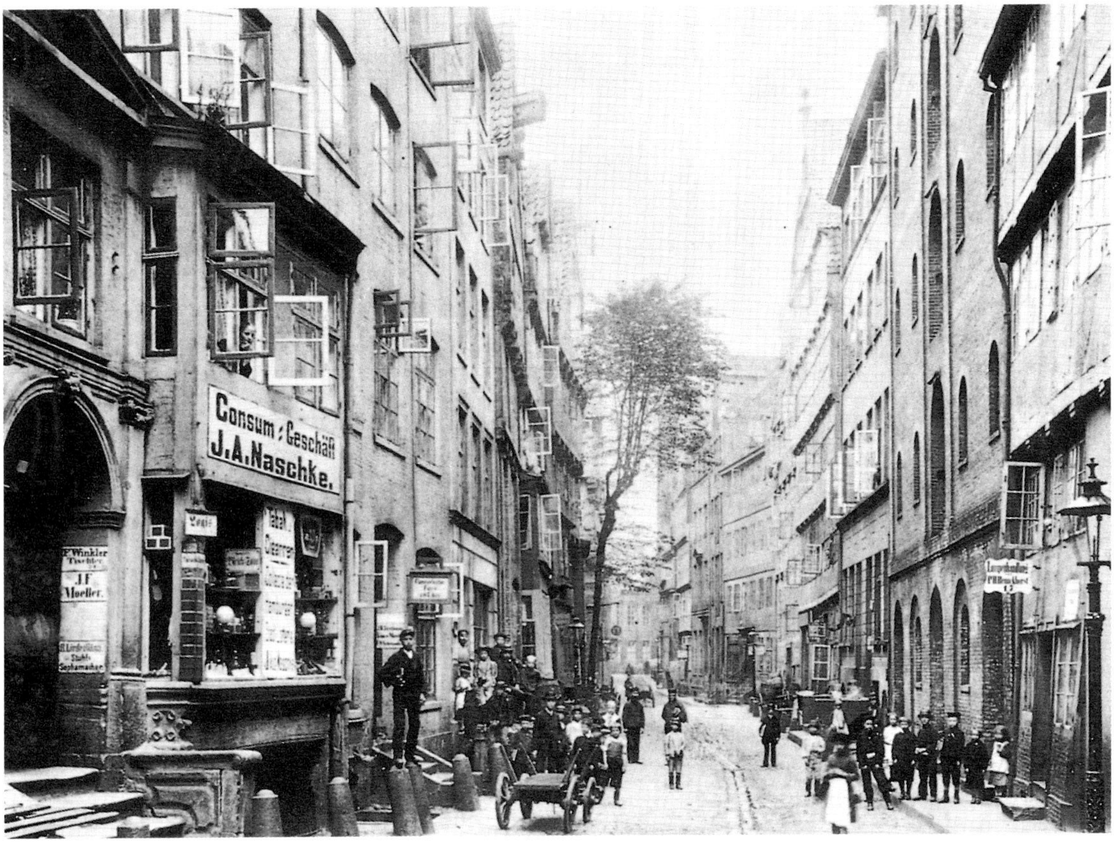

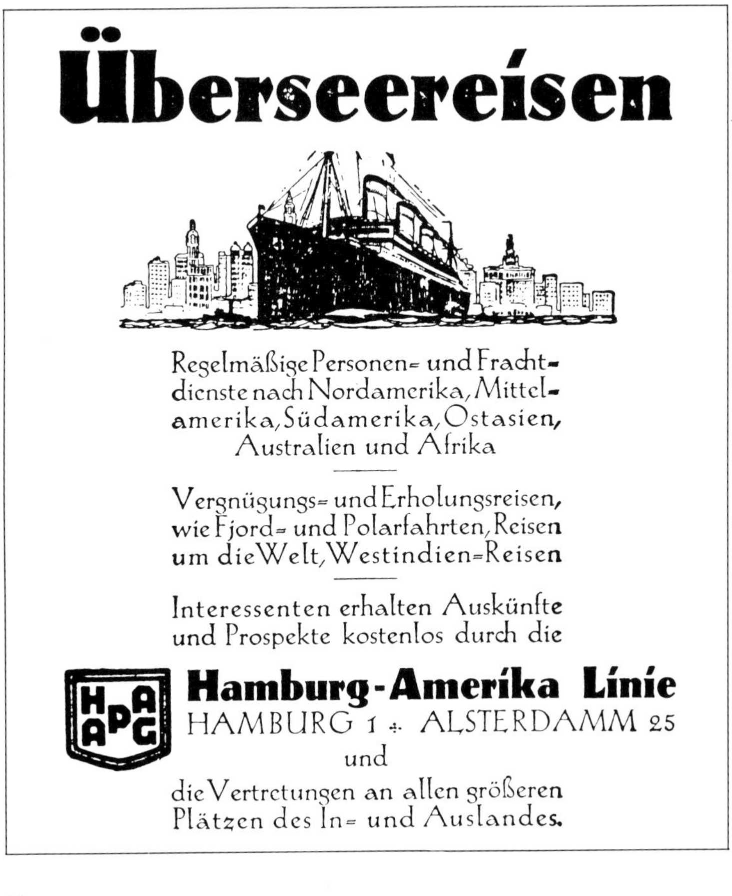

Hamburger Wohnquartier in der Nähe der Katharinenkirche um 1884 – Die von Handelshäusern umgebene Katharinenkirche (rechte Seite). Die Katharinenkirche, ein städtebauliches Charakteristikum, wird im 13. Jh. erstmals erwähnt, galt dann aber als ein Bau des 14. und 15. Jh. Hammaburg-Hamburg war 834 von Ludwig dem Frommen zum Erzbistum erhoben worden und erhielt durch die Heidenmission im Norden Europas eine Aufgabe von großer historischer Bedeutung. (Unter Otto dem Großen wurde es dann allerdings auch zum Verbannungsort für Papst Benedikt V., der hier 965 starb.) Noch rund 100 Jahre sollte die Kirche das Leben der Stadt bestimmen, bevor eher weltliche Interessen geschäftstüchtiger Kaufleute diese Rolle übernahmen.

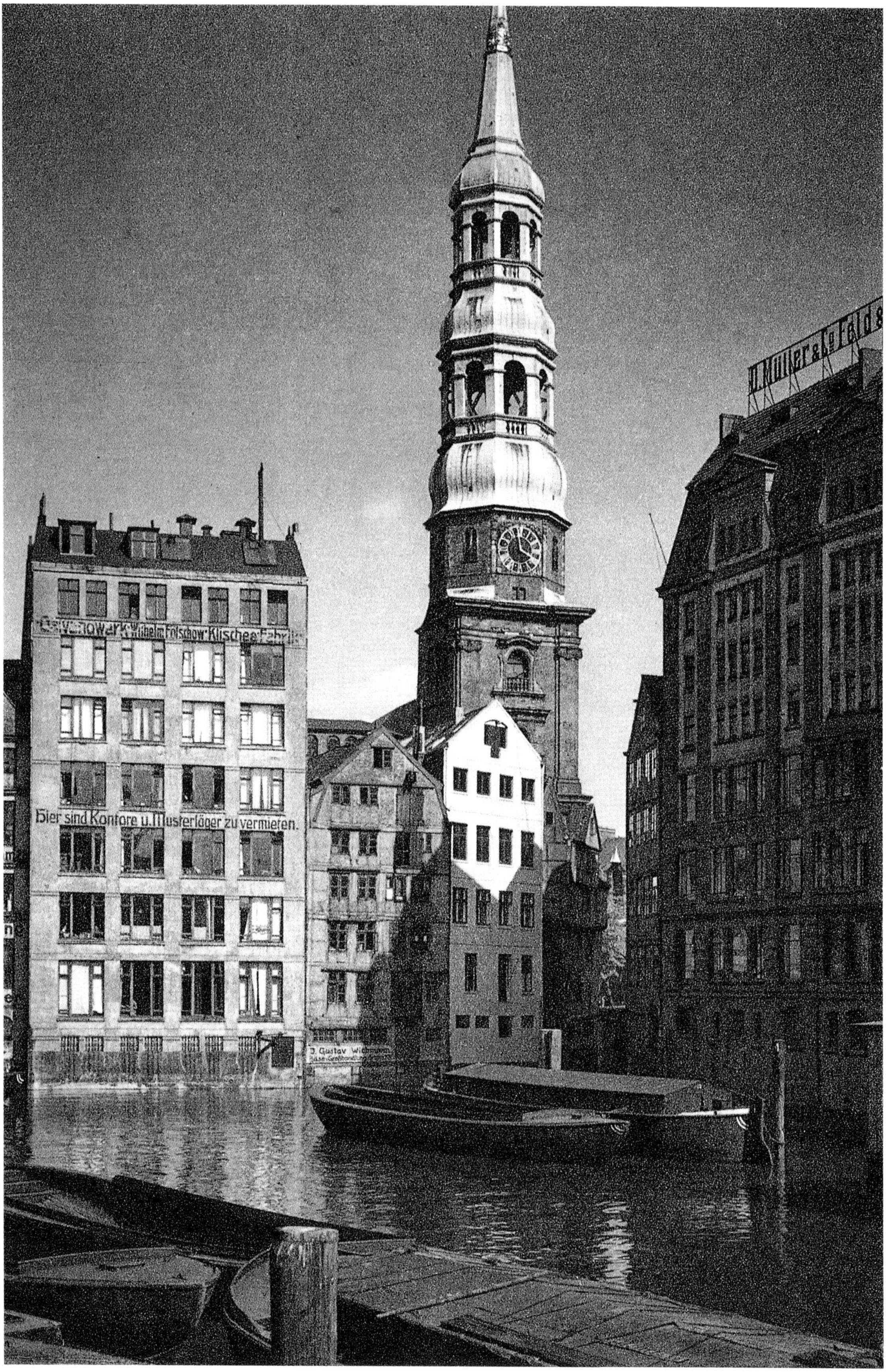
Hier sind Kontore u. Musterläger zu vermieten.

Helgoländer Fischerportraits. Die Helgoländer sind Friesen. Dazu Pierers Konversations-Lexikon 1890:

„Die Friesen sind stark, kühn, freimütig, voll unabhängig; ihre Sprache weicht sehr vom benachbarten Holländischen ab. Tracht und Sitte haben viel Eigentümliches. Weiber und Mädchen tragen die sog. 'Greisen', ein breiter, mitunter goldener, hufeisenförmiger Reif, der das Haar zusammenhält u. an den Schläfen mit einem verzierten Knopfe schließt; in den Ohren schwere Goldringe und Edelsteine. Frauen und Mädchen stehen im Rufe großer Schönheit, haben weiße Haut, blaues Auge, hohen Wuchs, etwas derbkräftige, breitschuldrige Formen. Die Schädelform der Friesen ist streitig; daß sie überaus niedrig sei, wird nur teilweise zugegeben. Die Friesen sind ausgezeichnete Ackerbauer u. Viehzüchter, thätige Kaufleute u. haben sich stets in den Wissenschaften, bes. Jurisprudenz u. Mathematik, hervorgetan."

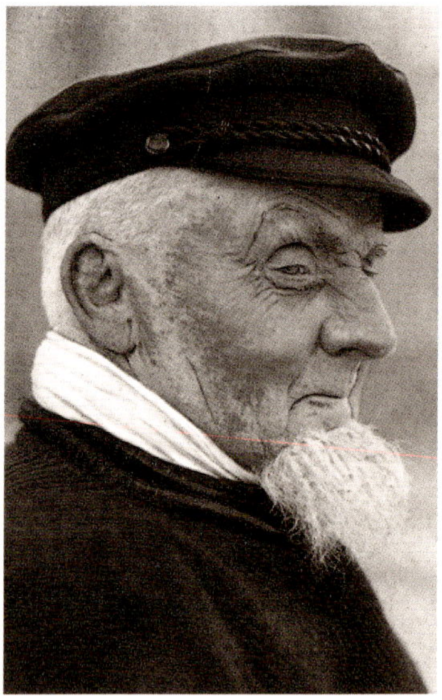

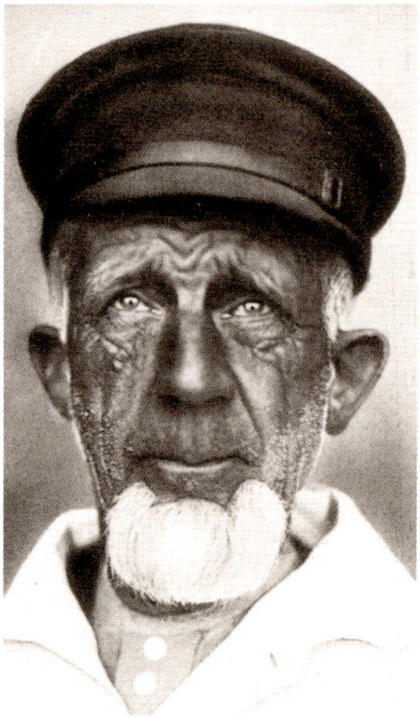

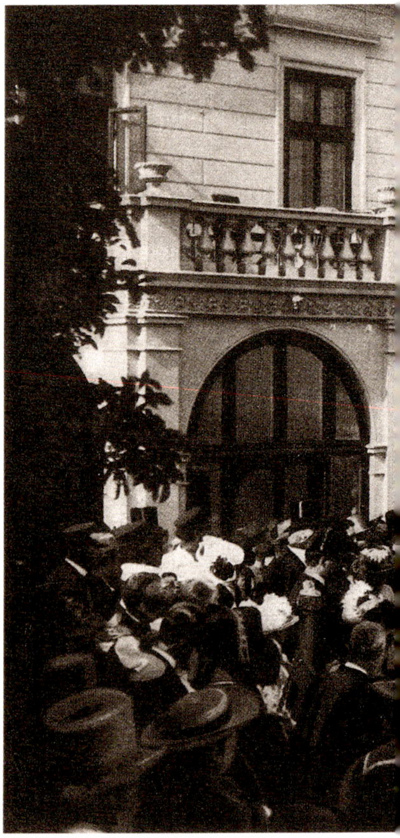

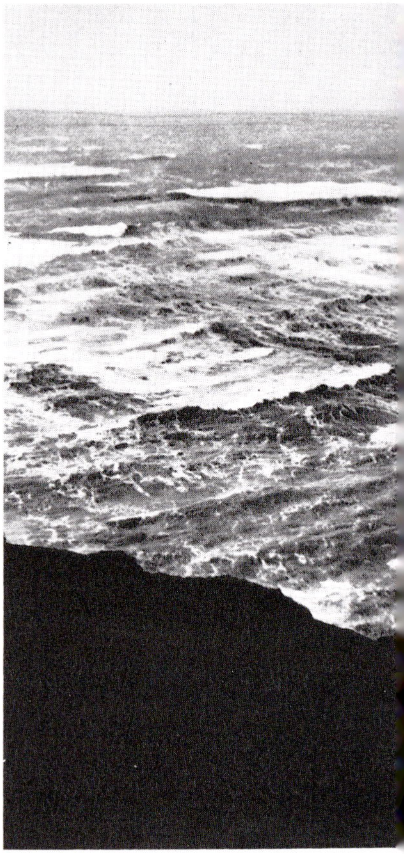

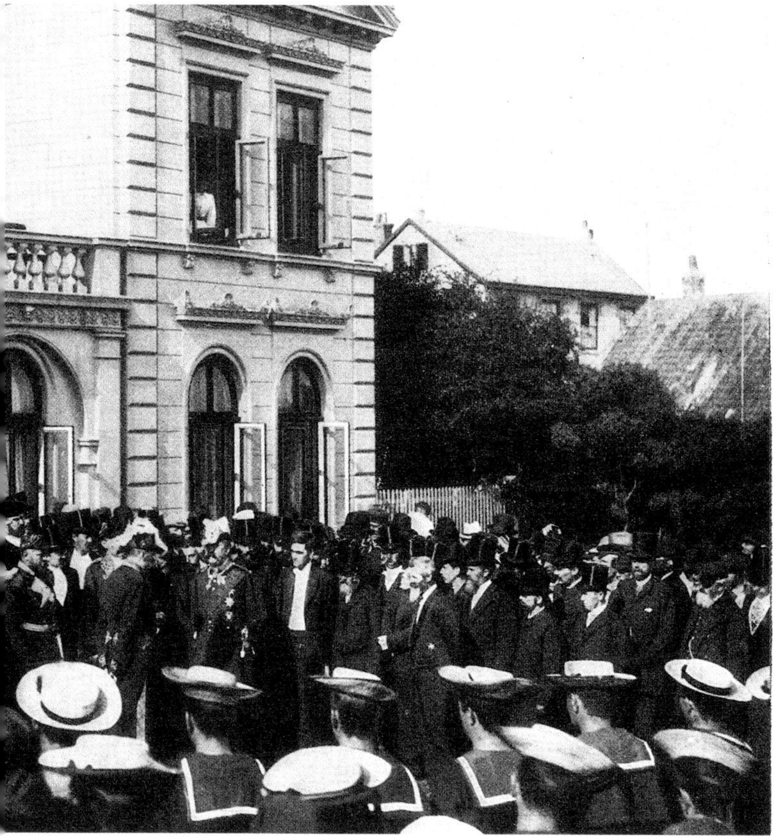

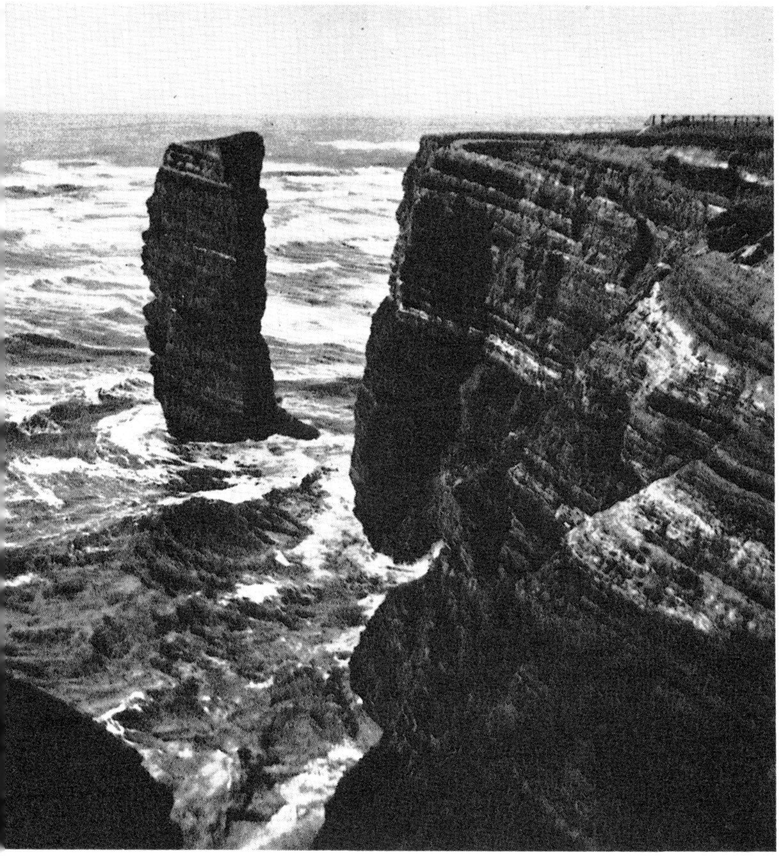

Helgoland, 9. August 1890: Übergabe der Insel durch Sir Arthur Barkly an Staatsminister von Bötticher – Helgoland. Obwohl nur eine kleine Felseninsel der Deutschen Bucht, hat Helgoland seine eigene Geschichte. Rot war hier immer die Kant, weiß der Dünensand und grün das Land, das Seeräubern und Schmugglern schon früh als Unterschlupf, friesischen Helgoländern dann als Stützpunkt zum Hummerfang diente. Die Insel gehörte seit dem 14. Jh. den Herzögen von Schleswig-Holstein, dann den Dänen und schließlich England, das sie bei Deutschland 1890 gegen das ostafrikanische Sansibar eintauschte.
Auf Helgoland war es, wo im August 1841 Hoffmann von Fallersleben sein „Deutschland, Deutschland über alles" dichtete.

Helgoland

Grön is dat Land,
Rohd is de Kant,
Witt is de Sand

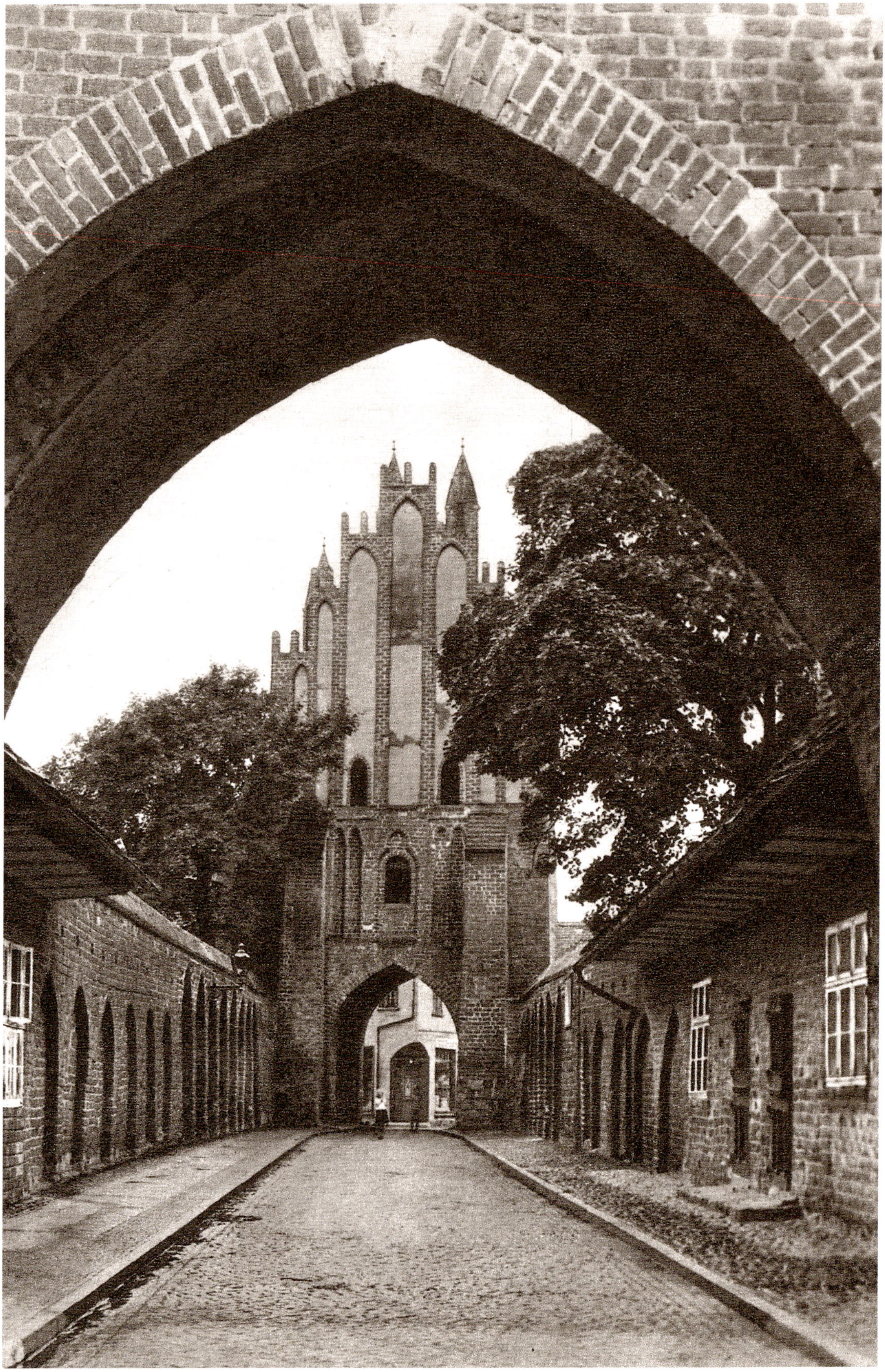

Zeittafel:

Ab 6. Jh. Zuwanderung von Slawen in die späteren Bezirke Rostock, Neubrandenburg und Schwerin,

12. Jh. Heinrich der Löwe unterwirft das Land, deutsche Ostsiedlung an Oder und Neiße,

1154 Gründung des Bistums Ratzeburg,

1160 Gründung von Schwerin, wird Bischofssitz, 1171 Weihe der ersten Domkirche,

1218 Rostock erhält Stadtrecht,

1280 Wismar und Rostock in der Hanse,

1419 Rostock erhält erste Universität in Nordeuropa,

1621 Teilung in die Linien Mecklenburg-Schwerin und Mecklenburg-Güstrow,

1648 Nach dem Dreißigjährigen Krieg Trennung von Mecklenburg und Pommern,

1701 Schaffung der Linie Mecklenburg-Strelitz,

1815 Mecklenburg-Schwerin und Mecklenburg-Strelitz Großherzogtümmer,

1918 Beide Mecklenburgs Freistaaten (später Vereinigung zum Land Mecklenburg).

Neubrandenburg: das Stargarder Tor. Mit Vorturm, Zwingmauer und innerem Tor ist die Anlage Teil der gut erhaltenen mittelalterlichen Befestigung. Reich verziert diente das Stargarder Tor der Stadt am Ausfluß der Tollense aus dem Tollensee nicht nur zum Schutz, sondern sollte auch vom Wohlstand ihrer Bürger zeugen.

Was immer man vom Fürsten Bismarck auch hält ... daran, daß er nicht wußte, was er wollte, konnte es nie ausgeprägte Zweifel geben. Der preußische Staatsmann hatte so auch sicher seine Gründe dafür, einmal den Wunsch zu äußern, in Mecklenburg den wohlverdienten Lebensabend zu verbringen. Vielleicht lag das daran, daß - nach Bismarck - im Mecklenburgischen ganz generell grundweg alles mindestens 50 Jahre später passiere als anderswo in deutschen Landen. Und von dieser Zeitrechnung wollte der weitsichtige Preuße selbst einen drohenden Weltuntergang nicht ausschließen.

Tatsächlich galt der nördlichste Teil Mitteldeutschlands durch Jahrhunderte hindurch schlichtweg als zurückgeblieben. Das hatte in erster Linie etwas mit der dortigen Landverteilung zu tun. Großagrarier und Junker beherrschten das fast ausschließlich landwirtschaftlich genutzte Gebiet, für das gemeine Volk gab es - so Fritz Reuter in einer populären Versdichtung - einfach „kein rechtes Hüsing". Selbst wo die Städte wuchsen, waren sie nur Mittelpunkte einer relativ anspruchlosen Bevölkerung, denn wer im Mecklenburgischen Ansprüche hatte, war längst an der Spree oder im Begriff, nach dorthin zu verziehen.

Ein Landstreifen also, der nie oder relativ wenig von sich reden machte, wenn dort nicht gerade einmal - wie um 1880 in Lauscha - die Christbaumkugel „erfunden" wurde oder ein Mecklenburger - der Erzieher Friedrich Fröbel - den Kindergarten „erfand". Hier lockten keine extravagante Natur und keine spektakulären Landschaftsbilder. An ihrer Stelle ein Paradies für Vögel und Vogelfreunde, weite Weiden, tausend kleine und

Deutschlands unbekannter Norden

kleinste Seen und tiefe Wälder mit den so charakteristischen Hexenbuchen, Wundereichen und Spuktannen. Ohne Zweifel nicht genug, um Deutschlands unbekannten Norden im Reich bekannt zu machen.

Leicht zu übersehen so auch, daß dieses Mecklenburg aufgrund eines „Happy end" einmal durchaus ein Frühstarter der deutschen Geschichte gewesen war. In Tagen der Ostkolonisation, als das Abendland auf Wanderschaft ging, hatte der etwas umstrittene Heinrich der Löwe auf der Suche nach Bundesgenossen dem Slawenfürsten Pribislaw zuvor annektiertes Land als Lehen wieder zurückgegeben. Pribislaw wurde jetzt zum Christen und durch Verschwägerung mit dem Sachsenadel Stammvater der mecklenburgischen Herzöge.

Mit der Vermischung von Slawen (Wenden) und Germanen bildete sich in Deutschlands Norden ein „ostniederdeutscher" Neustamm, den der Freiheitsdichter Ernst Moritz Arndt als „slawisch lustig und leichtfertig, daneben sächsisch harmlos und gutmütig" einstufte. Gänzlich zu klären war allerdings nie, ob die Mecklenburger nun eher wendisch-sächsisch oder sächsisch-wendisch waren.

Mecklenburger: Friedrich Fröbel, Gründer des Kindergartens, Gotthelf Greiner, Erfinder, Heinrich Geißler, Erfinder, Fürst Blücher, Feldmarschall, Helmut Graf von Moltke, Feldmarschall, Heinrich von Mecklenburg, Herrscher, Heinrich Seidel, Dichter, Friedrich Ludwig Jahn, Turnvater, Hans Delbrück, Historiker, Fritz Reuter, Schriftsteller, Johann Heinrich Voß, Dichter, Heinrich Schliemann, Archäologe.

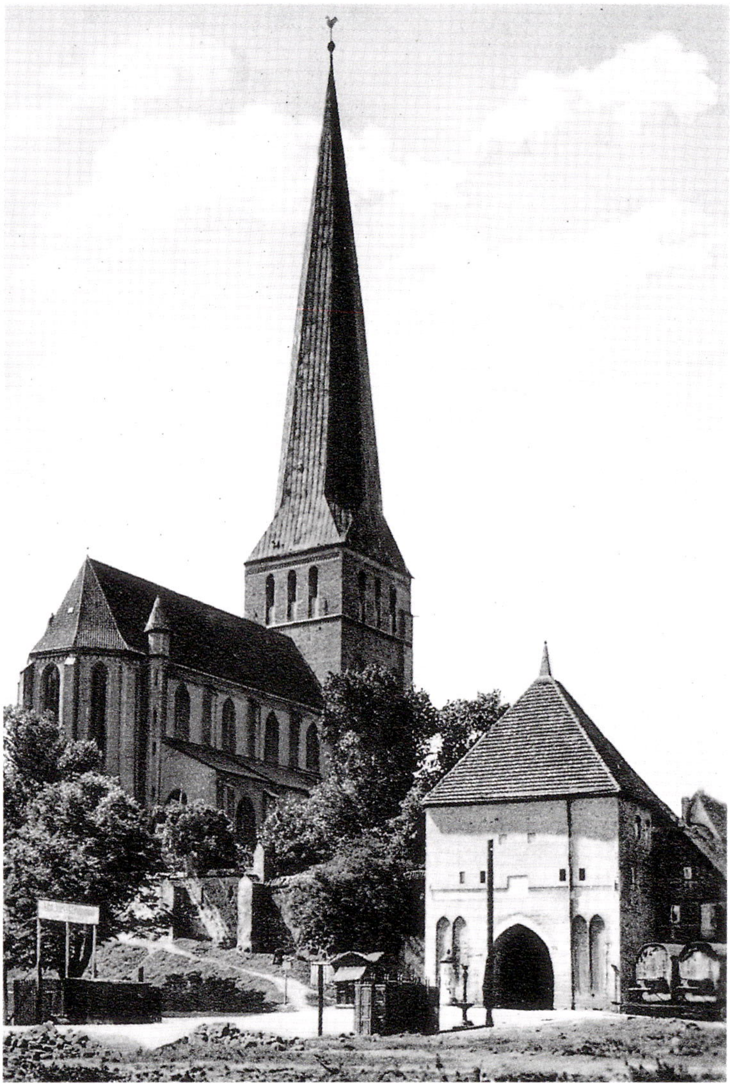

Rostock: Petritor und Petrikirche in der Altstadt, mit dem höchsten Turm Mecklenburgs. Mit der Gründung der Bistümer Ratzeburg und Schwerin Mitte des 12. Jh. setzten – besonders gefördert durch Mönche des Zisterzienserordens – die Christianisierung und Besiedlung Mecklenburgs mit westfälischen und sächsischen Bauern ein. Rostock wurde bald die größte Stadt im slawischen Obotritenland, war daneben durch die Einrichtung der ersten Universität in Nordeuropa (1419) auch wissenschaftliches Zentrum des Ostseeraumes, was ihr den Beinamen „Leuchte des Nordens“ einbrachte.

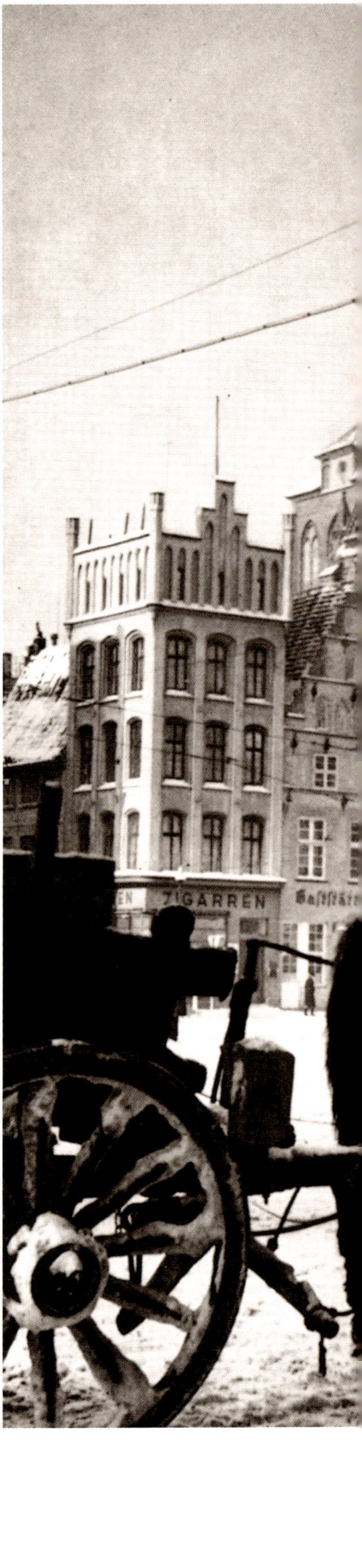

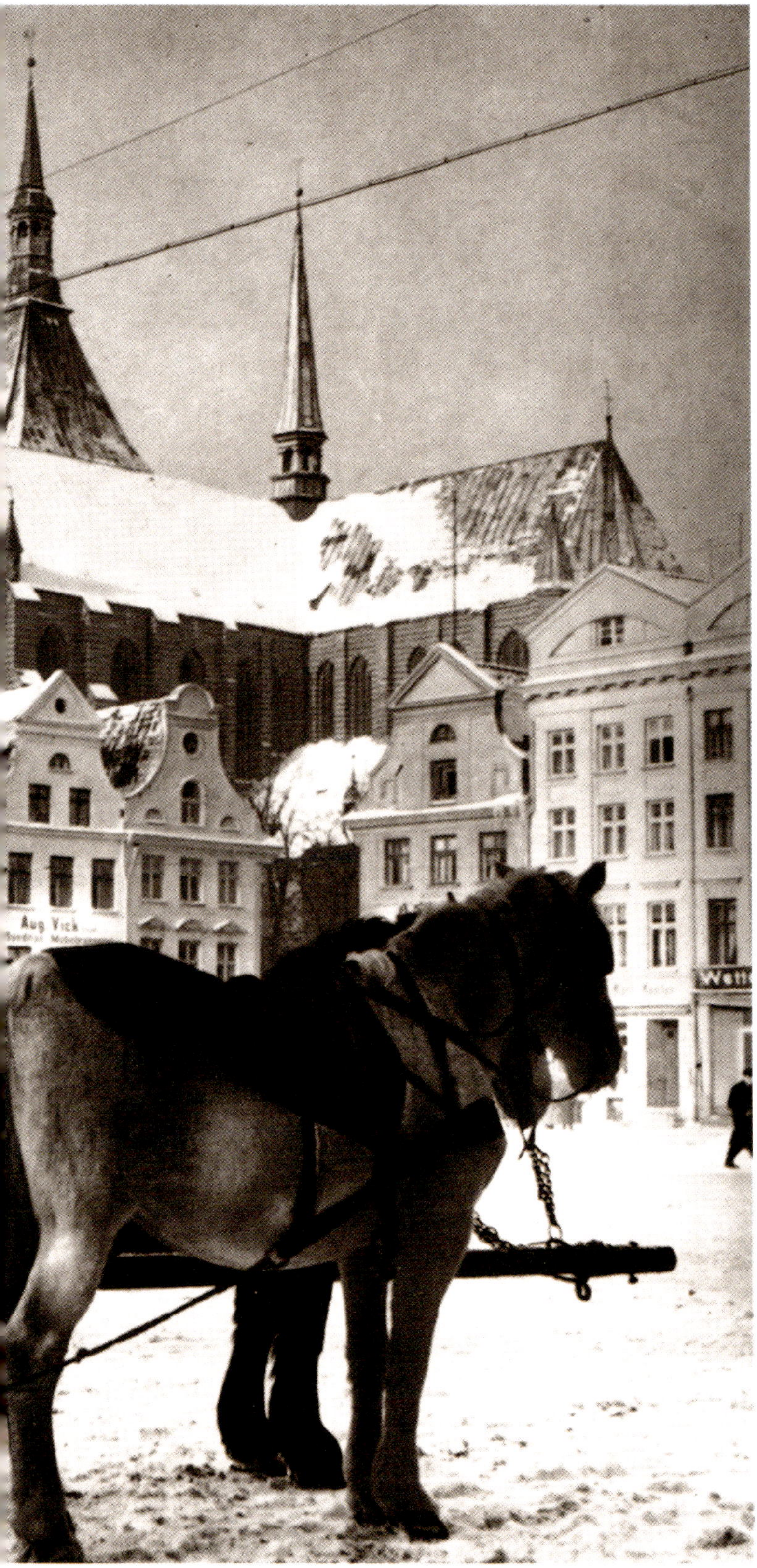

Rostock: Marktplatz. Rostocks Neuer Markt, die östliche Begrenzung der Kröpeliner Straße, stammt in seinen ältesten Teilen aus dem 13. Jh. Überragt wird der Platz von der Marienkirche, einem der mächtigsten Gotteshäuser im Ostseeraum. Nach der Grundsteinlegung im 13. Jh. haben die Rostocker 400 Jahre lang an ihm gebaut. Als Vorbild diente die Lübecker Marienkirche. Sehenswert im Kircheninnern: der bronzene Taufkessel aus dem 13. Jh. und der spätgotische Rochus-Altar.

Rostock ist ein Kind der deutschen Ostkolonisation, des Ausbruchs der Germanen aus ihrem Lebensraum im 12. und 13. Jh. Um das Jahr 1215 entwickelte sich hier neben einer slawischen Siedlung mit Namen Roztoc (zu deutsch „Flußverbreiterung“) an der Warnow eine deutsche Handwerks- und Kaufmannssiedlung. Begünstigt durch seine geographische Lage und die Rolle innerhalb der Hanse zählte die Stadt, die bis ins 19. Jh. in ihren Mauern blieb, bald zu den führenden Handelsplätzen an der Ostsee. Die bauchigen Rostocker Koggen mit der blau-weiß-roten Flagge und dem Vogel Greif fuhren mit dem Handelsgut der Hanse über die Meere der damals bekannten Welt. Rostocks Niedergang begann nach dem Dreißigjährigen Krieg, als ihm der Westfälische Friede die hanseatischen Partner Wismar und Stralsund nahm, die an Schweden fielen.

Ein Sohn Rostocks ist der preußische Heerführer Fürst Gebhard Leberecht Blücher, der „Marschall Vorwärts“ des Krieges gegen Napoleon. Rostock errichtete ihm 1819 ein Denkmal mit einer Widmung Goethes.

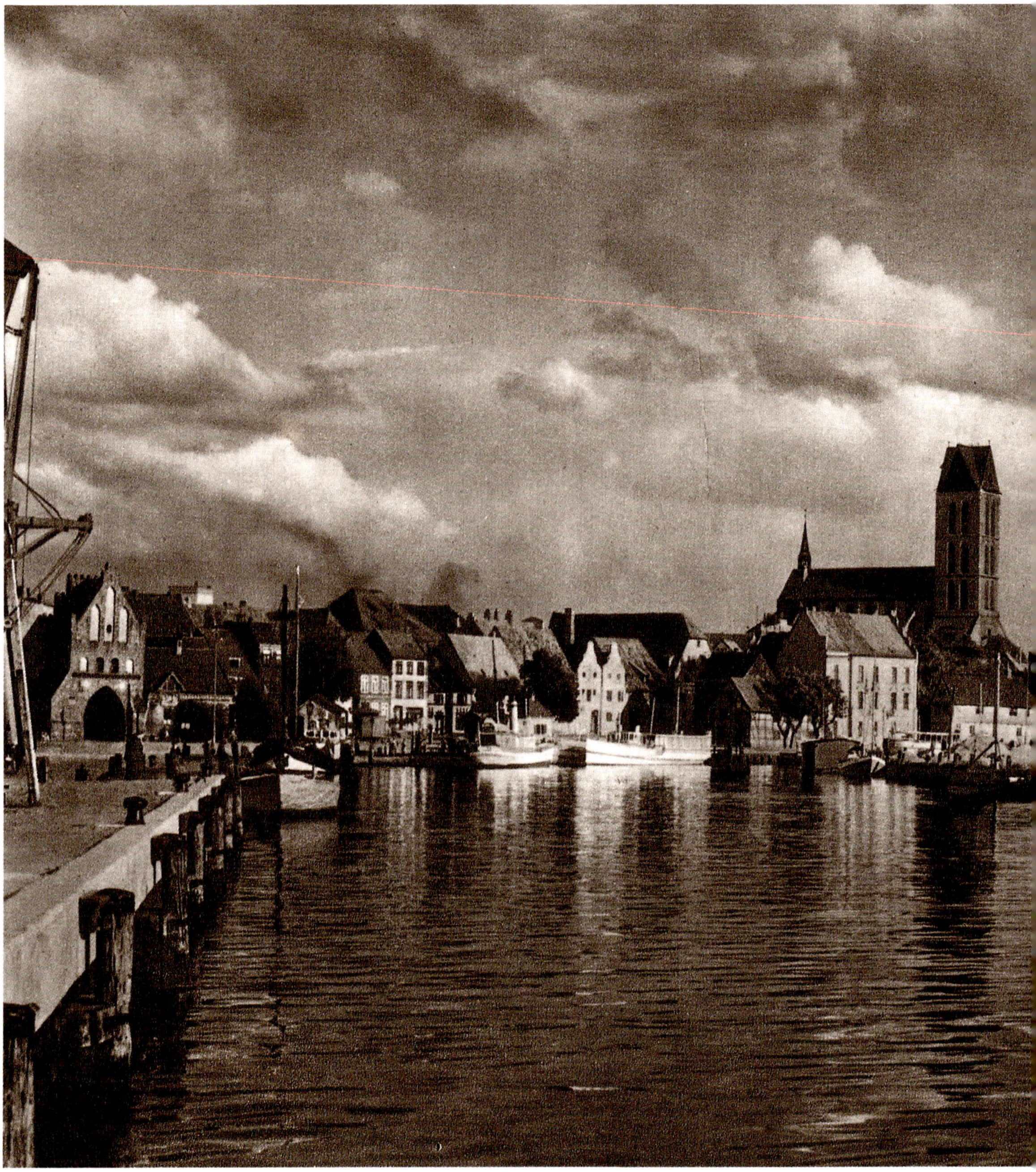

Wismar: Bis in weite Ferne grüßen die Gotteshäuser der alten See- und Hansestadt an der Südspitze der Wismarschen Bucht. Einst Mitglied der mächtigen Hanse - Wismar gehörte neben Rostock zu den Städten, die sich schon 1359 zu dem später erweiterten Städtebund zusammenschlossen - sorgten Kriegszeiten für einem tiefen Niedergang. Dänen und Schweden eroberten die Stadt, die 1648 an Schweden ging und 1803 zurückgekauft wurde, doch erst 1903 endgültig in mecklenburgischen Besitz kam. Trotz aller Wirren haben sich in Wismar zahlreiche mittelalterliche Bauten erhalten, die zu den bedeutendsten Baudenkmälern der Backsteingotik zählen.

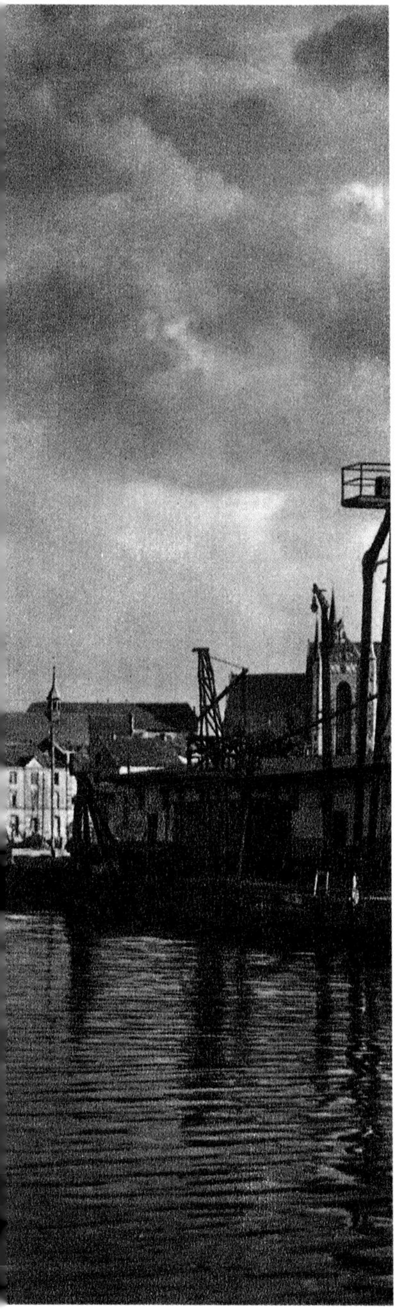

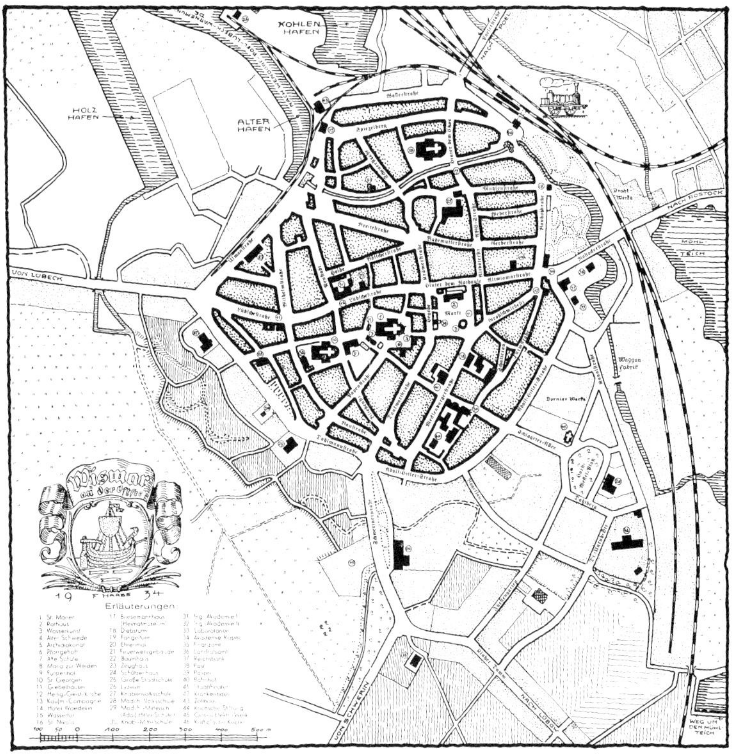

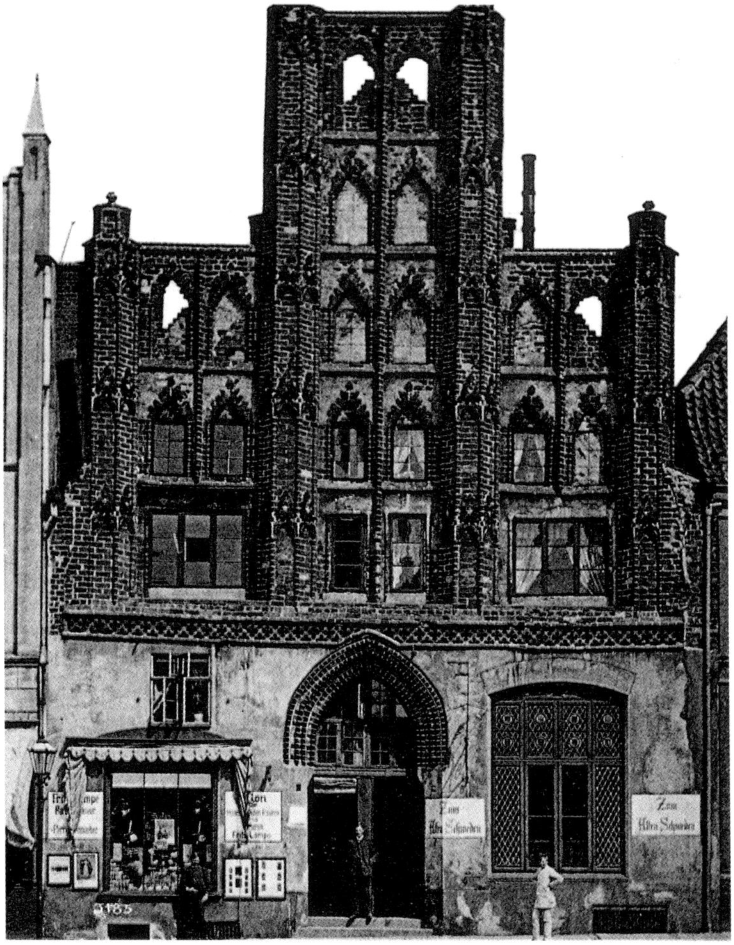

Wismar: das Haus zum „Alten Schweden". Um 1380 erbaut, war das schöne Giebelhaus am Marktplatz bis 1803 Sitz des schwedischen Kommandanten.

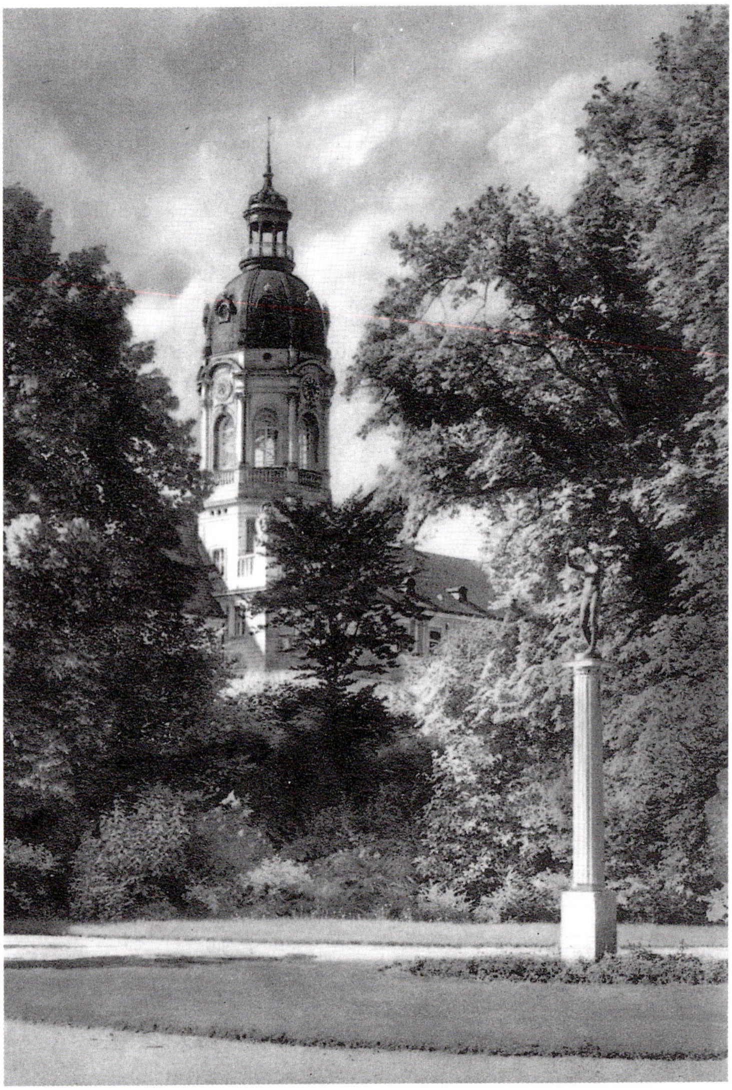

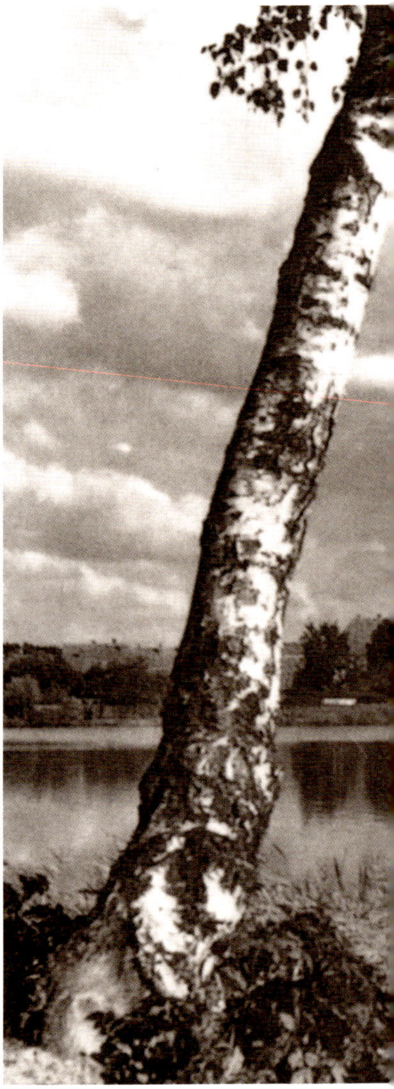

Neustrelitz: Im Schloßpark. Neustrelitz am Zierkersee wurde 1733 als Haupt - und Residenzstadt des Großherzogtums Mecklenburg-Strelitz gegründet. Zu den Sehenswürdigkeiten der spätbarocken Stadt, deren Name sich vom slawischen Strelec (Schütze) ableitet, zählen neben Rathaus und Stadtkirche die neugotische Schloßkirche im Schloßpark, erbaut von Friedrich Wilhelm Buttel, einem Schüler Schinkels.

Im Umkreis der alten Residenz machen rund 300 Seen das Neustrelitzer Land zum beliebten Ausflugsziel von Natur - und Wasserfreunden.

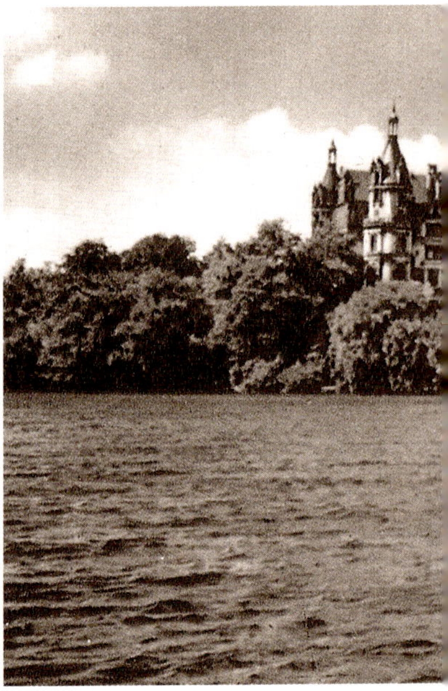

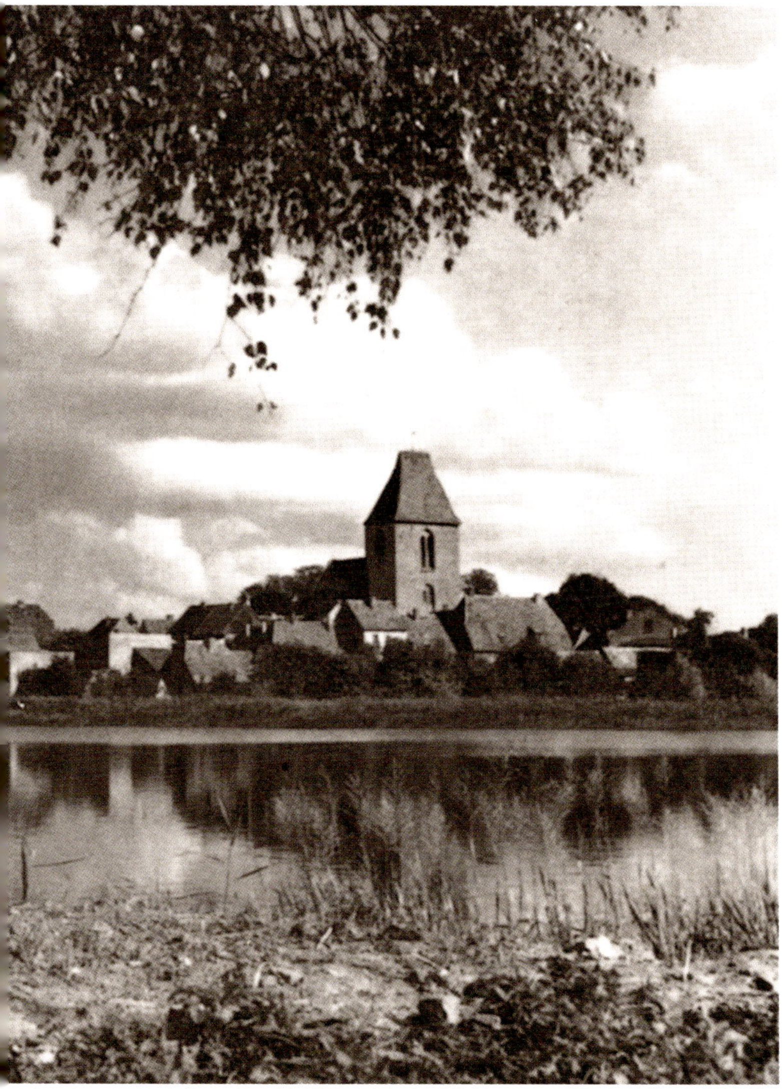

Blick auf Krivitz (Crivitz) im Landkreis Schwerin. Die Mecklenburger errichteten ihre Ortschaften gerne an schwer angreifbaren Stellen. Haus und Hof wurden – wie in dem 1250 gegründeten Weinbauort Krivitz – nüchtern um ernste, schwere Kirchen gruppiert. Mecklenburgs Dörfer blieben dann ohne die Zeugen alter Kulturen, auch fehlte ihnen die Farbenfreude anderer Landschaften, etwa Süddeutschlands. Dafür symbolisierten sie mit ihren Ortsamen – typisch für Mecklenburg – das jahrhundertelange Nebeneinander von Germanen und Slawen. Lange konnten sich hier Sprache und Brauchtum der Wenden erhalten, auch dann noch, nachdem die Ostlandwanderung der germanischen Mönche und Bauern, Fürsten und Bürger längst weitergezogen war.

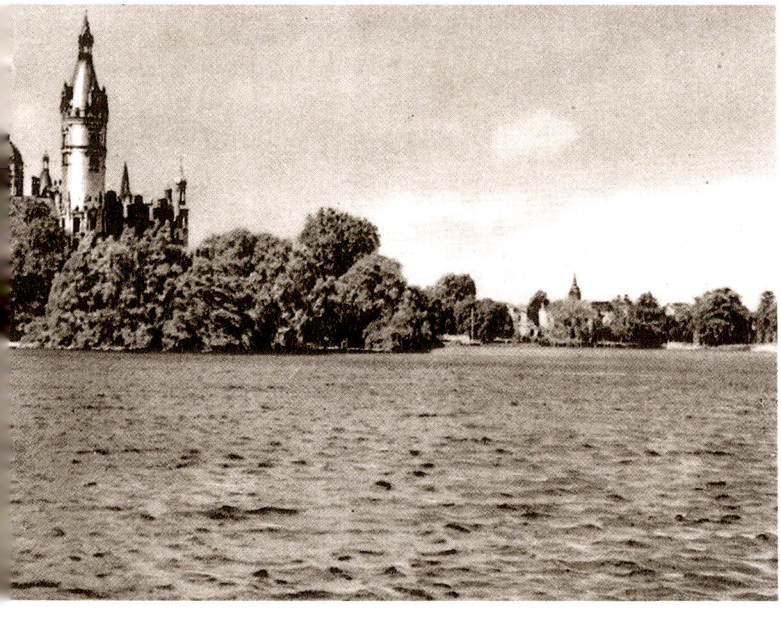

Schwerin: das Neue Schloß. Die ehemalige Landeshauptstadt von Mecklenburg wurde, gerahmt von Seen und Wäldern, im Jahre 1160 auf den Ruinen einer slawischen Burganlage durch Sachsenherzog Heinrich der Löwe gegründet. Südlich der Altstadt, zwischen Burgsee und Schweriner See, steht das Schloß der Großherzöge in einer historischen Parkanlage. Zwischen 1845 und 1857 von Hofarchitekt Georg Adolph Demmler gebaut, trägt es bereits deutlich die Zeichen der wilhelminischen Zeit. Im Schloßhof steht das steinerne Petermännchen, ein berühmter Schloßgeist, der in Schweriner Kellergewölben hausen soll.

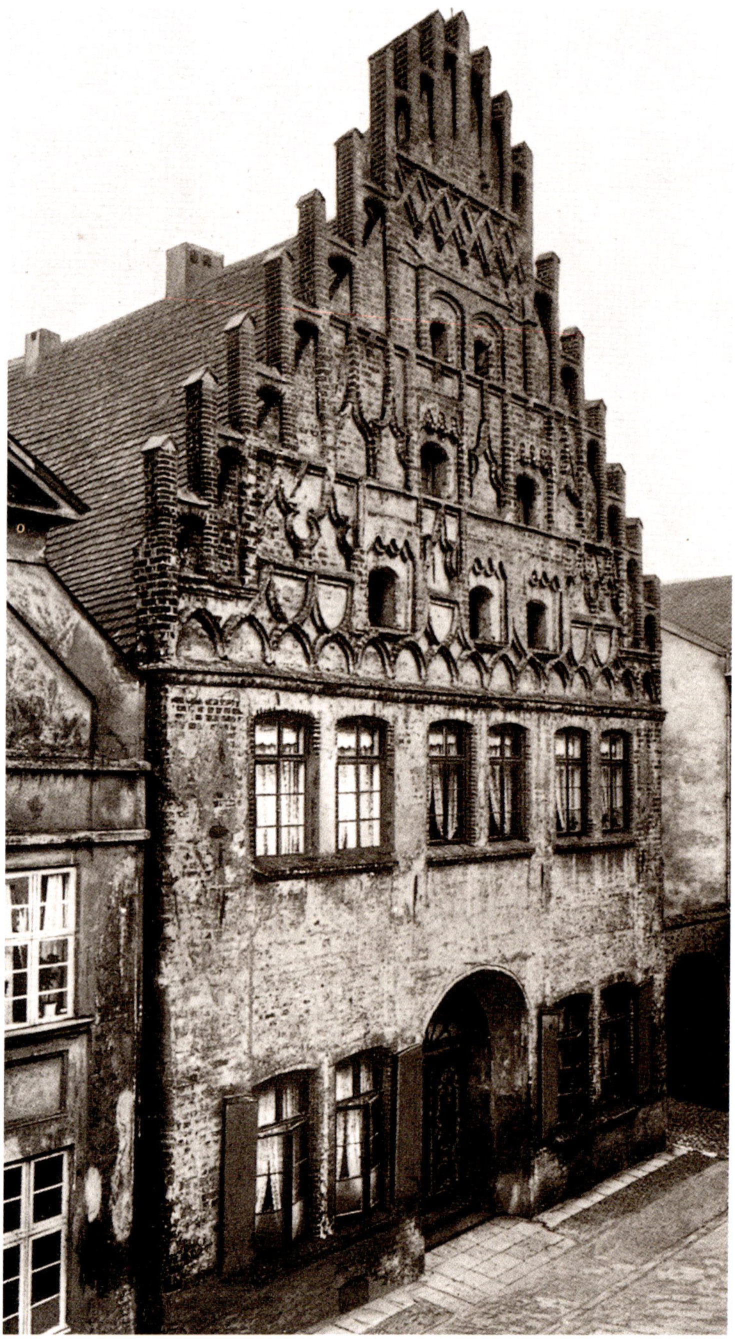

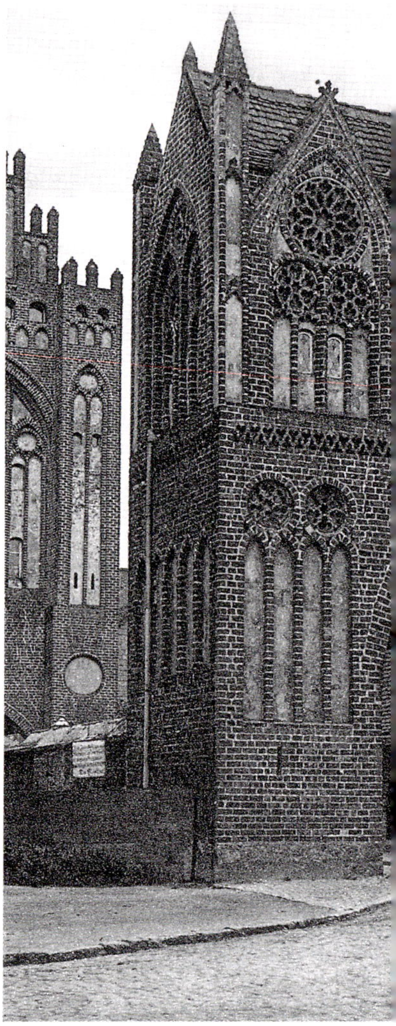

Neubrandenburg: das Treptower Tor (Mitte des 14. Jh.). Zu den Sehenswürdigkeiten der Stadt in Mecklenburg-Strelitz gehört die fast völlig erhaltene mittelalterliche Wehrmauer mit den vier Backsteintoren, darunter das kunsthistorisch besonders interessante Treptower Tor im hochgotischen Stil. In Neubrandenburg lebte der Schriftsteller Fritz Reuter (geb. 1810 in Stavenhagen, gest. 1874 in Eisenach), der mit seinen plattdeutschen Anekdoten, mit „ollen Kamellen" und Romanen zu einem der wichtigsten Vertreter der niederdeutschen Literatur wurde. Hier war es auch, wo Turnvater Jahn 1803 seinen ersten Turnplatz absteckte.

Güstrow: Giebelhaus der Brauerei Hansen. Güstrow – vom slawischen guscer (Eidechse) – liegt südöstlich von Rostock in einem Teil der Mecklenburgischen Schweiz. An der linken Seite des Flüßchens Nebel vom Rostocker Fürsten Heinrich Borwin II. gegründet, wird die Stadt 1226 erstmals erwähnt. Nacheinander Residenz der Fürsten von Werle und der Herzöge von Mecklenburg entstanden in Güstrows Altstadt mit Dom und Pfarrkirche schöne Beispiele der norddeutschen Backsteinkunst.

Auf Schloß Güstrow hielt Wallenstein als Herzog von Mecklenburg einst hof, in der Stadt lebte der Graphiker und Bildhauer Ernst Barlach ab 1910.

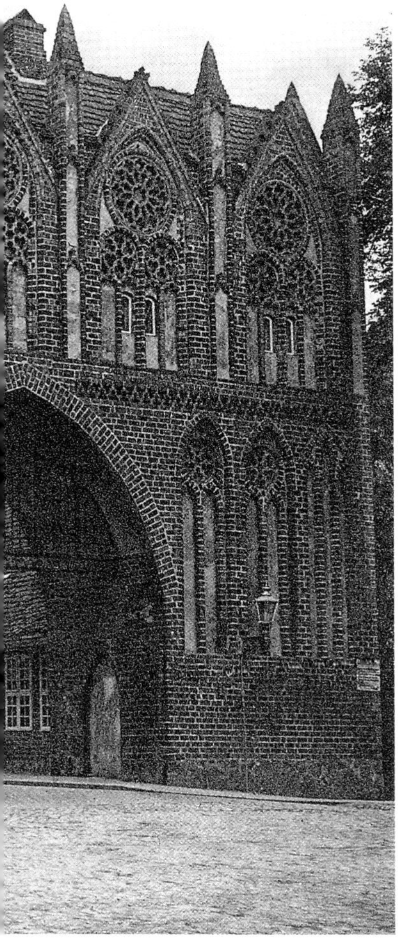

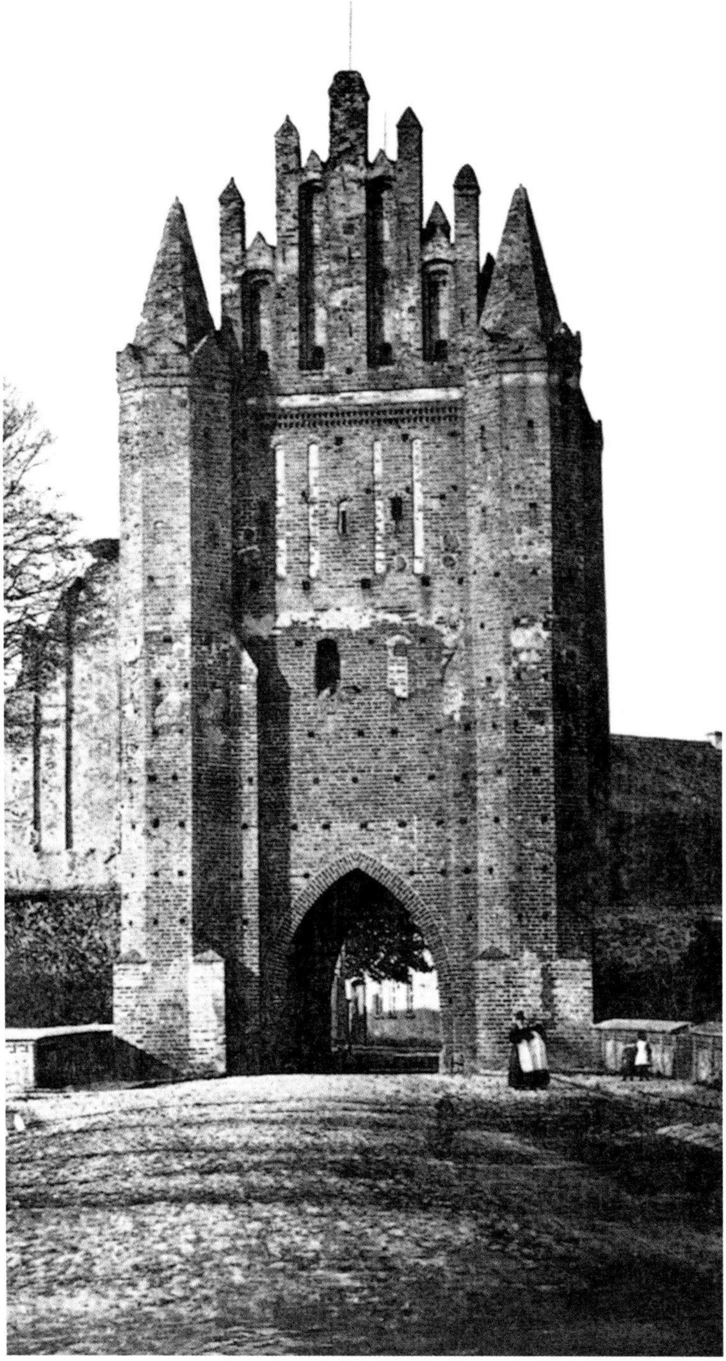

Friedland: das Neubrandenburger Tor. Friedland an der Datze war 1244 von den Markgrafen von Brandenburg als Grenzfestung „Vredeland" mit Blick auf das nahe Pommern angelegt worden. Seit Beginn des 14. Jh. bei Mecklenburg, brachte es die Stadt dank ihrer günstigen Lage an der alten Handelsstraße zur Ostsee, durch Tuchmacherei und Wollweberei zu Wohlstand. Doch der Name täuschte: die großen Kriege gingen an Friedland nicht vorbei. Als Sehenswürdigkeiten blieben Teile der Stadtmauer, der Anklamer Tortum und das Neubrandenburger Tor erhalten.

Uns' Meckeleborg, dat gehta mit,
Ick wollt süß ook nich löhen (glauben);
Nu hew'k mit mennig suan'n (sauren) Tritt
Müßt Lür (Leute) un Land dürchstöben;
Doa seh'k (sehe ich) denn nu ganz apenboa.
't is up de Welt nich mia so roa (nicht mehr so schön)
As bi uns Meckelnbörga.

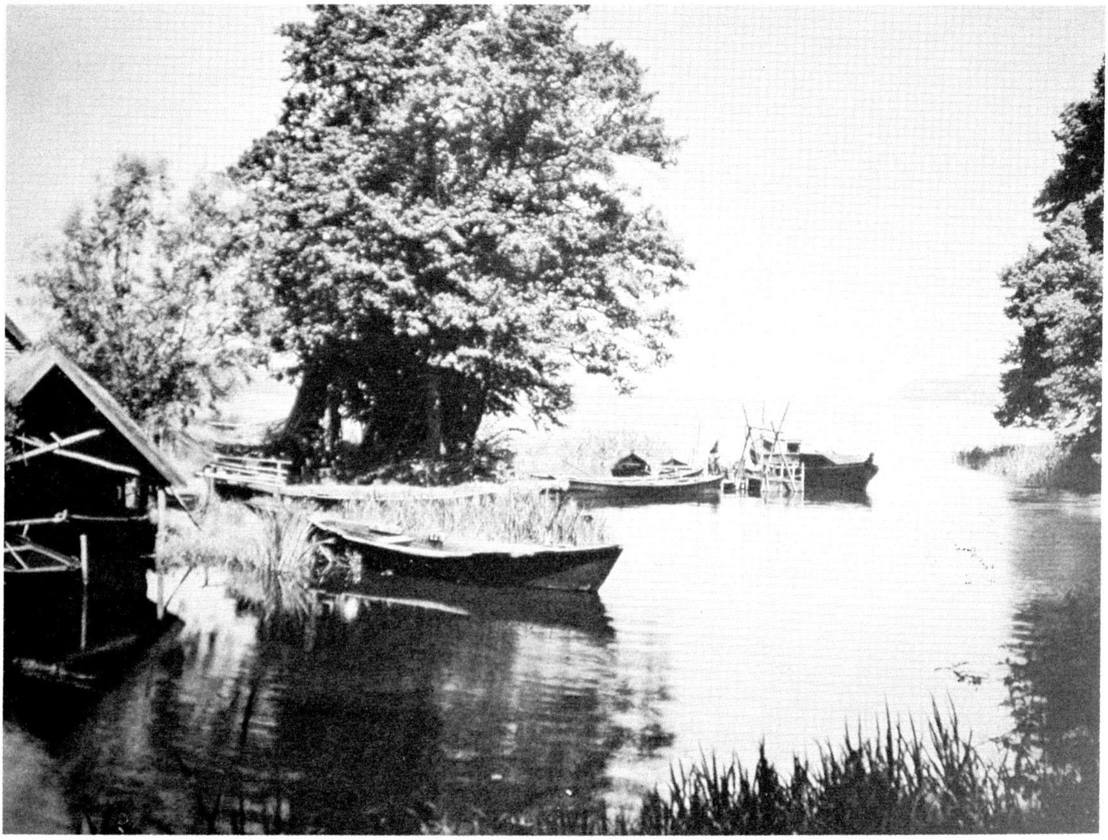

Fischerei an der Müritz. Im wald- und seenreichen Müritzgebiet, einem Teil der Mecklenburgischen Großseenplatte, dominierten jahrhundertelang Land-, Forst- und Fischwirtschaft. Erst in jüngerer Zeit entwickelte sich die Landschaft rund um das „Mecklenburgische Meer" zum beliebten Feriengebiet. An der fischreichen Müritz, Norddeutschlands größtem Binnensee, liegen die Brutreviere von Wanderfalken, Seeadlern und Kranichen.

Bad Doberan: das Münster. Eine der kostbarsten mecklenbugischen Großkirchen, geht das mächtige Gotteshaus auf eine Klostergründung der Zisterzienser zurück. Glaubt man der Legende, dann war es der Obotritenfürst Borwin, der zu Beginn des 13. Jh. den Grundstein zu dem späteren Kur- und Badeort zwischen Rostock und Wismar legte. An einer Stelle, wo ihm ein Schwan einmal ein „dobr, dobr" zugerufen hatte, ließ er ein Kloster anlegen. Von „dobr" bis Bad Doberan war es dann nur noch eine Frage der Zeit.

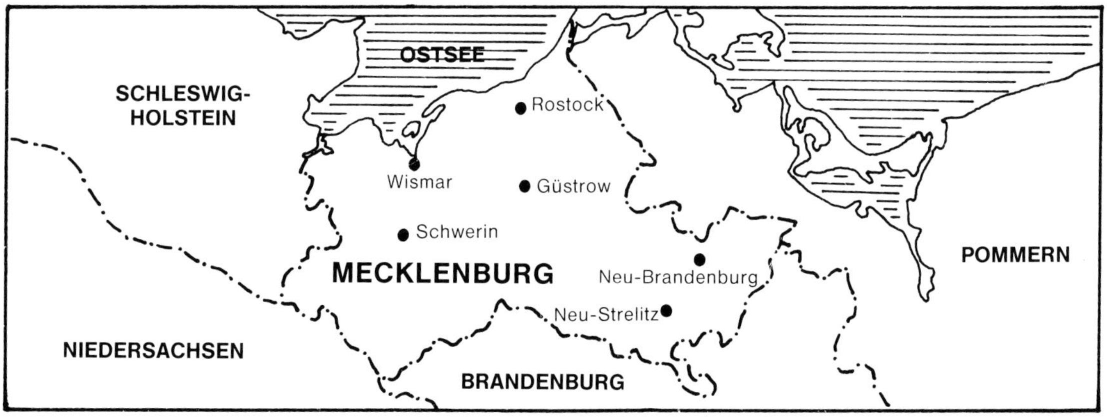

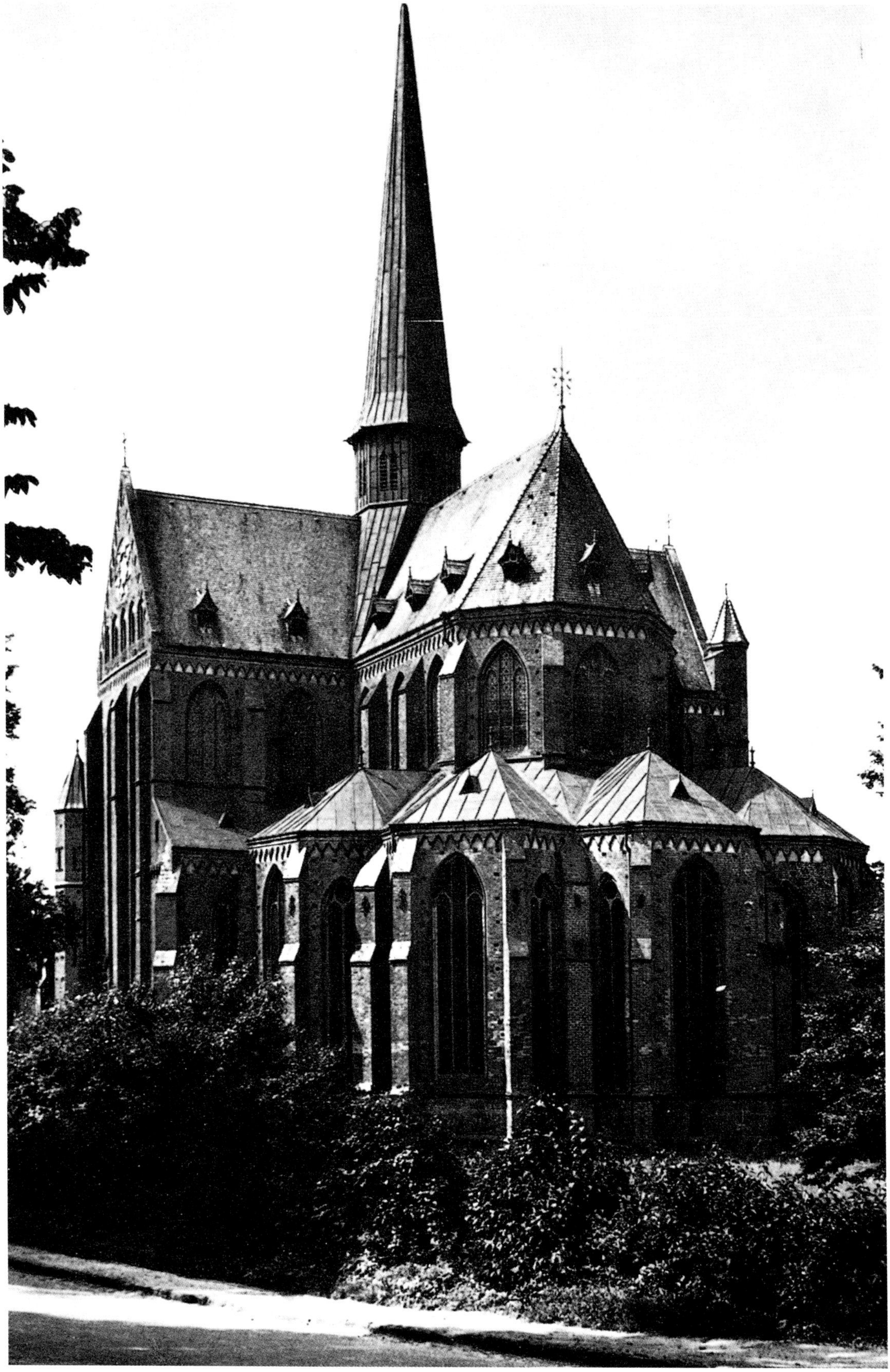

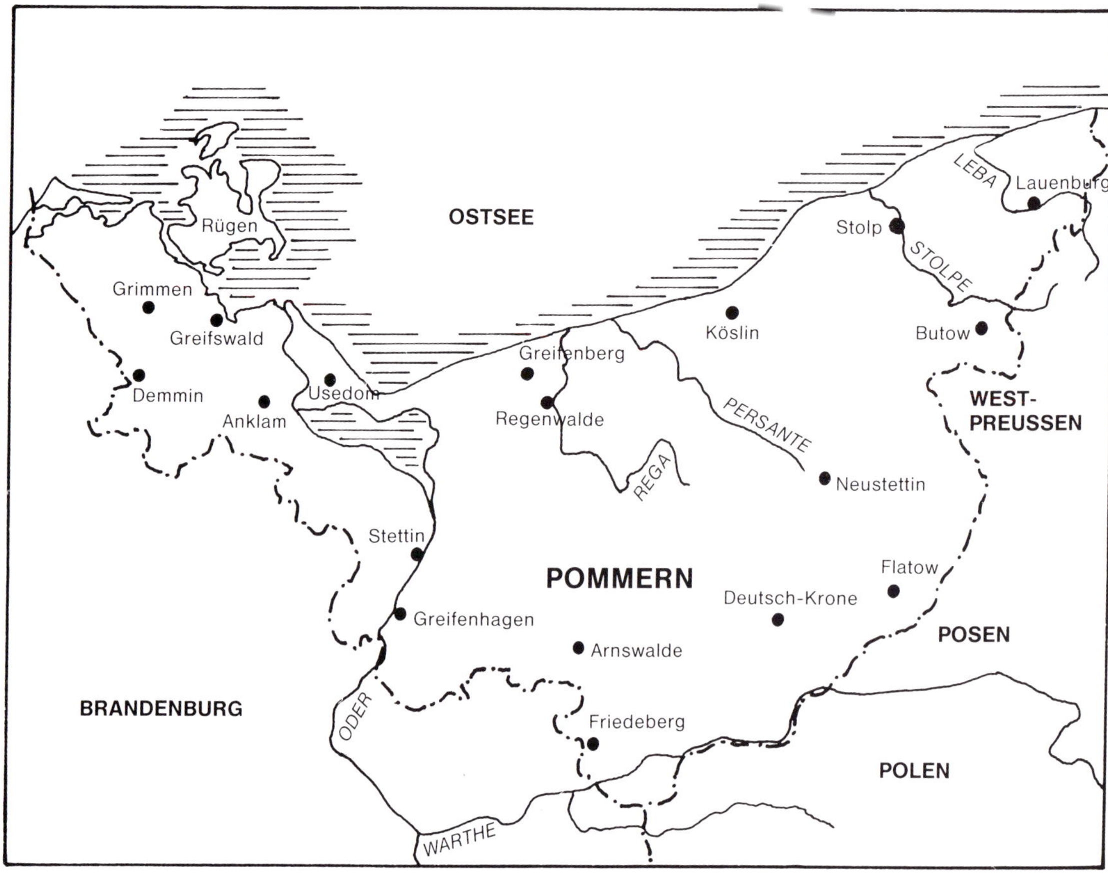

mußte beim Wiederaufbau eben kräftig angepackt werden. Und das war es, was die Pommern prägen sollte.

Pommern: Katharina die Große, Kaiserin, Ernst Moritz Arndt, Dichter, Caspar David Friedrich, Maler, Otto Lilienthal, Flugpionier, Klaus Störtebecker, Seeräuber, Heinrich von Stephan, Gründer des Weltpostvereins, Rudolf Clausius, Physiker, Paul Dahlke, Schauspieler, Hans Delbrück, Historiker, Hans Domnik, Filmemacher, Alfred Döblin, Schriftsteller, Rudolf Virchow, Mediziner, Magnus Hirschfeld, Sexualforscher, Philipp Otto Runge, Maler, Heinrich George, Schauspieler.

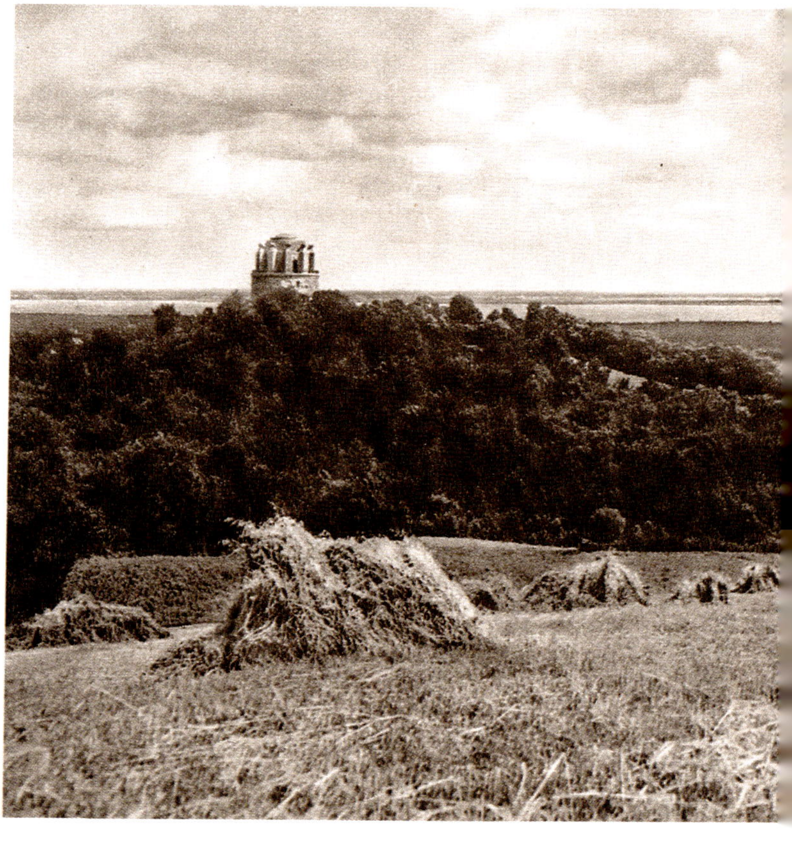

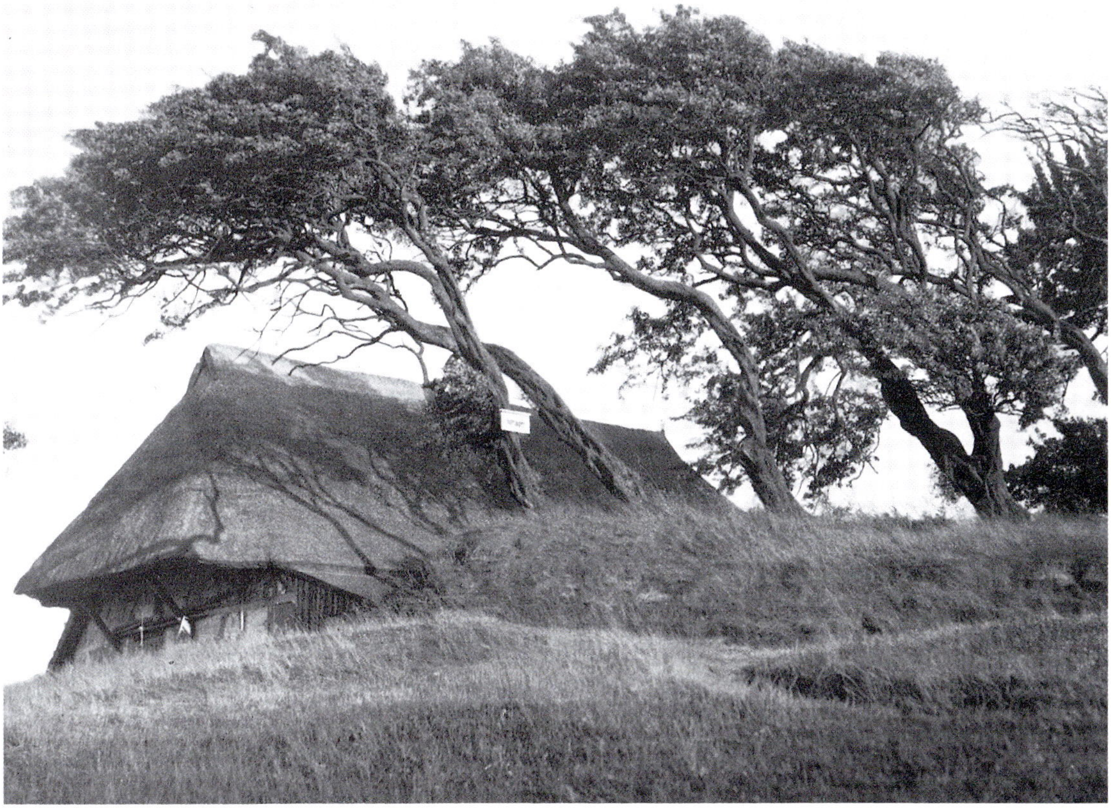

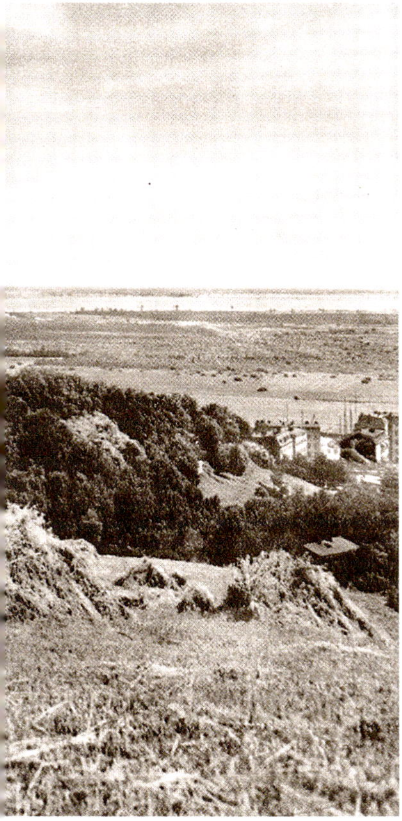

Pommersche Landschaft bei Gotzlow – Fischerhaus an der Ostsee. Von den bewaldeten Hügeln der Flußtäler war der Blick frei in das weite, fruchtbare Pommernland . . . auf Bauernland, abgesehen davon, daß es hier mehr Großgrundbesitz gab als in irgendeinem anderen Teil Deutschlands. – Geschützt vor dem Sturm und dem Treiben des Sandes lagen die Häuser der Fischer in den Dünen der Ostseeküste. Pommern, der bis zu 90 km breite Saum an Rande der See, war Deutschlands beliebtestes Bäderland, daneben aber auch wichtigstes Fischereigebiet.

Pommern war – wenn auch mit Rückschlägen – seit Otto dem Großen unter deutschem Einfluß gestanden. St. Marien zu Lübeck wurde die Mutterkirche vieler pommerschen Kirchen, die Menschen sprachen den niederdeutschen Dialekt, die Städte wurden mit Lübischem oder Magdeburger Recht versehen, die Hanse prägte lange Zeit den Handel. Im Mittelalter zählte Pommern zum niedersächsischen Reichskreis, nach dem Dreißigjährigen Krieg war es teils preußisch, teils schwedisch.

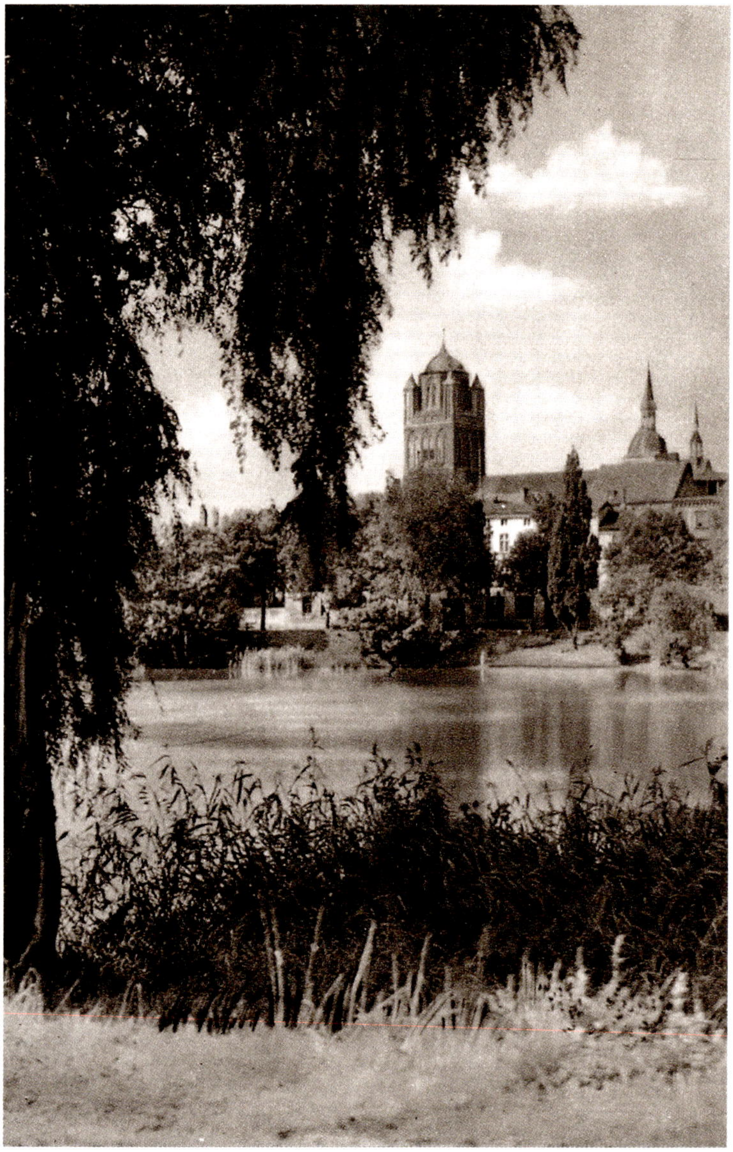

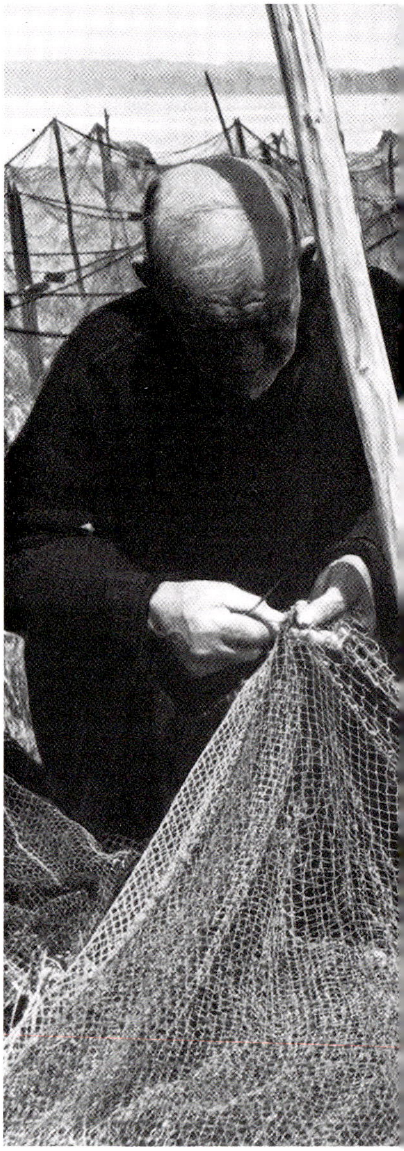

Stralsund: die Jakobikirche, eine dreischiffige Basilika aus dem 14. Jh. Die Hafen- und Handelsstadt am Strelasund, gegenüber von Rügen, galt als wirtschaftlicher Mittelpunkt Vorpommerns, war nach Lübeck einst das mächtigste Glied der Hanse. Aus einem slawischen Fischerdorf herausgewachsen, wurde Stralsund 1234 mit dem Lübischem Stadtrecht versehen. Seine Lage, in einem Kranz von Seen und der See, trug dazu bei, daß im Dreißigjährigen Krieg Wallensteins Heer bei einer vergeblichen Belagerung der Stadt seine Kraft verlor und abziehen mußte. Die Stralsunder waren die letzten auf dem Festland gewesen, die dem sieggewohnten kaiserlichen Feldhern widerstanden hatten.

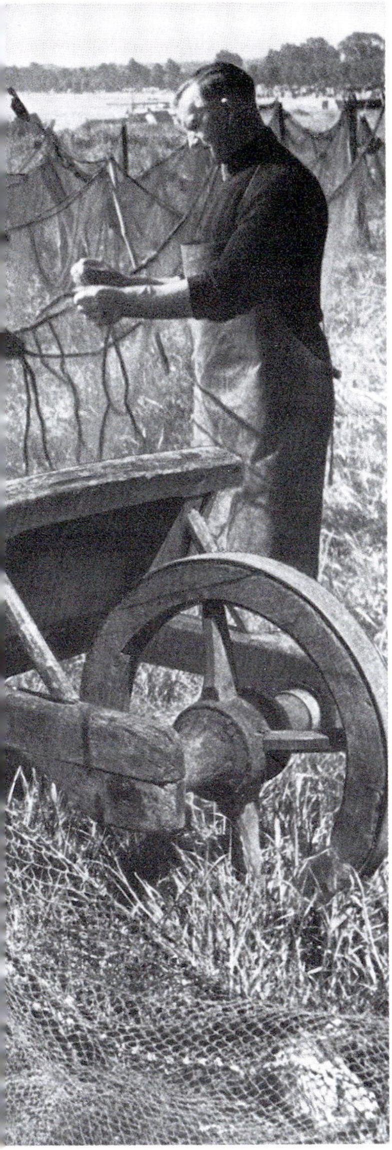

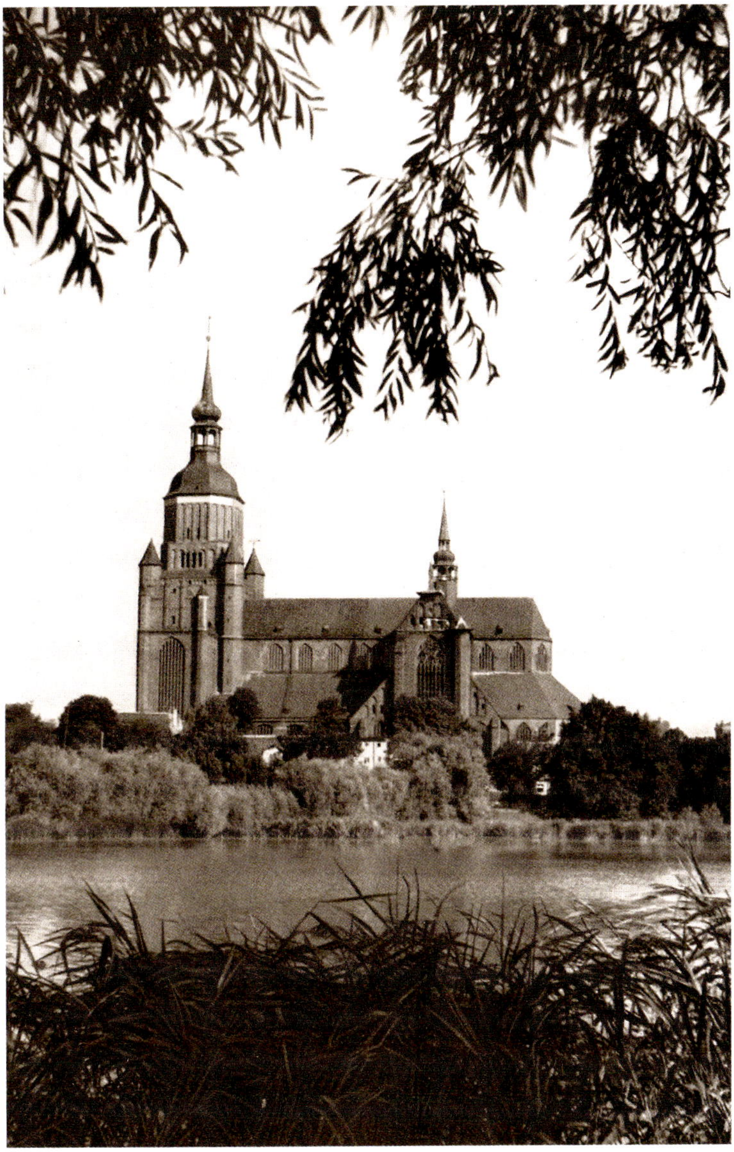

Fischer beim Flicken ihrer Netze. Pommerns Fischer zogen das ganze Jahr über hinaus zu ihren Fanggründen in der Pommerschen Bucht, an Darß und Zingst, auf der Stolpebank oder am Millionengrund. Vor allem Flundern und Dorschen, Heringe und Aale gingen ihnen dort in die Netze.

Stralsund: die Marienkirche, eine der drei großen Pfarrkirchen der Stadt. St. Marien, ein Basilika-„Neubau" mit Querschiff und Chorjoch aus dem 14. und 15. Jh., wird 1298 erstmals erwähnt. Die ursprüngliche Kirche war beim Einsturz ihres Turmes weitgehend zerstört worden.

1648 wurde Stralsund Schweden zugesprochen, in dessen Besitz es – außer einer kurzen dänischen Periode während des Nordischen Krieges – bis 1815 blieb. Danach kam es zu Preußen.

In Stralsund ist der Entdecker des Sauerstoffs, der Chemiker Karl Wilhelm Scheele geboren, hier besuchte der Freiheitsdichter Ernst Moritz Arndt das Gymnasium.

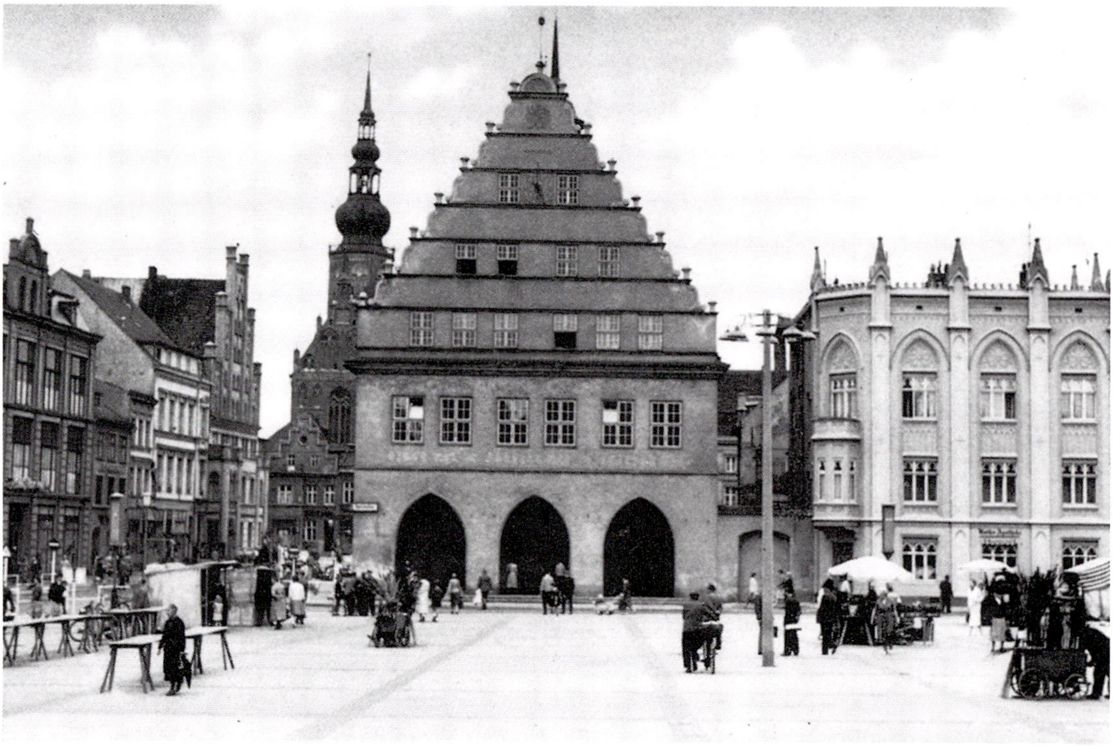

Markt und Rathaus von Greifswald. Die Stadt am schiffbaren Ryck verdankte ihre Entstehung neben profitversprechenden Salzquellen den Mönchen des Zisterzienserklosters Eldena. 1456 wurde hier die weltberühmte Universität gegründet, geistiger Mittelpunkt Pommerns. Bedeutende Bauwerke waren die Marien- und Jakobikirche aus dem 13. Jh. und das Rathaus, 1713 nach einem Brand renoviert. Aus Greifswald stammte Caspar David Friedrich, der Meister der romantischen Malerei.

Deutschlands Flugpionier Otto Lilienthal ist im Mai 1848 in Anklam geboren. Autor des Buches „Der Vogelflug als Grundlage der Fliegekunst", gelangen ihm die ersten Gleitflüge eines Menschen mit Zielen zwischen 25 und 300 m. Der vielseitige Erfinder stürzte 1896 bei einem seiner Flugversuche in Berlin ab.

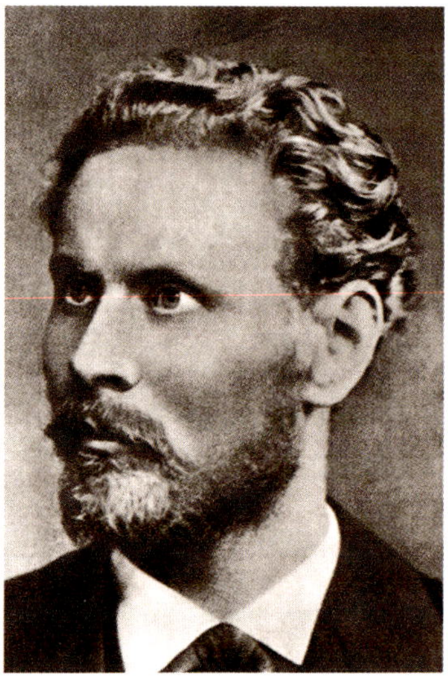

Rechts: Anklam: am Hafen. Anklam am Südufer der Peene wird 1243 zum erstenmal urkundlich erwähnt. Schon wenige Jahre später erhielt es die lohnende Fischereigerechtigkeit und sollte dann zum lübischen Drittel der Hansestädte gehören. Nach dem Dreißigjährigen Krieg erst einmal schwedisch, wurde es 1720 im Frieden von Stockholm von Preußen käuflich erworben.

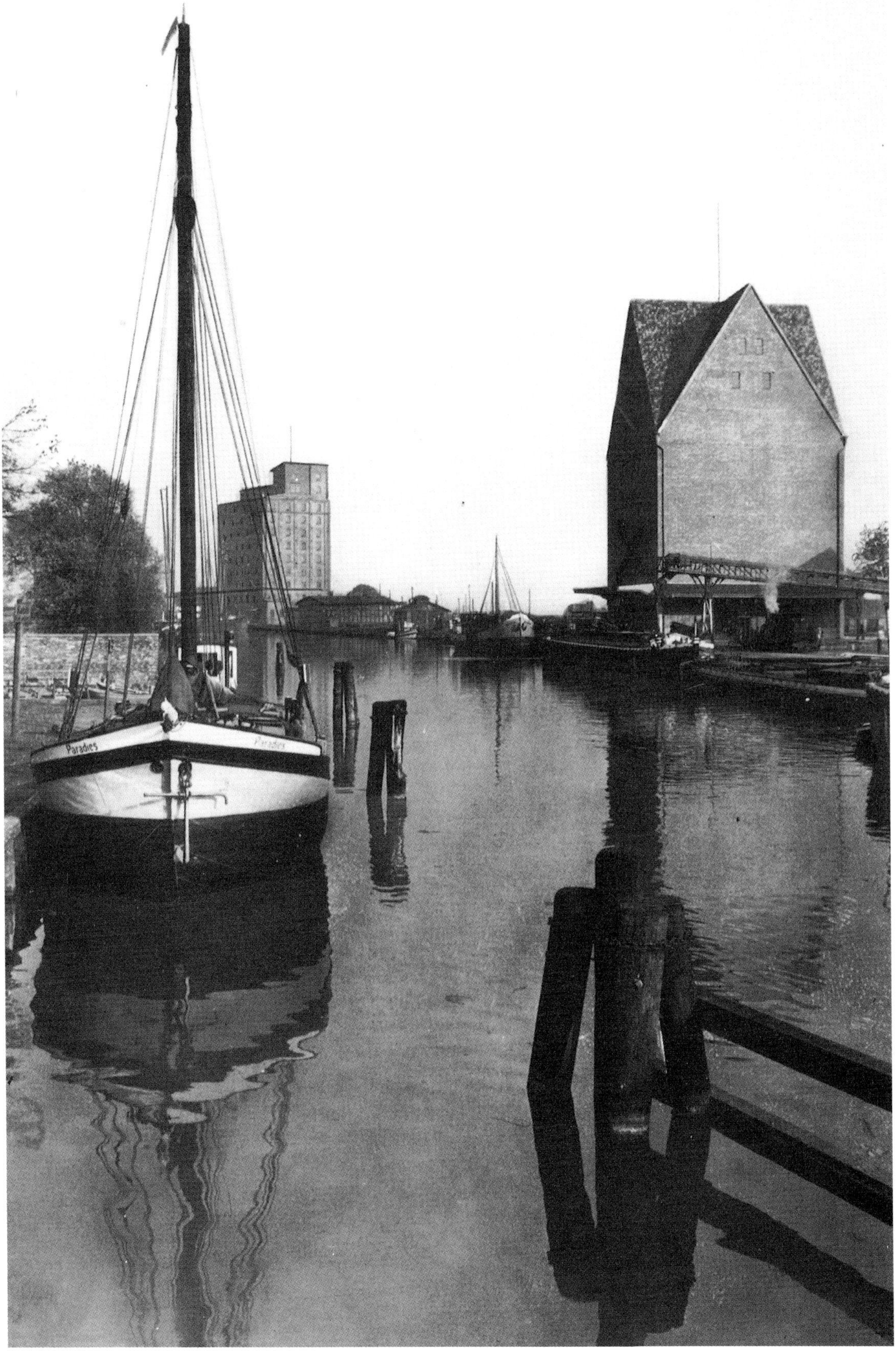
Paradies

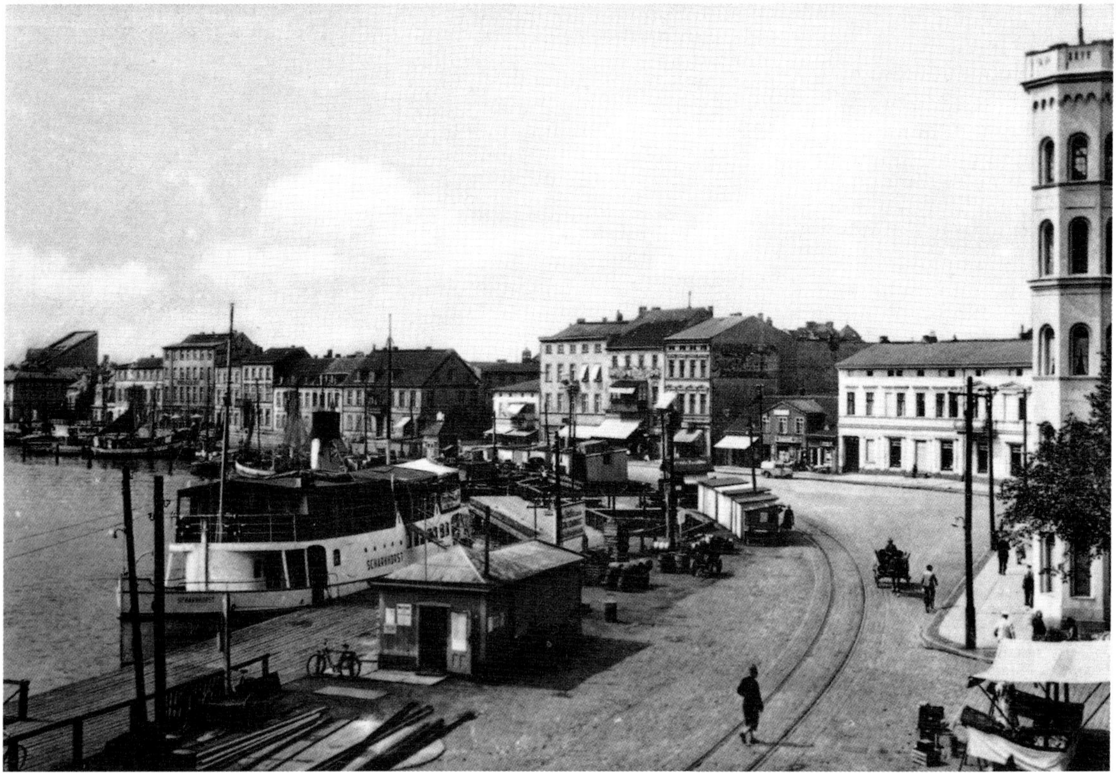

Uferpromenade und Hafen von Swinemünde. Das See- und Solbad Swinemünde auf Usedom war eine Gründung Friedrich des Großen. Ursprünglich als Vorhafen von Stettin gedacht, entwickelte es sich dank seines breiten Sandstrandes schnell zum größten Ostseebad Pommerns. In Swinemünde verbrachte der Schriftsteller Theodor Fontane einen Teil seiner Kindheit.

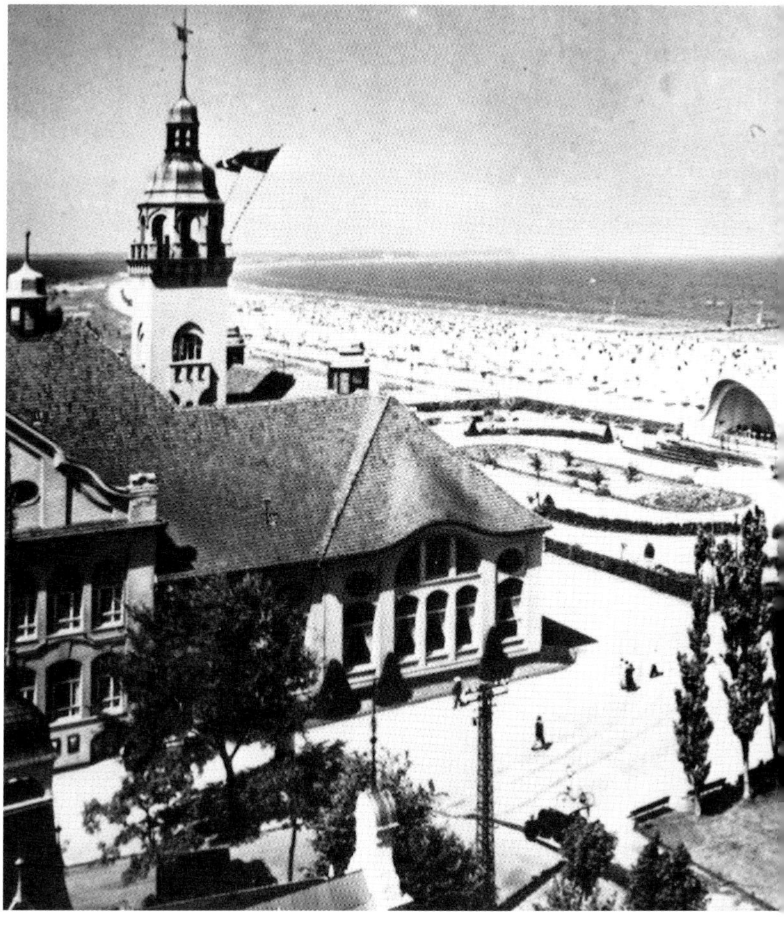

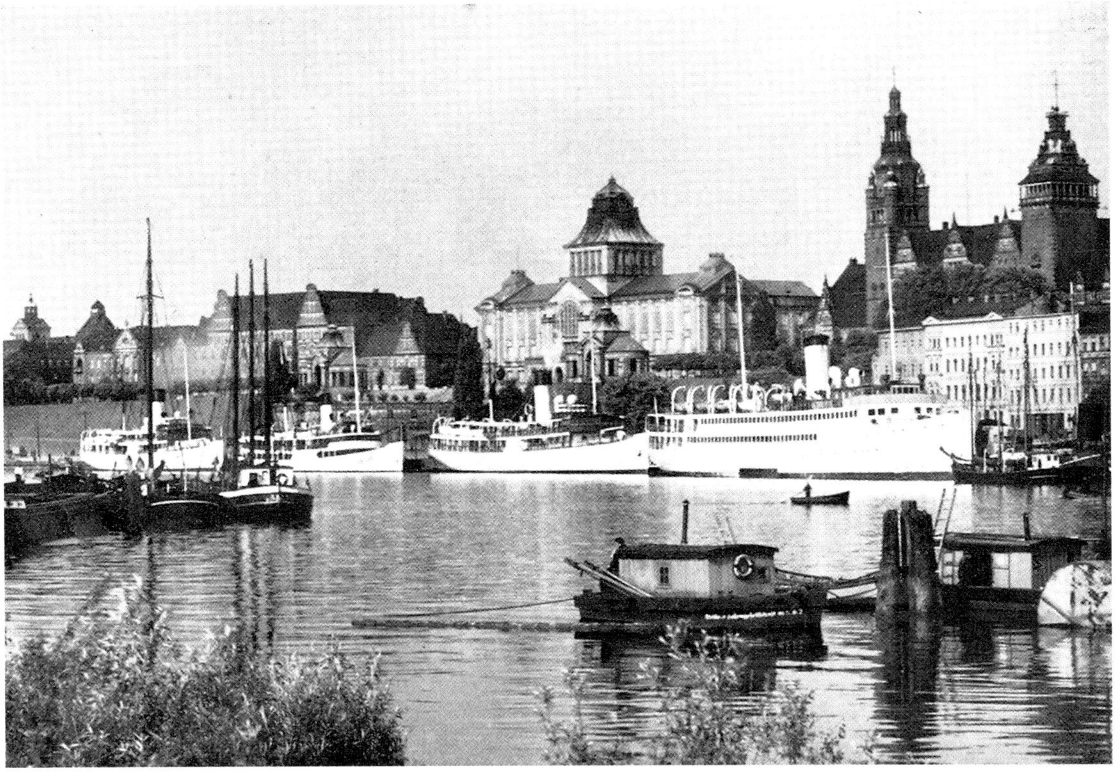

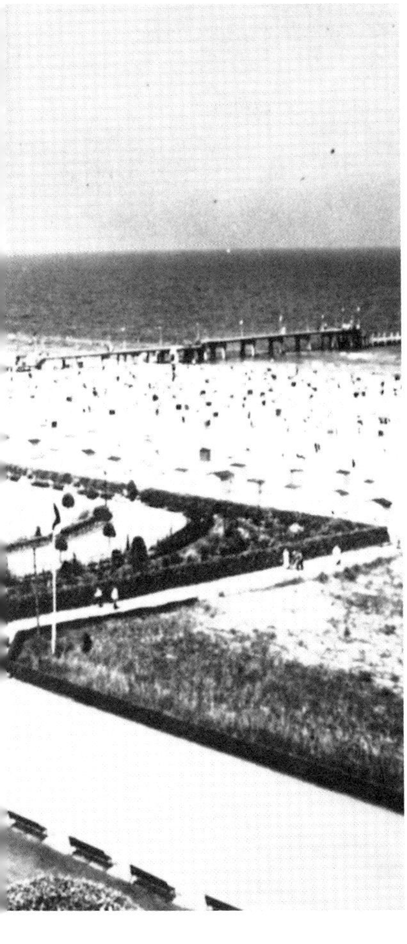

Der Hafen von Stettin. Hauptstadt der Provinz Pommern, war Stettin seit der Zeit der Hanse die deutsche See- und Binnenschiffahrtszentrale des gesamten Ostseehandels. Nach Hamburg und Bremen hatte die Stadt oberhalb der Mündung der Oder ins Stettiner Haff den größten Hafen des Deutschen Reiches. Von hier aus fuhren Schiffe in alle Welt, segelten elegante Bäderdampfer durch die Odermündung zur Ostsee.

Dr. Paul Kohlstocks

Ratgeber II. Auflage

gebd. in Leinwd. Mk. 7.50 **f. d. Tropen**

Das beste Handbuch der Art.

I. Ausrüstung, Ausreise, Lebensweise und Ernährung, Umgang mit Eingeborenen, Sprachen.

II. **Ärztl. Ratgeber** für alle Krankheiten und Unglücksfälle und **die Behandlung ohne Arzt.**

III. Arzneimittel. Literatur usw.

Hermann Peters Verlag

Stettin.

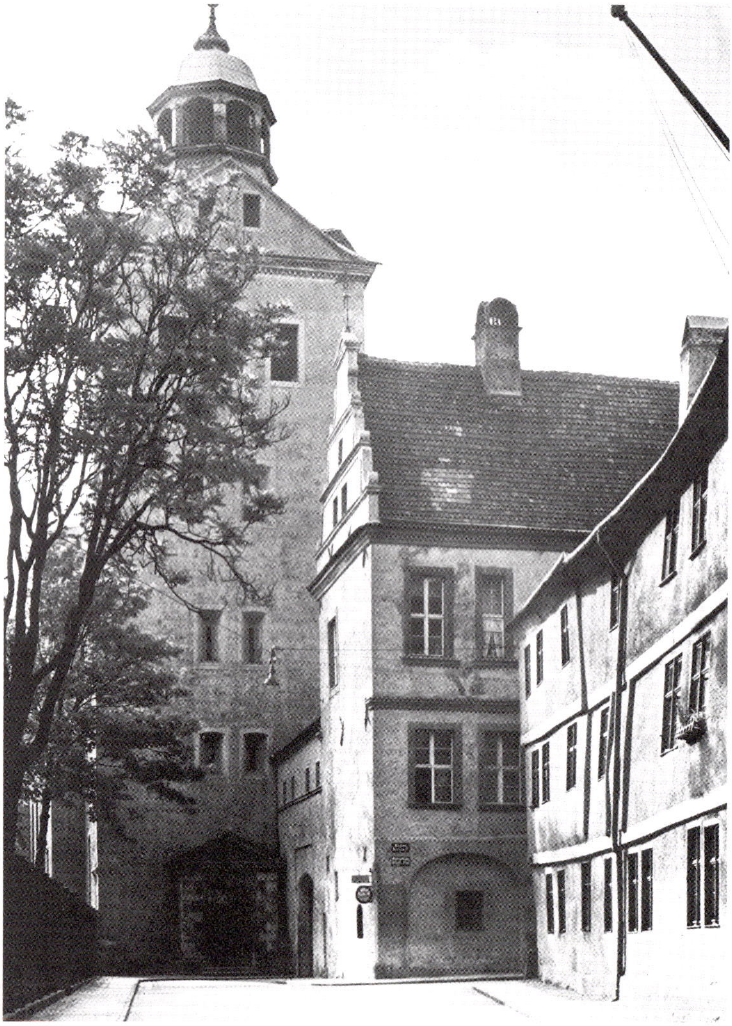

Stettin: die Schloßkirche und vor dem Berliner Tor (unten). Stettin, einst Residenz der pommerschen Herzöge, ab 1648 schwedisch, gelangte nach dem Ende des Nordischen Krieges zu Preußen, das es unter Friedrich Wilhelm I. neu befestigte. Teil des Wallsystems war das Berliner Tor ein Werk Wallrawes. Die Schloßkirche, 1346 zu Ehren Ottos von Bamberg gestiftet, galt als ältester protestantischer Kirchenbau Pommerns.

Aus Stettin stammte der Schauspieler und Intendant Heinrich George, der dort 1893 als Georg H. Schulz zur Welt gekommen war. In Goethes „Götz" oder Calderons „Richter von Zalamea" erwies er sich als hervorragender Charakterdarsteller, auf der Leinwand als einer der ersten deutschen Filmgrößen.

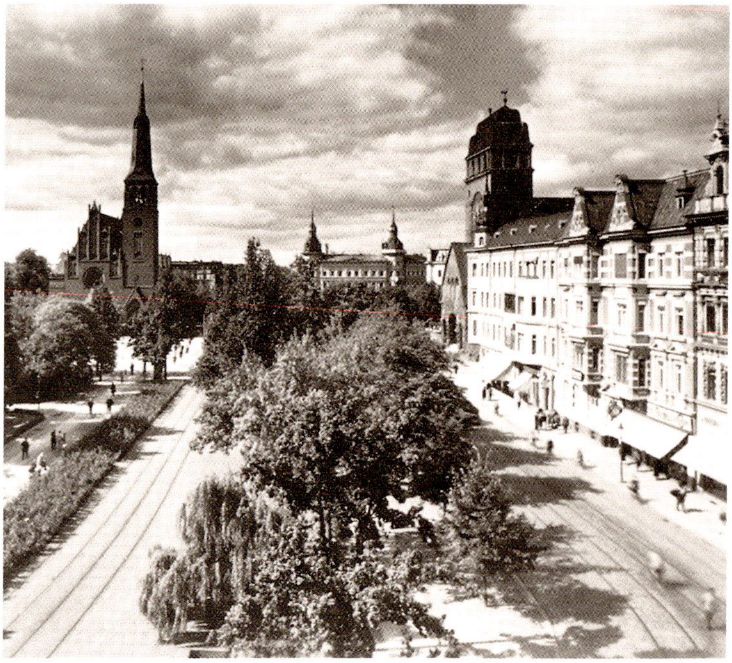

Noch im 19. Jh. war es in Stettin üblich, neben Zäunen und Torwegen auch etwa Treppen vor der Haustür mit Teer zu bestreichen. Ludwig Giesebrecht dichtete über diesen Brauch:

Über viele liebe Dinge,
Liebe Stadt, gefällst du mir;
Wenn mein Herz nicht an dir hinge,
Hinge traun mein Fuß an dir,
Denn geteert sind deine Gassen,
Zäune, Schiffe um dich her:
O Stettin, wer kann dich lassen,
Liebe feine Stadt im Teer!

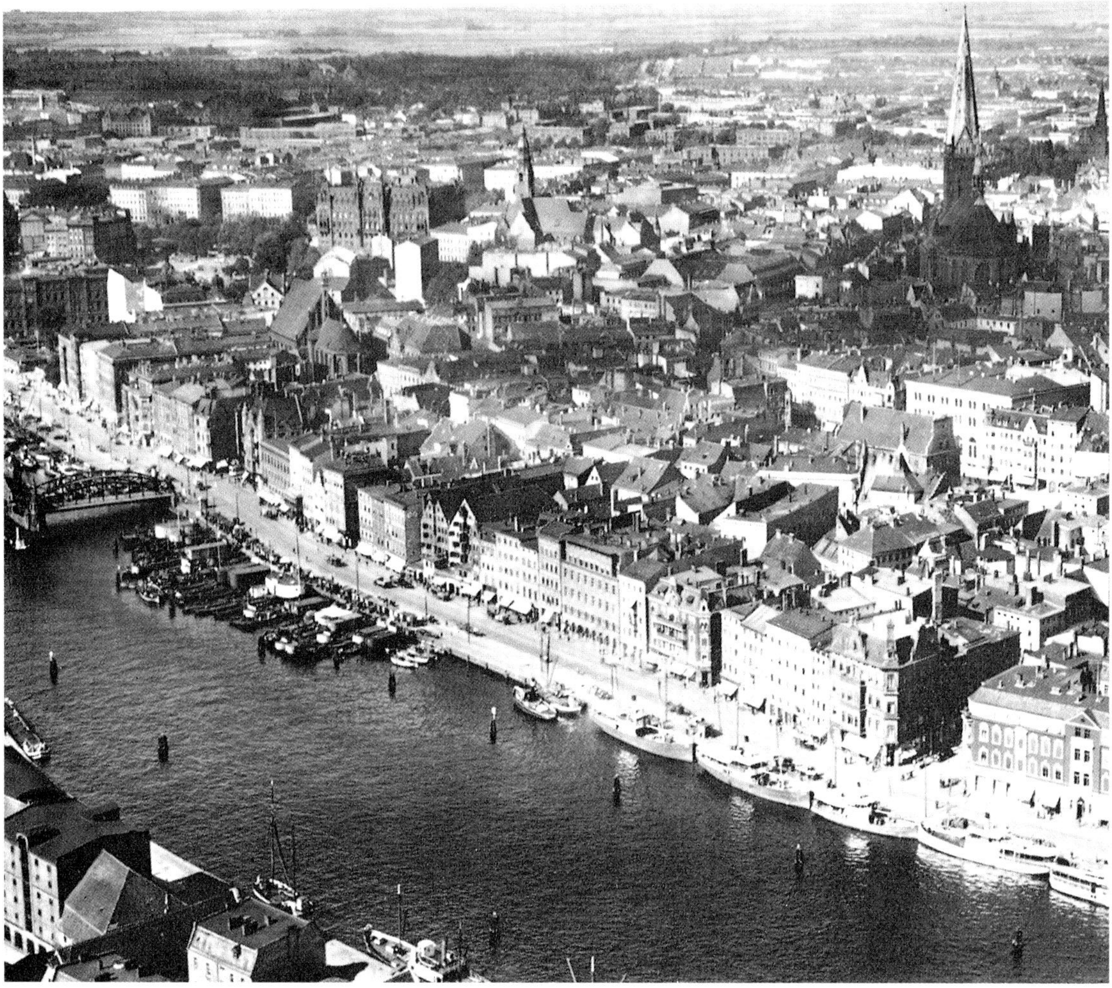

Blick auf Stettin. Stettin war, besonders nach der Schleifung der Festungswerke im Jahre 1873, Pommerns „Stadt im Grünen". Als 1914 hier mit dem Hohenzollernkanal eine moderne Verbindung zur Reichshauptstadt eröffnet wurde, erhielt es daneben den Beinamen „Berlins Tor zur Ostsee". Beinahe noch bekannter wurde die Stadt allerdings durch die „Stettiner Kreuzpolka" des Pommeraners Siegmund Schlichting. Sang doch eine ganze Nation mit Begeisterung das „Siehste woll, da kimmt er, lange Schritte nimmt er . . ."

„Vadder unser.

**Vadder unser in't Himmelriek,
vör den'n wi alltauhoop söln gliek
un Bräuder sin - wi ropen Di an un bäden:
Laat hillig war'n Dinen Namen!
Dien Riek laat kamen!
Dien Will gescheih taugliek
up Ierden as in't Himmelriek!
Giw hüt uns dat dagdäglich Broot
un wat taun Läben süs noch noot!
Vergiw uns unse Schuld, as wi in'n stilln,
dei uns wat schüllig sünd, vergäben willn!
Giw, dat uns nich versöcht de Bös'!
Von Dood un Düwel uns erlös!
Ja, schenk uns eis ein selig En'n
un nimm uns' Seel in Diene Hän'n!
Denn Dien is Riek un Kraft un Herrlichkeit
in Ewigkeit. - Amen."**

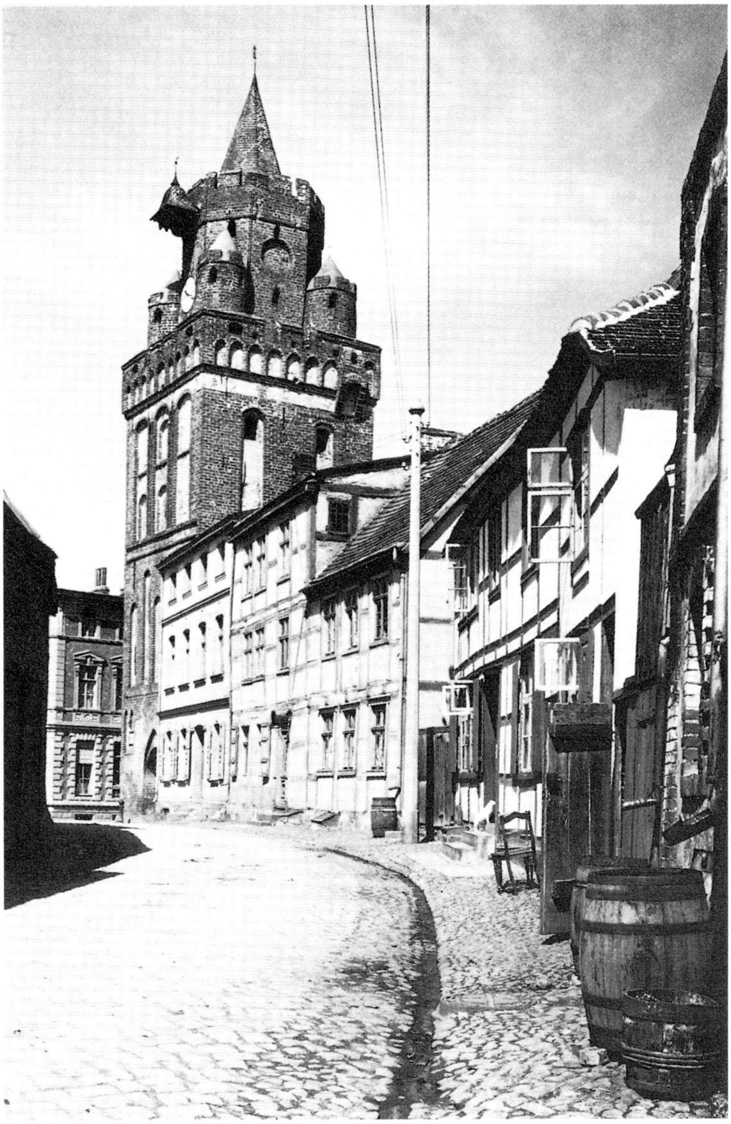

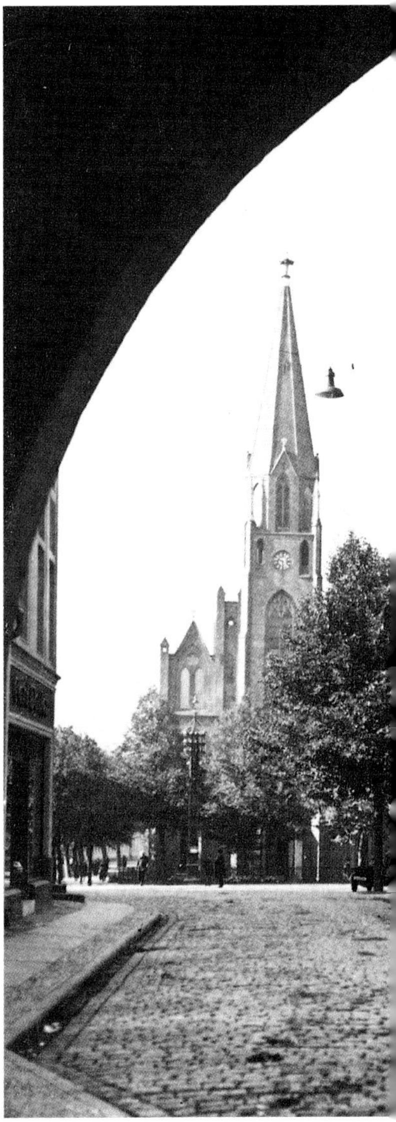

Pyritz: Das Stettiner Tor. In Pyritz, im fruchtbaren Pyritzer Weizacker, erschienen die ersten Deutschen bereits im 12. Jh. 1124 taufte hier Otto von Bamberg unter dem Schutz des deutschen Kaisers die ersten Pommern. Die Pyritzer Bauern verstanden es, jährlich die größten Hektarerträge an Weizen in der Provinz zu erzielen, wovon – besonders augenfällig – ihre prächtigen Bauernhöfe zeugten.

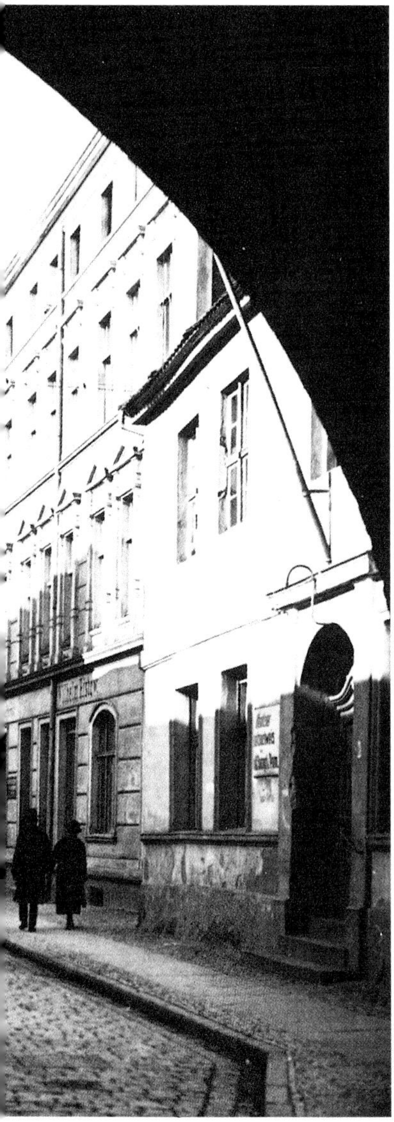

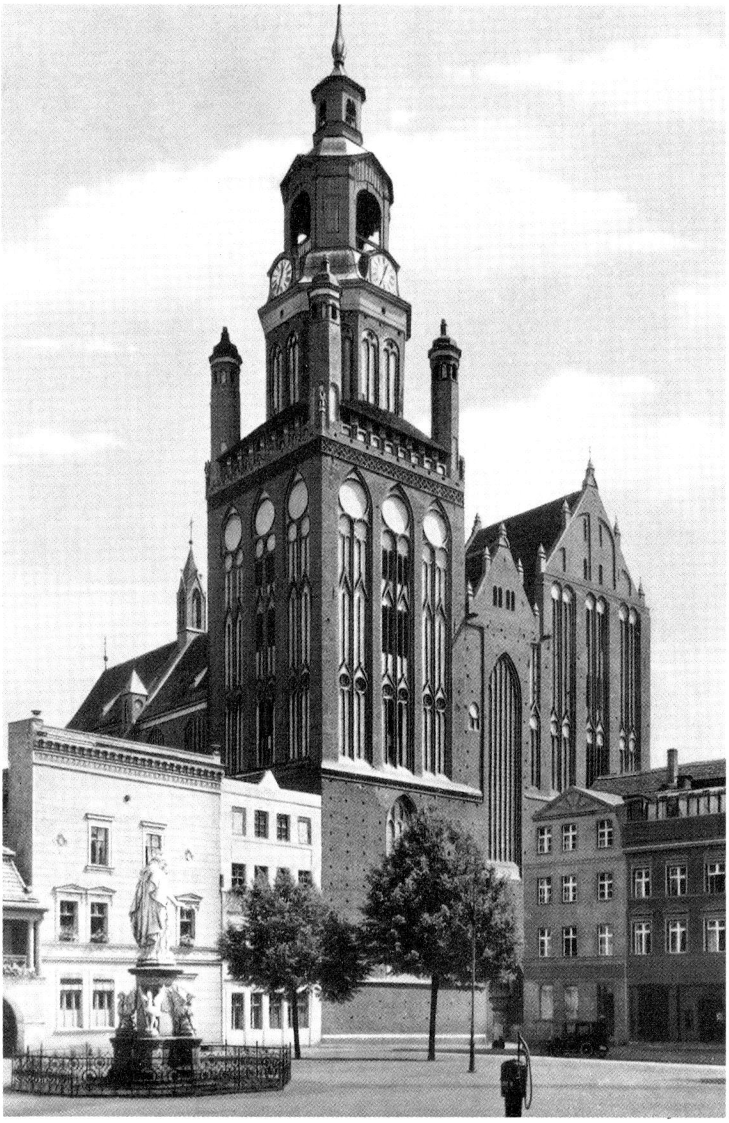

Stargard an der Ihna im preußischen Regierungsbezirk Stettin: Heiliggeistkirche (oben) und Marienkirche (rechts). Stargards einstige Bedeutung ist an seinen Toren und Kirchen abzulesen. Die historischen Gebäude sind Backsteinbauten des deutschen Nordens wie die Kirchen oder Rathäuser in Lübeck oder Bremen.

Gegen Ende des 12. Jh. hatten die pommerschen Fürsten den Herzogtitel angenommen und ihr Land vom deutschen Kaiser zum Lehen erhalten ... Pommern war jetzt ein Teil des Reiches, die Pommern ein deutscher Neustamm. Bürger und Bauern aus dem Westen – besonders aus der Mark, Westfalen, dem Rheinland und Niedersachsen – strömten ins Land und gründeten Siedlungen wie Stralsund, Kolberg, Köslin und Stargard.

In der Stadt an der Ihna hatten Johanniter bereits im Jahre 1229 ein festes Haus, 1243 wurde der Siedlung am Westrand des pommerschen Höhenrükkens das Magdeburger Stadtrecht verliehen.

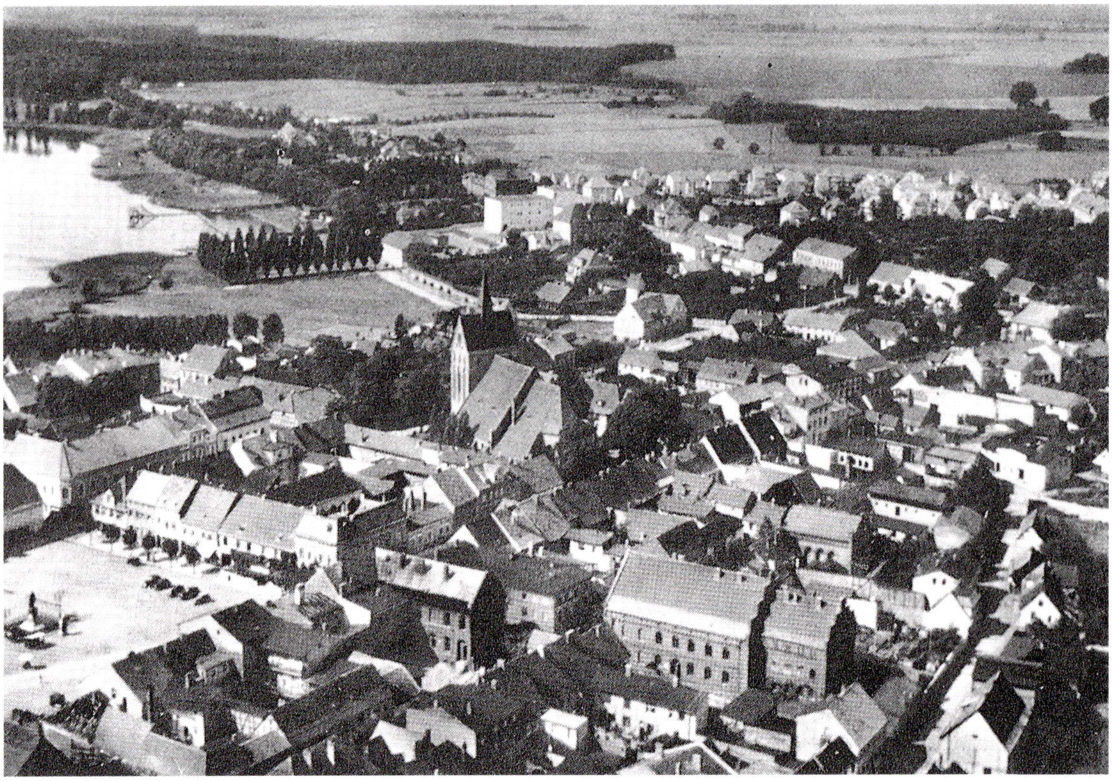

Naugard: die Kreisstadt im preußischen Regierungsbezirk Stettin aus der Vogelschau.

Ehrenbürger Naugards war Fürst Otto von Bismarck, der bis zu seinem 32. Lebensjahr immer wieder einmal „Naugarder Luft" geatmet hatte. In Pommern waren die Güter Kniephof, Külz und Jarchlim in altem Bismarckschen Familienbesitz. 1847 heiratete Bismarck die Pommerin Johanna von Puttkamer. Das Denkmal des ersten deutschen Reichskanzler stand auf Naugards Markt.

Ferdinand Baptist von Schill, 1776 in Wilmsdorf bei Dresden geboren, sammelte während des Napoleonischen Krieges als preußischer Patriot ein Freikorps, um im Rücken der Franzosen Streifzüge durchzuführen. Die Gefangennahme Marschall Victors oder seine Rolle bei der Verteidigung Kolbergs sollten von Schill dann zu einer Legende machen. Als er bei der Einnahme von Stralsund fiel, war sein Kopf bereits so wertvoll, daß er, in Weingeist gelegt, der Universität Leyden überlassen wurde.

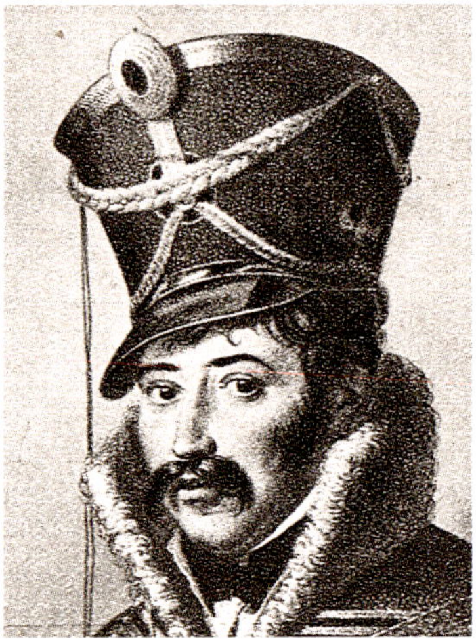

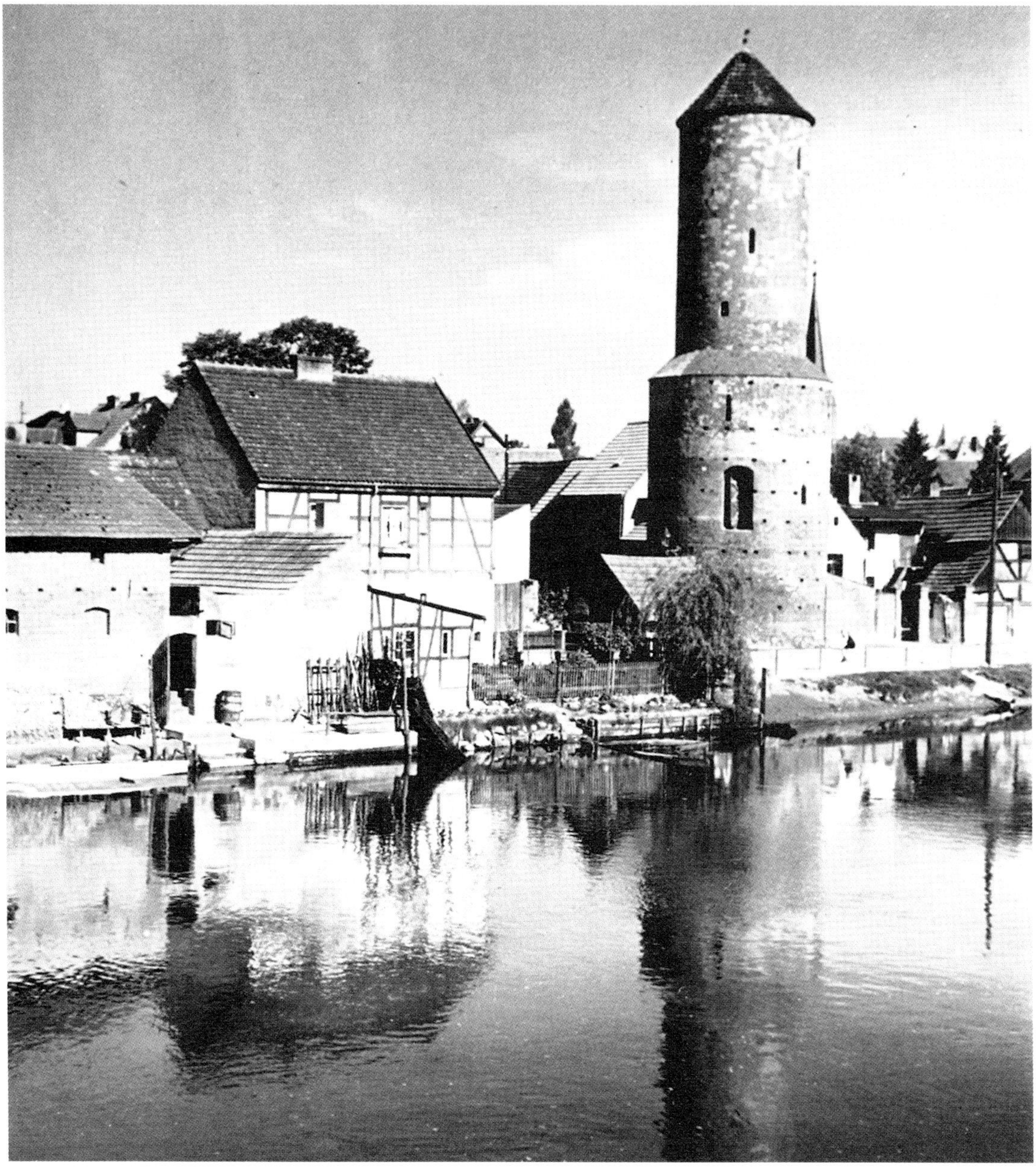

Greifenberg an der Rega, 1262 gegründet, ab 1365 Mitglied der Hanse, kam dank des Rechts der freien Schiffahrt auf der Rega zum Meer schon früh zu Ansehen und Wohlstand. Im 18. Jh. wurde es dann berühmt für seine Leinewebereien.

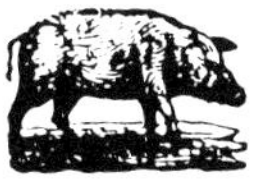

Auf dem Hofe zu Medow sind 2 Zucht-Sauen zu verkaufen.

Die beiden **Oberetagen** meines Hauses, bestehend aus 8 heizbaren Zimmern, Keller, Bodenraum, Pferdestall und Wagenremise wünsche ich zu Ostern k. J. zu vermiethen. **G. Lilienthal**. (Peenstraße.)

Für die Abgebrannten zu Stepnitz.

Bei W. Dietze gingen ein:

Von Herrn F. L. Erich 1 Thlr., Herrn v. Bornstädt-Nelzow 4 Thlr., K. 1 Thlr.

Zusammen 6 Rt. — Sg. — .)

Anzeige aus dem Anklamer Kreis-, Volks- und Wochenblatt.

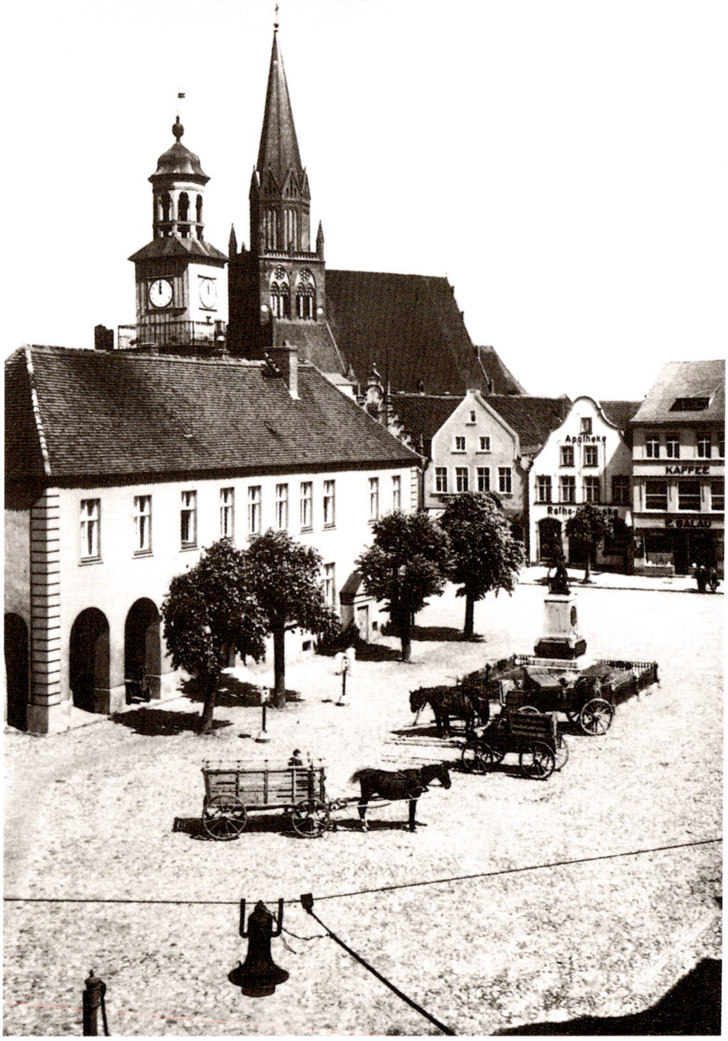

Marktplatz und Rathaus von Treptow/Rega mit der Marienkirche – Der Marktplatz von Körlin im Kreis Kolberg-Körlin. In Treptow im Kreis Greifenberg, einst Mitglied der Hanse, faßte 1534 der Landtag den Beschluß, die Reformation in Pommern einzuführen. Den Auftrag führte Luthers Beichtvater Johann Bugenhagen, genannt Dr. Pomeranus, aus.

Körlin, in jenem Winkel, den der Zusammenfluß von Radüe und Persante bilden, war zeitweise Residenz der Bischöfe von Cammin. Die Geistlichkeit konnte als Landesherrschaft etwa bis Mitte des 15. Jh. relativ selbstständig bleiben, geriet danach aber mehr und mehr in die Abhängigkeit der pommerschen Herzöge.

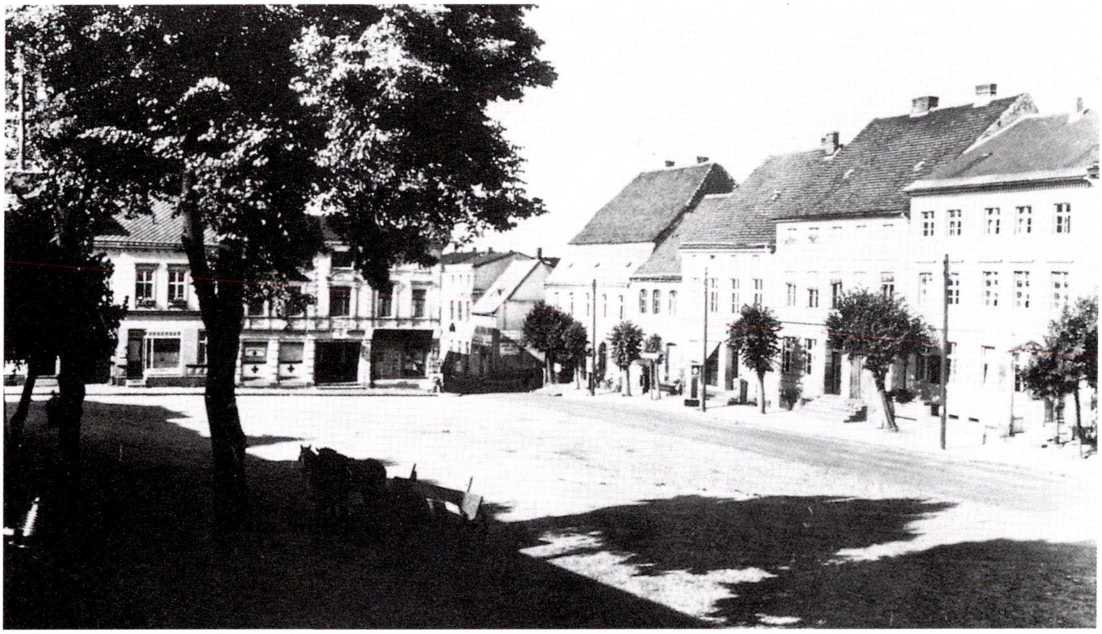

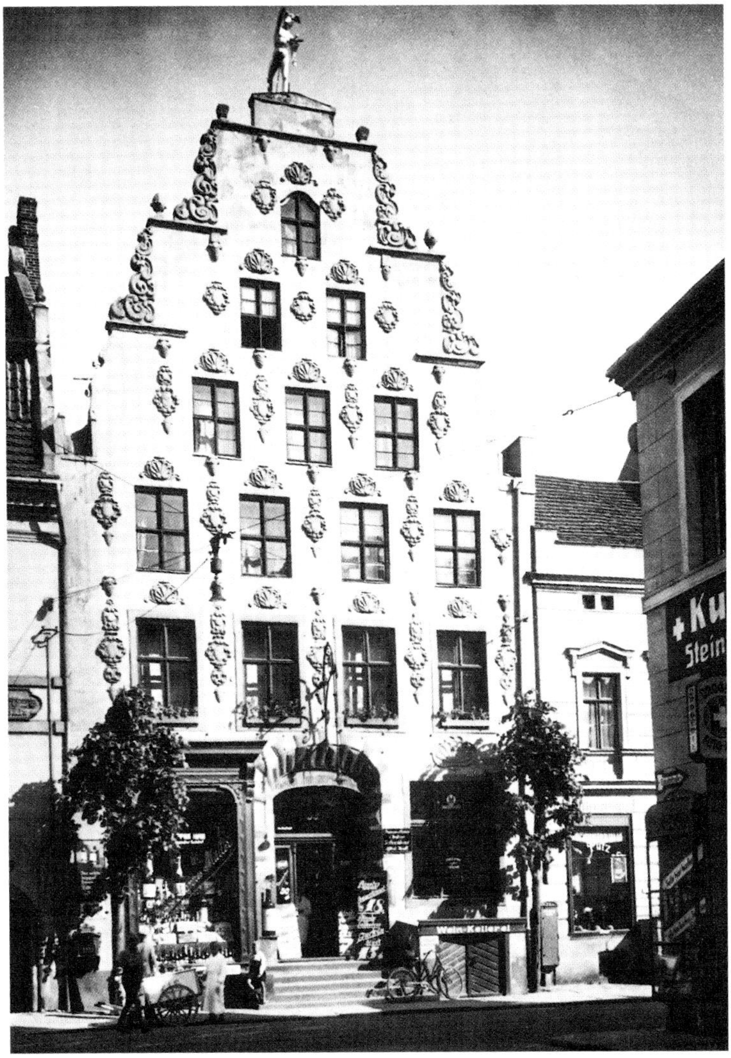

Kolberg: das Merkurhaus und an der Mole (unten). Das See- und Solbad Kolberg an der Persantenmündung in die Ostsee war ein überaus beliebtes Ferienziel. Als Sehenswürdigkeit galt hier neben dem gotischen Mariendom besonders das mit Keramikornamenten geschmückte Merkurhaus, erbaut im Stil der Spätrenaissance. In der Geschichte steht Kolberg besonders für jene hart umkämpfte Festung, die 1807 durch Gneisenau und Nettelbeck erfolgreich gegen die Franzosen verteidigt wurde.

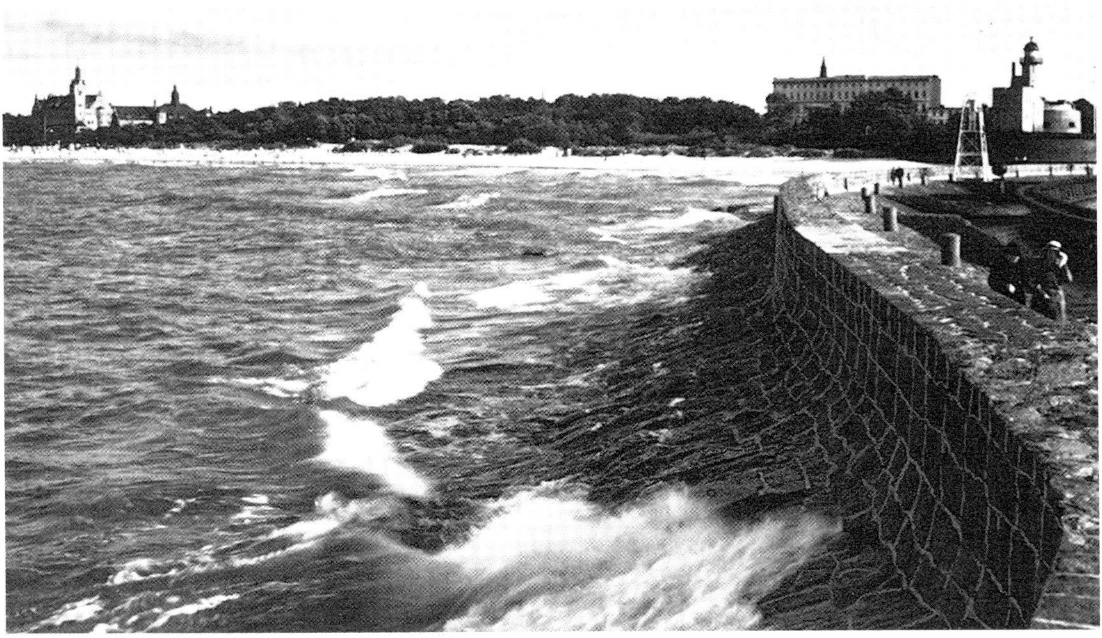

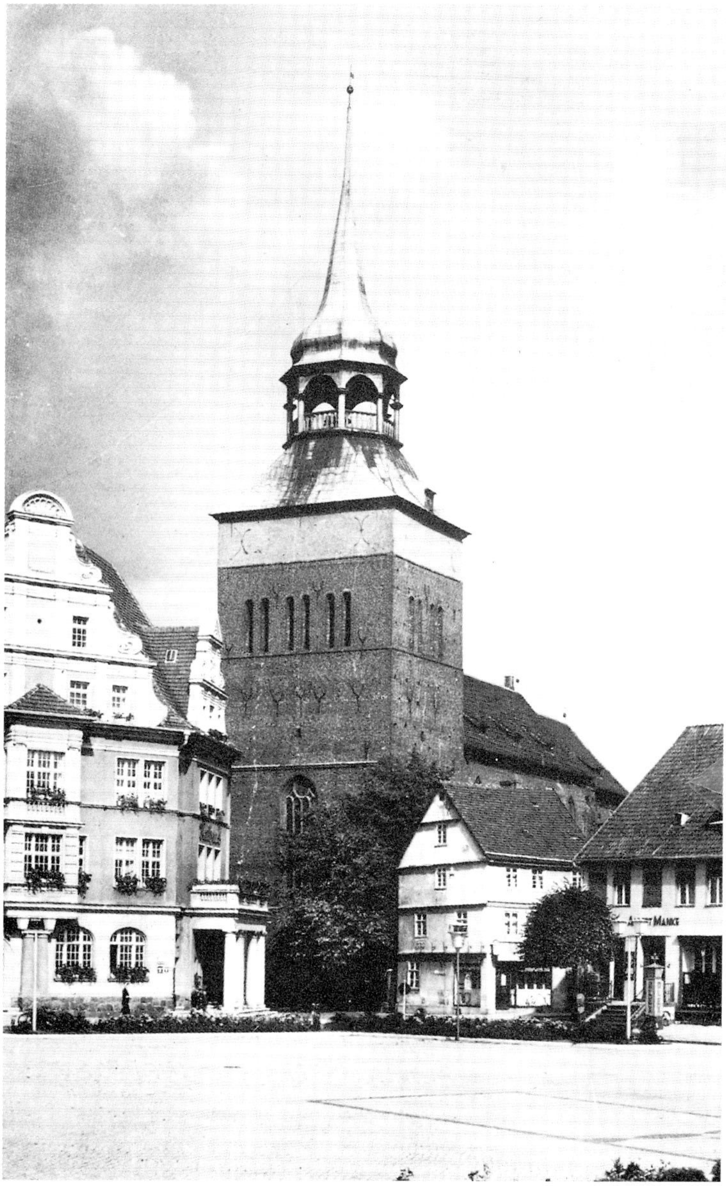

Marktplatz und Marienkirche von Belgard. Bereits in wendischer Zeit war Belgard eine ummauerte Siedlung und Mittelpunkt der Kastellanei. 1299 mit dem Lübischen Recht versehen, wurde es im 14. Jh. Mitglied der Hanse, der die Stadt einen kräftigen wirtschaftlichen Aufschwung verdankte.

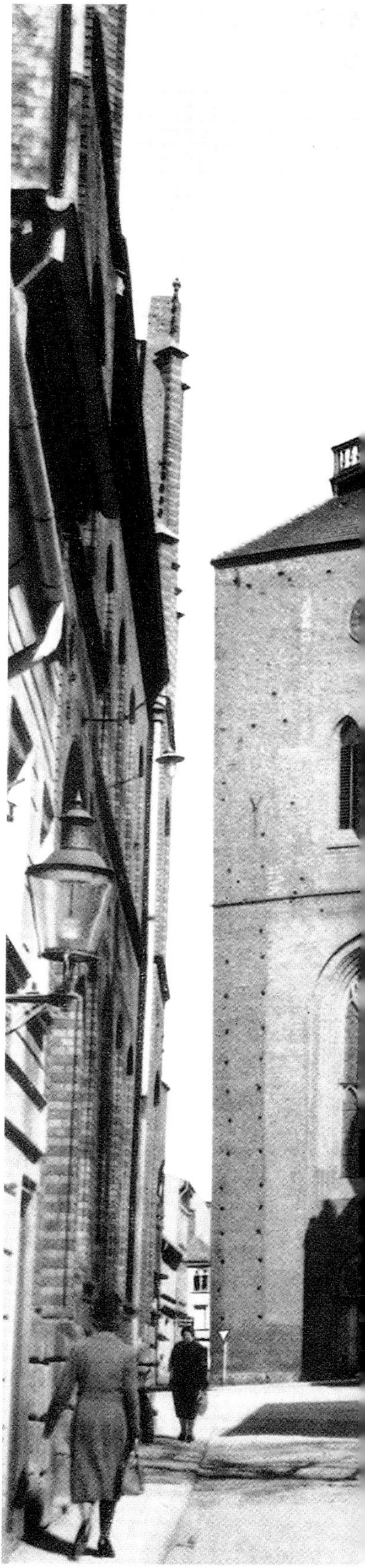

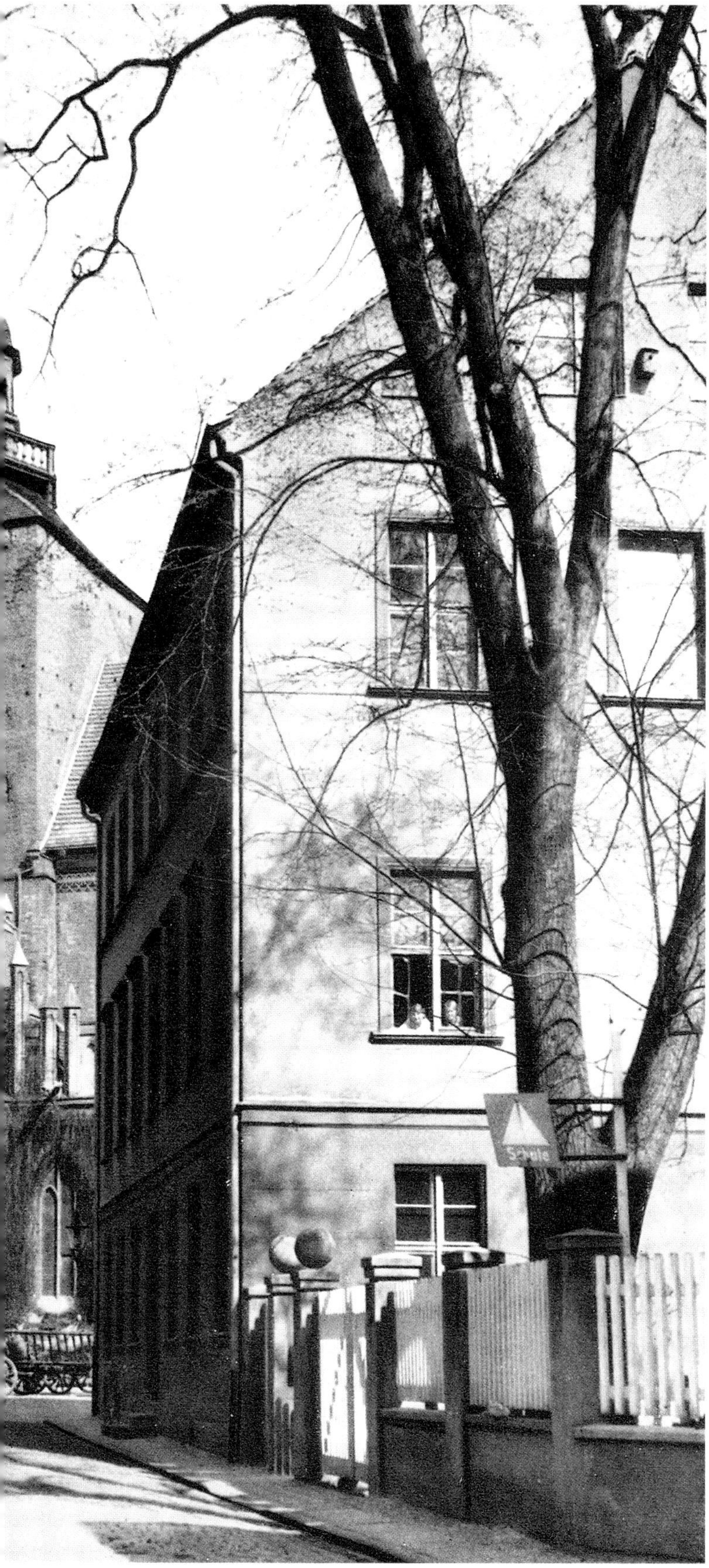

Die Marienkirche in Stolp/Ostpommern. Stolp an der Stolpe war die zweitgrößte Stadt Pommerns, gleichzeitig kultureller und wirtschaftlicher Mittelpunkt ihres Umlandes. Die Stadt hatte sich einen Namen durch die Ostpommerschen Musiktage und als Standort preußischer Regimenter wie der berühmten Blücher-Husaren gemacht . . . nicht zuletzt aber auch durch eine kulinarische Spezialität: den Camenbert „Stolper Jungchen".

1831 wurde in Stolp Heinrich von Stephan geboren, der Schöpfer und „die Seele" des modernen Postwesens. Mit 39 Jahren führte er die Postverwaltung des Norddeutschen Bundes, wurde danach Generalpostmeister des Deutschen Reiches und gründete 1874 den Weltpostverein. Heinrich von Stephan „erfand" die Postkarte, baute im Deutsch-Französischen Krieg die Feldpost auf und führte 1877 den Fernsprecher in Deutschland ein.

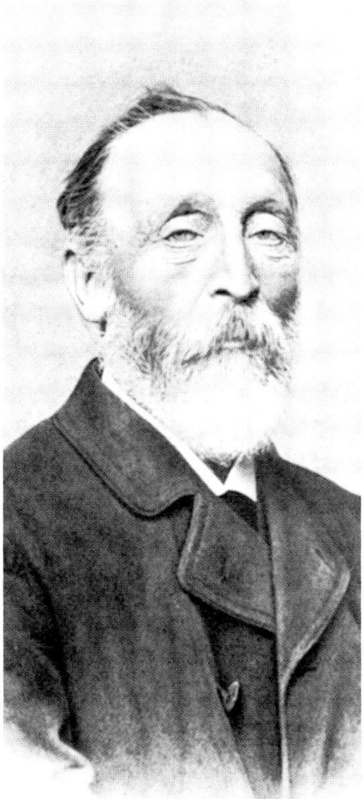

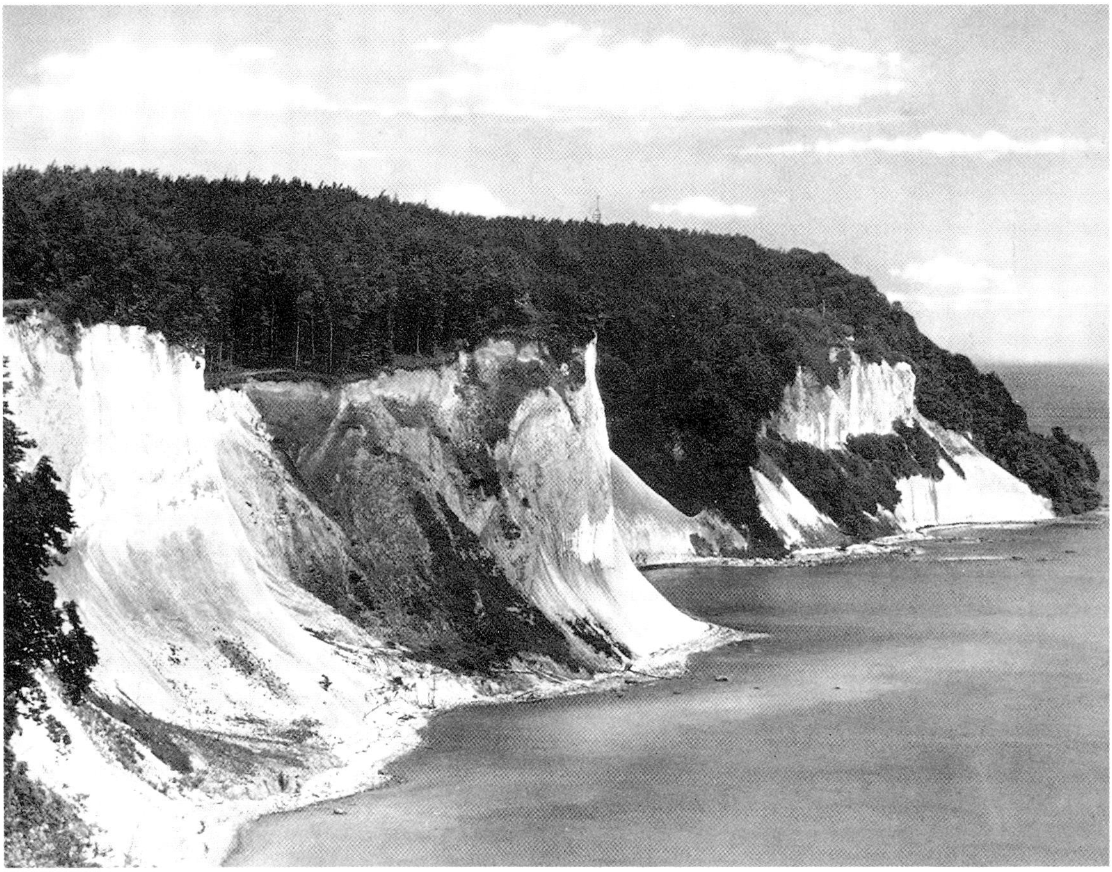

Kreidefelsen auf Rügen. Rügen war mit seiner landschaftlichen Vielfalt die größte und sicher auch schönste unter den deutschen Inseln. Seine Sommerfrischen und Luftkurorte wie Saßnitz, Göhren oder Binz, der sagenumwobene Hertasee und selbst noch die uralten Eiben zogen Urlauber aus ganz Deutschland an. Als touristischer Höhepunkt galt die Kreideküste zwischen Stubbenkammer und Saßnitz, gleichermaßen gerühmt als Naturdenkmal und Wirtschaftsfaktor.

Rechts: Holzkirche in der Nähe von Deutsch Krone, auf dem hinterpommerschen Höhenrükken. In Deutsch Krone, an der alten Poststraße von Berlin nach Königsberg – die spätere Reichstraße 1 – , lebte Hermann Löns, der gerade auch Pommern in seinen Gedichten besungen hat.

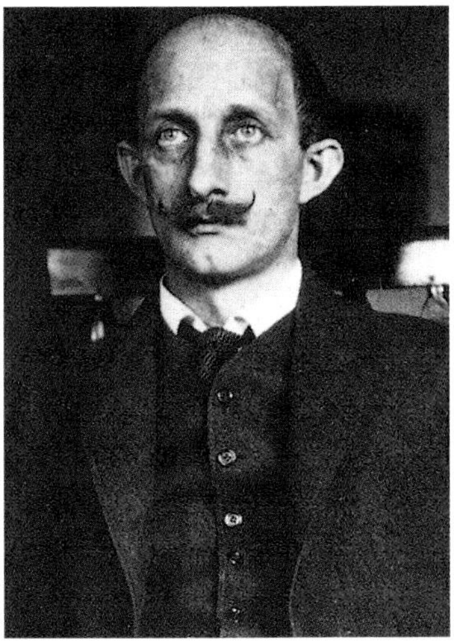

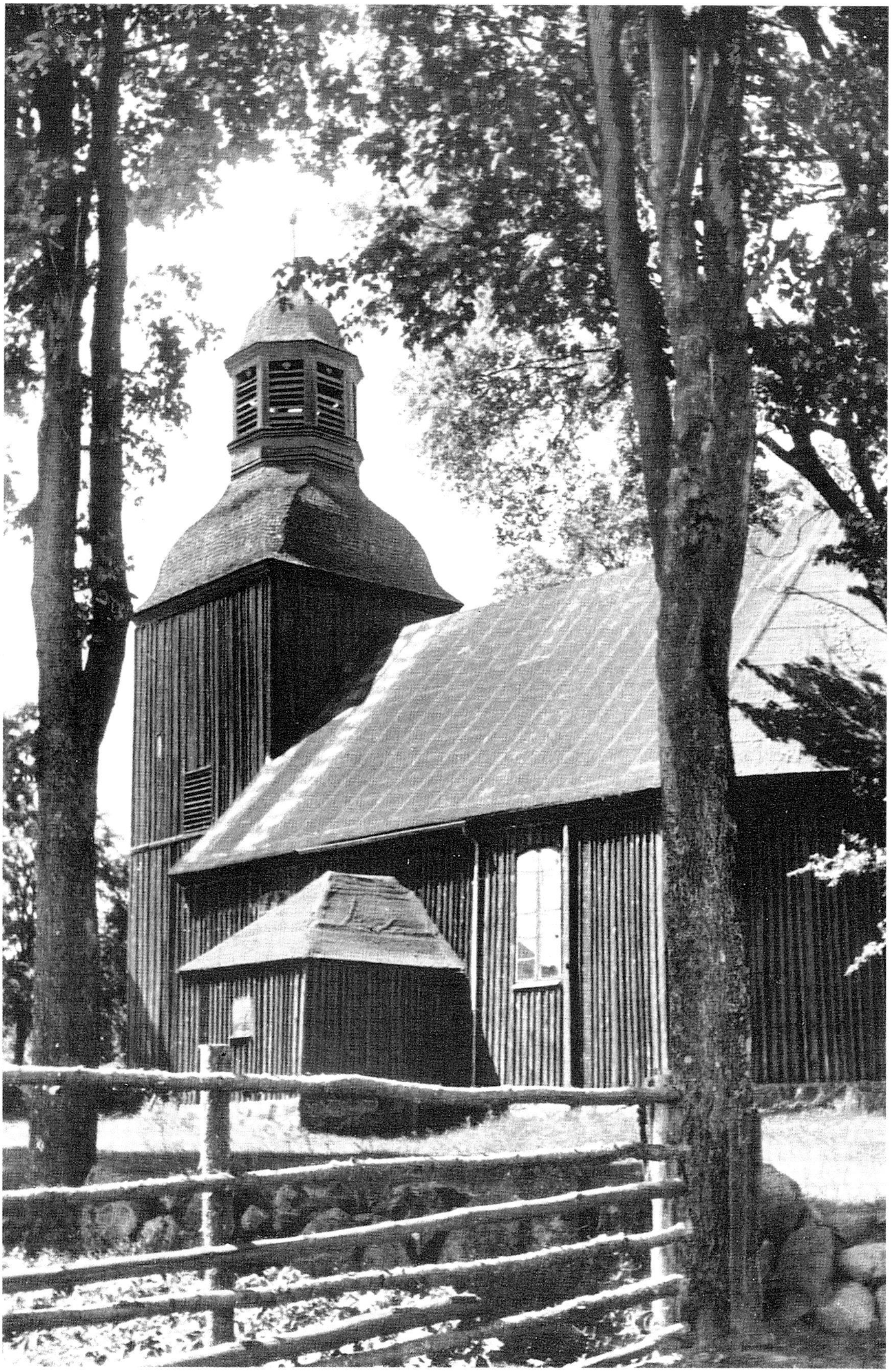

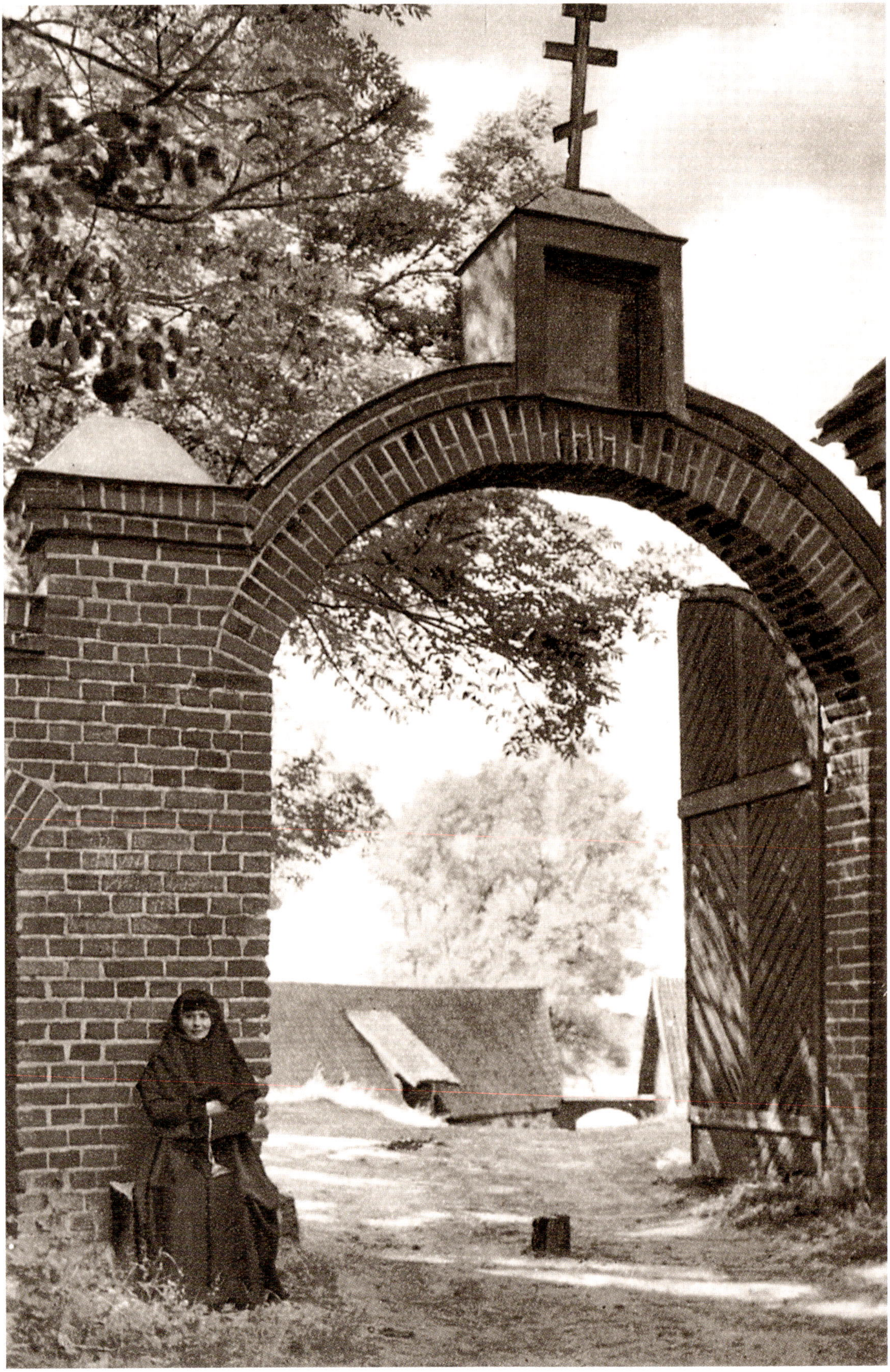

Zeittafel:

3./4. Jh. Westwanderung ostgermanischer Stämme aus ihrem Siedlungsraum zwischen Elbe und Weichsel, Slawen wandern ein,

1226 Konrad von Masovien ersucht den Deutschen Orden um Hilfe gegen die heidnischen Prußen,

1231 Der Deutsche Orden in Preußen,

1255 Gründung von Königsberg,

13./14. Jh. Ansiedlung deutscher Siedler, bis 1410 Gründung von 93 Städten und 1400 Dörfern,

1410 Niederlage des Ordens bei Tannenberg,

1525 Der Ordensstaat wird weltliches Herzogtum,

1618 Herzogtum Preußen kommt zu Brandenburg,

18. Jh. Preußen Königreich. Westpreußen, Danzig und Thorn an Preußen,

19. Jh. Entstehung der Nationalitätenfrage,

1919 Vertrag von Versailles, Ostpreußen wird „Insel", Westpreußen und Soldau an Polen, Danzig mit Hinterland Freistaat,

1920 Abstimmung im südlichen Ost- und restlichen Westpreußen (über 90% für Deutschland), Memelland ab 1923 zu Litauen.

Das Nonnenkloster der Philliponen am Duss-See bei Eckersdorf. Mitten im masurischen Land, im südlichen Teil Ostpreußens, galt die Kolonie der Philipponen als echte Sehenswürdigkeit. Russische Glaubensflüchtlinge, im 18. Jh. durch die Tataren aus der Krim vertrieben, pflegten hier in einer für sie toleranten Umgebung weiterhin Sitte und Brauch längst vergangener Tage.

Vom Ordensstaat zum Preußenland

Ostpreußen, das Land zwischen Weichsel und Memel, Ostsee und Johannisburger Heide, war der nordöstlichste Eckpfeiler des Deutschen Reiches. 1919 befand es sich allerdings wieder in einer ähnlichen Lage wie zu jenen Zeiten, als der Hohenzoller Albrecht das Herzogtum Preußen aus dem zerfallenden Ordensstaat schuf. Das heißt, man war räumlich vom deutschen Kernland abgeschnürt.

Ostpreußens Beitrag zur deutschen Wissenschaft und Geisteskultur, der Reiz seiner grandiosen Landschaften und alten Städte, zogen allerdings auch weiterhin zahllose Liebhaber – „aus dem Reich" wie man hier sagte – in den mit geschichtlichen Energien so hoch geladenen Grenzraum. Die einen lockte der idyllische Zauber Masurens, das sich seine „1000jährige Schönheit" erhalten hatte. Andere trieb es zur Nehrung, in jenen schmalen Landstreifen zwischen Haff und See, den die Winterflucht der Königin Luise einmal ins Licht der Weltgeschichte gerückt hatte. Wieder andere mieteten sich in der Johannisburger Heide ein, dem größten Waldkomplex des deutschen Ostens, und natürlich in Königsberg am Pregel, der europäischsten Stadt Deutschlands.

Ostpreußen war das Paradies für Pferdekenner, denen der Trakehner in bester Erinnerung bleiben sollte. Es war daneben das Land des Bernsteins, jener geheimnisvollen „Träne der Vorzeit", die seit über 5000 Jahren den Menschen begeisterte. Hier hatte Kopernikus unser heutiges Weltbild begründet, von hier kam mit Kants kategorischem Imperativ jene philosophische Schöpfung einer geistigen und persönlichen Haltung, die man dann einmal Preußentum nennen sollte.

Natürlich hatte gerade auch Ostpreußen viele Gesichter, was sich besonders in seinem Volksmund spiegelte. Hieß es dort doch, daß während auf der ganzen Welt der Mensch trank und das Tier soff, es etwa in Pillkallen genau andersherum sei. „In Gumbinnen gehen die Mädchen mit den Füßen nach innen" war eine weitere Behauptung und man konnte angeblich darauf bauen, daß „wer von Insterburg kommt unbekneipt, von Gumbinnen unbeweibt, wer von Pillkallen kommt ungeschlagen, der kann von großem Glücke sagen."

So war das mit den Ostpreußen, von denen übrigens jeder einzelne als Patriot galt, während es sich bei zwei von ihnen dann gleich um ein Rudel Patrioten handelte. Drei Ostpreußen bedeuteten daneben in der Regel ein Fest, wenn möglich sogar drei ... zumindest aber ein Fest, das sich über drei Tage hinzog.

Das mit den Festen stimmte so, wie es der Volksmund ausdrückte. Aber das mit den Patrioten? Friedrich der Große war einmal anderer Meinung gewesen. Er konnte den Ostpreußen nie verzeihen, daß sie während des Siebenjährigen Krieges ausgerechnet an seinem Geburtstag, dem 14. 1. 1785, der russischen Kaiserin zu Königsberg den Treueid leisteten.

Preußen: Imanuel Kant, Philosoph, E. T. A. Hoffmann, Dichter, Lovis Corinth, Maler, Johann Gottfried Herder, Philosoph, Käthe Kollwitz, Graphikerin, Ernst Wichert, Dichter, Ferdinand Gregorovius, Kulturhistoriker, Agnes Miegel, Dichterin, Friedrich Wilhelm, erster König Preußens, Freiherr von Hünefeld, Ozeanüberquerer, Johann Georg Hamann, Philosoph, Otto Nicolai, Komponist.

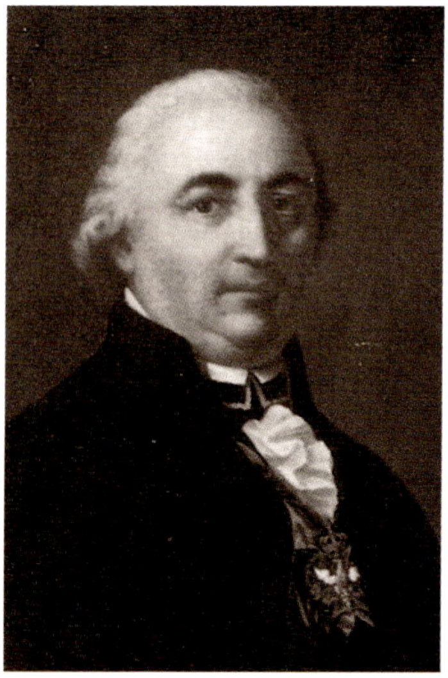

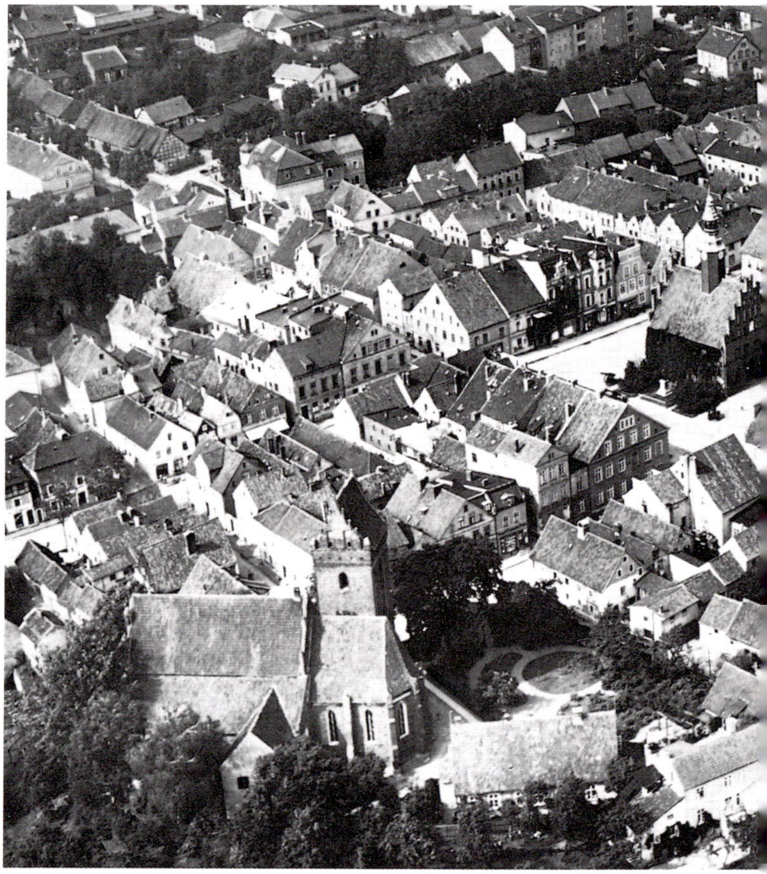

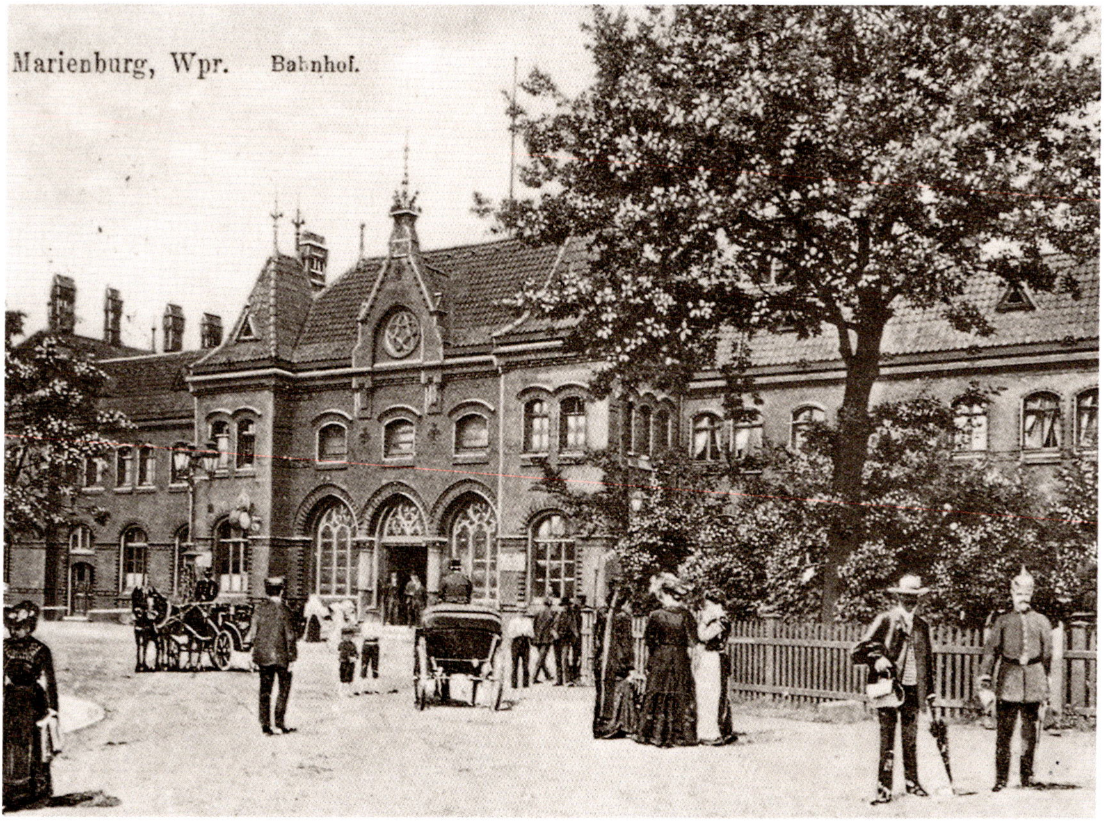
Marienburg, Wpr. Bahnhof.

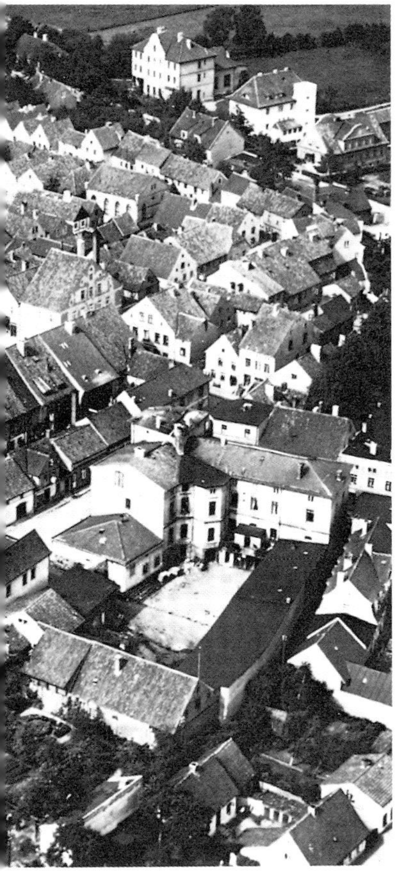

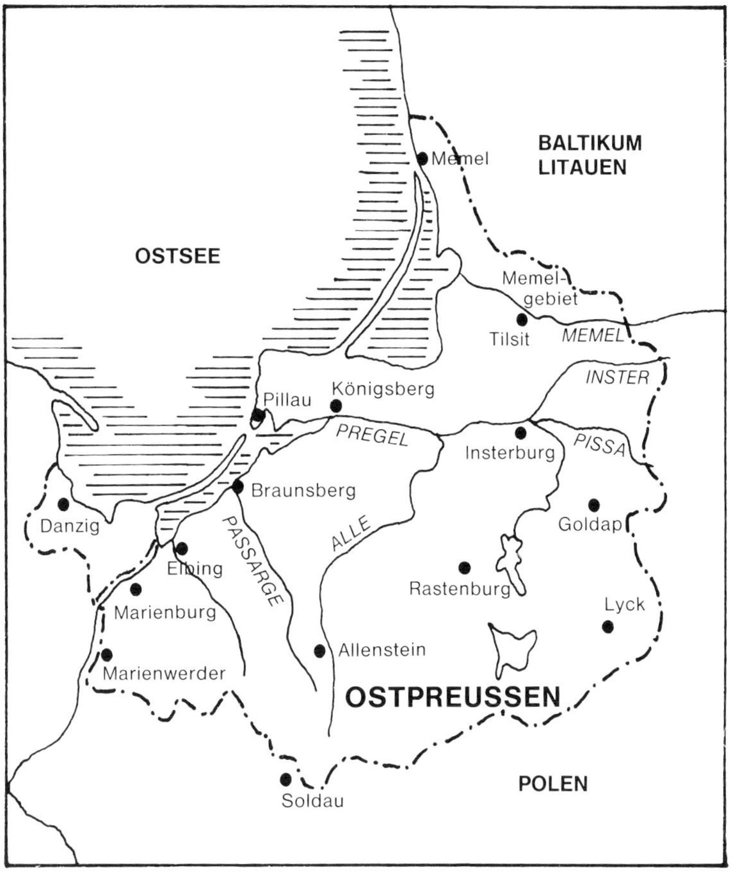

Oben: Mohrungen, an jener Stelle, an der die Ordensritter nach alten Überlieferungen bereits um 1280 ihre Burg gebaut hatten, ist die Geburtsstadt Johann Gottfried Herders (links oben). Der Theologe, Philologe und Dichter, Wegbereiter deutscher Klassik und Romantik, war einer der bekanntesten Söhne Ostpreußens. Zusammen mit Kant und Hamann verschaffte er dem geistigen Pofil des Landes Weltgeltung.

Links: Der Bahnhof von Marienburg. Die Stadt an der Nogat gehörte zwar geographisch zu Westpreußen, bei der Spaltung des alten Ordenslandes durch Versaille konnte sich die Bevölkerung über einen Volksentscheid jedoch zu Polen oder Ostpreußen (nicht zum Deutschen Reich) bekennen. Die Antwort fiel recht eindeutig aus: Für Ostpreußen stimmten in den westpreußischen Kreisen 92,28 Prozent.

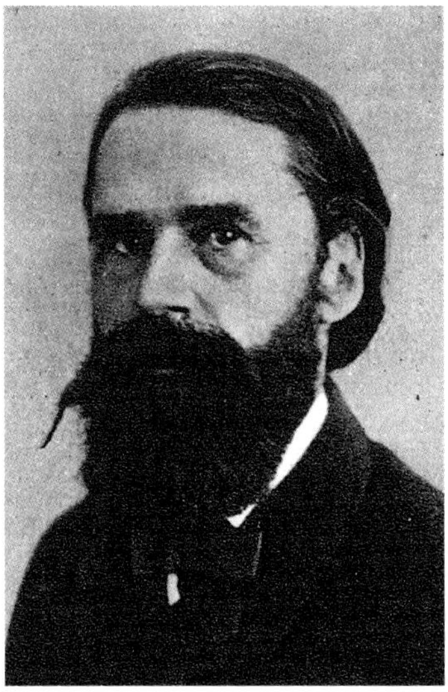

Rechts oben: Ferdinand Gregorovius (1821–1891), Pseudonym Ferdinand Fuchsmund, stammt aus Neidenburg bei Allenstein. Zu den bedeutendsten Werken des Kulturhistorikers, Essayisten und Dichters zählen „Polen- und Magyarenlieder“, „Geschichte der Stadt Rom im Mittelalter“ und „Konrad Siebenhorns Höllenbriefe an seine lieben Freunde in Deutschland“.

Die Neidenburg (unten) an der Neide, einst Grenzfeste des Deutschen Ordens, wurde Namenspatron einer kräftig wachsenden Siedlung, die bereits 1381 das Stadtprivileg erhielt. Die Neidenburger sollten sich dann eines Tages gegen die Ordensmänner stellen. Sie wurden polnisch, fielen wieder an den Orden zurück und schickten einmal gleich ein ganzes Tatarenheer in die Flucht, nachdem sie - rein zufällig - mit einer Kanonenkugel dessen Anführer getroffen hatten. Abgesehen vom Durchzug der Franzosen 1806/07 war es hier danach etwas ruhiger zugegangen, bis die Stadt 1914 durch einen einreitenden Kosakentrupp praktisch total zerstört wurde.

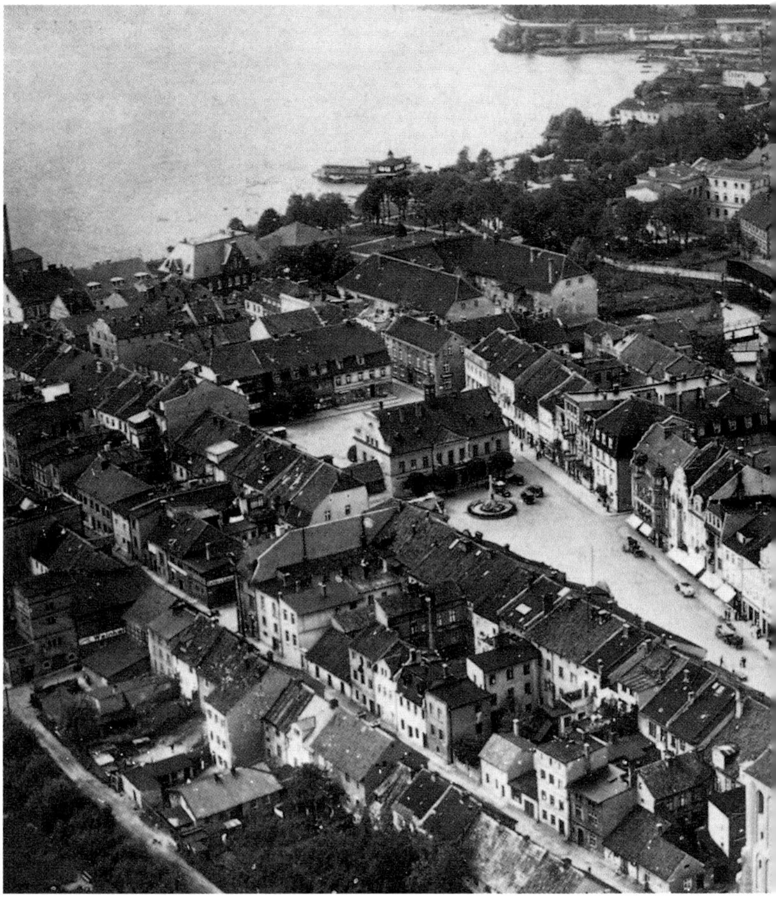

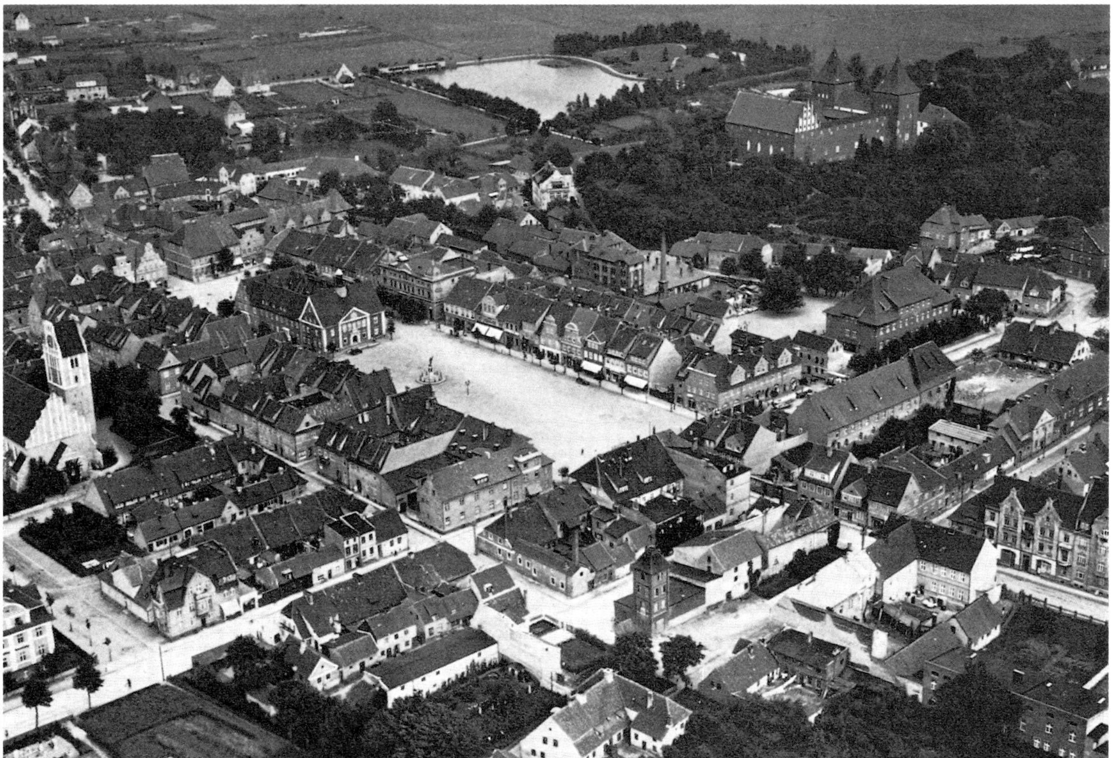

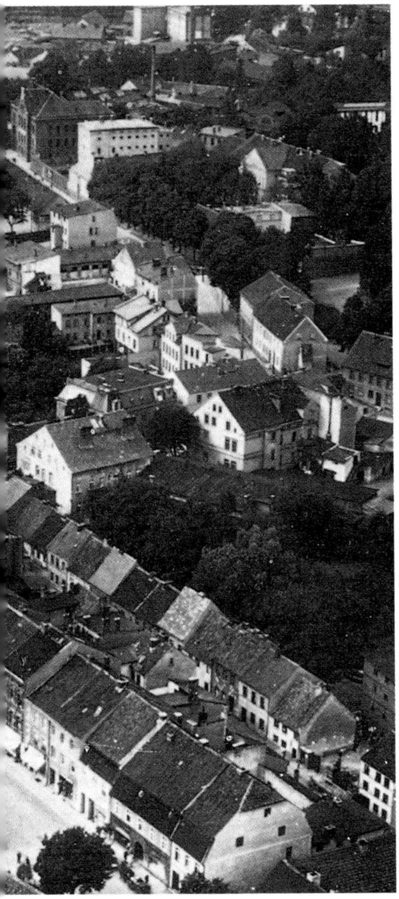

Osterode (links), Kreisstadt am Drewenzsee. Seit dem Jahre 1300 urkundlich bezeugt, galt Osterode lange als wichtige Sperrfeste des Deutschen Ordens. Überhaupt war seine Geschichte von Kämpfen und Kriegswirren gekennzeichnet. 1628 etwa wurde die Stadt von Gustav Adolfs Schweden besetzt und Napoleon sollte hier sein Hauptquartier beziehen, nachdem König Friedrich Wilhelm III. sein Waffenstillstandsangebot abgelehnt hatte. Von Osterode aus dirigierten Hindenburg und Ludendorf im 1. Weltkrieg die gewaltige Schlacht von Tannenberg.

Das Tannenberg-Denkmal (unten) wurde 1927 auf der höchsten Stelle des Schlachtfeldes zwischen Bischofsburg und Lautenburg errichtet, auf dem Generalfeldmarschall Hindenburg 1914 die russische Narwaarmee vernichtend geschlagen hatte. Das nationale Ehrenmal in der Nähe von Hohenstein, später auch Grabstätte Hindenburgs und 20 unbekannter Soldaten, erinnerte mit seinem Namen an jenes Tannenberg im Kreis Osterode, wo einst das Ordensheer der Übermacht von Polen und Litauern unterlegen war.

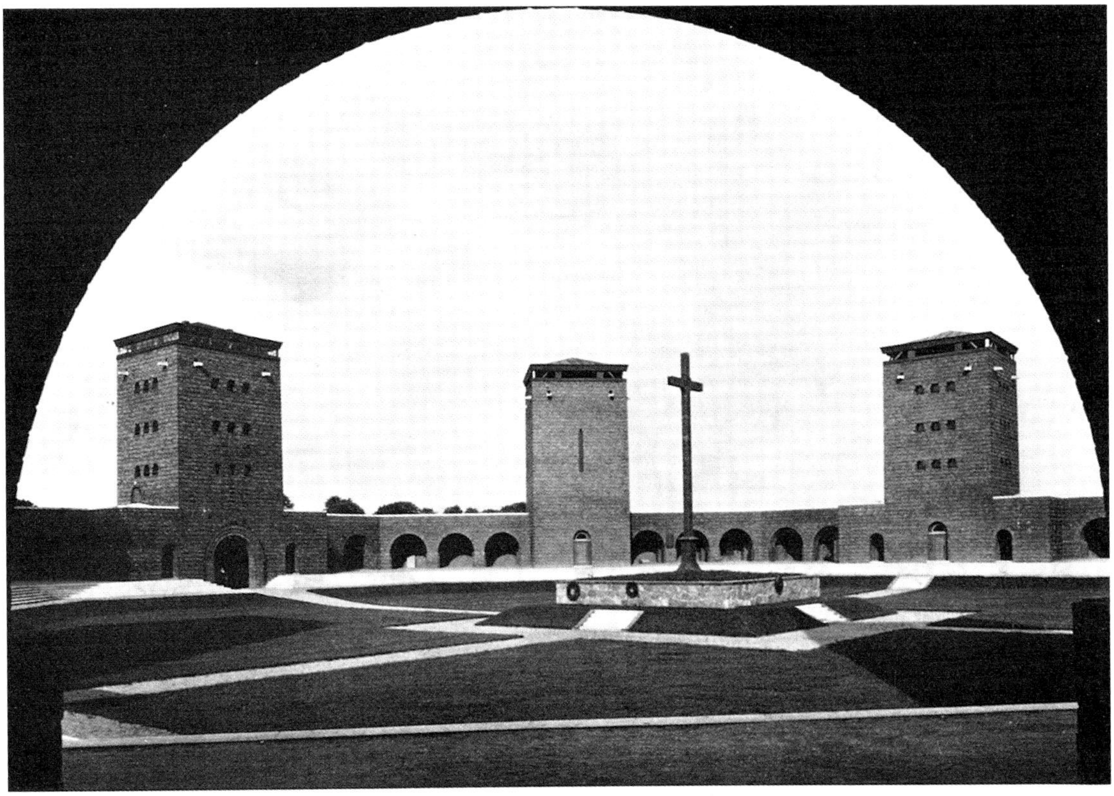

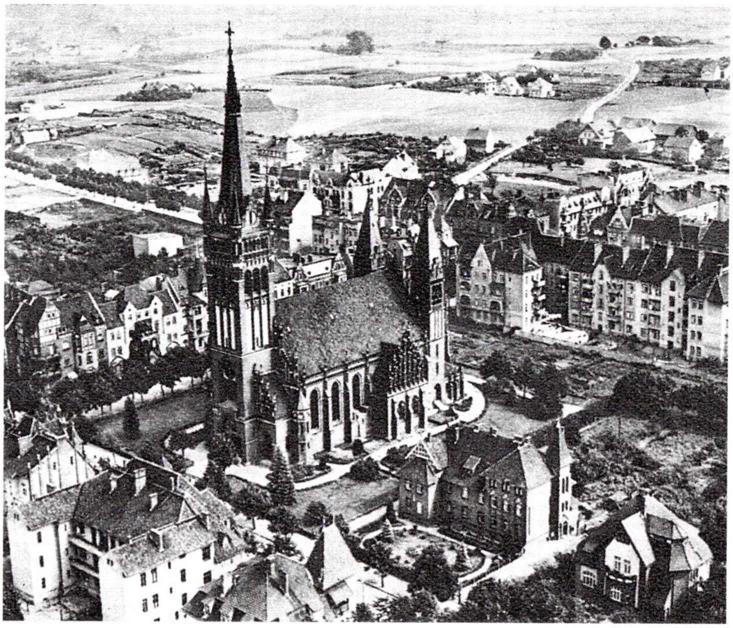

Blick auf Allenstein
Das Ordensschloß (rechte Seite). Allenstein, an jener Stelle, wo Oberland und Ermland in Masuren übergehen, war Hauptort und Regierungssitz seiner Region. Im Allensteiner Schloß wirkte Nikolaus Kopernikus als Landpropst, und damit als erster Mann im Domkapitel. Eine seiner wichtigsten Aufgaben war die Wiederbesiedlung des Landstriches, der unter der Niederlage des Ordens bei Tannenberg schwer gelitten hatte. 1914 wurde Allenstein dann von den Russen besetzt bevor ihm eine neue „Schlacht bei Tannenberg" die Befreiung brachte. Seit der Eroberung durch den deutschen Orden war Ostpreußen des Reiches vorgeschobener Grenzwall im Osten. Ab 1230 kam es zu einer systematischen Besiedlung durch deutsche Kolonisten.
In den Norden des Ermlandes zog es besonders Niedersachsen, die ihre Mundart bis in unser Jahrhundert erhalten konnten, genau wie die Nachkommen schlesischer Kolonisten in den übrigen Teilen des Landstriches.

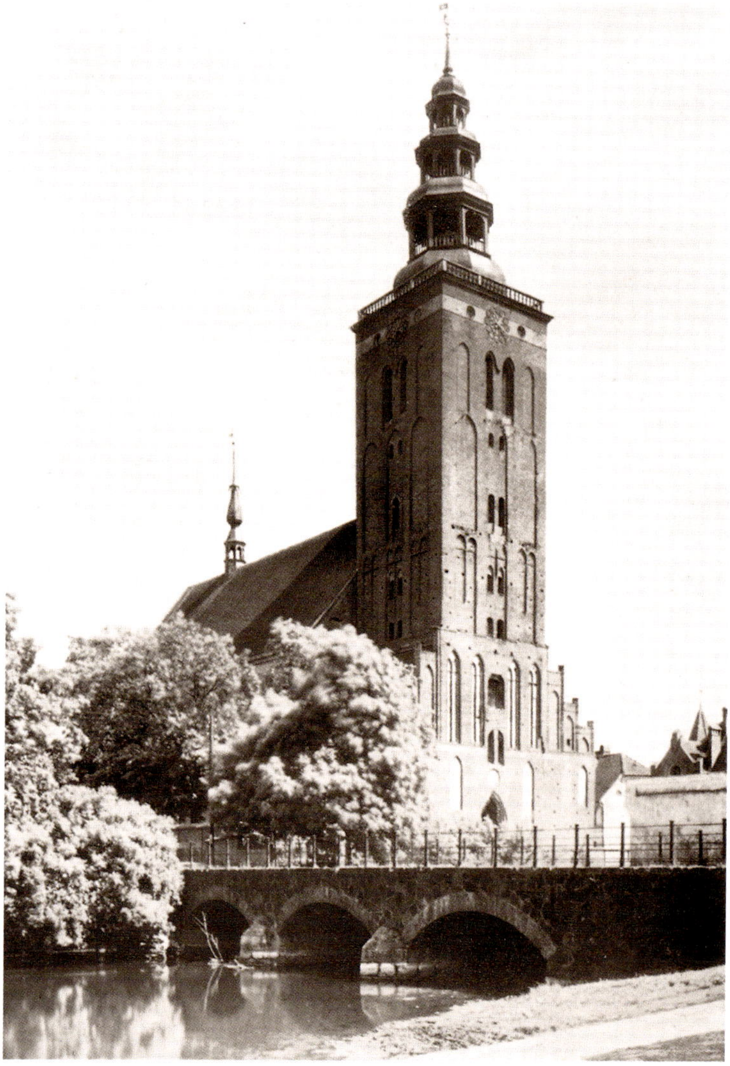

Heilsberg an der Alle, Kirche aus dem 14. Jh. Das mittelalterliche Heilsberg war bis 1772 Sitz des ermländischen Fürstbischofs. Kopernikus praktizierte hier zwischen 1504 und 1510 als Leibarzt seines Onkels, des Bischofs Lukas Watzenrode.

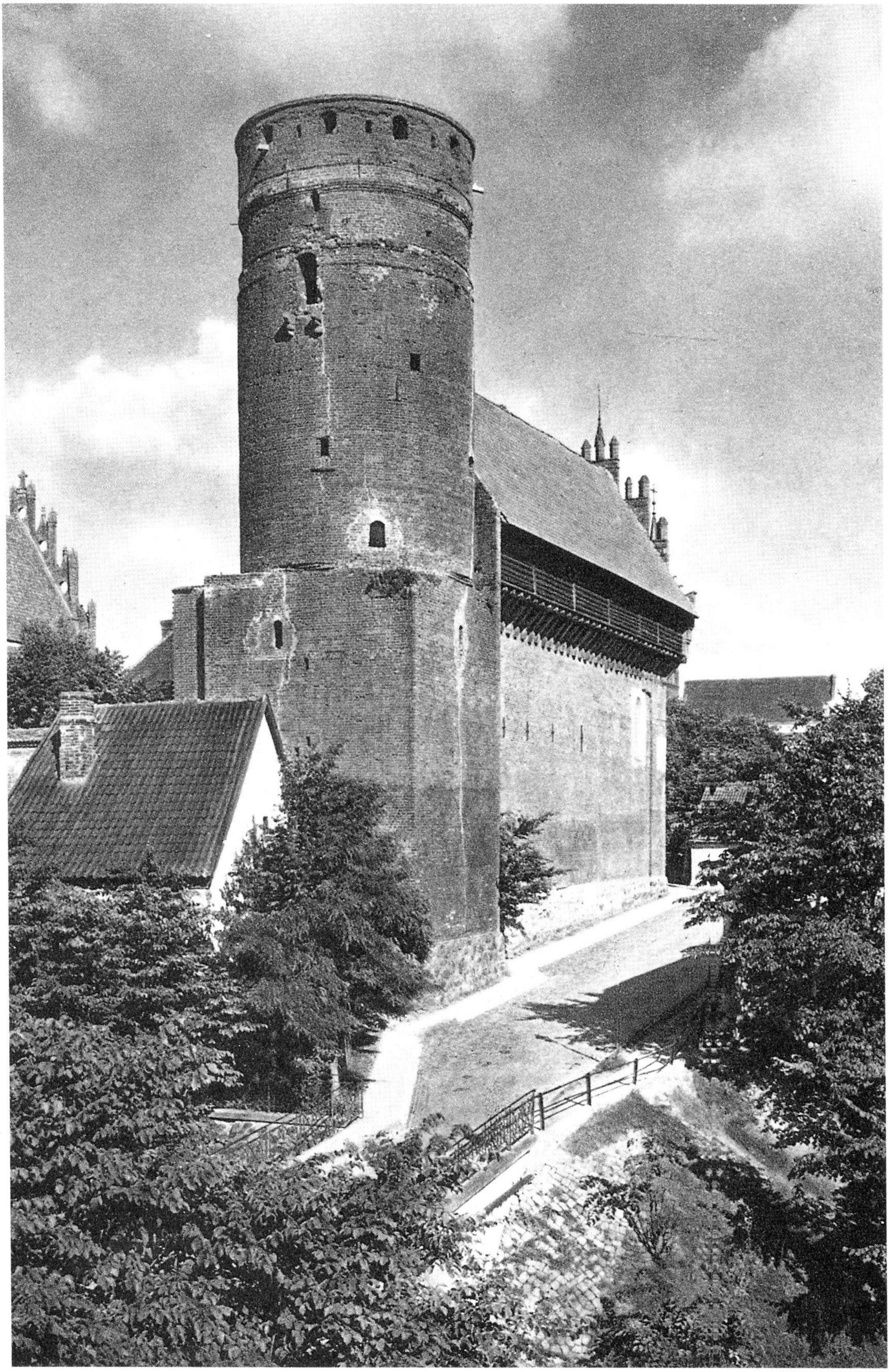

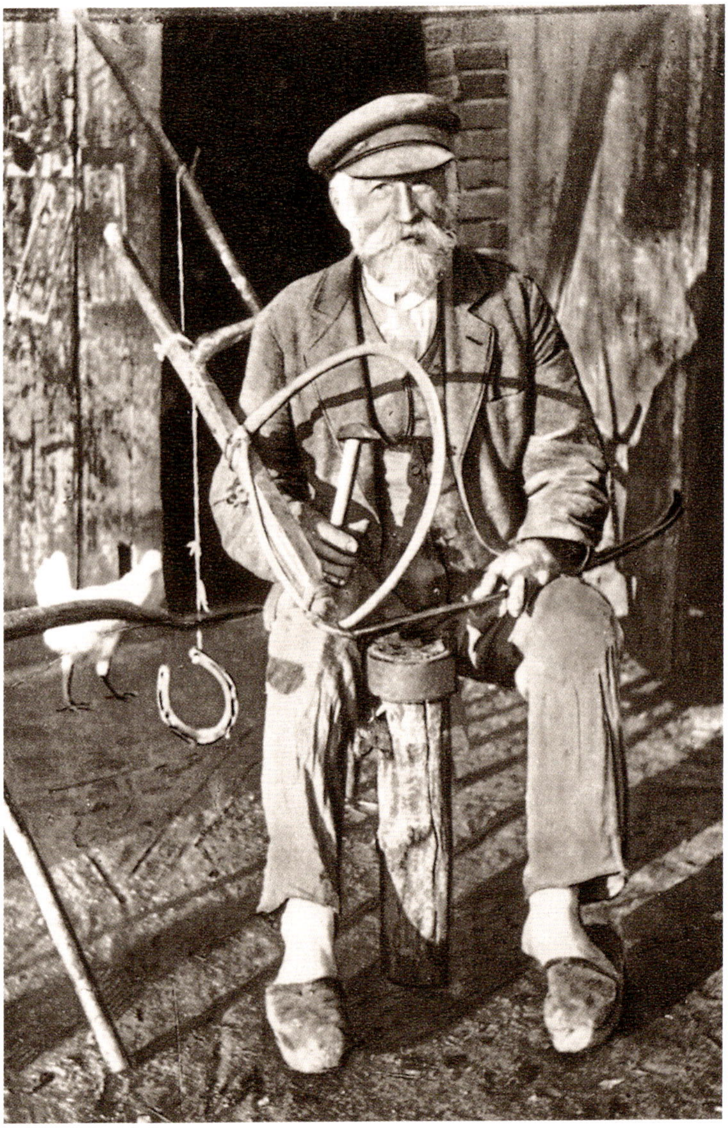

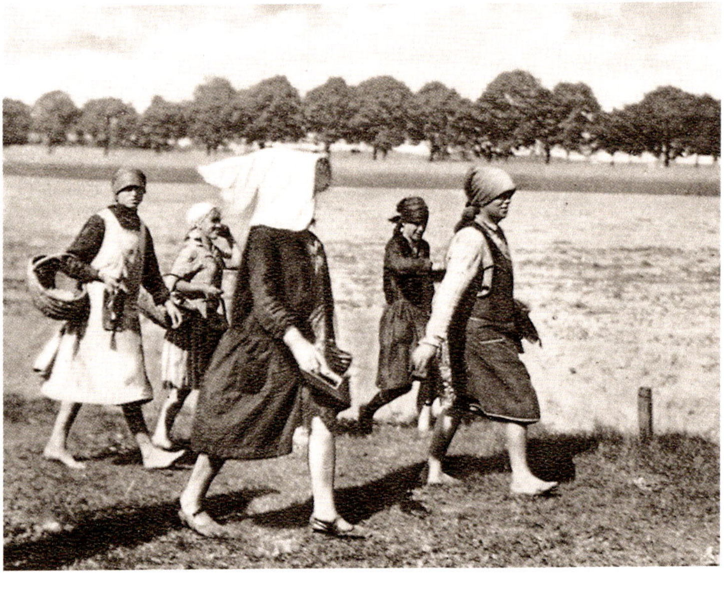

Bauer beim Dengeln (oder Schärfen) der Sense – Landarbeiterinnen auf dem Weg zum Feld. Ostpreußens Kulturlandschaft war von der bäuerlichen Siedlung geprägt. Ostwanderer aus allen deutschen Gauen hatten im Laufe der Jahrhunderte hier eine neue Heimat gefunden, slawische Völker füllten Freiräume auf. So kam es auch vor, daß gerade auf dem Land nicht unbedingt jeder jeden verstehen konnte. Auf Masurens Sprachinseln zwischen Allenstein und Lyck etwa herrschte das Plattdeutsche vor, während der Großteil der Nachbargemeinden masurisch sprach. Auf hochpreußisch oder mitteldeutsch unterhielt man sich in Mohrungen, Heilsberg, im sogenannten Oberland und in einem Teil des Ermlandes. An anderen Stellen wurde dafür mehr kurisch oder litauisch gesprochen.

Bäuerin und Bauer. In weiten Teilen Ostpreußens unterschied man die Bauern in Hofbesitzer, Kuhbauer, Eigenkätner oder ganz einfach „Leute“, das Gesinde dagegen in Jungmäken, Gansmargell, Käksche oder Schäffersche. Daneben gab es Futtrock, Jahrner oder Kutscher, die ihre Arbeitgeber „Foder“ und „Moder“, allerdings nicht selten auch „Herzfoder“ und „Herzmoder“ nannten. Nach der Elbinger Ordnung war es hier übrigens noch durchaus gestattet, das Gesinde „väterlich“ zu züchtigen. Beschwerde dagegen konnte allerdings beim Schulzen und in zweiter Instanz auch „beim Amt“ geführt werden.

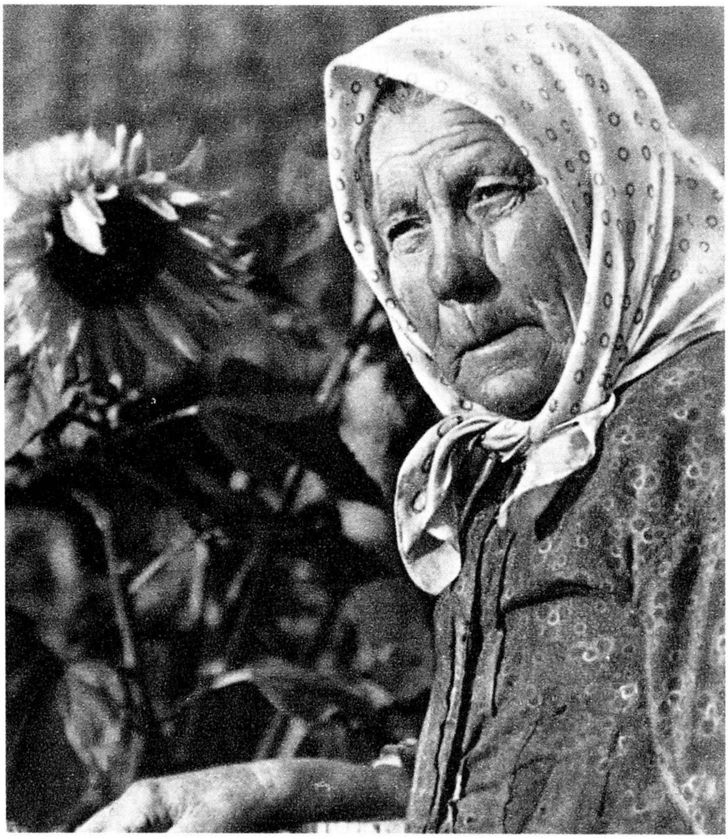

„Oek säh een Schornsteen rooke,
Da käm oeck her geloope.
Oeck säch op eene lange Dösch,
Wat darop Gebacknes öß,
Nuscht als Fastelawendskoke.
Gewe se mi een, denn bliew oeck stahn;
Gewe se mi twei, denn warr oeck gahn,
Gewe se mi drei togliek,
Kaame se önt Hömmelriek!
Warre se mi nuscht gewe,
Warre se nich lang lewe;
Warre se mi wat gewe,
Warre se recht lang lewe.“

Fastnachtsreim aus dem Samland, dem Rechteck zwischen Ostsee, Kurischem und Frischem Haff, Deime und Pregel.

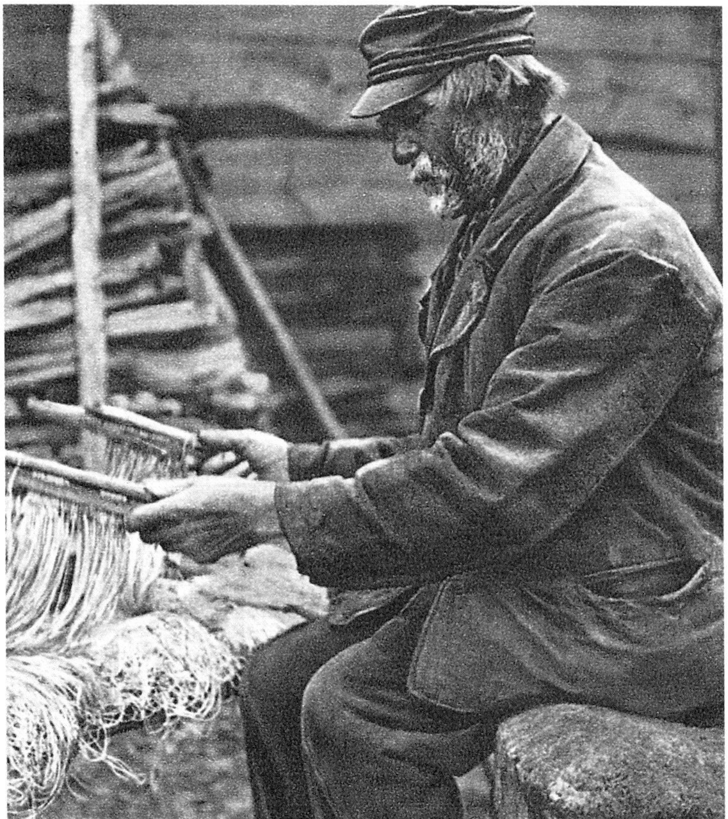

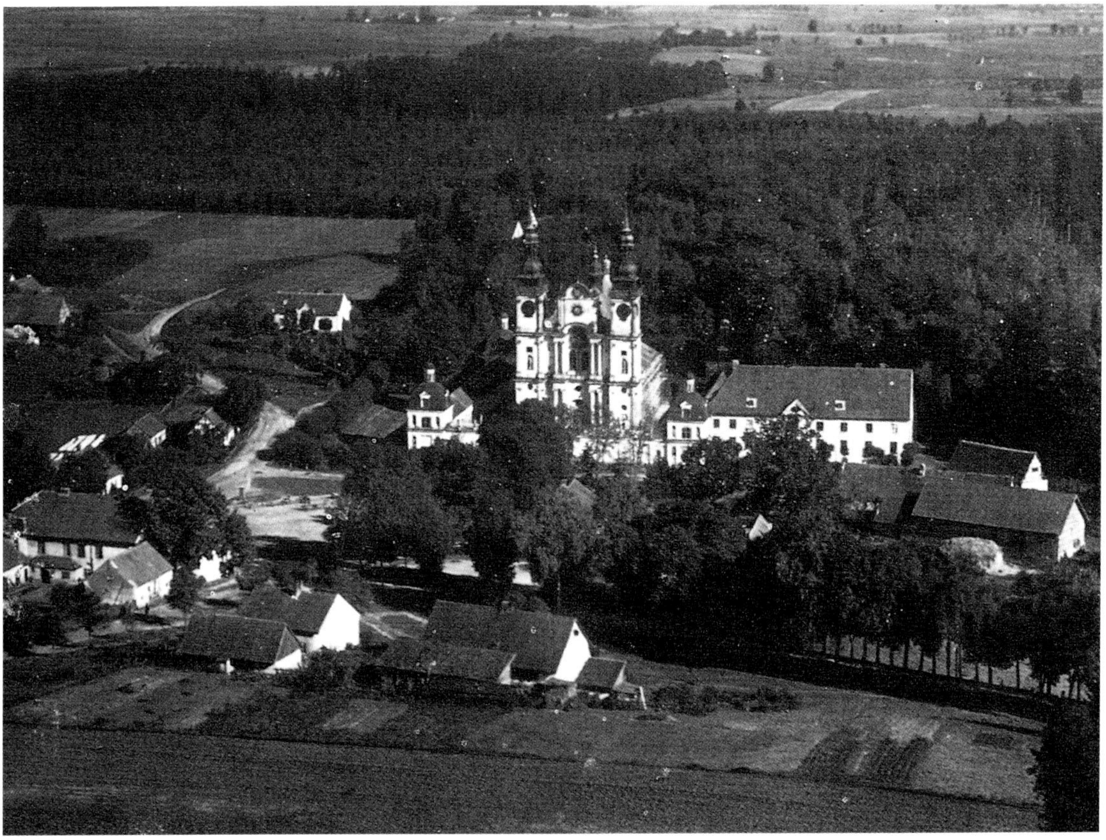

Heiligelinde, Gesamtansicht (oben) und Hochaltar aus dem Jahre 1714 (rechte Seite). Heiligelinde im Kreis Rastenburg galt als Königin unter den Wallfahrtsorten des Ermlandes. Bereits 1482 wird hier eine Wallfahrtskirche mit dem Marienbildnis auf einem Lindenstumpf erwähnt. Die spätere Anlage stammte allerdings aus dem 17. und 18. Jh. Von Heiligelinde aus betreuten Jesuiten die weit verstreut lebenden Katholiken im protestantischen Altpreußen. Nach der Aufhebung des Ordens blieb der Ort Ziel vieler Wallfahrten, um 1930 dann wieder von den Jesuiten übernommen zu werden.

Ermländische Heimatkunde

Kinga, Kinga, kommt hie heere!
Öch, öch, waa aich Noames lehre
Vanne ermlöngsch Derfa, Kinga!
Was die heeße, weeß da Schinga!
On nu, wacka offjepaßt,
Daß a keene nich vajaß!
Flemj, Berdauke, Derz on Knope,
Lawde, Plaute, Polpe, Ope,
Glott on Öls on Queetz on Krok,
Rams on Wieps, Battron on Lok,
Klaitz on Retsch on Kobele, Kiefte,
Mawere, Mädje, Schwuge, Diefte,
Benere, Wormditt, Stebunke, Schlitt,
Gaarsche, Aaal on Nai, Lekitt,
Markaim, Piestkaim, Workaim, Laune,
Bäwascht-, Nöddascht-Kapkom, Raune,
Thaichste, Deppe on Kerwiene,
Schaistere, Pupkaim, Pöß, Stenkiene . . .
Taichat Welt, wie öch ma frai,
Daß ich ooch aus Pupkaim sai.
Man nu waita: Plutke, Kitte,
Jadde, Schelle on Werjitte,
Termlack, Tolak, Wuslack, Prohle,
Giaarthe, Bewanick, Makohle,
Tolnigk, Polkaim, Doamerau,
Kolm, Kaschaune, Pöttelkau,
Schaarnögk on Schoornigk, Komaainge,
Warlack, Wolka on Klottainge,
Drewöngtz, Kersche, Pratte, Schwede,
Wienke, Wuse on Wossede,
Boasje on Prowange, Wangst . . .
Man öch dönk, nu ös jenuck.
Öch hoa Angst,
Eea waat ma sust ze kluck.
(Arthur Hintz)

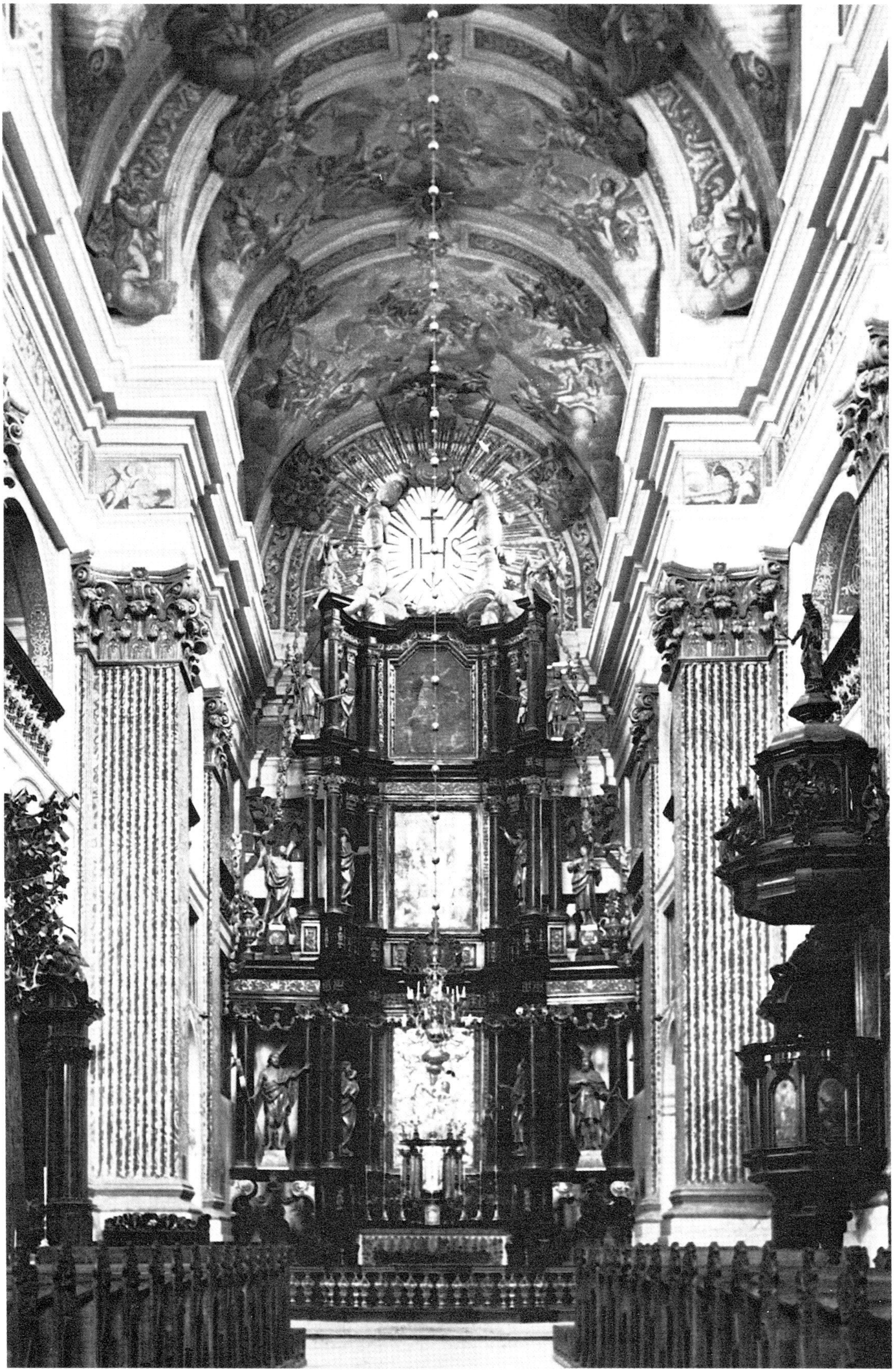

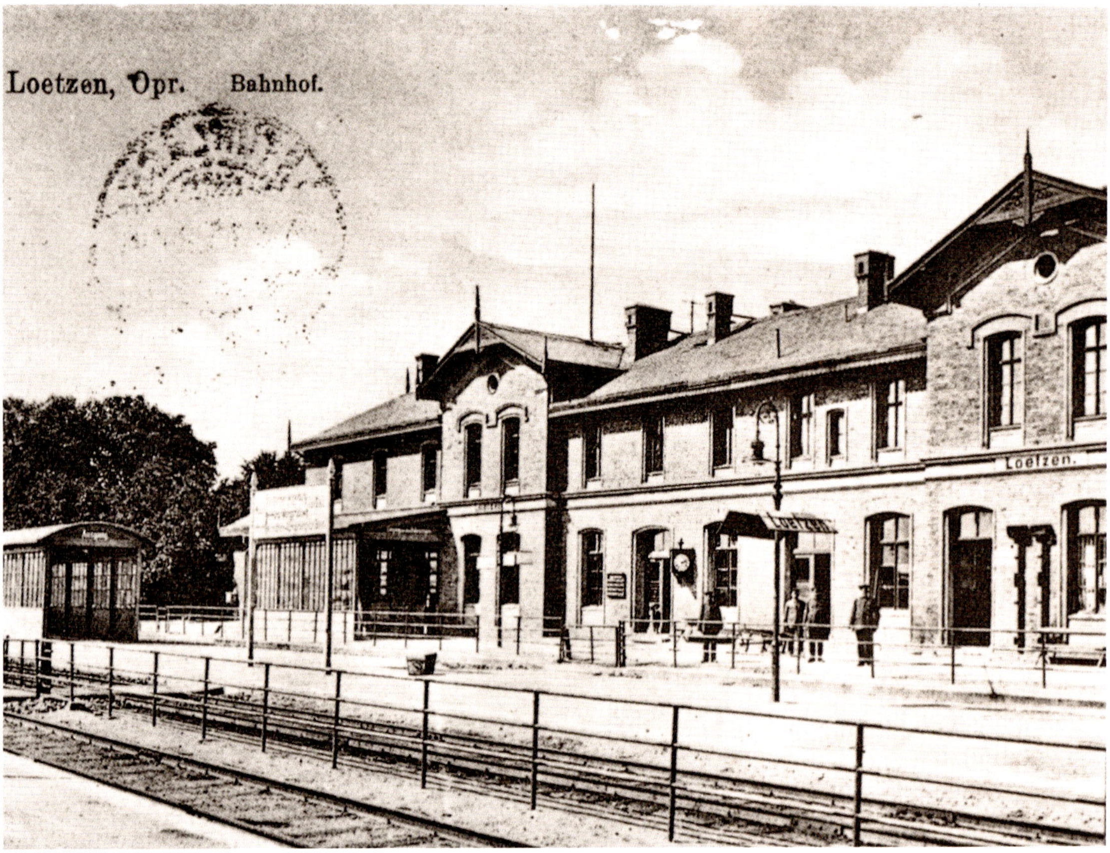
Loetzen, Opr. Bahnhof.
Loetzen.

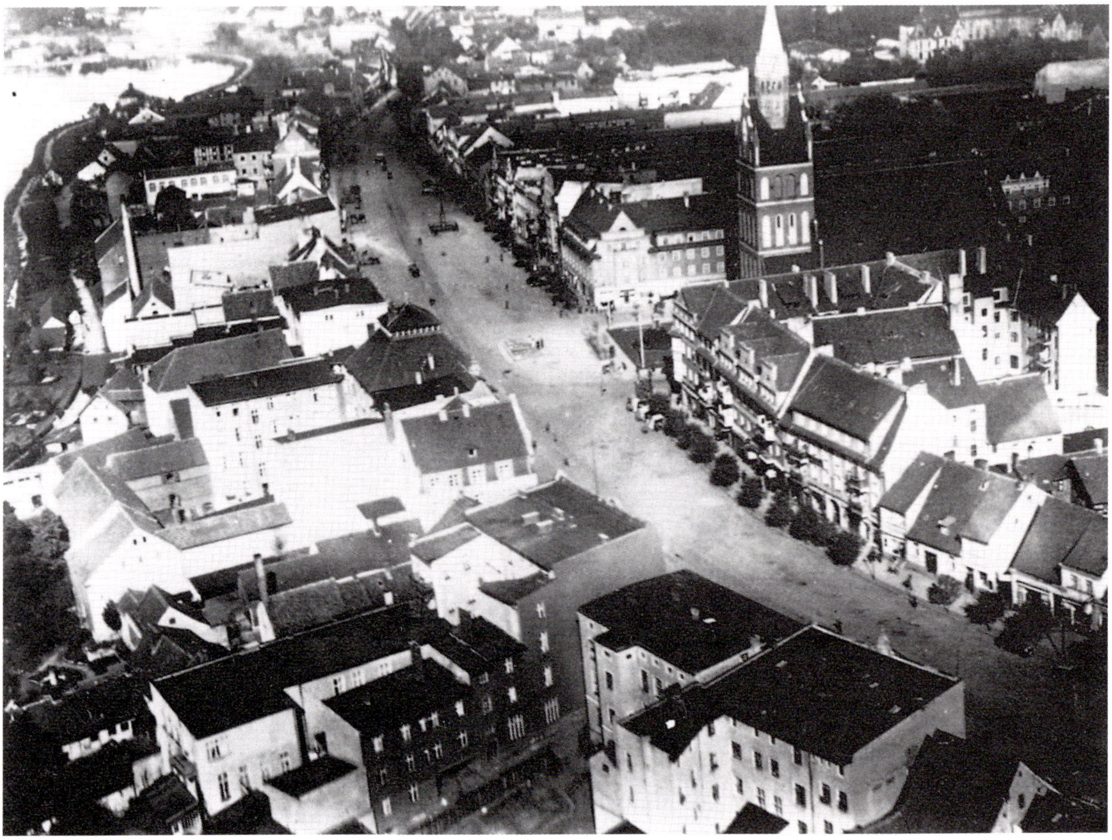

Links: Der 1868 erbaute Bahnhof von Lötzen am Löwentinsee. Lötzen an der Ostpreußischen Südbahn war ein Ausgangspunkt zum Besuch des Masurischen Seengebiets, eine der reizvollsten Landschaften Ostpreußens. Den Fischern unter den Touristen hatte es hier ganz besonders der berühmte „Stinthengst“ angetan.

Links unten: Kirche und Stadtplatz in Lyck/Masuren. Die Städte Masurens, häufig auf den Wällen alter Prußenburgen oder im Schatten von Ordenshäusern errichtet, waren im Rahmen der Ostkolonisation strategische Punkte eines ausgeklügelten Verteidigungssystems. Schloß oder Burg der Ordensherren als Kern, boten ihre weiträumigen Marktplätze der Bevölkerung des Umlandes Platz genug für die Zuflucht bei feindlichen Einfällen.

Pferdemarkt in Masuren. Der masurische Bauer galt als fleißig, bescheiden und gastfreundlich. Dabei lehnte er die kleinen Freuden des Daseins nicht ab. Die Segnungen der Kultur hatte er immer etwas später als der Rest Ostpreußens zu spüren bekommen, dafür war sein Land zu isoliert von der großen Welt, zu weiträumig und unerschlossen. Für ihre „Pferdstage“, den Pferdemarkt, bereitete sich die Bevölkerung praktisch das ganze Jahr über vor. Lockten sie doch mit Auftrieb, Handel und vielen populären Vergnügen vom „Haut den Lukas“ bis zum kräftigen Schluck aus einer Flasche Maitrank oder Bärenfang.

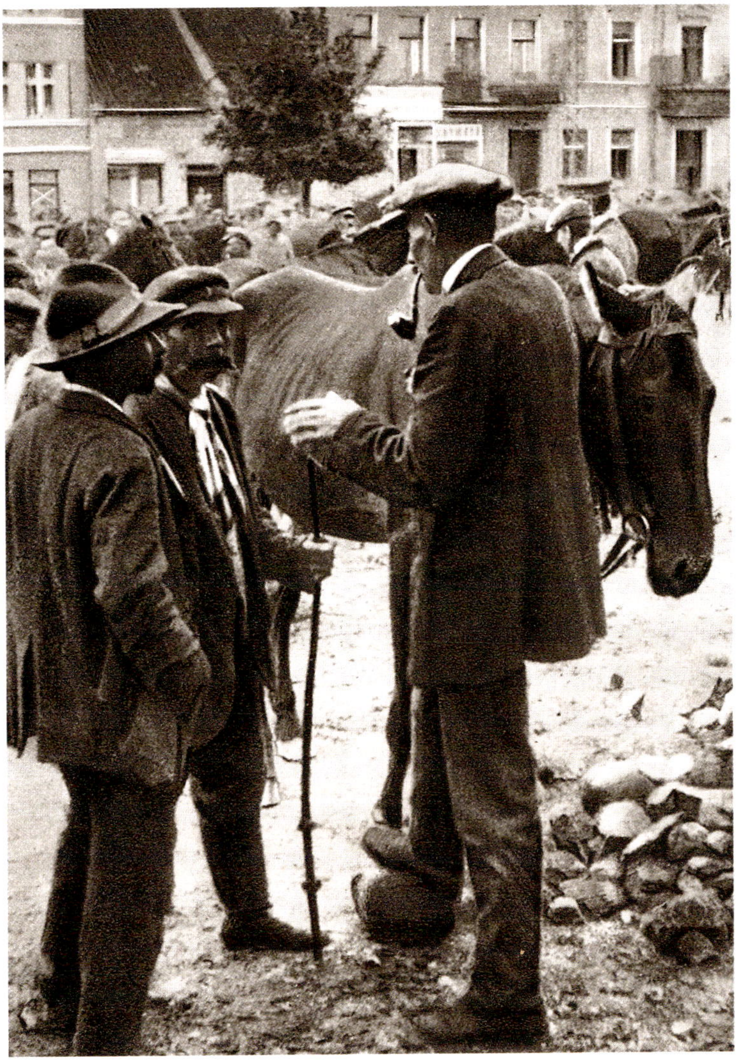

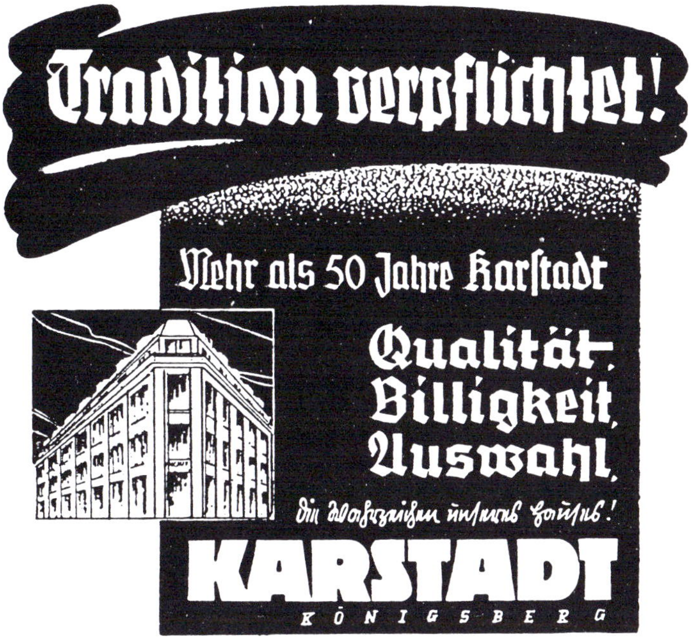

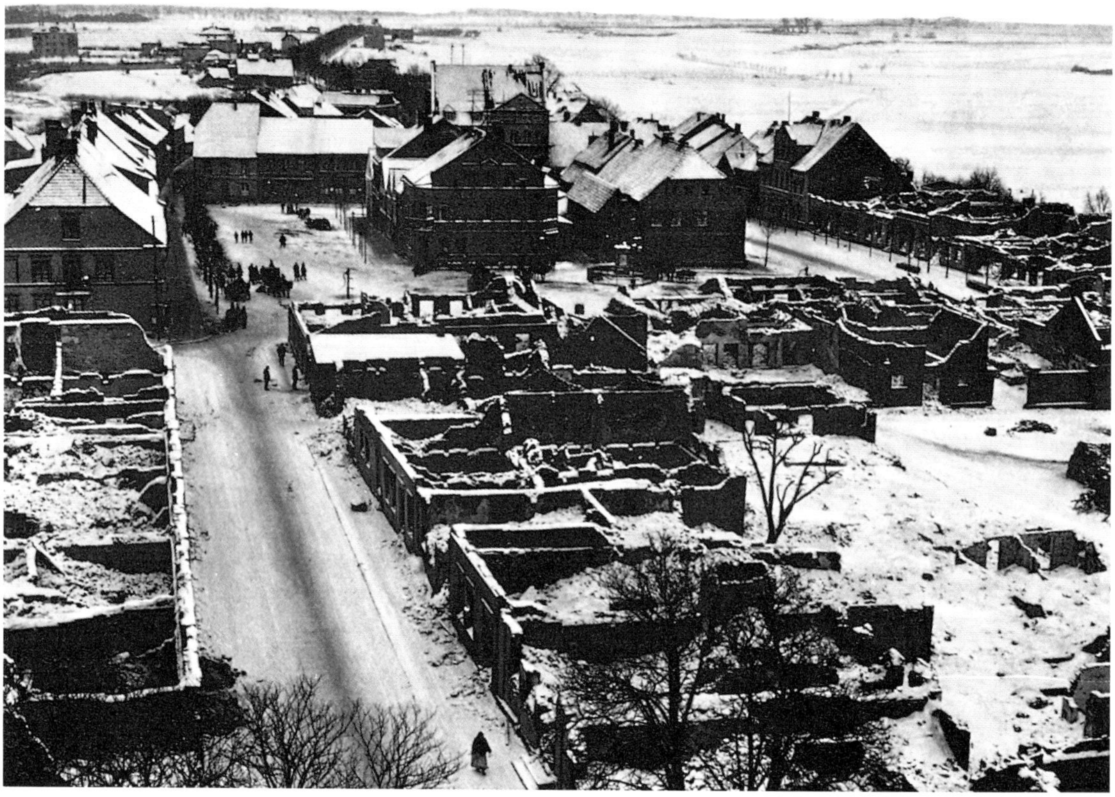

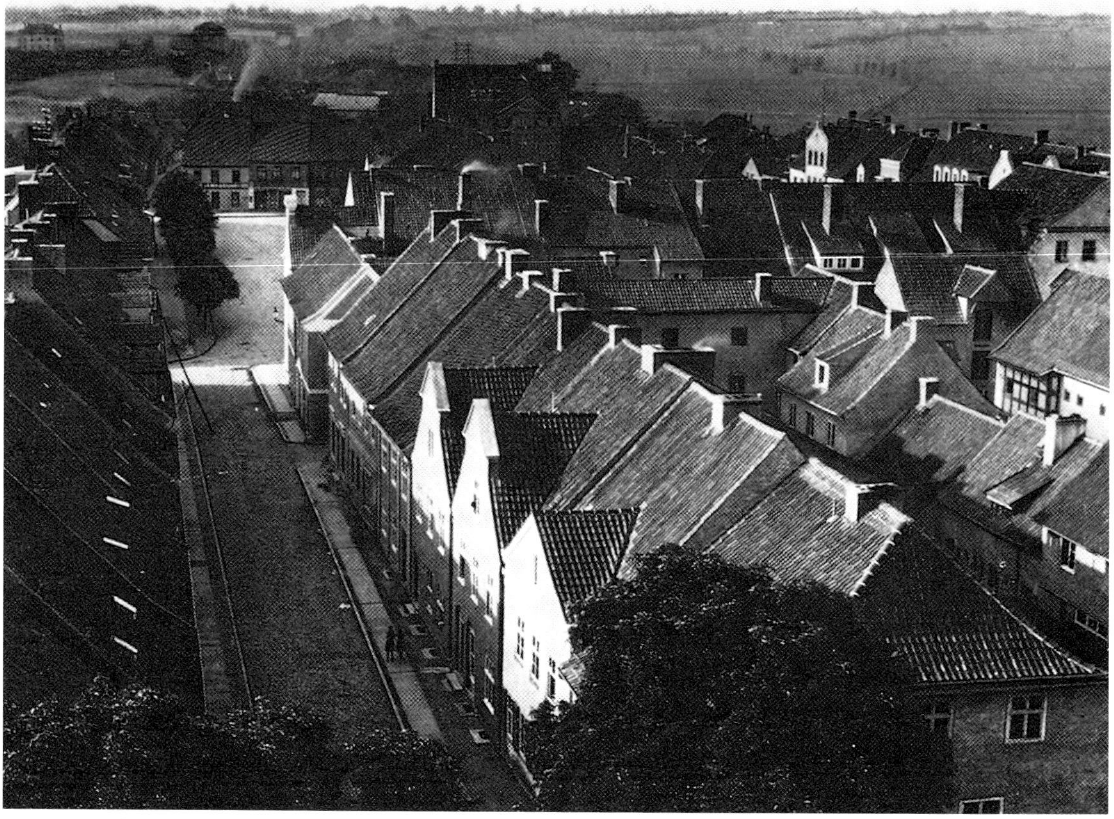

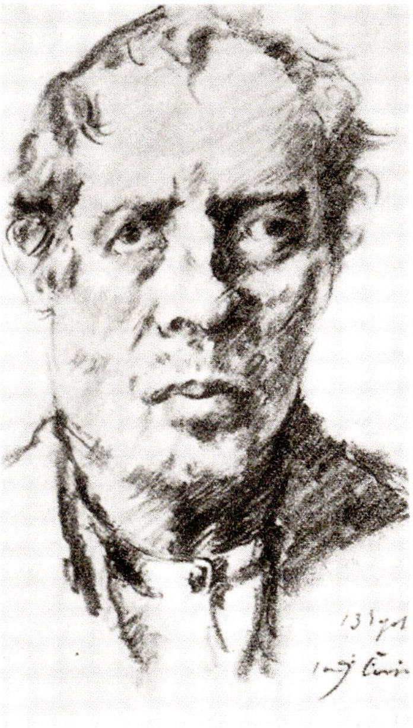

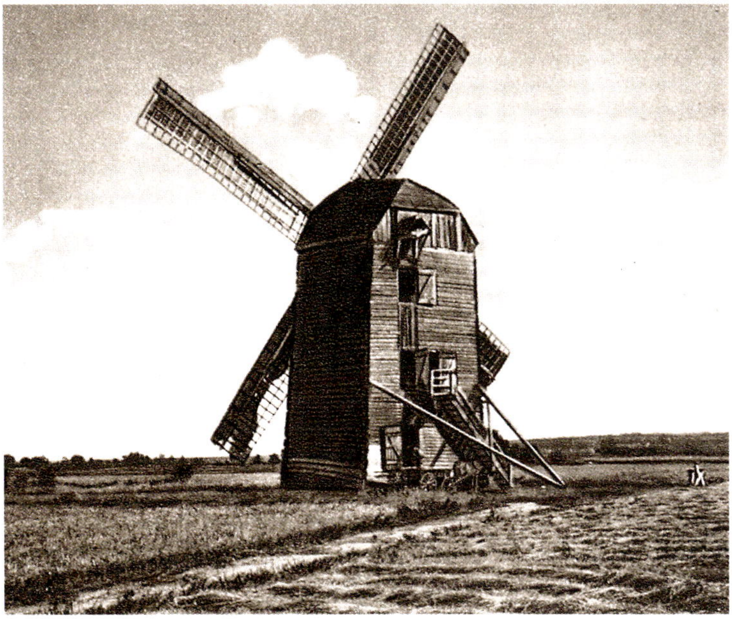

Lovis Corinth (Selbstportrait), der Maler und Graphiker zwischen Impressionismus und Expressionismus, wurde 1858 in Tapiau/Ostpreußen geboren. In seinen Schaffensjahren kamen aus Corinths Atelier neben Genrebildern und Stilleben monumentale Kompositionen aus antiker Mythologie und christlicher Passion.

Mühle bei Gumbinnen (oben rechts) – Tilsit aus der Vogelschau (unten rechts). Tilsit am Unterlauf der Memel, im 15. und 16. Jh. entstanden, war mit über 50000 Einwohnern zeitweise die zweitgrößte Stadt Ostpreußens.

Gerdauen nach der Besetzung durch die russische Armee im Jahre 1914 und nach dem Wiederaufbau 1933 (linke Seite).

Gerdauen war im Anschluß an eine Burg der Ordensritter gegründet und später mit dem Kulmer Recht ausgestattet worden. Die Stadt im preußischen Gau Barten wurde dann besonders wegen ihrer Malzfabrik und Brauerei bekannt. Auf Gerdauens „Kinderhofer Bier" schwor so mancher trinkfeste Zecher zwischen Weichsel und Memel.

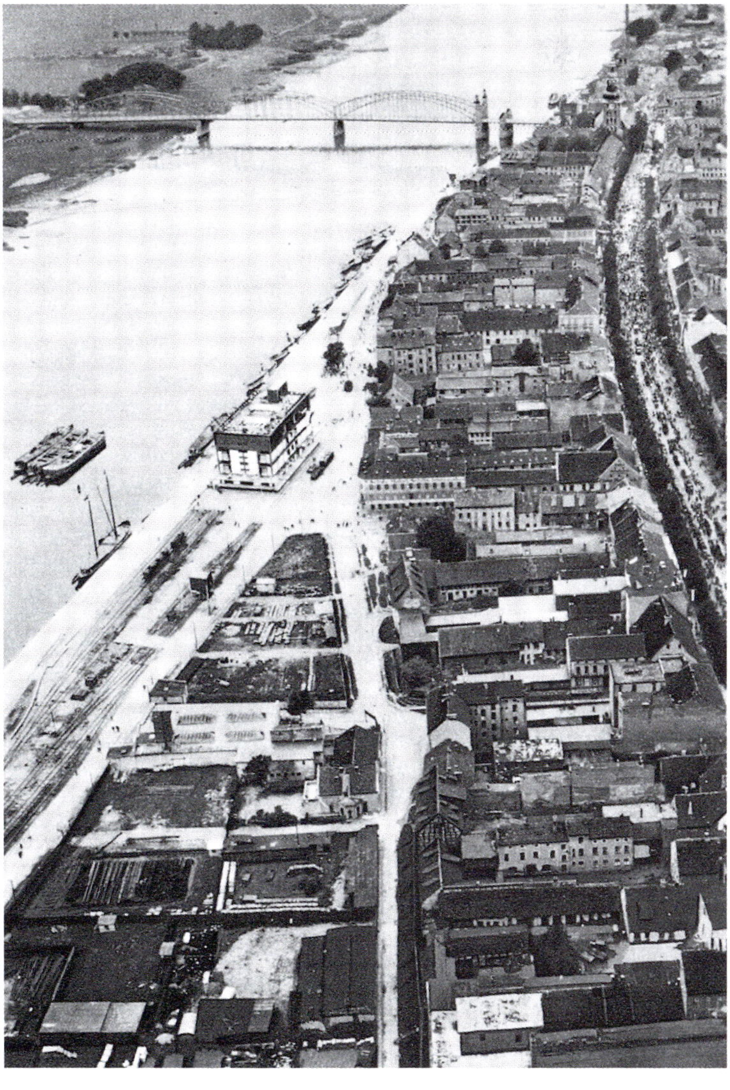

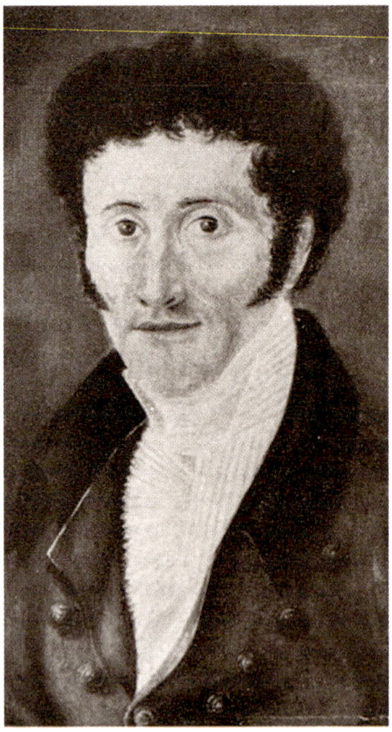

Ernst Theodor Amadeus (E. T. A.) Hoffmann, Dichter, Musiker und Zeichner, wurde 1776 in Königsberg geboren (gest. 1822 in Berlin). In seinen Erzählungen und Märchen verwob Hoffmann die Alltagswelt mit weltferner Romantik und Überirdischem. Seine Person und seine Schöpfungen lieferten u. a. den Stoff für Offenbachs phantastische Oper „Hoffmanns Erzählungen".

Königsberg, Blick auf die alte Speicherstadt. Königsberg, 1255 durch den Deutschen Orden gegründet, hatte seinen Namenspatron in Kreuzfahrerkönig Ottokar II. von Böhmen. Die Stadt, 7 Kilometer vor der Mündung des Pregels in das Frische Haff, war nach 1919 zum Wirtschafts- und Verkehrsknotenpunkt Ostpreußens geworden. Neben Stettin und Danzig besaß Königsberg den bedeutendsten deutschen Ostseehafen mit den größten Getreidesilos des Kontinents.

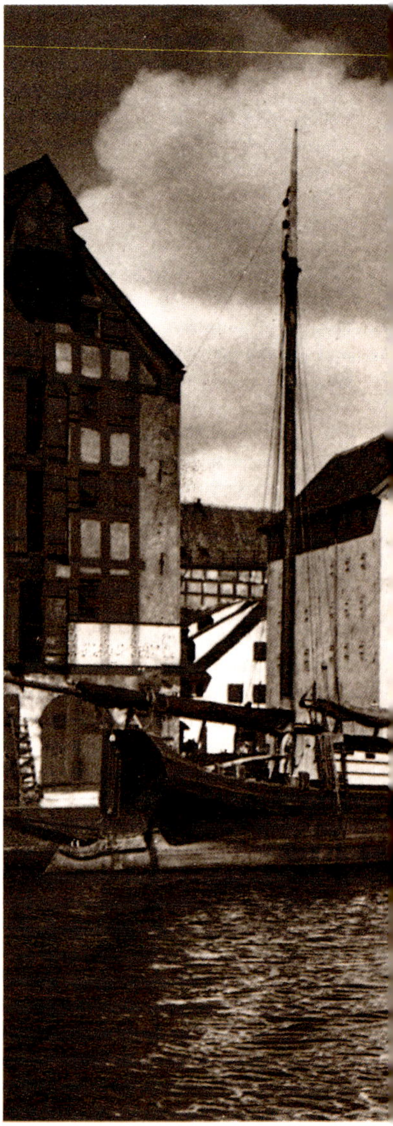

Immanuel Kant (1724–1804), als Sohn eines Riemermeisters im Hause Kneiphof, Vorstadt 188 geboren, ist Königsbergs berühmtester Bürger. Der Philosoph und Hochschullehrer prägte mit seiner Transzendentalphilosophie das Denken zweier Jahrhunderte, doch noch 1783 – jetzt in seiner Wohnung in der Prinzessinstraße – hatte Kant nur sechs Bestecke zur Verfügung, um so auch nie mehr als sechs Personen bewirten zu können! Der große Denker, der der abendländischen Philosophie eine ähnliche Wendung gab wie einst der ermländische Domherr Kopernikus, gilt als Begründer des deutschen Idealismus.

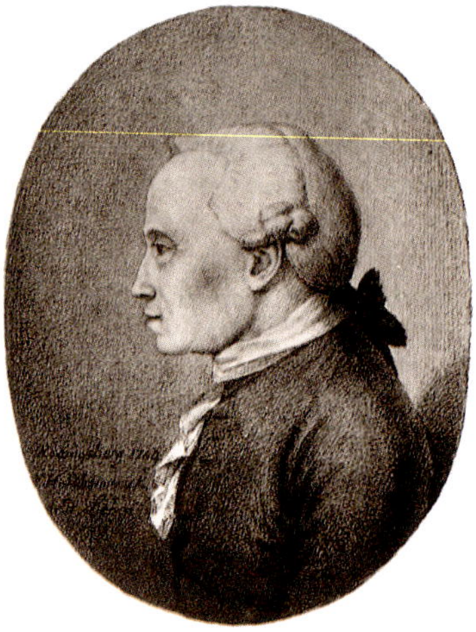

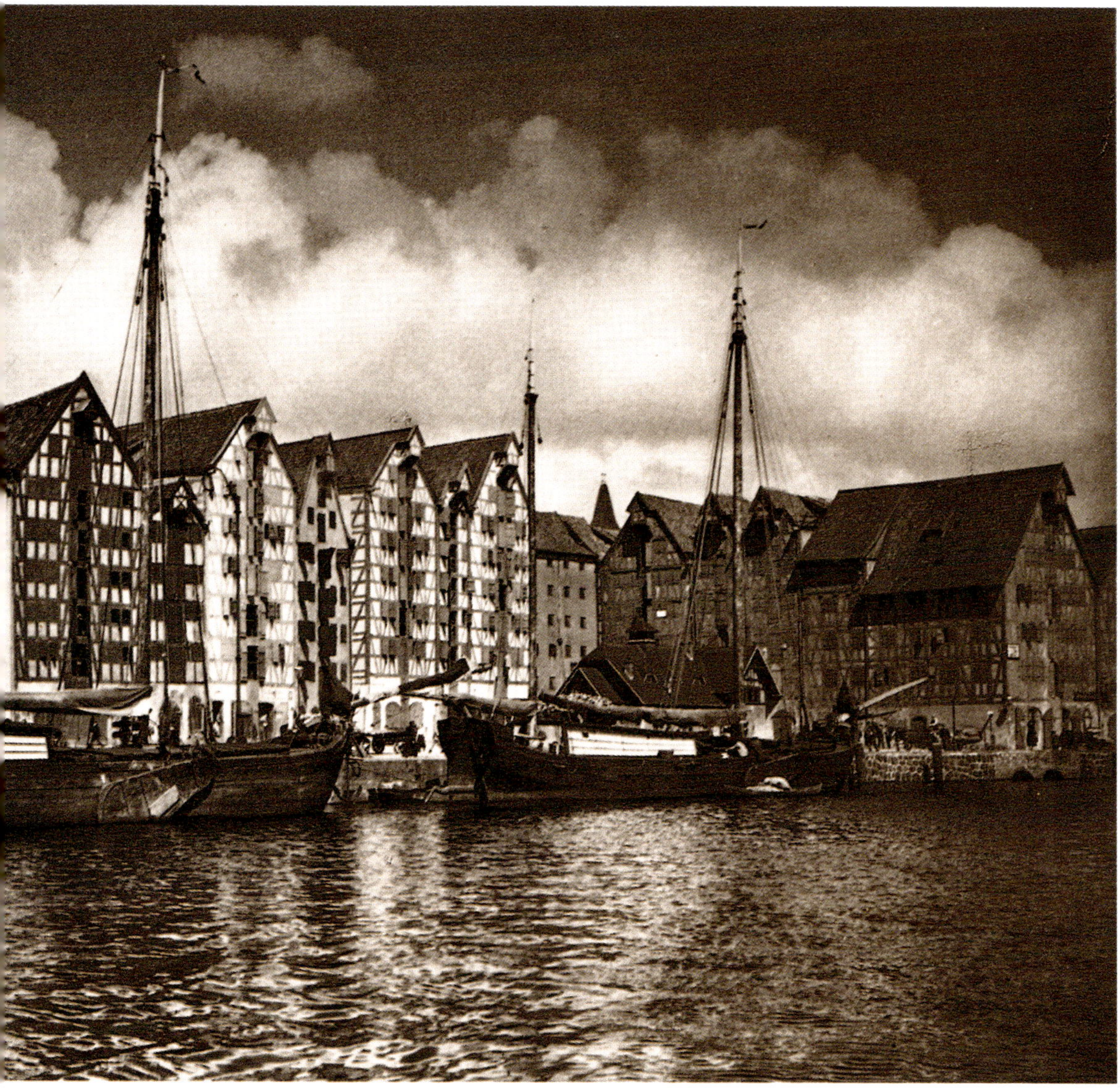

1. D' olle Frau wull to Biere goahn,
Hei, juchhei!
D' olle Mann wull ook met goahn,
Heididdel liddel lum tum tum, hei tum tum tei.

2. D' olle Mann mütt to Huse bliewn,
Mütt de kleinen Kinner weegn.

3. As de olle Frau to Huse kam,
Här de olle Mann nich iwg gespunn'n.

4. „Hab's dreimal abgewunn'n,
Hab auch Schüssel und Teller abwascht."

5. De olle Frau kriegt den Wockenstock,
Heef den ollen Mann wol öwer den Kopp.

6. De olle Mann sprung noht Noobers Huus:
„Herr Noober, min olt Wief hät mi schloan."

7. „Ja mine möckt't ewen so,
Willn beid' to Amte goahn."

8. To Amte goahn, det helpt uns nich,
De Amtmann säggt: „Dät is recht!"

9. As de olle Mann to Huse kam,
Da lacht em d' olle Wief wä fründlich an.

10. „Is de Buck nu rut ut 'n Kohl?
Ick dacht, et würr ewig duhrn."

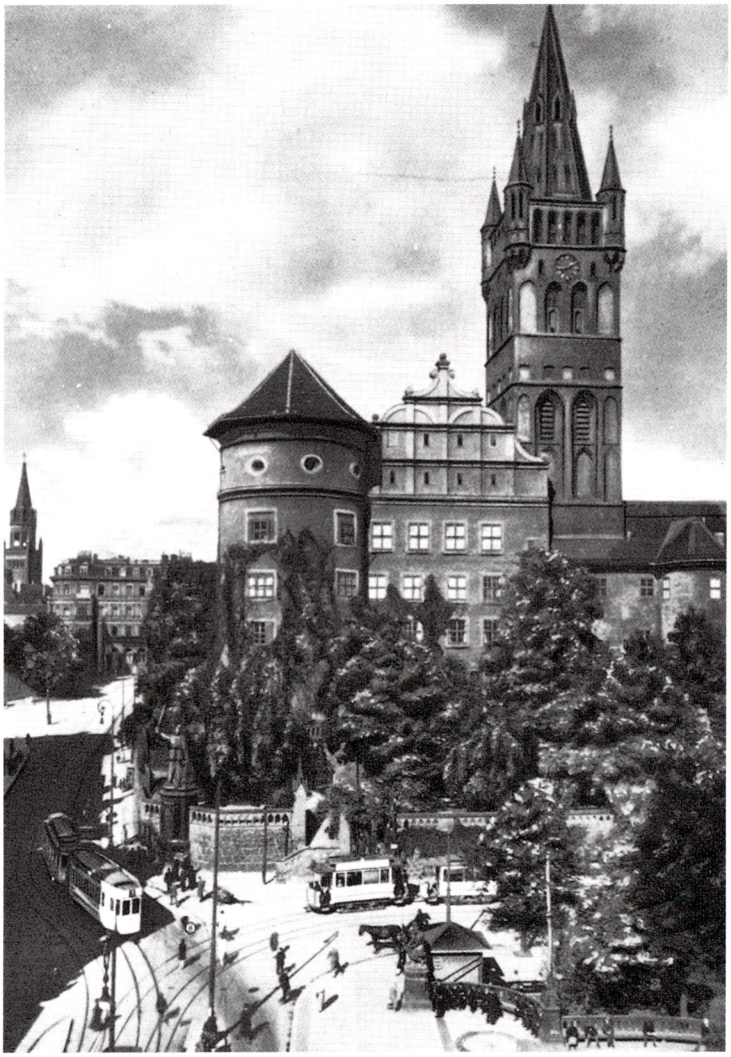

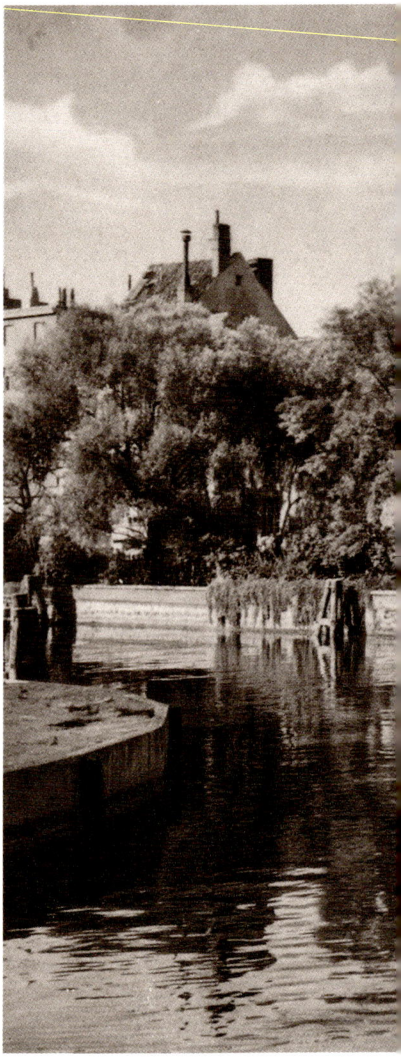

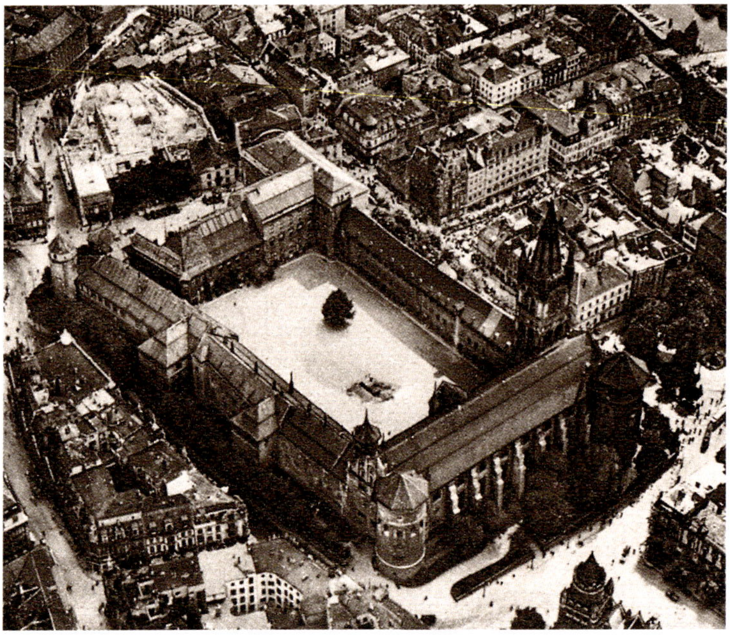

Oben links: Das Königsberger Ordensschloß mit der Krönungskirche der preußischen Könige. Unten links: Blick auf das Schloß. Von „unserem Schloß", wie die Königsberger die mächtige Anlage nannten, wehte der Atem einer großen Geschichte über die Stadt am Pregel. Hier hatten sich einst die Ritter versammelt, bevor sie zu den Kriegszügen des Ordens aufbrachen, hier endeten die prächtigen Krönungszüge der preußischen Herrscher. Vom Königsberger Schloß – im Vordergrund der Kaiser-Wilhelm-Platz mit dem Standbild des alten Kaisers – ging 1813 die Erhebung Preußens gegen die Fremdherrschaft aus.

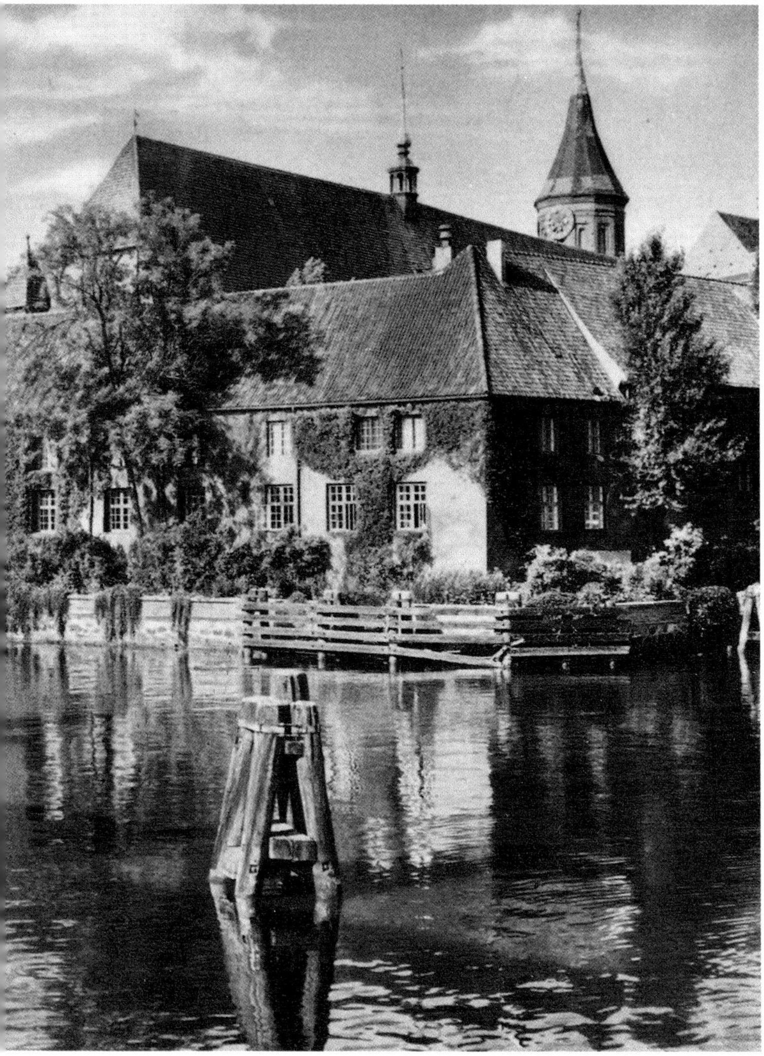

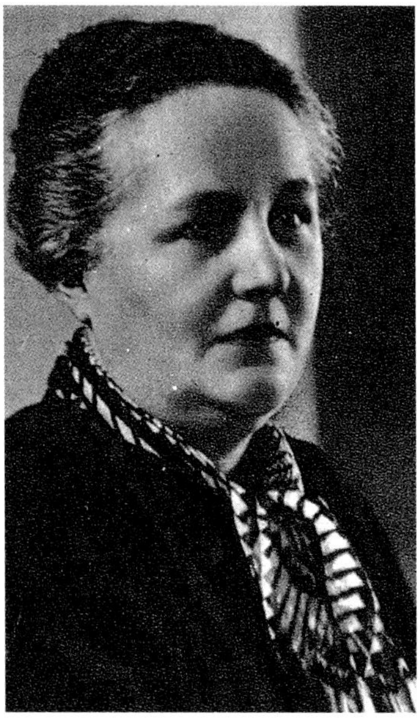

Agnes Miegel, geboren am 9. März 1879 als Tochter einer angesehenen Königsberger Kaufmannsfamilie, ist die bedeutendste Dichterin Ostpreußens, seiner Landschaft, seiner Menschen und der Geschichte ihrer Zeit. In ihren Werken spiegeln sich eine Vorliebe für schwermütige Stimmungen, für die Ballade und balladeske Wirkungen („Gedichte und Spiele", „Kinderland", „Gang in die Dämmerung").

In der Kirche des Schloßes, ein Bauwerk Blasius Berwarts, hatte sich Kurfürst Friedrich III. 1701 mit Zustimmung des deutschen Kaisers zum preußischen König krönen lassen: nach Preußenzeit, Ordensstaat und Herzogtum ein neuer Abschnitt in der Geschichte Ostpreußens. 1810 fand hier zu Händels „Halleluja" und Mozarts Requiem die Totenfeier für Königin Luise statt.

Oben: Königsbergs Dominsel mit der alten Universität. An Königsberg hatten u. a. Papst und Kaiser, Ordensritter und hanseatische Geschäftsleute gebaut. Um die 1255 gegründete deutsche Ordensburg waren Altstadt, Kneiphof und Löbenicht entstanden. Dominsel nannte man eine Ecke des Kneiphofes, in dem sich die alten Mauern der Albertina spiegelten. Die bereits 1544 gegründete Königsberger Universität, der Kant Ruhm und Ansehen brachte, prägte 400 Jahre lang das geistige Gesicht des deutschen Ostens.

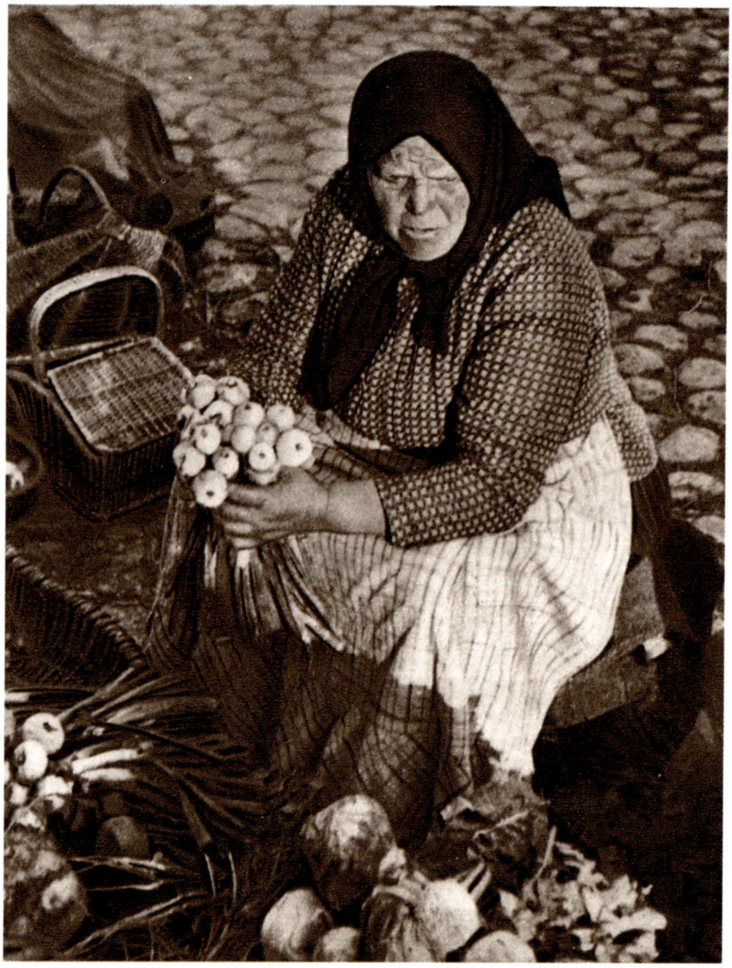

Marktbetrieb am Pregel. Im Straßenleben der Stadt spielten eine ganze Reihe Königsberger Originale ihre Rollen, darunter Scherenschleifer, Topfflicker, Drehorgelmänner und besonders jene Marktfrauen, deren Mundwerk recht berüchtigt war. Ihr Schimpfvokabular eingerechnet, galt es hier häufig als klüger, eine Speckflunder oder ein paar „Zelatgurken" unbesehen zu kaufen, als sich auf einen nicht zu gewinnenden Disput einzulassen.

Was sich die Königsberger an den Kopf warfen? Nun, da gab's den Dämlak oder den Labommel, den Lulatsch oder Plawucht, den Lachudder oder den Krat (übrigens das einzige Wort in der deutschen Sprache, dem je nach Laune alle drei Artikel – der, die oder das – vorgestellt werden konnten).

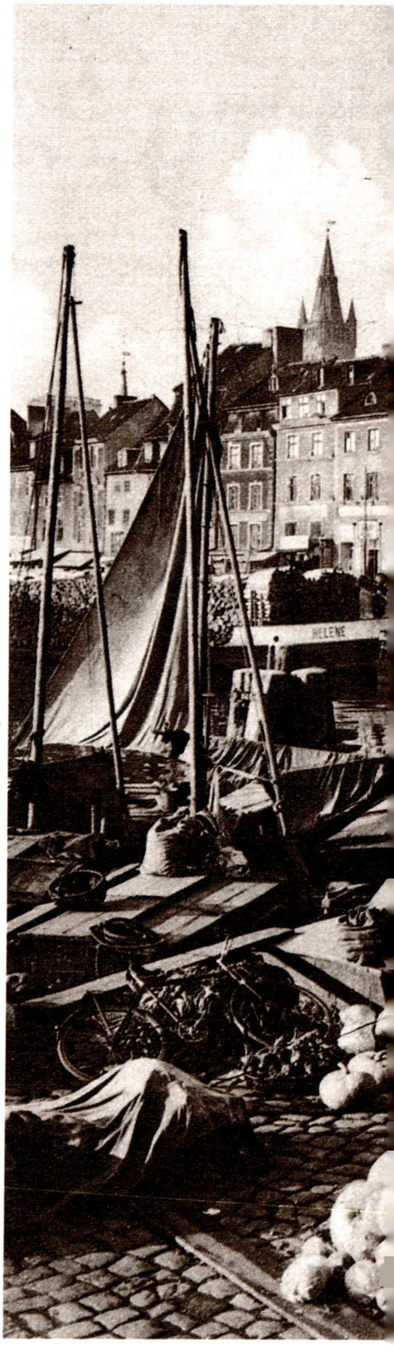

Am Kohlmarkt, am südlichen Ufer des neuen Pregel legten litauische Wittinen an, um besonders Gemüse ans Ufer und damit an den Mann zu bringen.

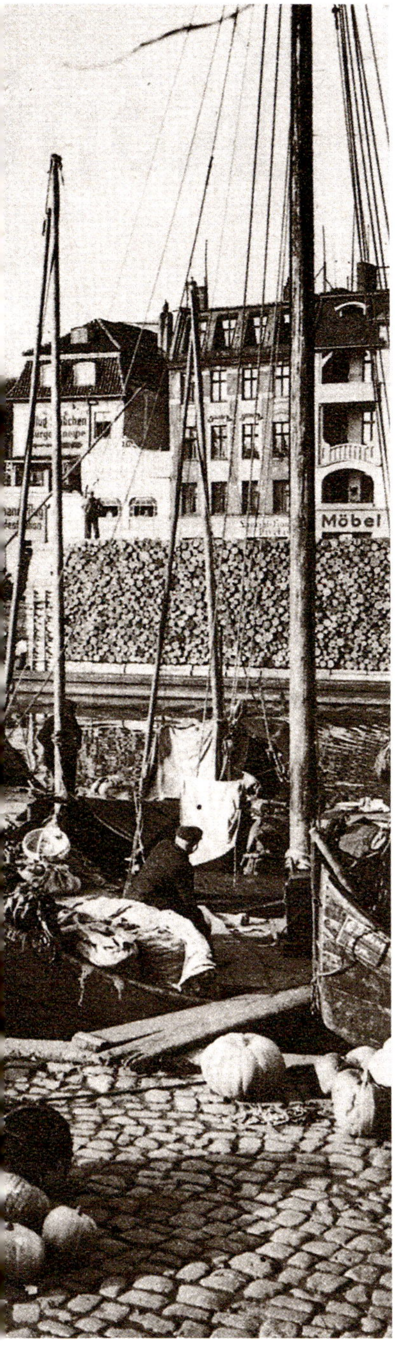

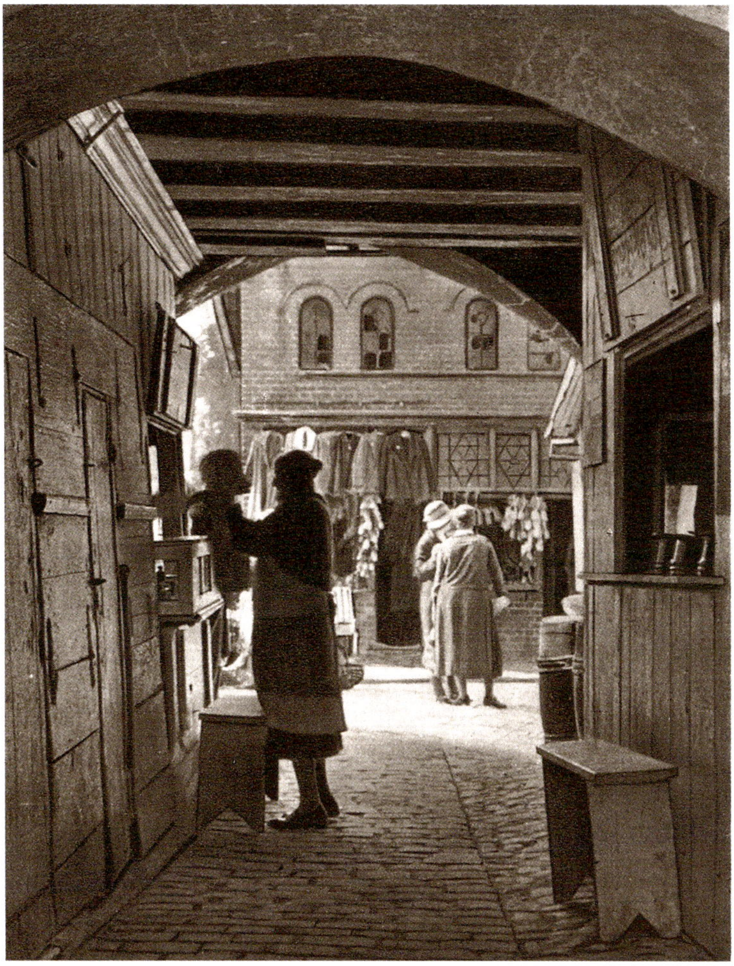

Kleinhändler in einem alten Königsberger Torweg.
Eine der ältesten Städte im deutschen Osten, waren Königsbergs Torwege Zeugen einer großen Vergangenheit. Einst vom Orden als Hafenbefestigung angelegt, im 13. Jh. mit dem Privileg der Stadtrechte ausgezeichnet, Mitglied der Hanse, war Königsberg seit 1457 Sitz des Hochmeisters des Ordens und ab 1525 der preußischen Herzöge. 1618 kam es zu Brandenburg, von 1758 bis 1762 wurde es von Rußland beherrscht, 1914 verhindern die Siege Hindenburgs bei Tannenberg und an den Masurischen Seen die Belagerung der Stadt. Nach dem Ersten Weltkrieg wird sie vom Reich abgeschnürt.

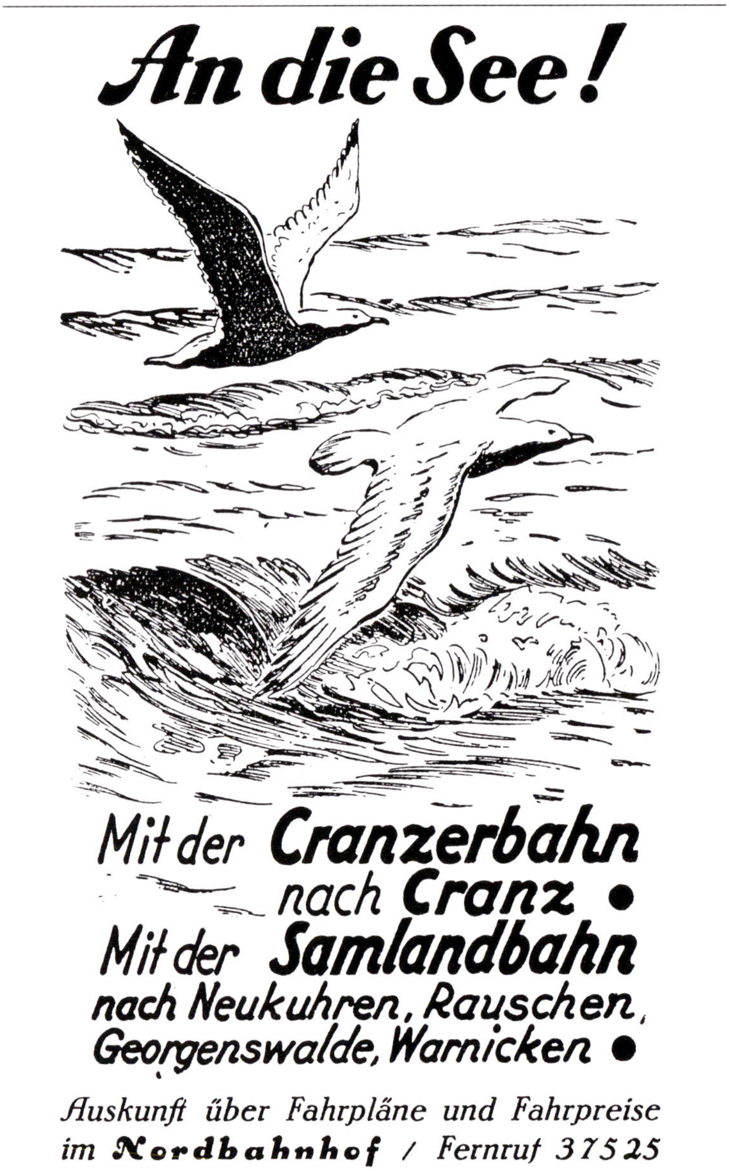

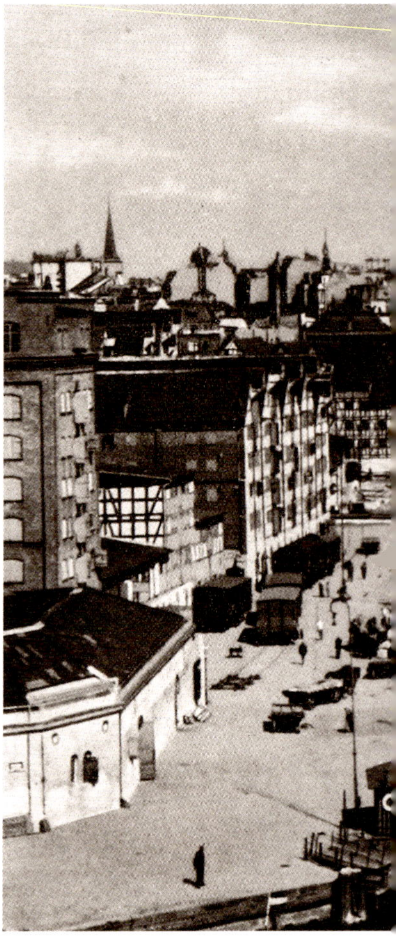

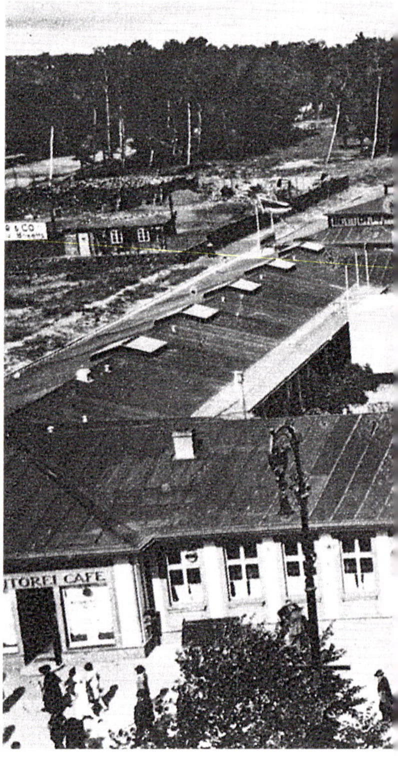

Oben rechts: Speicher in Königsberg. Die alte Hansestadt am Pregel verdankte ihre wirtschaftliche Bedeutung dem modernen Industrie-, Handels- und Freihafen mit einer seewärtigen Verbindung über den Königsberger Kanal, der für Schiffe bis zu 8 m Tiefgang Sommer und Winter befahrbar war. Ihre Speicher hatten die Königsberger wegen der Feuergefahr in eigenen Vierteln zusammengebaut. Hochgiebelig und reich mit Fachwerk versehen, waren sie charakteristisch für die Handelsstadt im deutschen Norden.

Die 1920 gegründete Ostmesse in Königsberg galt als das östlichste Werbezentrum der deutschen Wirtschaft. Neben Leipzig war sie die einzige international anerkannte deutsche Mustermesse. Das dem Messeamt angeschlossene Wirtschaftsinstitut pflegte den Export in den europäischen und Fernen Osten.

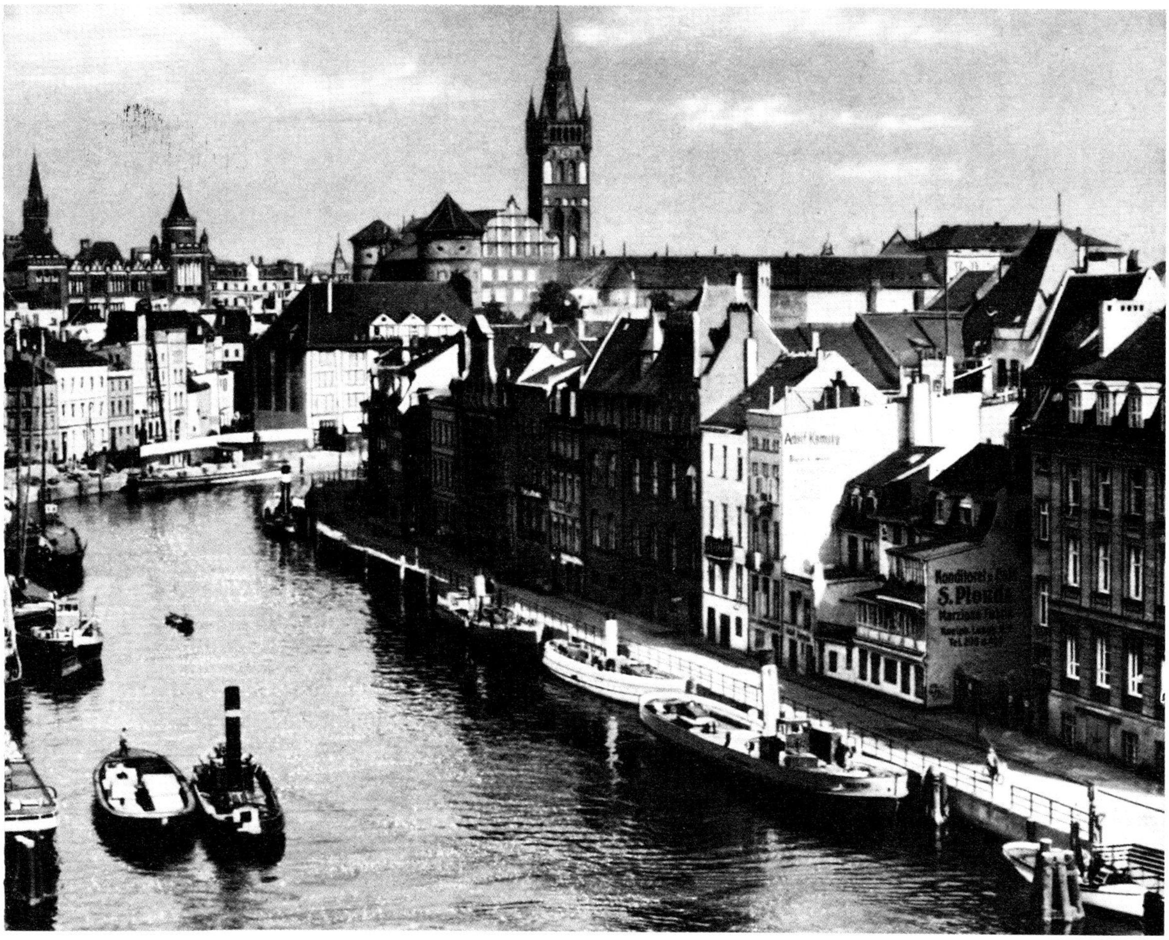

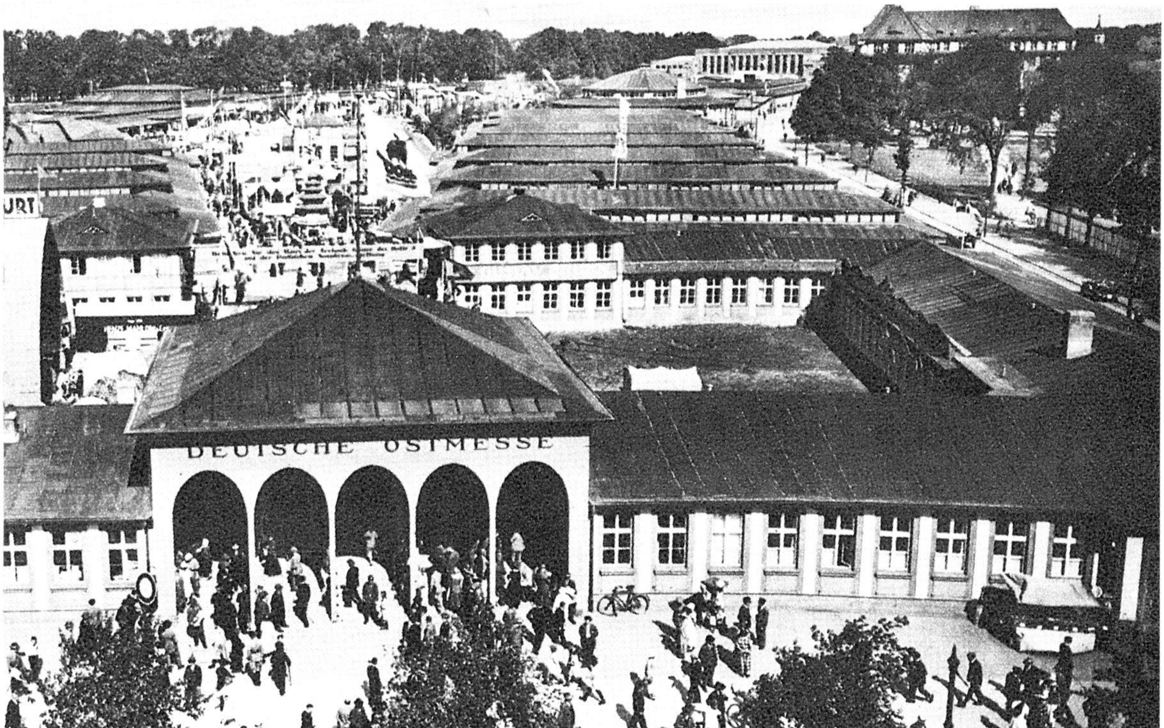
DEUTSCHE OSTMESSE

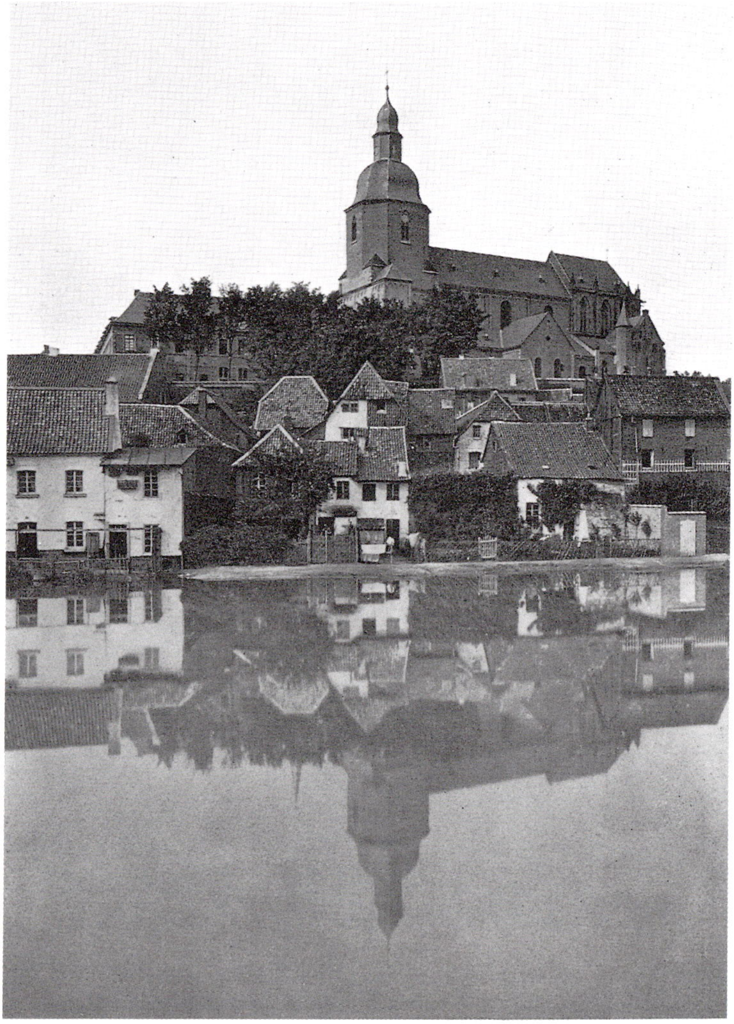

Mönchengladbach: die ehemalige Benediktiner-Abteikirche St. Vitus vom Süden her gesehen. Nach der Gründungsgeschichte wurde um 974 durch Erzbischof Gero von Köln an dieser Stelle der Grundstein zu einem Kloster gelegt. Langhaus und Westwerk stammten dann aus der ersten Hälfte des 13. Jh., Chor und Turm sind frühgotisch, der Helm barock. Die Stadt wuchs aus Monich Gladebach, was sich auf die Mönche von St. Vitus und auf den Gladebach bezog. Seit Beendigung der Franzosenherrschaft im 19. Jh. entwickelte sich Mönchengladbach zum „Rheinischen Manchester". In der Textilstadt wurde ein Fünftel der nach Deutschland eingeführten Baumwolle versponnen.

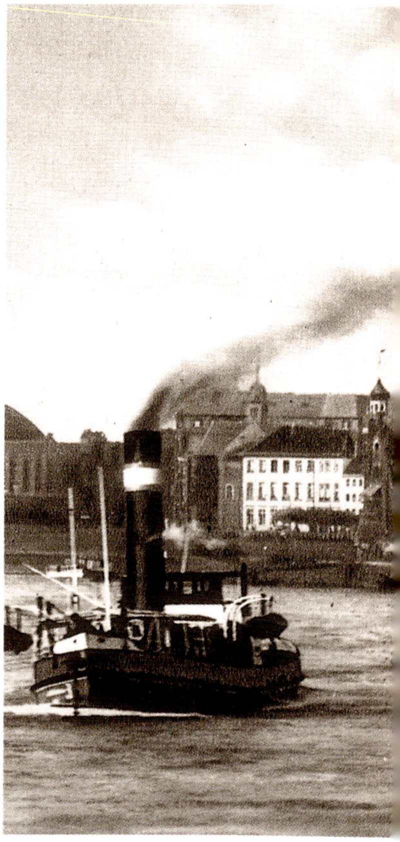

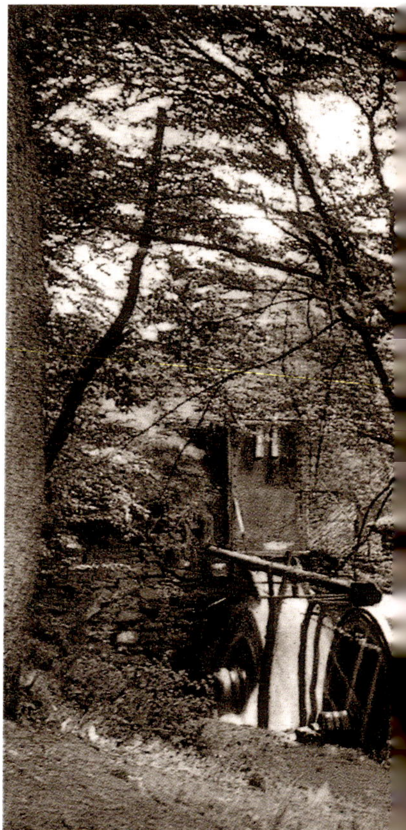

Alter Bergischer Eisenhammer. Seit dem Mittelalter waren die Vorkommen von Kohleneisenstein im Ruhrtal und der siegerländische Spateisenstein bekannt. Roheisen wurde unter Anwendung kohlebeheizter Schmelzöfen gewonnen und in mühlengetriebenen Hammerwerken bearbeitet. Deutschlands „Revier" entwickelte sich zu einem der größten industriellen Ballungsräume der Welt. 1923 besetzten französische und belgische Truppen wegen angeblich vorsätzlicher Vernachlässigung von Reparationszahlungen das Ruhrgebiet, die geplante Ausbeutung des Landstriches sollte allerdings am passiven Widerstand der Bevölkerung scheitern.

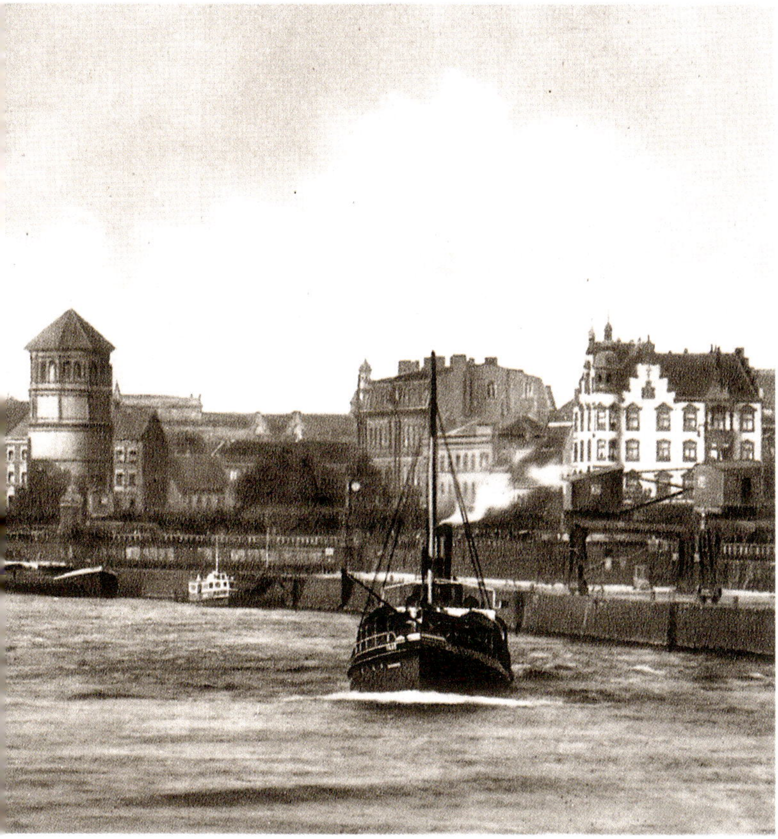

Düsseldorf: am Rheinufer. Im Zeitalter des Barock Residenz der Kurfürsten von Pfalz-Neuburg, Knotenpunkt der Verkehrswege an Rhein und Ruhr, kam die Stadt an der Mündung der Düssel in den Rhein bei der Vergabe historischer Baudenkmäler etwas zu kurz. Goethe etwa sah Düsseldorf noch als jene unbedeutende Kleinstadt, die ihren großen Aufschwung erst mit der wirtschaftlichen Einbindung ins Ruhrgebiet, als „Schreibtisch des Reviers" erlebte. Hier wurde 1924–26 mit dem Wilhelm-Marx-Haus Deutschlands erstes Hochhaus gebaut. Zum „Klein-Paris" wurde Düsseldorf, die Geburtsstadt Heinrich Heines, durch ihre eleganten Boulevards – darunter die intim „Kö" gekürzelte Königsallee – und als Modezentrum.

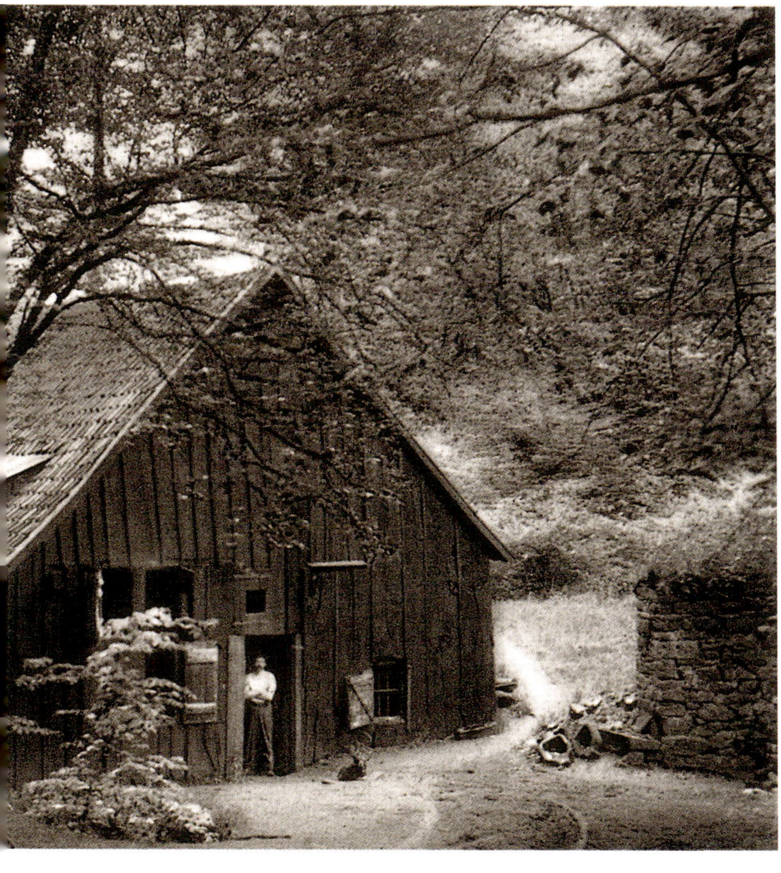

Folgende Doppelseite: Ein Doppeldecker der Deutschen Luft Reederei während des Postaustauschs in Gelsenkirchen. Am 5. Februar 1919 eröffnete die Deutsche Luft Reederei als erste Luftfahrtgesellschaft der Welt den planmäßigen Linienverkehr mit einem Luftpostdienst auf der Strecke Berlin-Weimar. Ab März und April des gleichen Jahres wurden dann auch regelmäßige Postflüge auf den Strecken Berlin-Hamburg und Berlin-Ruhrgebiet durchgeführt, mit Landungen in Gelsenkirchen, der „Stadt der tausend Feuer".

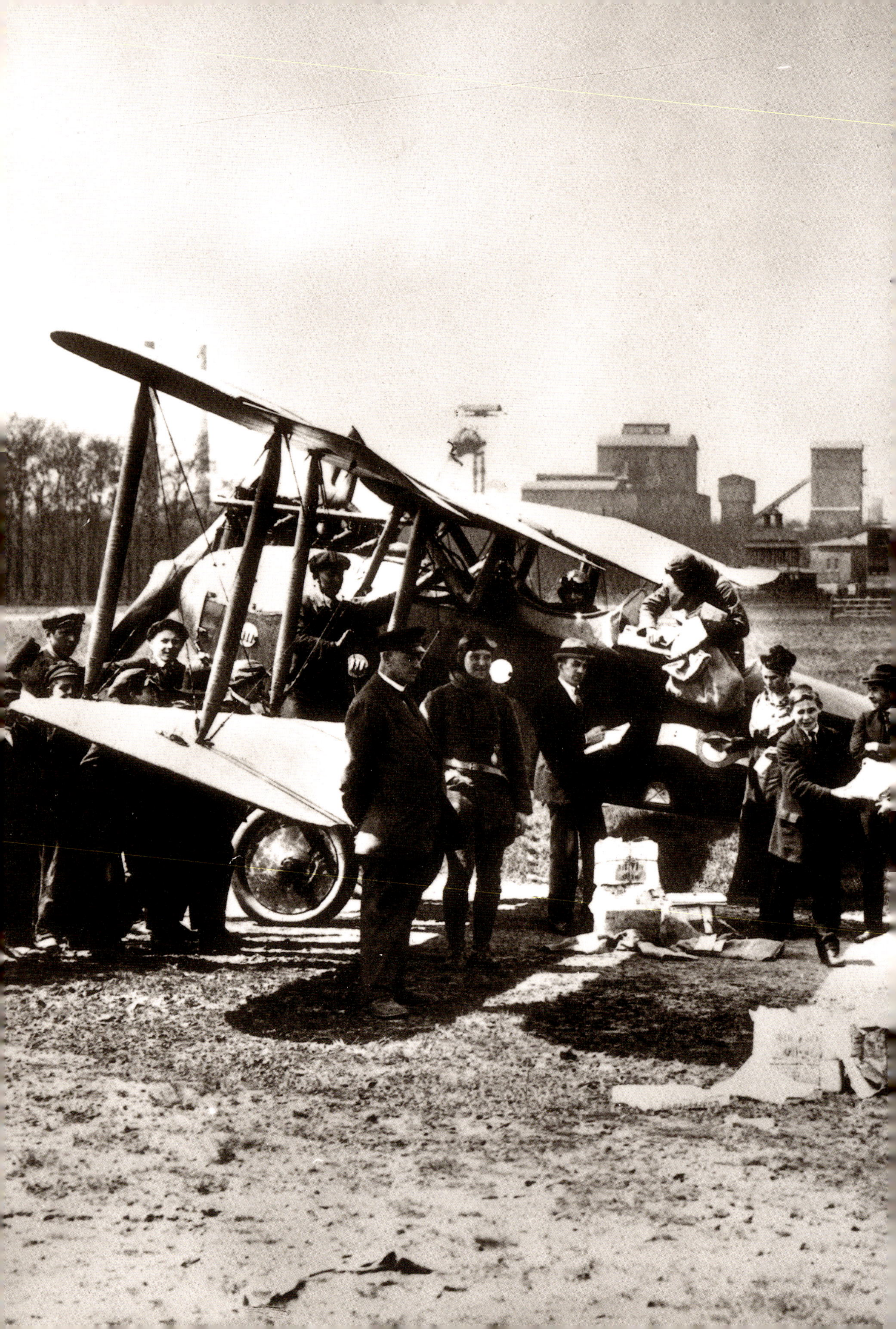

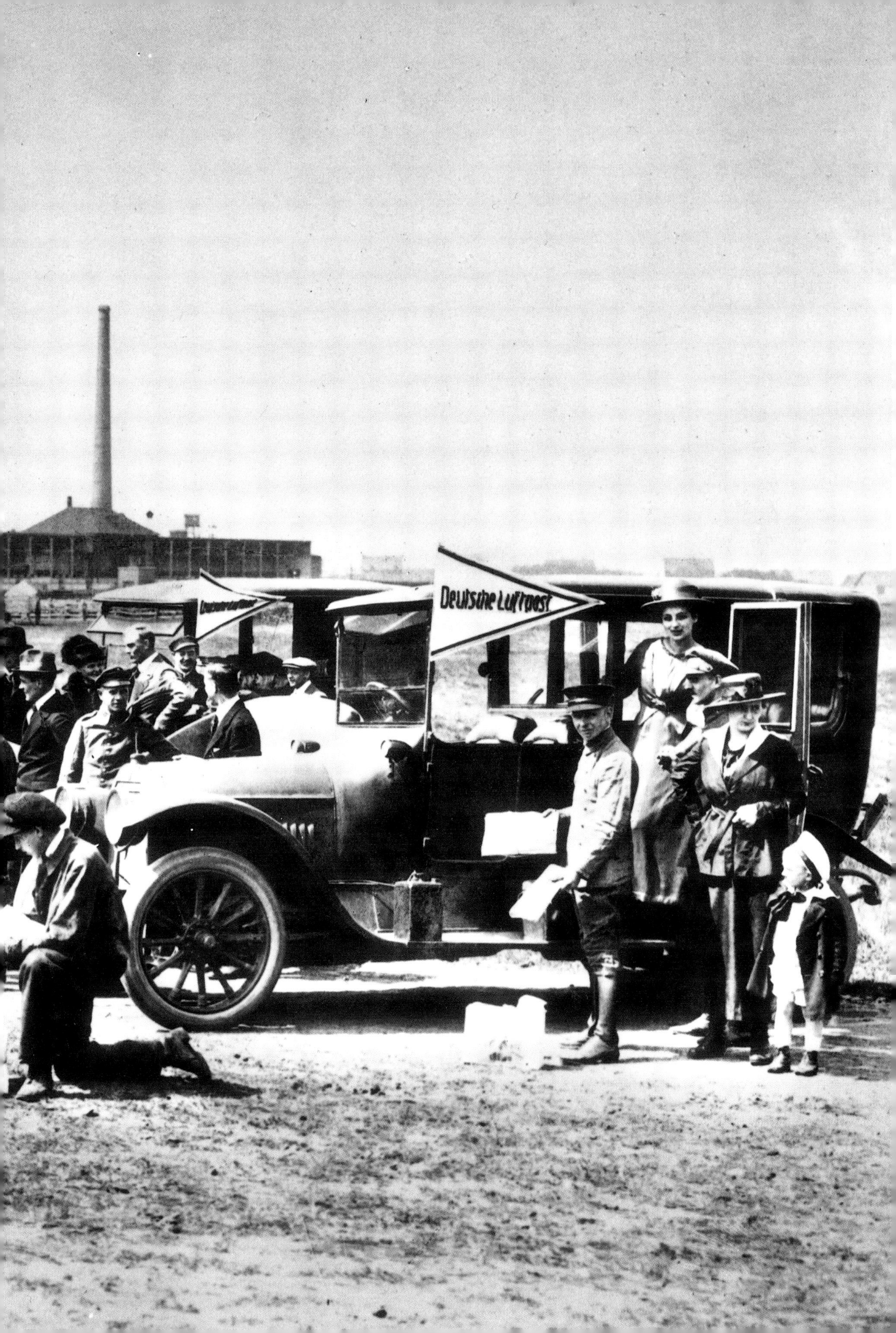
Deutsche Luftpost

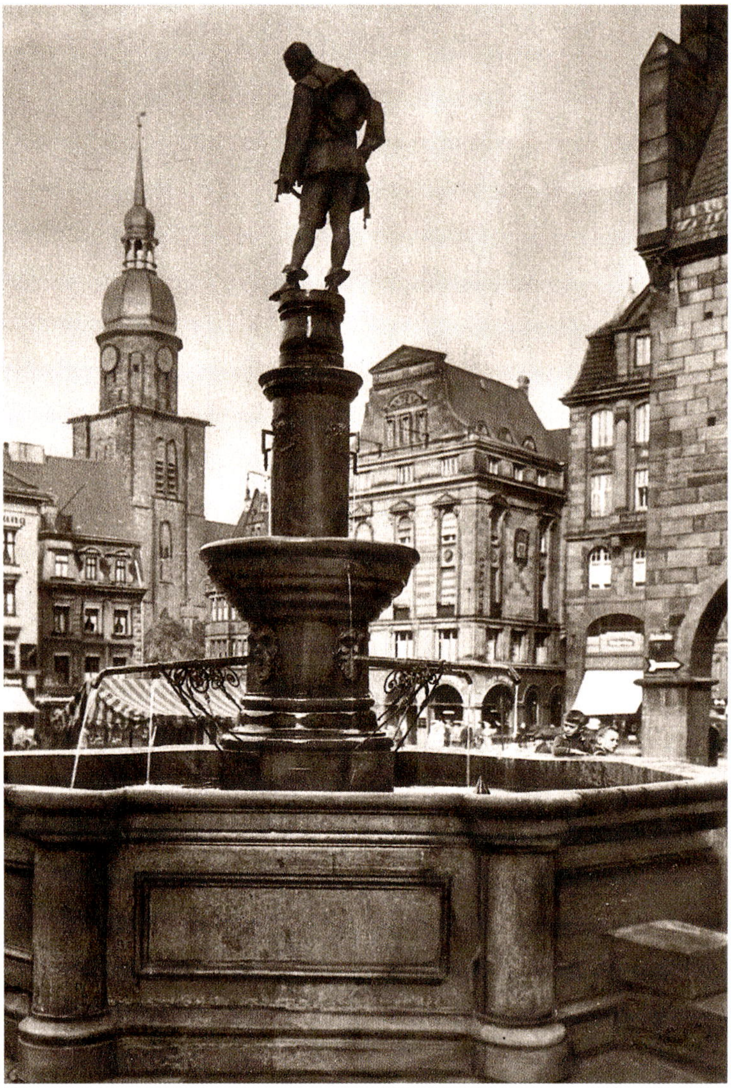

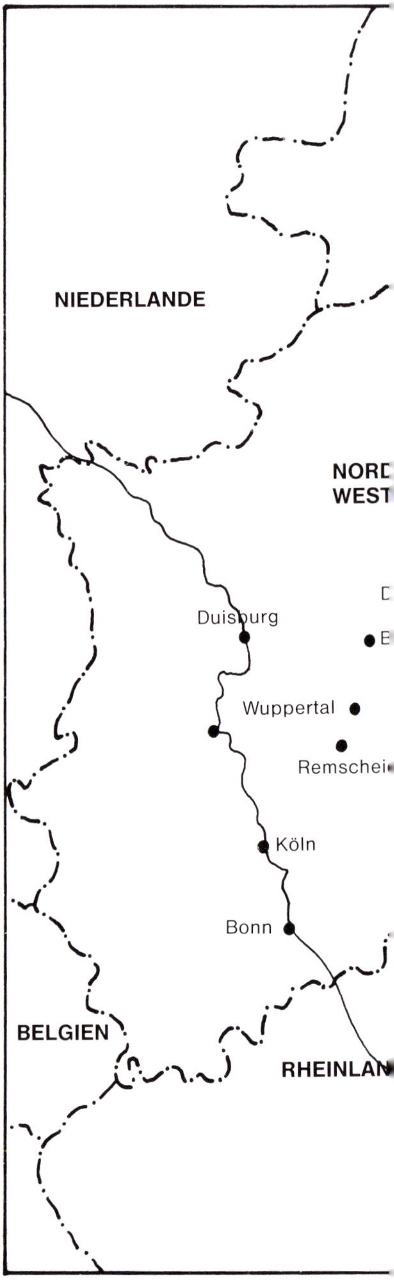

Dortmund: der Trompeterbrunnen am Markt. Europas Bierstadt – bereits 1293 hatten die Dortmunder die Rechte, Bier zu brauen – wird um 880 als Throtmani erstmals erwähnt. Ein karolingischer Königshof hatte hier den Schutz des Hellwegs, der wichtigsten Straße am Nordrand des deutschen Mittelgebirges, übernommen. Seit 1220 Freie Reichs- und später auch Hansestadt, verlor Dortmund seine Stellung in der Führungsgruppe des Städtebundes durch die „Große Dortmunder Fehde" mit dem Erzbischof von Köln, 20 Städten und dem Grafen von der Mark. 1815 fiel es an Preußen, wurde dann ab Mitte des 19. Jh. zu einem der wichtigsten Zentren der deutschen Schwerindustrie. Dortmunds Wahrzeichen ist der Trompeterbrunnen, neben der Reinoldikirche, dem Rathaus und Gildenhaus eine der Sehenswürdigkeiten der Stadt, die zu ihren bedeutendsten Bürgern den Verleger Friedrich Arnold Brockhaus (1772–1823) zählte.

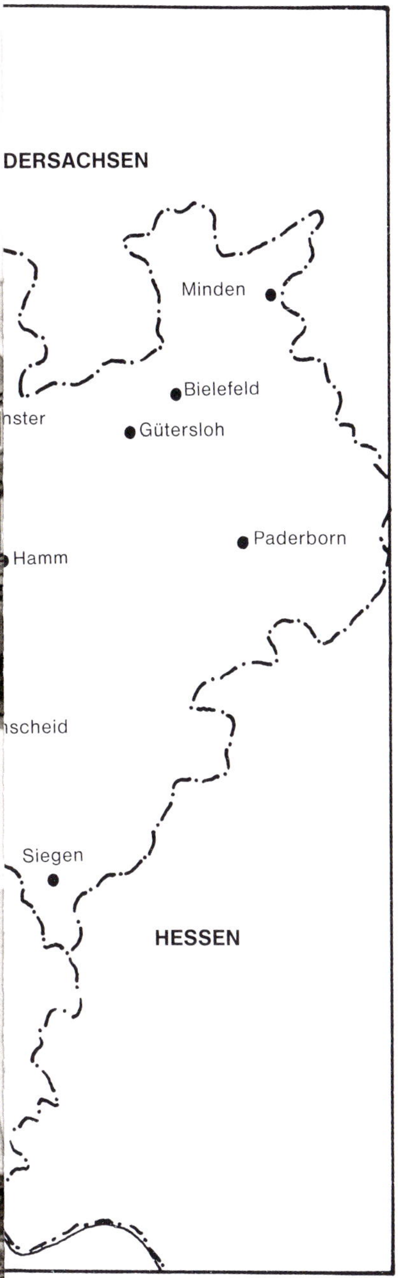

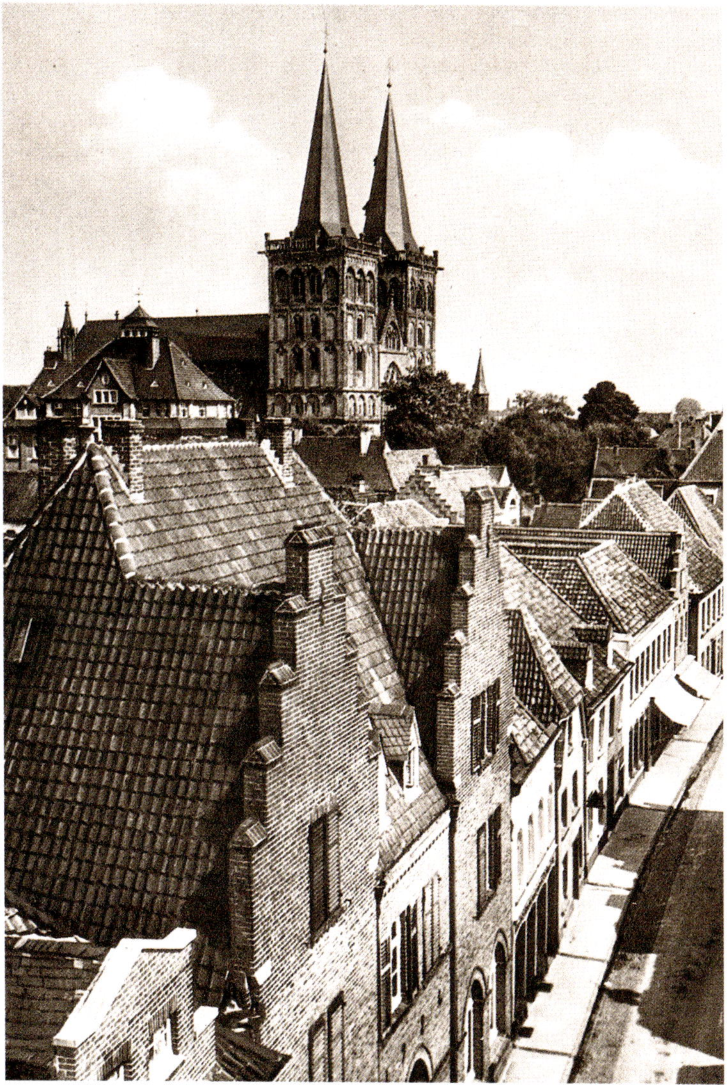

Xanten: der Dom. Mit der Colonia Ulpia Traianus hatten die Römer an der Stelle des heutigen Xanten seit 15. v. Chr. ihren größten Militärstützpunkt nördlich von Köln. Von hier zog Feldherr Varus mit seinen drei Legionen zu der für ihn verhängnisvollen Schlacht im Teutoburger Wald. Geburtsplatz des sagenhaften Nibelungenhelden Siegfried, entwickelte sich der Ort über den Gräbern des heiliggesprochenen Märtyrers Viktor und seiner Gefährten vom „Ad Sanctos" (Bei den Heiligen) zu Xanten. Den Grundstein zum Dom – der ehemaligen Stiftskirche St. Viktor –, nach Köln der bedeutendste Kirchenbau am Niederrhein, legte Erzbischof Friedrich von Hochstaden im Jahre 1263.

Coesfeld: Blick auf die Stadt. Ein erstes Gebäude der späteren Lambertikirche, in der Nähe von zwei Übergängen über die Berkel, war wahrscheinlich schon um das Jahr 800 Keimzelle der Siedlung im Westmünsterland. Coesfeld erhielt 1197 Stadtrechte und entwickelte sich dank der Handelsbeziehungen mit dem niederländischen Raum. Im Siebenjährigen Krieg diente die Stadt abwechselnd beiden Seiten als Hauptquartier, worunter die Bevölkerung besonders schwer zu leiden hatte. Coesfelds wertvollste mittelalterlichen Bauwerke sind die Lambertikirche mit dem gabelförmigen Coesfelder Kreuz, das Stufenportal der Jakobikirche aus dem 13. Jh., das Walkenbrücker Tor und der sogenannte Pulverturm, beide aus dem 14. Jh.

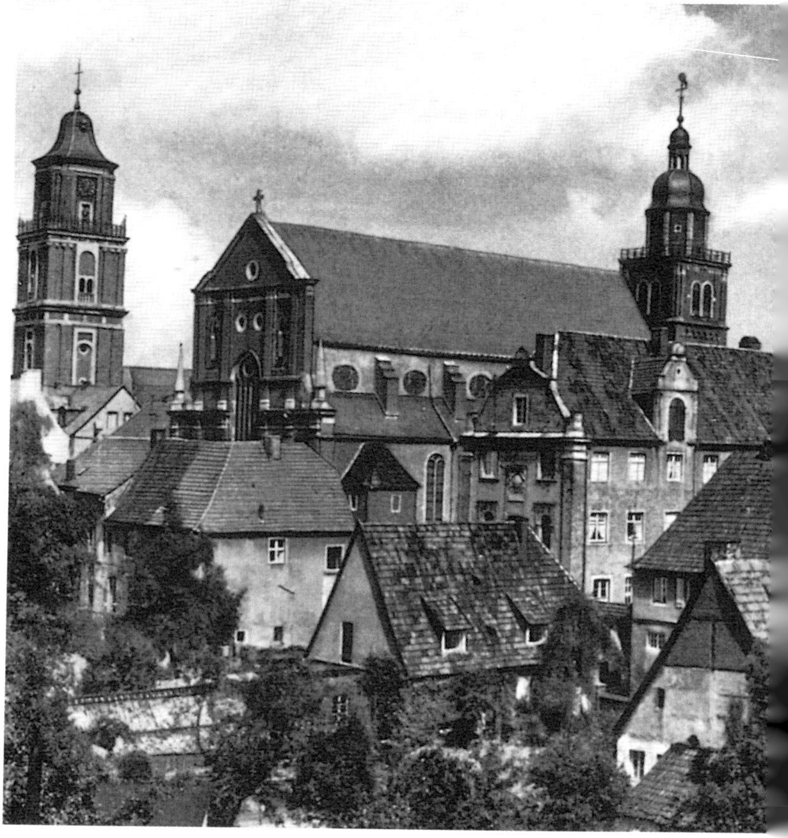

Paderborn: die Gaukirche. In Paderborn, der um die Paderquellen gelegenen alten Bischofsstadt, geistig-kulturelles Zentrum Ostwestfalens, wurde einst der Grundstein zum Heiligen Römischen Reich Deutscher Nation gelegt. Hier trafen sich 1799 Papst Leo III. und Karl der Große, eine Verbindung, die zur Kaiserkrönung in Rom führte. Noch ist das steinerne Podest erhalten, auf dem der Herrscher den Papst empfing, der bei Karl Hilfe gegen seine Gegner erwirkte. Die Ende des 12. Jh. entstandene kreuzförmige Anlage der Gaukirche (Kath. Pfarrkirche St. Ulrich) besticht durch ihren achteckigen Vierungsturm auf dem Westjoch.

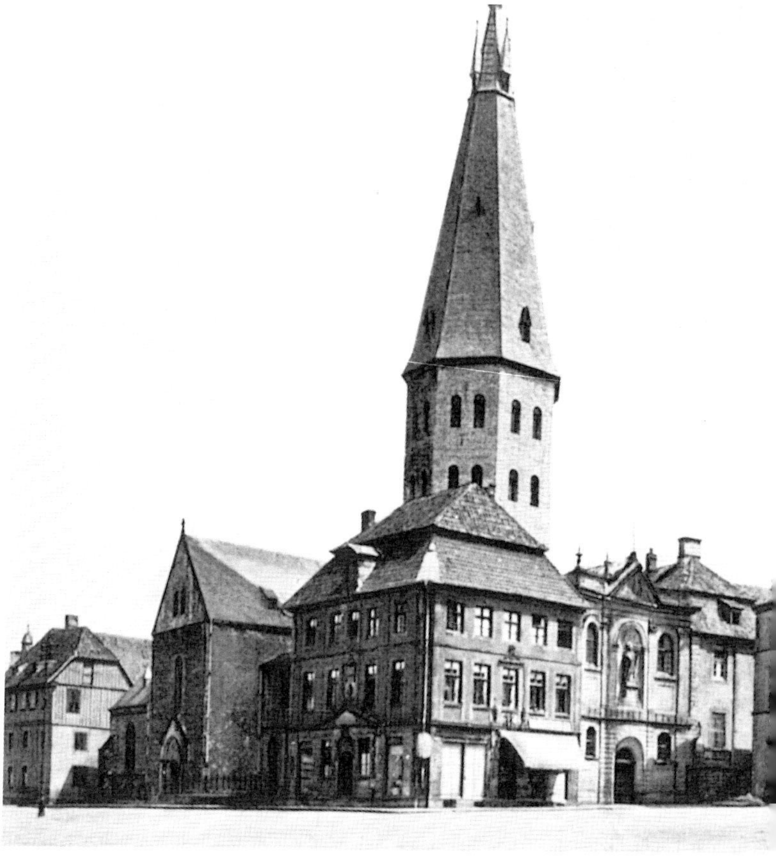

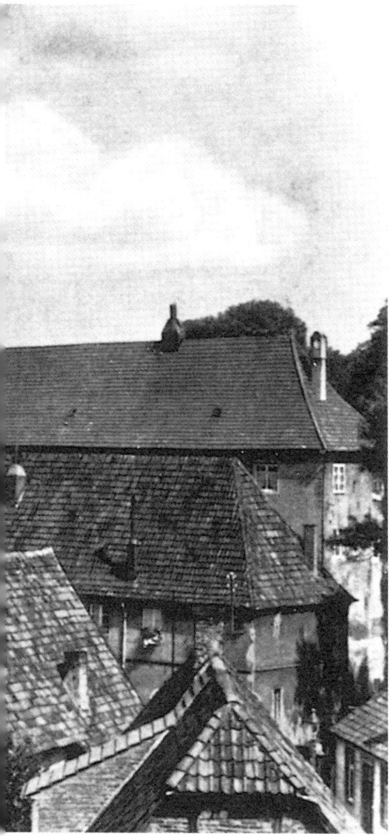

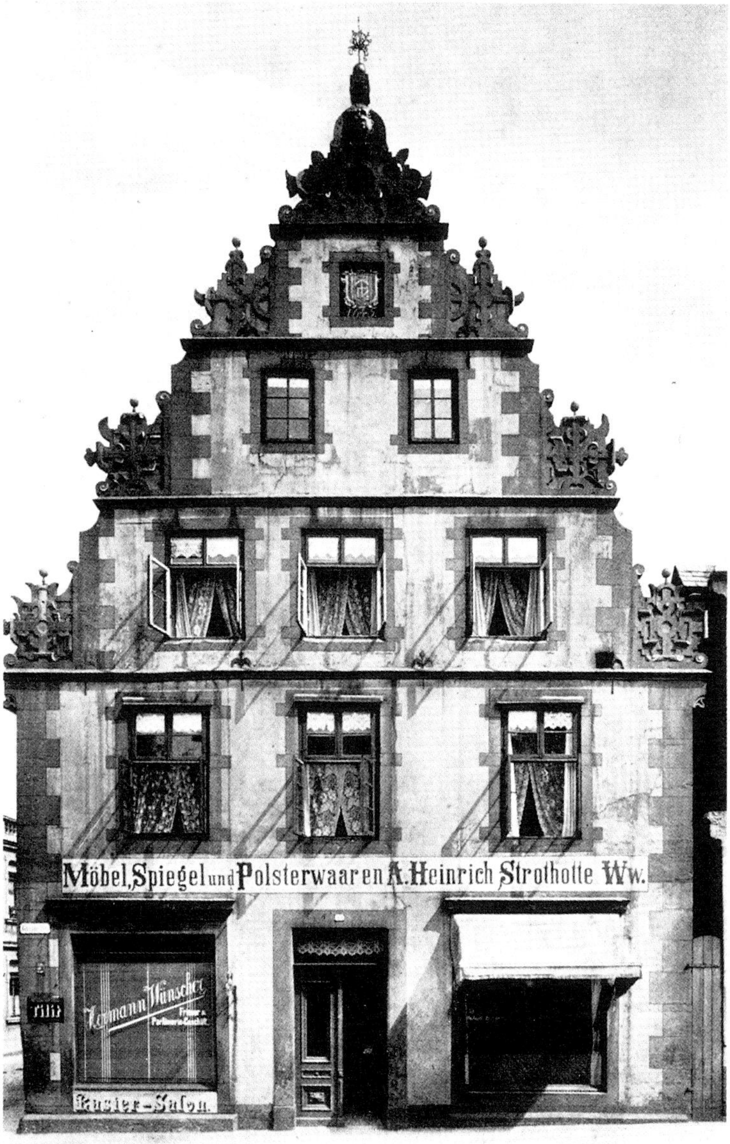

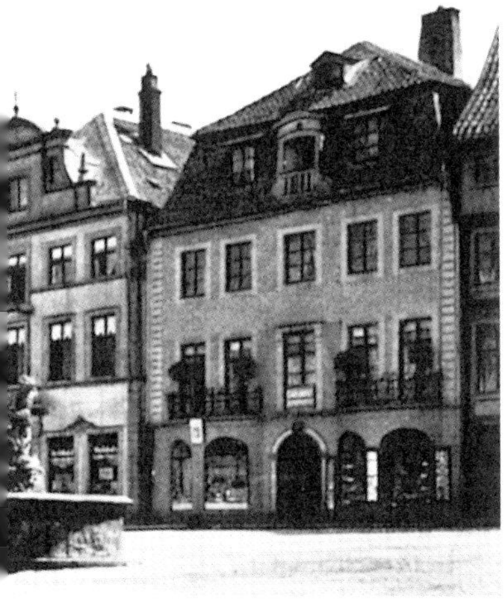

Bielefeld: Haus an der Breiten Straße aus dem 16. Jh. Die erste erhaltene Urkunde der Stadt am Durchgang der historischen Handelsstraße durch den Teutoburger Wald wurde zu Beginn des 11. Jh. beim Kauf von Grundbesitz in Bilivelde durch Bischof Meinwerk von Paderborn ausgestellt. 1214 von Graf Hermann von Ravensburg zur Stadt erhoben, war das stark ummauerte Bielefeld seit Ende des 14. Jh. Mitglied der Hanse. Die Stadt, die durch ihr Leinen berühmt wurde, pflegte starke Handelsbeziehungen mit England, Skandinavien und Rußland. 1647 fiel sie an Brandenburg. Ein geistiges Zentrum Ostwestfalens, brachte das Revolutionsjahr 1848 – der Industrielle Rempel und der Gastwirt Nasse seien hier genannt – Bielefeld den Ruf einer „Stadt der Demokraten“ ein.

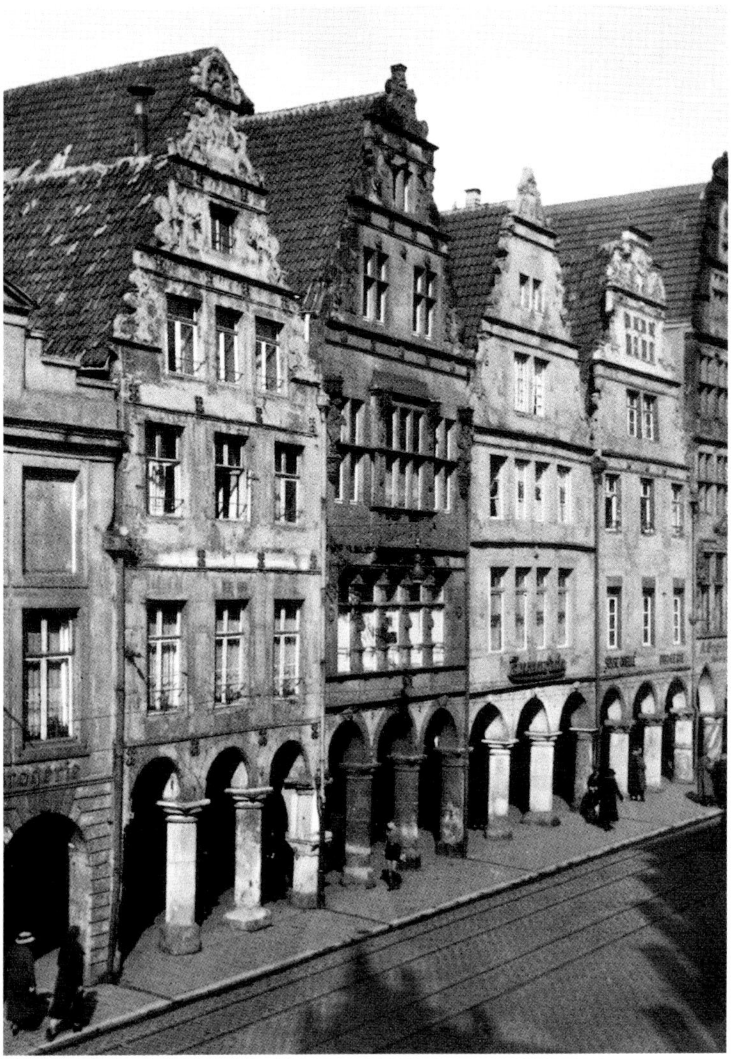

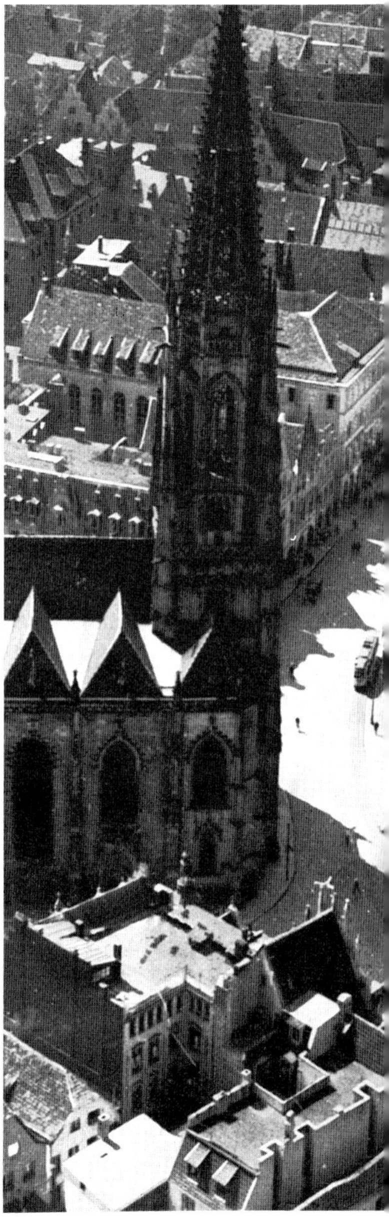

Münster: der Prinzipalmarkt. Um 800 gründete der friesische Missionar Luidger eine klosterähnliche Niederlassung an der Aafurt, damit jenes Monasterium, von dem sich der Name Münster ableiten läßt. Von hier aus setzte Luidger die Mission des Abtes Bernrad unter den Sachsen fort. Münsters „gute Stube" - der Prinzipalmarkt - ist auf frühmittelalterlichem Grundriß von Gotik, Renaissance, Barock und Klassizismus geprägt, gleichzeitig eine der großen städtebaulichen Leistungen des deutschen Mittelalters. Als bedeutendstes Gebäude der stolzen Hansestadt beiderseits der Aa gilt das Rathaus, einer der wichtigsten profanen Bauten der Gotik in Europa.

Münsterland in Westfalen:

Buko von Halwerstadt,
breng doch usse Kindken wat!
Wat sall ick em dann brengen?
En Hottepiärdken un raude
Schoh
un en hölten Wagen derto.
Heida, holla futt.
Wagen un Schoh sind futt,
Piärdken is versuoppen,
Kindken is int Water fallen
Kabushe! Kabushe!

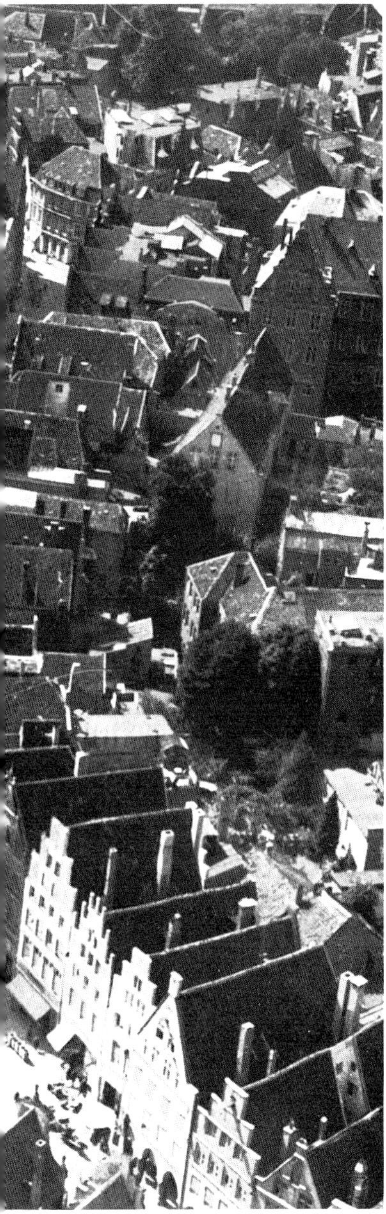

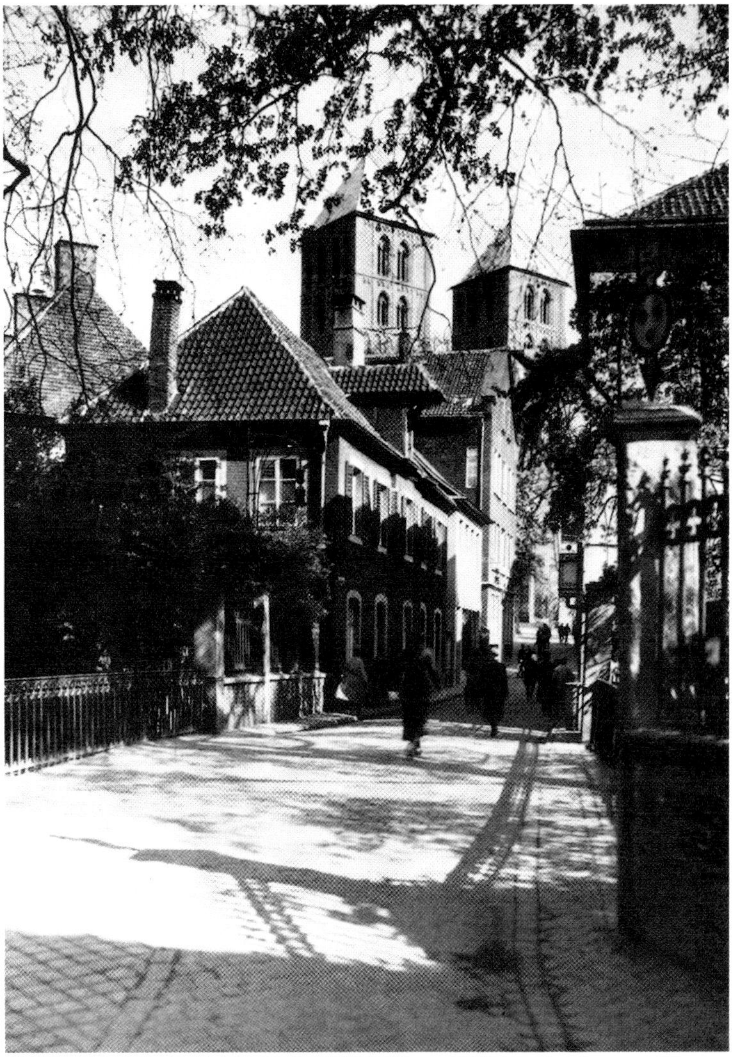

Münster aus der Vogelschau – Gasse vom Überwasserviertel zum Domhügel. Die Stadt an der Aafurt war im 16. Jh. Schauplatz eines der kuriosesten Zwischenspiele der deutschen Geschichte. 1534/35 kam es hier zum Aufstand der Münsterschen Rotte unter dem „Täuferkönig“ Jan (Bokelson) van Leiden, die Münster in Erwartung des Weltendes zum neuen Jerusalem erklärten. Von den Tagen, in denen das Täuferreich durch das Eingreifen evangelischer wie katholischer Reichsstände endete, zeugen die Käfige an der Lambertikirche, in denen die Täuferführer zur Schau gestellt waren.

In Münster wurde am 24. Oktober 1648 der Friedensvertrag feierlich beschworen, der das Ende des Dreißigjährigen Krieges bedeutete.

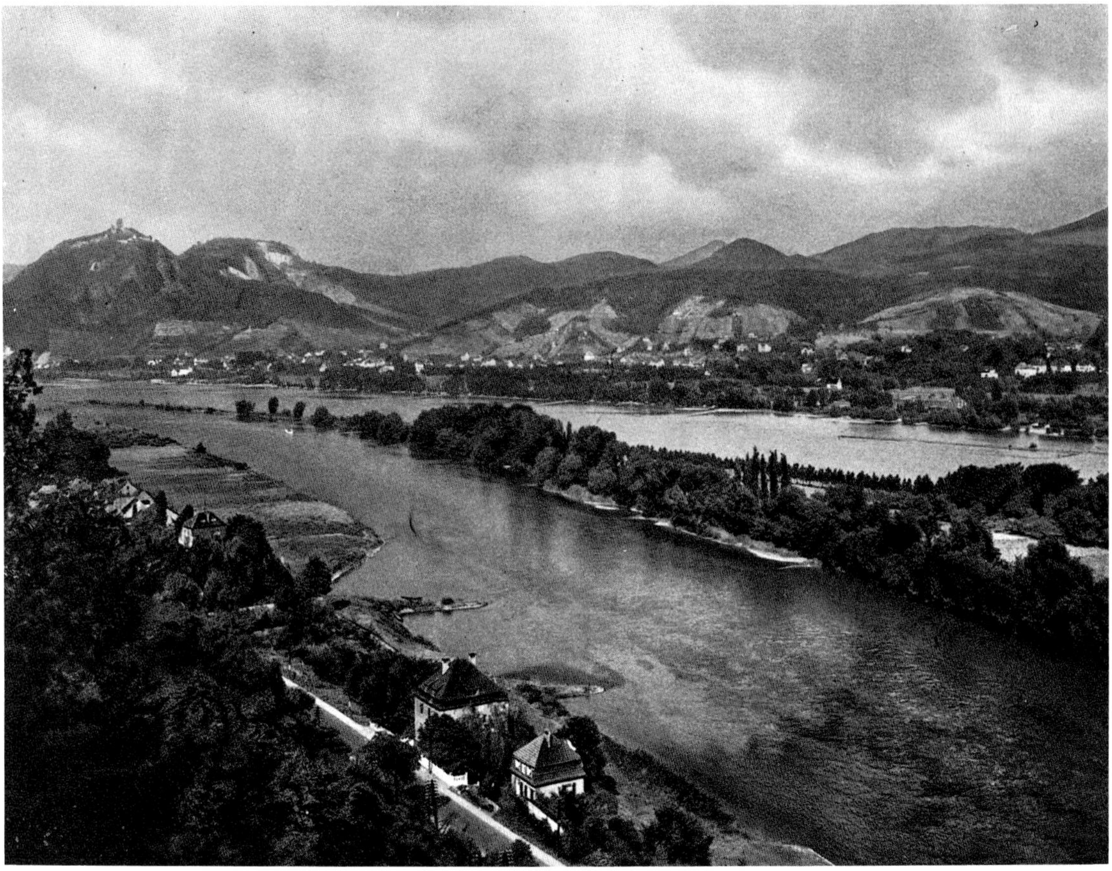

Der Rhein vor der Kulisse des Siebengebirges. Auf dem Weg von den Alpen bis ins holländische Mündungsgebiet, an seinen Ufern 2000 Jahre Geschichte, ist der Rhein wichtiger Transportweg und viel besungenes Ausflugsziel ... um mit Hölderlin zu sprechen gar der „Edelste alle Ströme". Der bekannteste Berg im Siebengebirge, dem Nordwestteil des Westerwaldes, ist der Drachenfels, Deutschlands meistbesuchtes Ausflugsziel. Hier verläßt der Strom das Bergland um hinunter in die Kölner Bucht und damit in flachere Gefilde zu fließen.

Industriewerk in Westfalen. Die Industriekonzerne im rheinisch-westfälischen Gebiet, Symbole des deutschen Unternehmergeistes, sind weitgehend Schöpfungen der letzten 100 Jahre. Ausgangspunkt für die Entwicklung war die Steinkohle als Energiequelle, die Jahrhunderte lang hier so dicht unter der Oberfläche lag, daß sie vom Bauern hochgepflügt wurde. Die Eisen- und Stahlindustrie wuchs auf dem Boden der Kohle, die Städte aufgrund ihrer Industrien. Eine gewaltige Stadtlandschaft entstand, die Menschen aus allen Teilen des Deutschen Reiches und darüber hinaus anzog: Die Katholiken Klöckner und Thyssen etwa warben katholische Arbeiter an, wenn's sein mußte auch aus Westpreußen oder Polen, die Protestanten Grillo und Kirdorf Protestanten von so weit her wie Ostpreußen. Das Ergebnis sah eine gewaltige Völkermischung in einem Landstrich, der dem Klischee nach von Kohle und Kumpels, Fördertürmen und Hochöfen bestimmt wird. Trotzdem blieben im Ruhrgebiet erstaunlich viele Naturlandschaften mit hohem Freizeitwert erhalten. Und wer an die Ruhr auf ihrem Weg vom Rothaargebirge zum Rhein reiste, um ihr „schwarzes" Wasser zu schöpfen, sah sich noch jedesmal enttäuscht ...

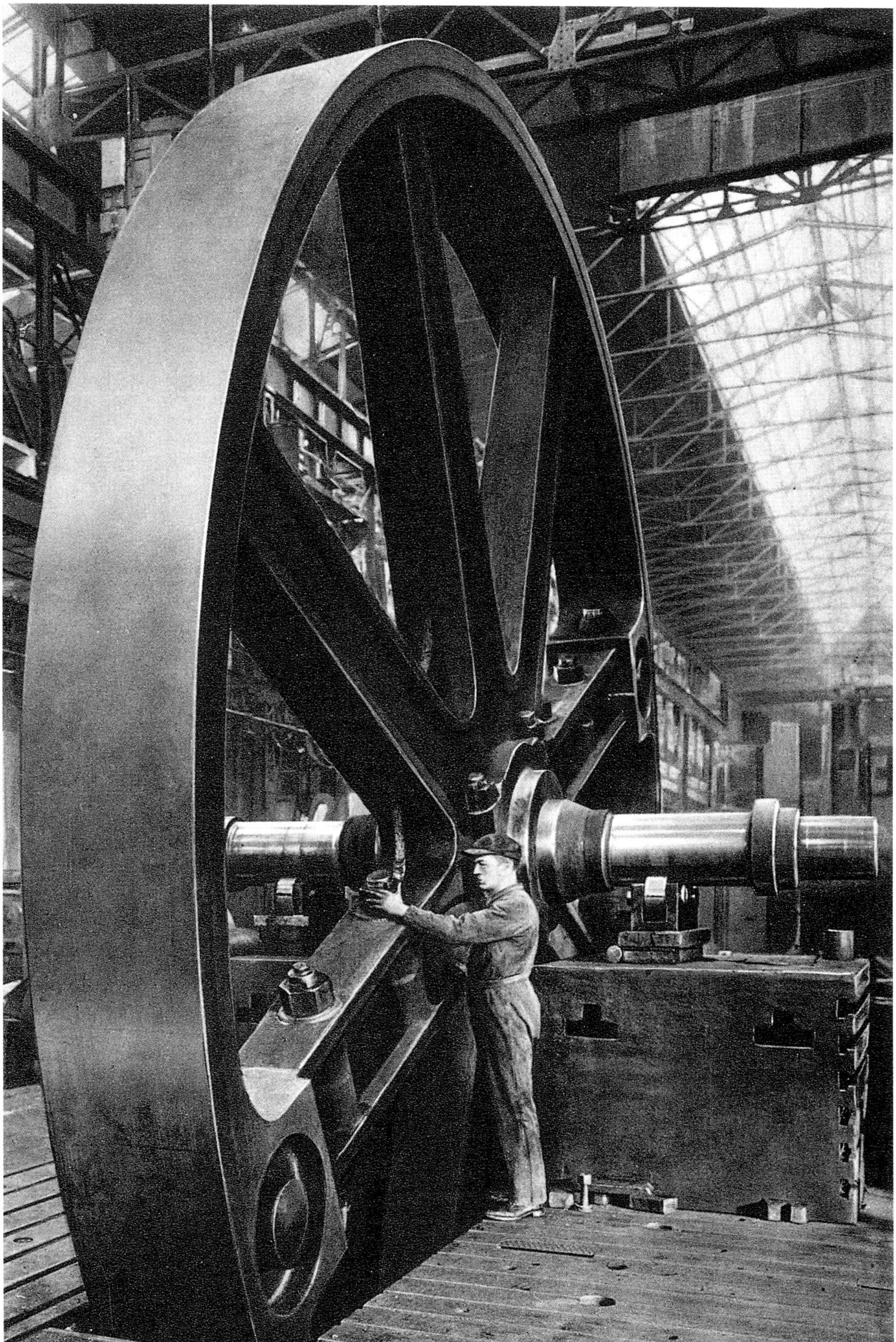

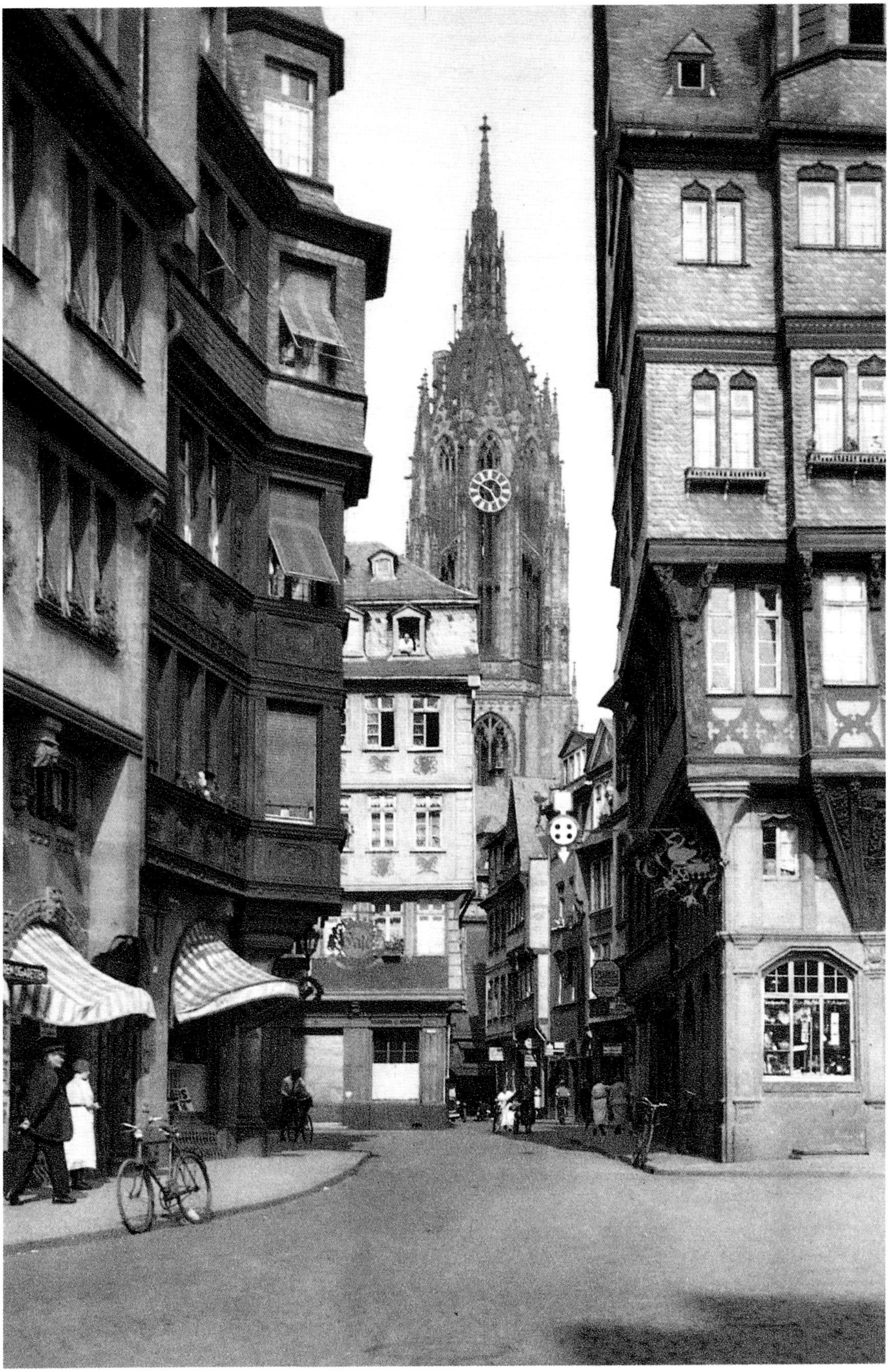

Zeittafel:
794 Karl der Große führt Vorsitz einer Synode in Frankfurt,
876 Die Frankfurter Pfalz wird Hauptsitz des Ostreiches,
1152 Friedrich I. Barbarossa als erster deutscher König in Frankfurt gewählt,
1240 Erste Frankfurter Messe,
1247 Heinrich I., Enkel der hl. Elizabeth von Thüringen, erster Landgraf von Hessen,
1356 Goldene Bulle macht Frankfurt zur Wahlstadt deutscher Könige,
1567 Hessen zerfällt durch Erbteilung in H.-Kassel und H.-Darmstadt,
1806 Hessen unter der Herrschaft Napoleons,
1806 Wiesbaden Residenz des Herzogtums Nassau,
1810 Frankfurt wird Großherzogtum, 1815 vom Wiener Kongreß dann zur „Freien Stadt“ erklärt, Sitz des Deutschen Bundes,
1848/49 Deutsche Nationalversammlung tagt in der Frankfurter Paulskirche,
1866 Einnahme Frankfurts durch die preußische Rheinarmee, Kurhessen preußische Provinz,
1918-33 H.-Darmstadt Freistaat.

Am Frankfurter Altmarkt mit der Turmsäule des Doms. Seit der Machtübernahme Friedrich Barbarossas wurden in Frankfurt römisch-deutsche Könige gewählt, der gotische Dom war von 1562 bis 1792 Krönungskirche deutscher Kaiser.

August Kopisch verdankt die Nachwelt die Entdeckung von Capris Blauer Grotte und - sicher genau so wichtig - die Entstehungsgeschichte Frankfurts: „Die besten seiner Helden lagen in Sachsen tot, da floh Carolus Magnus, der Kaiser, in großer Not: 'Laßt eine Furt uns suchen, längshin am schönen Main ...'“ und so weiter, bis eine Hirschin Karl den Großen und seine Jungens im dichten Nebel über den Fluß führt, wohin ihnen der Gegner einfach nicht mehr folgen kann: „Da schlug der Kaiser Karl mit seinem Speer in den Sand: 'Die Stätte sei hinfüro der Franken Furt genannt'“. So jedenfalls August Kopisch, der kein Hesse, sondern neutraler Schlesier war.
Tatsache ist, daß Frankfurts Geschichte vor rund 1200 Jahren mit Karls „franconofurd“ beginnt, daß die Stadt danach lange so etwas wie die heimliche Metropole des Reiches war. Hier stand die karolingische Pfalz, nach der Reichsteilung Hauptsitz des Ostreiches. Zugegeben, die Salier hielten lieber Hof in Mainz, aber den Staufern war die Stadt am Main einige Reichtstage wert. Frankfurt sollte in neuerer Zeit dann einmal Schauplatz jener geschichtlichen Wende werden, die vom Heiligen Römischen Reich Deutscher Nation zum Bismarckreich führte. Doch die deutsche Einheit, auf Frankreichs Schlachtfeldern entschieden, hatte zum Leidwesen der Frankfurter weit eher preußische als hessische Vorzeichen.
In Frankfurt erkennen die Hessen somit den Namen ihrer fränkischen Ahnen. Doch hier wird es schon wieder etwas kompliziert, denn die Hessen stammen eigentlich von den laut Tacitus „Tüchtigsten aller germanischen Stämme“, den Chatten ab, die im Völkerverein der Franken nur untergegangen sind. Und die

Städte und Landschaften im Hessischen

Nordhessen stehen den Thüringern näher, die Südhessen den Alemannen, die Westhessen den Mosel- oder Rheinfranken, daneben eingewanderten Franzosen und Niederländern. Zusätzlich gibt es dann noch Hanauer, Schaumburger, Schmalkaldener ...
Man erkennt es auf den ersten Blick: Die Menschen im alten Herzogtum Nassau (Wiesbaden), in Kurhessen (Kassel) oder im Herzogtum Hessen (Darmstadt) bilden keine echte Einheit. Im Prinzip wußten sie auch immer, daß es den typischen Hessen so wenig gibt wie die Hauff'sche Räuberromantik in ihrem Spessartteil. Denn wie anders wäre es etwa auch zu erklären, daß ein und derselbe Menschenschlag so verschiedenen Leibgerichten wie „Himmel und Erd“, „Faßbodenschmaus in Quetscherand“, „Woi Hinkelche“ oder „Handkäs mit Musik“ huldigt. (Die Namen sagen's schon: die „Hessen“ halten es eher mit der deftigen als mit der feinen Küche. Bestes Beispiel: die Musik zum Handkäs besteht aus Zwiebeln, Essig und Öl.)
Was sie nicht sein wollten, wußten die Hessen allerdings spätestens seit die preußische Rheinarmee einmal Frankfurt eingenommen hatte. Erinnern wir daran, daß genau ab diesem Zeitpunkt die gute Gesellschaft der Stadt des Geldes und der Bücher ihre Einladungen nur noch mit dem Aufdruck verschickte: „P. u.“. Und das bedeutete soviel wie „Preußen unerwünscht“.

Hessen: Meyer Amschel Rothschild, Finanzier, Ulrich von Hutten, Humanist, Johann Wolfgang von Goethe, Dichter,

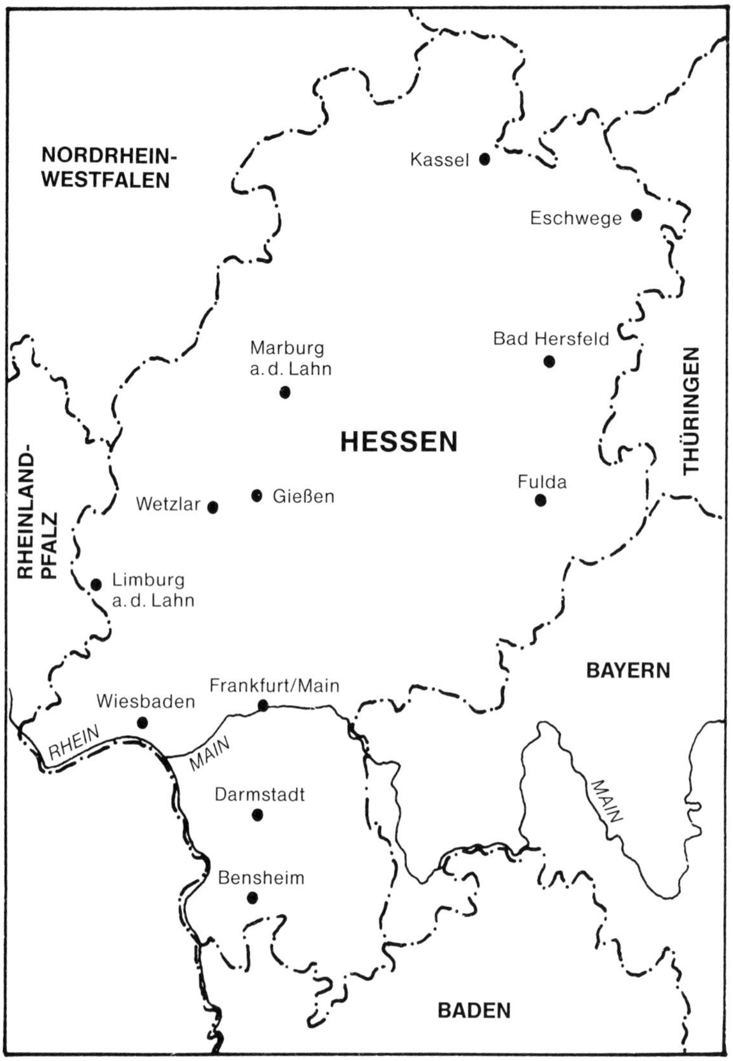

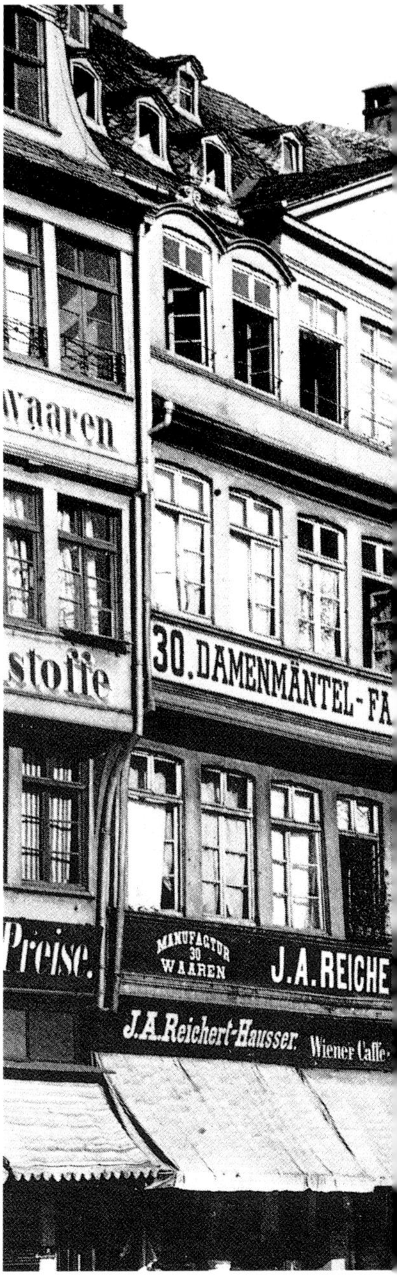

Hans Jakob Christoffel Grimmelshausen, Dichter, Philipp der Großmütige, Landgraf, Anne Frank, jüdisches Mädchen, Bettina von Arnim, Schriftstellerin, Georg Büchner, Revolutionär, Jakob und Wilhelm Grimm, Sprachwissenschaftler, Ernst Udet, General, Justus von Liebig, Chemiker, Adam Opel, Maschinenbauer, Willy Messerschmidt, Flugzeugkonstrukteur.

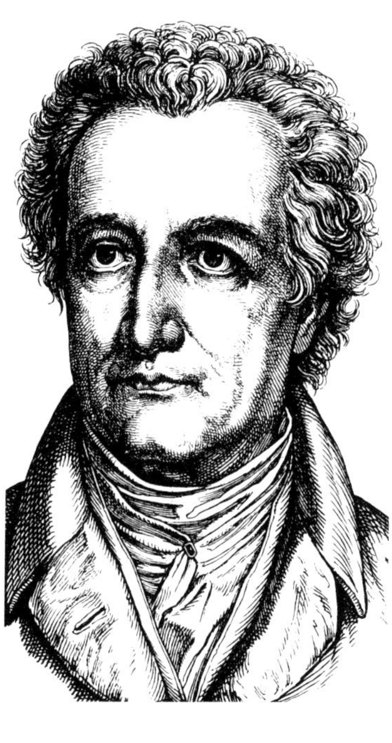

Johann Wolfgang von Goethe. Der Dichterfürst wurde am 28. August 1749 an Frankfurts Großem Hirschgraben geboren. Hier verlebte er seine Jugend. Zum Studium der Rechtswissenschaft ging Goethe nach Leipzig, später nach Straßburg und verbrachte danach ein paar Anwaltsjahre in seiner Heimatstadt am Main. Durch das Drama „Götz von Berlichingen" und den schicksalhaften Briefroman „Die Leiden des jungen Werthers" über die Grenzen

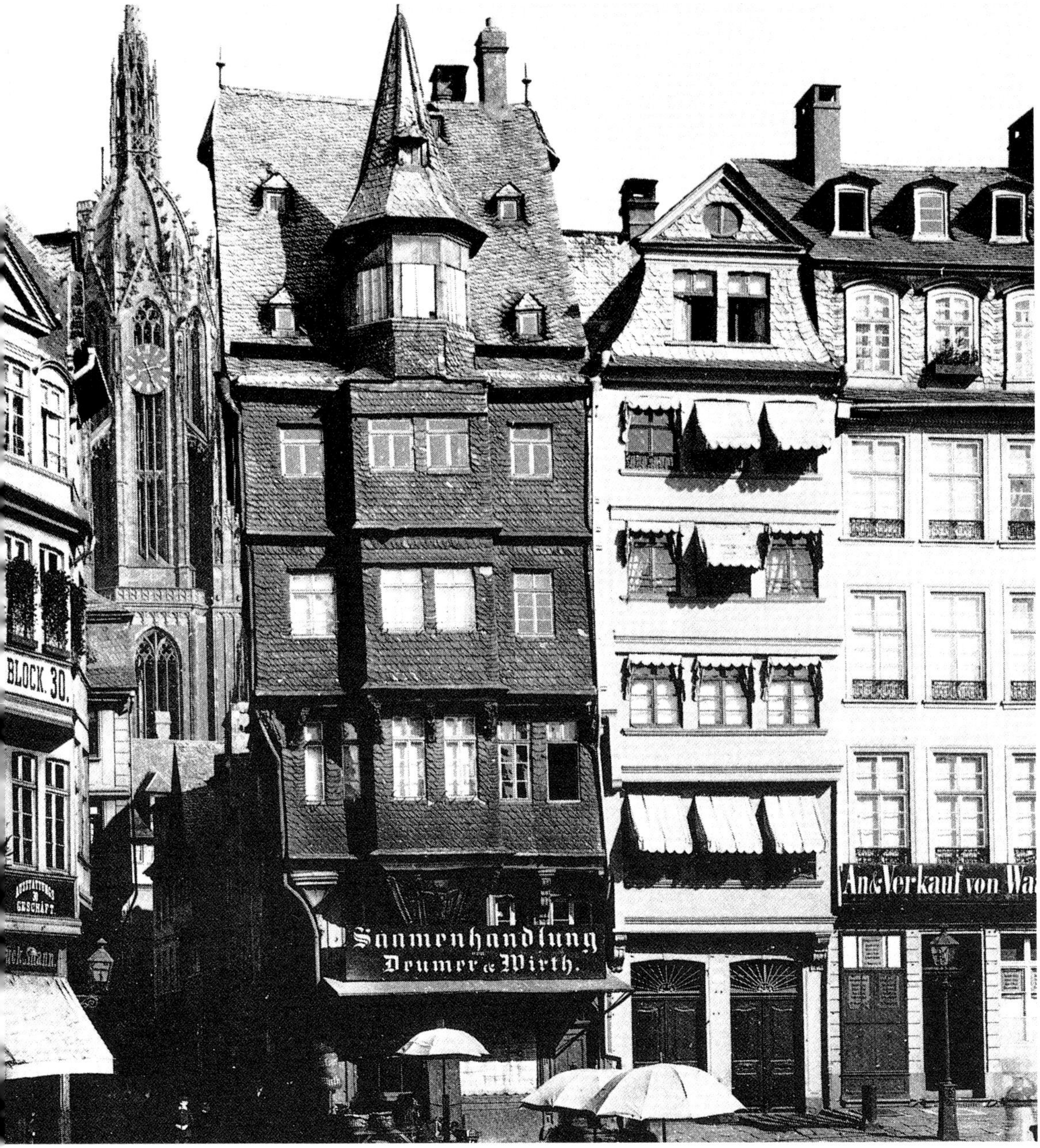

Deutschlands hinaus bekannt geworden, wurde Goethe 1775 an den Hof Herzog Karl Augusts nach Weimar berufen, wo er vielseitig als Verwaltungsfachmann für Bergbau und Finanzen, Militär-, Theater- und Bildungswesen eine bedeutende Rolle spielte. Neben diesen Aufgaben begann er jetzt mit seinen Arbeiten an den großen klassischen Dramen wie „Iphigenie auf Tauris“, „Egmont“ und „Faust I.“

Frankfurt: Römerberg mit Dom. Frankfurts berühmtes Rathaus, der Römer, der einst aus 12 verschiedenen Häusern bestand, gab dem Römerberg den Namen. Hier spielte sich das Geschäftsleben der Stadt ab, die schon früh zum Zentrum des europäischen Waren- und Zahlungsverkehrs aufstieg. Obwohl von Preußen wegen seiner Bundestreue 1866 zur Kreisstadt dekratiert, war Frankfurts Aufstieg zur modernen Großstadt nicht aufzuhalten. 1871 beendete hier der „Frankfurter Frieden“ den Deutsch-Französischen Krieg.

Die gotische Stiftskirche St. Bartholomäus (Dom) wurde 1315–58 über der alten Pfalzkapelle errichtet. Als Wahl- und Krönungskirche blieb sie auch dann noch katholisch, als Frankfurt 1533 das lutherische Bekenntnis annahm.

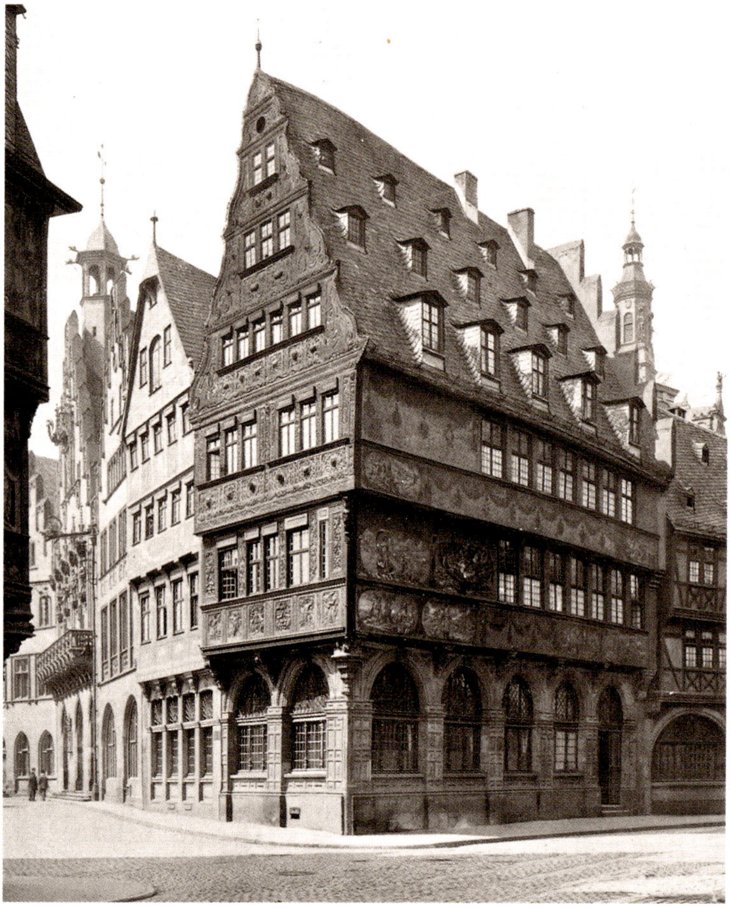

Frankfurts Römer, Eckansicht. Die Stadt am Main wird 794 erstmals durch Reichstag und Synode Karls des Großen erwähnt. Im Laufe der Zeit sollte sie sich dann immer ihres Platzes in der deutschen Geschichte bewußt bleiben. Zu ihren großen historischen Gebäuden zählen neben Dom und Paulskirche der Römer als Rathaus. Der Patrizierbau, der seinen Namen wohl von der Pilgerfahrt eines seiner Vorbesitzer nach Rom hat, war vom Rat der Stadt 1405 angekauft worden. Die einstige schlichte Dreigiebelfront wurde 1896/97 neugotisch aufgeputzt. Die ältesten erhaltenen Teile sind das Römerhöfchen mit dem Treppenturm des Hauses Alt-Limburg und die Römerhallen.

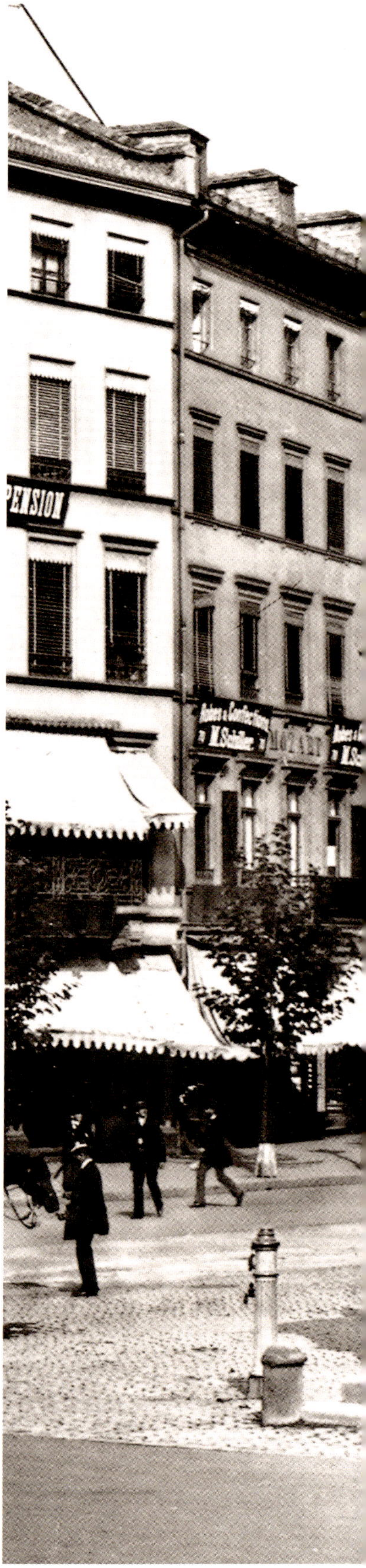

Frankfurt: Blick in die Zeil von der Hauptwache aus. Noch verkehrt hier die Pferdebahn, die jährlich bis zu 20 Millionen Passagiere beförderte. Auf die Elektrische stellten die Frankfurter ab 1895 um.

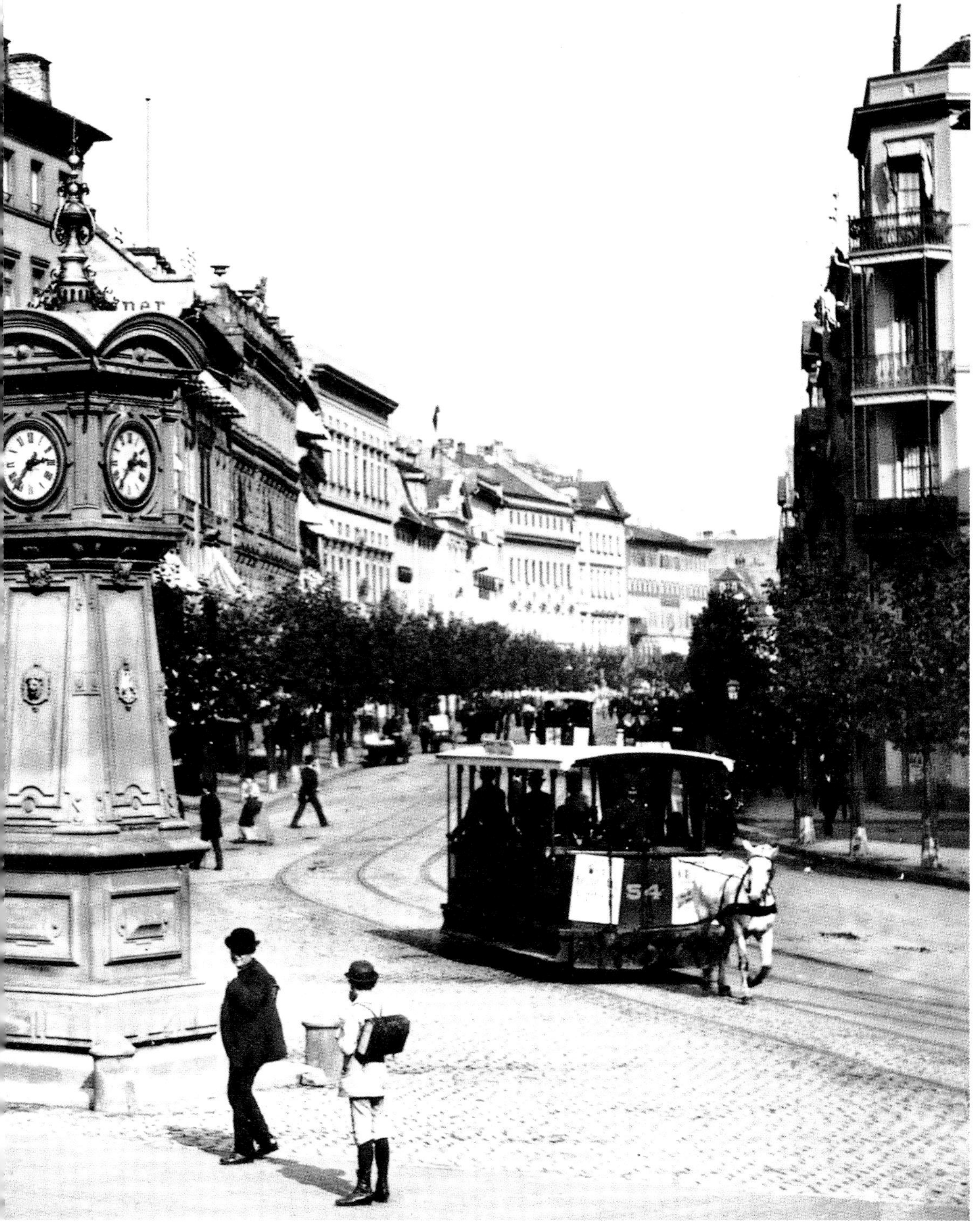
54

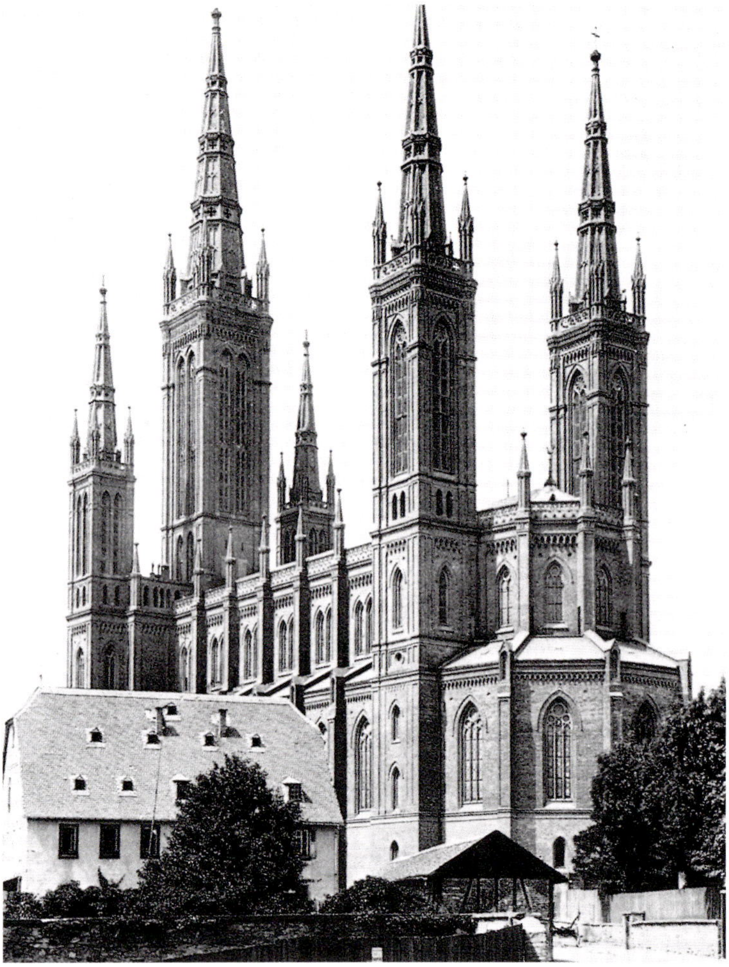

Wiesbaden: die evangelische Marktkirche an der Ostseite des Schloßplatzes. Zusammen mit dem Neuen Rathaus symbolisiert das mächtige, fünftürmige Gotteshaus die Bauperiode des 19. Jh.

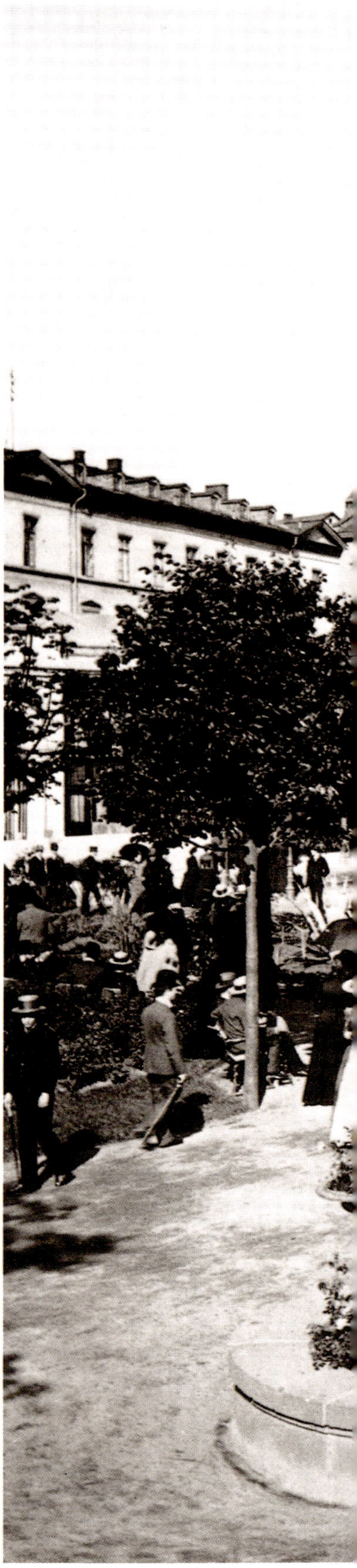

In Wiesbadens Kurviertel, mit der Trinkhalle des Kochbrunnens, der Hauptquelle der Stadt. Im Mosaik der Herrschaften war Wiesbaden – wegen seiner Heilquellen bereits den Römern gut bekannt – einst Residenz des Herzogtums Nassau, das 1866 preußisch wurde. Bis zum Ersten Weltkrieg galt die Kurstadt dann als bevorzugter sommerlicher Treffpunkt des Kaisers und seines Hofstaates. In Wiesbadens Kurhaus soll Dostojewski am Roulettetisch entsprechende Eindrücke für seinen Roman „Der Spieler" gewonnen haben.

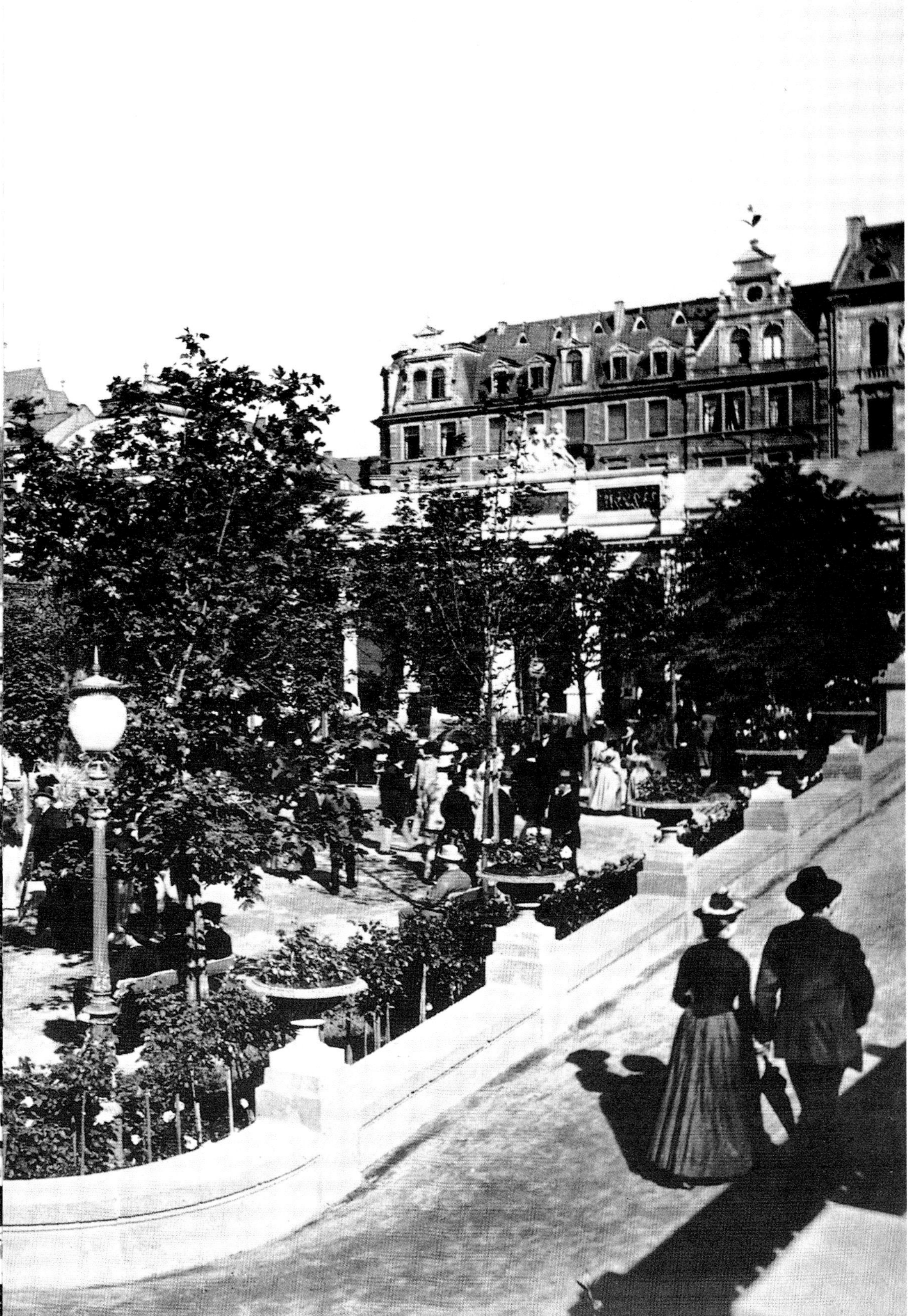

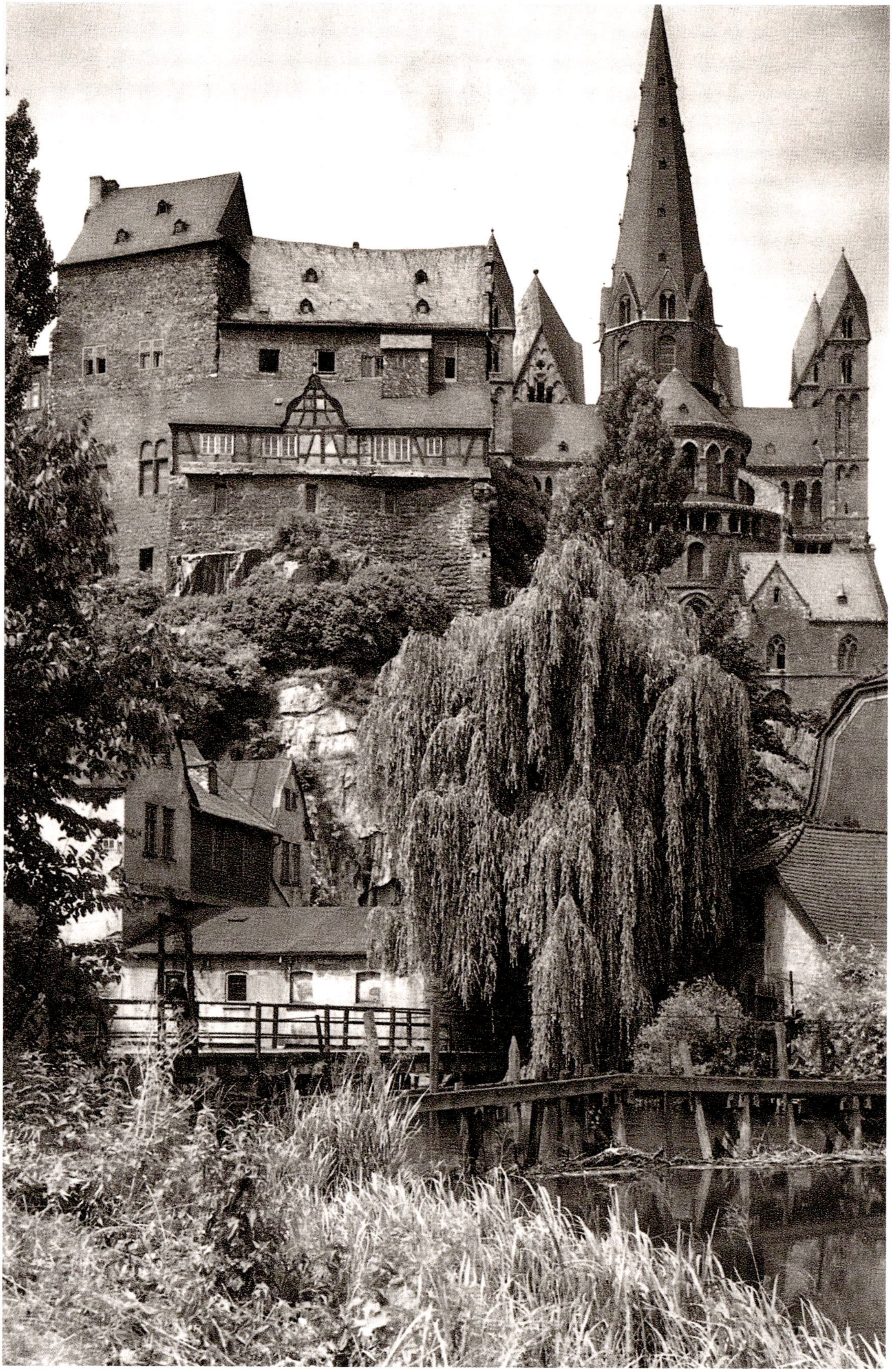

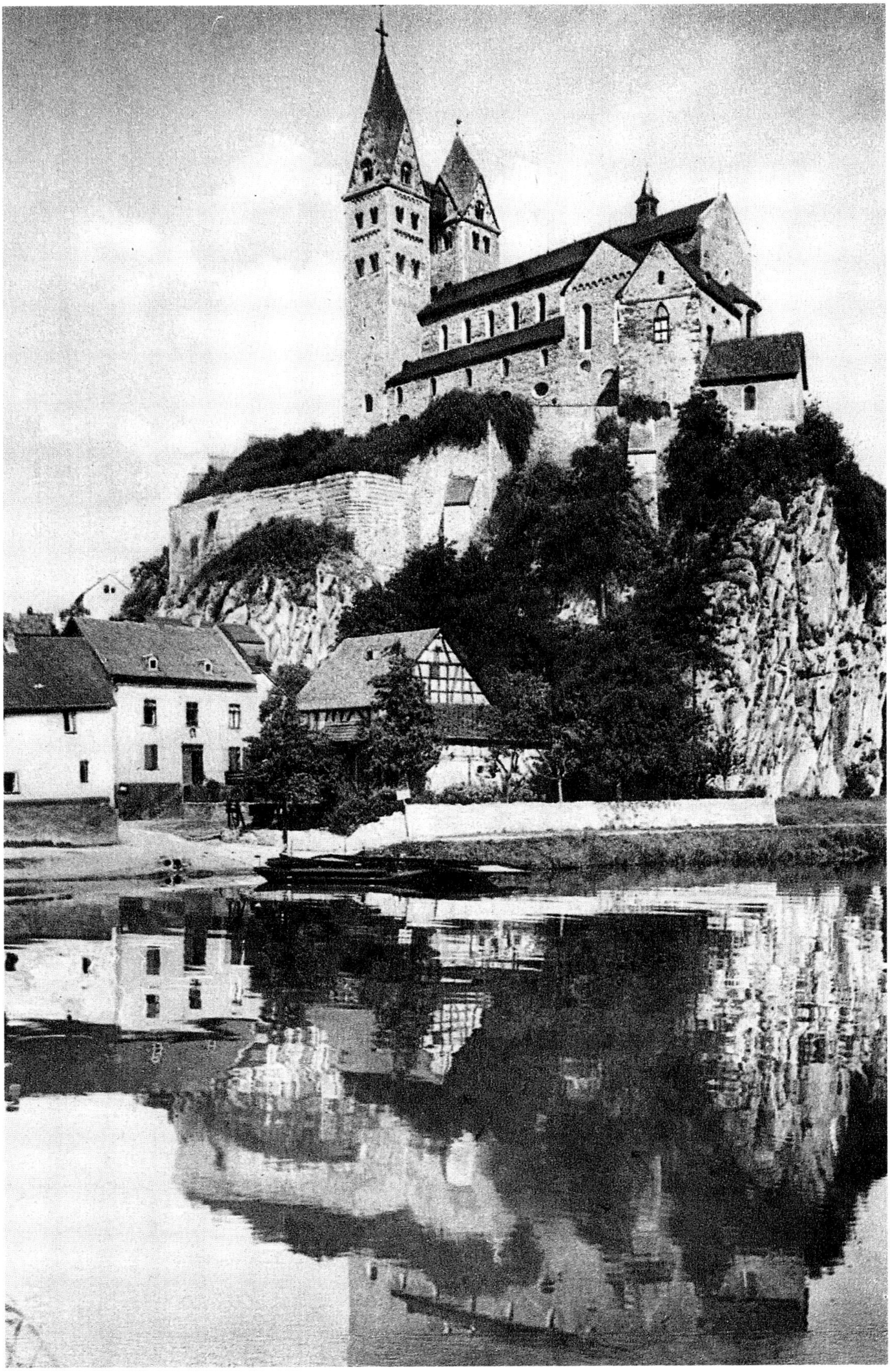

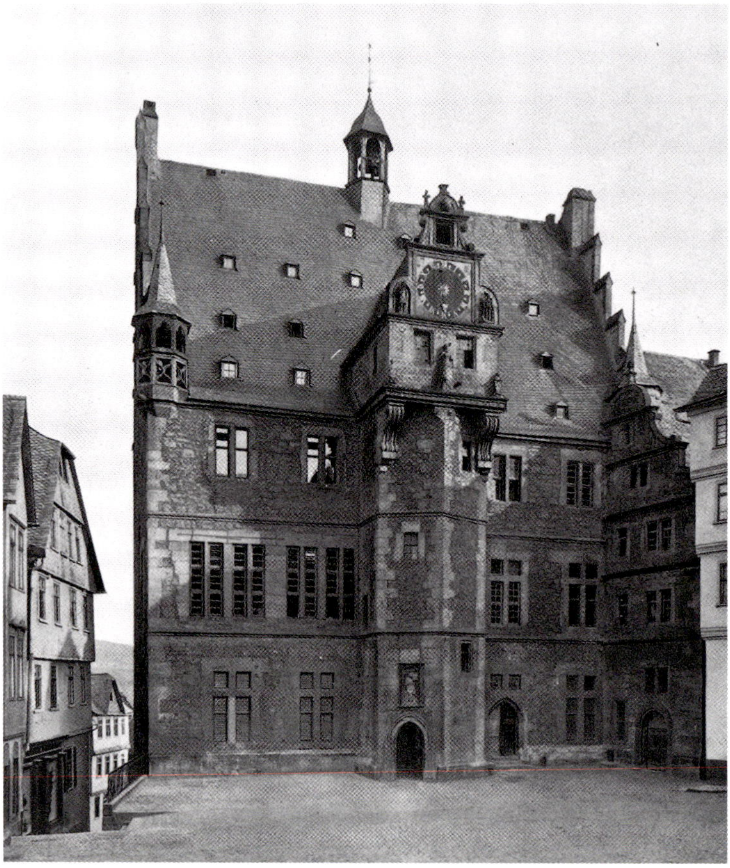

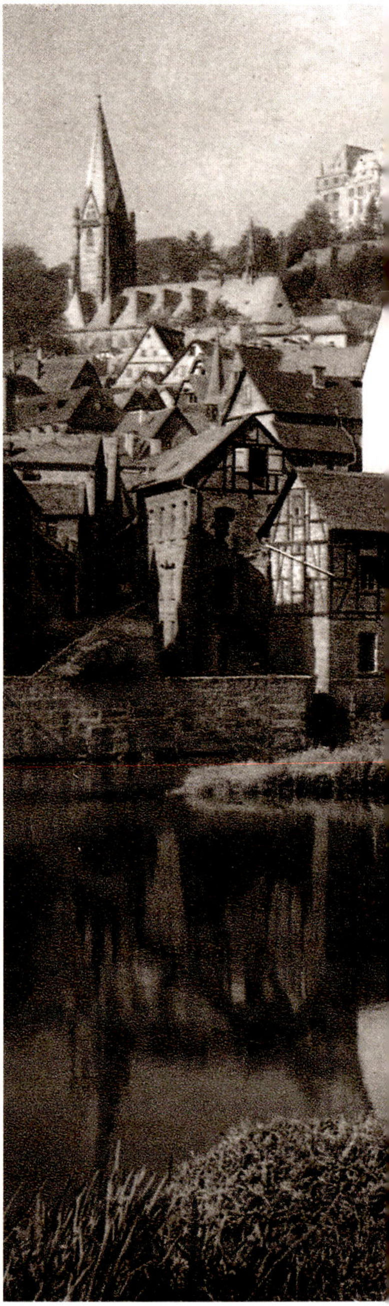

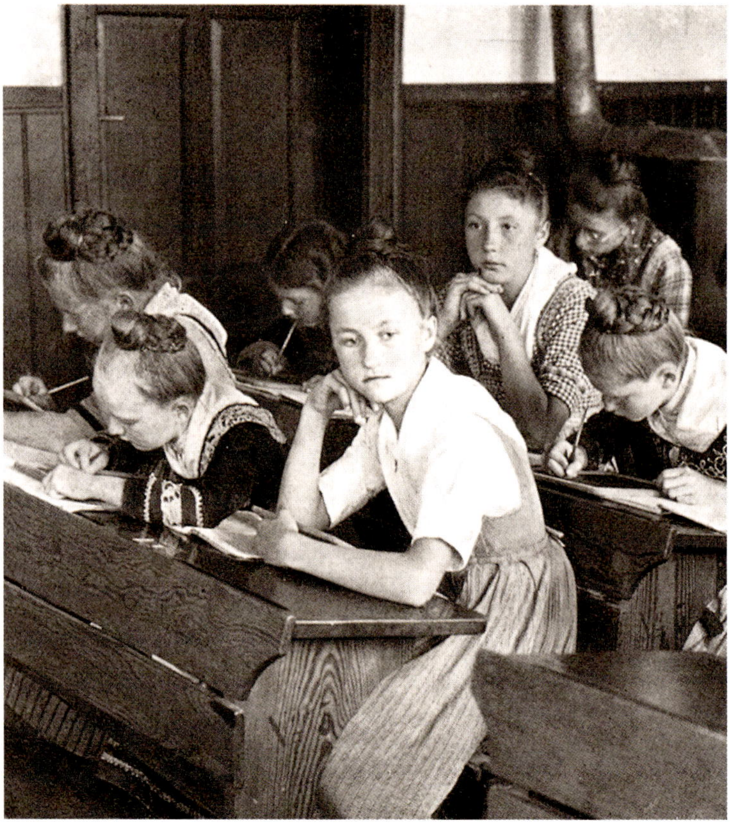

Schulklasse in Erksdorf bei Marburg. Die Mädchen von Erksdorf tragen im Klassenzimmer - wo „mer net sacht mer secht, sondern mer secht mer sacht" - zur Marburger Tracht den typischen „Haarschnatz". Ganz generell wird den Hessen nachgesagt, daß sie ähnlich wie die Friesen zu Innerlichkeit und Verschlossenheit neigen, wenig bereit, Neues aufzunehmen, was sich lange auch in ihrem

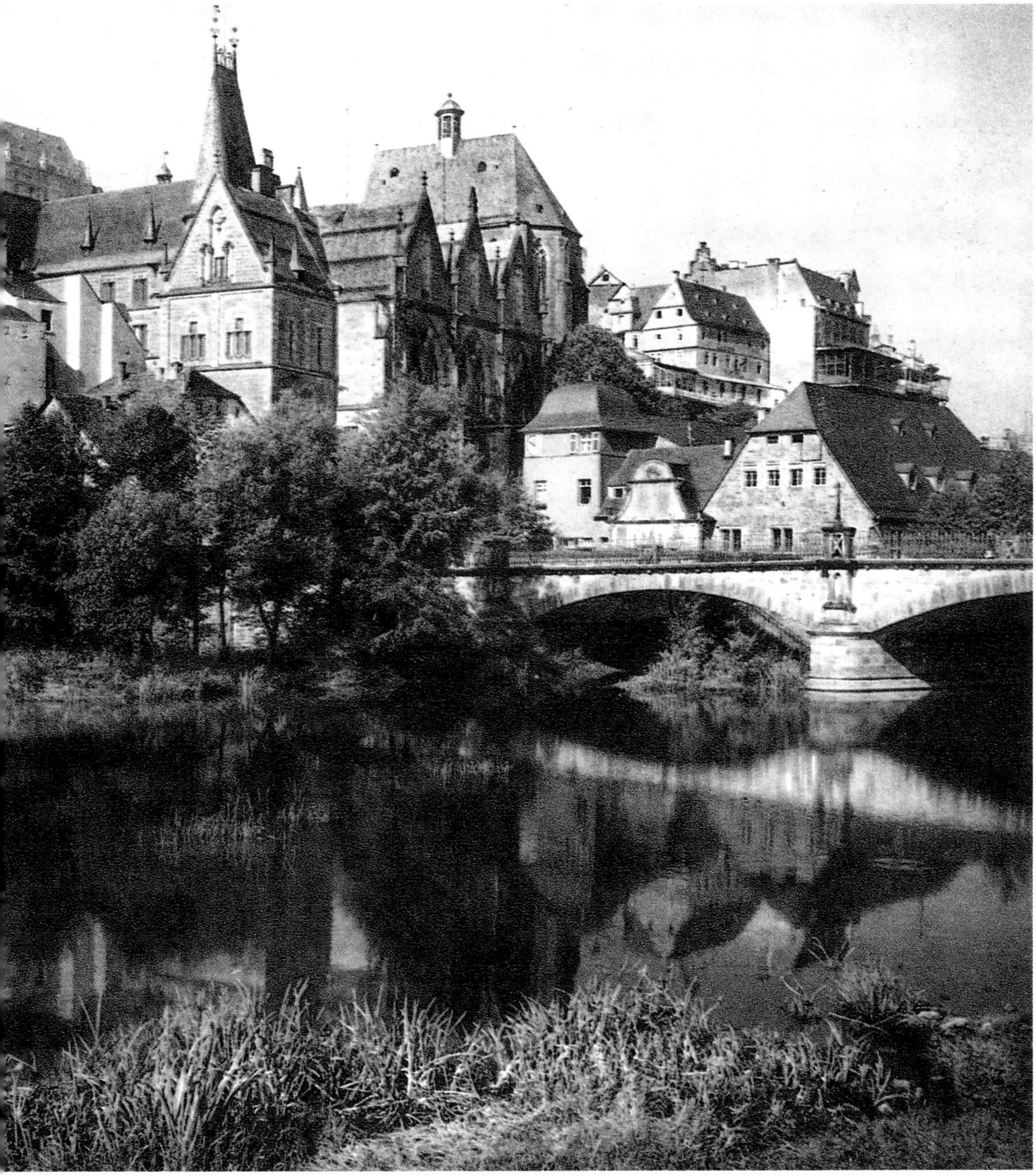

Brauchtum hielt. Die Tracht des Marburger Raums entsprach der Gesinnung eines frommen und stolzen Bauerntums.

Marburg an der Lahn: das Rathaus (oben links) und Blick auf die Stadt. Marburg, der Ort der berühmten Religionsgespräche zwischen Luther und Zwingli, verdankt seine kulturelle Bedeutung im wesentlichen der 1527 gegründeten Universität. 1227 war die romantische Bergstadt von Elisabeth, Landgräfin von Thüringen und Stammesmutter des hessischen Landgrafenhauses, zu ihrem Witwensitz gewählt worden. Elisabeth starb hier 4 Jahre später, um schon 1235 heiliggesprochen zu werden. Ihr Grab in der Elisabethkirche war besonders im Mittelalter eine häufig besuchte Wallfahrtsstätte. – Das von einem Satteldach gekrönte Marburger Rathaus wurde in den Jahren 1512–24 errichtet. Im Treppenturm befindet sich ein von Juppe 1524 gefertigtes, der hl. Elisabeth gewidmetes Steinrelief.

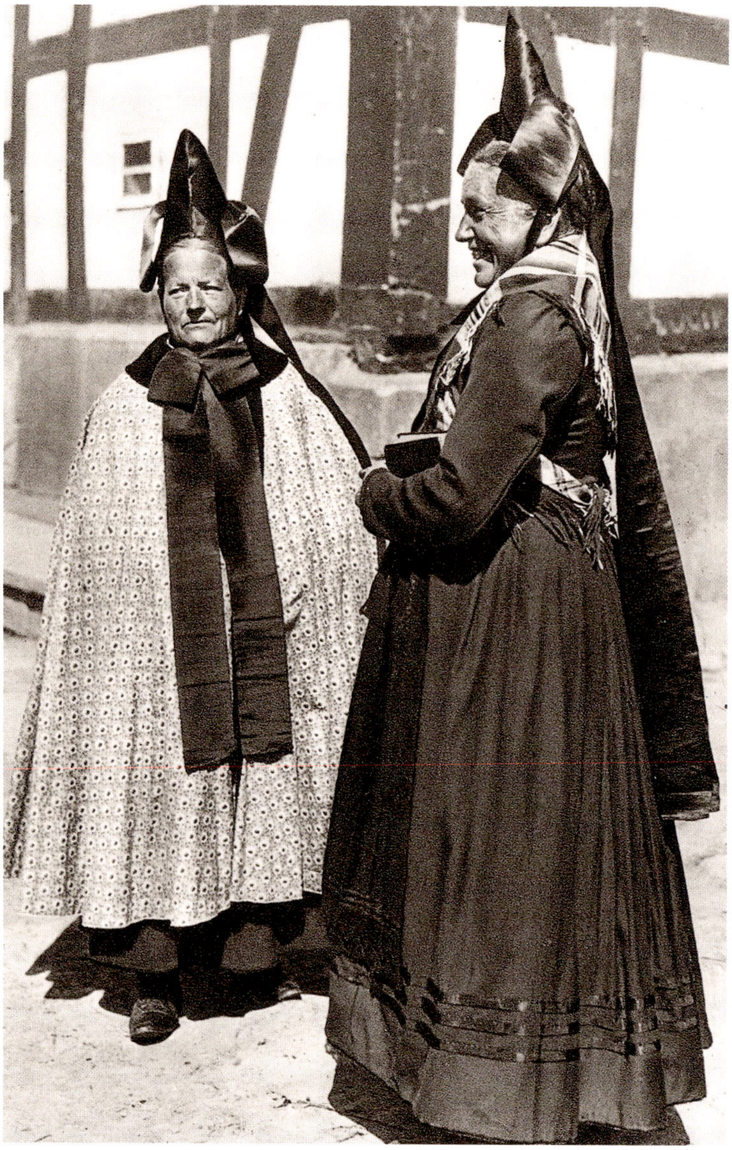

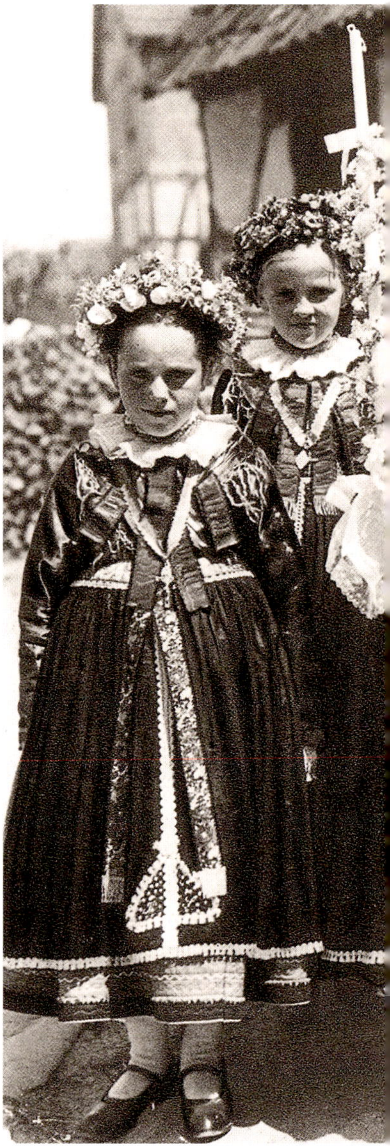

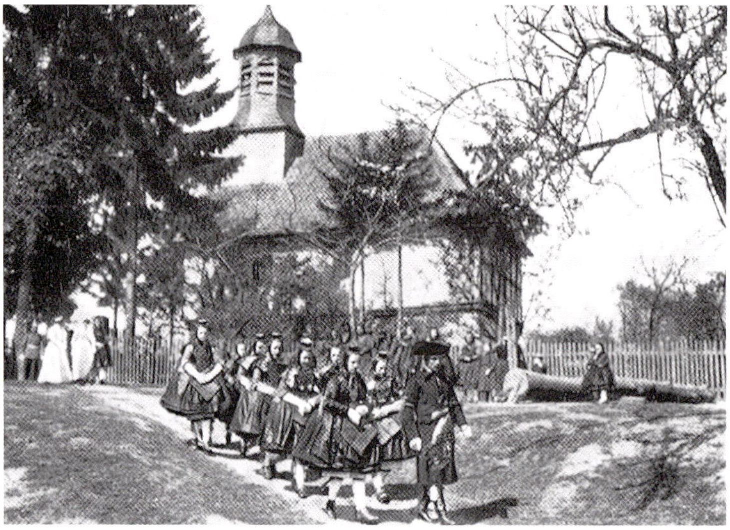

Hessische Trachten: Frauen aus Balhorn mit den hohen Spitzenhauben, wie sie in Niederhessen gelegentlich noch getragen wurden (links) – Erstkommunikantinnen aus Ruhlkirchen, begleitet von Mädchen in der gleichen Tracht (Mitte) – Schwälmer Bäuerinnen im Trauermantel. Die Hessin brauchte einen großen Kleiderschrank. Schon im 17. Jh. war den Hessen im wohl typischsten deutschen Trachtenland von einem Reisenden vorgeworfen worden: „Sie verkaufen dann Schwein, Kühe und Früchte und kaufen ihren hoffartigen Weibern dagegen guldene Gurtel, Hembder,

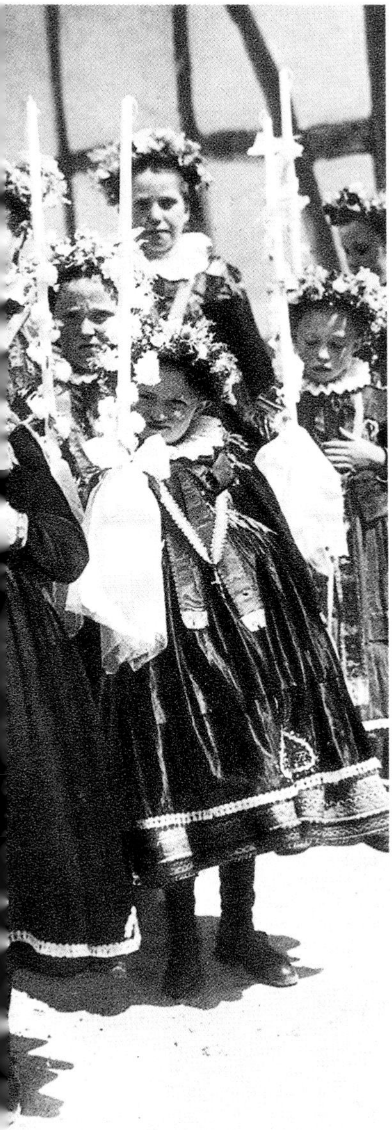

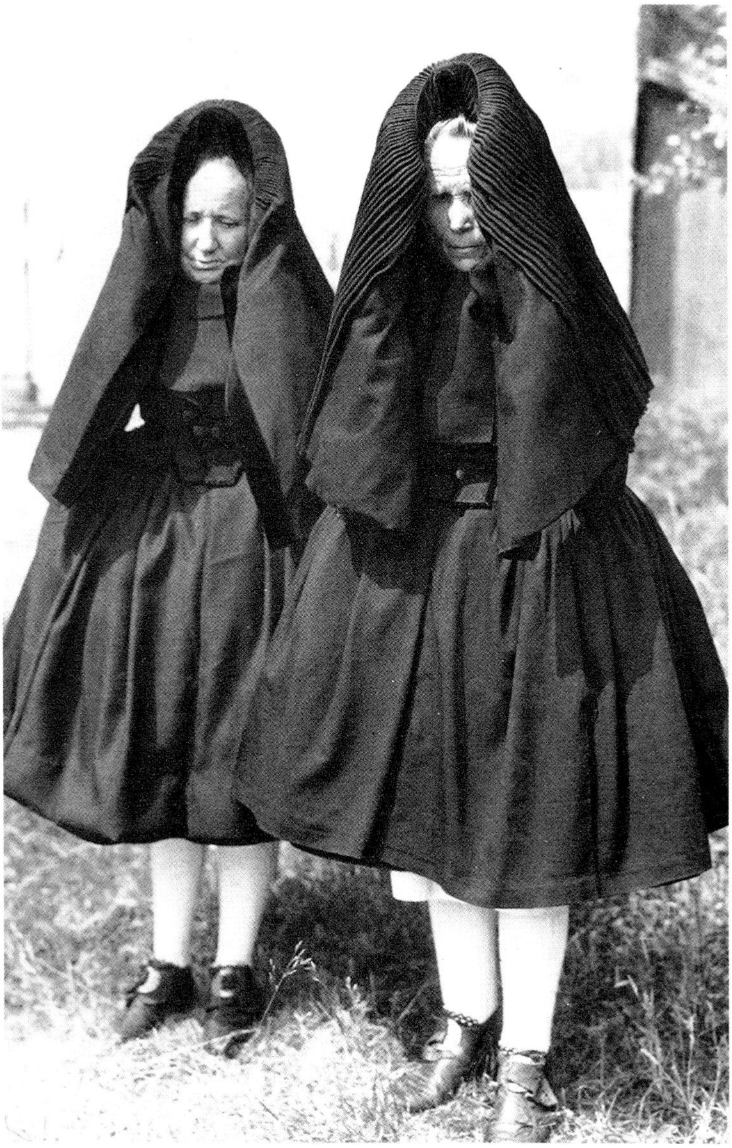

Koller mit Seiden ausgenahet, Röck mit Belag und Leisten, so rosen, viol oder grünferbig ...". Eine „mittlere" Bauerntochter im oberhessischen Gebiet an der Schwalm – etwa zwischen Gießen und Kassel – besaß dann auch mindestens 75 Rökke, je 20 Mieder und Schürzen, 40 Hemden, 18 Kappen usw. Dazu kamen noch außergewöhnliche Kleidungsstücke wie etwa das samtgefaßte Trauermäntelchen der Schwälmerin, mit dem sie bei Beerdigungen nach der Tradition in dem Augenblick ihr Gesicht bedeckte, in dem ein Sarg in die Erde versenkt wurde.

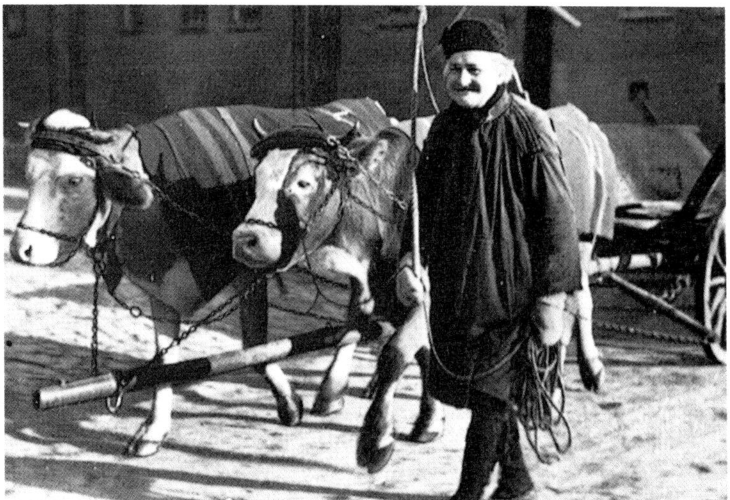

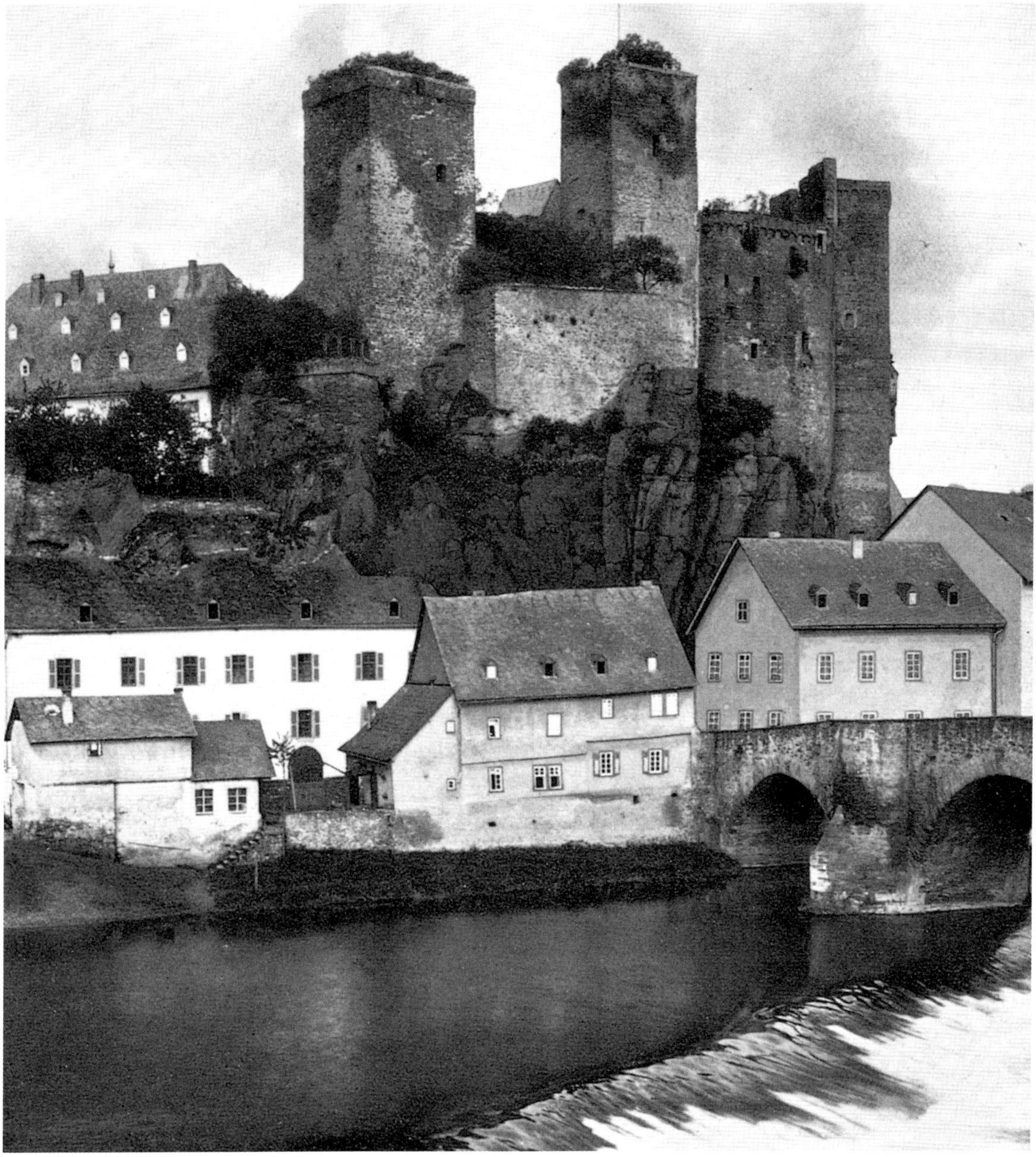

Burg Runkel an der Lahn, ein alter Besitz der Fürsten Wied. Obwohl bereits zuvor von den edelfreien Herren von Runkel begonnen, war die mächtigste Burg an der Lahn im wesentlichen ein Bau des 13. und 14. Jh. 1634 halfen allerdings auch die stärksten Mauern der romanischen Talburg nichts gegen den Ansturm eines wallensteinschen Unterführers, der Runkel teilweise zerstörte. Bekannt war der Fürstensitz durch seinen Weinbau, darunter der „Runkeler Rote“.

Hessischer Bauer in Abendmahlstracht, der Überrock als Sonntagskleid. Im Gegensatz zu den hessischen Frauen war der Kleiderluxus der Männer eher etwas nüchtern und untertrieben. Zur Tracht der jüngeren Männer gehörten blaue Jacken und lederne Kniehosen, während die älteren schwarze Hüte zu schwarzen Gehröcken trugen.

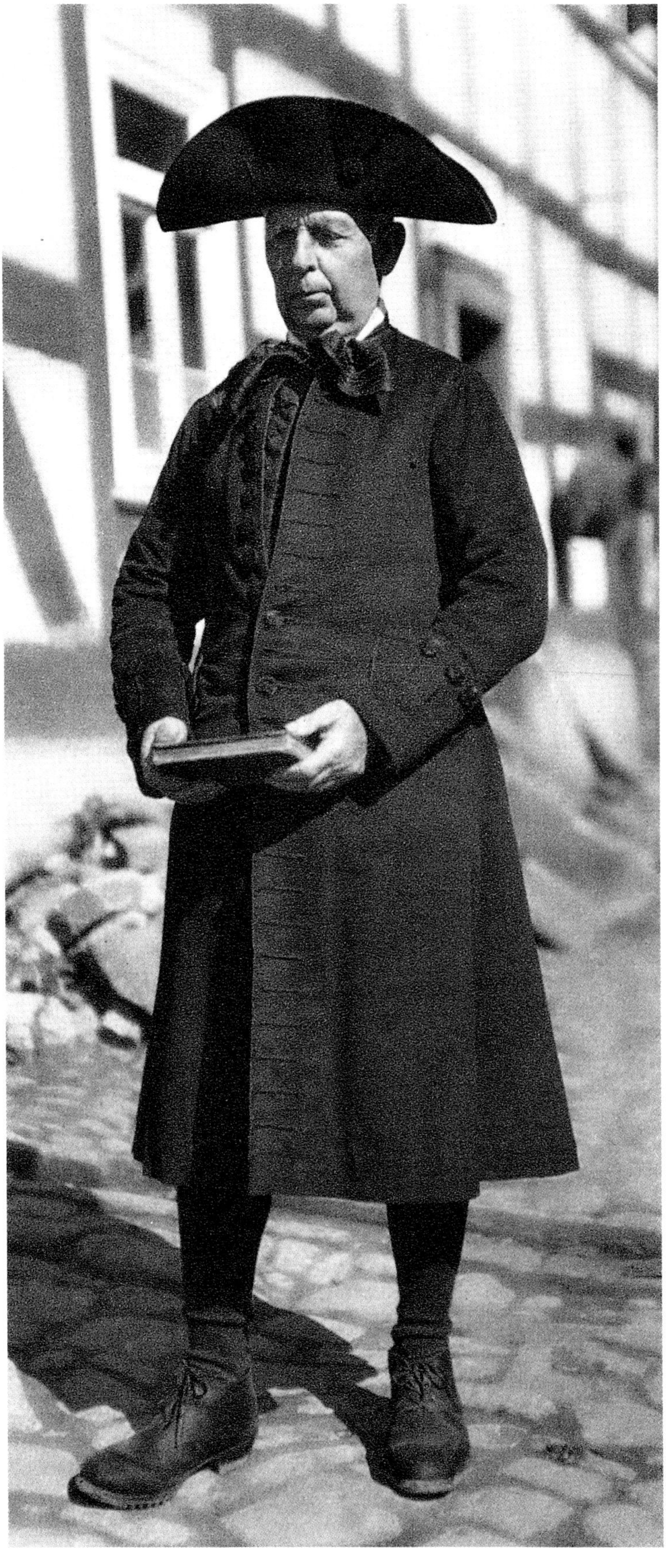

Examen.

Uff em effentliche Exame äner ABCschitzeschaul' frägt e Lehrer: „Wer nennt mir ein Wort, das mit einem Q anfängt? – Nun, Wilhelmchen!“ – 's Wilhelmche toht: „Quetsche.“ – „Aber Wilhelmchen, wir sprechen doch hochdeutsch, und da wird Zwetsche Zw geschrieben.“ – Da' hinnerher saht's Willemche gahnz hämlich fehr sech: „As häßt män Lebtag nit: ech zwetsche mer der Finger ehn der Thir, 's häßt doch: quetsche! Nu gradche!“

Paul Weinmeister.
Hessen-Nassau

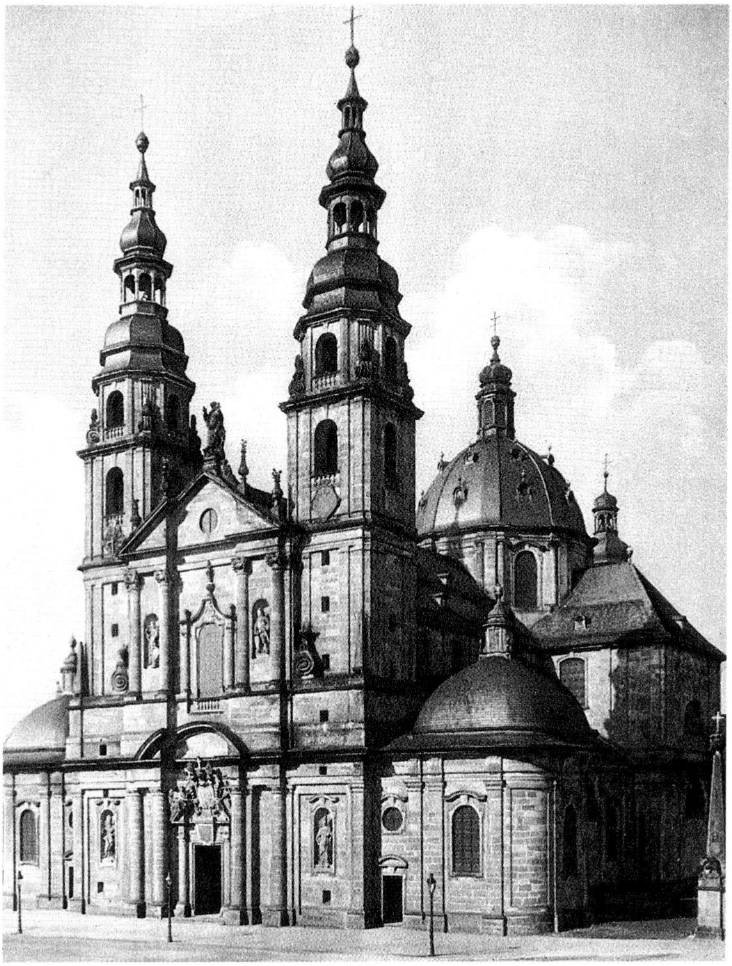

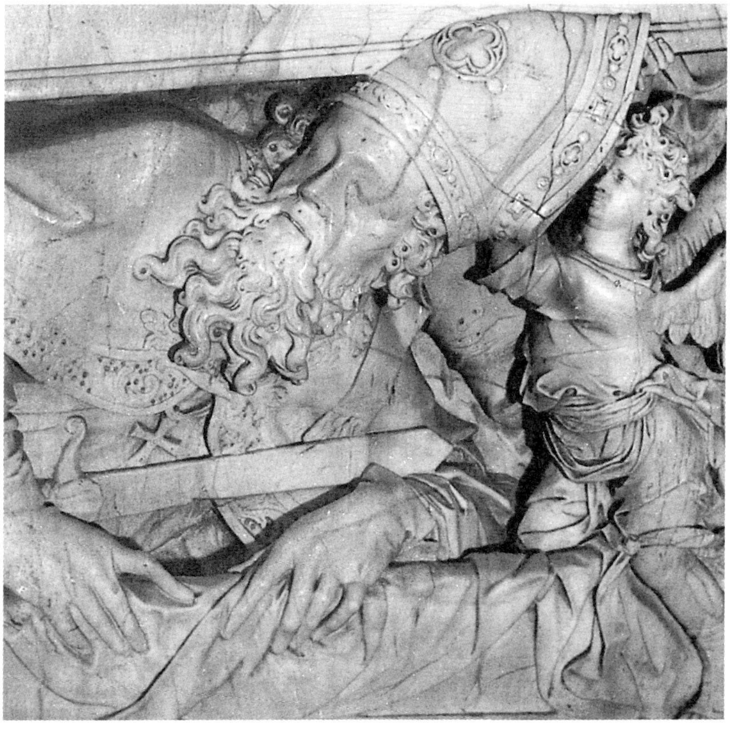

Fritzlar am Steilufer der Eder (rechte Seite) hatte seine große Zeit in den Jahrhunderten der Sachsen- und Staufenkaiser. Hier versammelten sich einst die weltlichen und geistlichen Fürsten, um über das Schicksal der christlichen Welt zu beratschlagen. Das türmerreiche Fritzlar wird 724 erstmals als Ort der zweiten hessischen Klostergründung des Bonifatius genannt und erhielt dann unter Karl dem Großen eine Königspfalz.

Der Dom zu Fulda - Grabplatte des hl. Bonifatius. Die alte Bischofsstadt am Rande der Rhön ist seit rund 1200 Jahren ein Mittelpunkt des religiösen Lebens der Deutschen. Von hier ging im 8. Jh. die Christianisierung Mitteldeutschlands aus. Steinerner Zeuge dafür ist der Dom St. Salvator und Bonifatius mit der Grabstätte des hl. Bonifatius. Die Gebeine des Apostels der Deutschen waren 819 hierher überführt worden. 1704 galt der alte Dom - ein vielgestaltiger Barockbau mit dreischiffiger, flachgedeckter Basilika - dann als so baufällig, daß Johann Dientzenhofer, Hofbaumeister des Fürstabtes Adalbert von Schleiffras, mit einem Neubau beginnen mußte. Die Bonifatiusgruft ist mit einem Altar und sechs Sandsteinfiguren ausgestattet.

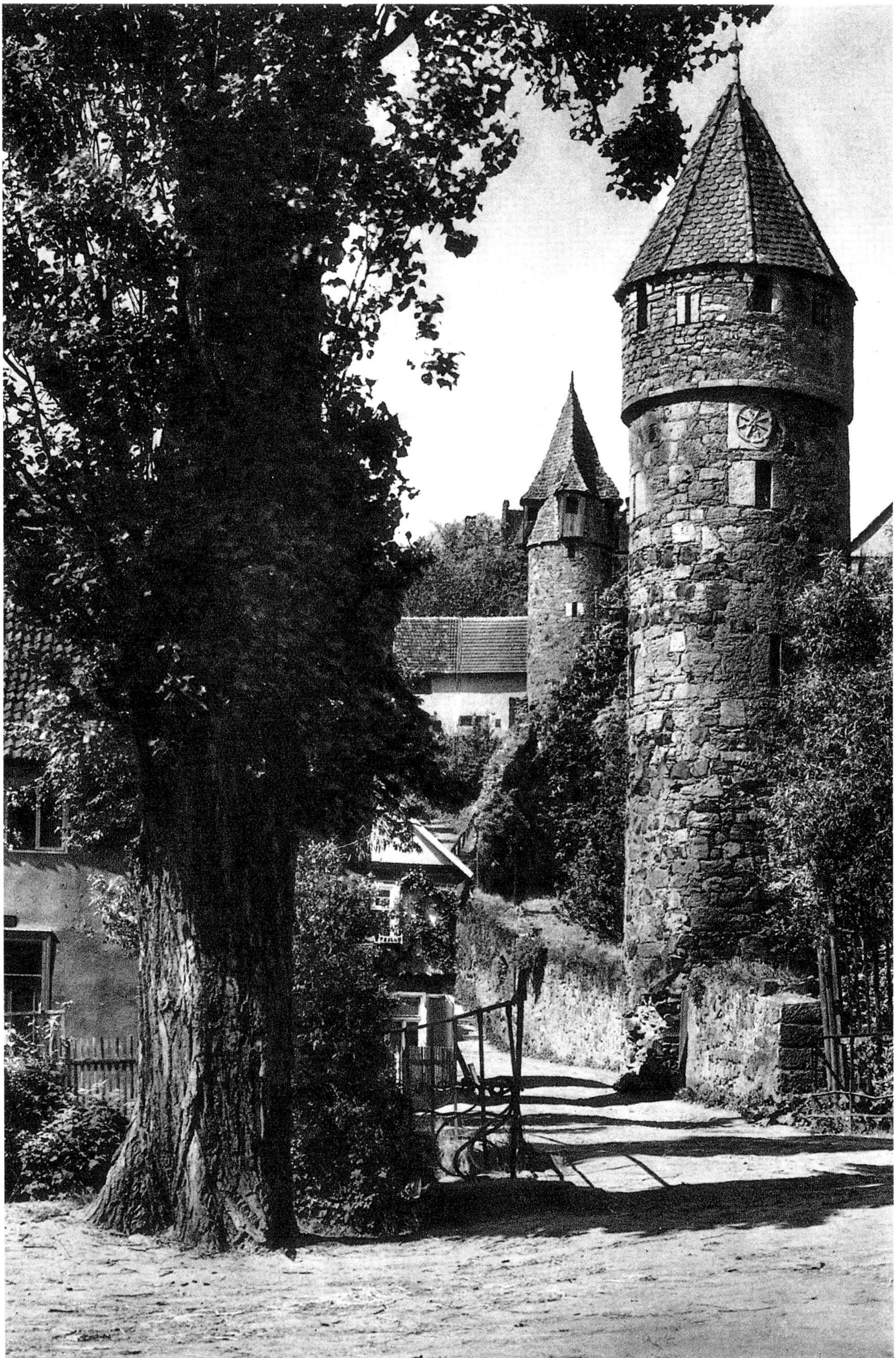

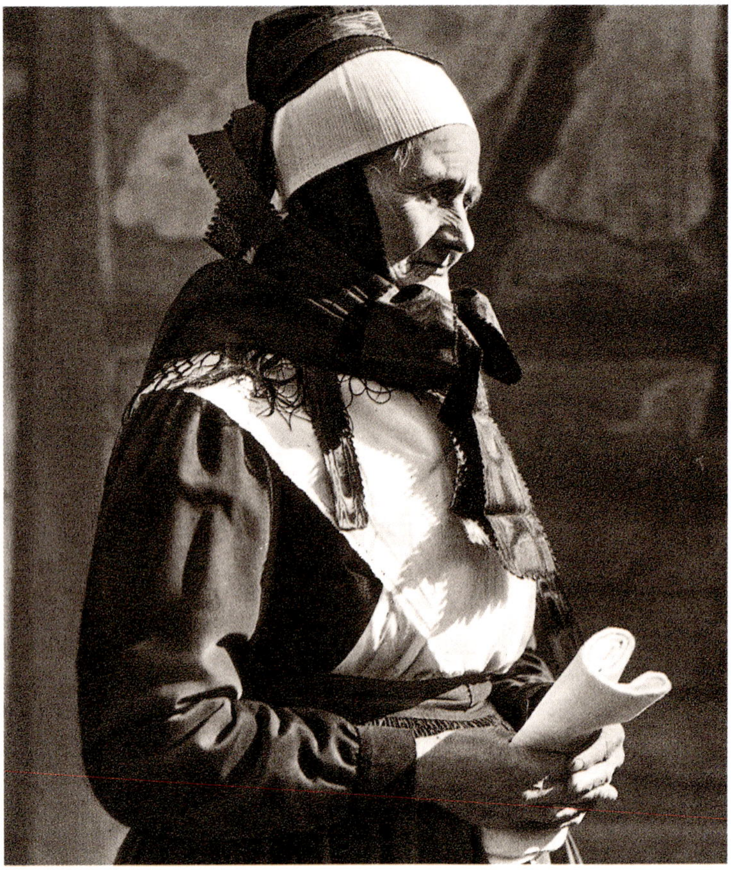

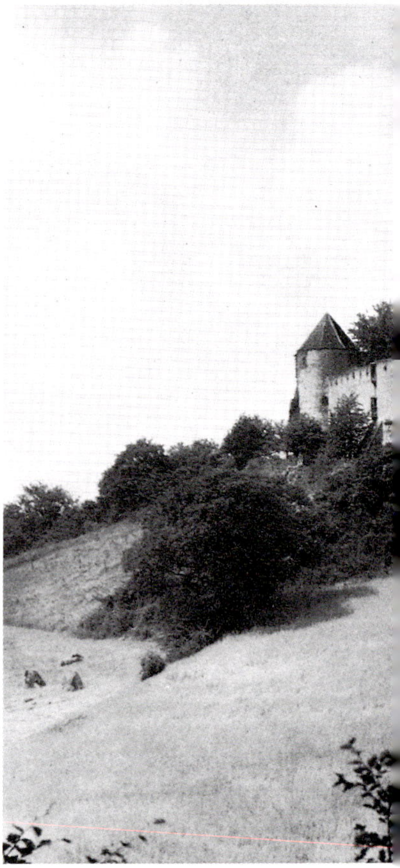

Hersfelder „Hubbeltracht“ aus Frielingen im Knüllgebirge. Das Hersfelder Rathaus mit dem Lullusbrunnen (rechts). Um das Jahr 1600 hatten die Hersfelder ihr altes gotisches Rathaus zu einem stattlichen Renaissancebau umgestaltet. Der Brunnen vor dem Rathaus wurde 1904 erbohrt und nach dem Mainzer Erzbischof Lullus benannt, der 769 in einer Talweitung der unteren Fulda zwischen Knüll und Rhön eine Benediktinerabtei gegründet hatte. Aus der Abtei erwuchs die Kreisstadt Hersfeld.

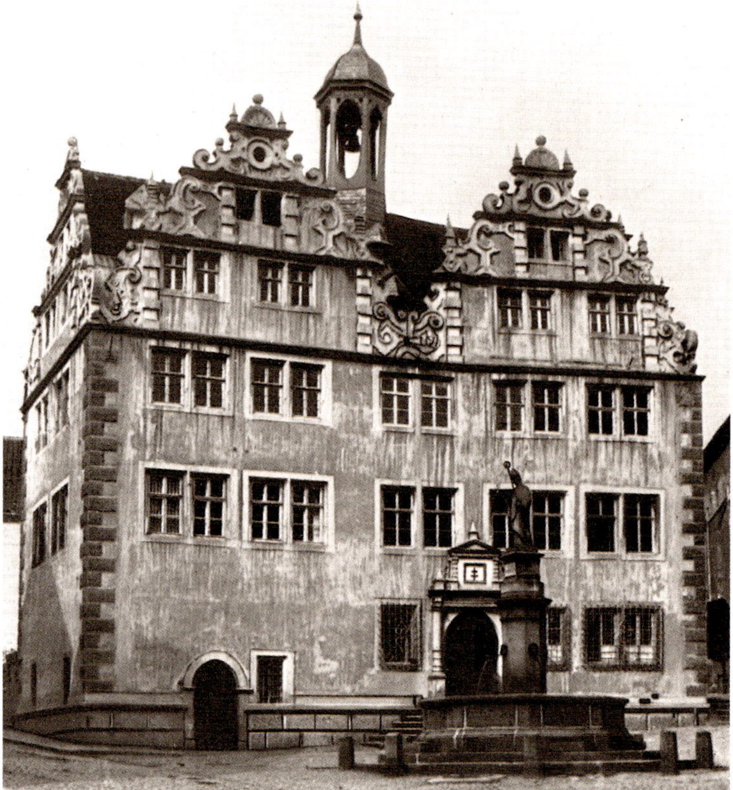

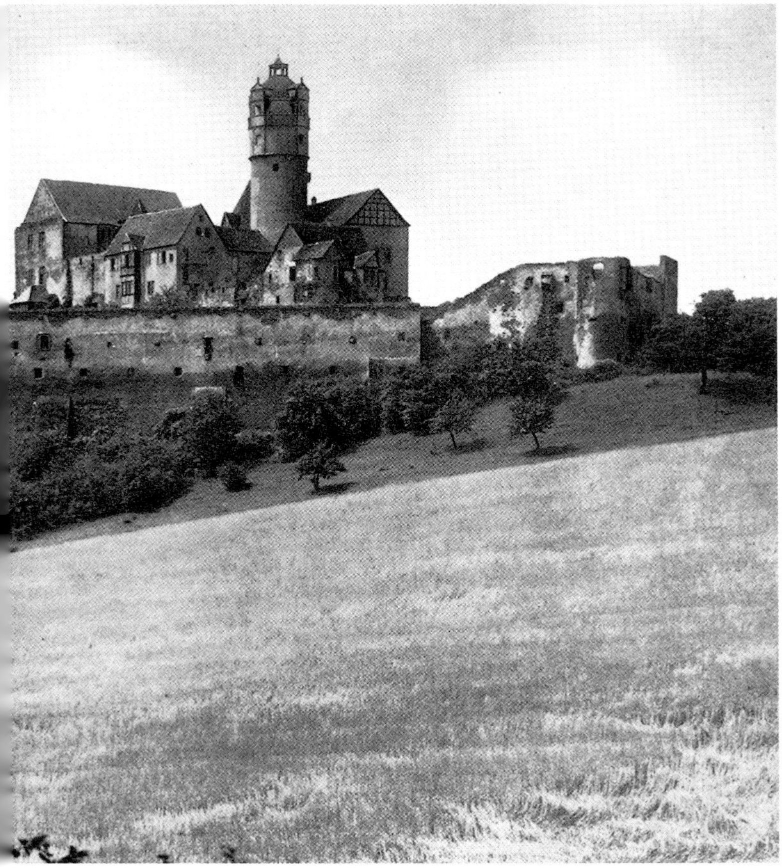

Die Ronneburg in Oberhessen, ursprünglich im 13. Jh. durch die Burgmänner der Herren von Hohenlohe-Brauneck gebaut, war im 16. Jh. Sitz der Ronneburger Linie der Isenburger. Nachdem der größte Teil der Burg 1621 ausgebrannt war, kam sie in den Besitz Hessen-Darmstadts, in die Hand der Büdingen-Offenbacher, danach der Wächtersbacher Linie. Im 18. Jh. unter Kasimir I. Freistätte des Glaubens, lebten im Schatten der Ronneburg Glieder der „Gemeinde der wahren Inspirierten", vorwiegend aus Württemberg und der Pfalz, bevor ihnen das „Werkzeug" Christian Metz den Weg nach USA wies (heute Amanakolonie in Iowa).

1736 hielt sich hier der Gründer der Brüdergemeinde Graf Nikolaus Ludwig von Zinzendorf auf. Seine – zum Teil recht wohlhabenden – Anhänger übernahmen den zum Schloß gehörenden Hof in Pacht und blieben in der Gegend, bis auch sie im 19. Jh. vorwiegend nach Nordamerika auswanderten.

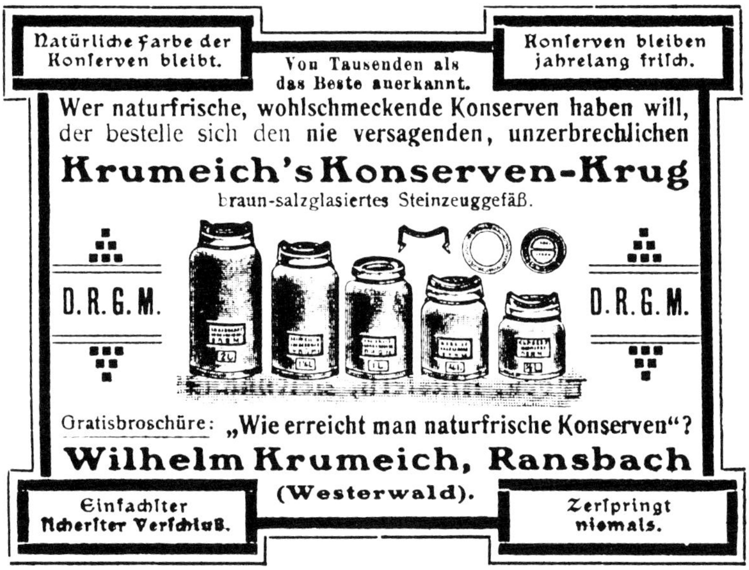

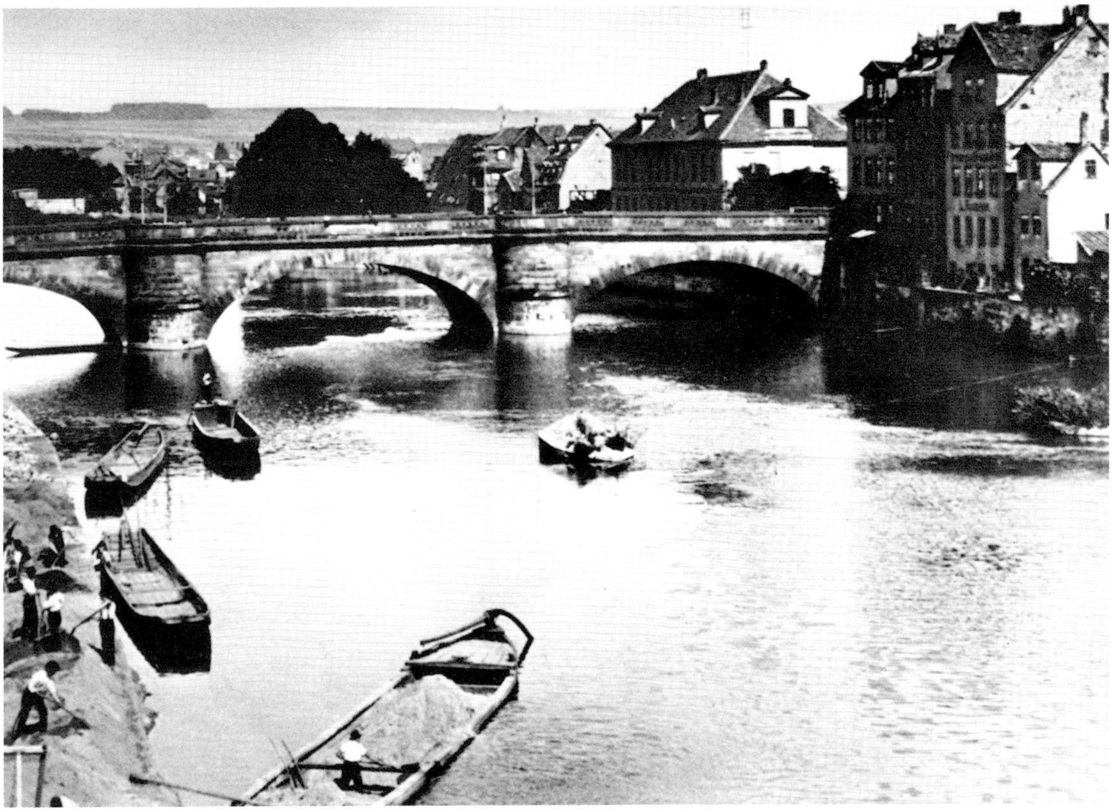

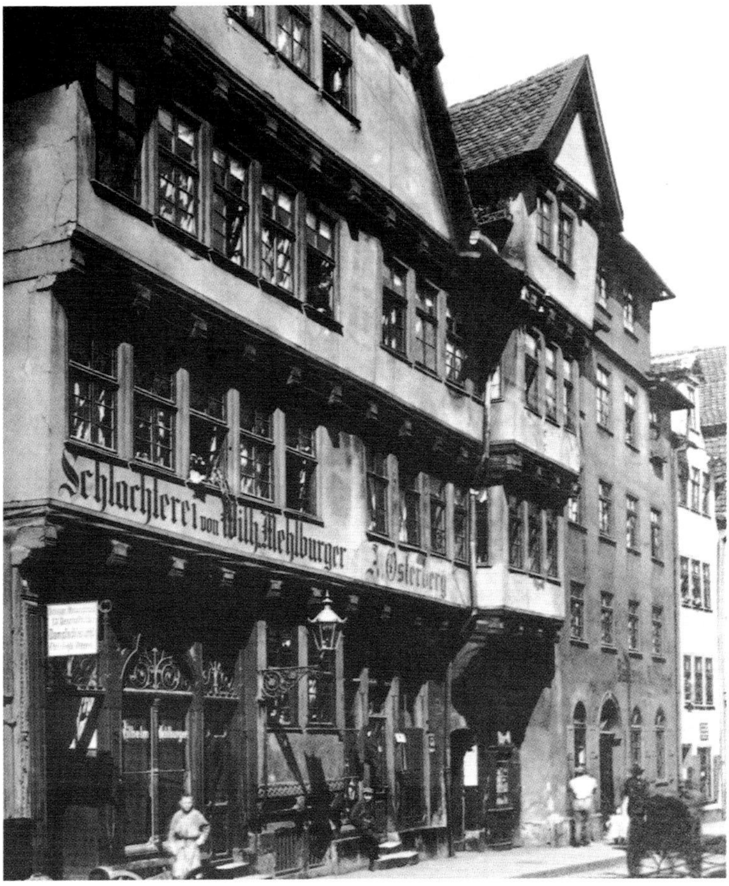

Kassel: die Fulda mit der 1908 abgerissenen Wilhelmsbrücke (oben), – Fachwerkhaus in der Müllergasse (links), – Wasserkaskaden und Wasserschloß hinter Schloß Wilhelmshöhe (rechte Seite). Die Wilhelmshöhe, Europas größter Bergpark mit seinen berühmten, herkulesgekrönten Wasserkaskaden, galt als der Stolz der Hauptstadt Kurhessens. Das Schloß, 1786 bis 1801 unter Kurfürst Wilhelm I. gebaut, nahm einst Napoleon III. auf, nachdem er die Schlacht bei Sedan verloren hatte. Um sich ihren baulichen Luxus leisten zu können, mußten die Kasseler Herren übrigens gelegentlich ihre Landeskinder an fremde Heere und für fremde Kriege verkaufen, wodurch es zum geflügelten Wort „ab nach Kassel" kommen konnte.

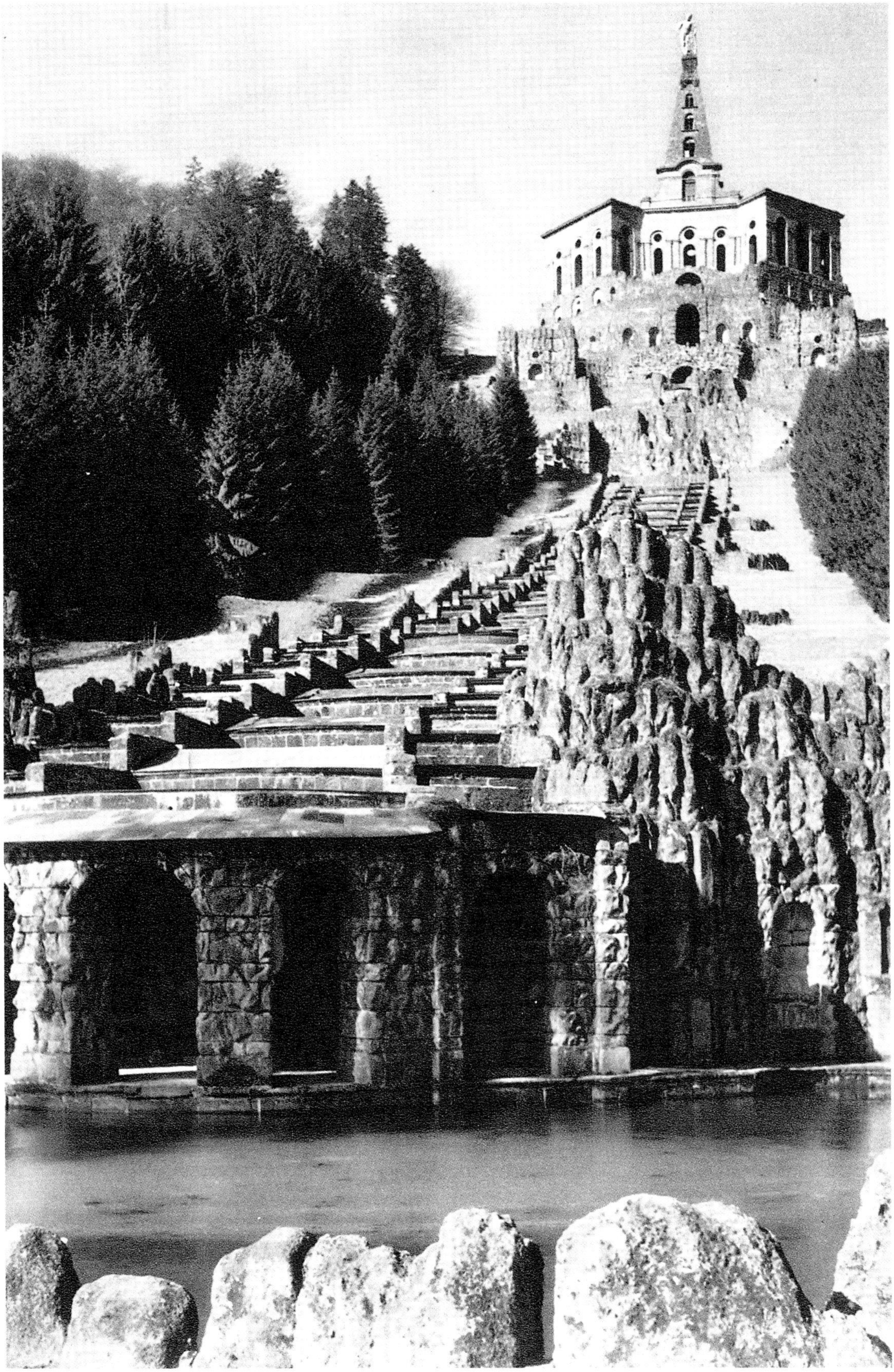

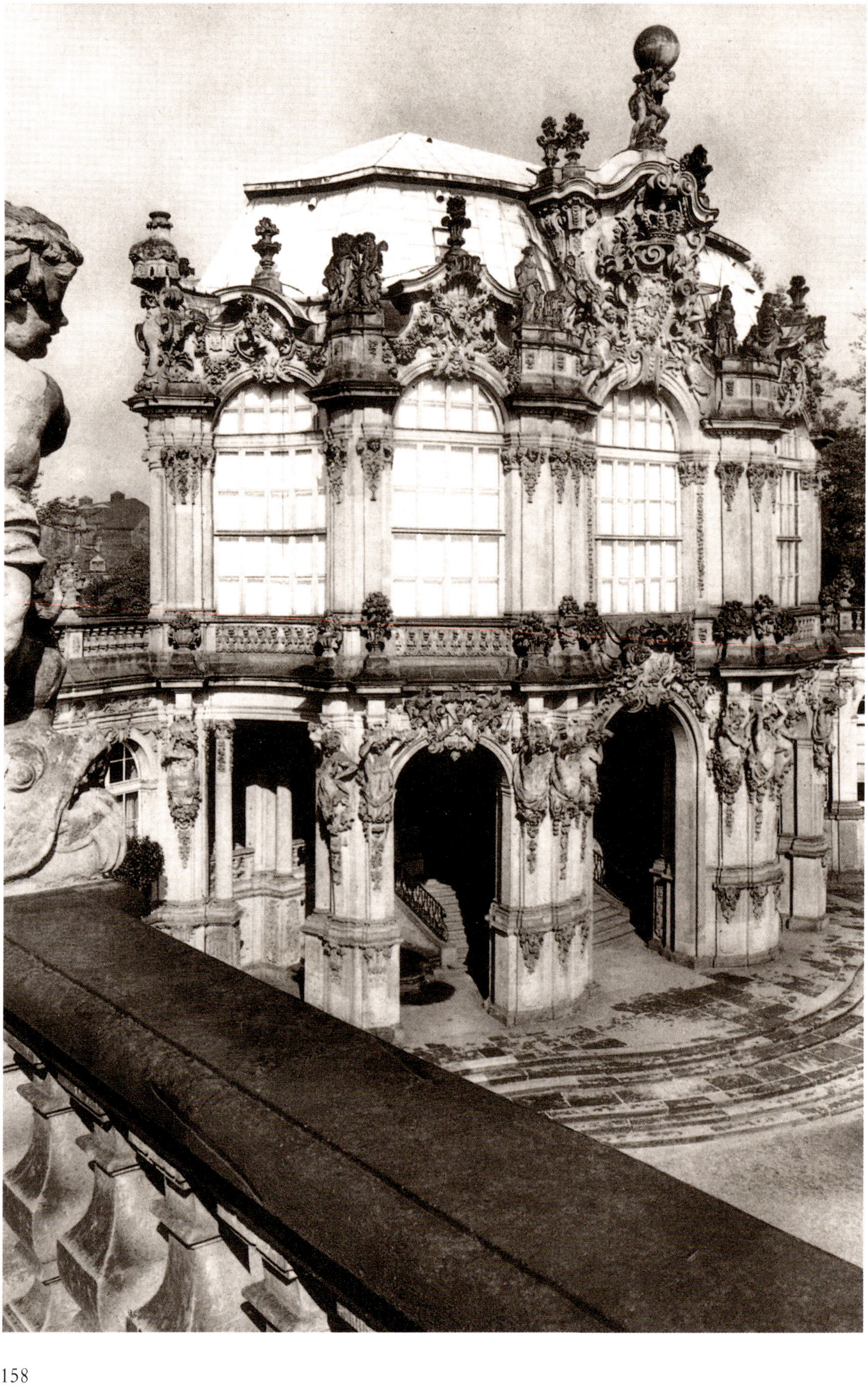

Zeittafel:
742 Erste urkundliche Erwähnung des Bistums Erfurt,
919-1024 Die Sächsischen Kaiser,
1123 Mark Meißen an die Wettiner,
1216 Dresden urkundlich erstmals erwähnt,
um 1220 Aufzeichnung des Sachsenspiegels,
1517 Beginn der Reformation Luthers,
1524/25 Deutscher Bauernkrieg,
1541 Moritz wird Kurfürst, Sachsen erster protestantischer Staat Deutschlands,
1694 August der Starke wird Kurfürst,
1806 Sachsen Königreich, Dresden königliche Residenz,
1817 Wartburgfest der Deutschen Burschenschaften,
1849 Volkserhebung in Sachsen,
1918 Abdankung Friedrich Augusts III., des letzten Königs,
1919 Nationalversammlung in Weimar.

Der Dresdener Zwinger, Anfang des 18. Jh. von Matthäus Daniel Pöppelmann in einem ins Rokoko spielenden Barock erbaut. Ursprünglich als Vorhof eines Schlosses bestimmt, das allerdings nie gebaut wurde, war August der Starke der Auftraggeber. Der Zwinger sollte einmal - neben den Sammlungen in Paris und Florenz - die wertvollsten Gemälde Europas beherbergen.

Sachsen/Thüringen: Deutschlands grünes Herz

Am 31. Oktober 1517 - so will es eine alte Überlieferung - schlug der Professor der Heiligen Schrift Martin Luther an der Schloßkirche zu Wittenberg ein gedrucktes Plakat in lateinischer Sprache an. In Latein wohlgemerkt. Eine Alternative für den Sachsen Luther wäre in jener Zeit, in der sich die deutschen Stämme am Auffälligsten durch ihre Dialekte unterschieden, natürlich ein Plakat auf sächsisch gewesen. Doch der Reformator wußte, was er machte, denn Sächsisch, also das b für p oder das d für t, war immer schon so etwas wie ein sprachliches Problem gewesen. Der Grund übrigens, warum es zu allen Zeiten Menschen gab, die von Sachsen - obwohl es zusammen mit Schwaben die meisten Geistesgrößen Deutschlands hervorbrachte - tatsächlich nur das Sprachgestalterische kennen sollten.
Sächsischer Singsang war somit auch immer Ziel berufener Kritik. Zitieren wir Goethe: „Man sollte kaum glauben, daß sie - die Sachsen - b, p, d und t überhaupt für vier verschiedene Buchstaben halten, denn sie sprechen immer nur von einem weichen und einem harten b und von einem weichen und harten d und scheinen dadurch stillschweigend anzunehmen, daß p und t gar nicht existieren. Aus einem solchen Munde klingt dann Pein wie Bein, Paß wie Baß und Tekkel wie Deckel."
Von Lessing stammt: „Wir wollen die Provinz in Deutschland, wo das beste Deutsch geredet wird, nicht nennen, aber sie liegt gewiß nicht mitten in Deutschland." Tucholsky meinte: „Man kann sich einen Franzosen vorstellen, der englisch spricht. Man kann sich auch einen Amerikaner vorstellen, der englisch spricht. Man kann sich zur Not auch einen Eskimo vorstellen, der italienische Arien singt. Aber einen Neger, der sächselt, das kann man sich nicht vorstellen."
Da haben wir's. Doch als Luther später die Bibel übersetzte, bediente er sich trotzdem der „Meißner Kanzlei", einer Urkundensprache, die durch die Bibel Gemeingut wurde. Also ist sächsisch trotz aller Unkenrufe letztendlich deutsch oder umgekehrt.
Natürlich wurde im Raum zwischen Thüringer Wald, Erzgebirge und Elbe nicht nur sächsisch gesprochen. Denn vereinheitlichen ließ sich das in sich arg verzahnte Gebiet - besonders nach der Zusammenlegung Thüringens im Jahre 1920 - ohnehin nicht. Es war das Land der Erzgebirgler, Voigtländer, Lausitzer, Thüringer, Sorben ... oder eben der Sachsen. Für ihre drei Gebietsteile Thüringen, Freistaat Sachsen und die preußische Provinz Sachsen wäre eigentlich Mitteldeutschland der beste Begriff gewesen. Doch gerade Sachsen lag eben nicht in der Mitte des Reiches, sondern grenzte direkt an die Tschechoslowakei. Was die Menschen einte, war dann eben doch die Sprache, die jeder verstand, ob nun mit einem weichen D wie in „Drähsdn" oder einem harten B wie in „Pimpusch".

Sachsen: Friedrich Nietzsche, Philosoph, Joachim Ringelnatz, Schriftsteller, Johannes Tetzel, Ablaßprediger, Martin Luther, Reformator, Thomas Müntzer, Theologe, Gottfried Wilhelm Leibniz, Universalgelehrter, Gotthold Ephraim Lessing, Dramatiker, Neidhard von Gneisenau, General, Richard Wag-

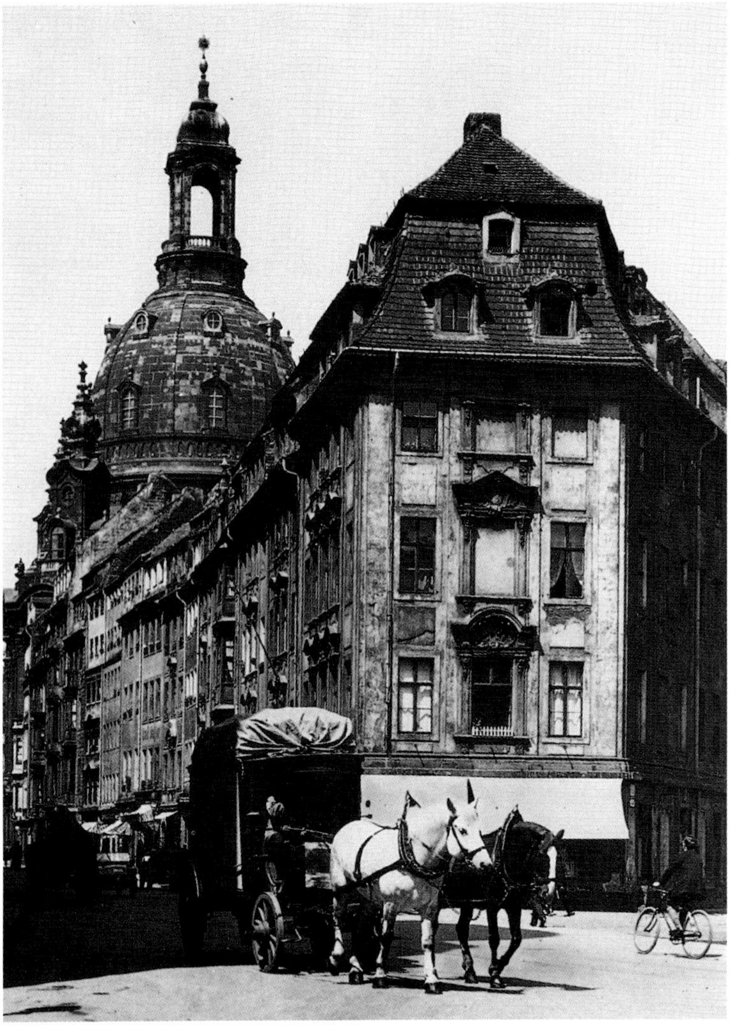

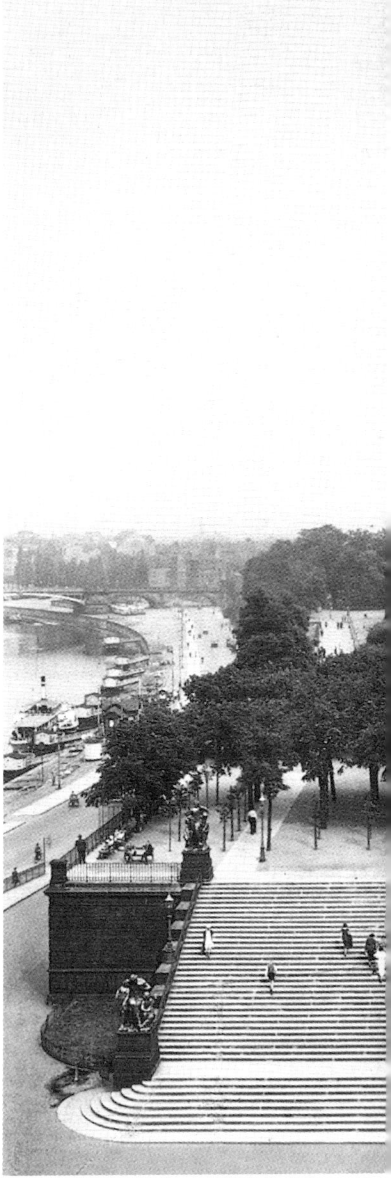

ner, Komponist, August der Starke, König, Karl May, Schriftsteller, Felix Graf von Luckner, Seeoffizier, Karl Liebknecht, Politiker, Robert Schumann, Komponist, Erich Kästner, Schriftsteller, Heinrich Zille, Zeichner.
Thüringer: Johann Sebastian Bach, Komponist, Bruno Bauer, Theologe, Carl Bechstein, Klavierbauer, Alfred Edmund Brehm, Zoologe, Hedwig Courths-Maler, Schriftstellerin, Friedrich Fröbel, Pädagoge, Heinrich von Morungen, Lyriker, Novalis (eigentlich Friedrich Leopold Freiherr von Hardenberg) Dichter, Heinrich Schütz, Komponist.

Oben links: Dresden: die Rampische Gasse, Ecke Salzgasse, mit der Kuppel der Frauenkirche. Die mit Erkern belebten Bürgerhäuser der Rampischen Gasse waren der Auftakt zur turmhaft schlanken Kuppel der Frauenkirche hin.

Mitte: Blick auf die Treppe zur Brühlschen Terasse, die einmal mit dem Ausbau des Befestigungswerks an der Elbe entstanden war. Vier die Tageszeiten darstellende, vergoldete Sandsteingruppen schmücken die 41 Stufen zu Dresdens beliebtestem Spazierweg. Unter-

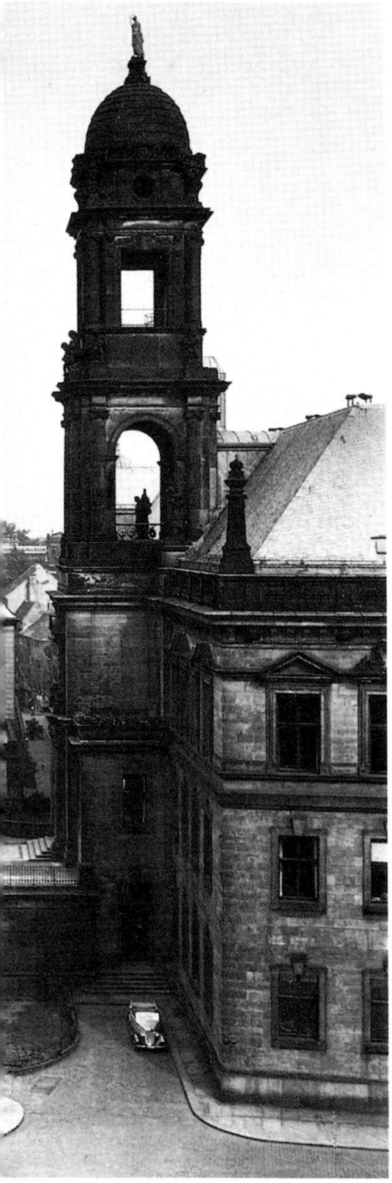

halb der mächtigen Terasse – man nannte sie gerne auch den „Balkon Europas“ – liegen die Schiffe der Weißen Flotte zur Ausfahrt bereit. Auf der Brühlschen Terasse hatte sich das Speisehaus Hassfeld einen Namen gemacht, das neben Engelmann in der Wilsdruffergasse, Leonhard im italienischen Dörfchen und der Rheinischen Weinstube in der Auguststraße zu Dresdens besten Häusern gehörte.

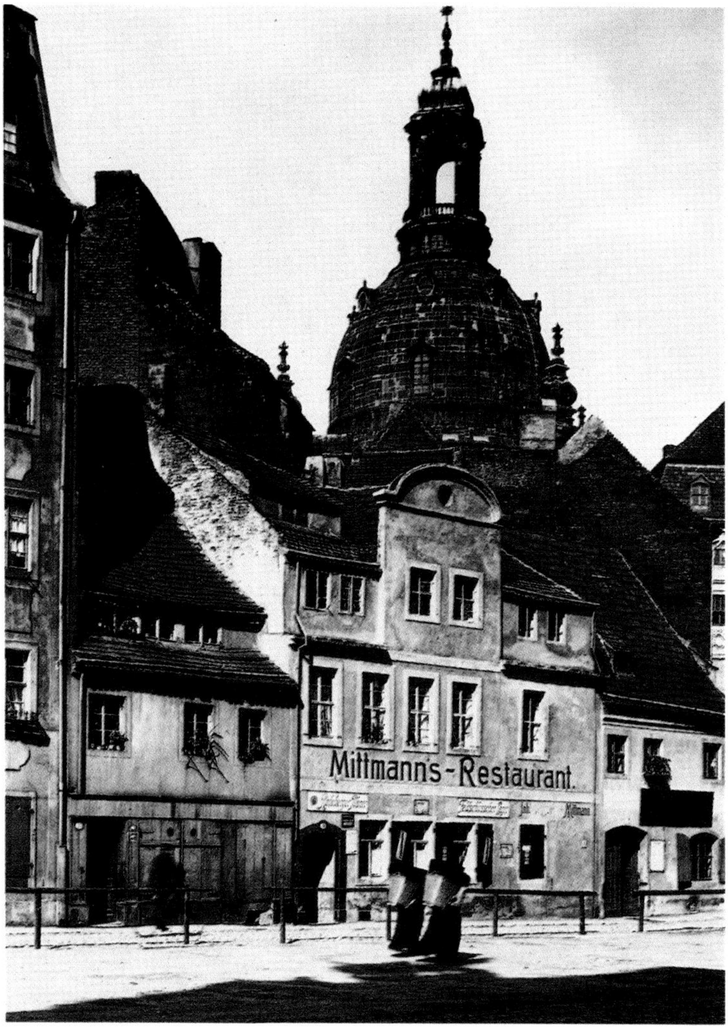

Die Salzgasse mit der Frauenkirche, dem Wahrzeichen der Elbmetropole. Die ganz aus Sandsteinquadern errichtete Frauenkirche, ein Höhepunkt des protestantischen Kirchenbaus, wurde von George Bähr 1726 begonnen und nach dessen Tod von J.G. Schmidt 1743 vollendet. Ihre mächtige, 95 m hoch aufragende Kuppel war dem großen Vorbild der Peterskirche in Rom angeglichen.

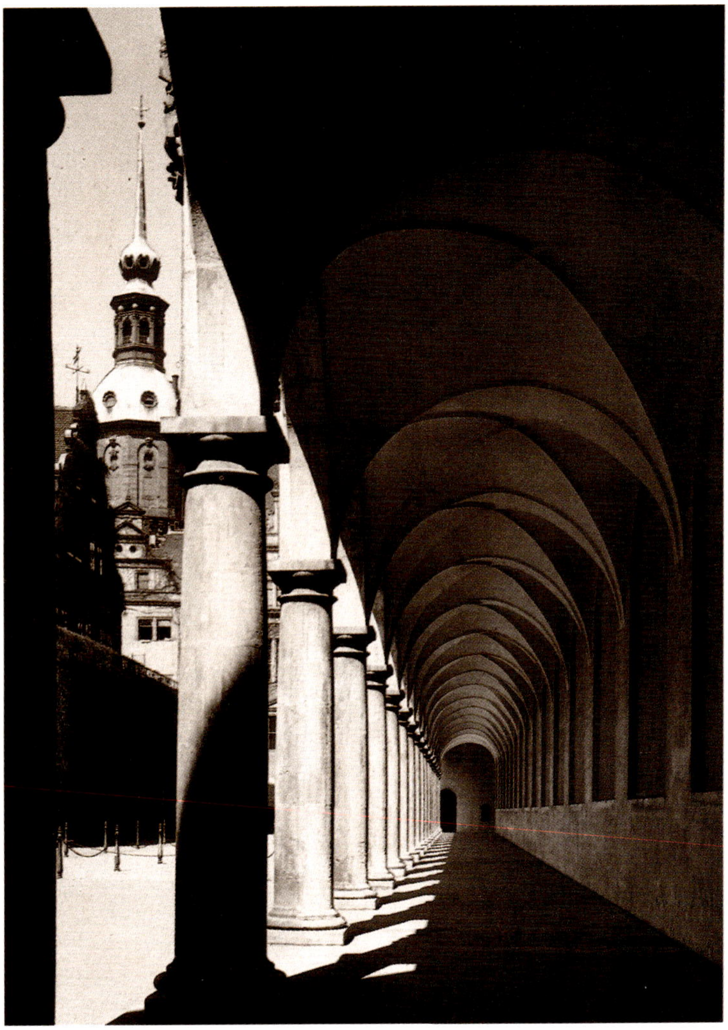

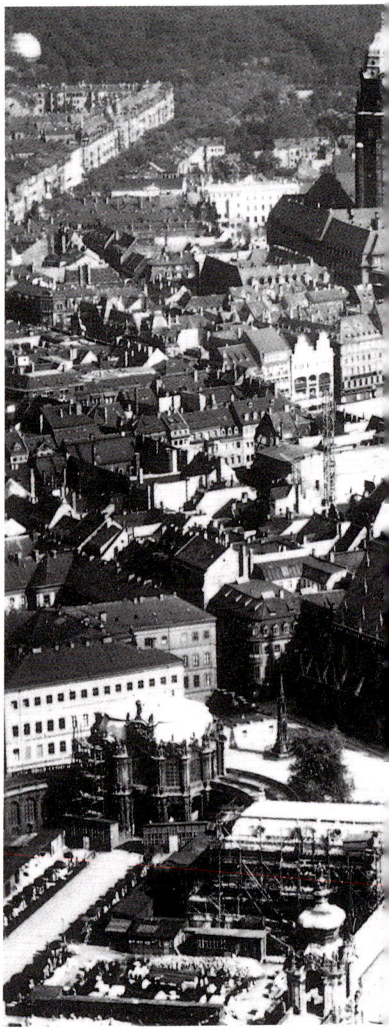

Dresden: Bogenhalle des Langen Ganges – Oben rechts: Dresden aus der Vogelschau mit Postplatz, Sophienkirche, Neuem Rathaus und Hygienemuseum.

Heinrich von Kleist (der sich hier Unterlagen für seinen „Prinzen von Homburg" entlieh) schrieb im Jahre 1800 über Dresden: „Es liegt, vieltürmig, von der Elbe geteilt, in einem weiten Kessel von Bergen. Der Kessel ist fast zu weit. Unzählige Mengen von Häusern liegen so weit umher wie vom Himmel herabgestreut. Die Stadt selbst sieht so aus, als wenn sie von den Bergen herab zusammengekollert wäre."

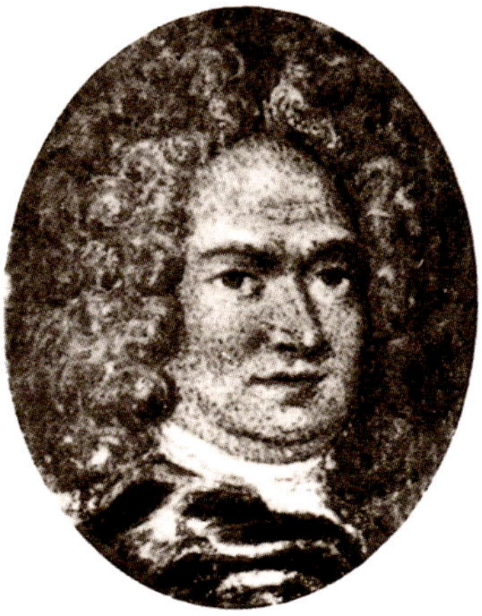

Matthäus Daniel Pöppelmann, Arbeit eines unbekannten Künstlers um 1725. Dresdens Baukünstler, 1662 in Herford geboren, hatte im Auftrag Augusts die Barockkunst in Europas Hauptstädten studiert, um dann an der Elbe – zum Teil unter Mitarbeit des Bildhauers Balthasar Permoser – zahlreiche Prunkbauten, Bürgerhäuser, Brücken und Kirchen zu schaffen.

Rechts: Das Dresdner Opernhaus, von Gottfried Semper 1838 bis 1841 erbaut, 1869 abgebrannt und nach G. Sempers Plänen von dessen Sohn Manfred 1871 bis 1878 im Renaissancestil wieder errichtet. Die Operntradition reichte an der Elbe allerdings weiter zurück: Nach Wien hatte Dresden 1664/67 das zweite steinern-feste Opernhaus im deutschen Raum erhalten.

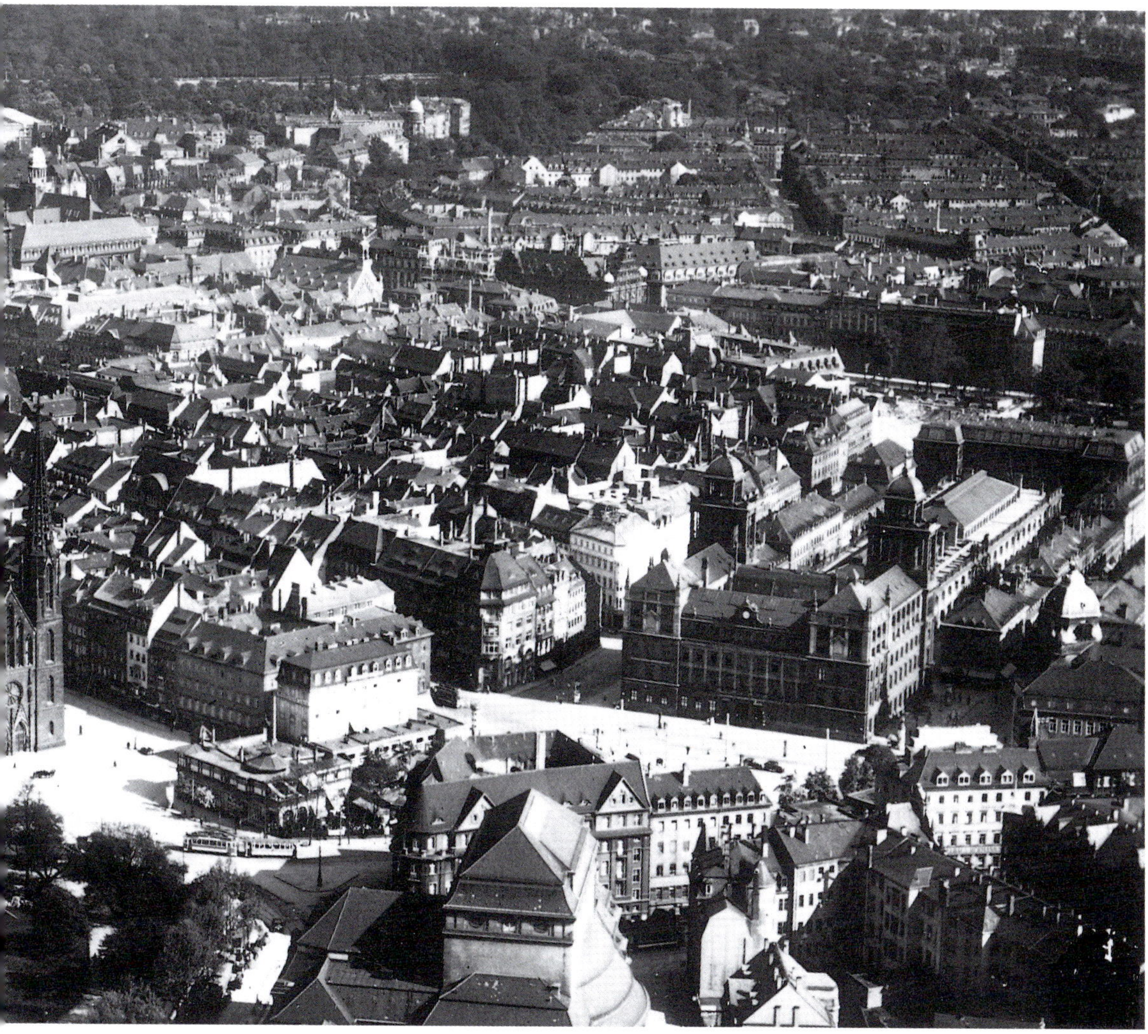

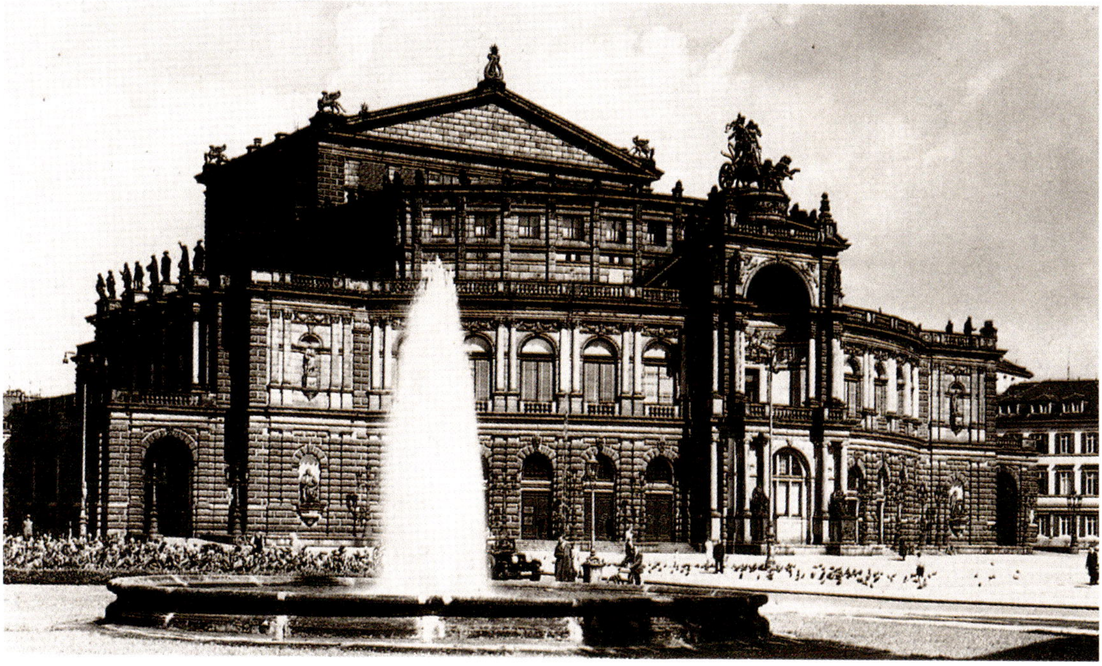

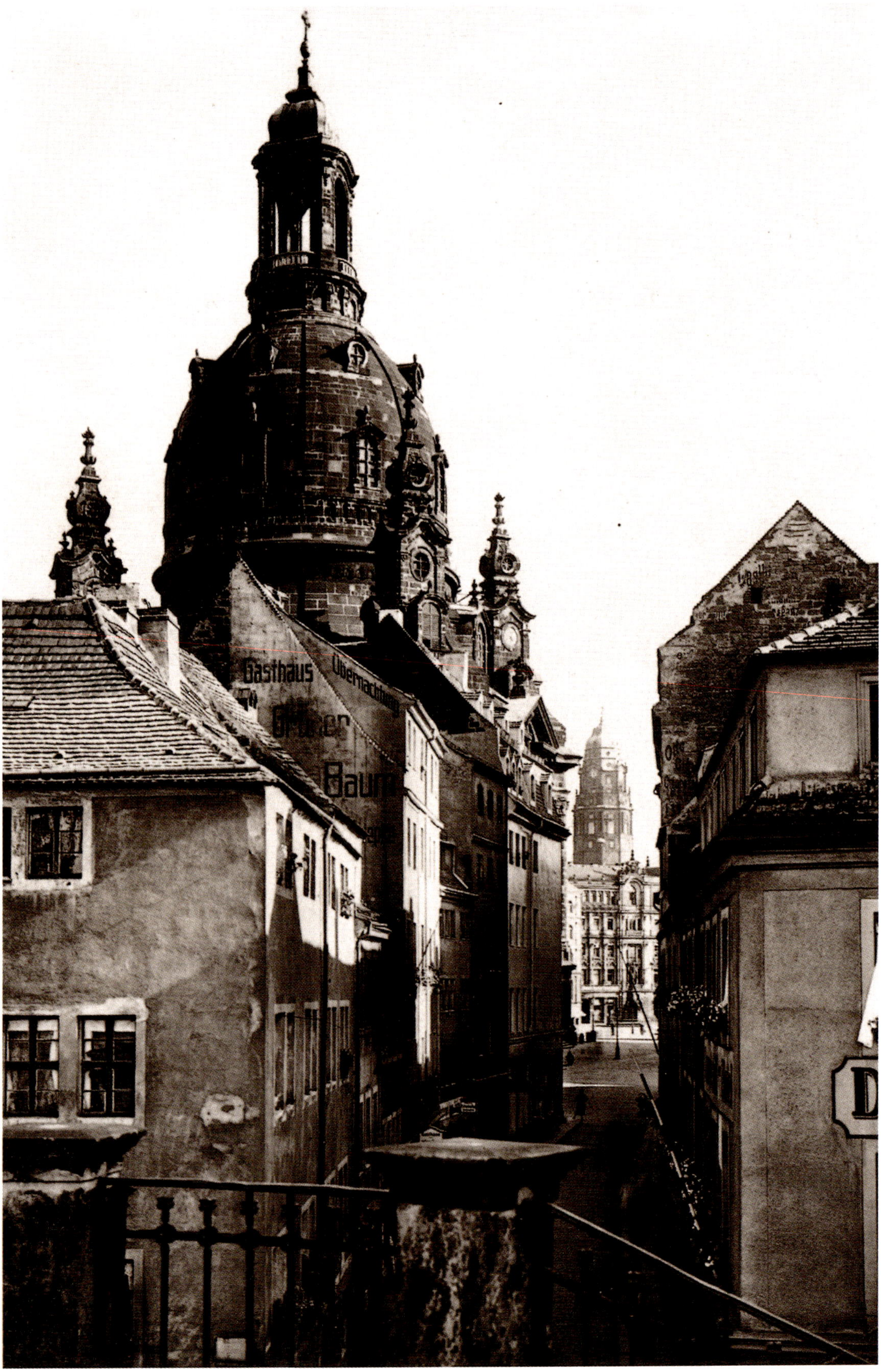
Gasthaus
Baum

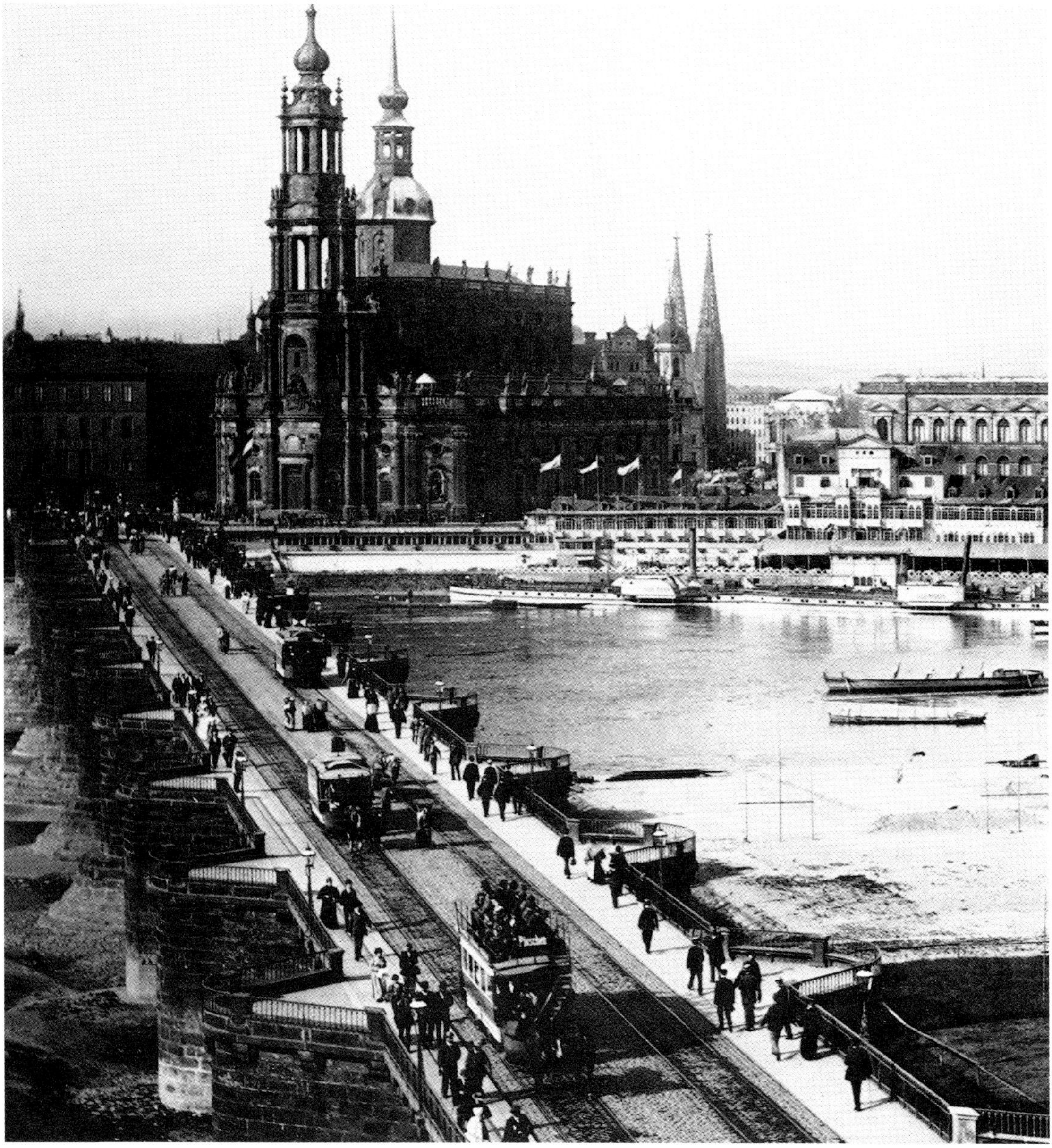

Dresden: die Münzgasse mit der Frauenkirche. Die Münzgasse, um das Jahr 1550 von Kurfürst Moritz als Große Fischergasse angelegt, ist eine der ältesten Straßen der sächsischen Hauptstadt. Münzen und Gassen: den Aufstieg zu einer der schönsten deutschen Barockstädte verdankte Dresden – neben prachtliebender Hofhaltung mit einer Vorliebe für die italienische Formenwelt – in erster Linie seiner verkehrsgünstigen Lage an der Handelsstraße von Chemnitz nach Breslau.

Blick auf die Silhouette von Dresdens Altstadt um 1930. Das „Elbflorenz", wie es Herder einmal nannte, im weiten Kessel des Elbtales zwischen Meißen und Pirna, war einen weiten Weg vom sorbischen Fischerdorf zur weltweit anerkannten Kunstmetropole gegangen. Gewaltige Repräsentativbauten und bedeutende Kunstschätze, von Dürers „Kreuzigung" zu Raffaels „Sixtinischer Madonna", lockten Touristen von nah und fern. Einer unter ihnen – Friedrich Schiller – schrieb nach dem Besuch der Dresdner Skulpturensammlung das Gedicht „Pompeji und Herkulaneum".

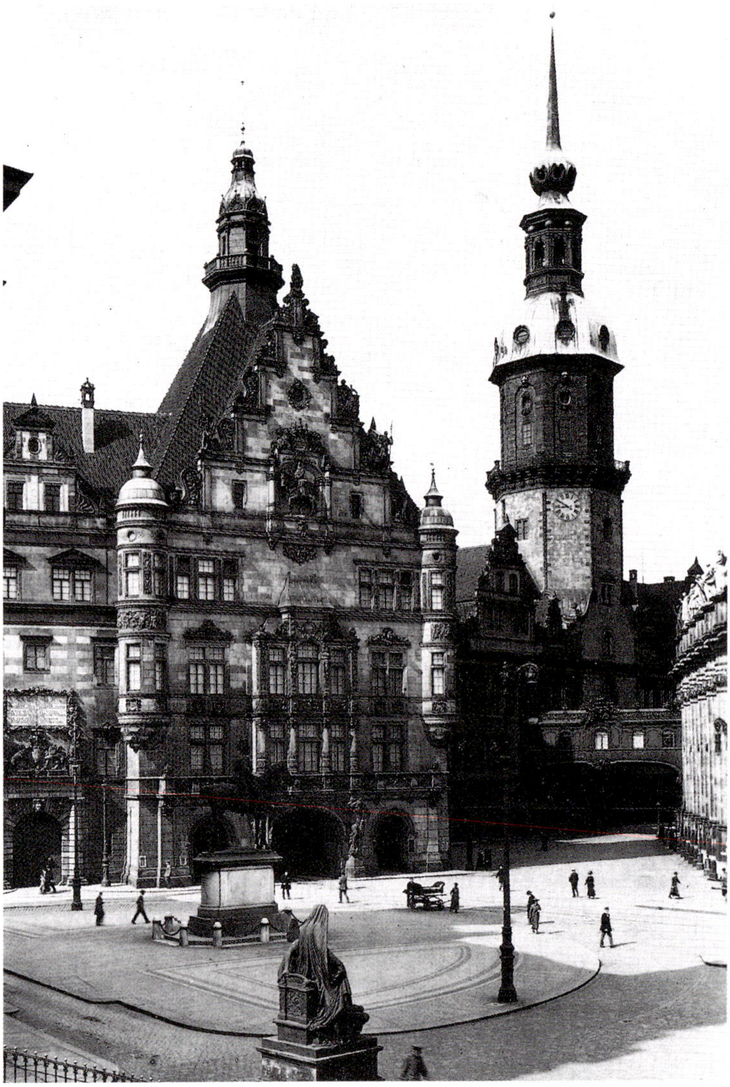

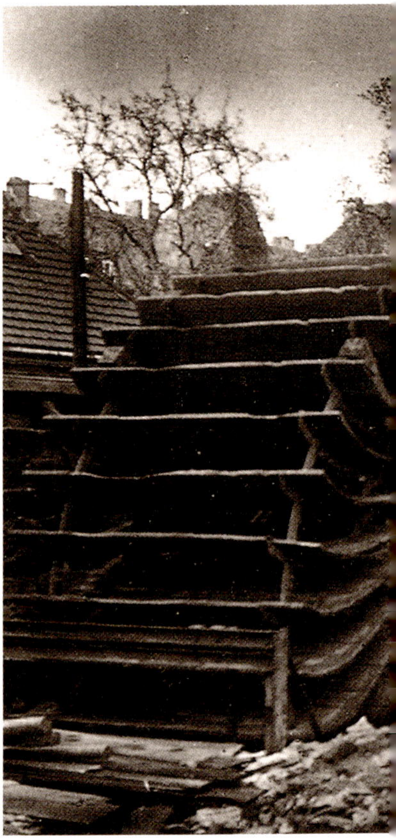

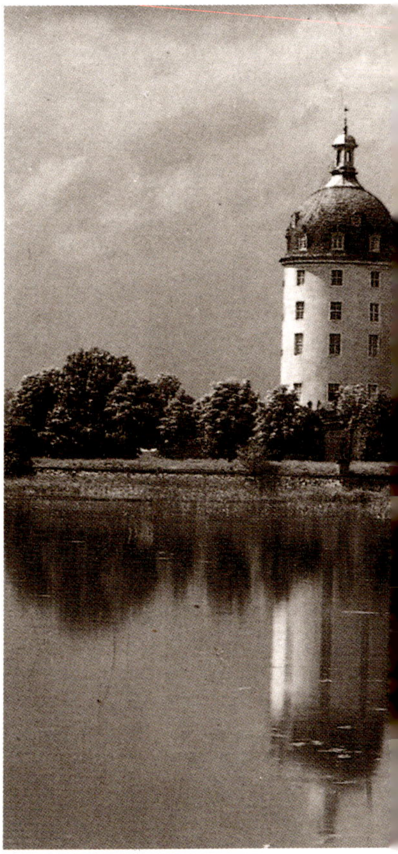

Der Georgenbau des Dresdner Schlosses mit seinem hohen Staffelgiebel am Schloßplatz. Dresdens königliches Schloß wurde urkundlich bereits im 12. Jh. erwähnt, dann besonders unter Herzog Georg den Bärtigen (Georgenbau um 1530) und August dem Starken immer wieder einmal erweitert. In seiner späteren Form dienten die drei Portale des Georgenbaus als Durchgang vom Schloßplatz in die Schloßstraße.

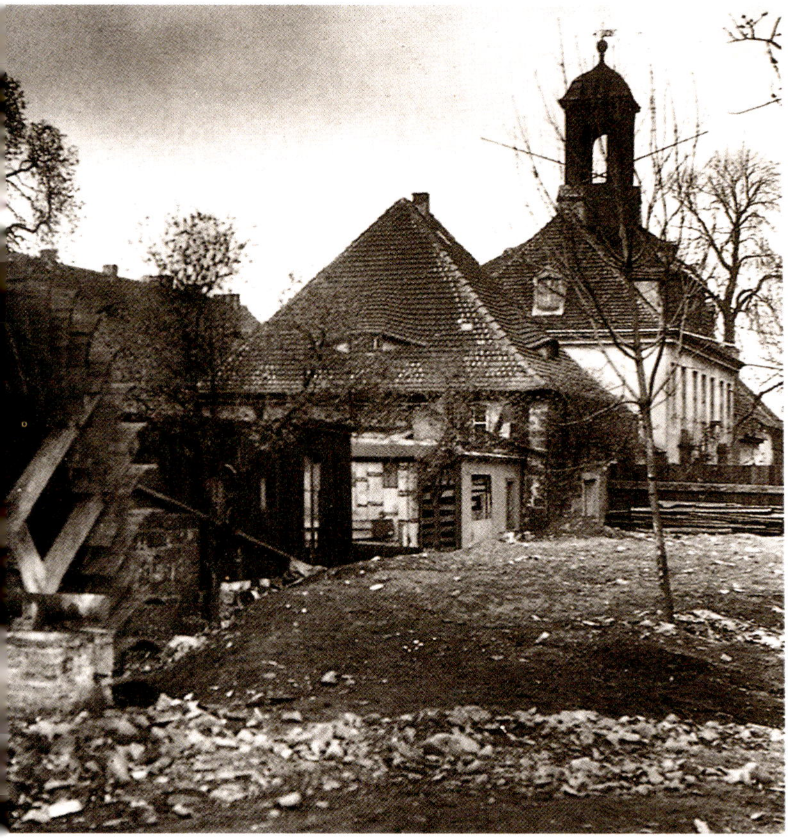

Alte Kurfürstliche Pulvermühle mit Verwaltungsgebäude. Die Pulvermühle, unter Kurfürst August angelegt, danach mehrmals zerstört und wieder aufgebaut, beendete die Fabrikation 1875.
In Sachsen war das Pulver zwar nicht erfunden worden, doch die Nachfrage dafür war zeitweise groß. Kurfürst August (1526–1586) dehnte seinen Herrschaftsbereich auf Teile der Grafschaften Mannsfeld und Henneberg aus, auf das Vogtland und die Bistümer Naumburg, Meißen und Merseburg. August II., genannt der Starke (1670–1733), gelangte nach Übertritt zum Katholizismus – und durch Bestechung der Wahlmänner – auf den polnischen Königsthron und löste mit dem Überfall auf Riga im Bund mit Preußen, Rußland und Dänemark den Nordischen Krieg aus.

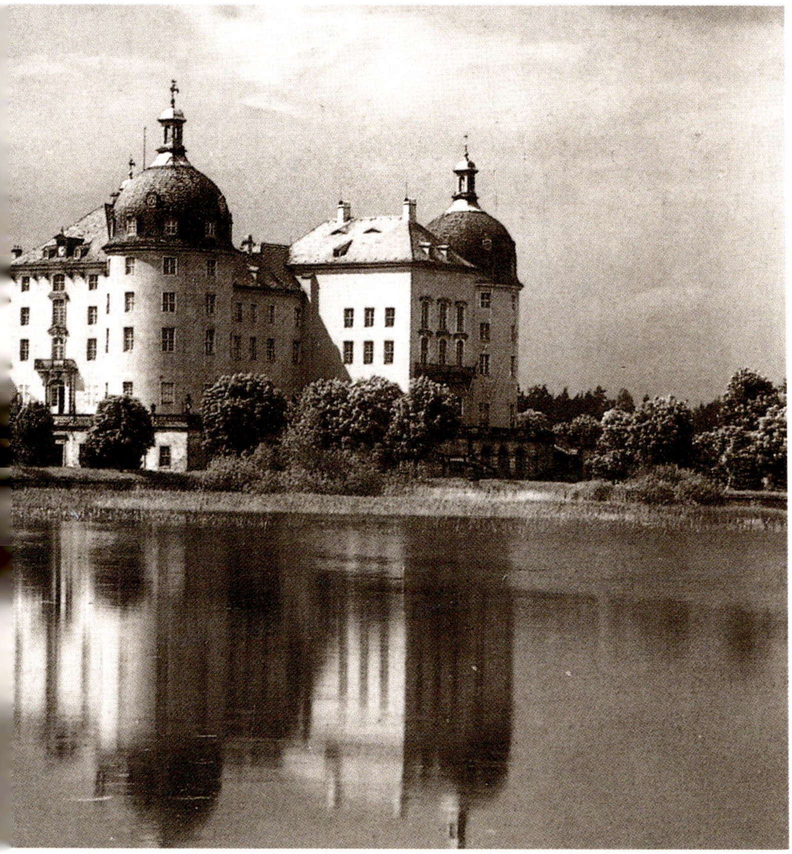

Das Jagdschloß Moritzburg, Blick vom Süden. Moritzburg, auf einer Insel zwischen den Moritzburger Teichen nördlich von Dresden, lag in einem beliebten Jagdgebiet des Hochadels. Der prächtige Barockbau wurde 1542 bis 1546 von H. Dehn-Rothfelser für Kurfürst Moritz erbaut und erhielt unter August dem Starken dann nach Pöppelmanns Plänen (1722 bis 1736) seine endgültige Form. Das Jagdschloß war neben Salouppe, der Schenke an der Elbe, dem Körnerschen Haus, in dem Schiller 1786 an „Don Carlos“ arbeitete, und Hosterwitz, wo Weber seinen „Freischütz“ komponierte, ein beliebter Ausflugsort der Dresdener.

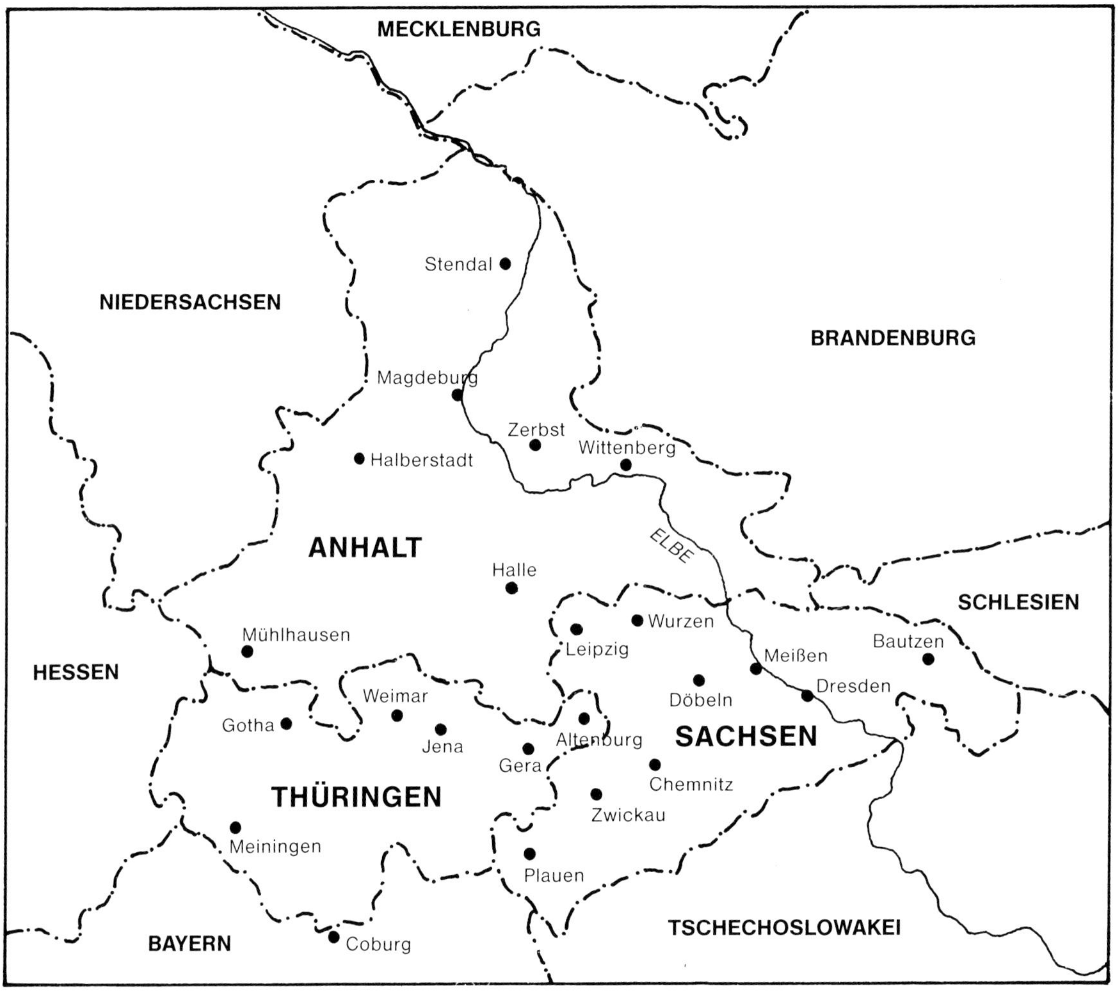

Meißen: die Albrechtsburg. Dom und Schloß erheben sich als einheitlicher Baukomplex auf einem Felsen über der tausendjährigen Stadt. Seit 1676 Albrechtsburg genannt, kann der Dom mit der Grablege Friedrichs des Streitbaren als einer der ganz frühen Vertreter der gotischen Hallenkirchen in der Elblandschaft gelten. Das Schloß wurde zwischen 1471 und 1480 erbaut. Die Albrechtsburg galt lange als epochemachend für die deutsche Burgarchitektur, die hier anfing, vom Burg- in den Schloßbau überzugehen.
Weltruf erhielt Meißen, nachdem der Apothekengehilfe Johann Friedrich Böttger 1709 sein Porzellan erfunden hatte und die Manufaktur auf die Burg verlegte. Seitdem ist Meißen als „Stadt der blauen Schwerter" bekannt, der Markenzeichen des hier geprägten Porzellanstils.

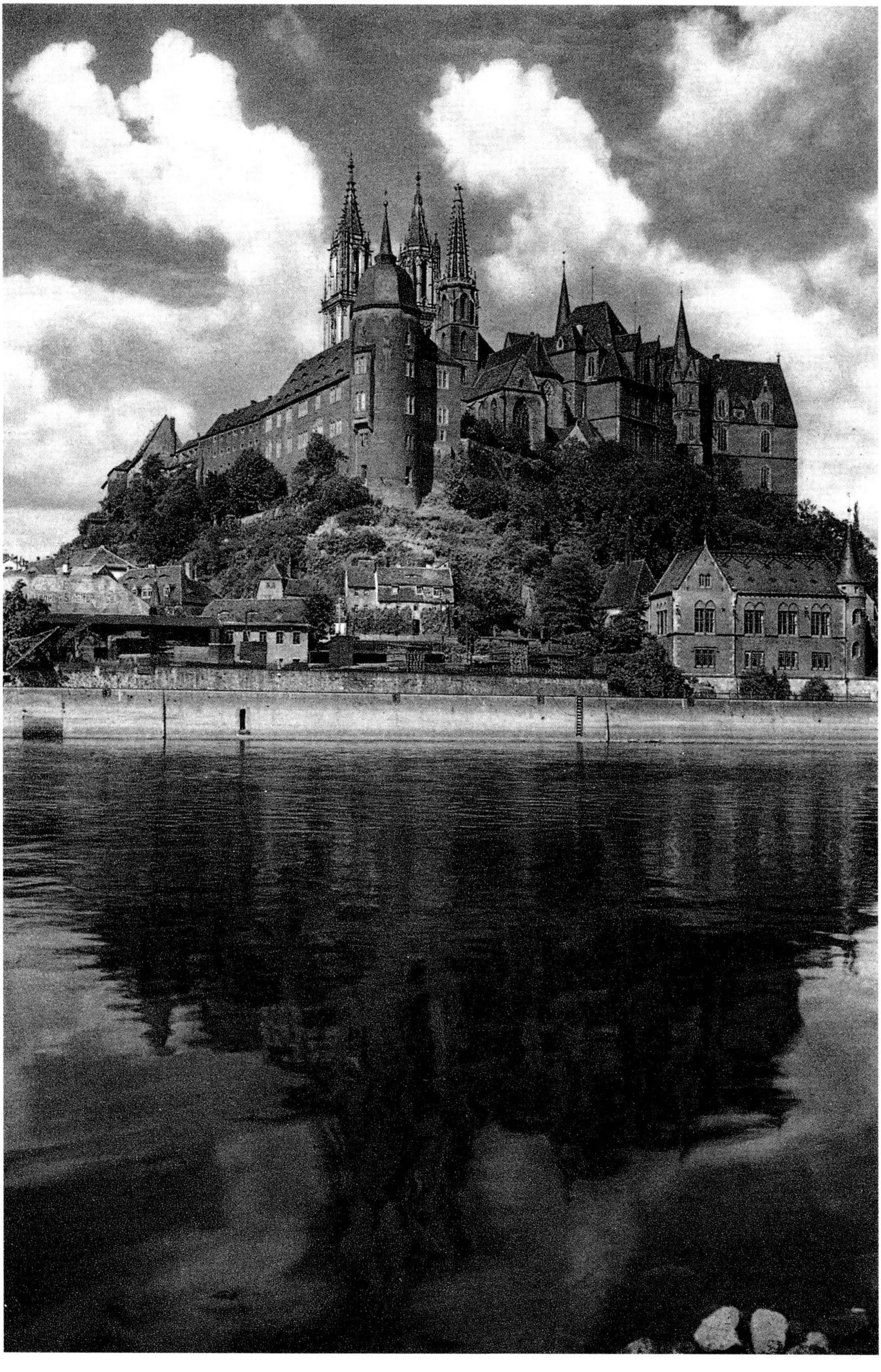

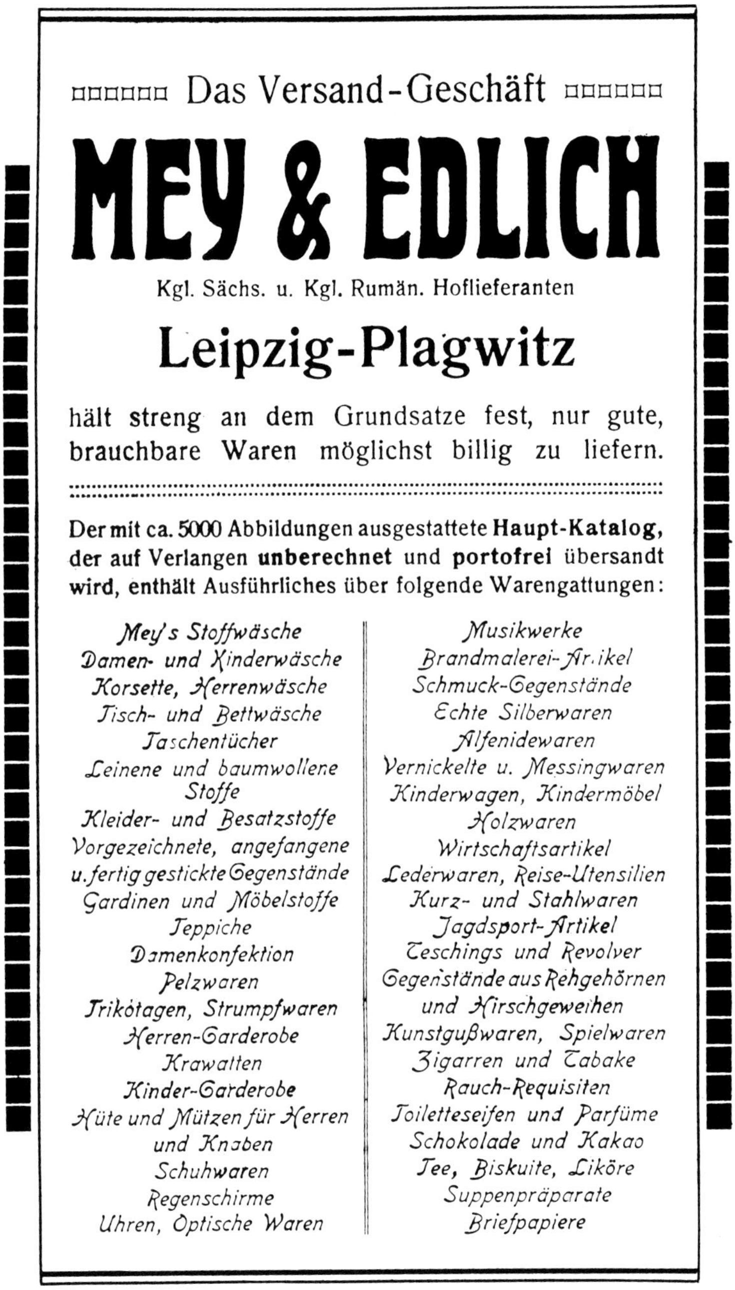

Bautzen, einst Hauptstadt des Markgrafentums Oberlausitz, hoch über den Ufern der Spree. Die Stadtbefestigung aus dem 14. und 15. Jh. erinnert an die wehrhaften Bautzener, die einmal stark genug waren, um selbst einem Hussitenansturm zu trotzen. Wegen seines mittelalterlichen Stadtbildes wurde Bautzen gerne das „Sächsische Nürnberg" genannt. Die Stadt war daneben das Zentrum für die sorbische Volksgruppe. Allerdings sollte sich hier lange beweisen, daß sich das Wort Sorben leicht auf Sorgen reimen ließ. Als zum Beispiel die erste gedruckte sorbische Zeitung 1790 in Bautzen erschien, wurde sie gleich nach ihrer ersten Nummer wieder verboten, „. . . damit sich das sorbische Volk nicht etwa nach dem Beispiel der Franzosen gegen seine Herrscher erhebe".
Aus Bautzen stammte die Biermarke „Bautzner Klotzmilch", immer ein Begriff für „Trinker und Betrunkene".

Mei Mutter schickt mich haar,
öb dr Kuchn fertig wär,
wenn'r noch net fertig wär,
käm ich morgn wieder haar.
Sog enn Gruß an deine Mutter,
un dr Kuchen, daar wär verbrannt;
un die ganze braune Butter
is in Ufen neigerannt.

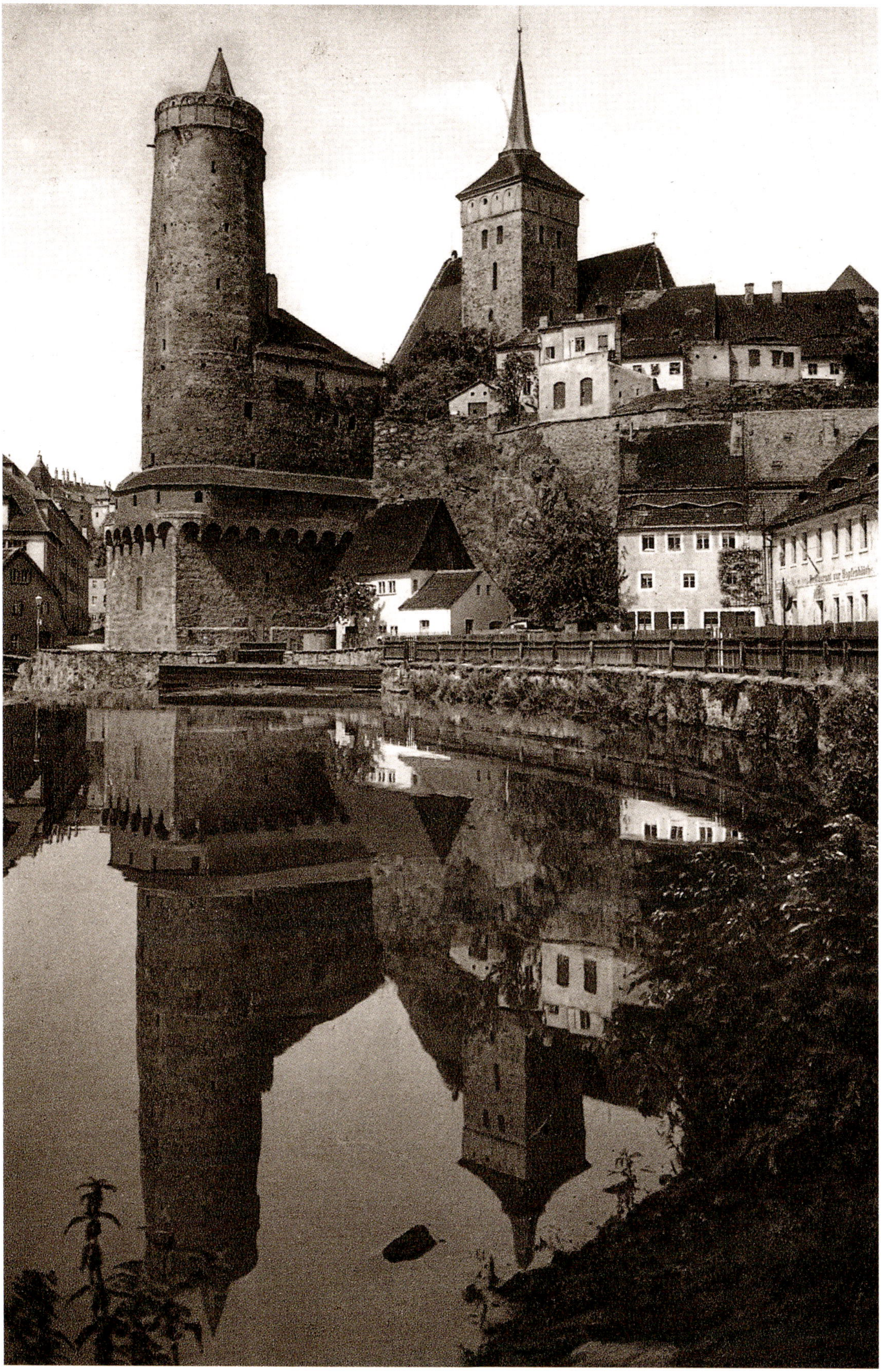

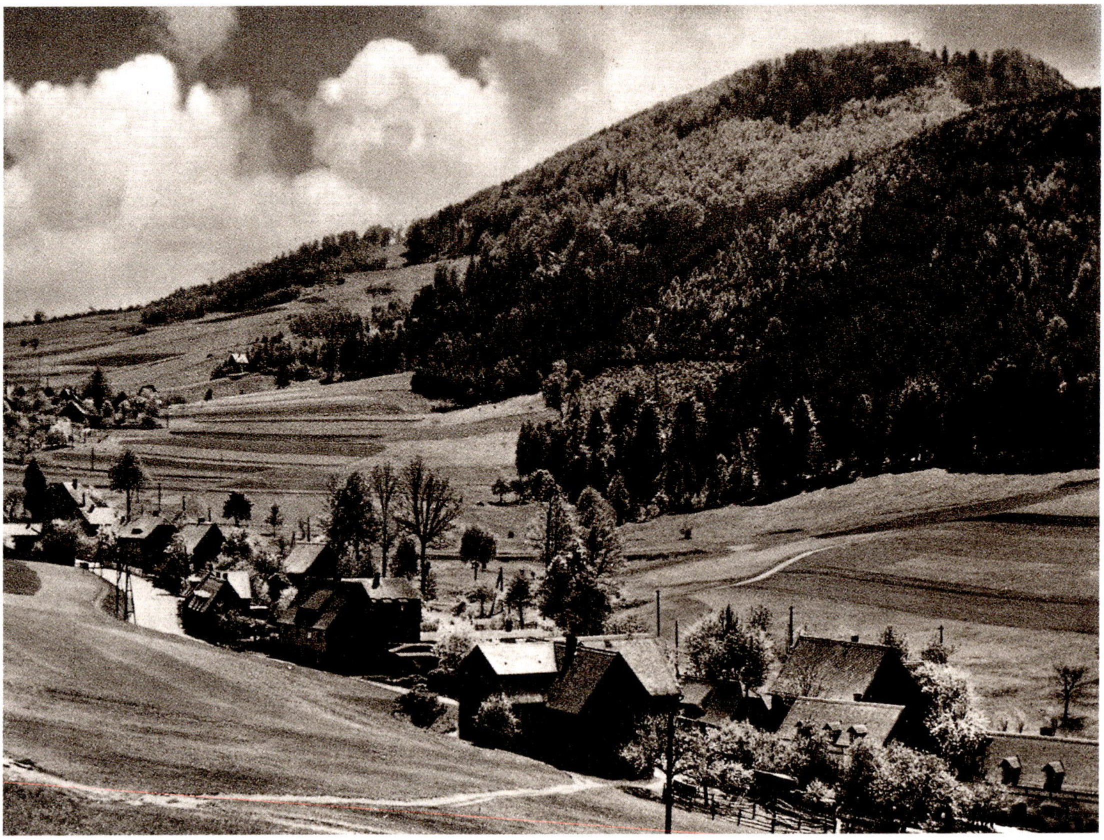

Waltersdorf am Fuß der Lausche. Die Lausche an der sächsischböhmischen Grenze ist mit 792 m der höchste Gipfel des Zittauer Gebirges. Auffallend waren in der Waltersdorfer Gegend die vielen Umgebindehäuser, in denen einst der Webstuhl gestanden hatte. Meister Baedecker, der Vater aller Reiseführer, übersah Waltersdorf in seinem Reisevorschlag von 1861 allerdings. Er empfahl vielmehr: „Morgens früh aus Zittau in zwei Stunden auf den Oybin, hier frühstücken und sich umsehen (1.St), dann meist durch Wald mit Führer auf die Lausche (2 St.). Rückweg auf der Landstraße in 3 St. nach Zittau . . .“. Vielleicht spielte dabei eine Rolle, daß der Raum um Zittau zu den am dichtesten ländlichbesiedelten Gebieten Deutschlands zählte, wozu nicht zuletzt die Einwanderung protestantischer Exulanten aus Böhmen erheblich beigetragen hatte. Und Baedecker konnte ja nicht jeden Ort erwähnen.

Zittau: der Marstall, als Salz - und Schüttbodenhaus 1511 erbaut (oben) - Die Südfassade der Klosterkirche.
Zittau an der Mandau, die bedeutendste Stadt der südlichen Oberlausitz, gehörte einst zum Besitz des Königs von Böhmen, bevor es 1653 an Kursachsen ging. Unter Kaiser Karl IV. erhielt die Stadt Sonderrechte, die sie aufgrund der Lage im Dreiländereck Polen-Böhmen-Sachsen und der lokalen Tuchmacherei schnell aufblühen ließen. Noch im Jahre 1800 führten die Zittauer 20000 Zentner Leinwand aus, bevor ihnen Napoleons Kontinentalsperre dann einen kräftigen Strich durch die wirtschaftliche Rechnung machte.
Zittaus Klosterkirche hatte als Vorbild die Prager Apollinariuskirche, und gilt so als einzigartiges Zeugnis der Prager Frühgotik auf deutschem Boden.

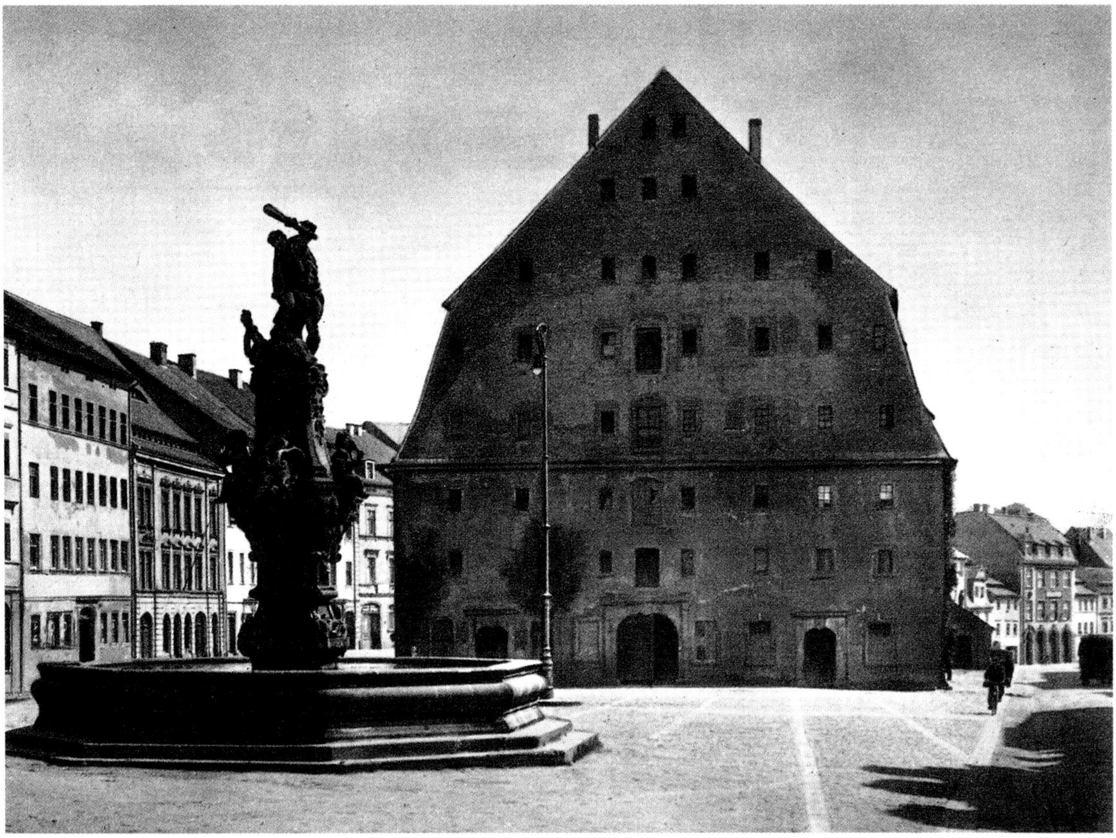

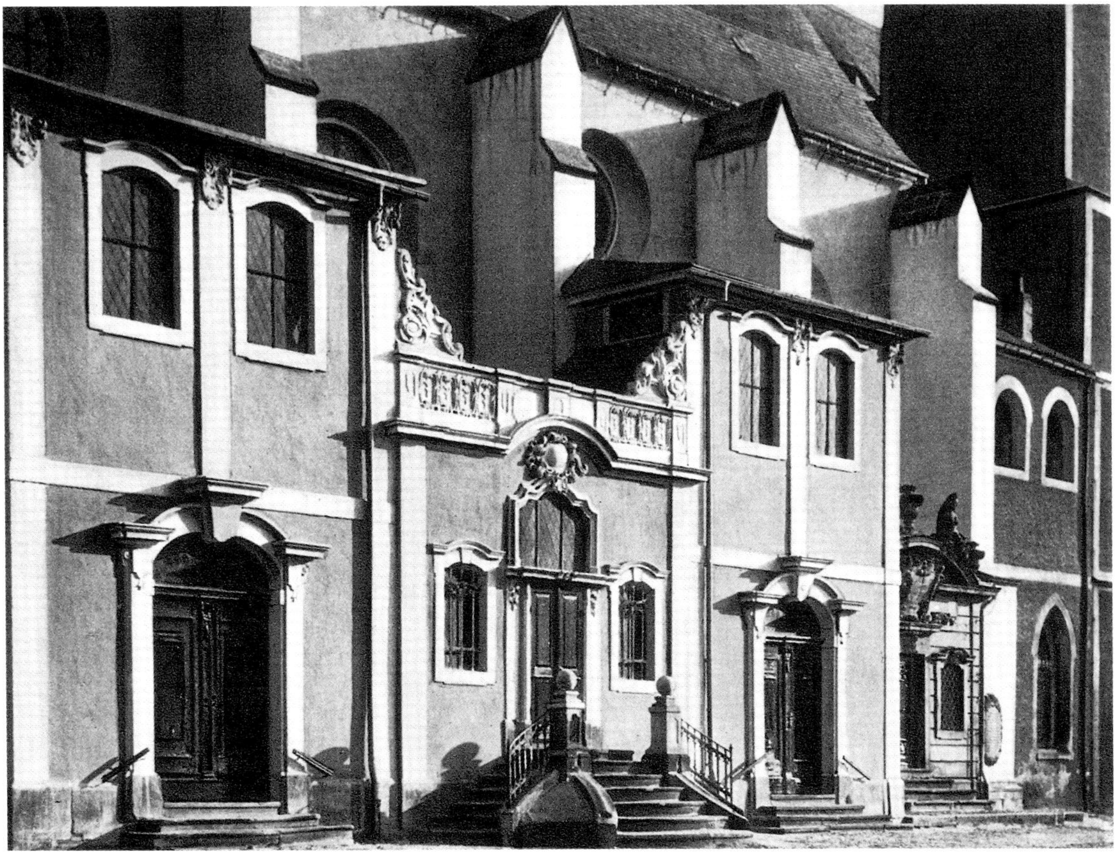

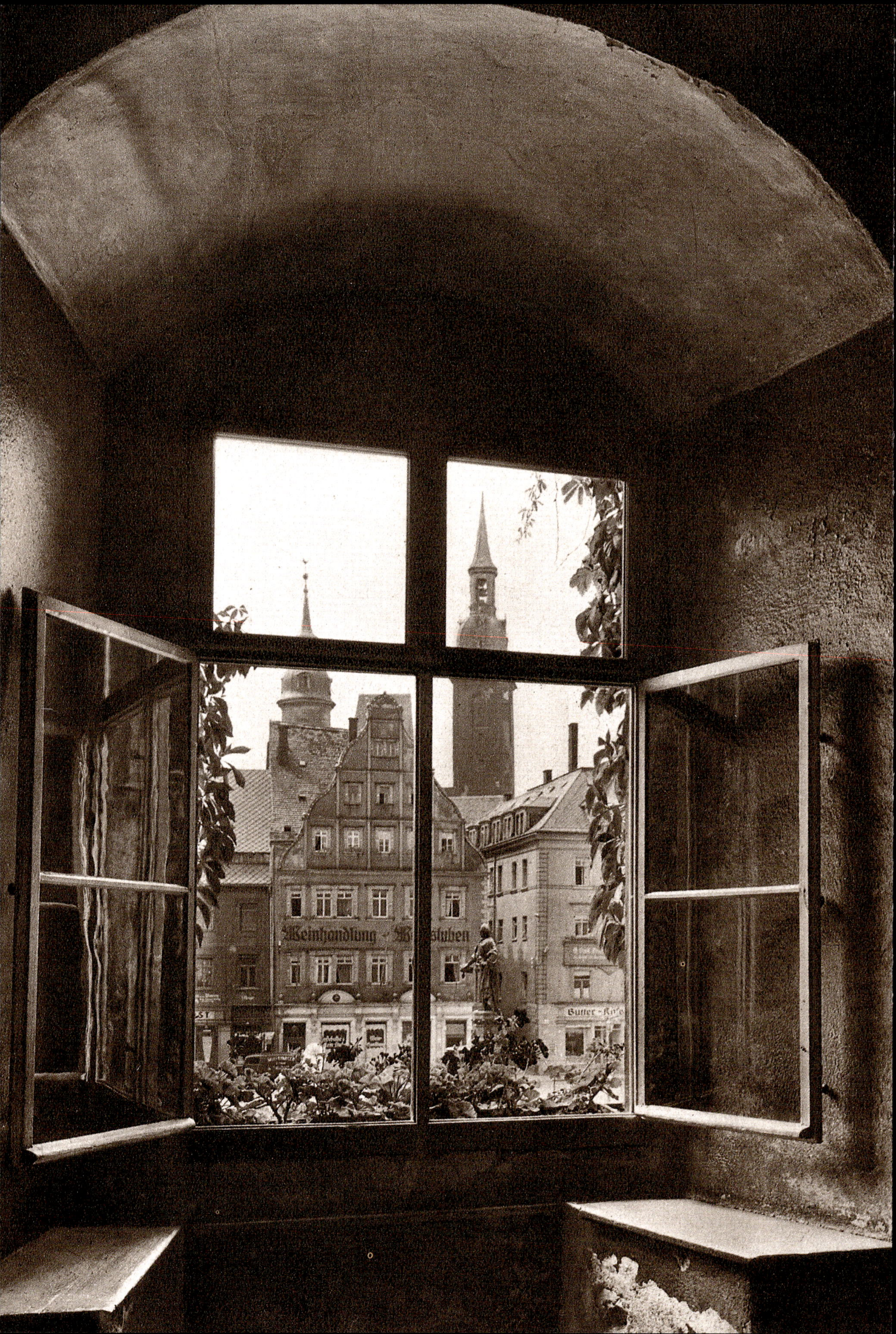
Weinhandlung

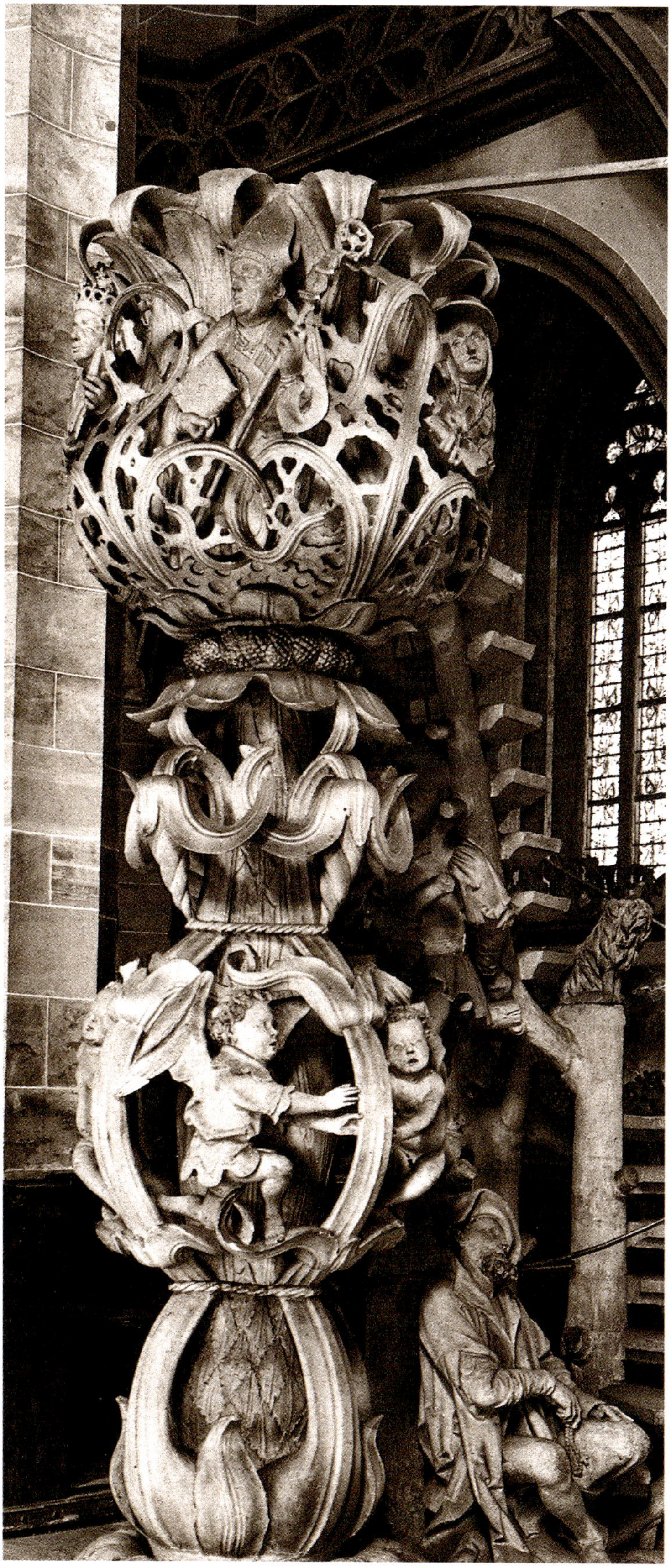

Freiberg: Blick auf die Petritürme und das Rathaus. Das Silber aus der Umgebung der Bergstadt Freiberg hatte einst den Markgrafen Otto von Meißen zum Otto dem Reichen gemacht. Dem Bergbau verdankte man hier vieles, was die Freiberger 1765 mit der Gründung der ersten montanwissenschaftlichen Hochschule der Welt honorierten. Freibergs Rathaus erhielt seine spätere Form zwischen 1470 und 1474. In seinem Keller wartete einst der berüchtigte Kunz von Kauffungen auf seine Hinrichtung, nachdem er in einer Julinacht 1455 die Söhne des Kurfürsten aus dem Altenburger Schloß entführt hatte. In Freiberg lebte der Dichter Novalis von 1797 bis 1799 als Student der Bergakademie. Hier schrieb er „Glaube und Liebe“ und „Blütenstaub“.

Die Tulpenkanzel im Freiberger Dom, um 1520 von Meister Hans Witten fertiggestellt. Mit dem Bau des romanischen Freiberger Doms, der später abbrannte, war um 1230 begonnen worden. Im „neuen Dom“, einer spätgotischen Hallenkirche, gelang Witten dann mit der berühmten Tulpenkanzel ein Meisterwerk gotischer Steinmetzkunst. Im Dom daneben sehenswert: das Grabdenkmal des Kurfürsten Moritz von Sachsen und der Sarkophag von Florus, einem Antwerpener Künstler.

Probe der Freiberger Mundart

Mr sinn gans neue Musekanten
Aus Lief- un Lappenlanden,
Mr sinn nich de oftgenannten,
Ne; mr sinn norr Ferteosen,
Die su manchen gnädgen Härrn
Kaiser un Künige hun angeblosen,
Un se hürten's all gärn.

Carlsfeld bei Eibenstock. Die Carlsfelder Kirche, 1684 – 1688 auf Kosten des Bergherrn Veit Hans Schnorr gebaut, ist das erste Beispiel des kirchlichen Zentralbaus in Sachsen. Die Gegend um Eibenstock lebte lange vom Bergbau, der im Erzgebirge – der natürlichen Grenze zwischen Sachsen und Böhmen – um 1170 durch Bergleute aus dem Harz begonnen worden war. Von hier aus gingen sächsische Bergleute als Pioniere ihres Gewerbes in alle Welt. (Mit ihnen natürlich auch so kulinarische Genüße wie Pimpusch mit Bier, Quirlfett auf Brot, Mauke mit Brühe, Rauche Mad, Rährnkuchen, Hefenkließ und Aardäppelkuchen.)

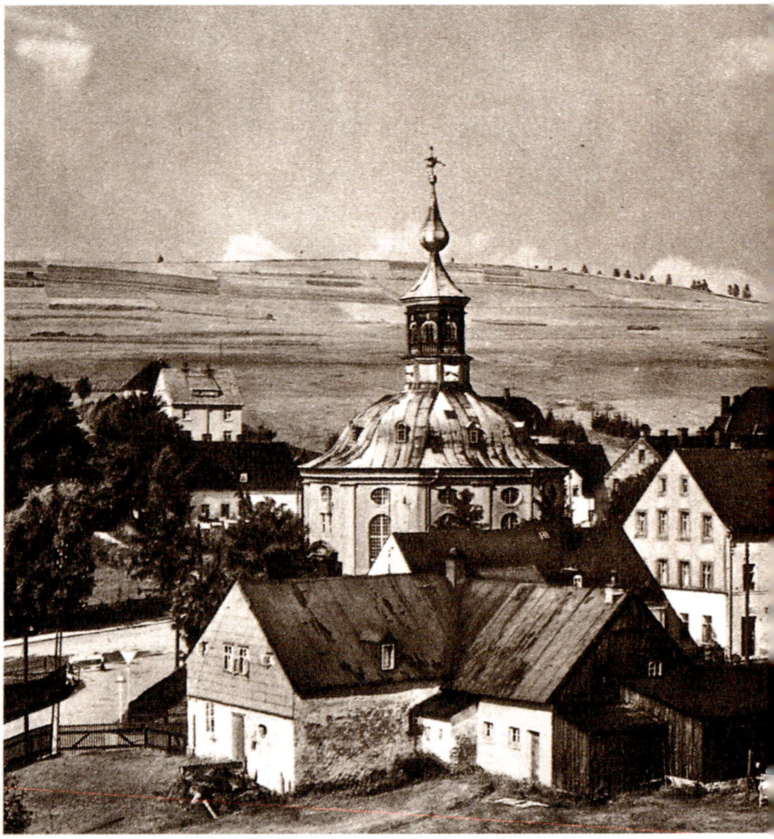

Marienberg im Kreis Zwickau. Hart an der Grenze nach Böhmen war Marienberg einst eine reiche Bergstadt mit über 12000 Einwohnern und bekannt für sein bergmännisches Museum. In Sachsen wurde der Bergbau früher als sonst irgendwo auf der Welt als Wissenschaft betrieben – Bergingenieure etwa nannte man hier im Mittelalter schlicht „Künstler“. Zwickauer Unternehmer sammelten so große Reichtümmer an, daß ein Mann wie der Bergherr Römer 1473 dem Nürnberger Rat ein sogenanntes „reiches Almosen“ in Höhe von 10 000 Goldgulden geben konnte. Der Sächsische Kurfürst Moritz – in gewissem Sinne Monopolkapitalist des Bergbaus – wurde der reichste und damit auch einflußreichste Fürst in Deutschland.

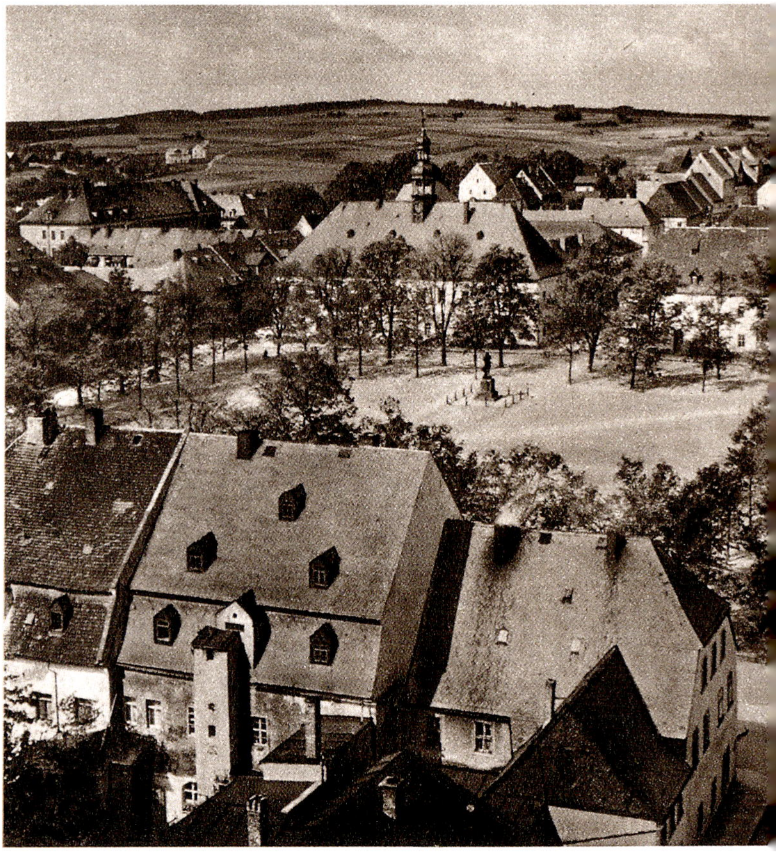

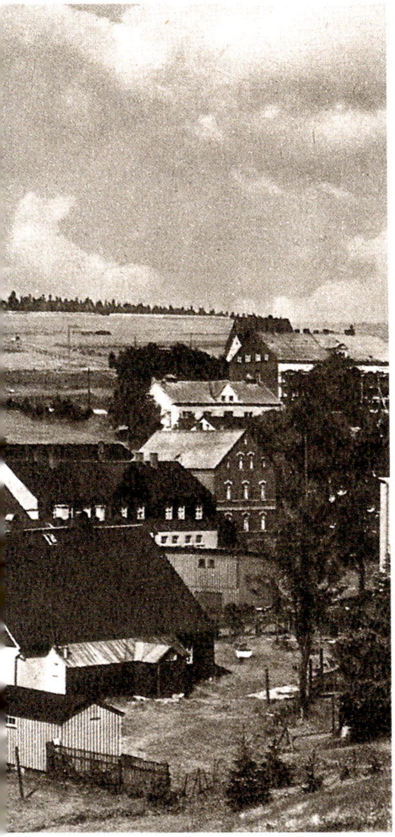

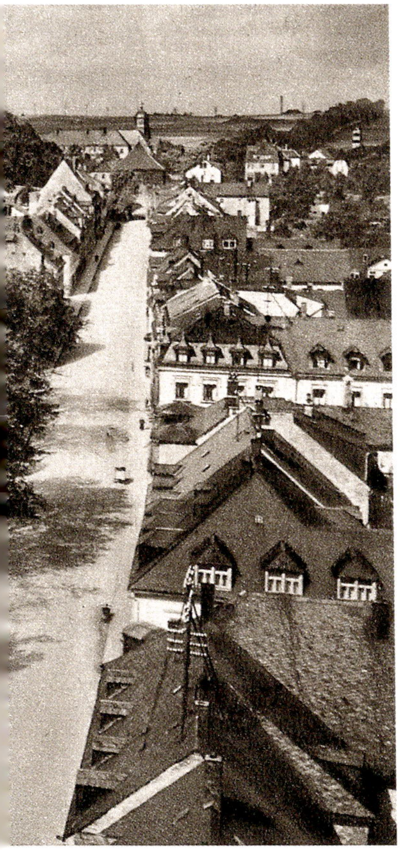

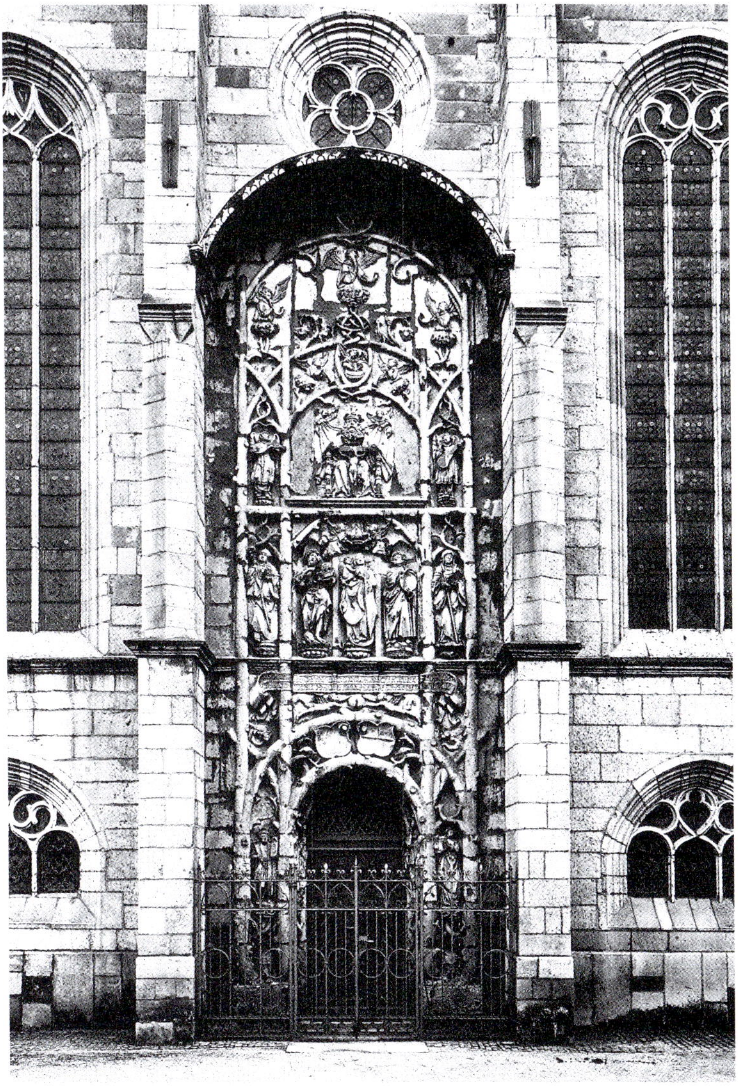

Chemnitz: Portal der Schloßkirche in der Schloßteichstraße. Die alte Klosterkirche St. Maria wurde von 1499–1525 auf den Grundmauern eines spätromanischen Bauwerks errichtet. Nach der Entwicklung zur Schloßkirche legte sie zusammen mit dem Alten Rathaus ein Zeugnis vom frühen Reichtum der Stadt im Erzgebirgischen Becken ab. Zuerst war es der Bergbau, dann die Textilindustrie und in neuerer Zeit die Manufaktur von Lokomotiven und Motorrädern (Wanderer Werke) und Autos (Auto Union), die Chemnitz zu einer stürmischen Entwicklung verhalfen.

Folgende Seiten: Dengelnder Gebirgsbauer im Erzgebirge – Einbringen der Ernte – Sächsische Bäuerin am Pflug.

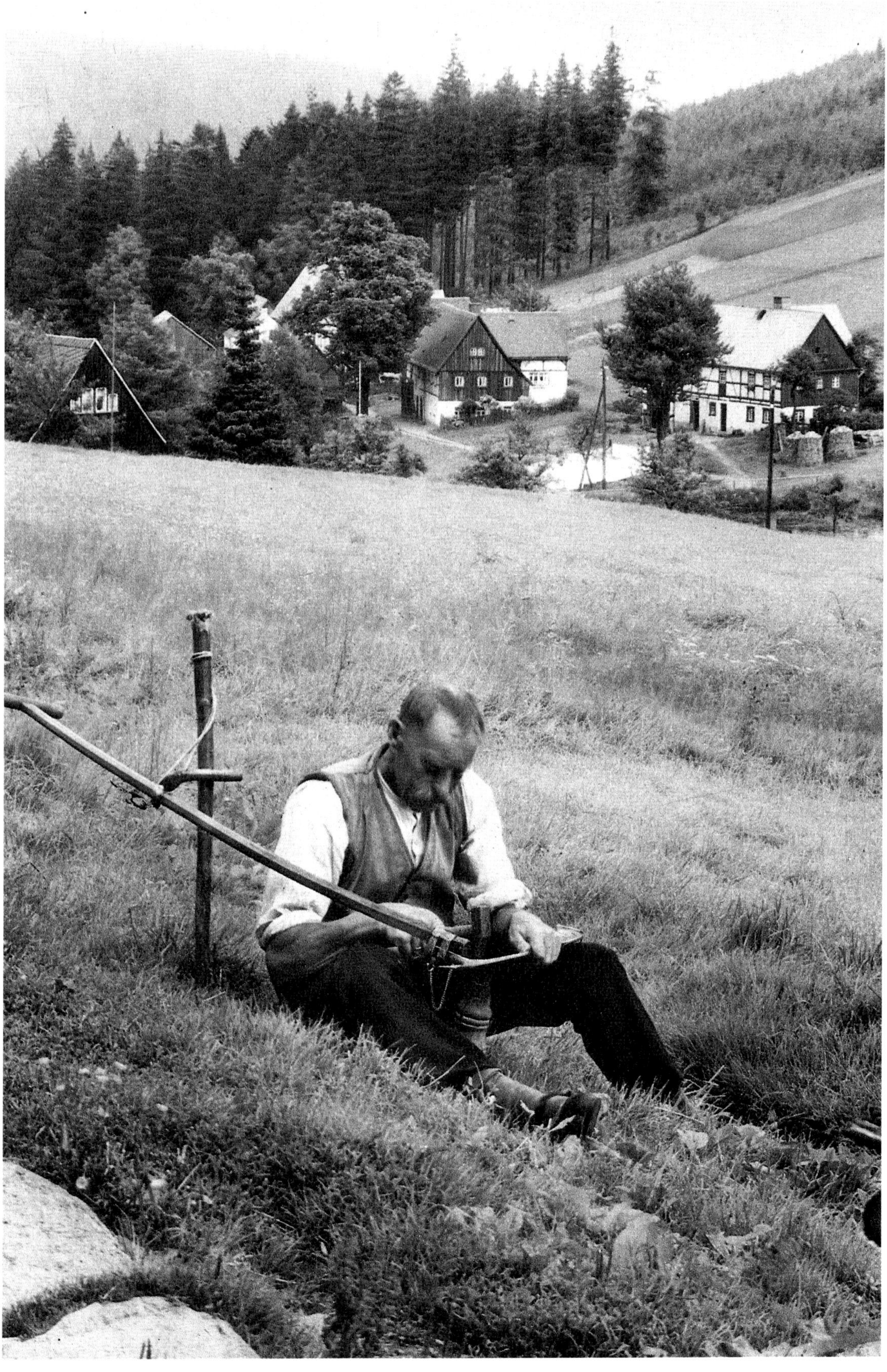

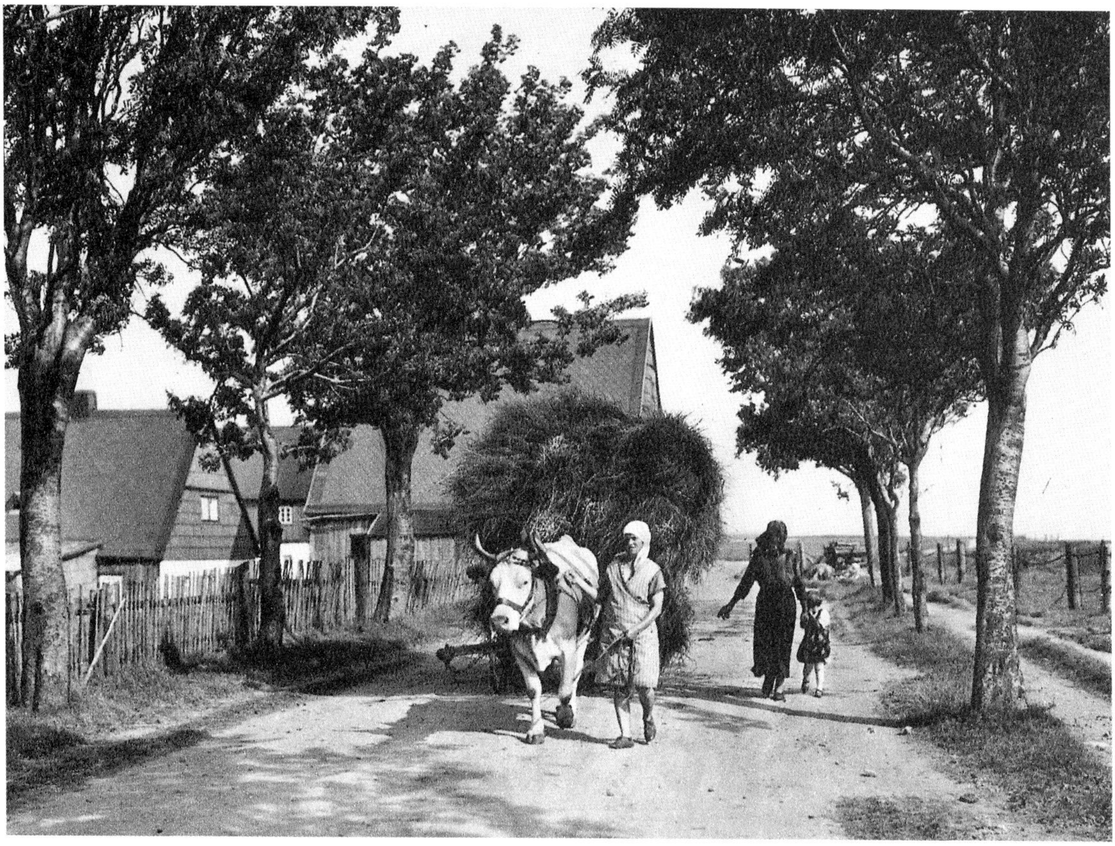

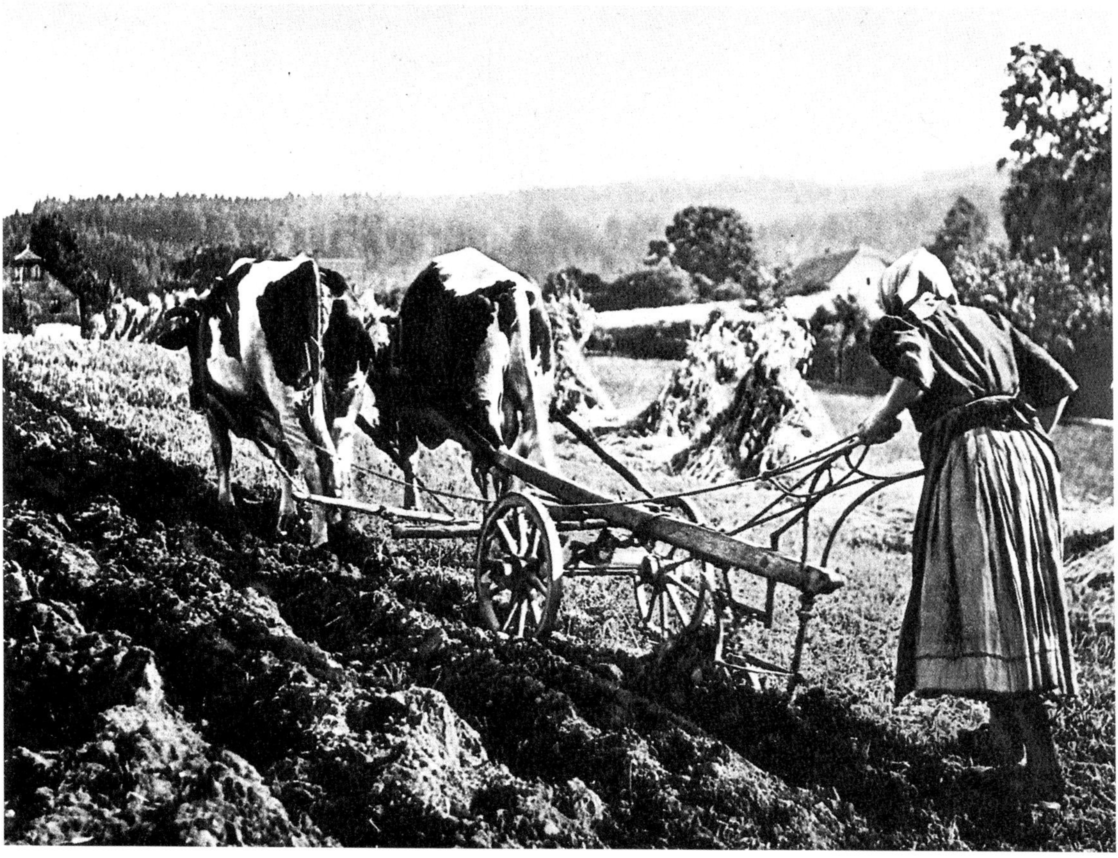

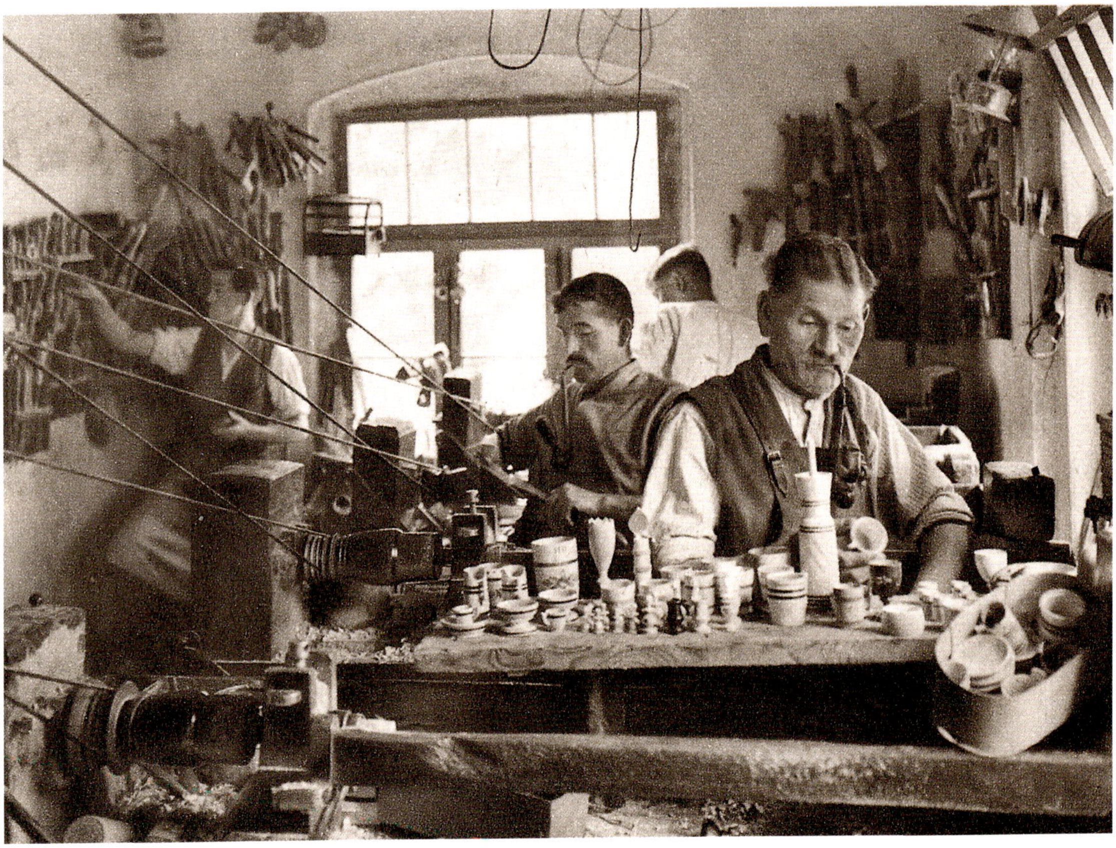

Erzgebirgischer Spielzeugdrechsler in seiner Werkstatt. Kinderspielsachen aus dem Osterzgebirge, aber auch Nußknacker, Lichtergestelle, Holzvasen oder Räuchermänner, hatten weltweit einen guten Ruf. Nachdem der Bergbau hier weitgehend zum Erliegen gekommen war, wurde das Holzhandwerk - im 17. Jh. als Feierabendbeschäftigung der Bergleute aufgekommen - mehr und mehr populär.

Zwickau: Blick vom Turm der Marienkirche auf Rat - und Gewandhaus.
Die Gegend um Zwickau war - obwohl gebirgig und rauh - der industriereichste Teil Sachsens. Die Stadt ist eine slawische Gründung, wurde 1290 reichsunmittelbar, ging 1350 dann in den erblichen Besitz der Meißener Grafen über. 1403 durch einen Brand vernichtet, blühte Zwickau nach der Entdeckung der Schneeberger Silbergruben auf. 1520/21 war der kommende Rebell der Reformationszeit Thomas Müntzer hier Prediger an der Katharinenkirche.
Die gotische, 1118 geweihte und 1885-90 restaurierte Marienkirche enthält viele Kunstaltertümer, darunter Gemälde von Lucas Cranach und Michael Wohlgemuth, dem Lehrer Albrecht Dürers.
In Zwickau wurde 1881 der Maler Max Pechstein geboren.

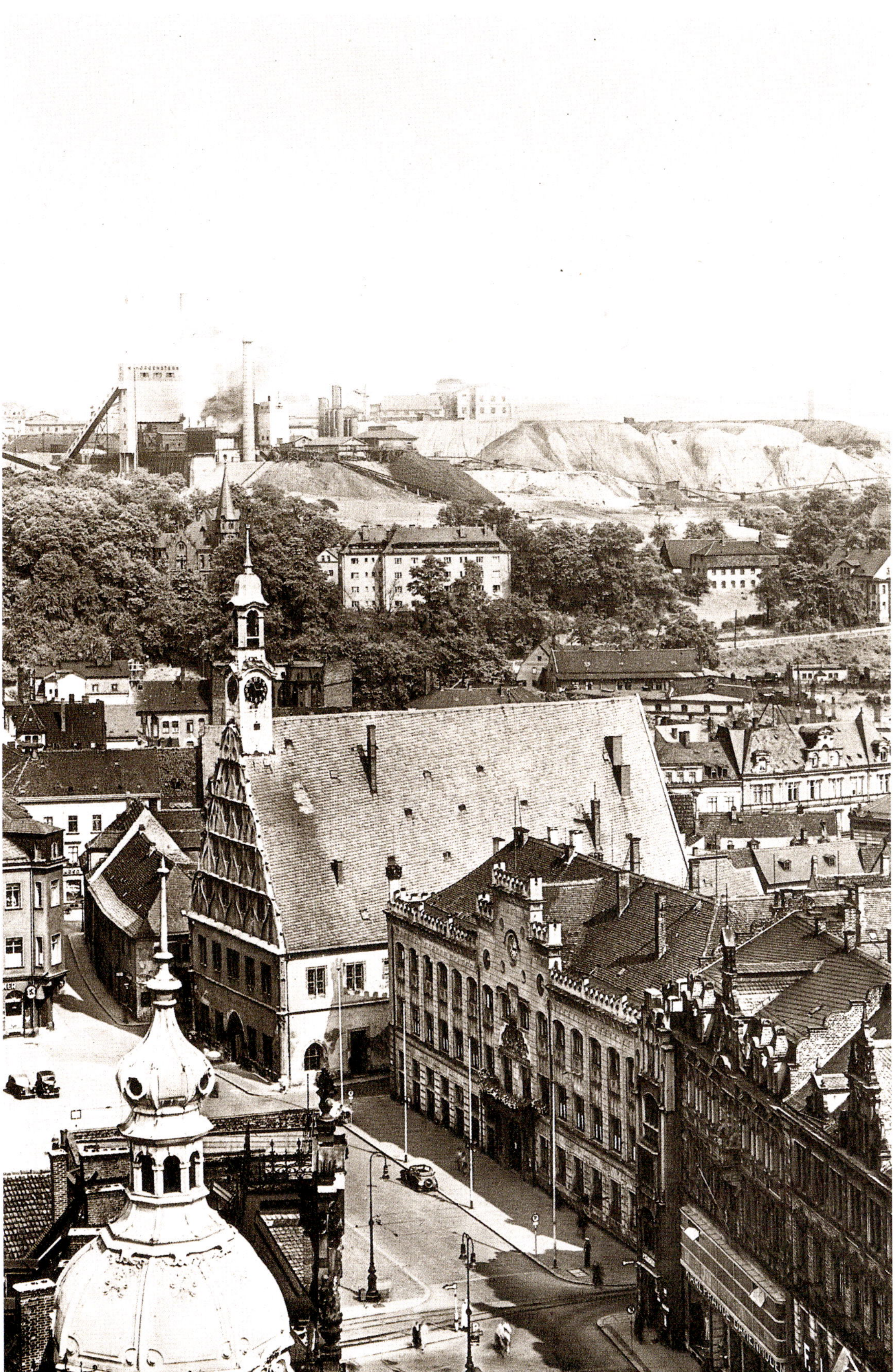

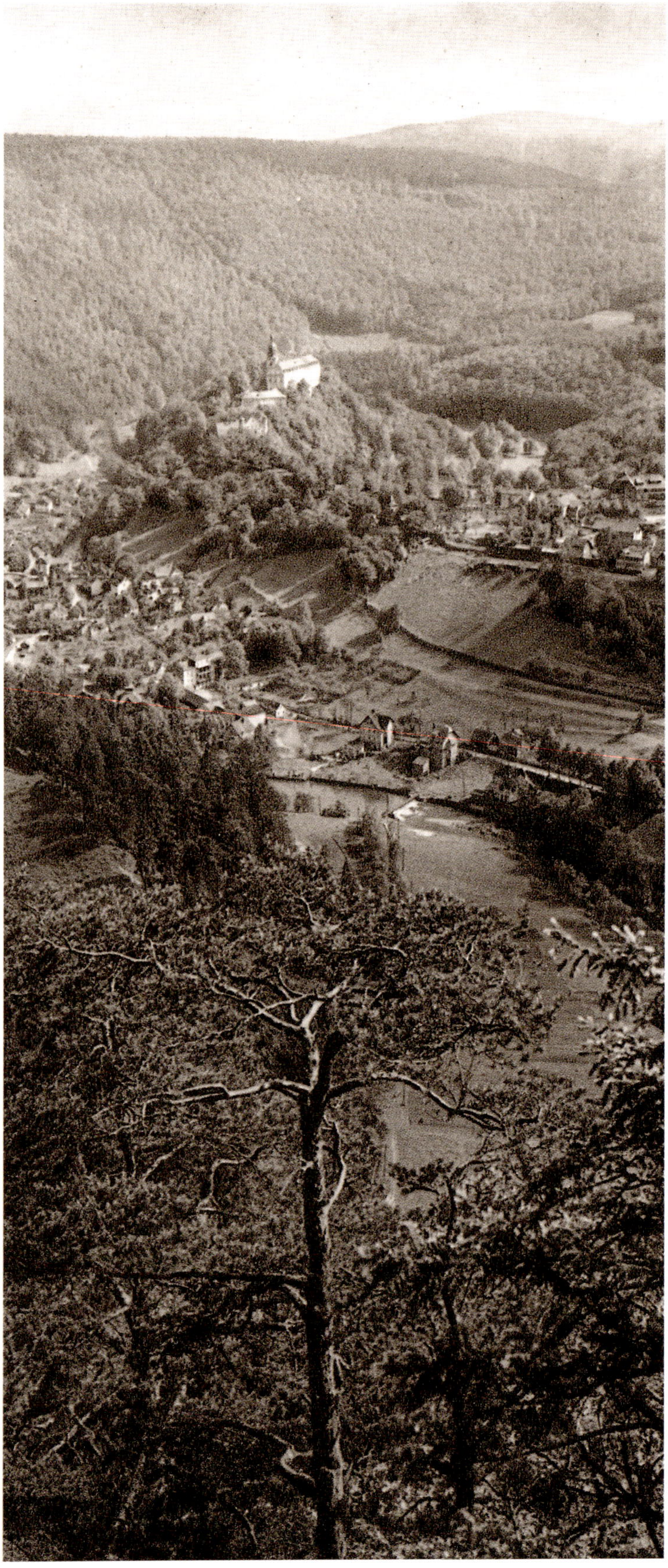

Schwarzburg/Thüringen im Tal der Schwarza, Blick vom Trippstein.
Für seine Lage, seine tiefen Wälder und weiten Wiesen, wird Thüringen gerne das grüne Herz Mitteleuropas genannt. Von seiner großen Vergangenheit - obwohl politisch lange stark zersplittert -, zeugen zahlreiche Burgen und Schlösser. Und um Land und Leute rankt sich ein reicher Sagenschatz, von Tannhäuser und der Frau Venus im Horselberg bei Eisenach bis zur Kyffhäusersage um Kaiser Barbarossa, vom getreuen Eckart bis zum Sängerkrieg auf der Wartburg.

Erfurt: Dom und Severikirche. Die Stadt an der Gera machte ihrem mittelalterlichen Beinamen „Erfordia turrita" - die Türmerreiche - alle Ehre. Majestätisch der Anblick des schönen Ensembles St. Marien und St. Severus auf dem Domberg. Das Geläut aus ihren Türmen war besonders bekannt durch die 1497 gegossene, 275 Zentner schwere „Gloriosa" (die berühmte „Susanne"), eine der größten freischwingenden Glocken der Welt. In Erfurts Waisenhaus, dem früheren Augustinerkloster, saß einst Martin Luther in seiner einsamen Zelle.

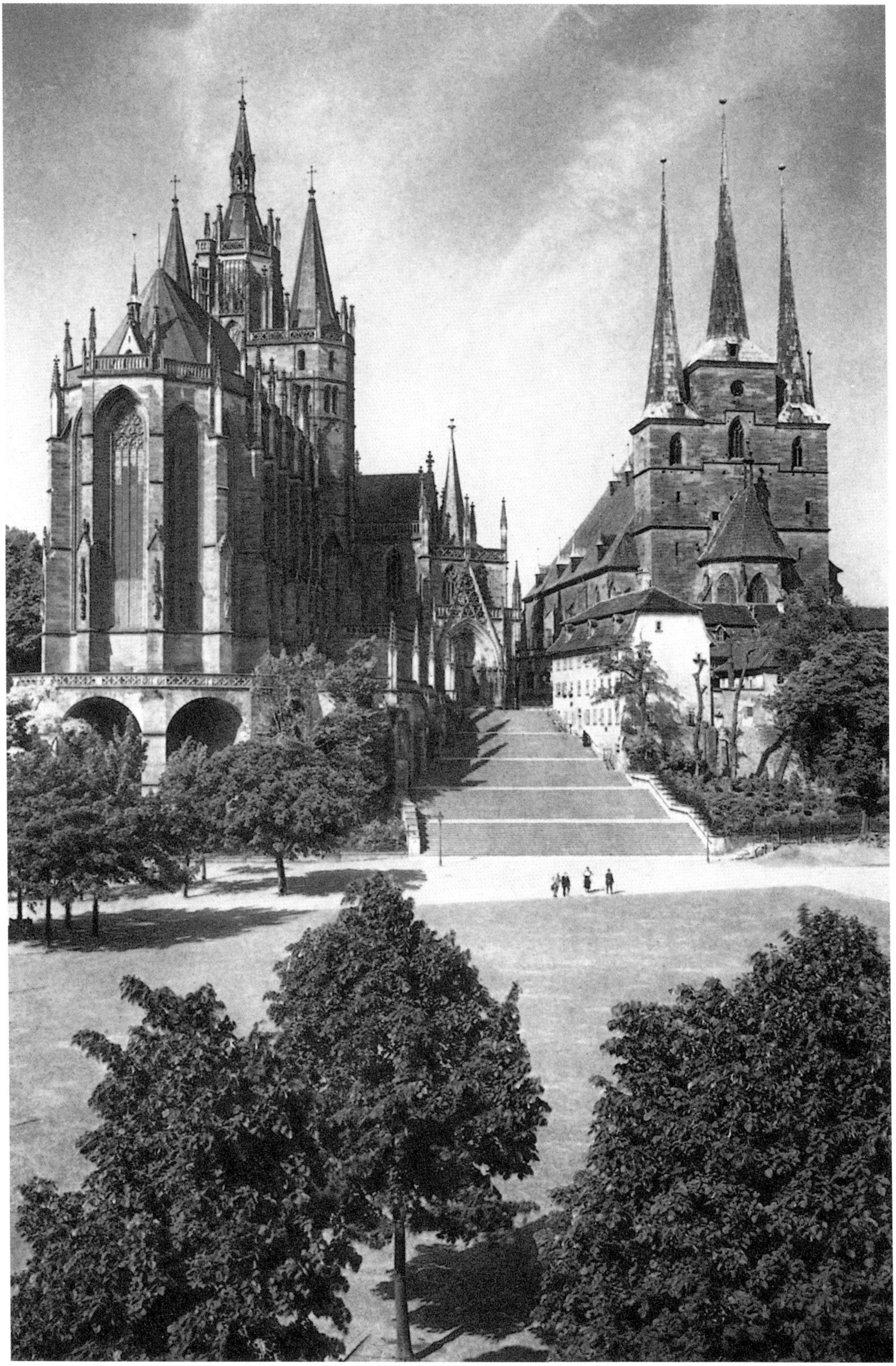

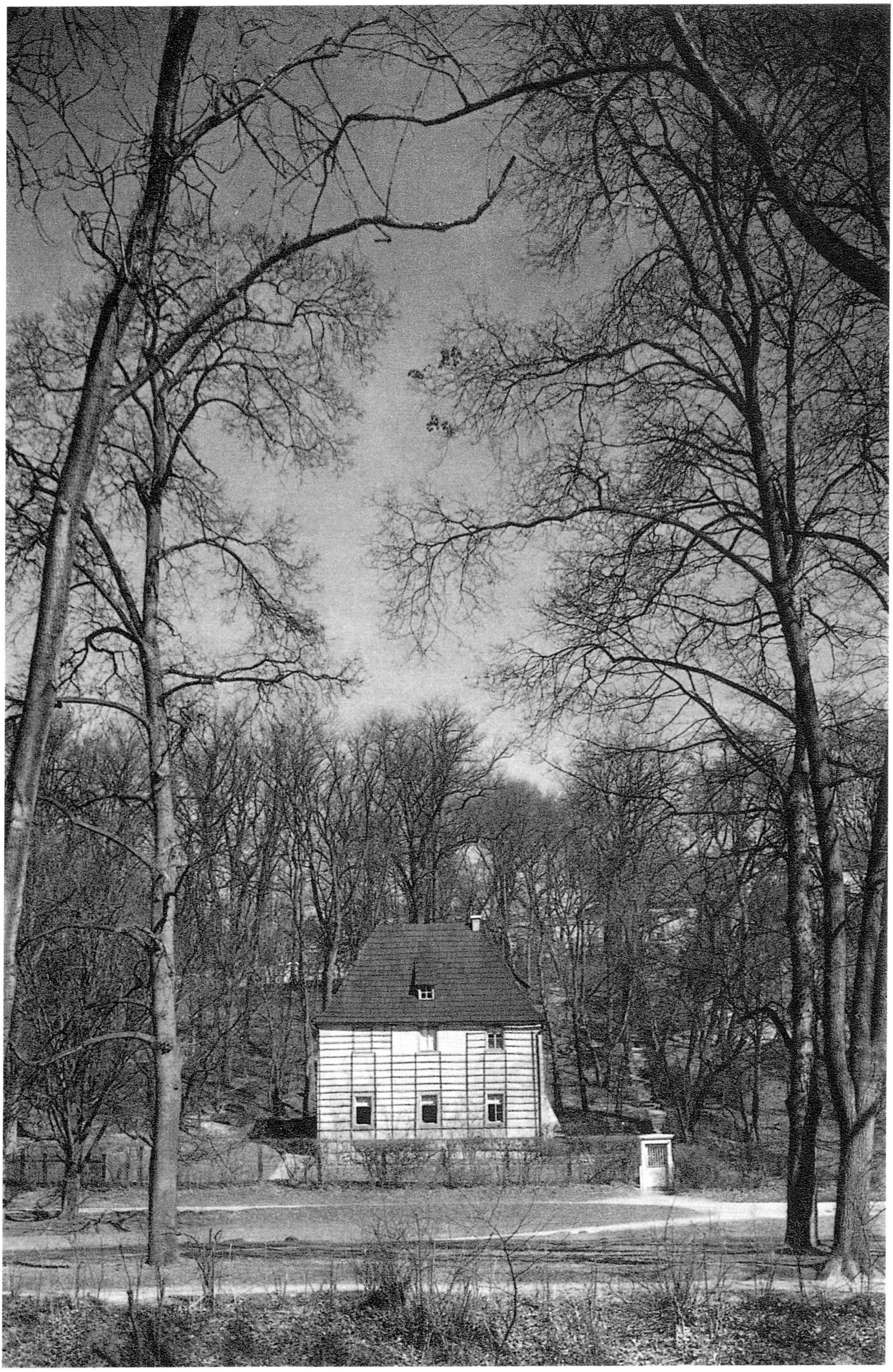

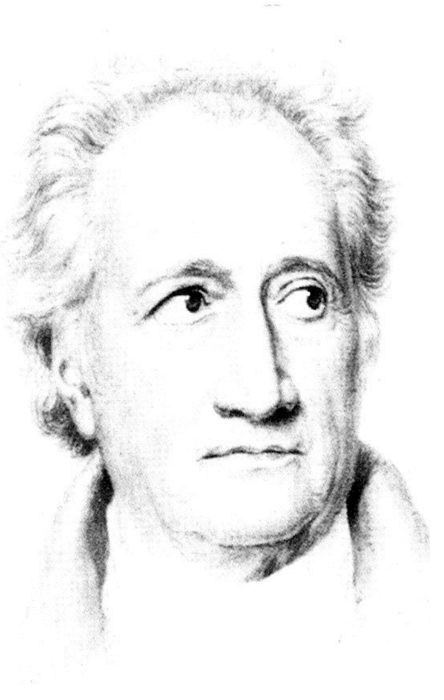

Goethes Gartenhaus zu Weimar – Goethe. Weimar, die tausendjährige Siedlung an der Ilm im Thüringer Land, war in der vorklassischen Zeit durch so berühmte Mitbürger wie Johann Sebastian Bach und Lucas Cranach aus dem Image des „Ackerbürgerstädtchens" hinausgewachsen. Seine weltweite Bedeutung aber verdankte es dann dem Wirken der großen Schrifsteller, Dichter und Philosophen Goethe, Schiller, Herder und Wieland. Ihr geistiges Schaffen machte Weimar in der zweiten Hälfte des 18. und im beginnenden 19. Jh. zum kulturellen Mittelpunkt Deutschlands.

Goethes Gartenhaus im Park an der Ilm war ein Geschenk des kunstsinnigen Karl August von Sachsen-Weimar-Eisenach, das der Dichter im Mai 1776 bezog. Das Gartenhaus diente Goethe von April 1776 bis Mai 1782 als Wohnung und nach der Übersiedlung in das Haus am Frauenplan als „Zufluchtsort". Hier entstanden viele Gedichte wie „An den Mond" oder „Wanderers Nachtlied" und die Prosafassung der „Iphigenie".

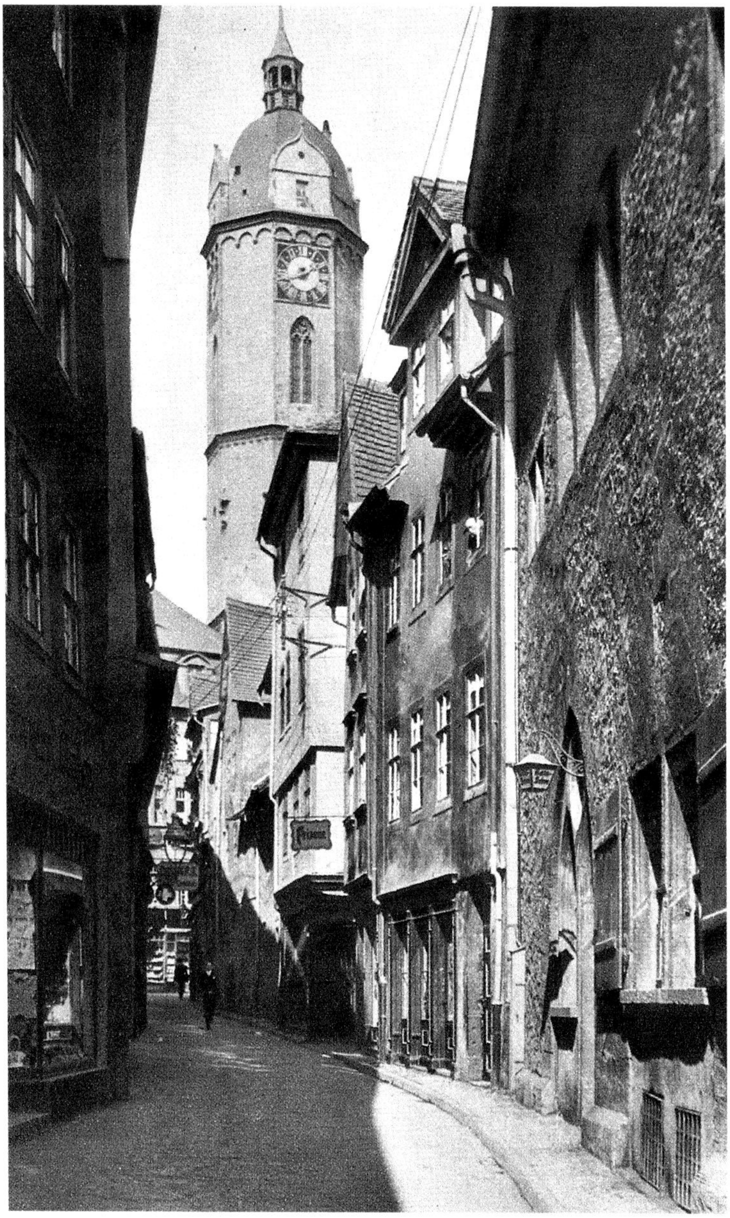

Jena: Rathausgasse und Stadtkirche. Jena war lange ein kleines Weinstädtchen und wurde nur durch Zufall zum geistigen Zentrum der Frühromantik. Nach seiner Niederlage im Schmalkaldischen Krieg hatte Kurfürst Johann Friedrich I. von Sachsen Ersatz für die ihm verloren gegangene Universität von Wittenberg gesucht. In Jena sollten dann einmal Schiller Geschichte, Hegel und Fichte Philosophie lehren. Hier promovierte Karl Marx zum Dr. phil. und entwickelte Carl Zeiß eine lokale Industrie, die den Namen der Stadt in alle Welt trug.

Mehr lokalen Charakter hatte dagegen das hiesige Bier, das – vielleicht etwas ungeistig – „Jenasche Klatsch und Dorfteufel" auf dem Etikett stehen hatte.

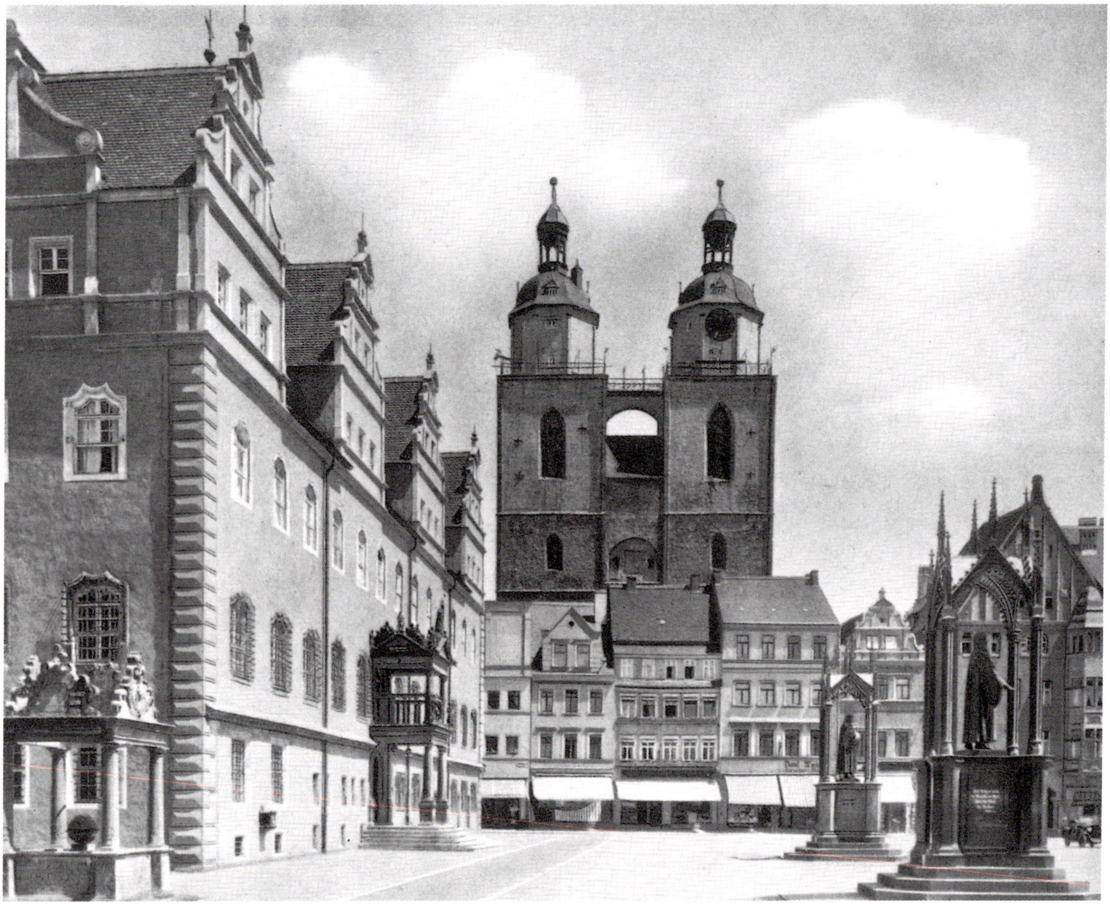

Wittenberg: am Markt – Der Kleine Hof der Wartburg über Eisenach (rechte Seite) – Martin Luther. Wittenberg an der Elbe war als kursächsisches Residenzstädtchen angelegt und als solches eine „Schindleiche" (Luther) „ohne Häuser sondern nur mit Häuschen, schlechten Dorfhütten". Als Luther hierher kam, war es mit der Beschaulichkeit dann schnell vorbei. – Die Wartburg am Nordwestende des Thüringer Waldes, 1080 von Ludwig dem Springer erbaut, gilt als ein Symbol der deutschen Geistesgeschichte.

Der Sängerkrieg von 1207, die mittelalterliche Heiligkeit der Elizabeth von Thüringen oder die Übersetzung der Bibel durch Luther hatte sie zur berühmtesten deutschen Burg gemacht. Ihren Namen soll die Wartburg dem Ausruf Ludwigs: „Warte, Berg, du sollst mir eine Burg werden" verdanken.

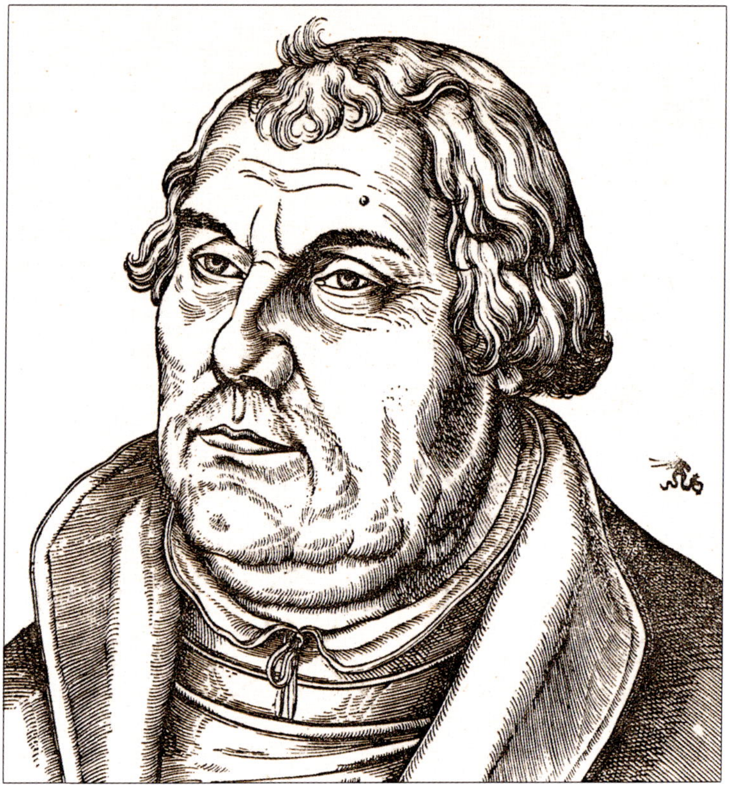

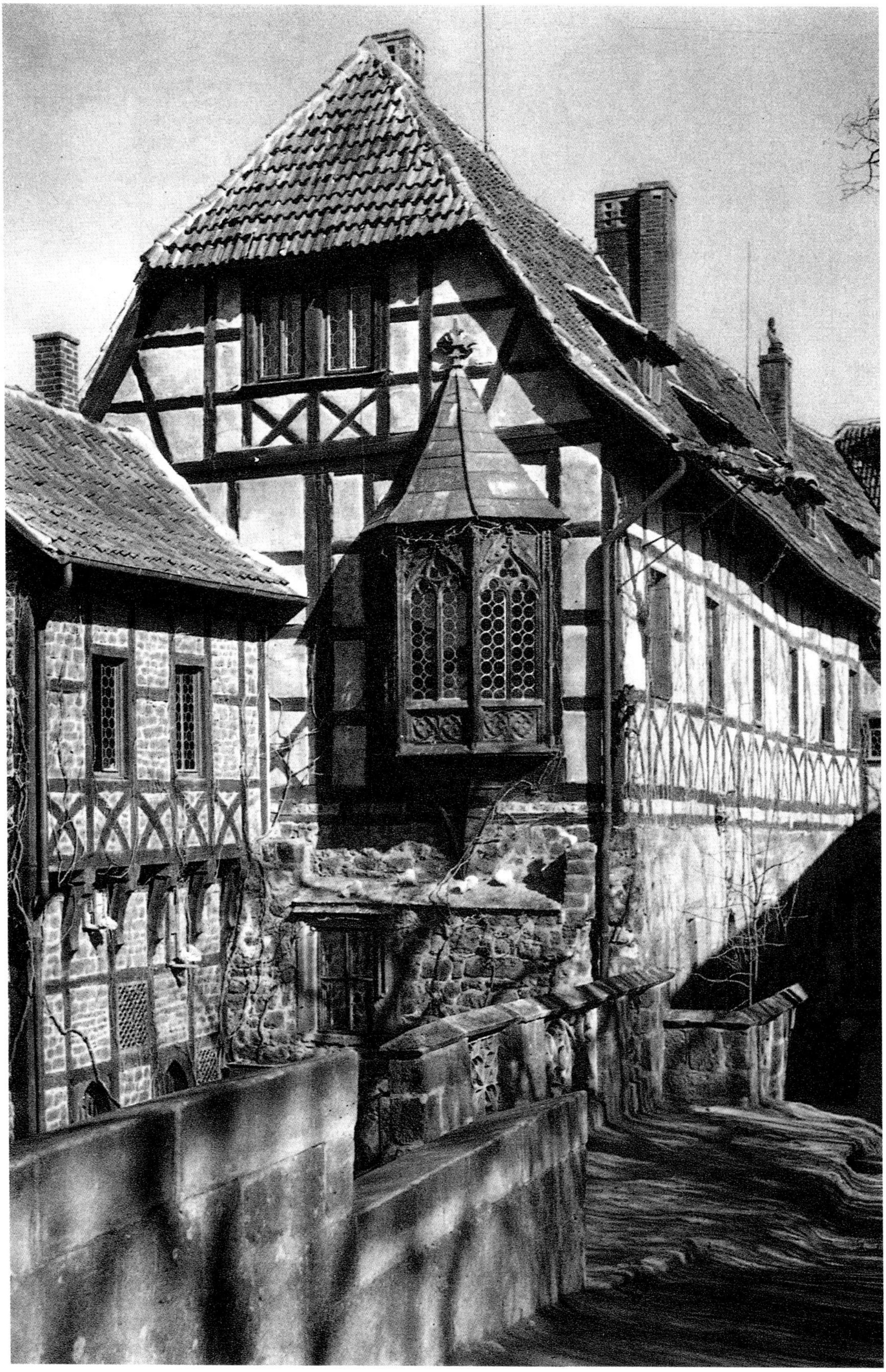

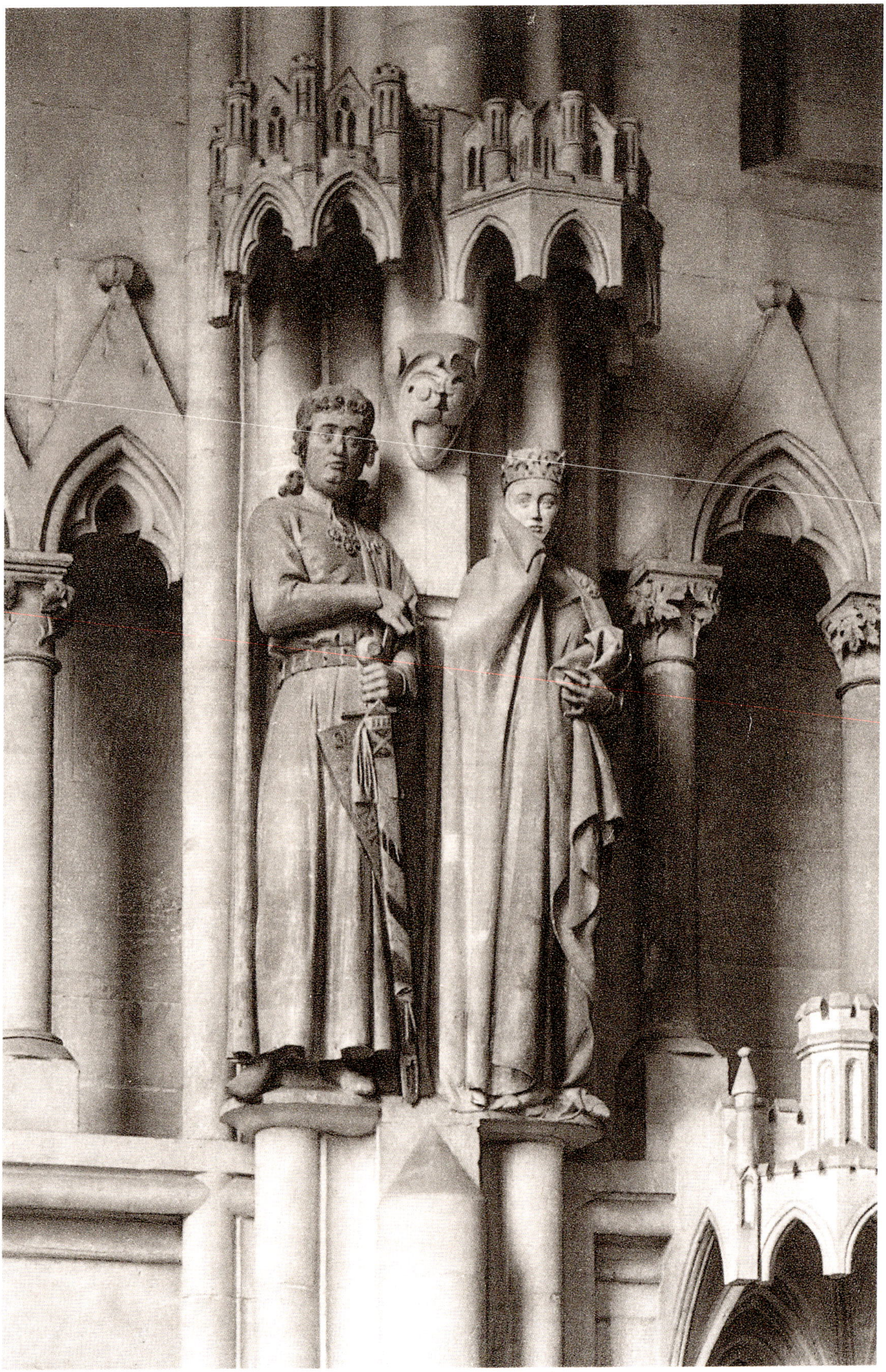

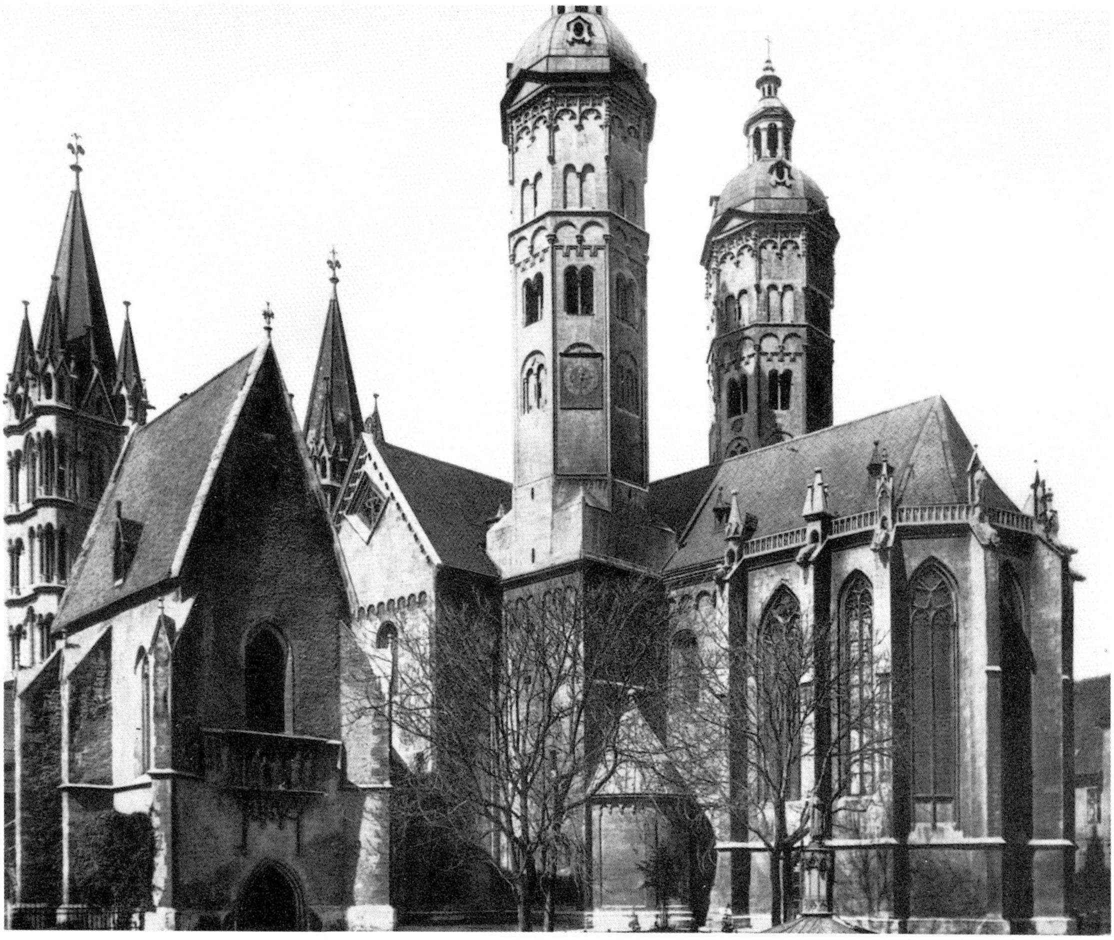

Ekkehard und Uta im Naumburger Dom – Der Dom zu Naumburg.

Naumburg an der Mündung der Unstrut in die Saale war durch seinen plastikgeschmückten Dom im romanisch-gotischen Übergangsstil berühmt geworden. Hier spiegeln sich in einem der bedeutendsten sakralen Bauwerke seiner Zeit rund 1000 Jahre Kirchengeschichte. Aus den Pfeilern des Naumburger Domes, von einem unbekannten Meister im 13. Jh. geschaffen, wachsen die Gestalten der Stifterfiguren, darunter Markgraf Ekkehard und Gemahlin Uta von Naumburg, deren Abbildungen in keiner Kunstgeschichte fehlen. Eine Umschrift im Dom lautet: „Der Richter hier auf dem Throne scheidet die Schafe von den Böcken. Mag der Spruch hart sein oder willkommen, er hat Bestand.“

Aus „A Worschtbrief“

„Innigst geliebte Eltern!

Eure Worscht is scheene Worscht, in Erfurt haben se auch Worscht abber solche Worscht, wie Eure Worscht is de Erfurter Worscht noch lange nech. Innigst geliebte Eltern, über Eure Worscht habe ich mich recht gefreut, un wenn ich derheime wär, da wörd ich gewiß manches Stöckchen Worscht esse. Liebe Eltern, wenn Ihr widder Worscht macht, da schickt mir doch widder anne Worscht, denn mir is in Grunde Worscht, ob ich de Worscht hier asse oder derheime.

Eurer treuer Sohn.“

A. Fischer.

Thüringen (Erfurt)

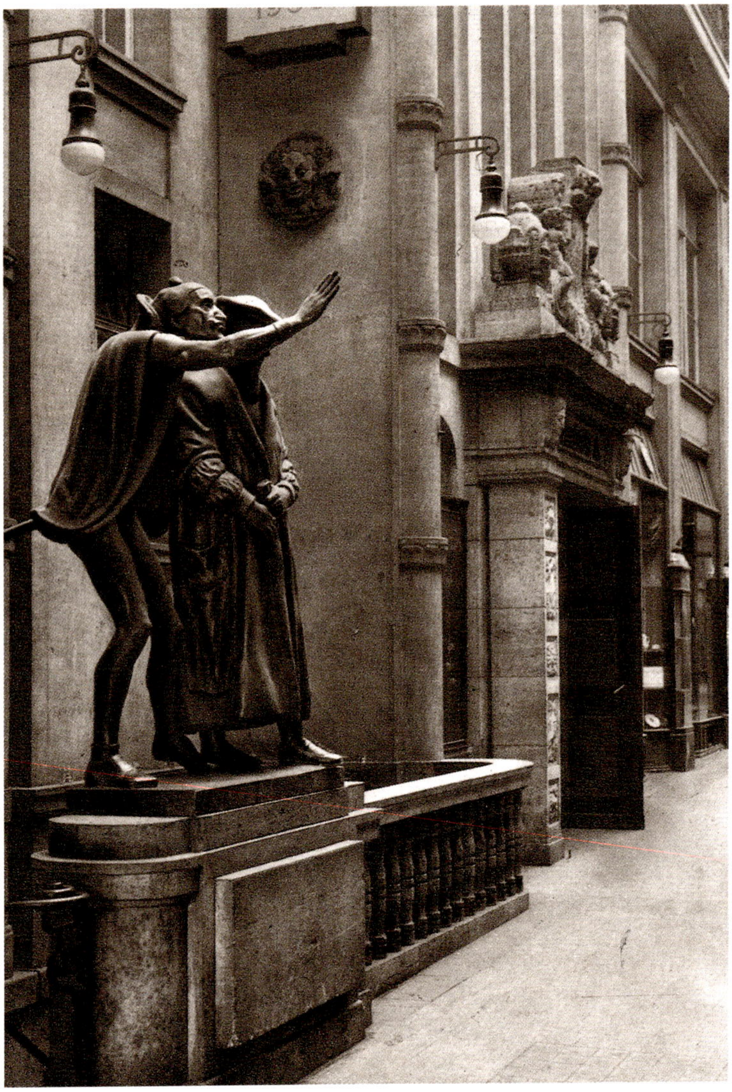

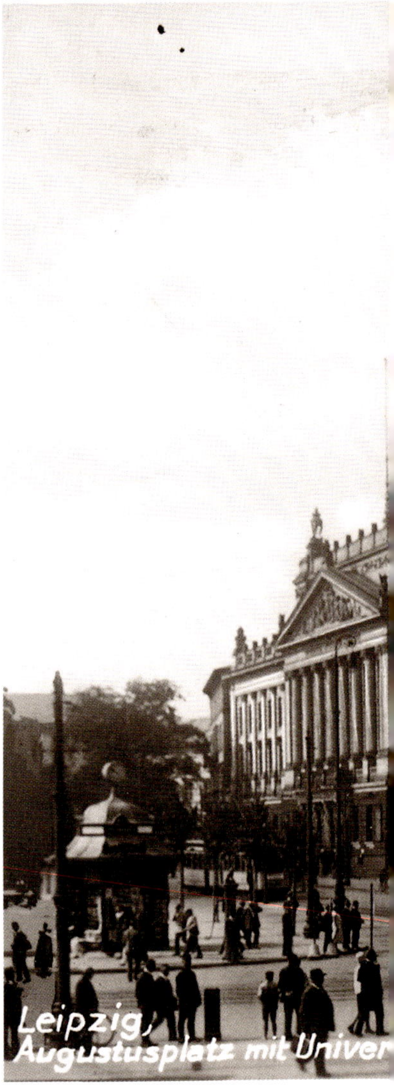

Leipzig: Eingang zu Auerbachs Keller, der berühmtesten historischen Gaststätte der Messestadt am Zusammenfluß von Pleiße und Elster. Bei Auerbach waren einst Luther und Mozart, Wagner und Bach, Melanchthon und Schumann eingekehrt. Der ehemalige Leipziger Student Goethe hat dem Faßkeller in seinem „Faust" ein unverwüstliches literarisches Denkmal gesetzt.

Augustusplatz mit Universität und der von Luther geweihten Paulinerkirche. 1409 wurde Leipzigs Universität gegründet. Lehrkräfte und Studenten dafür waren im Übermaß vorhanden, nachdem im Jahr zuvor nach Streitigkeiten in Prag 40 Doktoren und Magister und über 4000 Baccalauren und Studenten in die Stadt gekommen waren. Leipzig gewann dadurch an Ansehen. Die Neugründung der Universität bestätigte der Papst u.a. mit den Worten: „Lipzk, dieser volkreiche und geräumige Ort, unter einem freundlichen Himmel, mit Nahrung für eine große Menge Einwohner zur Genüge, mit allem, gleichsam als Acker, den Gott

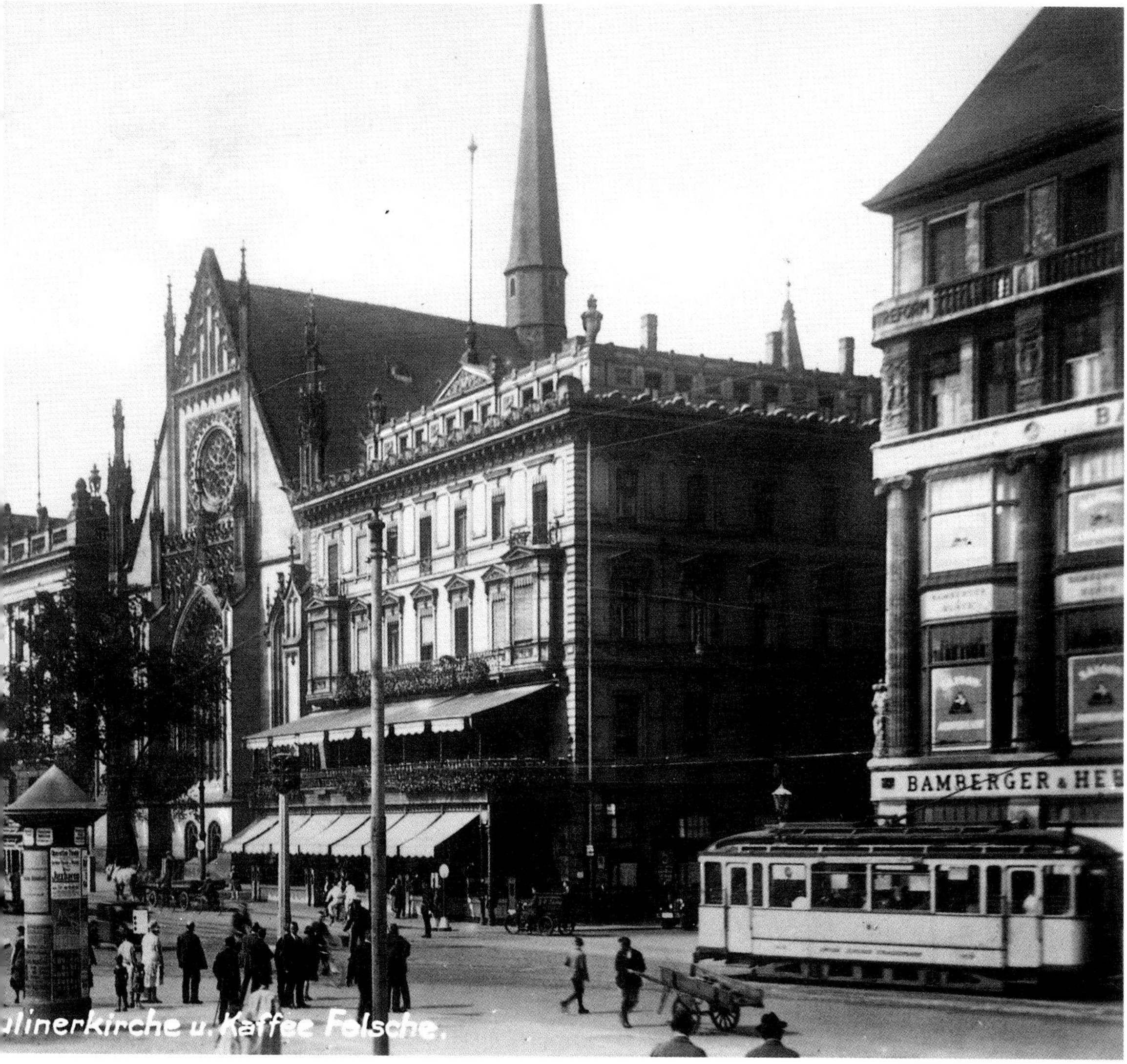

vorzüglich gesegnet und versehen, die Einwohner bekannt als artige und wohlgesittete Leute, die Stadt ringsum umgeben mit reizenden und angenehmen Gegenden".

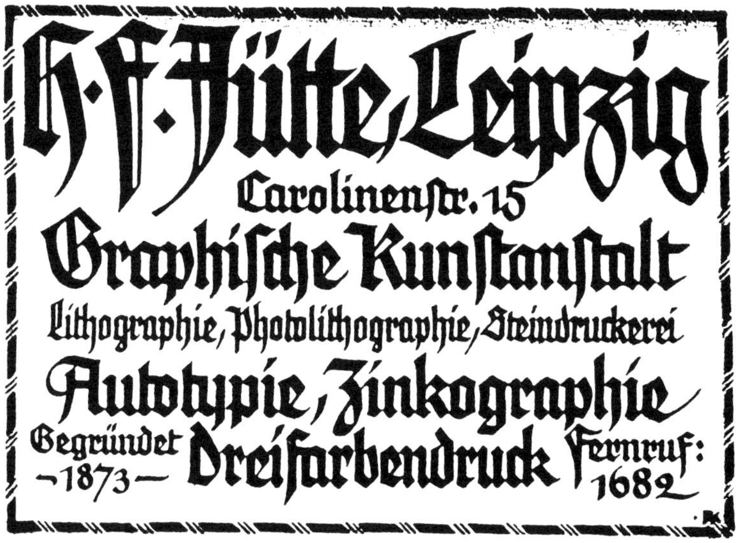

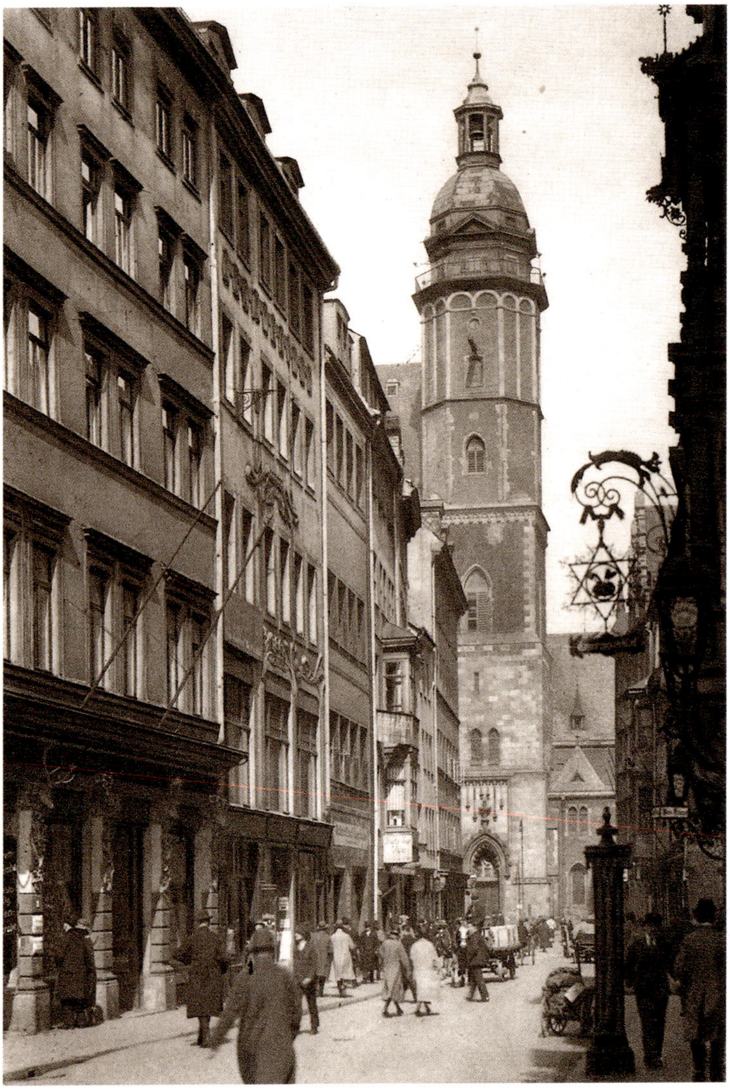

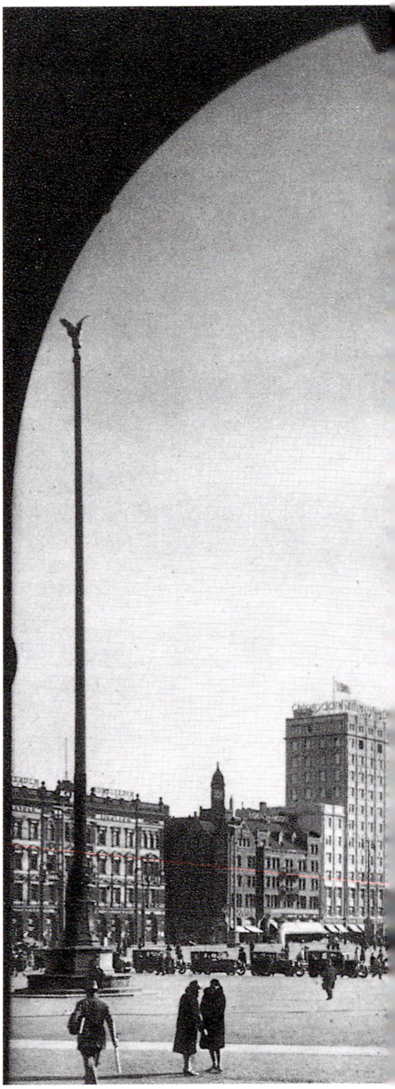

Leipzig: die Burgstraße mit Thomaskirche und Thüringer Hof.

Die Messestadt Leipzig trachtete nie danach, einen Schönheitswettbewerb in sächsischen Landen zu gewinnen, doch ihre Herbergen und Restaurationsbetriebe konnten sich immer und überall sehen lassen: darunter Äckerleins Keller am Markt, das Blumenberg am Theaterplatz, der Rheinische Hof neben der Post, das Hotel de Rome neben der Eisenbahn und der Thüringer Hof in der Burgstraße.

Die Thomaskirche ist als Bauwerk des 15. Jh. Zeuge jener Zeit, in der Leipzig seine kulturelle Stellung gefestigt hatte und dabei war, seine wirtschaftliche Führungsrolle im Ost-West-Handel weiter auszubauen.

Blick auf den Augustusplatz im Osten der Leipziger Altstadt, einen der größten Stadtplätze der Welt. Hier schnitten sich im Mittelalter bedeutende Reichs- und Königsstraßen, auf denen die Waren von Polen und Schlesien bis hinunter ins Rhein-Main-Gebiet oder von der Ostseeküste nach Augsburg und Nürnberg verschoben wurden.

Leipzig ist in erster Linie zwar Messe-, daneben aber auch Universitäts-, Musik - und natürlich Buchstadt. Obwohl man hier nur „auswärtigen“ Dichtern Denkmälern baute - Goethen am Naschmarkt, Schillern am Neumarkt -, hatte es an lo-

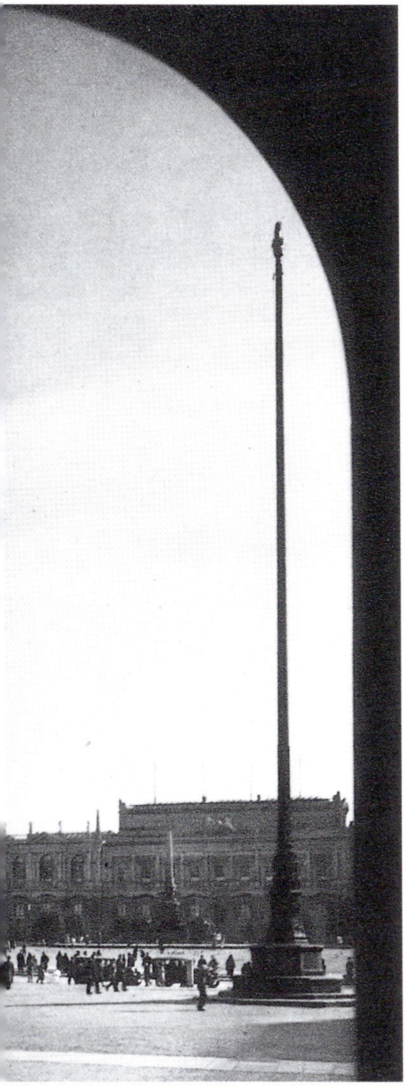

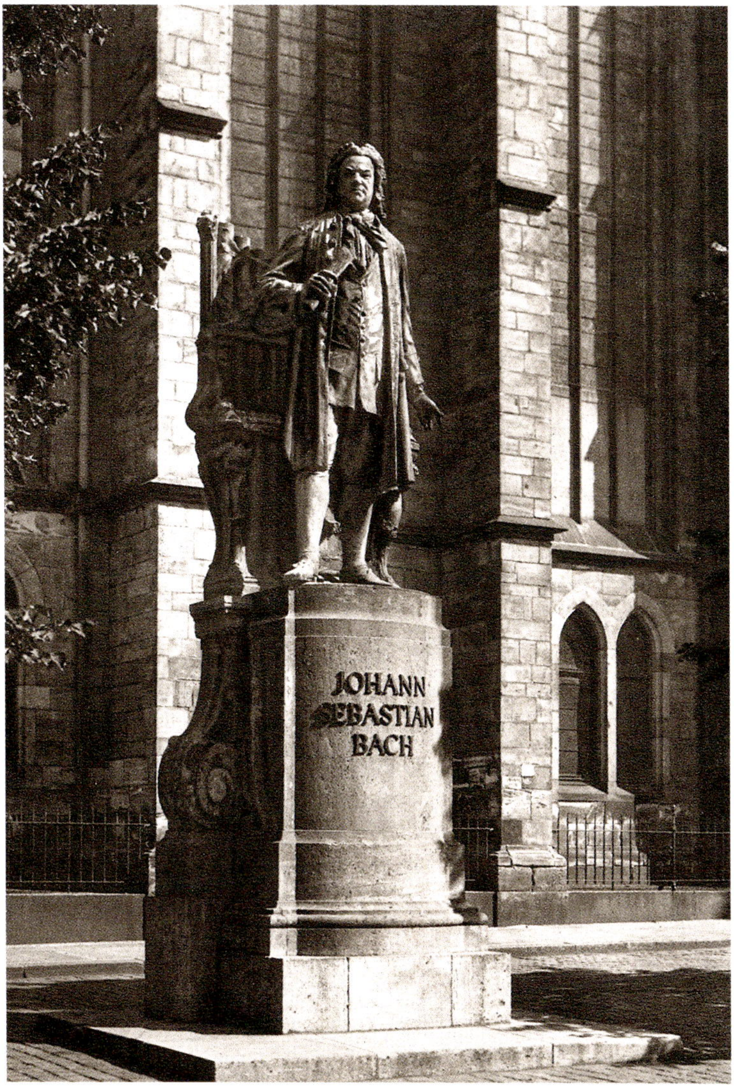

kalen Größen nie gefehlt. Karl Julius Weber schrieb über sie 1762: „Wir haben eine Menge Deutscher, deren Hauptbedürfnis lediglich Dinte, Papier und Federn sind im ganzen Jahr; die Dintenflasche ist ihr Freudenbecher, die Leipziger Messe ihr Fasching, und eine Stelle in einem beliebten Journale ihre höchste Glorie. Die Mehrzahl sitzt bei Käse, Brod, Bier und Pfeife, während die Herren Verleger Fasanen fressen und Burgunder saufen. . ."
In Leipzig gingen Wagner, Leibniz und Thomasius zur Schule, gründete Ferdinand Lasalle seinen Deutschen Arbeiterverein, wirkten August Bebel und Wilhelm Liebknecht.

Bach-Denkmal an der Thomaskirche. Leipzig hat einen hervorragenden Ruf als Musikstadt, ursprünglich begründet von der 1212 ins Leben gerufenen Thomasschule und des daraus hervorgegangenen Thomanerchors. Besonders verpflichtet fühlt sich die Stadt daneben dem Erbe Bachs. Johann Sebastian Bach, eines der größten Musikgenies, war ab 1723 Kantor an der Thomasschule, eine Stelle, die mit dem „Director Musices Lipsiensis" verbunden war, was ihm die Verantwortung für die weltlichen und kirchlichen musikalischen Einrichtungen Leipzigs übertrug. Darunter fiel auch die Musikpflege in der Thomaskirche, in der Bach 1750 dann auch zur letzten Ruhe gebettet wurde. Sein Denkmal an der Südfront der Kirche stammt aus Jahr 1908 und zeigt ihn mit der Notenrolle in der Hand vor einer Orgel. In der Thomaskirche hatte einst Luther gepredigt, 1729 war hier die Matthäuspassion uraufgeführt worden.

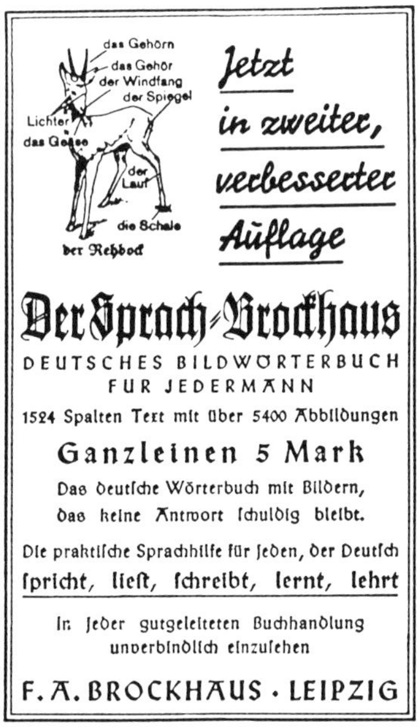

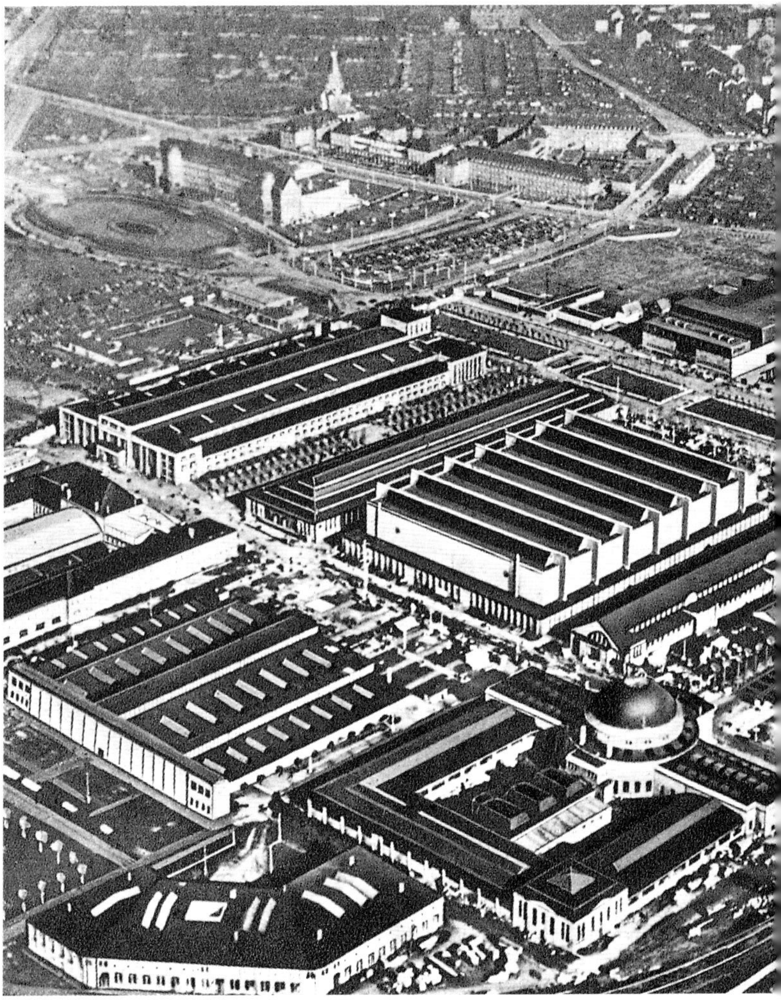

Ausstellungsgelände der Leipziger Messe. Leipzig, als Lipzk eine sorbische Gründung, 1015 als Kaufmanns - und Handwerkersiedlung erstmals erwähnt, ist mit dem Handel groß geworden. Im 12. Jh. bereits mit dem Privileg ausgestattet, Jubilate- und Michaelismessen abzuhalten, erhoben kaiserliche Privilegien die jährlichen Treffen in den Rang von Reichsmessen. Leipzig bekam dann weltweit den Ruf als „Mutter der Messen", als es gegen Ende des vergangenen Jahrhunderts die Mustermesse anstelle der überlebten Warenmesse einführte.

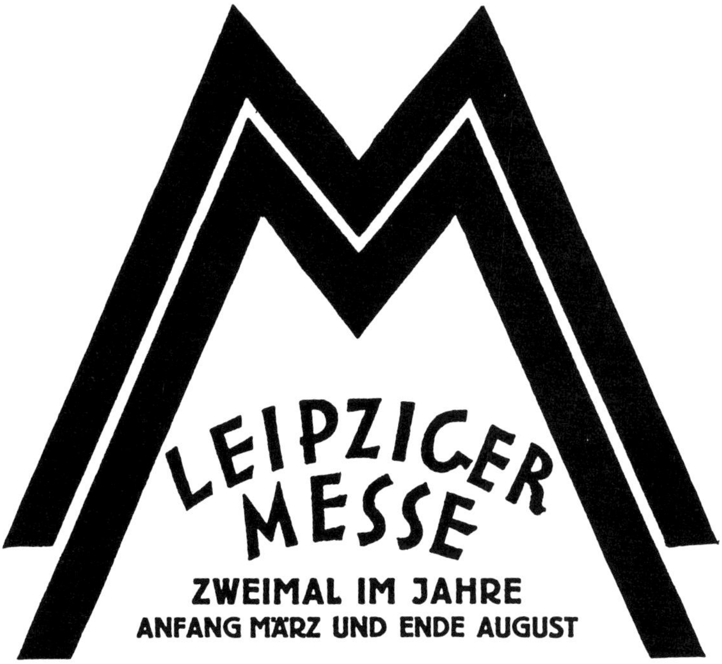

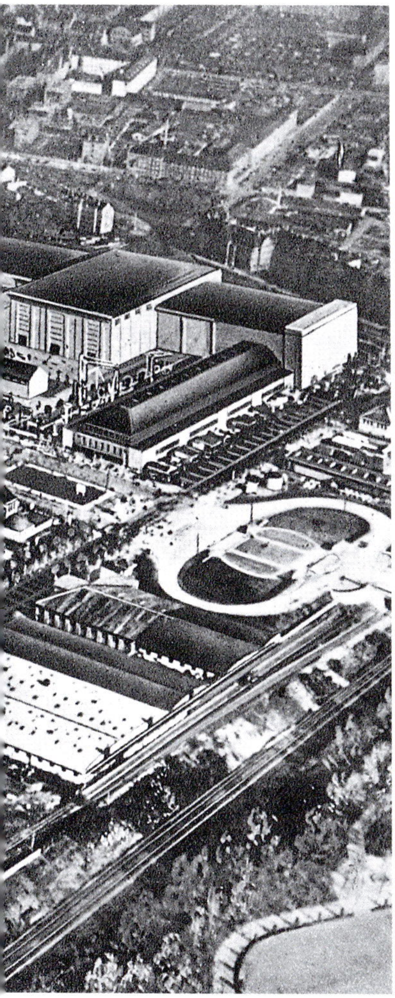

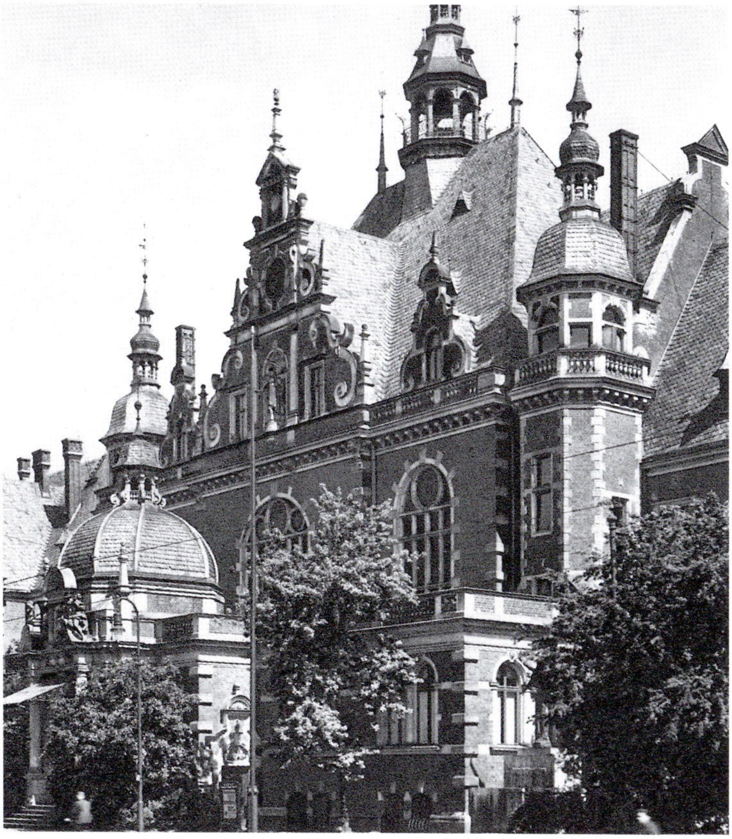

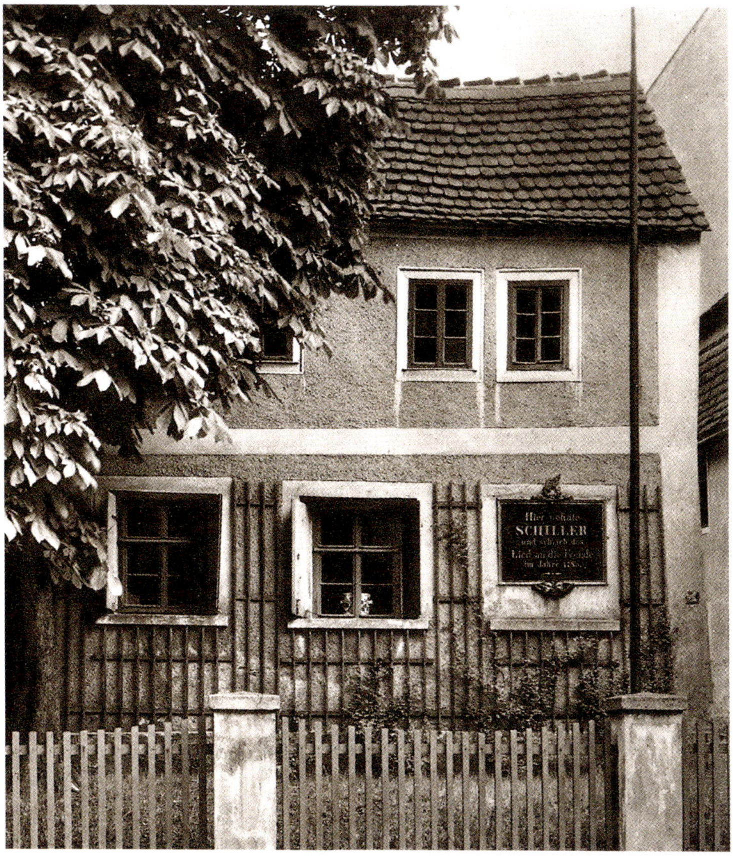

Leipzig: das Deutsche Buchhändlerhaus (rechts oben) – Das Schillerhaus in Gohlis. Leipzig war schon früh als Deutschlands Buchstadt bekannt. Der Buchdruck hatte, begünstigt durch die Messe, bereits um 1500 hier Eingang gefunden, weltbekannte Verlage wie F. A. Brockhaus etablierten sich.
Friedrich Schiller hatte von Herzog Karl August von Sachsen-Weimar-Eisenach den Hofratstitel erhalten und verbrachte den Sommer 1785 in Leipzig und in dessen Vorort Gohlis (wo er das „Lied an die Freude“ dichtete), bevor er nach Dresden weiter zog.

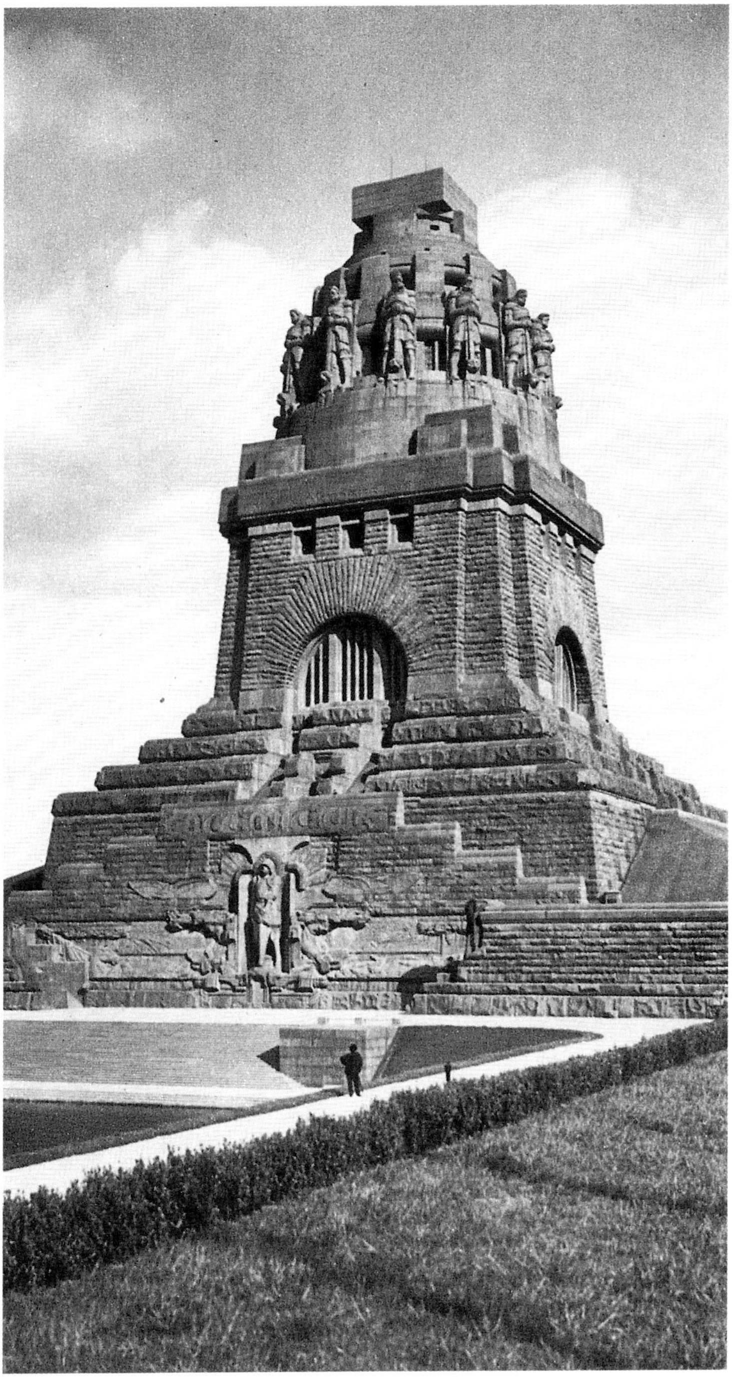

Das Völkerschlachtdenkmal vor den Toren Leipzigs zur Erinnerung an die welthistorischen Tage der Stadt . . . den Sieg der Verbündeten - Preußen, Österreicher, Schweden und Russen - über Napoleon im Oktober 1813. Das gewaltige Bauwerk (1898-1913) stammt von Meister Schmitz und dem Bildhauer Metzner.

Torgau im preußischen Bezirk Merseburg: Hof im Schloß Hartenfels.
Im Schloß Hartenfels, das sich mächtig über der Elblandschaft erhebt, war 1627 mit „Daphne“ des Thüringers Heinrich Schütz die erste deutsche Oper aufgeführt worden. In Hartenfels heiratete Zarewitsch Alexej die braunschweigische Prinzessin Charlotte Christine, ein Ereignis, dem selbst Zar Peter der Große beiwohnte. Ab 1770 war das Schloß dann Strafanstalt und später preußische Kaserne. In Torgaus Marienkirche wurde 1152 Luthers Witwe Katharina von Bora beigesetzt.

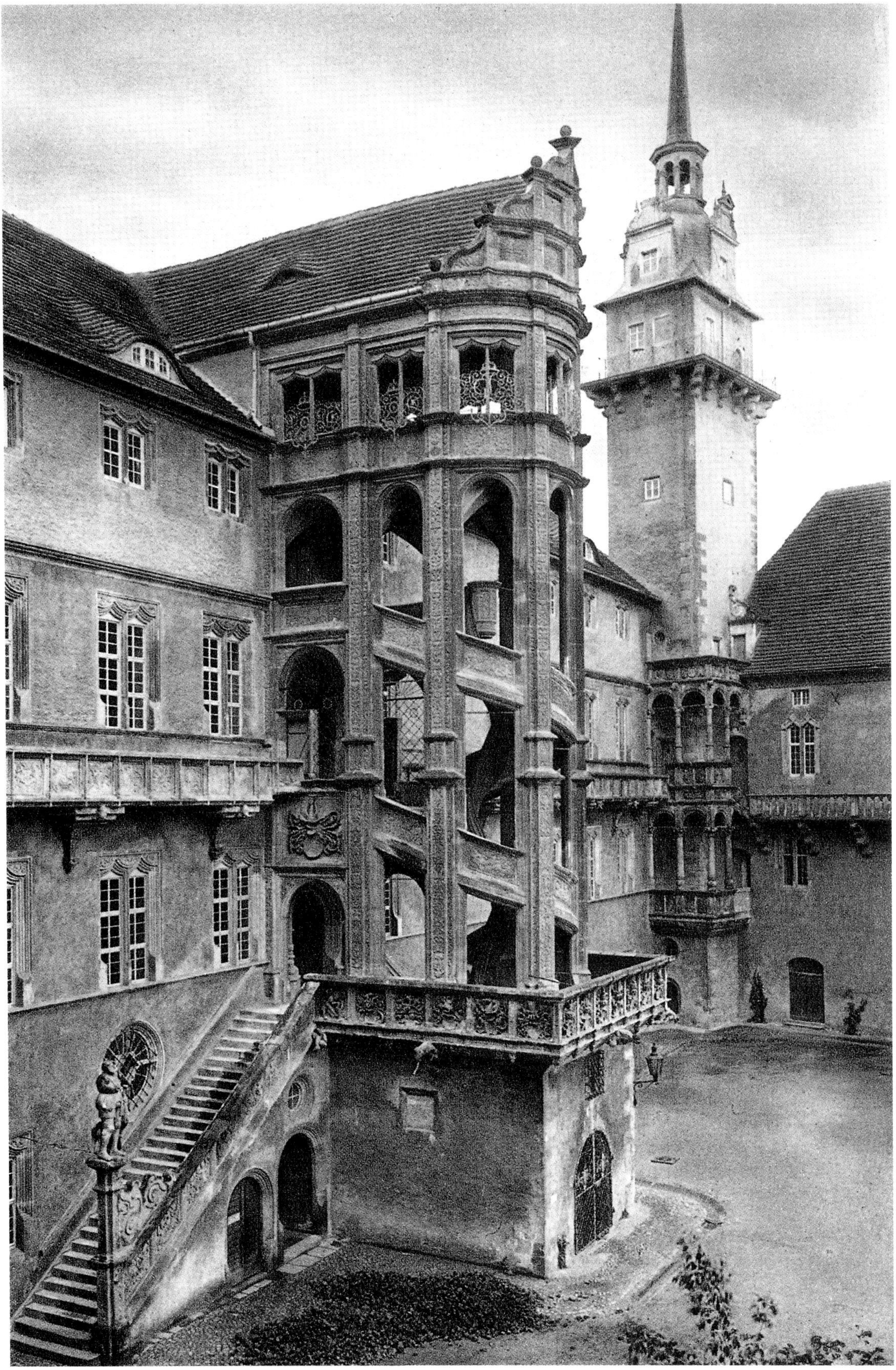

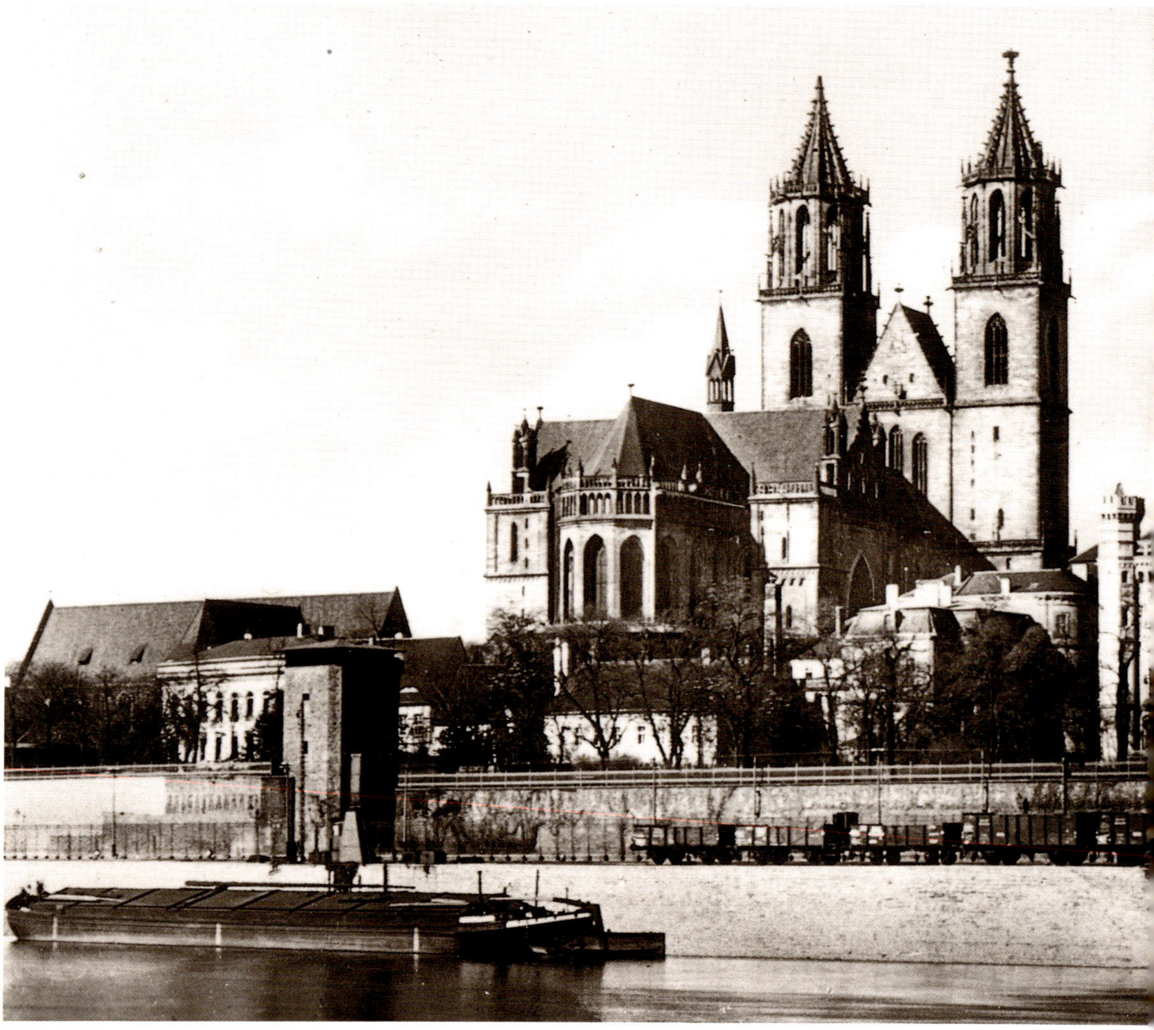

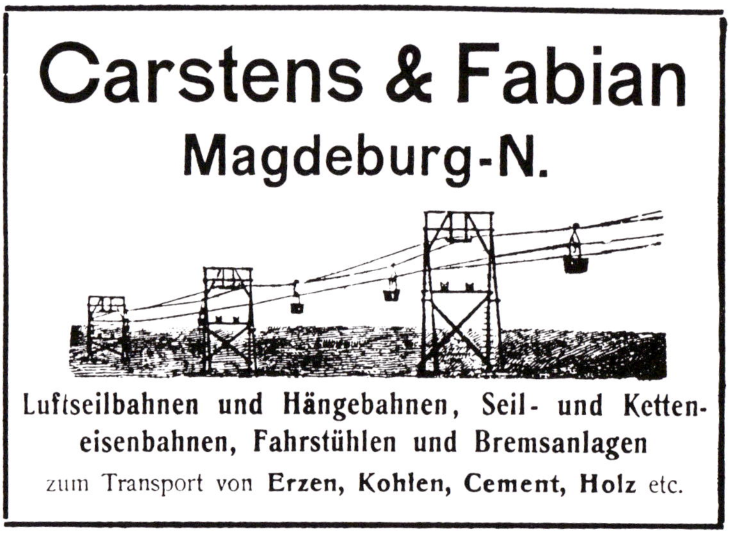

Magdeburg, die große Handelsstadt an der Elbe. Seit 968, der Gründung des Erzbistums im Zentrum der fruchtbaren Börde, war Magdeburg geistlicher Mittelpunkt des deutschen Ostens. Seine reiche Vergangenheit wird von der verheerenden Zerstörung bei der Erstürmung durch Tilly und Pappenheim 1631 überschattet. Nahezu die ganze Bevölkerung der Stadt fiel dabei der Soldateska zum Opfer, nur wenige Bauwerke konnten ihr widerstehen. Darunter allerdings der gewaltige Magdeburger Dom, 955 gestiftet, doch erst im 16. Jh. vollendet, in dem sich die Grabstellen Ottos des Großen und seiner Gemahlin Editha befinden.

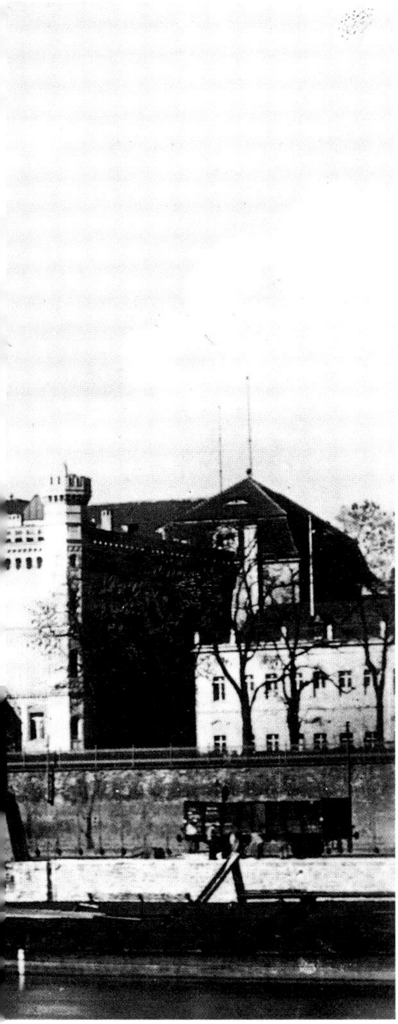

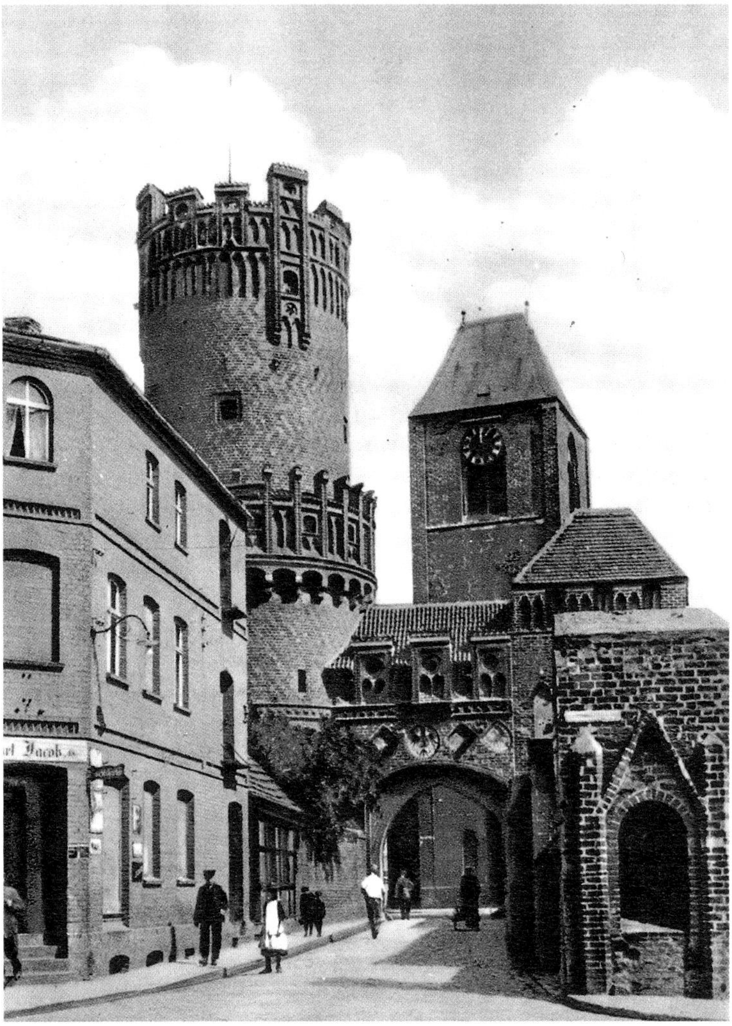

Tangermünde: das Neustädter Tor, dahinter der Turm der Nikolaikirche. Die Stadt an der Mündung des Tanger in die Elbe, die ihre wirtschaftliche und politische Blüte als brandenburgische Residenz Kaiser Karls IV. gesehen hatte, war einst durch ihre Schokolade in ganz Deutschland bekannt. Doch Tangermünde, im Südosten der Altmark, hatte immer mehr als nur Schleckereien vorzuweisen. Auf fast rechteckigem Grundriß erbaut, mit einer regelmäßigen Straßenführung, wartete die Innenstadt mit stolzen Zeugen der norddeutschen Backsteingotik auf.
Verschiedene Brände hatten in der Vergangenheit Tangermünde immer wieder heimgesucht. 1617 – fast die ganze Stadt war den Flammen zum Opfer gefallen – soll die dafür hingerichtete Bürgertochter Grete Minde die Brandstifterin gewesen sein. Für Theodor Fontane Stoff zu der Novelle „Grete Minde".

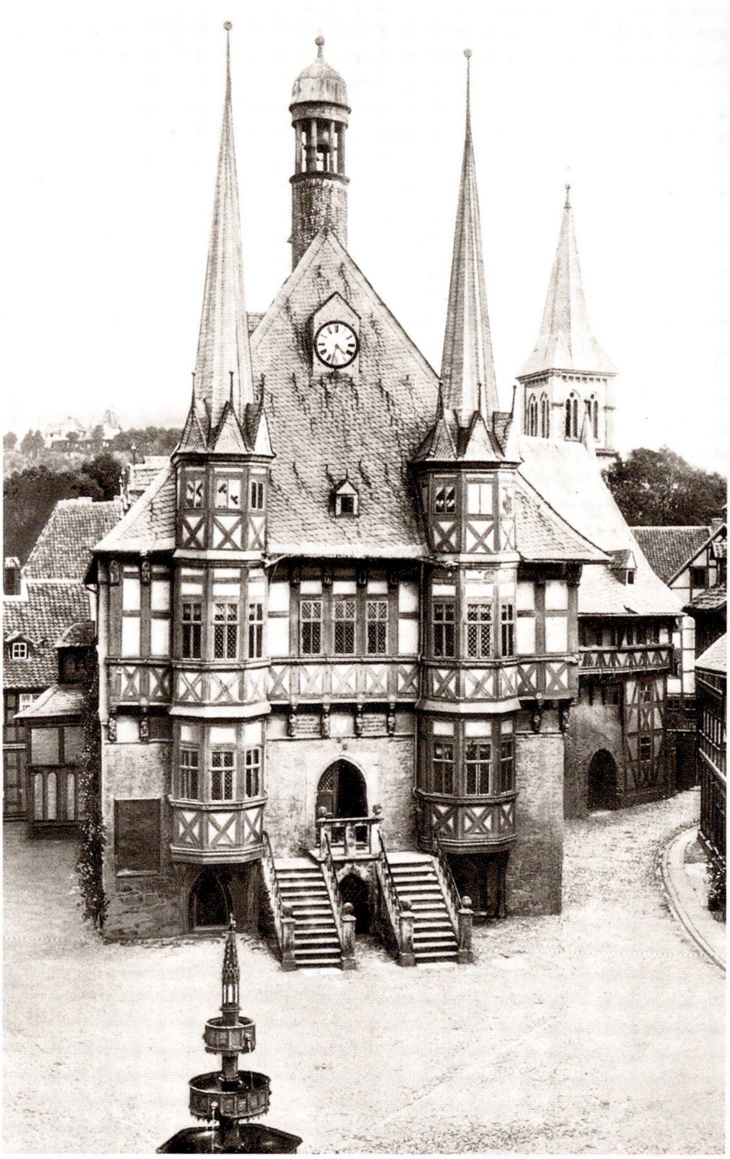

Das Schloß Kriebstein der Familie Arnim, 1390 auf einem 30 m hohem Felsen über der Zschopau gebaut. Das altmärkische Adelsgeschlecht derer von Arnim hatte den „lutherischen Kapuziner“ Johann Georg hervorgebracht, der im Dreißigjährigen Krieg Bautzen, Zittau und Glogau stürmte, daneben eine Reihe preußischer Staatsmänner und den deutschen Romantiker Ludwig Achim von Arnim. Bettina von Arnim, gerne „die Sibylle der romantischen Literaturperiode“ genannt, eine Schwester des Dichters Clemens Brentano und mit Achim von Arnim verheiratet, wurde mit ihrem (erdichteten) „Goethes Briefwechsel mit einem Kinde“ bekannt.

Wernigerode, die „bunte Stadt am Harz“. Zu den baulichen Glanzstücken der Stadt an der Holzemme und am Zilliger Bach gehören das Rathaus aus dem 15. Jh., einer der schönsten mittelalterlichen Profanbauten Mitteleuropas, und das in den Jahren 1862–84 ausgebaute Schloß der Fürsten zu Stolberg-Wernigerode. Die alte Kaufmannsstadt zieht jährlich viele Touristen an, die in ihrem Wirtschaftsleben seit dem 19. Jh eine bedeutende Rolle spielen. Von hier locken Ausflüge in die nähere Umgebung, etwa nach Ilsenburg, zum Brocken oder zur Burg Falkenstein.

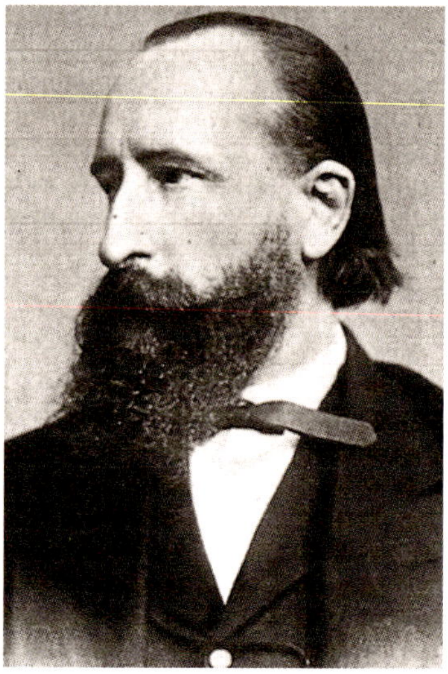

Alfred Edmund Brehm, Zoologe wurde in Reuthendorf bei Neustadt/Orl 1829 geboren. Berühmt geworden durch sein „Tierleben“ und diverse „Reisebücher. Er starb 1884 in seinem Geburtsort.

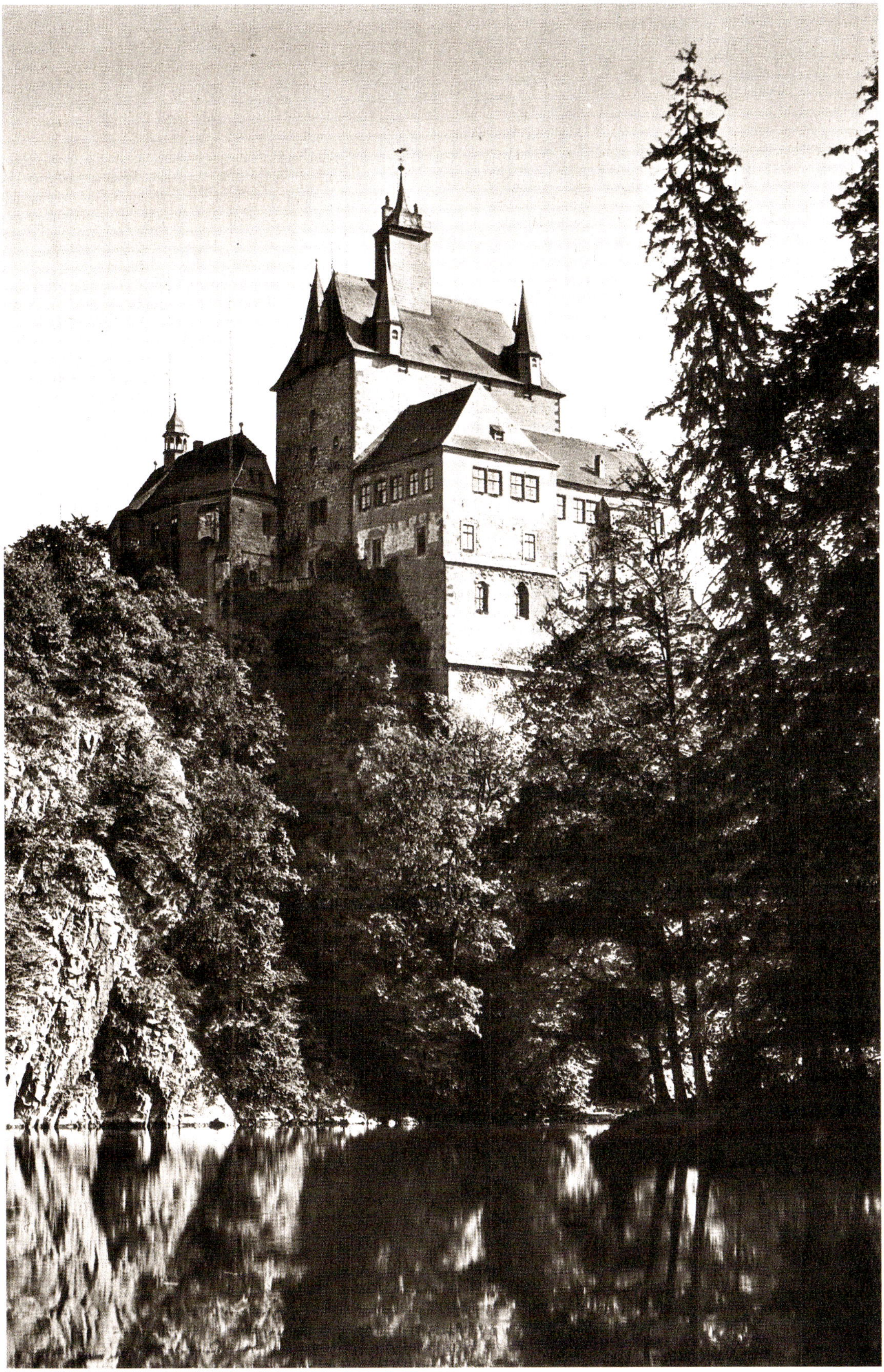

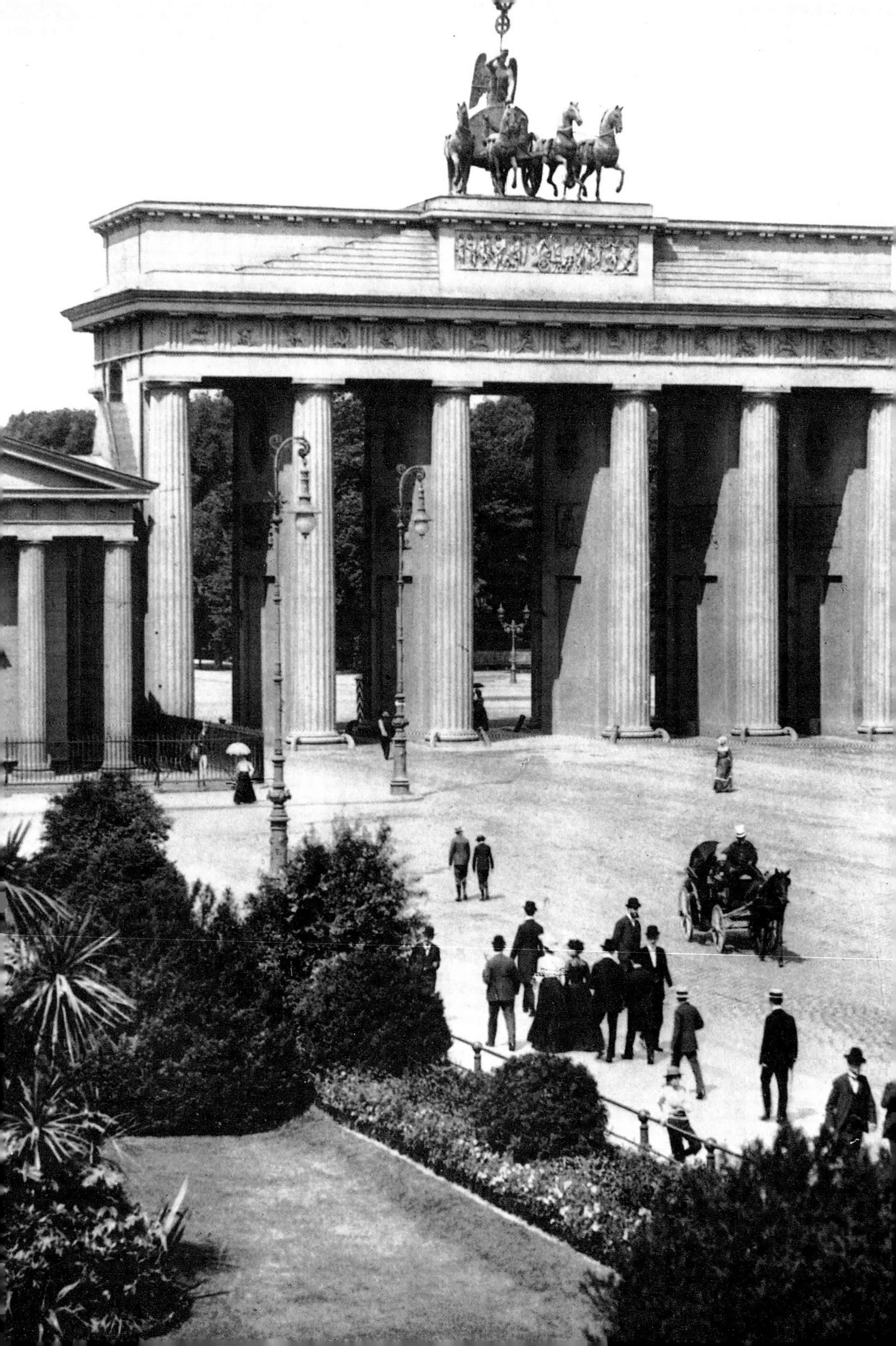

Zeittafel:

Um 928 Heinrich I. erobert die spätere Stadt Brandenburg, Beginn eines 200jährigen Kampfes zwischen Germanen und slawischen Wenden,

1137 Albrecht der Bär Gründer und Markgraf von Brandenburg,

1237 Kölln (1244 Berlin) erstmals erwähnt, ab 1359 sind die Doppelstädte Mitglied der Hanse,

1319 Nach dem Aussterben der Askanier politische Wirren um Brandenburg,

1402–55 Die Neumark unter dem Deutschen Orden,

1443 Hohenzollerngraf Friedrich II. legt Grundstein zum Bau eines festen Schlosses in Kölln, Doppelstädte 1470 Residenz der Kurfüsten von Brandenburg,

1709 Berlin königliche Residenzstadt,

1740–86 Friedrich der Große, Ausbau Berlins zur Hauptstadt,

1848 „Märzrevolution" in Berlin,

1871 Wilhelm I. deutscher Kaiser, Berlin wird Hauptstadt des Deutschen Reiches, Aufstieg zur Weltstadt,

1918 Ausrufung der Republik vor dem Berliner Reichstagsgebäude,

1920 Bildung der Einheitsgemeinde Groß-Berlin.

Berlin um die Jahrhundertwende: das von Carl Gotthard Langhans 1788/91 erbaute Brandenburger Tor. Als Abschluß der Prachtstraße „Unter den Linden" war es das bekannteste Wahrzeichen der Hauptstadt des 1871 gegründeten Deutschen Reiches.

Brandenburg, das Kerngebiet Brandenburg-Preußens, später dann die geographische Mitte des alten Deutschen Reiches, geizt etwas mit spektakulären landschaftlichen Schönheiten. Dafür brauchte man hier etwa nie an Wasser zu sparen, und Sand gab es gleich mehr als genug. Letzteres brachte dem Landstrich einmal das Prädikat der „Streusandbüchse des Heiligen Römisches Reiches" ein. Doch zum Reich war Brandenburg erst gekommen, nachdem dort missionierende Zisterzienser den später so geschichtsträchtigen Boden für eine christliche Kolonisation empfohlen hatten. Im Schutz und Schatten der frühen Kirchen und Klöster siedelte sich der deutsche Pionier an.

Ein paar Jahrhunderte sollte es jetzt schon noch dauern, damit sich auf zwei Sandinseln im Urstromtal der Spree die ursprünglich wendischen Fischerdörfer Kölln und Berlin verschmelzen und recht kräftig entwickeln konnten. Die Zwillingsstädte stiegen zu Europas interessantester Metropole auf, als Berlin dann zur Weltstadt, einem Zentrum für Geist und Geld.

Die Berliner selbst erfanden nun das geflügelte Wort, wonach man in ihrer Stadt „genauso doof geboren wird als anderswo". Doch darum ging es ihnen nicht. Wichtig war, was einer daraus machte, ein Leben lang Berliner zu sein. Denn ganz ohne Zweifel konnte man hier noch etwas werden, zu etwas aufsteigen, und wenn man nur wie Zille – im 4. Stock einer Wohnung am Klausner-Platz gelandet – im korrumbierten Hochdeutsch eines Tages erklärte: „Nu wohn ick vier Treppen hoch, ich bin also ooch jeschtiejen".

So mußte es auch einfach dazu kommen, daß sich etwa in den wildbewegten 20er Jahren unseres Jahrhunderts ganz Deutsch-

Rund um das Brandenburger Tor

land – Berlingeborene und andere – das Heimweh nach dem Kurfürstendamm von der Seele sang oder über die sprichwörtlich würzige Berliner Luft, Luft, Luft ins Schwärmen geriet.

Natürlich war Berlin auch in früheren Zeiten schon etwas gewesen. Als sich der Kurfürst von Brandenburg die preußische Königskrone aufs Haupt setzte, lebten zwischen Haveldünen und Spreewaldsümpfen bereits rund 20000 Menschen. Preußischer Schlachtenlärm begleitete den Aufstieg zur Metropole, die unter Friedrich Wilhelm II. bereits so etwas wie eine Stadt der Musen werden sollte. An ihrer Stelle war allerdings 1806 erst einmal Napoleon hier eingezogen. Und als wäre das nicht genug, entführten die Franzosen im Jahr darauf auch noch die Gruppe der Viktoria vom Brandenburger Tor, dem Wahrzeichen der preußischen Residenz. Das ausgerechnet nach Paris (von wo es 1814 von Blücher wieder abgeholt wurde). In Bismarcks Tagen wuchsen Berlin dann alle zwei Jahre mehr Bürger zu, als es unter dem Alten Fritz Einwohner gehabt hatte. Doch dafür war bereits nicht mehr nur die große Politik verantwortlich ... Berlin war inzwischen zu einem der großen Industriestandorte Europas geworden. Berlins Industrie hatte Preußens Politik überhaupt erst möglich gemacht.

Groß-Berlin, die einheitliche Stadtgemeinde, gab es durch ein Gesetz des Preußischen Landtags offiziell dann ab 1920. Seine Grenzen umfaßten über den eigenen Kern hinaus jetzt zusätzlich sieben umliegende Städte – darunter Spandau, Köpenick, Charlottenburg und Schöneberg –,

59 Landgemeinden sowie 27 Gutsbezirke. Die Metropole war mit ihren vier Millionen Einwohnern zur zweitgrößten Stadt Europas, flächenmäßig gar zu einer der größten Städte der Welt geworden.
Was stand nun nicht alles für Größe und Ausstrahlung der Stadt an Havel und Spree: Berlin hatte die Anfänge der drahtlosen Telegraphie und die erste elektrische Lokomotive der Welt gesehen. In Berlin lebten und wirkten die Dichter Gerhart Hauptmann und Theodor Fontane, die Maler Adolf von Menzel und Max Liebermann, die Physiker Max Planck und Albert Einstein, die Ärzte Robert Koch und Rudolf Virchow, die Politiker August Bebel und Friedrich Ebert. Berlin waren Bismarck und Friedrich der Große, Borsig und Siemens, Schinkel und Schadow, um nur einige Namen zu nennen.
Das also war Berlin. Doch vergessen wir nicht das Schelmenstück, das seinen Stadtrand weltweit in die Schlagzeilen hob. Denn zumindest die Lacher hatte der Schuster Wilhelm Voigt rund um den Globus auf seiner Seite, als er im Oktober 1906 eine Hauptmannsuniform des 1. Garderegiments überstreifte und zehn Soldaten unter seinen Befehl brachte. Das Drumherum ist längst bekannt, unter anderem weil sich mit Karl Zuckmayer ein Meister seines Fachs mit einer unsterblichen Komödie dieses „Hauptmanns von Köpenick" annahm: Voigts marschierte ins Köpenicker Rathaus, setzte Bürgermeister und Kassendirektor fest und nahm die Stadtkasse an sich. Der Schuster sollte dafür selbst nach der Verbüßung der verdienten Strafe weltberühmt bleiben. Für etwas, das man fortan Köpenickiade nennen würde.
Preußisch an der ganzen Sache war übrigens nicht nur gewesen, daß Voigt im Köpenicker Rathaus den Erhalt der Kasse ordnungsgemäß quittiert hatte. Dem Schuster war daneben der Beweis gelungen - und auch das war nun einmal Berlin -, daß gerade im Militärstaat Wilhelms II. die Uniform mehr galt als der Mann, der in ihr steckte.
In dieser Hinsicht hatte man hier aus der Vergangenheit noch nichts gelernt. Prasserei und Kleiderluxus waren an Spree und Havel zwar immer populär, jedoch nur zeitweise auch verboten. 1565 etwa bestimmte der Kurfürst schon, „daß keiner über 300 Gulden an barem Gelde oder auf Kreide" verspielen dürfte. 1580 wurden die Bewohner dann in vier Stände eingeteilt, wobei eine Polizeiordnung bestimmte, wer welche Stoffarten in welcher Preisgruppe, wer welchen Schmuck tragen durfte usw. Das sollte natürlich einer humaneren Weltsicht weichen. Denn zumindest der preußisch-deutsche Monarch Wilhelm II., der Berlin zur Prachtkulisse kaiserlicher Macht ausbaute, hätte sich etwa „Unter den Linden", Preußens via triumphalis, inmitten einer weitgehend schmucklosen Gesellschaft sicher alles andere als wohlgefühlt.

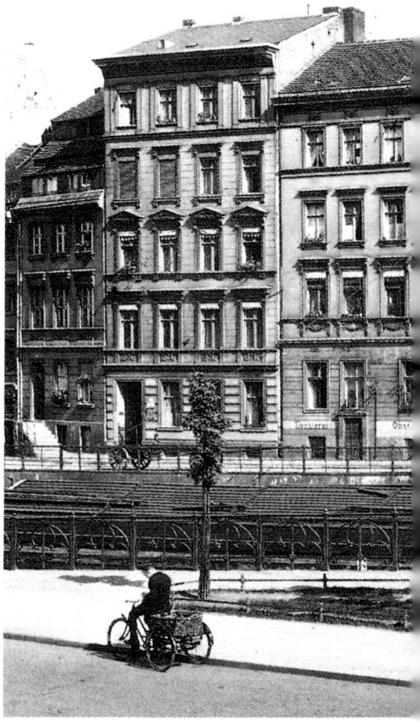

Persönlichkeiten: Friedrich der Große, Preußenkönig, Paul Busch, Zirkusdirektor, Paul Lincke, Komponist, Alexander von Humboldt, Naturforscher, Ludwig Burckardt, Ägyptologe, Otto Fürst von Bismarck, Staatsmann, Hermann von Helmholtz, Naturwissenschaftler, Heinrich von Kleist, Schriftsteller, Albrecht von Brandenburg, Erzbischof, Karl Friedrich Schinkel, Baumeister, Leo Frobenius, Völkerkundler, Walter Grobius, Architekt, Georg von Knobelsdorff, Baumeister.

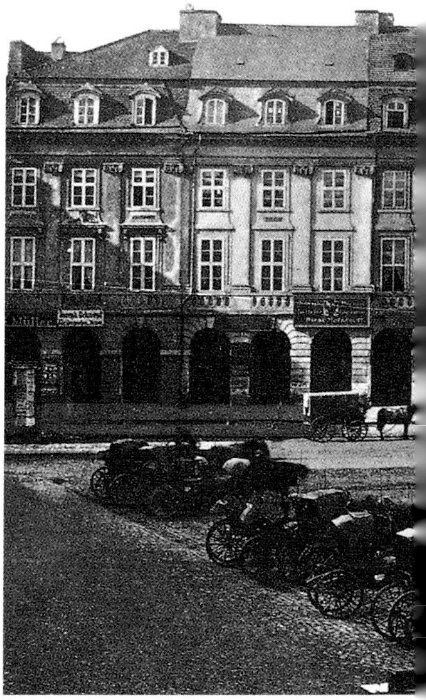

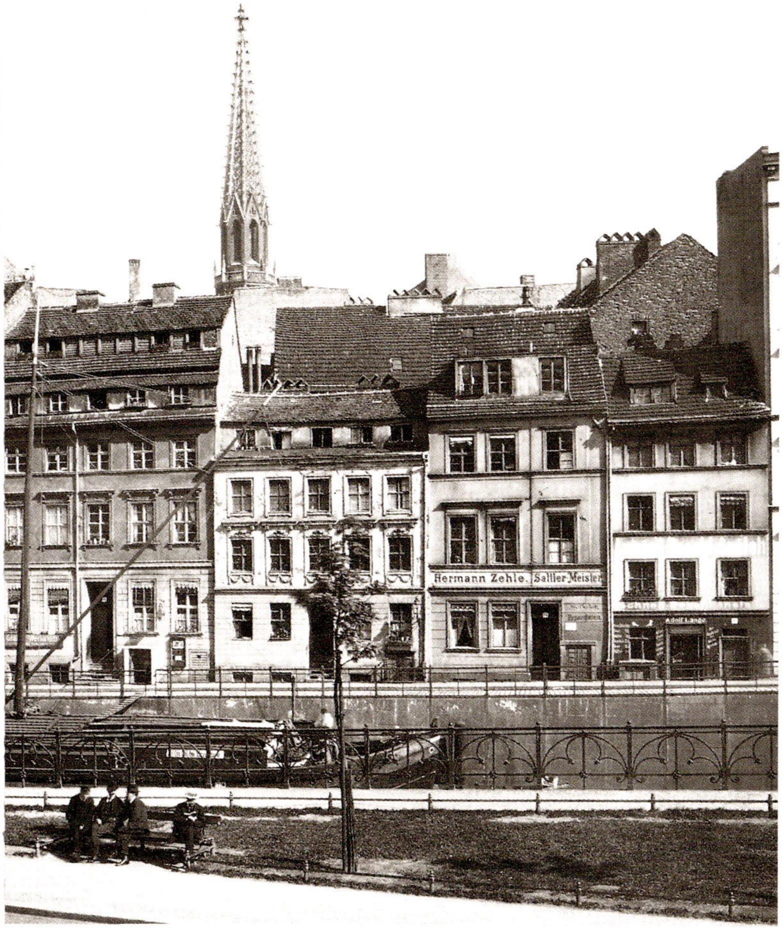

Berlin: die Friedrichsgracht um 1910 (oben) – An der Stechbahn, gegen Ende des 19. Jh. abgebrochen (unten). Berlins Architektur hatte etwa bis zum Jahre 1872 einen eher unschönen und puritanischen Charakter. Ganz deutlich herrschte hier der sogenannte Kasernen- oder Geheimebauratstil vor. Danach ging man mehr zum staatlichen und privaten Monumentalbau im Sinne der norddeutschen und hanseatischen Spätgotik und der deutschen Renaissance über. Zentrum, Norden und Osten der Stadt dienten den Interessen von Handel und Industrie, fast ausschließlich im Westen lagen die Wohnsitze der Aristokratie, des Geldes und des Geistes.

Um 1870 lag Berlins Einwohnerzahl bei 825 000, 1890 gab es 1,5 Millionen, 1905 bereits über zwei Millionen, nach der Einrichtung Groß-Berlins im Jahre 1920 dann rund 4,3 Millionen Berliner.

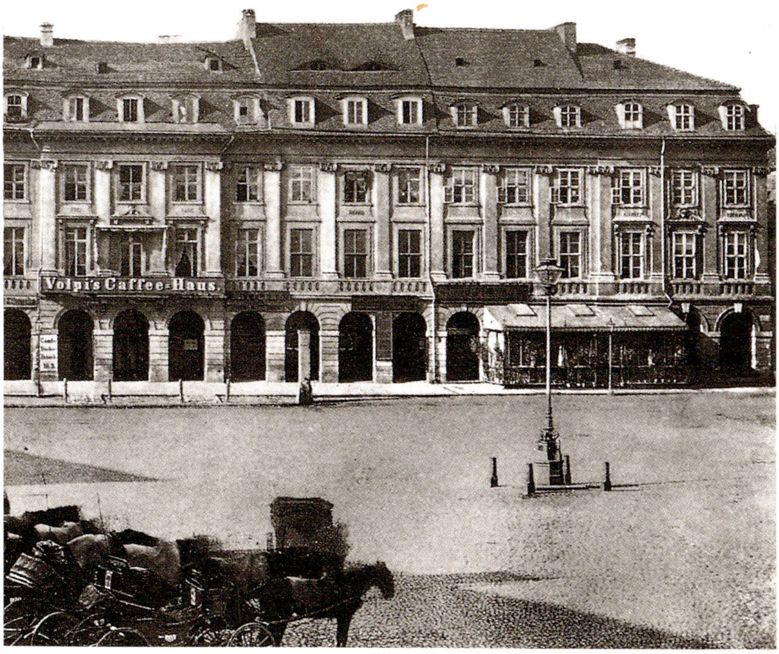

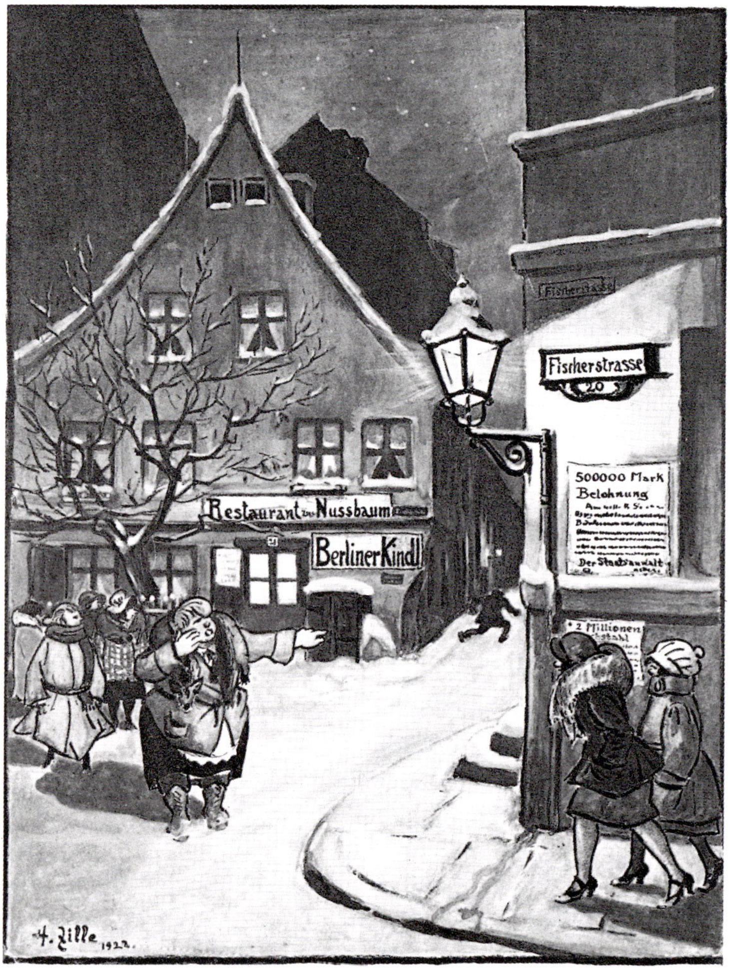

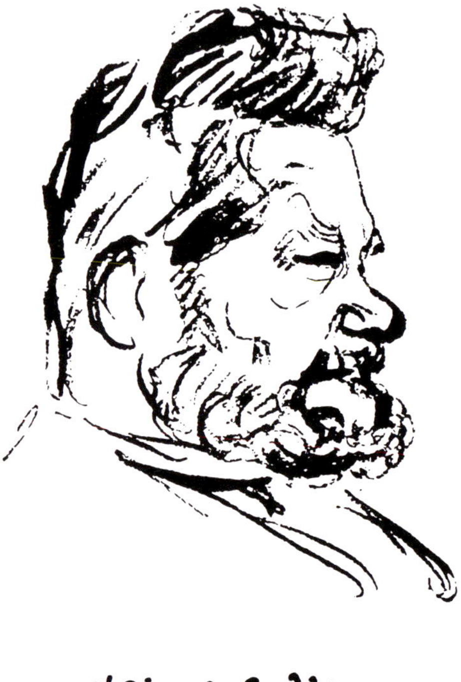

Berlin: Die Ecke Fischer- und Köllnische Straße mit dem Auge der Kamera (rechts) und als Zille-„Milljöh“. Mit seinen satirisch-bissigen Darstellungen des Lebens in Berlins proletarischen Stadtvierteln war Heinrich Zille (links) populär geworden. Was dem Zeichner der satirischen Zeitschriften „Lustige Blätter“, „Simplicissimus“ und „Jugend“ zum Bild Ecke Fischer- und Köllnische Straße einfiel? „Morgenstunde hat Gold im Munde“: „Haste Töne, Sachsenberta, hat mir der verfluchte Strolch mein' Joldzahn rausjebrochen!“

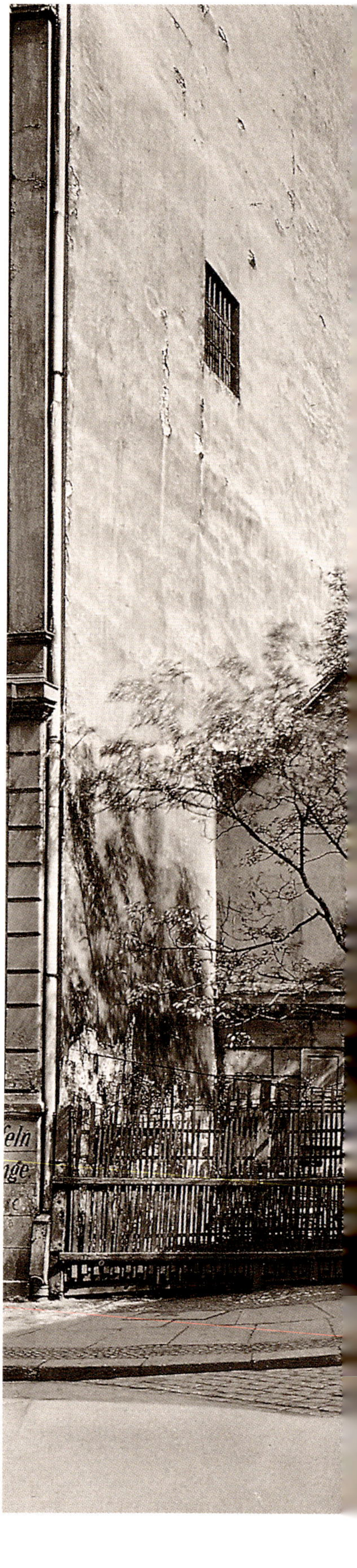

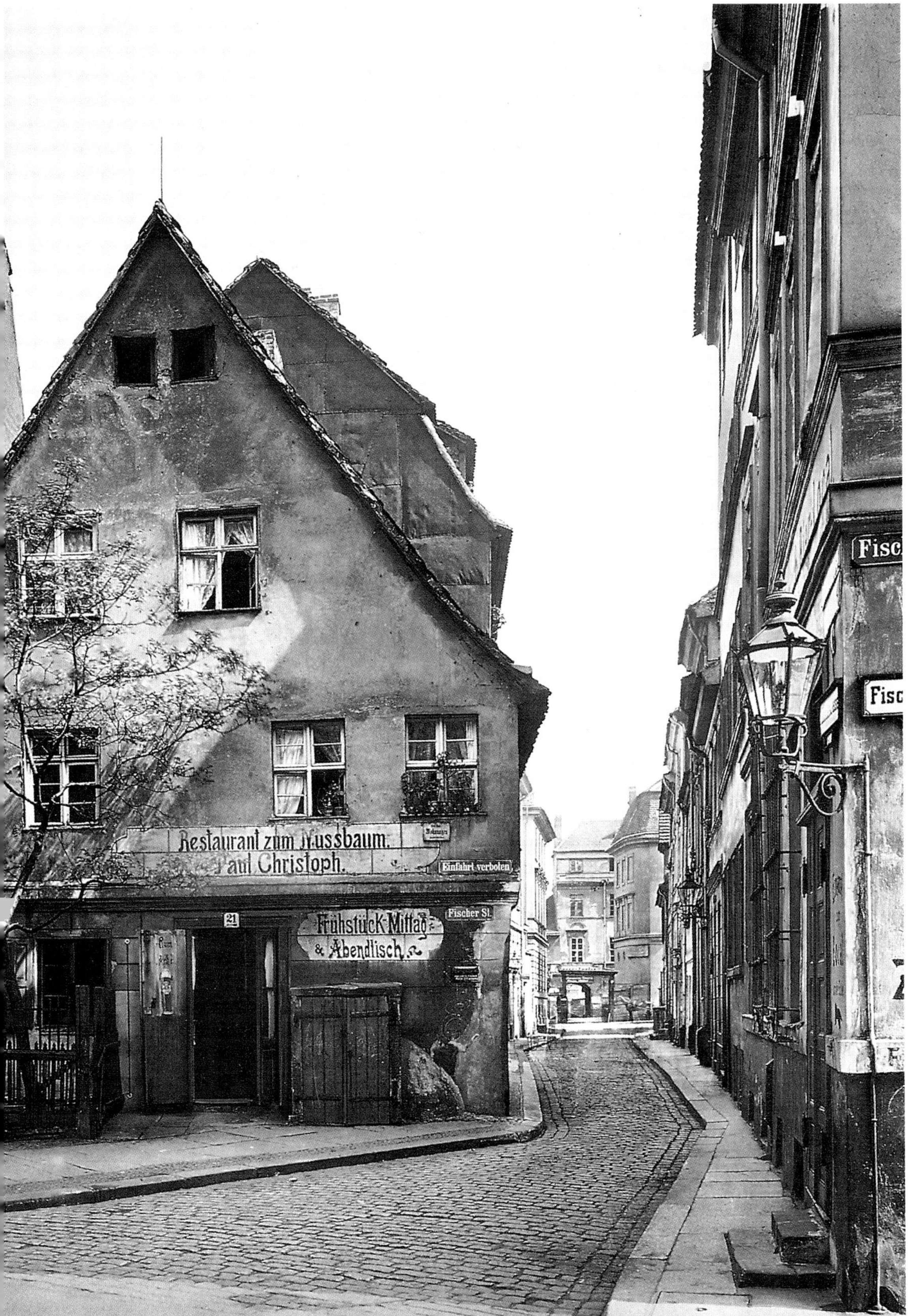
Restaurant zum Nussbaum
Paul Christoph
Einfahrt verboten
21
Frühstück Mittag
& Abendtisch
Fischer St.
Fisc
Fisc

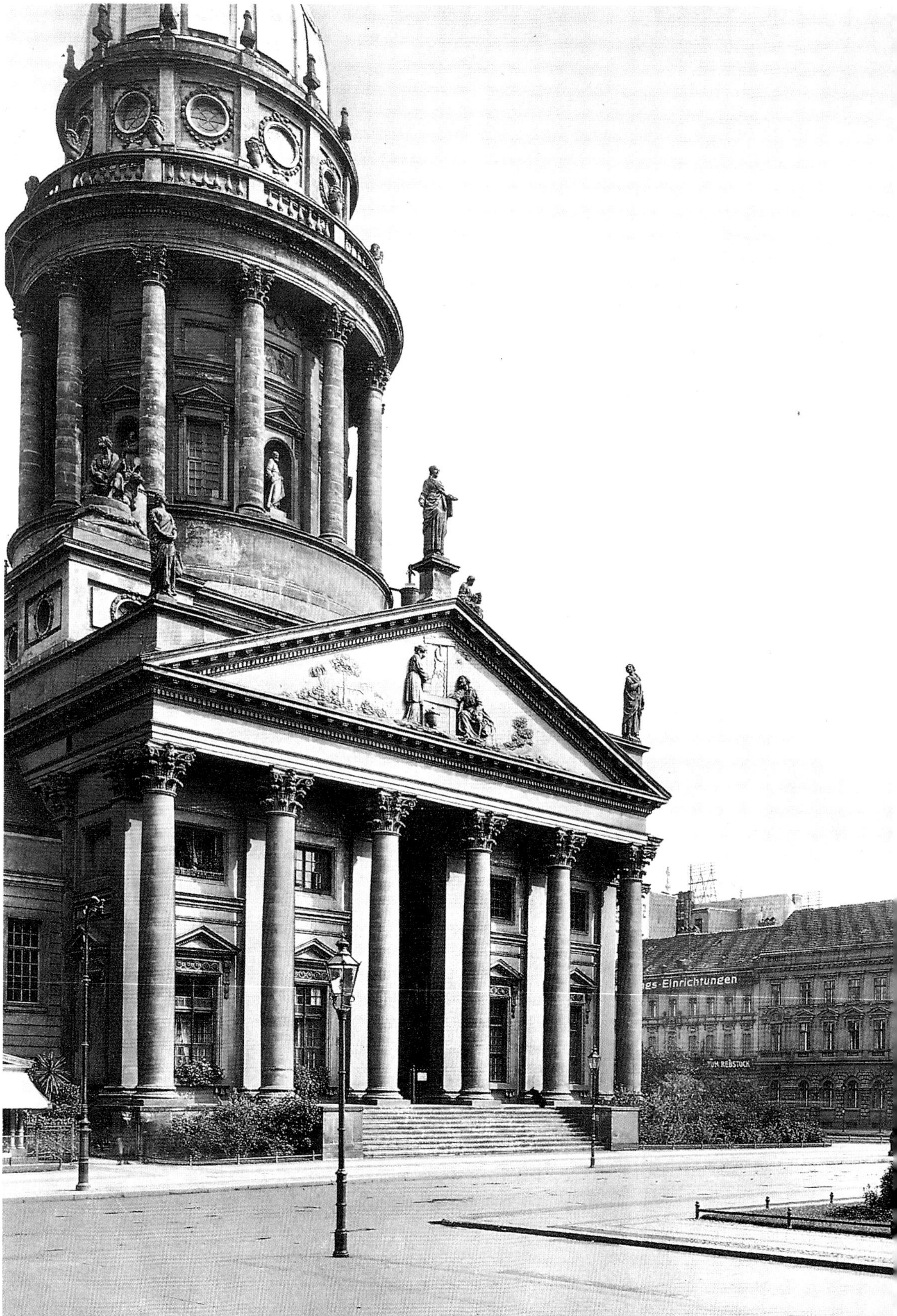
es-Einrichtungen
ZUM REBSTOCK

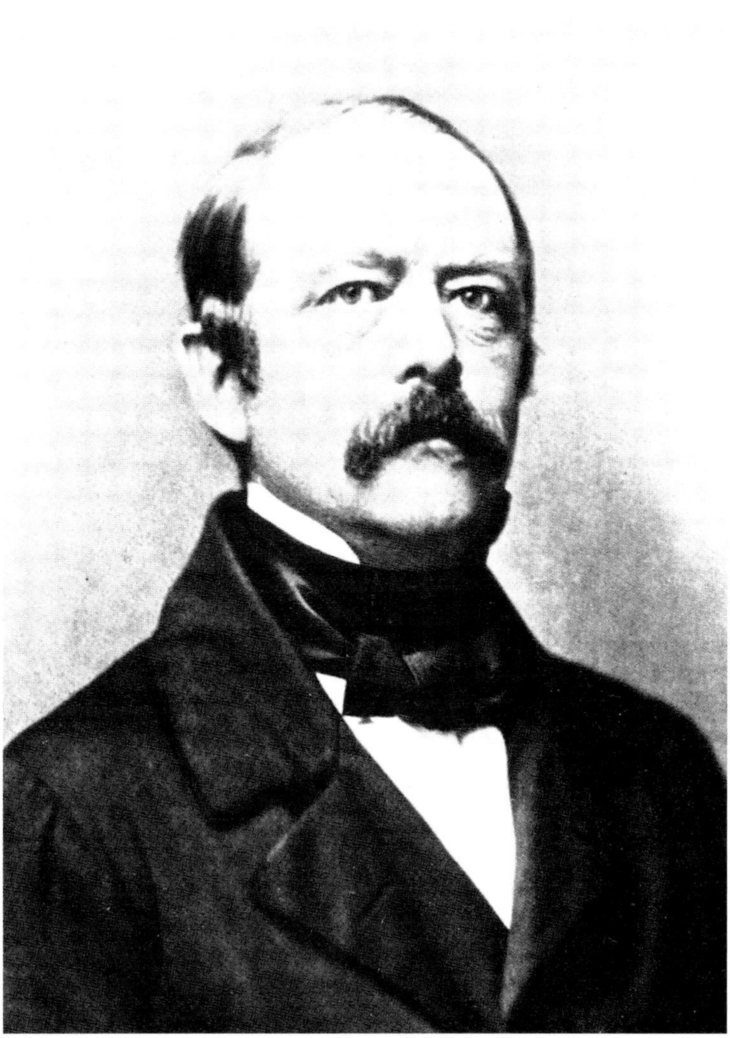

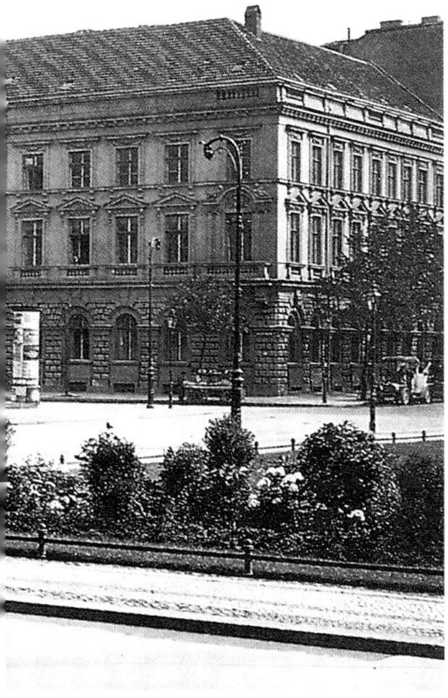

Der französische Dom am Gendarmenmarkt um 1910. Am Gendarmenmarkt standen das von Schinkel errichtete königliche Schauspielhaus und zu beiden Seiten davon der Deutsche und der Französische Dom. Letzterer erinnerte an jene Zeit, als jeder fünfte Berliner tatsächlich noch ... Franzose war. Um 1700, also rund 100 Jahre bevor Napoleon hier einzog, hatte die Stadt Bevölkerungsverluste mit der Einladung an Hugenotten, verfolgte französische Protestanten, ausgeglichen.

Fürst Otto von Bismarck, preußischer Staatsmann und deutscher Reichskanzler (Aufnahme um 1858). Dem mährischen Junker, Abiturient des Berliner Grauen Klosters, verheiratet mit dem pommerschen Edelfräulein Johanna von Puttkamer, war 1871 mit Hilfe politischer wie militärischer Lösungen die Gründung des Deutschen Reiches gelungen. Berlin stieg damit zur Hauptstadt der stärksten Macht Mitteleuropas auf.

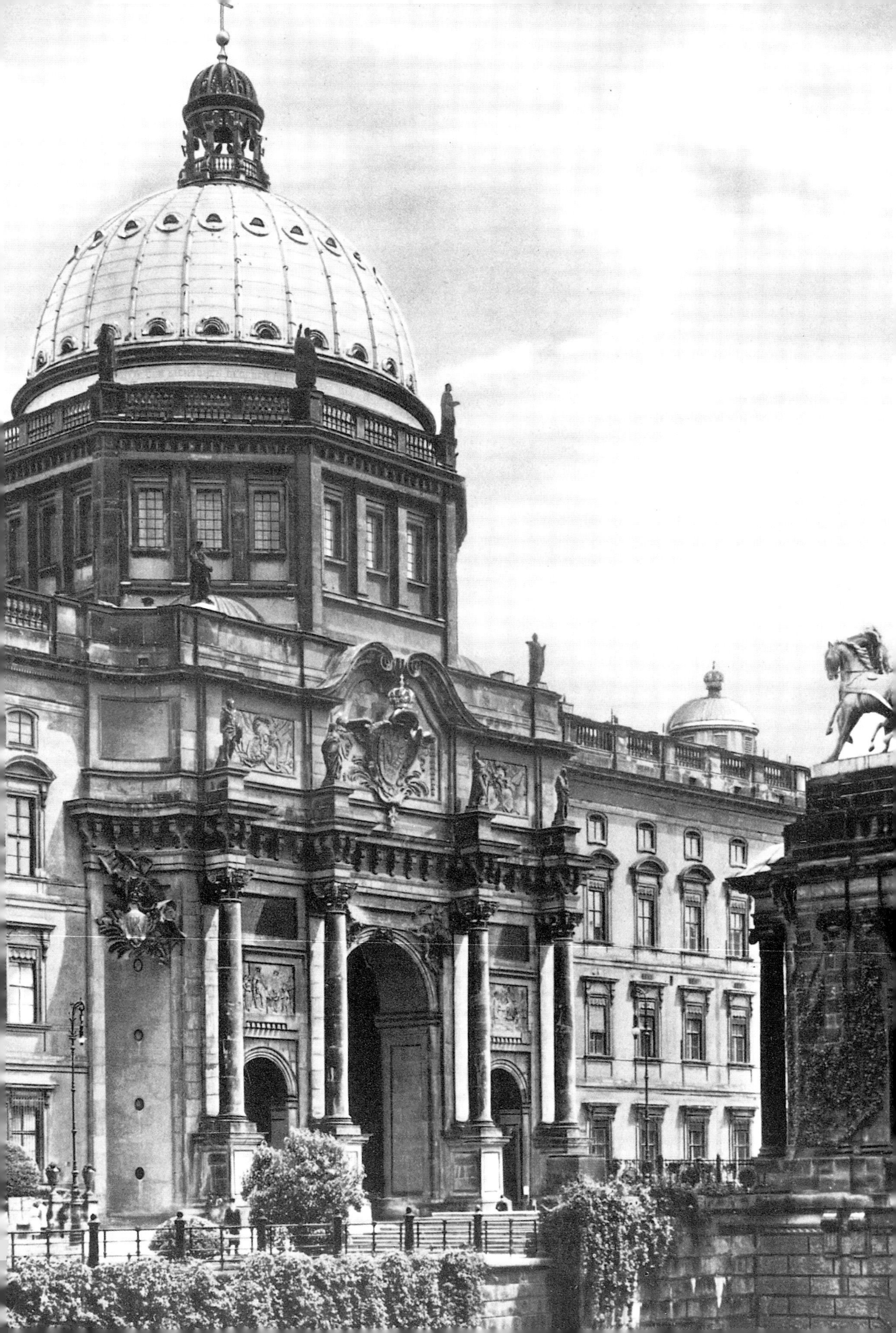

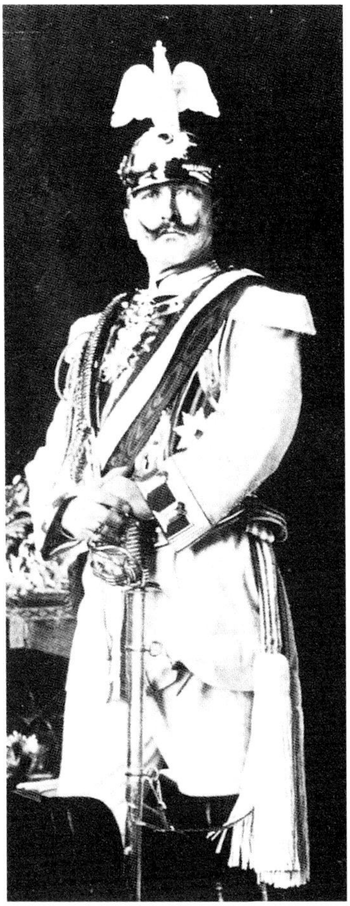

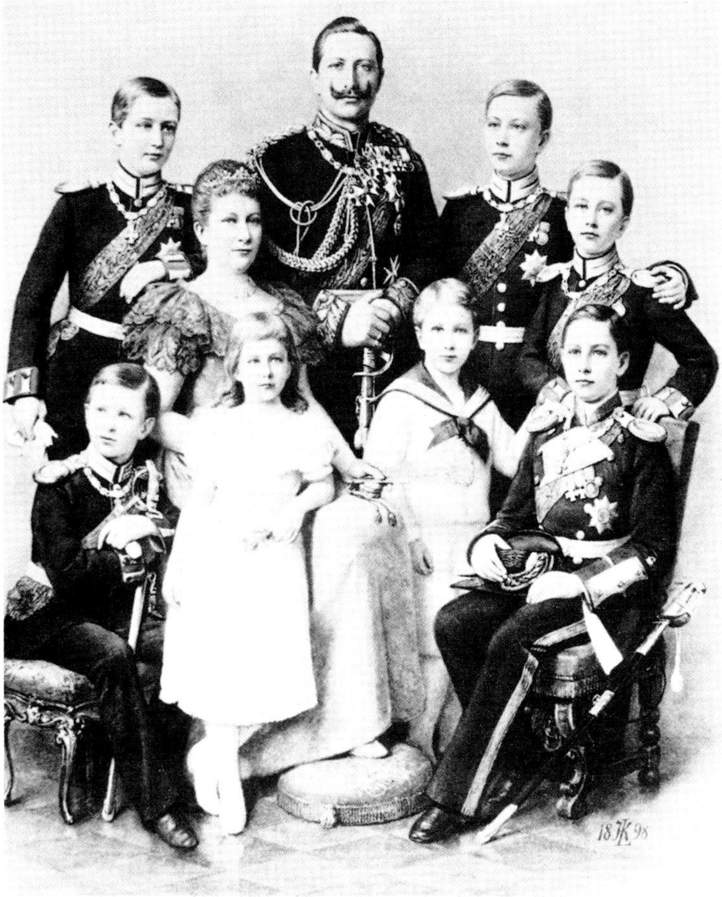

Eosander-Portal des Berliner Schlosses. Das Stadtschloß an der Spree, eines der bedeutendsten Barockdenkmäler Deutschlands, stand an jener Stelle, wo sich um 1450 noch das kleine Schlößchen des Kurfürsten Friedrich II. erhoben hatte. Caspar Theyß errichtete ab 1538 einen neuen könglichen Repräsentativbau, der in den kommenden Jahrhunderten dann eine endgültige Form durch Andreas Schlüter und Eosander von Göthe erhielt.

Kaiser Wilhelm II. in Prachtuniform – Die kaiserliche Familie 1898: Wilhelm II. mit Gemahlin Auguste Viktoria von Schleswig-Holstein-Sonderburg-Augustenburg, den sechs Söhnen und der Tochter. Wilhelm II., mit 29 Jahren der dritte Kaiser des zweiten Reiches, liebte militärische Uniformen über alles. Diesem „Reichsrenommierstil" entsprach dann auch die glänzende Fassade, die Berlin unter seiner Herrschaft erhielt ... hinter die allerdings zeitkritische Geister wie Heinrich Zille, Käthe Kollwitz und der junge Tucholsky zu blicken verstanden. Unter Wilhelm II. expandierte Berlin, es gewann dem Reich Kolonien hinzu und erlebte einen gewaltigen wirtschaftlichen Aufschwung.

Nach Ende des Ersten Weltkriegs, mit der Abdankung der Hohenzollern, wurde die Stadt zum Mittelpunkt der Auseinandersetzungen zwischen Befürwortern einer parlamentarischen Demokratie und einer kommunistisch orientierten Räterepublik.

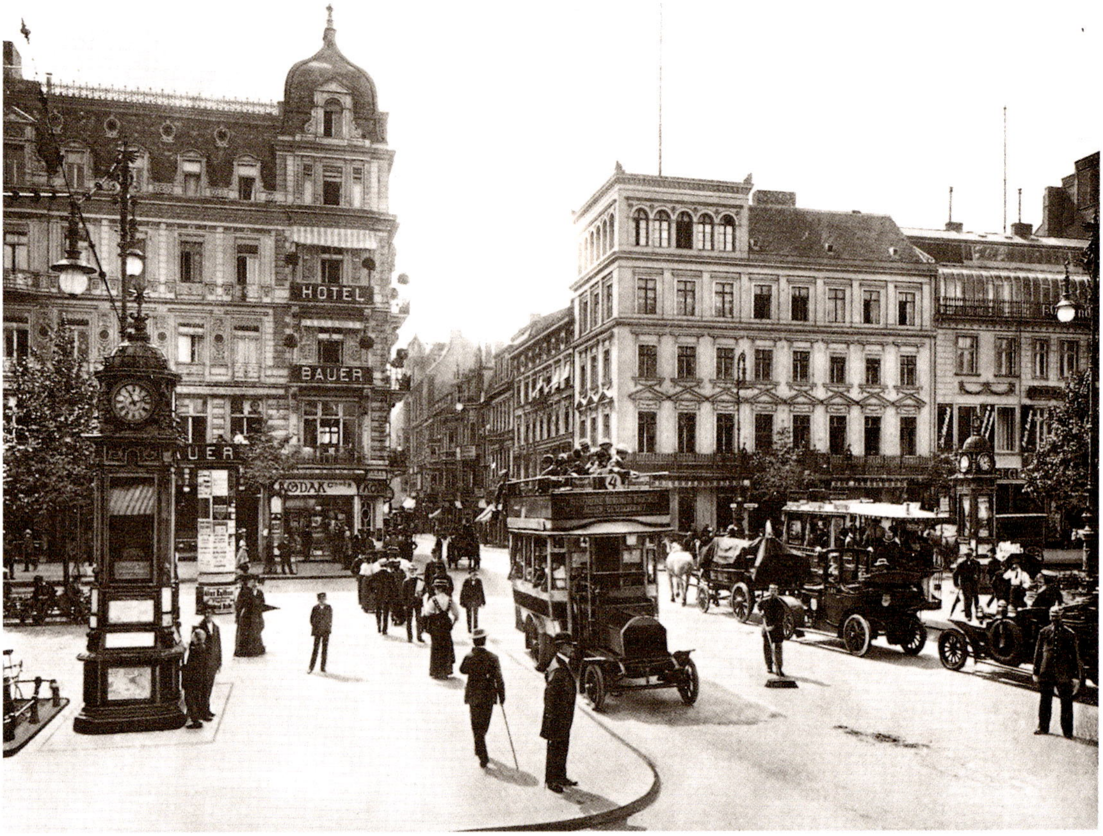
HOTEL
BAUER
KODAK

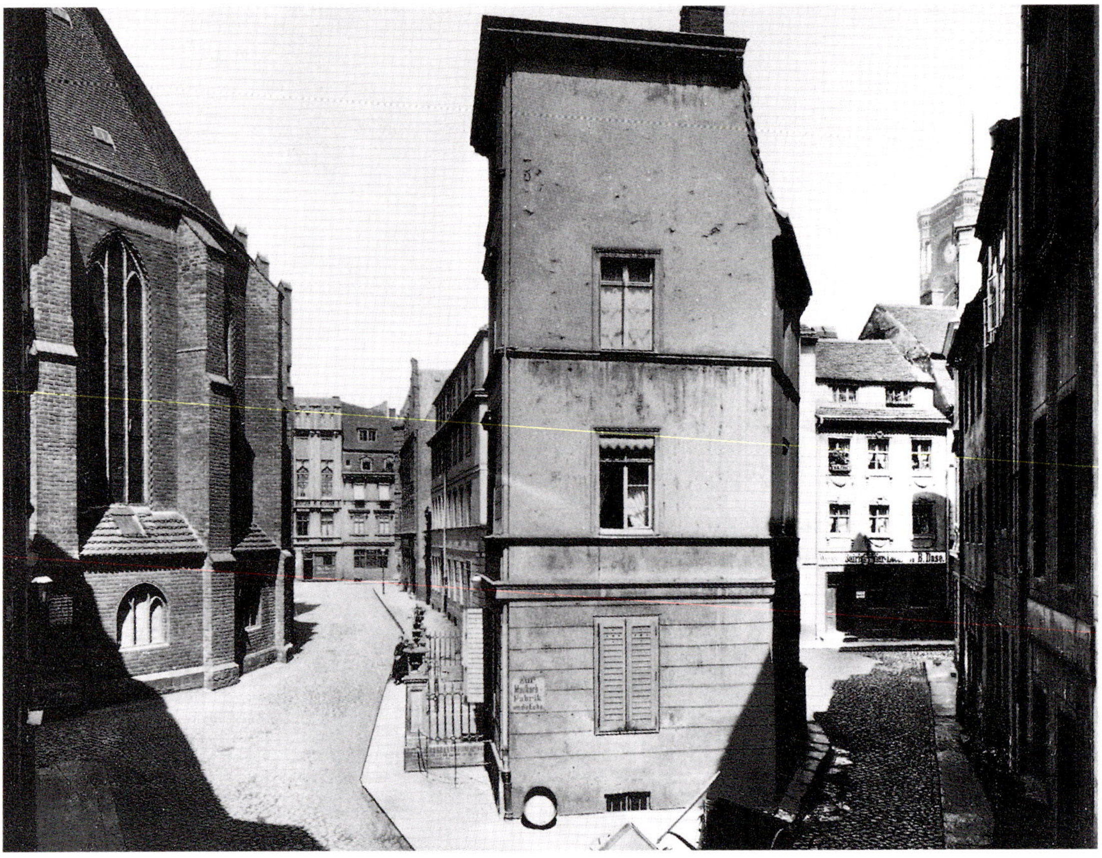

Berlin: Die berühmte Kranzler-Ecke, wo sich „Unter den Linden“ und Friedrichstraße kreuzen, um 1910. „Unter den Linden“, zwischen dem Opernplatz und dem Brandenburger Tor „1600 Schritte lang“, Mitte des 17. Jh. vom Großen Kurfürsten angelegt, galt als Prachtstraße Berlins. Dem entsprachen ihre Anlieger: im „Jagor“ etwa trafen sich die Feinschmecker, im Cafe Kranzler die „besseren Leute“ (wozu sich die Gardeoffiziere zählten) und im „Royal“ die elegante Welt. Im Opernhaus „Unter den Linden“ gastierten Liszt und Paganini oder setzte sich Wagner mit seinem „Fliegenden Holländer“ durch. Die Friedrichstraße dagegen war das belebteste Geschäftszentrum der Stadt, besonders nachdem die Berliner rundherum mobil geworden waren: Im Vordergrund der Autobus, der im ersten Jahrzehnt des Jahrhunderts von der Industrie als Konkurrenz zur Straßenbahn erfunden wurde.

Links: Eiergasse und Nikolaikirchplatz in Spandau.

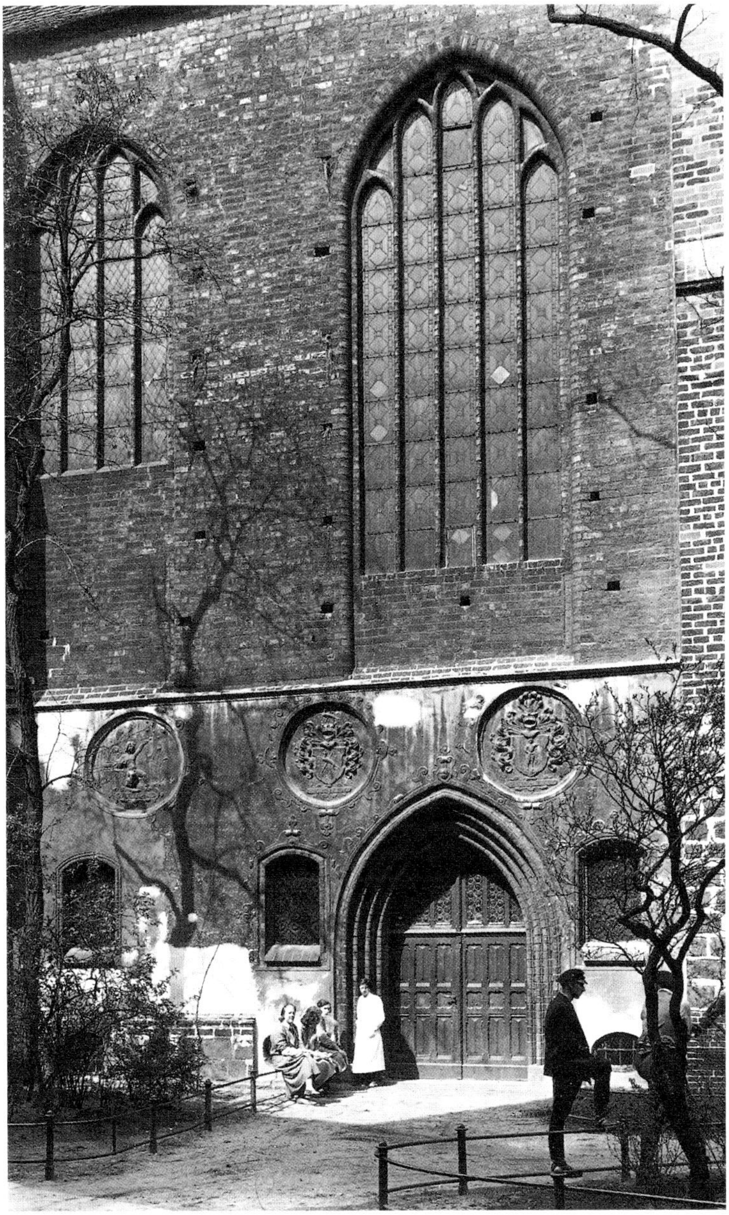

Oben: Portal der Nikolaikirche. Berlins älteste Kirche war 1223 geweiht worden, im wesentlichen allerdings ein Bauwerk des 15. Jh. In ihrem Innern waren ein bronzener Taufkessel von 1398, der 1582 vom Grafen Rochus von Lynar gestiftete steinerne Altar und eine gotische Kreuzigungsgruppe aus dem Jahr 1540 von besonders hohem kulturhistorischen Wert.

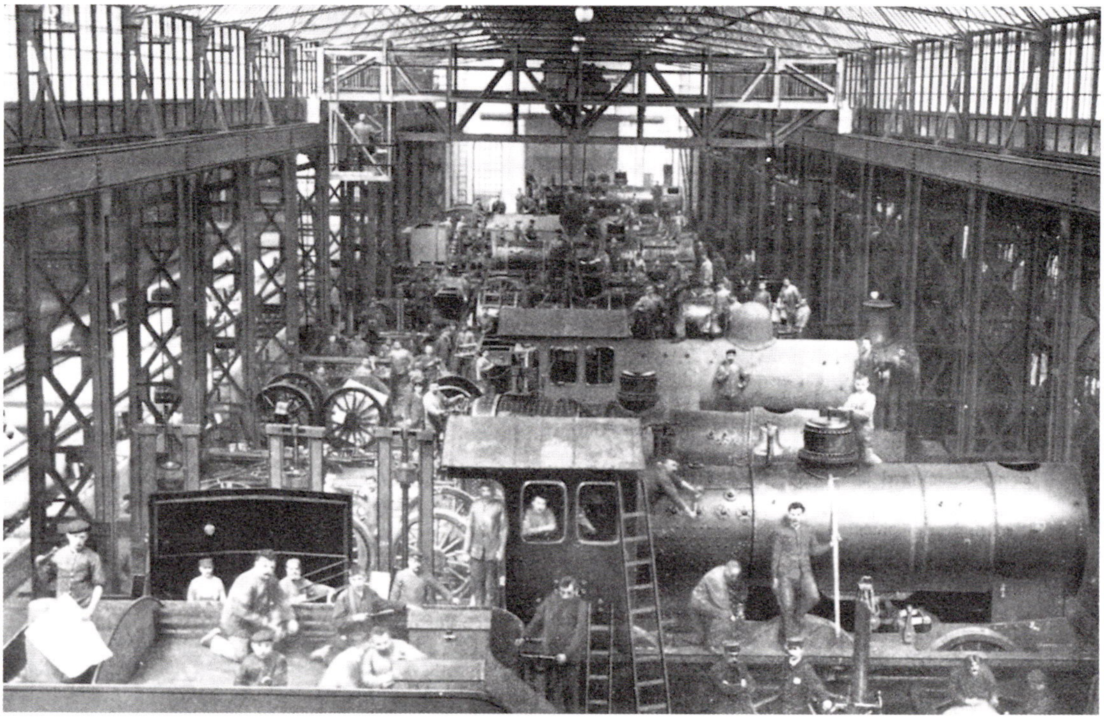

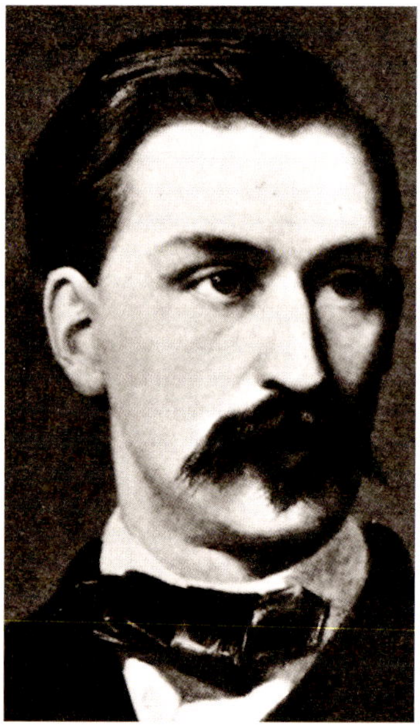

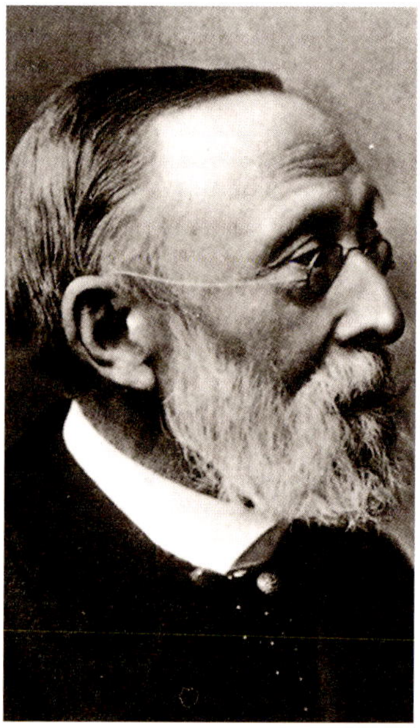

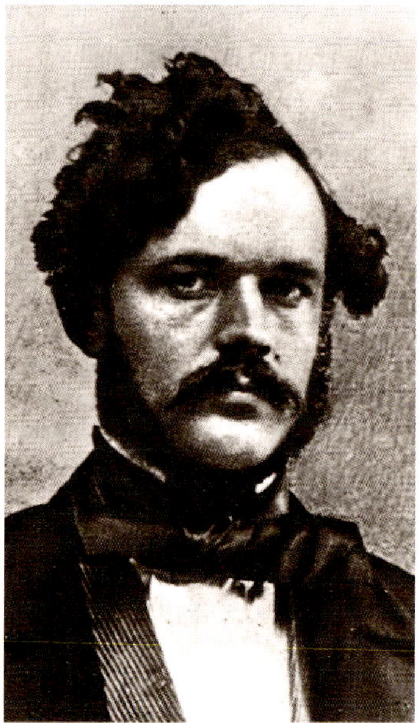

Geistiges Zentrum Berlins ist seine Universität. 1919, zur Jahrhundertfeier, konnte sie sich in der Tradition Heinrich Treitschkes, des Herolds der deutschen Einigung unter Preußens Führung (oben links), des genialen Arztes Rudolf Virchow (mitte), aber auch von Mommsen, Fichte, Schleiermacher oder Helmholtz sonnen.

Werner von Siemens (rechts) dagegen, technisch begabter Gutspächtersohn aus Lenthe/Hannover, hatte einst das Geld zu einem Studium gefehlt. Noch als preußischer Artillerieoffizier gründete er 1847 die „Telegraphen-Bauanstalt Siemens & Halske" in Berlin, Kernzelle des späteren Weltunternehmens Siemens-AG.

Links: Berlins Borsig-Werke. Johann Friedrich August Borsig, gelernter Zimmermann aus einer schlesischen Handwerker- und Bauernfamilie, hatte mit seiner Moabiter Maschinenbauanstalt im September 1837 begonnen. Als 1854 dort die 500. Lokomotive fertiggestellt wurde, waren die Borsigwerke trotz heftiger Konkurrenz größter Lokomotivhersteller Europas. Der wilde industrielle Aufstieg Berlins nach der Gründung des Deutschen Reiches hatte allerdings auch seinen Preis. Mit den Industrien wuchsen die sozialen Unruhen. Nachdem die Sozialdemokratische Partei als Vertreterin der Arbeiter 1877 zwei der sechs Berliner Reichstags-Mandate errungen hatte, erging hier das „Gesetz gegen die gemeingefährlichen Bestrebungen der Sozialdemokratie".

Rechts: Weltweit war Berlin die Stadt, die die meisten Nobelpreisträger stellte. Unter ihnen der Wahlberliner Theodor Mommsen, der 1902 für seine Römische Geschichte den Nobelpreis für Literatur erhielt. Als Liberaler in Abgeordnetenhaus und Reichstag war Mommsen ein entschiedener Gegner Bismarcks.

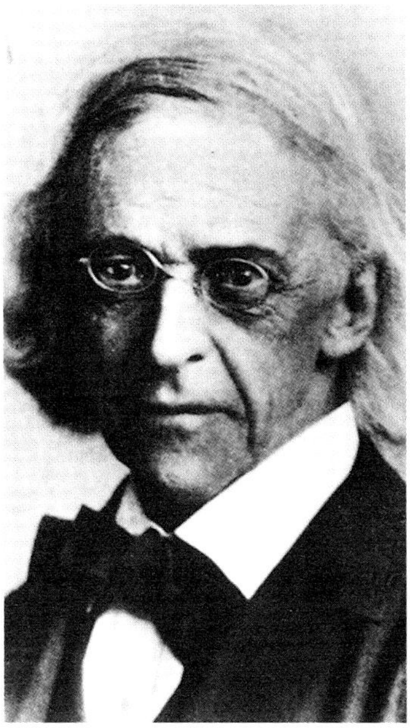

Unten: Reichskanzler Wilhelm Marx, Reichspräsident Friedrich Ebert und Außenminister Gustav Stresemann (vordere Reihe von rechts) mit den Spitzen der Weimarer Republik bei einem Festakt vor dem Berliner Reichstag.

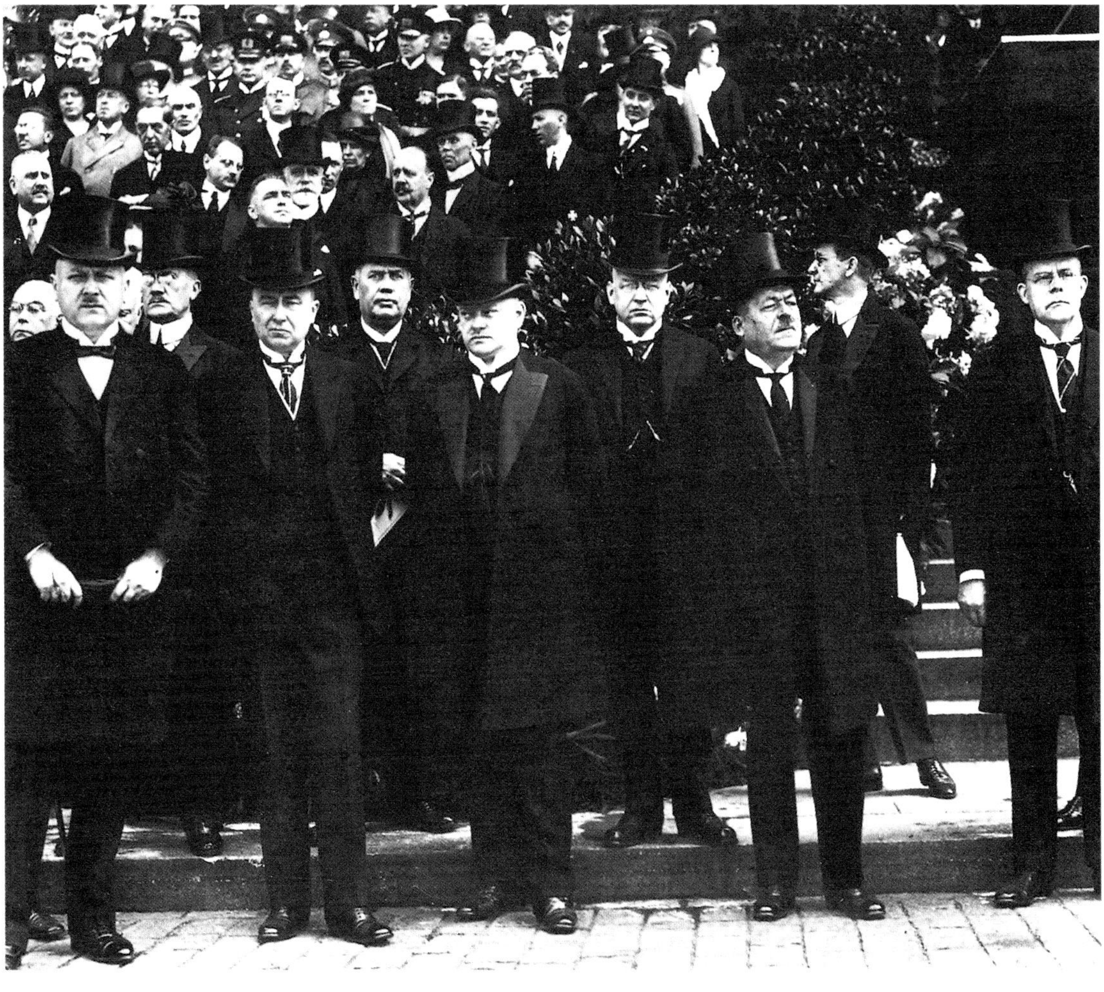

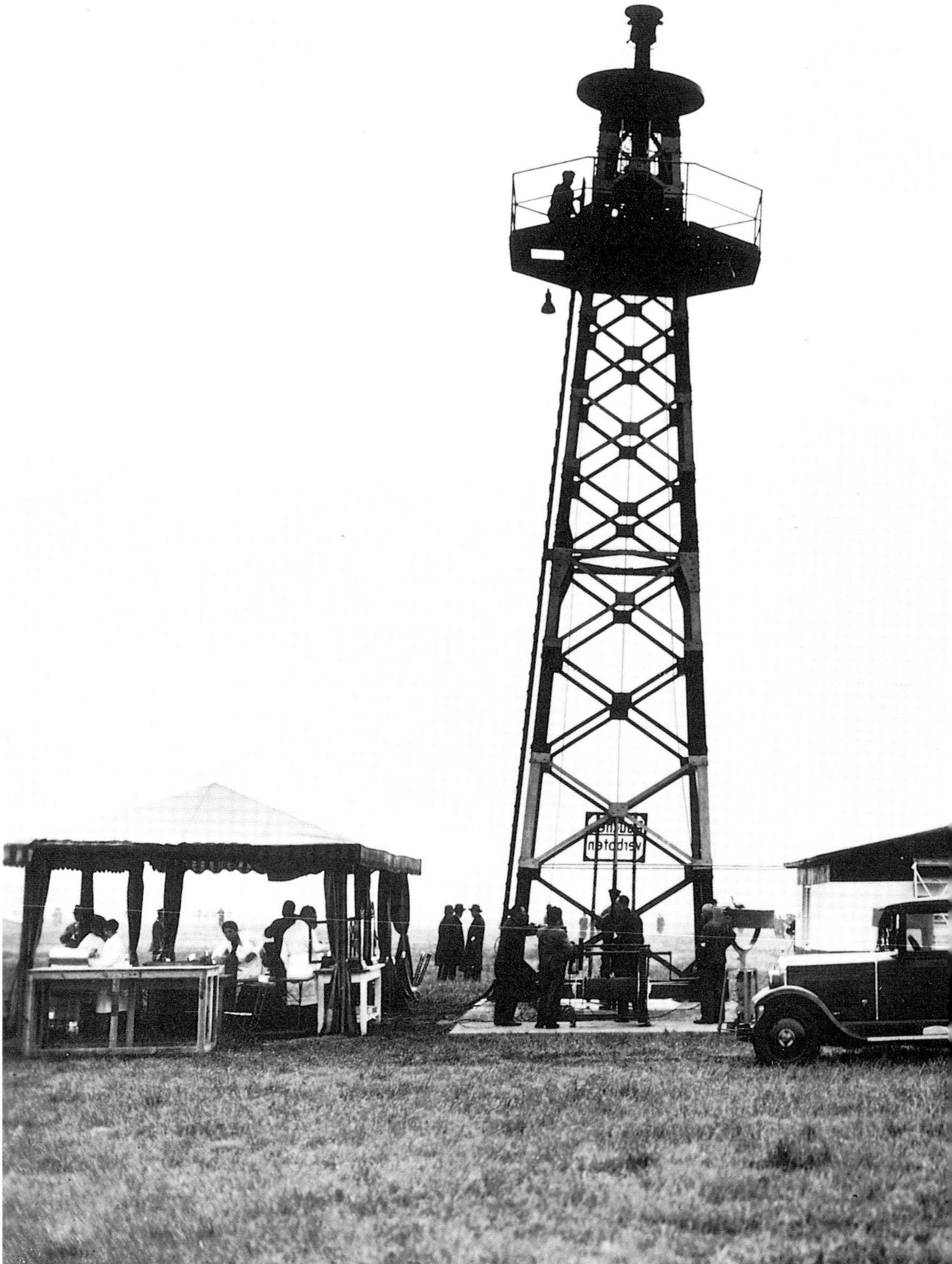
verboten

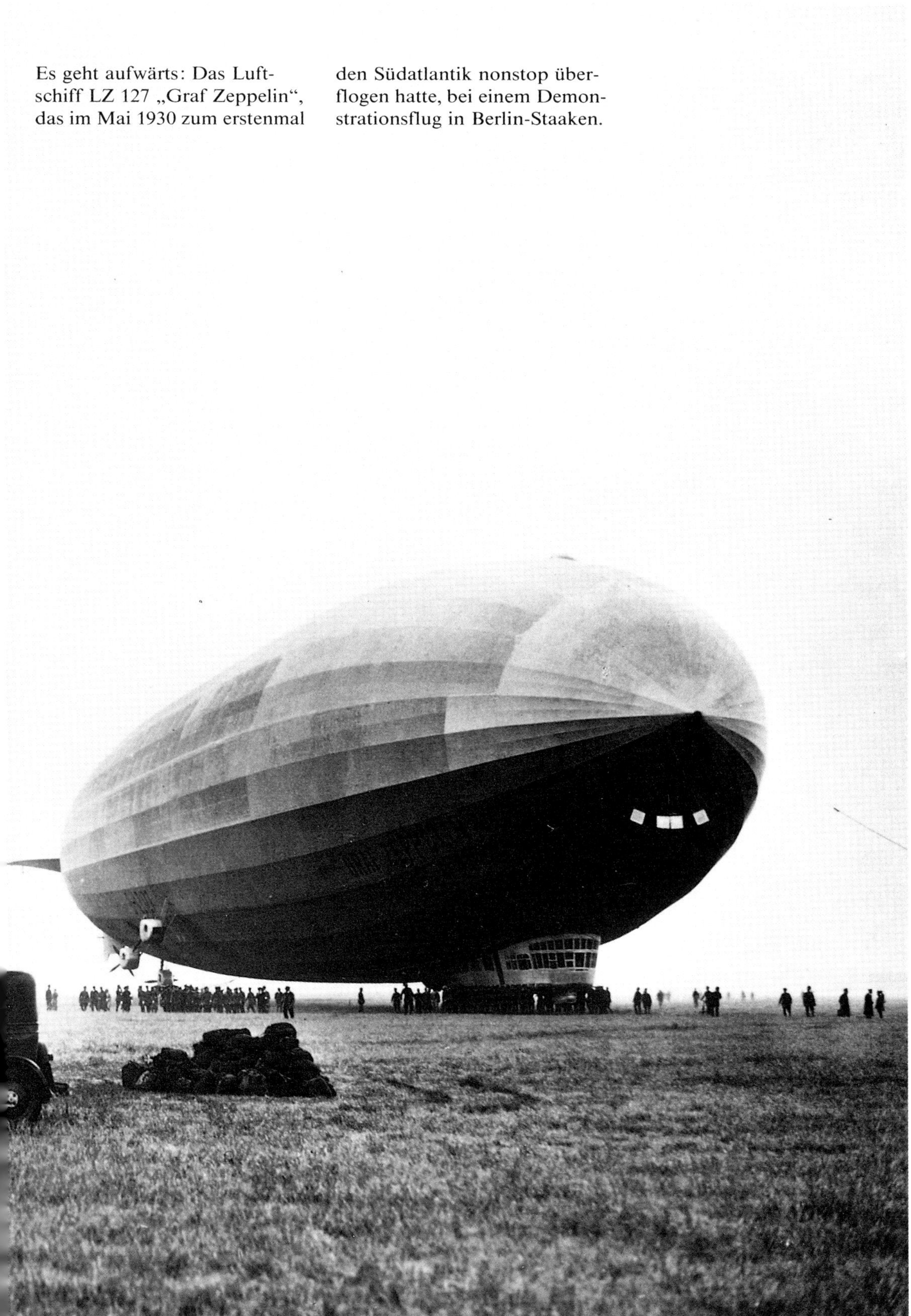

Es geht aufwärts: Das Luftschiff LZ 127 „Graf Zeppelin“, das im Mai 1930 zum erstenmal den Südatlantik nonstop überflogen hatte, bei einem Demonstrationsflug in Berlin-Staaken.

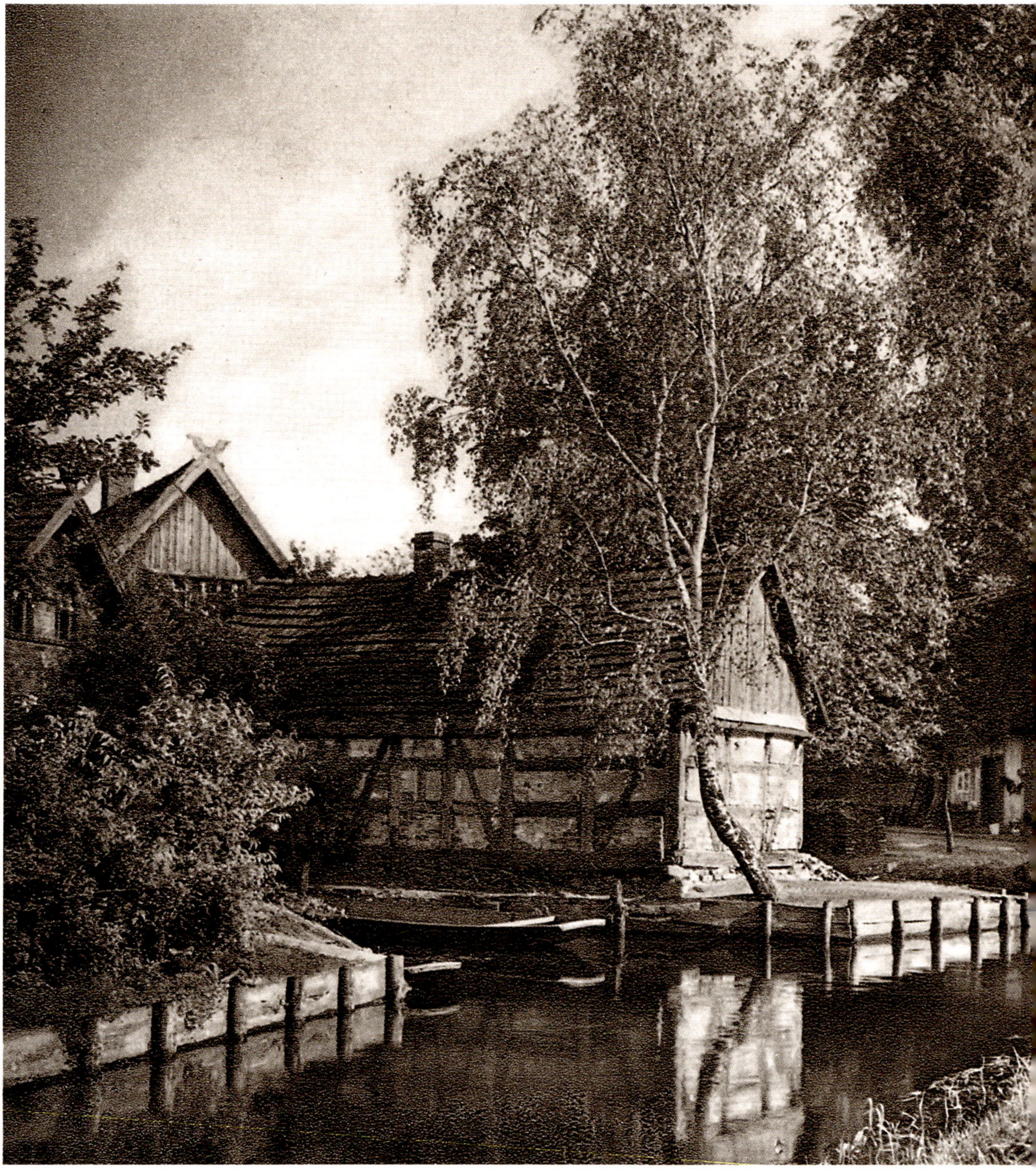

Leipe im Spreewald. Der Spreewald im Süden der Provinz Brandenburg hatte als Verkehrswege hauptsächlich nur das Wasser. Die von vielen netzartig verbundenen Armen der Spree durchzogene Niederung mit ihren schönen Waldungen und Wiesenflächen gab der Gegend einen in Mitteleuropa einzigartigen landschaftlichen Charakter. In Orten wie Leipe lag praktisch jedes Ge-

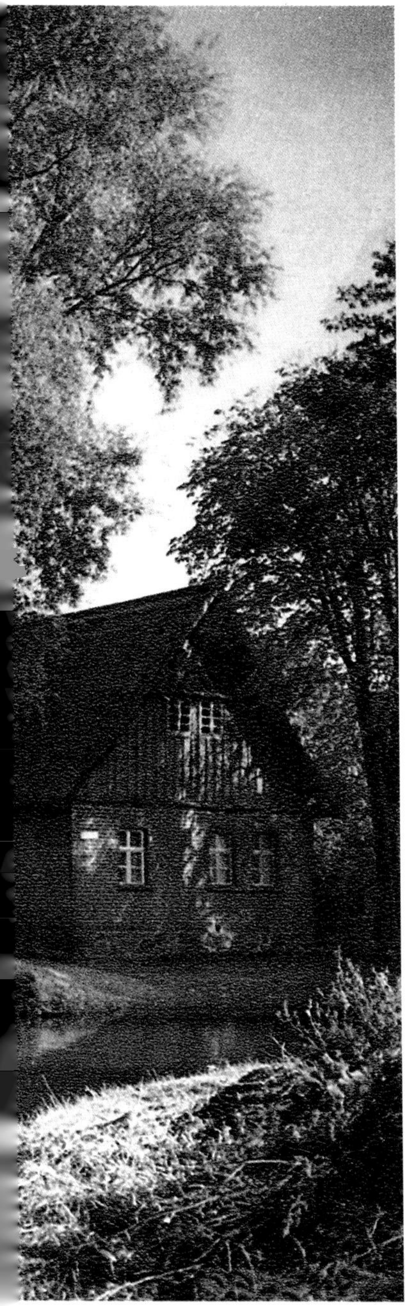

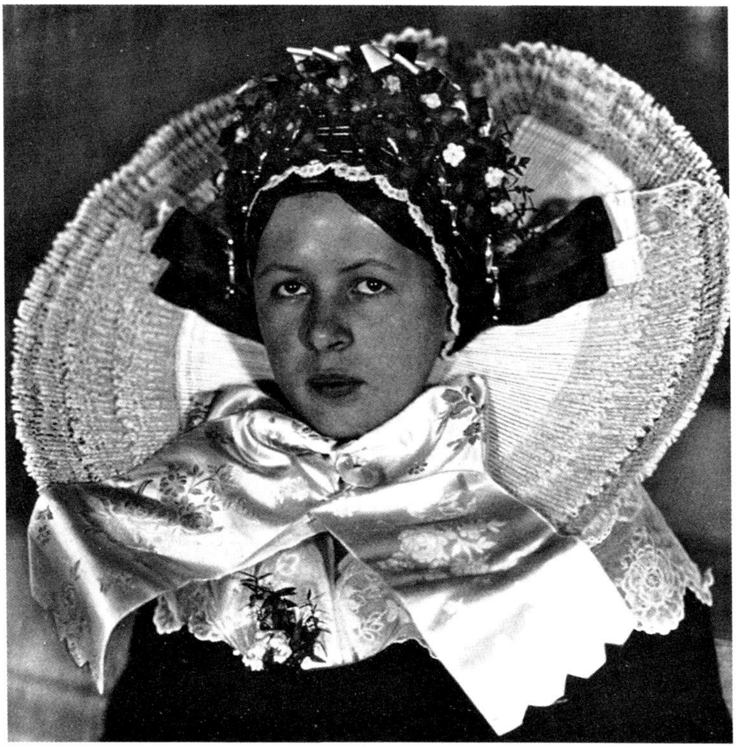

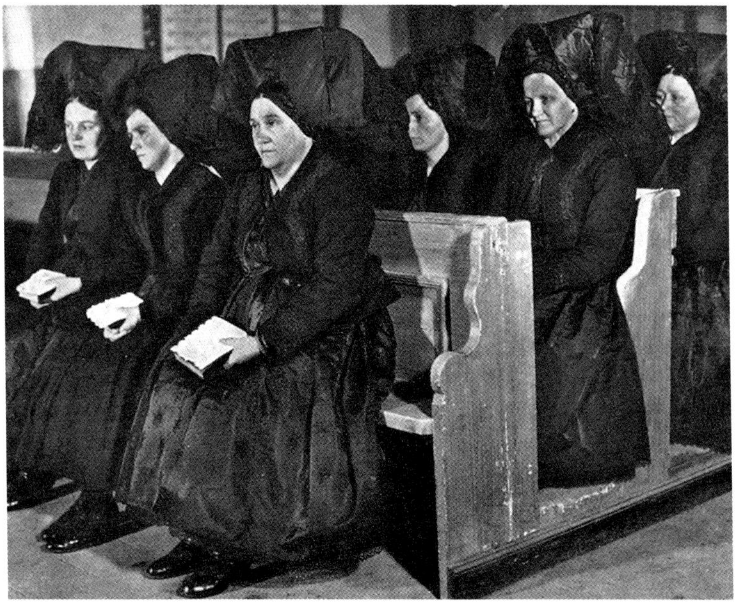

höft auf seiner eigenen Insel, jedes Haus hatte seinen eigenen Hafen.

Wendische Braut aus dem Spreewald in ihrem prachtvollen, unverkennbar slawischen Hochzeitsschmuck – Spreewälderinnen beim Abendmahl in der Burger Dorfkirche. Bei den Bewohnern im östlichen Teil des Oberen Spreewaldes handelte es sich zum Großteil noch um reine Wenden, die – obwohl längst eingedeutscht – sich über Sprache, Sitte und Brauchtum viele ihrer alten Überlieferungen erhalten hatten.

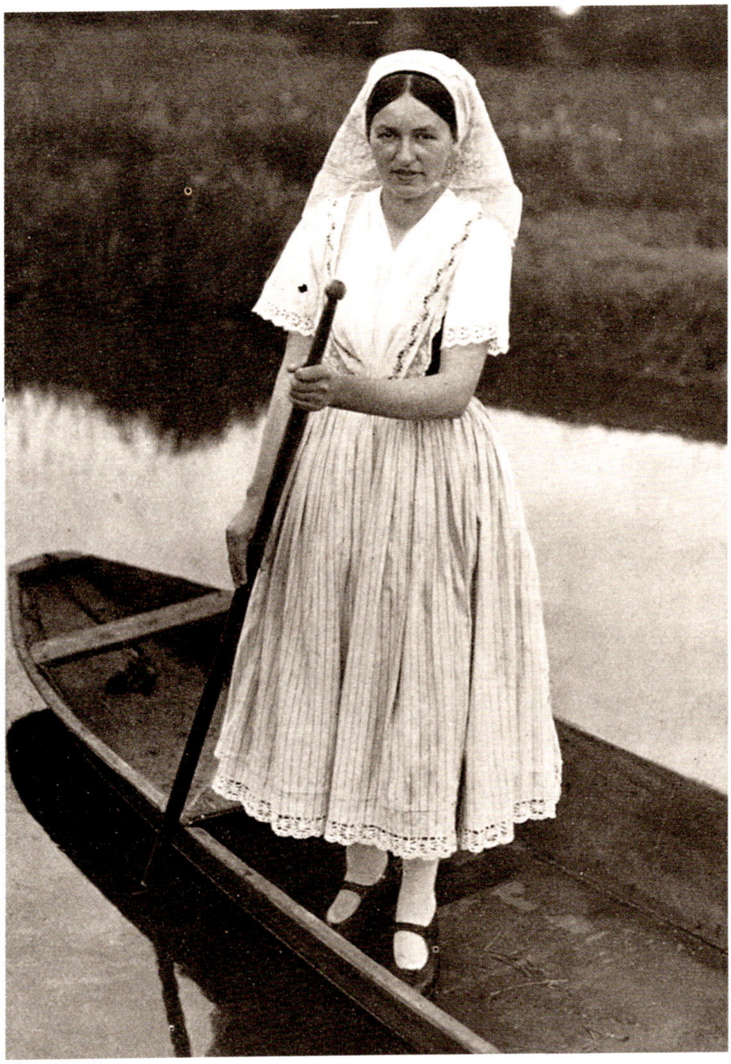

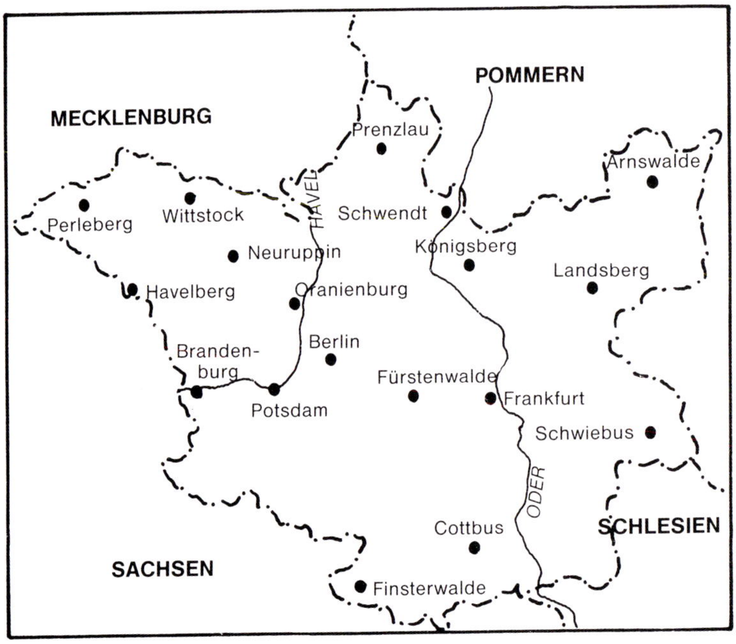
POMMERN
MECKLENBURG
Prenzlau
Arnswalde
HAVEL
Perleberg
Wittstock
Schwendt
Neuruppin
Königsberg
Landsberg
Havelberg
Oranienburg
Berlin
Branden-
burg
Fürstenwalde
Frankfurt
Potsdam
Schwiebus
ODER
Cottbus
SCHLESIEN
SACHSEN
Finsterwalde

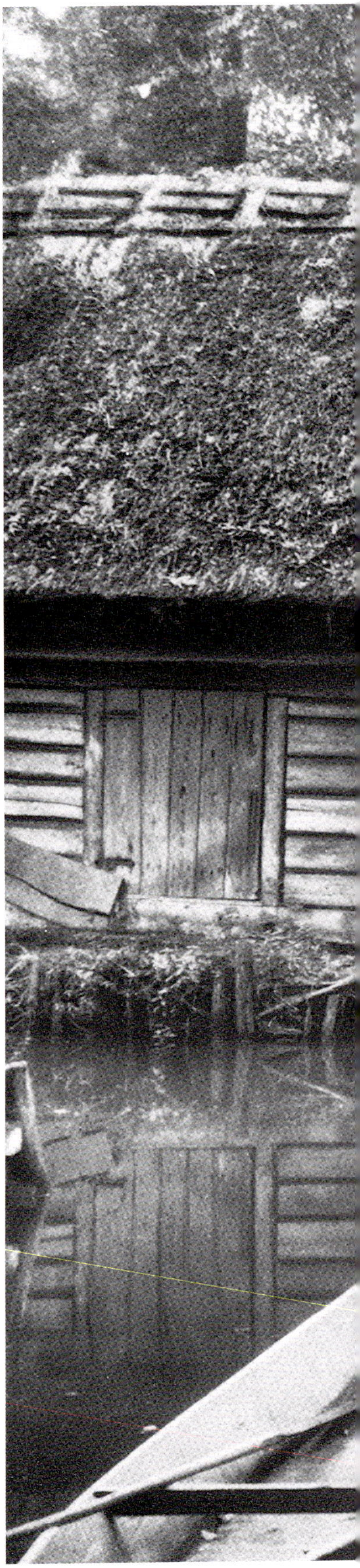

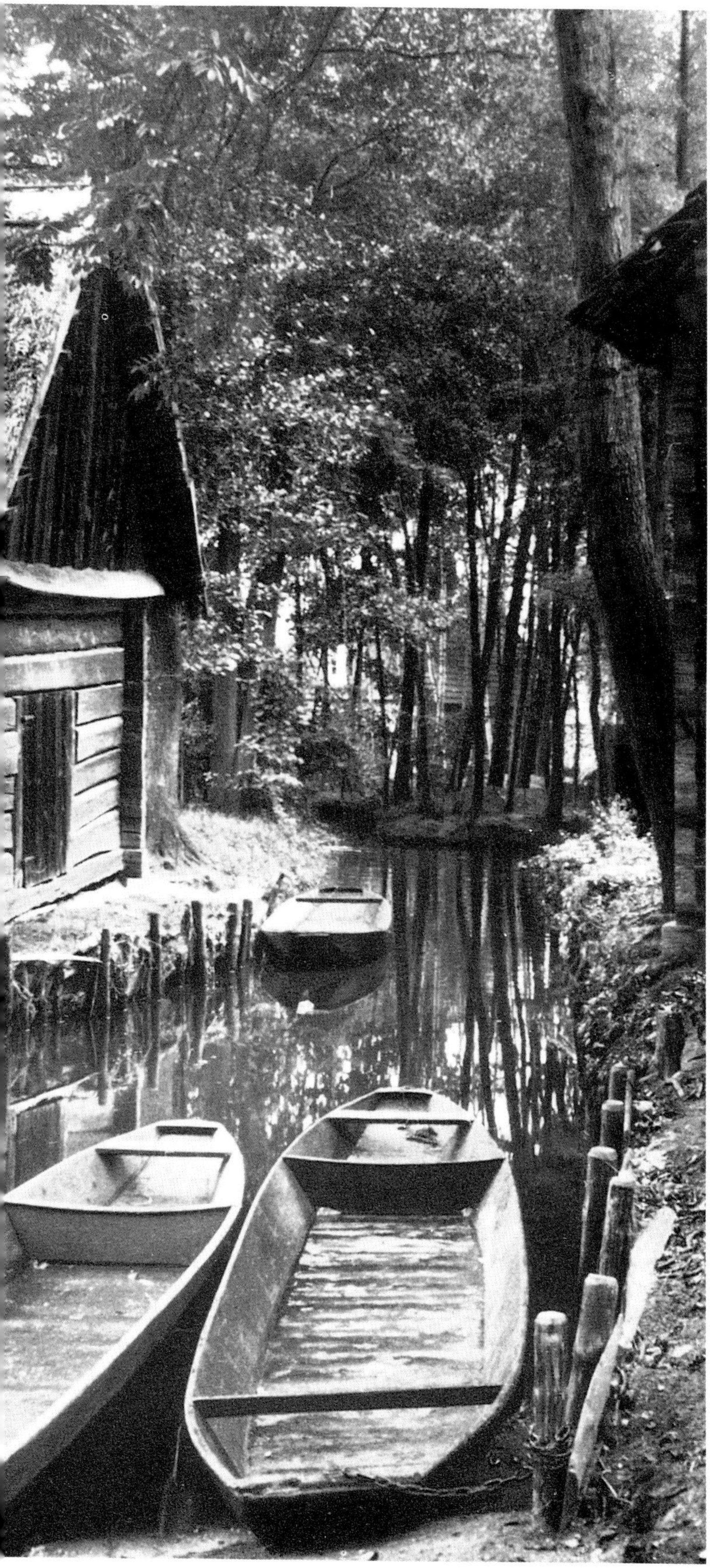

Spreewälderin im Boot – Der Spreewald: Idyll im Wasser. Auf den vielen, sich immer wieder verästelnden Armen der Spree nach ihrem Eintritt in die Mark Brandenburg waren das Boot im Sommer und Schlitten und Schlittschuhe im Winter Hauptverkehrsmittel. Orte wie Burg oder Lehde konnten in der amphibisch anmutenden Landschaft nur „über Wasser“ erreicht werden.

Der Spreewald, durch Jahrhunderte nur an seinen Rändern besiedelt, war immer ein typisches Erholungsgebiet der Berliner. Der Gast konnte sich hier auf flachen, hölzernen Kähnen durch die Fließen staken lassen, auf den Spuren des märkischen Dichters Theodor Fontane oder des Kirchenliederdichters Paul Gerhardt.

„Grün Lob! Pries öwerall!
Hier stoahn wi Jungfern all.
Wi moahnen uns den Brutball,
Brutball,
Von unse junge Fru.
Un will se uns den Brutball
nich gewen,
So war'n wi ehr den Mann
wegnehmen.
Un wär'n ehr Stickelbusch
weddergewen.
Lut, lut, de junge Brut.
Smiet se uns den Ball nich rut,
Boaben ut de neie Koat
Ünner up de freie Stroat. –
Loat de Berge sinken,
Wie Jungfern will'n moal
drinken.
Loat de Berge stille stoahn,
Wi Jungfern will'n moal
wiedergoahn.“

Märkisches Lied beim traditionellen Brautball an den Sonntagen vor Ostern.

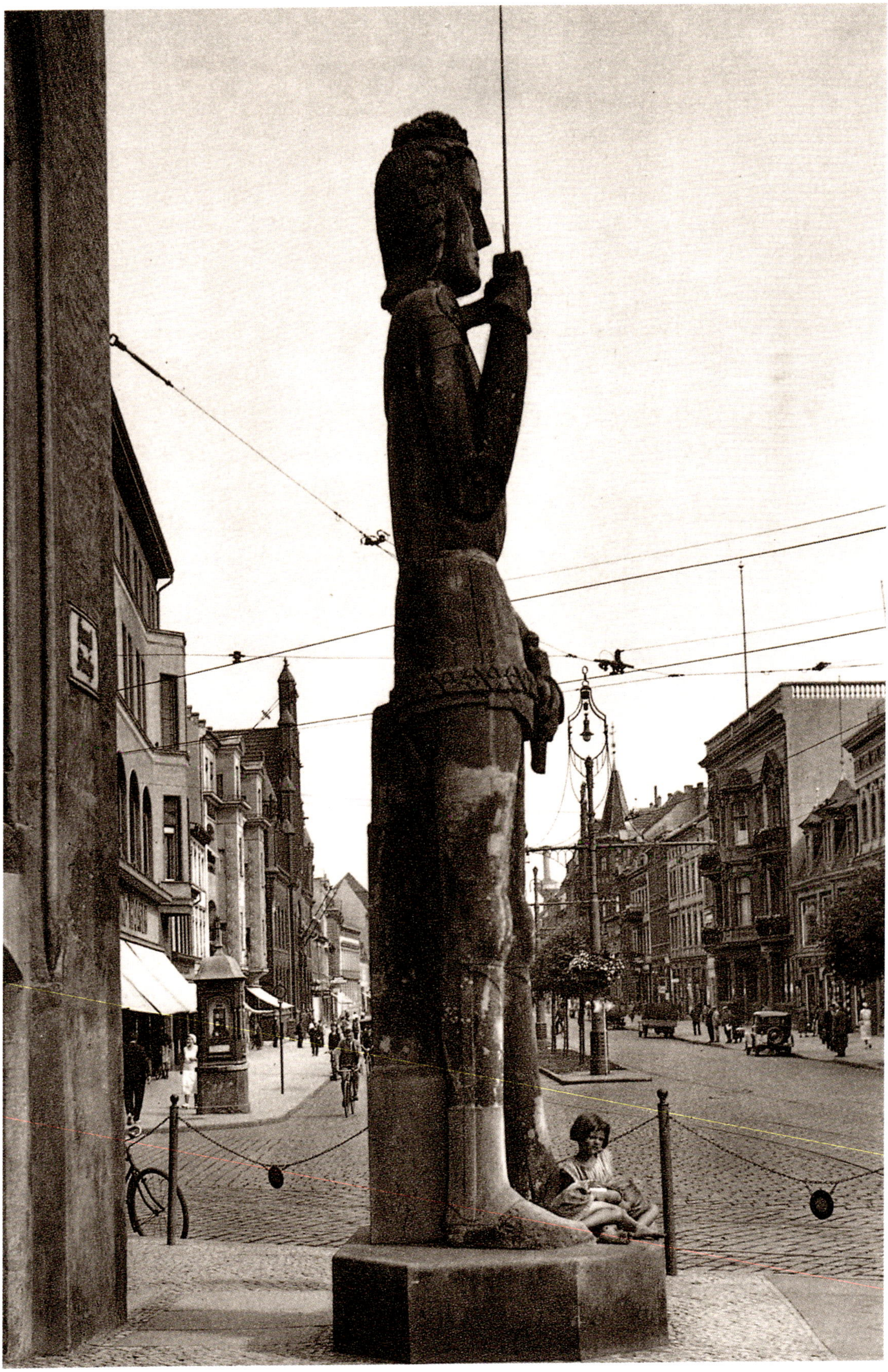

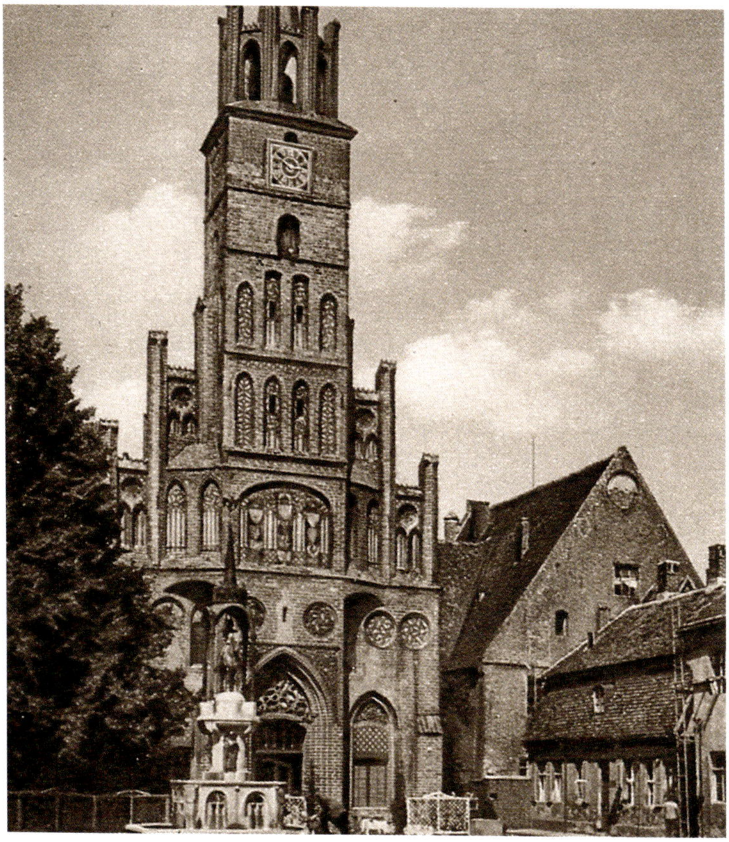

Brandenburg an der Havel: die Rolandstatue vor dem Neustädter Rathaus (linke Seite) und das Altstädtische Rathaus (links). Brandenburg an der Havel war einst unter dem Namen Brennabor die Hauptstadt der Wenden. Sicher wäre es auch die Hauptstadt des Deutschen Reiches geworden, hätte hier nicht ein hartnäckiger Streit der Gemeinden Altstadt, Neustadt und Dominsel die Hohenzollern im 15. Jh. bewogen, die Residenz nach Berlin-Kölln zu verlegen.
Brandenburgs Altstädtisches Rathaus (1450–1470) ist eines der hervorragendsten Bauwerke der profanen Backsteinkunst. Der steinerne Roland, 1402 als Symbol für Bürgersinn und Rechtsbewußtsein vor dem Neustädter Markt errichtet, zog 1716 zum Neustädter Rathaus um. Auf Wappen und Siegel der Stadt ist er seit 1347 nachweisbar.

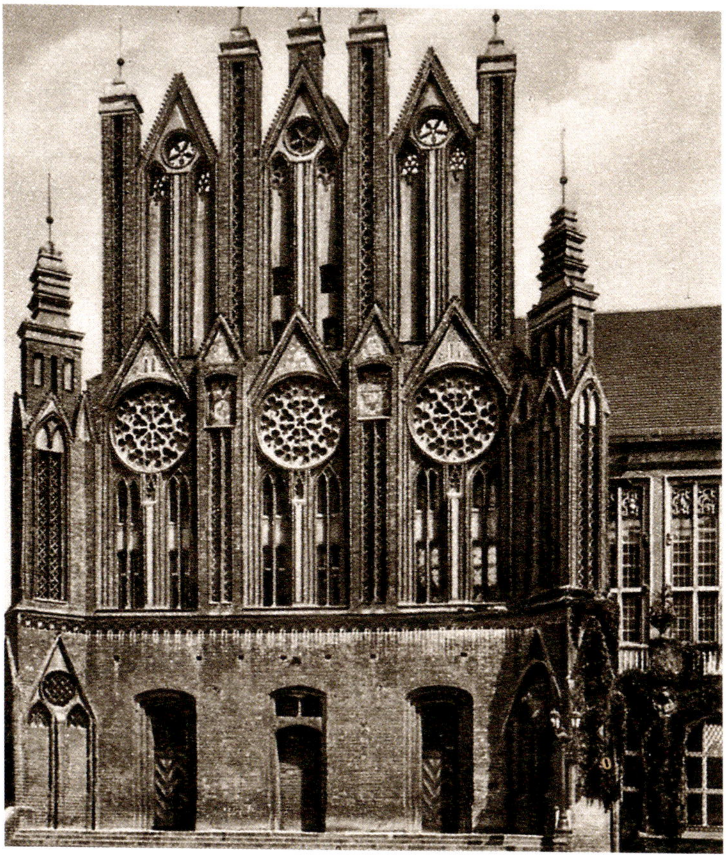

Zu den schönsten Zeugnissen der alten Hansestadt Frankfurt/Oder zählte das im 13. und 14. Jh. in norddeutscher Backsteingotik erbaute Rathaus. Von 1506 bis 1811 war das Frankfurt des Ostens Sitz der brandenburgischen Landesuniversität. Hier studierten Ulrich von Hutten, Thomas Müntzer, Carl Philipp Emanuel Bach und die Gebrüder Humboldt. In Frankfurt an der Oder wurde 1777 der Dichter Heinrich von Kleist geboren.

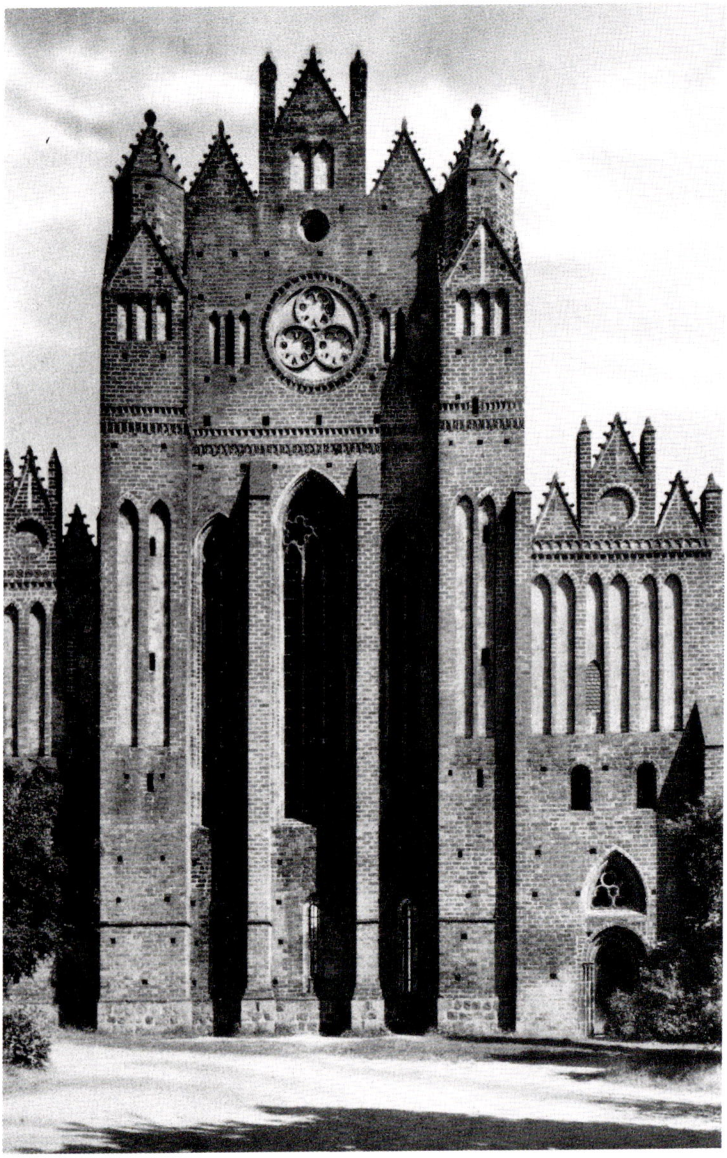

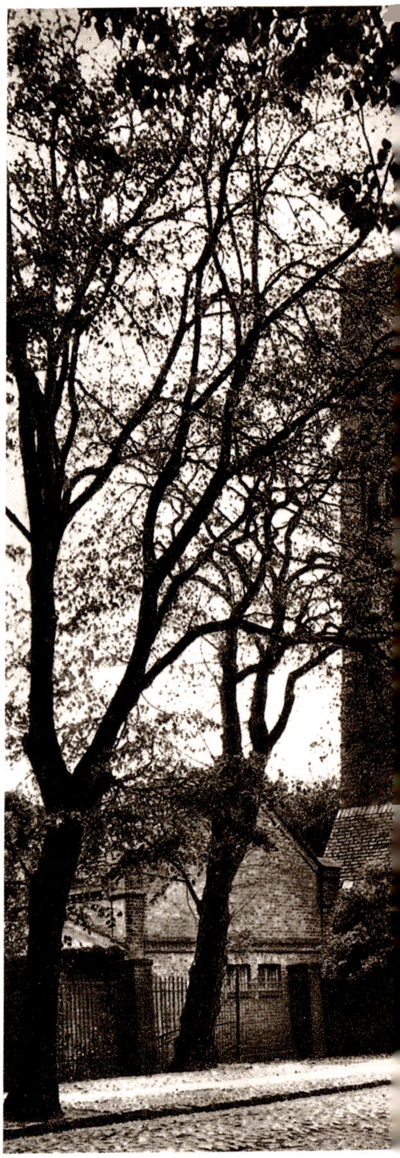

Die Kirche des Klosters Chorin. Chorin im Kreis Angermünde/Eberswalde, einst für die Arbeit der Zisterzienser gegründet, geriet im 16. Jh. in Verfall und wurde zeitweise dann sogar zur Unterbringung von Vieh benutzt. Dabei galt die Klosterkirche als eines der bedeutendsten Bauwerke der Backsteingotik in der Mark. Chorin wurde im späten 19. und frühen 20. Jh. wiederhergestellt.

Prenzlau: der Schwedter Torturm. Prenzlau, im Jahre 1187 erstmals genannt, wuchs aus einer alten slawischen Siedlung am Uckersee. Bis in unser Jahrhundert konnte sich hier das Bild einer alten Hansestadt erhalten. In Prenzlaus Marienkirche war 1632 die Leiche des in der Schlacht bei Lützen gefallenen Schwedenkönigs Gustav Adolf aufgebahrt worden.

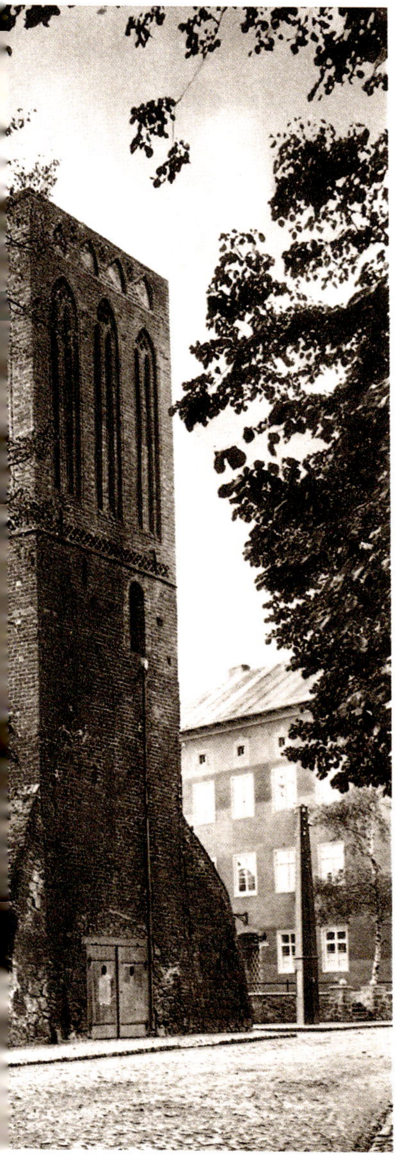

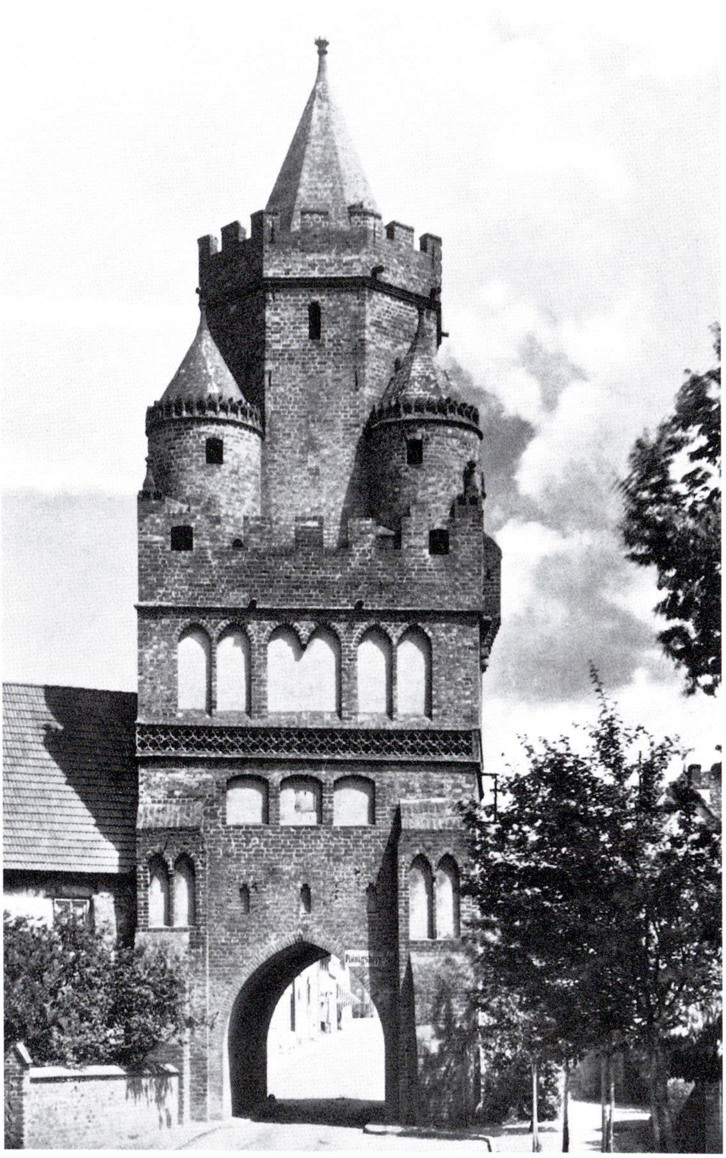

Königsberg/Neumark: das Schwedter Tor. Königsbergs Stadtmauer war eine der bedeutendsten Schöpfungen des mittelalterlichen Wehrbaus im norddeutschen Raum . . . auch wenn nicht immer stark genug, um die Bürgerschaft vor Feinden zu schützen. Unter ihnen besonders die Wallensteiner im Dreißigjährigen Krieg, die in das Tal der Rörike eingebrochen waren. Das Schwedter Tor erinnerte an die ehemalige Herrschaft Schwedt in Kur-Brandenburg, die nach dem Aussterben der Linie der Grafen von Hohenstein in die Ukermark einverleibt wurde.

Folgende Seiten: Eingang zur St.-Katharinen-Kirche in der Neustadt von Brandenburg, eine dreischiffige Hallenkirche, die als Höhepunkt der Gotik in der Mark gilt. 1217 erstmals erwähnt wurde sie um 1400 grundlegend umgestaltet.

Windmühle in der Mark Brandenburg.

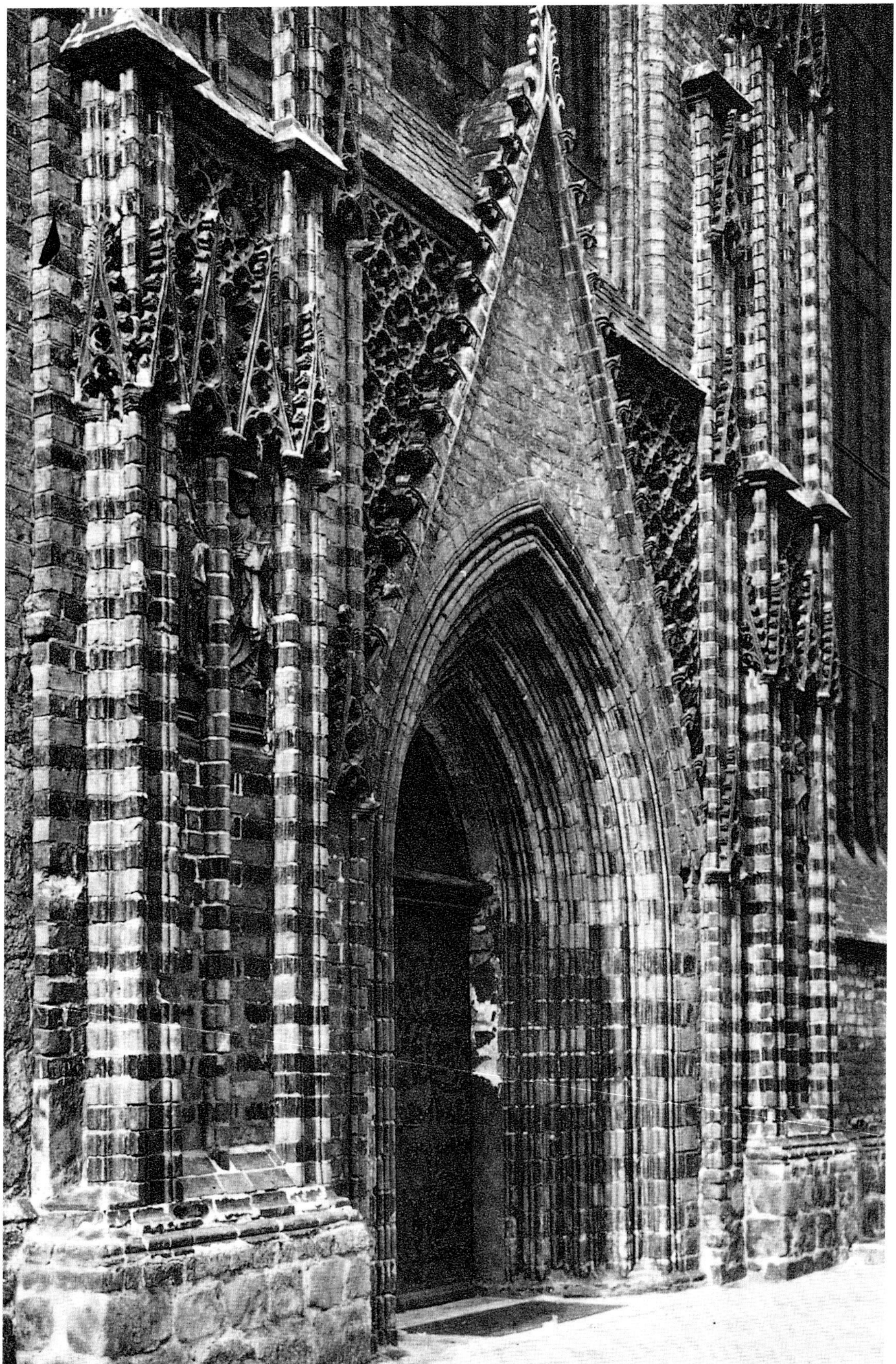

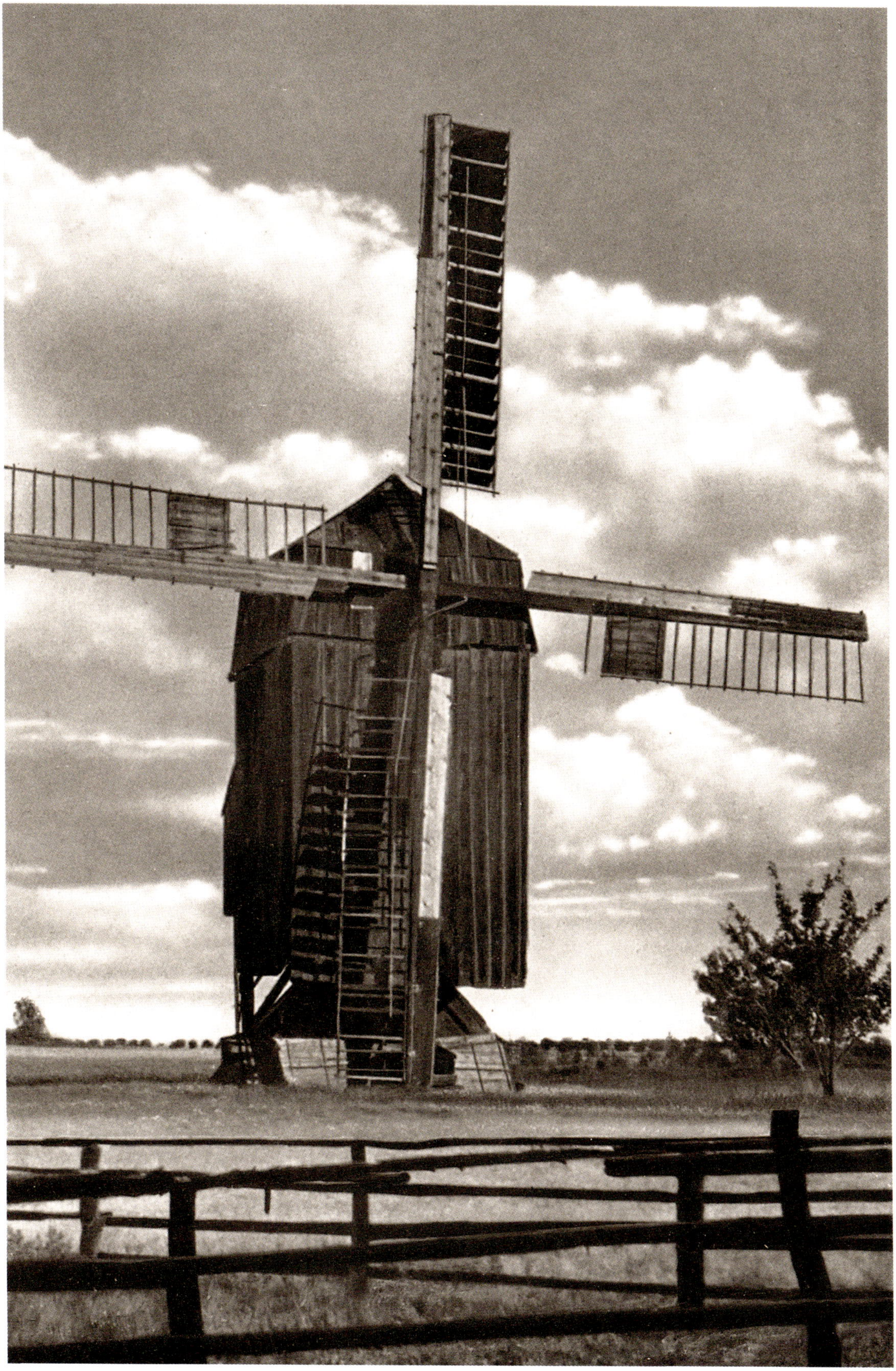

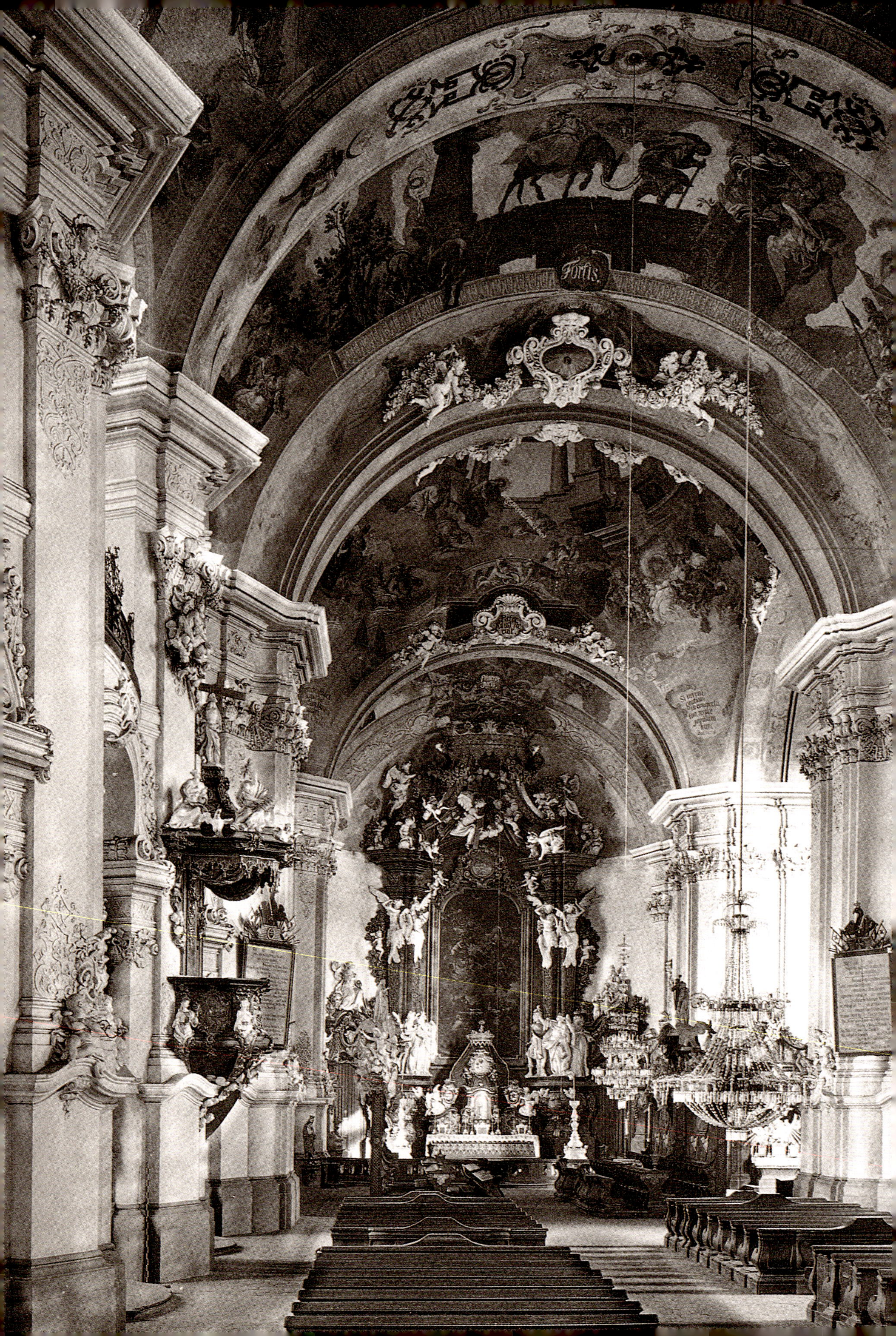
Fortis

Zeittafel:
Ab 7. Jh. Schlesien slawisch besiedelt,
um 1000 Gründung des Bistums Breslau,
1163 Schlesien wird unabhängig von Polen, ab 13. Jh. beim Reich,
1335 Endgültiger Verzicht Polens auf Schlesien,
1347-1378 Blütezeit unter Kaiser Karl IV.,
ab 1520 Ausbreitung der Reformation, nach der Schlacht bei Mohacs fällt Schlesien im Erbgang an das Haus Habsburg,
1740 bis 1763 Drei Kriege um Schlesien, der größte Landesteil zu Preußen, das habsburgisch gebliebene Gebiet bildet das Kronland Österreichisch-Schlesien (bis 1918),
1807-15 Preußische Reformen und Befreiungskriege. Bildung der Provinz Schlesien durch die von Friedrich dem Großen erworbenen Gebiete und die kursächsische Oberlausitz,
1919 Polen erhebt Ansprüche auf Oberschlesien, erhält 1921 wertvolle Industriegebiete. Hultschiner Ländchen an die Tschechoslowakei.

Klosterkirche von Grüssau im Kreis Landshut. Die gewaltige Klosteranlage mit dem Marienmünster war 1242 von Herzogin Anna für böhmische Benediktinermönche gestiftet worden, denen bald die Zisterzienser folgten. Zweimal wurde das Kloster zerstört und wieder aufgebaut, bis es 1919 die aus Prag vertriebenen deutschen Benediktiner wieder übernahmen.

An den Ufern der Oder

Schlesien liegt auf der Landkarte wie ein Eichenblatt: als Hauptrippe die Oder, als Nebenadern deren Nebenflüsse wie Ohle, Weistritz oder Iseritz. Als Namenspatron von Preußens größter Provinz gilt am ehesten der wandalische Teilstamm der Silingen.

Einst herrschten hier polnische Piasten, die um die eigene Macht zu fördern nach deutschen Siedlern riefen. Bauernkolonnen aus Thüringen, Schwaben oder Franken, aus dem Rheinoder Flamland brachen jetzt nach Osten auf. Ihre Wegbereiter waren die großen Mönchsorden, deren Klöster - Leubus etwa oder Kamenz, Grüssau oder Rauden - zu Kernpunkten der neuen Völkerwanderung wurden. Ihre Kolonisation war weitgehend friedlich. Der Norden und der Süden, der Osten und der Westen ... Germanen und Slawen reichten sich die Hand. Neben Polnisch-Kessel entstand ein Deutsch-Kessel, neben Polnisch-Neudorf ein Deutsch-Neudorf. Nationale Gesichtspunkte sollten lange keine Rolle spielen.

Im Laufe der Jahrhunderte gehörte Schlesien einmal zu Böhmen, zu Habsburg, dann zum größten Teil zu Preußen, stückweise wieder zu Polen oder zur Tschechoslowakei. Maria Theresia nannte den Landstrich einen Edelstein in ihrer Krone, dem sie - typisch Frau - einmal manche Träne nachweinen sollte. Ein Grenzlandschicksal also, ein Durchgangsland ...

Tatsächlich hatten die frühen deutschen Kolonisten hier allen Grund, um sich einfach wie zu Hause zu fühlen. Schlesien war besonders für den Romantiker ein Mosaik gesamtdeutscher Bilder: stufenförmig baute es sich vom Meer bis zum Hochaltar des Riesengebirges auf, die Bunzlauer, Saganer- oder Görlitzer Heide erinnerten an die Gegend um Lüneburg, die Militscher Seenplatte an die Einsamkeit Masurens, die Gegend zwischen Bober und Katzbach an Thüringens Wälder, der Kamm des Riesengebirges an die Alpen.

Schlesien war reich, gesegnet, das einzig autarke Land Europas. Und als größter Reichtum galt - abgesehen vielleicht einmal vom Kinderschreck Rübezahl oder der Männerfeindin Kunigunde - hier der Mensch, der Gestalten wie diesen Rübezahl selbst geschaffen hat. Schlesische Geister, Angehörige eines neudeutschen Stammes, vermischt mit slawischen Nachbarn, hatten einst das Abendland vor Dschingis Khans Horden gerettet. Friedrich dem Großen waren die Schlesier drei Kriege wert und 1813 sollte in Breslau das Herz des Widerstandes gegen Napoleon schlagen. An der Katzbach erlitt der Korse dann auch seine erste große Niederlage.

Diese Schlesier galten als Tatmenschen, als Himmelstürmer, als Gottsucher, als Mystiker, als ein Volk von Dichtern und Denkern. Für Goethe waren sie und ihr Land gleich „zehnfach interessant", zusammengefaßt „ein selten schönes, hervorragendes Ganzes". Recht hatte er. Was der Dichterfürst allerdings vom Sprachschatz der Schlesier hielt, ist heute nicht bekannt. Dieser galt gelegentlich als etwas grob, etwa dann, wenn man aus einem hageren Menschen einen „Dürrländer", aus einem Wohlbeleibten dagegen ein „Fleischfaß" machte. Der Verlobungsring war hier übrigens ein „Fangeisen", das Doppelbett ein „Zweispänner" und ein zu früh geborenes Kind gar ein „Vereckerle".

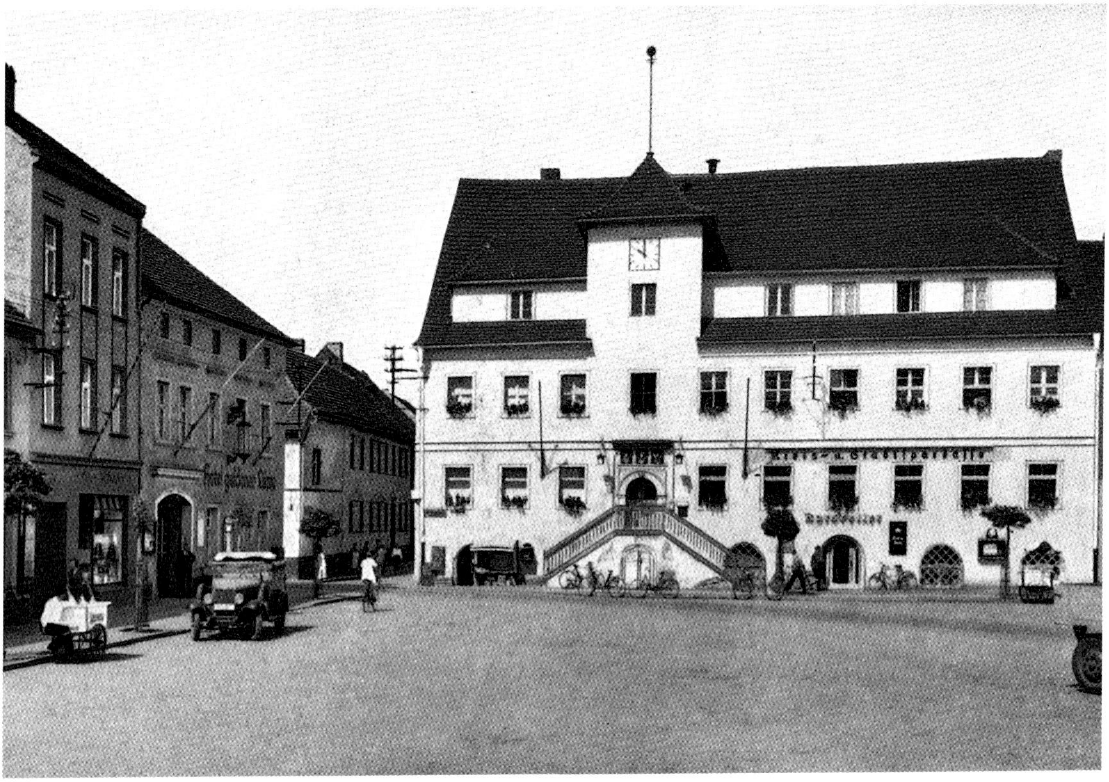

Schlesier: Johann von Neumarkt, Bischof, Ferdinand Lasalle, Politiker, Angelus Silesius, Theologe, Jakob Böhme, Theosoph, Friedrich Schleiermacher, Philosoph, Gerhart Hauptmann, Dramatiker, August Borsig, Industrieller, Adolph von Menzel, Historienmaler, Josef Elsner, Komponist, Käthe Kruse, Puppenmutter, Freiherr von Richthofen, Kampfflieger, Paul Ehrlich, Entdecker, Paul Löbe, Reichstagspräsident, Kaspar von Schwenckfeld, Sektierer.

Rathaus und Markt von Hoyerswerda/Oberlausitz. Die Kreisstadt an der Schwarzen Elster wird als Kolonistensiedlung 1268 erstmals genannt. Einst böhmisch, dann kursächsisch, danach brandenburgisch und schließlich schlesisch, hatten sich 1813 hier die Preußen unter Bülow im Kampf gegen die Franzosen festgelaufen. Hoyerswerda war bekannt für seine Turmuhrenfabrikation und Glockengießerei.

Görlitz: der Untermarkt mit dem Rathaus. Wirtschaftlich einst von den Zünften der Leineweber und Tuchmacher geprägt, entwickelte sich das niederschlesische Görlitz ab dem 19. Jh. zu einer wichtigen Industriestadt. Ein Glanzpunkt des Stadtbildes war das Rathaus mit seiner Freitreppe, vom böhmischen Baumeister Wendel Rosskopf als „eine der glücklichsten Leistungen des Renaissancezeitalters“ geschaffen. Nach Görlitz an dem hier durchlaufenden 15. Längengrad richten sich die Uhren Mitteleuropas.

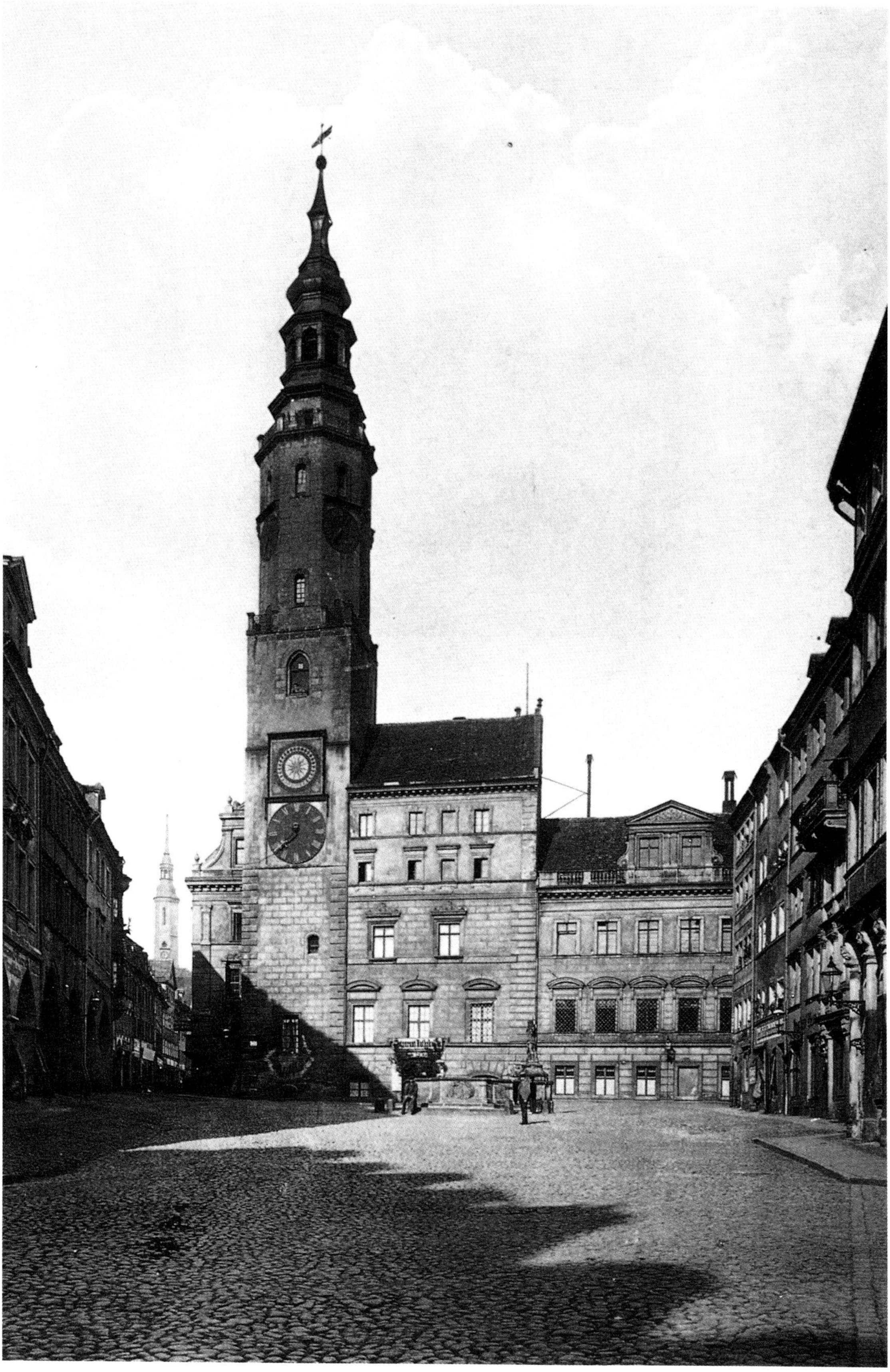

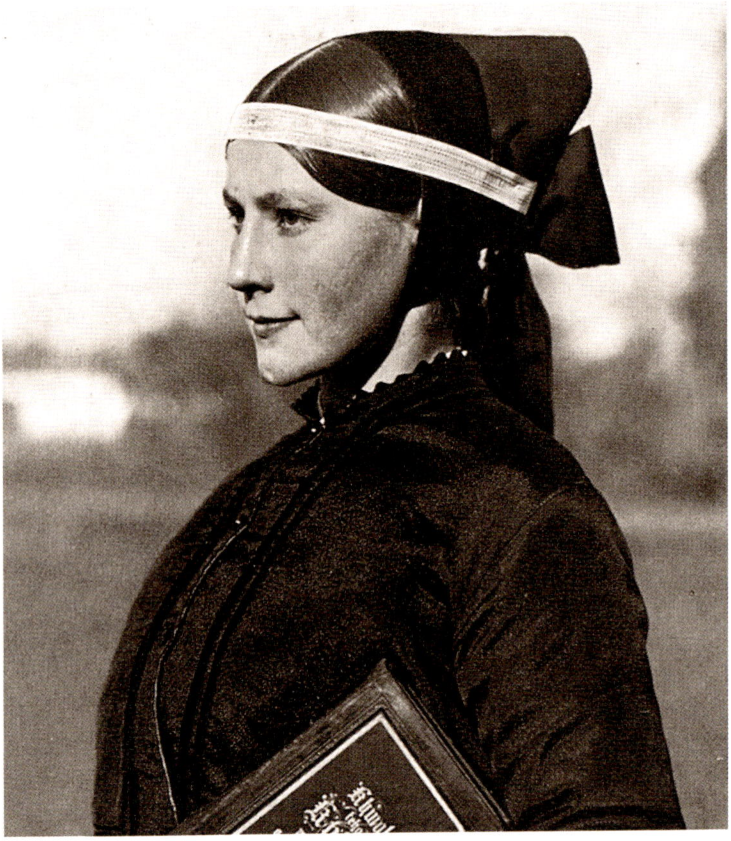

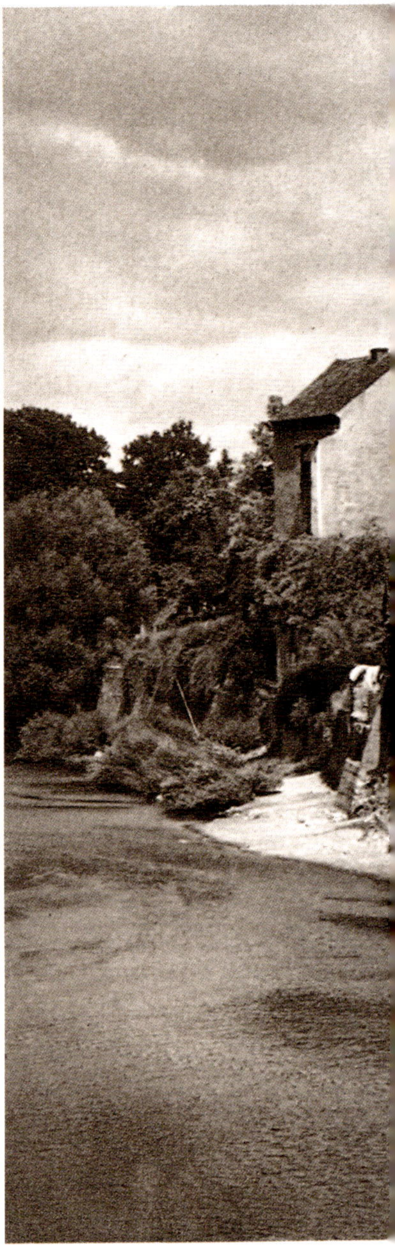

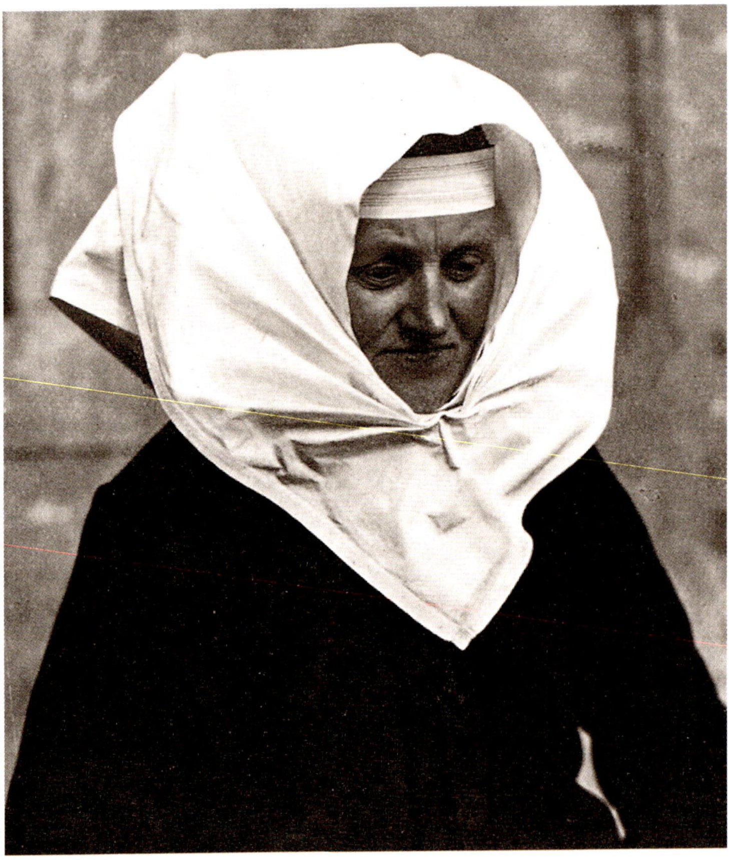

Wendisches Bauernmädchen in kirchlicher Festtracht, wendische Bäuerin in Trauer, beide aus der Gegend von Hoyerswerda. Wenden ist ein Sammelbegriff für Westslawen, die im 8./12. Jh. zwischen Oder und Elbe siedelten. Zu ihnen zählten jene Sorben, die sich im 10. Jh. dem Deutschen Reich unterworfen hatten. Über eine kulturelle Autonomie verstanden es gerade die Sorben der Lausitz, sich ihre Sprache und ein ausgeprägtes Brauchtum zu erhalten.

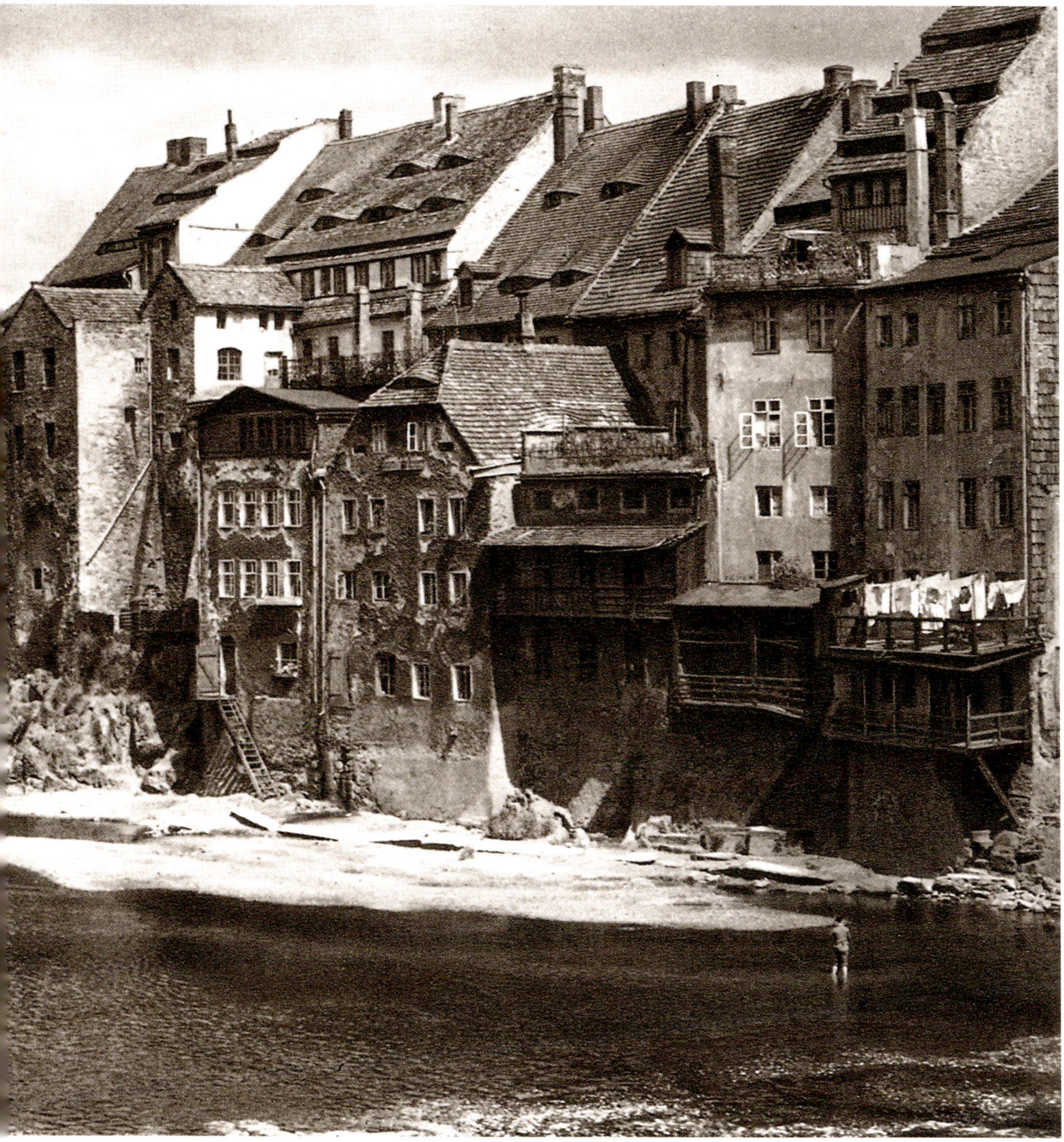

Alt-Görlitz. Aus der Umgebung der Stadt an der Lausitzer Neiße stammte der Schuster-Philosoph Jakob Böhme, der als erster deutschschreibender Philosoph den Ehrentitel „Philosophus Teutonicus" erhielt. In Görlitz selbst erregte neben der Peter-und-Paulskirche und dem Rathaus die Heiligekreuzkapelle Aufsehen, in der die Görlitzer Bürger im 15. Jh. das hl. Grab zu Jerusalem nachgebildet hatten.

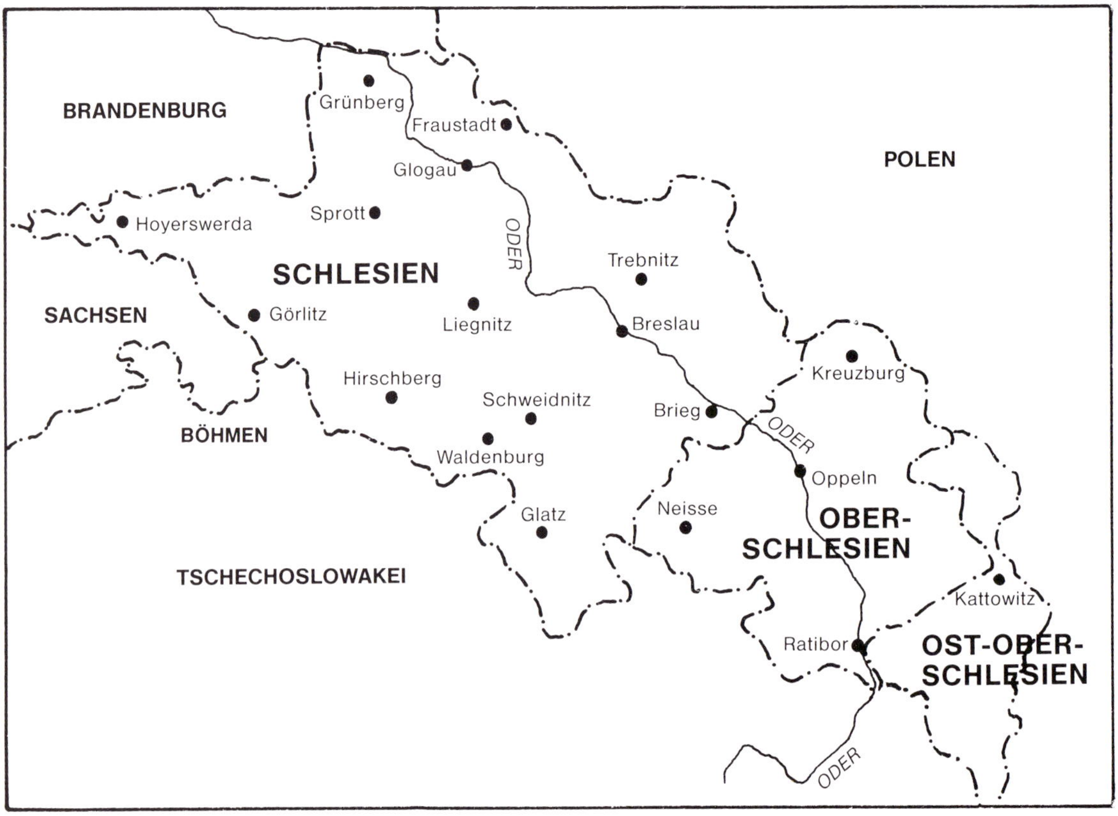

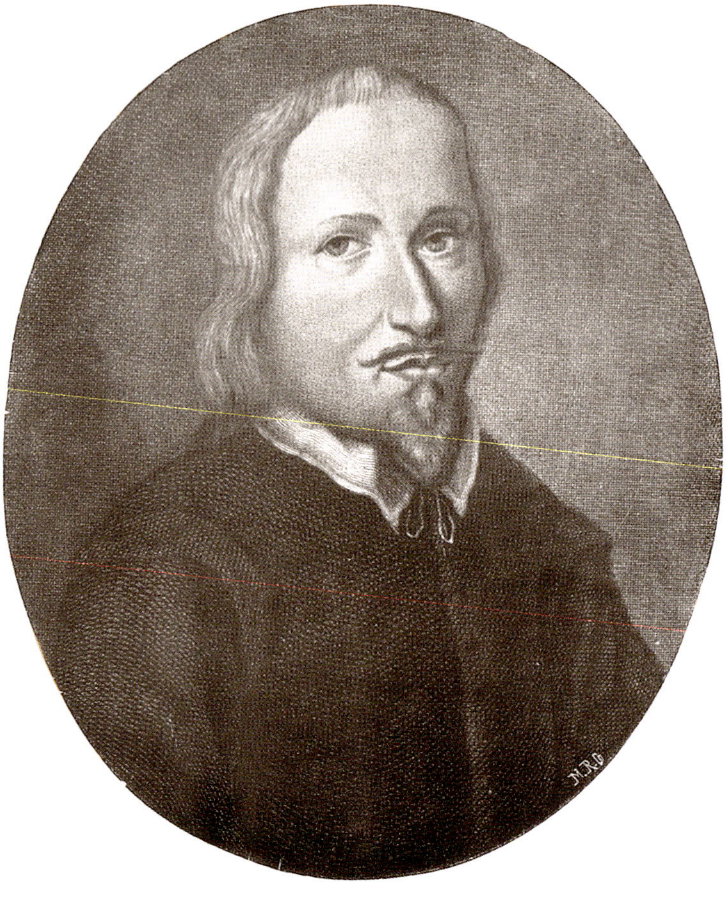

Görlitz: Lauben am Markt. In Schlesiens Städten und Dörfern spiegelte sich der Handwerkssinn eingewanderter Flamen, Thüringer oder Franken, die ihre Häuser lotrecht bauten, ihre Märkte - hier immer Ring genannt - im Quadrat anlegten und charakteristisch mit Laubengängen umrahmten.

Jakob Böhme. Der Schuhmacher, Naturphilosoph und Mystiker, 1575 in Alt-Seitenberg bei Görlitz geboren (gest. 1624), entwarf nach dem Studium der Bibel und Erleuchtungserlebnissen eine nicht immer leicht zu verstehende Lehre von der negativen Seite in Gott. Obwohl sein Weltbild die orthodox-evangelische Geistlichkeit in Görlitz gegen ihn aufbrachte, fand Böhme zahlreiche Anhänger, der deutsche Idealismus nahm Elemente seiner Mystik in seine Spekulationen auf.

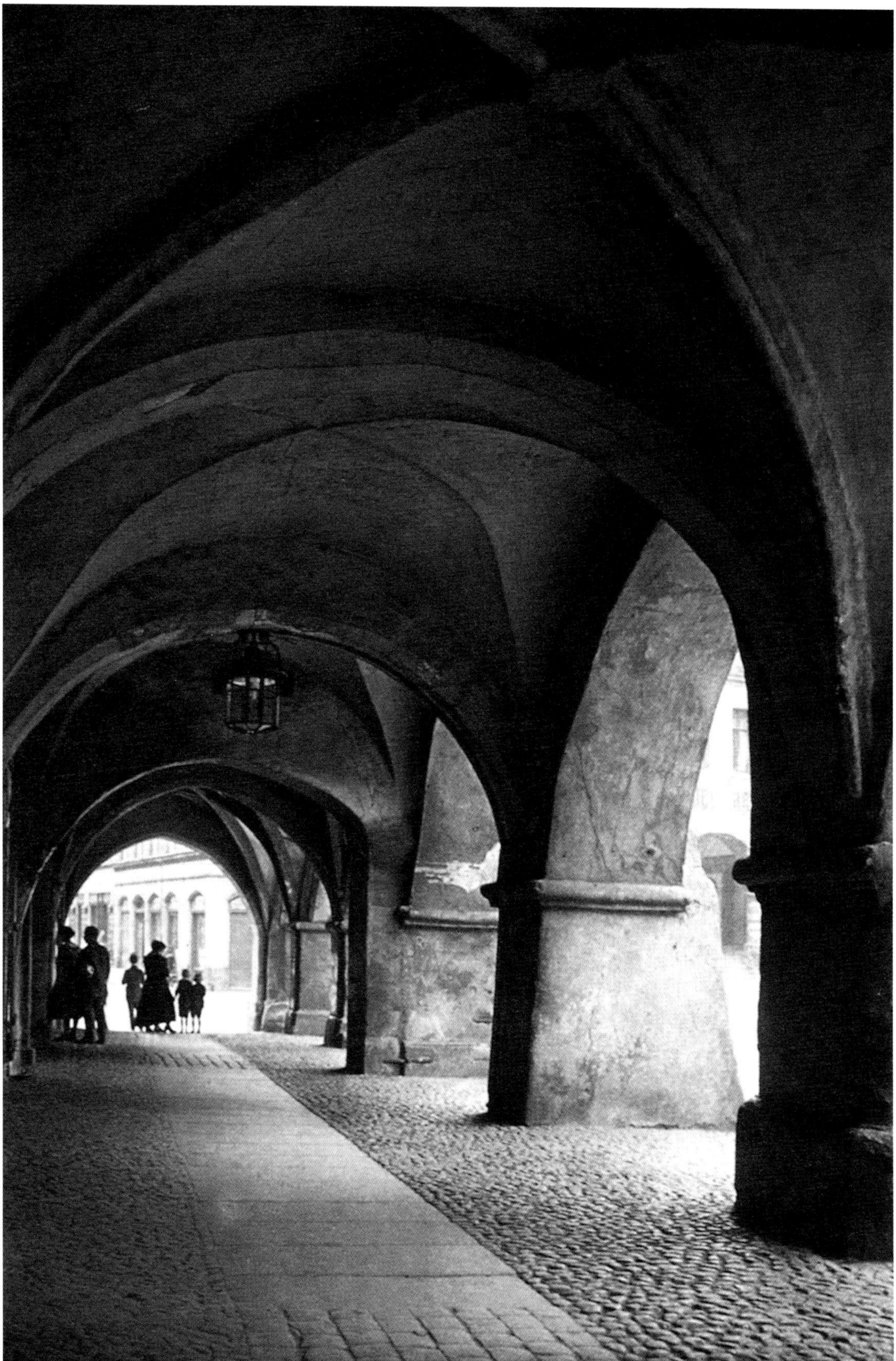

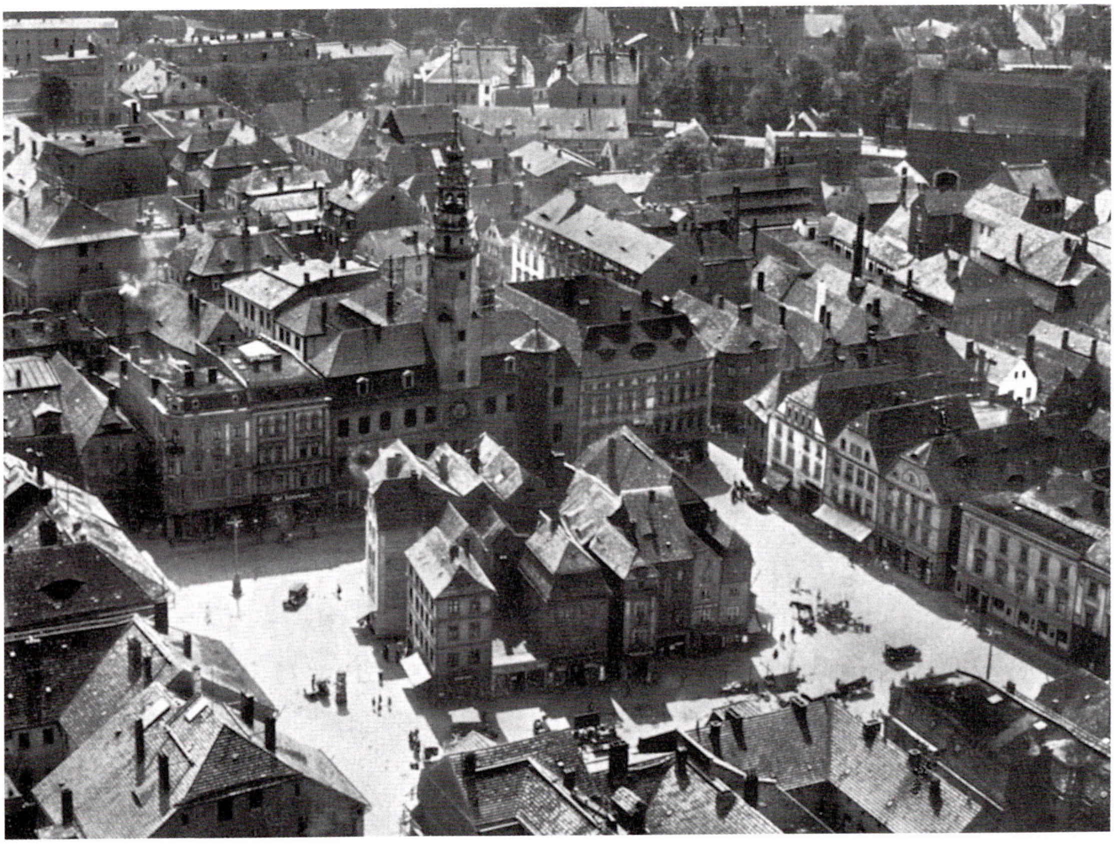

Blick auf Lauban im Vorland des Isergebirges. Das Herz der planmäßig angelegten Kolonistenstadt war der rechteckige Ring. Um ihn herum entwickelten sich schon früh die Leineweberei und Tuchmacherei. Bekannt wurde die Stadt dann allerdings durch die Produktion von Taschentüchern, hier „Schnupptichel“ genannt. Rund 400 000 Schnupftücher wurden täglich hergestellt. Der Spruch, nach dem Lauban fast „der ganzen Welt die Nase putzte“ war somit auch durchaus gerechtfertigt.

Schwibbogen zum Markt in Bunzlau. Die Siedlung am mittleren Bober, an jener Stelle, wo einmal die Hohe Straße, die bereits im Mittelalter so wichtige Ost-West-Fernverbindung, den Fluß überquerte, war 1233 zur Stadt erhoben worden.
Als berühmtester Sohn Bunzlaus gilt Martin Opitz, der geadelte von Boberfeld, als Schöpfer der Grundlage der deutschen Verslehre.

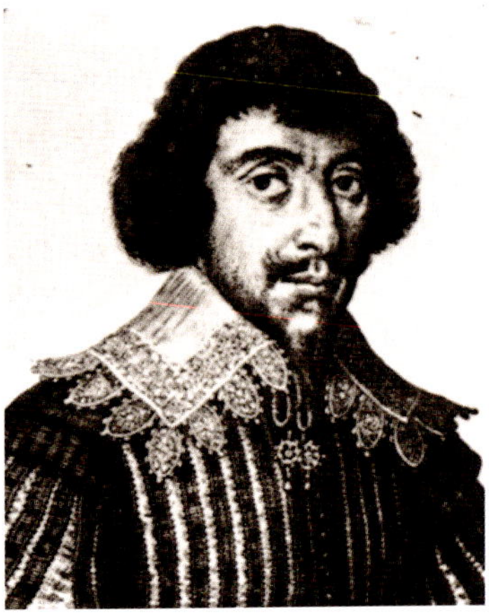

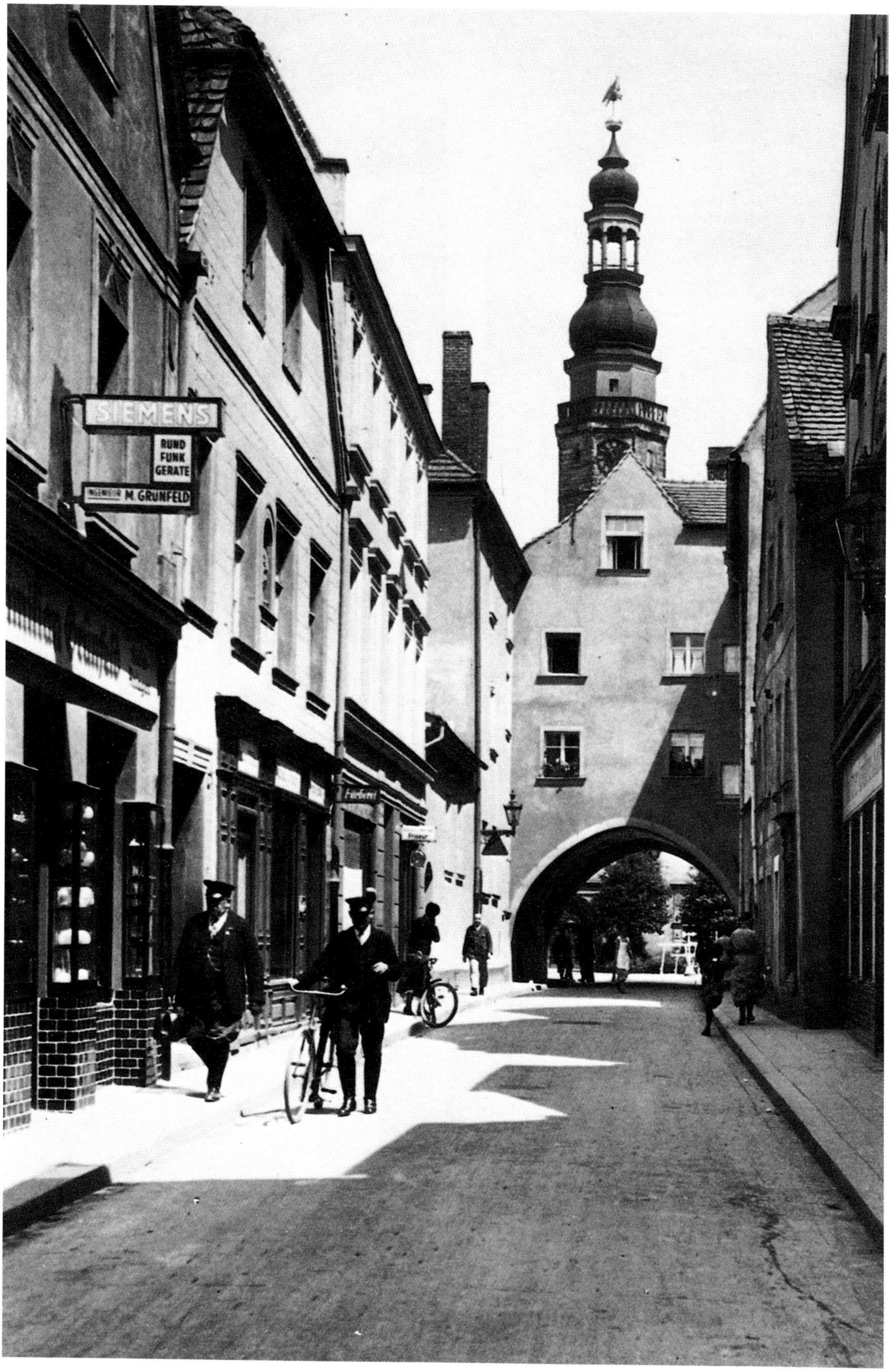
SIEMENS
RUND FUNK GERATE
M. GRUNFELD

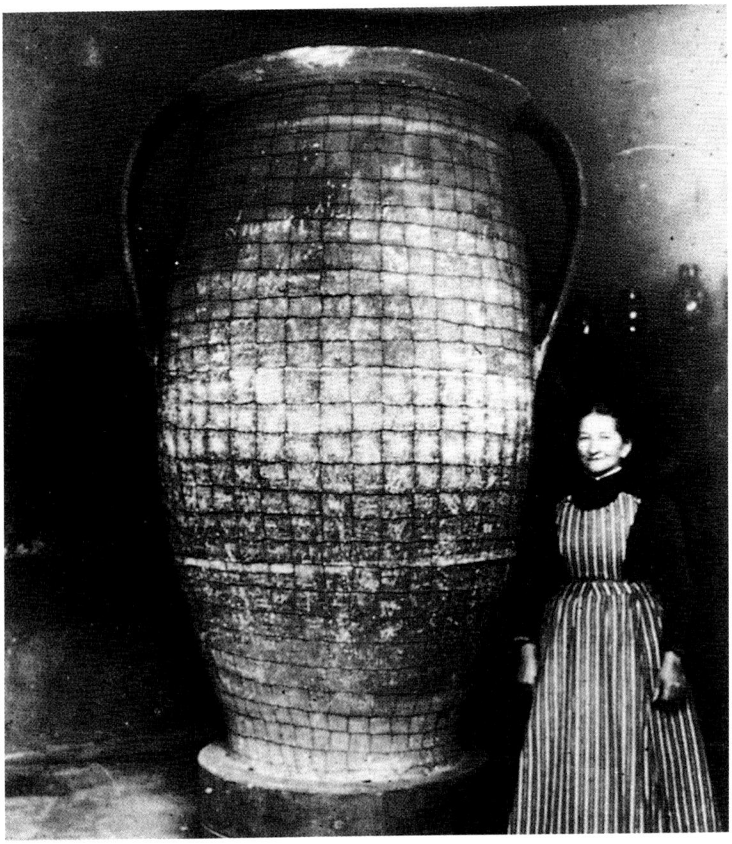

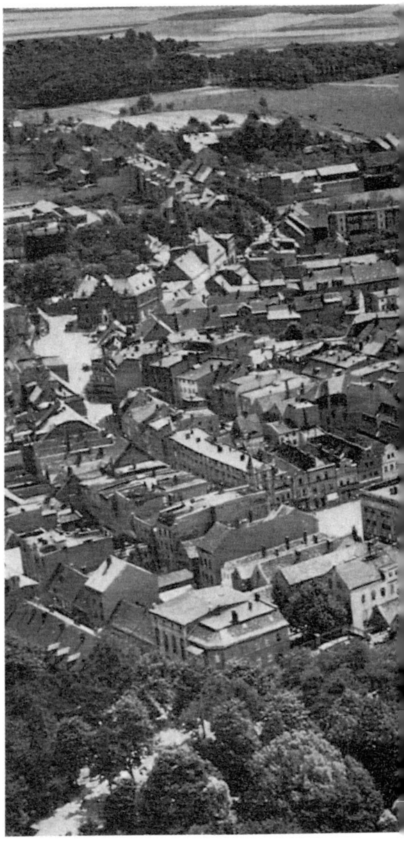

Das Wahrzeichen Bunzlaus, der 2,25 m hohe große Topf, 1753 von einem Meister Joppe geschaffen. Die „Stadt des guten Tons" war für ihre Töpferwaren weithin gerühmt. Das Bunzlauer Braungeschirr und handgeschwammelte Steinzeug fand von Schlesien aus den Weg in alle Welt.

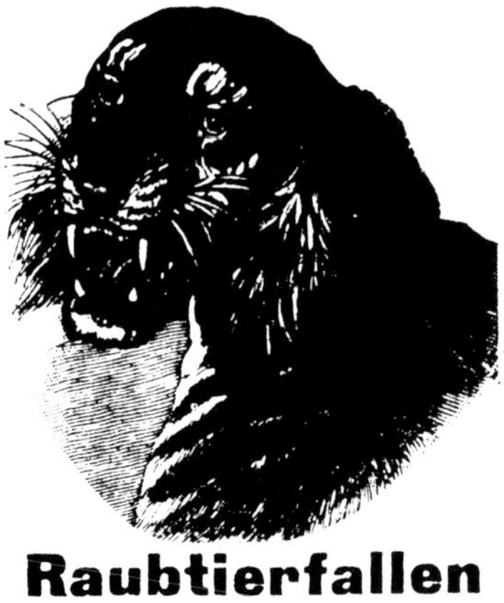

Raubtierfallen

405 Stück Löwen, Leoparden, Hyänen usw. fing in kurzer Zeit Herr Th. H., Plantage M. (D.-O.-Afrika) in unseren unübertrefflichen Fallen.

Illustrierter Hauptkatalog über sämtl. Fallen (Löwe bis Zorilla) u. leicht. Fangmethode ausgearbeitet von Staats v. Wacquant-Geozelles über sämtliche Raubzeugarten der Welt gratis u. franko. Vertreter gesucht.

Haynauer Raubtierfallen-Fabrik
E. Grell & Co., Haynau i. Schl.

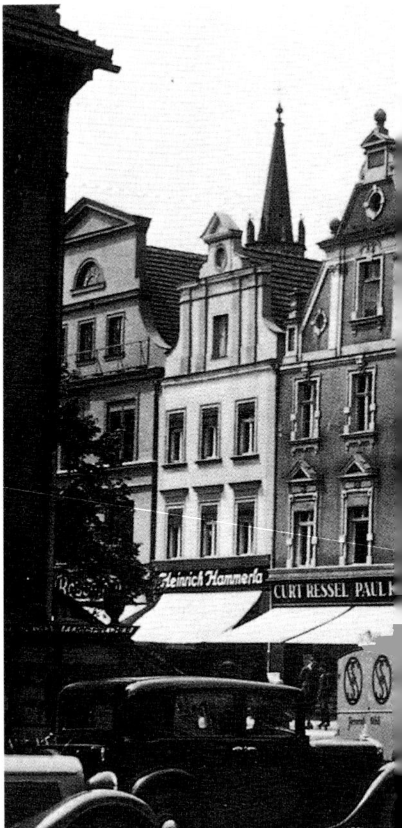

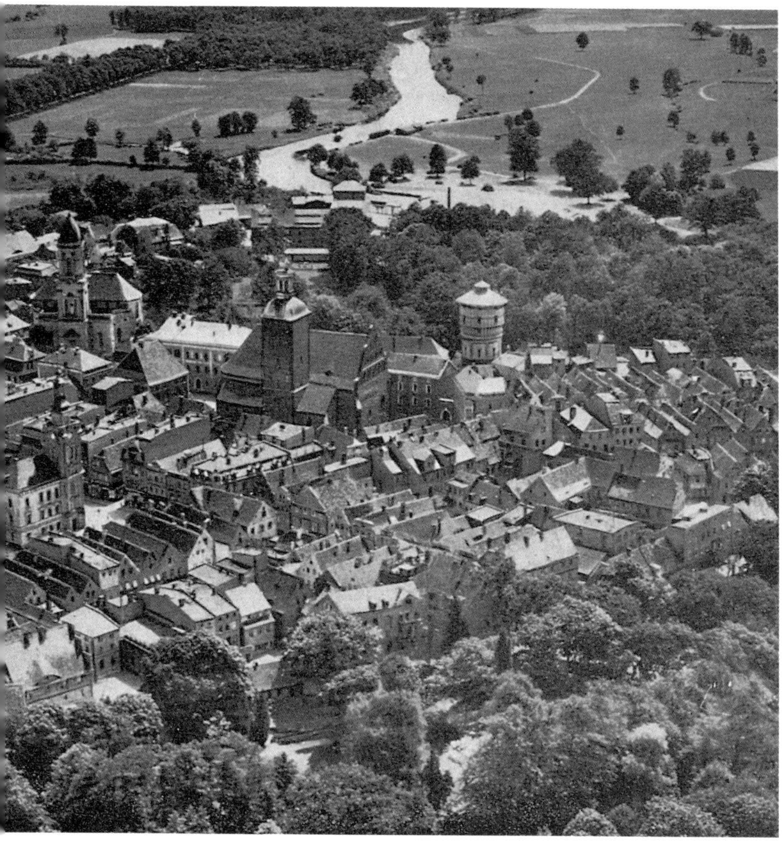

Blick auf Sprottau/Niederschlesien. Die Kreisstadt im Mündungsdreieck zwischen Sprotte und Bober war 1254 durch Herzog Konrad II. nach Magdeburg-Halleschem Recht gegründet worden. Später zählte sie zu den preußischen Städten mit dem größten Grundbesitz. Aus Sprottau stammte Heinrich Laube, der Dramaturg und Schriftsteller, berühmt auch als Direktor des Wiener Burgtheaters.

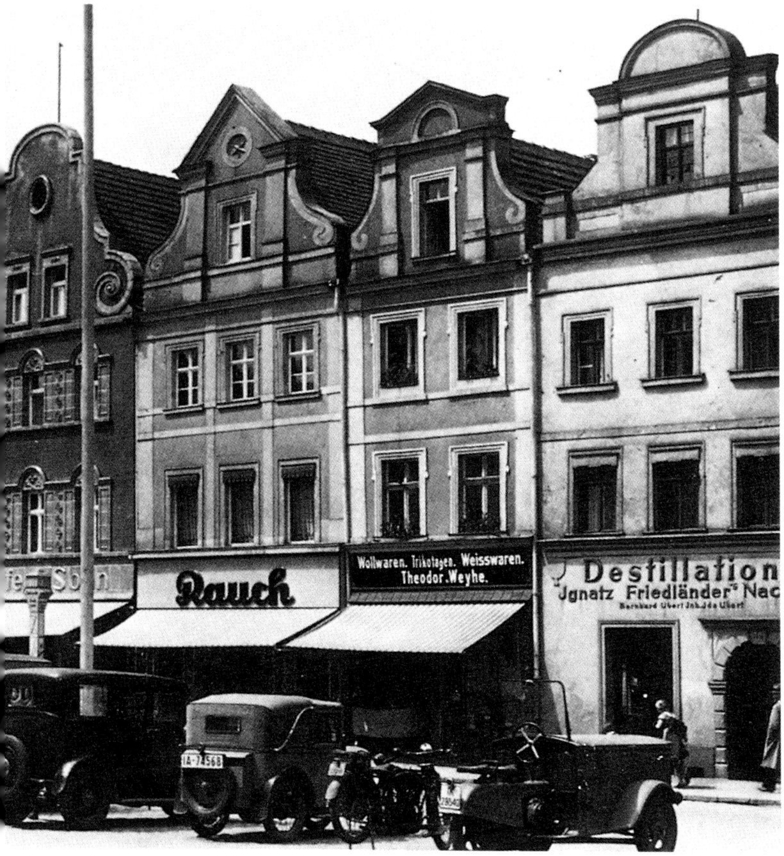

Auf dem Ring von Haynau. Am Ufer der Schnellen Deichsa wuchs Haynau im Kreis Goldberg – seit 1288 als civitas belegt – zu wirtschaftlicher Größe heran. Zuerst waren es die Weber, die hier im 16. Jh. ihre Blüte erlebten und Haynau zu Wohlstand verhalfen. Der Alte Fritz förderte dann besonders Tuchmacher und Tuchscherer. Eine bedeutende Industrie vor Ort war die Wirbelsche Handschuhfabrik. Ab 1871 produzierten die Haynauer dann ... Raubtierfallen. In ihrer Stadt stand die älteste Raubtierfabrik Deutschlands!

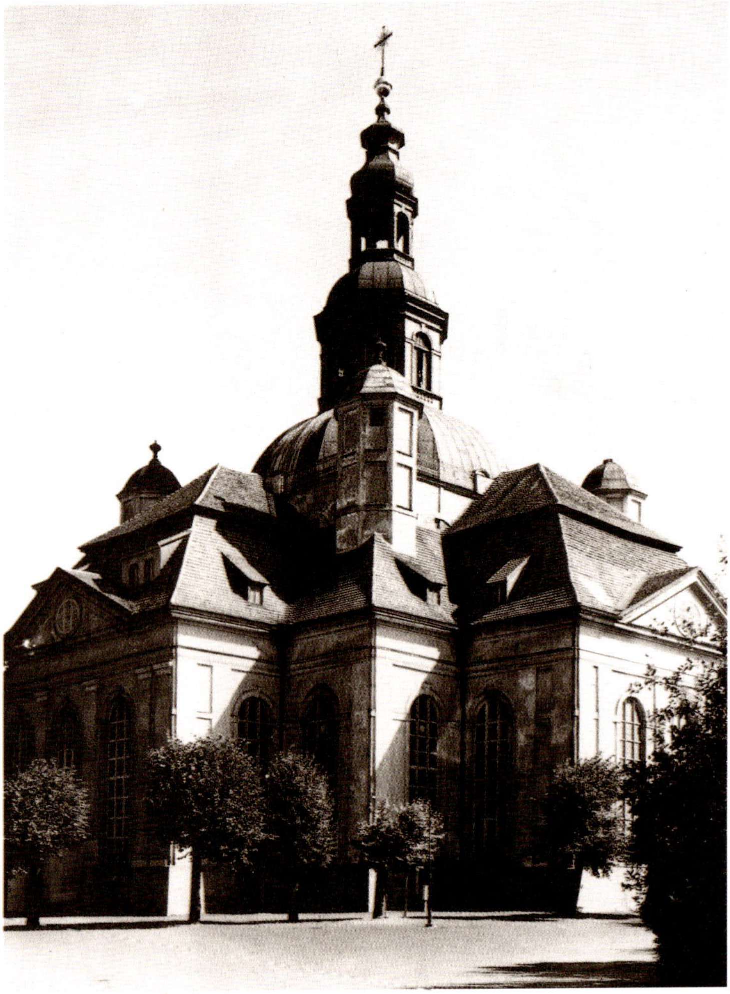

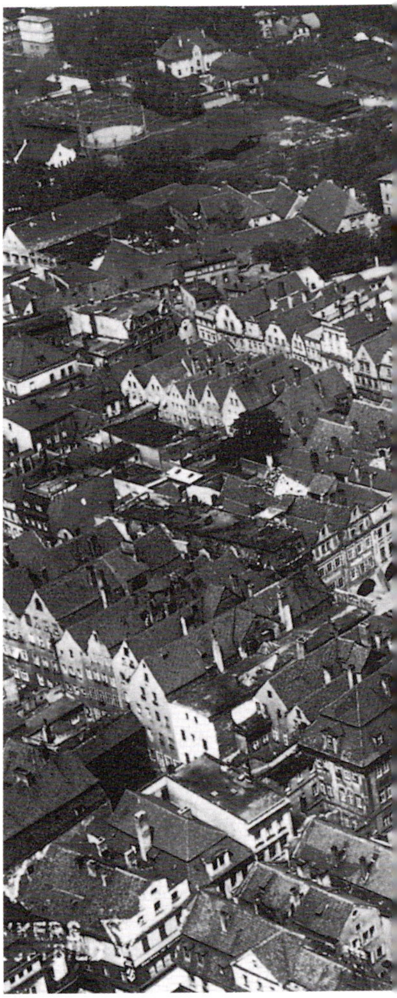

Hirschberg: die Gnadenkirche „Zum Kreuz Christi"
Luftaufnahme mit Ring und Rathaus in der Mitte.
Hirschberg am Fuße des Riesengebirges, an der Mündung des Zacken in den Bober, wuchs im 13. Jh. als Zentrum eines deutschen Rodungsbezirks heran. Barocke Laubenhäuser um den Ring prägten das Stadtbild.
Dessen ältestes kirchliches Bauwerk war die 1288 errichtete katholische Pfarrkirche St. Erasmus und Pankratius, eine Bruchsteinbasilika mit lichtem hohen Chor. Die evangelische Gnadenkirche stammte aus den Jahren 1709–1718, ein Nachbau der Stockholmer Katharinenkirche.

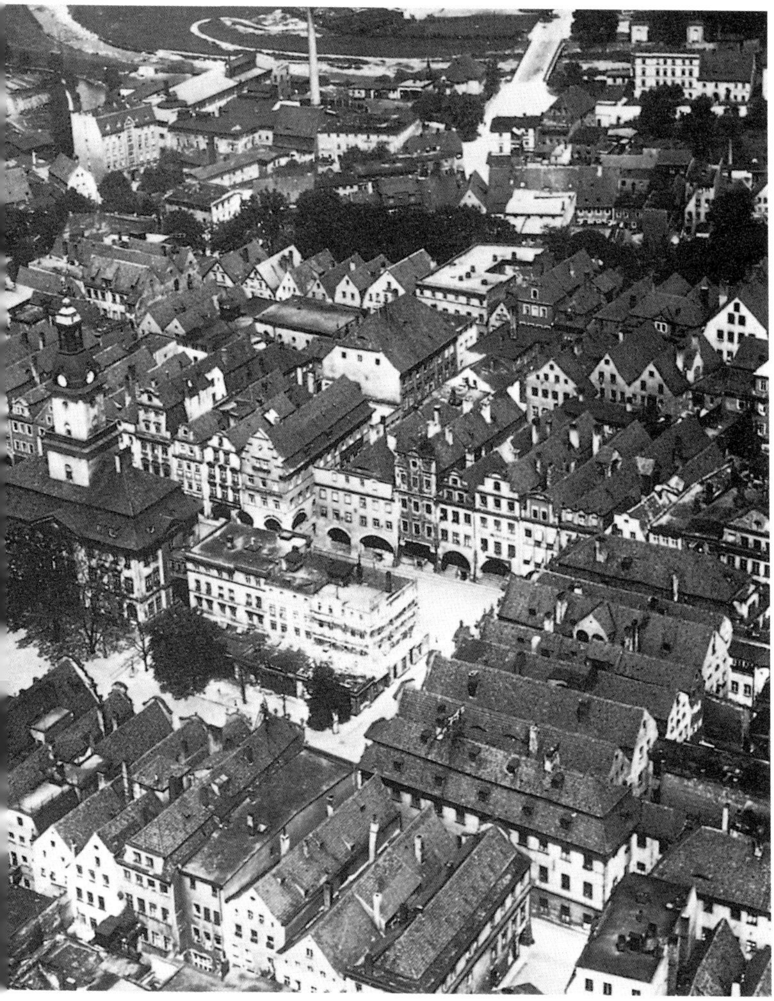

Das schlesische Himmelreich

Wenn ber warn ei a Himml kumma,
hoot de Plåg a End genumma.

Ei dam Himmel is a Laaba,
nischt wie lauter Kucha, Baaba.

Do aß ber lauter gaale Suppe
aus dam gruußa Uuwatuppe.

Lauter Broota warn ber assa, -
und 's Geld mit Virteln massa.

Laaberwirschte, Zwiebelfische
hon mer täglich uff'm Tische.

Honigschnieta, doß se klecka,
doß ma mecht de Finger lecka.

Frassa warn ber, bis mer rilpsa, -
nischt vo Arbsa, nischt vo Pilza, -

frassa warn ber wie de Firschta,
Sauerkraut und Laaberwirschte.

Wenns dann wird zum Saufa kumma,
do warn irscht de Bäuche brumma!

Wein, dann warn ber wie Wosser scheppa,
saufa aus dan guldna Teppa.

's Duppelbier werd niemåls sauer,
denn dirt sein de besta Brauer.

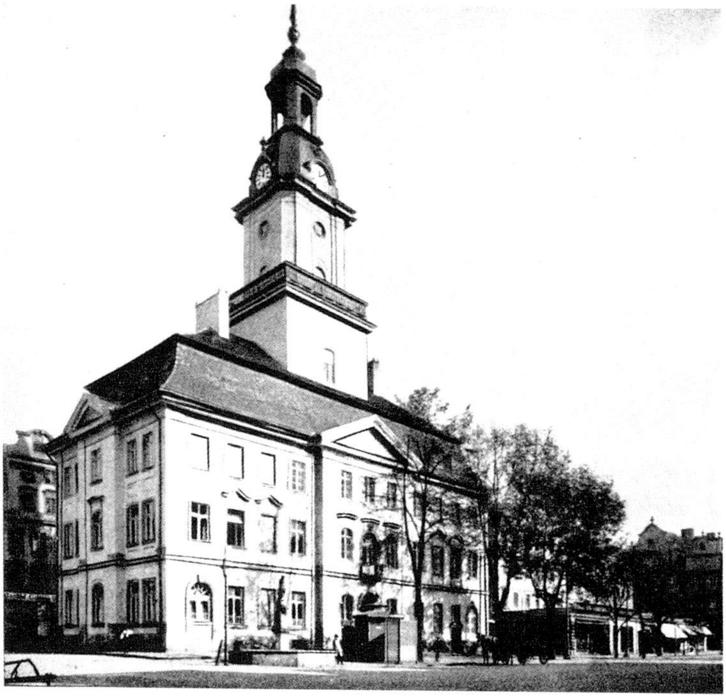

Das Rathaus von Hirschberg, ein Neubau des preußischen Baudirektors Hedemann aus den Jahren 1747–49. Den großen Mittelturm krönt ein preußischer Adler als Wetterfahne. Neben dem Rathaus, in der Mitte des Marktplatzes, die sogenannten Siebenhäuser.

Aus der Boberstadt stammt neben dem Lyriker Georg Heym die Pilotin Hanna Reitsch.

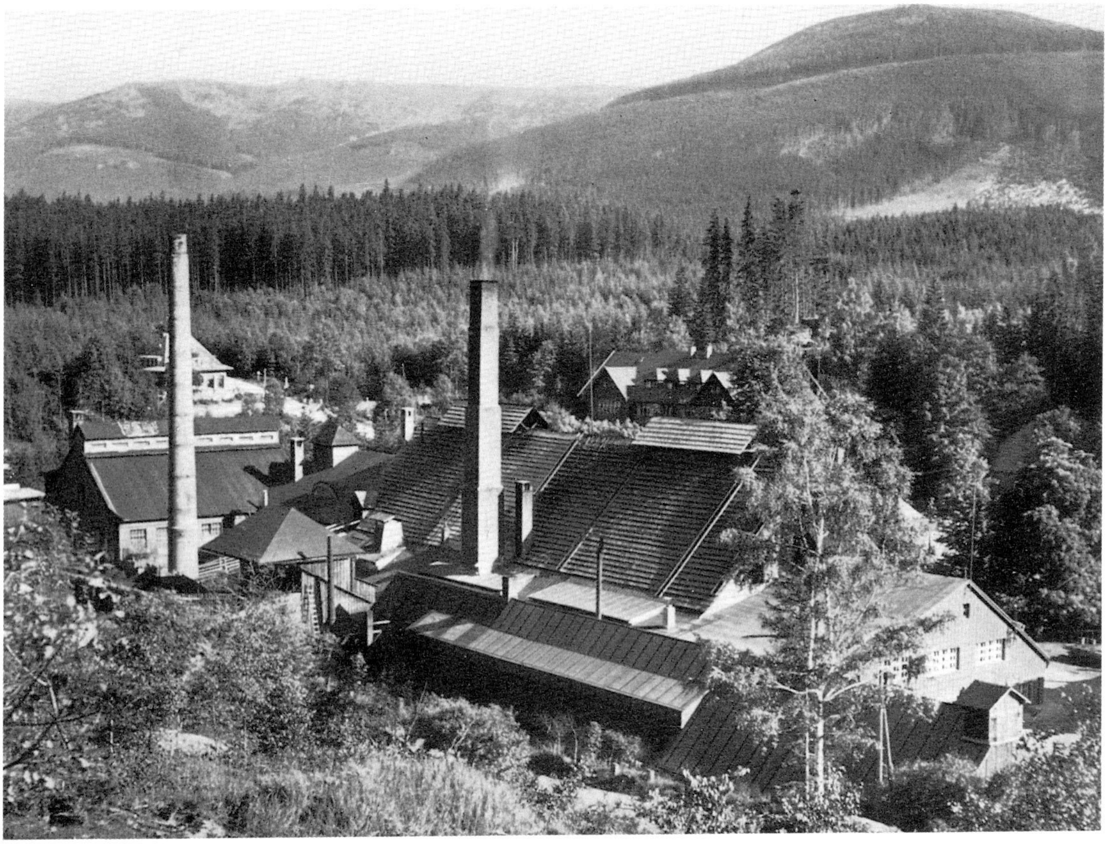

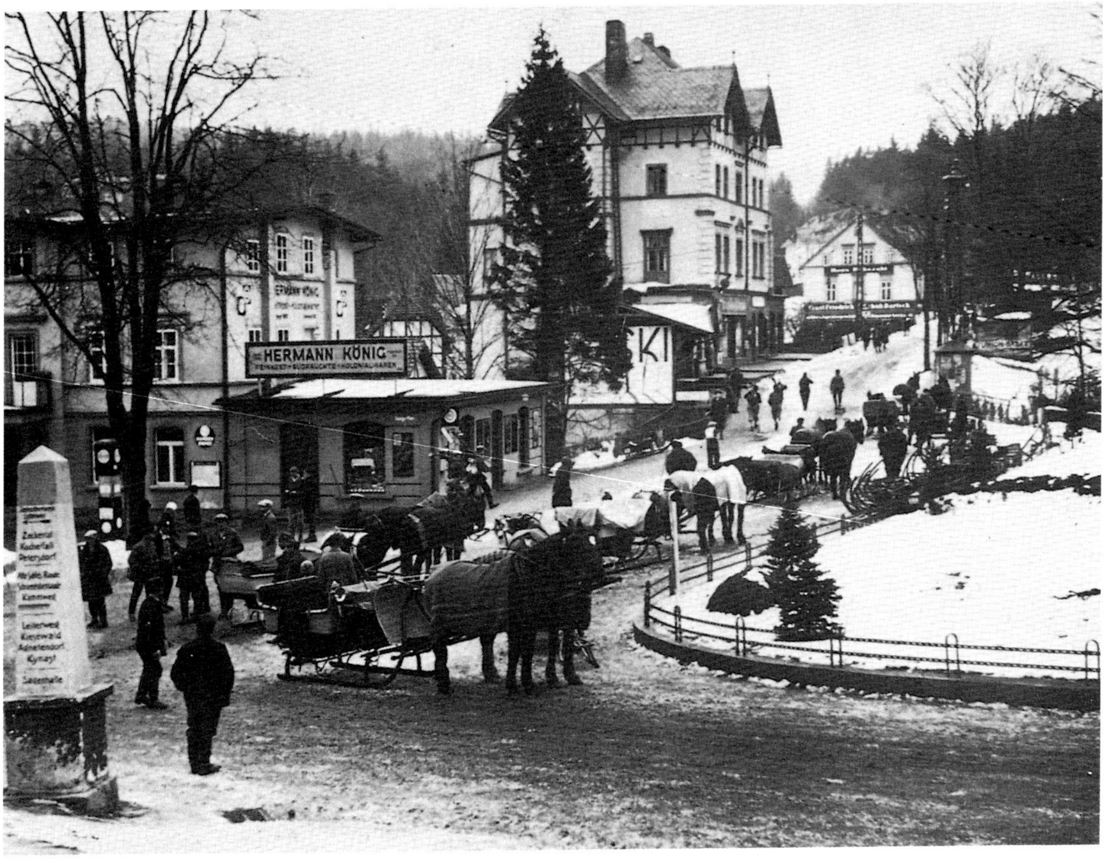
HERMANN KÖNIG
SKI
Zackenfall
Kochelfall
Petersdorf
Kammweg
Leiterweg
Kiesewald
Agnetendorf
Kynast

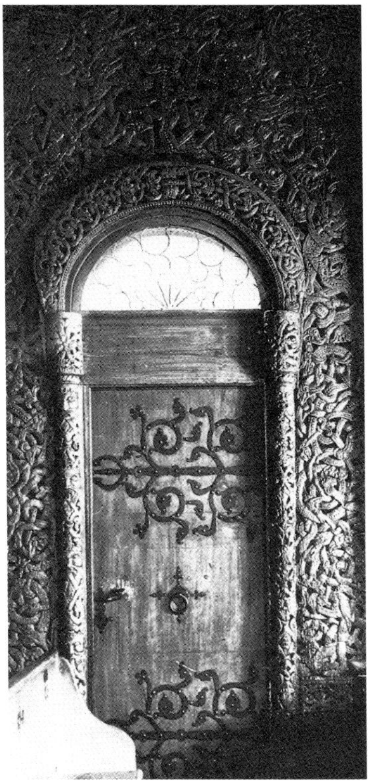

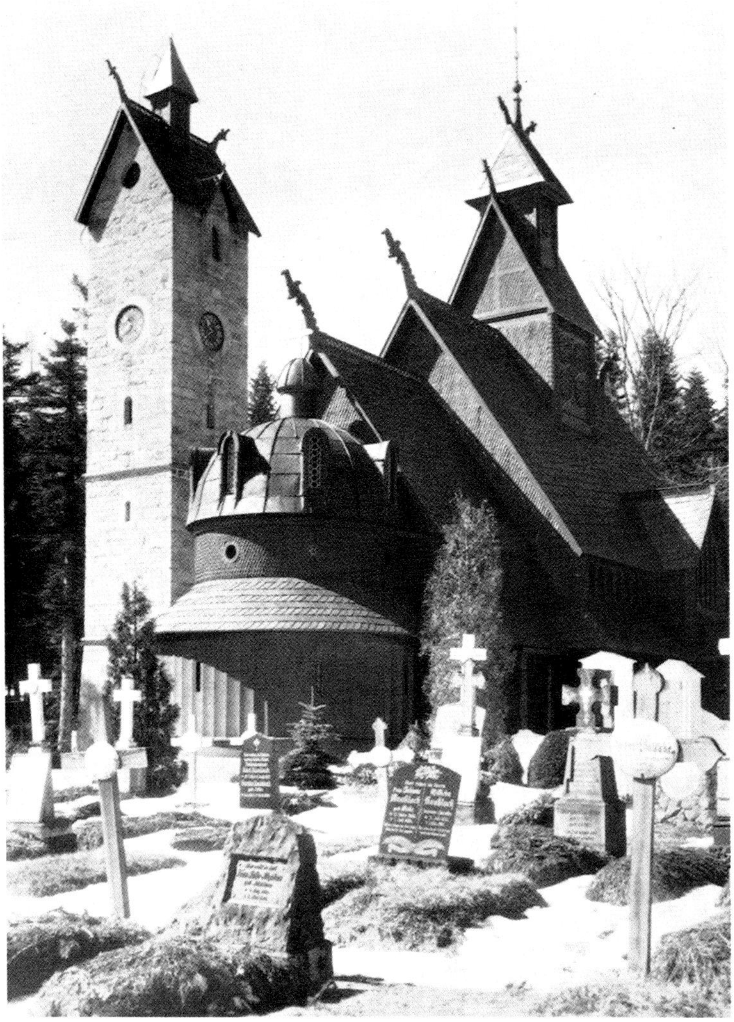

Oben links: Die Glasfabrik Josefinenhütte bei Schreiberhau
Links: Der Wintersportort Schreiberhau zwischen dem Iser- und Riesengebirgskamm. Schreiberhau war einer der größten Orte Schlesiens . . . zumindest was die Ausdehnung anbetraf. Mit 20 km Länge, 9 km Breite und 6 ortseigenen Bahnhöfen brauchte es sich um die Jahrhundertwende selbst vor Berlin nicht zu verstecken. In Schreiberhau wohnten zeitweise die Brüder Carl und Gerhart Hauptmann in einem später als Gedenkstätte eingerichteten Gebäude.
Die Josefinenhütte war eng mit dem Namen der berühmten Glasmacherfamilie Preußler verbunden. Besonders schweres Bleikristall in formvollendeter Schönheit - Gläser, Römer, Vasen und Teller mit Tiefschliff - gingen von hier aus in alle Welt. Bereits 1336 hatte man nach frühen Dokumenten eine „glashutte in dem schreiberhau“ gekannt.

Kirche und geschnitzter Türrahmen der Kirche Wang bei Brükkenberg/Kreis Hirschberg im Riesengebirge. Mitte des 18. Jh. mußte hier der Bau einer evangelischen Kirche für die Bewohner der umliegenden Gebirgsdörfer aus finanziellen Gründen scheitern. Da ergab sich die Gelegenheit, für 95 norw. Spezies ein Gotteshaus aus dem Vanger Fjord bei Drontheim in Norwegen zu ersteigern und Teil für Teil per Schiff nach Schlesien zu bringen.

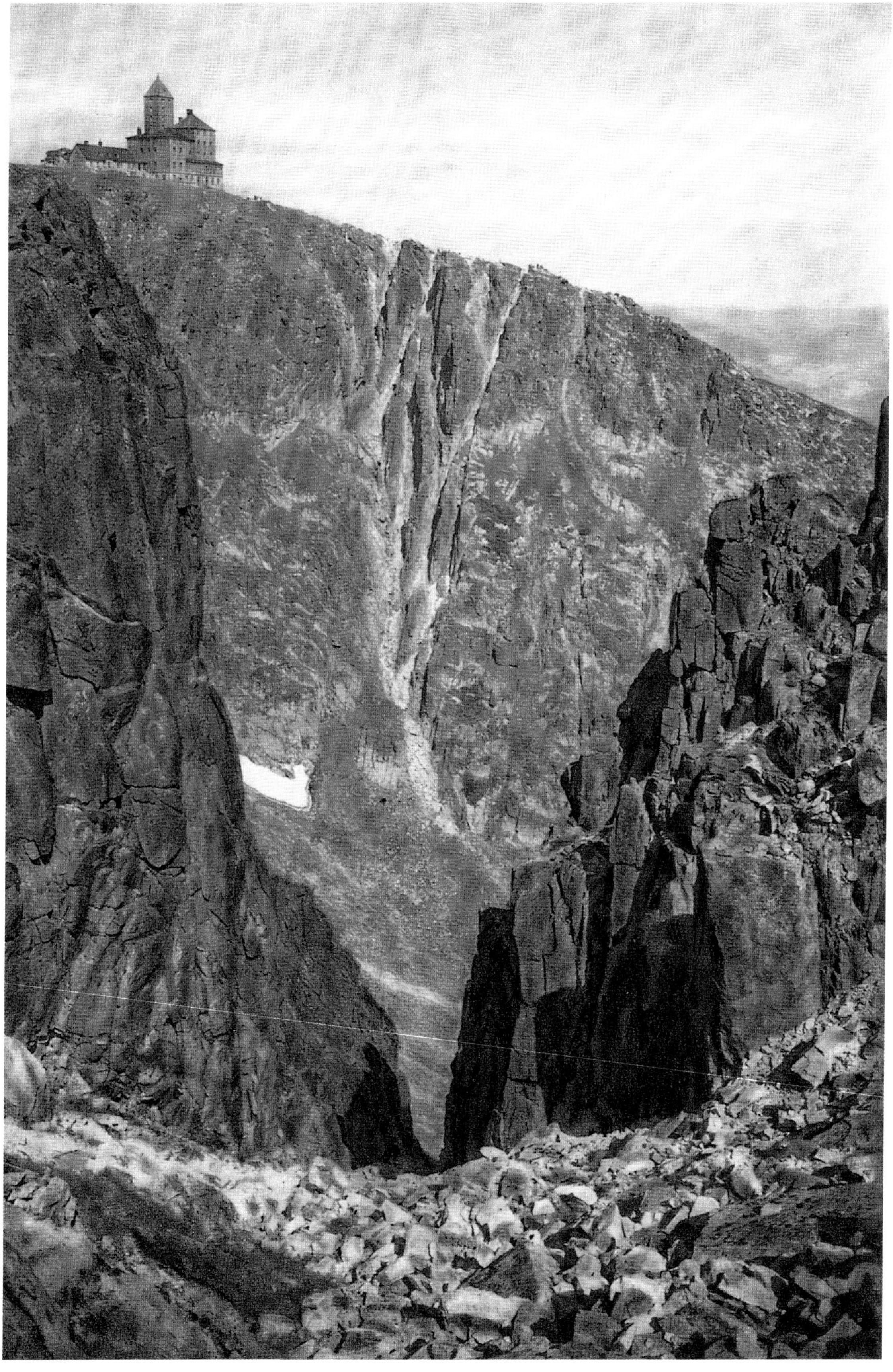

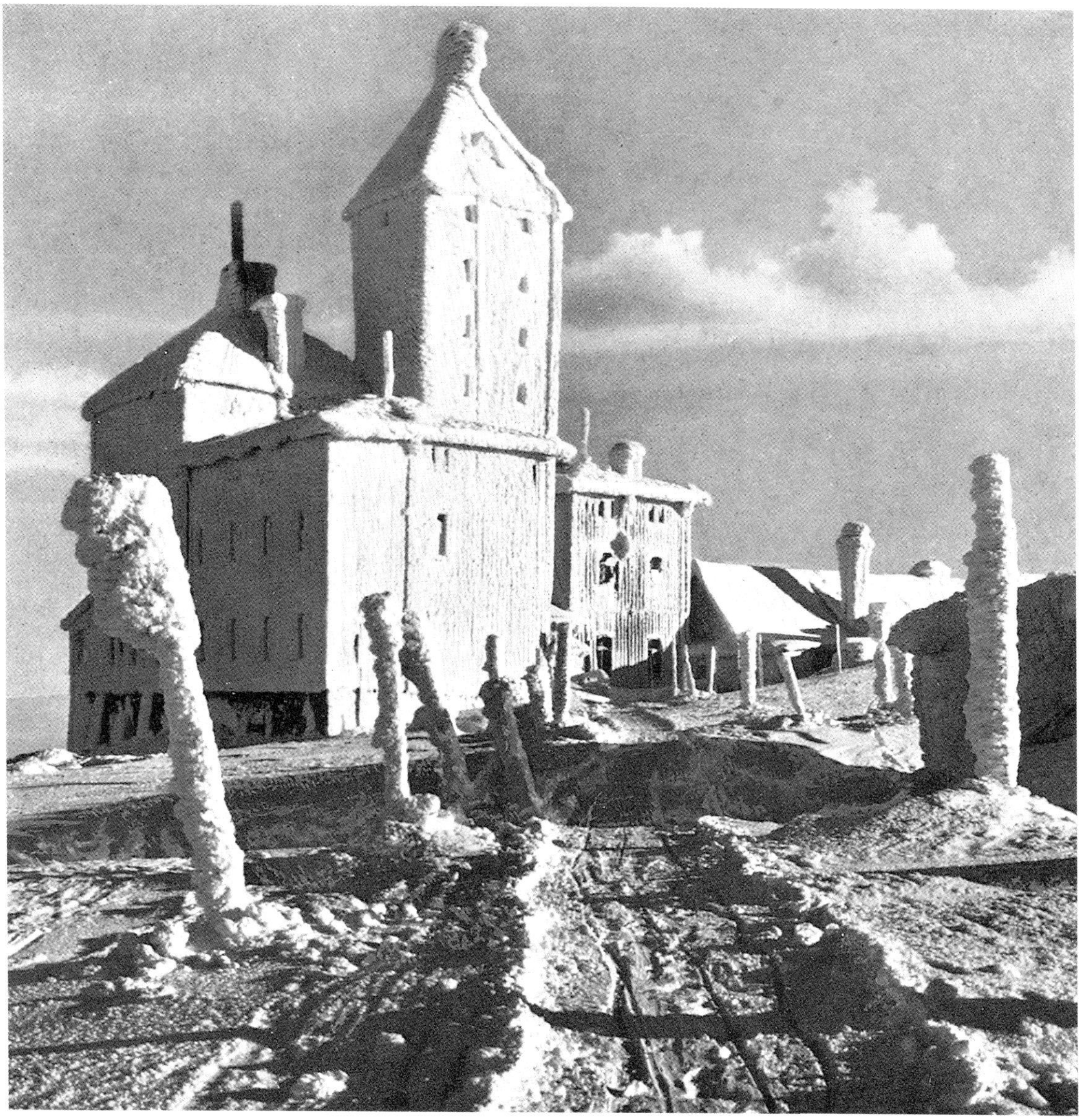

Die Heimat Rübezahls: Schneegruben und Winter im Riesengebirge.

Das Riesengebirge, der mächtige Wall von über 1000 m Höhe, hat in seinem Hang als besondere Sehenswürdigkeit vier zirkusförmige Kessel, die rund 250 m tiefen Schneegruben. Noch im Hochsommer liegt hier häufig Schnee, der sich nicht selten bis zum Frühherbst, und damit bis zum erneuten Schneefall hält.

Schlasierlied.

Üm a Zotaberg[1]) da leut a Land herum,
dos ber inse[2]) heeßen, war'sch ni moag, is tumm.
Wenn a Feind oh quäma
un a wullst ins nähma,
loiß ber loiber 's Laben,
eh' ber's Land ihm gaben,
denn dos Land is schiene, hingen schien und vurn,
ollerengen wudelt's[3]) do vu Weetz und Kurn!

U. Koppisch.

[1]) Zobten. [2]) das wir unser. [3]) überall wimmelt's.

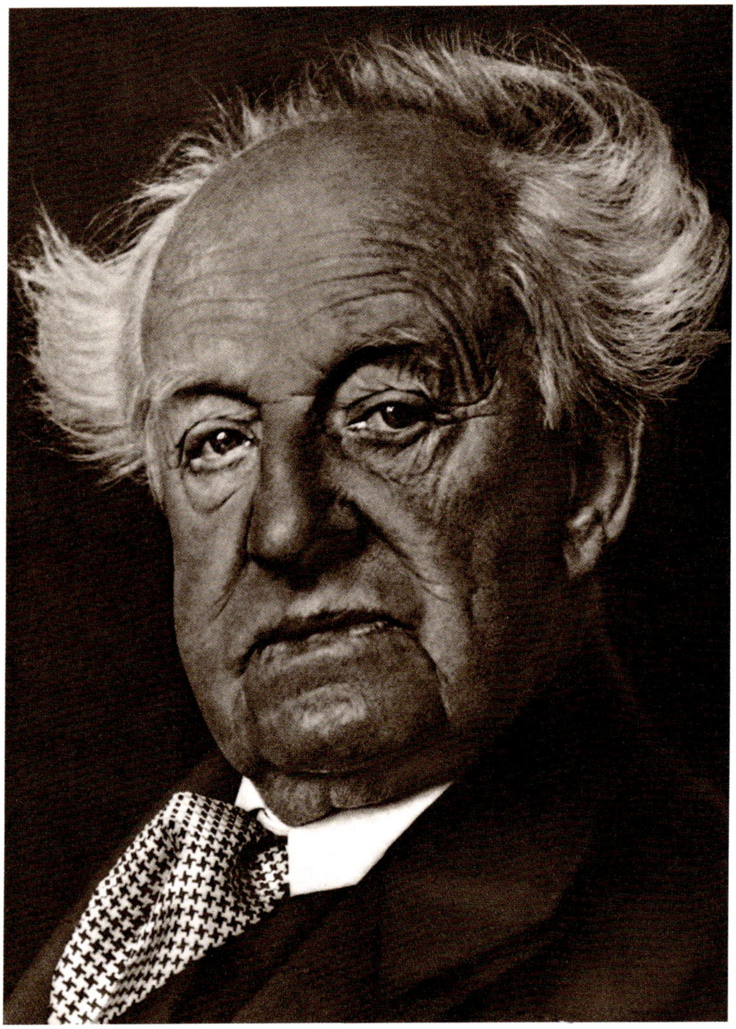

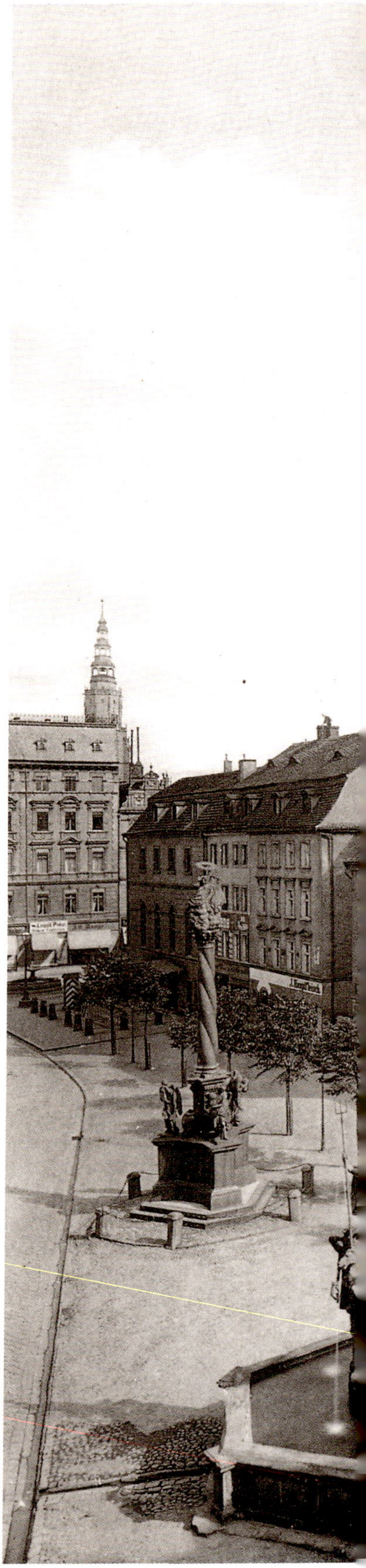

Gerhart Hauptmann, geboren 1862 im Badeort Obersalzbrunn (gest. 1946 in Agnetendorf), verkörperte in seiner Dichtung weit mehr als seine schlesische Heimat. Sein vielgestaltiges Lebenswerk, mit den Grundthemen der sozialen Not der ausgebeuteten Klassen, der Anmaßung der Bürokratie und der Auflösung der Welt des kleinen Bürgers, machten ihn zum deutschen Klassiker. 1912 erhielt Hauptmann den Nobelpreis für Literatur.

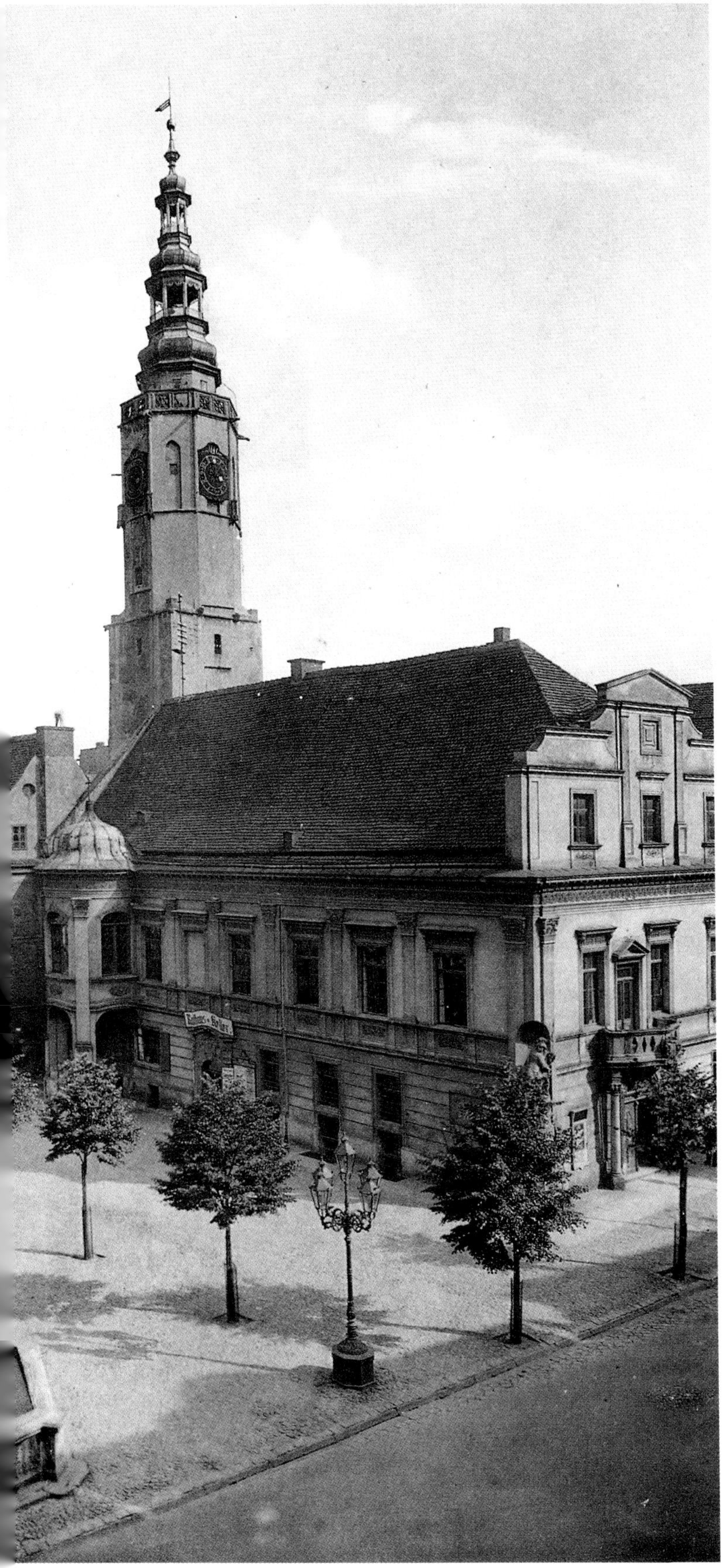

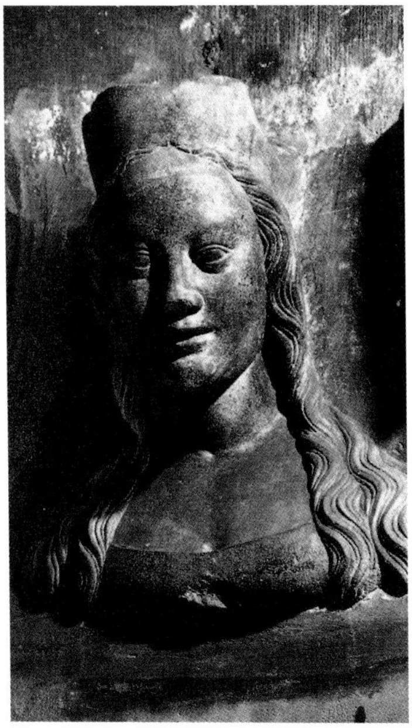

Neptunbrunnen und Rathaus von Schweidnitz – Anna von Schweidnitz, Gemahlin Karls IV., im Veitsdom zu Prag. Schweidnitz an der Weistritz war von der Anlage her die typische Kolonistenstadt aus dem 13. Jh. Alte Unterlagen nennen die Siedlung im Vorland des Eulengebirges als ein frühes Zentrum der Bierbrauerei. Doch dann wurde die Stadt Garnison nacheinander von Schweden, Österreichern, Franzosen und Preußen, und so auch immer wieder hart umkämpft. Das Schweidnitzer Rathaus war 1717/20 nach einem Brand wieder aufgebaut worden. Von hier stammte mit Manfred von Richthofen der erfolgreichste Jagdflieger des Ersten Weltkrieges.

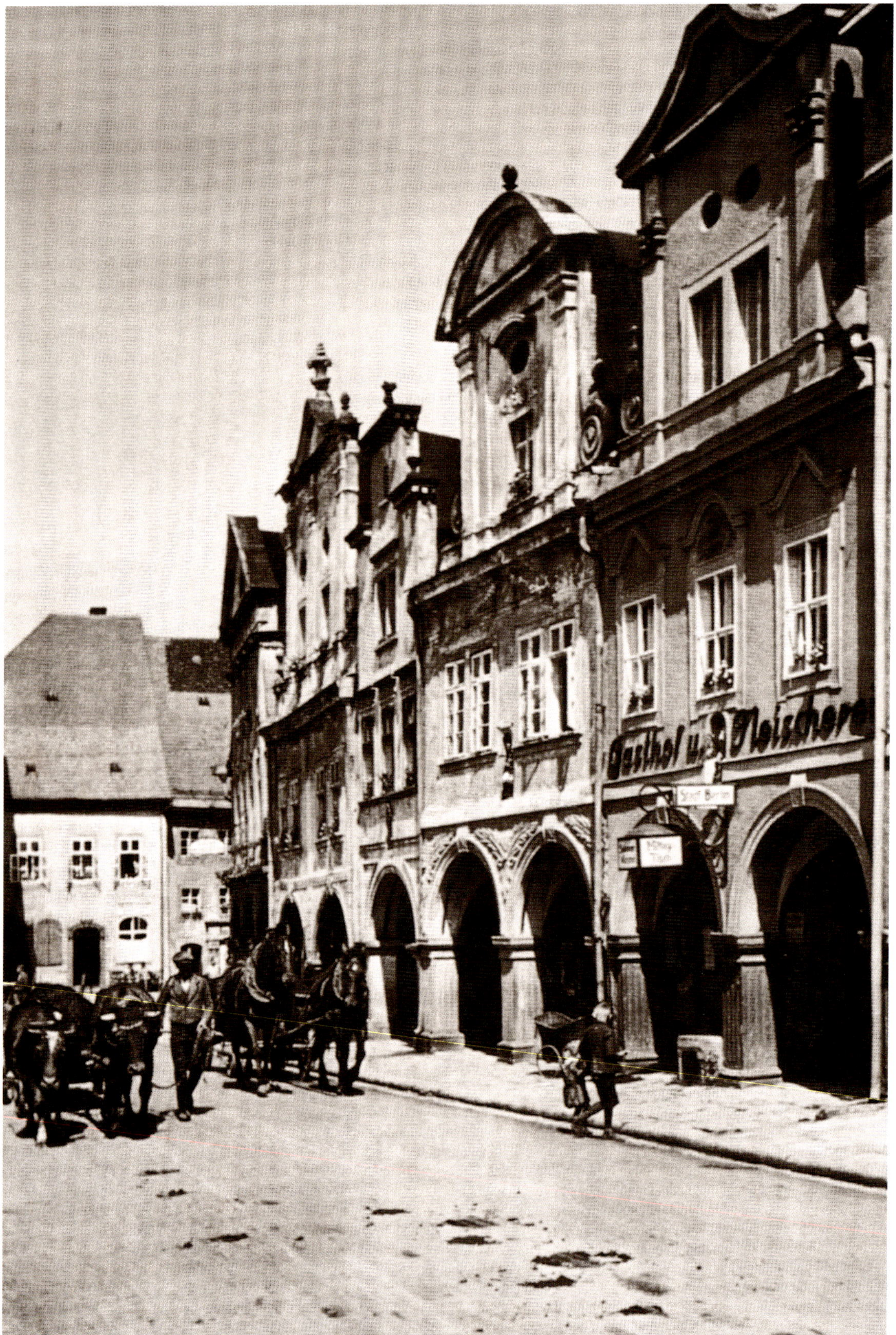
asthof u. Fleischere

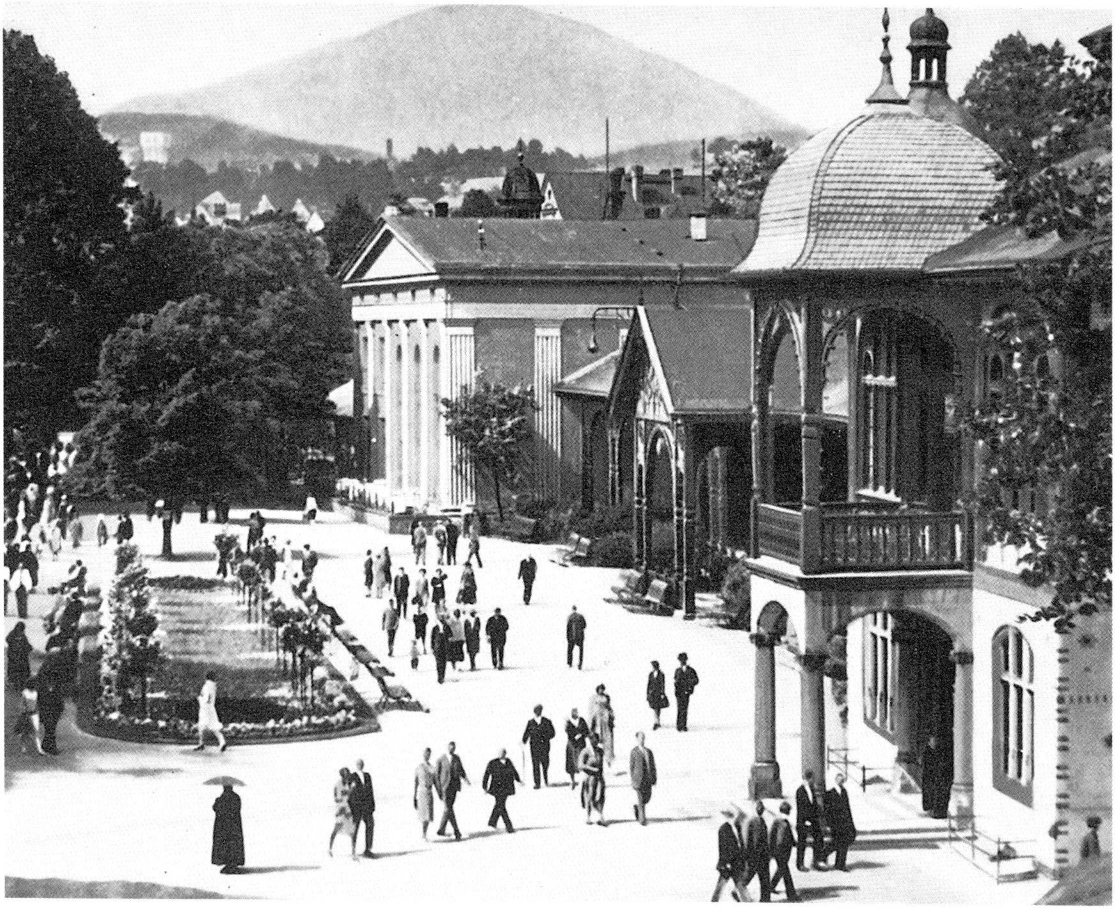

Barocke Laubenhäuser am Ring in Schömberg. Die Stadt in der breiten Mulde des oberen Ziedertales war eine böhmiche Gründung des 13. Jh. Schömbergs Industrie profitierte dann davon, daß in der feuchten, kühlen Bergluft Schlesiens der Flachsstengel dünner und weniger fadenbrüchig wuchs als anderswo, eine ozonhaltige Bergluft Garn und Leinwand blendend weiß bleichen ließ. Stadtteile wie die Webersiedlungen „Zwölf Apostel" und „Sieben Brüder" entstanden. In jedem Haus drehten sich hier Spindeln, klapperten Webstühle. Doch gerade auch die Schömberger Weber litten unter dem unsozialen Verhalten der Garnhändler, was sich während der berüchtigten Weberunruhen von 1793 rächen sollte.

Bad Salzbrunn, der Geburtsort Gerhart Hauptmanns im Tal des Salzbaches. Schlesien besaß wie kein anderes deutsches Land eine Fülle von Heilbädern. Das größte davon war Salzbrunn – offiziell geteilt in Ober- und Niedersalzbrunn – mit Mineralquellen, die zum Teil schon seit dem 14. Jh. bekannt waren. Ihre alkalischen Säuerlinge hatten gerade auch als Versandbrunnen einen guten Ruf. Zwei gastliche Stätten Salzbrunns sollten daneben Berühmtheit erlangen: Im Hotel „Zur preußischen Krone" – dem späteren Sanatorium – sind die Brüder Hauptmann geboren, die Kutscherstube „Zum Fuhrmann Henschel" gab Gerhart Hauptmann die Anregung zu seinem gleichnamigen Schauspiel.

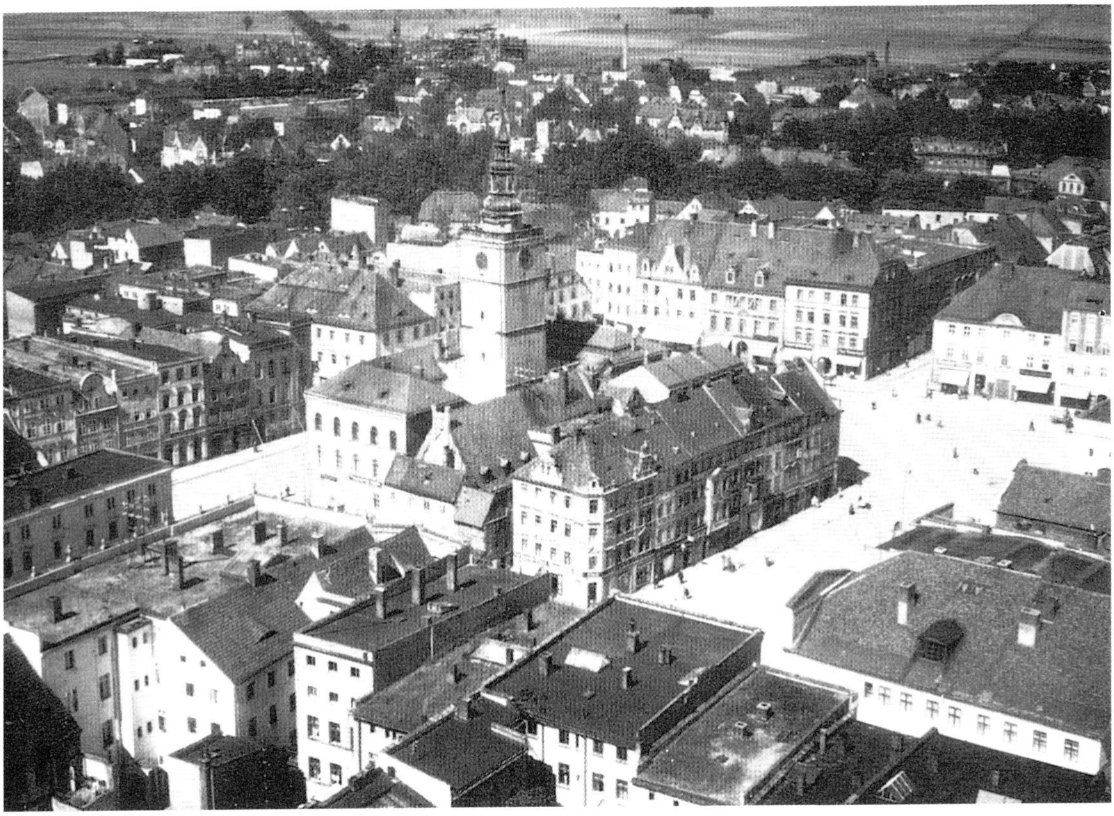

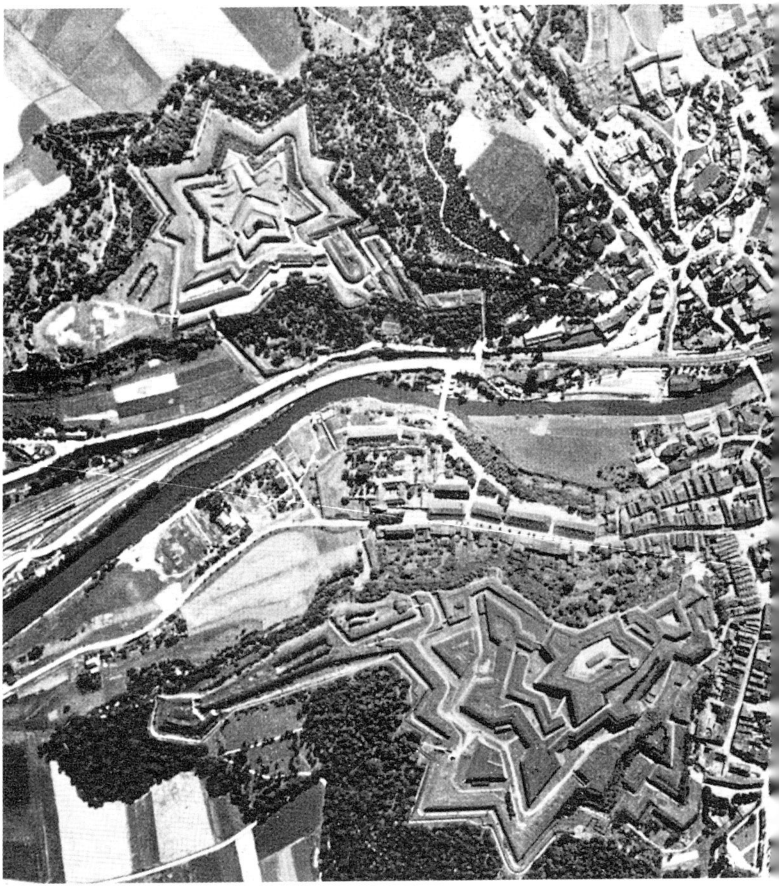

Gesang der Engel

Von Gerhart Hauptmann

Wir bringen ein erstes Grüßen
Durch Finsternisse getragen;
Wir haben auf unsern Federn
Ein erstes Hauchen von Glück.
Wir führen am Saum unsrer Kleider
Ein erstes Duften des Frühlings;
Es blühet von unsern Lippen
Die erste Röte des Tags.
Es leuchtet von unsern Füßen
Der grüne Schein unsrer Heimat;
Es blitzen im Grund unsrer Augen
Die Zinnen der ewigen Stadt.

Aus: Hanneles Himmelfahrt.

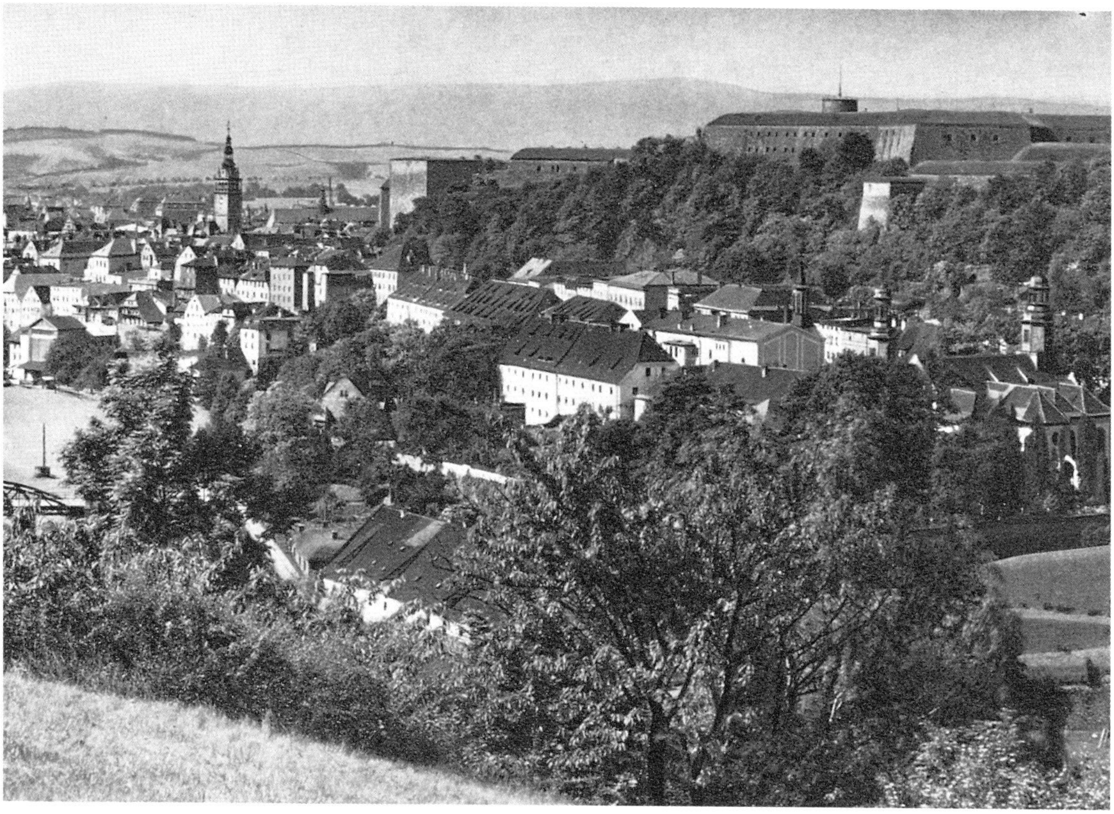

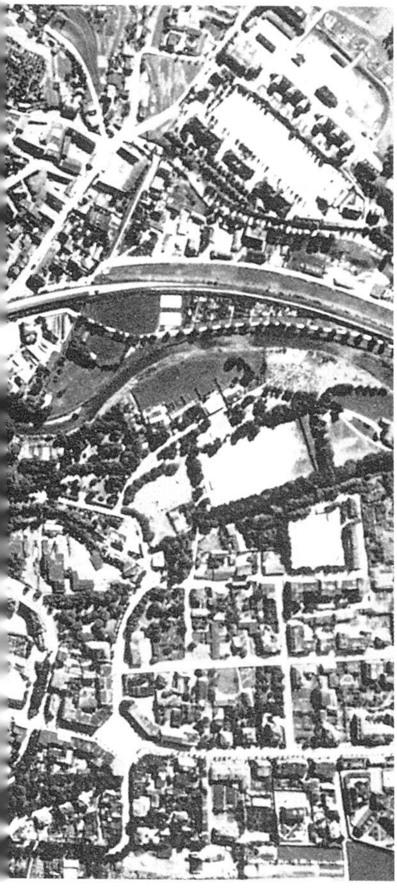

Oben links: Blick auf Reichenbach. Im Mittelpunkt der Stadt oberhalb des Zusammenflusses von Peile und Klinkenbach der große Ring mit Rathaus, Kaufhaus, Tuchhalle und Handwerkerbänken in einem gemeinsamen Komplex.

Unten links: Stadt und Festung Glatz aus der Vogelschau.
Oben: Blick auf die Stadt im Glatzer Kessel. Überragt von mächtigen alten Festungsbauten, die einst den Übergang nach Böhmen beherrschten, steigt Glatz terrassenförmig von der Glatzer Neiße her auf. In der geschichtlich ältesten belegten Siedlung Schlesiens hatte bereits Fürst Slavnik, der Vater des hl. Adalbert, eine Grenzfestung gegen die Polen errichtet. Von Friedrich dem Großen Preußen einverleibt, verstanden sich die Glatzer besonders gut auf die Erhaltung österreichischen Charmes, deutscher Kultur und preußischer Ordnungsliebe in ihren alten Mauern.
In Glatz saßen einst berühmte Gefangene wie der Panduren-führer Trenck und der niederdeutsche Dichter Fritz Reuter ein. Gegen Ende des 19. Jh. erhielt die Stadt besondere Bedeutung als Wallfahrtsort.

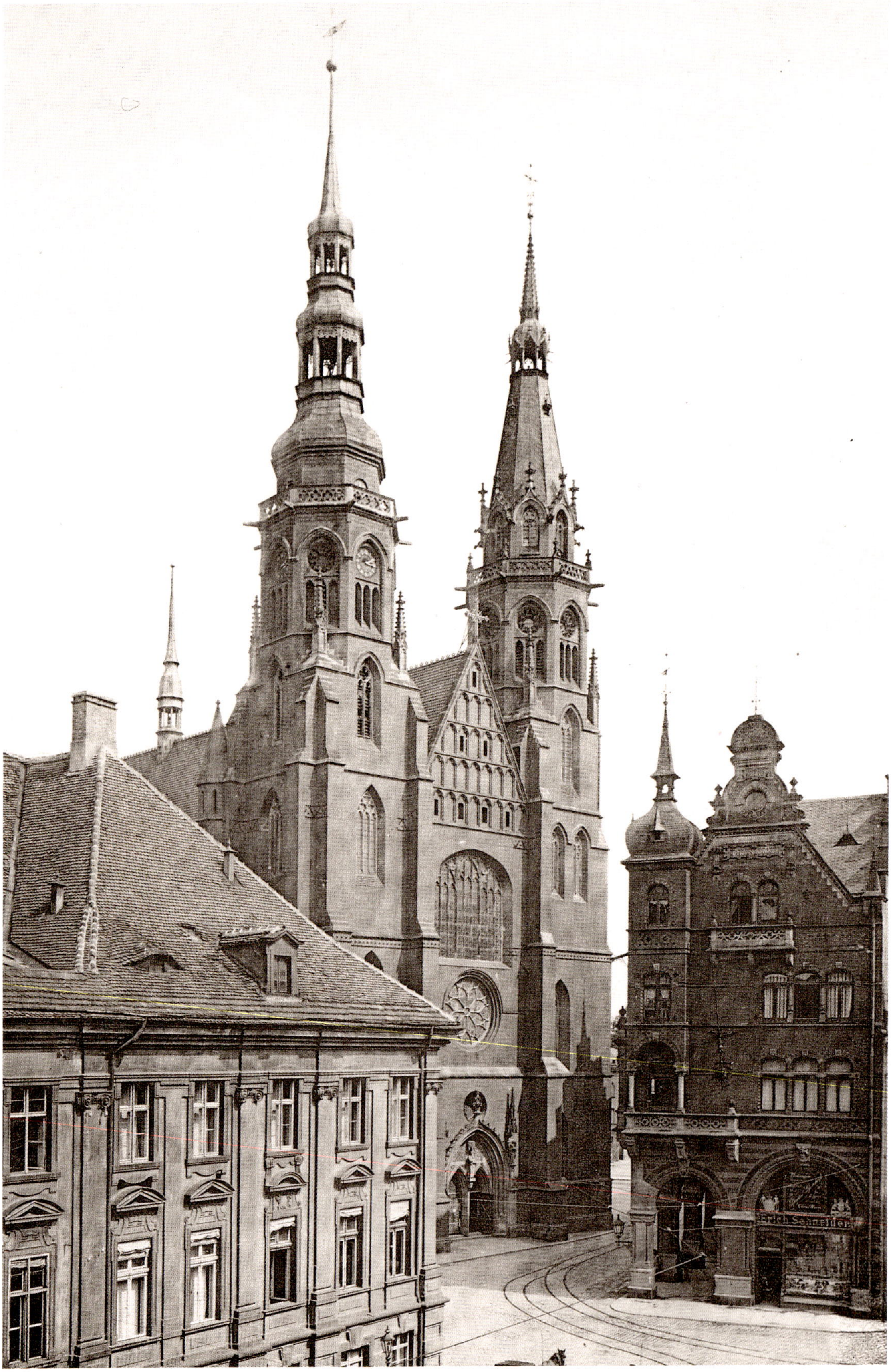

Liegnitz mit Rathaus, Peter-Paul-Kirche und Kaufhaus Grosser. Im Mittelpunkt der Stadt der schlesischen Piastenherzöge, die seit den Tagen Kaiser Barbarossas den Landstrich mit deutschen Kolonisten besiedelten, steht die Peter-Paul-Kirche mit ihren verschiedenartigen Türmen.

Im Umland von Liegnitz ist der Boden mit dem Blut vieler Kriege getränkt: 1241 rannten sich auf der Wahlstatt die Mongolen fest, bei der Verteidigung des Abendlandes fiel Heinrich II., der Sohn der hl. Hedwig und des Piastenherzogs Heinrich der Bärtige. Im Dreißigjährigen Krieg erlitten die Kaiserlichen bei Liegnitz eine Niederlage gegen General von Arnim, 1760 schlug Friedrich der Große hier die Österreicher und 1813 der Preuße Blücher die Truppen Napoleons.

Aus Liegnitz stammte Reichstagspräsident Paul Löbe.

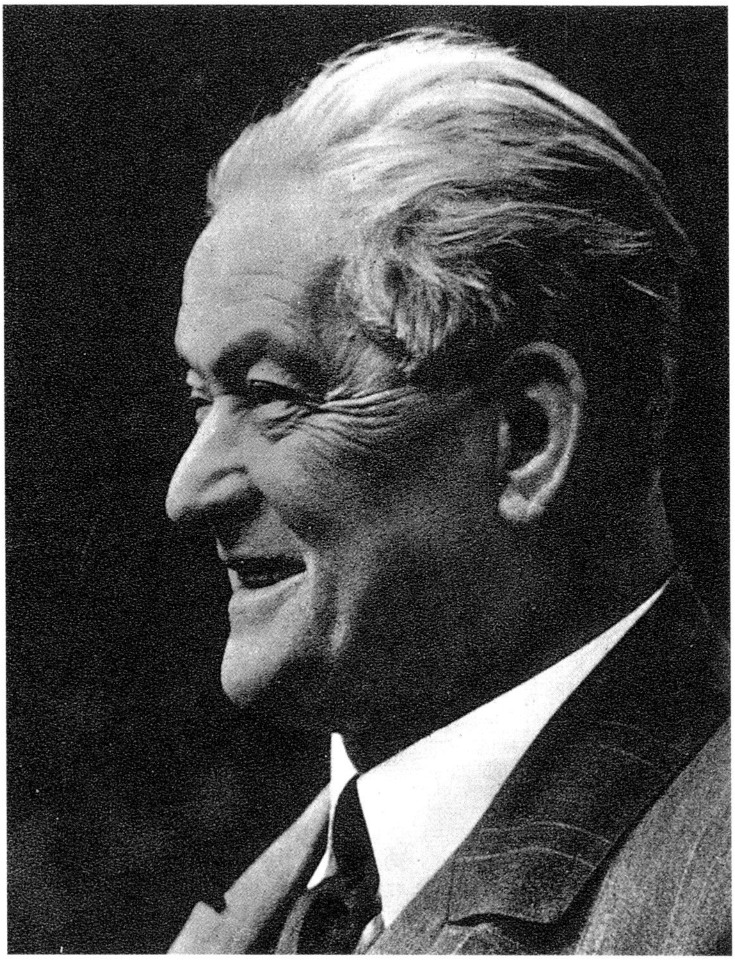

Hermann Stehr (1864–1940), in Habelschwerdt als Sohn einer Sattlermeister-Familie geboren, lebte ab 1915 in Warmbrunn und später in Oberschreiberhau als freier Schriftsteller. Im Mittelpunkt der Arbeit des Romandichters und Erzählers stehen immer wieder Gefühle und Konflikte gottsuchender, gequälter Menschen. Doch während er den Ort seiner Handlungen gerne nach Westfalen oder Süddeutschland verlegte, blieb Stehr selbst seiner schlesischen Heimat treu. („Auf Leben und Tod“, „Der Heiligenhof“, „Das Geschlecht der Maechler“)

An die Nacht

Von Hermann Stehr

O, du hast so milde Augen, Nacht.
Träume ruh'n in ihren stillen Tiefen.
Wenn uns wund und arm das Licht gemacht,
Nahst du leise und die Lippe lacht,
Von der eben Gram und Leid noch riefen.

Auf des Lagers Kissen unsichtbar
Wohnt das Eden, das wir längst verloren.
Alles, was wir hoffen, wird dort wahr.
Unser Sehnen naht sich greifbar, klar,
Wir vollbringen, was wir uns geschworen.

Wunde Schultern werden wieder heil;
Seine Heimat findet wer verlassen;
Aufrecht steht, wen niederschlug der Keil
Des Schicksals; Scham kommt dem, der jahrelang geil
Seinen Leib verkaufte auf den Gassen.

Ahnung wird zu Wissen, Qual schläft ein,
Tote stehen auf aus unserm Herzen,
Greise schlürfen wieder jungen Wein,
Weniger drückt uns des Gewissens Stein;
Mit dem Schlaf schäft selbst unheilbar Schmerzen.

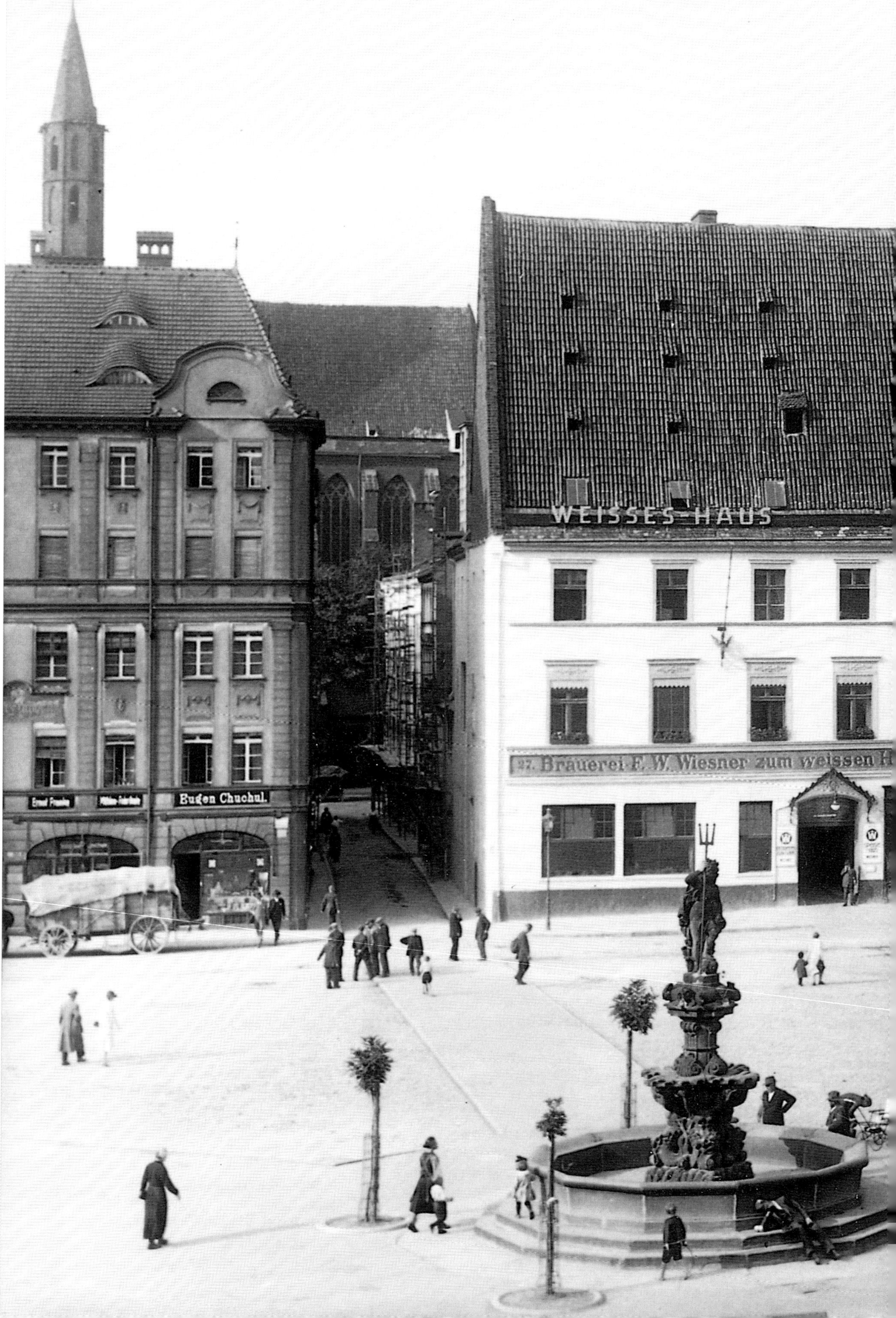
WEISSES HAUS
27. Bräuerei F. W. Wiesner zum weissen H
Eugen Chuchul.

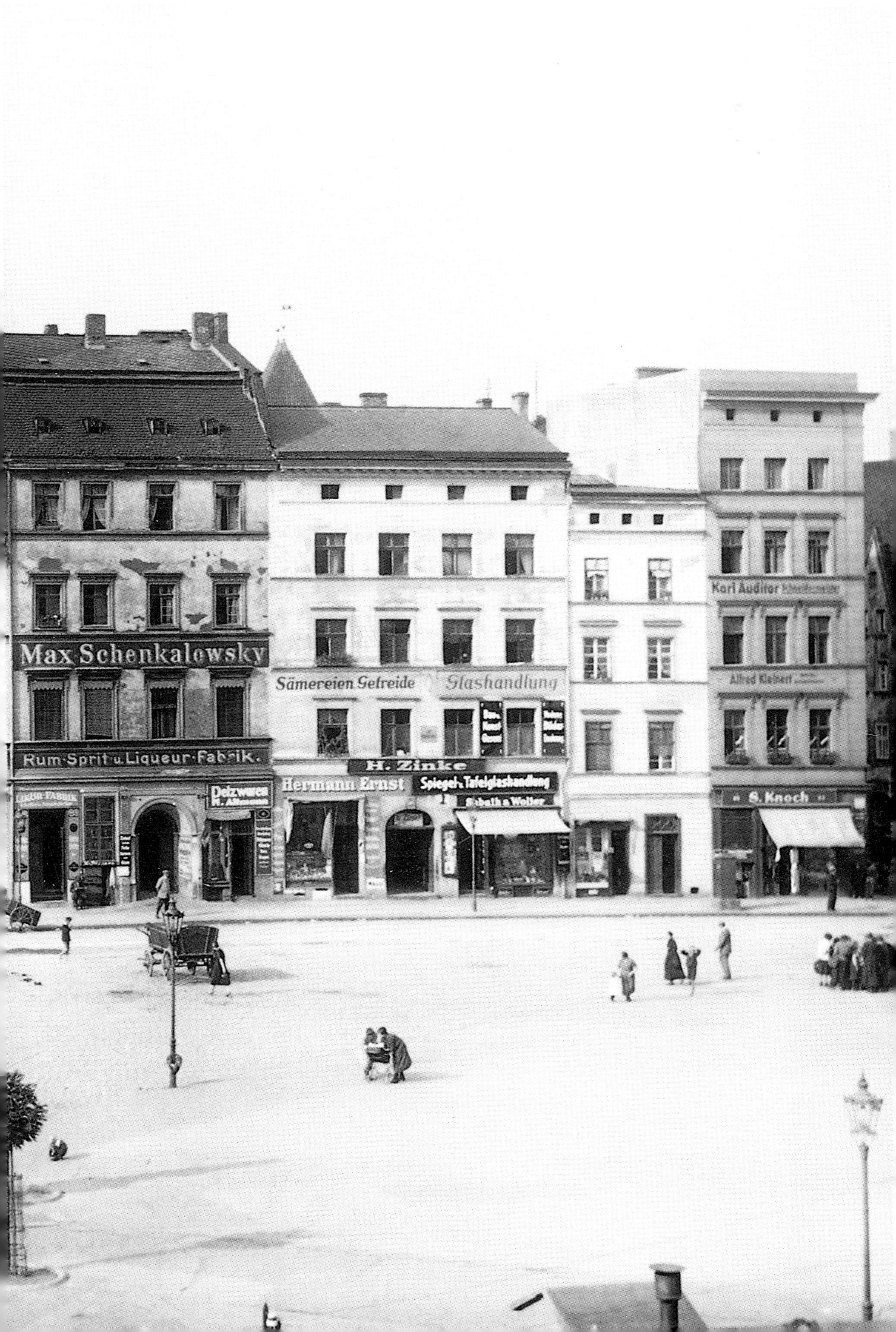
Max Schenkalowsky
Rum-Sprit u. Liqueur-Fabrik.
Sämereien Getreide
Glashandlung
H. Zinke
Hermann Ernst
Spiegel- u. Tafelglashandlung
Karl Auditor
Alfred Kleinert
S. Knoch

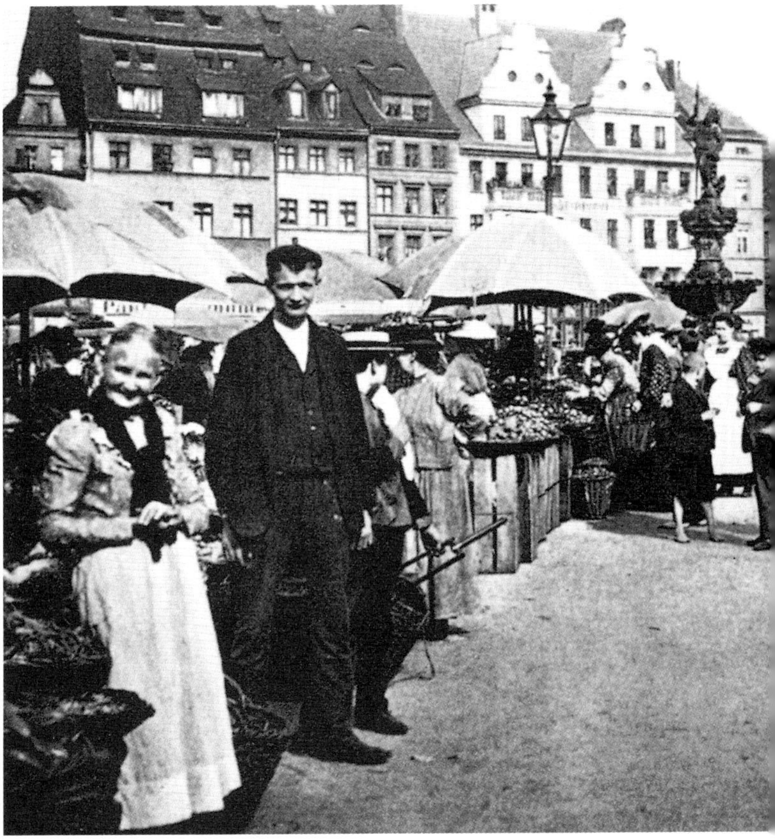

Breslau: der Neumarkt. Hier befanden sich die berühmten Bierlokale „Gabeljürge", „Schwarze Krähe" und „Zum weißen Hause". Schlesien war ein Land der Biertrinker, stand im Verbrauch gleich hinter Bayern an zweiter Stelle im Reich. Ob „Schweidnitzer Schöps" oder „Gottesberger Pils", Malzbier, Jungbier, Lagerbier, Export- oder Versandbier . . . das bierfreudige Publikum genoß es in den „Kretscham" in tiefen Zügen.
Die Schlesier verstanden es übrigens, Irdisches und Außerirdisches recht gut zu mischen. Es war kein Zufall, daß ausgerechnet an der Oder das schöne Lied vom „Schlesischen Bauernhimmel" mit seinen leiblichen Genüssen entstanden ist. Wer lobte hier nicht jenes Gericht aus den Semmelklößen der österreichischen, dem Rauchfleisch der böhmischen und dem Gewürz der schlesischen Vergangenheit mit dem Dörrobst der preußischen Gegenwart, das man als „Himmelreich" bezeichnete?

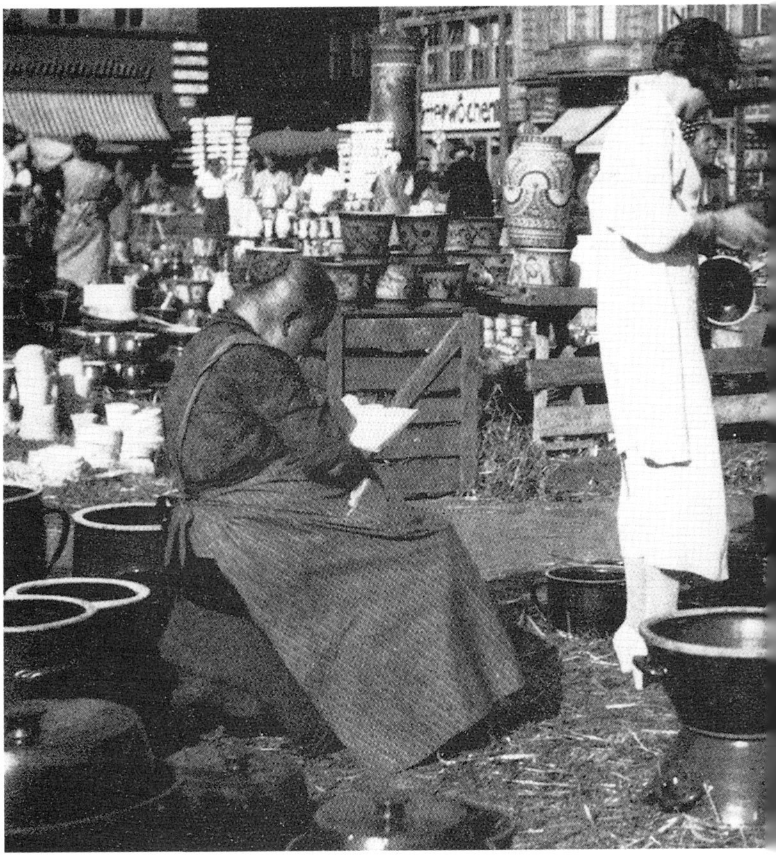

Tippelmarkt auf dem Neumarkt

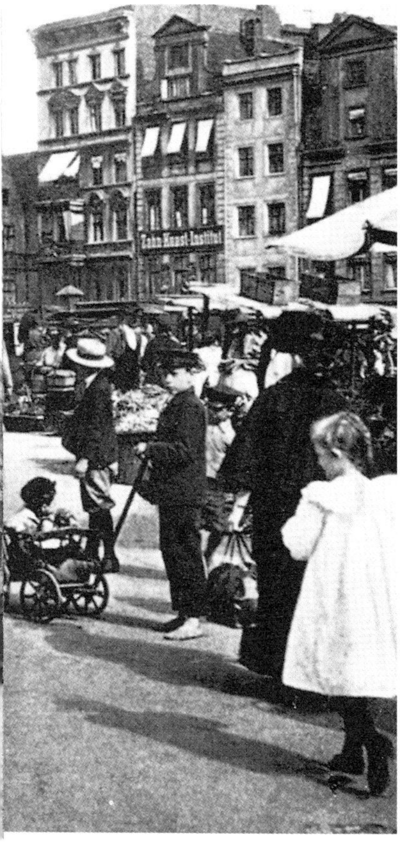

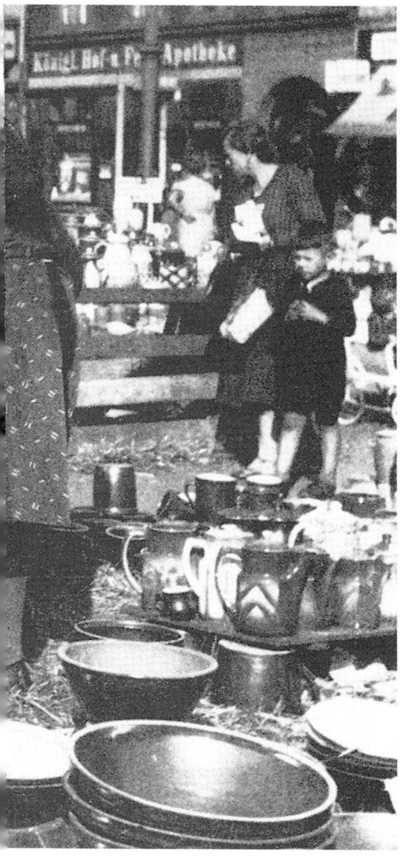

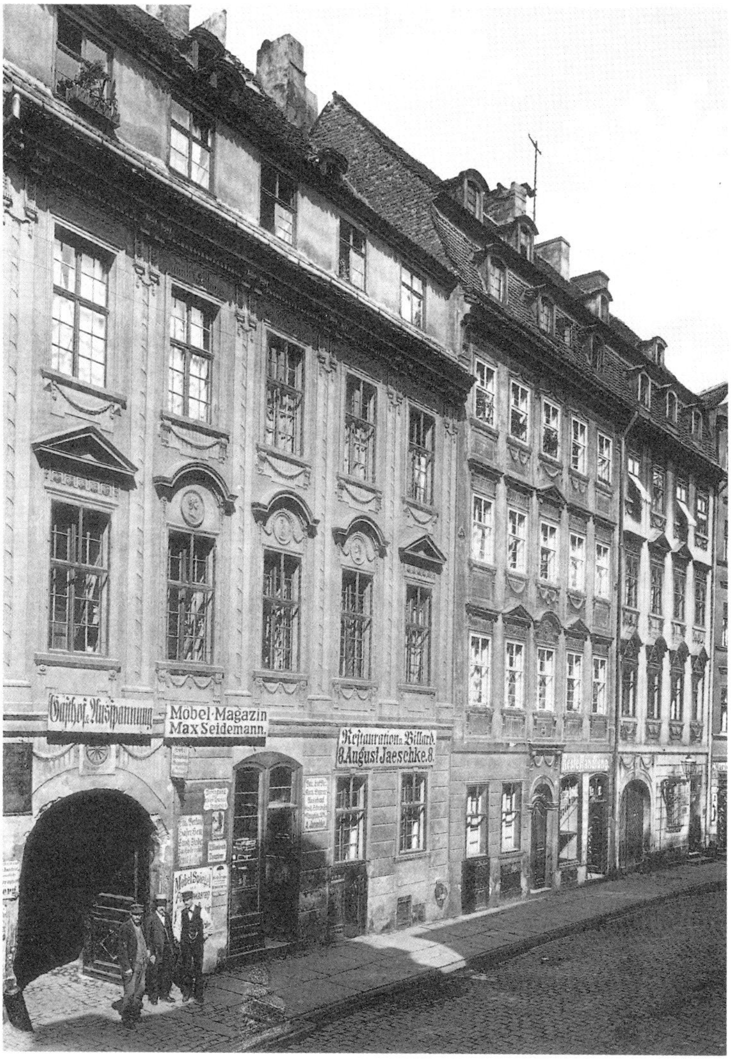

Goldene-Rade-Gasse in der „Altstadt“. Breslau, „die Stadt der österreichischen Anmut und der preußischen Strenge“, war am 11. Juni 1742 durch den Breslauer Frieden preußisch geworden. Jetzt entwickelte sich um die prachtvollen alten Fassaden eine moderne Metropole. Alt und neu: Sakrale und profane Bauten, besonders aber auch die vielen gestandenen Bürgerhäuser machten sie zur architektonischen Schatzkammer aller Stilepochen.

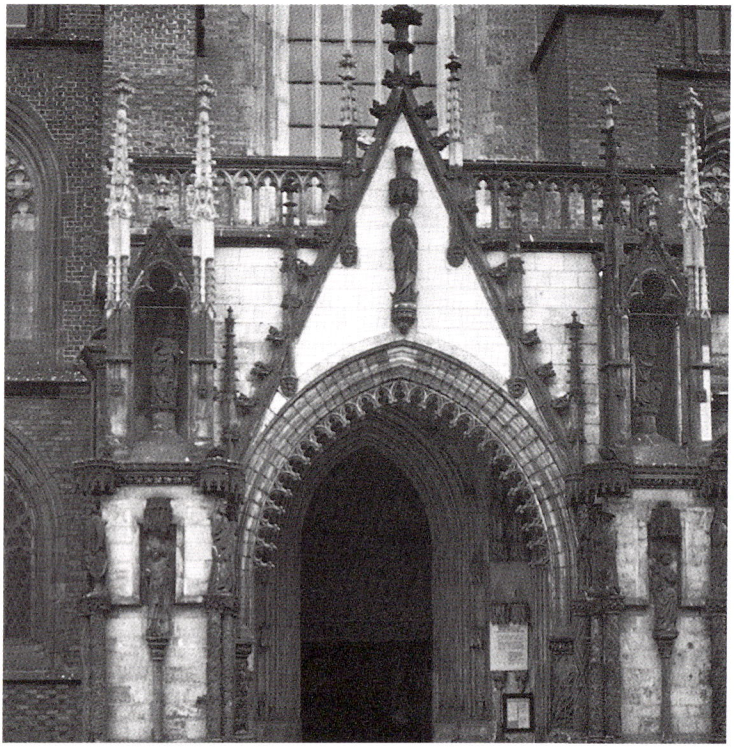

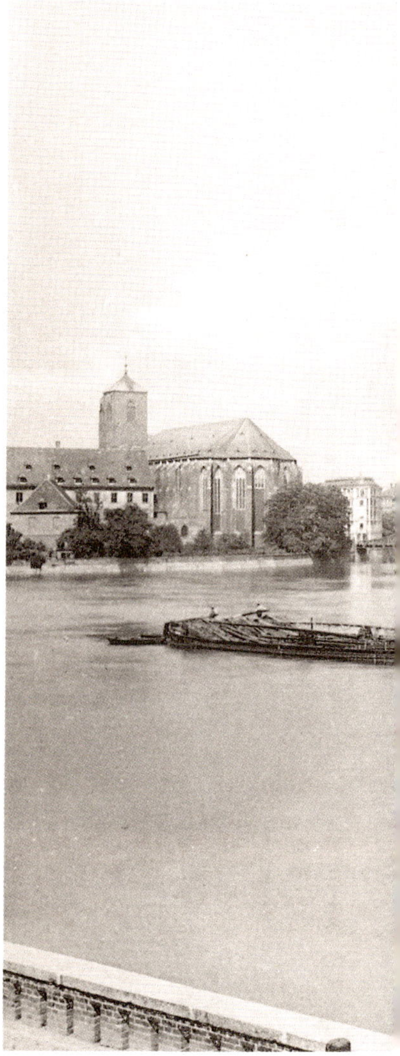

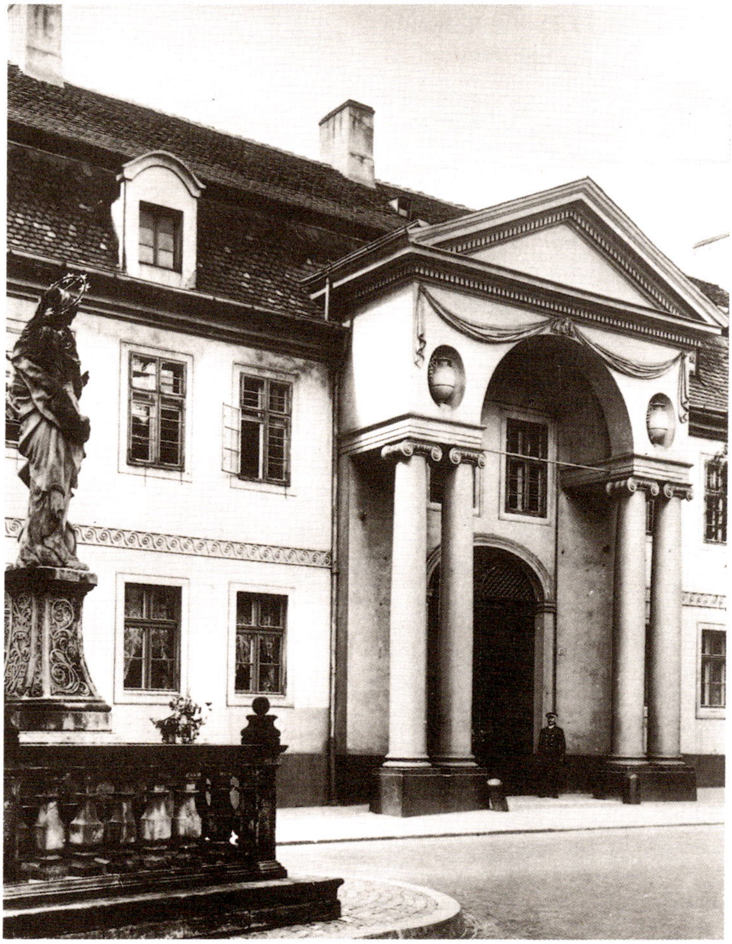

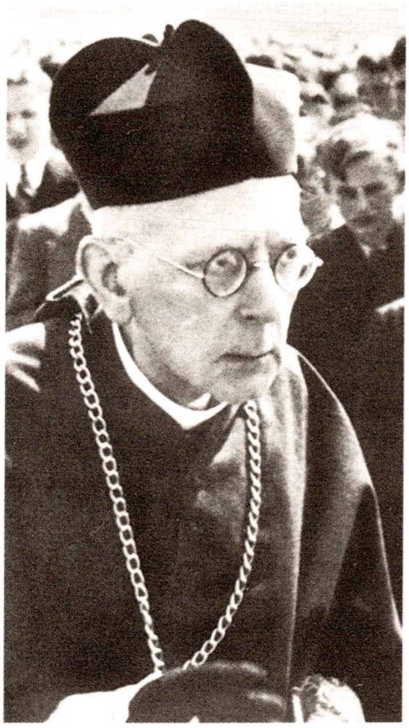

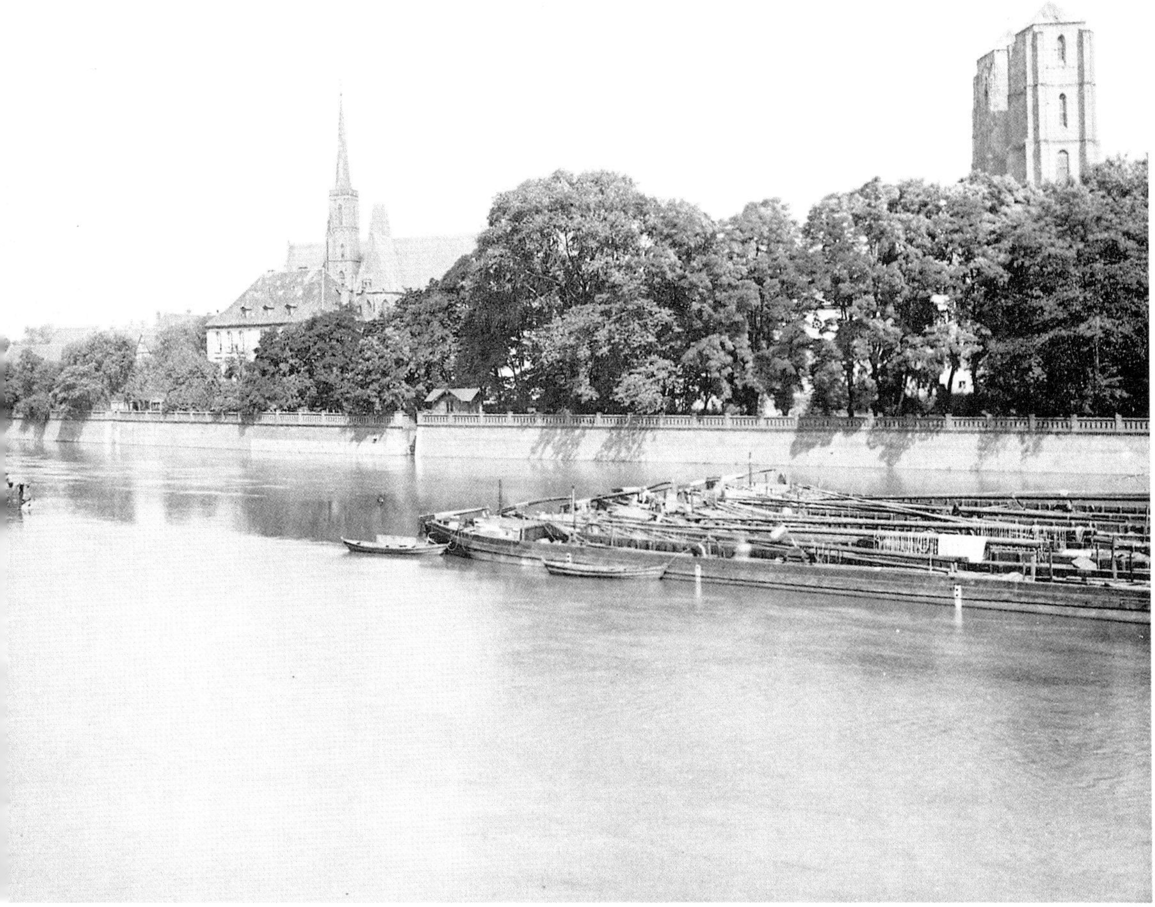

Kardinal Adolf Bertram, Bischof von Breslau von 1914–1945.
Das Bistum Breslau, durch den polnischen König Boleslaw I. noch vor 1000 gegründet, war Teil der Kirchenprovinz Gnesen, wurde 1821 exemt und ab 1930 Erzbistum.

Breslau: Dominsel – Domportal – Bischöfliches Palais mit Mariensäule. Der Blick auf die Breslauer Dominsel sicherte den Eindruck eines der schönsten deutschen Städtebilder. Der päpstliche Nuntius nannte Breslau einst „die schönste Stadt nach Wien“, für Friedrich den Großen war es „eine der schönsten Städte Deutschlands, besser als Nürnberg, Augsburg und Danzig“. – Der Dom St. Johannes der Täufer, eine dreischiffige gotische Basilika mit barocken Kapellanbauten, 1244 begonnen und im 14. Jh. vollendet, war der beherrschende katholische Sakralbau der Oderstadt, die bischöfliche Residenz auf der Dominsel ein Bauwerk des späten 18. Jh.

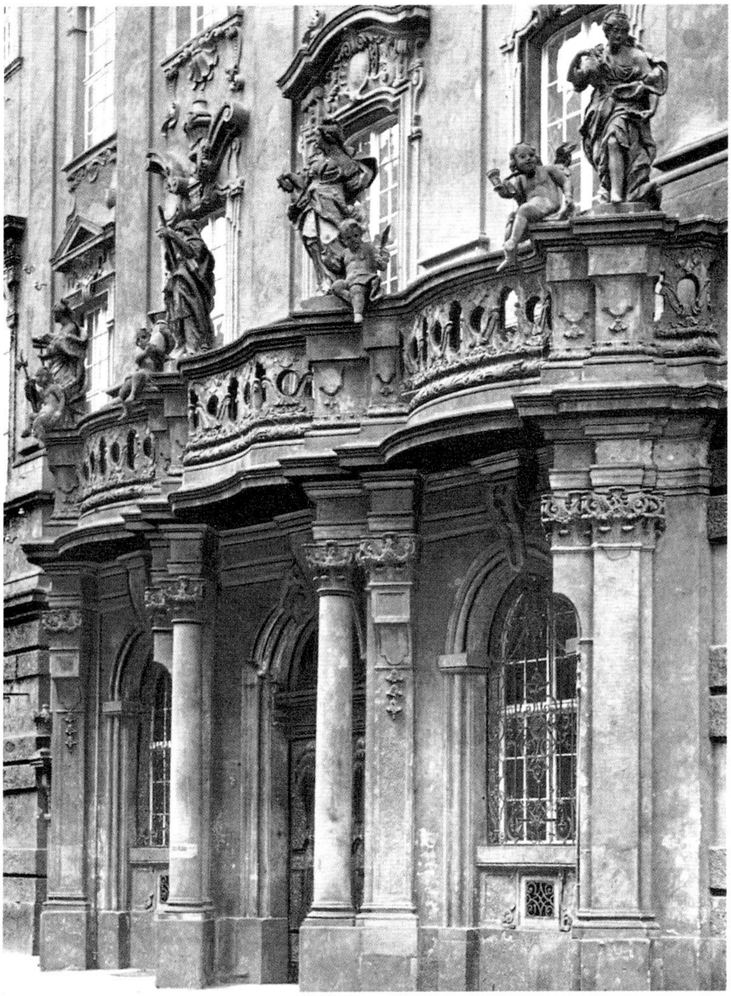

Links oben: Hauptportal der Breslauer Universität, Schlesiens großartigstem Barockbau. Rechts oben: Das Schloßmuseum in der Breslauer Innenstadt, nach einem Entwurf von Fischer von Erlach. In dem nüchternen Bau wurde 1813 durch Friedrich Wilhelm das Eiserne Kreuz gestiftet.

Rechts unten: Die Jahrhunderthalle, einer der größten Kuppelbauten Deutschlands, in Erinnerung an die Befreiung Preußens vom Joch Napoleons erstellt. Die Halle galt in ihrer Zeit als eines der bedeutendsten Baudenkmäler moderner Architektur. Zu ihrer Ausstattung gehörte die zweitgrößte Orgel der Welt.

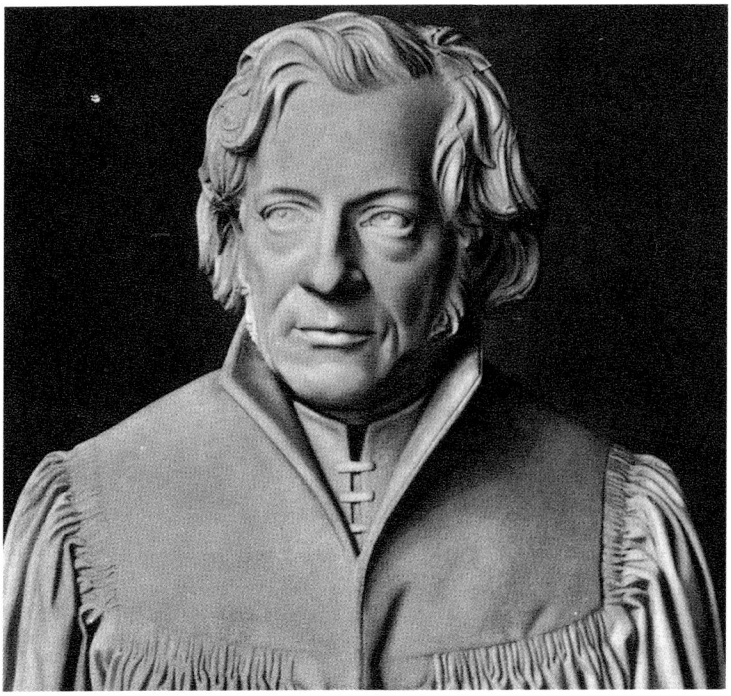

Friedrich Daniel Ernst Schleiermacher (1768–1834). Der in Breslau geborene Theologe, Schriftsteller und Professor wirkte ab 1810 an der von ihm mitgegründeten Berliner Universität. Stark beeinflußt von pietistischen Herrnhutern und dem Dichterkreis um die Brüder Schlegel nahm Schleiermacher zur protestantischen Dogmatik wie zur Aufklärung eine Gegenposition ein. Um die Jahrhundertwende entsteht sein Hauptwerk „Über die Religion. Reden an die Gebildeten unter ihren Verächtern“.

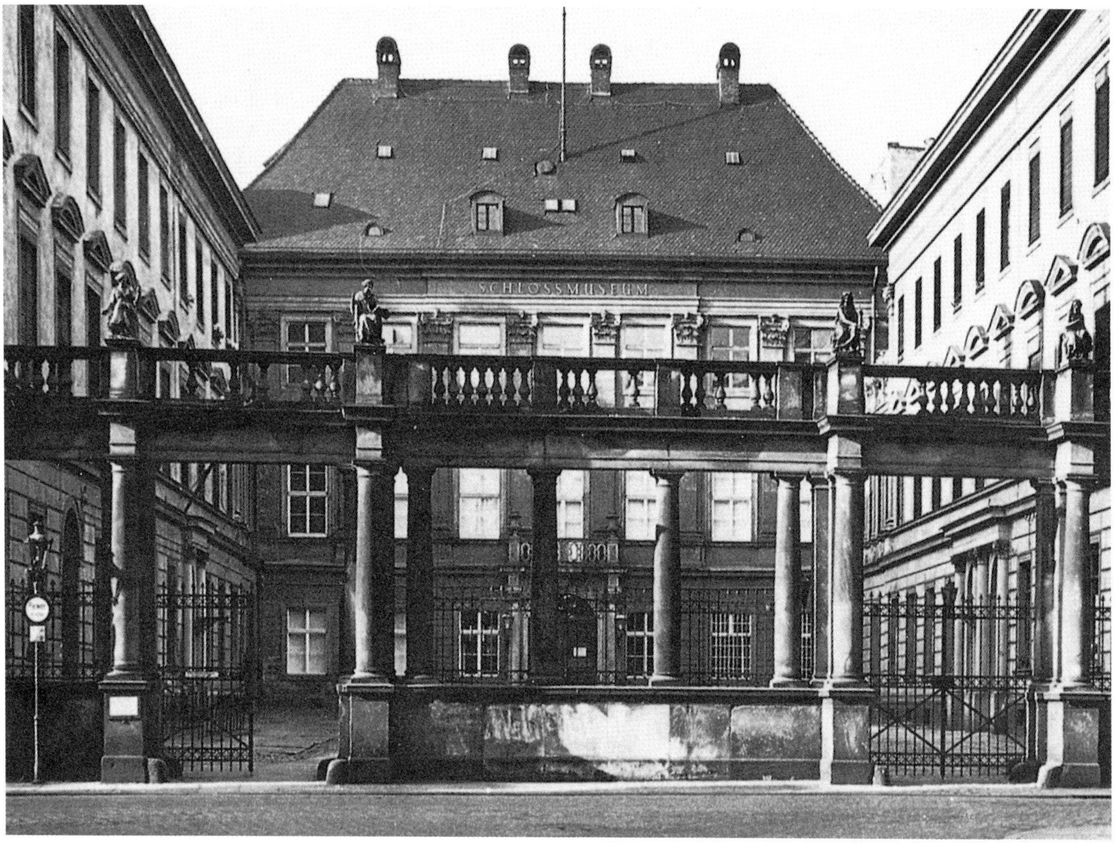
SCHLOSSMUSEUM

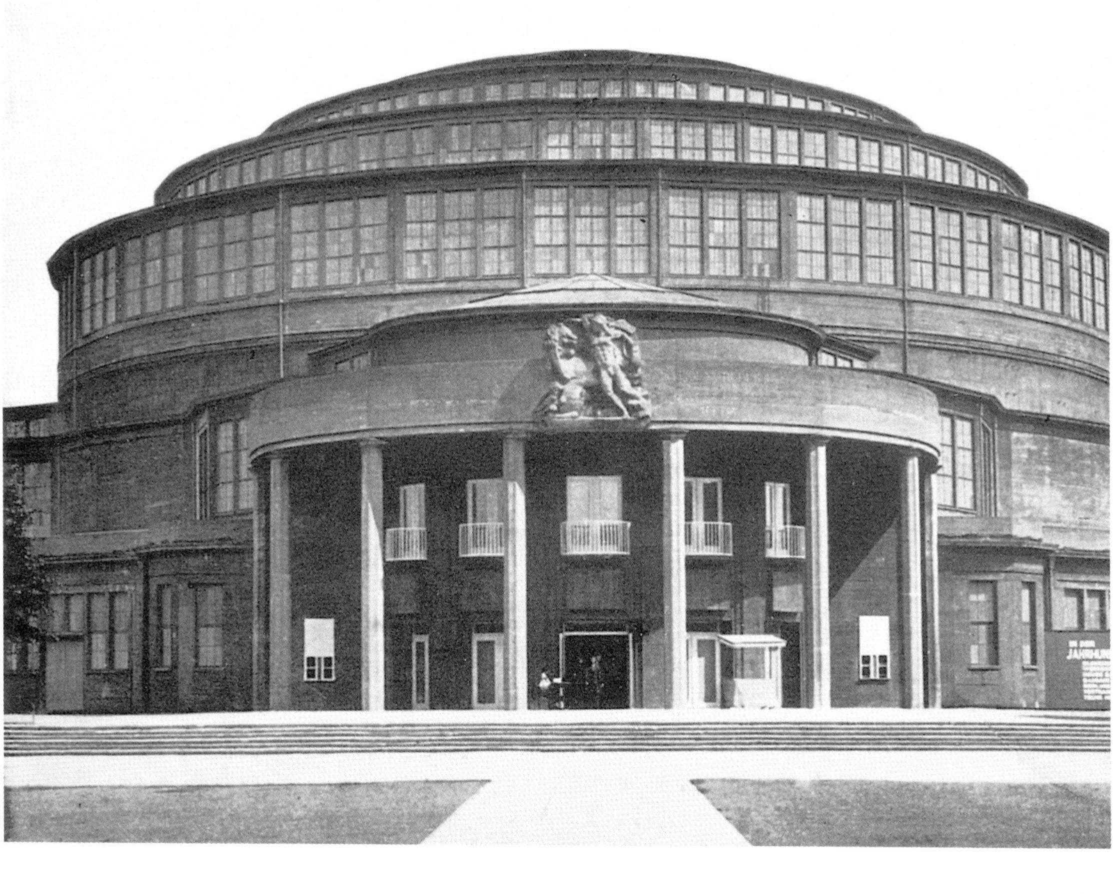

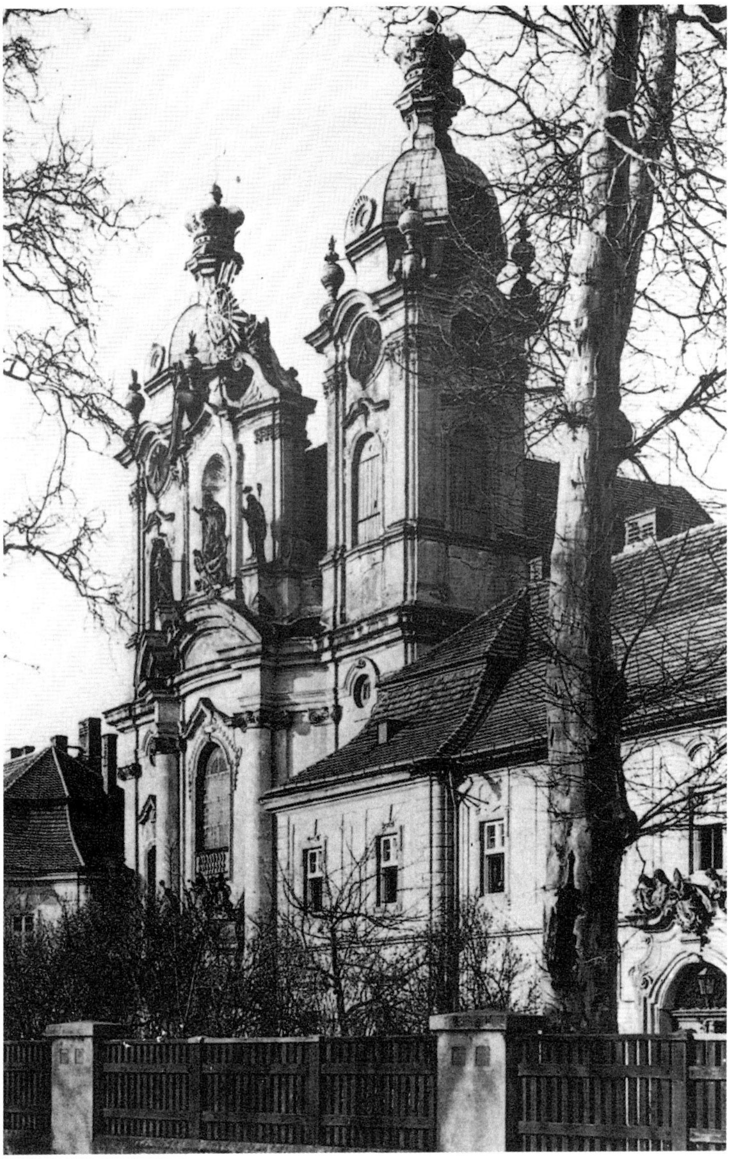

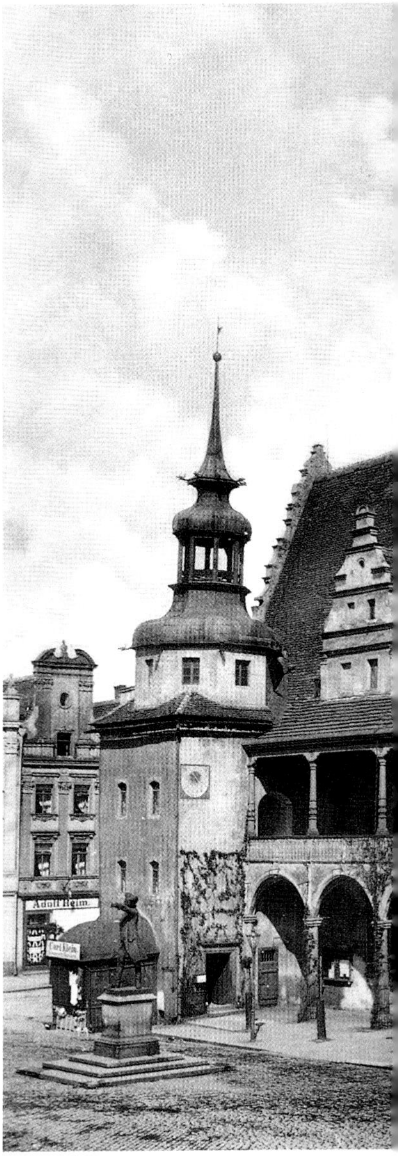

Klosterkirche und Kloster von Wahlstatt, Kreis Liegnitz. In Wahlstatt, über der Niederung der Katzbach, trat am 12. April 1241 ein Heer aus deutschen und polnischen Rittern den anstürmenden Mongolenhorden entgegen. Obwohl der Gegner nicht besiegt werden konnte, zwang man ihn doch zur Änderung seiner Stoßrichtung. In Erinnerung der Schlacht und des Heldentodes Herzog Heinrichs II. wurde auf der Wahlstatt eine Propstei errichtet. Das Klostergebäude stammt aus dem 18. Jh., Stiftsbaumeister war Kilian Ignaz Dientzenhofer.

Nach seinem Sieg an der Katzbach über Napoleon wurde Feldmarschall von Blücher zum Fürsten von Wahlstatt erhoben. In der Stadt erlernte Paul von Hindenburg als Kadett einmal das Kriegshandwerk.

Brieg: das spätgotische, in Renaissance und Barock ausgebaute Rathaus, Mittelpunkt der regen Industriestadt am linken Oderufer. Brieg, etwa in der Mitte zwischen Breslau und Oppeln, wird als Stadt im 13. Jh. erwähnt. Der Grundstein zum Rathaus mit den charakteristischen zwei Treppentürmen an der Schauseite, wurde 1570 nach einem Stadtbrand gelegt.

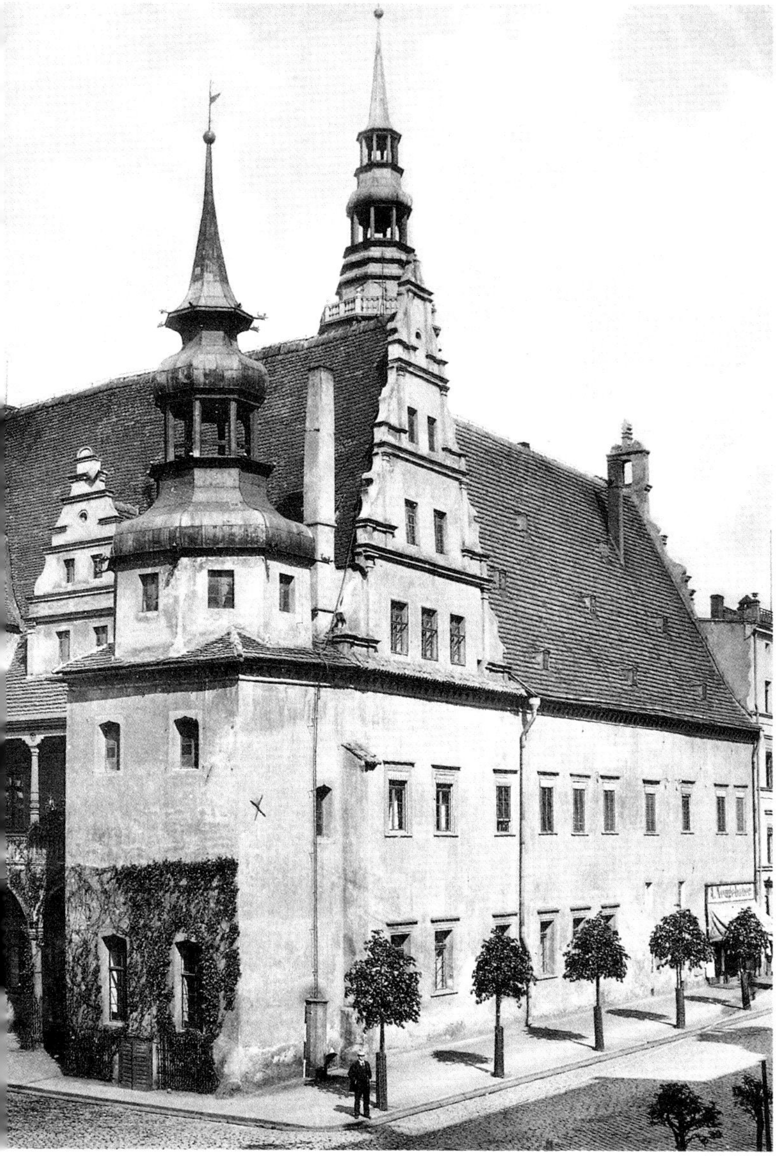

O Täler weit, o Höhen,
o schöner, grüner Wald,
Du meiner Lust und Wehen
andächtiger Aufenthalt!
Da draußen, stets betrogen,
saust die geschäftige Welt,
schlag noch einmal den Bogen
um mich, du grünes Zelt!

Wenn es beginnt zu tagen,
die Erde dampft und blinkt,
die Vögel lustig schlagen,
daß dir dein Herz erklingt:
Da mag vergehn, verwehen
das trübe Erdenleid.
Da sollst du auferstehen
in junger Herrlichkeit!

Da steht im Wald geschrieben
ein stilles, ernstes Wort
vom rechten Tun und Lieben,
und was des Menschen Hort.
Ich habe treu gelesen
die Worte schlicht und wahr,
und durch mein ganzes Wesen
ward's unaussprechlich klar.

Bald werd ich dich verlassen,
fremd in der Fremde gehn,
auf buntbewegten Gassen
des Lebens Schauspiel sehn;
und mitten in dem Leben
wird deines Ernsts Gewalt
mich Einsamen erheben,
so wird mein Herz nicht alt.
Joseph von Eichendorff

Brieg war weithin durch sein betont evangelisches Gymnasium bekannt. Zu dessen Schülern gehörten der Mystiker Abraham von Franckenberg, der Dichter Friedrich von Logau und der religiöse Lyriker Johannes Heermann.

Aus Brieg stammen der Archäologe Carl Otfried Müller, der Maler Oskar Moll und Preußens Kultusminister Heinrich von Mühler.

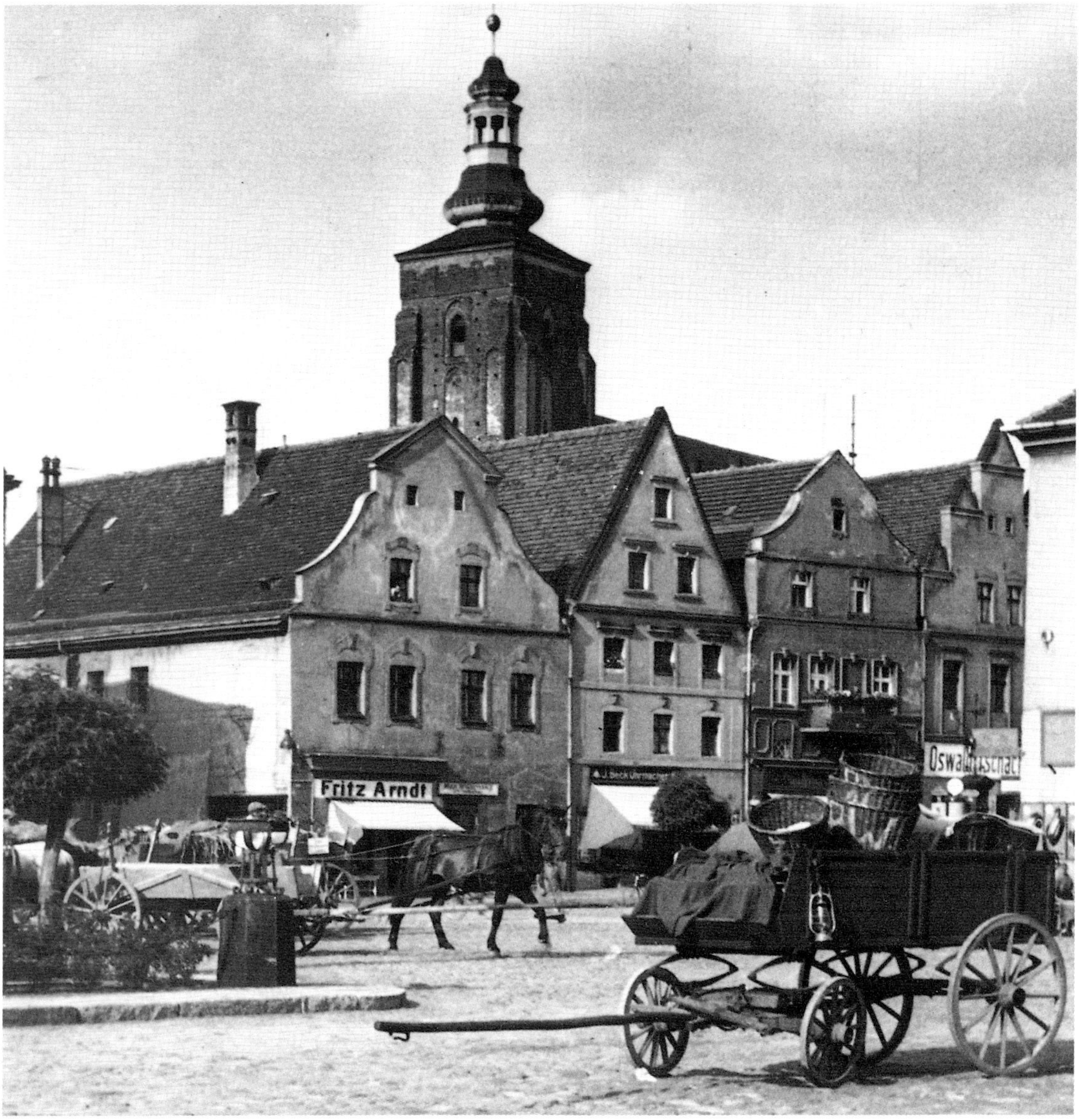

Der rechteckige Ring der alten Kolonistenstadt Namslau an der Weide. Im 13. Jh. als deutschrechtliche Stadt gegründet, wurde Namslau vom deutschen König Karl IV., der zugleich König von Böhmen war, stark befestigt und konnte sich dann auch 1428 erfolgreich eines Ansturms der Hussiten erwehren. Namslaus Märkte waren bis zum Dreißigjährigen Krieg die wirtschaftlichen Zentren des Umlandes. Danach blieb seine wirtschaftliche Bedeutung gering. Als bedeutendstes Unternehmen galt die 1862 gegründete bekannte Brauerei Haselbach.

Leubus: Das Kloster Leubus, 1175 von Herzog Boleslaus I. von Liegnitz gestiftet und von Zisterziensern aus Pforta an der Saale bezogen, ist das älteste und sicher auch bedeutendste Gotteshaus seiner Art in Schlesien. Während der Hussitenkriege und später noch einmal im Dreißigjährigen Krieg verwüstet, stammte der Klosterkomplex aus dem späten 16. und frühen 17. Jh. Im Kloster Leubus lebte der an dessen künstlerischer Ausgestaltung maßgeblich beteiligte Barockmaler Michael Willmann. „Schlesiens Raffael", wie man ihn gerne nannte, wurde hier 1706 in der Klostergruft beigesetzt.
Von Leubus wurden die Tochterklöster Mogila bei Krakau, Heinrichau und Kamenz gegründet, 1220 übertrug man ihm die weltliche Aufsicht über das Zisterzienserstift Trebnitz.

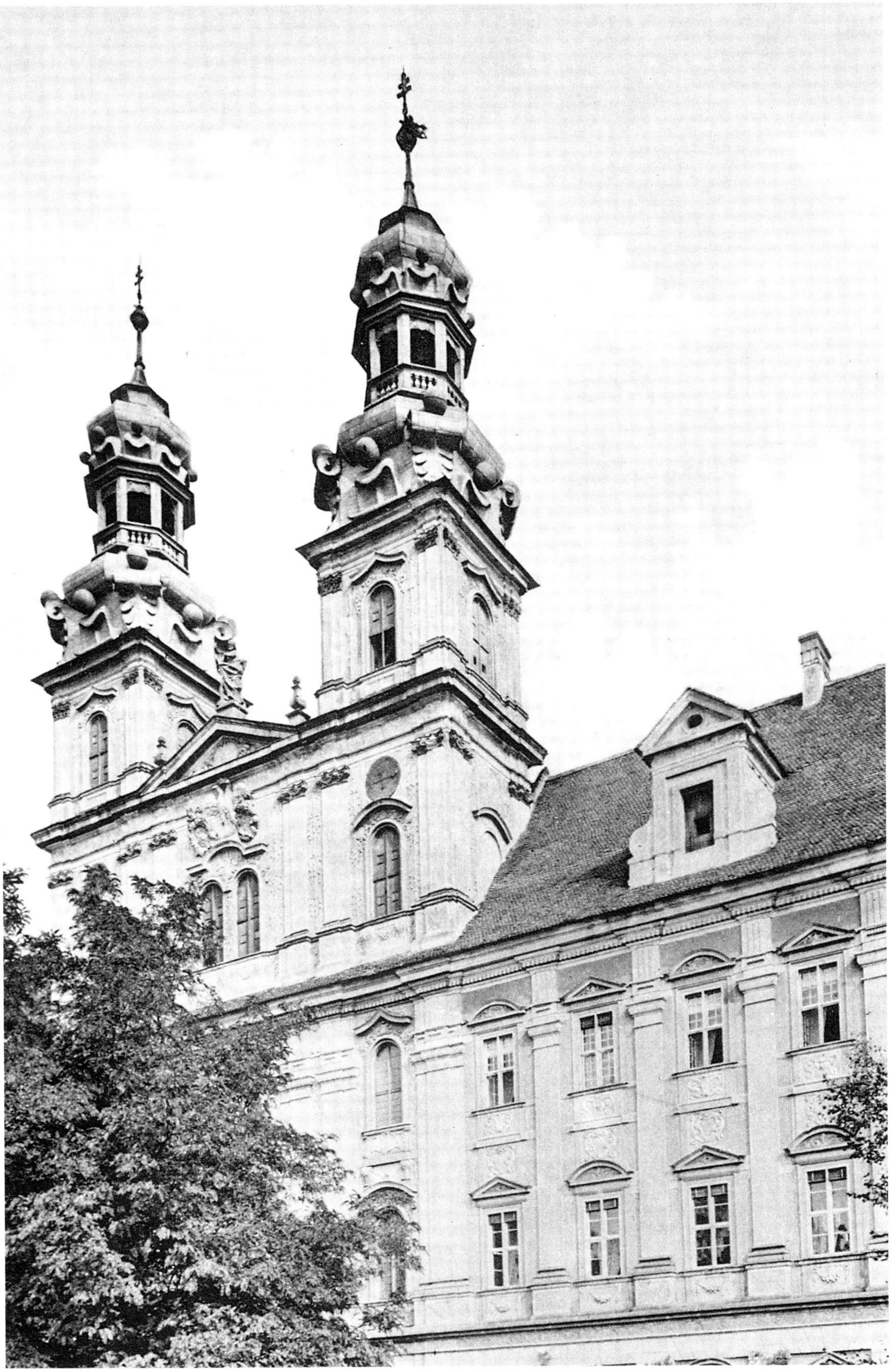

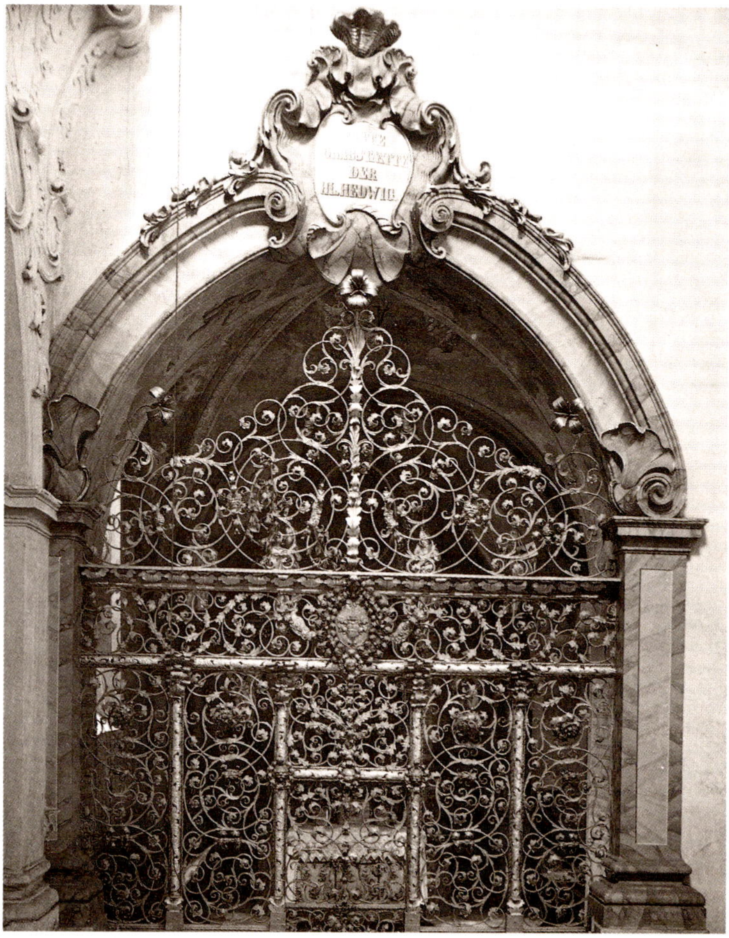

Trebnitz bei Breslau: Grabstätte der hl. Hedwig im Kloster Trebnitz (oben) – Herzogin Hedwig von Andechs, die Gattin Heinrichs I. von Schlesien.
Im Wallfahrtsort Trebnitz wurde die heiliggesprochene Herzogin Hedwig bestattet, durch Vorbild und Fürsorge Landespatronin Schlesiens. 1174 in Andechs geboren, hatte sie sich um Christentum und Kultur des Landes verdient gemacht, u.a. durch die Gründung des Klosters Trebnitz, des ersten Frauenklosters Schlesiens.
Das Hedwigsgrab, vor dem die letzte schlesische Piastin Charlotte von Brieg bestattet wurde, erhielt 1679/80 seine heutige prunkvolle Ausstattung. Das Reliquiar mit Teilen aus dem Haupt Hedwigs wurde 1553 gefertigt.

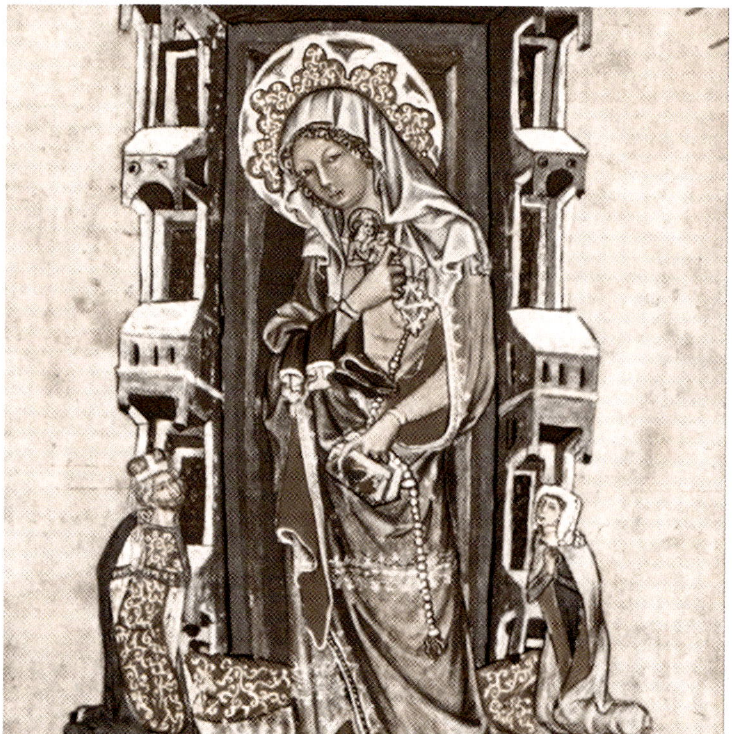

Der Schloßhof von Oels (rechts). Das Schloß von Oels am Oelsbach, bereits um 1300 erwähnt, im 16./17. Jh. dann im Renaissancestil neu gebaut – die 1905 eingestürzte Schloßkirche entstand 1909 wieder, gehört zu den schönsten Herrschaftssitzen Schlesiens. 1918 wählte ihn Kronprinz Wilhelm von Preußen zu seinem Wohnsitz, worauf der preußische Staat das Thronlehen als Privatbesitz Wilhelms anerkannte.

Oels im mittelschlesischen Flachland, zweifelsfrei erstmals 1230 genannt, war einst Residenz des gleichnamigen Herzogtums. Verschiedene Großfeuer spielten dann eine Rolle in der Geschichte der Stadt: 1432 wurde sie von den eigenen Bürgern angezündet, die sich vor den Hussiten fürchteten, 1730 brannte sie außer dem Schloß, zwei Kirchen und 17 Häusern vollständig ab. Im 19. Jh. erlebte Oels mit dem Anschluß an die Eisenbahn und die Verlegung einer Garnison einen neuen Aufschwung.

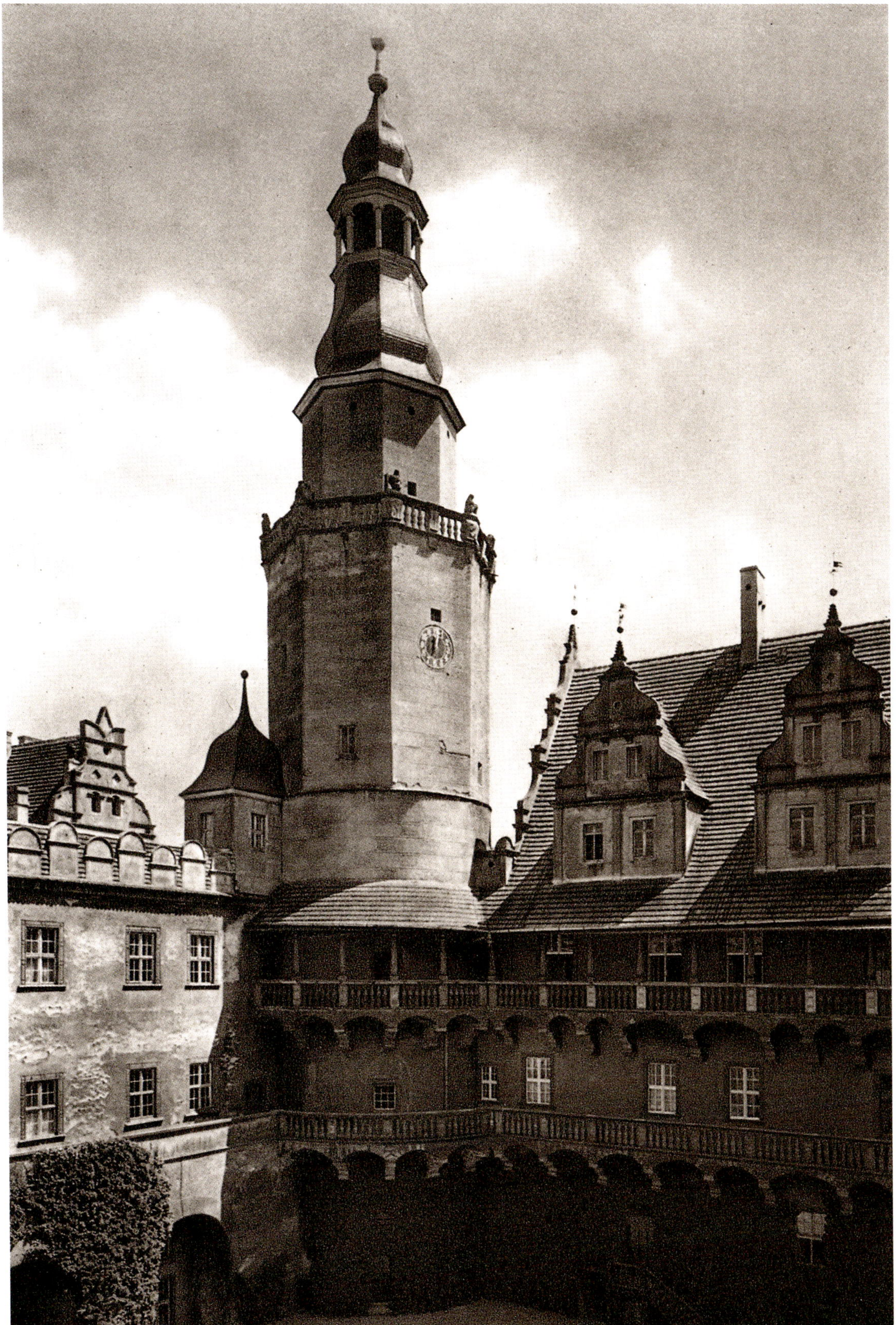

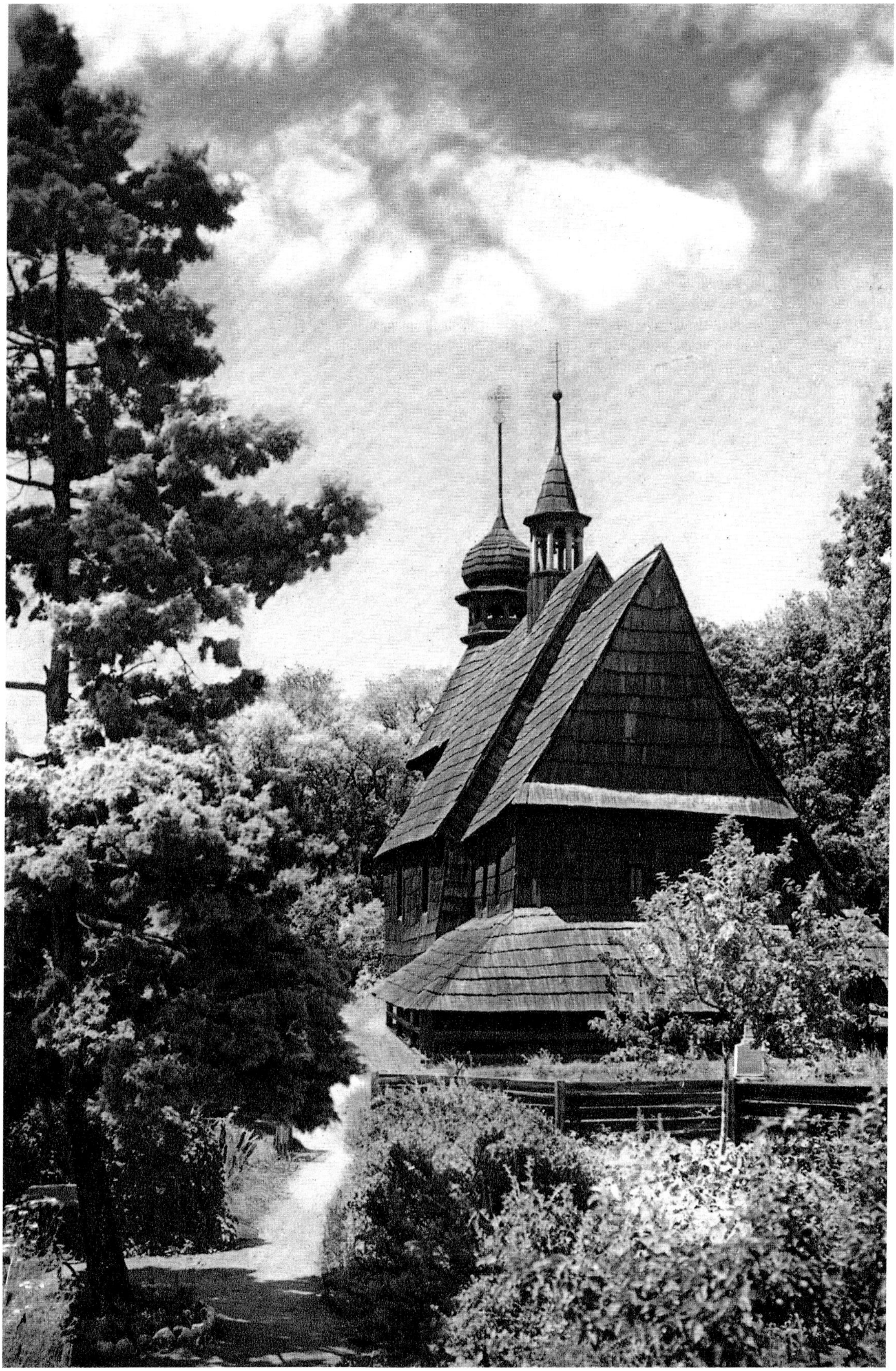

Oberschlesien: das Land der schwarzen Diamanten

Als der päpstliche Legat Lukas Holstenius im Jahre 1630 nach Oberschlesien kam, urteilte er noch erschreckt: „Ich glaubte mich außerhalb aller menschlichen Kultur zu befinden. Denn alles erschien mir hier neu und ungewöhnlich, aber nach sarmartischer Weise schmutzig, unflätig und barbarisch. Die Zimmer voller Rauch und Gestank, die Wohnstätten für Mensch und Tier gemeinsam, die Speisen unappetitlich, das Bier ganz schlecht; die Art des Umgangs rauh und ungebildet, die Sprache zischend . . .“

Ohne Zweifel verstand es der als schlicht und gottesfürchtig bekannte Menschenschlag der Oberschlesier dann in der Folgezeit, für seine Heimat an Oder und Klodnitz, Hotzenplotz und Glatzer Neiße positivere Akzente zu setzen, obwohl sich noch 1790 der Geheimrat Goethe in Tarnowitz „fern von gebildeten Menschen“ fühlen sollte. Doch gesichts- oder gar geschichtslos war Oberschlesien nicht. Hier gab es die östlichen wie westlichen Kulturen, die sich zu beiden Seiten des schlesischen Mutterstromes befruchtend küßten.

Oberschlesien war das Land der grünen Saaten und reifenden Kornfelder, der weiten Schneeebenen und undurchdringlichen Wälder, der trutzigen Wehrkirchen und vielen Heiligtümer, zu denen Generationen wallfahrten. Und wie der kirchengekrönte St. Annaberg als Ausdruck des katholischen Gefühls, war das oberschlesische Industriedreieck ein Sinnbild schwerster Arbeit. In Städten wie Gleiwitz, Beuthen oder Kattowitz wurde die wirtschaftliche Bedeutung des Landes festgeschrieben. Was hier zählte war der schwarze Diamant - die Kohle -, der Grubenarbeiter, das Stahlgeläut, die Schlote und der Wiederschein der Hochöfen, der den Nachthimmel erhellte. Als typischer Oberschlesier galt der Industriearbeiter, der die düstere, naturferne Grubenarbeit haßliebte. Er war die eigentliche Energie im Ruhrgebiet des Ostens.

Im harten Alltag des Grubenlebens mußte dabei vieles untergehen, doch es gab zum Beispiel keine andere deutsche Landschaft, deren Sagenwelt so tief in religiösen Vorstellungen eingebettet war. Selbst in den Boikis, jenen spezifisch oberschlesischen, meist humoristisch gefärbten Geschichten, schwang der ethische Grundakkord deutlich mit. Gleiches galt für das Volkslied - für Eichendorffs „Wem Gott will rechte Gunst erweisen“ etwa oder „O Täler weit o Höhen“ - das für die Menschen von dort genauso zum festen Bestandteil ihrer Heimaterinnerungen wurde wie die St. Anna-Feste, die Schrotholzkirche oder das brückenreiche Oppeln. Und nur wer es vergessen konnte, hatte das Land zwischen Ratibor und Neisse, Leobschütz und Beuthen nie so richtig erlebt.

Oberschlesier: Max Tau, Schriftsteller, Nicolaus von Cosel, Lieddichter, Arthur Nicolaier, Entdecker, Richard Wetz, Komponist, Joseph Freiherr von Eichendorff, Dichter, Gustav Freitag, Schriftsteller, Eugen Goldstein, Physiker, Theodor Kalide, Bildhauer, Felix Hollaender, Theatermann, Bernhard Grzimek, Zoologe, Friedrich von Sallet, Dichter, Eduard Schnitzer (Emin Pascha), Afrikaforscher.

Zeittafel:

1163 Schlesien unabhängig von Polen, ab dem 13. Jh. beim Reich,

12. Jh. Deutsche Ostkolonisation erreicht Oder-Neiße-Linie,

1335 Polen verzichtet endgültig auf Schlesien, Blütezeit unter Karl IV. (1347-1378),

1520 Ausbreitung der Reformation, im 17. Jh. Gegenreformation durch Habsburg,

1626 Kriegszüge und Seuchen in Schlesien,

1742 Schlesien an Preußen,

1740-42, 1744-45 und 1756-63 Kriege um Schlesien, das Land wird fast ganz von Preußen erobert,

1919 Teilung in Ober- und Niederschlesien,

1921 Nach Volksabstimmung - 60% für Verbleib bei Deutschland - kommen die wirtschaftlich bedeutendsten Teile Oberschlesiens an Polen,

1939 Vorgetäuschter polnischer Angriff auf Sender Gleiwitz löst Zweiten Weltkrieg aus.

Holzkirche in Pniow. Charakteristisch für die Natur- und Gottverbundenheit des Oberschlesiers waren seine Schrotholzkirchen, die trotz ihrer Einfachheit äußerst wirkungsvoll besonders das rechte Oderufer belebten. Zeugen einer waldreichen Vergangenheit - so will es die Überlieferung - glichen sie in Grundriß, Bauart und Behandlung des Baustoffes dem Vorbild des um 1055 errichteten ersten Breslauer Doms.

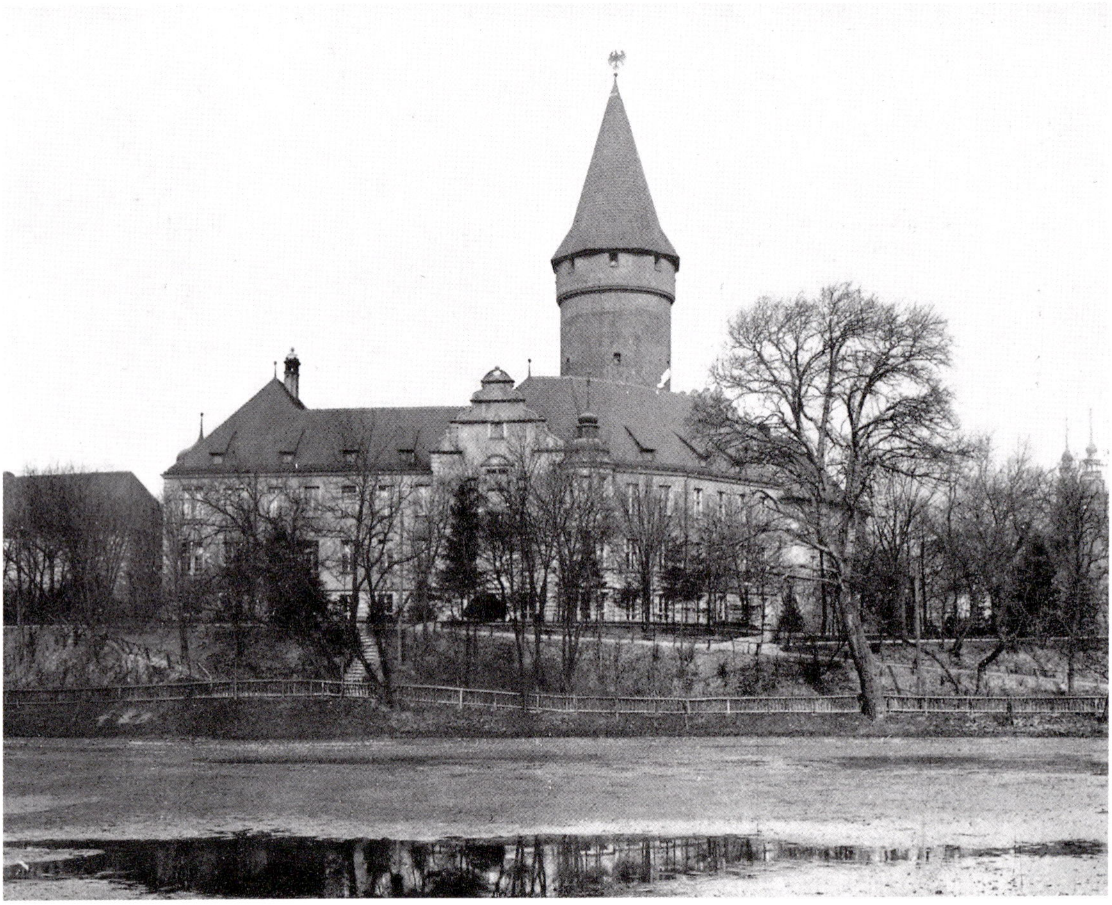

Das Piastenschloß in Oppeln, vom Schloßteich aus gesehen. 1273 Zentrum des Piasten-Herzogtums Oppeln, kam die Stadt rund 100 Jahre später unter böhmische Lehnsherrschaft, 1532 unter Habsburg und schließlich zu Preußen.

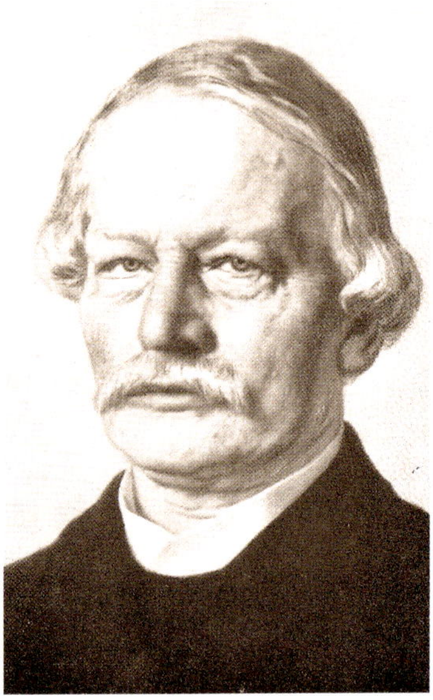

Der Schriftsteller Gustav Freytag war ein Kind Oberschlesiens. 1816 in Kreuzburg geboren, wurde er durch Romane des bürgerlichen Lebens wie „Soll und Haben“ und dem historischen Zyklus „Die Ahnen“ bekannt.

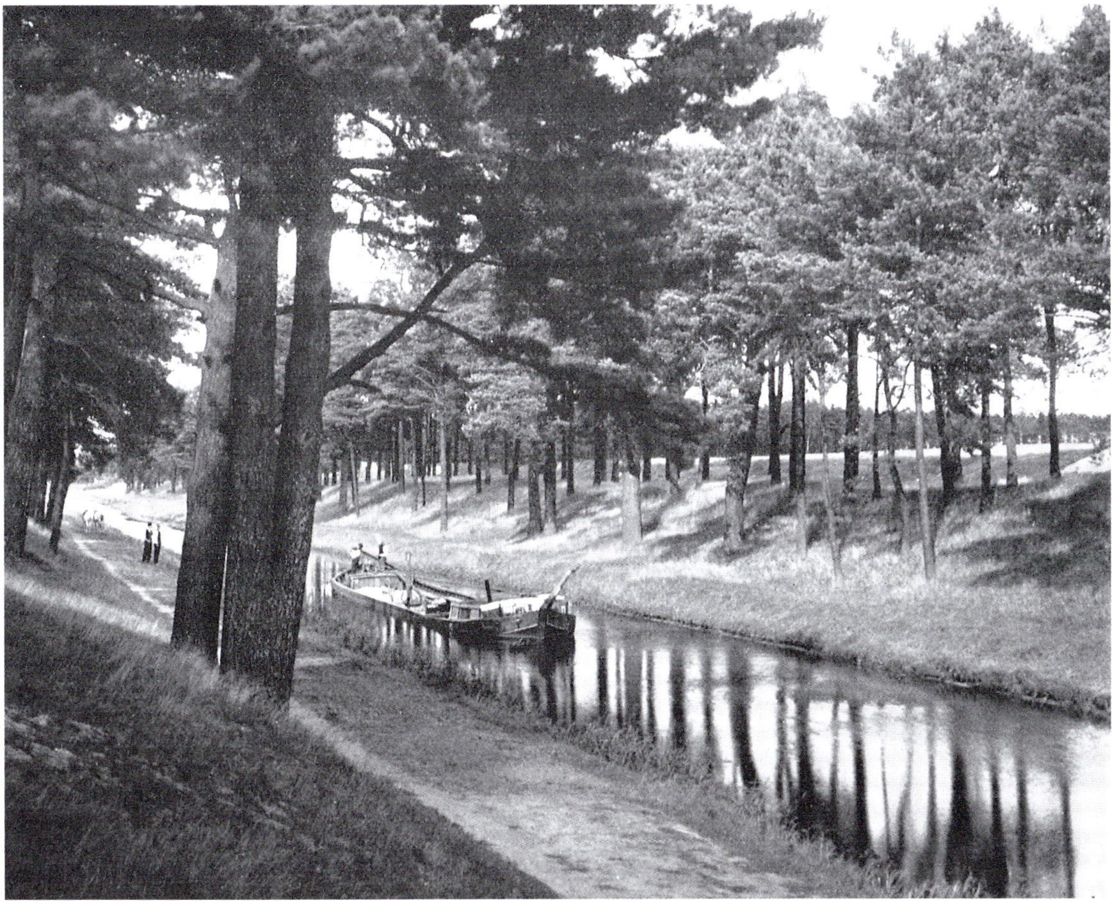

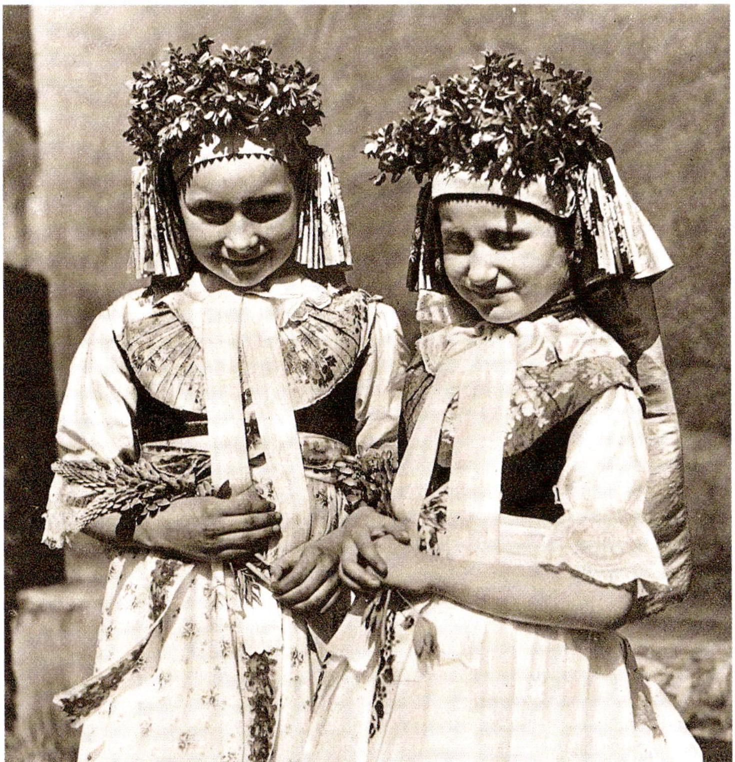

Der Klodnitzkanal – „Kränzeldamen“ aus Roßberg. Der Klodnitzkanal wurde schon 1812 in Betrieb genommen, war die Verbindung des oberschlesischen Bergbaugebietes mit Cosel an der Oder, einem der größten Binnenhäfen Europas. – Echte Myrthe krönte den Kopfputz der oberschlesischen „Kränzeldamen“ wie bei der Fronleichnamsprozession in Roßberg. Wo sich die Feste des Kirchenjahres in der Nüchternheit der bürgerlichen Zeitrechnung manifestierten, kam es hier zu einer tiefsinnigen Beziehung zwischen Religion und Volksleben.

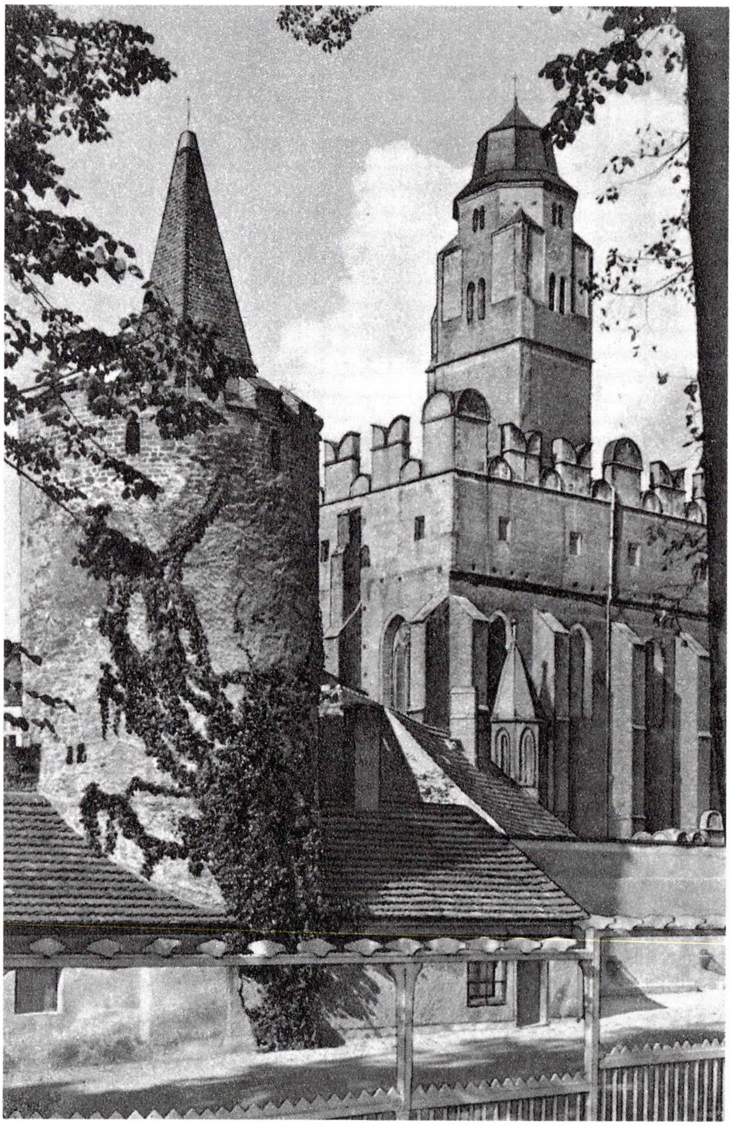

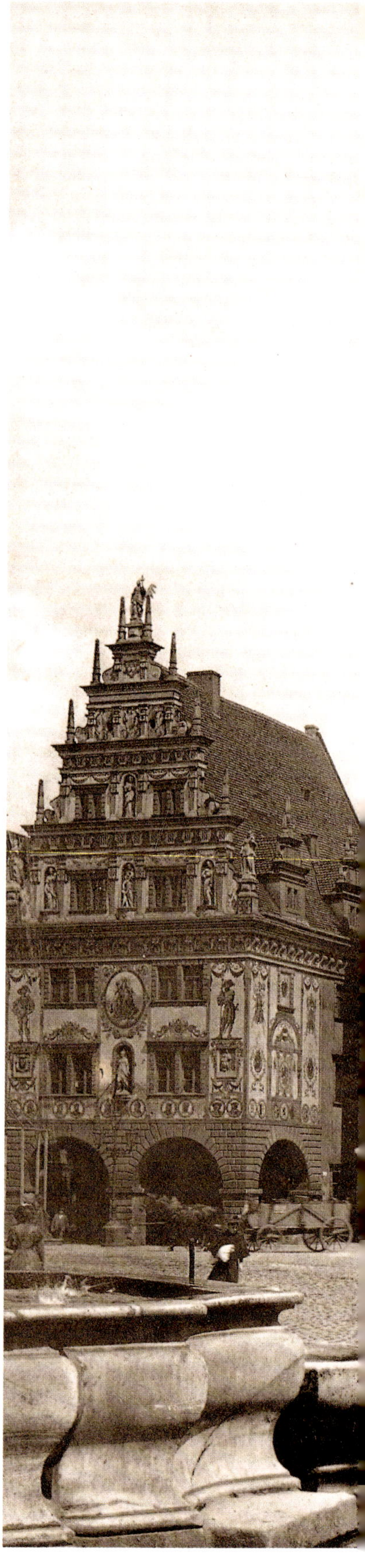

Wehrturm in Patschkau. Die Siedlung an der Glatzer Neiße, im Westzipfel von Oberschlesien, wurde um 1300 zur Stadt erhoben und mit Burg und Mauern bewehrt. Anlagen wie der alte Torturm und die spätgotische Johanniskirche brachten Patschkau den Ruf eines „schlesischen Rothenburgs“ ein.

Rechts: Der Ring in Neisse mit Wagehaus, Ratsturm, Pfarrturm und Jacobikirche. Die alte Bischofsstadt am Zusammenfluß der Glatzer Neiße und der Freiwaldauer Biele war Mittelpunkt eines wohlhabenden Agrargebietes. Hier wetteiferten architektonische und kunsthandwerkliche Kostbarkeiten mit stattlichen Bürgerbauten der Renaissance und des Barock. Als besondere Sehenswürdigkeit galt dabei das 1604 vollendete Kämmereigebäude. Im Hintergrund St. Jakobi.

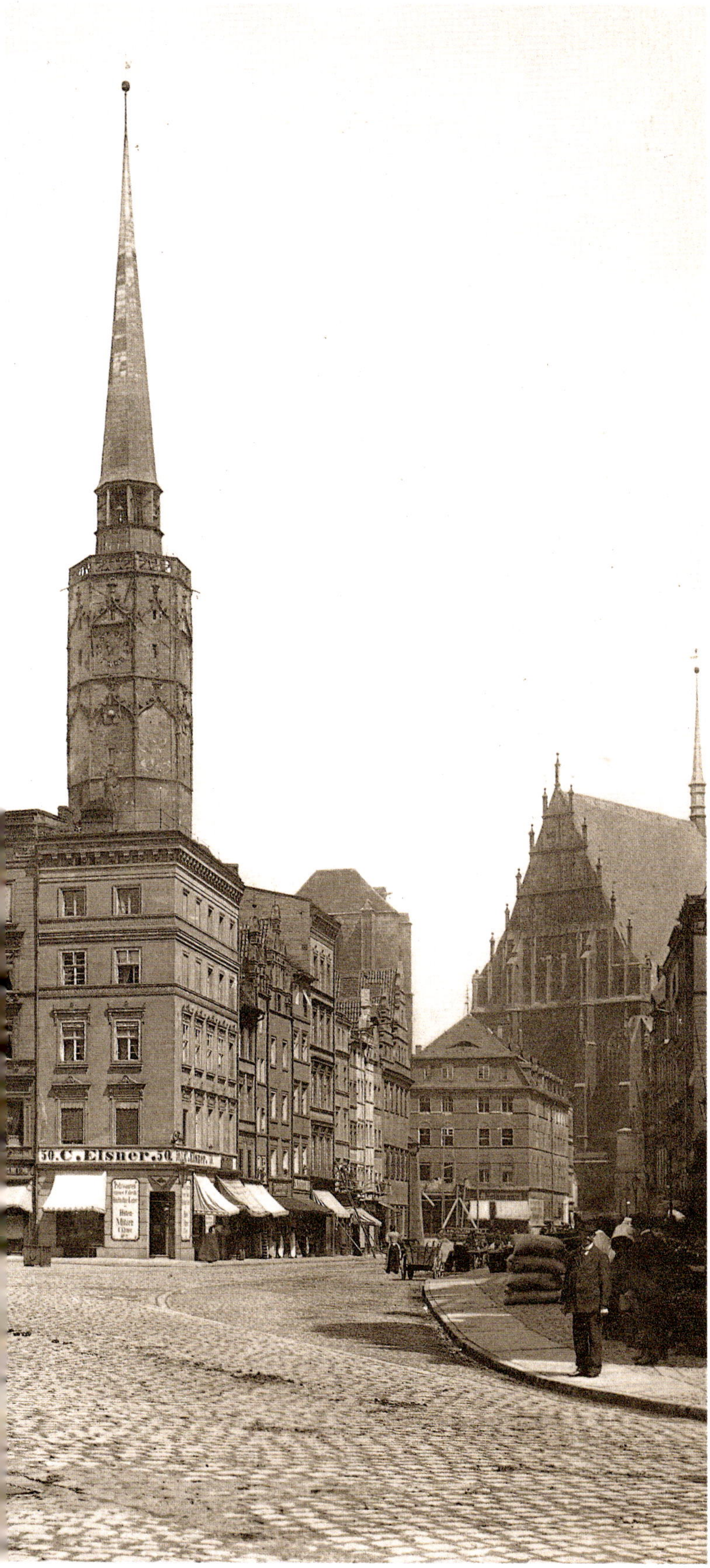

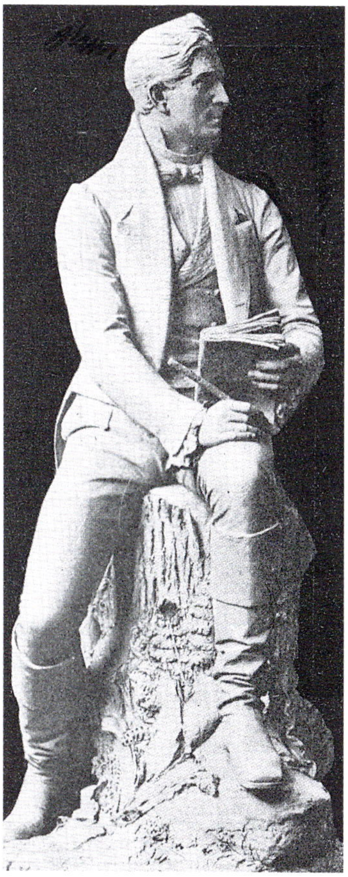

Denkmal Eichendorffs in Ratibor. Joseph Freiherr von Eichendorff, der bedeutendste Repräsentant der deutschen Hochromantik, wurde 1788 im Schloß Lubowitz bei Ratibor geboren. Mit zahlreichen Dichtungen, in denen die Natur als Symbol des Göttlichen immer wieder Einzug fand, war er es, der die populäre Vorstellung des „Romantischen" prägen sollte.

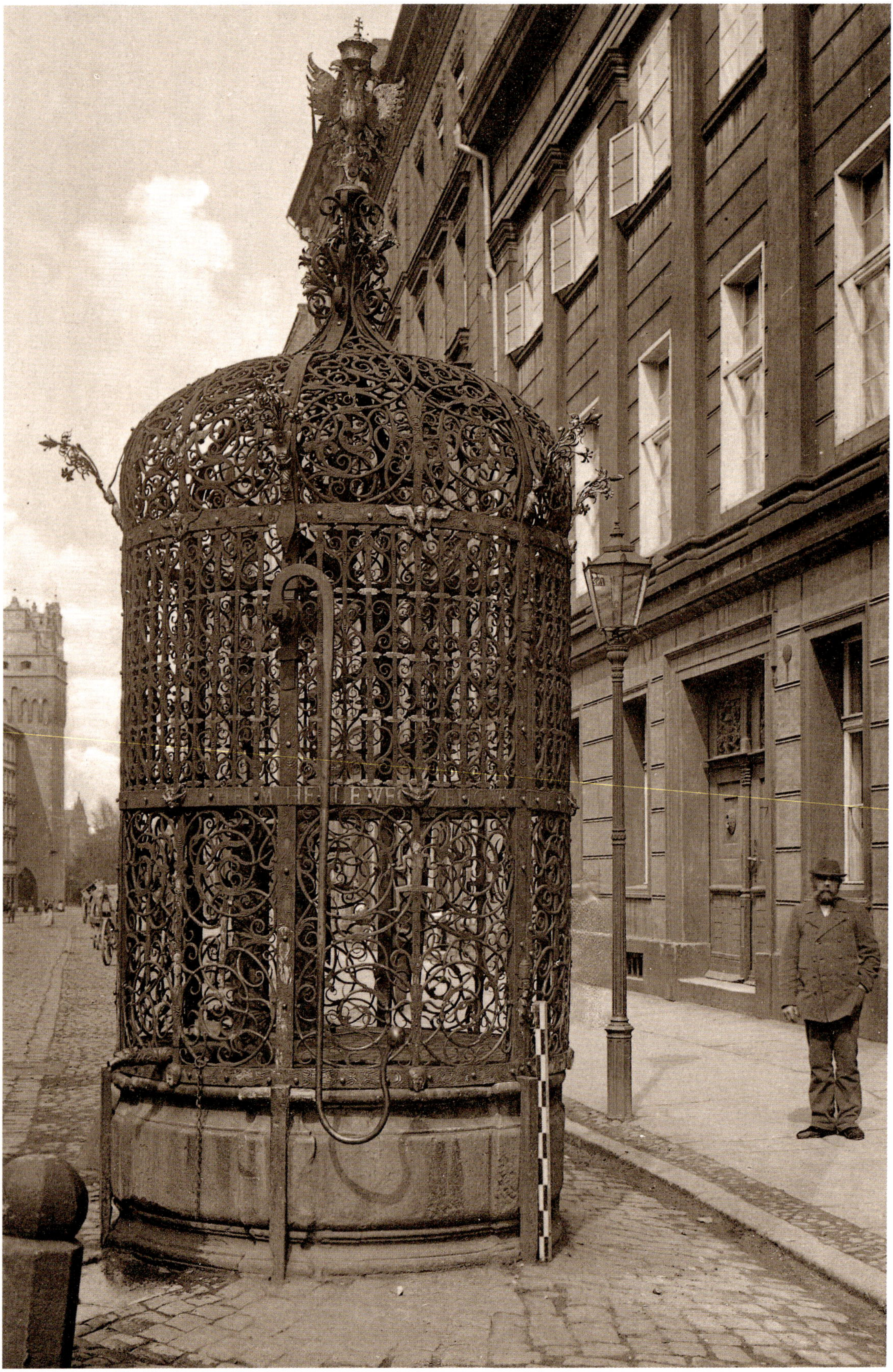

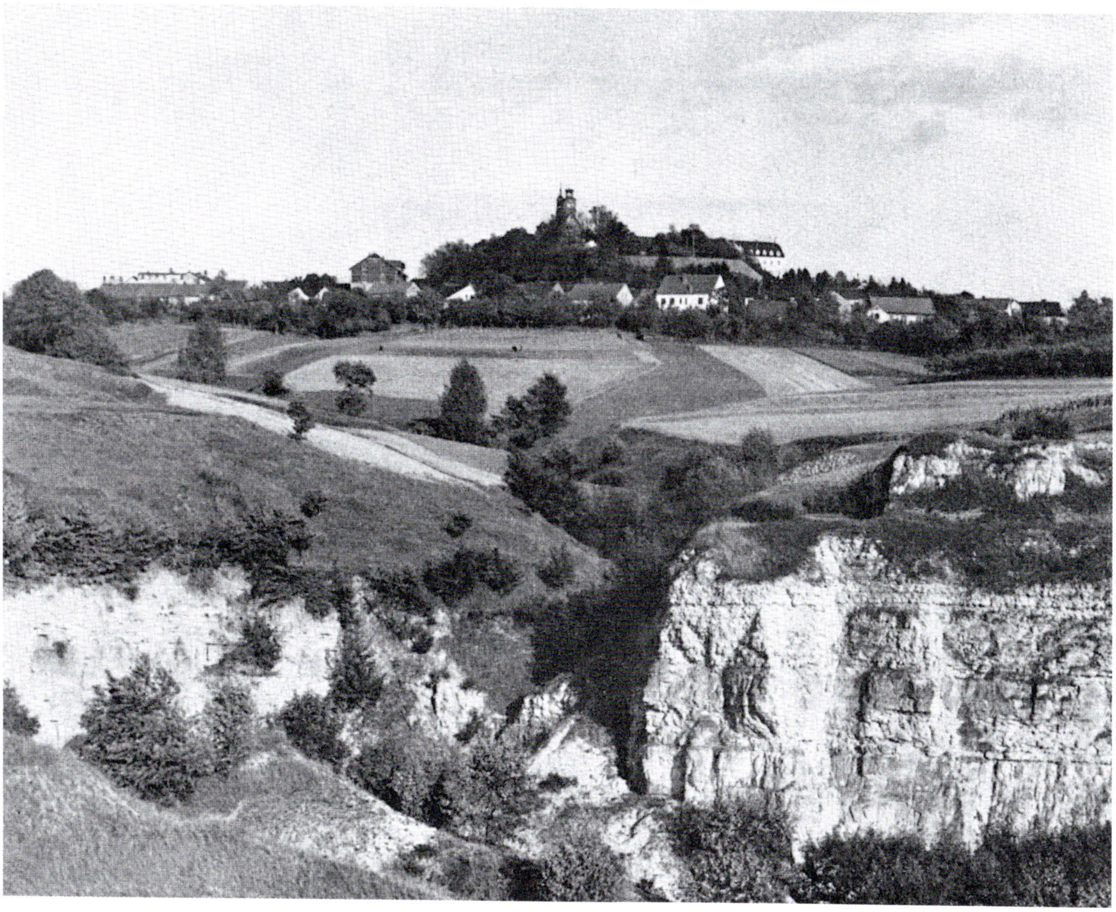

Religiöser Mittelpunkt und vielbesuchter Wallfahrtsort Oberschlesiens war der St. Annaberg, der seit Urzeiten die Landschaft zwischen Cosel und Groß-Strehlitz beherrscht. Hunderttausende zogen alljährlich hinauf zu seiner barocken Wallfahrtskirche und entlang der Kreuzwegstationen. Zum politischen Wahrzeichen des Landes sollte der St. Annaberg als Schlüsselstellung für deutsche und polnische Interessen nach dem Ersten Weltkrieg werden. Die religiösen Einrichtungen blieben trotzdem das Ziel frommer Katholiken.

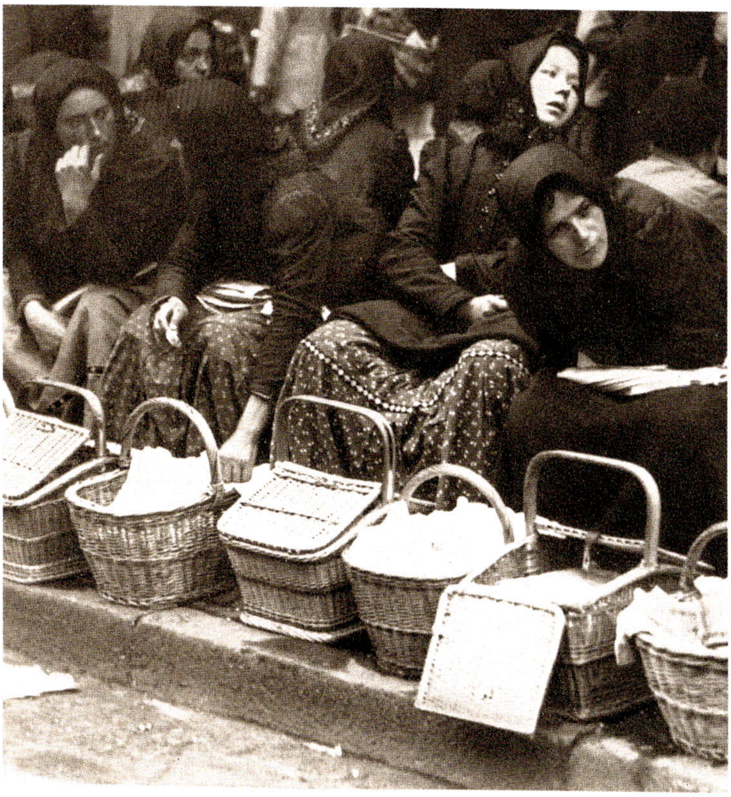

Links: Neisse: der Schöne Brunnen (1686) in der Breslauer Straße, im Hintergrund der Breslauer Torturm.

Buttermarkt in Oberschlesien

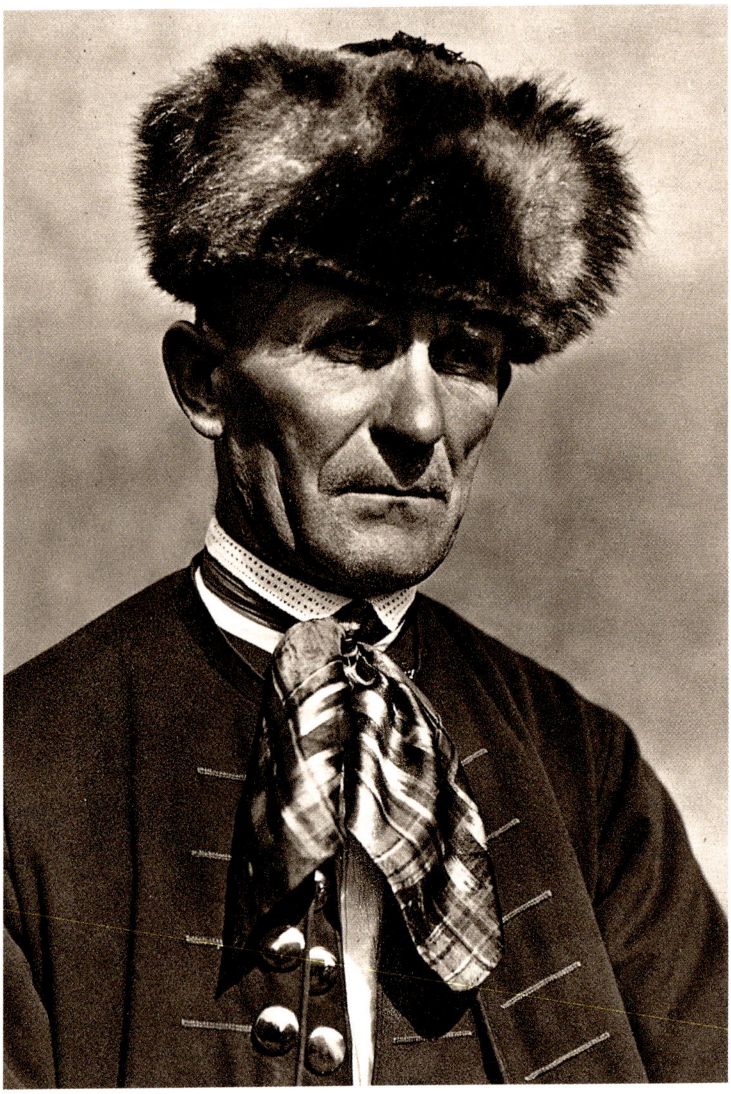

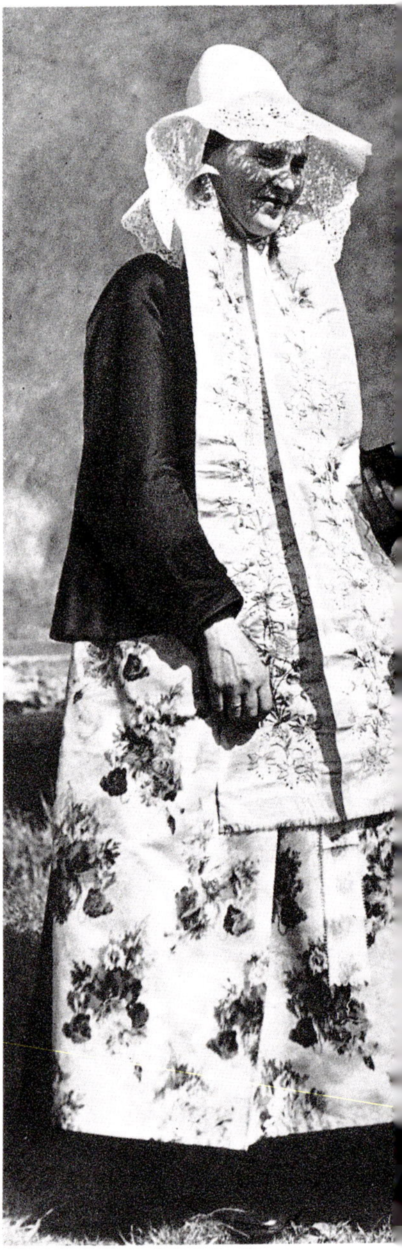

Männertracht aus Roßberg. Schlesische Volkstrachten hatten sich besonders am Rande des Industriegebietes erhalten. Schönwald und Richtersdorf in der Nähe von Gleiwitz und Roßberg bei Beuthen waren die reichsten Trachtendörfer des Landstrichs. Hier gab es noch zu verschiedenen Gelegenheiten - zum Kirchgang, zur Prozession oder zur Hochzeit - jeweils das traditionelle Kleidungsstück.

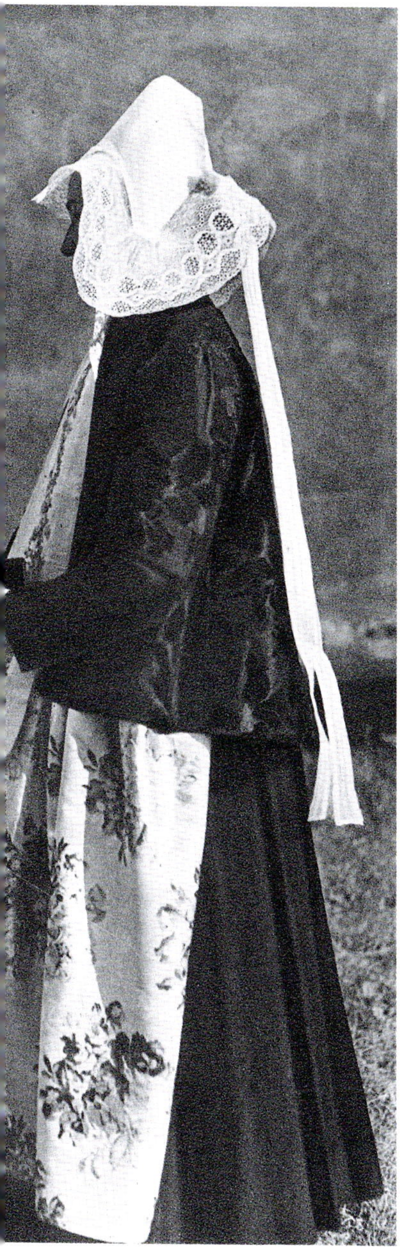

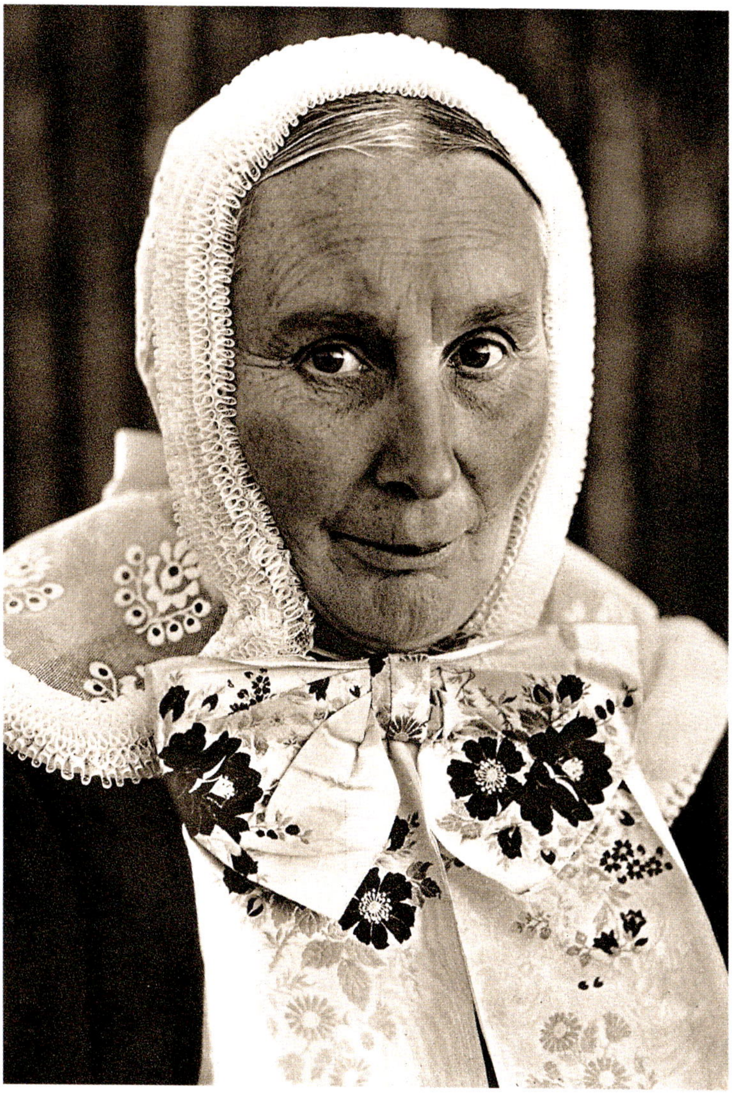

Bäuerin aus Richtersdorf in ihrer Prozessionstracht. Eigenartig die Rüschenhaube, die ihre Vorbilder im Mittelalter hat.

Bäuerinnen aus Roßberg in ihrer Festtagstracht, die besonders durch die grellen Farben der Schürzen und der breiten Hutbänder auffiel.

Die Haube mit dem breiten Spitzenbesatz wurde in dem reichen Trachtengebiet Oberschlesiens nur in Roßberg (ab 1927 Stadtteil von Beuthen) gefunden.

Grundlage der oberschlesischen Männertracht war die sogenannte deutsche Bauernschaube des 16. Jh., die Frauentracht stand in der Tradition der Rockmiedertracht des 16. und 17. Jh., die in dieser Gegend eine besondere Kultur der Hemden und Mieder entwickelt hatte. Von schlesischem Fleiß zeugte die gediegene Handarbeit an Schürzen, Hauben und Bändern.

Die oberschlesischen Trachten hatten Parallelen in Süddeutschland. Was die Schwaben etwa Brusttuch nannten, war hier ein Bruschlek oder Brustfleck, womit der eine wie der andere eine Weste meinte. Diese Übereinstimmung ging auf barocke Einflüsse zurück, die einmal gleichzeitig in beide Gebiete von Wien her ausgestrahlt waren.

Gleiwitz an der Klodnitz. Als eine der ältesten deutschen Städte Oberschlesiens bildete Gleiwitz die Eingangspforte zum Industrierevier. 1276 gegründet, wurde hier 520 Jahre später der erste Hochofen auf dem europäischen Festland angeblasen. Daneben blühten Kunst und Wissenschaft. Ein reges Konzertleben, ein Stadttheater von Ruf und ein Museum für Kunst- und Kunstgewerbe gaben Gleiwitz ein kultiviertes Gepräge.

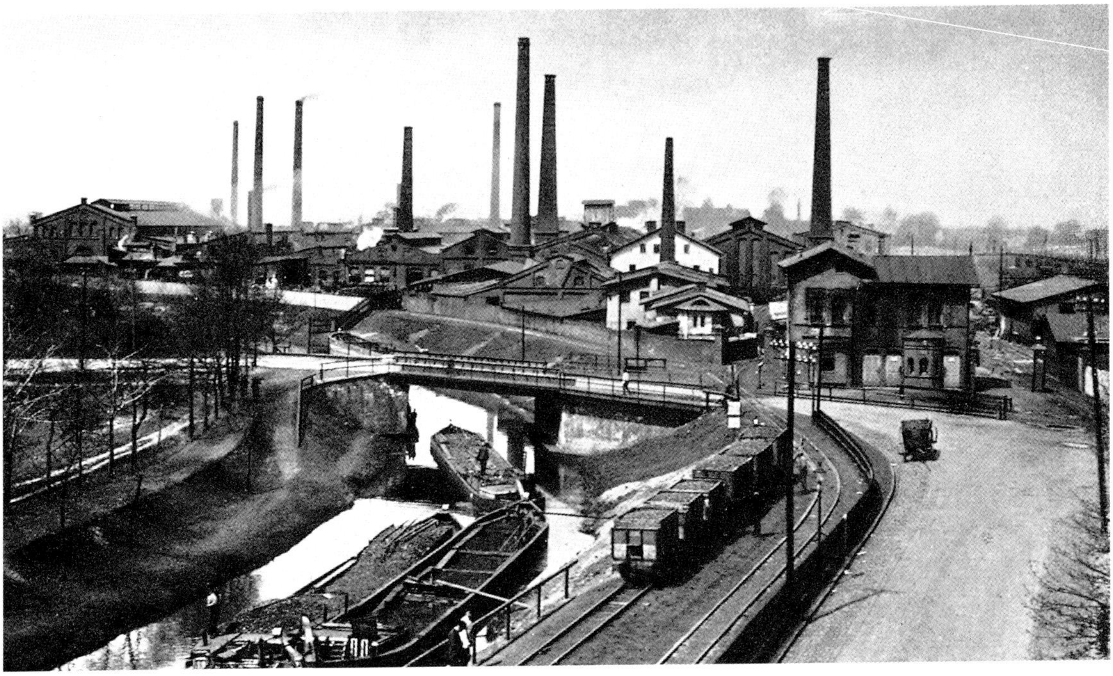

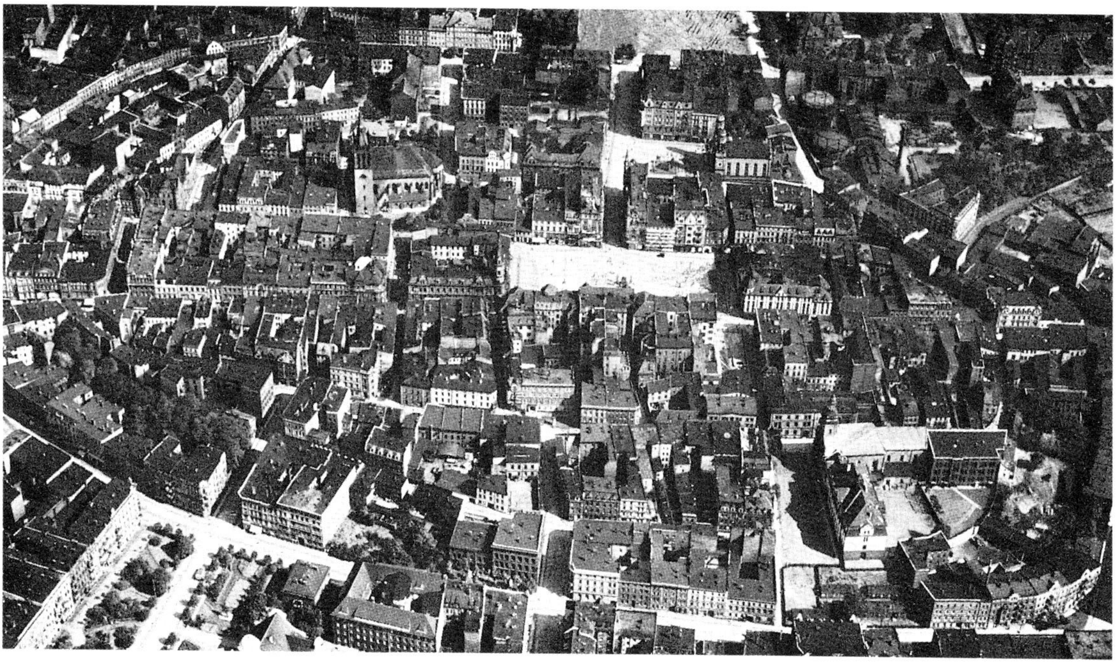

Beuthen, seit 1254 mit deutschem Stadtrecht, galt als Deutschlands ausgesprochendste Bergbaustadt. Hier wurden Blei, Zink und Steinkohle gefördert. Aus Beuthen stammte Max Tau (geb. 1897), der erste Träger des Friedenspreises des Deutschen Buchhandels.

Am 21. Oktober 1921 wurde Beuthen Grenzstadt. Ein Beschluß des Völkerbundes teilte Oberschlesien, das siedlungsgeschichtlich und wirtschaftlich eine geschlossene Einheit gebildet hatte, in drei Teile: der Nordwesten mit den Städten Beuthen, Hindenburg, Gleiwitz und Ratibor blieb bei Deutschland, der Südwesten – das sogenannte Hultschiner Ländchen – war bereits im Jahr zuvor an die Tschechoslowakei abgetreten worden, und der Osten mit Königshütte, Kattowitz, Myslowitz und Bielitz kam zu Polen.

1. Etage Beuthen O/S Bahnhofstr. 21. – 1. Etage

Reste-Berger

Inhaber: Max Berger

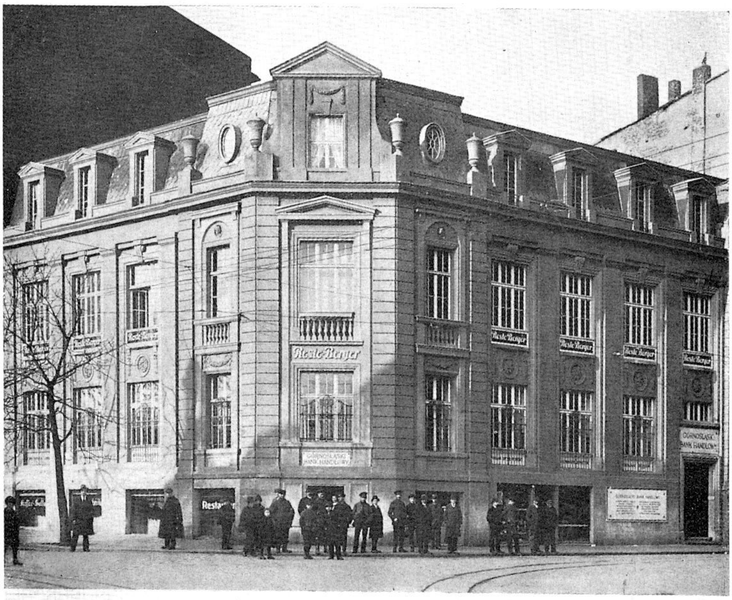

Die Firma Reste-Berger, Beuthen ist im Jahre 1910 gegründet worden. Von kleinsten Anfängen hat sich die Firma zu einer der größten und bedeutendsten dieser Art ganz Oberschlesiens herangebildet und genießt den besten Ruf infolge ihrer Reellität und der bekannt größten Auswahl in Stoffen aller Art. Insbesondere führt die Firma besseren Genre in feinsten Qualitäten und unterhält auch großes Lager in Samten und Seidenstoffen. Die Firma Reste-Berger ist jedermann als reelles Haus bestens zu empfehlen.

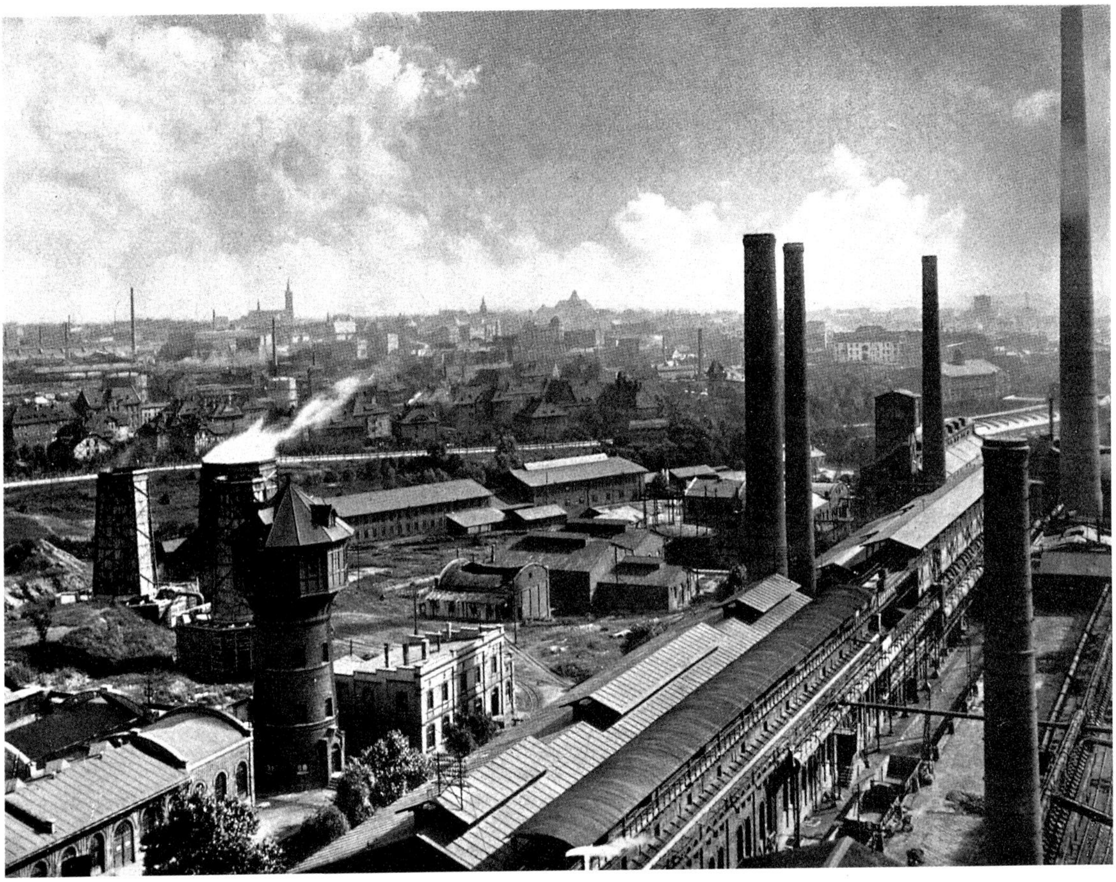

Industriegebiet von Hindenburg – Strohgedecktes Bauernhaus am Rande des Dorfangers von Wosczynitz. Hindenburg verdankte seinen Aufstieg der Kohle, die aus Gruben mit so klingenden Namen wie Königin Luise, Hedwigswunsch oder Ludwigsglück gefördert wurde. Rauchende Schlote und Hochöfen symbolisierten hier den oberschlesischen Unternehmergeist, der in nur 5 Generationen aus einem unübersehbaren Waldgebiet eine der gewaltigsten Industrielandschaften Europas gemacht hatte. Die Industrie schöpfte ihre Arbeiterschaft aus dem großen Reservoir der landarmen Bauernfamilien.

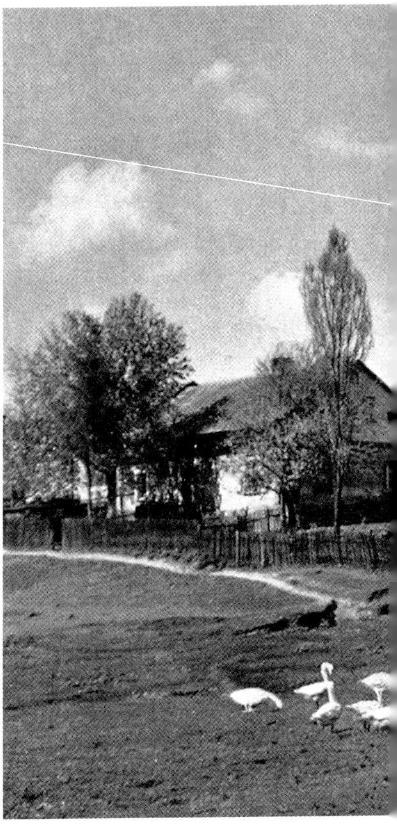

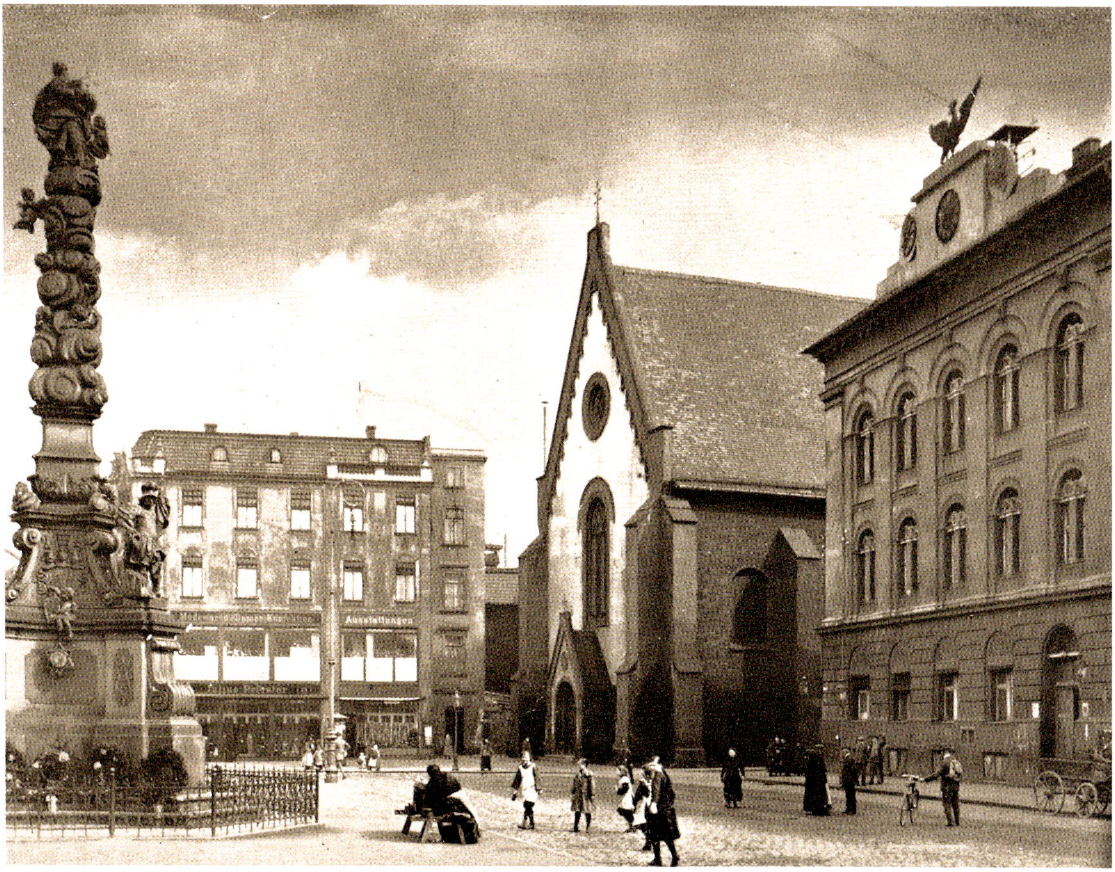

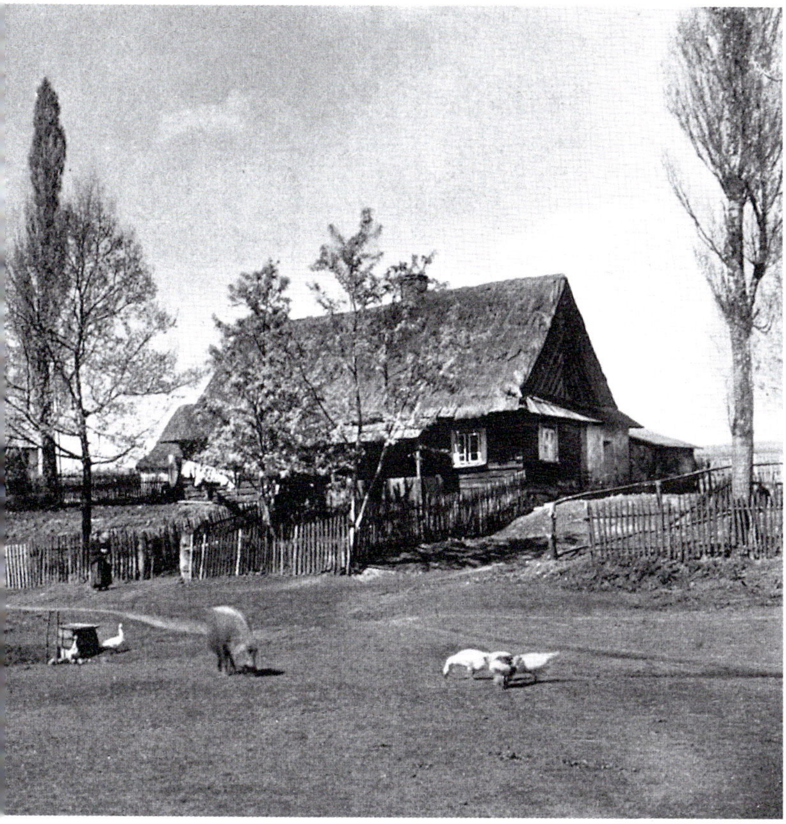

Ratibor, Dominikanerkirche mit Rathaus und Mariensäule. Das alte Handelszentrum, geprägt von österreichischem Charme und preußischer Strenge, war der Gemüselieferant des oberschlesischen Kohlenpotts. Die „Stadt des jungen Eichendorff", an der Oderfurt der frühgeschichtlichen Bernsteinstraße, hatte ihren Anteil an Kriegen und Seuchen erlebt. Ein Symbol Ratibors, der südöstlichsten Stadt des Deutschen Reiches, war die barocke Säule mit der Himmelfahrt Marias am Ring, gestiftet zur Erinnerung an das Pestjahr 1715.

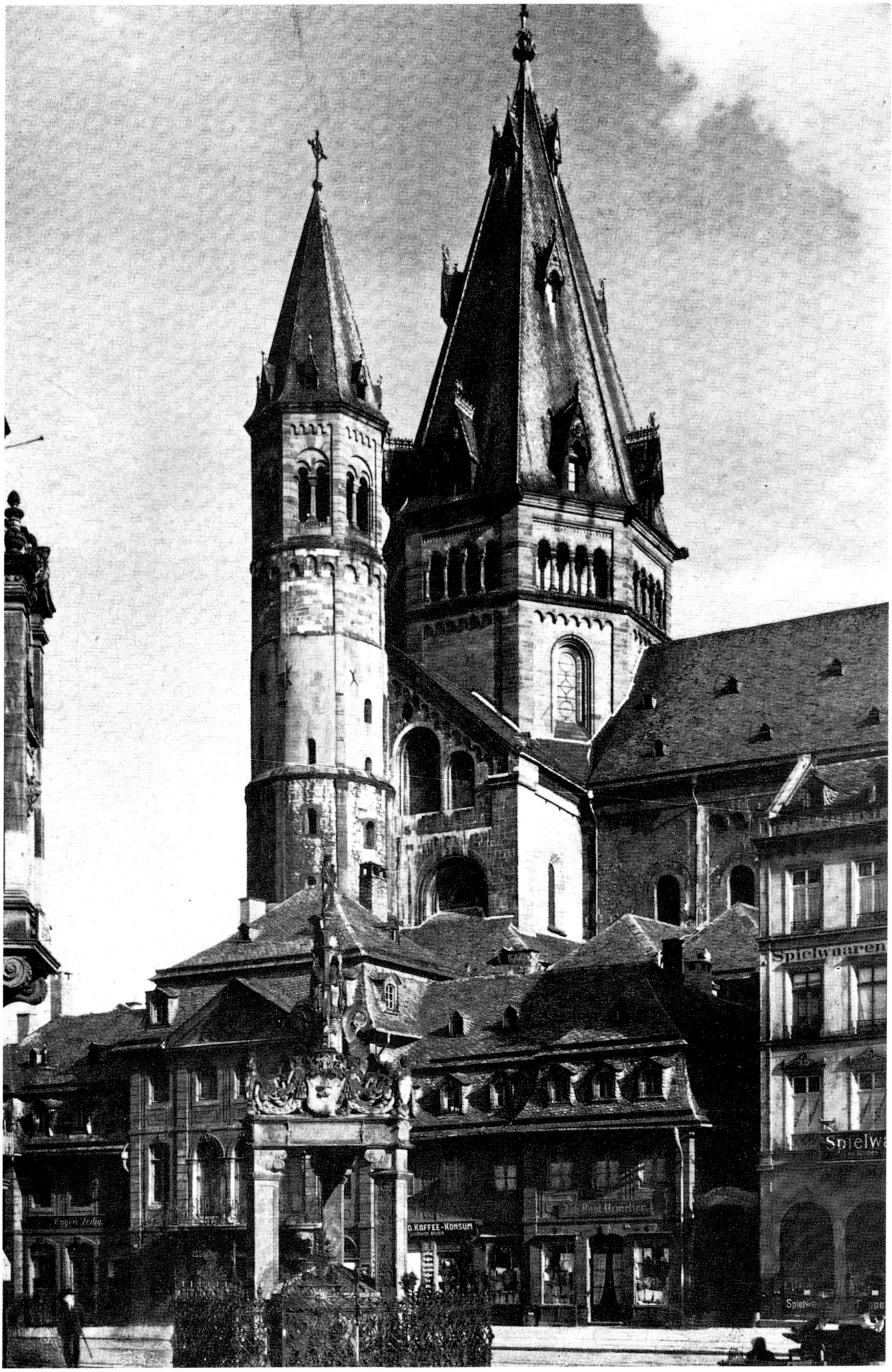
Spielwaaren
KAFFEE-KONSUM

Links und rechts von Rhein und Mosel

Zeittafel:

1.-4. Jh. Die Römer in Mitteleuropa,

314 Gründung von Deutschlands erstem Bistum in Trier,

6./7. Jh. Christianisierung im Mittelrheingebiet, Ausbreitung des Frankenreiches,

746 Mainz wird Erzbistum, Metropole Germaniens,

795 Trier und Köln Erzbistümer,

14. Jh. Die bedeutendsten Landesherren zwischen Rhein und Saar sind die Bischöfe von Speyer und Worms,

1400 Ruprecht von der Pfalz zum deutschen König gewählt,

1526 Erster Reichstag zu Speyer, Karl V. gewährt Glaubensfreiheit,

1529 Zweiter Reichstag zu Speyer, Protest der evangelischen Reichstände, seither „Protestanten",

1688-1697 Pfälzische Erbfolgekriege,

1813/14 Befreiungskrieg, Blücher überschreitet bei Kaub den Rhein,

1815 Wiener Kongreß, das Rheinland wird preußisch,

1919 Siegermächte besetzen rheinische Gebiete. Aus Teilen der preußischen Rheinprovinz und der Pfalz wird das Saargebiet geschaffen.

Mainz: Marktplatz und Marktbrunnen mit dem im 11. und 13. Jh. errichteten Dom St. Martin und St. Stephan. In römischer Zeit Hauptstadt von Germania superior, durch Johannes Gutenberg Wiege der Buchdruckerkunst, war die reiche Stadt an der Mündung des Main einige hundert Jahre lang das goldene Haupt des Reiches, „ein friedlicher Riese in stachliger Rüstung".

Es soll Pfälzer geben, die behaupten, in ihrem Land hätte sich einst das Paradies befunden. Doch das muß schon einige Jahre zurückliegen. Seither hatten wir hier immerhin jenen Hagen von Tronje, der für das dramatische Finale der Nibelungensage gleich einen paradiesischen Goldschatz im Rhein versenkte, und einen Cäsar, der bei Neuwied die erste römische Brücke über den deutschen Fluß schlug. Wir hatten die alten Rittersleut, vor denen es auf beiden Ufern des meistbesungenen Stromes der Welt einfach kein Entkommen gab, daneben die gierige Liselotte von Pfalz und den Räuberhauptmann Schinderhannes. (Letzteren hat Zuckmayer als „Lumpenhund und Galgenstrick, der Schrecken jedes Mannes und auch der Weiberstück" durchaus richtig erfaßt.)

Wir ersehen daraus, daß die Pfalz der Pfälzer schon lange ein Land der Gegensätze gewesen ist, so verschieden wie ihre Menschen, die man etwa dadurch auseinanderhalten kann, ob sie nun dat oder das, maken oder machen, Apfel oder Appel sagen. Und rein von der Natur her gesehen steht hier einem eher subtropisch anmutenden Gebiet - etwa zwischen Bockenheim und Weißenburg - der Westerwald entgegen. Über dessen Höhen pfeift im Versmaß eines äußerst populären Liedes der Wind so kalt, daß zumindest dieser Teil der Pfalz einfach als ein Stück deutsches Sibirien zu gelten hat.

Trotzdem - oder gerade deshalb - kennzeichnet diesen Landstrich aber auch immer etwas Anziehendes. Dieses Gefühl mußten schon die Römer haben, mit denen hier so vieles begann. Auch der Moselländer Karl der Große hatte einen Grund dafür, daß er seine Herrschaftshäuser „Pfalzen" nannte, ein Romantiker wie Heinrich Heine, warum er ausgerechnet hier einen Felsklotz mit Namen Loreley besang. Es ist längst kein Geheimnis mehr, warum sich Draufgänger wie jener Jäger aus Kurpfalz, dem Kaiser Wilhelm bei Pferdsfeld ein Denkmal errichten ließ, im Pfälzischen so wohl fühlten. Vergessen wir daneben nicht den zielbewußten Wanderer, der etwa mit Frau Wirtin im Wirtshaus an der Lahn zusammentreffen will ... und natürlich den Weinbeißer, der sich die bekannteste aller deutschen Straßen, die Deutsche Weinstraße, hinauf - und hinuntertrinkt.

Der Wein ... hier wären wir wieder bei den Römern, die sich einst rund fünf Jahrhunderte im Pfälzischen aufhielten. Es mag durchaus Kritiker an der Behauptung geben, daß das Beste aus Roms Nachlaß an Rhein und Mosel bis heute die Art geblieben ist, wie sie über ihren sinnfrohen Gott Bacchus die alten Germanen vom Wert des edlen Rebensaftes überzeugten. Doch was wäre etwa der Billigheimer Purzelmarkt, die Winzinger Kerwe, das Lamprechter Geißbock - oder das Loschter Handkäsfest ohne jene Liste Pfälzer Weine, die alleine schon trunken macht? Und vielleicht sind es tatsächlich die berühmten Lagen, wo Rhein-, Nahe - oder Moselweine zusammenfließen, die manche Pfälzer eben behaupten lassen, hier hätte einst das Paradies gelegen.

Persönlichkeiten: Carl Zuckmayer, Schriftsteller, Karl Marx, Philosoph, Hildegard von Bingen, Klosterfrau, Johannes Gensfleisch-Gutenberg, Buchdrucker, Paul von Lettow-Vorbeck, General, Heinrich Friedrich Karl Freiherr vom und zum

Stein, Politiker, Clemens Brentano, Dichter, Rudolf Caracciola, Rennfahrer, Johannes Bückler genannt Schinderhannes, Räuberhauptmann, Max von Laue, Physiker, Karl Baedecker, Autor, Stefan George, Lyriker.

Johannes Gutenberg, um 1397 als Johannes Gensfleisch zur Laden geboren, leitete seinen Namen von seinem Geburtshaus in der Mainzer Emeranstraße ab, dem „Hof zum Gutenberg". Edelsteinschleifer und Spiegelmacher zu Straßburg, opferte er den persönlichen Wohlstand einer Idee, dem – nach Mark Twain – „größten Ereignis, das die Weltgeschichte kennt". Gutenberg eröffnete durch die Herstellung beweglicher Metall-Lettern dem Buchdruck neue Möglichkeiten. Für seinen ersten Großversuch wählte er die (berühmt gewordene Gutenberg-) Bibel, das begehrteste Buch der Zeit. Dabei mochten auch kaufmännische Gesichtspunkte eine Rolle gespielt haben ... doch nützen sollten sie dem Erfinder nichts. Gutenberg starb 1468 völlig verarmt und vergessen. Er wurde in der Mainzer Franziskanerkirche beigesetzt.

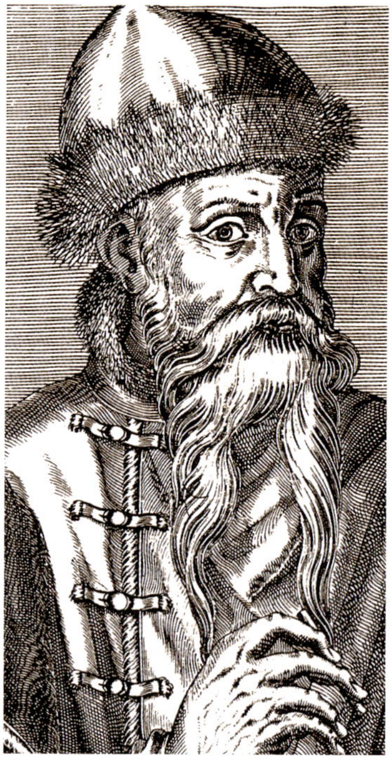

Mainz – Domstadt, Bischofssitz und Karnevalshochburg. Rund 2000 Jahre haben an der Stadt im Rheinknie gebaut. Roms Mauern wurden von den Karolingern verstärkt, ab 1254 war Mainz Metropole des Rheinischen Städtebundes, dann Hauptstadt von Kurmainz und Regierungssitz der Schweden im Dreißigjährigen Krieg. Das Jahr 1815 machte es zur Festung des Deutschen Bundes, 1873 schließlich zur Reichsfestung. Besondere Anziehungskraft übte die Stadt lange gerade auch auf Frankreich aus. 1644, 1688/89, 1792/93 und 1797 war es von Franzosen besetzt, Mainzer Klubisten beantragten gar einmal die Aufnahme in die Französische Republik, und von 1918 bis 1930 war die Stadt dann noch einmal in der Hand französischer Truppen.

Ein Datum darf dabei nicht untergehen: 1836 wurde der „Mainzer Carnevals Verein" gegründet.

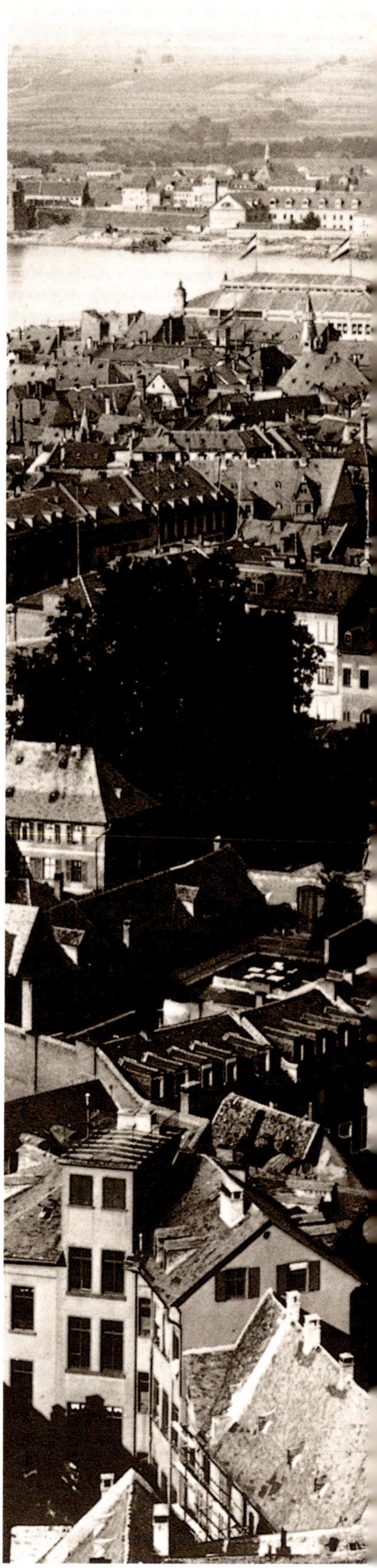

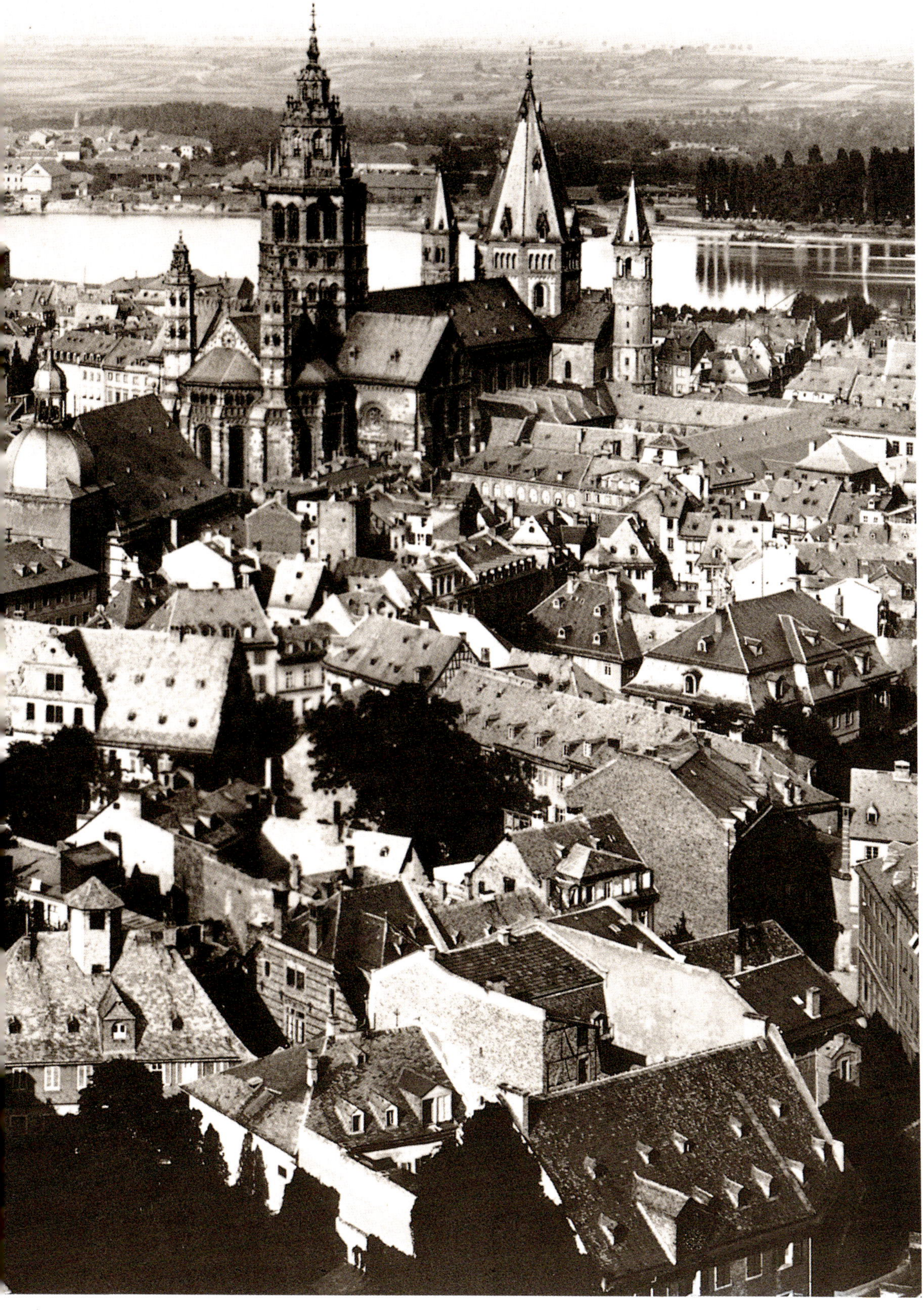

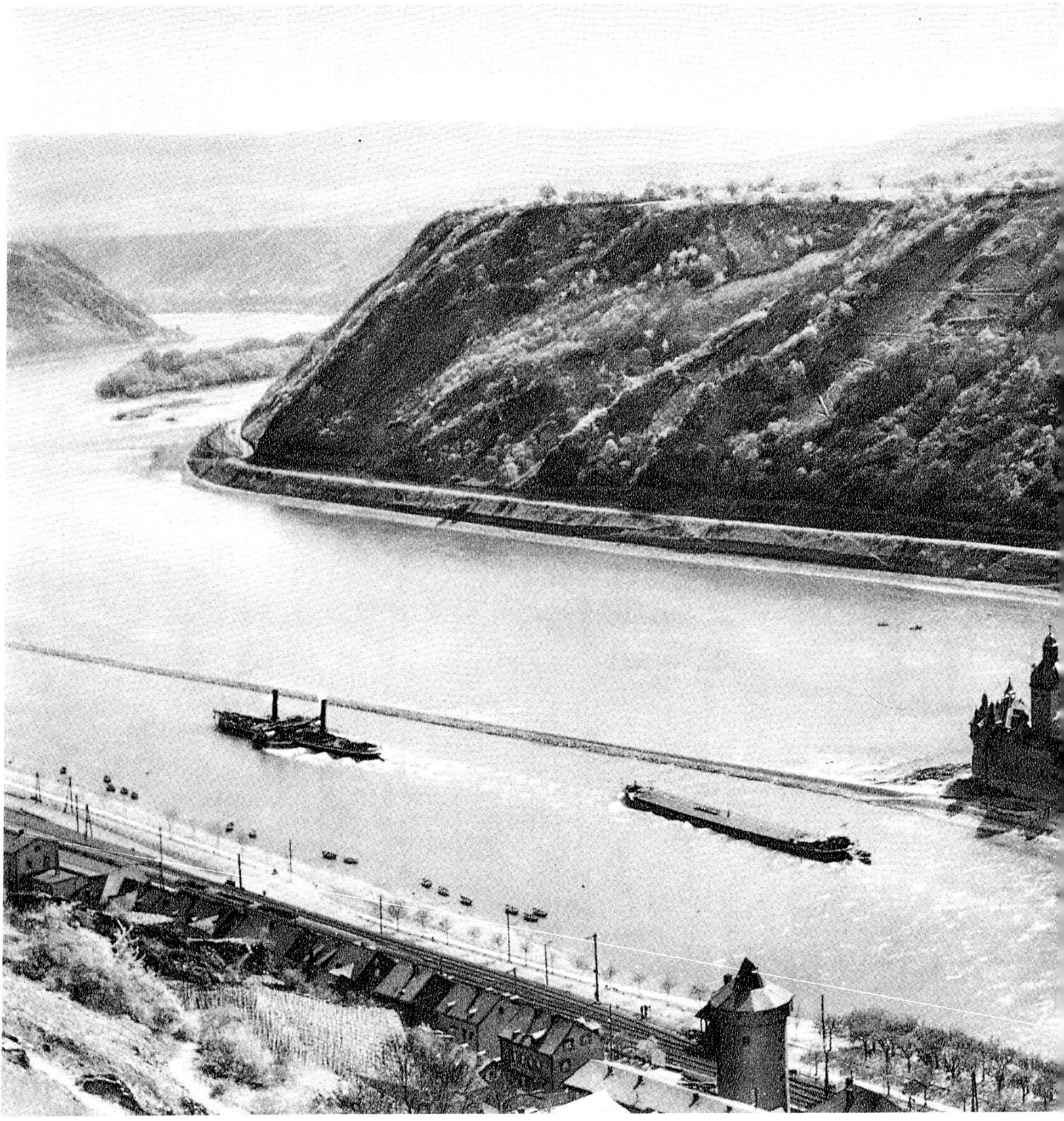

Pfalzgrafenstein bei Kaub. Die alte Zollstation auf einer kleinen Rheininsel – im Volksmund als „Steinernes Schiff" bekannt – wurde in der Neujahrsnacht 1813/14 zum historischen Begriff, als während des Feldzugs gegen Napoleon der preußische Marschall Blücher hier mit 83 000 Preußen und Russen über den Fluß setzte. Übrigens keinen Tag zu früh für den englischen Feldherrn Wellington, der bei Waterloo bereits sehnsüchtig auf die Dunkelheit oder eben auf die Preußen wartete.

Die alte Pfalz bei Kaub ist der Sage nach der Entbindungsort früher Pfalzgräfinnen gewesen.

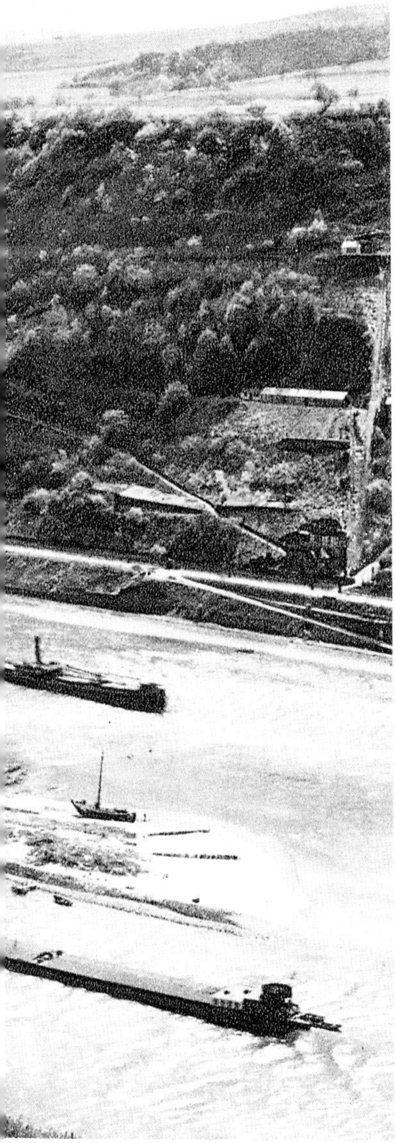

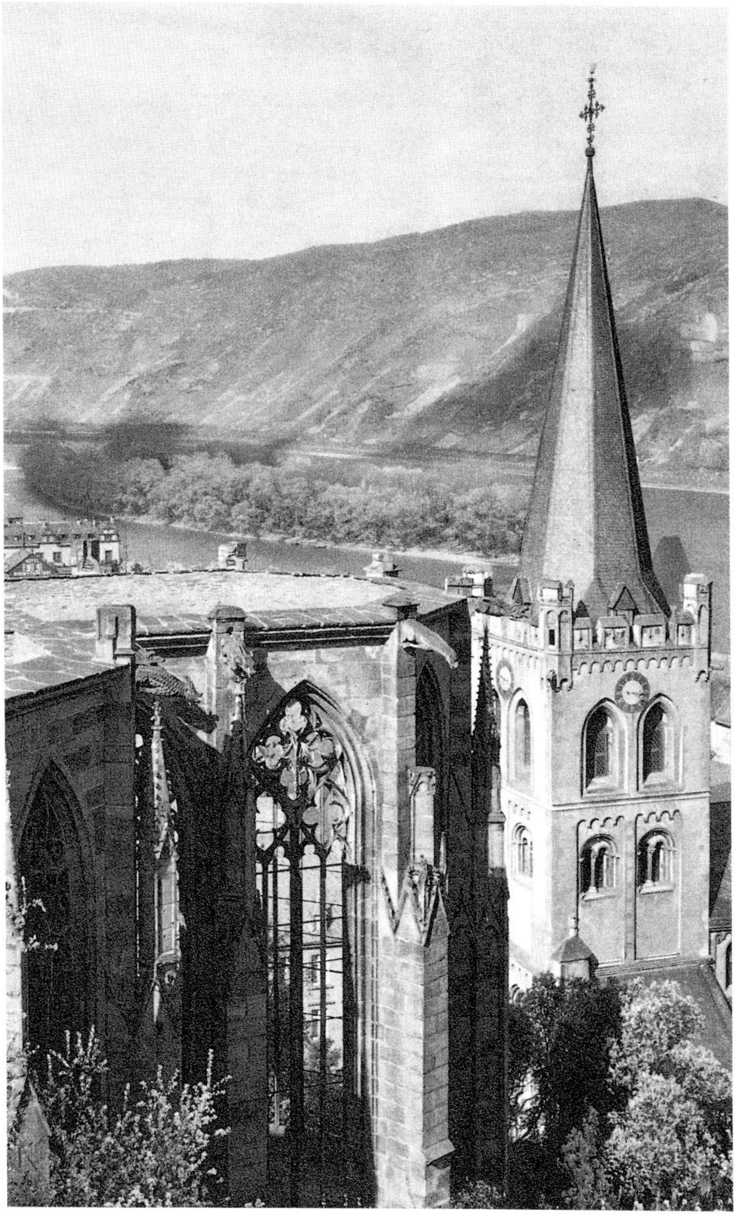

Bacharach am Rhein: Peterskirche und Ruinen der alten Wernerkapelle. Das romantische Bacharach hat Stadtrechte seit 1356. An einer engen Durchbruchstelle des Rheins gehört es zum Fluß wie seine Weinberge oder Burgen. Es war nie ein Zufall, daß der Weinstapelplatz Bacharach, das seinen Namen wahrscheinlich vom römischen Gott Bacchus bekam, über Heinrich Heine und Victor Hugo zum meistbesungenen Städtchen einer ohnehin vielbesungenen Landschaft wurde. Wie tönte es doch immer wieder aus Bacharachs Gasthof „Post"? „Zu Bacharach am Rhein, zu Klingenberg am Main, und Würzburg an dem Stein, wachsen die besten Wein."

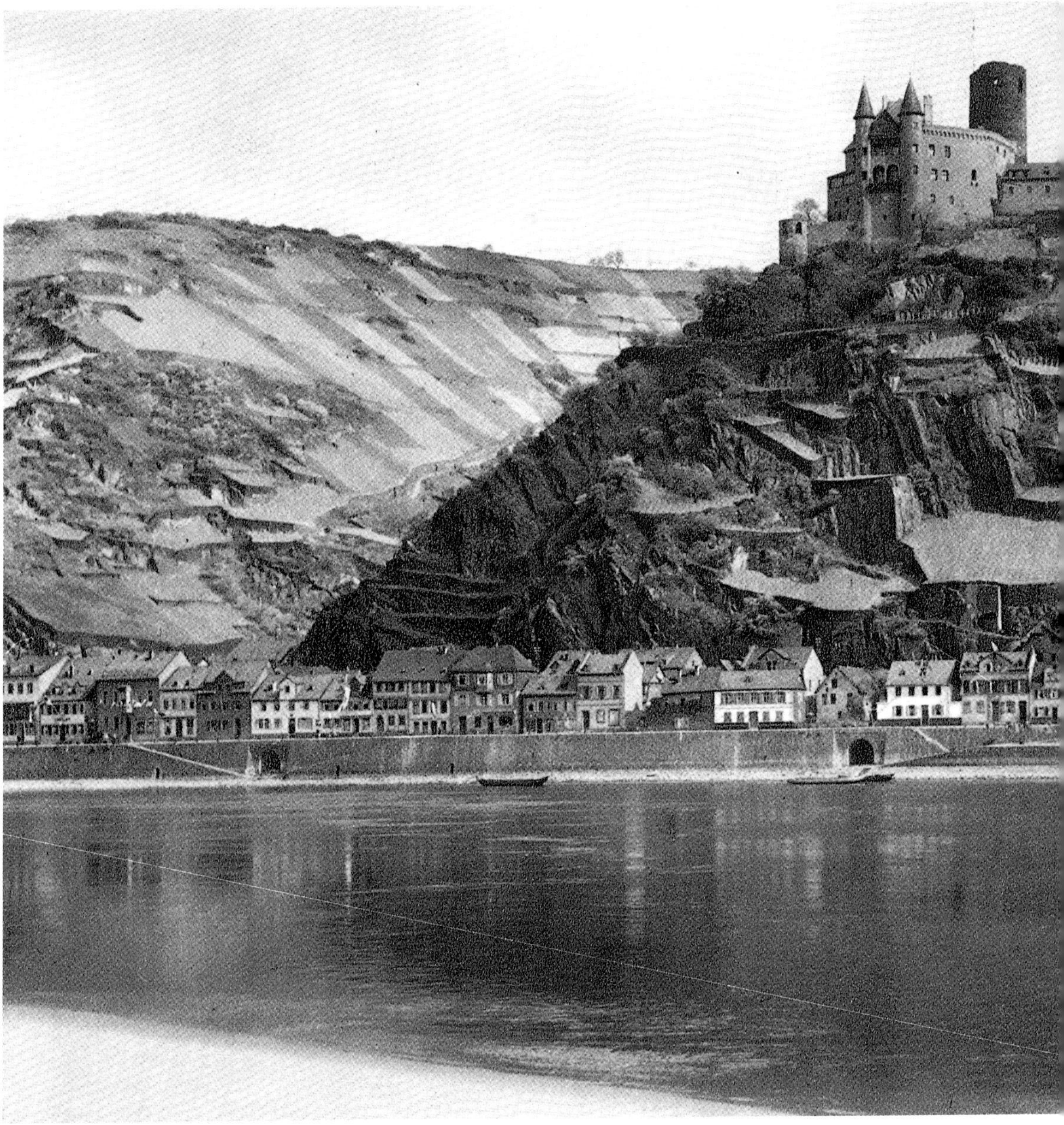

St. Goarshausen am Rhein. Über der Stadt wacht die stolze Burg Katz aus dem 14. Jh., die allerdings 1898 wieder aufgebaut werden mußte. Rheinabwärts findet sich zum Ausgleich zur Burg Katz Burg Maus. Bei St. Goarshausen liegt der Loreley-Felsen, weltbekannt durch Clemens Brentano und Heinrich Heine, die der verführerischen Loreleynixe eine Ballade (der eine) und das Gedicht „Ich weiß nicht was soll das bedeuten ..." (der andere) widmeten. Bei St. Goarshausen soll der Sage nach der Schatz der Nibelungen in den Fluten des Rheins verschwunden sein.

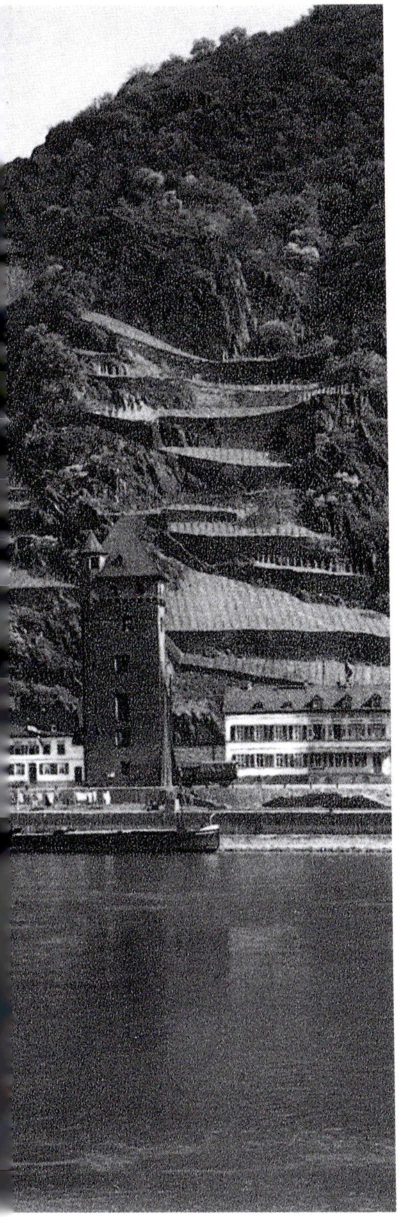

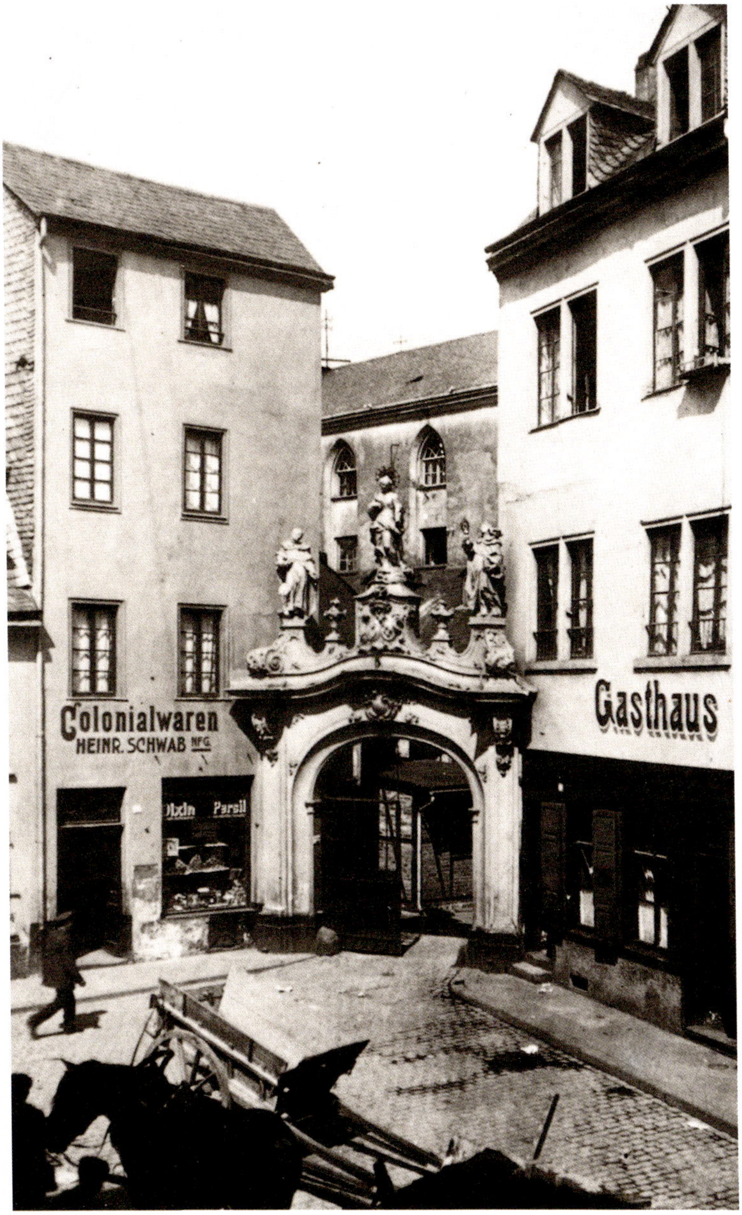

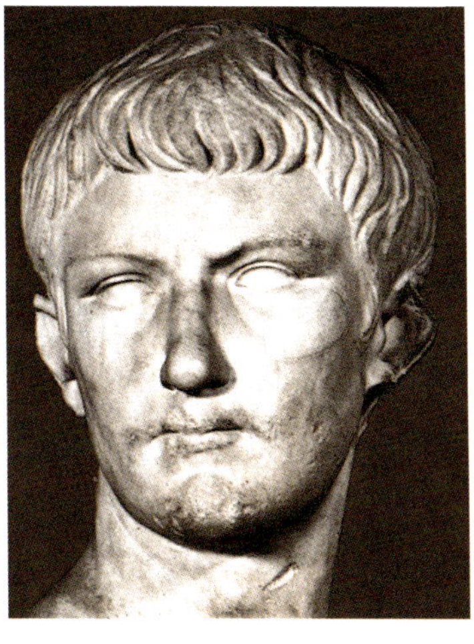

Koblenz: das Portal zum ehemaligen Dominikanerkloster. In der alten Residenz der Trierer Kurfürsten, die hier vom 13. bis 19. Jh. häufig residierten, hatte Deutschland einmal „begonnen“. 842 war in der Stiftskirche St. Kastor zu Confluentes die Aufteilung des Reiches Karls des Großen ausgehandelt worden, was man im Jahr darauf dann in Verdun besiegelte. Im Koblenzer Raum sind der römische Kaiser Caligula (links) und der österreichische Staatsmann Fürst Metternich geboren.

Koblenz: Blick auf die Altstadt mit der Mosel im Vordergrund (oben), die Trinkhalle in den Rheinanlagen, im Sommer Schauplatz täglicher Militärkonzerte.
Covelenz, Cobelenz, Koblenz ... der Stadt an der Mündung der Mosel in den Rhein war in ihrer stolzen Geschichte die strategisch bedeutende Lage immer wieder einmal zum Verhängnis geworden. Während des Dreißigjährigen Krieges zogen hier Schweden, Kaiserliche und Franzosen ein, von 1794 bis 1814 war Koblenz Verwaltungssitz des zu Frankreich gehörenden Rhein-Mosel-Departements. 1815 kam es zu Preußen, das die Stadt zur Metropole der Rheinprovinz und zu einem der stärksten Bollwerke des Kontinents ausbaute.

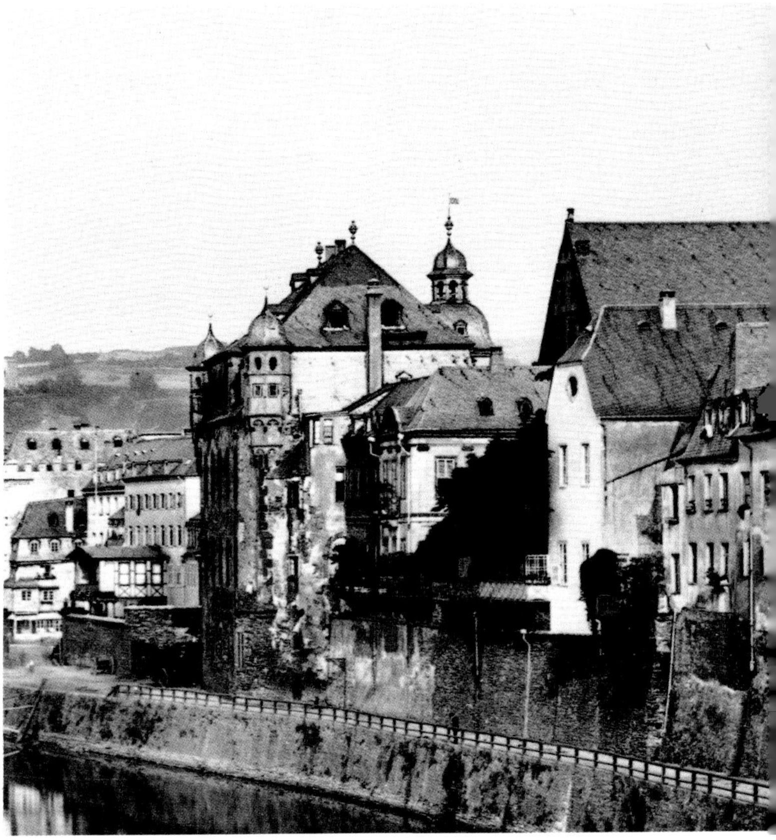

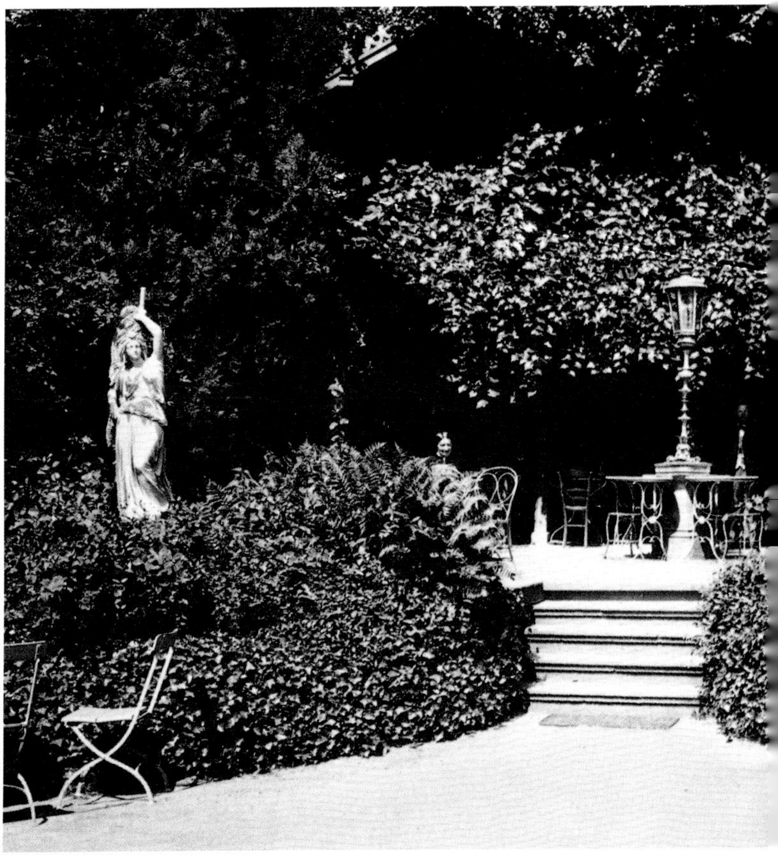

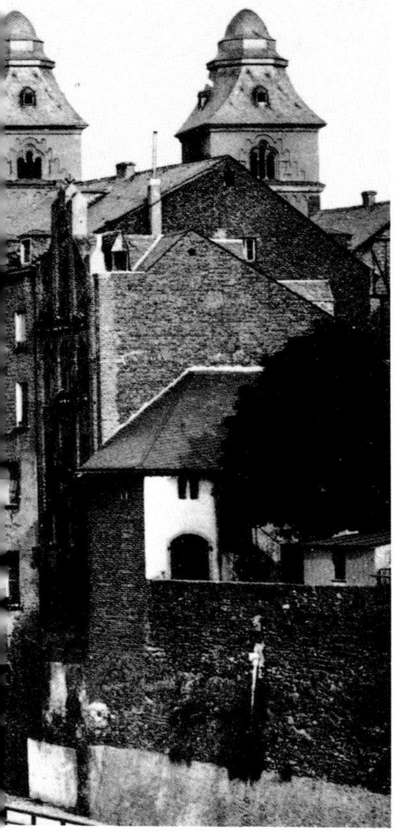

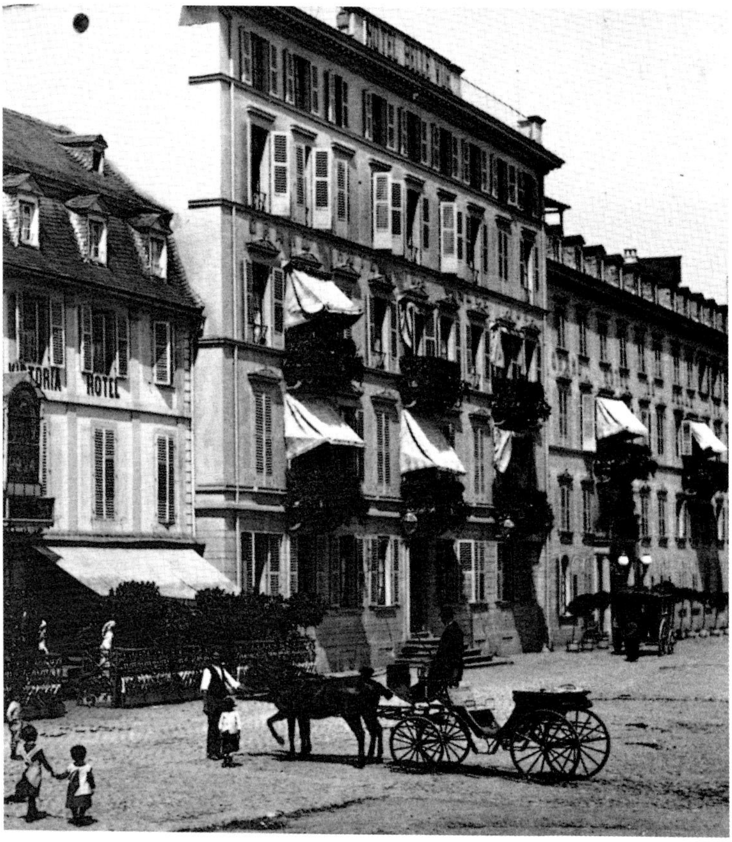

Koblenz, Hotel Viktoria und Grandhotel Belle vue um die Jahrhundertwende.

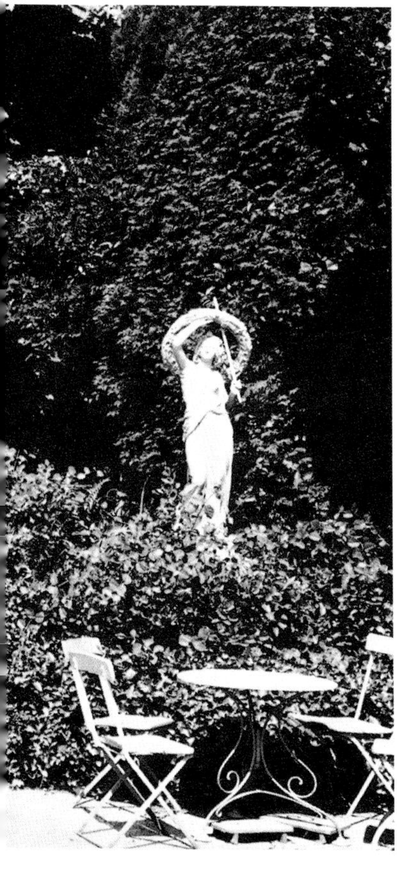

Folgende Seiten: Das Deutsche Eck in Koblenz, die nach dem ehemaligen Deutschherrenhaus benannte Landspitze zwischen Rhein und Mosel – Burg Eltz, der mächtige Sitz der Grafen von Eltz, eine der wenigen niemals zerstörten rheinischen Höhenburgen. Hoch über einem Seitental der Mosel gilt Eltz als eine der schönsten Burganlagen Deutschlands.

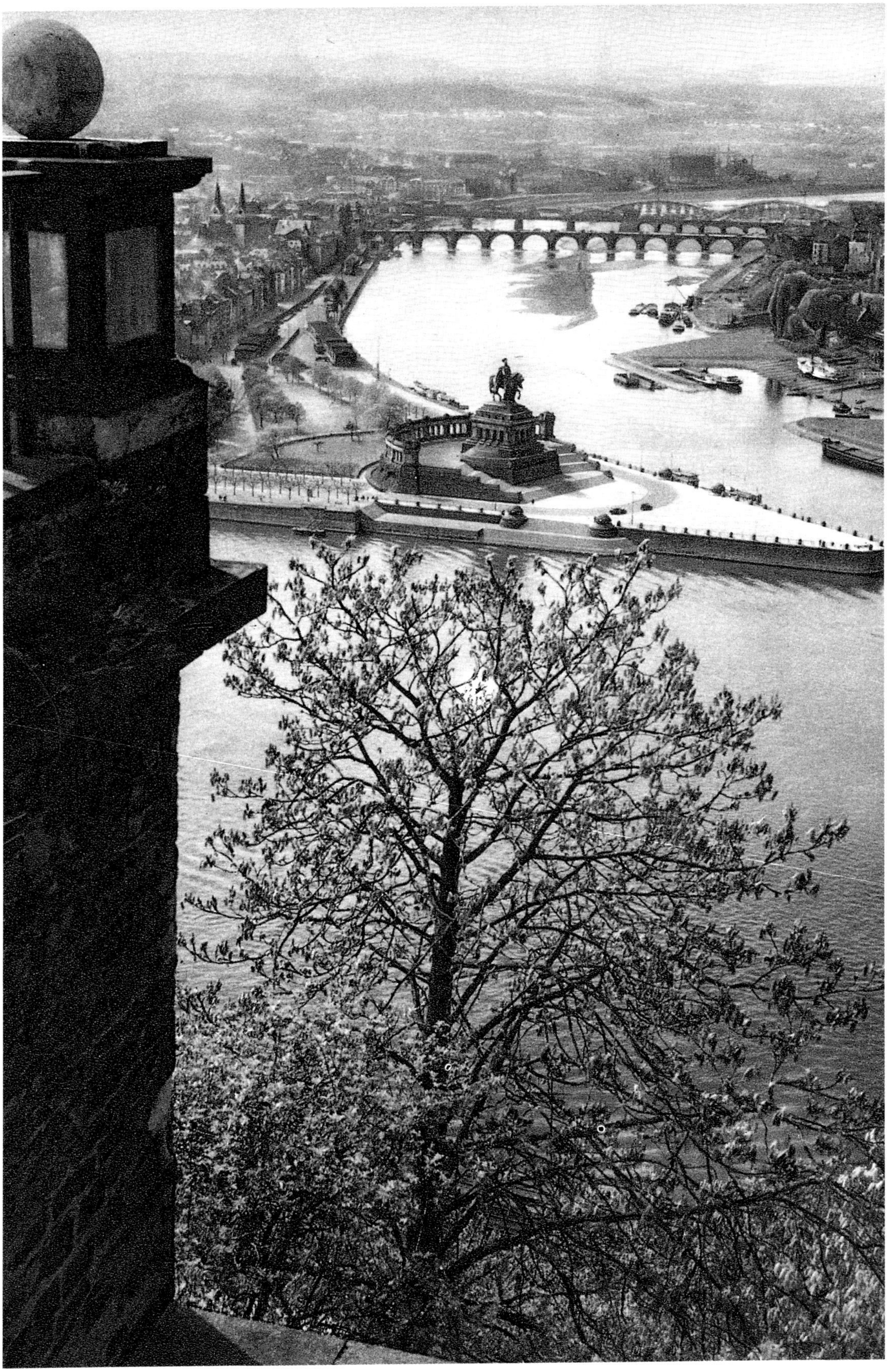

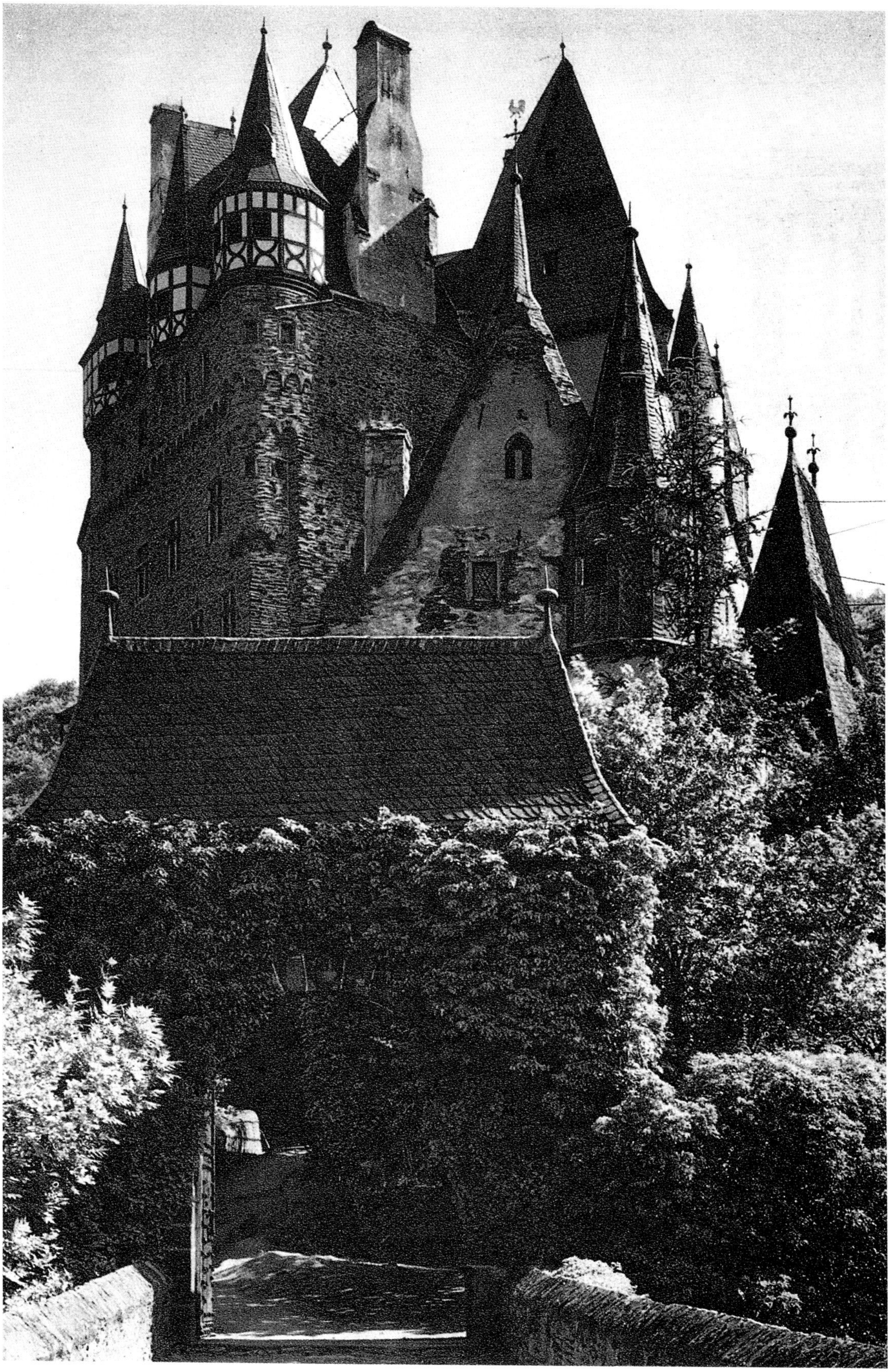

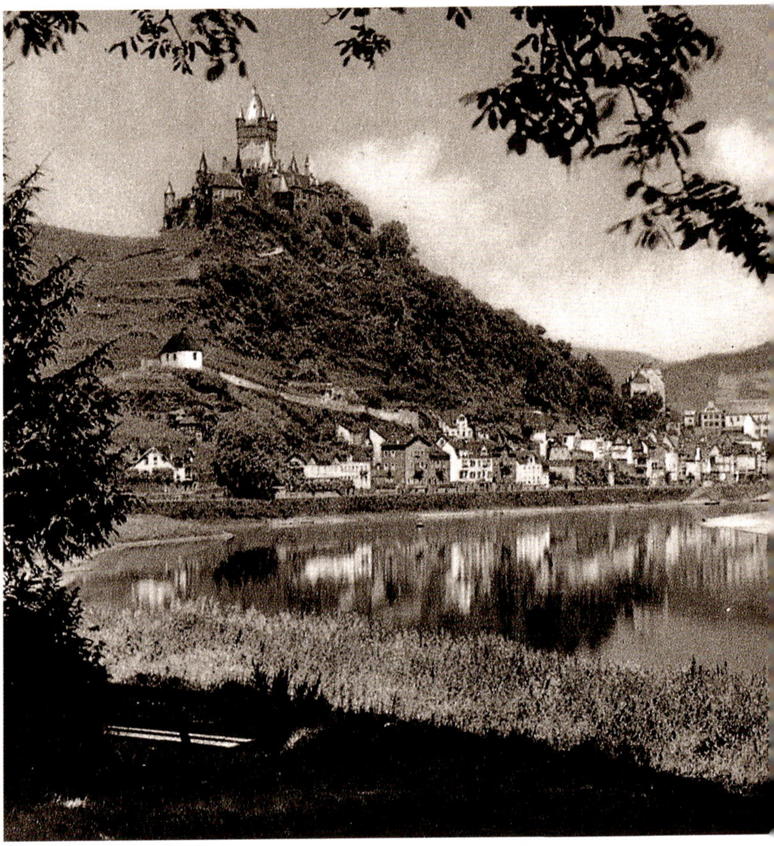

Cochem an der Mosel. – Die liebliche Weinstadt Cochem, überragt von der mächten Reichsburg (Baubeginn 1072, im 14. Jh. erweitert), war einst Wohnsitz der Pfalzgräfin Richenza, der späteren Königin von Polen. 1689 wurde die Stadt von brandenburgischen Truppen so tapfer verteidigt, daß sie von den Franzosen erst im vierten Ansturm genommen (und zerstört) werden konnte. Trierer Erzbischöfe bauten Cochem im 18. Jh. wieder auf.

Pommern im Kreis Cochem. Pommern verdankt seinen Namen den Römern, deren Göttin Pomona einst das Moseltal bewachte. Der Cochemer Kreis besitzt – nach dem Oberrheingraben – das wärmste Klima Mitteleuropas: Voraussetzung für einen Wein, der dem Moseltal Weltruf verschaffte.

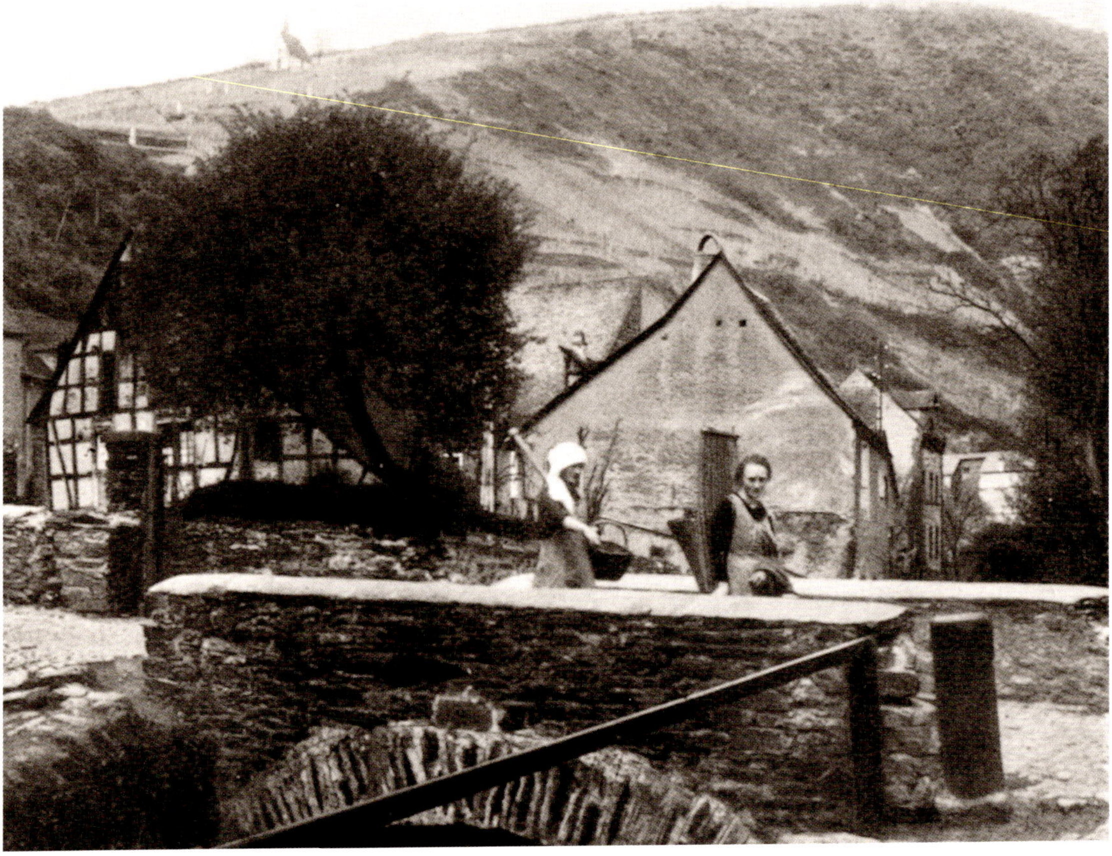

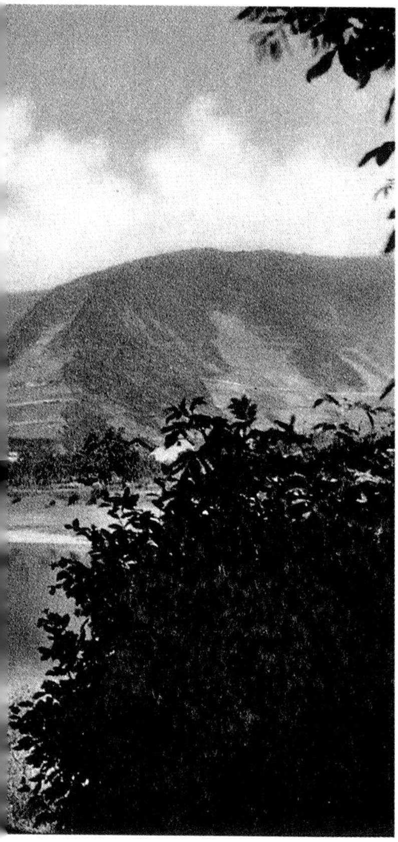

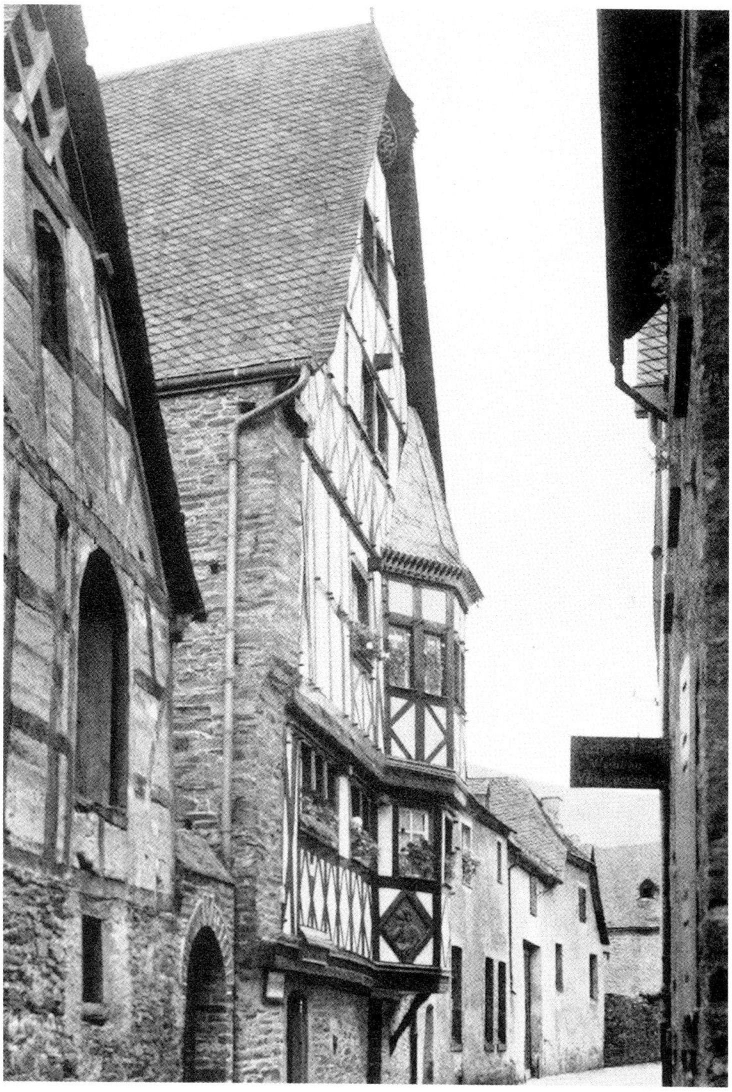

Das Haus Nazareth in Moselkern, dem romantisch-verträumten Weinort in der Nähe der phantasiegeborenen Burg Eltz. Hier wächst, was die Römer einst den Menschen zwischen Pfälzer Wald und Eifel hinterlassen hatten. Im frühen Mittelalter war es dann allerdings die christliche Kirche, die die vorübergehend vergessene Weinkultur im Pfälzischen wieder aufnahm und in ganz Deutschland verbreitete.
Eine Moselfahrt zwischen Trier und Koblenz dauerte etwa um das Jahr 1850 herum noch 12 Stunden stromabwärts, 20 Stunden zu Berg. Vorbei ging es dabei an bekannten Sehenswürdigkeiten wie Pfalzel, wo die Tochter König Dagoberts 655 ein Frauenkloster stiftete, an Trittenheim, dem Geburtsort des Trierschen Geschichtsschreibers Trithemius, an Pisport, wo ein berühmter Tropfen wächst, Traben mit der von Ludwig XIV. angelegten Festung und eben Moselkern.

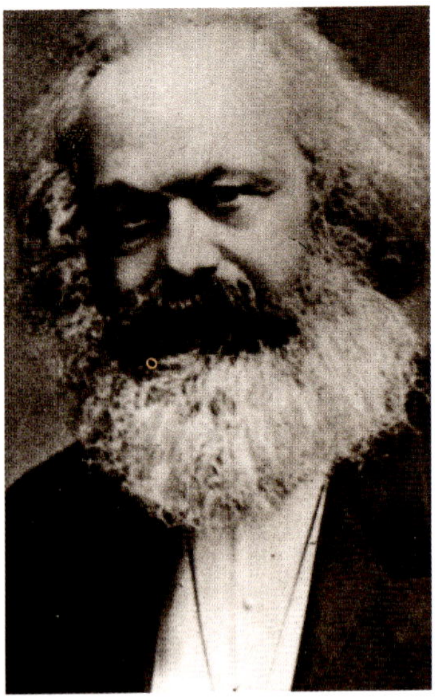

Karl Heinrich Marx wurde am 5. Mai 1818 in Trier als Sohn eines jüdischen Rechtsanwalts (mit einem ausgeprägten preußischen Nationalstolz) geboren. Einmal Schriftleiter der Kölner „Rheinischen Zeitung“, die 1843 das Erscheinen einstellen mußte, ging Marx nach Paris, um dort mit Arnold Ruge die „Deutsch-Französischen Jahrbücher“ und mit Heinrich Heine das Wochenblatt „Vorwärts“ herauszugeben. In Paris entwarf Marx zusammen mit Friedrich Engels für den Kommunistischen Bund das Kommunistische Manifest. Ab 1849 im Londoner Exil, schrieb Marx den ersten Band des „Kapitals“, seines theoretischen Hauptwerks, und leitete die von ihm gegründete Internationale Arbeiterassoziation. 1883 starb er in London an einer Lungenkrankheit.

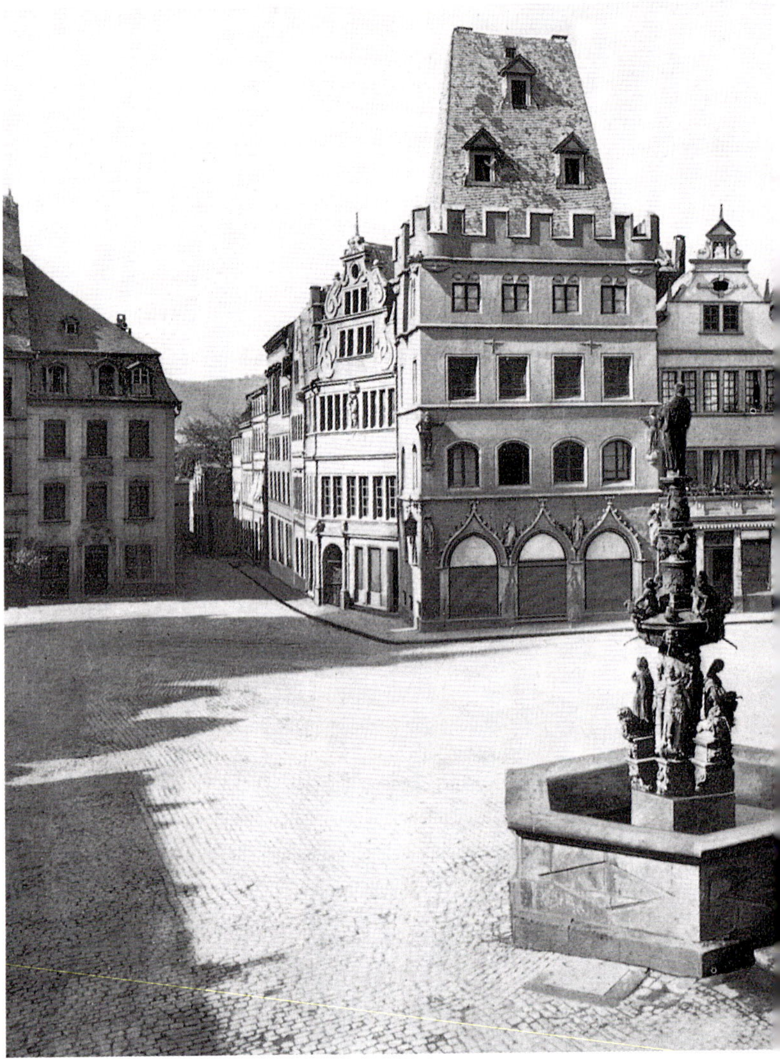

Trier: das Rote Haus auf dem Markt mit Petrusbrunnen und Marktkreuz – Keine andere deutsche Stadt erinnert in ihrem Weichbild so sehr an das römische Germanien wie Trier. Kaiser Augustus hatte hier bereits 15. v. Chr. ein Versorgungszentrum für seine Truppen eingerichtet. Bald sollte danach der Glanz des Imperium Romanum in der Moselstadt „Augusta Treverorum“ erstrahlen, wie sonst nur noch in Italien selbst. Als Hauptstadt des weströmischen Reiches wuchs das heutige Trier zur flächenmäßig größten Stadt nördlich der Alpen. Seine Stellung verlor es 395 mit der Übersiedlung des Kaiserhofes nach Mailand. 475 fiel es an die Franken, eine neue Blütezeit begann nach der Regierungszeit der Kurfürst-Erzbischofs Balduin von Luxemburg mit dem Beginn des 15. Jh.

1794 kam mit der Einrichtung des französischen Saardepartements das Ende des kurfürstlichen Trier, ab 1815 gehörte es als Garnisonsstadt zur Preußischen Rheinprovinz.

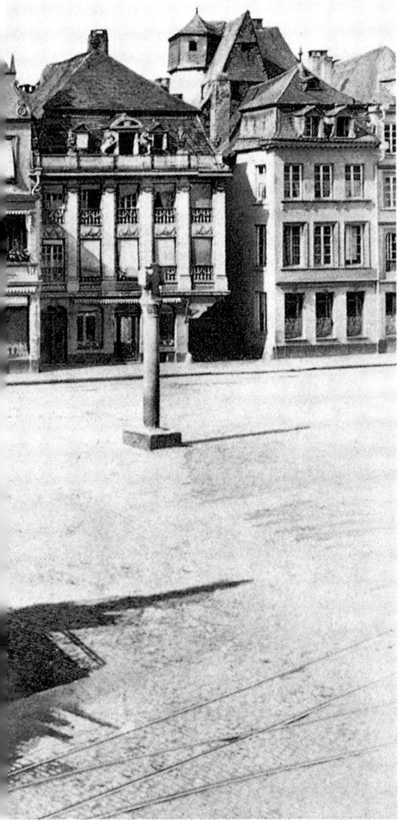

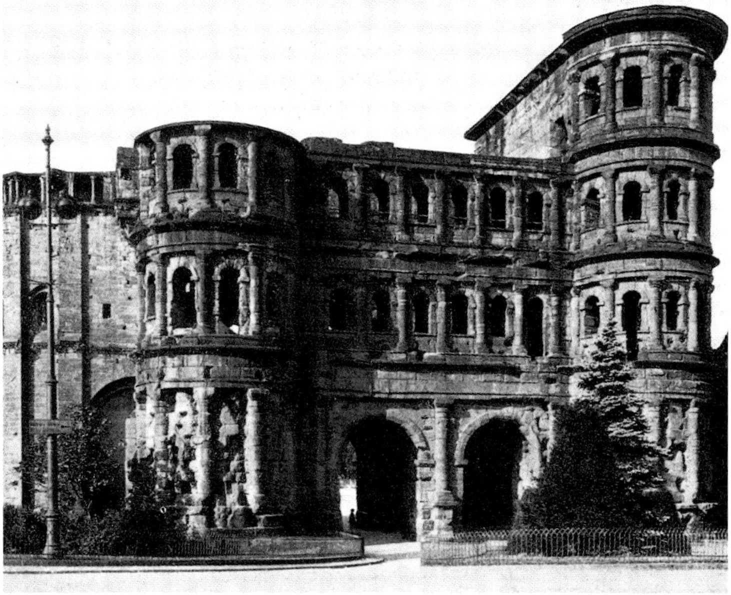

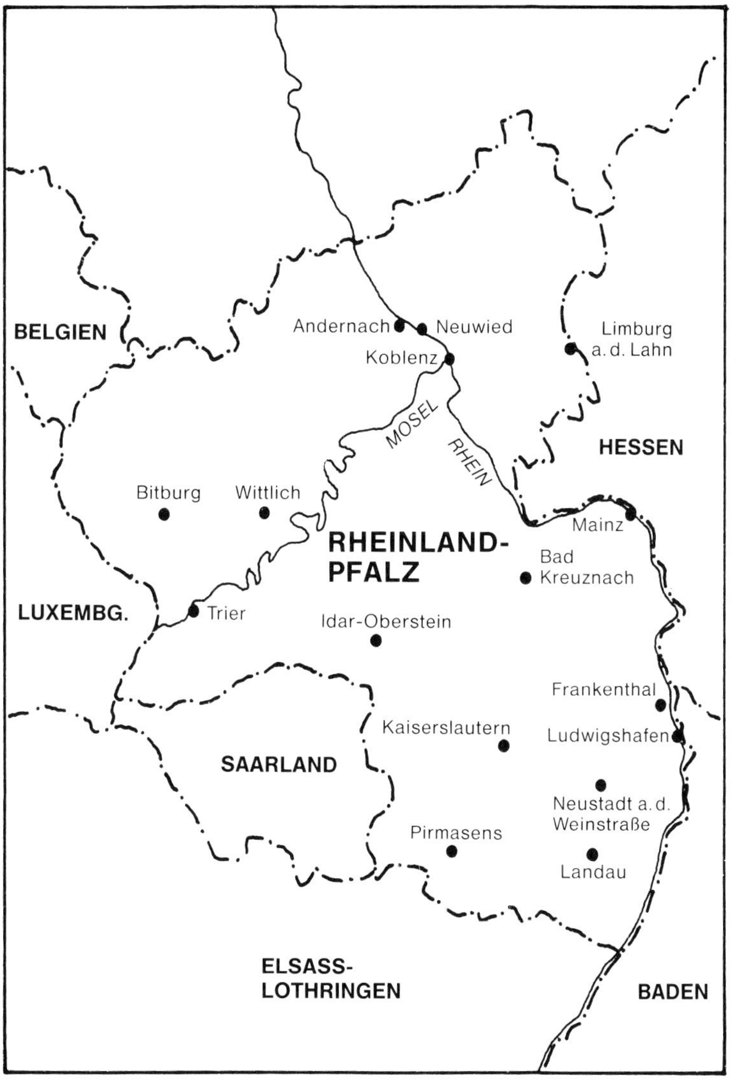

Oben rechts:
Trier: Die Porta Nigra mit der im Mittelalter angebauten Kapelle. Großartigster Zeuge im römischen Erbe ist das Schwarze Tor, die Porta Nigra aus dem 3. Jh., ein Prunkbau zum Empfang der Cäsaren, Zugang zur mauergeschützten spätantiken kaiserlichen Residenz. Erzbischof Poppo nutzte die Porta Nigra ab 1035 als eine dem hl. Simon gewidmete Kirche. – In Trier, wahrscheinlich der ältesten Stadt Deutschlands, regierte einst Constantinus Chlorus, Cäsar des Westens und Vater Kaiser Konstantins des Großen.

Nor die Wohrheit.
Grad wie sei' Wei', so wohr un echt
is alles, was der Pfälzer sächt,
dann er glaabts schwer, drum is klor,
daß, was er redd, is doppelt wohr.

Gustav Gutmann.

Hoppe, hoppe, rille,
d'r Bauer hat e' Fille.
's Fille kann net laafe,
d'r Bauer will's verkaafe.
Geht's Fille weg,
hat d'r Bauer en Dreck!

Ri, ra, ro!
Der Summertaagk iss do!
Veilcher unn die Blumme
Gibt en schöne Summer.
Ri, ra, ro,
Der Summertaagk iss do.

Wichsel, wechsel,
Kriech mer's Kätzel!
Wuhin?
Uff de goldne Wiese
Kummt der Summr geschliche.
Ri usw.

Zum Behret, zum Behret**!
D' Kellerleut' empfange,
Den, der nit derzukummt,
Schlage mer mit Stange.
Ri usw.

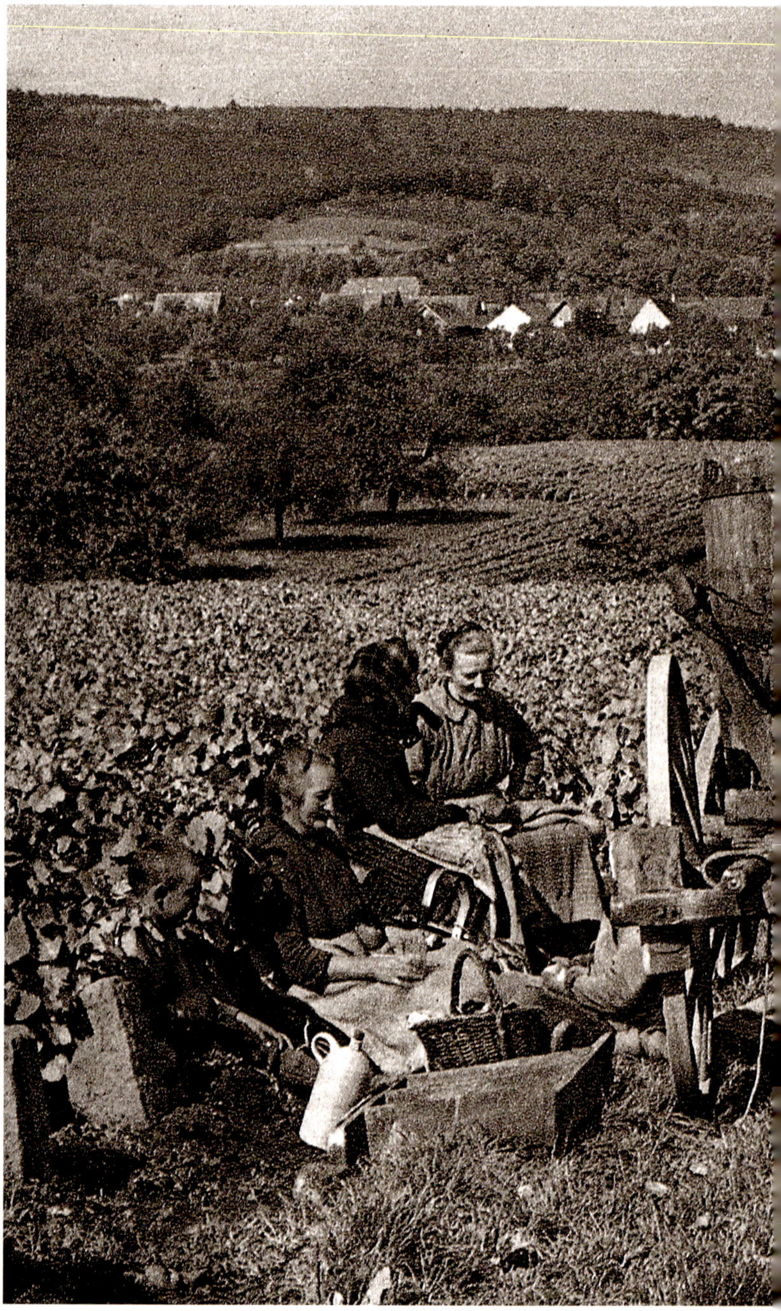

Weinernte bei Weisenheim.
Pfälzer Wein – vom Grünhäuser zum Thiergärtner zum Scharzhofsberger zur Liebfrauenmilch – zählte unter Lokalpatrioten immer zu den besten Gewächsen der Welt.
Und wer hier Wein sagt, denkt unwillkürlich an die Deutsche Weinstraße, die eigentlich eine Pfälzer Straße ist. Beginnt sie doch südwestlich von Worms, führt am Haardtgebirge entlang

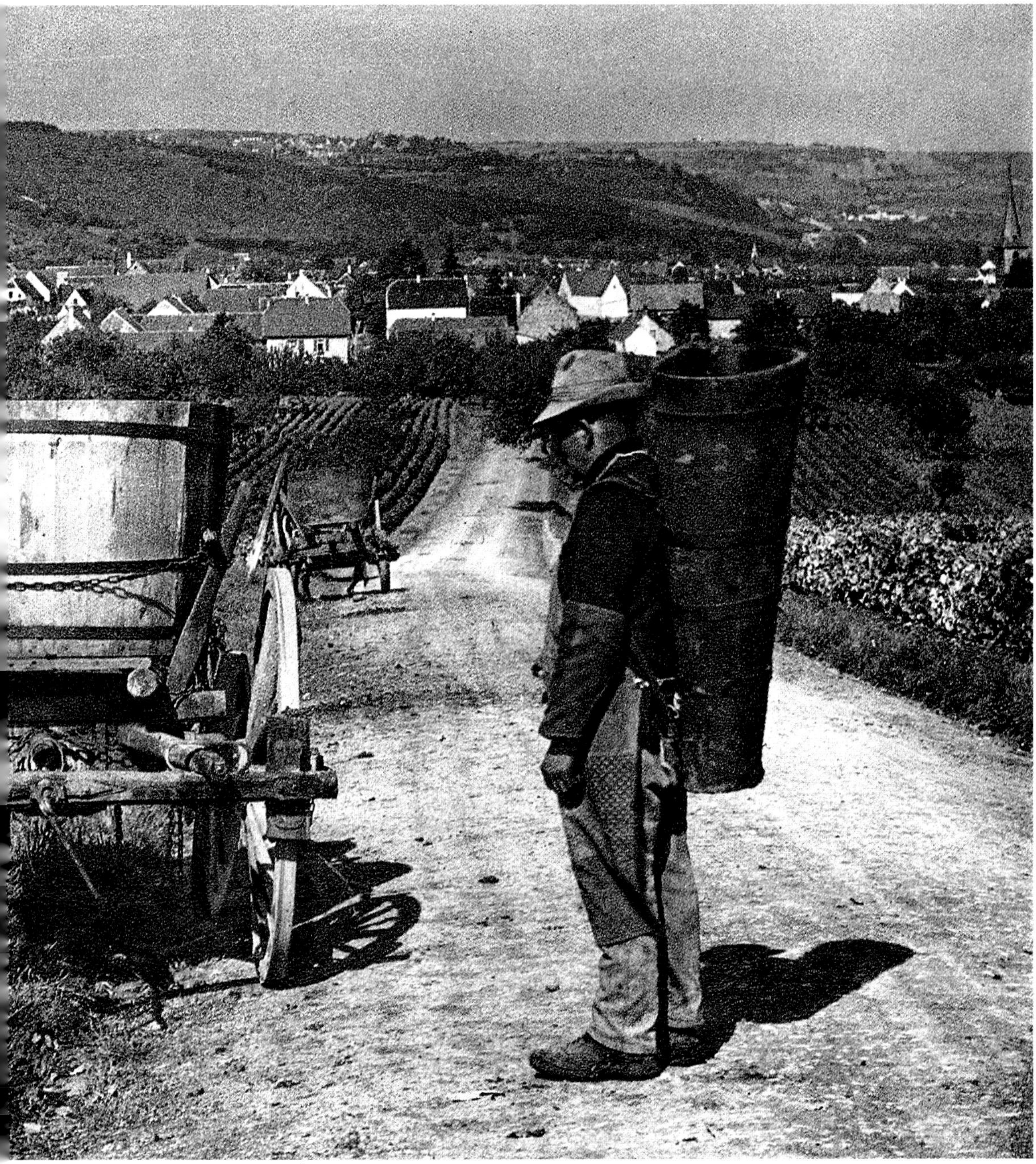

und endet an der Grenze zum Elsaß. An ihrer Route Bockenheim, Bad Dürkheim, Wachenheim, Deidesheim, Neustadt, Eschbach ... Deutschlands größtes zusammenhängendes Weinbaugebiet (in dem auch Mandeln, Edelkastanien oder Kirschen wachsen)!
In Maikammer wurde bereits im Jahre 300 Wein angebaut, im Deidesheimer Gasthof „Zur Kanne" schon im 12. Jh. Wein ausgeschenkt. Die Pfälzer selbst, die eine innige Lebensfreude auszeichnet, legen allgemein viel Wert auf „Esse un Trinke", auch wenn Lockrufe aus ihrer Küche wie „Franzosesupp", „Himmel un Äd", „Buwespitz", „Hoorige Knepp" oder „Neie en Keschte" dem Nichtpfälzer häufig recht wenig sagen. Pfälzer Weinetiketten dagegen werden verstanden. Weltweit, international.

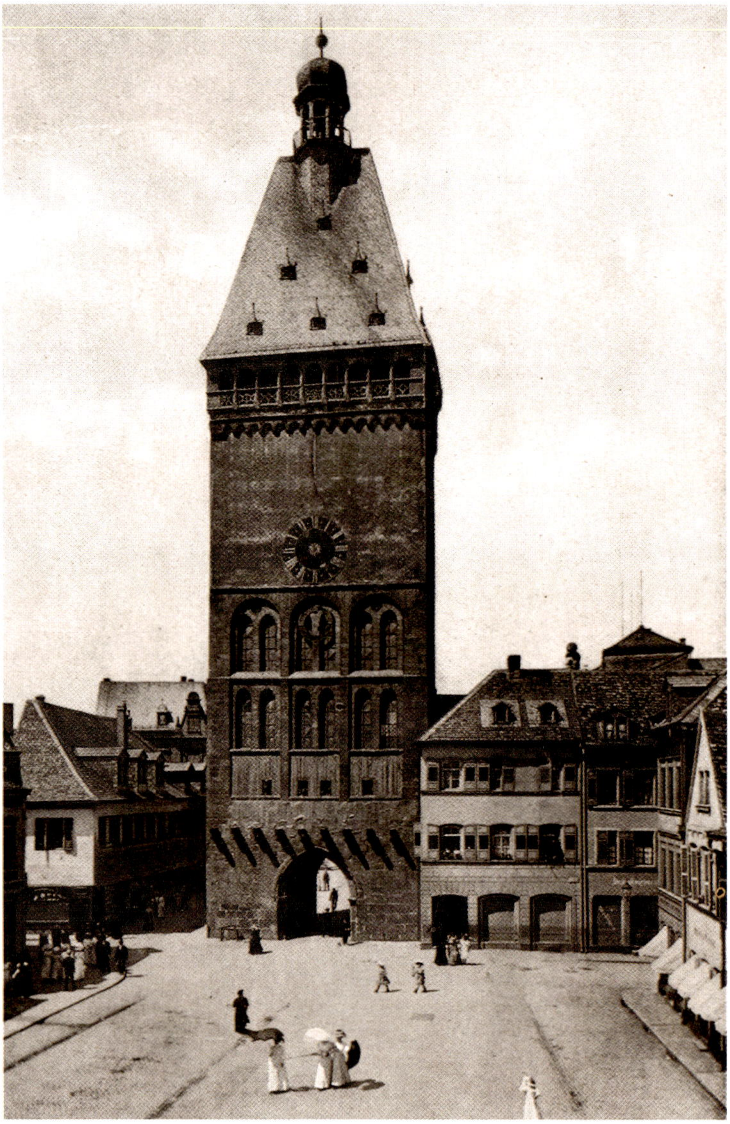

Worms: der Dom St. Peter. Worms am linken Ufer des Oberrheins kann als eine der ältesten Städte Deutschlands gelten. Um 50 v. Chr. von Cäsar erobert, stritten sich hier Burgunder und Hunnen (die geschichtliche Grundlage des Nibelungenliedes), Franken und Alemannen. Im Dreißigjährigen Krieg wurde die Stadt gleich dreimal von verschiedenen Parteien genommen. Worms sah mehr als 100 Reichstage, darunter auch jenen, der die Reichsacht über Martin Luther verhängte. Der spätromanische Dom St. Peter, mit seiner doppelchörigen Basilika mit Querschiff und Vierung, erhebt sich an der Stelle, wo einst eine römische Basilika gestanden hatte. Als Baubeginn wird das Jahr 1171 genannt. Der Hochaltar (18. Jh.) ist ein Werk Balthasar Neumanns, des bedeutendsten Vertreters des Spätbarocks in Deutschland.
Der Wormser Dombezirk erinnert an die Königinnen Kriemhild und Brunnhild, die sich im Nibelungenlied hier streiten, an den heldenhaften Siegfried, der einen Stein über den Dom schleudert und an den tückischen Hagen, der den toten Siegfried hier niederlegt. Ein sagenhafter Goldschatz wechselt darauf die Hände.

Speyer: das Stadttor Altpörtel, im 13. Jh. gebaut und im 16. Jh. erneuert. Das Altpörtel ist eines der schönsten Tortürme Deutschlands. Speyer, um 150 n. Chr. erstmals erwähnt, wurde im 6. Jh. von den Franken erobert und war dann bereits ab 614 Bischofssitz. Zahlreiche Hof - und Reichstage fanden hier im Mittelalter statt. Im Speyrer Dom (1031-1161), einst von den Saliern erbaut, befindet sich die Grablege von acht Kaisern und Königen mit ihren Familienmitgliedern, darunter neben Saliern und Staufern auch Rudolf von Habsburg. Im Krieg um die Rheinpfalz wurde Speyer von den Truppen Ludwigs XIV. zum Großteil zerstört.
Bis 1796 Freie Reichstadt war Speyer von 1527 bis 1688 Sitz des Reichskammergerichts, des obersten deutschen Gerichtshofs. Unter bayerischer Herrschaft (ab 1816) wurde es Hauptstadt der linksrheinischen Pfalz.
Aus Speyer stammt der Maler Anselm Feuerbach (1829-80: „Gastmahl des Plato", „Iphigenie")

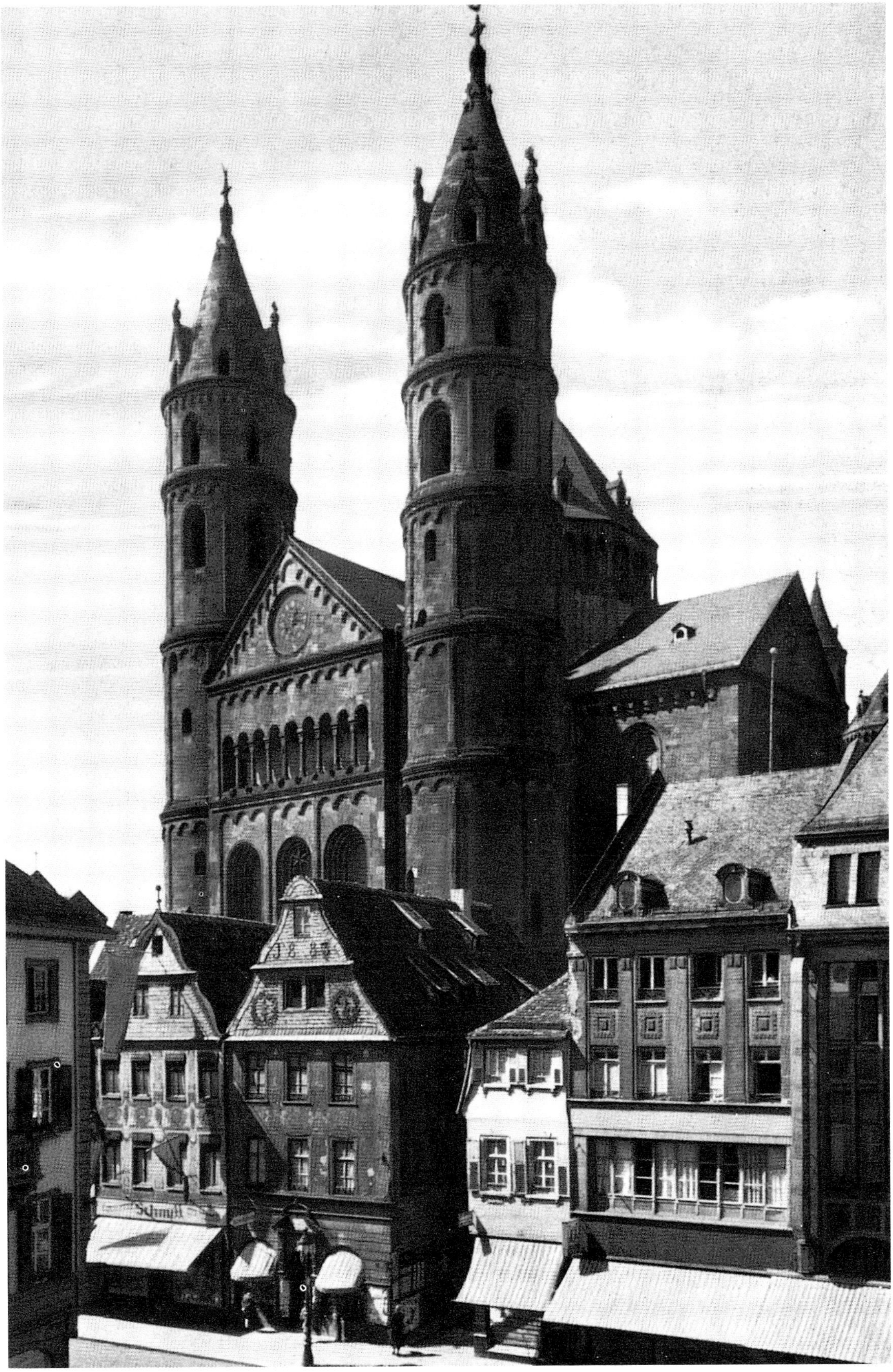
Schmitt

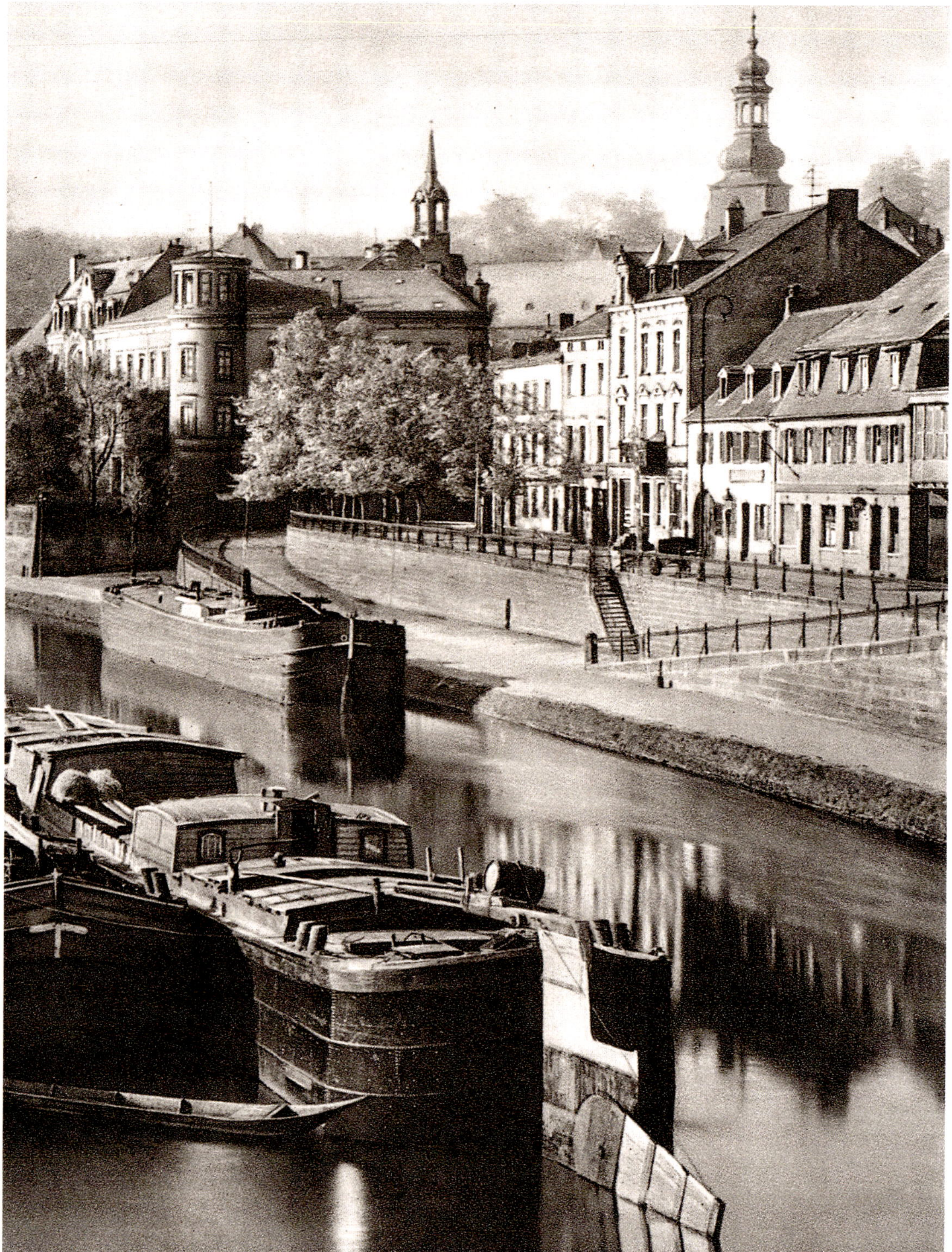

Stadtszene aus Saarbrücken. Wo bereits in gallorömischer Zeit eine Siedlung verbürgt ist, wuchs Saarbrücken aus verhältnismäßig bescheidenen Verhältnissen einer Residenz der Fürsten von Nassau-Saarbrücken erst zu Beginn des 20. Jh. zu seiner späteren Bedeutung. Voraussetzung dafür war der Zusammenschluß St. Johanns und Alt-Saarbrückens mit Malstatt-Burbach und Dudweiler. Pate dafür hatte die starke Industrialisierung des Gebietes an der südwestlichen Wetterseite des Reiches gestanden.

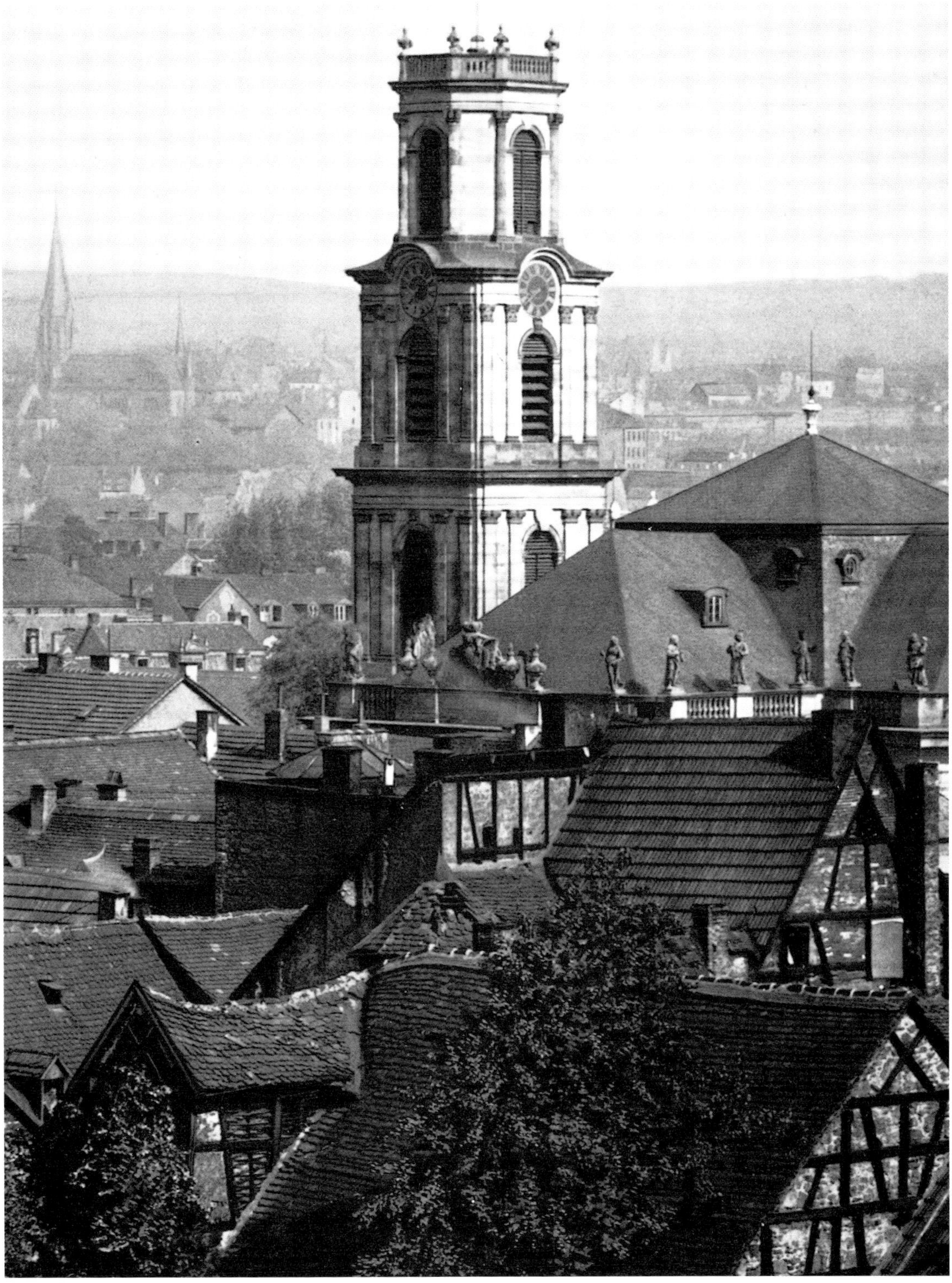

Saarbrücken: Dach und Turm der barocken Ludwigskirche, im Hintergrund St. Johann am rechten Saarufer. Die Ludwigskirche wurde 1762–65 von Friedrich Joachim Stengel, dem Hofbaumeister Fürst Heinrichs von Nassau-Saarbrücken, entworfen und gilt als bedeutendster Kirchenbau des „protestantischen Barocks" im südwestdeutschen Raum. Ihr Grundriß entspricht der Auslage eines griechischen Kreuzes.

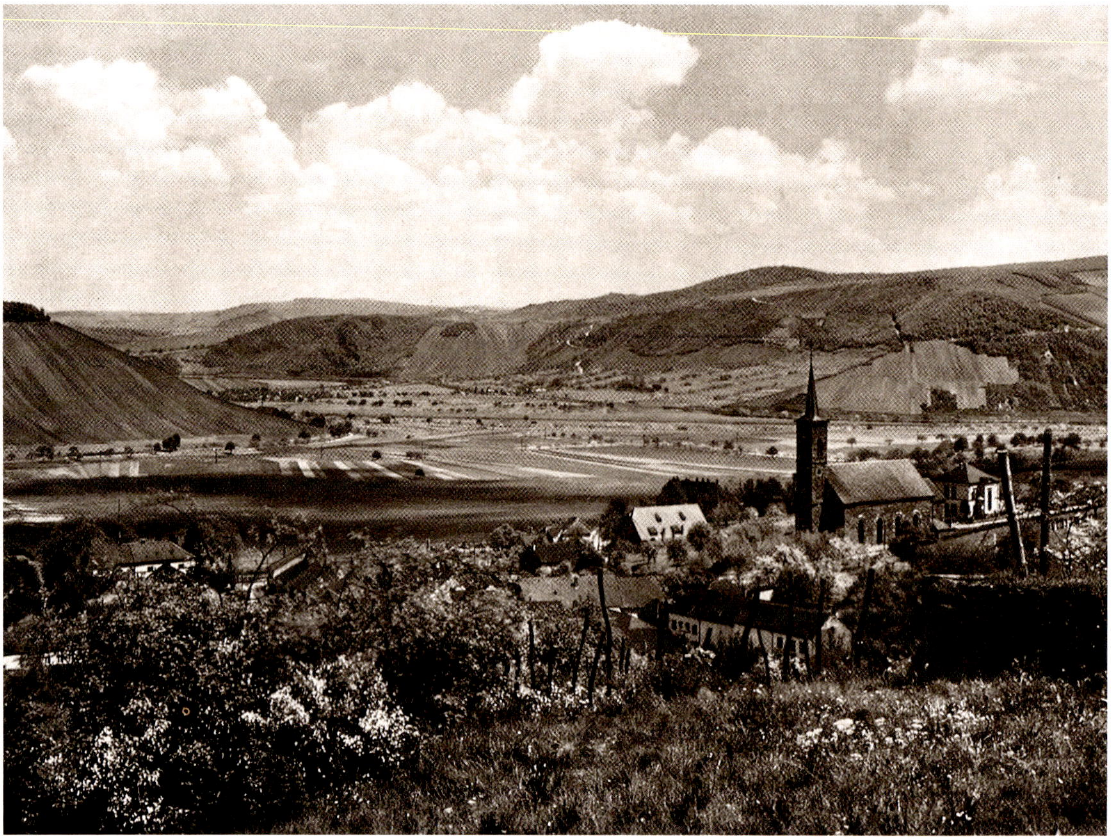

Ayl im saarländischen Weinbaugebiet; der Schodener Herrenberg (Bildmitte) und der für seine spritzigen Weine bekannte Ayler Kupp (links). Der Saarwein wird als Europas „ehrlichster Wein" gerühmt, er hat - von den Römern begonnen, von den Mönchen verfeinert - mehr Feuer und Körper als etwa der Moselwein (um im Handel übrigens trotzden als solcher zu gelten). Welche Traube die Römer hier einführten, ist nicht mehr bekannt. In späteren Jahrhunderten dominierte die Rieslingsrebe.

Das Burbacher Hüttenwerk in Malstatt-Burbach an der Saar. Einst Teil des preußischen Regierungsbezirks Trier, war der industriell hochentwickelte Landstrich von Kohle und Stahl geprägt, Rückgrad der begehrten Saarwirtschaft. Seit 1429 wird der Steinkohlenbergbau in dieser Gegend erwähnt, 1586 erhielt das Saarrevier seine erste Bergordnung.

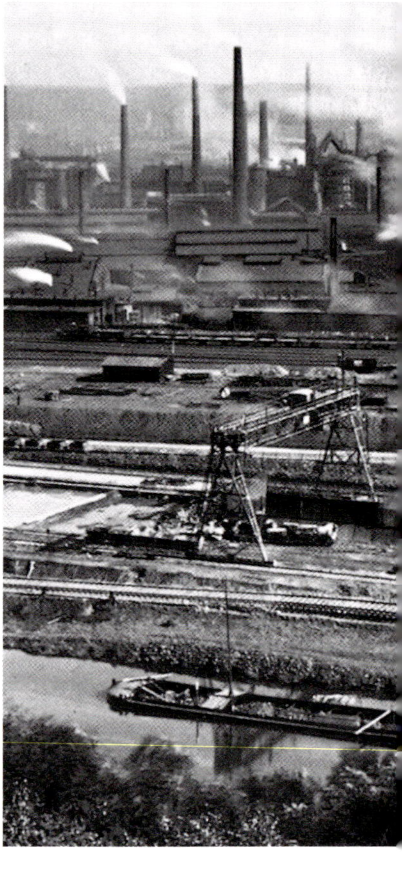

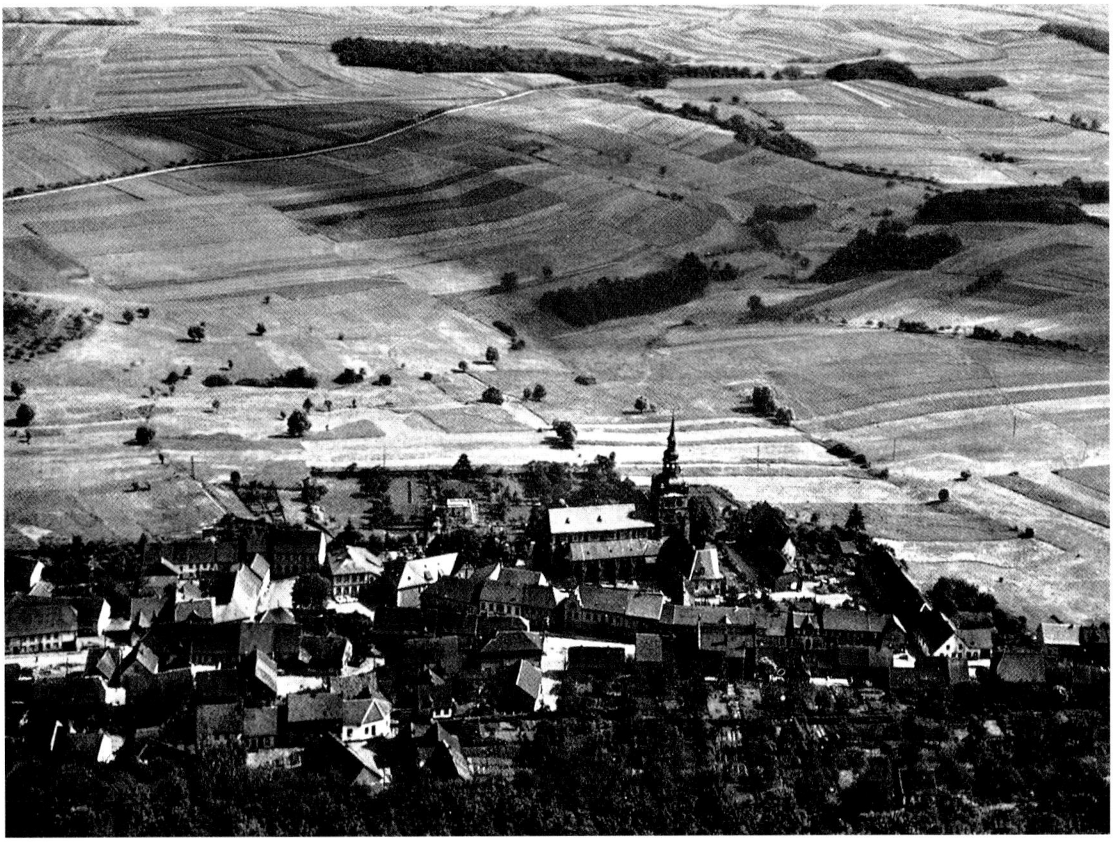

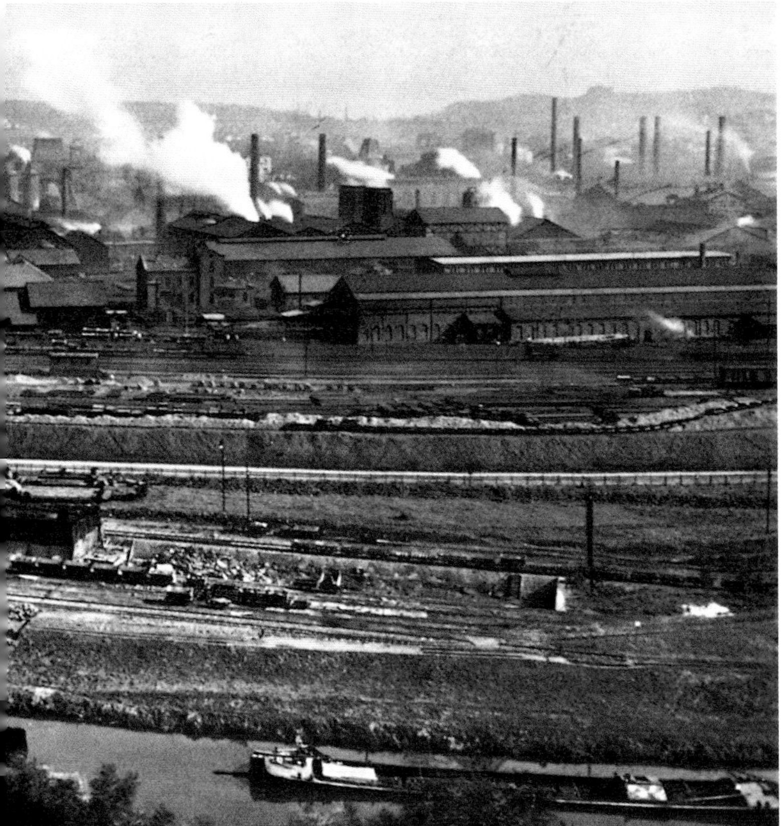

Tholey, vom Schaumberg aus gesehen. Die Benediktiner-Abtei Tholey bei St. Wendel ist eine der ältesten Stätten christlicher Kultur im Saargebiet. Im 7. Jh. errichtet, dienten ihr die Reste einer römischen Badeanlage und einer merowingischen Kirche als solides Fundament. Die frühgotische, dreischiffige Abteikirche aus dem 13. Jh. zählt zu den würdigsten Baudenkmälern des Saargebiets.

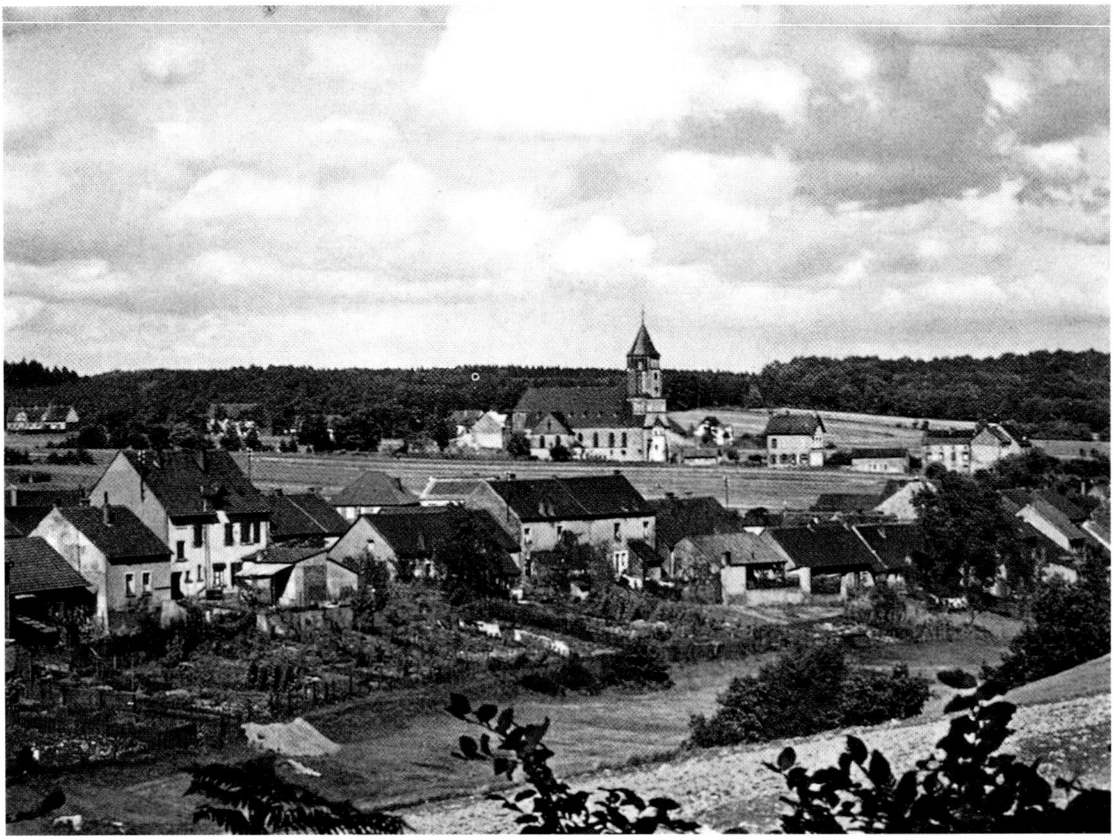

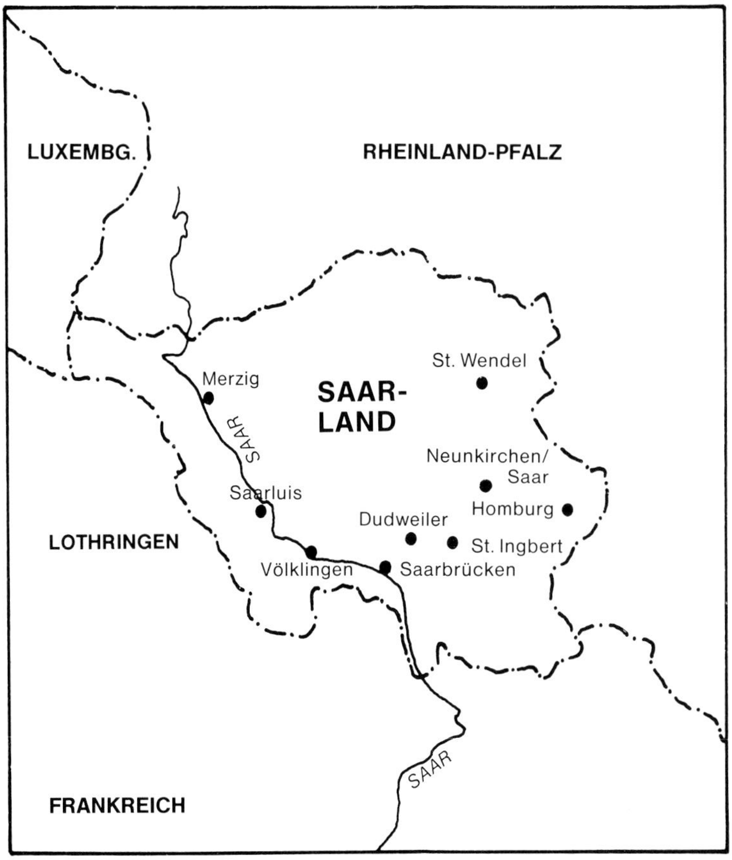

Lauterbach im Warndt, dicht an der Grenze nach Lothringen. Historisch hatte es vor 1919 nie ein Saargebiet gegeben, dafür eine Reihe von weltlichen und geistlichen Herrschaften, von denen Frankreich Saarlouis und Wadgassen gehörten. Nach Versaille wurde ein Landstrich, inzwischen preußisch oder bayrisch, zum Saargebiet gemacht, die Staats - und Privatgruben mußten an Frankreich übergeben werden. Das mit dem französischen Zollgebiet vereinigte sogenannte Saargebiet bekam bis zur Volksabstimmung 1935 französische Währung.

Die Saar, verstärkt durch Albe und Rossel, Biberbach und Isch, auf dem Weg von den Vogesen zur Mosel.

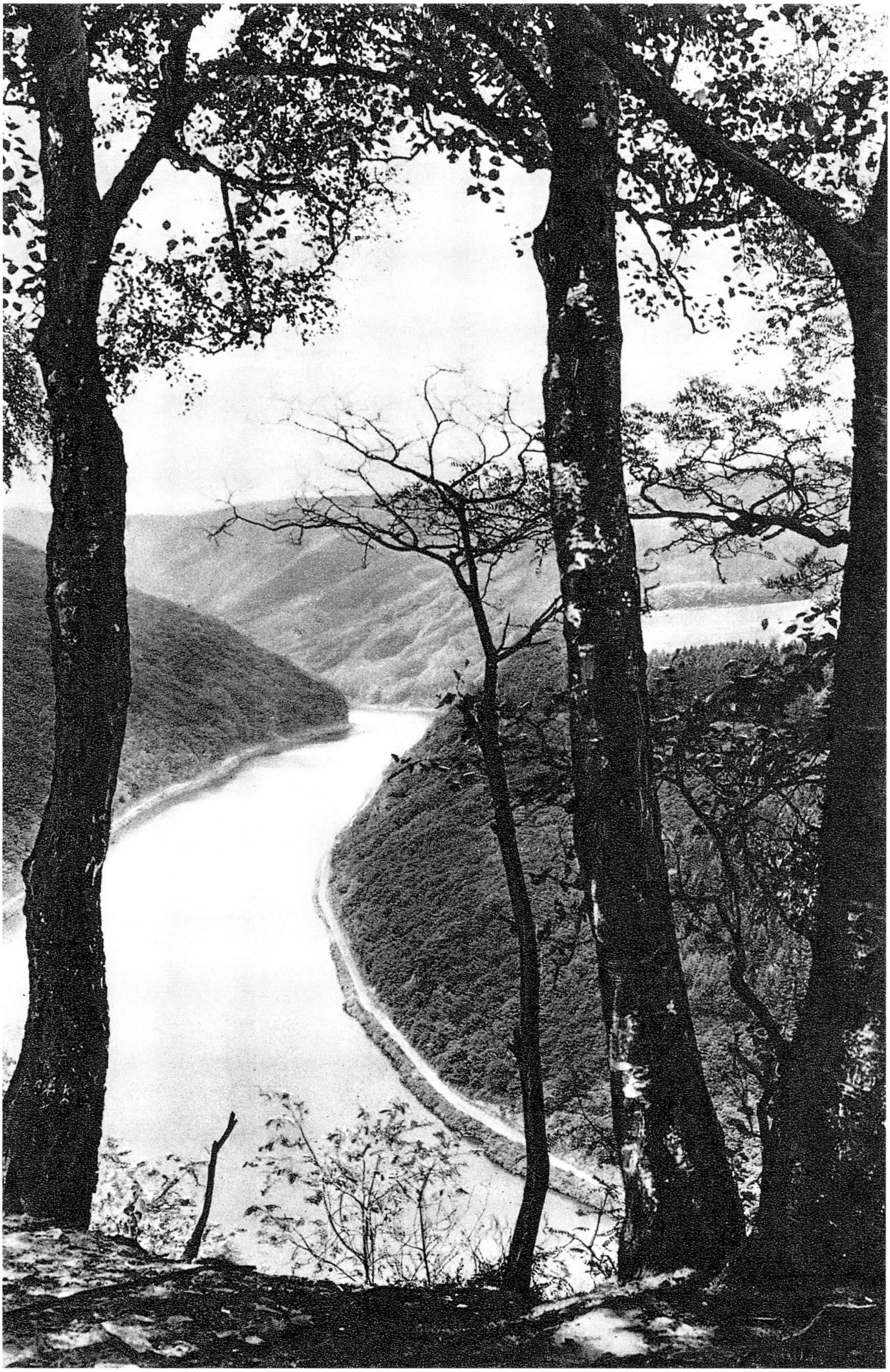

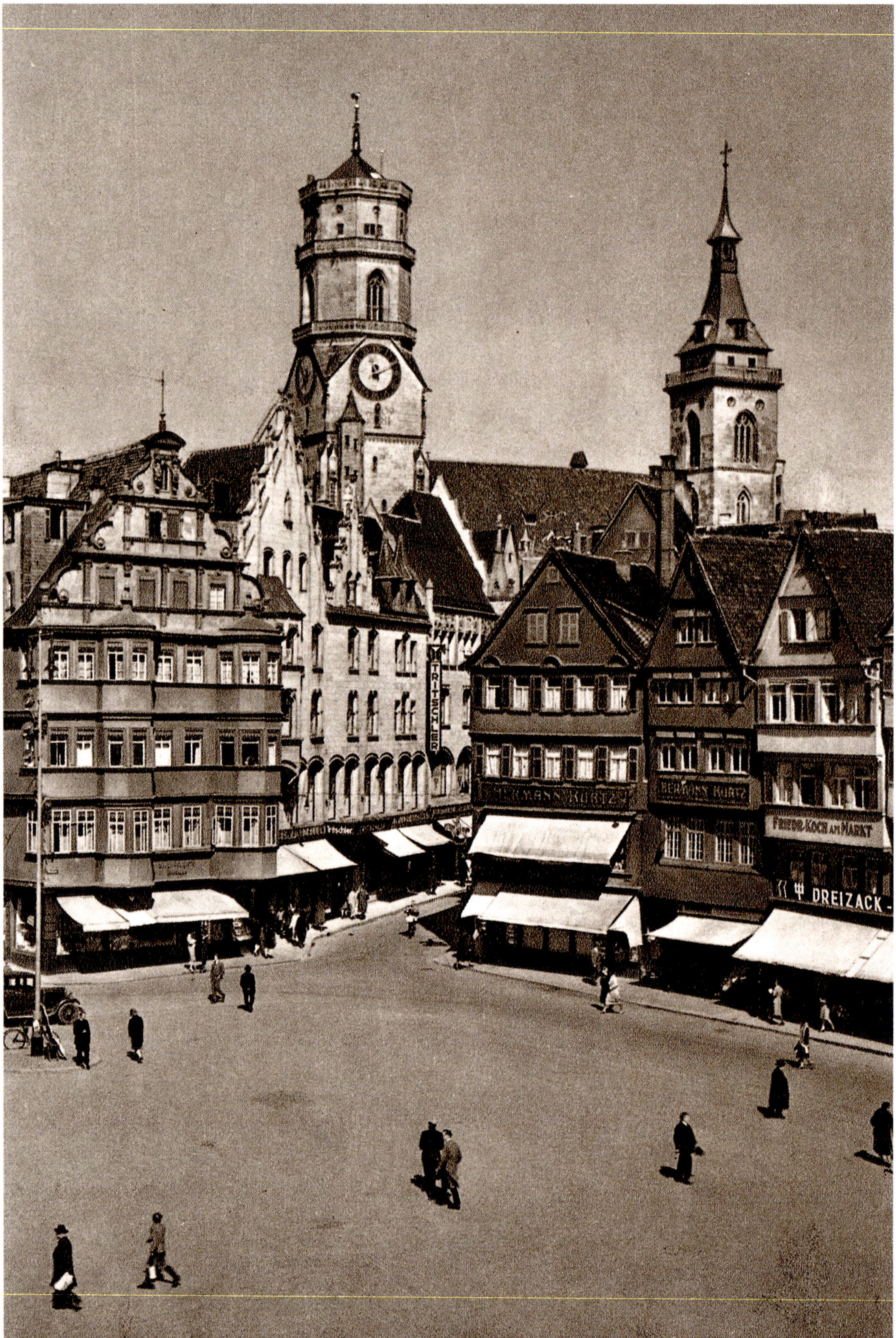
HERMANN KURTZ
FRIEDR. KOCH AM MARKT
DREIZACK

Zeittafel:

Ca. 500 000 v. Chr. Homo Heidelbergensis,

1./2. Jh. Die Römer im größten Teil des Landes,

213 Vorstöße der Alemannen gegen das römische Gebiet,

469 Alemannen verlieren das Land zwischen Rhein und Neckar an die Franken,

724 Bischof Pirmin gründet die Abtei Reichenau,

843 Teil des Ostfränkischen Reiches,

1152 Friedrich, Herzog von Schwaben, deutscher König,

1268 Untergang der Staufer, zahlreiche weltliche und kirchliche Herrschaften und Reichsstädte entstehen. Die Habsburger im Bodenseeraum,

1525 Bauern unterliegen dem Schwäbischen Bund,

18./19. Jh. Starke Auswanderung nach Ost - und Südosteuropa,

1806 Württemberg Königreich, Markgrafen von Baden Großherzöge,

1818/19 Baden und Württemberg mit liberalster Verfassung ihrer Zeit,

1848/49 Revolution geht von Südwestdeutschland aus,

1871 Baden und Württemberg im Deutschen Reich,

1918 Großherzog Friedrich II. von Baden und König Wilhelm II. von Württemberg danken ab, Baden und Württemberg Freistaaten, ein Versuch der Vereinigung schlägt fehl.

Stuttgart: Marktplatz mit Stiftskirche. Die Stiftskirche zum Hl. Kreuz, 1240 an der Stelle einer einschiffigen Basilika erbaut, wurde 1327-47 durch einen frühgotischen Chor erweitert. Im 15. Jh. erfolgte der Neubau des spätgotischen Langhauses in Hallenform durch Aberlin und Hans Jörg.

Muster aus dem Musterländle

Als die Menschen das Paradies verloren hatten, ging der Herrgott daran, die Welt aufzuteilen. Da konnte sich jeder wünschen, was er wollte ... der Russe bekam seine Steppe, der Spanier seine Palmen und so weiter. Als alles verteilt war, kam der Schwabe angerannt: „Ach du lieb's Herrgöttle, isch denn werkli scho alles furt? So ebbes sott mer net glaube, daß dös alles so elend pressiert!" So bekam der Schwabe eben nur, was übriggeblieben war, ein wenig Wald, ein wenig Berg und etwas Feld, woraus er sein „Ländle" zimmerte.

Dieser Zwischenfall muß sich in grauer Vorzeit abgespielt haben, ist doch das älteste Zeugnis eines Musterländlers, das in der Nähe von Heidelberg gefunden wurde, immerhin seine 500 000 Jahre alt. (Man erkennt bereits: zwischen Badenern und Schwaben, Alemannen gleichen Geblüts, wird schon hier kein gravierender Unterschied gemacht.) Doch ändern sollte sich lange nichts. Das Land um den einst so unwegsamen Schwarzwald war zwar schön, aber eben klein und relativ arm, somit auch immer viel zu eng für seine Bewohner. Das prägte die Menschen und nur deshalb wurde das „Spare mueß ma, hausa, d'Katz verkaufe, selber mause" zum schwäbisch-alemannischen Charakterzug.

Wo es an vielem fehlte, dachten die Menschen häufig genug ans Auswandern. Schwaben - draußen ohnehin häufig das Synonym für Deutsche generell - waren schon bald über die ganze Welt zerstreut. Doch Auswandern ja, aber wie wegkommen, das war hier die Frage. Ein badischer Forstmeister entwickelte das Laufrad, das einmal ein Fahrrad werden sollte. Und man spürte bereits: im Ländle bewegte sich etwas, was einmal die Welt bewegen sollte. Den Menschen endgültig auf Räder stellten dann der Karlsruher Ingenieur Benz, der 1886 seinen dreirädrigen „Wagen ohne Pferde" mit Spitze 20 Std./km anbot und jener Gottlieb Daimler, der in seinem Canstatter Gartenhäusle den ersten Daimler entwickelte. Auch das ist typisch: Von nun an sollte es hier kräftig aufwärts gehen, setzt doch gerade im deutschen Südwesten „dr Teufel immer do en Haufe na, wo scho dunget isch". Und gedüngt war ohne Zweifel ...

Die Musterländler mit ihrem Hang zum Sparen, aber auch zum Denken, konnten fortan zuhause bleiben. Das „Schaffe, schaffe, Häusle baue" kam als Devise jetzt erst so richtig zur Geltung. Parallel dazu konnte allerdings auch eine sprachliche Fortentwicklung nicht mehr aufgehalten werden: Im Land zwischen der Rauhen Alb und dem sonnenverwöhnten Oberrhein, wo alles Gute bisher auf die Silbe le geendet hatte - Spätzle, Ripple, Mädle etwa und Märkle - war mit dem Daimler plötzlich eine neue Variante aufgetaucht. Der Wagen war gut, aber eben kein Daimlerle mehr, was sich dann auch auf einen populären Nachfolger übertrug.

Württemberger: Johannes Kepler, Astronom, Friedrich Schiller, Dichter, Albert Einstein, Physiker, Friedrich Hölderlin, Dichter, Georg W.F. Hegel, Philosoph, Hans Baldung, Maler, Götz von Berlichingen, Reichsritter, Maximilian Berlitz, Sprachpädagoge, Gottlieb W. Daimler, Ingenieur, Johannes Faust, Schwarzkünstler, Friedrich List, Politiker, Eduard Mörike, Dichter, Ludwig Uhland, Dichter, Albrecht Berblinger, Schneider und Flugpionier.

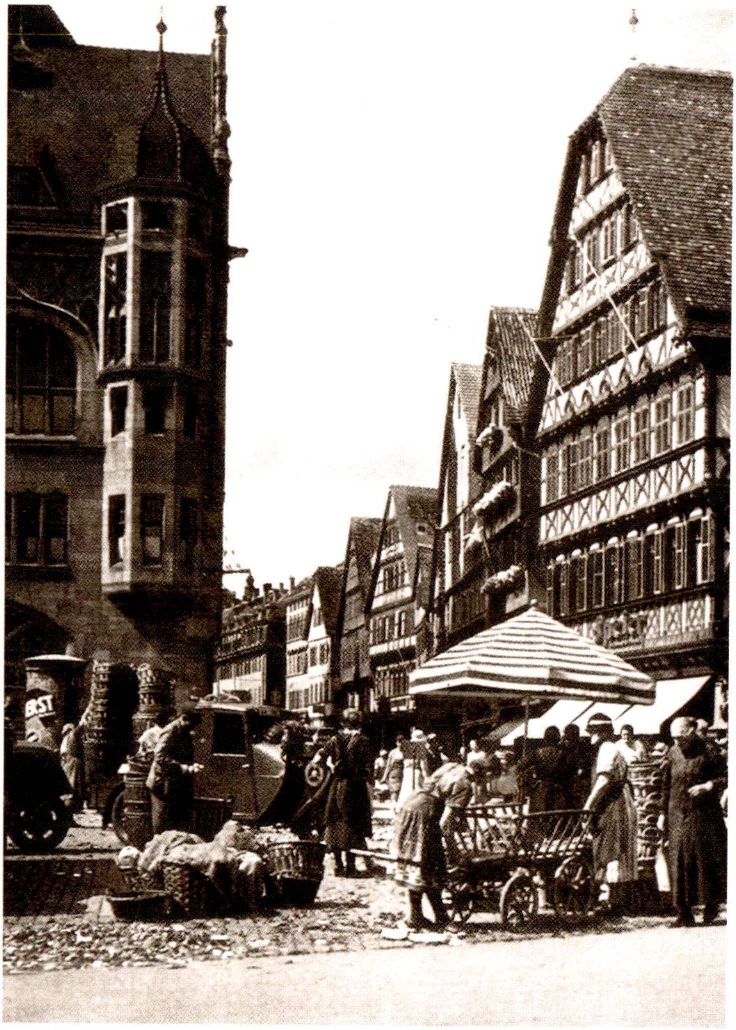

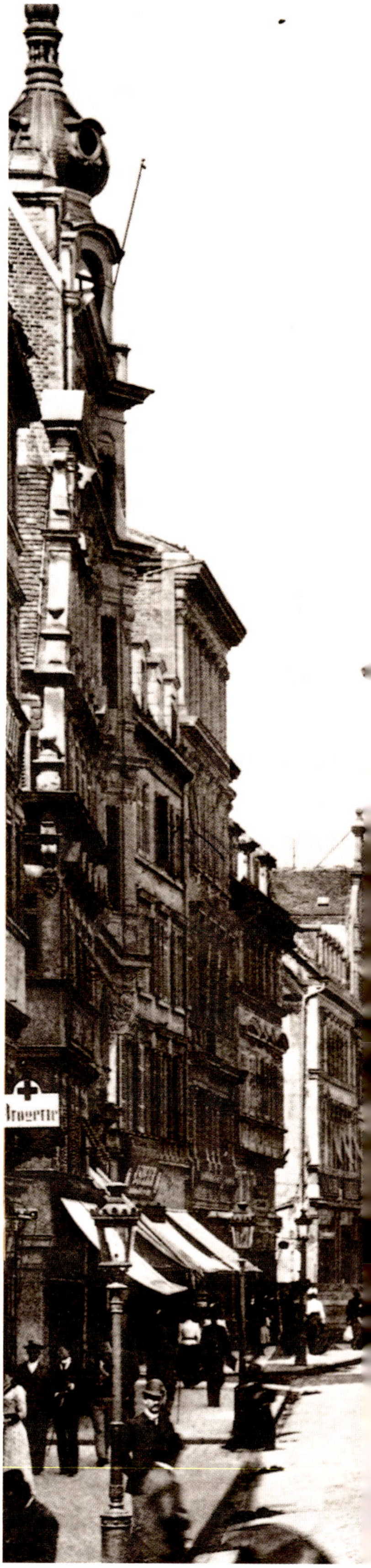

Stuttgart: Großstadtmarkt vor dem Neuen Rathaus. Stuttgarts Keimzelle war ein Gestüt – der Stutengarten –, gegründet von Alemannenherzog Luitolf, einem Sohn Ottos des Großen. Urkundlich dann 1160 erstmals genannt, wird es allerdings erst Mitte des 13. Jh. greifbar, als Eberhard der Erlauchte die Stadt im Krieg gegen die Reichsstätte verliert. 1495 erhält Graf Eberhard im Bart die Herzogswürde von Württemberg, doch das Land wird 1520 an Habsburg verkauft. Im 18. Jh. bekommt Stuttgart wieder seine Residenz, wird schließlich Metropole eines Königreiches Württemberg von Napoleons Gnaden. Geschichtlich durchaus erwähnenswert dann das Jahr 1818, eine Zeit der großen Not, in der König Wilhelm I. als Erntedank den Wasen stiftete, der Rummel der Stuttgarter auf den Canstatter Wiesen, den schwäbische Tüchtigkeit zum zweitgrößten Volksfest der Welt ausbaute.

Stuttgarts Königstraße, südwestlich vom Schloßplatz. Friedrich, der erste König Württembergs, hatte die Königstraße – ehemals der Große Graben – als vornehme Renommierstraße geplant, Sinnbild des neuen Königreiches. Im Jahre 1806 bot der Regent Baulustigen an der späteren Hauptgeschäftsstraße dafür Steuerfreiheit an, Ausländern gar das Bürgerrecht, allen zusammen Bausteine aus dem städtischen Steinbruch an der Esslinger Steige.

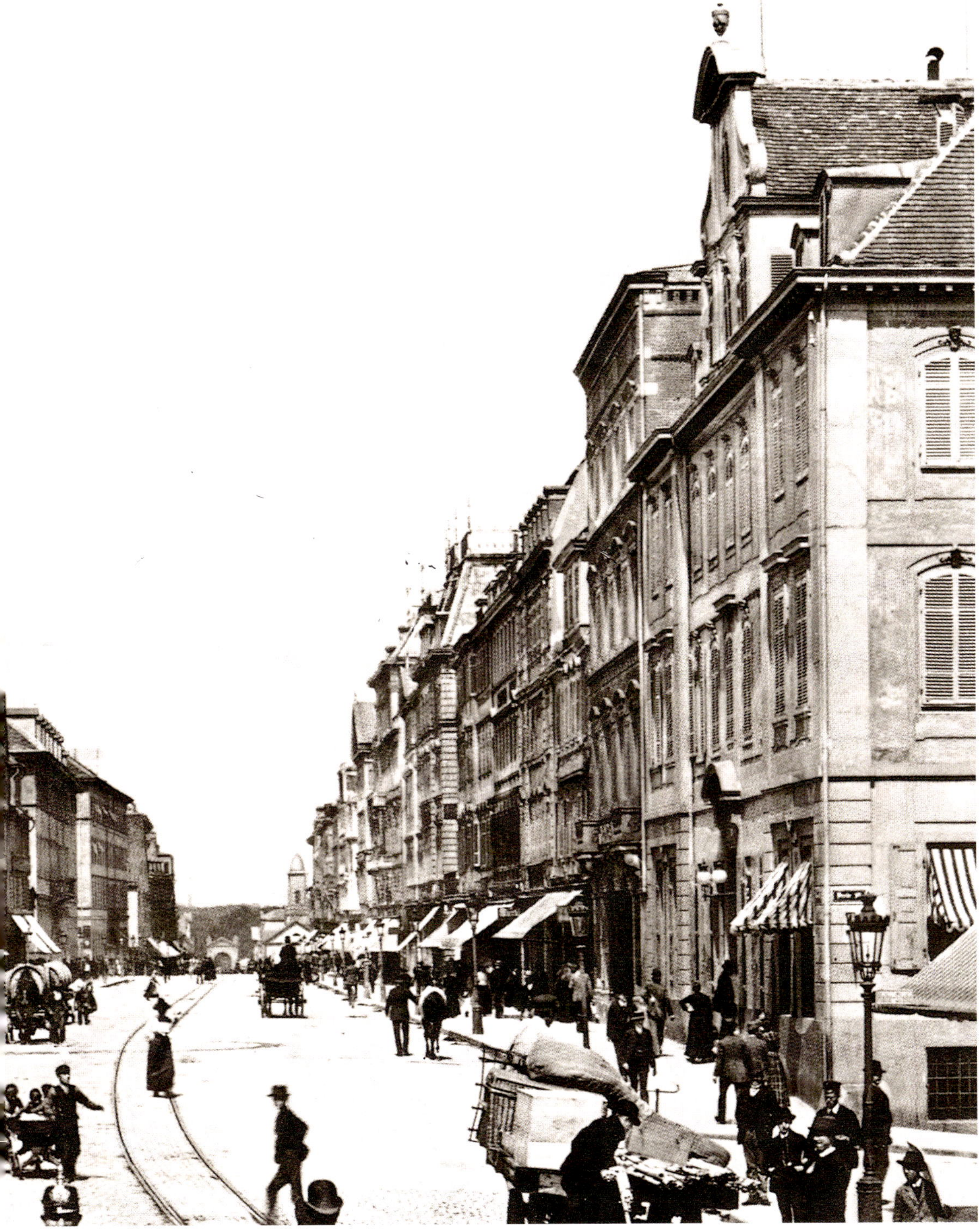

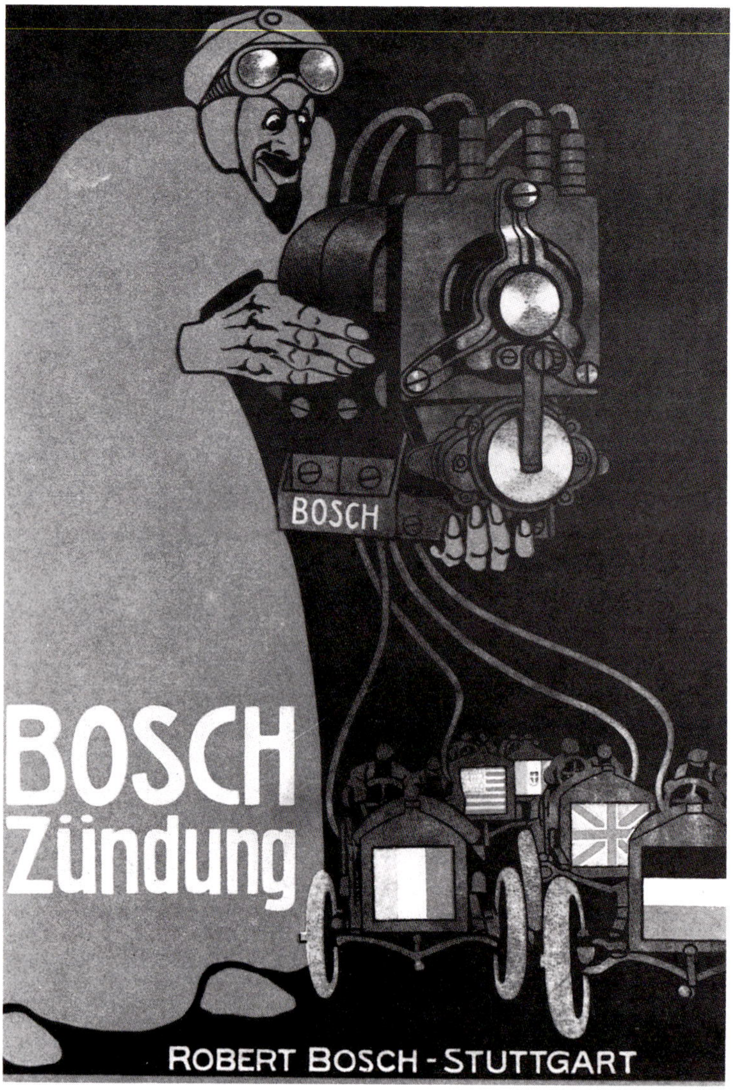

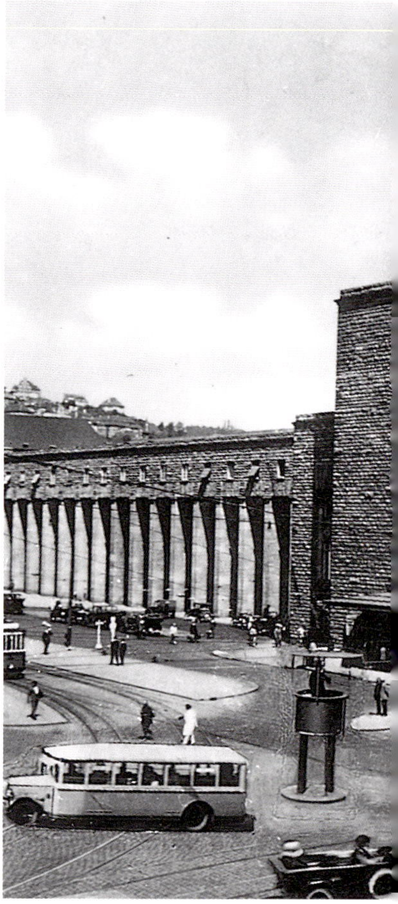

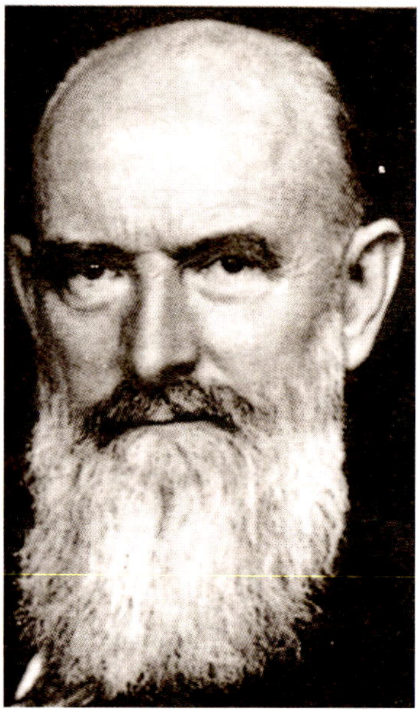

Anzeige der Firma Bosch – Robert Bosch. Bauernsohn und gelernter Feinmechaniker von der Schwäbischen Alb, hatte Bosch die zündende Idee für das Automobil. Seine Zündkerzen, der Funke, der 1800 mal in der Minute zur rechten Zeit im Kolben das Gasgemisch entzündet, ermöglichten die Konstruktion der hochtourigen Ottomotoren. Dabei war Bosch selbst kein Erfinder . . . die Idee stammte vielmehr von einem Angestellten in seinem „Fabrikle" für „Telephone, Haustelegraphen, Blitzableiter und der Reparatur elektrischer Anlagen" im Hinterhaus von Stuttgarts Rotebühlstraße 75 b. Der Franzose Renault baute die Bosch-Zündkerze als erster in seine Wagen und gewann damit ein Rennen. Der Weg für Robert Bosch war frei . . .

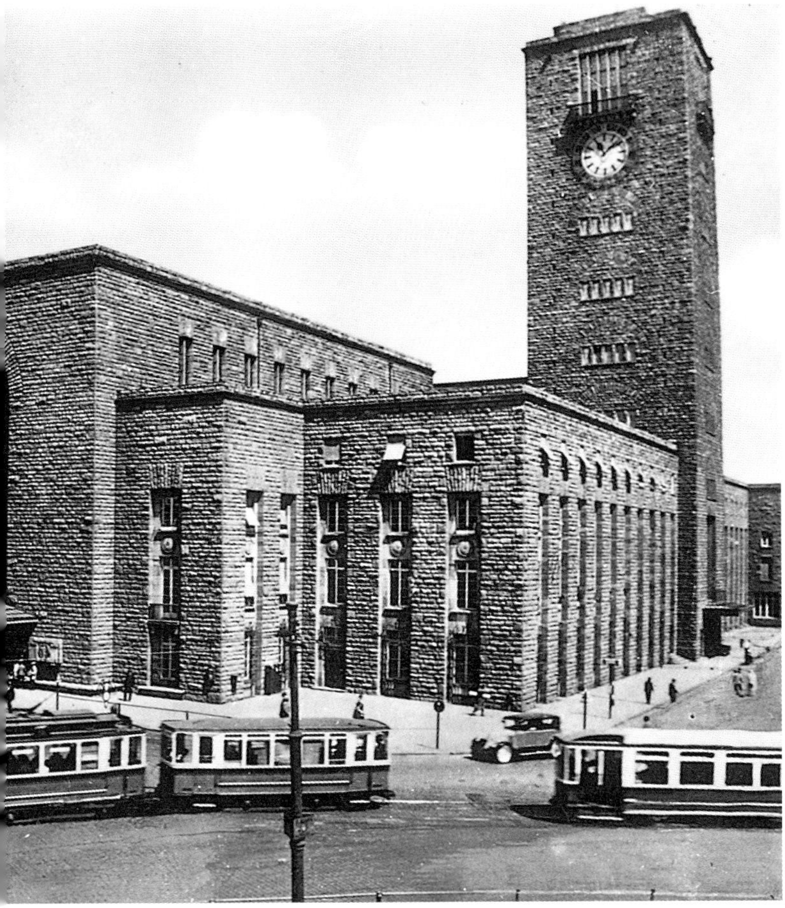

Stuttgarts Hauptbahnhof. Die Großstadt zwischen Wald und Reben (hier sprudeln die nach Budapest ergiebigsten Mineralquellen Europas) liegt in einem fast geschlossenen Talkessel, den der Nesenbach in einigen Jahrtausenden gewaschen hat. Doch selbst das Tal ist hier nicht eben: Buckel, Höhen und Halden, steile Straßen und Staffeln von alpinem Gefälle, die den Stuttgartern den Namen Stäffelesrutscher eingebracht haben, lösen sich ab. Die Lage der Stadt zwingt alle Bahnlinien in Tunnels, bevor sie den Hauptbahnhof erreichen.

Stuttgart-Untertürkheim: die Lackiererei bei Daimler im Jahre 1906. Der gelernte Büchsenmacher Gottlieb Daimler, Sohn eines Bäckermeisters und Weinwirts aus Schondorf im Remstal, baute seine erste motorisierte Kutsche in Canstatt. Der Zusammenschluß der Firmen Daimler und Benz legte dann den Grundstein zur inzwischen ältesten Autofabrik der Welt.

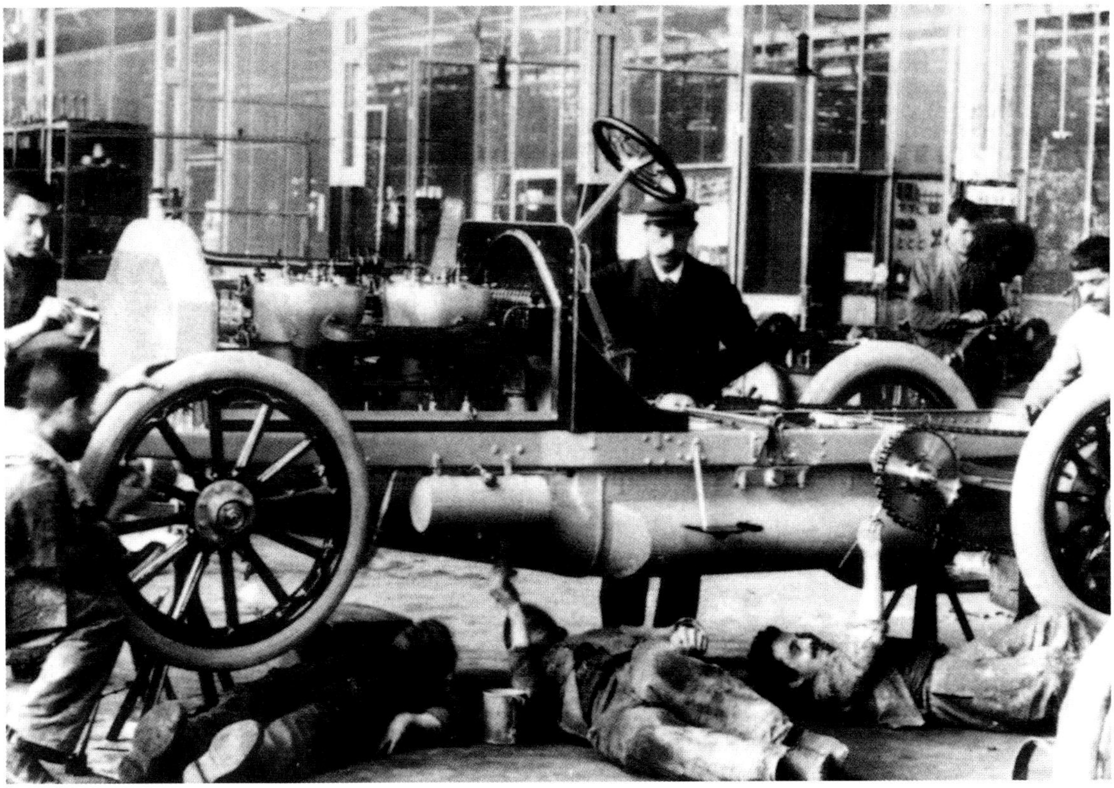

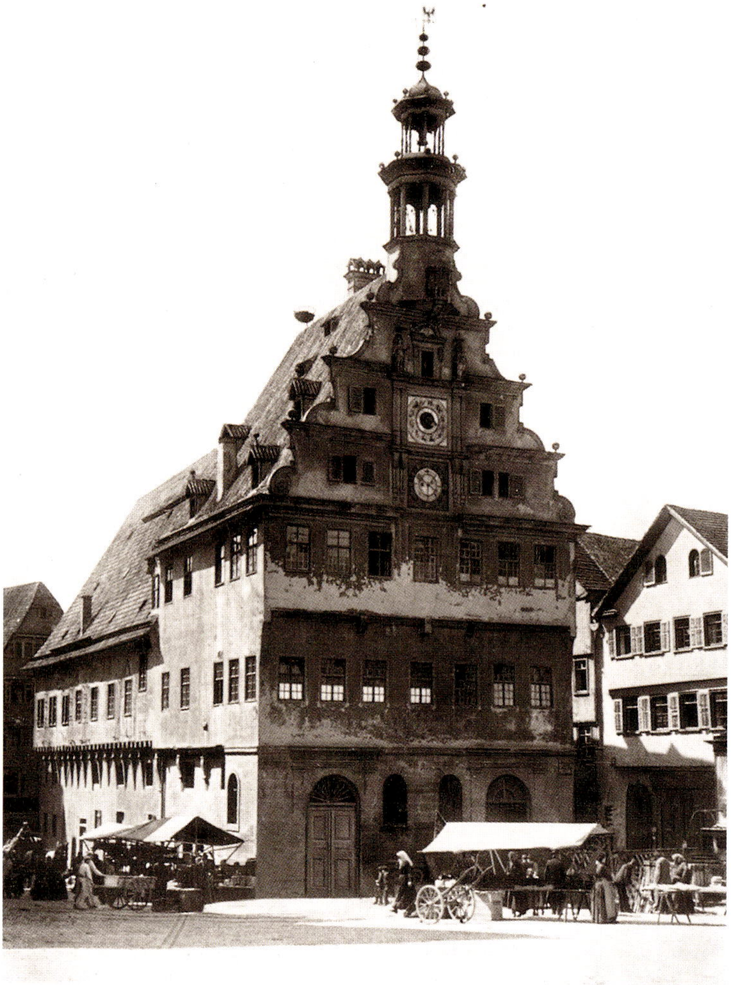

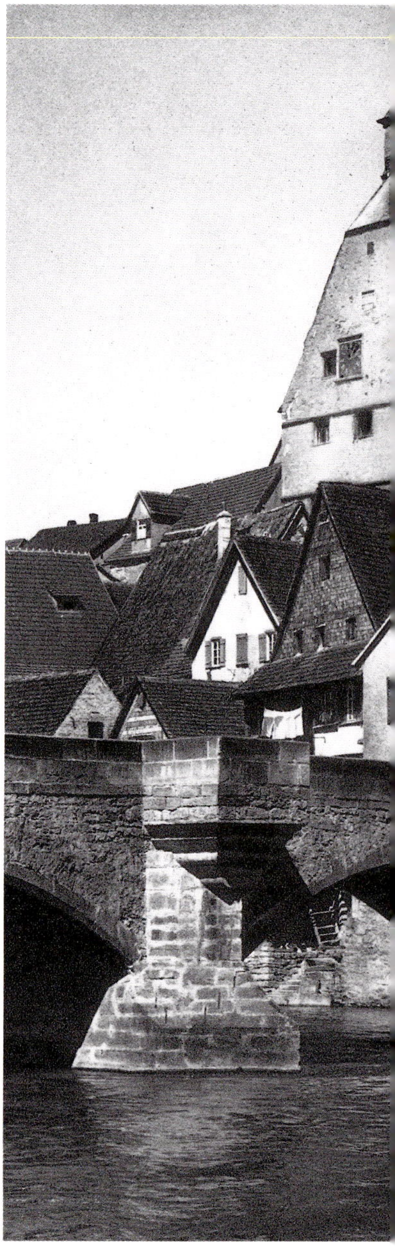

Esslingen: das Rathaus. Um 800 am Neckarübergang der alten Römerstraße Rheinland-Alb-Donau zum Markt erhoben, erhielt Esslingen im rebenreichen Tal des mittleren Neckar durch den sizilianischen Staufer Friedrich II. 1219 das Stadtrecht. Als 1803 die reichsständische Ära endete, ging es an Württemberg. Am Rathausplatz stehen das Neue Rathaus, das ehemalige Palmsche Palais aus dem Jahre 1746 und das sogenannte Alte Rathaus (oder Steuerhaus), ein Fachwerkbau des 15. Jh., 1586-89 umgebaut und mit einer Renaissancefassade versehen.

Besigheim am Neckar. Die Stadt zwischen Enz und Neckar, durch die Bilder des schwäbischen Malers Schönleber bekannt geworden, schützten einst zwei riesige Rundtürme, in der Reste alter Burganlagen verarbeitet waren. Besigheimer Sehenswürdigkeiten sind daneben die Enzbrücken, das Rathaus und der Marktbrunnen in einer mittelalterlichen Anlage. Einst Streitobjekt zwischen Baden und Württemberg erinnert das Standbild eines badi-

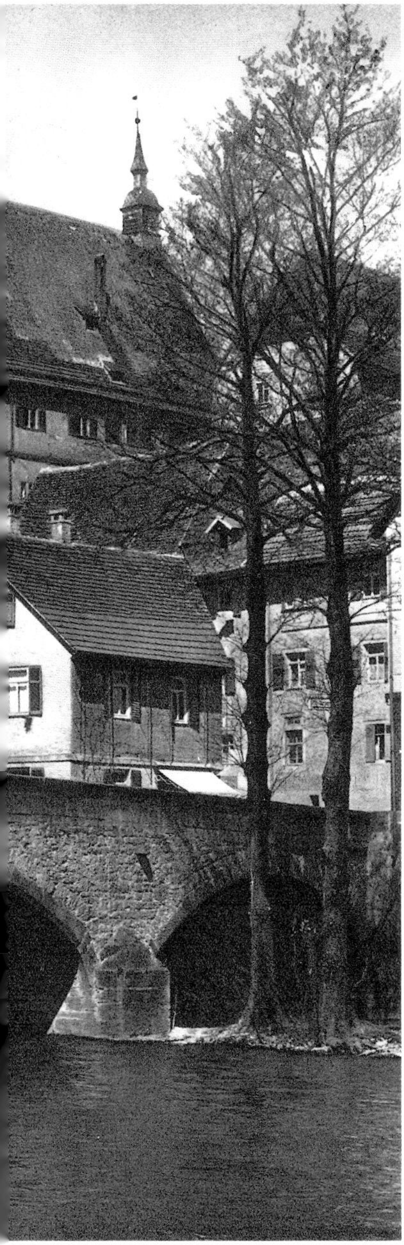

schen Markgrafen auf dem Brunnen vor dem Rathaus an die badische Zeit der Stadt im Württembergischen.

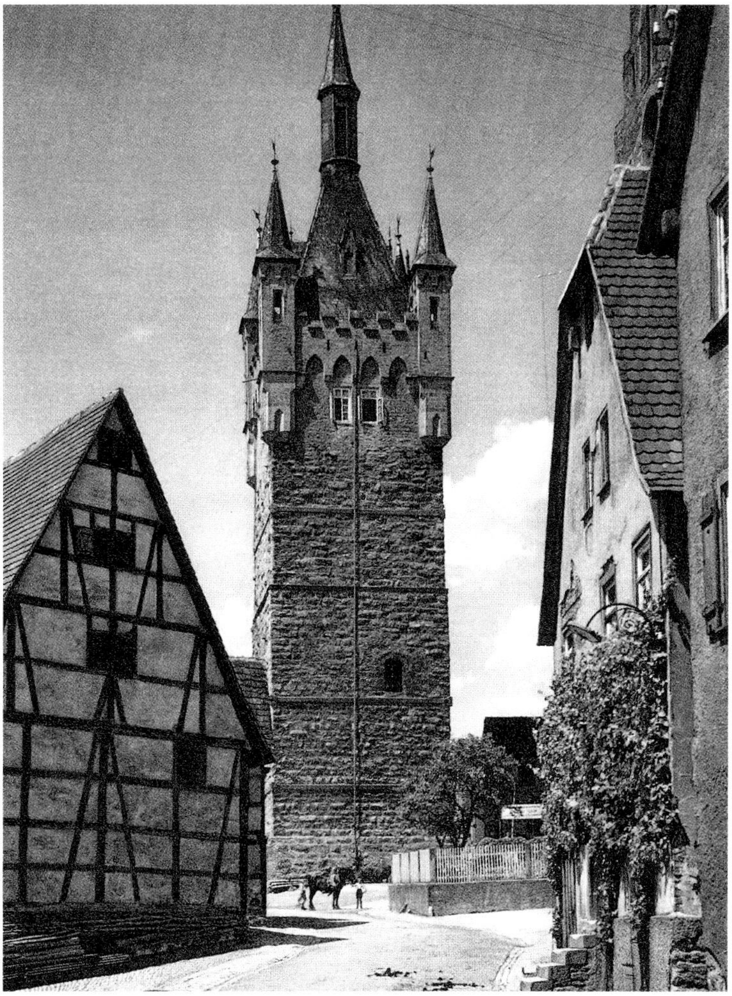

Wimpfen: der Blaue Turm. Die altertümliche Stadt an der Mündung der Jagst in den Nekkar zeugt mit Kaiserpfalz und mächtigem Bergfried von jenen Tagen, in denen der in Sizilien residierende Friedrich II. hier hof hielt (und dafür tatsächlich auch einmal mit Elefanten in Wimpfen einzog). 1622 kämpften vor den Toren der stolzen Reichsstadt, auf der Markung Obereisesheim, Tilly und der Markgraf Georg Friedrich von Baden eine entscheidende Schlacht des Dreißigjährigen Krieges.

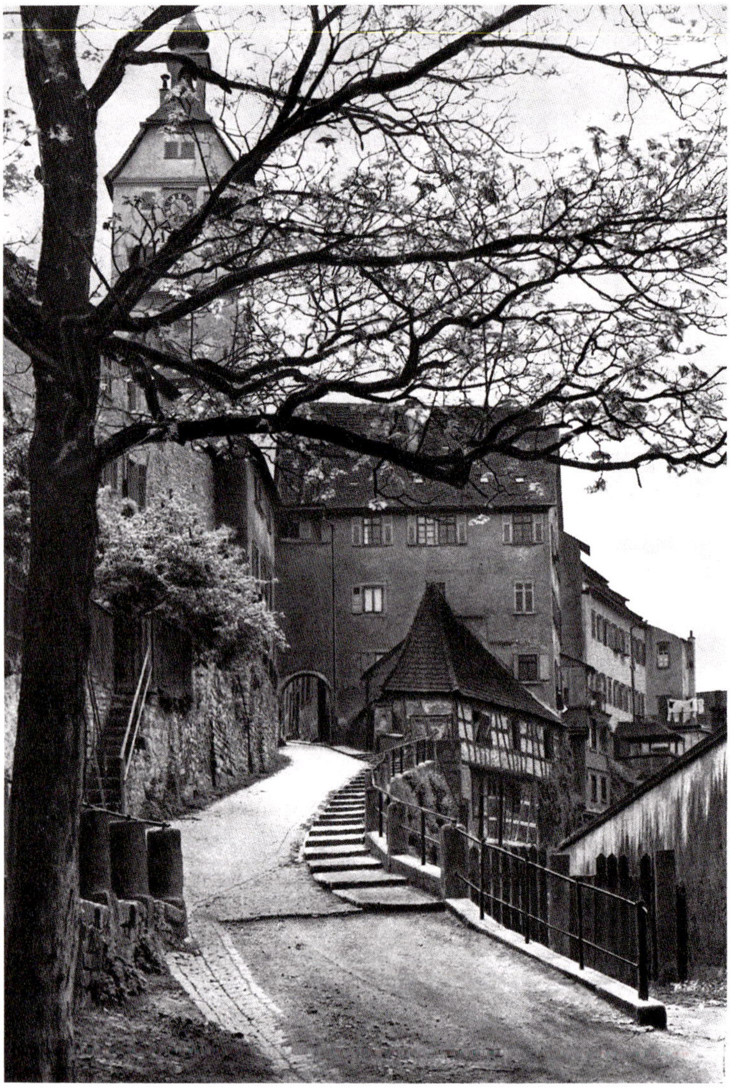

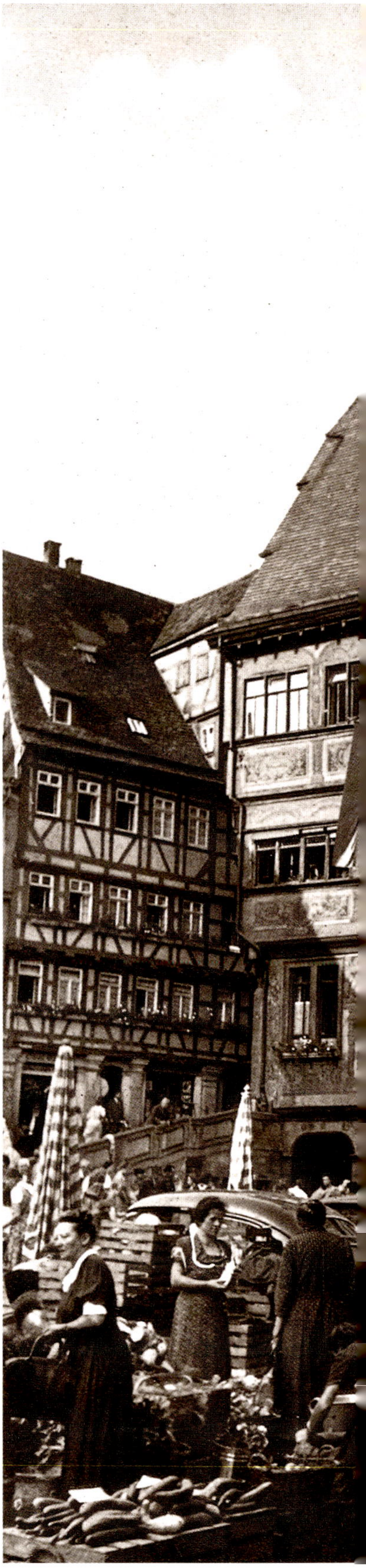

Schwäbisch-Hall: Badtor und Josephsturm. Schwäbisch-Hall verdankt seine Entstehung einer bereits den Römern bekannten Salzstätte. Zu ihrer Bedeutung im Hoch- und Spätmittelalter gelangte die Siedlung an der Kocher, der Kaiser Friedrich Barbarossa 1156 die Stadtrechte verliehen hatte, durch ihre Rolle als Münzprägestätte des Deutschen Reiches. Nach Schwäbisch-Hall wurde der „Heller“ benannt, seit 1200 belegt und zuletzt noch in Österreich gebräuchlich. Prächtige Patrizierhäuser, ein spätgotischer Marktbrunnen oder die kolossale Freitrepppe zum Marktplatz machen die Stadt im Fränkischen zu jenem Kleinod, von dem Ricarda Huch einmal sagte, die „Natur habe sie gewiegt und Kunst sie gebildet“.

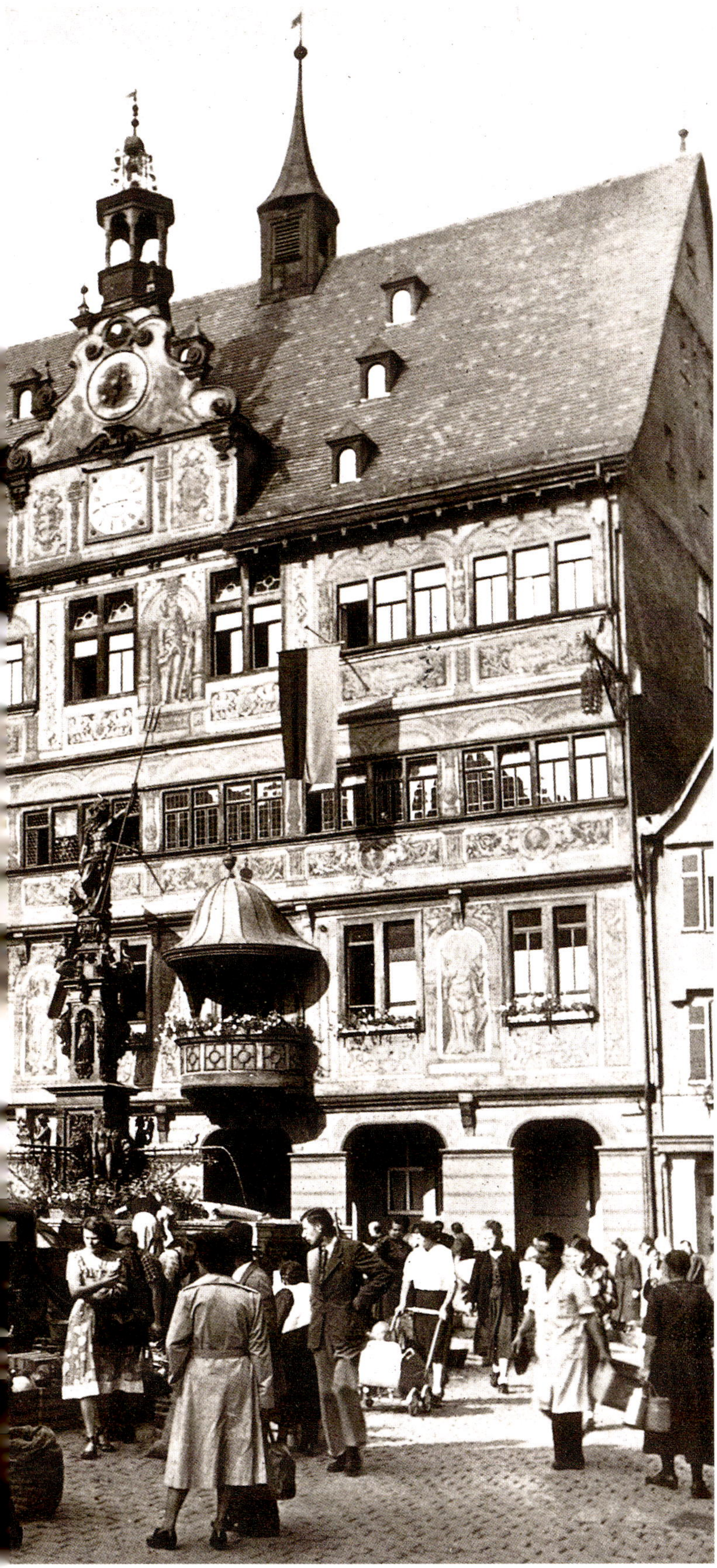

Tübingen: Marktplatz und Rathaus. Die Stadt an Neckar und Ammer, 1078 erstmals erwähnt, erhielt 1477 durch Graf Eberhart im Bart eine Universität, damals die dreizehnte auf deutschem Boden. Ihren weltweiten Ruf verdankte die Hochschule unter anderem der Einrichtung eines Evangelisch-Theologischen Stifts. Zu einer Hochburg des deutschen Geistes wurde die Stadt im schwäbischen Keuperland durch Melanchthon, Hegel, Kepler, Mörike, Hölderlin, Schwab und Hauff, der Tübinger Cotta-Verlag verlegte Goethe und Schiller.

Das Tübinger Rathaus, ein Fachwerkbau aus dem Jahre 1435, wurde 1698 und 1872 grundlegend erneuert. Auf dem Friedhof der Stadt liegen Hölderlin und Uhland begraben, der Hölderlinturm in der Bursagasse erinnert an den nervenkranken Dichter, der dort von der Familie eines Schreinermeisters aufgenommen und bis zu seinem Tod gepflegt worden war.

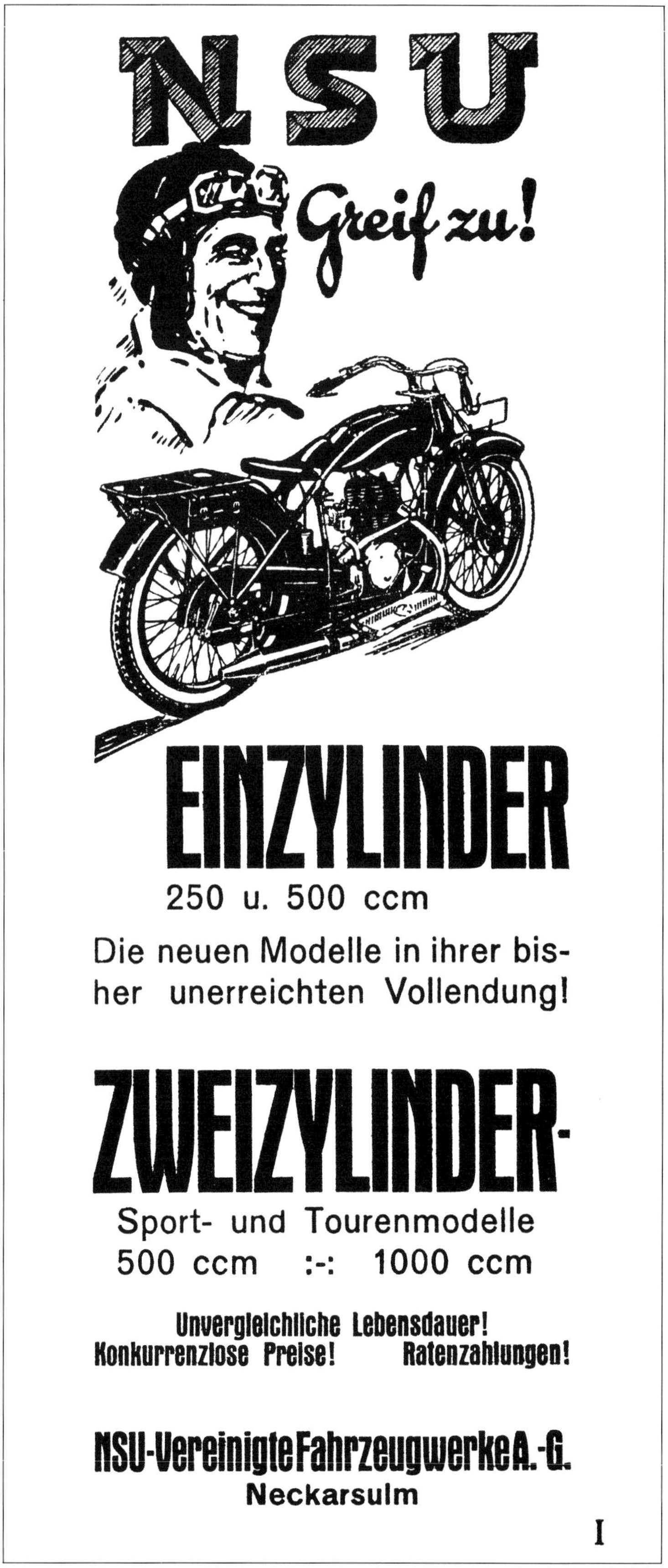

Donauversickerung: Zwischen Immendingen und Möhringen liegt die geographisch „merkwürdige" Stelle der Donauversickerung. Ein Teil des durch die Quellflüsse Breg und Brigach bereits angewachsenen Flußes verschwindet hier langsam im Untergrund, um dann hauptsächlich im Aachtopf unweit von Engen wieder zum Vorschein zu kommen. Die Donau, Europas zweitlängster Fluß, fließt auf ihrem Weg vom Ostabfall des Schwarzwaldes zum Schwarzen Meer 650 Kilometer durch Deutschland und wird dann dessen natürliches Bindeglied zu den Ländern Südosteuropas.

Leinenweberei auf der Schwäbischen Alb. Die humusarme, rauhe Landschaft und der Mangel an Rohstoffen in weiten Teilen der Alb, einem Gebiet vom Südostrand des Schwarzwalds bis zum Nördlinger Ries, mußten jahrhundertelang durch die Findigkeit des Geistes und die Geschicklichkeit der Hände ausgeglichen werden. So entwickelten sich besonders im nördlichen Teil sowie am Fuß der Alb Spinnerei und Weberei zu einem uralten Gewerbe.

Werbung der NSU-Vereinigte Fahrzeugwerke A.-G. Das Neckarsulmer Motoren – und Fahrzeugbauunternehmen fertigte im Mutterland des Kraftfahrzeuges mit dem Fahr – und Motorrad das Einspurpendant zum Auto.

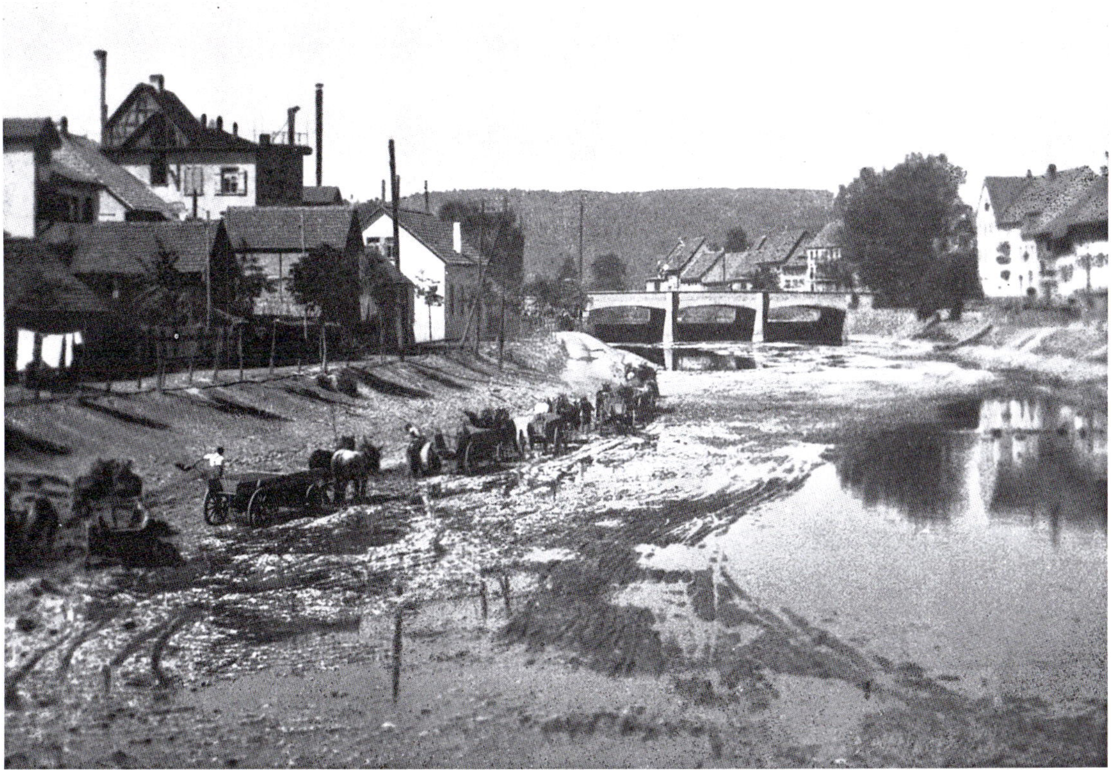

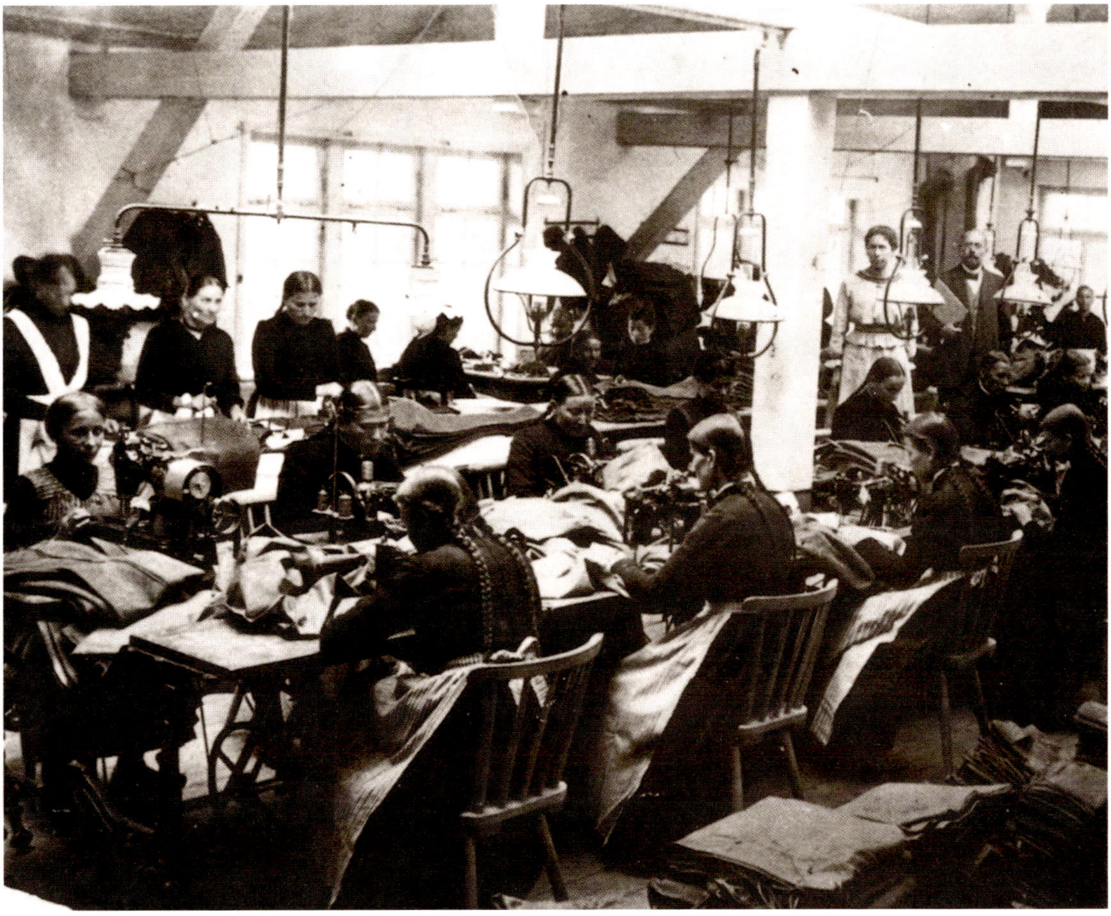

Das Ulmer Münster. Die alte Reichsstadt, neben Augsburg und Zürich wichtigster Platz im alten Herzogtum Schwaben, war bereits im Mittelalter durch ihre günstige Lage an der Donau ein bedeutendes Handelszentrum. Seit 1164 mit Stadtrecht wurde die Reichsunmittelbarkeit 1274 verbrieft. 1377 begannen die Ulmer dann mit dem Bau ihres Münsters, das schon aufgrund seiner gewaltigen Ausmaße – 123,55 m lang, im Langhaus 48,75 m breit, Turmhöhe 161 m – als eines der bedeutendsten sakralen Bauten Europas gilt. Berühmte Baumeisterfamilien wie die Parlers oder Ensingers arbeiteten am Münster, das endgültig allerdings erst im Jahre 1890 vollendet wurde.

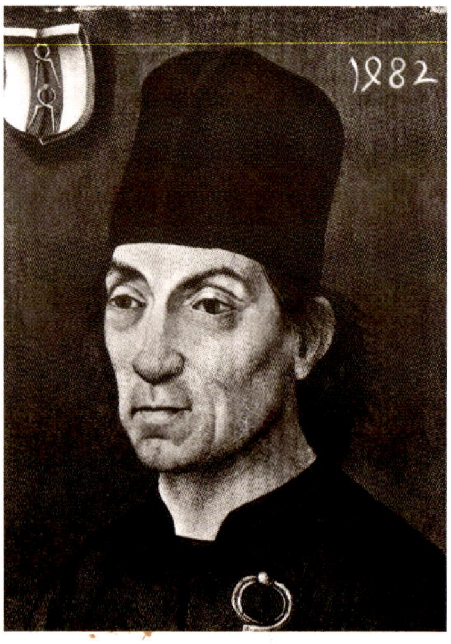

Bildnis Moritz Ensingers (Ulmer Schule aus der Mitte des 15. Jh.). Dombaumeister in Ulm, hatte Ensinger die Einwölbung des Mittelschiffs des Münsters übernommen. Moritz – geboren um 1430, gest. vor 1483 – war der Enkel Ulrich Ensingers, der am Mailänder und Straßburger Münster gearbeitet hat und den Kirchenbau in Ulm von 1392 bis 1417 leitete. Ulrich war es gewesen, der unter eigenwilliger Veränderung der Pläne in Ulm anstelle einer Halle eine Basilika schuf.

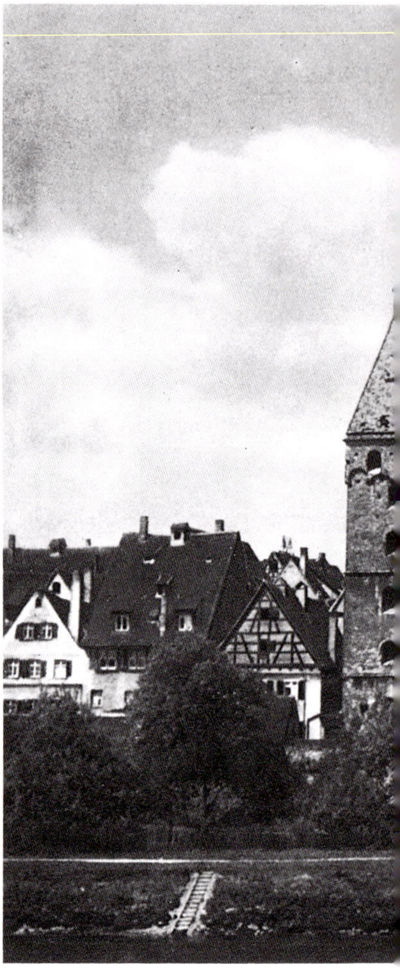

Wenn der böse Buaba locket.

„Wenn der böse Buaba locket,“
sait âs Müttèrle zum Kind,
„folg mer ’n net, weils gar so böse,
böse, böse Buaba sind!“
Und ’s klei’ Mädele sieht d’ Muatter
auf des na’ gar ernschhaft a’:
„Noi’, de böse, böse Buaba
folg e net, ne z’ denket dra’!
Aber gelt, wenn guata Buaba
locket, muaß e folga g’schwind,
weils halt eba gar so guate,
gar so guate Buaba- sind?“

Gustav Seuffer.

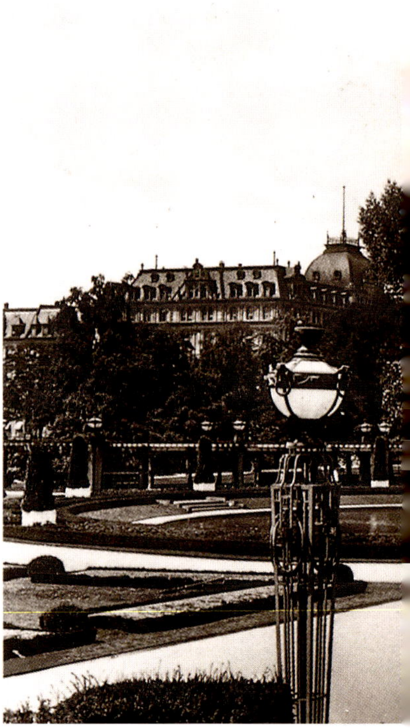

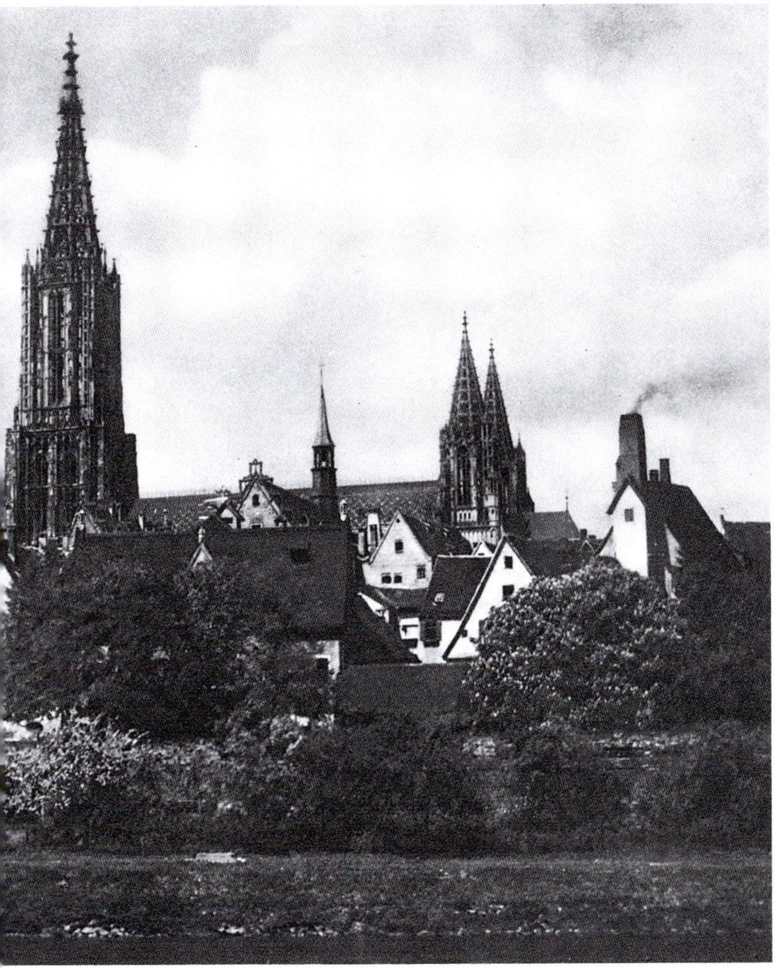

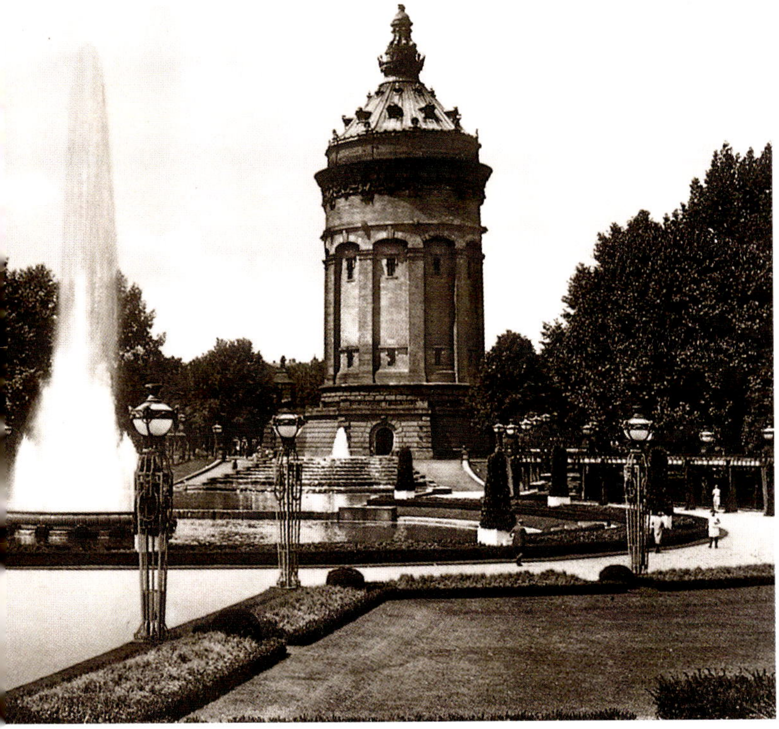

Unten:
Mannheim: der Friedrichsplatz. Festungspläne aus Holland waren die Vorlagen, als 1606 der Grundstein zur befestigten Stadt Mannheim auf dem Gelände des Dorfes Maninheim (urkundlich erwähnt im Jahr 770) gelegt wurde. Bauherr Kurfürst Friedrich IV. hatte sich für die Anlage schnurgerader Straßen entschieden, die es ermöglichten, im Belagerungsfall schnell von einer Stadtseite zur anderen zu kommen.
Die Bürger erhielten von vornherein bedeutende Privilegien wie den Schutz vor Glaubensverfolgungen und die Gewährung weitgehender Steuerfreiheit. In den folgenden Jahrhunderten sollte Mannheim zwar immer wieder einmal erobert und zerstört werden – so im Dreißigjährigen Krieg von bayerischen Truppen unter Tilly, den Schweden und wiederum von den Bayern –, seine schachbrettartige Anlage blieb jedoch erhalten. 1720 verlegte Kurfürst Carl Philipp seine Residenz von Heidelberg nach Mannheim, sein Schloß zählte jetzt zu den größten Barockanlagen Europas. 1803 ging die Stadt an das spätere Großherzogtum Baden.

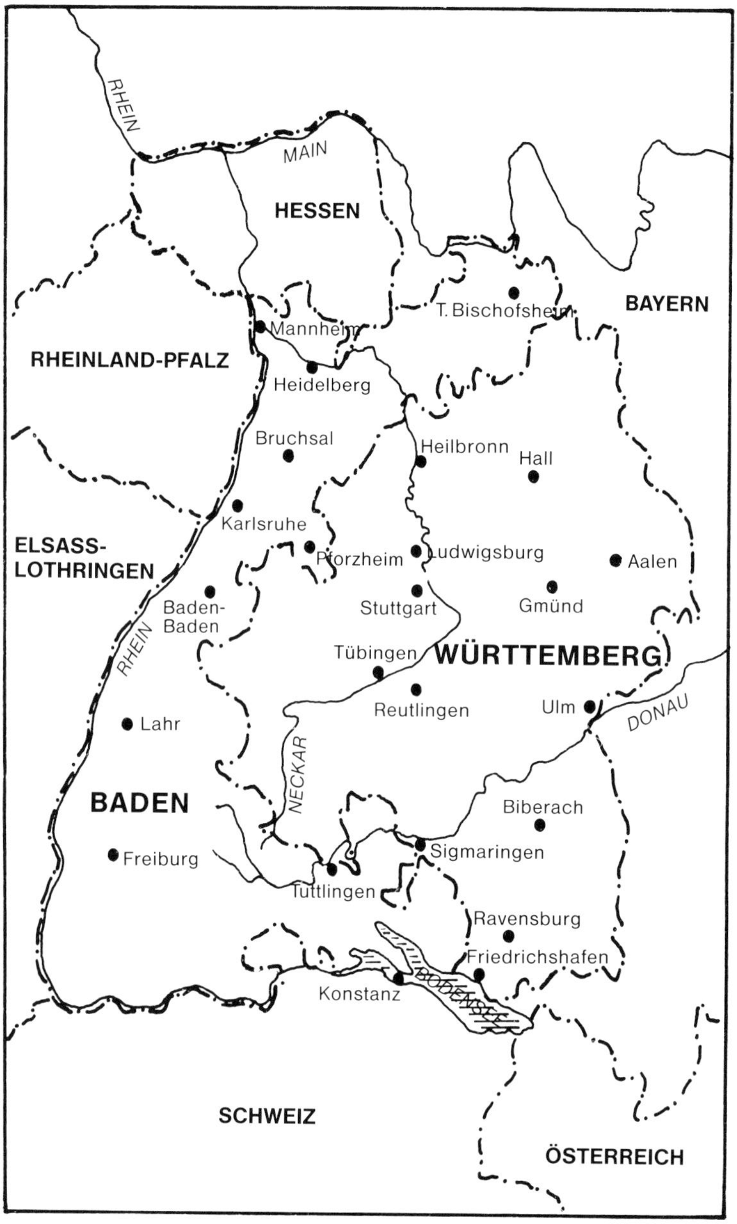
RHEIN
MAIN
HESSEN
BAYERN
T. Bischofsheim
Mannheim
RHEINLAND-PFALZ
Heidelberg
Bruchsal
Heilbronn
Hall
Karlsruhe
ELSASS-
LOTHRINGEN
Pforzheim
Ludwigsburg
Aalen
Baden-
Baden
Stuttgart
Gmünd
RHEIN
Tübingen
WÜRTTEMBERG
Reutlingen
Ulm
DONAU
Lahr
NECKAR
BADEN
Biberach
Freiburg
Sigmaringen
Tuttlingen
Ravensburg
Friedrichshafen
Konstanz
BODENSEE
SCHWEIZ
ÖSTERREICH

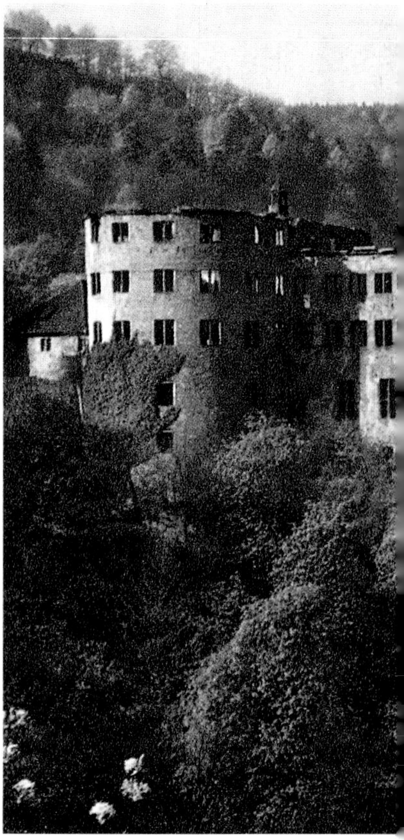

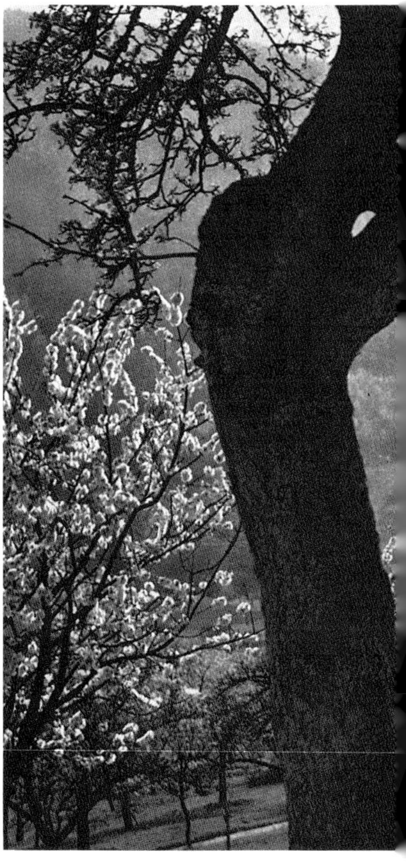

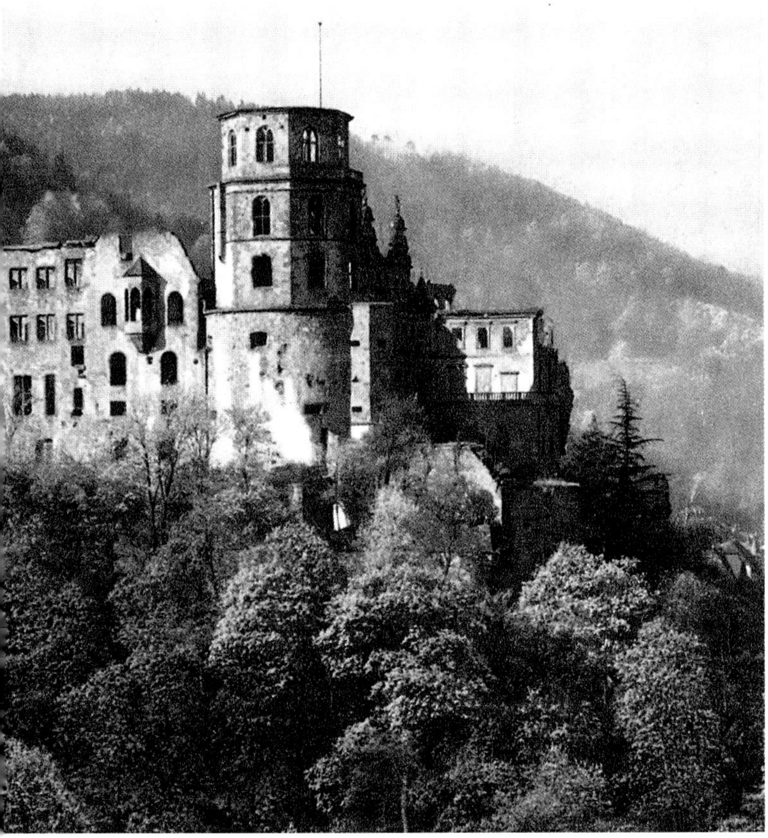

Das Heidelberger Schloß. Heidelberg, die Stadt der Burschenherrlichkeit, Inbegriff der Romantik, hatte nach Prag und Wien 1386 Europas dritte Universität bekommen. Residenz der Kurfürsten von der Pfalz, wurden Stadt und Schloß 1689 von den Armeehaufen Ludwigs XIV. zerstört. Doch noch als Ruine repräsentierte das Schloß, auf einer vorgeschobenen Terasse hoch über dem Neckar, die Wucht der Jahrhunderte, ruhmvoller wie tragischer Geschichte. Vom 14. bis 17. Jh. war an ihm gebaut worden. Einst reine Wehranlage, dann repräsentativer Wohnbau mit großartigen Schöpfungen der Kunst seiner Zeit, wurden die Trümmer nun zum Symbol eines ohnmächtigen, zerissenen Deutschlands. Hölderlin schrieb im Anblick des Heidelberger Schloßes: „Aber schwer in das Tal hing die gigantische schicksalkundige Burg nieder bis auf den Grund von den Wettern zerissen . . .".

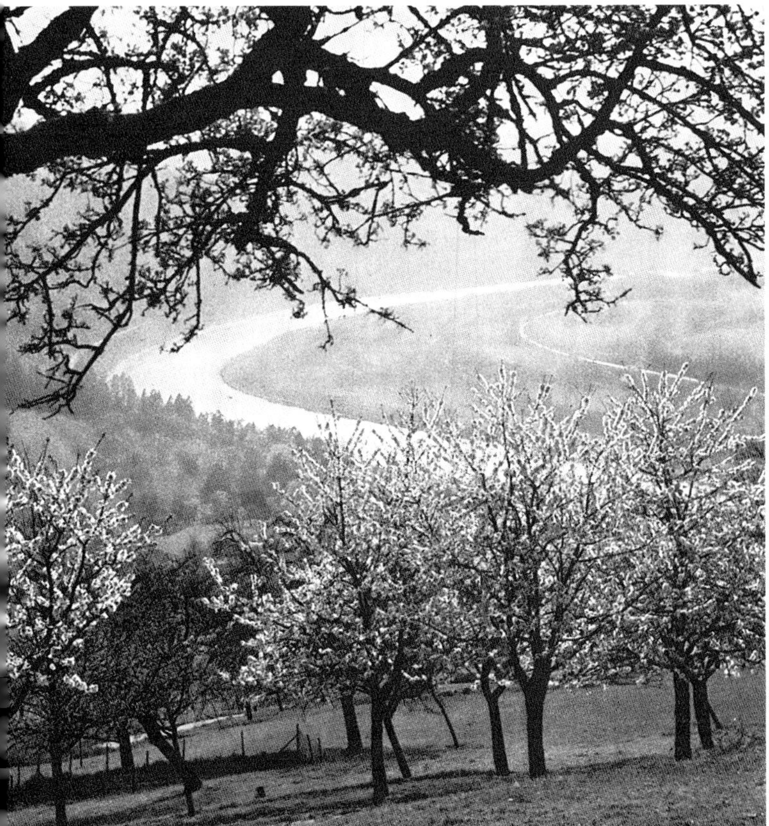

Blick ins Neckartal. Schon die Römer benutzten den Neckar, neben dem Main der bedeutendste rechte Nebenfluß des Rheins, als Schiffahrtsweg. Ihre Schiffergilde hatte dort, wo dann einmal Schillers Geburtsort Marbach entstehen sollte, ihren Sitz. Der Fluß der Schwaben, der natürlich auch der Fluß der Badener ist, schleift bewacht von Burgen und Schlössern auf seinem Weg durchs Ländle jährlich gewaltige Mengen Schlamm und Geröll in den Rhein, der ihn wiederum nach Norden transportiert. Über die Jahrhunderte ein mächtiges Packet, das die Schwaben glauben macht, daß es das Neckarerbe sei, das Holland den Wohlstand brachte. Gab es dort doch seit Urzeiten genügend Wasser, aber an Schlamm, Sand oder Geröll hatte es immer gefehlt.

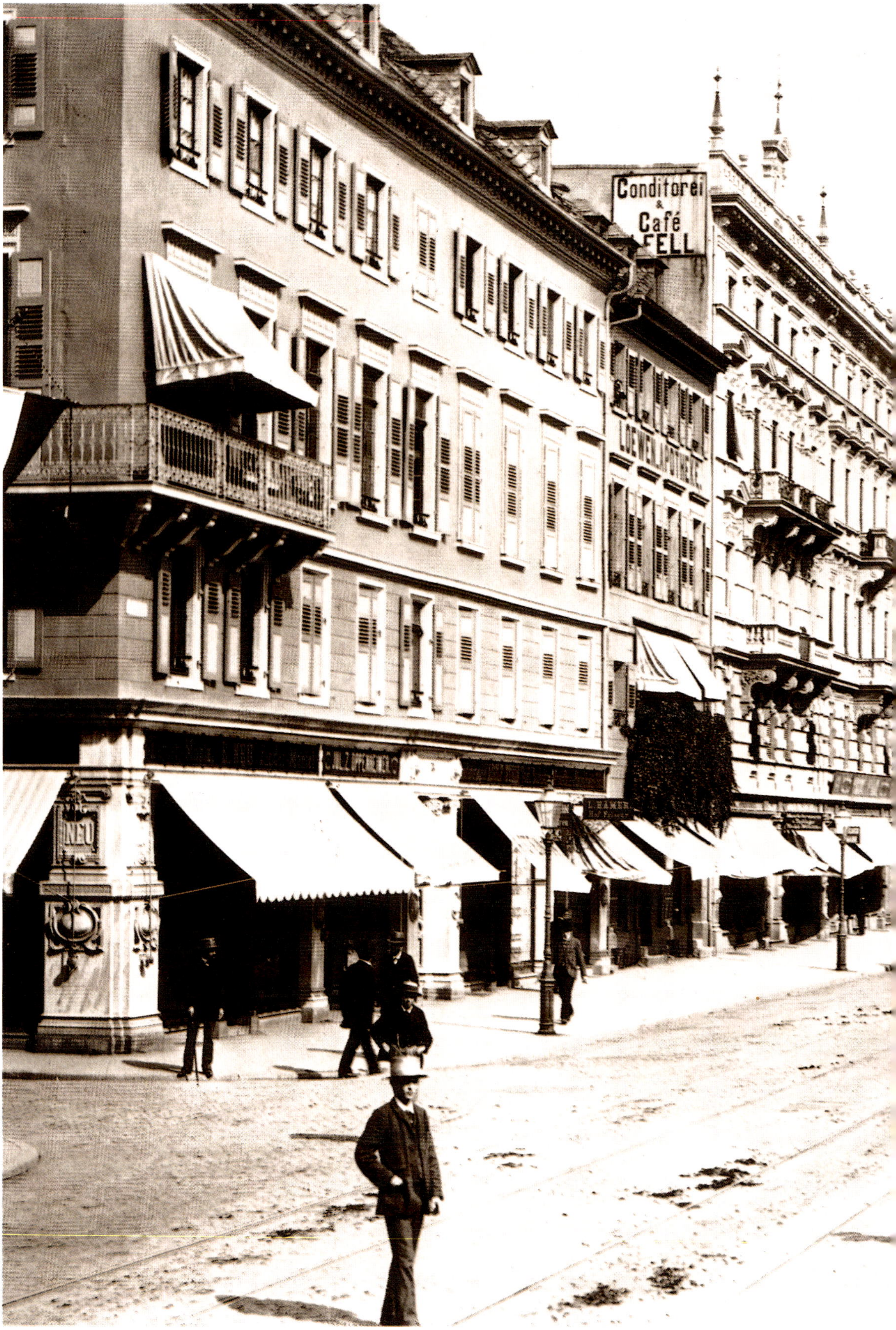
Conditorei
&
Café
FELL
LOEWENAPOTHEKE.
NEU

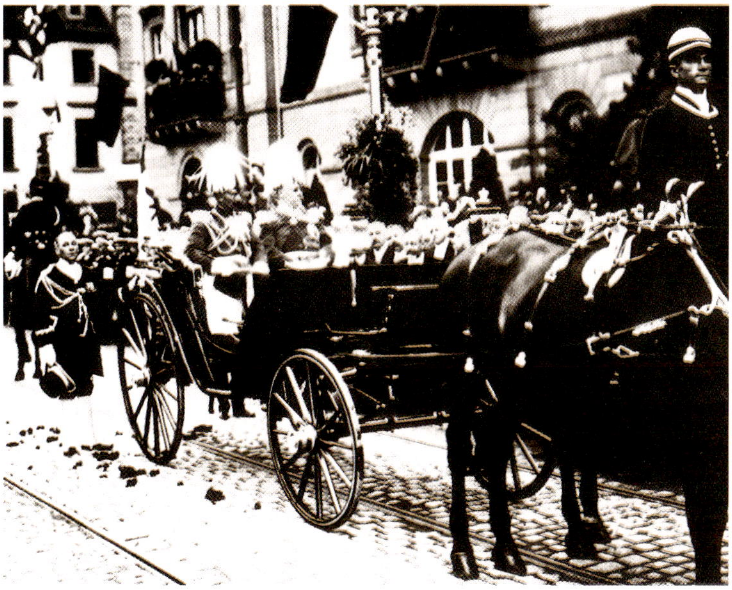

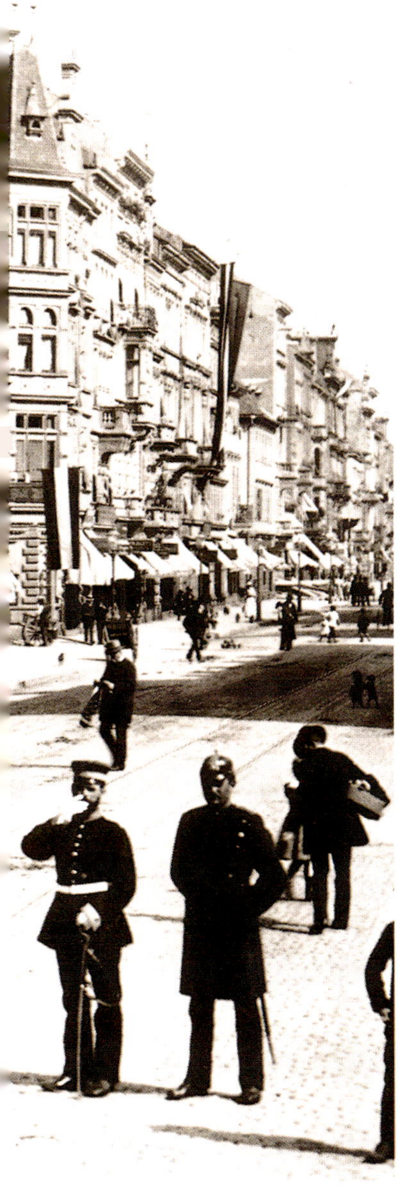

Karlsruhe: die Kaiserstraße, früher Lange Straße – Großherzog Friedrich II. empfängt Kaiser Wilhelm II. auf dem Karlsruher Marktplatz. Stadt und Schloß Karlsruhe gelten als typische Anlagen des Absolutismus, der unbeschränkten Herrschaft eines Fürsten: die Residenz als Mittelpunkt eines geometrischen Stadtgefüges, das Schloß als Sinnbild zentraler fürstlicher Macht. Als Gelände diente eine Stelle im Hardtwald, die seit dem Mittelalter den Markgrafen von Baden gehörte, die sich 1535 in eine reformierte Linie Baden-Durlach und eine katholische Linie Baden-Baden gespalten hatten. 1715 – die Residenz in Durlach war kurz zuvor bis auf 5 Häuser niedergebrannt worden – legte Markgraf Karl Wilhelm den Grundstein zu einer neuen Stadt, die in engster Beziehung zum Schloß stehen sollte. Strahlenförmig, als Symbol der herzoglichen Gnadensonne, gingen vom Schloß „Carols Ruhe" die Straßen aus. Um die Neugründung schnell zu füllen, siedelte der Markgraf Zuwanderer „aller Bekenntnisse" aus dem ganzen deutschen Reich an. Daß die Stadt zwischen Rhein und Schwarzwald später zur Residenz des liberalsten Bundesstaates des Kaiserreiches wurde, mußte dann beinahe als Ironie erscheinen.

Im Physikalischen Institut der 1880 zur Technische Hochschule Karlsruhe erhobenen Polytechnischen Schule – hier lehrte der Rheinbezwinger Tulla die Kulturingenieure und der geniale Baumeister Weinbrenner die Architekten – entdeckte Heinrich Hertz das Phänomen der elektrischen Wellen. Söhne der Stadt sind Karl von Drais, der Erfinder des Laufrades, Carl Benz, der Konstrukteur des Benzinmotors und der Dichter Josef Viktor von Scheffel.

Badener: Abraham a Santa Clara, Schriftsteller, Hans Thoma, Maler, Carl Benz, Industrieller, Johannes Reuchlin, Humanist, Karl Friedrich von Drais, Erfinder, Prinz Max von Baden, Reichskanzler, Liselotte von der Pfalz, Herzogin, Philipp Melanchthon, Reformator, Kaspar Hauser, Findelkind, Friedrich Ebert, Politiker, Türkenlouis, Generalleutnant, Ferdinand Graf Zeppelin, Flugpionier, Johann Jakob Astor, Auswanderer, Johann August Sutter, „Kaiser von Kalifornien", Friedrich Hekker, Revolutionär.

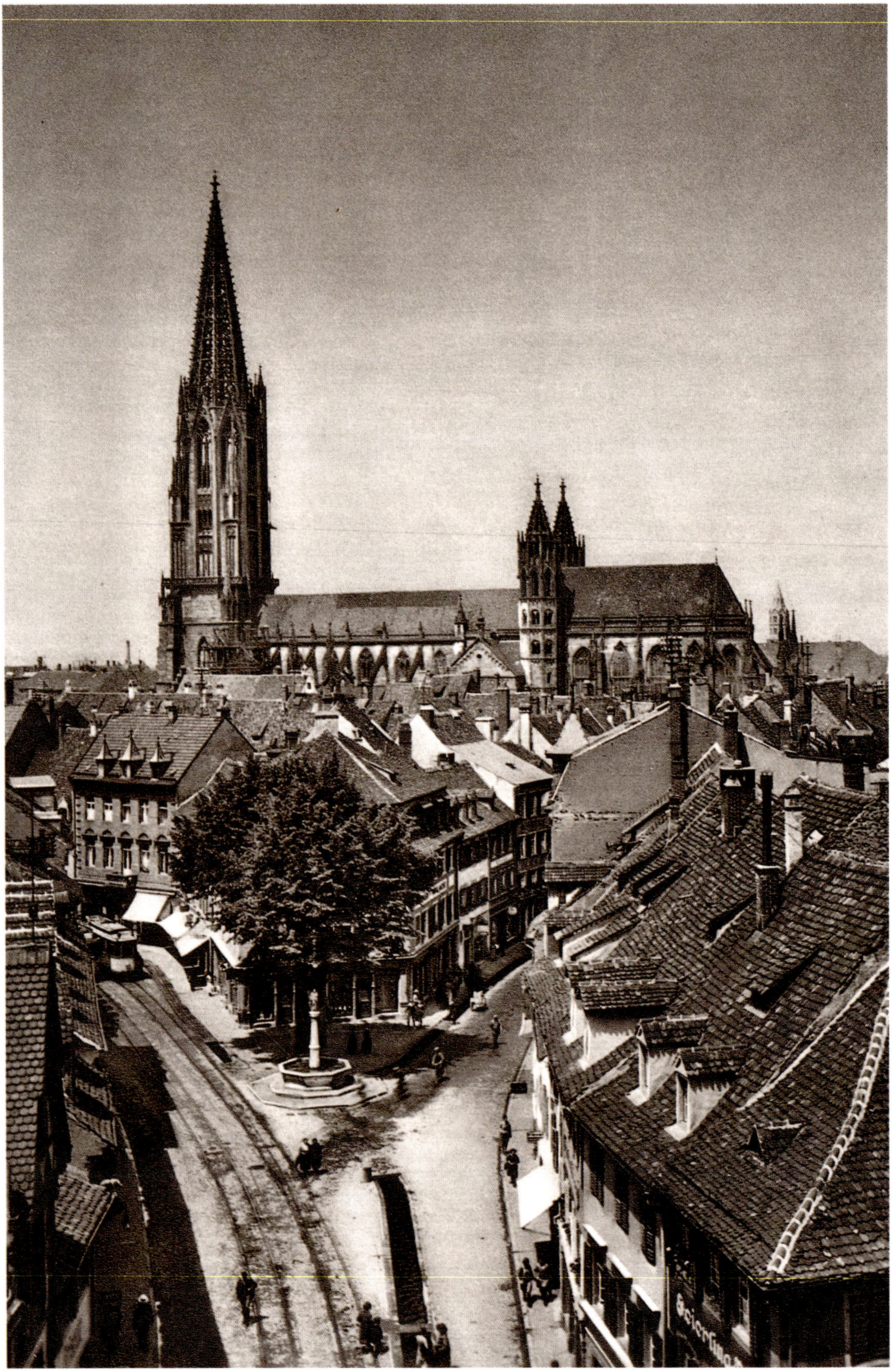

Freiburg: Blick auf Stadt und Münster Unsere liebe Frau. Freiburg an der Dreisam, zwischen dem Oberrhein und dem Rand des Südschwarzwalds, wurde 1120 gegründet. Die Stadt entwickelte sich besonders unter den Habsburgern – und dank des unterirdischen Reichtums des Hausberges Schauinsland – im hohen und späten Mittelalter zum Kultur- und Handelszentrum des deutschen Südwestens. Den Grundstein zum Münster legte Conrad von Zähringen „zum Lobe unserer lieben Frau" im Jahre 1153. Die Freiburger beendeten den Bau, einer der Höhepunkte der Gotik in Deutschland, dann in einem Arbeitsgang von 300 Jahren. Der Turm des Münsters, über einem der schönsten Marktplätze Deutschlands, gilt als bahnbrechendes Beispiel für die Idee der Einturmfassade und sollte weiteren sakralen Bauten zum Vorbild dienen. Im schönen Innern des Gotteshauses: der Hochalter von Hans Baldung Grien und das Altarbild von Hans Holbein dem Jüngeren.

Freiburg: das Schwabentor. Das nach Schwaben hin gerichtete Stadttor, durch das einst die Kaufleute zum Markt zogen, ist ein Rest der um 1250 erbauten Stadtbefestigung. Trotz der Wehranlagen wurde die Bischofs- und Universitätsstadt im fruchtbaren, von der Sonne verwöhnten Breisgau 1515 von aufständischen Bauern erobert, 1632 und 1638 durch die Schweden, 1644 durch die Bayern und zwischen 1677 und 1744 gleich dreimal von den Franzosen besetzt. In seiner baulichen Substanz blieb das alte Freiburg trotzdem bis in die jüngere Zeit erhalten.

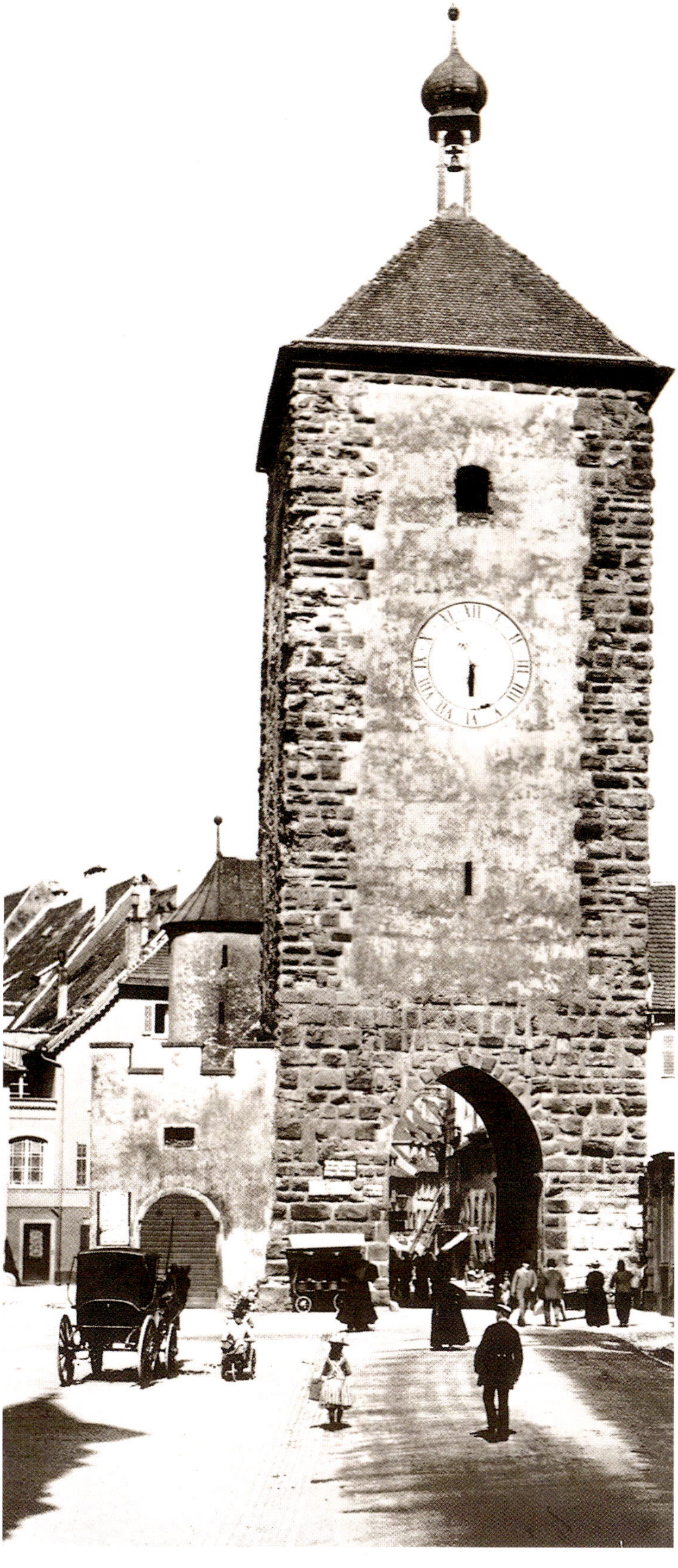

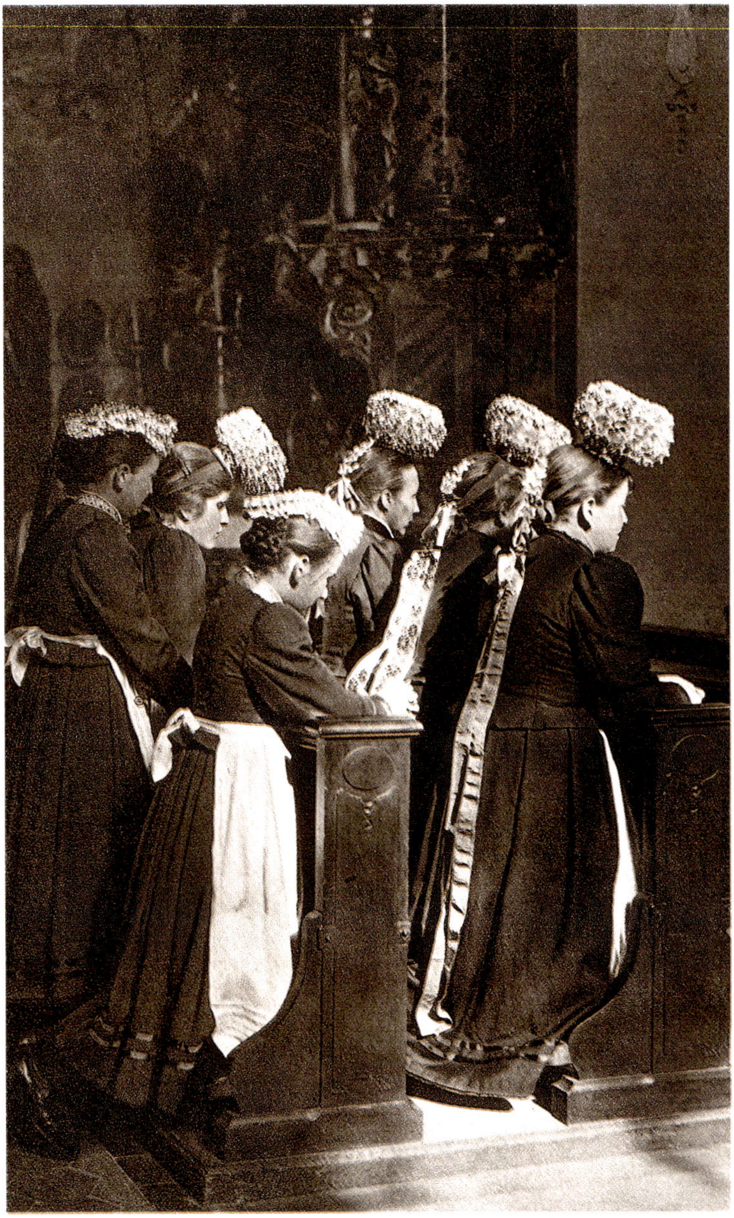

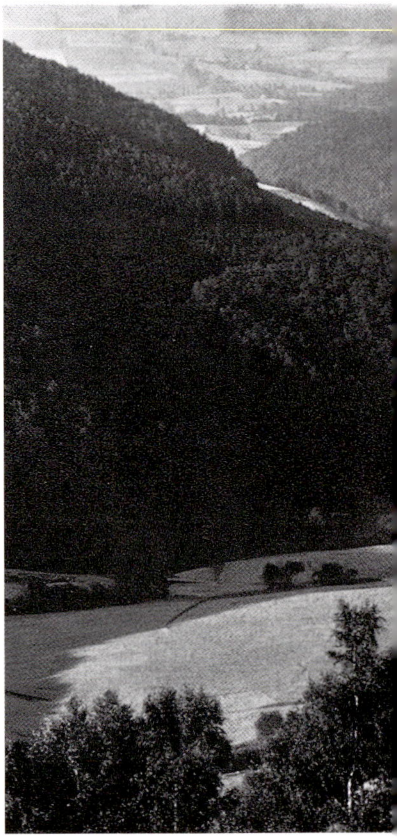

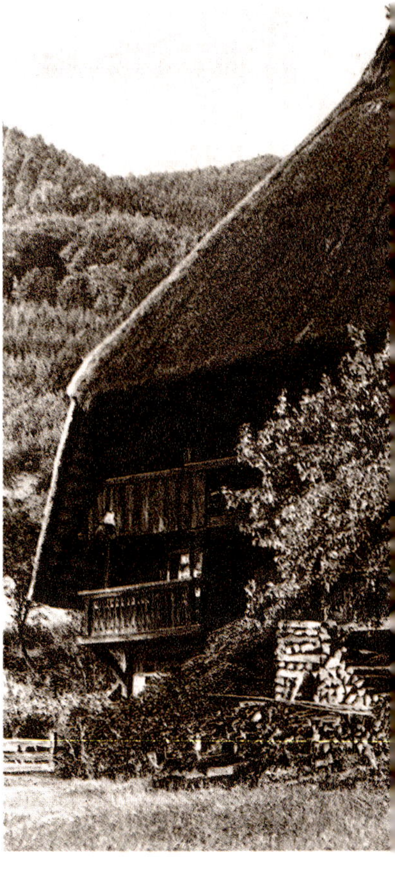

Bauernmädchen in der Klosterkirche von St. Märgen im Hochschwarzwald. In der Tracht der Schwarzwälder – obwohl häufig von Tal zu Tal verschieden – hat sich so manches Relikt aus dem ausgehenden Mittelalter erhalten, darunter etwa der wadenlange Festtagsrock der Männer oder Faltenrock und Mieder der Frauen. In der Klosterkirche von St. Märgen tragen die älteren Mädchen das malerische, reich mit Glasperlen und Spiegelchen verzierte „Schäppele", die Brautkrone, die jüngeren schiffchenartige Bogenkränze.
Schwarzwälder Trachten wurden erstaunlich lang an Sonn – und Feiertagen, zur Kirchweih und bei Hochzeiten getragen ... symbolisch für die im gesunden Maß konservativen Bergbauern.

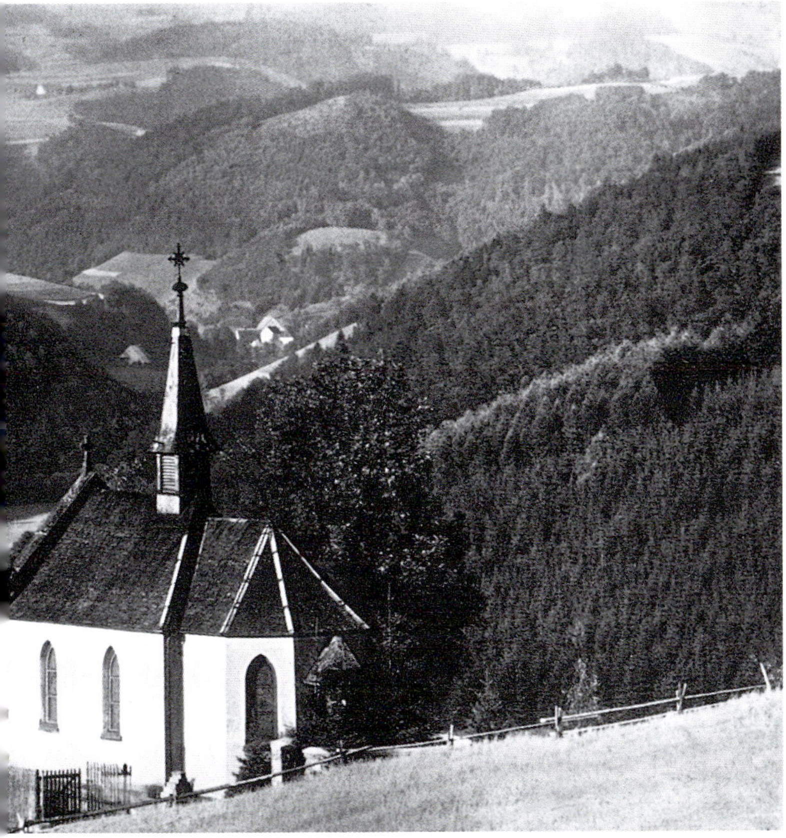

Kapelle in der Nähe von Buchenbach. Der Schwarzwald, Süddeutschlands höchstes Mittelgebirge, erstreckt sich auf einer Länge von rund 160 Kilometer von Karlsruhe bis zur Schweizer Grenze. Dichte Tannenforsten, mattenbedeckte Berggipfel und reißende Bäche lehrten einst schon die Römer das Fürchten, für die eine so wilde Landschaft „im ganzen Römischen Reich nicht mehr erschaut ward". Für den Wanderer späterer Tage – der Gebirgszug wurde Deutschlands beliebtestes Erholungsgebiet – bot der schwarze Wald dann eine reiche Auswahl großartiger Landschaftsbilder, wie sie von Hans Thoma, dem Altmeister der Schwarzwaldmaler, nachempfunden wurden.

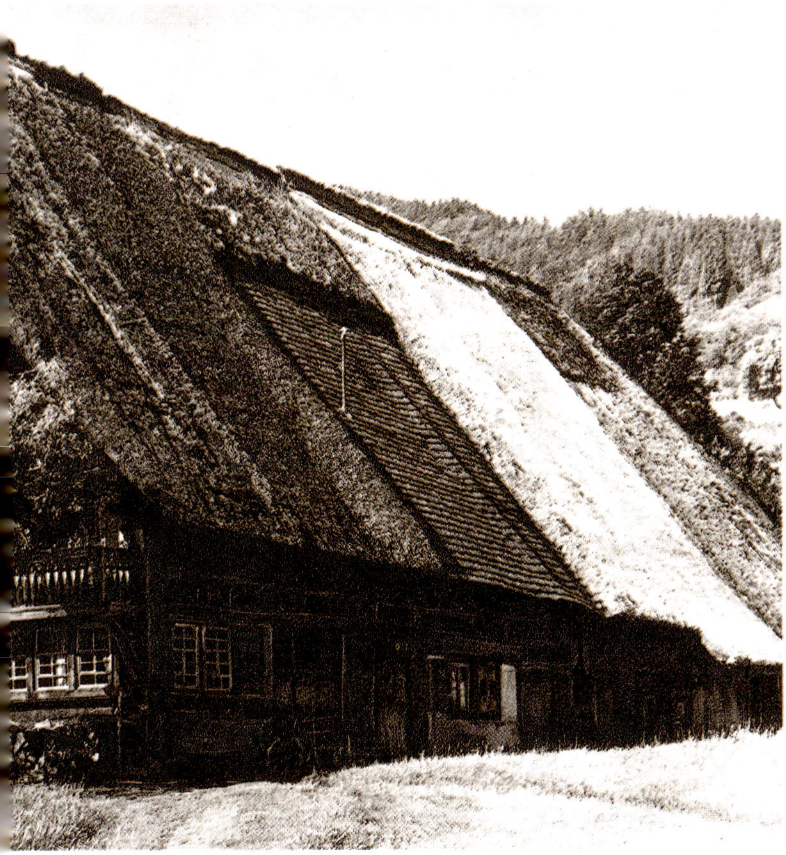

Schwarzwaldhaus in Gutach. Das typische Schwarzwaldhaus, ein geräumiges alemannisches Einheitshaus mit Wohnung, Wirtschaftsräumen und Viehställen unter einem hervorspringenden Walmdach, ruht auf einem Steinfundament, ist sonst jedoch ganz aus Holz gebaut. In den Stuben fehlt weder der Hergottswinkel noch die mollige „Kunst" am Ofen. Aus der Küche des Schwarzwaldhauses kommen so kulinarische Lekkerbissen wie „Mistkratzerle" (ein Huhngericht), Briesle, Schäufele und natürlich Spätzle, die man hier Knöpfle nennt, Flädle und Schupfnudle, wobei die Endungssilbe le jeweils auf eine Spezialität hinweist. Dazu wird nicht selten das Wässerle serviert, ein klarer Schnaps, der ein „Himbergeischt", ein Brentz aus Kirschen, Mirabellen oder Birnen oder ein Zwetschgenwasser sein kann.

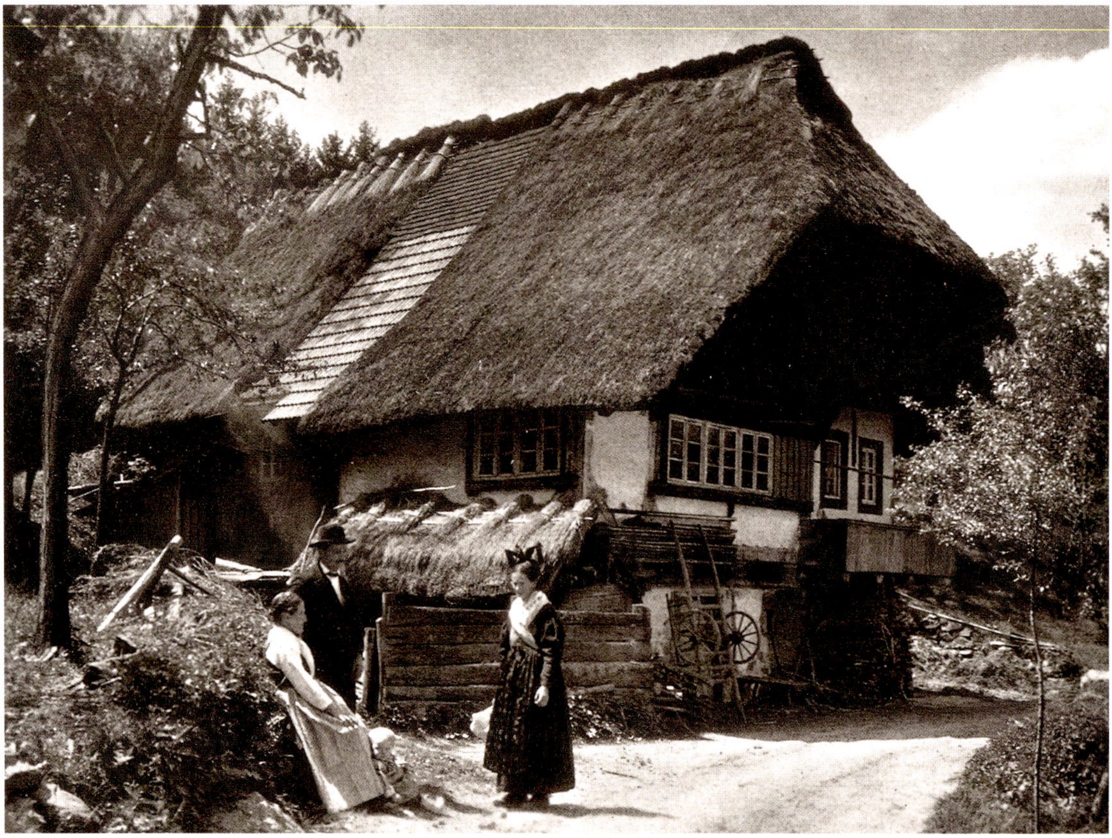

Bauernhaus im Harmersbachtal – Bäuerin aus dem Kinzigtal, mit Bänderhaube, goldgesticktem Kappenboden und Tüllschleier. Im Gegensatz zu jenen einsamen Tälern und rauhen Höhen, die lange den Viehzüchtern und Holzarbeitern vorbehalten waren, ist etwa das Kinzigtal, die Grenze zwischen dem nördlichen und südlichen Schwarzwald, verhältnismäßig reich bevölkert. Starkes Eigenbewußtsein verband die Menschen hier mit den Sitten und Bräuchen ihrer Vorfahren, darunter die Institution des „Leibgeding" und das Erbrecht des Jüngstgeborenen.

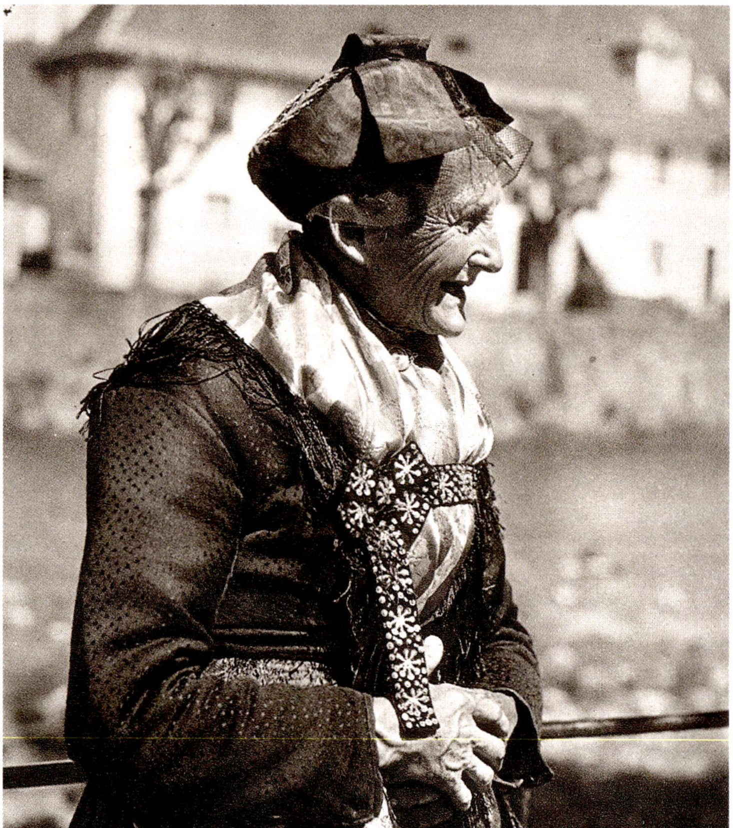

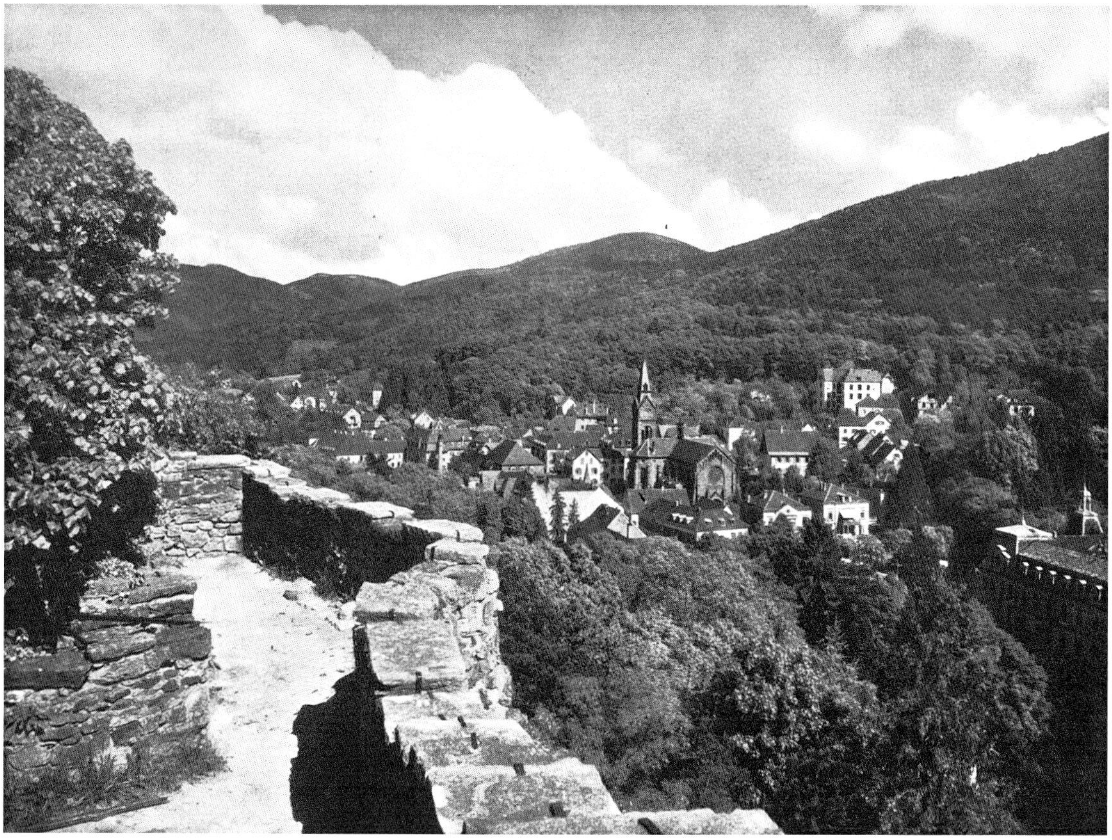

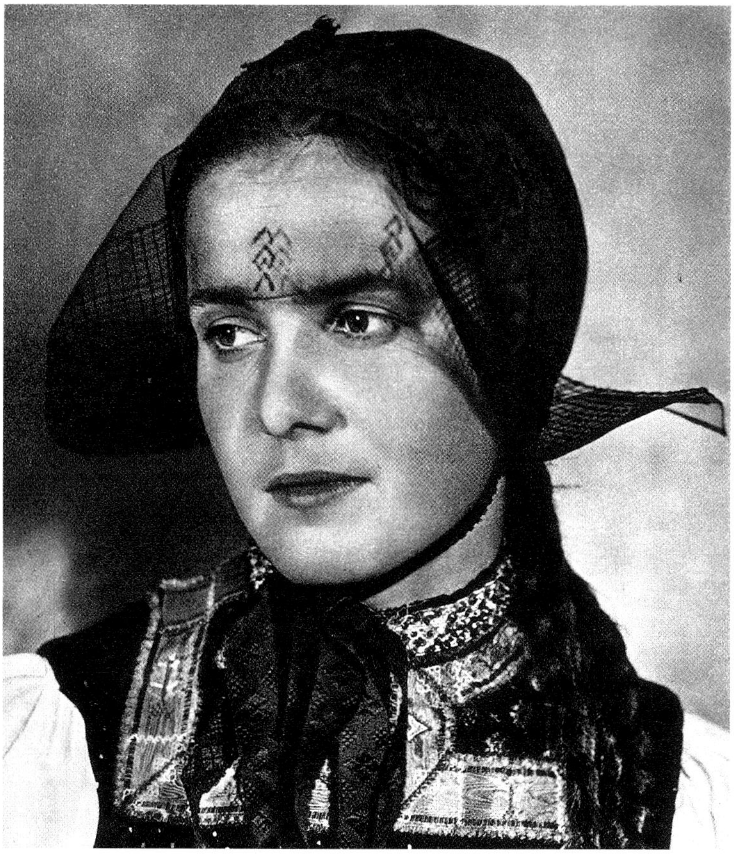

Badenweiler. Die Thermalquellen am Fuß des Blauen hatten die Römer, seit 74 n. Chr. hier wie zu Hause, der Schwarzwaldgöttin Diana Abnoba geweiht. Römerbad und Burg Rudin wurden mit der Herrschaft Baden von Clementia von Zähringen dann Heinrich dem Löwen als Brautgabe zugebracht. Als sich der Löwe von Clementia trennte, tauschte er Burg und Herrschaft mit den Staufern aus. Verschiedentlich noch wechselte das Bad den Besitzer, bis es 1867 vom badischen Staat erworben wurde. Die vorübergehend vergessenen Thermalquellen sprudelten indessen schon seit Beginn des 15. Jh. wieder.

Schwarzwälderin aus dem Gutachtal in der schwarzen Schleierhaube.

Meersburg. Das Weinstädtchen Meersburg schmiegt sich malerisch an das Steilufer des Bodensees. Reizvoll sind hier das Alte und Neue Schloß, die Residenz der Bischöfe von Konstanz. In dem trotzigen Schloß Meersburg, von dem einst der letzte Staufersproß Konradin gen Italien gezogen war, um eine Krone zu suchen und den Tod zu finden, lebte die kränkliche Dichterin Annette von Droste-Hülshof von 1841 bis zu ihrem Tod.

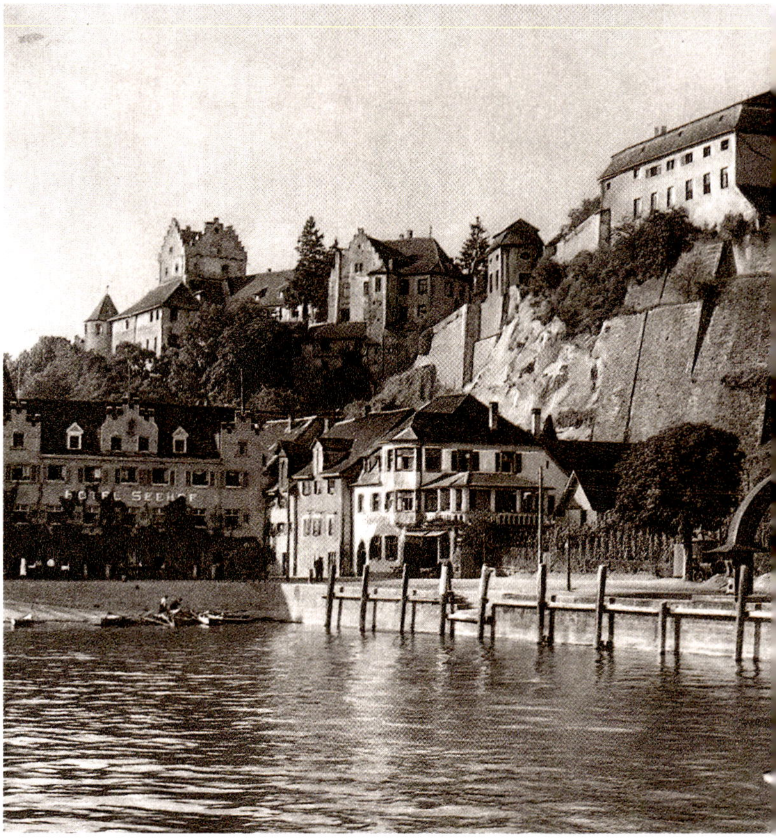

Reichenau: die alte Benediktinerabtei. Apostel Pirmin, der um 723 in das südliche Schwaben kam, um hier das Christentum unter den Heiden zu festigen, wählte die Insel im Bodensee zu seinem Zuhause. Berühmtester Gast auf Reichenau war dann Karl der Große, der mit Gemahlin Hildegard das Kloster besuchen und reich beschenken sollte . . . der berühmte große Smaragd, den der Herrscher in einer der ersten Kulturstätten seines Frankenreiches zurückließ war – wie sich erst viel später herausstellte – allerdings aus Glas. Pirmins Kloster wuchs zu einem der kulturellen Zentren des Abendlandes. Gegen Ende des 8. und im 9. Jh. blühten hier unter den Äbten Walda und Hatto I. Kunst und Wissenschaft. Die durch Jahrhunderte von Mönchshand gerodete Insel wurde daneben als Gärtnerparadies bekannt.

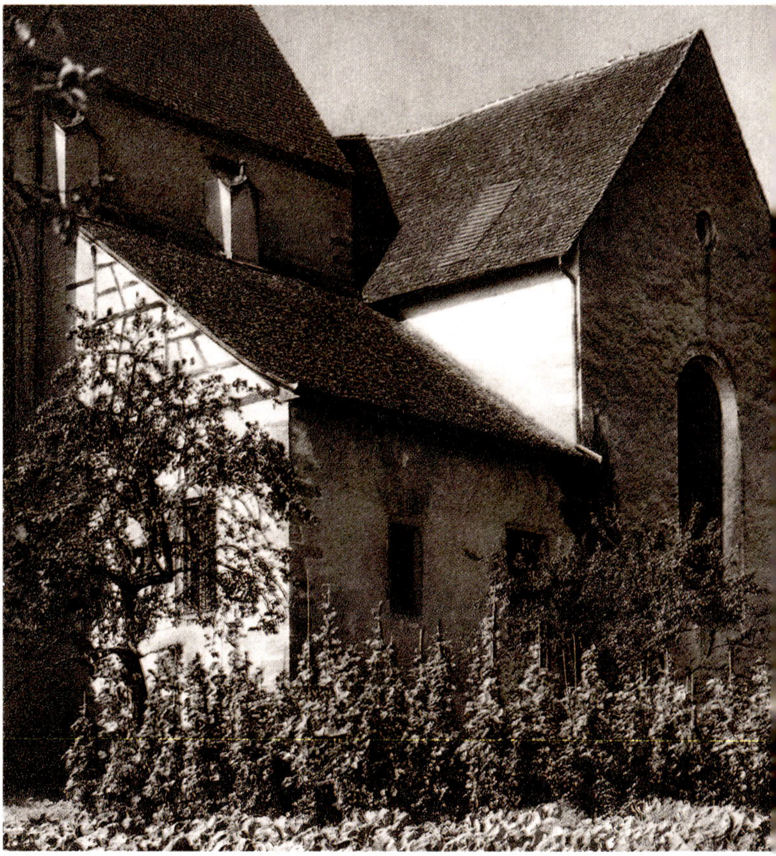

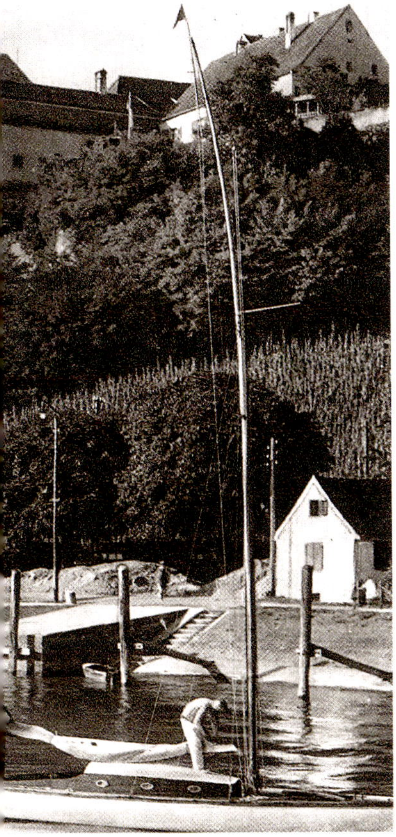

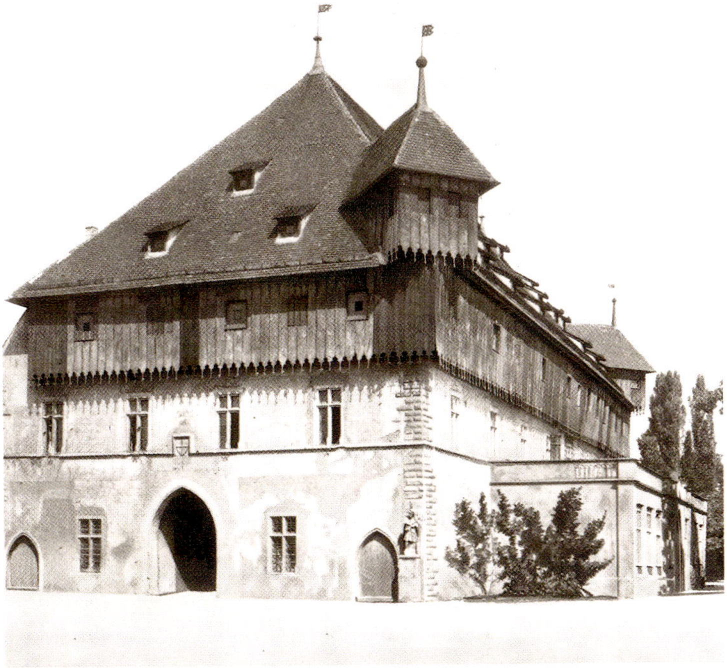

Konstanz am Bodensee: das Kaufhaus am Hafen. Als Constantia erstmals erwähnt, soll die reizvoll am Seerhein zwischen Unter- und Obersee gelegene Stadt einmal von Kaiser Constantius Chlorus, dem Vater Konstantins des Großen gegründet worden sein. Konstanz war Bischofssitz ab 590 und von 1192–1548 freie Reichsstadt. Während des bedeutenden Reformkonzils (1414–18) wurde hier Martin V. zum Papst gewählt – die einzige Papstwahl auf deutschem Boden – und der böhmische Reformator Hus als Ketzer zum Tod auf dem Scheiterhaufen verurteilt. Das Haus am Hafen, häufig fälschlich als Konzilsgebäude bezeichnet, ist eines der wenigen noch erhaltenen Kaufhäuser aus dem Mittelalter. Als Teil der alten Stadtmauer galt das von einem Walmdach überspannte mächtige Gebäude, das lange dem Leinwandhandel mit Italien diente, als absolut diebstahlsicher.

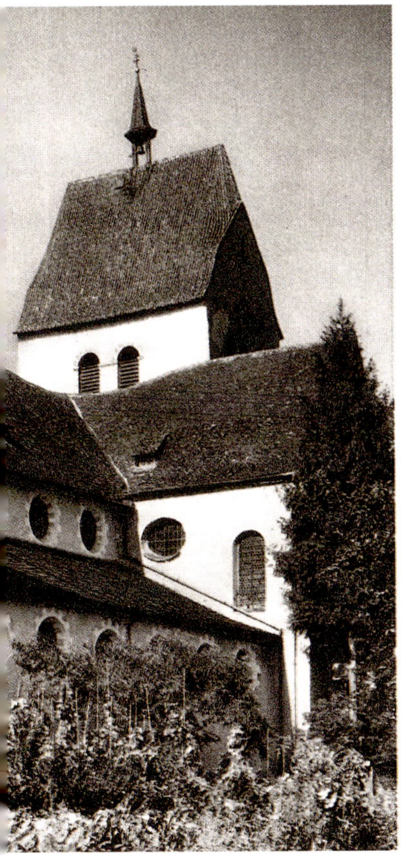

Aus „Der Wächter in der Mitternacht“.

Loset, was i euch will ſsage!
D' Glocke het Zwölfi gschlage.
Und iſchs ſo ſchwarz und finſter do,
ſe ſchine d' Sternli no ſo froh,
und us der Heimeth chunnt der Schii
's mueß lieblig in der Heimeth ſy!

J. P. Hebel

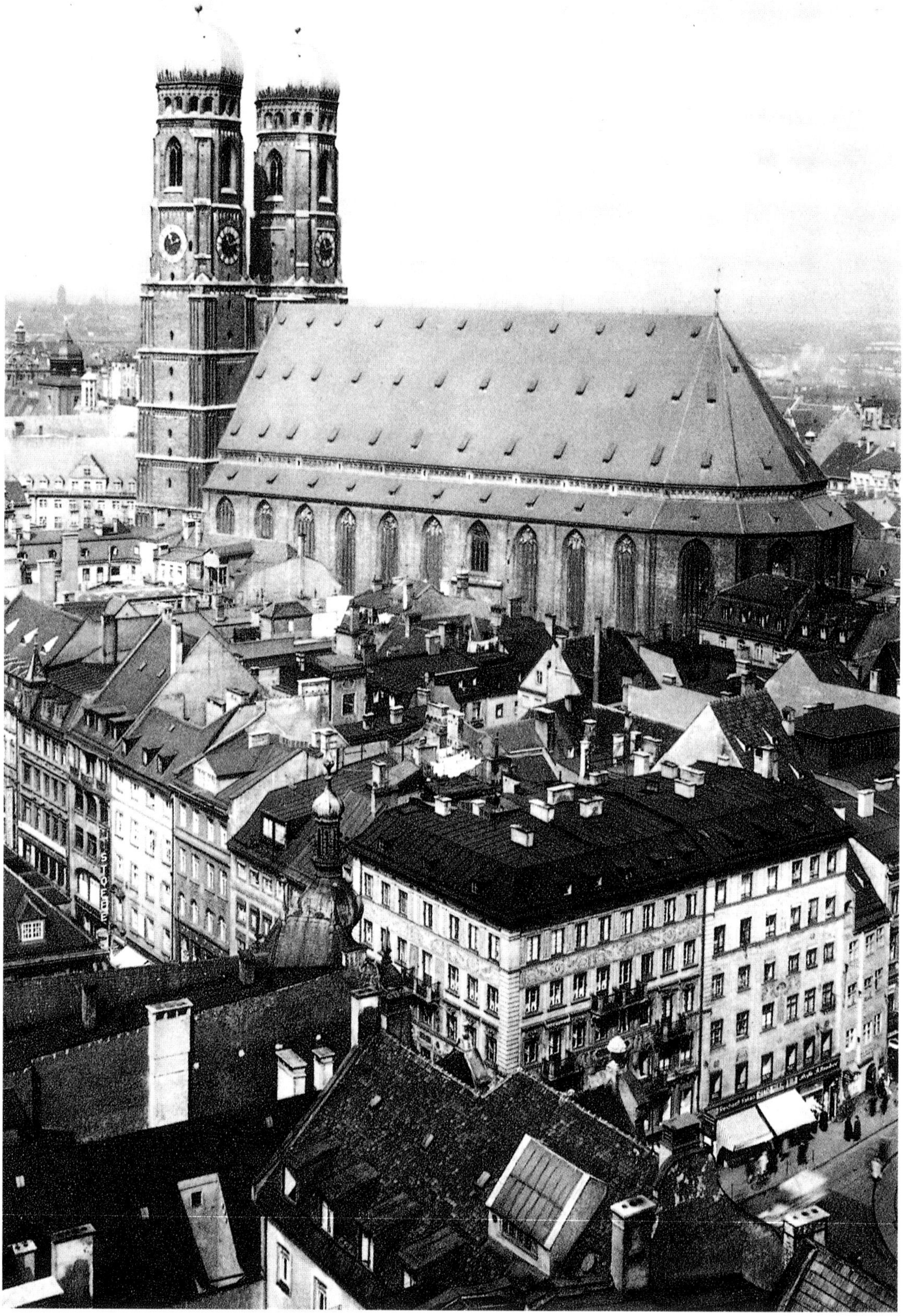

Zeittafel:

15. v. Chr. Die Römer in dem von keltischen Stämmen bewohnten Rätien und Noricum,

um 500 n. Chr. Die Bajuwaren in einem Gebiet, das neben dem späteren Bayern auch Österreich, Südtirol und Teile Norditaliens umfaßt,

740 Bonifatius gründet Bistum Freising,

788 Bayern im karolingischen Reich,

955 Sieg über die Ungarn auf dem Lechfeld,

1070 Das Herzogtum Bayern fällt an die Welfen,

1156 Erhebung der bayerischen Ostmark zum Herzogtum Österreich,

1158 Gründung Münchens durch Heinrich den Löwen,

1255 Die Wittelsbacher erheben München zur Residenz,

1363 Die bayerische Grafschaft Tirol kommt zu Österreich,

1555 Augsburger Religionsfriede,

1777 Nach Aussterben des Mannesstammes der bayerischen, Übernahme durch die pfälzische Linie der Wittelsbacher,

1806 Bayern wird Königreich, ab 1815 beim Deutschen Bund,

1845-86 König Ludwig II., Bayern in den Kriegen gegen Preußen und Frankreich,

1871 Bayern mit Sonderrechten im Deutschen Reich,

1918 Ende der beinahe 800jährigen Herrschaft der Wittelsbacher.

München: die Frauenkirche. Mit ihren charakteristischen „welschen Hauben“ (1524) gilt der von Jörg Ganghofer im 15. Jh. begonnene spätgotische Backsteinbau als markantestes Wahrzeichen der Bayernmetropole.

„Bayern ist ein vortreffliches Land, ist reich an Wäldern, bringt Wein hervor, hat Eisen, Gold, Silber und Purpur im Überfluß. Der Boden ist fruchtbar, wimmelt von Zugtieren und anderem Vieh; die Erdoberfläche scheint mit Bienen und Honig überfüllt. Hier gibt es fischreiche Flüsse und Seen, silberklare Quellen und Bäche, und auch an Salz ist kein Mangel. Die Berge geben fette Weide und sind reich an heilsamen Kräutern. Die Wälder sind voll von Hirschen, Wisenten, Gemsen und Wild aller Art ...“

Im Land der Bayern (Franken und Schwaben)

So weit Bischof Arbeo von Freising im 8. Jh. Natürlich hatte der fromme Herr ein anderes Bayern zur Vorlage, als es später einmal – inzwischen rein territorial und längst nicht mehr nur ethnisch gesehen – die Atlanten zierte. Dafür wären prominent zwei Gründe zu nennen: Einmal hatte sich im Jahre 1156 (wahrscheinlich bei Föhn, dem warmen Fallwind aus Richtung Alpen) die bayerische Ostmark vom Altbayerischen getrennt. Und während die eine Hälfte als Österreich bald Weltgeschichte schrieb, ging es in der anderen – politisch gesehen – vorerst einmal eher etwas ruhig zu. Später dann sollte sich Altbayern eine Zeitlang so sehr am französischen Vorbild orientieren, daß es als Dank für seine diesbezüglichen Anstrengungen den Stiefsohn Napoleons für die Ehe mit einer Wittelsbacher Prinzessin, zusätzlich auch erhebliche Landteile aus Franken und Schwaben als Mitgift bekam.

Bayern war damit zu einem überstammlichen Gebiet geworden, am besten zu erkennen an den verschiedenen Wohlgerüchen, die jetzt aus den Dunstglocken seiner Küchen stiegen. Daran sollte sich dann nichts mehr ändern: Altbayern liegt bis heute dort, wo eine Brotzeit auch aus Schweinsbraten mit Kartoffelknödeln oder einem Beinstück von Schwein und Kalb bestehen kann, und eine Weißwurst aus Kalbsbrat, jungem Speck und Petersilie das Zwölfuhrläuten nicht hören darf (also unumstößlich an Vormittagen gegessen werden muß). Dazu Bier, und zwar selbst für mäßige Esser in größeren Mengen.

Im fränkischen Teil Bayerns hat die Bratwurst über die Weißwurst, der Wein über das Bier die Oberhand behalten, Spezialitäten wie „Närnberger Gwerch“ sind für Fremde unaussprechlich geblieben. Schwaben wiederum beginnt dann jeweils ein paar Schritte über dem berühmten Spätzles-Meridian, obwohl hier etwa auch Wammerl, Gselchtes, Krautwickerl, Bubenspitzle und Zwetschgendatschis als kulinarische Zauberformeln gelten. Getrunken werden dazu gerne Wein und Most aus eigener Zucht, und wenn's sein muß ein hochprozentiges, geisthaltiges „Wässerle“.

Kritiker können nun durchaus einwenden, daß es – Küchenzettel hin oder her – die Bayern als Volksstamm ursprünglich überhaupt nie gegeben hatte. Lange genug stritten sich Historiker und Philologen über die Herkunft der Bajuwaren. Was dabei herauskam, ist heute kaum noch denkbar, trotzdem wahrscheinlich. Danach brachen im 6. Jh. ein paar kleinere Emigrantengruppen aus Böhmen in das Land zwischen Donau und Alpen auf. Was sie dort vorfanden waren Reste der Kelten und der römischen Besatzer – auf gut bayerisch also „ein volklicher Sauhaufen“ – mit denen man sich

vermischen sollte. Es gibt Personen, die sich trotzdem mit dem Wort Baiern schon abfinden könnten, aber eben mit einem i geschrieben. Ist doch das Y einzig und alleine auf die Griechenlandschwärmerei des kunstsinnigen Ludwigs I. zurückzuführen, der partout ein griechisches i - also ein Ypsilon - im Namen seines Landes führen wollte.

Athen zeigte sich dafür dann auch erkenntlich: seine Farben waren jetzt Blau-Weiß in Umkehrung des bayerischen Weiß-Blau. Ganz anders dagegen Bayerns Schwaben, die - ausgerechnet wegen Napoleon - ihren jahrhundertelangen Kampf mit dem östlichen Nachbarn recht endgültig verlieren sollten. Nehmen wir nur den Augsburger Maler Hans Holbein d. Ä., der seine Gefühle recht deutlich zum Ausdruck bringen konnte: auch er verwendete bayerisches Weiß-Blau für seine Kunst, aber etwa dann, wenn es auf einem Altarbild die Hosenböden von Henkersknechten zu bemalen galt.

Bayern, Schwaben und Franken: Wolfram von Eschenbach, Dichter, Jakob Fugger der Reiche, Kaufmann, Albrecht Dürer, Maler, Hans Sachs, Poet, Carl Spitzweg, Malerpoet, Albertus Magnus, Theologe, Martin Behaim, Kartograph, Bertolt Brecht, Schriftsteller, Peter Henlein, Erfinder, Carl Orff, Komponist, Karl Valentin, Volksschauspieler, Agnes Bernauer, „Engel von Augsburg", Peter Vischer, Erzgießer, Eugen Roth, Schriftsteller, Bartholomäus Welser, Kaufmann, Ludwig II., König, Tilman Riemenschneider, Bildschnitzer, Christian Morgenstern, Dichter, Richard Strauß, Komponist, Matthias Klotz, Geigenbauer.

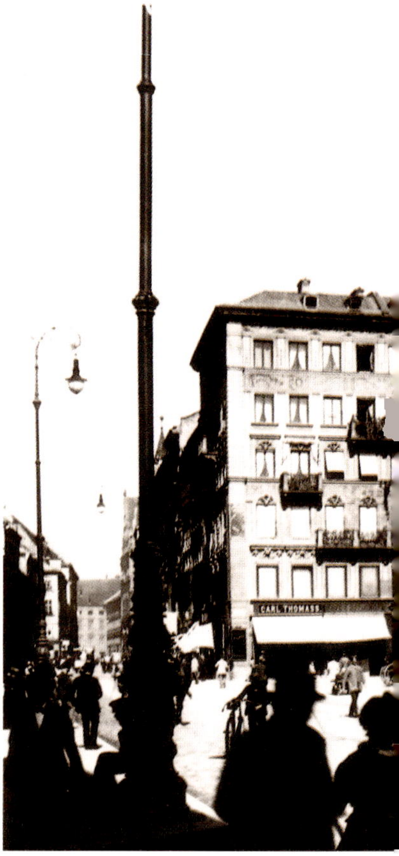

München: Marienplatz mit Mariensäule. Der Marktplatz des alten München war seit den Jugendtagen der Stadt wirtschaftliches Zentrum und Mittelpunkt des öffentlichen Lebens. Mit dem Alten und Neuen Rathaus, der Mariensäule, der sich anschließenden Pfarrkirchen Unserer Lieben Frau und St. Peter wurde er über die Jahrhunderte zum Repräsentanten stilgeschichtlicher Epochen eines Stadtkerns, heraus aus der Spätgotik bis hin zum Historismus. Die marmorne Mariensäule (1638) mit der 11 m hohen „Patrone Bavarias" ist eine Stiftung Kurfürst Maximilians I. als Dank für die Befreiung von der Schwedenherrschaft.

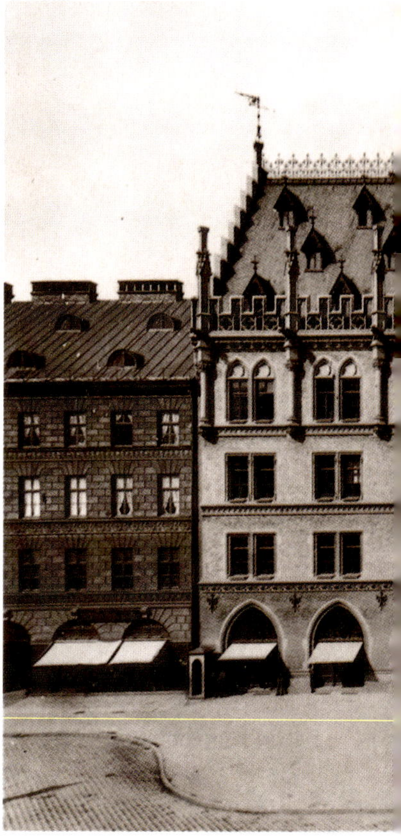

Münchens Neues Rathaus am Marienplatz (Aufnahme um 1880). An der Stelle des historischen Ständehauses in drei Etappen von 1867 bis 1908 erbaut, entsprachen Auftraggeber und Architekt hier dem Wunsch nach Prunk und Repräsentation. War München für die Bayern doch immer so etwas wie die heimliche Hauptstadt des Reiches, in jedem Falle eines seiner technischen und kulturellen Kraftzentren. Am 85 m hohen Turm des Westbaus, der das Neue Rathaus bestimmend überragt, ist eine Kunstuhr mit Spielwerk angebracht, deren Figurenreigen Herzog Wilhelm V. bei seiner Hochzeit mit Renate von Lothringen zeigt. Die Galerie bietet eine lohnende Alpensicht.

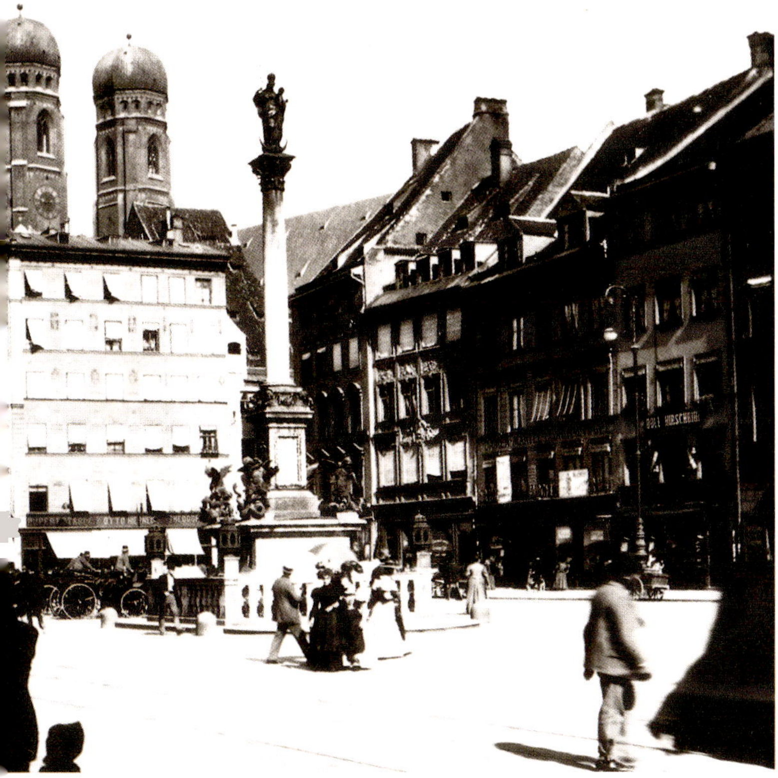

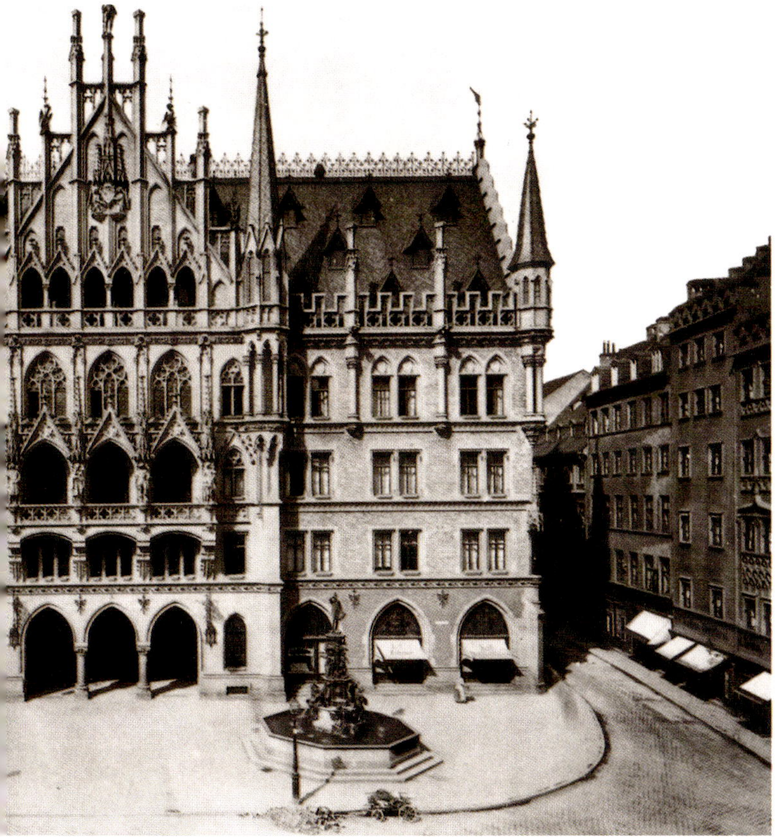

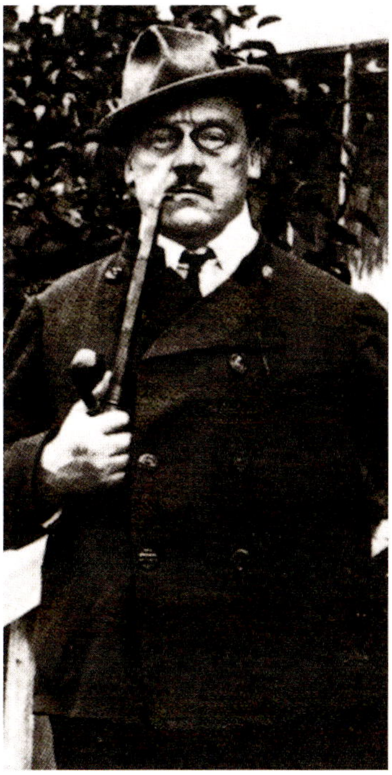

Ludwig Thoma (1867–1921). Der Förstersohn aus Oberammergau, Anwalt in Dachau und München, hatte unter dem Pseudonym Peter Schlemihl seine ersten literarischen Gehversuche unternommen. Ab 1899 dann Redakteur des „Simplicissimus“, gab er zusammen mit Hermann Hesse die antistädtische Zeitschrift „März“ heraus. Populär wurde Thoma durch seine häufig humorgetragenen Heimaterzählungen, -romane und -dichtungen, mit denen er seine bayerischen Landsleute karrikierte („Briefwechsel eines Bayerischen Landtagsabgeordneten“, „Die Lausbubengeschichten“, „Moral“).

Neuhauser Straße mit Karlstor um 1895. München erlebte unter Ludwig dem Bayern als deutsch-römische Kaiserstadt einen starken Aufschwung. Schnell wuchs es über seine ursprünglichen Stadtmauern hinaus. Ein zweiter Mauerring umschloß ab 1314 die sogenannte Ludwigstadt, in seinem Rahmen lebten die Bürger fast 600 Jahre lang. Teil dieser alten Befestigung war - neben dem Sendlinger-, Isar - und Neuhauser Tor - das Karlstor.

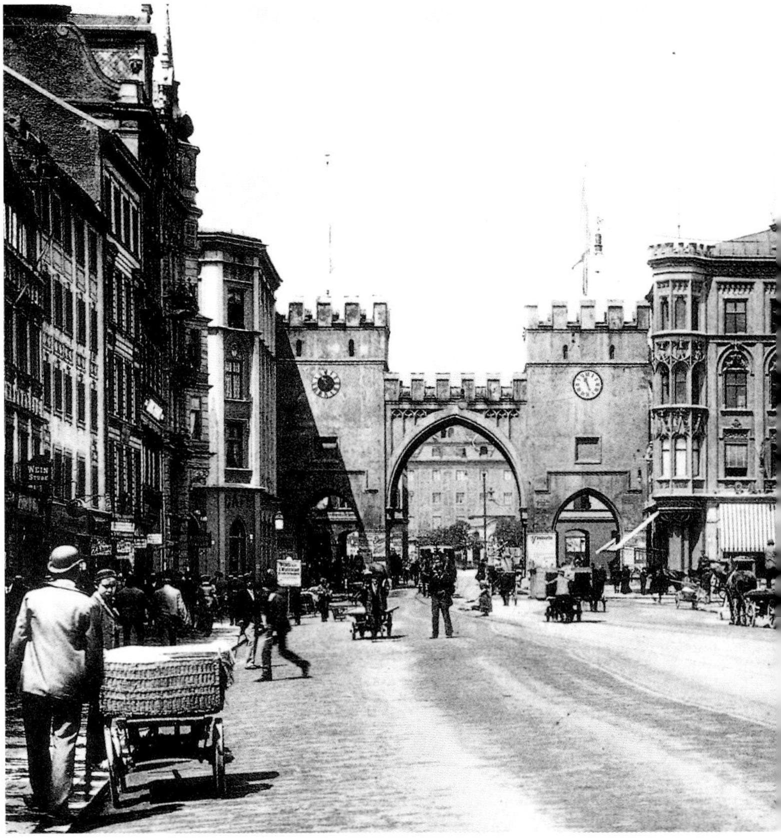

München: Blick vom Tal gegen Westen zum Alten Rathaus. Das Alte Rathaus am Ostende des Marienplatzes war ab dem 15. Jh., damit zur Glanzzeit des Bürgertums, politischer Mittelpunkt der Hauptstadt der Wittelsbacher. Münchens Rathaus und die Frauenkirche (Grundsteinlegung 1468), die beiden Symbole weltlicher und geistlicher Macht, sind Werke Jörg Ganghofers, des „Maurers von Polling“. Erasmus Grasser, der große deutsche Bildhauer der Spätgotik, schuf 1480 seine Moriskentänzer für die Balustrade im Rathausaal.

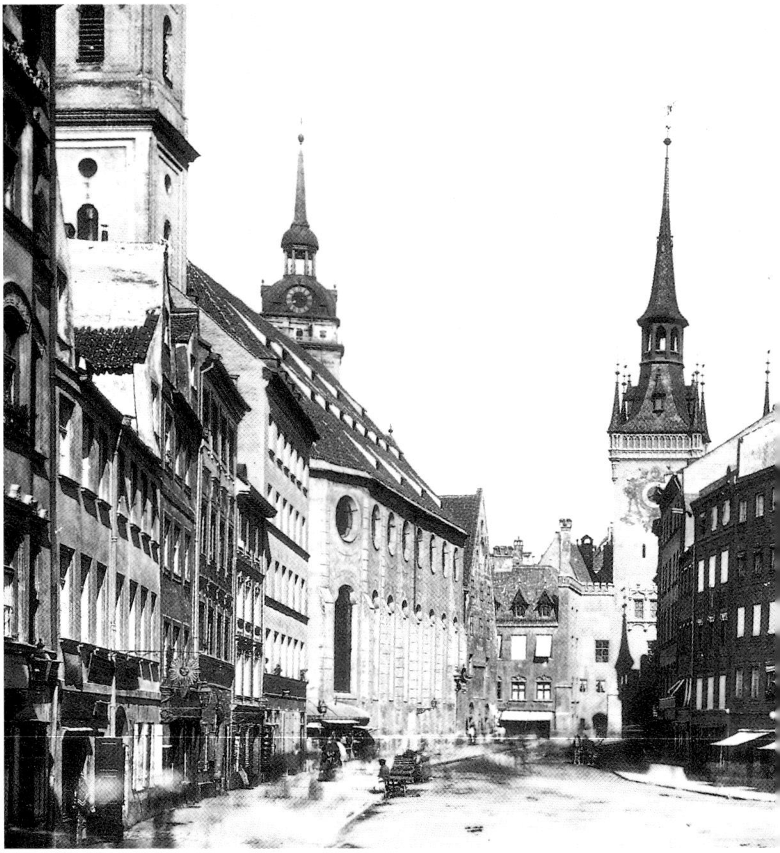

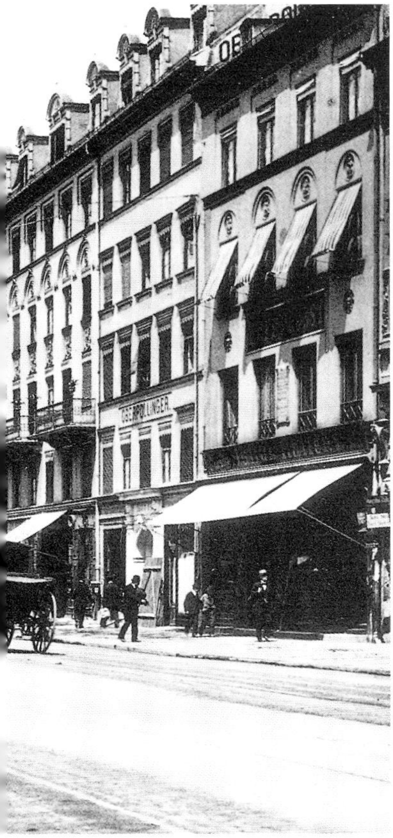

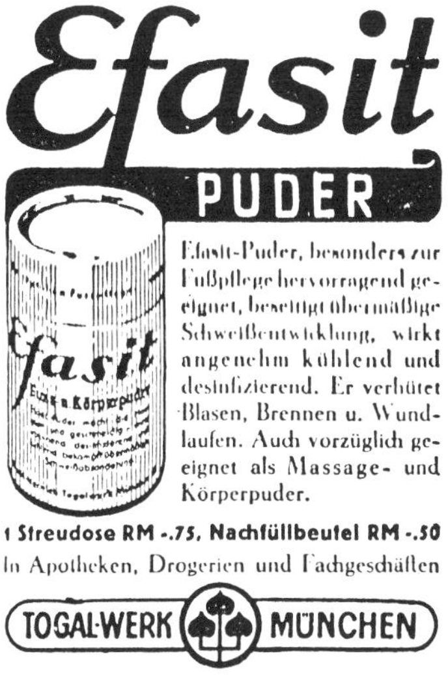

Münchener Firmenwerbung.

Trotz der prominenten Rolle als Stadt des Salz-, Tuch- und Weinhandels, war München lange in erster Linie als Zentrum für Kunst und Wissenschaft bekannt. Hier wirkten unter vielen anderen Wilhelm Conrad Röntgen und Ferdinand Sauerbruch, Max von Pettenkoffer und Adolf Furtwängler, Thomas Mann und Joachim Ringelnatz, Carl Spitzweg und Franz Marc. Hier lockten Universität und Akademien, Museen und nicht zuletzt das Künstlerviertel Schwabing Menschen aus aller Welt. Doch neben romantischen Lokalen, hinter berühmten Bildungsstätten und in winkeligen Gassen wuchsen Schornsteine und Fabrikanlagen als Symbole des Industriezeitalters in das reizvolle Stadtbild.

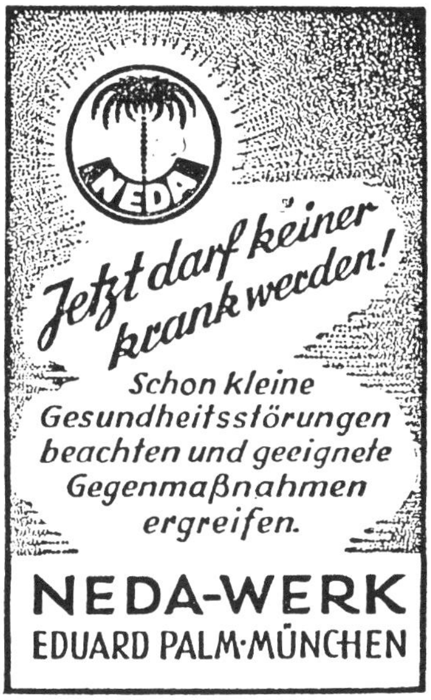

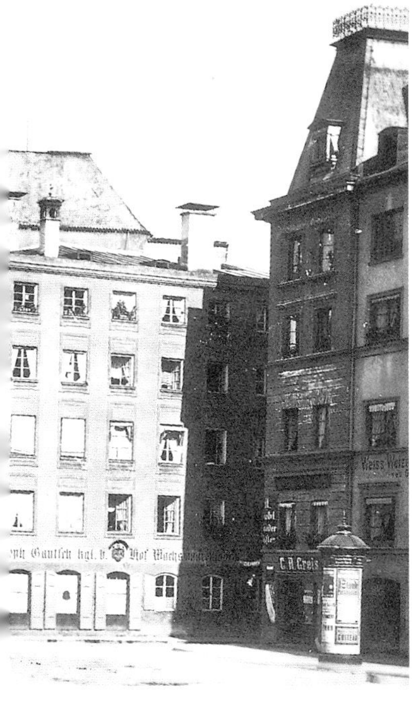

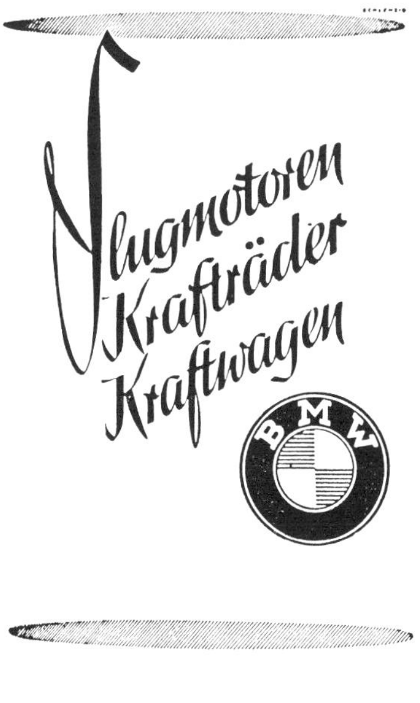

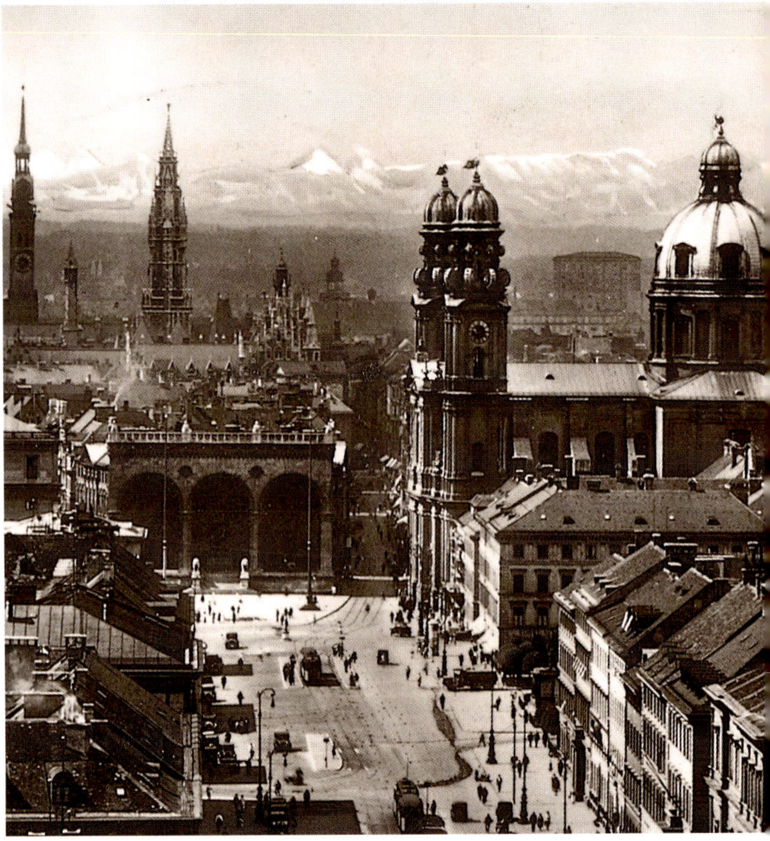

München: Blick von der Ludwigskirche auf die Stadt. Herzog Heinrich der Löwe hatte 1158 in der Nähe eines kleinen Klosterguts „bi den Munichen" einen Isarübergang für die Salzstraße geschaffen, dem er Markt-, Zoll - und Münzrechte verlieh. Ihren Aufschwung verdankte die alte Heinrichstadt dann der Belehnung des Hauses Wittelsbach mit Bayern. Das Fürstenhaus erhob München unter Ludwig dem Strengen zur Residenz und machte es so zu jenem frühen wirtschaftlichen und politischen Mittelpunkt Bayerns, aus dem sich die Weltstadt mit Herz entwikkeln konnte.

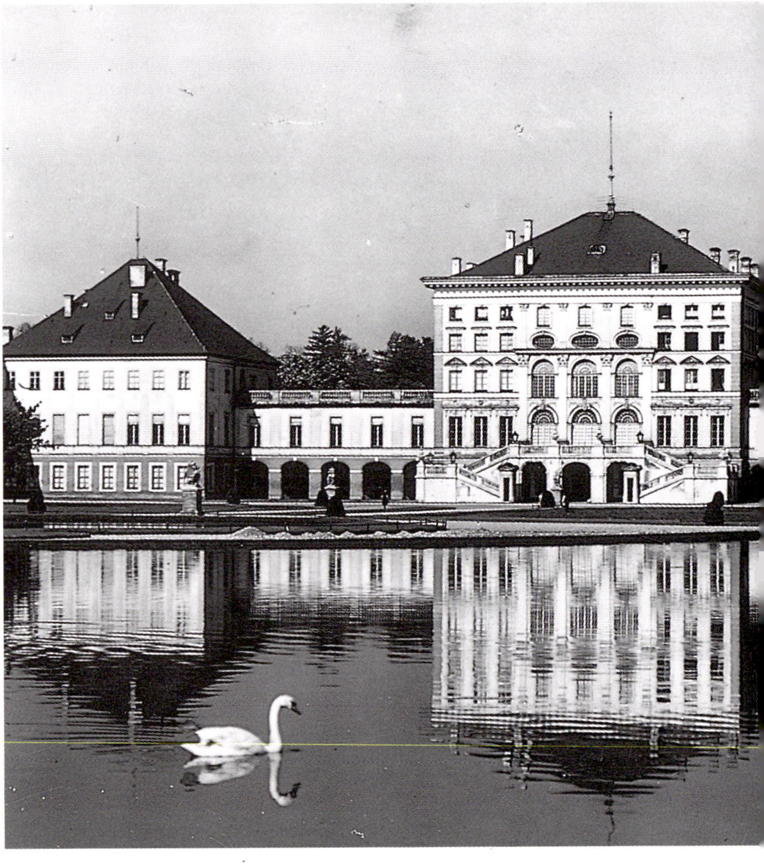

Schloß Nymphenburg. Am früheren Sommersitz der bayerischen Kurfürsten und Könige arbeiteten ab 1664 der italienische Baumeister Barelli und der Schweizer Zuccalli. Nymphenburgs Steinerner Saal wurde 1756/57 von J. B. Zimmermann und Sohn Franz ausgeziert. Im Hauptbau befindet sich die „Schönheitsgalerie" König Ludwigs I. mit 24 Frauenbildnissen des Hofmalers Josef Stieler. Im 200 Hektar großen, malerischen Park locken die Lustschlößchen Pagodenburg, Badenburg und als Krönung die Amalienburg, eines der bedeutendsten Kunstwerke des höfischen Rokoko.
In Schloß Nymphenburg wurde am 25. August 1845 Bayerns „Märchenkönig" Ludwig II. geboren, ein Enkel Ludwigs I., der seinem Vater Maximilian II. mit 18 Jahren auf den Thron folgte.

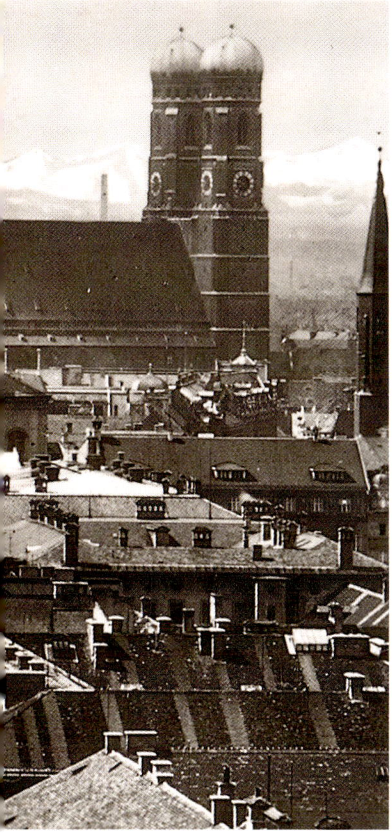

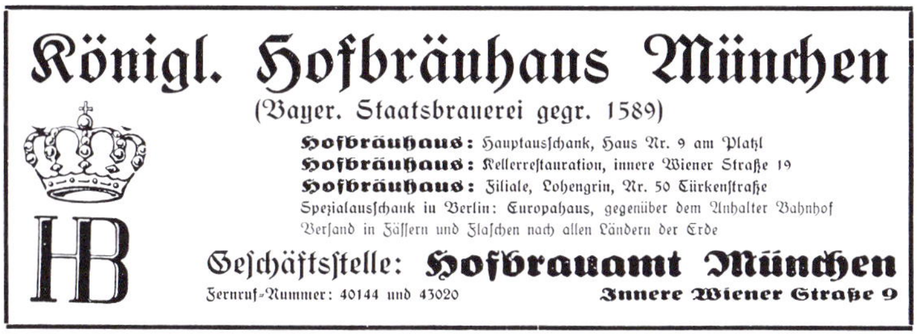

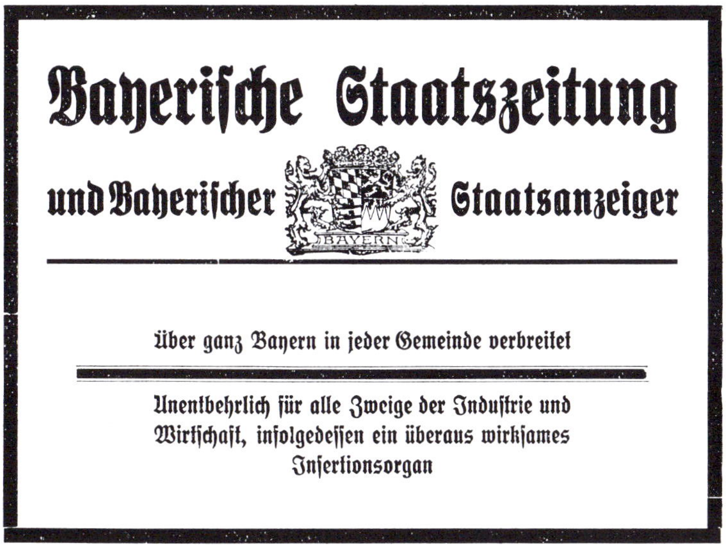

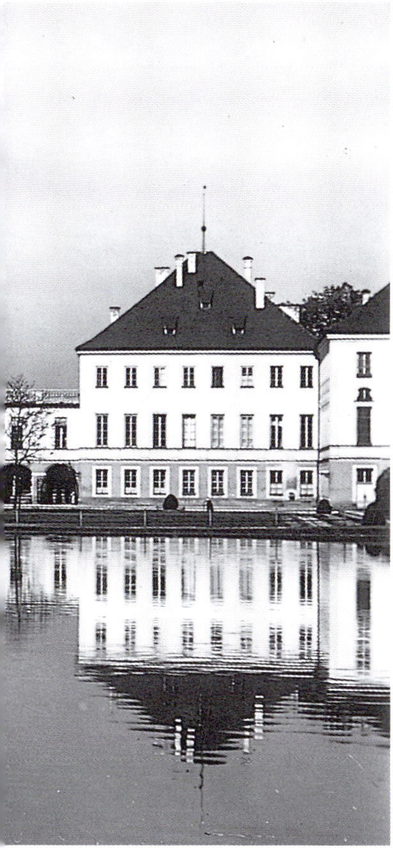

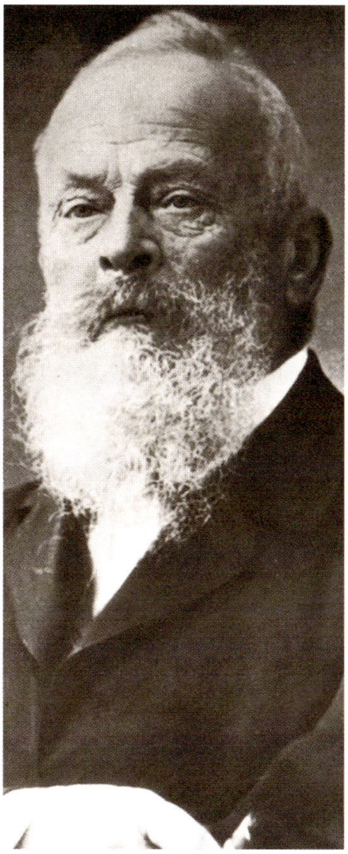

Prinzregent Luitpold (1821–1912). Der zweite Sohn König Ludwigs von Bayern vertrat während der Regierung Ludwigs II. den Herrscher und Neffen in Sitzungen des Staatsrats und dem Landtag gegenüber. 1886 war er es, der die Entmündigung und Ablösung Ludwigs erwirkte. Nach Ludwigs Tod und infolge der Behinderung Ottos I. übernahm Prinz Luitpold die Regentschaft.

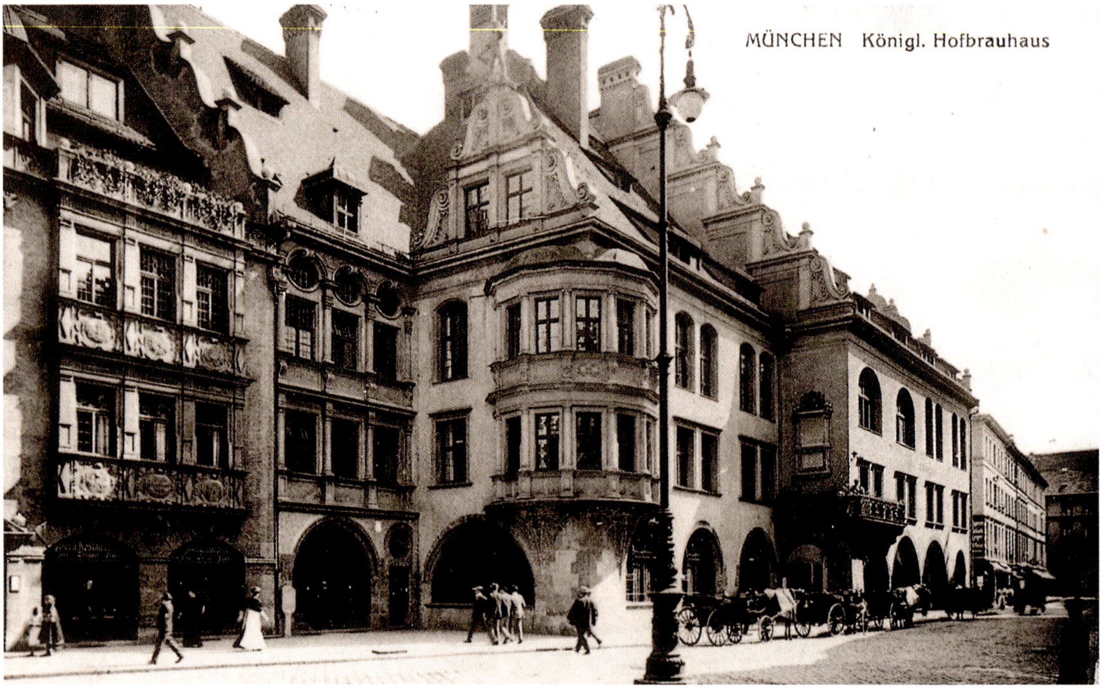

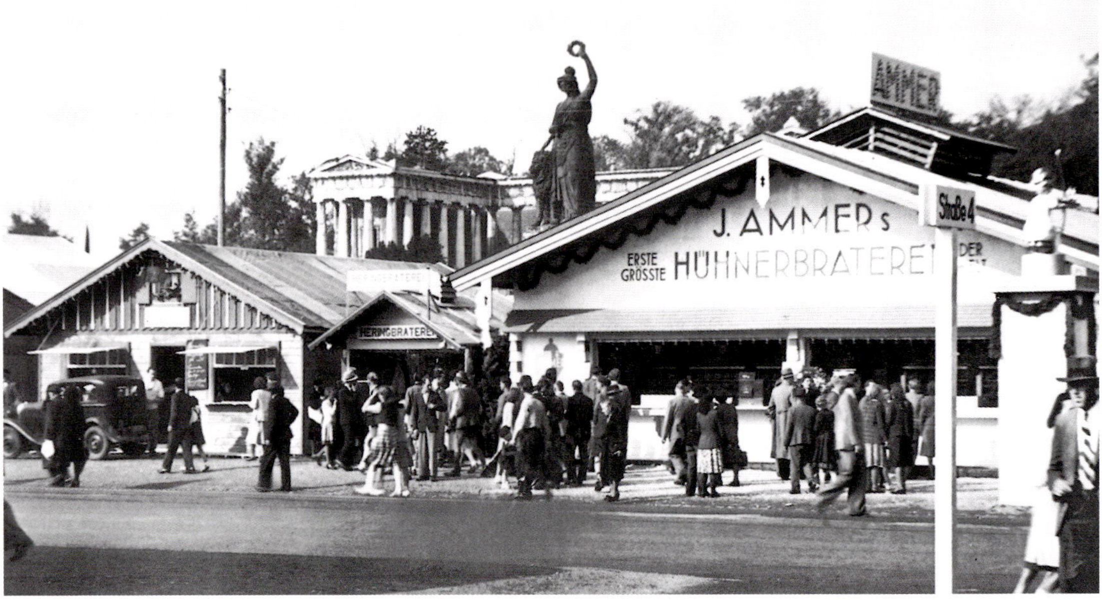

München: Hofbräuhaus und Hühnerbraterei beim Oktoberfest. Das Hofbräuhaus, 1896/97 anstelle der abgerissenen alten Hofbrauerei erbaut, ist der Welt bekanntester Biergarten und Deutschlands volkstümmlichste Schwemme. Für ein weiteres Münchner Superlativ steht das Oktoberfest, weltweit größtes Volksfest mit inzwischen über 300 Ablegern rund um den Erdball. Die Wies'n, des Volkes wahrer Himmel zu Füßen von Klenzes Ruhmeshalle und Schwanthalers Riesenweib, ist der populäre Höhepunkt des bayerischen Jahres und ein bedeutender Wirtschaftsfaktor der Isarstadt.

Theatinerstraße um 1925, Blick nach Norden. An der einstigen Hauptverkehrsader Münchens liegt die im römischen Barockstil erbaute Theatinerkirche/ Kath. Pfarrkirche St. Kajetan mit ihren reichen Stukkaturen von Viscardi. Das Gotteshaus, begonnen 1663, war von Kurfürstin Henriette Adelaide aus Dankbarkeit für die Geburt des Erbprinzen Max Emanuel gestiftet worden.

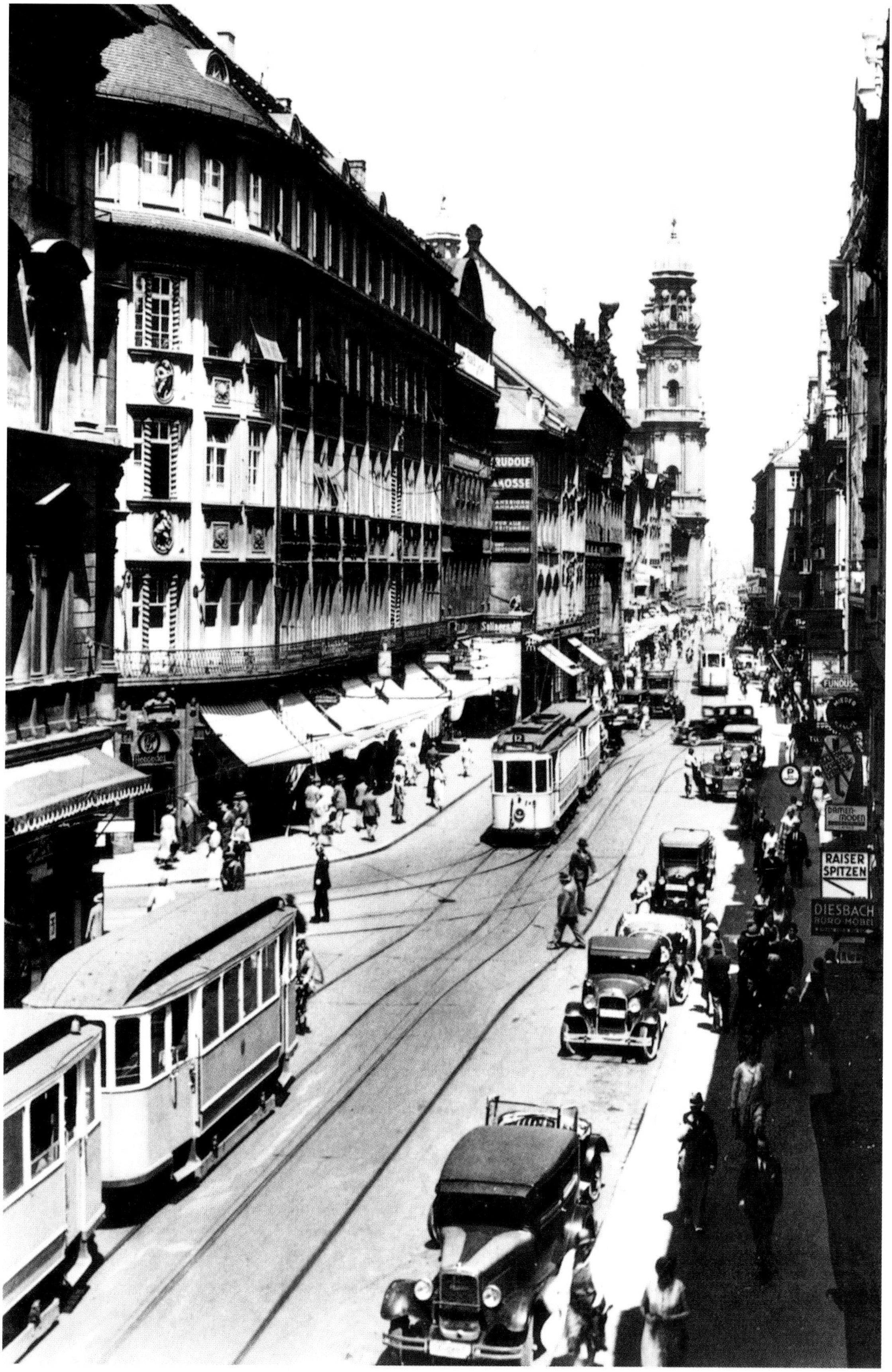
RUDOLF
MOSSE
FUNDUS
RAISER
SPITZEN
DIESBACH

Vorhergehende Doppelseite: Oberammergau. Das weltberühmte Passionsspieldorf in einer Talweitung der Ammer, einst Stapelplatz an der Handelstraße von Augsburg nach Italien, ist die Heimat der Herrgottsschnitzer. Aus einer römischen Siedlung herausgewachsen, ab 1269 im Besitz der bayerischen Herzöge, konnten sich Passionsspiel und Volkskunst hier gegenseitig befruchten. Während die Anfänge der Schnitzerei bereits ins späte Mittelalter zurückgehen, finden in Oberammergau seit 1634 die in einem Pestjahr gelobten Passionsspiele – die „Comedia von dem bitteren Leiden und Sterben unseres Herrn" – im zehnjährigen Rhythmus statt. Dabei teilen sich Oberammergauer Laienspieler in die 124 Sprechrollen.

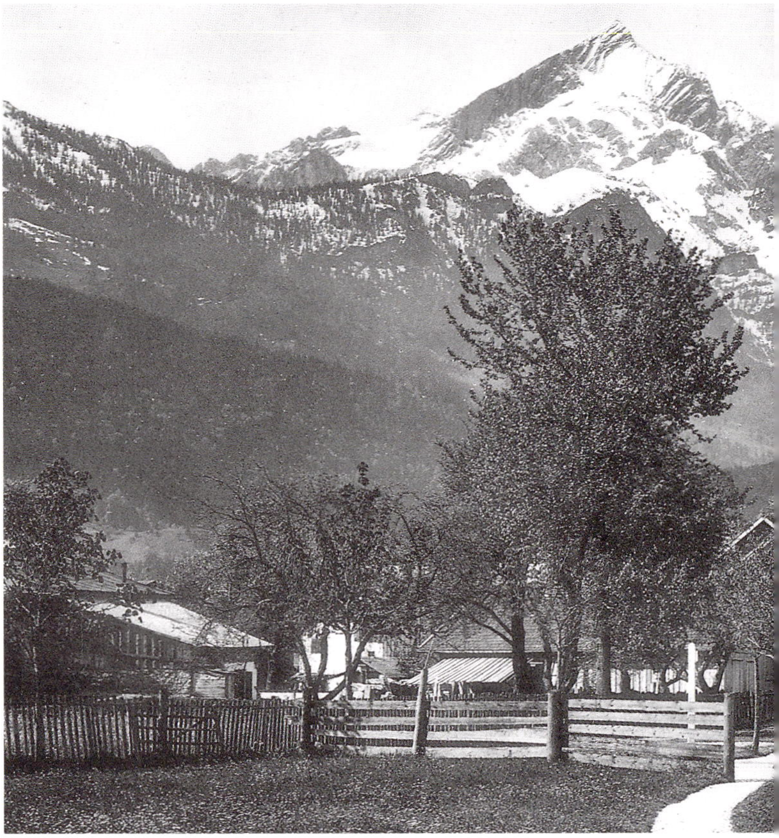

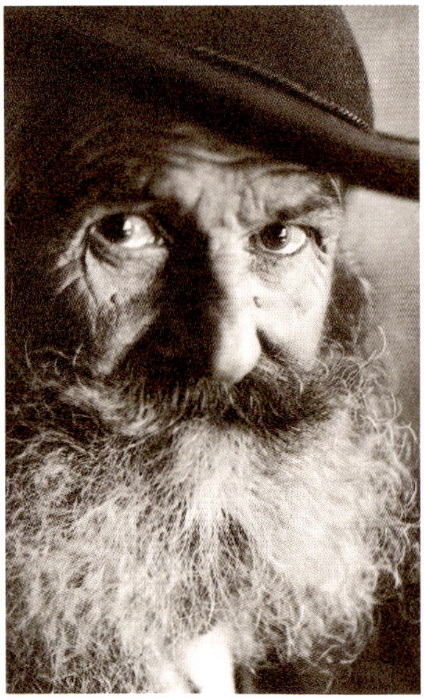

Oberbayerischer Bauer . . . „was sein leibliches Teil betrifft knochenfest und muskelstark, mehr stämmig als hoch, von Charakter durchaus gutmütig, festbeharrend am Alten, tapfer, handfest und derb in Handel und Wandel . . ." (E. Duller, „Buch über das deutsche Volk", 1850)

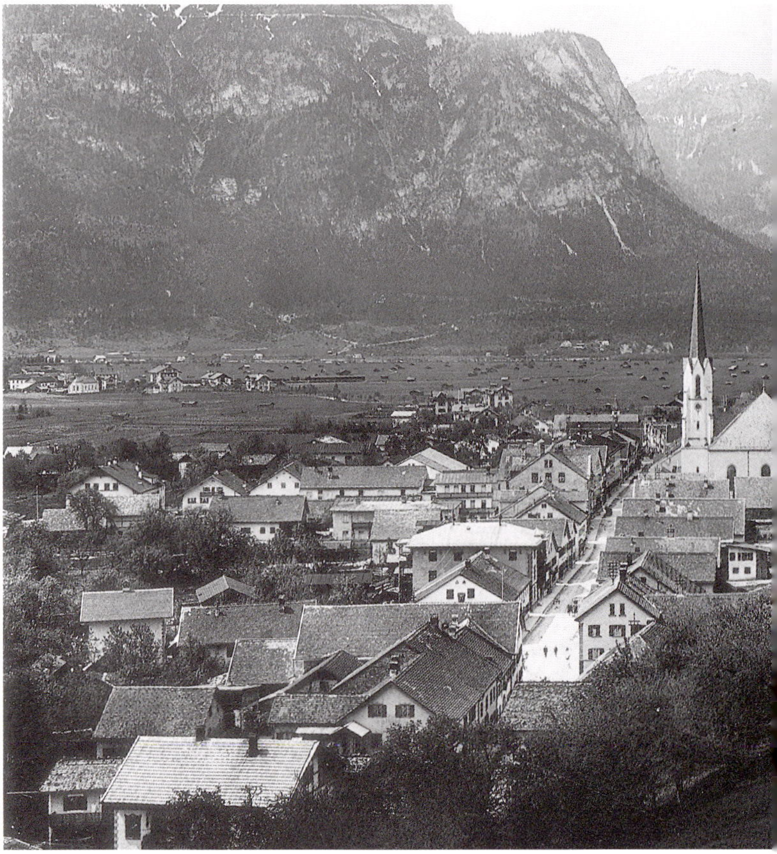

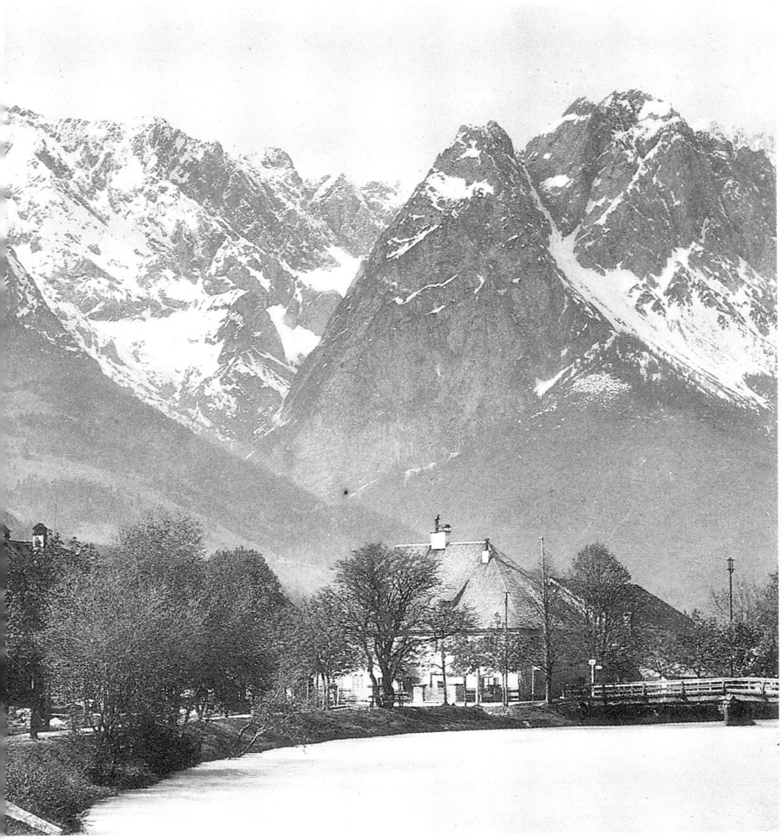

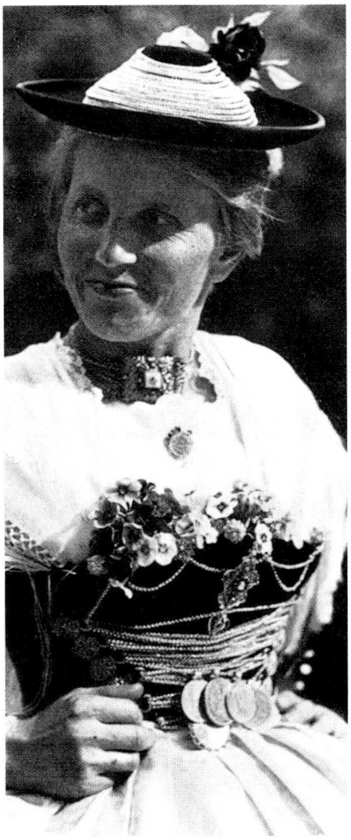

Junge Frau aus Bayrischzell in der kleidsamen Miesbacher Festtracht.

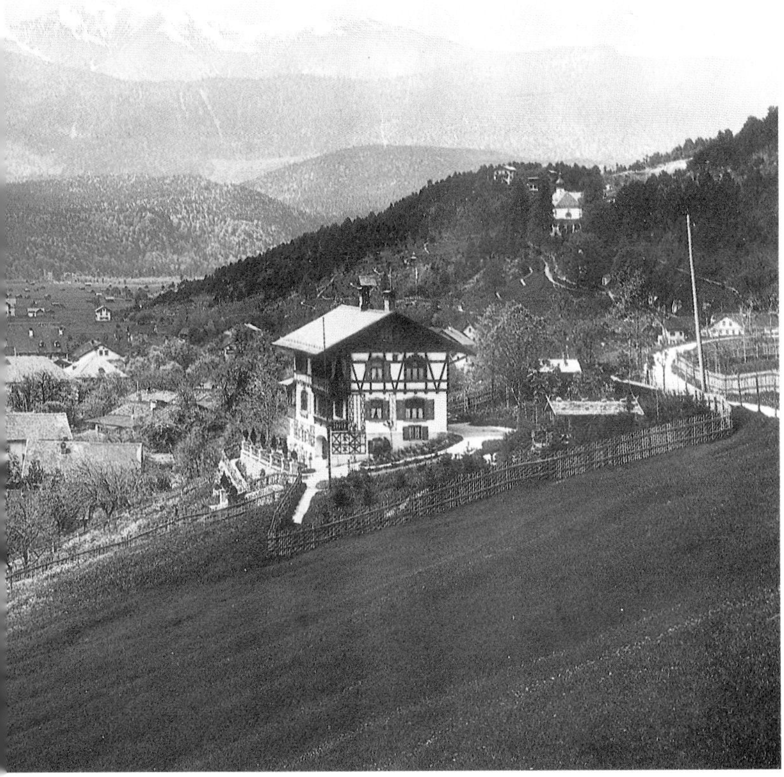

Garmisch (oben links) und Partenkirchen. Garmisch, bereits 803 urkundlich genannt, kam mit der selbstständigen Gemeinde Partenkirchen im 13. Jh. zur Grafschaft Werdenfels, die wiederum zum Bistum Freising gehörte. Nach der Säkularisation wurde die Siedlung im weiten Talgrund der Loisach bayrisch. Partenkirchen geht auf das römische Kastell Partanum zurück und erhielt 1362 Marktrechte. Als Doppelort wurde Garmisch-Partenkirchen in neuerer Zeit zum führenden deutschen Wintersportplatz.
In Garmisch verbrachte der Komponist Richard Strauß den größten Teil seines Lebens. Die gewaltige Landschaft der deutschen Alpen - Bayerns beliebtes Wander- und Klettergebiet -, schlug sich dann auch in seinem Schaffen („Alpensymphonie") nieder.

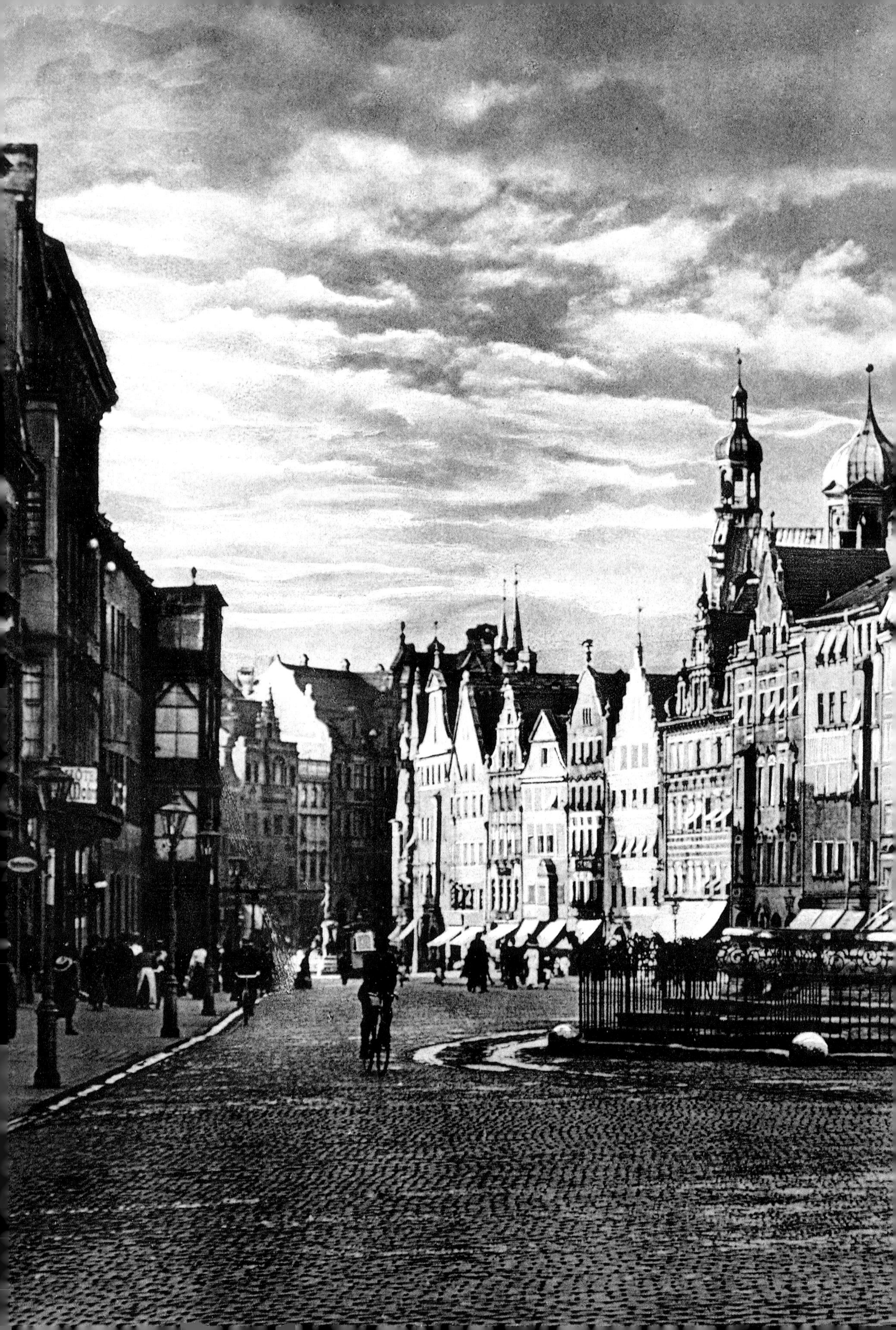

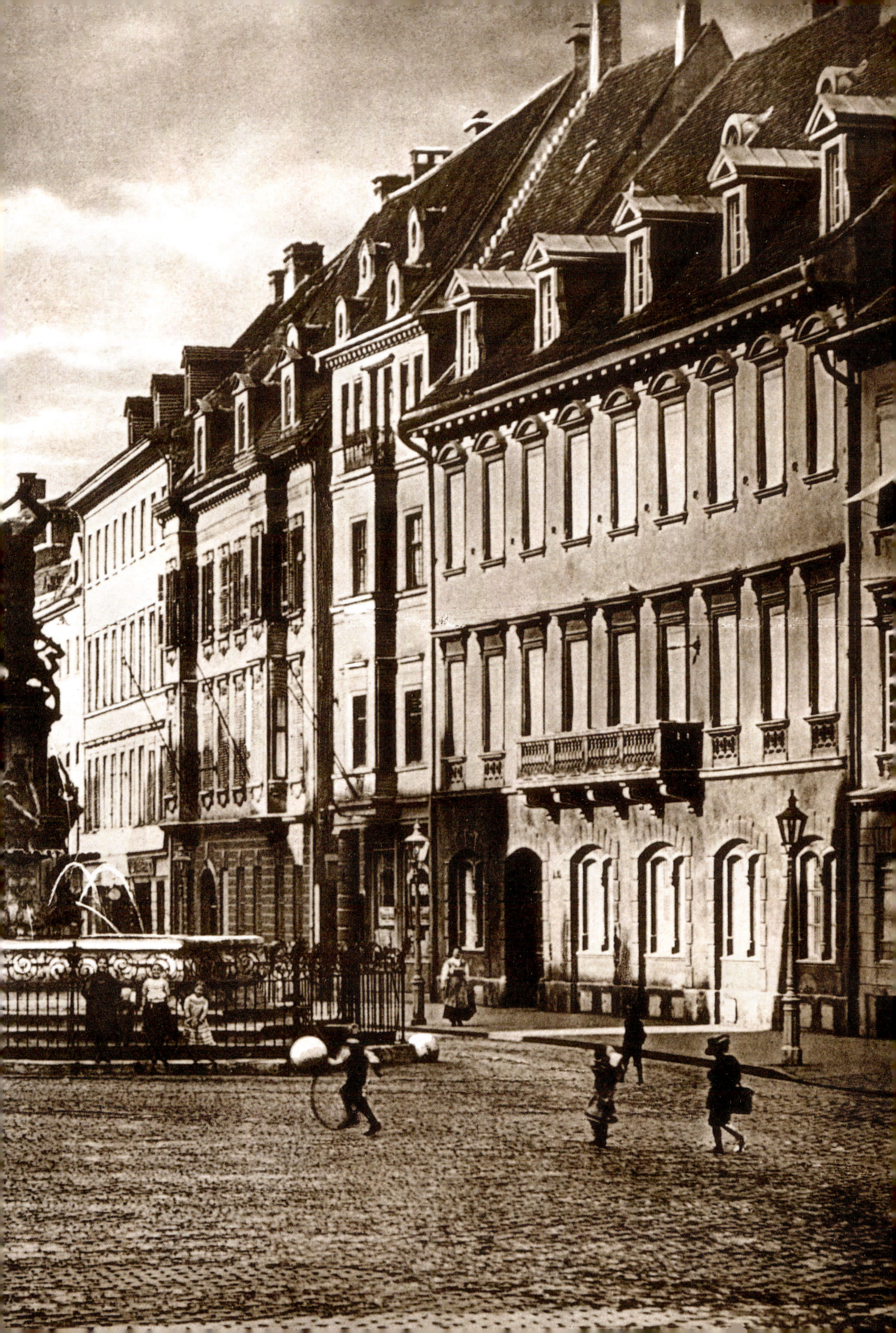

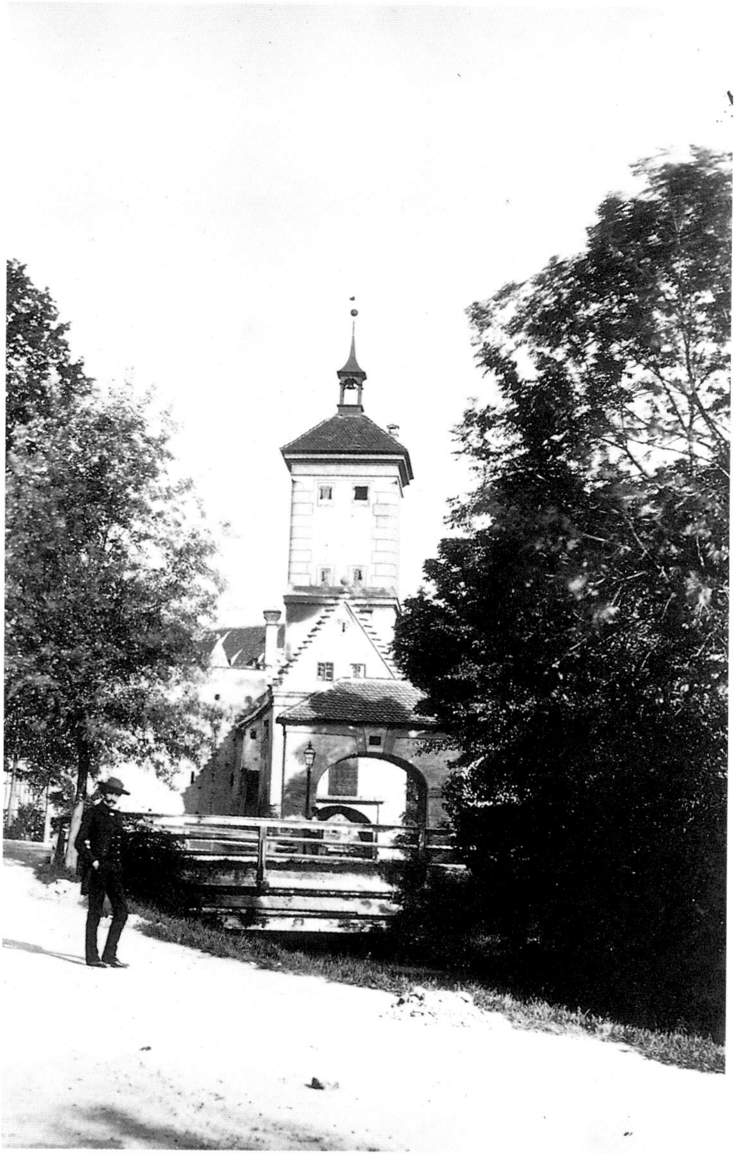

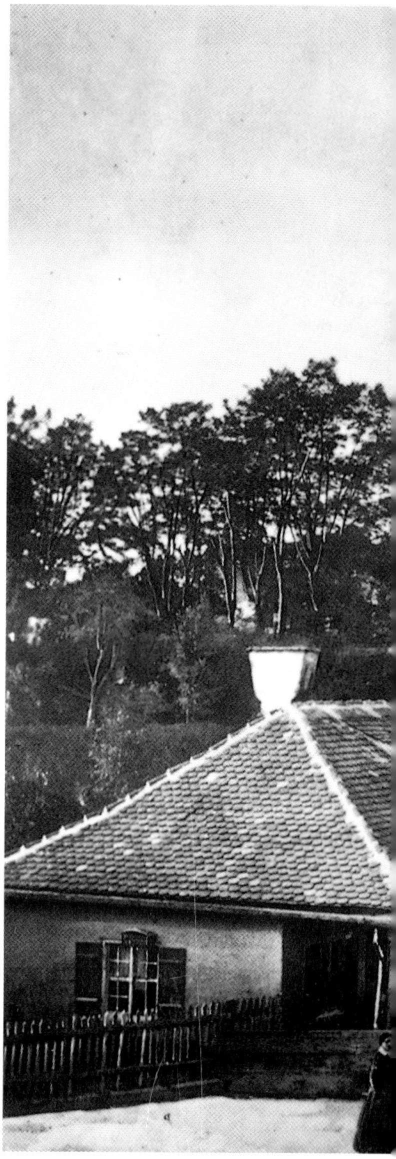

Vorhergehende Doppelseite: Augsburg, Maximilianstraße und Herkulesbrunnen. Die Maximilianstraße, das Herzstück Augsburgs, ist etwa so alt wie die christliche Zeitrechnung. Der schöne Straßenzug, der dann das Mittelalter und den Wohlstand ganzer Kaufmannsgeschlechter repräsentierte, wurde über der römischen Via Claudia angelegt, die die Stadt am Zusammenfluß von Wertach und Lech einmal mit Verona verband.
Der Herkulesbrunnen wurde 1596–1602 von Adriaen de Vries in der verspielten Form des Manierismus geschaffen.

Schwibbogen Tor, 1867/68 abgerissen. Als „Augusta Vindelicorum" Legionslager und römische Soldatenstadt, glanzvolle Metropole Raetiens, war Augsburg eine frühe Stätte der Christenheit (die Bischof Ulrich 955 erfolgreich gegen die anstürmenden Ungarn verteidigte). Seine eigentliche Blüte erlebte es dann als europäisches Handelszentrum zwischen dem 15. und 17. Jh., als Fugger und Welser von hier aus die Welt beherrschten und Kaiser, Päpste und Konquistadoren finanzierten. In Augsburg, Schauplatz vieler Reichstage, erhielten die Protestanten 1530 ihr Glaubensbekenntnis, 1555 durch den Religionsfrieden Bekenntnisfreiheit.
In Erinnerung an den Westfälischen Frieden – der Dreißigjährige Krieg hatte hier schwere Wunden geschlagen – feiern die Augsburger seit 1650 jährlich als einzige deutsche Stadt noch ein „westfälisches" Friedensfest.

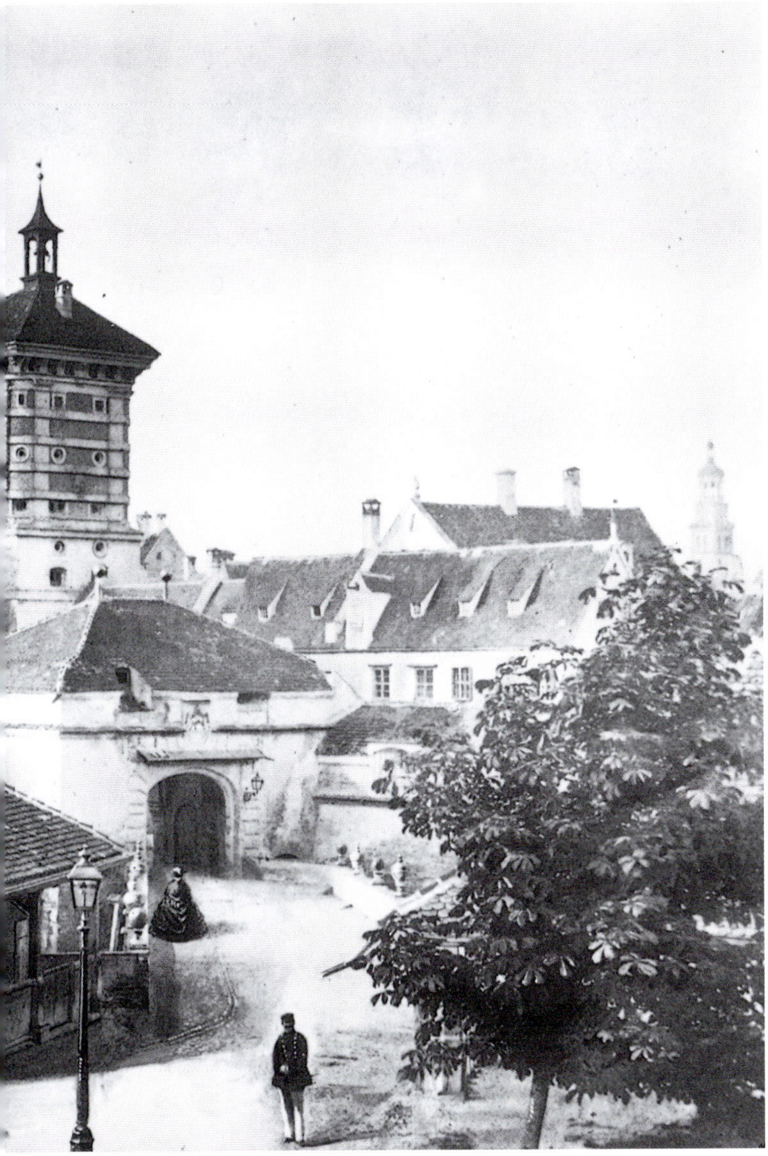

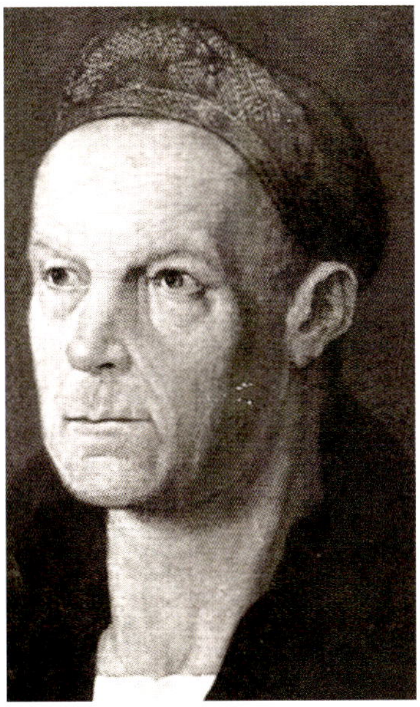

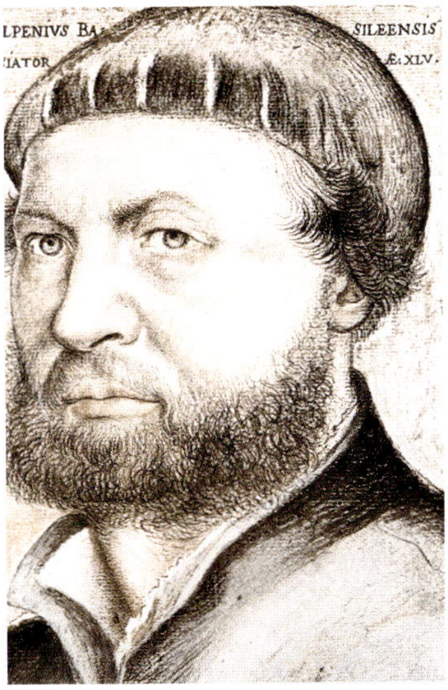

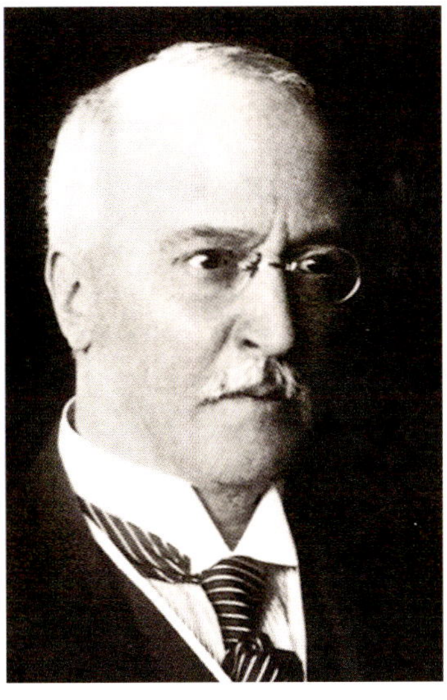

Gögginger Tor am Königsplatz (abgerissen 1862). Das ummauerte Augsburg war eine Stadt der Tortürme, an denen man Geschichte und Geschichten ablesen konnte.
Die Aufhebung des Festungscharakters führte in Augsburg ab 1860 zur Abtragung fast der gesamten Stadtmauer und zum Zusammenwachsen der Altstadt mit dem Siedlungsgebiet außerhalb des Stadtgrabens.

Jakob Fugger, Bildnis von Albrecht Dürer. Jakob Fugger „der Reiche“ (1459–1525) aus schwäbischer Kaufmannsfamilie war der größte Bankier seiner Zeit, daneben Stifter der Fuggerei in Augsburg, der ältesten Sozialsiedlung der Welt. – Hans Holbein der Jüngere (1497–1543) war einer der bedeutendsten Vertreter der deutschen Renaissancemalerei. Der Augsburger Künstler starb in London an der Pest. – Rudolph Diesel (1858–1913). Der Ingenieur und Erfinder baute 1897 im Augsburger Stammwerk der MAN den ersten betriebsfähigen Dieselmotor.

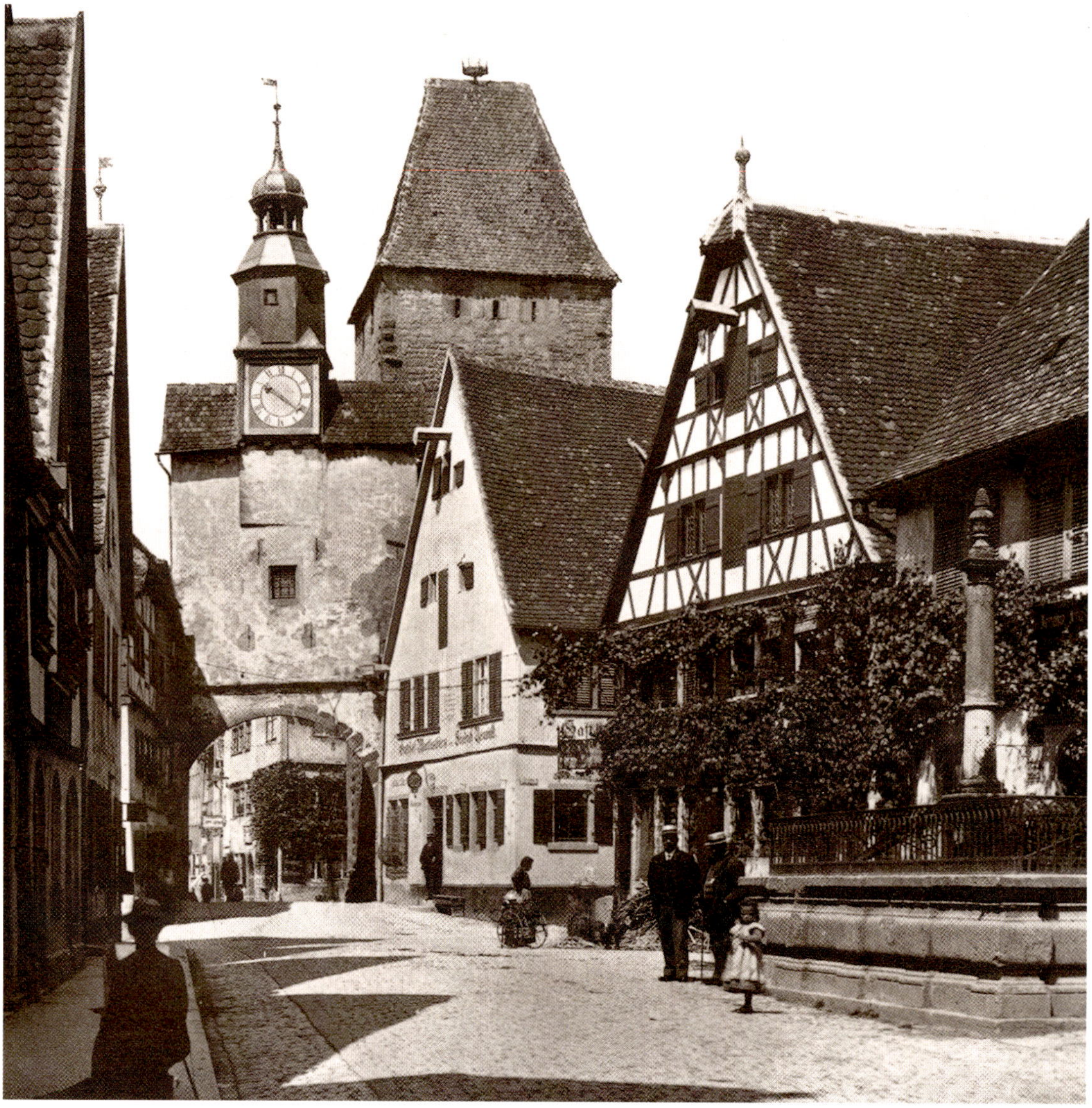

Rothenburg ob der Tauber: Rödergasse, Röderbogen und Markusturm. – Straßengabelung am Plönlein (rechte Seite). Rothenburg im Tal der Tauber, die alte fränkische Reichsstadt, entstand im 12. Jh. im Schutz der Hohenstaufenburg. Seinen späteren Ruf als Königin der altdeutschen Städte verdankt es dem chronischen Geldmangel der Bewohner aufgrund einer relativ verkehrsungünstigen Situation. Jahrhundertelang hatten die Rothenburger so auch zu erhalten, wo andere modernisierten.
Noch etwas half der Stadt am tiefen Taleinschnitt ob der Tauber bei der Erhaltung ihres Erbes: Im Dreißigjährigen Krieg – die Bürger hatten sich auf die Seite Gustav Adolfs gestellt – wurde Rothenburg von den Kaiserlichen unter Tilly gestürmt. Beim Einritt Tillys soll der Sieger den Besiegten versprochen haben, die Stadt zu verschonen, wenn es einem Mitglied des Hohen Rates gelingen würde, einen mit 13 Schoppen Wein gefüllten Humpen auf einen Zug zu leeren. Der trinkfeste Altbürgermeister Nusch wurde schließlich zum Helden des Tages, er war es, der die Stadt vor den Folgen der Niederlage rettete. Die Rothenburger erinnern sich seit 1881 jeweils an Pfingsten mit dem Festspiel „Der Meistertrunk“ an dieses Ereignis.
Der Röderbogen ist Teil der ersten Stadtbefestigung aus dem 12. Jh., das Plönlein am Ende der Unteren Schmiedgasse einer der malerischsten Punkte in einer märchenhaften Stadt.

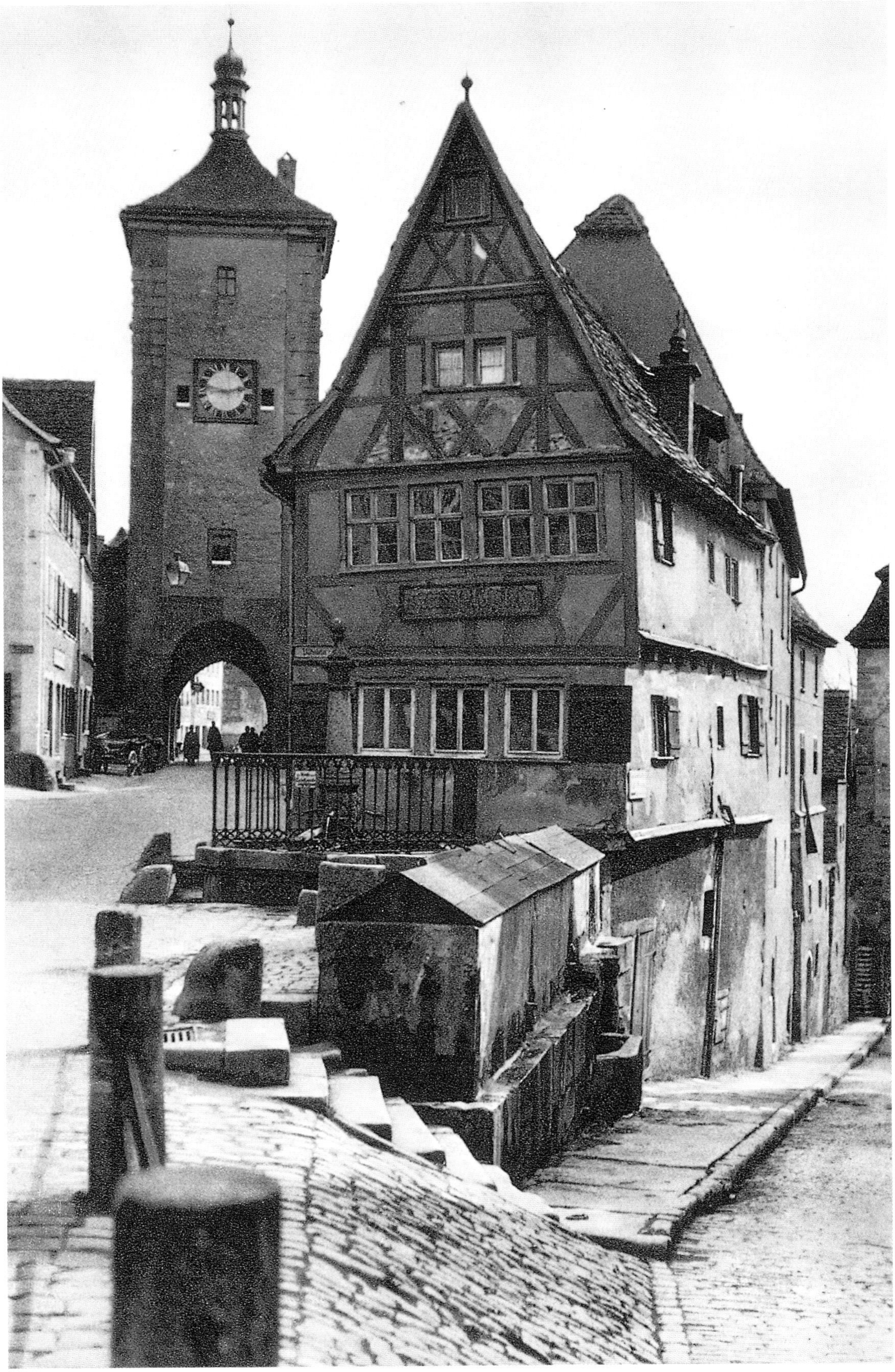

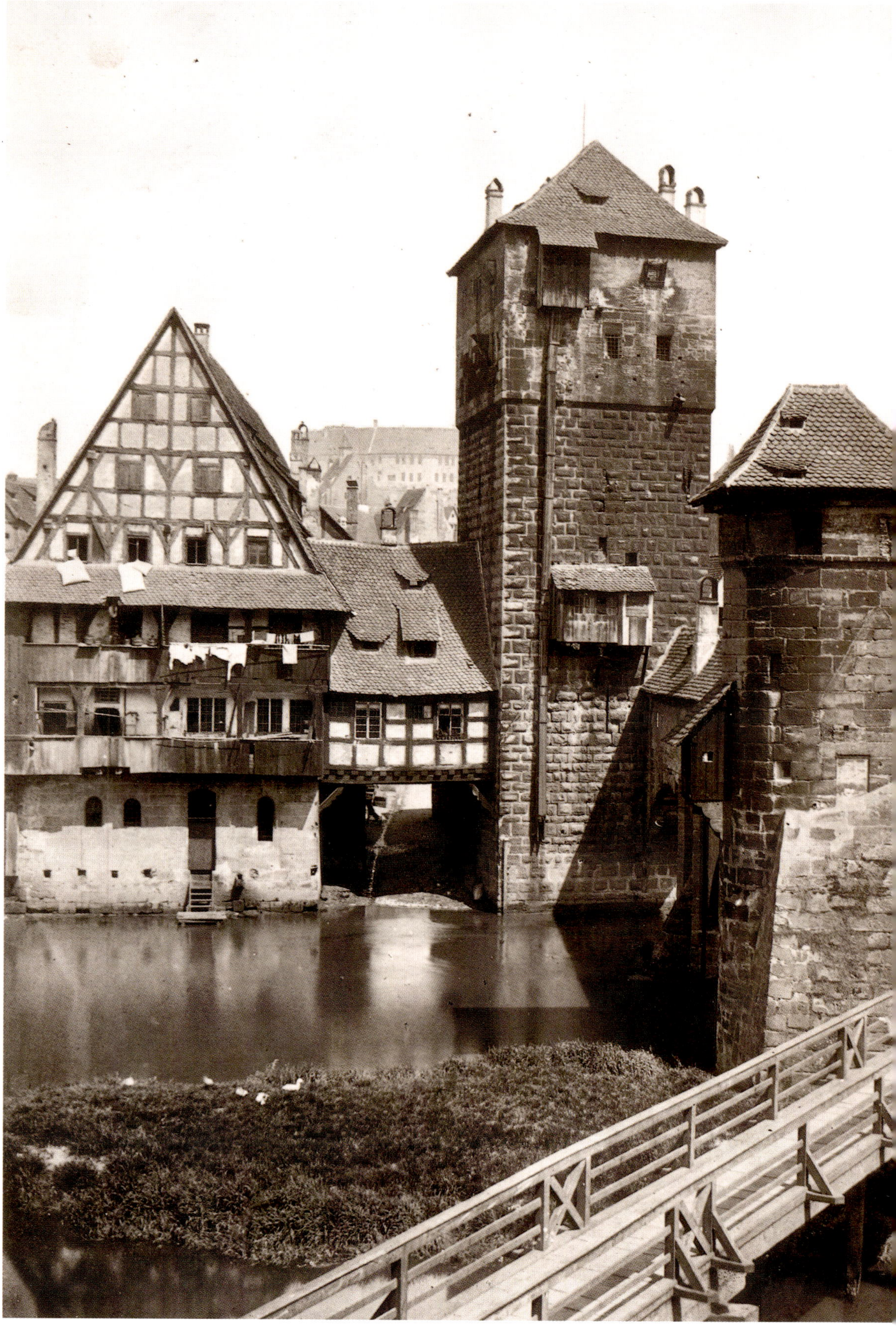

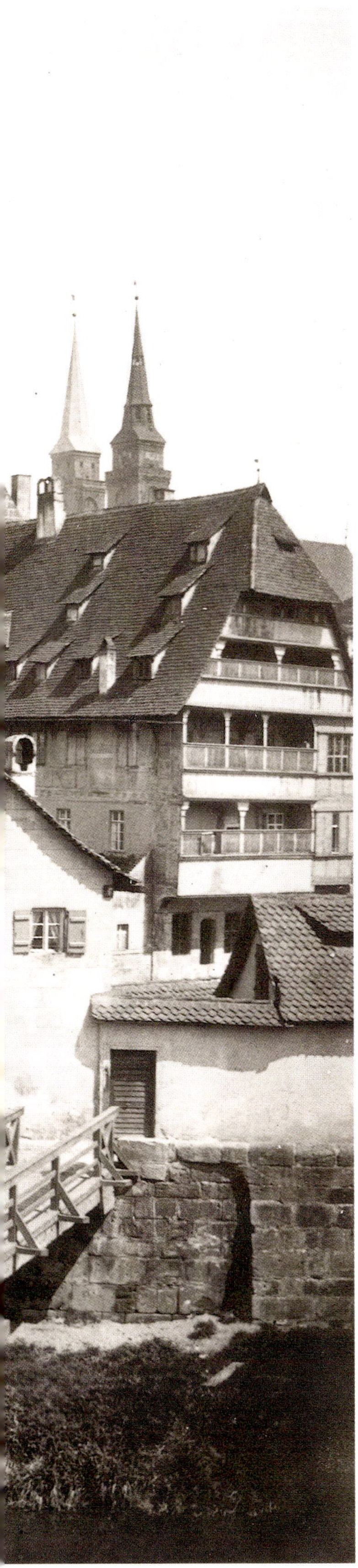

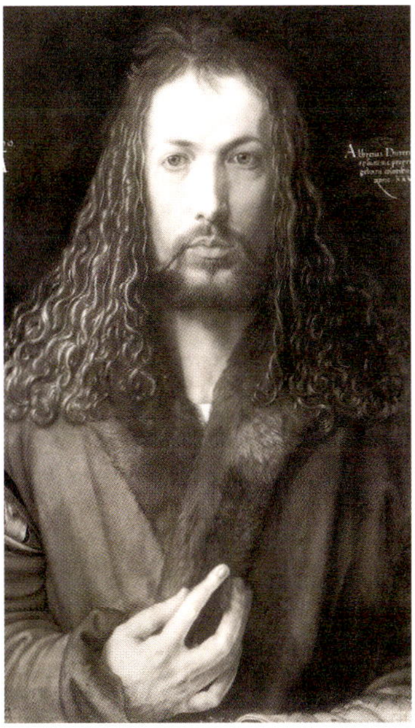

Nürnberg – Albrecht Dürer (Selbstbildnis von 1500, Alte Pinakothek München). Der Malerphilosoph, Zeichner, Graphiker und Kunstschriftsteller Dürer (1471–1528) war nach seinen Lehr – und Wanderjahren an den Oberrhein, nach Italien und den Niederlanden bis zu seinem Tod in seiner Werkstadt in Nürnberg tätig. In der Stadt an der Pegnitz erschien 1498 sein erster Graphikzyklus, die 15 Holzschnitte zur Apokalypse. Der Schwerpunkt von Dürers Schaffens lag fortan im religiösen Themenbereich.

Links: Alt-Nürnberg: der Pegnitzarm mit dem berüchtigten Henkersteg

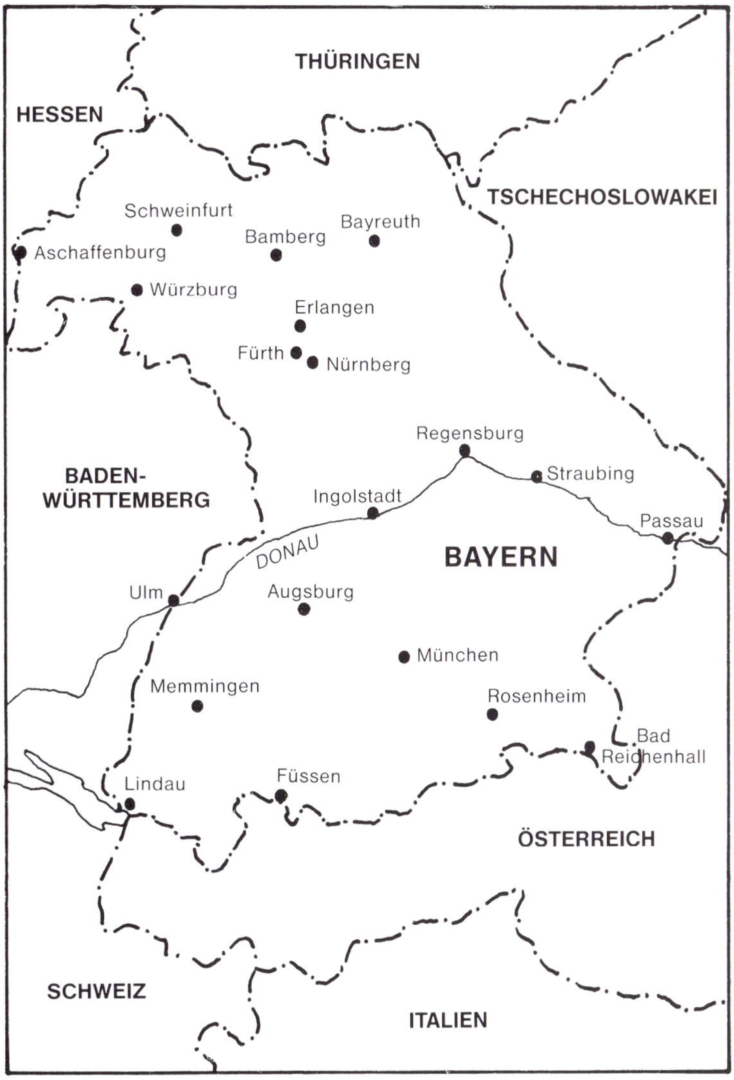

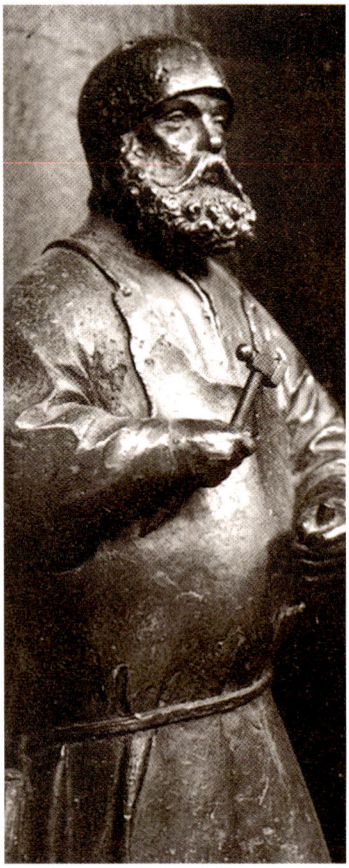

Nürnberg: Detail des Sebaldusgrabes von Peter Vischer. Nürnberg galt in reichsstädtischen Tagen als Deutschlands Schatzkästlein, ein Zentrum für Kunst und Geistesleben, was ihm den Ruf eines „Florenz des Nordens" einbrachte. Hier wirkten Albrecht Dürer und dessen Lehrmeister Michael Wolgemut, der Steinhauer, Erzgießer und Maler Veit Stoß und der Steinbildner Adam Krafft, der Humanist Willibald Pirkheimer und der Meistersinger Hans Sachs. Unter ihnen der Erzgießer Peter Vischer, Schöpfer des berühmten Sebaldusgrabes mit dem silbernen Sarkophag des Heiligen im Chor der ihm geweihten Nürnberger Kirche.

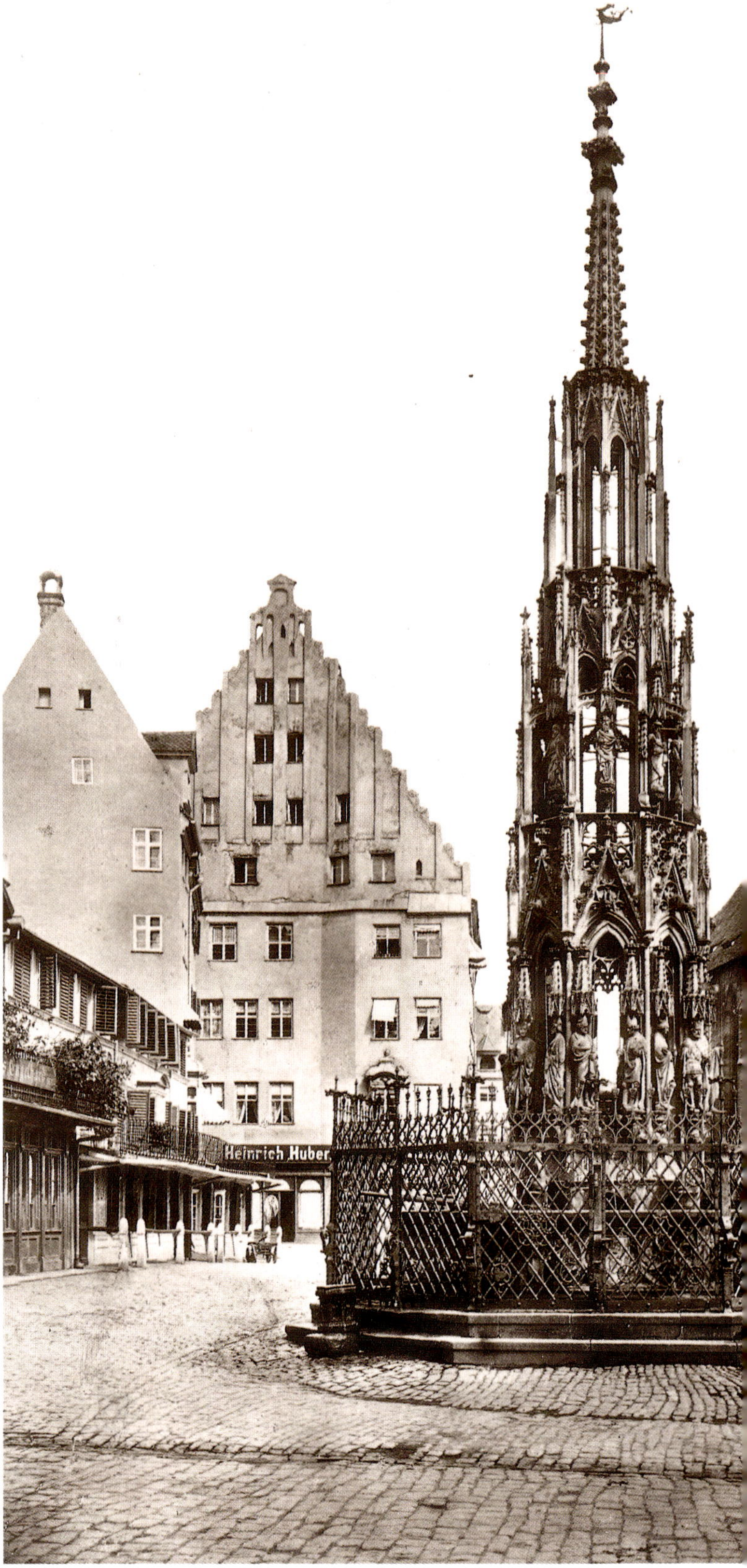

Nürnbergs Schöner Brunnen auf dem Hauptmarkt. Die 19 m hohe, skulpturengeschmückte Steinpyramide mit ihren 40 Figuren stammt aus der 2. Hälfte des 14. Jh. Als Erbauer gilt Heinrich Parler.

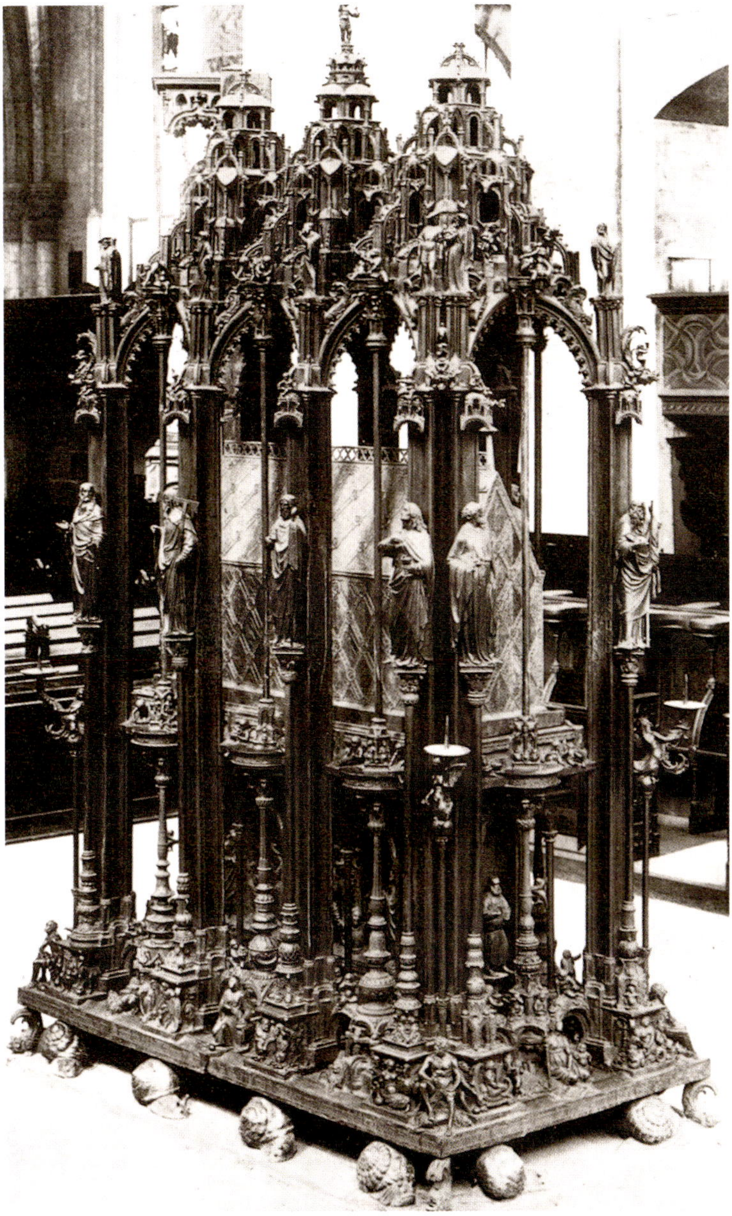

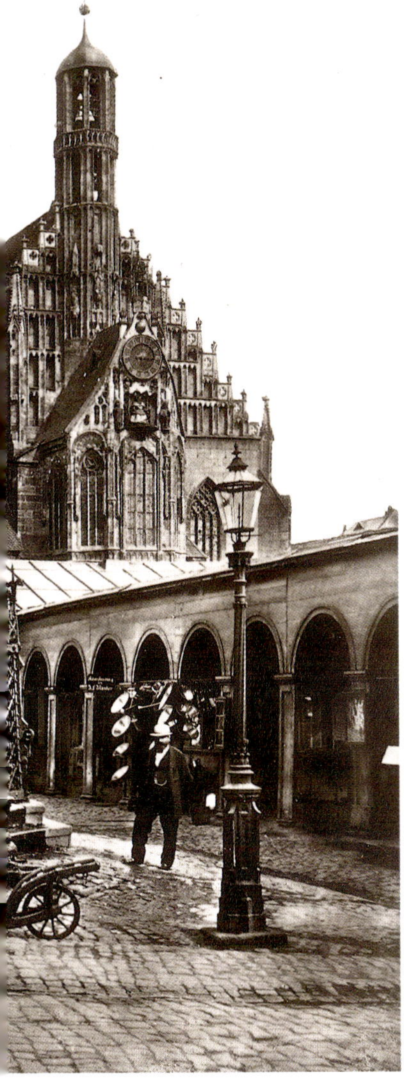

Das Zentrum Mittelfrankens und Nordbayerns wird 1050 erstmals erwähnt. Aufschwung erhielt es durch die Goldene Bulle Kaiser Karls IV., die bestimmte, daß jeder neugewählte König seinen ersten Reichstag hier zu halten hatte. 1424 brachte Kaiser Sigismund die Reichskleinodien „für ewige Zeiten“ in die Stadt. 1806 wurde Nürnberg, nachdem es sich erfolglos um den Anschluß an Preußen bemüht hatte, Bayern angegliedert. Von Nürnberg nach Fürth verkehrte 1835 die erste deutsche Eisenbahn.

Sebaldusgrab in der St.-Sebaldus-Kirche. Die Pegnitz trennt Nürnbergs Altstadt in zwei Teile, die nach ihren Hauptkirchen Lorenzer und Sebalder Seite genannt werden. St. Sebaldus (1225–1273), westlich vom Rathaus, ist die ältere der beiden Kirchen. Im Ostchor des Gotteshauses befindet sich das Grabmal des hl. Sebaldus, von Peter Vischer zusammen mit seinen Söhnen 1508–1519 geschaffen. Das Kunstwerk gilt als ein Meisterwerk der deutschen Gießkunst.

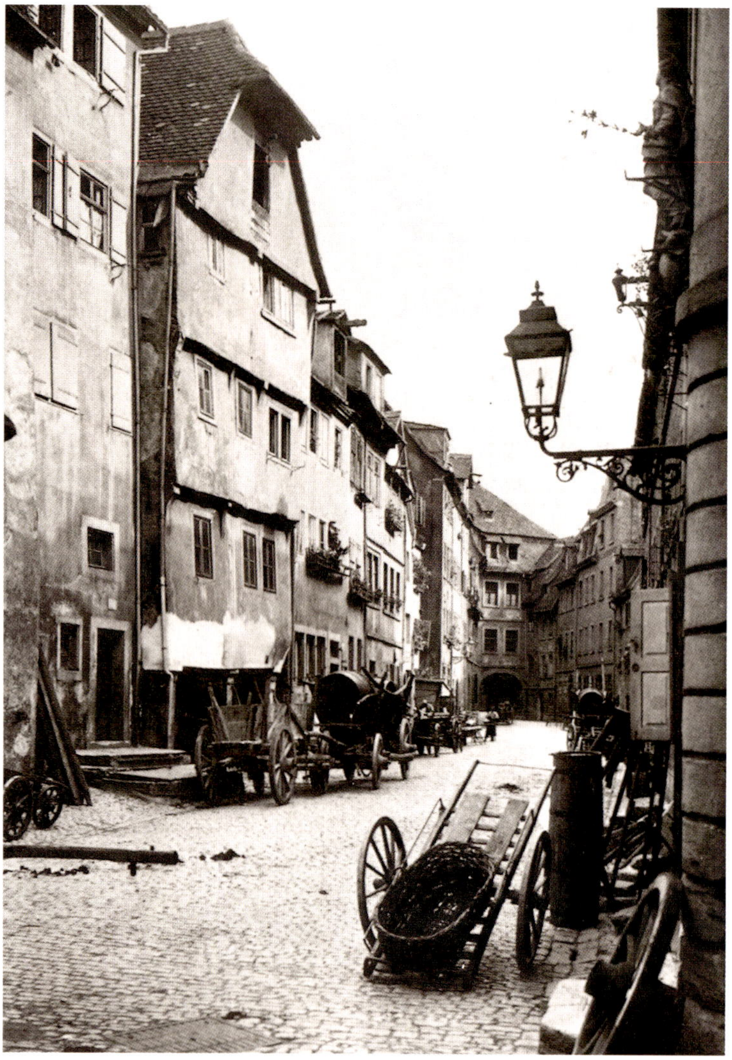

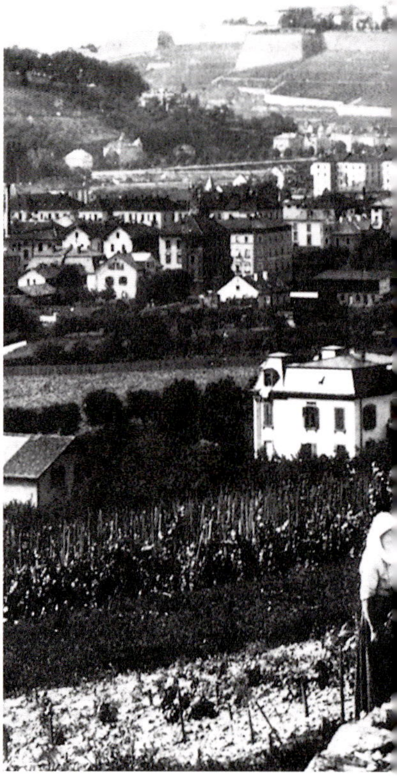

Gasse in Würzburg. Über die alte, aus verschiedenen Siedlungskernen zusammengewachsene mainfränkische Bischofsstadt schrieb Heinrich von Kleist im Jahre 1800:

„Würzburg liegt ganz im Grunde, an einer Krümmung des Mains, von kahlen Höhen eingeschlossen, denen das Laub ganz fehlt und die von nichts grün schimmern, als von dem kurzen Weinstock. Das Ganze hat ein echt katholisches Ansehn. Neununddreißig Türme zeigen an, daß hier ein Bischof wohne, wie ehemals die ägyptischen Pyramiden, daß hier ein König begraben sei. Die ganze Stadt wimmelt von Heiligen, Aposteln und Engeln, und wenn man durch die Straßen geht, so glaubt man, man wandle durch den Himmel der Christen".

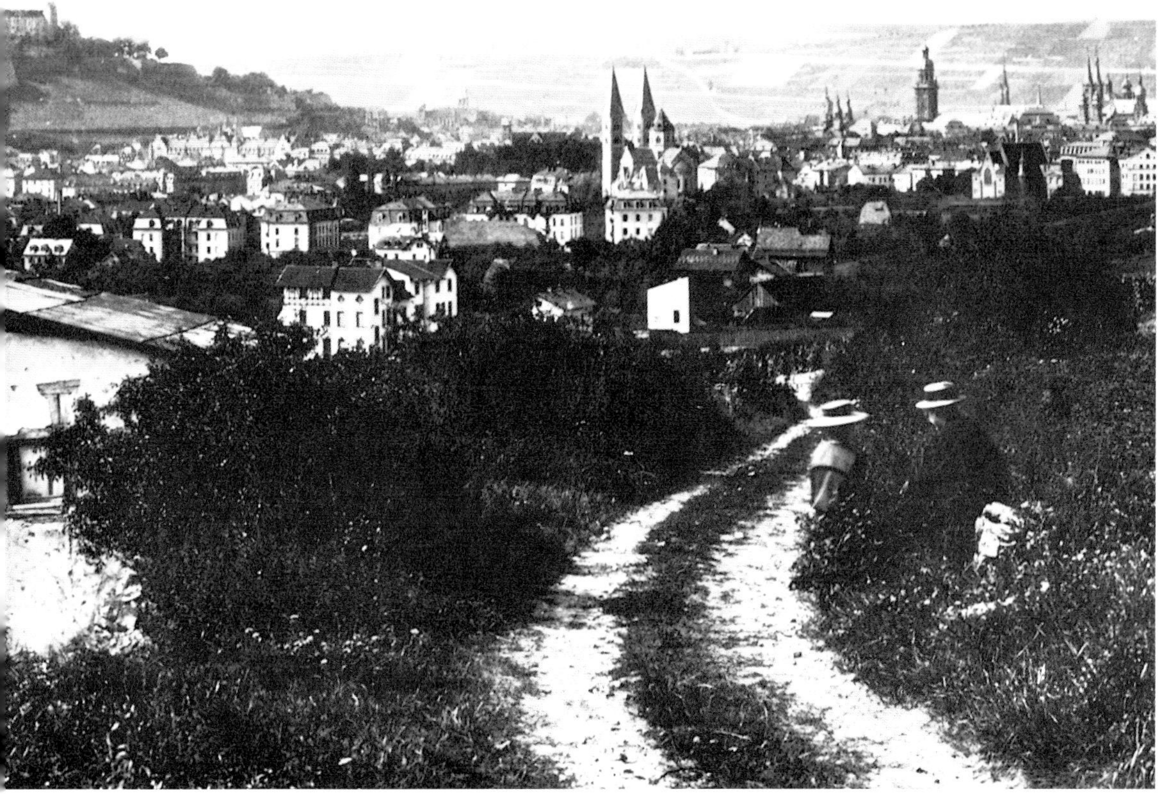

Würzburg: Blick auf die Stadt zu Füßen der alten bischöflichen Burg und Residenz Marienberg. An der historischen Mainfurt im Schutze des Würzberges (später Marienberg), wirkte einst der Frankenapostel Kilian, der hier 689 ermordet wurde. Von Bonifatius zum Bistum erhoben, kam der hl. Burkard an den Main. Schnell entwickelte sich die einen fränkischen Herzogshof umgebende Siedlung zum Zentrum kirchlicher wie weltlicher Macht. Karl der Große hielt auf dem Marienberg sein Hoflager, Friedrich Barbarossa heiratete hier Beatrix von Burgund und erhob die Bischöfe von Würzburg – sie residierten bis zu Beginn des 18. Jh. auf dem Marienberg – zu Herzögen von Franken. Den Minnesänger Walther von der Vogelweide zog es in die Stadt des hl. Kilian und der barocken Madonnen, der Holzschnitzer und Bildhauer Tilman Riemenschneider (rechts) arbeitete hier im 15. und 16. Jh., Balthasar Neumann, der Vollender des deutschen Hochbarocks, schuf mit der Würzburger Residenz sein wohl bedeutendstes Werk.

In Würzburg, ab 1815 bei Bayern, war Richard Wagner kurze Zeit Chordirektor am Stadttheater, an der Universität wirkten Virchow und Röntgen.

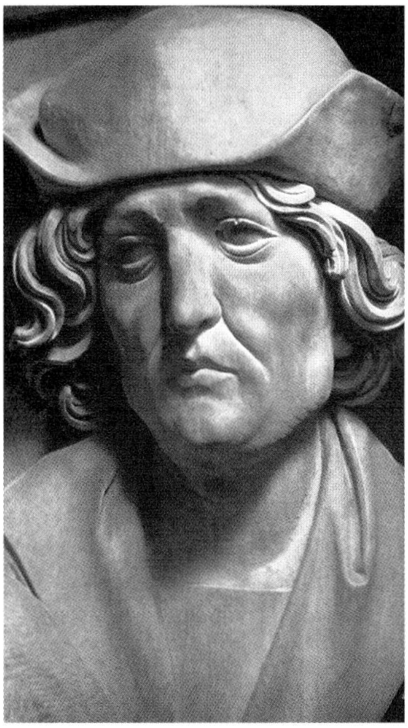

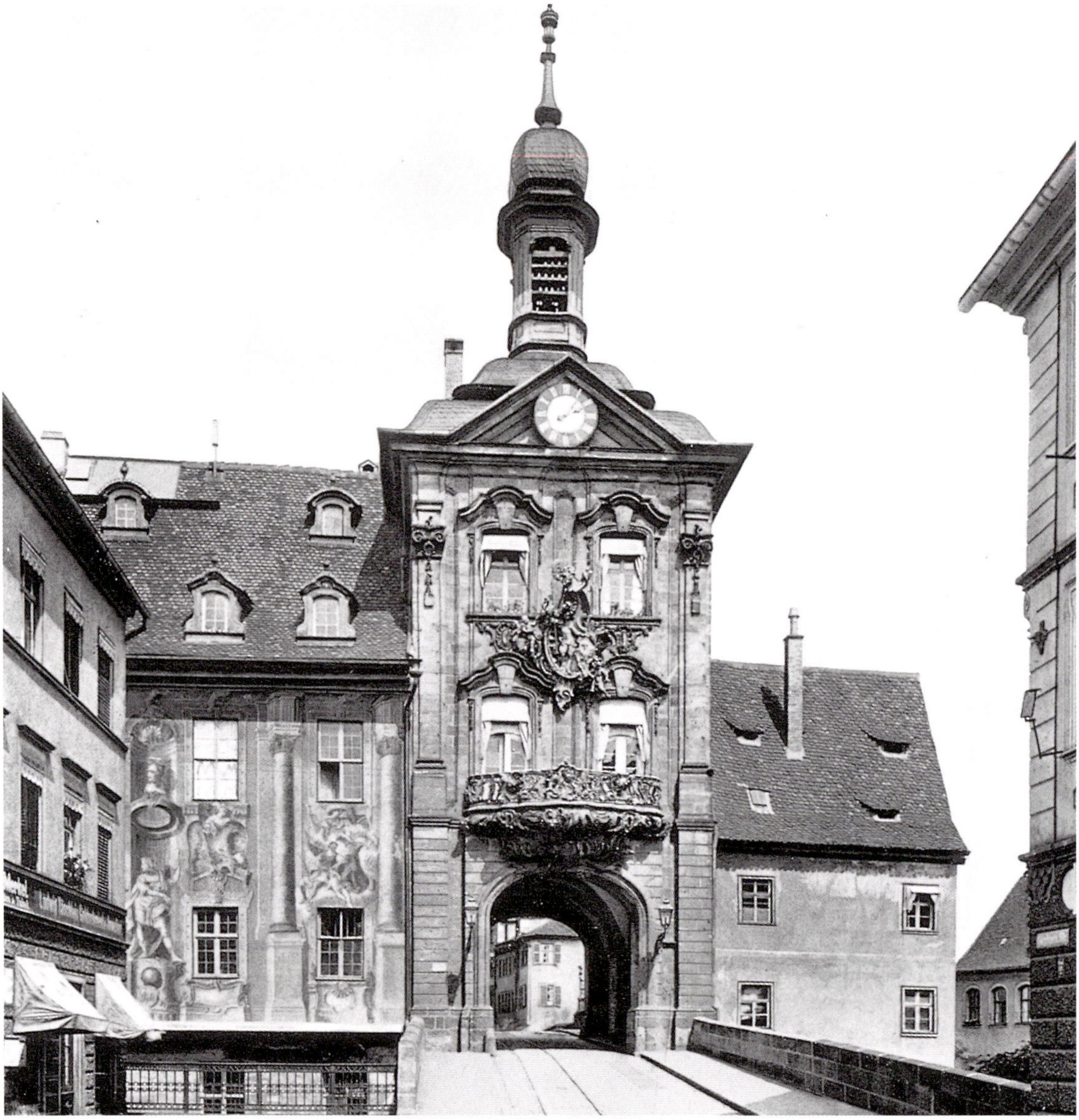

Bamberg: Das Rathaus – Kaiser Heinrich II. (973–1024). Die alte fränkische Kaiser- und Bischofsstadt an der Regnitz wird bereits im Jahre 902 als Sitz des Geschlechts der Babenberger genannt. Kaiser Heinrich II. gründete hier 1007 ein Bistum und ließ auch den ersten Dom erbauen. In der Stadt, die im 11. und 12. Jh. höchste geistige und politische Bedeutung erlangte – und nicht umsonst als ein „zweites Athen" galt – stehen daneben Baudenkmäler aus allen Epochen der deutschen Geschichte. Unter ihnen das von der Regnitz umspülte Rathaus mit seinem barocken Turm und fränkischen Fachwerk.

Im Innern des Bamberger Domes, eines der schönsten Denkmäler des deutschen Mittelalters, befindet sich das Hochgrab des deutschrömischen Kaisers Heinrich II. und seiner Gemahlin Kunigunde (1499–1513 von Riemenschneider). Der letzte Herrscher aus dem Hause Sachsen war 1014 von Benedikt VIII. gekrönt und 1146 heiliggesprochen worden.

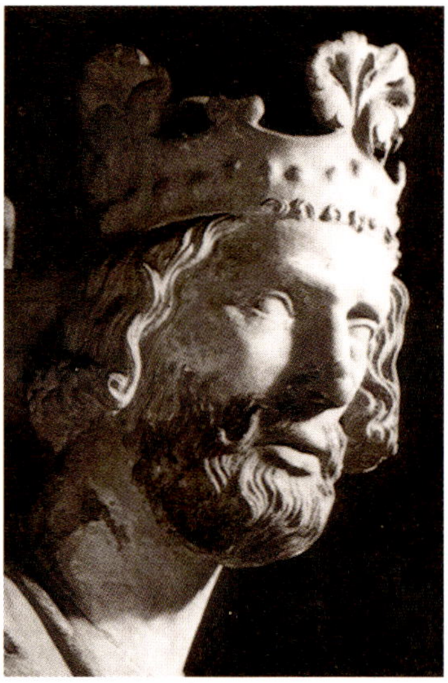

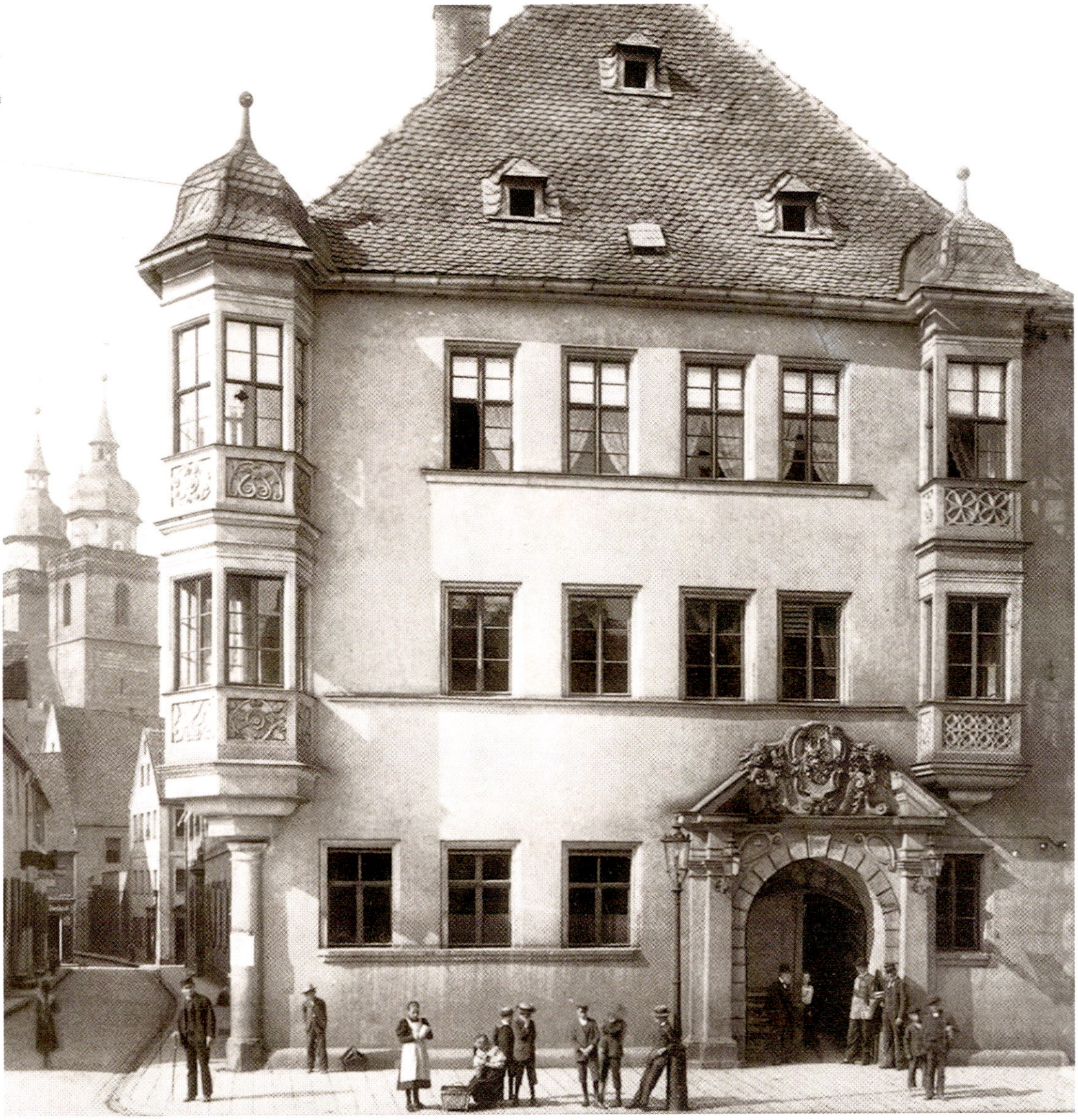

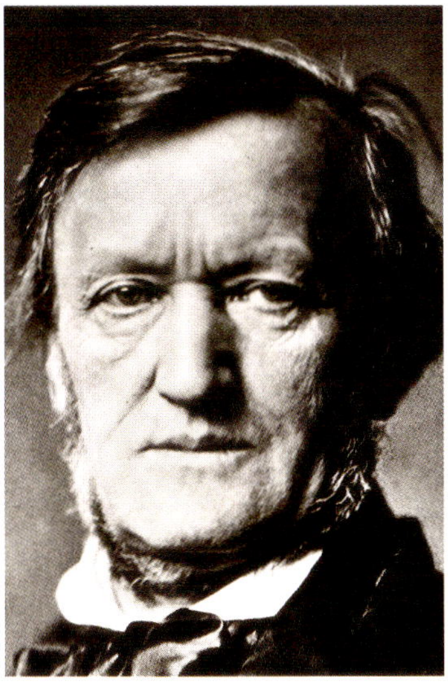

Bayreuth: das Rathaus – Richard Wagner. Bayreuth im weiten Tal des Roten Mains, zwischen der Fränkischen Schweiz im Südwesten und dem Fichtelgebirge im Nordosten, zählte einst zum Besitz der Markgrafen von Kulmbach. Später Residenz der Markgrafen von Bayreuth kam es 1810 nach mehrjähriger Napoleonherrschaft zu Bayern. Die Stadt – deren Name soviel bedeutet wie „von Bayern gerodet“ – erlangte Weltruf durch das Werk Richard Wagners, der 1870 mit Ehefrau Cosima, der Tochter von Franz Liszt, aus der Gegend von Luzern hierher übersiedelte. Sechs Jahre später eröffnete Wagner die ersten Bayreuther Festspiele – abseits der großen Welt, aber auch ungestört von ihr – mit seinem „Ring der Nibelungen“.
In Bayreuth lebte und starb Jean Paul (eigentlich Johann Paul Friedrich Richter), der beliebte Prosadichter der Goethezeit.

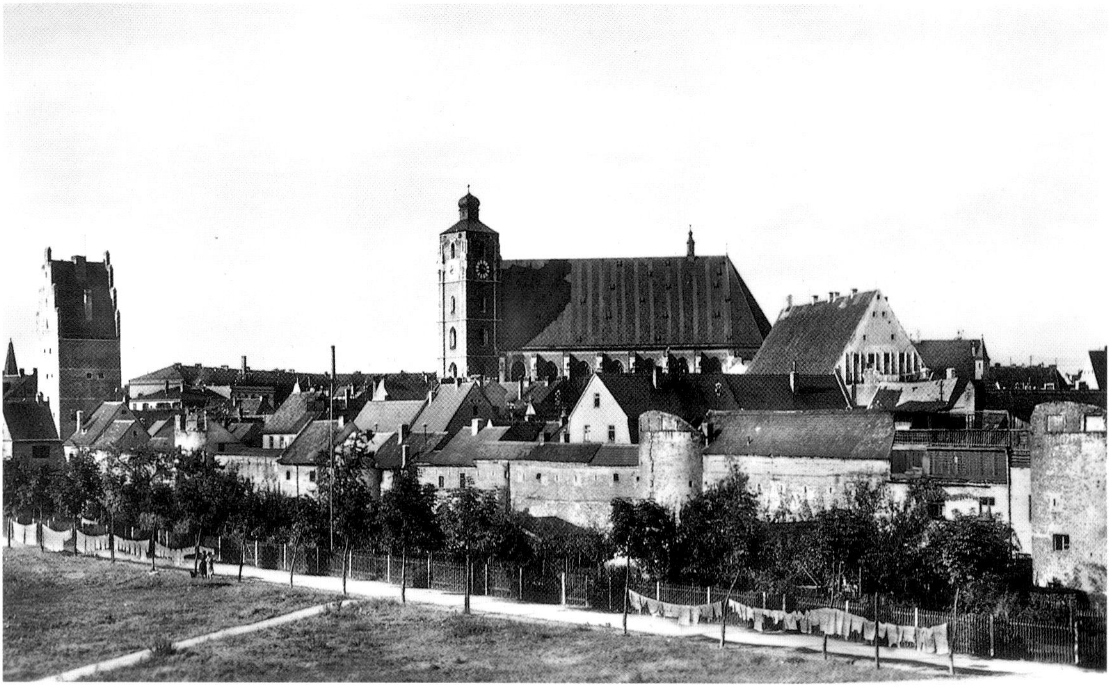

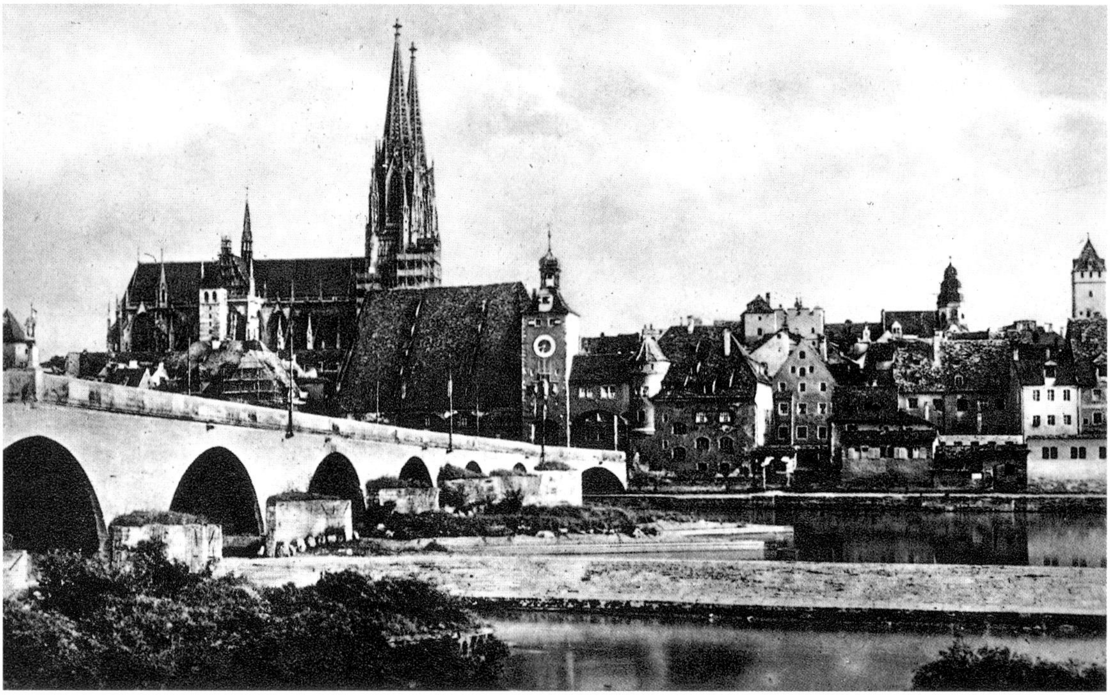

Ingolstadt mit der Hohen Schule, dem Liebfrauenmünster und dem Taschenturm. Die ehemalige bayerische Herzogenresidenz war durch ihre Universität ein Zentrum der Gegenreformation. Im Liebfrauenmünster befindet sich die Grabplatte von Luthers berühmten Gegner Prof. Dr. Eck.

Regensburg mit der Steinernen Brücke. Die alte Reichsstadt hat mit der ursprünglich 330 m langen Steinernen Brücke ein mittelalterliches Wunderwerk der Technik. Hans Sachs sollte das Regensburger Wahrzeichen loben: „Der Brücken gleicht keine in Deutschland“.

Berchtesgaden unterm Watzmann, heilklimatischer Luftkurort und populärer Wintersportplatz im südöstlichsten Winkel Bayerns. König der Berge ist hier der Watzmann mit seiner mächtigen, 2731 m hohen Mittelspitze.

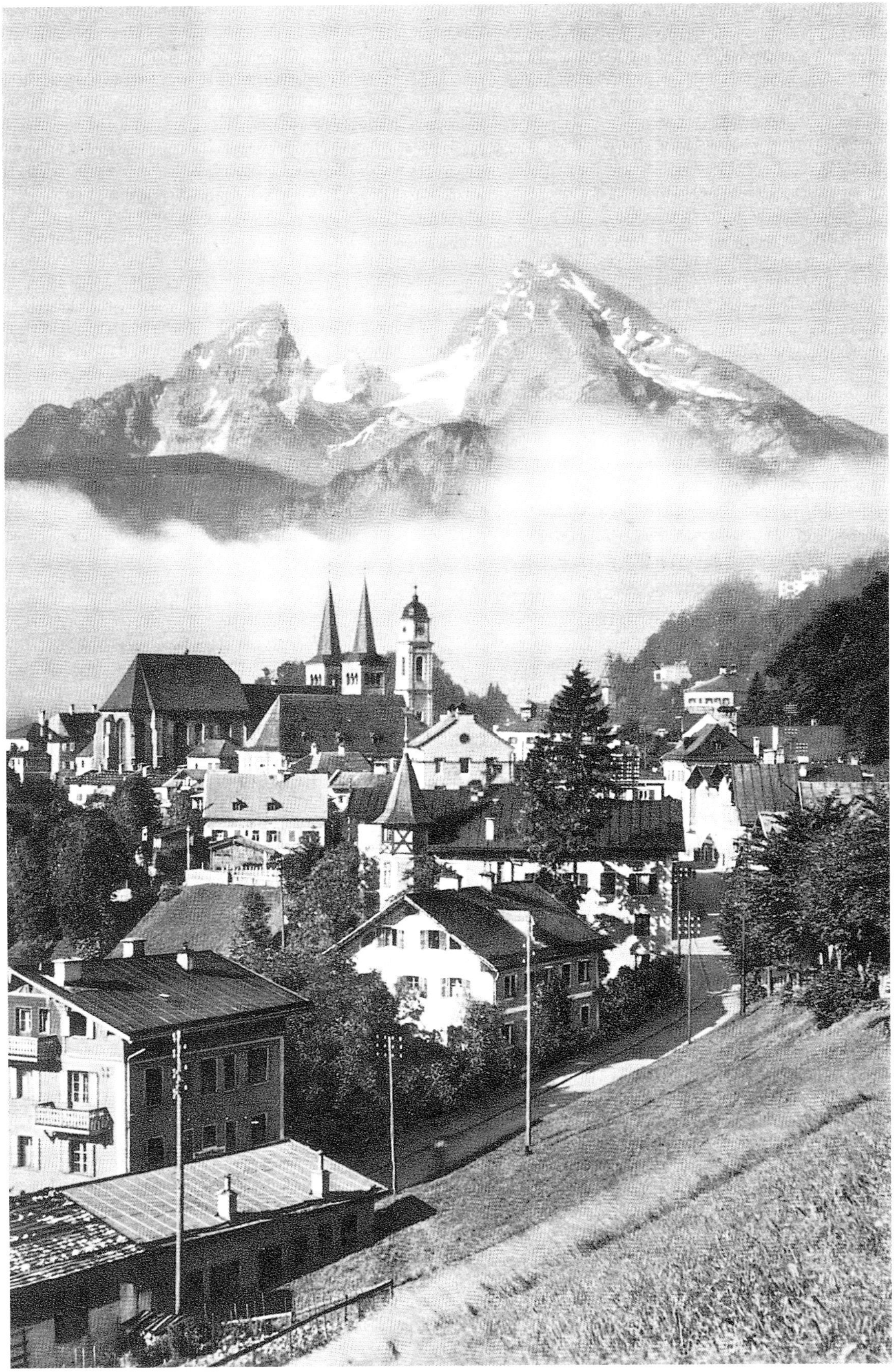

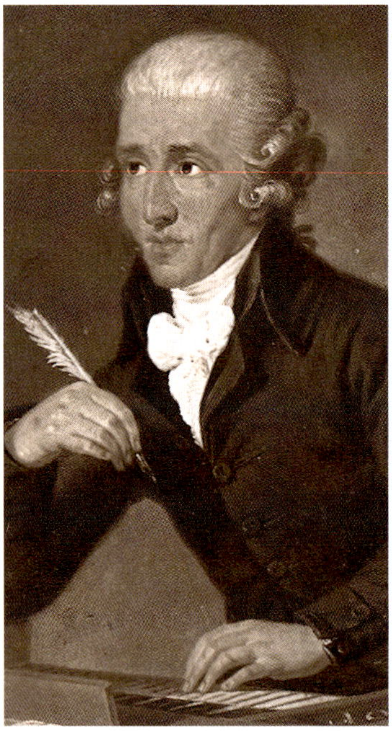

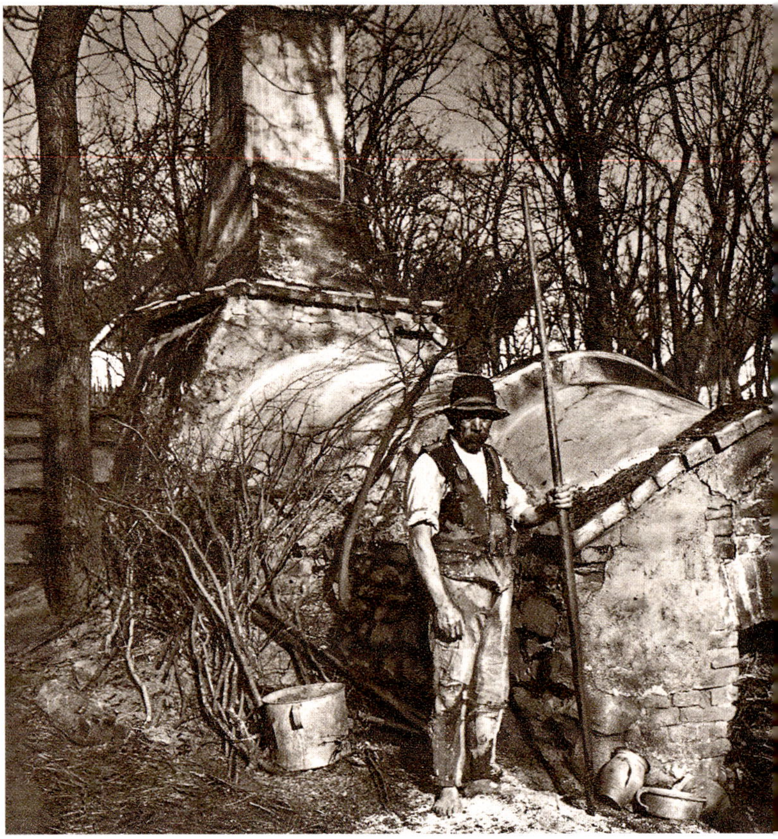

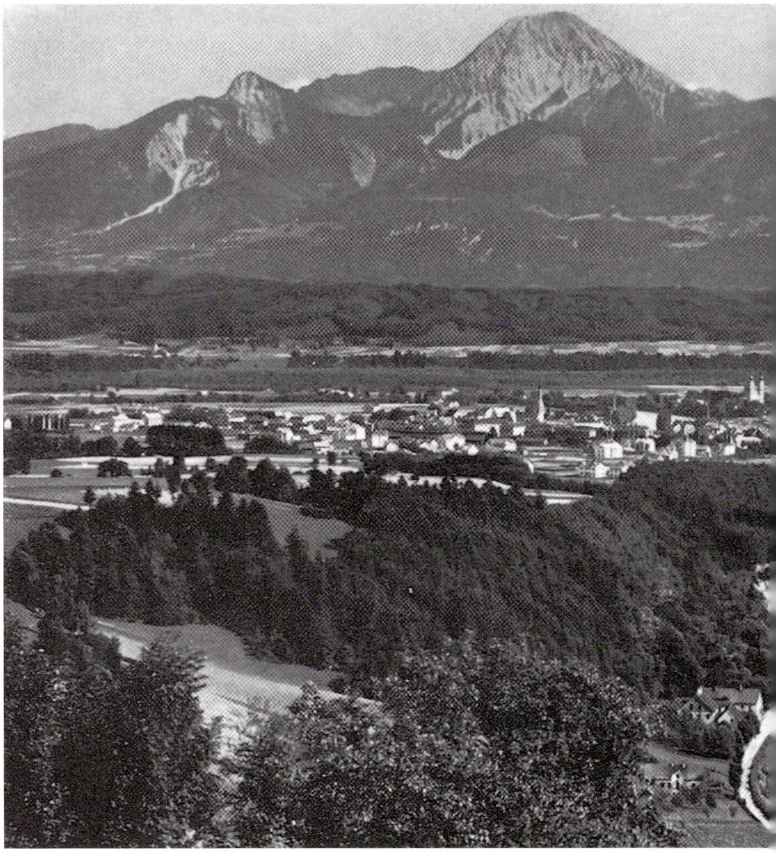

Franz Joseph Haydn (* 1732, † 1809), einst Chorknabe zu St. Stephan in Wien, später erster Kapellmeister und Hofkomponist des Fürsten Esterházy, gilt als erster Meister der Wiener Klassik. 1790 mit einer fürstlichen Pension entlassen ging Haydn nach England, wo er wahre Triumphe feierte. Zu den Höhepunkten seines Schaffens zählen die Oratorien „Die Schöpfung" (1798) und „Die Jahreszeiten" (1801). Zum Geburtstag des Kaisers im Jahre 1797 komponierte Haydn die österreichische Nationalhymne „Gott erhalte Franz den Kaiser" (Kaiserquartett mit der Melodie des Deutschlandliedes).

Oben rechts: Töpferofen im Burgenland. „Deutsch-Westungarn" kam im Friedensvertrag von Saint-Germain zu Österreich. Überwiegend Agrarland, Obst- und Gemüsegarten Wiens, wurde besonders im Süden des Burgenlandes noch dem Hausgewerbe (Töpferei in Stoob) nachgegangen.

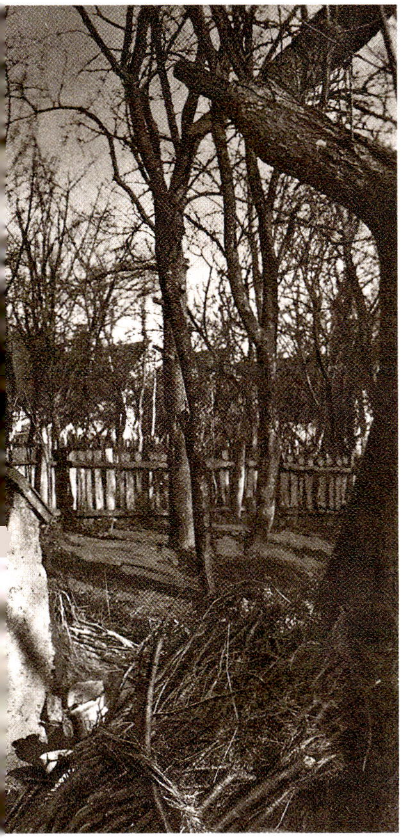

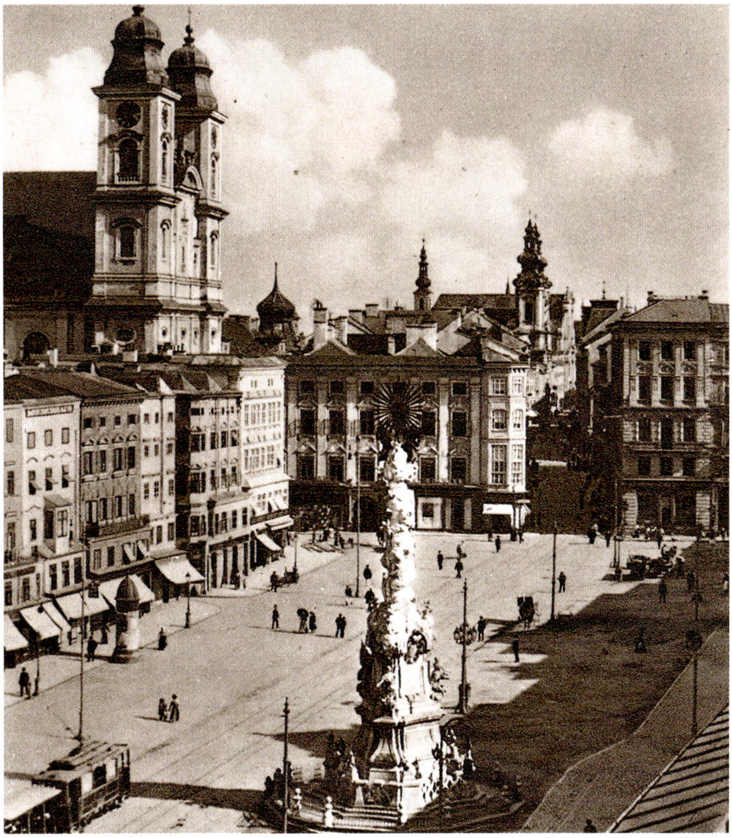

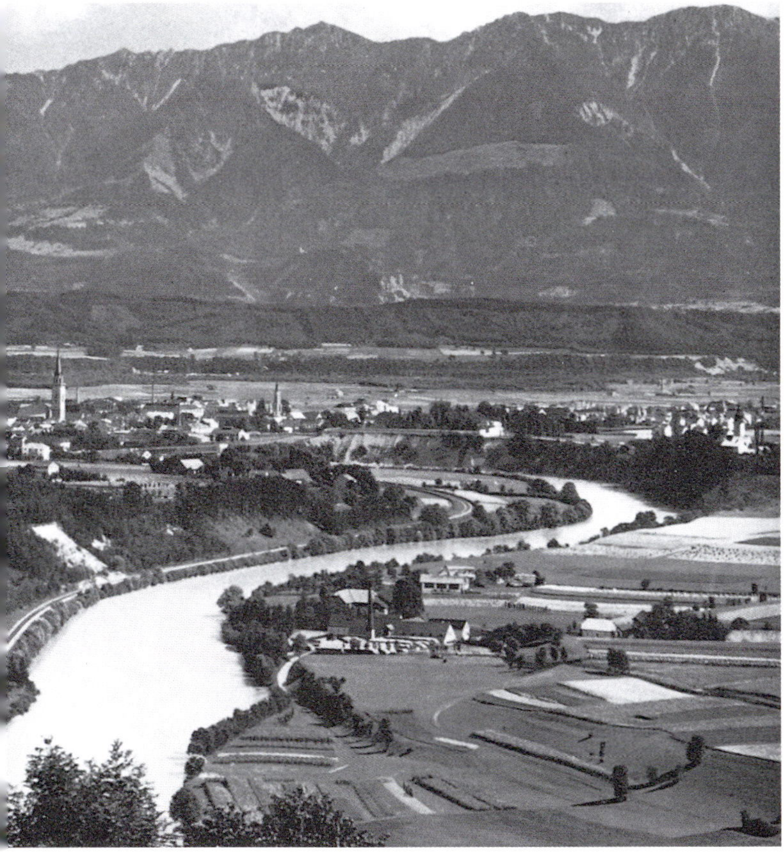

Linz: der Hauptplatz mit Dreifaltigkeitssäule und Dom (oben). Vom frühen Mittelalter an ein bedeutender Handelsplatz, verlieh Kaiser Friedrich III. Linz 1490 den Rang einer „Hauptstadt ob der Enns". Bischofsstadt seit 1785 wurde es durch die Eröffnung der Pferdeeisenbahn nach Budweis (1832) zu einem wichtigen Verkehrsknotenpunkt. In der Nähe des Hauptplatzes der alte Dom aus dem 17. Jh., in dem Anton Bruckner als Organist wirkte.

Villach in Kärnten (links). In dem seit vorgeschichtlicher Zeit besiedelten „Dreiländereck" am Fuß des Dobratsch bauten einst die Römer ihre Draubrücke, später die Fugger ihre Handelsniederlassung. Von 1007 bis 1759 im Besitz des Bistums Bamberg kam Villach durch Kauf in den Besitz Österreichs.

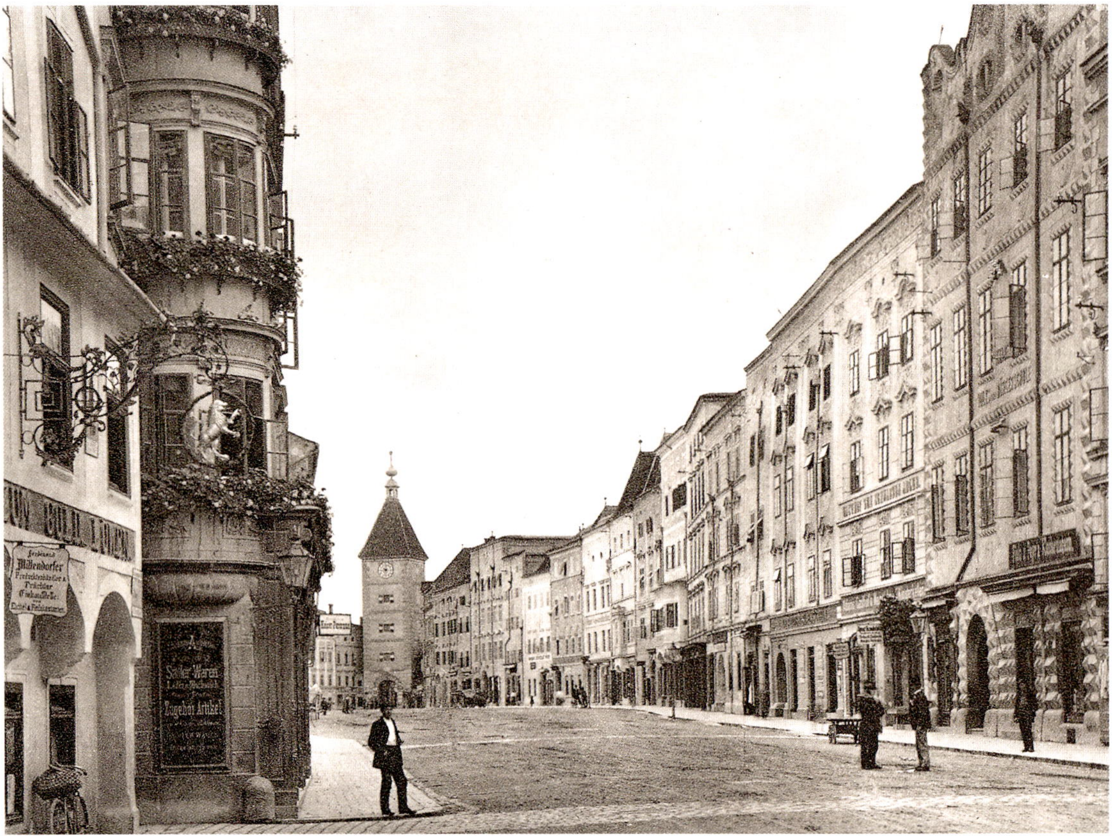

Wels an der Traun: Blick vom Stadtplatz in Richtung Ledererturm. Die zweitgrößte Stadt Ober-Österreichs wuchs aus der Römersiedlung Ovilava. Über seinen Raum hinaus bekannt wurde Wels durch ein seit 1878 in geraden Jahren stattfindendes gewaltiges Volksfest.

Oben rechts: Salzburg. Die Stadt an der Salzach gilt als Keimzelle der christlich-abendländischen Kultur der Donauländer. 696 wurde hier durch Bischof Rupert das erste Kloster gegründet. Salzburg blieb bis ins 18. Jh. Eigentum seiner Erzbischöfe.

Rechts: Innsbruck/Tirol vom Inn aus gesehen. Die „Stadt im Gebirg“, 1180 von den Grafen von Andechs gegründet, war zeitweilige Residenz Maximilians I., des letzten Ritters. 1809 schlug Andreas Hofer hier sein Hauptquartier auf.

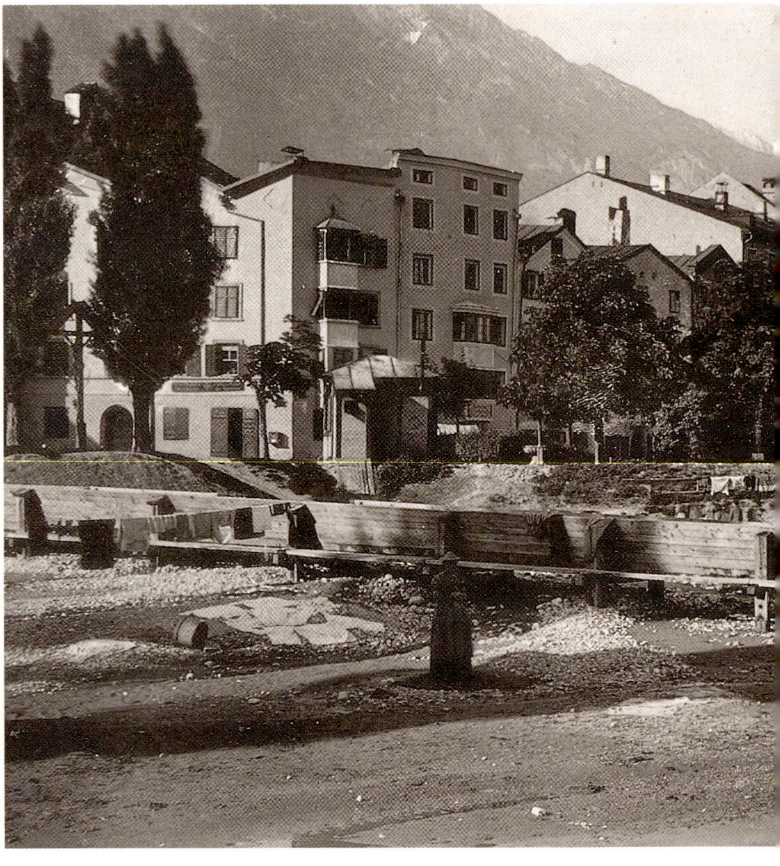

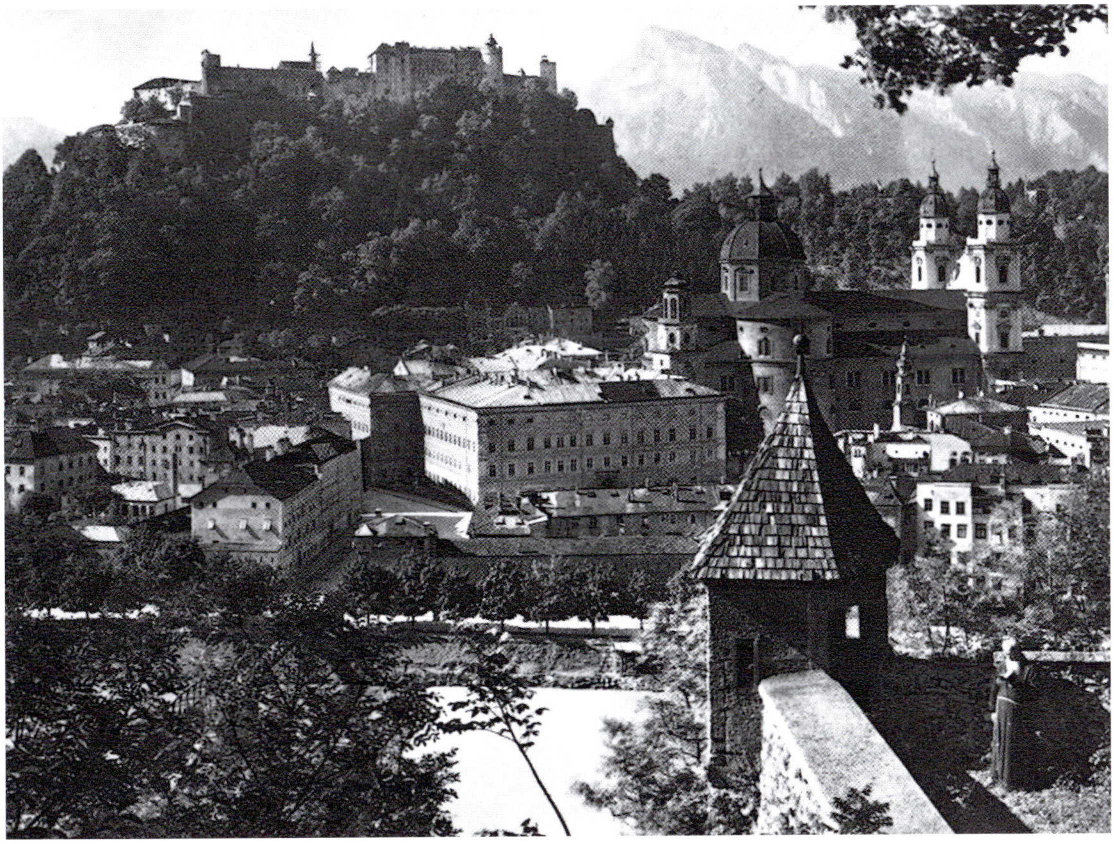

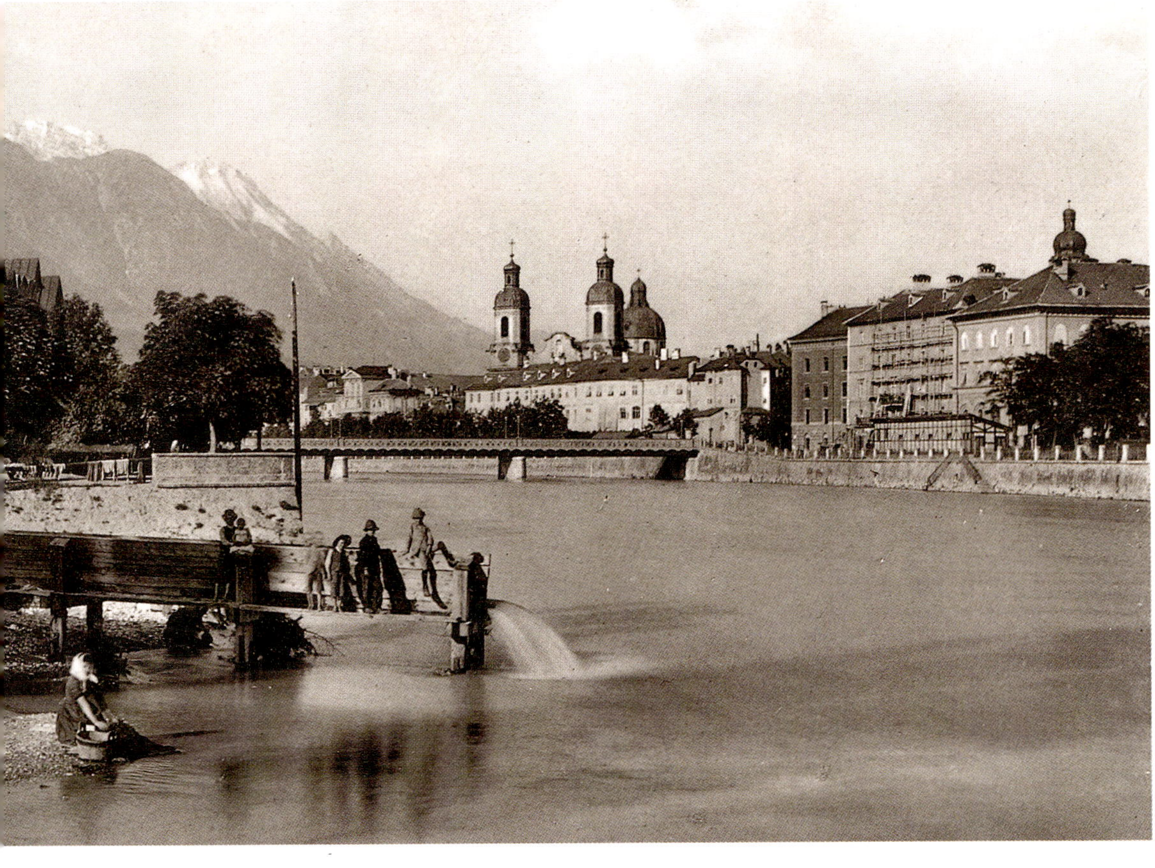

Matrei/Tirol: Kirche mit Schloß. Matrei am Brenner, die älteste Siedlung im Tiroler Wipptal, teilt sich in eine tiefergelegene Altstadt und einen typischen Straßenort, den sogenannten Markt. Malerische Altertümlichkeiten – das Schloß aus dem 13., die gotische Pfarrkirche aus dem 14. Jh. – prägen den Ortscharakter. Hier, auf dem Boden einer frühgeschichtlichen Siedlung und des römischen Matreium, steht die Mutterpfarre des Wipptales.

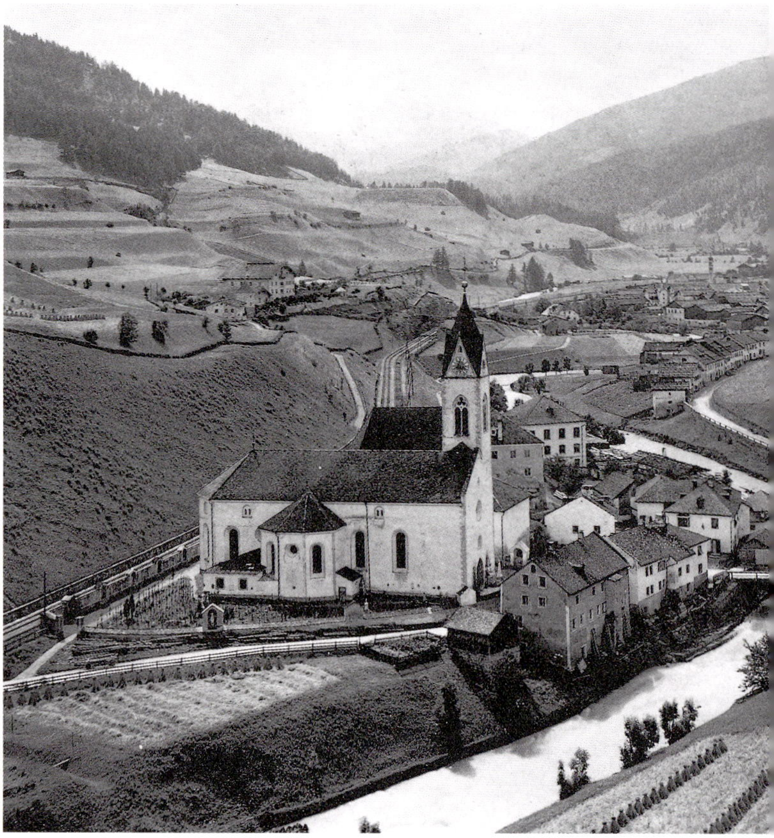

Köhler bei Ellmau/Tirol. Ein aussterbendes Gewerbe in Österreich, werden Köhlerei und Kohlenziehen auch in der Sommerfrische am Fuß des Wilden Kaisers allmählich zu fremden Begriffen.

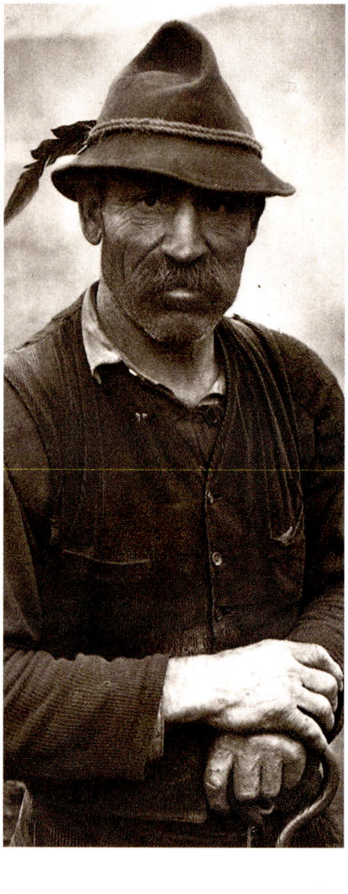

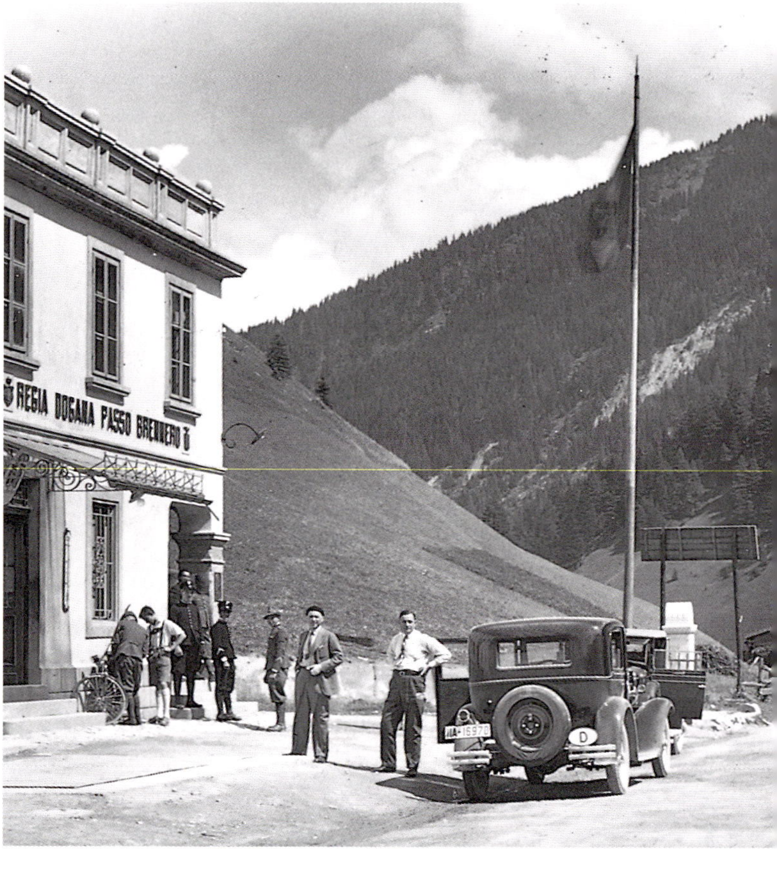

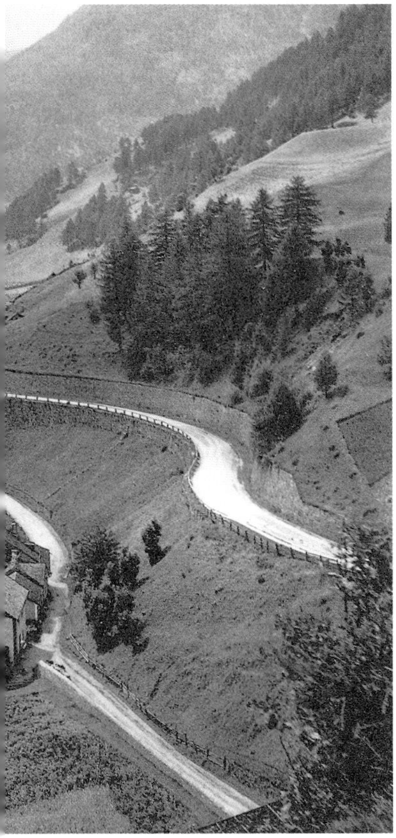

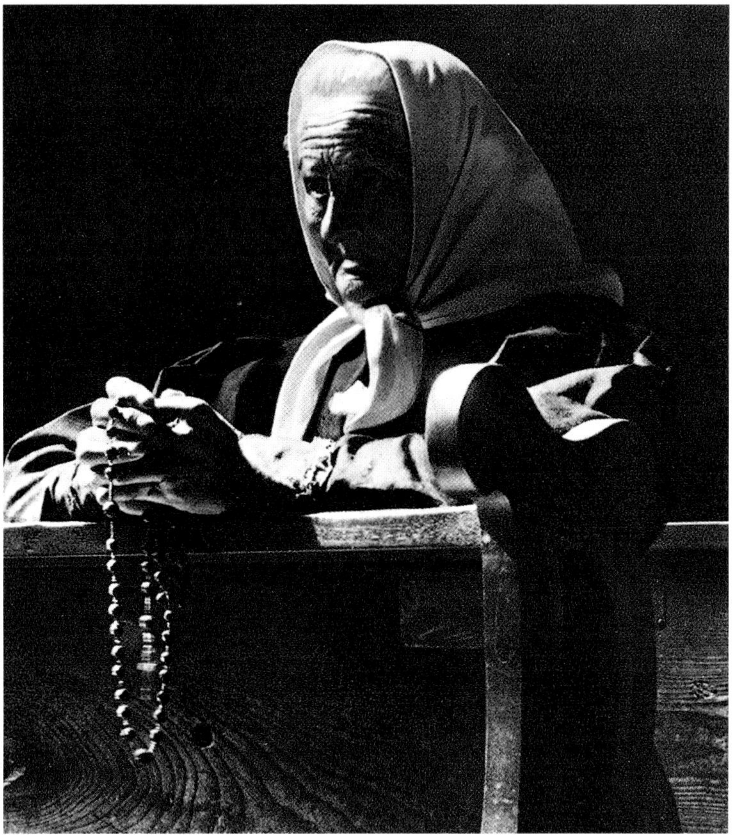

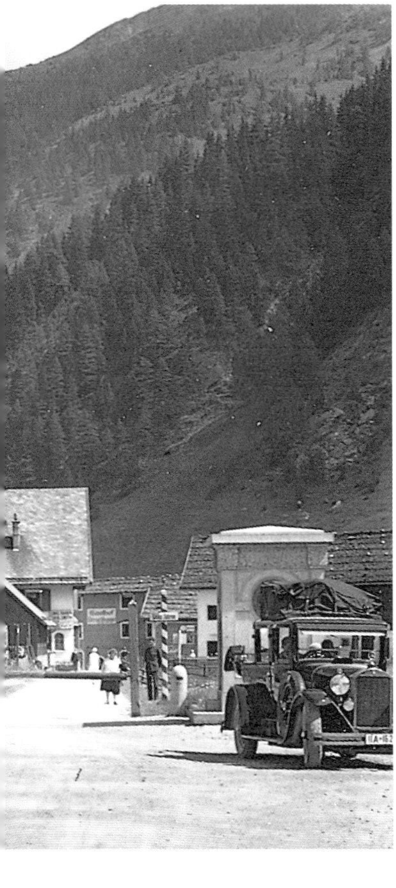

Grenzstein am Brennerpaß. Der Brenner, zwischen Stubaier und Zillertaler Alpen, liegt auf der Wasserscheide zwischen Schwarzem Meer und Adria. Wichtigster und niedrigster Ostalpen-Übergang (1372 m Höhe) marschierten hier einst die Römer um Germanien, germanische Stämme, um Rom zu erobern. Im Mittelalter war der Brenner die Brücke zwischen dem Nord- und Südteil des Heiligen Römischen Reichs. 1919 wurde hier der Grenzstein zwischen Österreich (Tirol) und Italien (Südtirol) aufgestellt.

Frömmigkeit an Allerseelen. Im Volksbrauchtum Tirols spielt Allerseelen eine bedeutende Rolle. Seit alters her hält man es so, daß nach dem feierlichen Hochamt die Aufmerksamkeit den „armen Seelen“ gilt. Ihnen „zu Nutz und Frommen“ kommt es zum „Schidungsläuten“. Die Pfarrer verkünden die Namen der Verstorbenen eines Jahres, oft auch jene eines halben Menschenalters. Zu den Abenden der Allerseelenwoche gehört das Gebet des Allerseelen-Rosenkranzes.

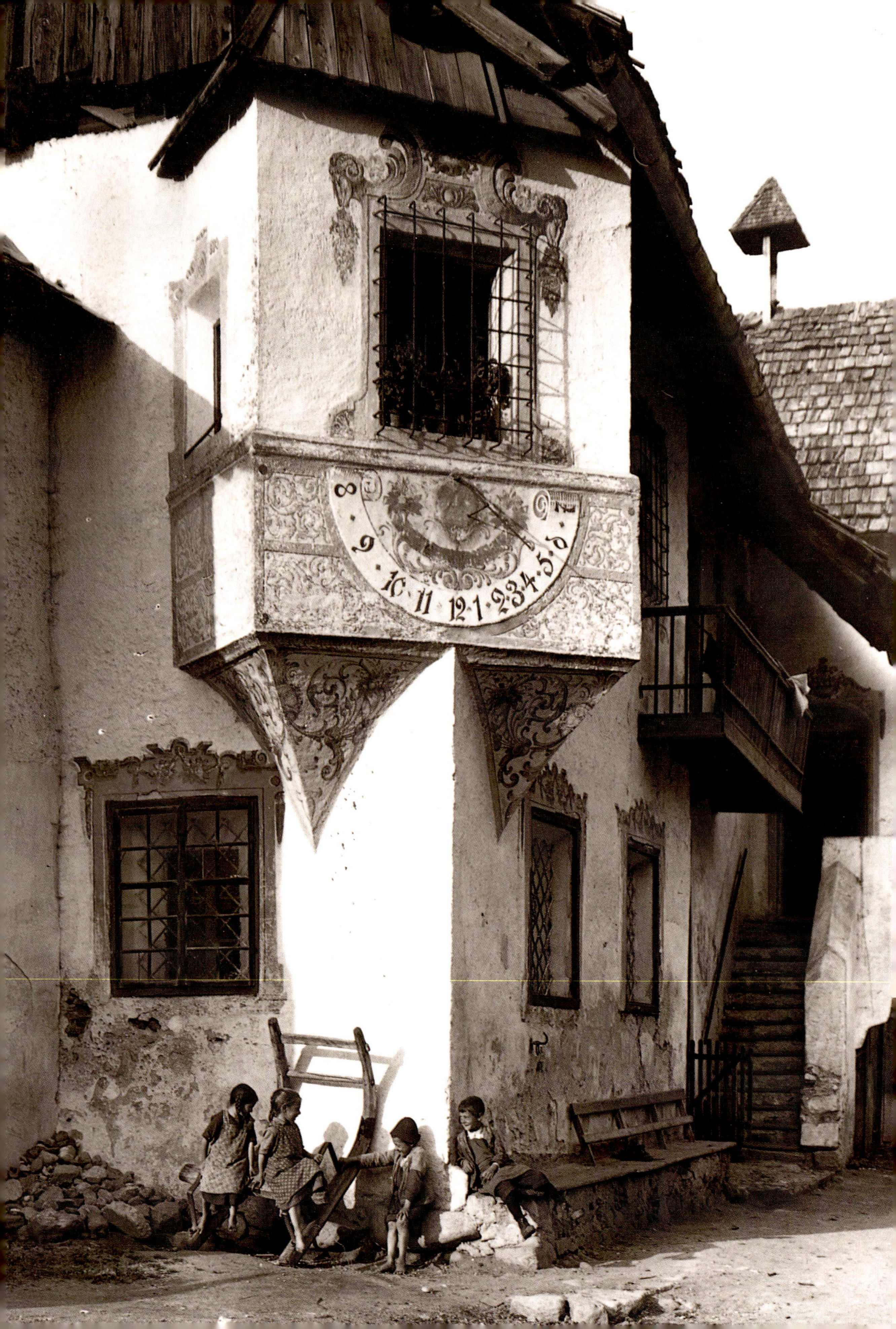

Zeittafel:

16/15 v. Chr. Eroberung durch die Römer,

7./8. Jh. Besiedlung durch Bajuwaren, Tiroler Raum weitgehend im Frankenreich,

1363 Übergabe Tirols an das Haus Habsburg,

1525 Bauernaufstand unter Führung von Michael Gaismayr,

1805 Tirol geht nach Niederlage Österreichs gegen Napoleon an Bayern,

1809 Tiroler unter Andreas Hofer besiegen Bayern und Franzosen in drei Schlachten, Niederlage auf dem Berg Isel,

1810 Hinrichtung Hofers in Mantua, Teilung Tirols,

1814 Habsburg erhält Tirol zurück, wird Provinz Österreichs,

19. Jh. Forderung nach einer Grenze Italiens am Brenner durch die italienische Irredenta-Bewegung,

1919 Nach Untergang der Donaumonarchie wird Südtirol im Friedensvertrag von Saint-Germain Italien zugesprochen, starke Zuwanderung von Italienern,

ab 1922 „Italienisierung" Südtirols nach Machtergreifung der Faschisten.

Bauernhof im Pustertal. Das von Rienz und Drau als Lebensnerv durchflossene Pustertal ist eine der Hauptlandschaften Südtirols. Hier am Rande der Zentralalpen endete im Mittelalter das weiteste Vordringen der Slawen in den Alpen.

Südtirol: Brücke zwischen Nord und Süd

Goethe hat sie gepriesen, der Zyniker Heine sprach ihnen zwar den Verstand, aber immerhin nicht die Herzlichkeit ab. Den Südtirolern selbst sollten allerdings beide suspekt bleiben, hatte sich doch ausgerechnet der Weimarer Dichterfürst einmal erdreistet, in seiner „Italienischen Reise" Italien an der Brennerfurche und nicht erst an der Salurner Klause beginnen zu lassen. Lokale Patrioten konnten ihm das nie verzeihen. Besonders dann nicht mehr, nachdem Saint-Germain das Großtirol von Kufstein bis zum Gardasee recht willkürlich gehälftelt hatte.
Südtirol als Kriegsbeute Italiens, Sterzing, Liebkind Kaiser Maximilians I., die trutzigen Burganlagen Taufers oder Sigmundkron, der Helm der Bozener Pfarrkirche, die Fresken des Brixener Kreuzganges oder 1000 herrliche Heimlichkeiten in fremder, in „welscher" Hand! Schwer war es für die Bewohner der animierenden Südpassage, sich mit den Veränderungen abzufinden. Kaum, daß es half, der hereinbrechenden Italienisierung den Geist Andreas Hofers, des Sandwirts vom Passeier, entgegenzuwerfen: Wer nun aufs Schwarzhorn wollte bestieg den „Punta di Rocca", die vom Weiler Schreckbichl lebten über Nacht in „Colterenzio" und aus der Trostburg war „Castelforte" geworden. „Deutsche" und Italiener waren auf ein Gegeneinander, nicht auf ein Miteinander aus.
Unberührt davon war allerdings etwas geblieben, das der ansonsten recht nüchterne Franz Kafka 1920 in einem Brief zu den Worten verleitet hatte: „Sie kennen diese Landschaft nicht, Milena, ich behaupte: sie ist die schönste, die ich je gesehen habe." Ob als deutscher Süden oder italienischer Norden – das vielgelobte Land zwischen Etsch, Eisack und Rienz lockte wie seit rund 1000 Jahren zuvor die Bewunderer. Und zusätzlich zu den geschenkten Gaben der Natur neben einer randvoll gefüllten Schatztruhe abendländischer Kunst hatte man jetzt dem Gast noch eine neuartige gastronomische Vielfalt anzubieten: Die Auswahl zwischen italienischen Maccheroni, Fettucine oder Cannelloni etwa auf der einen oder so bayerisch/österreichisch anmutenden Spezialitäten wie Schlutzkrapfen, Hirnschnitten oder Hasenöhrln auf der anderen Seite. Ob man den Kuttelfleck nun als italienischen Trippa oder den Kalbshaxen als Ossobucchi verspeiste war dabei eine Sache der politischen Einstellung, vielleicht auch der Unsicherheit. Immerhin ist bis heute ja nicht geklärt, ob sie ursprünglich aus Deutschland nach Italien oder den umgekehrten Weg gekommen waren. Auf jeden Fall aber haben beide Gerichte dabei das Land unterhalb des Brenners passiert.

Südtiroler: Bischof Arbeo, mit dem das deutsche Schrifttum begann, Albert III., Graf von Tirol, Franz Defregger, Maler, Michael Gaismayr, Bauernführer, Andreas Hofer, Volksheld, Margarete Maultasch, Gräfin, Franz Xaver Mitterer, Landgeistlicher, Peter Mitterhofer, Erfinder, Oswald von Wolkenstein, Minnesänger, Michael Pacher, Maler und Bildschnitzer, Passeyrer-Josele, Bergführer.

Sterzing an der Brennerstraße. Das mittelalterliche Städtchen im südlichen Wipptal, einst mit bedeutendem Silberbergbau, war Schlachtenort im Tiroler Freiheitskampf. Hier warfen die Tiroler unter Andreas Hofer 1809 jene Bayern zurück, die als napoleonische Satelliten Südtirol in . . . „Südbayern" umbenannt hatten. Zu Sterzings Kostbarkeiten zählen das gotische Rathaus, die Spitalskirche Zum Hl. Geist und der Zwölferturm.

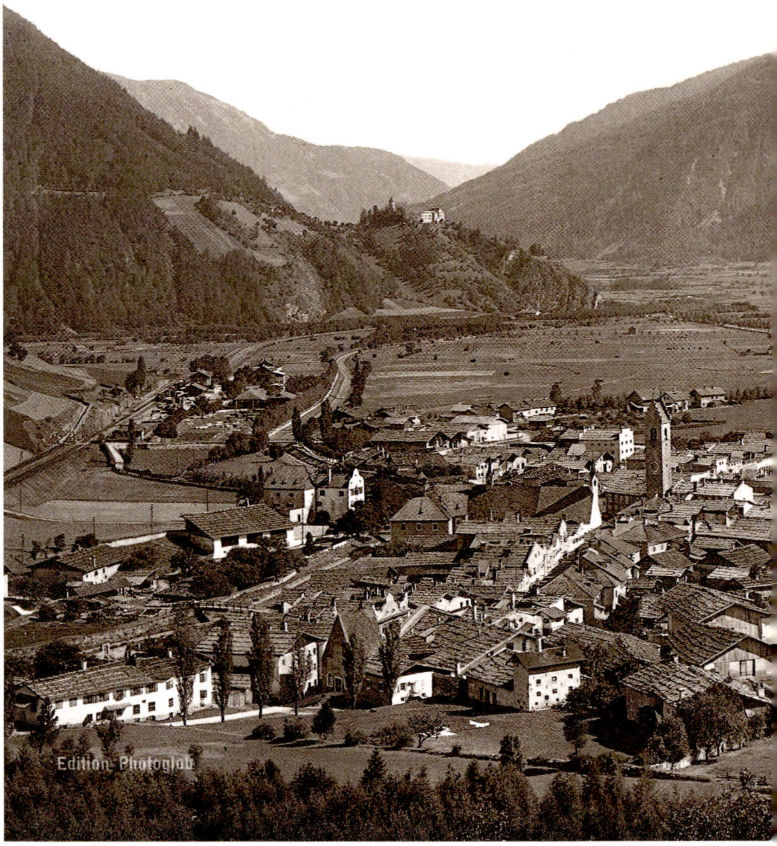

Bauer aus dem Sarntal. Das Sarntal – die nord-südliche Talfurche der Sarntaler Alpen – wird von der Talfer durchflossen. Gerade für den Touristenstrom relativ schwer zugänglich, konnte sich Südtirols bäuerliche Kultur hier besonders lange halten.

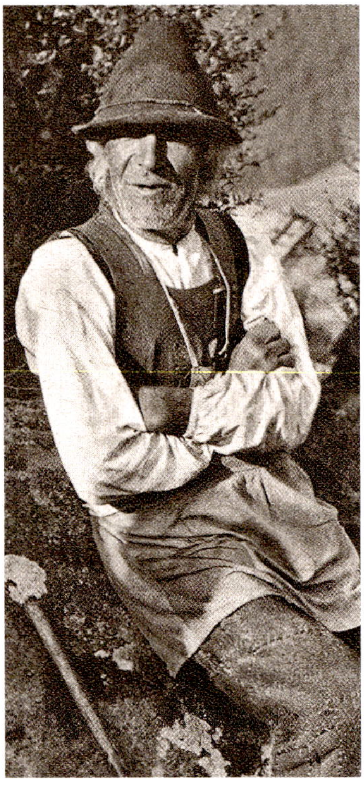

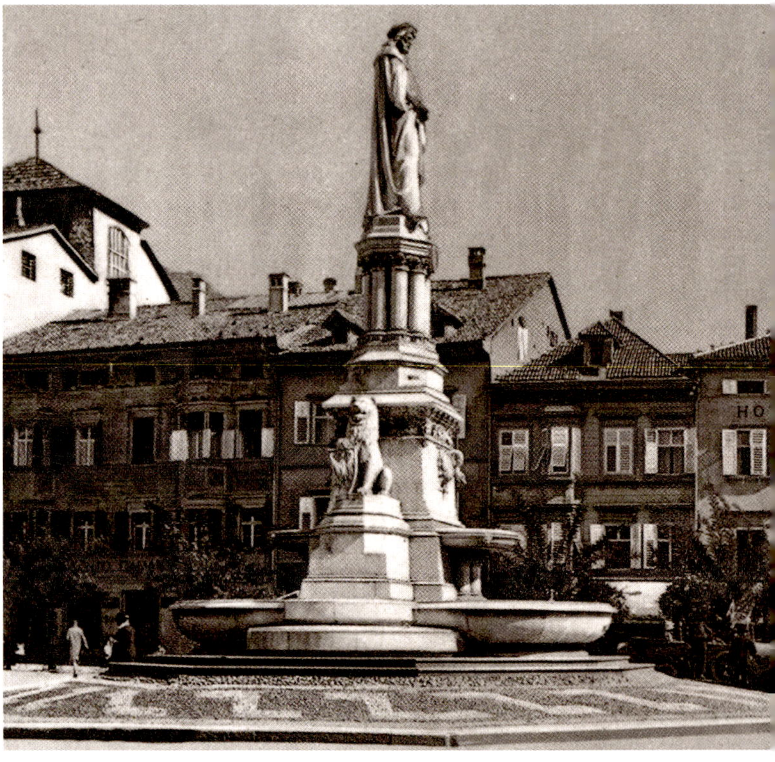

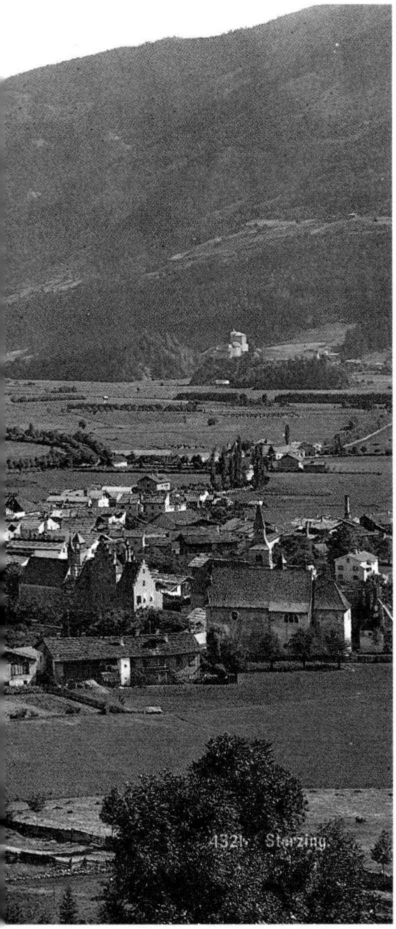

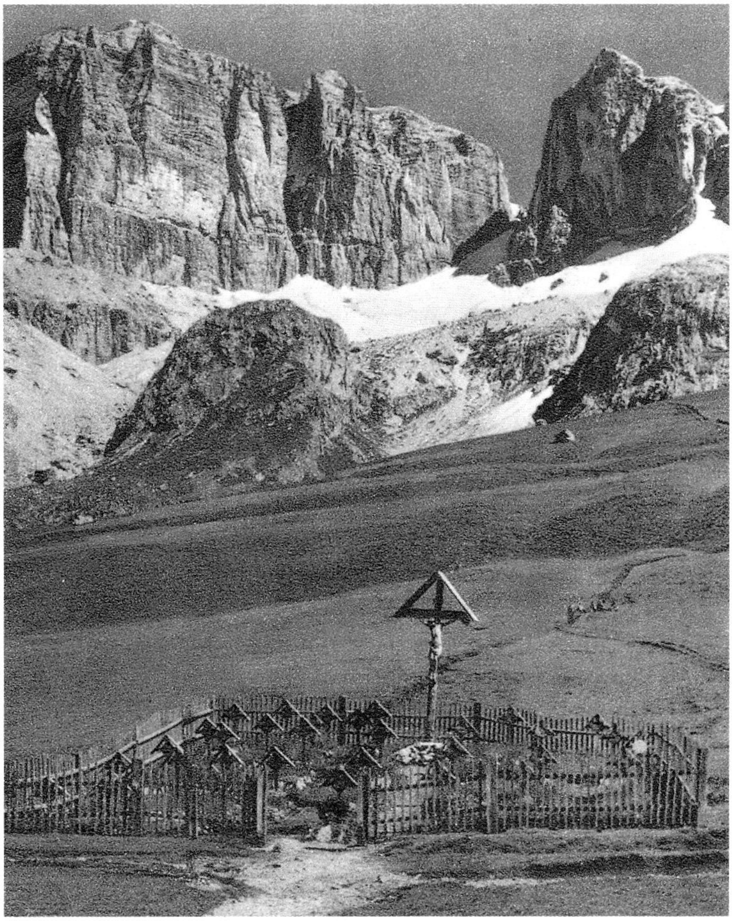

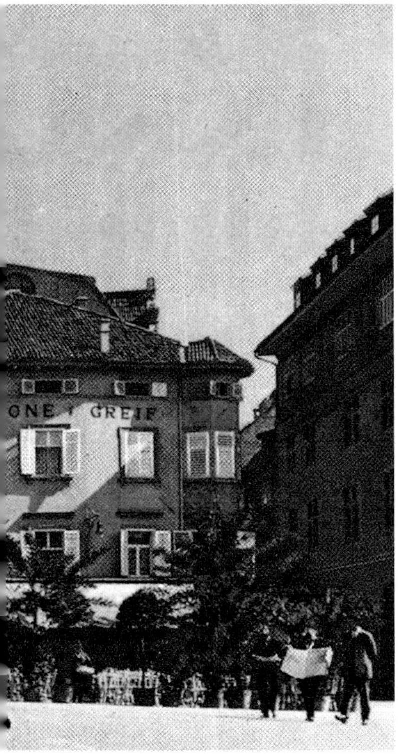

Denkmal Walthers von der Vogelweide auf dem Hauptplatz in Bozen (links). Der Geburtsort des größten mittelhochdeutschen Lyrikers (* um 1170, † um 1230 bei Würzburg) ist unbekannt, er selbst erwähnte nur, daß er in Österreich „singen und sagen“ gelernt habe. Die meisten Vermutungen weisen jedoch auf den Vogelweidhof im Lajener Ried bei Bozen hin. Dafür errichteten die Bozener dem Spruchdichter, der u.a. eine ergreifende religiöse Lyrik schuf, auf ihrem Hauptplatz ein so berühmt wie – von italienischer Seite – umstrittenes Denkmal.

Blick vom Pordoijoch auf die Sellagruppe. Einen landschaftlichen Höhepunkt erreichen die Dolomiten, das östliche Gebiet des Südtiroler Kernlandes, im monumentalen Block der Sellagruppe. Gerade auch für Nordlichter, die um die Mitte des 19. Jh. das „Reich der bleichen Berge“ endgültig entdeckten, lag hier eines der besten Wandergebiete für Hochgebirgstouristen. Im Schatten der Sellagruppe soll Oswald von Wolkenstein vor rund 600 Jahren als letzter deutscher Minnesänger eines seiner ersten Lieder angestimmt haben.

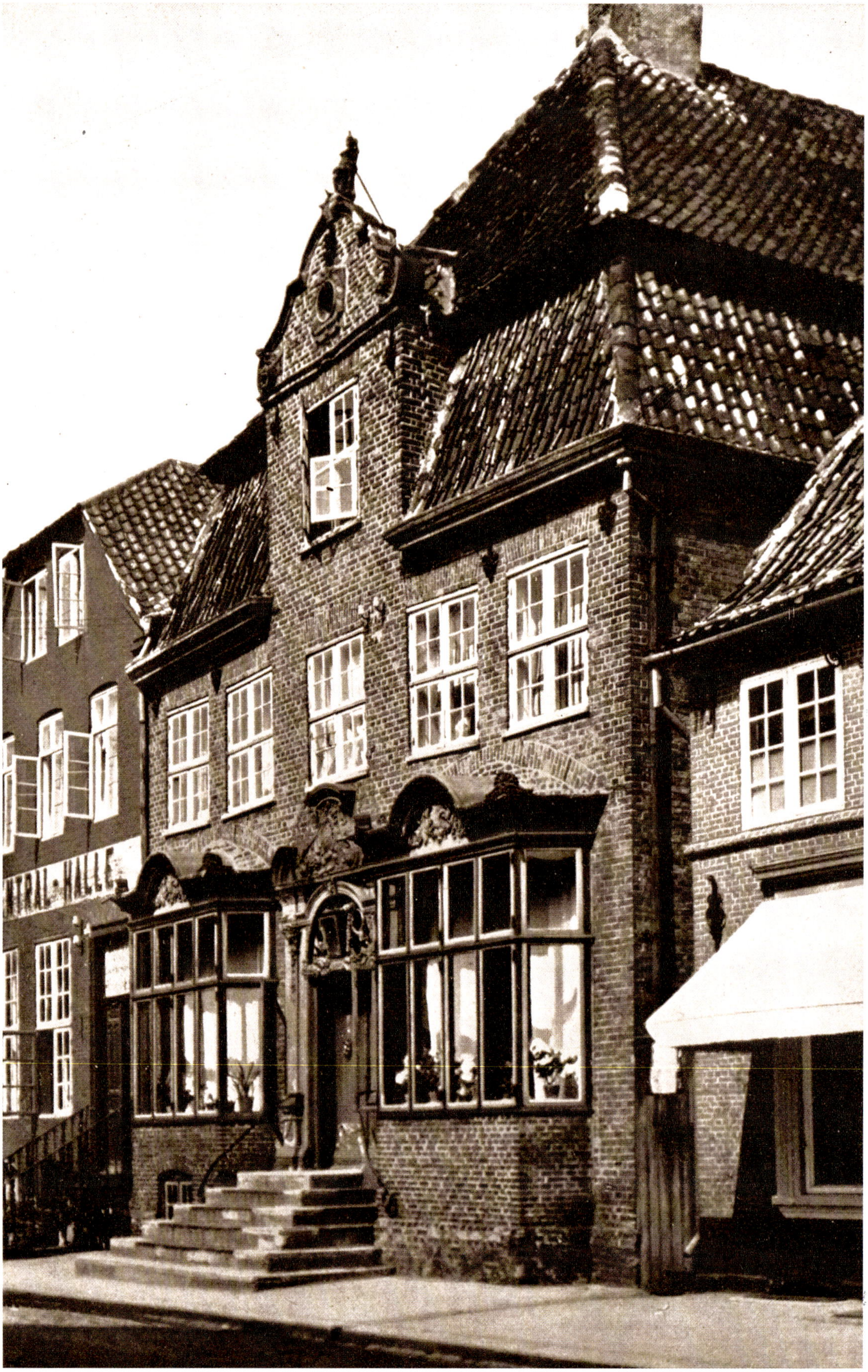
TRAL-HALLE

Zeittafel:
Um 800 dänischer Versuch, ein nordisches Großreich zu schaffen,
811 Karl der Große handelt die Eider als Grenze aus,
1227 Dänen beim Vordringen in den Süden geschlagen,
1460 Ritterschaft wählt Dänenkönig zum Herzog Schleswig-Holsteins,
1840 Entstehen einer Volkspartei mit dem Ziel, Schleswig-Holstein endgültig mit Dänemark zu verbinden,
1848 Schleswig-Holsteinische Erhebung,
1864 Preußen und Österreich schlagen die Dänen,
1888 Schulsprache ist Deutsch,
1919 Versaille fordert Volksabstimmung in Schleswig in zwei Zonen, Besetzung durch englische und französische Truppen,
1920 Nördliche Zone stimmt für Dänemark, südliche für Deutschland, Nordschleswig zu Dänemark.

Das Deichgrafenhaus in Tondern. In den aus Holland hier heimisch gewordenen Erkern, den gotischen Giebelhäusern, in Barockportalen, Rokokoschmuck und schlichtem neuklassizistischen Stil spiegelt sich die wechselvolle Geschichte der Stadt unter dänischer oder deutscher Herrschaft.

Nordschleswig oder der zweite Sturz Bismarcks

Nordschleswig, die Spitze der alten deutschen Nordmark, war unter den Gebieten, die Versaille vom Deutschen Reich trennte, mit am unbekanntesten, obwohl sich der meerumspülte Streifen zwischen Nord- und Ostsee so recht als Schicksalslandschaft anbot. Vielleicht lag dies daran, daß es den echten Nordschleswiger nicht gab, sondern Friesen und Sachsen und Jüten, Deutsche und Dänen, die gelegentlich miteinander rangen, obwohl sie sich in Kultur oder Religion kaum voneinander unterschieden. Vielleicht aber auch sangen die deutschen Nordschleswiger ihr „Recht bliwwt doch Recht, Frie Lüd ward keen Knecht, Stahn bliwwt uns Ort, ‚Up ewig ungedeelt' uns Wort" einfach nicht laut genug.
Nordschleswig in Deutschlands politischem nördlichen Kranz war so etwas wie ein Umschlagsort, eine Brücke für die geistigen Güter Europas. Über die Halbinsel kamen Christentum, Humanismus, Reformation und Aufklärung in jenen Norden, aus dem einmal germanische Stämme nach Süden gezogen waren und die Gedanken der Religionsphilosophen Grundtwig und Kierkegaard noch ziehen sollten. Etwa zur Wikingerzeit hatte sich die Eider hier als Grenze angeboten, ab 1460 bevorzugten Schleswig-Holstein und Dänemark dann einen Herrscher in Personalunion. Mit dem Ruf der Bürger nach Nationalstaaten begannen die Differenzen.
Die Landschaft war ein natürlicher Mittler zwischen Nord und Süd, doch von der gleichen Natur her nicht klar abzugrenzen, was die Großmächte im groberen Rahmen der Schleswig-Holstein-Frage immer wieder beschäftigte. Nach Norden ging sie ohne Schranken im dänischen Jütland auf, im Süden in Schleswig, dazwischen lagen die fette Marsch, die flache Geest und das fruchtbare östliche Hügelland, das der Volksmund als „bucklige Welt" bezeichnete. Hier war die Heimat der frühen Walfänger, Deichbauer, Reeder, aber auch des „blanken Hans" mit seinen Sturmfluten. Hier lockten das malerische Tondern, das windzersauste Tingleff oder das historische Hadersleben. An den alten Heerstraßen reihten sich die Hünengräber, die Riesenbetten des nordischen Volkes.
Ihr Wahrzeichen sahen die deutschen Nordschleswiger lange im Knivsberg, der alten germanischen Thingstätte an der Gjennernbucht, die so stolze Zeiten, allerdings auch einen „zweiten Sturz" Bismarcks erlebt hatte. 1901 war dort aus granitenen Findlingen ein Denkmal für den eisernen Kanzler errichtet worden. Platz und Entwurf waren des großen Einers würdig. Doch 1919, kurz vor der Teilung Schleswigs, ließ sich Bismarck unter Zurücklassung seines Sokkels nach Süden transportieren. Eine geteilte Nordmark war für den Kanzler, den die Einheit des Landes so viel Blut gekostet hatte, nun doch zuviel.
Nordschleswiger: Das Rittergeschlecht der Rantzaus, August Julius Langbehn, Patriot, Hans Schmidt-Gorsblock, Dichter, Hjalmar Schacht, Finanzpolitiker, Nikolaus Falck, Jurist, Otto Ahlmann, Kaufmann, Michael Jebsen, Reeder, Ernst Reuter, Bürgermeister, Jens Jessen, Wissenschaftler, Emil Nolde, Maler, Thomas Knudson, Pastor, Balthasar Petersen, Pädagoge, Johann Holtz, Graphiker.

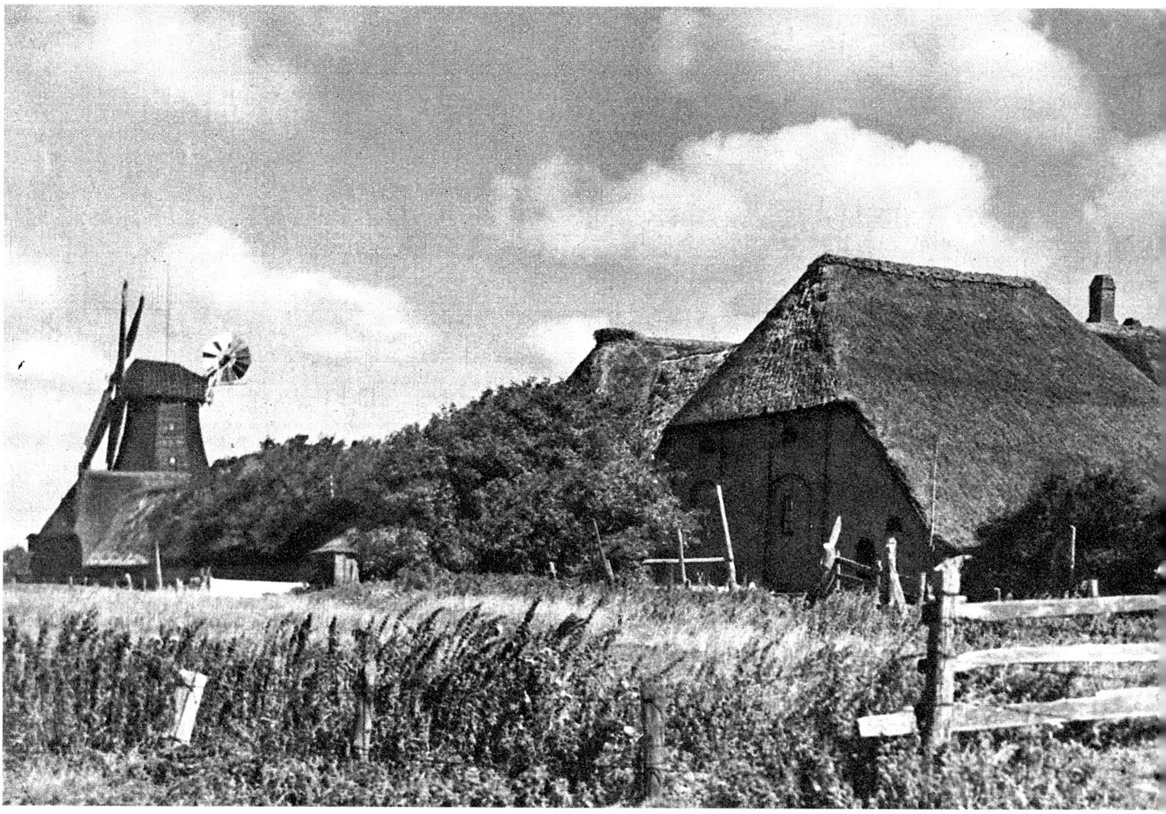

Bauernhof in der Nähe von Hoyer. Das meerumschlungene Nordschleswig, eine typische Geschichtslandschaft, galt als die Heimat der deutsch- und dänischsprachigen Schlesier, ob als Teil des frühen Königreiches der Dänen, als nördlichstes Gebiet des Herzogtums Schleswig, als nördlicher Teil einer preußischen Provinz Schleswig-Holstein oder als südliches Grenzland Dänemarks. Tondern, Hoyer und Tingleff gehörten zum geschlossenen deutschen Sprachraum, während in Apenrade, Sonderburg und Hadersleben das Plattdänisch vorherrschte. Die Wanderung von Meer zu Meer ließ hier schnell die Vielfalt des Landstriches erkennen, die großen Gegensätze, beginnend mit der Friesischen Marsch im Westen. Schon früh hat der Mensch hier Deiche gebaut, aber die Wassermassen, die einst die Angeln aus dem Land und auf Britanniens Insel drängten, brachten immer wieder verheerende Überschwemmungen mit sich. Die Bauern versuchten sich davor zu schützen, indem sie ihre Höfe auf Warften (Hügeln) anlegten.

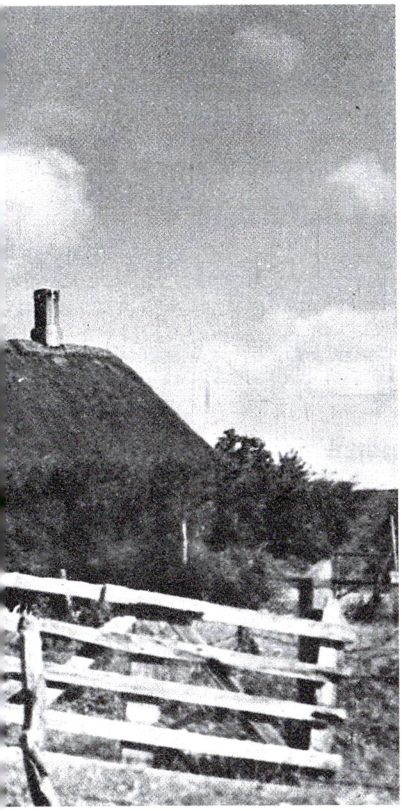

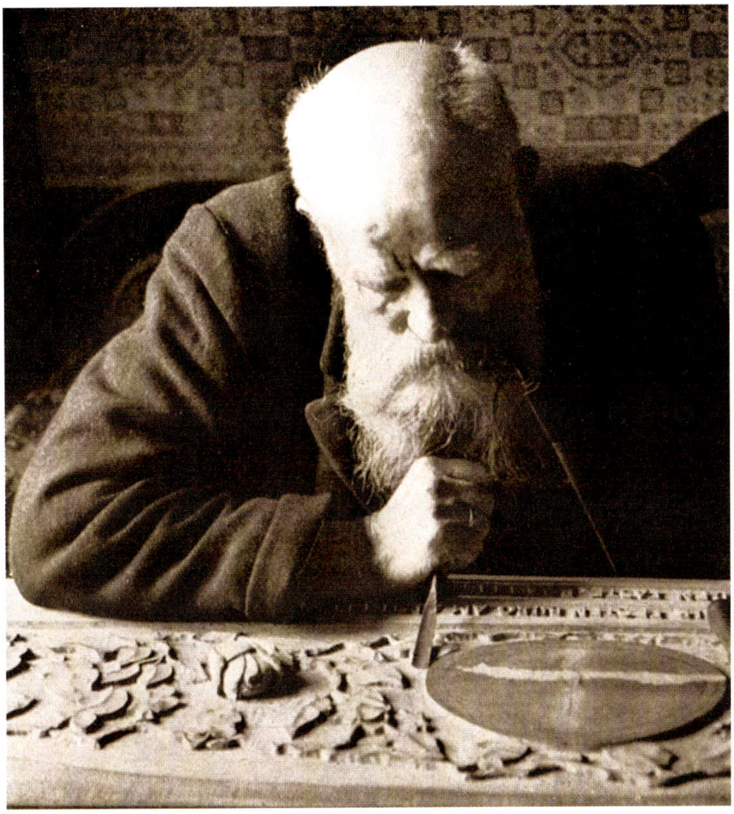

Meine schleswigsche Heimat

Täler und Höhen, gesegnete Flur,
Einsame Heiden und karge Natur;
Wälder, die singen am murmelnden Strand;
Tannen, die träumen im dürftigen Sand;
Ebener Marschen stets grünendes Band:
Land meiner Liebe, mein schleswigsches Land.
Über dir ziehen die Wolken vom Meer,
Breiten die Nebel den Mantel so schwer;
Über dir eilen im nächtlichen Flug
Nordwärts und südwärts die Vögel im Zug;
An deinen Küsten die Welle sich bricht:
Land meiner Träume, so reich und so schlicht.
Wehen im Winter die Winde auch rauh,
Hängen die Wolken auch düster und grau,
Schöner drauf leuchtet im Frühling das Grün,
Leichter die schneeigen Wolken ziehn.
Lerchen, die jubeln, als singe das Licht:
Land meiner Liebe, so blühend und schlicht.
Volk meiner Liebe, du bist wie das Meer,
Bald still versonnen, bald stürmisch und schwer;
Stetig im Wechsel und nimmer erschlafft,
Kämpfend und wählend erwuchs deine Kraft.
In deiner Seele die Welle sich bricht:
Volk meiner Liebe, so stark und so schlicht.

Hans Schmidt-Gorsblock.

In Nordschleswig verzahnten sich die Siedlungs- und Sprachgebiete von Dänen und Deutschen. Viele Stämme waren durch das Land gezogen und verhinderten so eine Charakterisierung des „echten" Nordschleswigers. Doch ob dänisch oder deutsch: beide einte ein starkes Heimatgefühl, so wie es der friesische Volksteil in die Worte faßte: „Wer die Heimat nicht liebt und die Heimat nicht ehrt, ist ein Lump und des Glücks in der Heimat nicht wert".

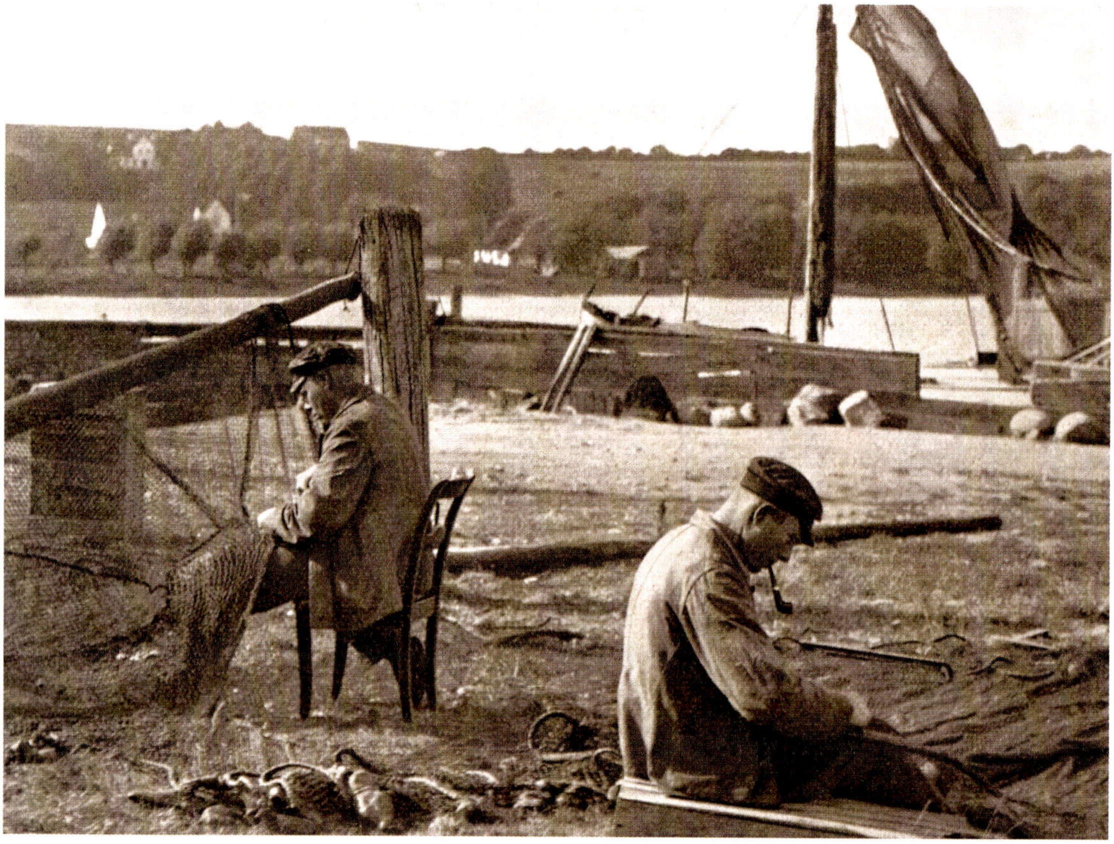

Die deutschen Fischer auf den von der Ostsee umspielten Inseln der Gjennerbucht galten als Vorposten ihrer Volksgruppe auf der Völkerbrücke Nordschleswig, die politisch nie selbständig, allerdings auch nie eine echte Einheit war. Wie die See seit altersher gegen die Küsten brandete, konnte es auch im Ringen der Völker nie zu einem echten Stillstand kommen ... ein Ringen, das überall gewaltige Zeugen hinterließ: ob mächtige Hünengräber auf Inseln und Heide, aus Mooren geborgene stolze Wikingerschiffe, riesige Runensteine oder efeuumrankte Burgen.

Tonderns Wahrzeichen: der Markplatz mit seinen alten Giebelhäusern. Im Wappen führte die Stadt, deren Bürger durch Handel und Spitzenklöpelei zu Wohlstand gekommen waren, ein stolzes Schiff mit geblähten Segeln. Besonders im 16. und 17. Jh. standen die Tonderner im regen Warenaustausch mit Holland und Ostfriesland, bis in moderne Zeiten waren sie für ihre riesigen Viehmärkte bekannt.

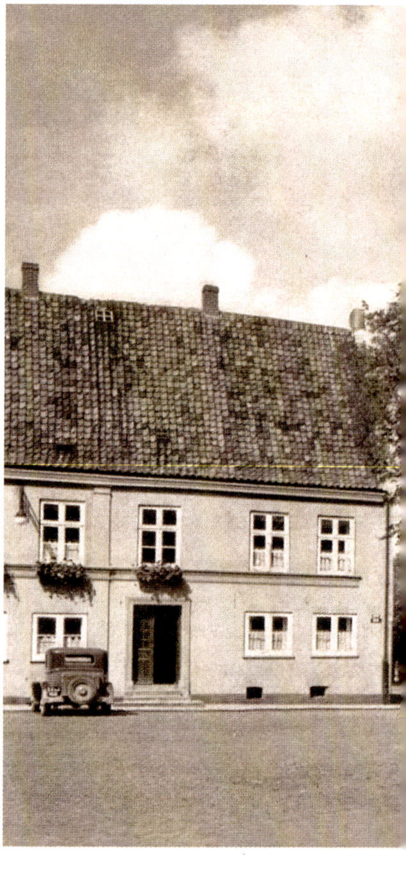

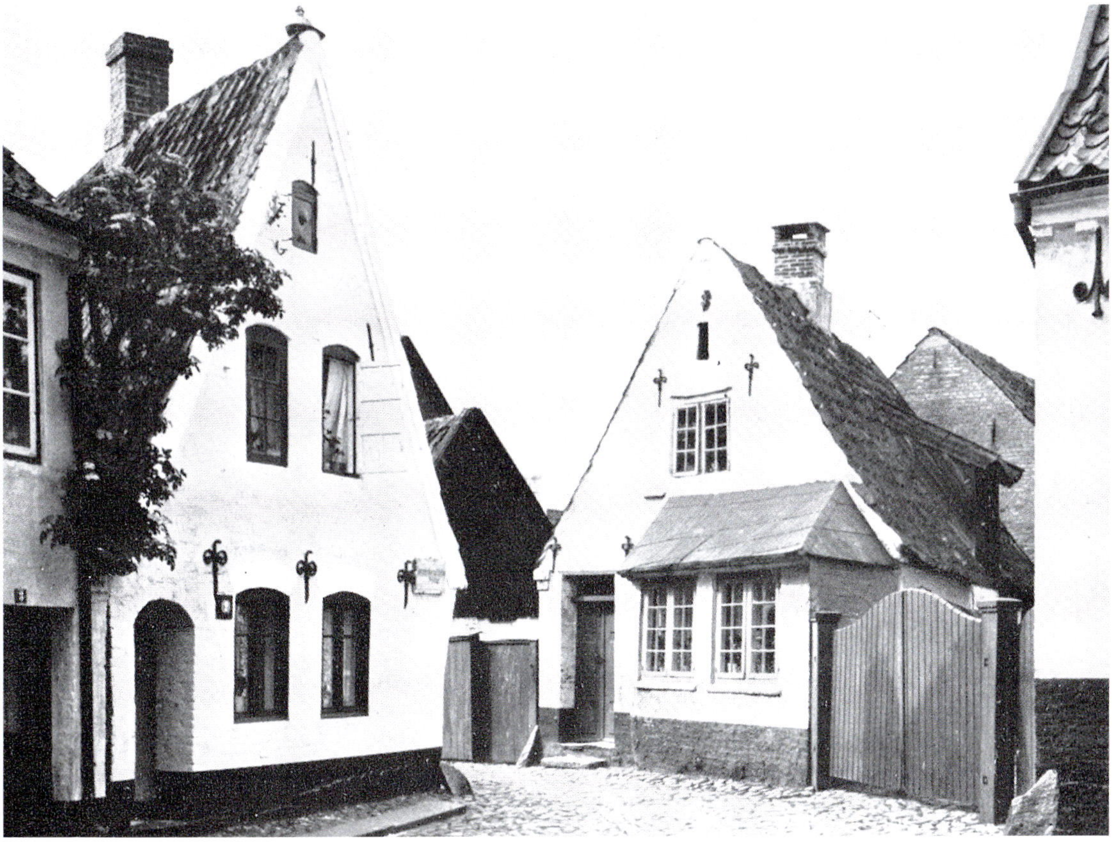

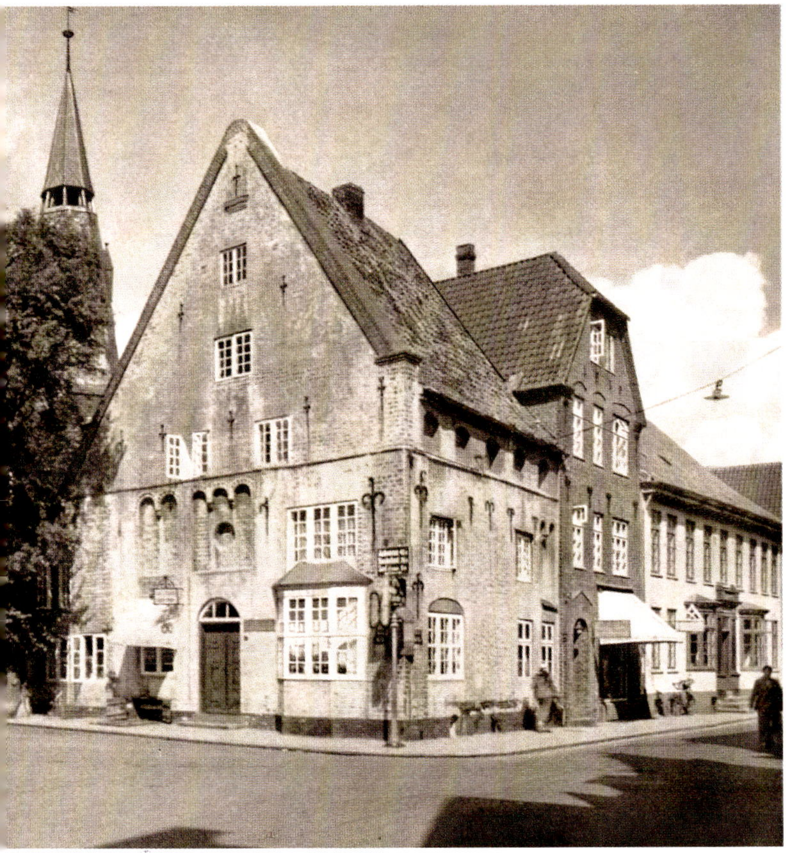

Der Wächterplatz in Apenrade. Bereits im Jahre 1148 urkundlich erwähnt, liegt Apenrade an einem tiefen Busen der Ostsee. Als Fischersiedlung gegründet, haben Schiffbau und Reederei hier einst für Wohlstand gesorgt. Schiffe aus Apenrade befuhren die Weltmeere von Ostasien bis Südamerika. Etwa seit den Tagen der Reformation dem deutschen Einfluß aus dem Süden offen, galt die Stadt als geistiger Mittelpunkt der deutschen Nordschleswiger. Die herrliche Lage zwischen Meer und Wald, die alten historischen Gassen, machten Apenrade daneben zu einer der schönsten Städte des Landstriches.

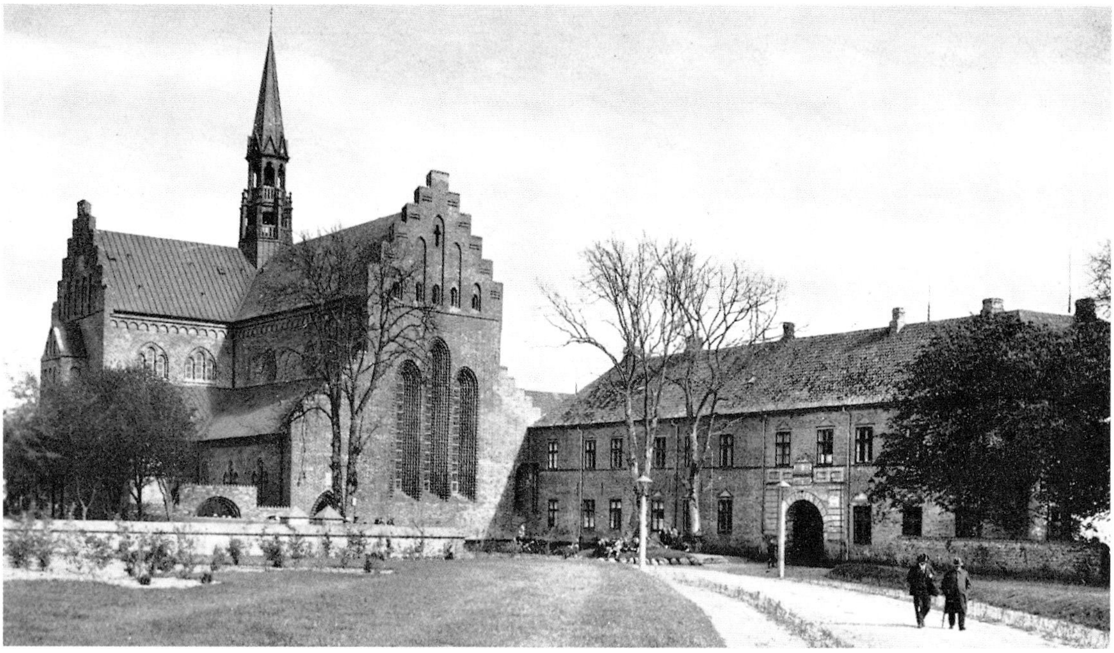

Lügumkloster (oben) - Lügumkloster, das Gotteshaus der Zisterzienser aus spätromanischer Zeit, galt als der feinste und edelste Ziegelbau Schleswigs. Den Mönchen hatten Ordensregeln eine Entfaltung größeren Reichtums bei ihren Bauten verboten, was sie zu vornehmer Einfachheit anstelle prachtvoller Schmuckentfaltung zwang. -

Rechts: Zweimal die Stadt Sonderburg.
Am Ostufer des Sundes, auf der Insel Alsen, war mit Sonderburg die zweitgrößte Stadt Nordschleswigs entstanden. Seit jeher auf Fischfang und Schiffahrt angewiesen, hatte Sonderburg jenes düstere Schloß an der Einfahrt zum Alsensund als Wahrzeichen, in dem der dänische König Christian II. von 1532 bis 1549 gefangen saß. Alsen selbst war für seine stattlichen Höfe bekannt. Die Kirchen der Insel standen meist auf Anhöhen und waren in ihrem leuchtenden Weiß weithin zu sehen. Besonders auffallend dabei die Gotteshäuser östlich von Sonderburg, die alle in einer Reihe hintereinander lagen. Sie waren so angelegt, um einmal schnelle Feuersignale vom Nahen von Seeräubern in das Innere des Landes weitergeben zu können. Von der frühen Besiedlung der Insel zeugen rund 2500 Hünengräber, die zumeist in den großen Buchenwäldern am Ufer des Kleinen Beltes verborgen liegen. Beide Abbildungen zeigen den Blick vom Kirchhof über den Alsensund nach Düppel.

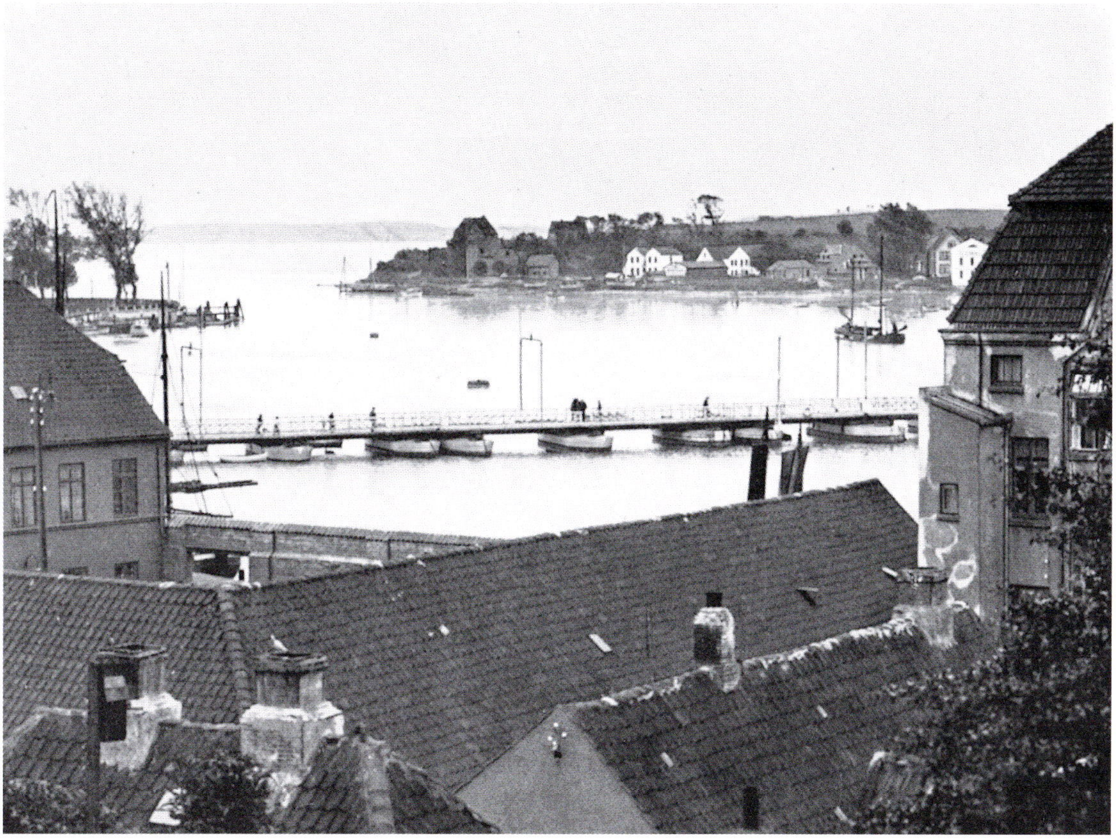

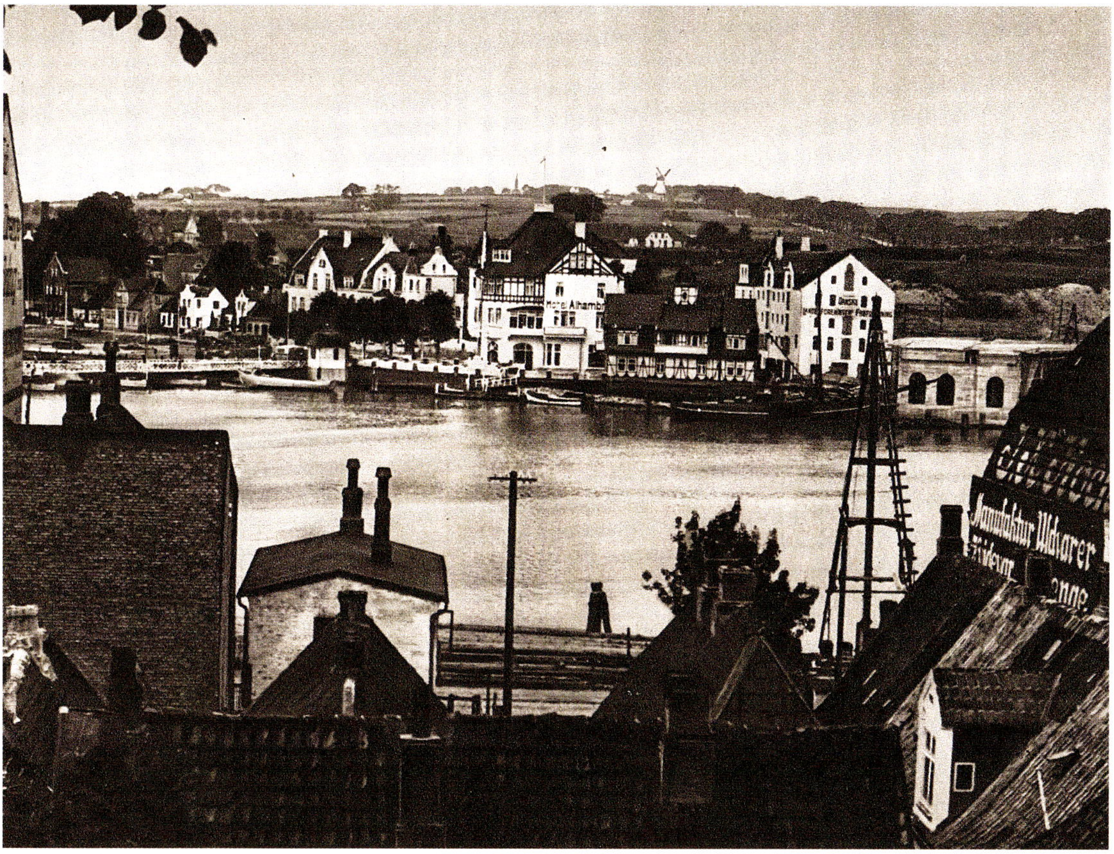
Hotel Alhamb
Manufaktur Waarer

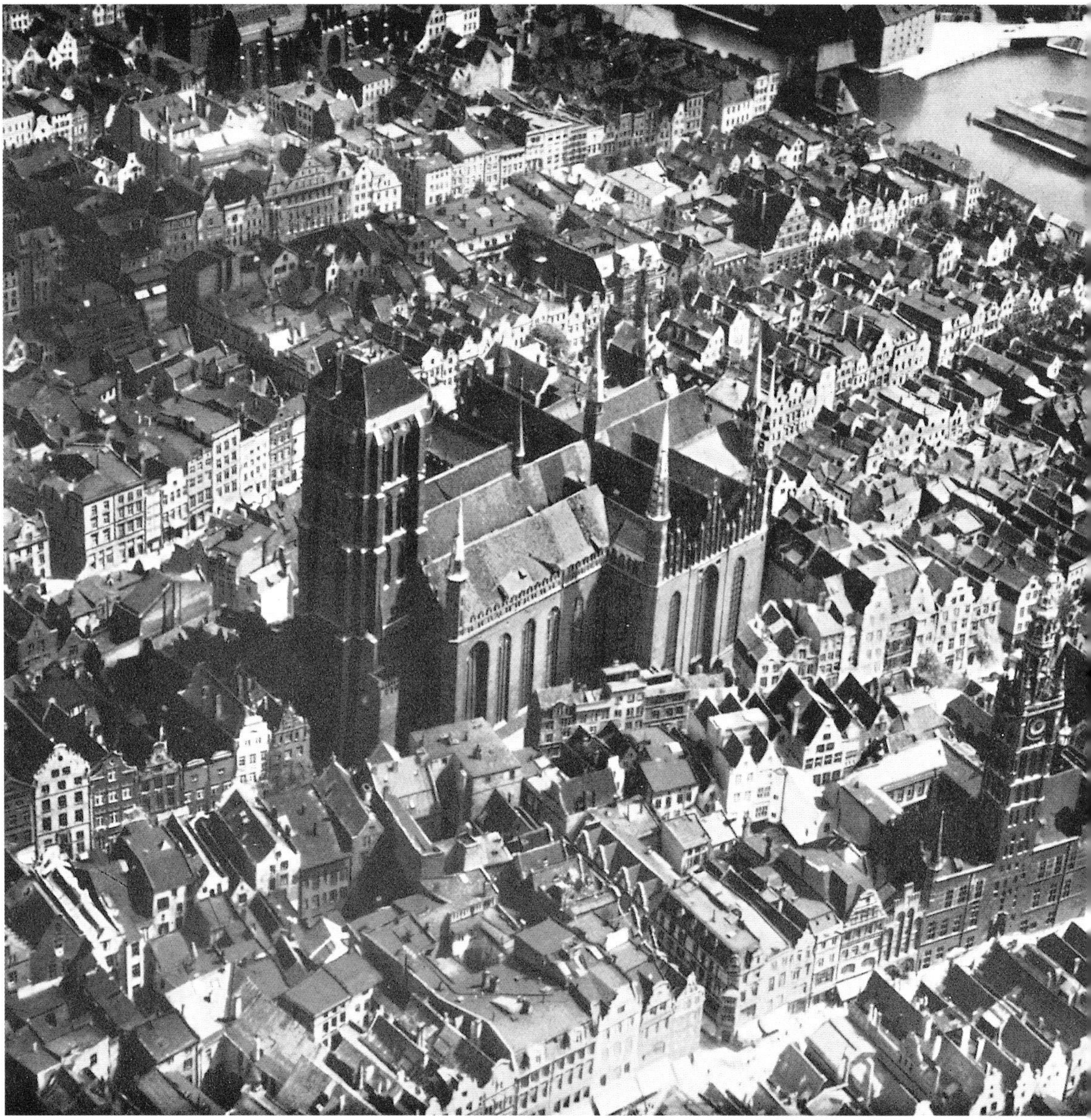

Die Altdanziger Rechtstadt, die man zu den großen Sehenswürdigkeiten der Welt zählte, aus der Vogelschau. Im Vordergrund die Langgasse mit dem Langen Markt. Der spitze Turm des Rathauses steht im Kontrast zum mächtigen Aufbau der Marienkirche, dem fünftgrößten Gotteshaus der Welt, an dem die Danziger einmal 160 Jahre gearbeitet haben. Rechts oben die Mottlau und Danzigs Innenhafen.

Max Halbe ist 1865 in Güttland bei Danzig geboren. In die Reihe der großen Schriftsteller trug er sich mit stimmungshaften Dramen ein, die häufig das Weichselland zum Hintergrund hatten („Jugend", „Mutter Erde", „Der Strom").

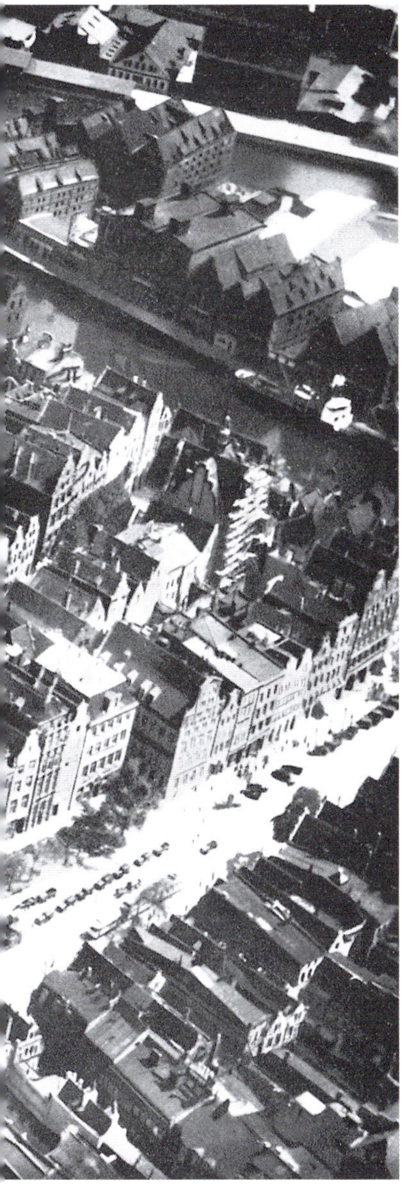

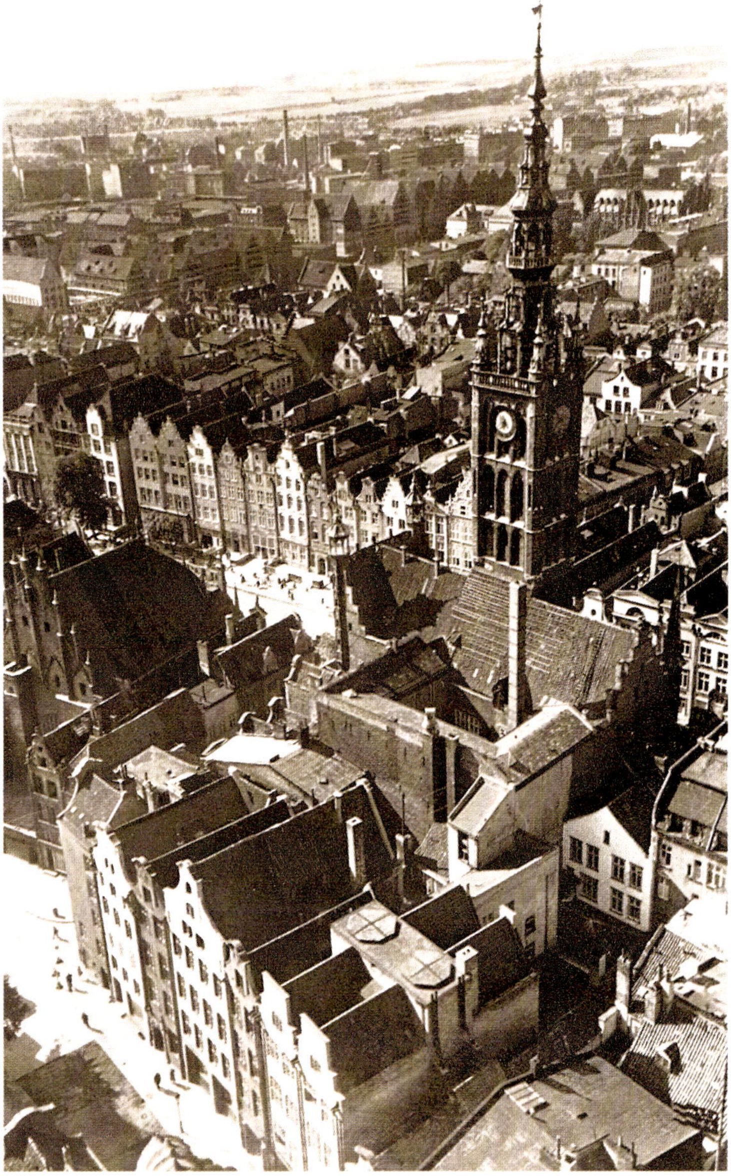

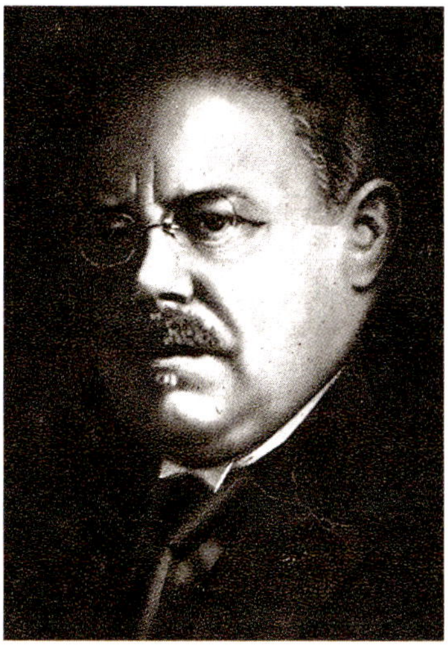

Danzigs Rechtstädtisches Rathaus stand jahrhundertelang im Mittelpunkt des Stadtgeschehens. Als Sinnbild und Wahrzeichen eines Gemeinwesens, steingewordener Begriff des politischen Willens der Danziger, war es der weltliche Bruder der Marienkirche. Seine Sommerratsstube mit Gemälden von Isaak v. d. Blocke und Schnitzereien Simon Herles galt als einer der schönsten Innenräume nördlich der Alpen. 600 Jahre hatten an Danzigs Rathaus gebaut, doch seinen Grundriß dabei nie verändert.

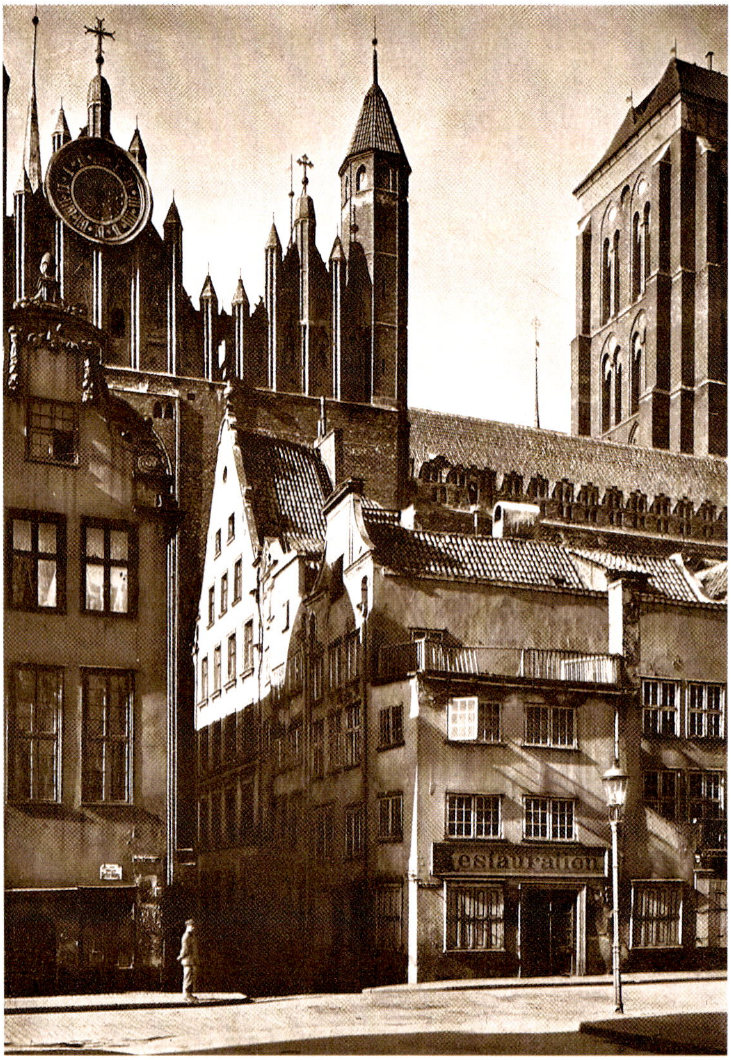

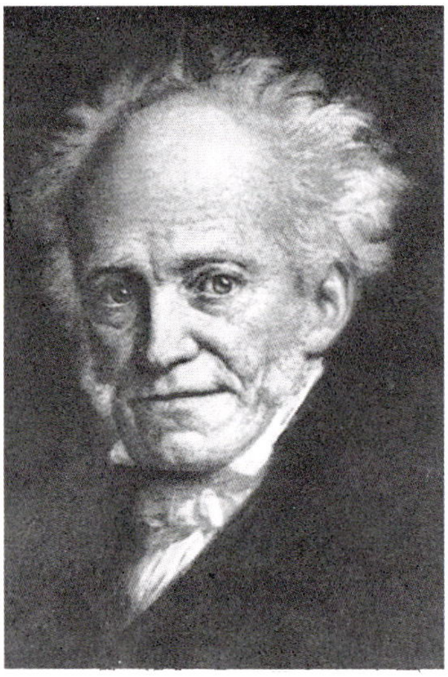

Arthur Schopenhauer. Vom Physiker Fahrenheit, nach dessen Einteilung die Angelsachsen ihre Temperaturen messen, über den Landschaftsmaler Hildebrand bis zum Forscher Johann Reinhold Forster . . . Danzig zählte eine ganze Reihe großer Persönlichkeiten zu seinen Bürgern. Darunter auch einen der größten deutschen Denker, den Philosophen Arthur Schopenhauer, 1788 in der Heiliggeistgasse 114 geboren.
Oben links: Blick über die Giebel auf die Marienkirche, das bedeutendste evangelische Gotteshaus Danzigs.

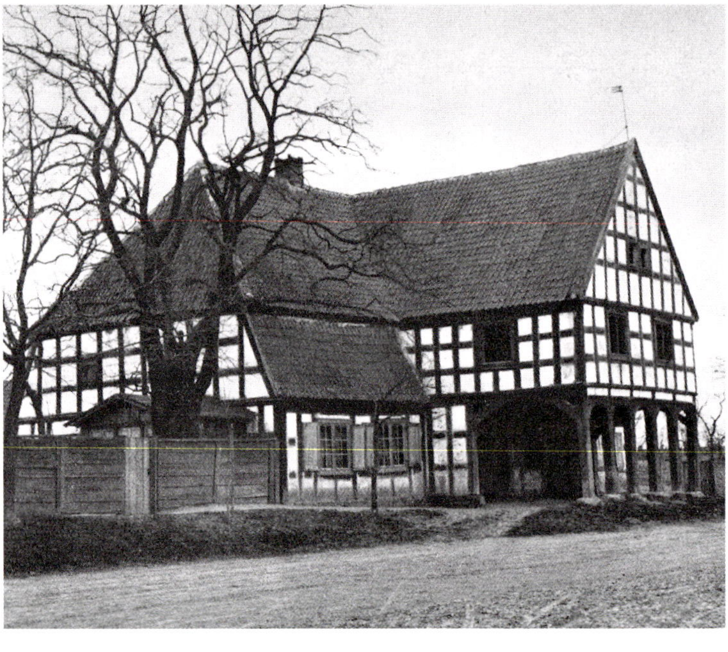

Unten links: Siedlergenerationen hatten die Danziger Niederung zu einer ertragreichen Kulturlandschaft gemacht. Typisch für die Häuser der Großbauern, die sich hier im 17. und 18. Jh. ansiedelten, waren ihre sächsisch-fränkische Anlage mit jeweils reich verzierten Vorlauben, die wiederum auf ostgermanisches Kulturgut zurückzuführen sind.

Rechts: Das Steffensche Haus am Langen Markt, ein Prachtstück des italienischen Barocks. Im Jahre 1617 fertiggestellt, erzählt die Sage, daß es die gesamte Fassade aus Italien erhalten habe, als schönstes Beispiel der italienischen Renaissance.

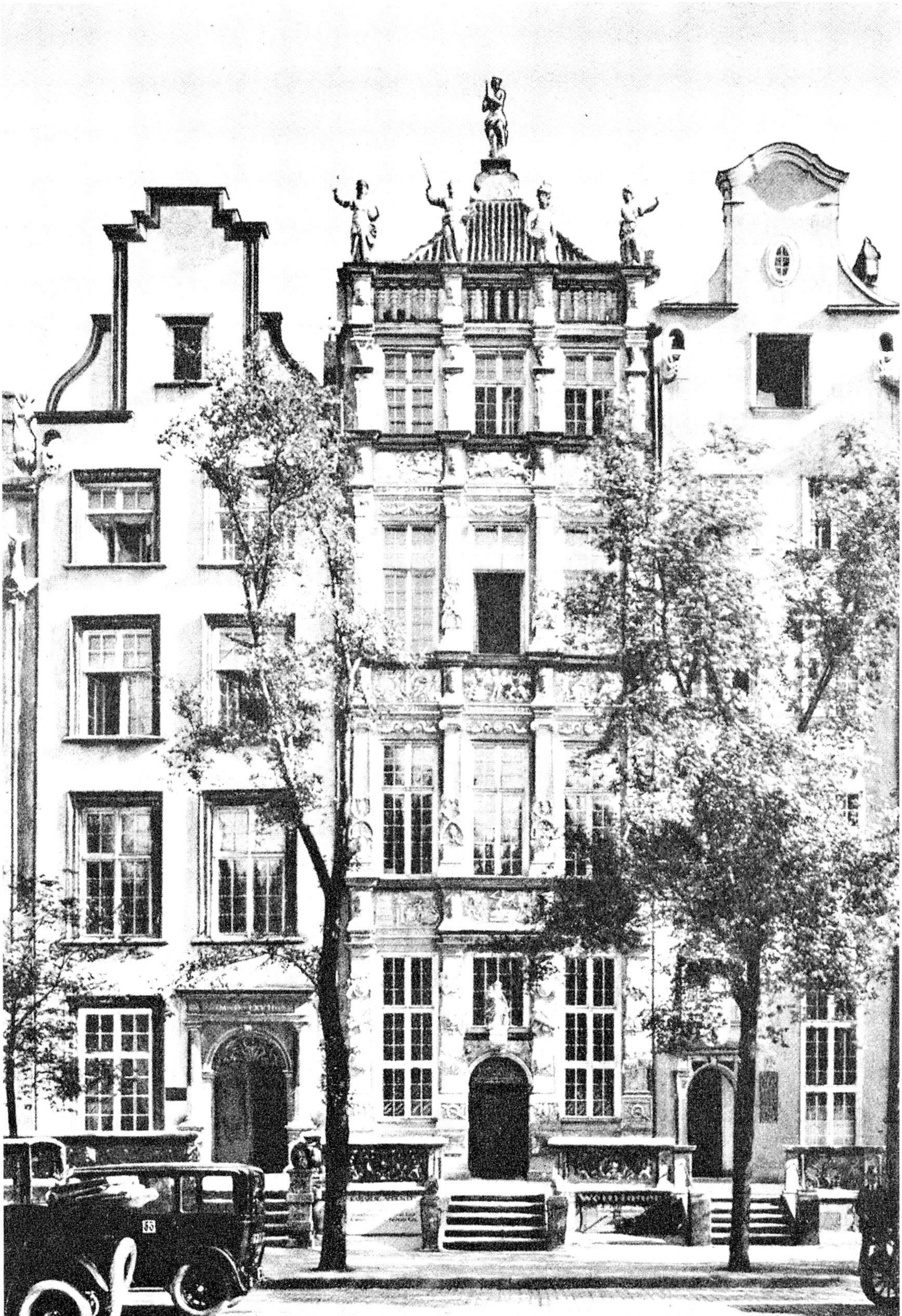

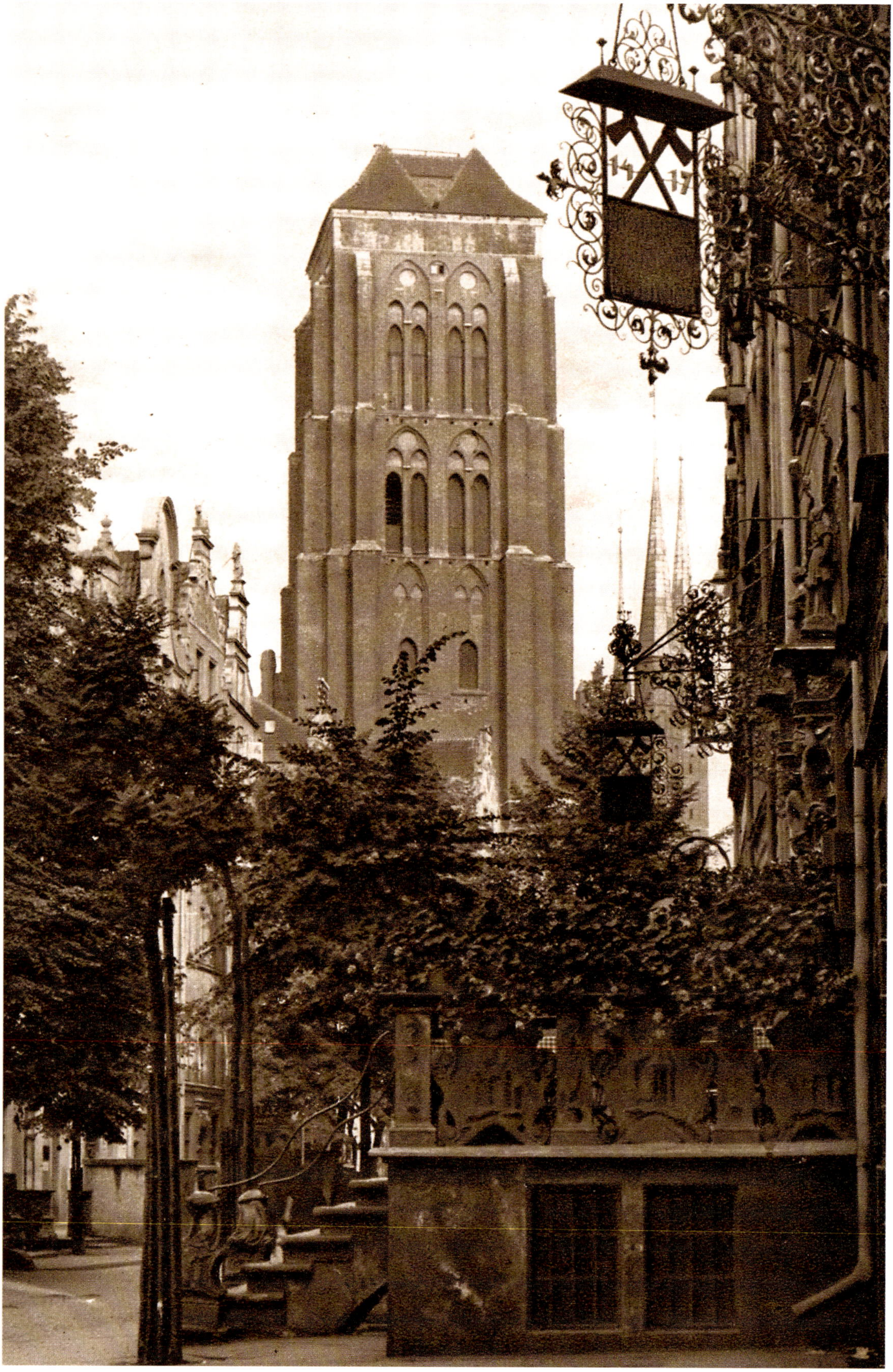
14 17

Links: Jopengasse mit dem Glockenturm der Marienkirche, mit deren Bau 1334 mit Unterstützung der Ordensritter begonnen wurde. In ihrer späteren Gestalt war die dreischiffige Hallenkirche – Länge 105 m, Turmhöhe 78 m – allerdings ein Werk des 15. Jh. In ihrem Innern die berühmte „Schöne Madonna", Kreuzigungsgruppe und Kruzifix von Meister Paul.

Müllergewerkshaus und St. Katharinen. Danzigs Bürgergenerationen hatten es verstanden, den besonderen baulichen Charakter ihrer Stadt über Jahrhunderte hinweg zu erhalten. Als älteste Kirche galt das gotische St. Katharinen, mit romanischen Grundformen und barockem Aufbau. Nach einem Brand im Jahre 1905 war der Turm der dreischiffigen Kirche nachgebildet worden.

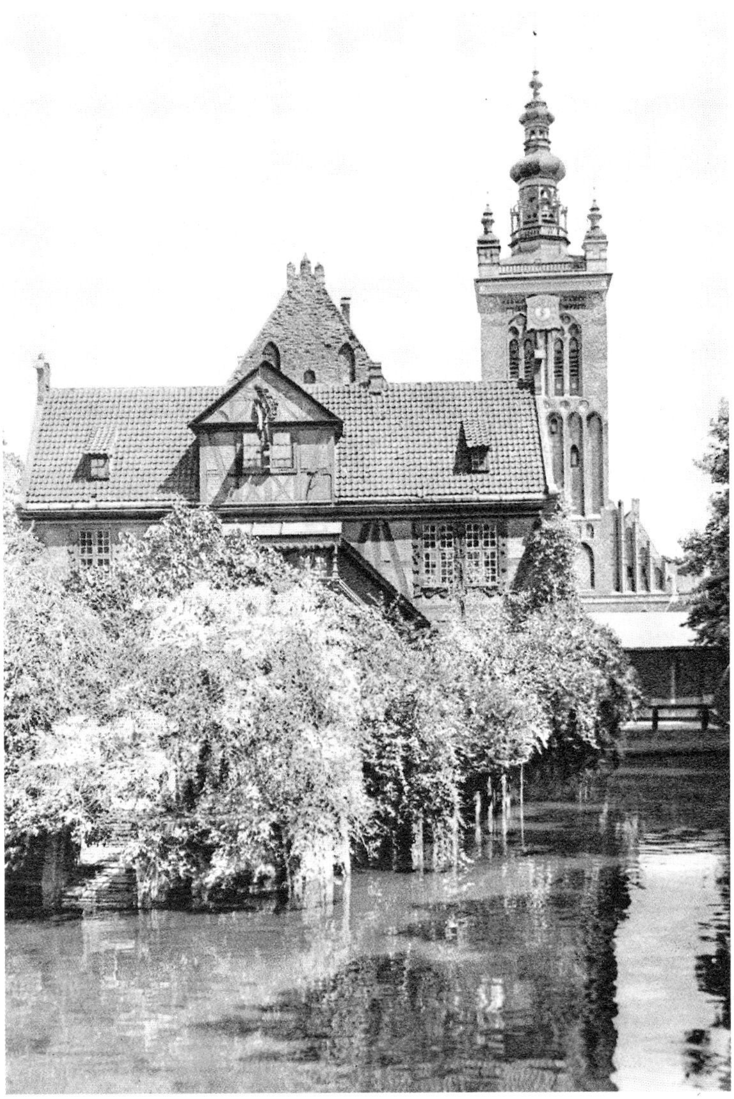

Danziger Diele. Zu seiner beherrschenden Stellung auf wirtschaftlichem und kulturellen Gebiet entwickelte sich die Stadt der Deutschherren besonders durch den Einfluß der Hanse. Vom einstigen Lebensstil zeugten besonders die „Danziger Dielen" aus dem 17. Jh. Die Diele des 1713 umgebauten Schöffenhauses auf dem Langen Markt repräsentierte dabei die Zeit der Danziger Hochrenaissance. Neben Zunftzeichen, gesammelten Schiffsmodellen, reichverziertem Eichenmöbel und schönen Deckengemälden galt die Wendeltreppe mit dem Umgang als ein besonders gelungenes Beispiel handwerklicher Kunst.

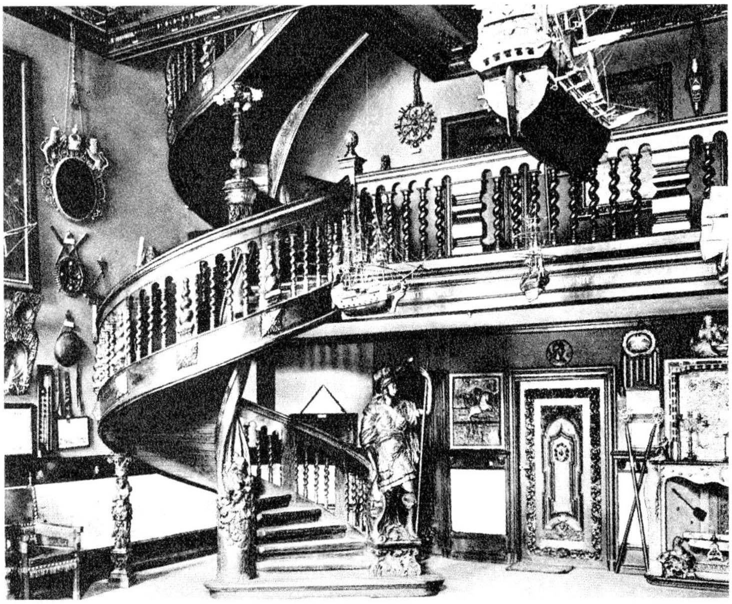

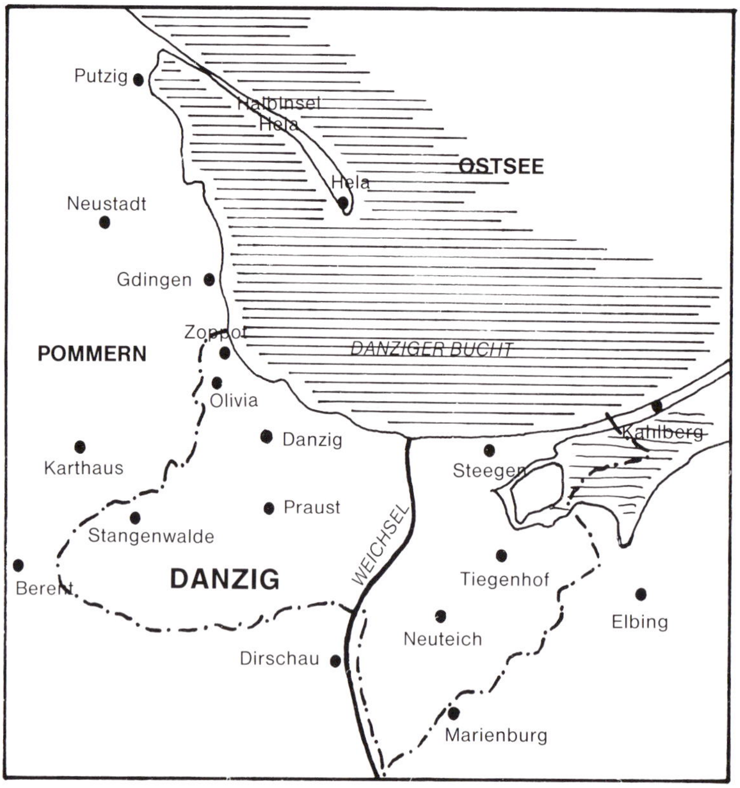

Die Danziger Sternwarte mit dem Krantor als Hintergrund.

Nachfolgende Seiten: Langebrücke mit Krantor. Das wuchtige Krantor, ursprünglich ein Holzbau, der mehrfach abbrannte und 1443 in Stein errichtet wurde, war bis in die Gegenwart eines der markantesten Wahrzeichen einer deutschen Stadt. In der Nähe des Krantores saß die bekannte Likörfabrik „Der Lachs", deren noch bekannteres Destillat als „Danziger Goldwasser" Weltruf genoß.

Unten: Die für Danzig typischen Beischläge – der erhöhte Vorbau an Häusern –, hier in der Frauengasse.

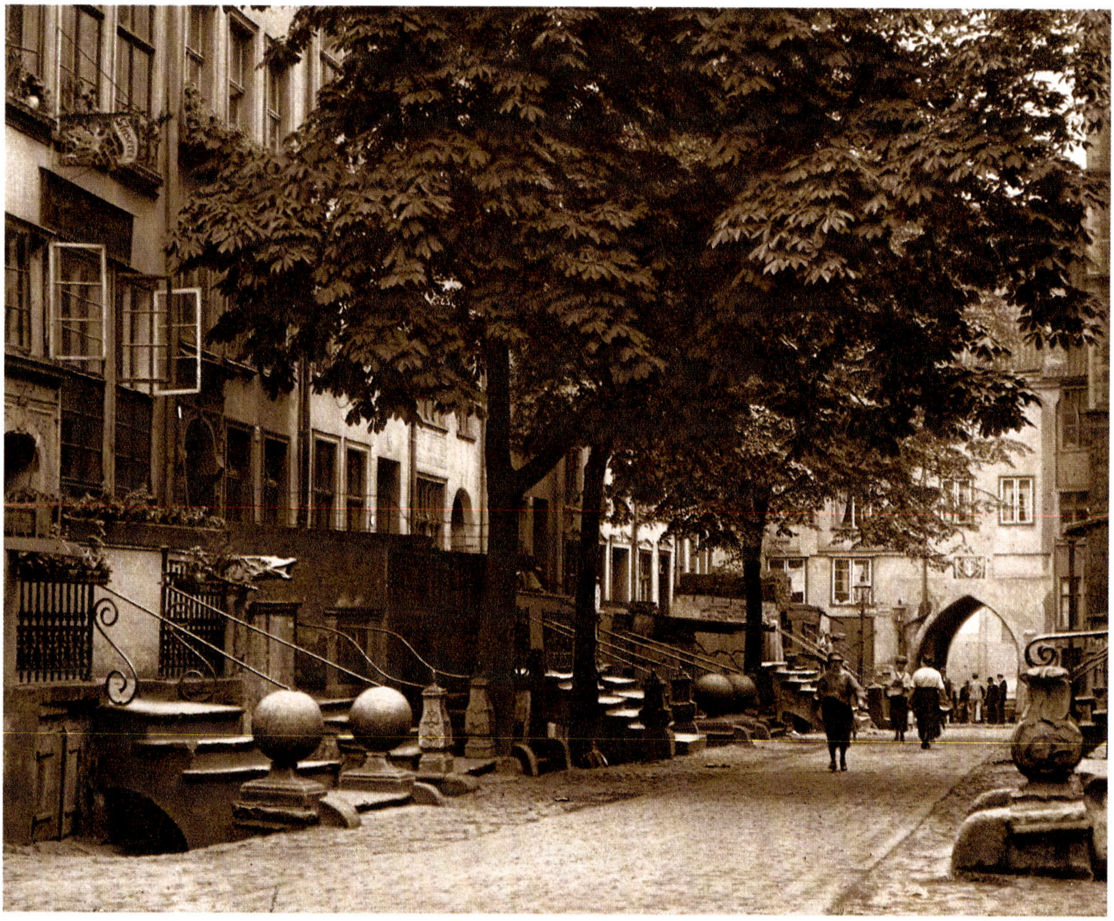

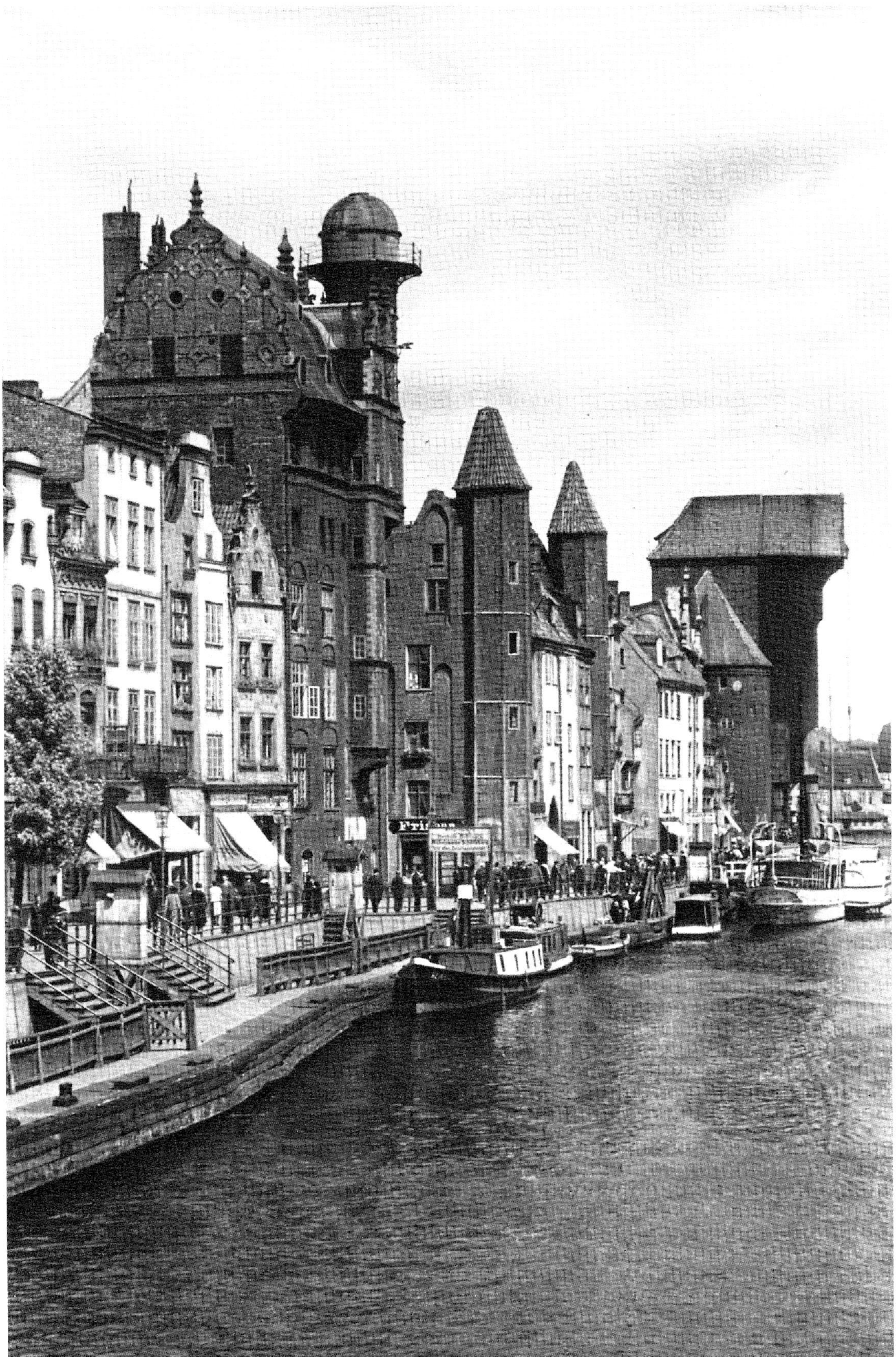

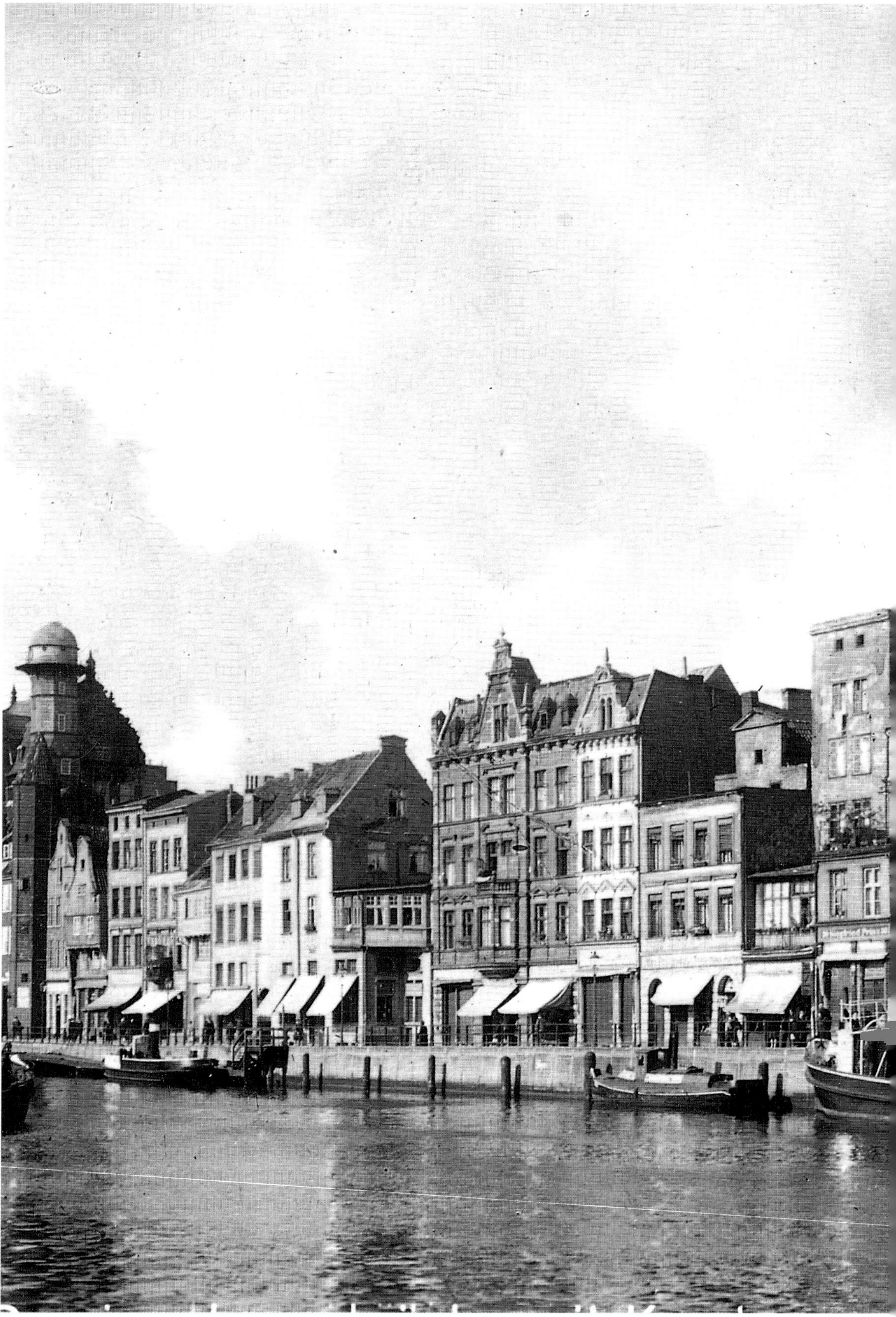

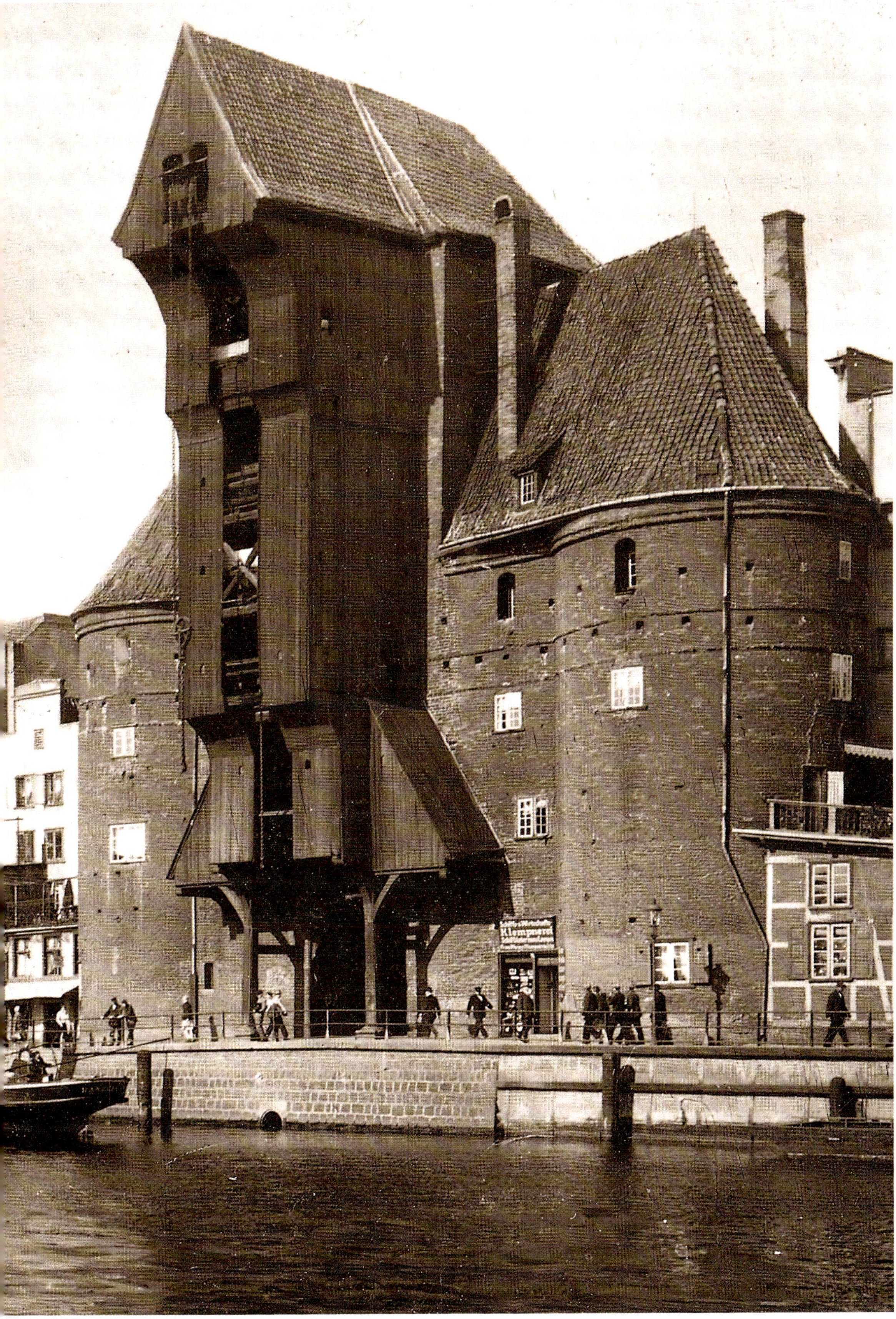
Klempnerei

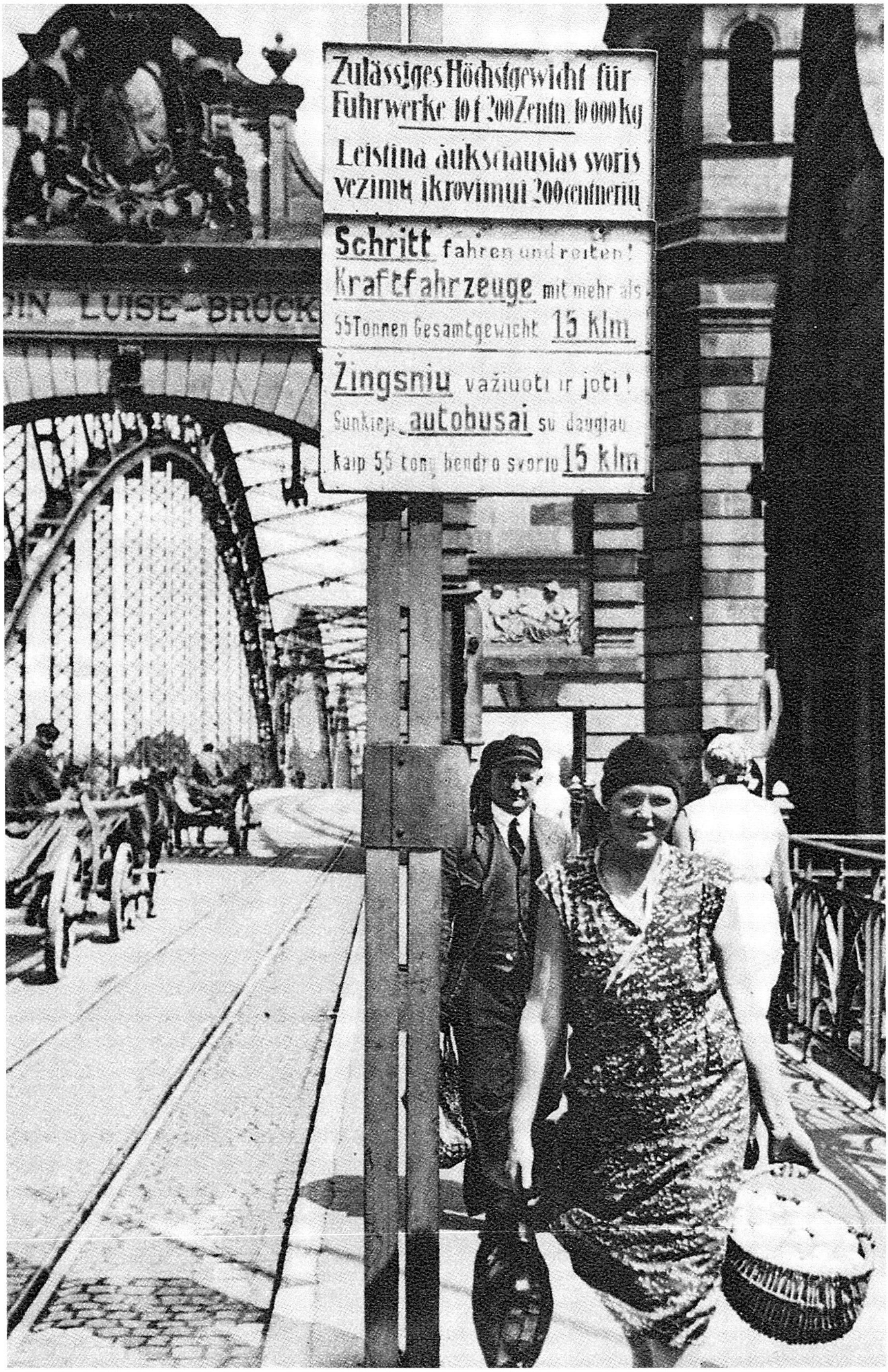
Zulässiges Höchstgewicht für
Fuhrwerke 10 t 200 Zentn. 10 000 kg
Leistina áuksciausias svoris
vezimų ikrovimui 200 centnerių
Schritt fahren und reiten!
Kraftfahrzeuge mit mehr als
5,5 Tonnen Gesamtgewicht 15 Klm
Žingsniu važiuoti ir joti!
Sunkieji autobusai su daugiau
kaip 5,5 tonų bendro svorio 15 Klm
LUISE

Mimele, Mümmel, Memel oder das Wunderland der Nehrung

Zeittafel:

1231 Der Deutsche Orden in Ostpreußen, der altpreußische Stamm der Schalauer Bewohner des Memelgebietes,

1252 Memel vom baltischen Schwertbrüderorden gegründet.

1328 „Memelland“ geht an den Deutschen Orden,

1410 Niederlage des Ordens bei Tannenberg,

1422 Feste Grenzen für Ostpreußen, die mit geringen Unterbrechungen bis 1919 bestehen,

ab 1450 Einwanderung von Litauern,

1525 Umwandlung des Ordensstaates in ein weltliches Herzogtum,

1701 Preußen wird Königreich,

1807 Memel, letzte Zuflucht des preußischen Hofes vor Napoleon, Preußens Hauptstadt. Historisches Treffen Napoleons mit Zar Alexander I. und Friedrich Wilhelm III. von Preußen auf einem Floß bei Tilsit,

1854 Memels Altstadt durch Großfeuer vernichtet,

1920 Memelland wird von Ostpreußen abgetrennt und erhält 1924 Status eines Freistaates unter Aufsicht des Völkerbundes,

1923 Litauen besetzt das Memelland im Handstreich.

Die Königin-Luise-Brücke in Tilsit verband nach 1920 Ostpreußen mit dem Memelland. Das heitere Tilsit, weltbekannt durch seine Käseproduktion, hatte der Ausgang des 1. Weltkriegs anstelle von Memel zur nördlichsten Großstadt Deutschlands gemacht.

Im „Lied der Deutschen“ hatte Hoffmann von Fallersleben das Reich noch an Maas und Memel eingegrenzt. Als Deutschland nach Versailles dann tatsächlich an der Memel, der großen Lebensader des Nordostens endete, das rauhe Land darüber hinaus zum Freistaat wurde, war das Entsetzen entsprechend groß. Die Dichterin Agnes Miegel formulierte in ihrem „Hilferuf von der Memel“: „O blonde Mutter, der dies Land gehört, als Lehn und Eigen - sieh das arme Land ist wie ein Herz von Zorn und Angst verstört. Wieg es zur Ruh in Deiner sanften Hand . . .“

Zuerst stand die hölzerne Burg im gelben Ostseesand an der ins Haff mündenden Dange, die die baltischen Schwertbrüder Mimele, Mümmel oder auch schon einmal Memmel nannten. Die Übernahme durch den Deutschen Orden machte Burg und Siedlung zur ältesten Stadt Ostpreußens, dessen nördlichster Vorposten es 600 Jahre lang bleiben sollte. Im Schutz der Kurischen Nehrung entwickelte sich Memels gewaltiger Hafen, der erst mit dem Ende der Segelschiffromantik an Bedeutung verlieren sollte. Damit verbunden war jene fruchtbare Epoche, in der die Memeler ihre besten Söhne dem Meer gaben ... als kühne Fischer und Seeleute, als Kapitäne und Reeder.

Zusätzlich hatte die Geschichte des Memellandes, wegen seiner weiten Moor-, Wald- und Heideflächen typisch auch „Wildnis“ genannt, nicht mehr vieles zu vermelden. Die Stadt Memel lag im Schatten ihrer glücklicheren Schwestern Riga, Königsberg oder Danzig, ihre Intelligenz war selten heimattreu. Dem Boden fehlte der Glanz der Dome und Paläste und der ganz großen Persönlichkeiten. Das Land galt als eine der konservativsten Erscheinungen Europas. Siedler kamen, legten ihre Dörfer im breiten, behäbigen Stil Ostpreußens an und wurden von Kriegen, Brand und kolonisationshemmenden Pestseuchen heimgesucht. Szamaiten, Litauer und Schweden fielen ein, west- und süddeutsche, schweizer und salzburger Zuwanderer suchten hier eine Zukunft, daneben auch „Preußens schönste Königin“, die sich auf der Flucht vor Napoleon in Memels späterem Rathaus einquartierte.

1920 sollte sich das politische und geographische Bild des ostpreußischen Zipfels - etwa von der Größe Luxemburgs - dann grundlegend ändern. Viele Zeichen sprachen davon, doch am deutlichsten war die neue Lage wohl daran zu erkennen, daß die lange Birkenstraße von Memel „nordwärts nach Nimmersatt, wo das Reich ein Ende hat“, bald kein Grenzgebiet mehr war.

Zu den bedeutendsten „Memelländern“ zählen der Dichter Hermann Sudermann, der Schriftsteller Herbert Lipp und der Astronom Argelander neben dem „Sänger Preußens“ Simon Dach, dem wir das Ännchen von Tharau verdanken. An der Memel erinnerte man sich daneben gerne daran, daß hier Kants Vorfahren ihrem Handwerk nachgingen, Napoleons Gegenspieler Stein seine Ideen zur Volkserneuerung formte und Heinrich Schliemann das Geld für die Freilegung Trojas verdiente. Denn hätte das Große Feuer von 1854 nicht gerade seine Memeler Warenlager verschont ... vielleicht läge Troja heute noch unter Schutt und Asche.

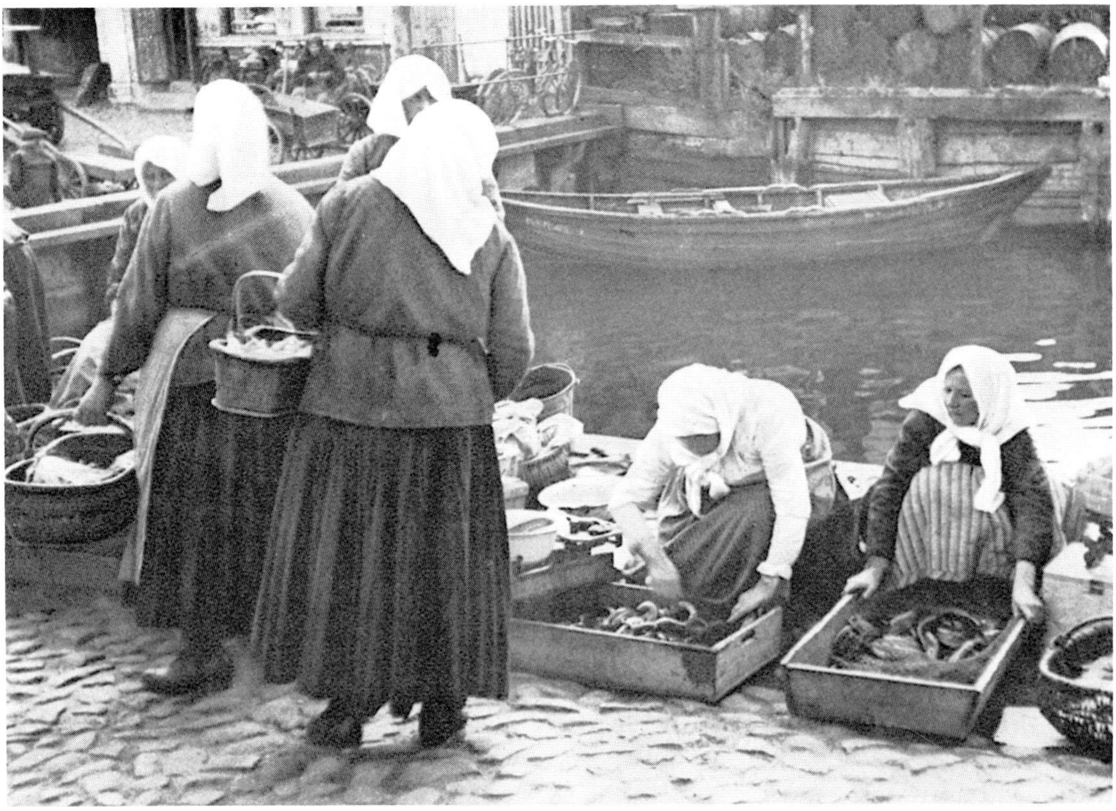

Memel: Fischmarkt am alten Festungsgraben.
Memel, als älteste deutsche Stadt auf ostpreußischem Boden, war vom Meer her gegründet und blickte gestützt durch seine günstige Lage an der Mündung der schiffbaren Dange in das Memeler Tief jahrhundertelang auch zuerst zum Meer.
Haff und Ostsee sicherten den Anschluß an den Weltverkehr, reiche Handelsherren pflegten internationale Verbindungen.
Als bedeutender Umschlagplatz für das Holz aus dem Norden Ostpreußens und Litauens gelangte Memel zu seiner Blüte.
Den Nehrungsfischern bot es sich als Absatzmarkt für ihren Fang, der bis nach Königsberg und tief ins Landesinnere verkauft wurde.

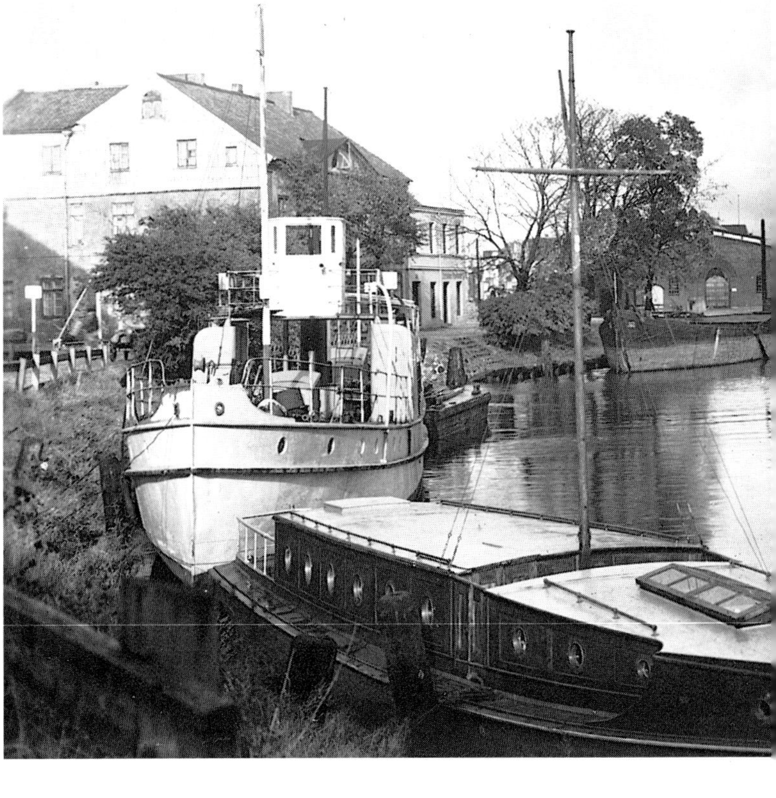

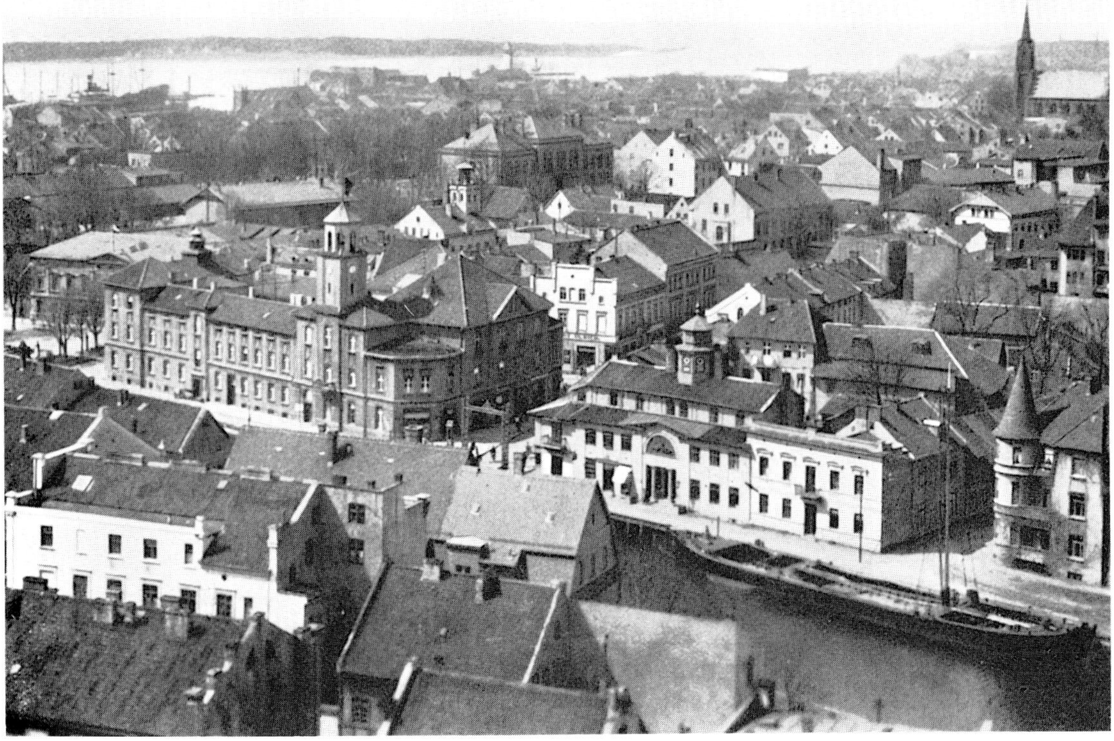

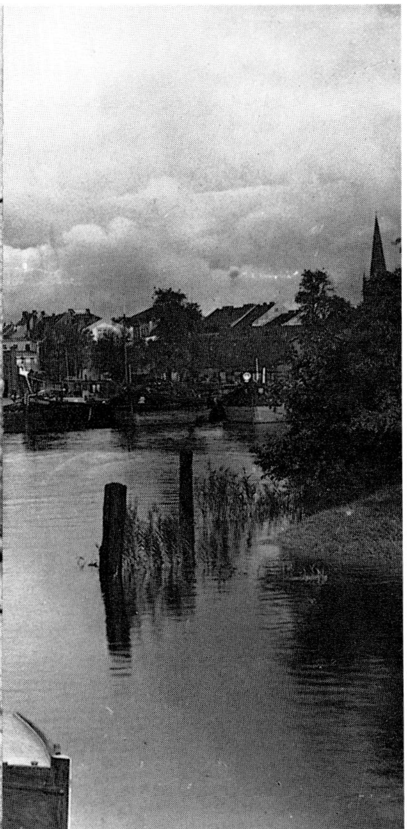

Memel hatte bis 1920 keine eigene Geschichte, sondern jeweils an der Geschichte anderer Gebiete teilgenommen: am Schicksal des Kurlandes, der Ordensprovinz Preußen zwischen der Heiligen Aa und dem Oberlauf der Minge, oder Brandenburgs, dessen Kurfürste zu Königen von Preußen wurden. 1605 kam hier der „Professor der Dichtkunst" Simon Dach zur Welt, 1625 war der Festungsgraben (im Bild links) kein Hindernis für die anstürmenden Schweden, die Memel vorübergehend besetzten, 1854 brannte die Stadt größtenteils ab. Nach dem Wiederaufbau fehlten ihr die historisch bedeutenden Gebäude, die Kirchen St. Johann und St. Jakob entstanden durch August Stüler neu.

Nach dem 1. Weltkrieg waren Stadt und Land nördlich des großen Flusses dann als kurzlebiges politisches Gebilde Gegenstand eines zähen Ringens zwischen Polen, Litauen, Deutschland und Frankreich. Französische Truppen besetzten das Memelland 1920 im Auftrag der Alliierten, litauische Soldaten fielen 1923 ein. Es sollte schließlich unter die Souveränität Litauens kommen, was das alte Ordensgebiet politisch zu einem Teil Osteuropas machte. Die deutschen Züge im Memeler Stadtbild, Zeugen einer rund 700jährigen Geschichte (Bild oben), waren jedoch weiterhin klar zu erkennen.

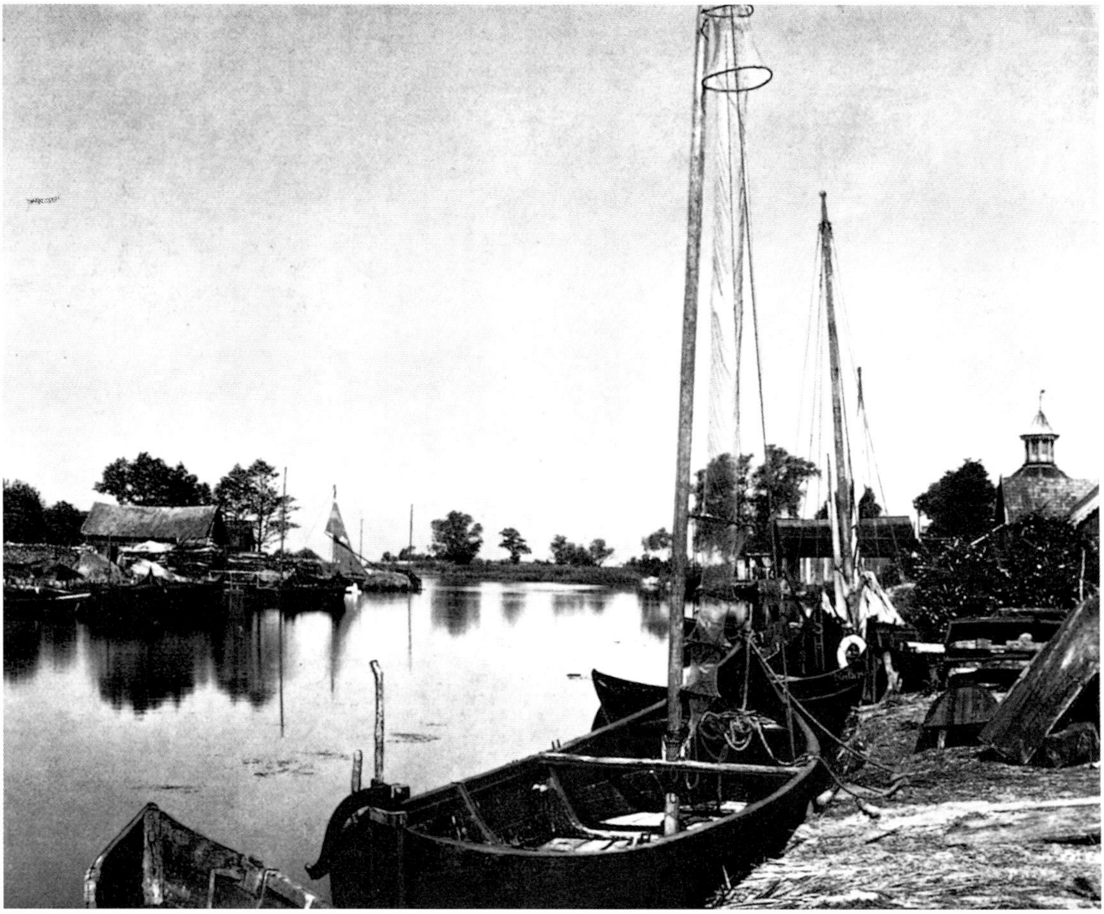

Im Dreieck zwischen den Städten Memel, Tilsit und Labiau, Europas breitestem Flußdelta, lagen malerische Haffdörfer wie Tawe, Gilge, Loye oder Inse (Bild oben), unweit der Mündung der Griebe in das Kurische Haff. Die Menschen hier sprachen meist Kurisch oder Litauisch. Meer und Strom hatten ihr Land gebaut, Meer und Strom waren sie als Schiffer und Fischer verbunden.
Zwischen den Mündungsarmen von Memel, Ruß, Gilge und Nemonien, in der Niederung westlich von Tilsit, verlief nach 1920 die neue Reichsgrenze.

Die Kurische Nehrung konnte als Deutschlands eigenwilligste Landschaft gelten, war ein Kleinod der Erde, von dem der Weltreisende Alexander von Humboldt behauptete, daß man es gesehen haben mußte wie Spanien oder Italien, „wenn einem nicht ein wunderbares Bild in der Seele fehlen sollte“.
Als ein Stück Wüste zieht sich die Nehrung zwischen Ostsee und Haff aus Ostpreußens herrlichem Hochwald vom früheren Cranz nach Sandkrug, gegenüber der Stadt Memel.
Hinter dem Nehrungsdorf Sarkau weicht der Wald gewaltigen Sandbergen, die der Westwind anhäuft und langsam nach Osten schiebt.
Die wandernden Dünenketten begruben einst alles, was sich ihnen entgegenstellte: das Haus, die Kirche oder auch einmal das ganze Dorf, um sie nach Zeiten wieder freizulegen.

Das Wunder der Nehrung lag jedoch im Zusammenspiel von Wald, Wasser und Sand, von Kreatur und Pflanzenwelt. Im Hochwald und in den Sümpfen am Fuße der Dünen stand mit dem Elch Europas urigstes Wild, die Kraft der Natur und das Erhabene der Schöpfung verkörpernd.
Einst in ganz Deutschland zuhause, hatte er zu beiden Seiten des Haffs eines seiner letzten Rückzugsgebiete gefunden.

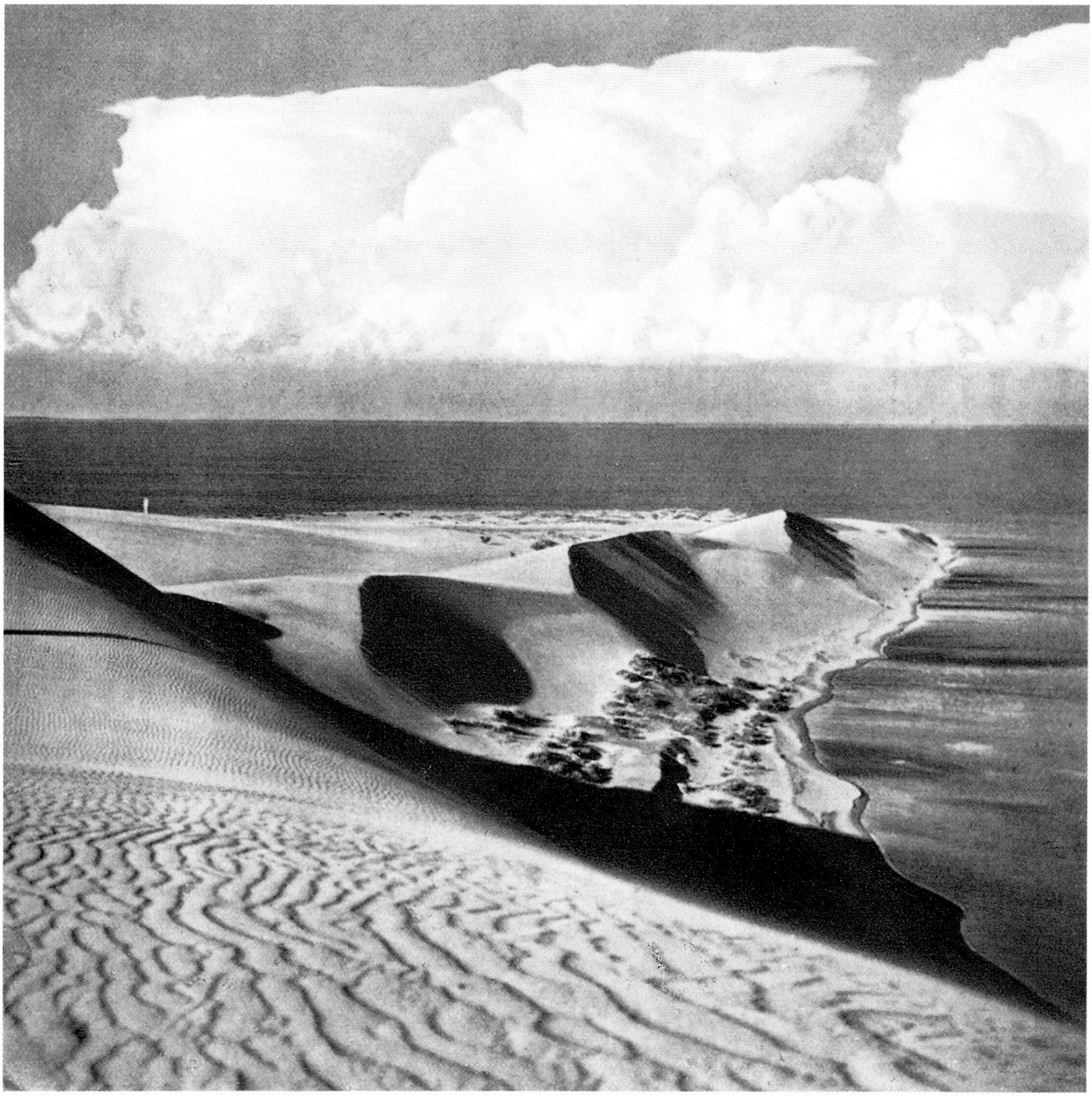

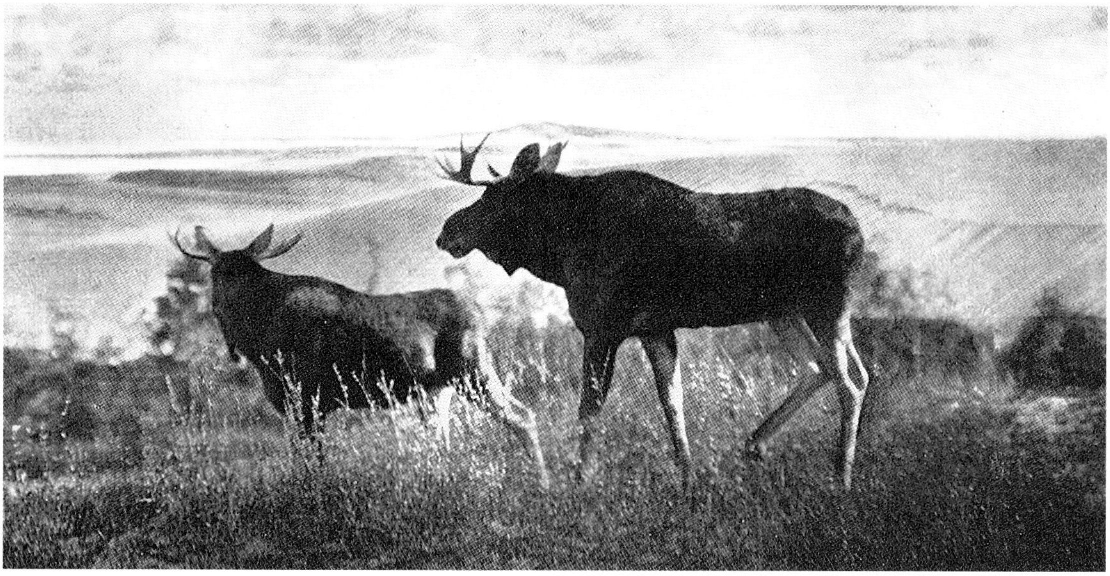

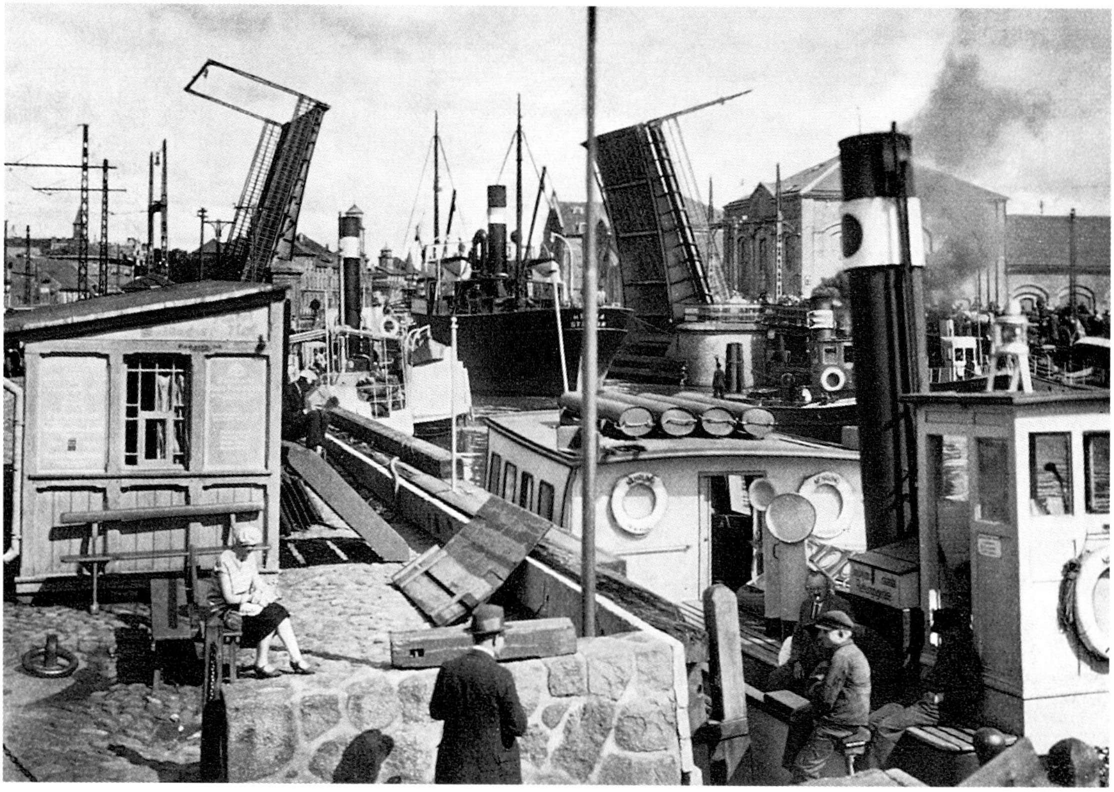

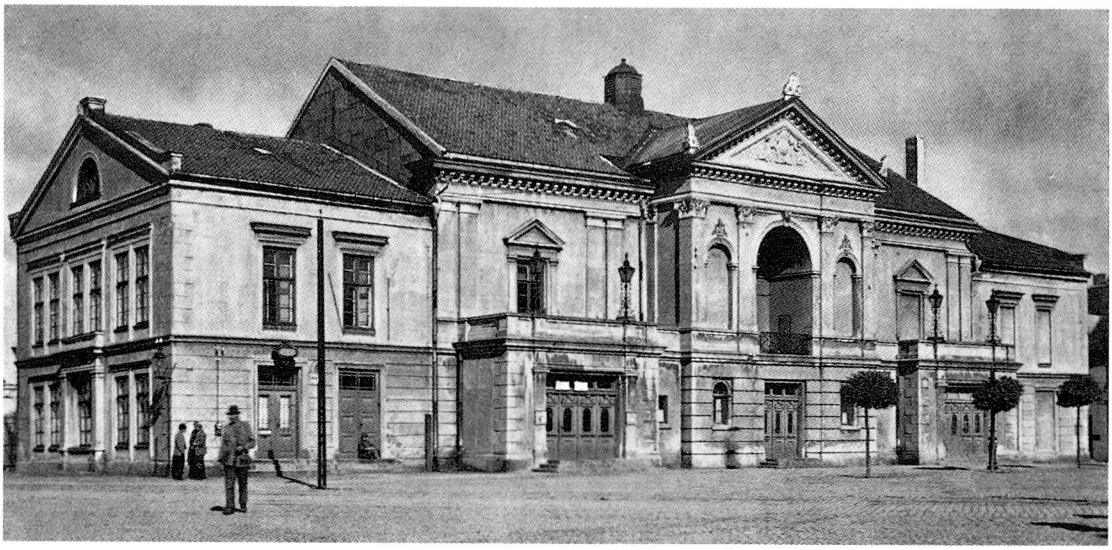

Wo de Haffes Wellen trecken an 'nem Strand,
Wo de Elk un Reiher jedem Kind bekannt,
Wo de Möwe schrieje grell im Stormgebrus,
Doa is miene Heimat, doa sie eck tohus.
Well und Woge sunge mi dat Weegelied,
Un am Haff verlewt eck miene Kindertied,
Un dat Haff erweckt in mi so'n grot Begehr,
In de Welt to flege, äwer Haff und Meer.

Un ward mi vom Lewe jed Verlang' geftöllt,
Ward mit allet gäwen, wat mien Herz erföllt,
Is ok dat geschwunde, wat mi quält und drewt,
Hew eck Ruh nich funde, denn de Sehnsucht blewt.
Sehnsucht noa dat kleene, lewe Fescherland,
Wo de Elk und Reiher jedem Kind bekannt,
Wo de Möwkes schrieje grell im Stormgebrus –
Doa is miene Heimat – doa sie eck tohus.
(Memelländisches Volkslied)

Links: Die See- und Handelsstadt Memel verdankte ihre Gründung an dieser Stelle dem Irrtum der baltischen Schwertbrüder, die in der Verbindung von Haff und Ostsee den Ausfluß des Memelstromes in das Meer sahen. So baute der Orden seine Burg versehentlich an der Dange, die ihm und späteren Generationen ausgedehnte Liegeplätze für die Schiffahrt garantierte.
In der Dangemündung häufig gesehene Gäste: Der Bäderdampfer „Memel" und die Motorschnellschiffe „Hansestadt Danzig" und „Preußen", die die Seeverbindung mit Zoppot, Swinemünde und Pillau aufrechthielten.

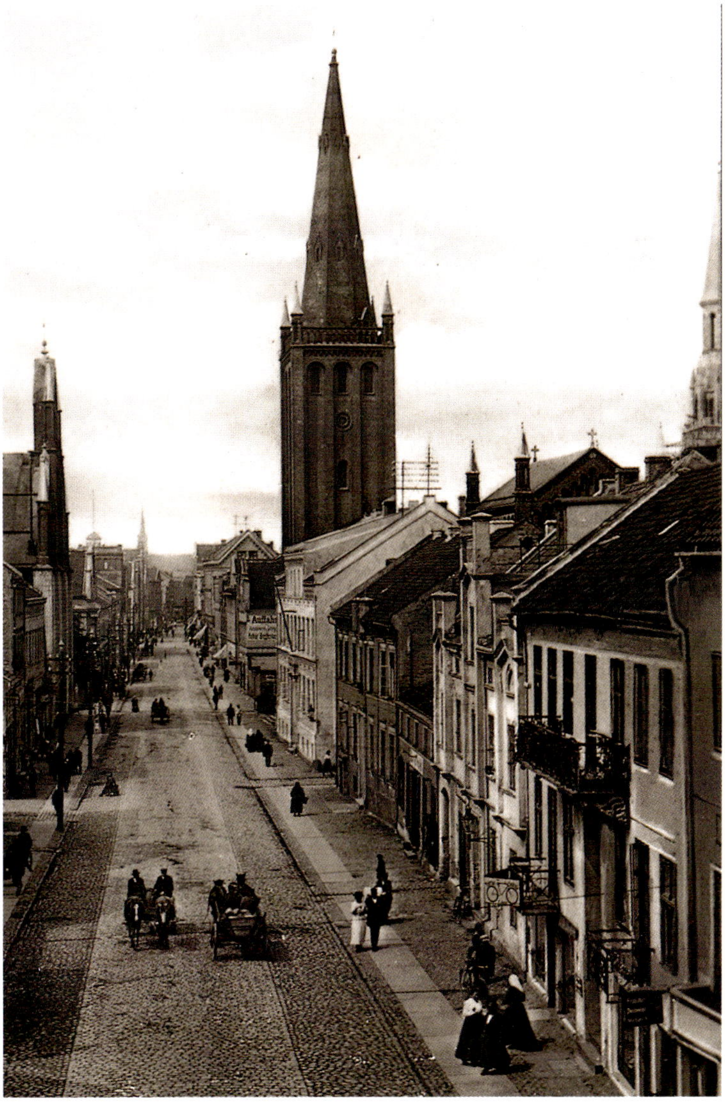

Rechts oben: Memel, Blick in die Friedrich-Wilhelm-Straße. Nachdem die schweren Pestjahre 1709/10 alleine im Amt Memel rund 13 000 Menschen dahingerafft hatten, war es Friedrich Wilhelm I. von Preußen gewesen, der im Rahmen einer Neu-„Peuplierung" Schweizer, Nassauer, Litauer, Pfälzer und protestantische Flüchtlinge aus Salzburg als Kolonisten nach „Preußisch-Litthauen" rief.

Links unten: Der klassizistische Bau des Stadttheaters von Memel, 1854 errichtet, galt als Zentrum der deutschen Kultur des Memellandes, einem Gebiet mit starker Sprachmischung.
Die Stadtbevölkerung sprach immer überwiegend Deutsch, Litauisch war besonders stark auf dem Land vertreten. Nahezu jeder verstand hier allerdings das „Memelländisch" der Heimatdichtung, die nicht selten so meerverbunden wie die ganze Landschaft war.

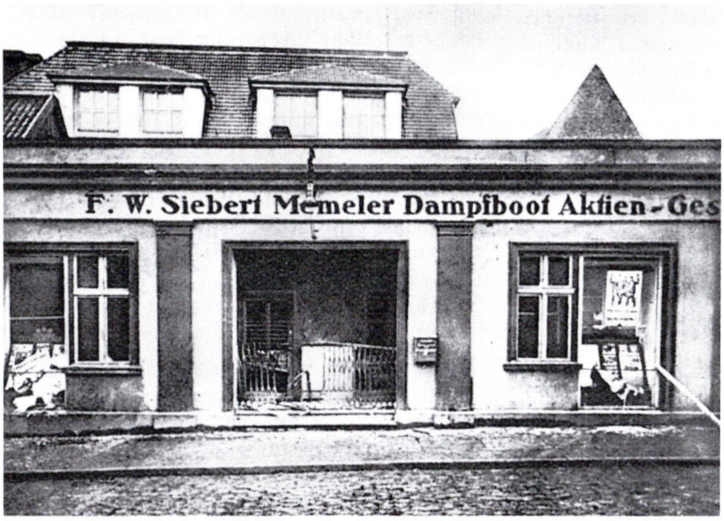

Das „Memeler Dampfboot" – im Bild dessen Verlagsgebäude in Memel – blieb ständig auf dem Trockenen: als Memelländer Zeitung für Stadt und Land.

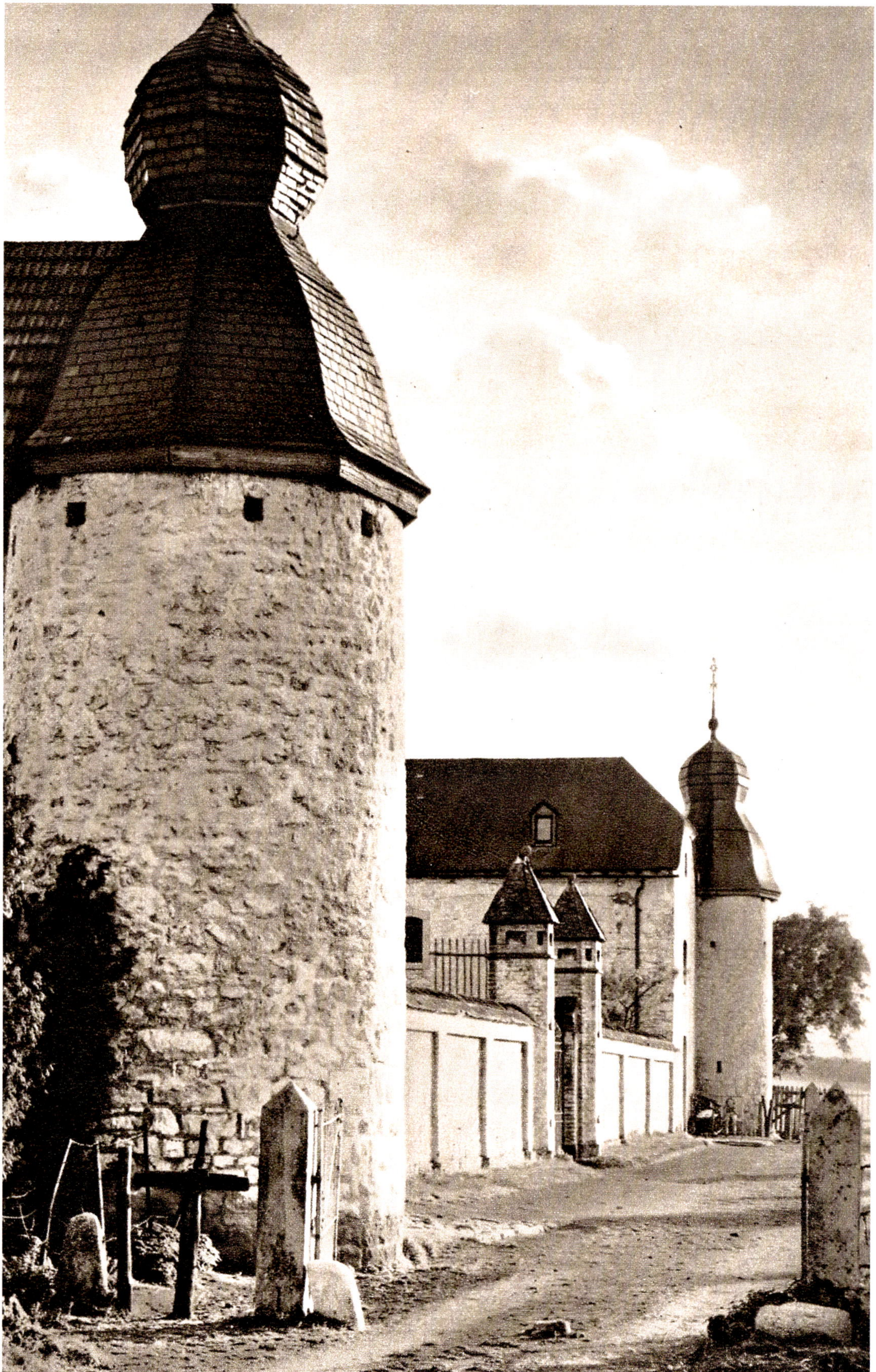

Zeittafel:
57 v. Chr. Cäsar unterwirft keltische Belgen,
5. Jh. Franken erobern das Land,
870 Gebiet Eupen-Malmedy beim Ost-, das spätere Belgien weitgehend im Westfränkischen Reich,
925 zum deutschen Herzogtum Lothringen,
1384 Länder beiderseits der deutsch-französischen Grenze unter Burgund,
1477 Niederburgund an Maximilian von Österreich,
1556 Niederlande spanisch,
1714 Spanische Niederlande an Österreich,
1815 Gründung des Königreichs der Vereinigten Niederlande mit dem späteren Belgien,
1830 Der katholische Landesteil wird unabhängig,
1920 Eupen und Malmedy, seit 1814/15 bei Preußen, zu Belgien.

Die Knoppenburg im Kreis Eupen. Das landschaftlich so überaus reizvoll gelegene Gebiet Eupen-Malmedy-St. Vith bot dem Wanderer so manche Überraschung. Abseits der großen Landstraßen stieß er auf großzügig angelegte alte Burgen und Schlösser. Auch wenn die Jahrhunderte nicht spurlos an ihnen vorübergegangen waren, erinnerten sie doch noch trotzig-trutzig an bewegte Zeiten, in denen sie ihren Bewohnern Schutz vor fremden Söldnern boten. Als Kleinod galt die Knoppenburg, erbaut im Jahre 1615. Weithin leuchteten die beiden schneeweiß gekalkten, mit barocken Zwiebelhauben bedeckten Rundtürme ihrer Vorburg über die grünen Matten des Eupener Landes.

Die Belgier galten, noch bevor es ihr Land offiziell gab, als durchaus flexibler Menschenschlag. Dies wurde daraus abgeleitet, daß sie während der denkwürdigen Schlacht bei Waterloo, südlich von Brüssel, zur Verteidigung der Fahne gleich auf beiden Seiten der Front recht tapfer mitkämpften. Etwas unflexibel waren dagegen jene Bürger aus dem Gebiet des Hohen Venn, die 1920 nach einem Spruch des Völkerbundes zusammen mit den bis dahin deutschen Kreisen Eupen und Malmedy, dem Westteil von Monschau und einem Streifen des Kreises Aachen zu Belgien geschlagen wurden.
Am Venn, zwischen Aachener Mulde und Rur der höchste Teil der Eifel, waren die Heere der großen französischen Revolution einst auf erbitterten Widerstand gestoßen ... einmal auf eine überaus rauhe, unwirtliche Landschaft, die wegen ihrer harten Winter und gewaltigen Schneemassen als „rheinisches Sibirien" galt, daneben auf einen recht eigenen Menschenschlag, der hier mühsam die Frucht der kargen Scholle abringen mußte. Doch die Härten des Lebens verwurzelten die Menschen tief mit jenem Boden an der germanisch-romanischen Sprachgrenze. Hermann Löns, der Dichter der deutschen Heide, hat beide - Land und Leute - dafür entsprechend gepriesen.
Einen knappen Tagesmarsch unterhalb der Venn-Hochfläche war man da schon etwas reservierter. Das Venn galt als natürliches Hindernis, Grund dafür, daß es zwischen dem preußischen Eupen und der Abteistadt Malmedy nie zu einer echten Verbindung kommen konnte. Und die Vennbauern wurden von den Städtern etwas derb als „Vennböcke" bezeichnet.
Allerdings war man auch am Venn nicht gerade zimperlich.

Von Vennböcken, Schmautbären und Französlingen

Die Nachbarn etwa in Eupen, im alten Herzogtum Limburg, wurden hier als „Schmautbären" eingestuft. Der Grund dafür: um zu zeigen, daß sie etwas Besseres als die vom Venn waren, fetteten die Eupener eine Zeitlang ihre Haare mit Schmaut (Schmalz) übermäßig stark ein.
Daneben gab es natürlich auch Gemeinsames. Dazu zählte eine rund 1000 Jahre alte Geschichte innerhalb des Deutschen Reiches. Das klassische Durchgangsland zwischen Maas und Rhein, an den Abdachungen des Hohen Venns, der Schneifel und des Öslings, hatte seinen Anteil an fremden Söldnerscharen gesehen, bevor es zu Österreich und nach dem Wiener Kongreß zu Preußen kam. Und war es bis zu diesem Zeitpunkt bereits schwer gewesen, westlich des Rheins genaue Grenzen zwischen Dietsch, Düütsch und Deutsch zu ziehen, mußten jetzt zusätzlich französische Akzente geübt werden. In der Praxis der Katholischen Höheren Mädchenschule in Eupen sah das etwa so aus, daß bis zur Obersekunda noch „Gaudeamus igitur" gesungen werden konnte, danach mußte es „Godeamüüs ijschitüür" heißen. - Die Vennbauern kümmerte es wenig. Neben Schmautbären gab es für sie jetzt auch noch Französlinge.

Deutsche Persönlichkeiten: Bischof Siemar, Erzbischof von Köln, Silvio Gesell, Sozialreformer, Josef Ponten, Schriftsteller, Prof. Emil Dovifat, Zeitungswissenschaftler, Walter Ophey, Maler, Cäsar Frank, Komponist, Paul Ubach, Maler.

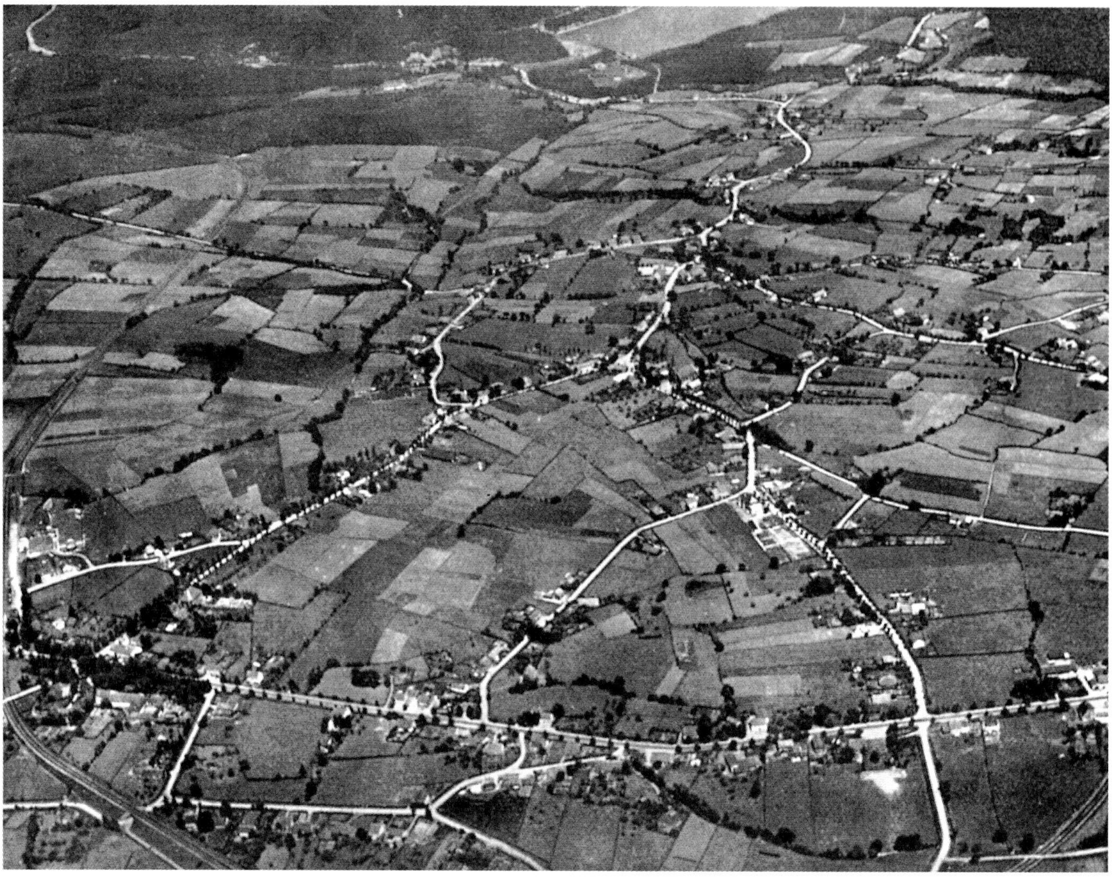

Roetgen in der Eifel. Die preußischen Kreise Eupen und Malmedy, Teile der Kreise Monschau und Aachen wurden 1920 dem belgischen Staatsverband eingegliedert. Sie kamen damit zu einer Landschaft, die verschiedene politische Strukturen – darunter auch als Teil des Heiligen Römischen Reiches Deutscher Nation – gesehen hatte. Die Grenzziehung war allerdings etwas grotesk. Nicht nur, daß sie Ortschaften und Häuser teilte, die belgische Eisenbahn befuhr jetzt etwa wie bei Roetgen im Kreis Monschau reichsdeutschen Boden, während deutsche Landstraßen belgisches Territorium durchschnitten. Da Bahnkörper und Straßen Hoheitsgebiete der jeweiligen Länder waren, bildeten sich mehrere Enklaven, die staatsrechtlich plötzlich von ihrem jeweiligen Mutterland abgeschnitten waren.

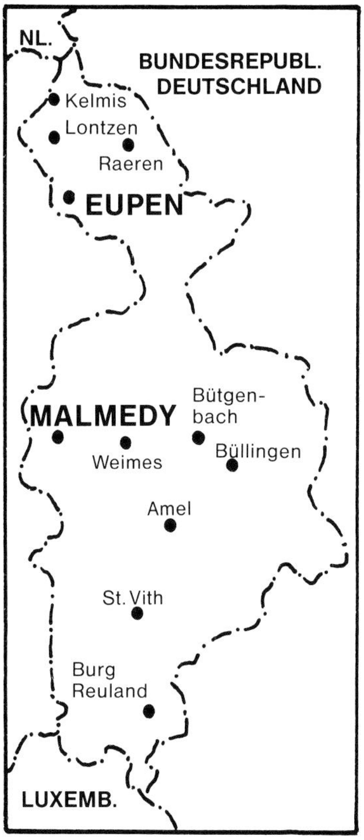

Rechts: Einfahrt zur Wasserburg Raeren. Das flache Eupener Land, zwischen dem Höhenzug des Aachener Waldes und dem Hohen Venn, war seit altersher Durchzugsland und so auch nie vor den Übergriffen fremder Heere sicher. Adelsgeschlechter bauten sich wehrhafte Festungen wie die Burg Raeren bei Raeren, dem weltbekannten „Pottbäckerdorf“ und Geburtsort des Dichters Josef Ponten. Die unregelmäßige Burganlage, im ausgehenden Mittelalter gegründet, bot mit ihren Türmen, Zinnen und Wassergräben eine Fülle malerischer Bilder.

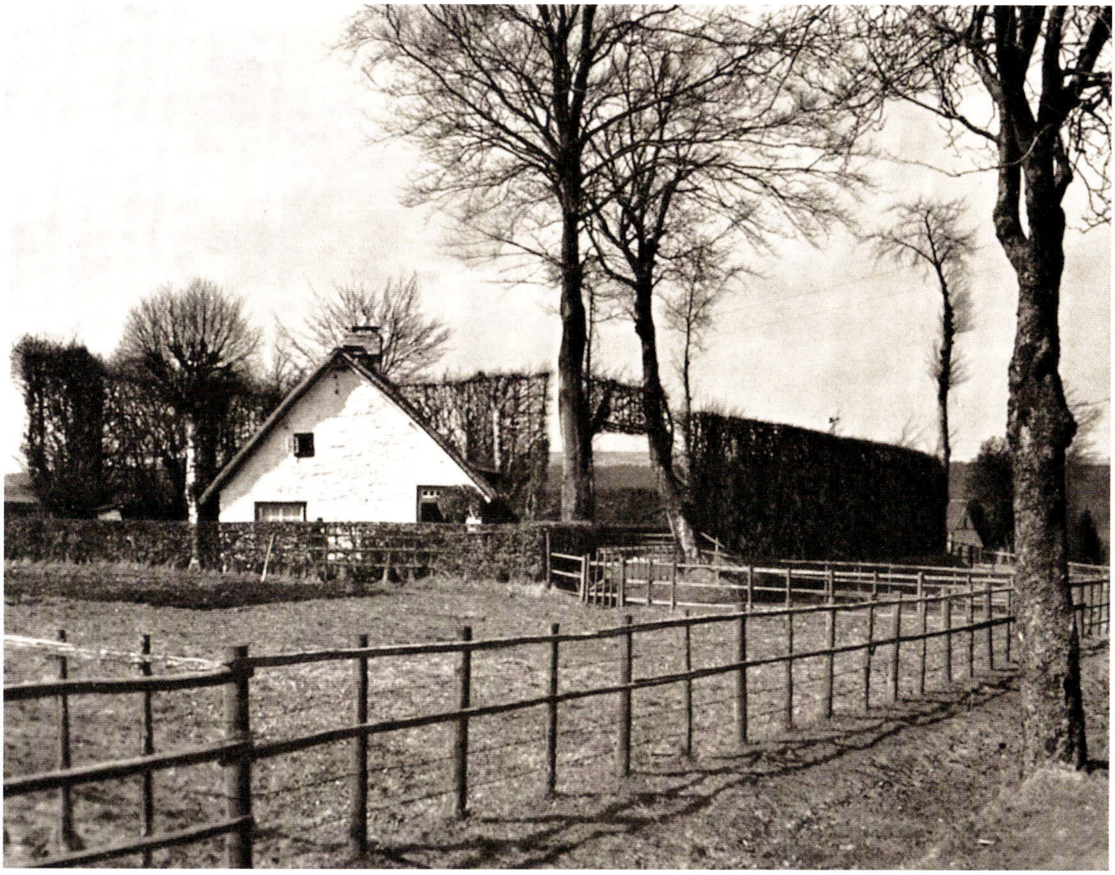

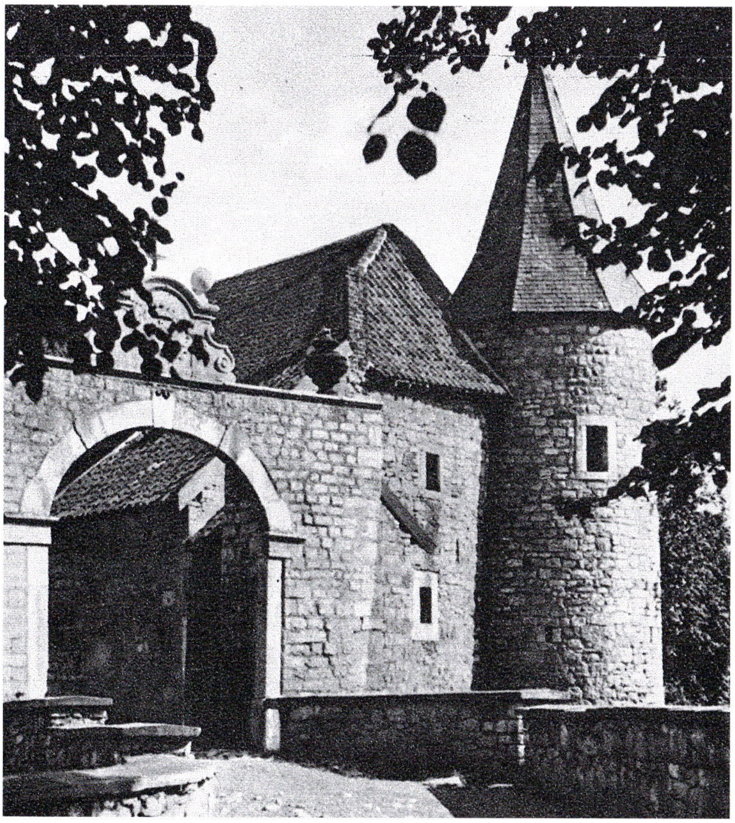

Bauernhof bei Küchelscheid, unterhalb des Hohen Venn. Das deutsche Sprachgebiet Belgiens ist alles andere als ein geographisch einheitlicher Raum. Im Durchschnitt rund 35 km breit, zieht es sich etwa 60 km entlang der Grenze mit Deutschland. Im St. Vither Land sprach man lange vorwiegend rheinfränkisch, um Eupen niederfränkisch und im übrigen Teil moselfränkisch. Trennungslinien im gesellschaftlichen wie religiösen Bereich zog das Hohe Venn.
Ab 1920 sprach man überall dann auch noch französisch . . . Versaille hatte die preußischen Gebiete Eupen, Malmedy und St. Vith Belgien zugesprochen, was man einmal mit einer militärischen Notwendigkeit begründete, worin man zusätzlich eine Art Wiedergutmachung der von Deutschen verursachten Kriegsschäden sah.

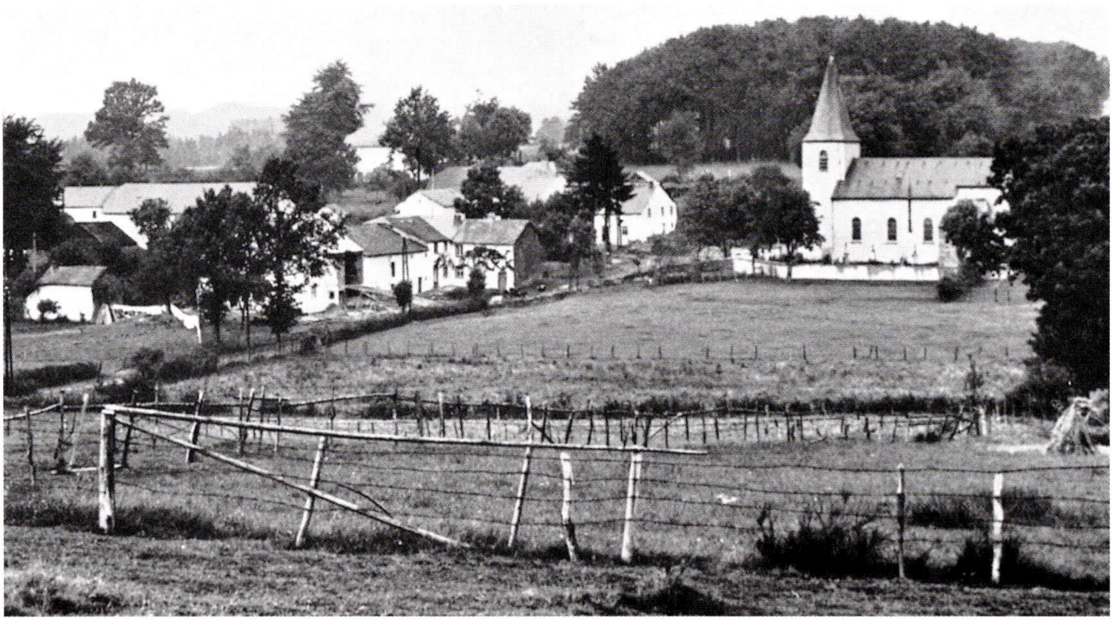

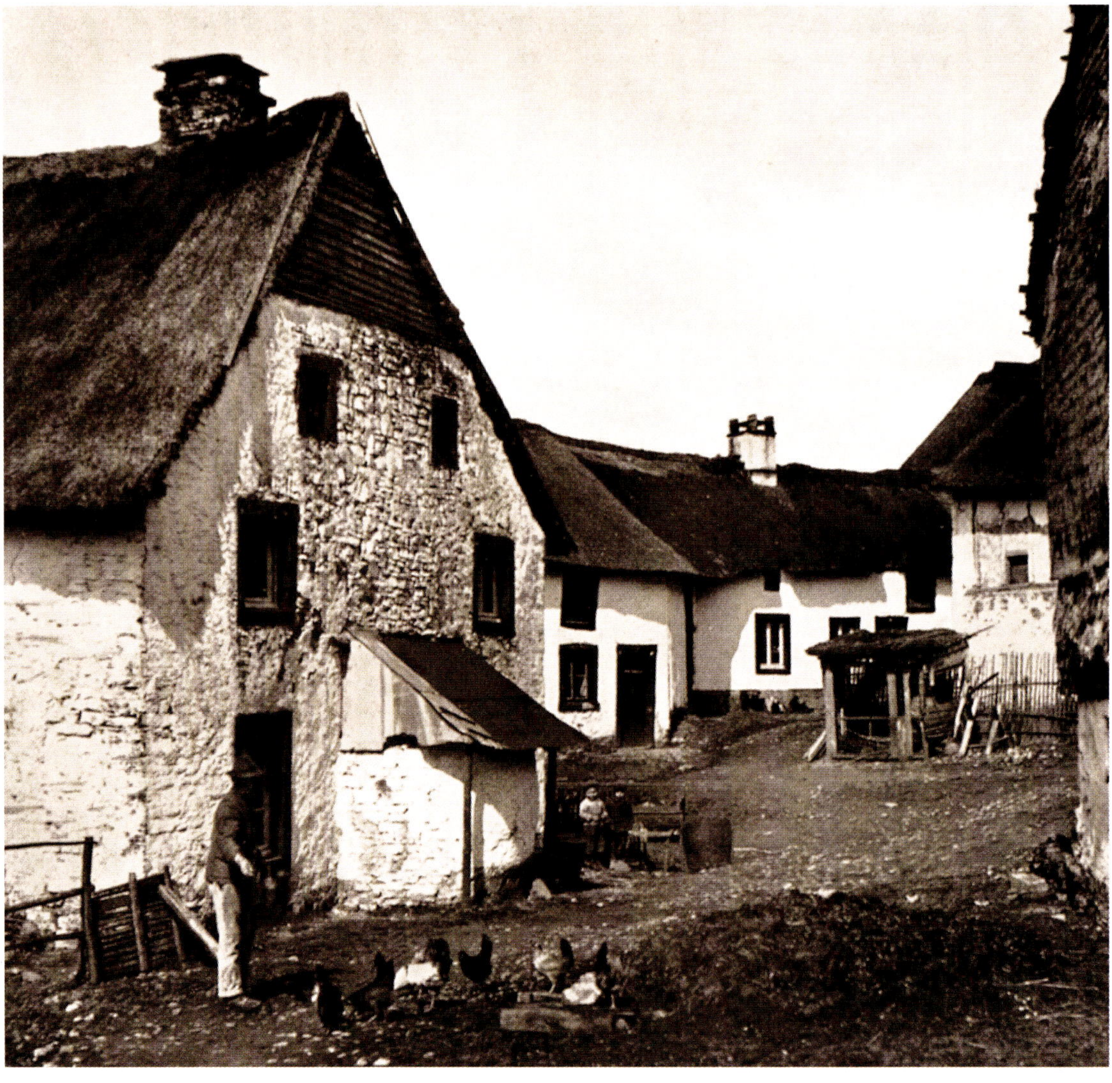

Rechts: Pfarrkirche und altes Bürgerhaus in St. Vith/Neubelgien.
St. Vith, bereits in römischer und karolingischer Zeit genannt, erhielt um 1250 - damals im Besitz des luxemburgischen Hauses - seine Stadtrechte. 1815 kam es zu Preußen.

Links oben: Deifeld, ein Ortsteil von Bochholz im geschlossenen deutschen Sprachgebiet oberhalb der luxemburgischen Grenze.

Links unten: Dorf bei Schönberg im St. Vither Land. Alte Kulturen und eine urwüchsige Landschaft erschließen sich dem Wanderer rund um die kleinen Höhendörfer des St. Vither Landes.

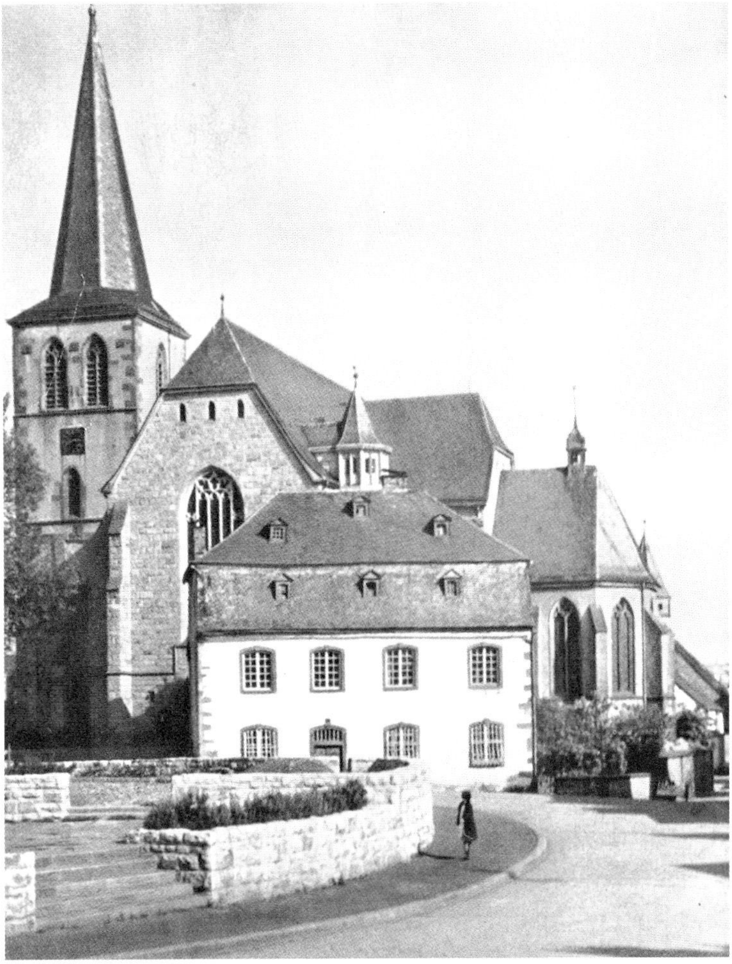

Rechts: Auf dem Kalvarienberg in Arel/Altbelgien. Die zweisprachige Inschrift am Kreuzstein erinnert an Gegenwart und Vergangenheit von Stadt und Land. Nachdem die Französische Revolution die Epoche der Österreichischen Niederlande beendet hatte, schuf der Wiener Kongreß ein kurzlebiges Königreich, aus dem sich Belgien 1830 ausgliederte. Den Belgiern wurden wenig später die deutschen Kreise Arel, Freiteler, Altsalm und Metzig zugesprochen. Bereits bei der Errichtung des Königreiches - Belgien wählte mit Leopold, Herzog von Sachsen-Coburg-Gotha einen deutschen Fürsten zu seinem Herrscher - galt Deutsch hier als dritte Staatssprache. Arel sollte noch lange das Zentrum der Volksgruppe in Altbelgien bleiben.

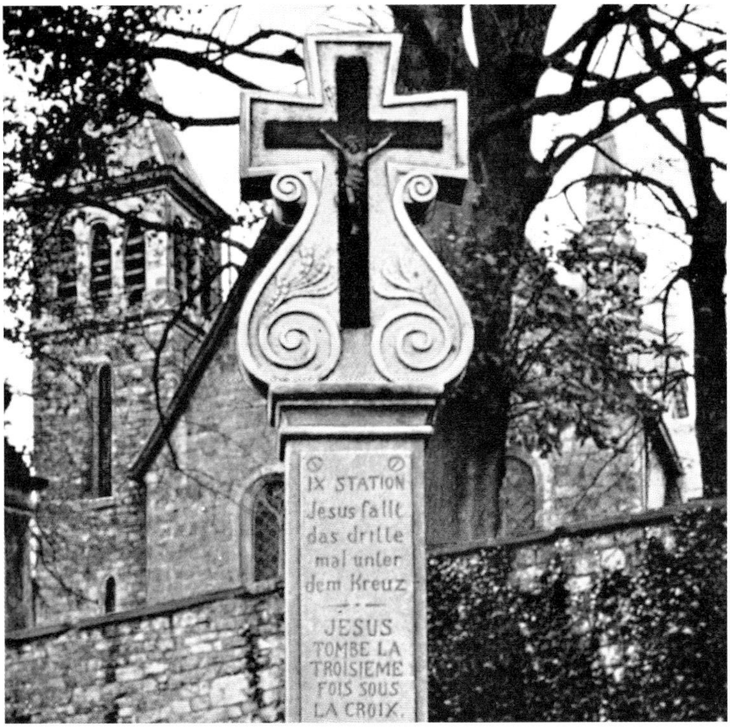

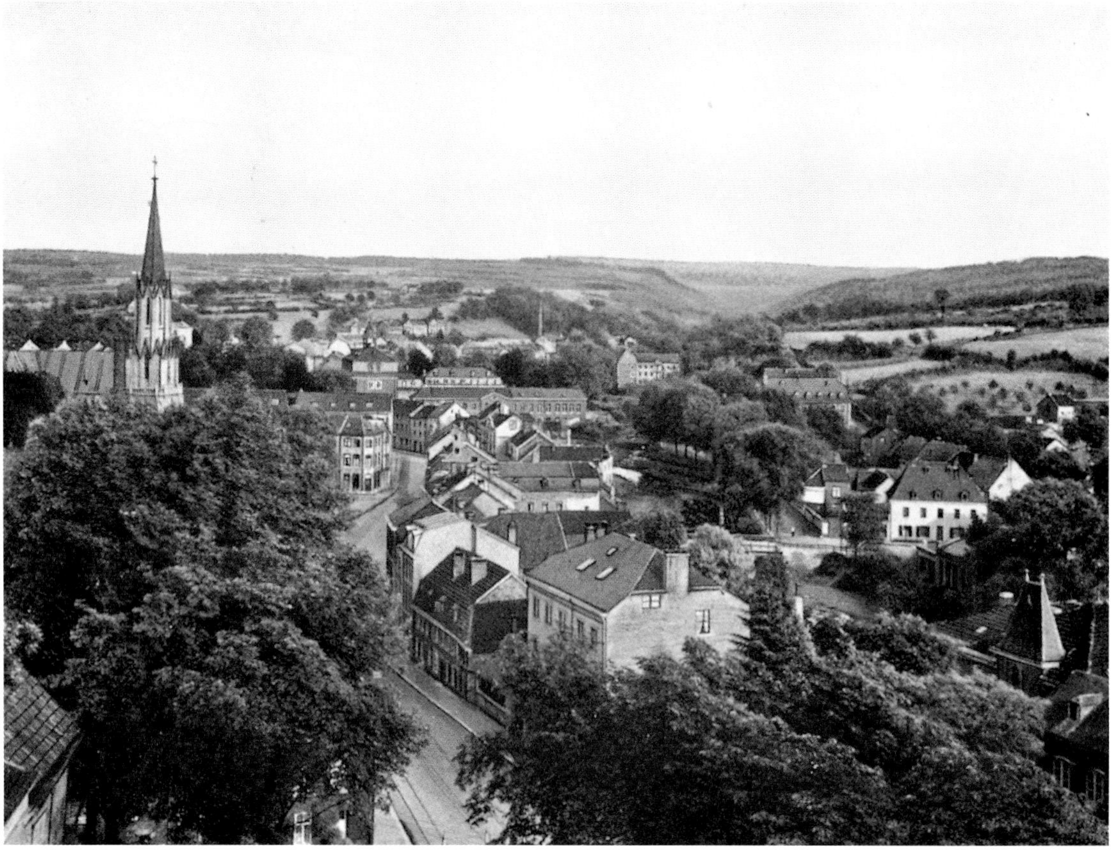

Oben: Eupens Unterstadt. Der wichtigste Ort Neubelgiens ist Eupen an der Grenze des nieder- und mitteldeutschen Mundartgebiets. Prächtige alte Bürgerhäuser aus dem 18. Jh. – die meisten stammen von den Aachener Architekten Couven und Mefferdatis – geben der ehemaligen preußischen Kreisstadt das Gepräge. Am Stadtrand stehen die ersten Baumriesen des Hertogenwaldes, ein Rest des riesigen Ardenner Waldes, der zur Zeit der Römer den größten Teil des Eifel-Ardennen-Raumes bedeckte.

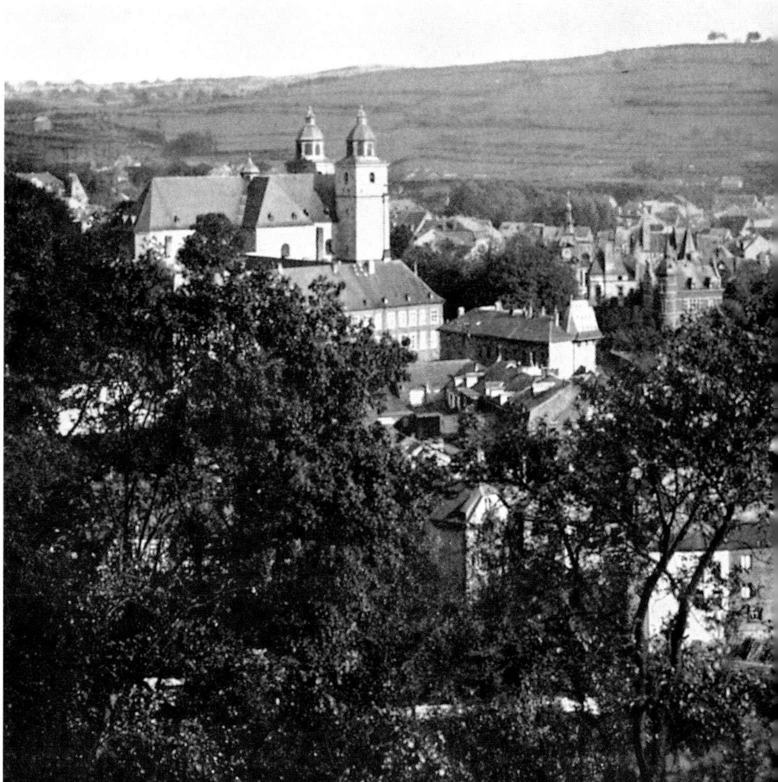

Eupen: die Oberstadt mit der St.-Nikolaus-Kirche. Ein Merkmal Eupens ist die Gliederung in Ober- und Unterstadt. Während die eine in ein breit ausladendes Tal gewachsen ist, zwängt sich die andere in zwei enge Täler an den Ufern von Hill und Weser, deren Lauf im Hohen Venn beginnt.
Eupen, heute ein anerkannter Luftkurort, verdankte einst Reichtum und Weltgeltung einer blühenden Tuchindustrie, die inzwischen längst von Manufakturen aus dem Metallbereich abgelöst wurden.
Im Westen der Stadt liegt mit „Gileppe" Europas drittälteste Talsperre, eingeweiht im Jahre 1878.

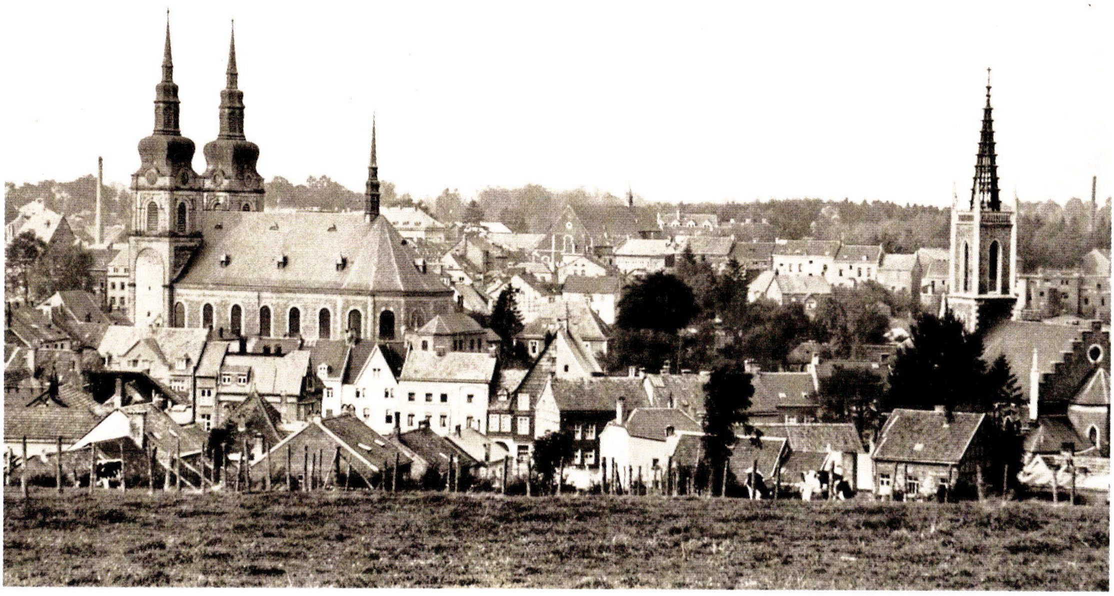

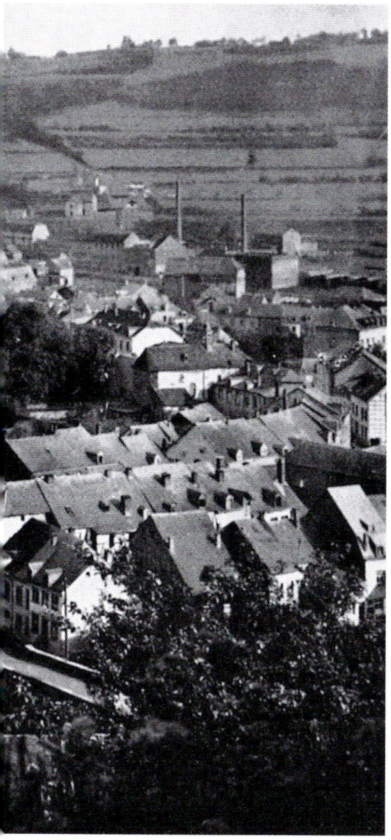

Malmedy, vor 1920 Kreis- und Hauptstadt der preußischen Wallonie, von Eupen getrennt durch das Hohe Venn, zählte zu den ältesten Siedlungen Neubelgiens. Vor 675 gegründet, stand die reichsunmittelbare Benediktinerabtei Malmedy bis 1794 in Personalunion mit der Abtei Stablo und kam nach Ende der Franzosenherrschaft an Preußen. Malmedy galt fortan wegen seiner Doppelsprachigkeit als Sonderfall für den preußischen Staat und für die erzbischöfliche Behörde in Köln.
Viele bedeutende Äbte, die in der Reichsgeschichte eine Rolle spielen, stammen von hier.
Malmedy wurde ebenso wie Eupen nach Ende des Ersten Weltkrieges Belgien zugesprochen.
Die benediktinische Doppelabtei Stablo-Malmedy stand auf dem Stadtgebiet von Malmedy und dem daran angrenzenden Territorium von Stavelot. Die ehemaligen Klostergebäude sind noch erhalten, ebenso die Abteikirche, die 1921 in den Rang einer Kathedrale erhoben wurde.

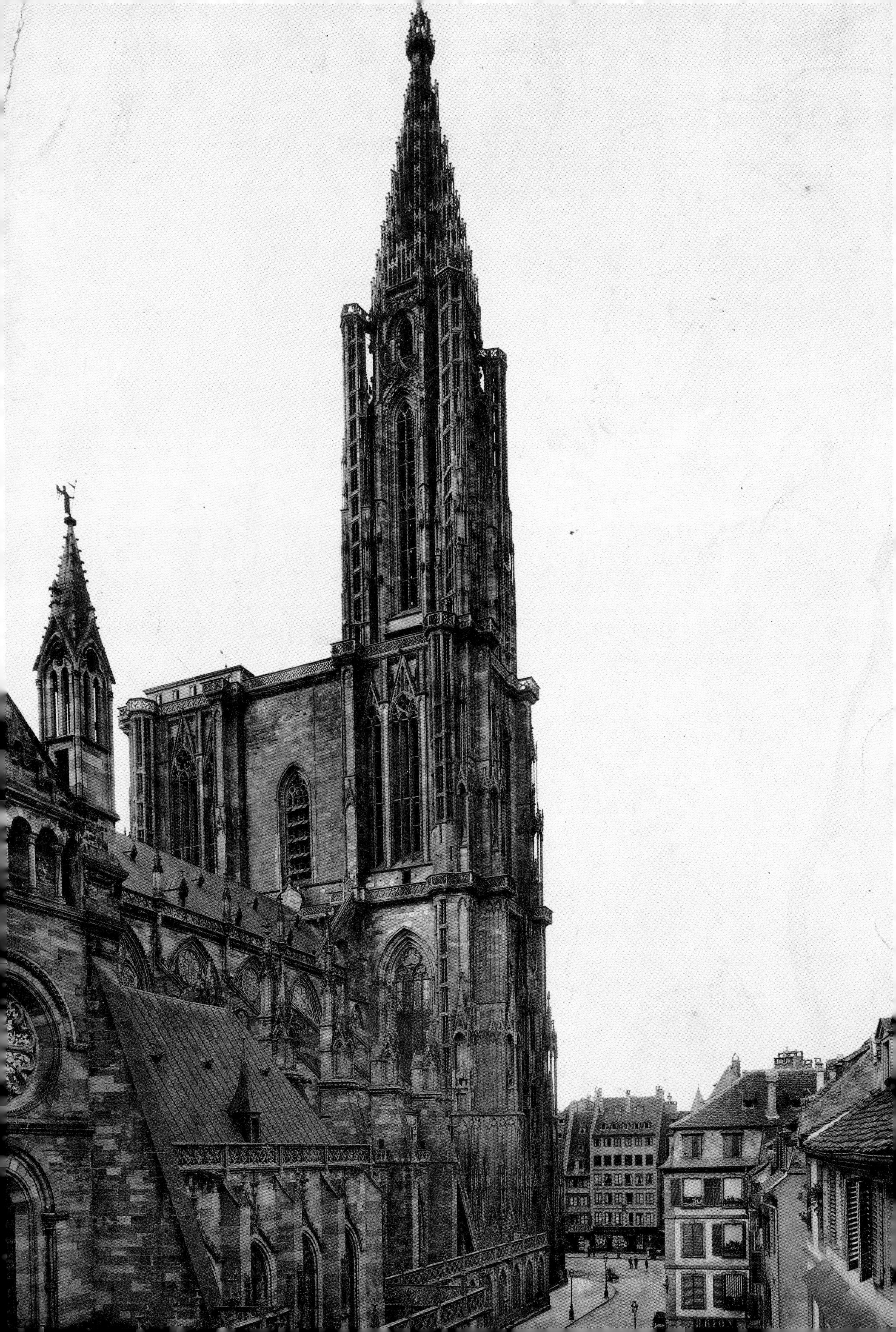

Elsaß-Lothringen: die Wetterwarte Europas

Zeittafel:

843 Die Erben Karls des Großen teilen das Frankenreich, Lothar wird König von Lotharingen,

870 Das spätere Elsaß zum ostfränkischen Reich, jahrhundertelang beim Herzogtum Schwaben,

1180 Grundsteinlegung zum Straßburger Münster,

1648 Im Westfälischen Frieden fällt das habsburgische Oberelsaß an Frankreich, das Herzogtum Lothringen kommt in die Abhängigkeit Frankreichs,

1681 Straßburg an Frankreich,

1766 Lothringen wird französische Provinz,

1798 Mühlhausen als letzte elsäßische Stadt französisch,

1870/71 Elsaß-Lothringen wieder dem Reich eingegliedert,

1919 Frankreich erhält das Reichsland,

1926 Deutschland verzichtet im Vertrag von Locarno auf Elsaß-Lothringen.

Das Straßburger Münster, Wahrzeichen der alten deutschen Reichsstadt und Juwel mittelalterlicher Baukunst. Der 142 m hohe Münstertum galt lange Zeit als achtes Weltwunder. Von der Plattform des Münsters sah der junge Goethe während seiner Straßburger Studentenzeit beglückt auf die „herrliche elsäßische Ebene" ... auf ein „neues Paradies, für den Menschen recht vorbereitet".

Man kann sich darüber streiten, was das geschichtlich durchaus nicht zusammenhängende Elsaß-Lothringen bei den rechtsrheinischen Deutschen bekannter gemacht hat: seine gute Küche, Voraussetzung für das Leben „wie Gott in Frankreich", das Straßburger Münster, an dem sich die so typisch deutsche „himmelanstrebende Gotik" entwickelte, oder Goethes Liebe zur Sesenheimer Pfarrerstochter Friedericke Brion.

Hier schrieb daneben der Mönch Otfried seine Evangeliumsharmonie und die Äbtissin Herrad von Landsberg mit der Hortus delicarium eines der kulturhistorisch wertvollsten Bücher des Mittelalters. Gottfried von Straßburgs Epos Tristan und Isolde, dessen Stoff Jahrhunderte später Richard Wagner mit dem Klangzauber seiner Melodien erfüllte, zählte zu den meistgelesenen Werken im frühen deutschen Reich. Ob Johannes Gensfleisch, genannt Gutenberg, den Buchdruck in Mainz oder im Elsaß erfand, bleibt umstritten; allerdings nicht die Tatsache, daß Straßburg sich zur ersten großen Druckerstadt der Welt entwickelte.

Durch die geographische Lage und den steten Kampf des Französisch-Romanischen mit dem Deutsch-Germanischen machten das alemannische Elsaß und das fränkische Lothringen zuallererst allerdings als „Wetterwarte Europas" von sich reden. Alleine das Elsaß war, nachdem die Alemannen den römischen Grenzwall durchbrochen und sich linksrheinisch festgesetzt hatten, 1500 Jahre lang deutsch, dann 220 Jahre französisch, wieder 50 Jahre deutsch, 20 Jahre französisch, 4 Jahre deutsch ...

Fürsten und Bischöfe bauten hier ihre Trutzburgen, wohlhabende Bürger errichteten herrliche Dome. In der Pfalz zu Hagenau hielten die Schwabenherzöge aus dem Hohenstaufengeschlecht mit Vorliebe hof. Der Baumeister Erwin wirkte in Straßburg und der Maler Matthias Grunewald, Goethe und Herder verneigten sich vor der strengen Schönheit seines Münsters. Napoleon erreichte hier mit der Rheingrenze ein populäres Ziel, nachdem die Französische Revolution in ihrer weltbürgerlichen ersten Phase gerade im Elsaß auf rechte Zustimmung gestoßen war. In Straßburg, im Hause des Bürgermeisters Friedrich von Dietrich, wurde die Marsaillaise dann auch zum erstenmal gesungen.

Ob als Franzosen oder Deutsche ... etwas hatten sich die Elsäßer in all den Jahren, bei all dem hin und her übrigens erhalten: sie bezeichneten sich untereinander schon gerne einmal als „Wakkes", was zärtlich angewendet für einen kleinen Jungen, ein Wackesle, steht. Doch wehe, es sagte einmal ein Nicht-Elsäßer. Dann erinnerte man sich zwischen Mühlhausen und Bischweiler schnell daran, daß Wackes auch soviel wie Vagabund oder Strolch bedeuten konnte.

Elsäßer und Lothringer: Sebastian Brant, Stadtschreiber, Hans Arp, Maler, Gerhard vom Elsaß, Stammvater der Lothringer Dynastie, Martin Bucer, Reformator, Ernst Robert Curtius, Romanist, Alfred Dreyfus, Offizier, Johann Fischart, Dichter, Johann Heinrich Lambert, Universalgelehrter, Erasmus Gerber, Bauernführer, Albert Schweitzer, Arzt, Jakob Wimpfeling, Schultheoretiker, Philipp Jakob Spener, Vater des Pietismus.

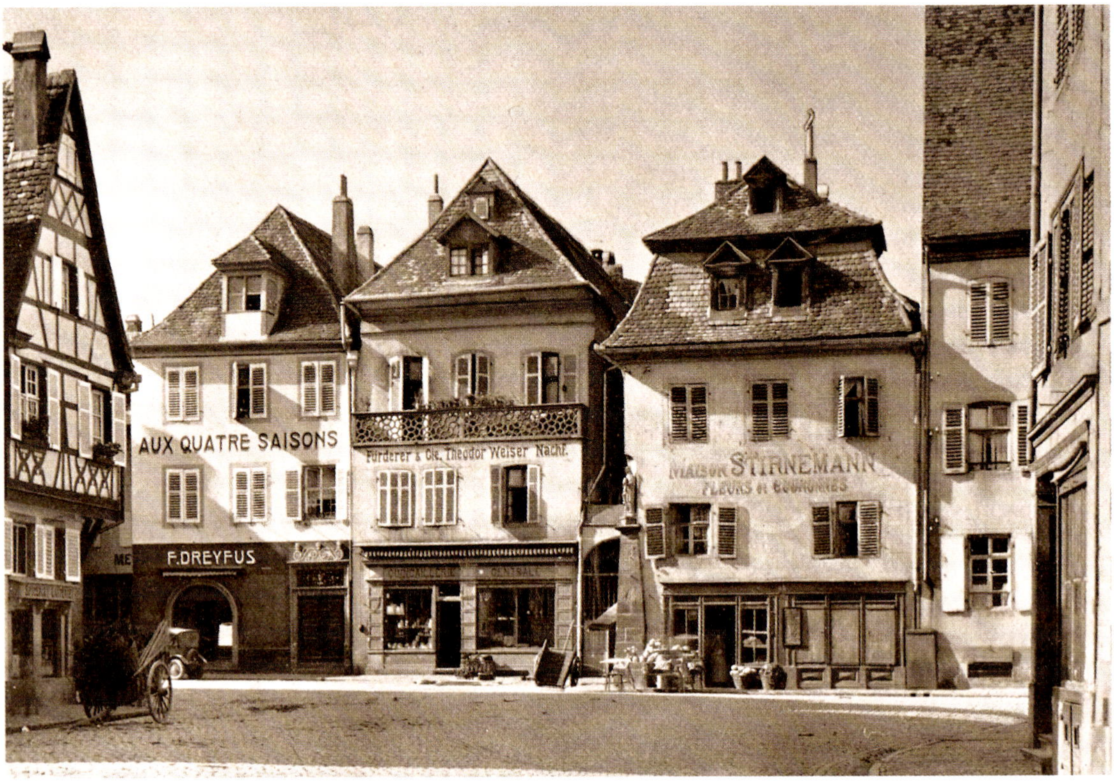

Bürgerhäuser in Schlettstadt an der Ill. Schlettstadt, eine der ersten Ansiedlungen der Alemannen links des Rheines, wurde im 13. Jh. freie Reichsstadt. Schriftsteller aller Zeiten haben es verstanden, Reichtum und Lebensfülle des Elsaß – neben Sachsen die bedeutendste altdeutsche Kunstprovinz – gebührend zu loben, der Schlettstadter Humanist Jakob Wimpfeling nannte es in seinem 1502 gedruckten Geschichtswerk gar „die Amme und Vorratskammer Deutschlands".

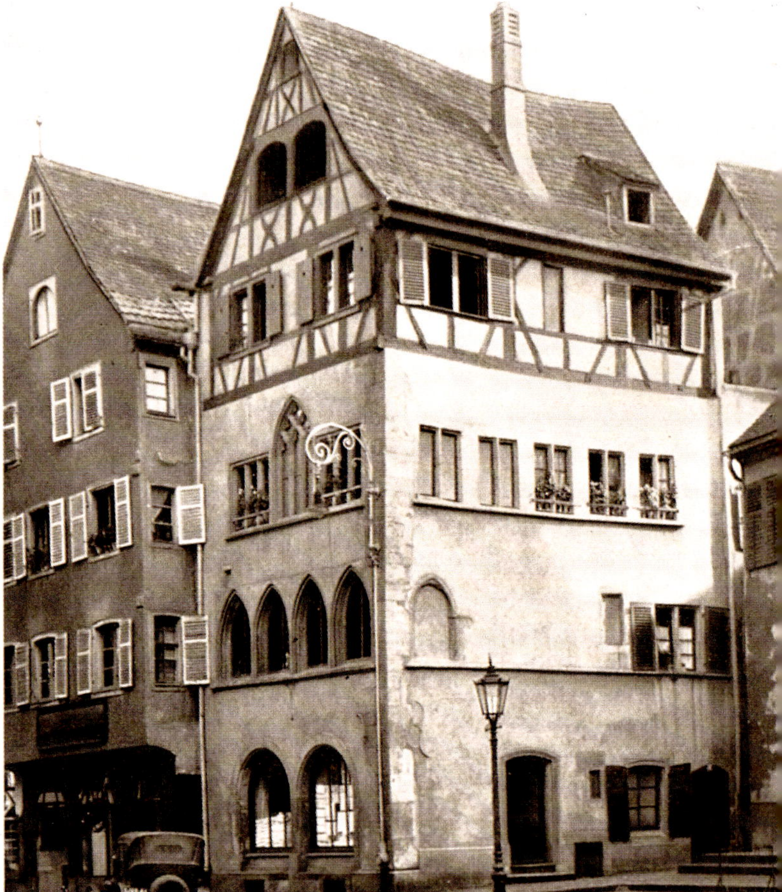

Am Münsterplatz in Colmar. Einst fränkische Kaiserpfalz, von Friedrich II. dann zur kaiserlichen Stadt erhoben, beherbergt Colmar mit dem Isenheimer Altar eine der wertvollsten Schöpfungen der deutschen mittelalterlichen Kunst. Hier wurde mit Jörg Wickram (1500–1562) der erste deutsche Romanschriftsteller geboren.

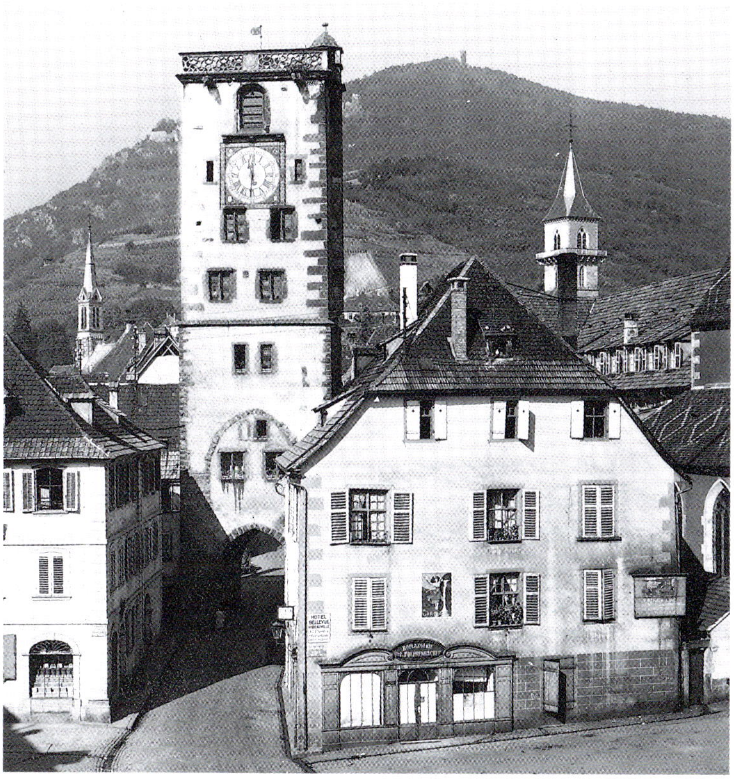

Rappoltsweiler am Ausgang des Strengbachtals. Die von den Ruinen der St. Ulrichsburg überragte Kreisstadt im Oberelsaß war einst wegen ihrer „Pfeifertage“ weithin gerühmt. Hier trafen sich die oberrheinischen Musikgilden zu fröhlicher Feier bei der Wallfahrtskirche zur hl. Jungfrau von Drusenbach, der Schutzpatronin der elsäßischen Musikanten.

Egisheim, Brunnen und Standbild zur Erinnerung an Papst Leo IX. In Egisheim, in der Nähe von Colmar im Oberelsaß, wurde im Jahre 1002 der spätere Papst Leo IX. als Sohn des Grafen Hugo von Egisheim geboren, einer der wenigen Päpste deutscher Abstammung. 1049 in Rom geweiht, wurde Leo IX. nach seinem Tode als Heiliger verehrt.

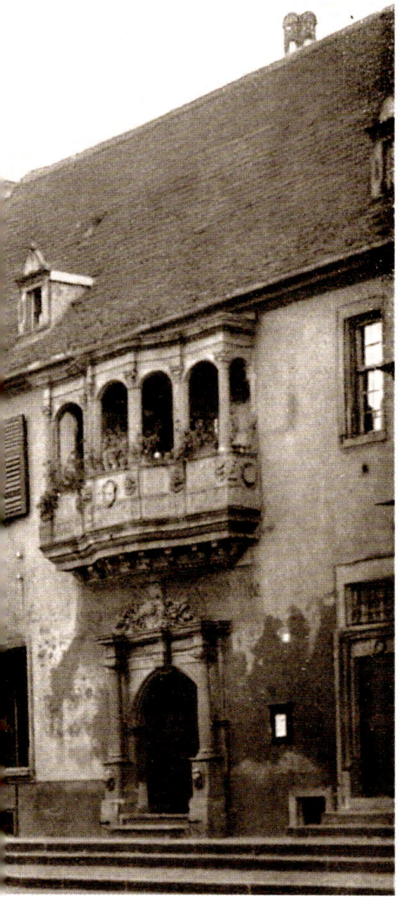

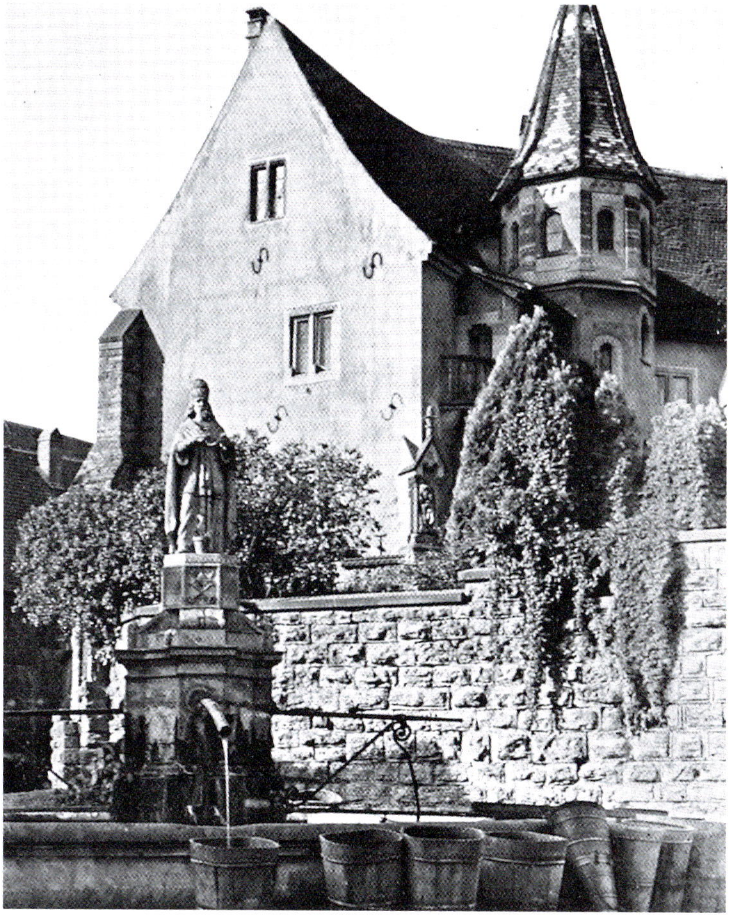

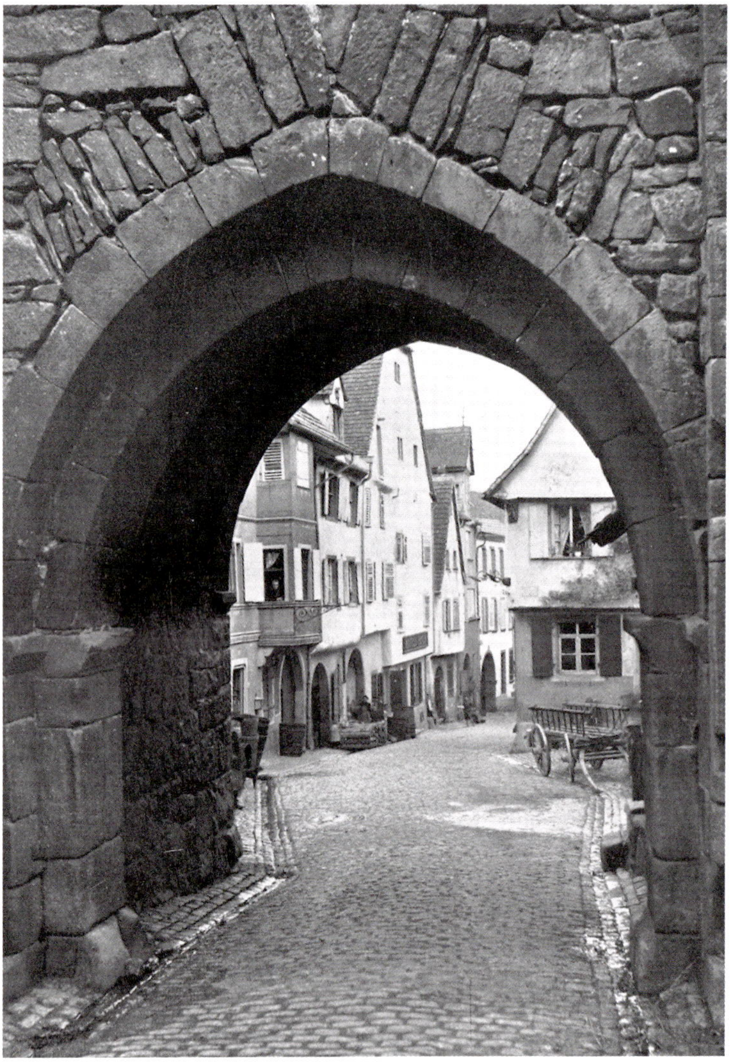

Reichenweier, Blick durch das Obertor. Reichenweier im Kreis Rappoltsweiler/Oberelsaß, Jahrhunderte hindurch in württembergischem Besitz, galt wegen seiner mittelalterlichen Anlage auch als das „elsäßische Rothenburg".

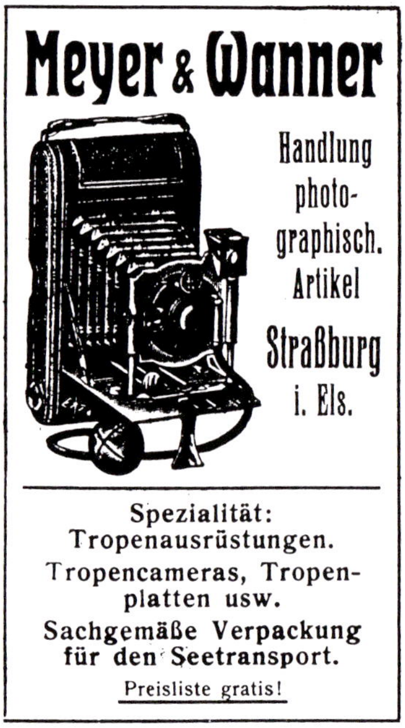

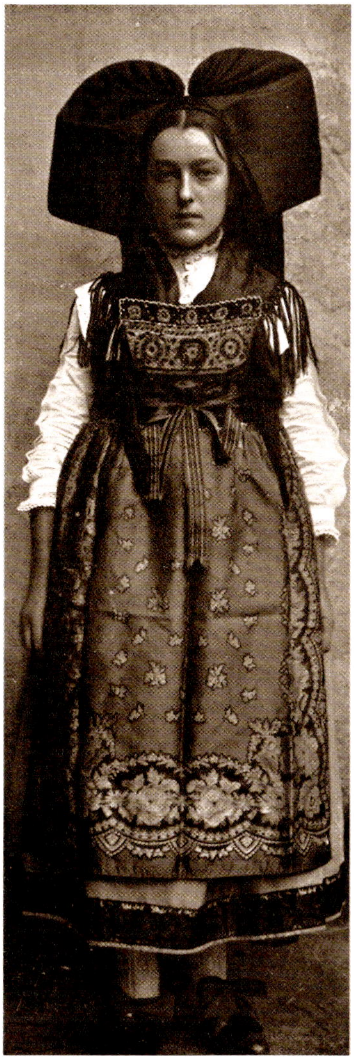

Elsäßische Trachten. Obwohl die traditionelle Frauenkleidung der Straßburger Gegend und des Hanauer Landes, mit der großen Schlupfkappe als Hauptmerkmal, als elsäßische Nationaltracht galt, unterschieden sich die einzelnen Trachten des Landstriches dort, wo sie bodenständig waren, häufig stark voneinander. In der Stadt schon weitgehend verdrängt, fand ein echtes Trachtenleben allerdings nur noch in einzelnen kleineren Gemeinden statt, wie in Mietesheim (oben) oder Meistratzheim (rechts). Bekannt für seinen Reichtum an überlieferten Trachten und deren Abstufungen war daneben besonders die Gegend um Weißenburg.

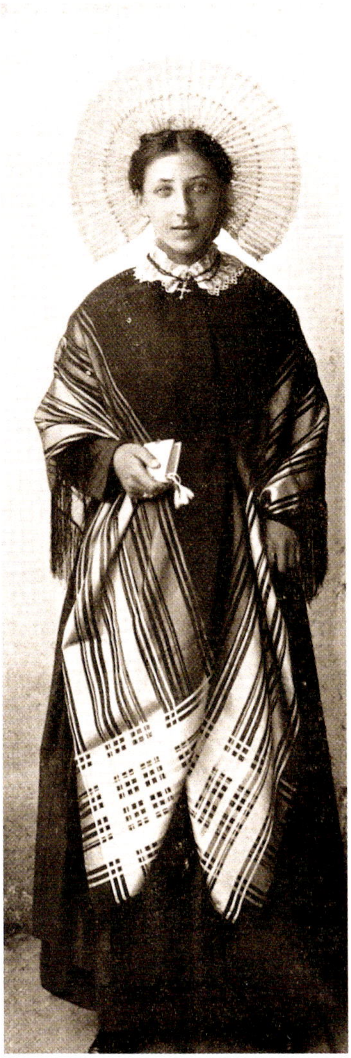

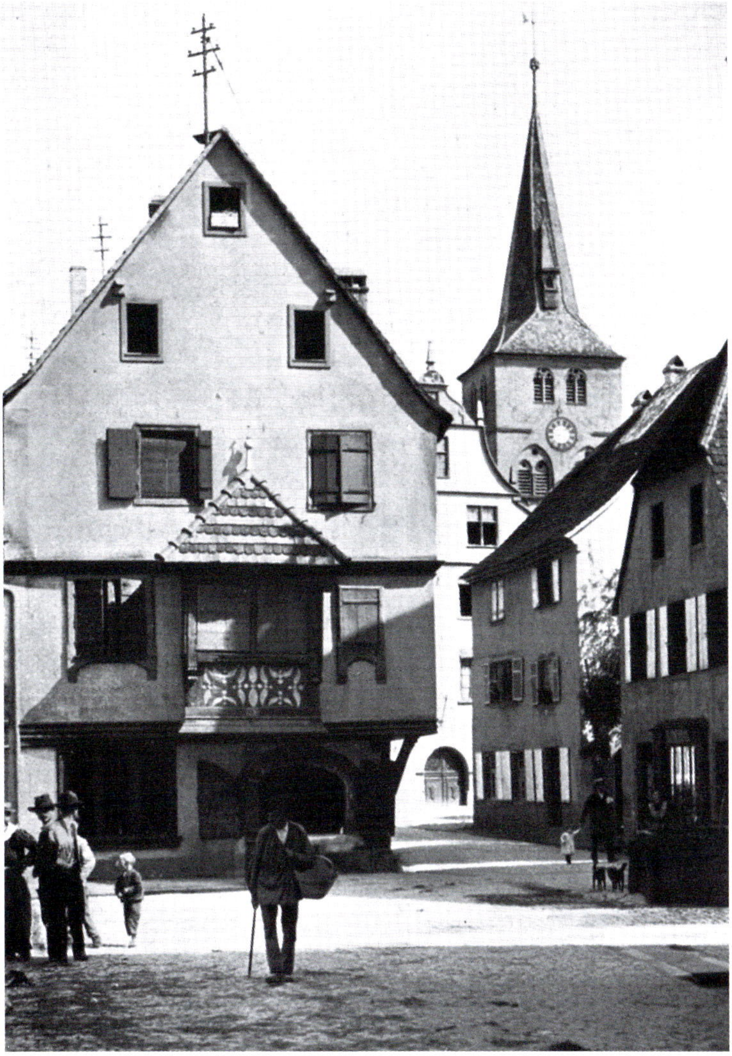

Türkheim – ursprünglich Thüringerheim – im alten deutschen Reichslandbezirk Oberelsaß. Die Siedlung am Eingang des Münstertales, in der Nähe des berühmten Wallfahrtsortes Drei Aehren, war bereits 1312 Freie Reichstadt.

Rot un wiß sin unsri Farwe

Von G. Stoskopf

Rot un wiß sin unsri Farwe,
Luschti flattre sie im Wind,
Saue mir, wie m'r e Ländel
So wie unser Elsaß find?
Vun d'r Pfalz bis nuff nooch
Basel,
Vum Vogesekamm zuem Rhin,
Traue d' Felder goldni Ähre,
Traue d' Abhäng' fier'gi Win.
Rot un wiß sin unsri Farwe,
Luschti flattre sie im Wind! –

Stolz sin mir uff unser Ländel,
Stolz uff sini Herrlichkeit,
Uff sin Richtum sundergliche,
Stolz uff sin Vergangeheit!
Unsri G'schicht' hett großi
Männer,
Großi Nämme sind' m'r drin. –
Ihri Werik, ihri Tate,
Selle-n-uns e Vorbild sin!
Rot un wiß sin unsri Farwe,
Luschti flattre sie im Wind! –

Halte welle mir an allem,
Was uns d' Väter han vermacht:
An d'r Muedersprooch, d'r liewe,
An d'r Art un Landestracht!
Schaare mir uns um de Fahne,
Schwöere mir's mit Herz und
Hand!
's Elsaß! 's Elsaß üewer alles,
's Elsaß, unser Heimatland!
Rot un wiß sin unsri Farwe,
Luschti flattre sie im Wind! –

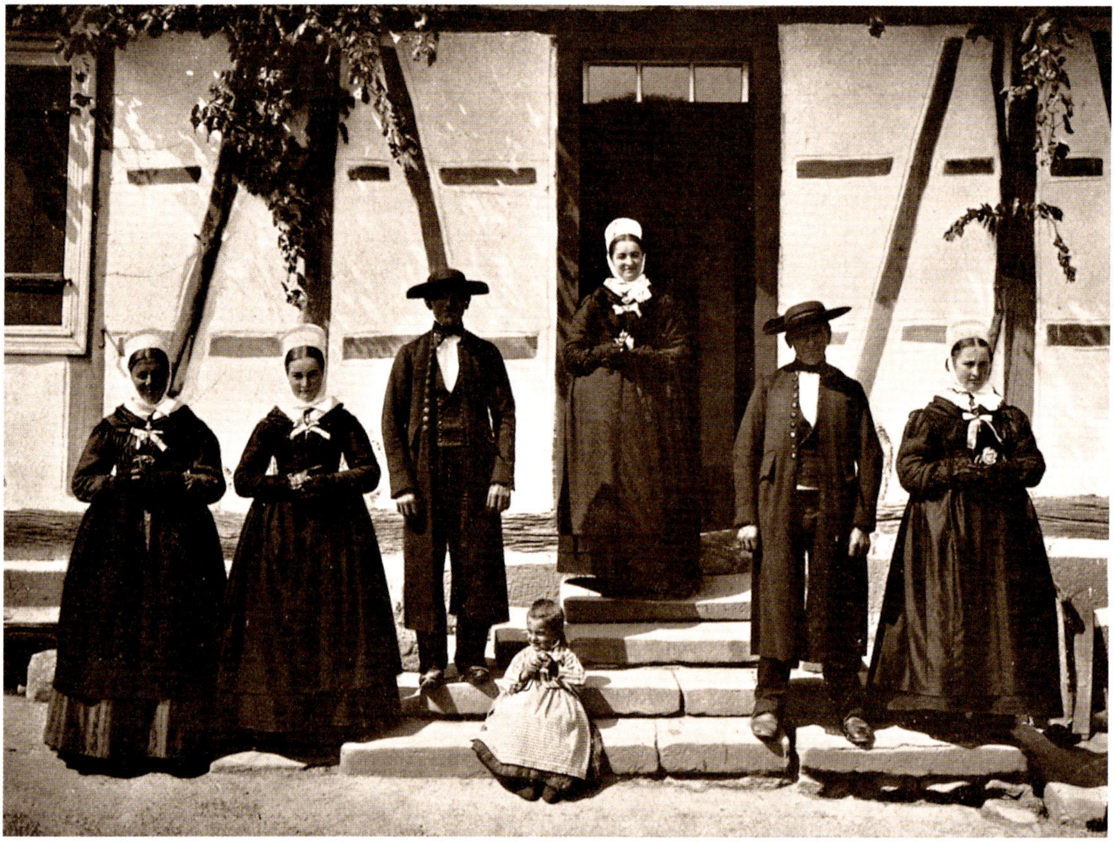

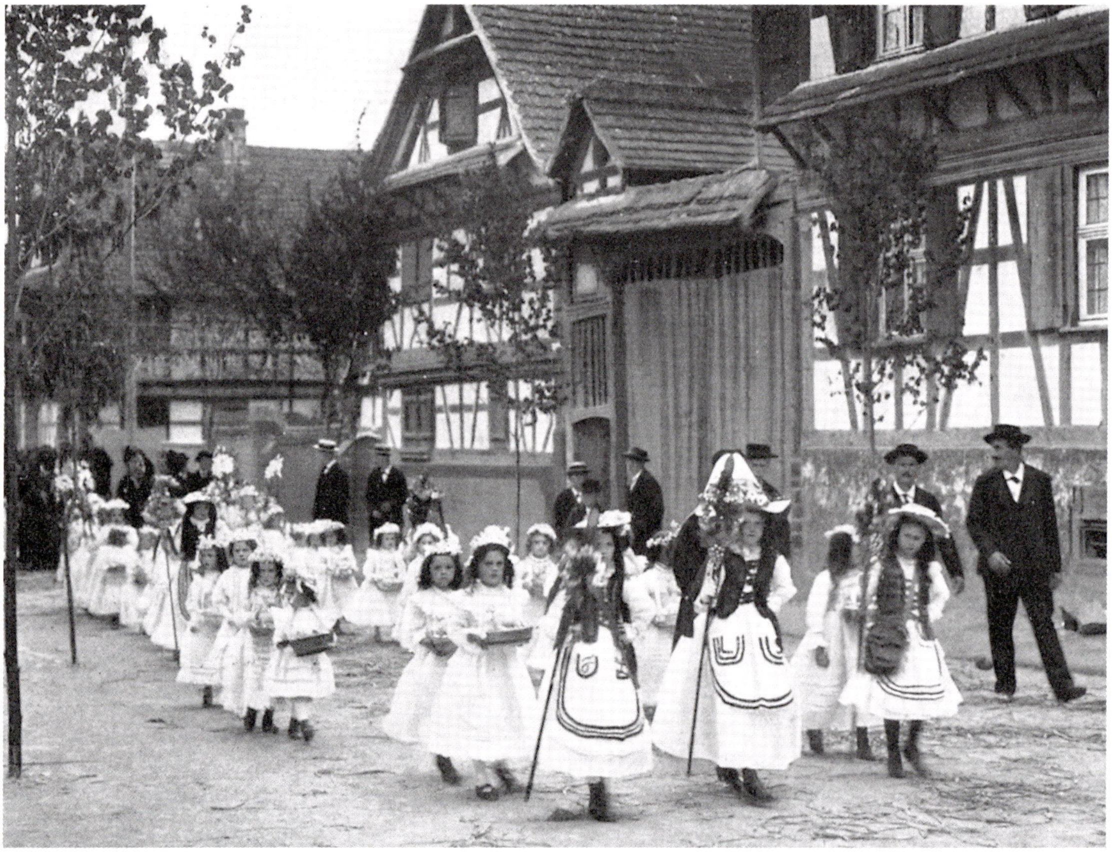

Trachten aus dem Schleital bei Weissenburg/Unterelsaß (oben), Kinderprozession am Weißen Sonntag in Geispolzheim.

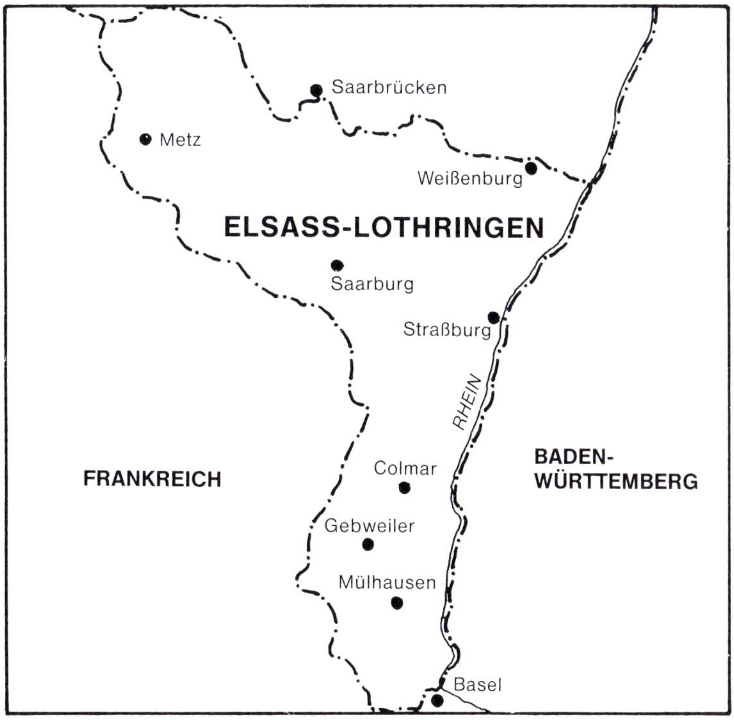

„Zwischen dem Wasgau liegt's und den strömenden Fluten des Rheins, und in der Mitte das Volk ist ein beherztes Geschlecht. Bacchus bewohnt die Hügel, der Weinstock reift an den Bergen, und in der Ebene dehnt fettes Gelände sich hin. Wahrlich, ja fett ist der Boden, gelockertem Dünger vergleichbar. Jährlich mit vollem Ertrag füllt er dem Bauern das Haus. Korn trägt reichlich das Feld, und von Wein rings triefen die Hügel . . . Hätte das Volk das alles beansprucht, Elsaß, was ihm erzeugt deine gesegnete Flur, läg' das beherzte Geschlecht längst tot bei den Fässern und Waffen!"
Ermoldus Nigellus im Jahre 830 nach einer neuhochdeutschen Übersetzung.

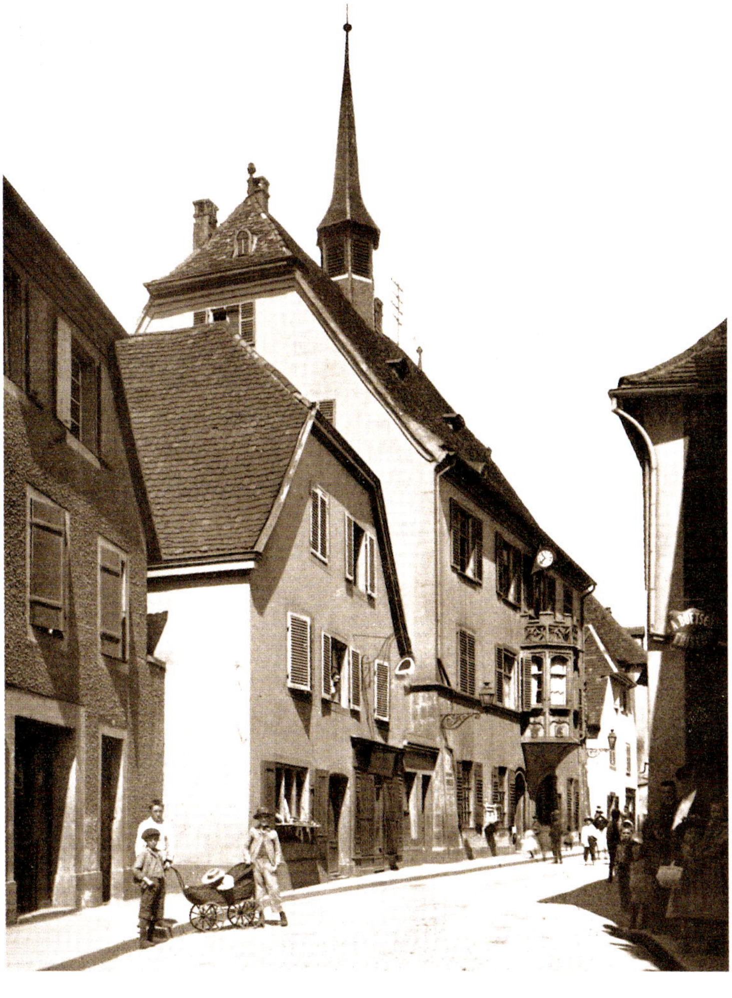

Das Rathaus von Gebweiler/Oberelsaß. Mit dem Bau ihres Rathauses hatten die Gebweiler im Jahre 1514 begonnen. Die Siedlung, im 8. Jh. Meierhof der Abtei Murbach, war bereits im 13. Jh. zur Stadt erhoben worden.

Metz, der Ludwigsplatz (oben) – Die Kathedrale St. Stephan. Die Metropole Lothringens kam 870 zum ostfränkischen (deutschen) Reich, wurde im 13. Jh. Freie Reichsstadt, gehörte ab 1552 zu Frankreich und war von 1871 bis 1918 wiederum deutsch. Seit der französischen Revolution teilte die „Stadt zwischen zwei Mühlsteinen", in der der Reichstag von 1366 einmal das Reichswahlgesetz – die Goldene Bulle – verkündet hatte, das Schicksal des Elsaß. Der Deutschlothringer galt als Mittelfranke und hatte sich sprachlich immer wieder mit seinen französischen Nachbarn auseinander gesetzt. Als das gewaltigste Zeugnis deutsch-französischer Kooperation galt dafür die hochgotische Kathedrale, die das Stadbild von Metz beherrscht. Die Stifter der Kirche waren die Bischöfe Conrad von Scharfenberg und Jakob von Lothringen, das Schiff des Gotteshauses, eines der höchsten und ausgewogensten, die die christliche Kultur kennt, wurde von Pierre Perrat vollendet.

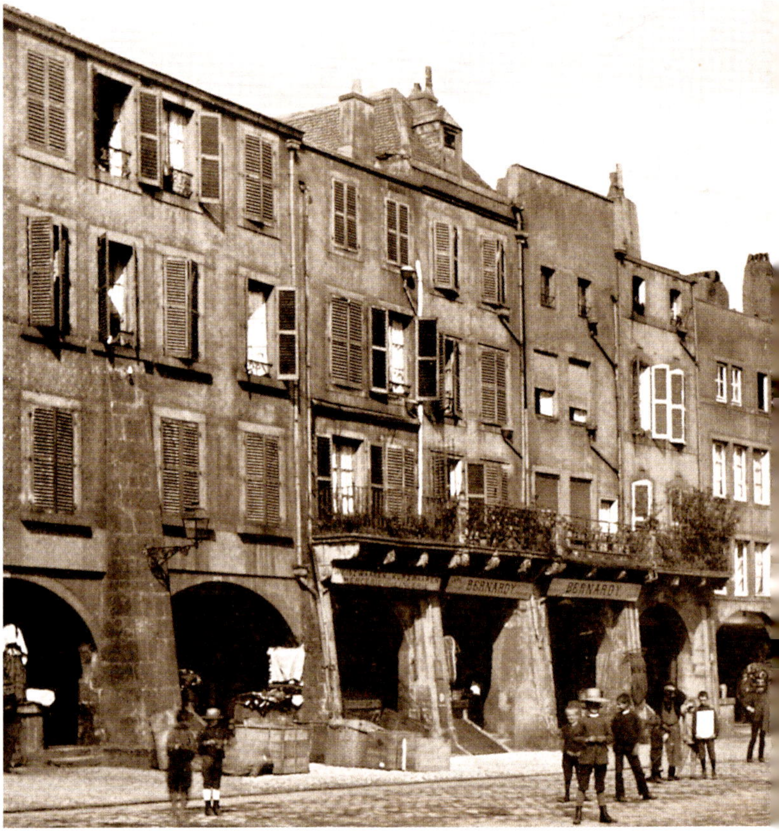

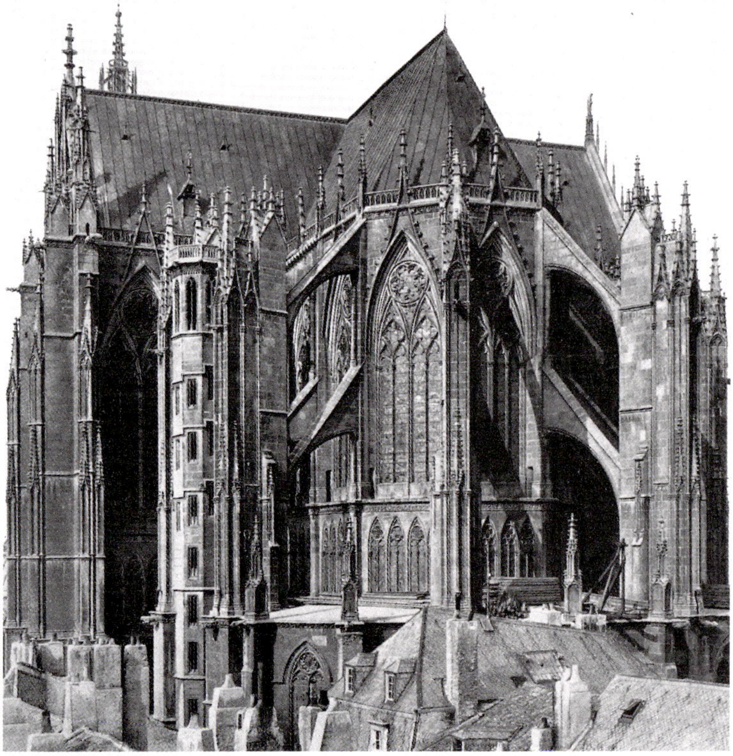

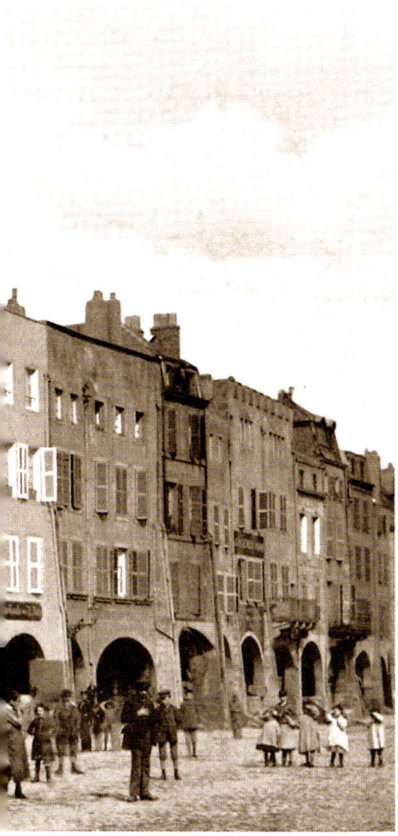

Bergmonnschor

Maschinne die rohse
Un Rohre, die blohse
Un Räder die surre,
Die Brämssäler schnurre,
Die Mobbele piffe,
Die Hauer, die schliffe,
Un Säe, die singe
Un Schibbe die klinge,
Die Schleegele klobbe
Un Keile, die robbe
Es bräche die Schdiele,
Es krache die Bille,
Die Bohrmänner knaddre,
Modohre, die rattre
Die Schiessmänner lache
Un Bolze, die krache
Die Kohleblegg fliehe,
Un Schlagwädder ziehe,
Die Schlebber, die stehne
Un Kohleziech drehne,
De Schdeier un Hauer
Die grische mit rauher
Schdimm, ass's nur so drehnt
Un all iwwertehnt.
Das isch was Gruweschdimme
singe,
E Chor, wu rauh un grob muss
klinge;
Du Hauer bisch ihr Dirigent,
Du waasch sin Onfong, bisch
sin Änd.
Glick auf!

Der Rote Berg bei Spichern, südlich von Saarbrücken. Im deutsch-französischen Krieg 1870/71 hatten die Franzosen auf dem von der Natur her festungsartig angelegten Berg einen gewaltigen Stützpunkt angelegt. Dessen Eroberung durch deutsche Truppen unter General von François wurde als erster deutscher Sieg im Ringen der beiden Nachbarvölker gefeiert.

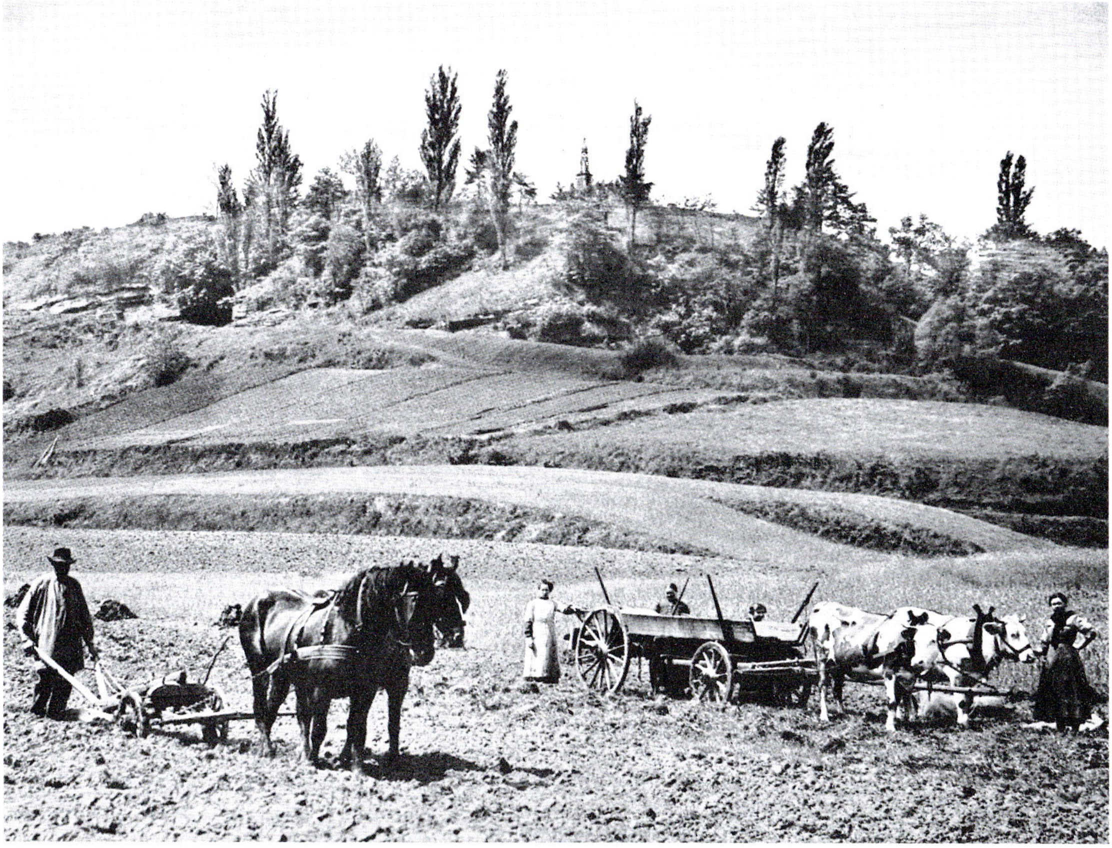

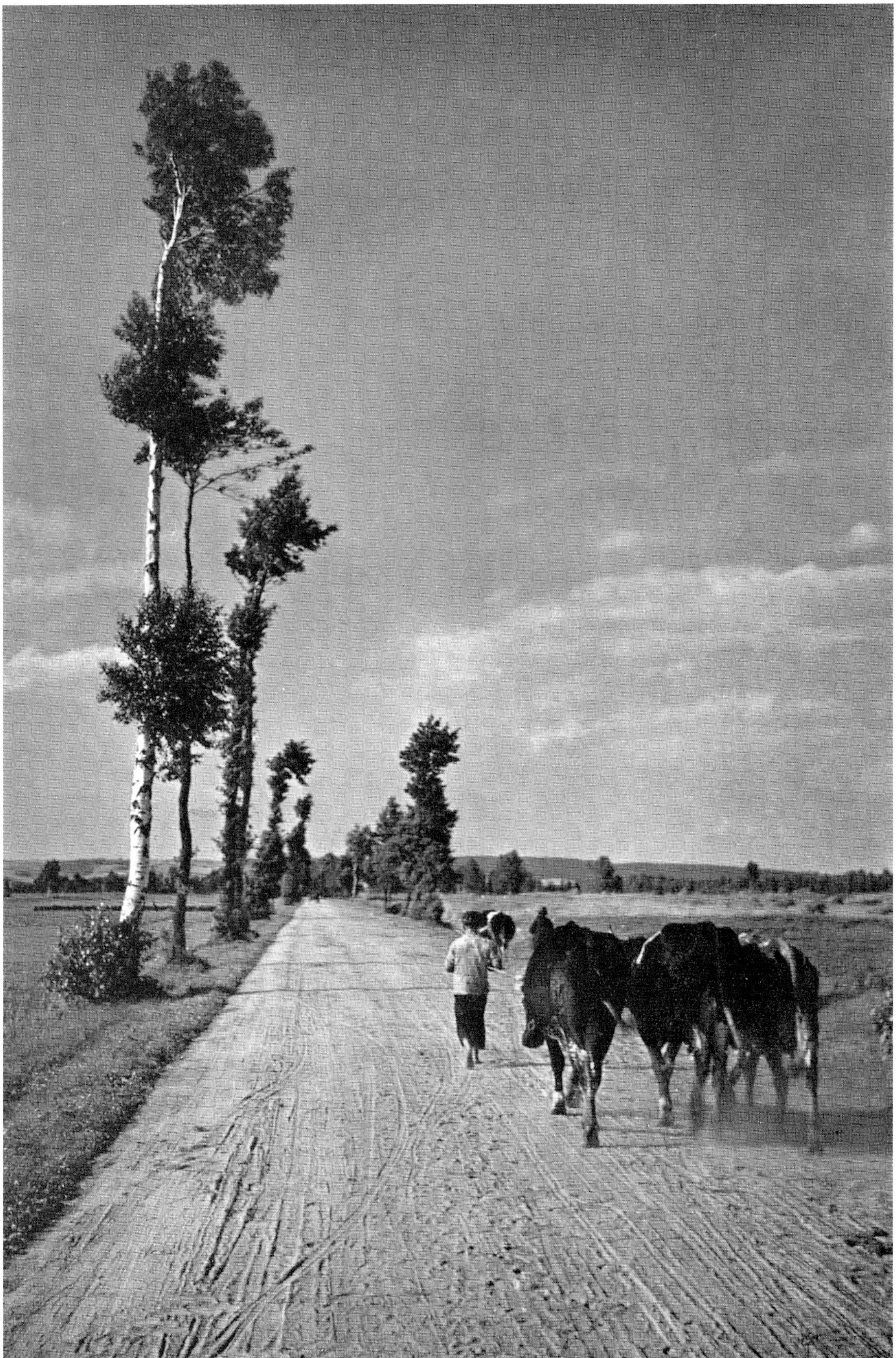

Zeittafel:
1225 Polen rufen Deutschen Orden zu Hilfe gegen die Preußen,
1231 Der Orden setzt über die Weichsel,
13./14. Jh. Deutsche Kolonisten nach Polen, Städte und Dörfer nach deutschem Recht,
1410 Deutscher Orden bei Tannenberg besiegt,
1466 Westpreußen und Ermland an Polen,
1525 Umwandlung des Ordensstaates in ein weltliches Herzogtum,
16./18. Jh. Zweite deutsche Siedlerwelle,
1772 Westpreußen, 1773 Danzig und Thorn an Preußen, Galizien an Österreich, deutsche Einwanderung ab 1781,
1772–1795 Drei polnische Teilungen bedeuten das Ende des polnischen Staates, „Südpreußen" mit Warschau unter preußischer Verwaltung,
1864 Deutsche Einwanderung nach Wolhynien,
1919/21 Polnische Republik erhält fast ganz Westpreußen, Posen und Galizien, Westwolhynien und Teil Oberschlesiens

Fahrdamm im Netzegau, in der Nähe von Josephsruh. Das vom Alten Fritz mit Hilfe deutscher Neusiedler erschlossene Gebiet am rechten Nebenfluß der Warthe war nach dem Ersten Weltkrieg zu Polen gekommen.

„Einst herrschte hier in Polen ein so großer Mangel an Bevölkerung, daß die Könige nach Deutschland um Menschen schickten. Durch diese Deutschen entstanden zur Zeit Kasimirs steinerne Gebäude in Polen ..." erzählte der polnische Schriftsteller Gornicki um 1587 seinen Landsleuten. Diesen galten jene Siedler aus dem Westen, die dem Ruf östlicher Fürsten gefolgt waren, trotz der Steinhäuser als „Niemczi", als Stumme, weil sie - auf polnisch angesprochen - partout keine Antworten geben konnten. Hierin mag zumindest ein Grund für die begeisterte Aussage des polnischen Bischofs Bogufal liegen, für den im Mittelalter noch feststand, daß sich „keine anderen Völker so nahe stehen wie die Deutschen und die Slawen". Die moderne Geschichte sollte ihn nachträglich allerdings korrigieren.
Das Zusammenleben von Deutschen und Polen umfaßte in einem Vater-Sohn-Enkel-Zyklus rund 700 Jahre und begleitete den politischen Ostdrang des Reiches in allen Etappen. Westpreußen war seit den Tagen des Deutschen Ordens überwiegend deutsch geprägt. Hier stand mit Thorn die „deutsche Königin der Weichsel". Ihr größter Sohn war jener Nikolaus Kopernikus, der die Sonne stillstehen und die Erde sich bewegen ließ. Die Kaufmannstädte Posen und der Bischofssitz Gnesen waren deutsche Gründungen, deutsche Bauern führten an Netze, Warthe oder in der Weichselniederung den eisernen Pflug ein. Um 1400 erreichte das deutsche Recht den Dnepr und den Bug. In Krakau schuf der Nürnberger Veit Stoß den größten und einen der schönsten Flügelaltäre seiner Zeit. Die Krakauer bauten sich eine Universität, die als „Licht des Ostens" gerühmt wurde und

Zwischen Ostsee und Waldkarpathen

Warschau erstrahlte im Glanz des deutschen Frühkapitalismus.
Nach Kriegen, Seuchen und Landverödung folgen im 17. und 18. Jahrhundert neue deutsche Siedlerwellen, die in Polen kräftige Wurzeln schlagen. Das deutsch-polnische Verhältnis sollte nun jedoch bald darunter leiden, daß das feudale Preußen, das patriarchalische Österreich und das reaktionäre Rußland den polnischen Boden dergestalt untereinander aufteilten, daß daraus unter anderem ein „Südpreußen" oder gar ein „Nordostpreußen" wurde. Dem ohnehin scheiternden Germanisierungsversuch Friedrich des Großen schmetterte aus dem Umland von Weichsel und Bug bald das „Noch ist Polen nicht verloren" entgegen. Unter den Sängern viele Deutsche, die längst im Polentum aufgegangen waren.
Und die Patrioten sollten recht behalten. Als nach dem Ersten Weltkrieg die drei Polenteiler Landverluste akzeptieren mußten, fühlten sich hier rund 1,5 Millionen Deutsche von der kulturellen Heimat im Stich gelassen. Sie saßen vorwiegend in Westpreußen und Posen, in Oberschlesien und Kongreßpolen, in der Bauernkolonie Wolhynien und auf den noch jungen Sprachinseln Galiziens. Natürlich waren sie längst keine „Niemczi" oder Stummen mehr. Seit die Deutschen im Kampf gegen den polnischen Hunger die Kartoffel eingeführt hatten, war für sie ohnehin ein typischerer Spitznamen geprägt worden: man nannte sie jetzt „Kartoflarz", was so viel bedeutete wie Kartoffelfresser.

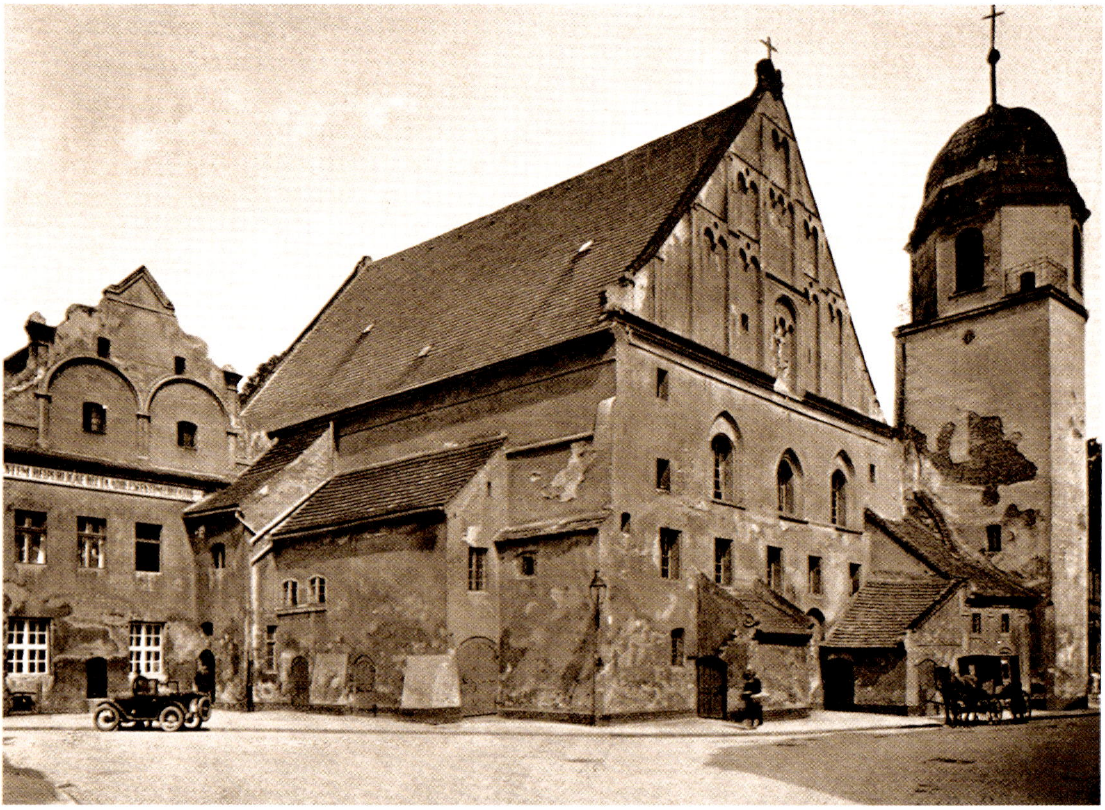

Deutsche Persönlichkeiten: Emil Adolph von Behring, Mediziner, Wernher Freiherr von Braun, Physiker, Nikolaus Kopernikus, Astronom, Hermann Löns, Heidedichter, Paul von Hindenburg, Reichspräsident, Carl Busse, Ostmarkensänger, Erich Ludendorff, Feldherr, Ilse Molzahn, Dichterin, Max Weidauer, Pfarrer, Gustav Röthe, Philologe, Bogumil Goltz, Essayist, Ludwig Wolf, Politiker, Walter Leistikow, Maler.

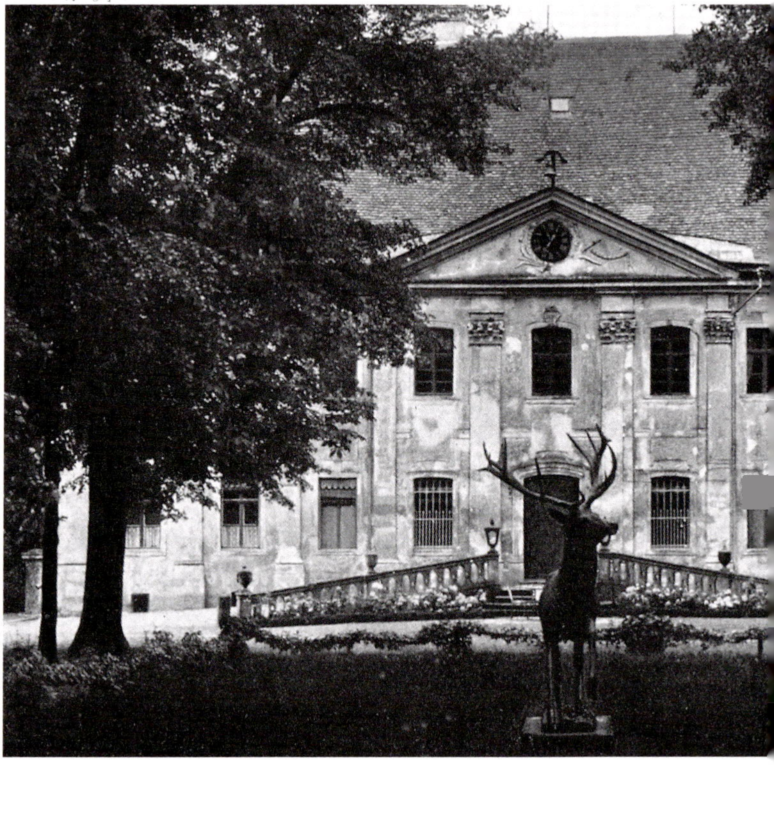

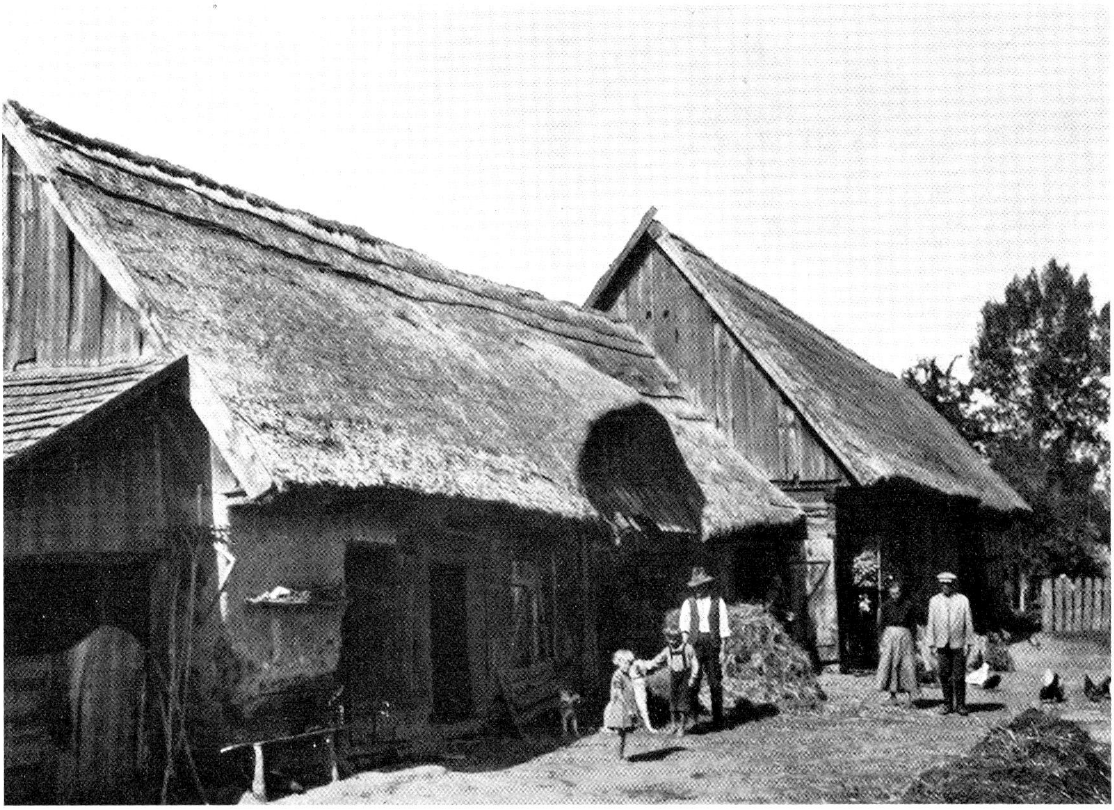

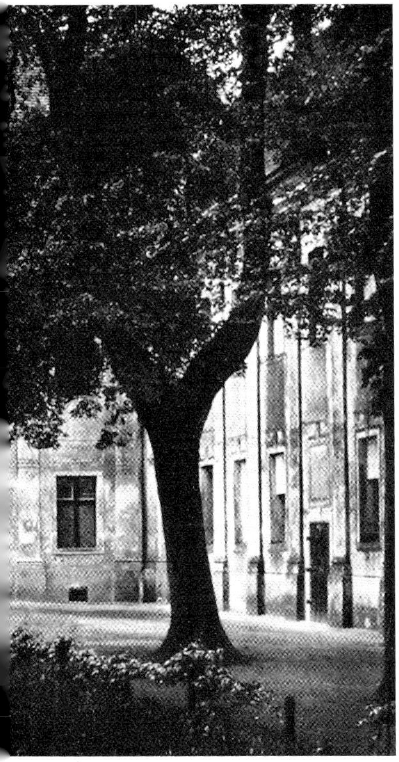

Die evangelische Stadtkirche von Fraustadt in der Grenzmark Posen-Westpreußen (links oben) – Schloß Triebusch im schlesisch-posenschen Grenzgebiet (links). Das altschlesische Fraustatt, 1273 als deutsche Stadt gegründet, gehörte seit 1793 zu Preußen. Ihren Landkreis sollte der Ausgang des Ersten Weltkrieges teilen, Fraustadt selbst verblieb in der Grenzmark Posen-Westpreußen. Mit Grenzmark bezeichnete man jetzt die dem Deutschen Reich gehörenden westlichen Gebiete der Provinzen Posen und Westpreußen.

Bauernhof in Kotusch im Obrabruch, in der Nähe der Tuchmacherstadt Kosten. Die alte deutsche Ostmark war einst das große landwirtschaftliche Überschußgebiet, das einen erheblichen Teil des Reiches mit Lebensmitteln versorgte. Bauern wie die Menschen von Kotusch hatten die Reichshauptstadt, besonders aber das sächsische Industriegebiet „durchgefüttert“. Immerhin verfügte Posen-Westpreußen vor seiner Abtrennung über ein Gebiet so groß wie Baden, Württemberg und Hessen zusammen.

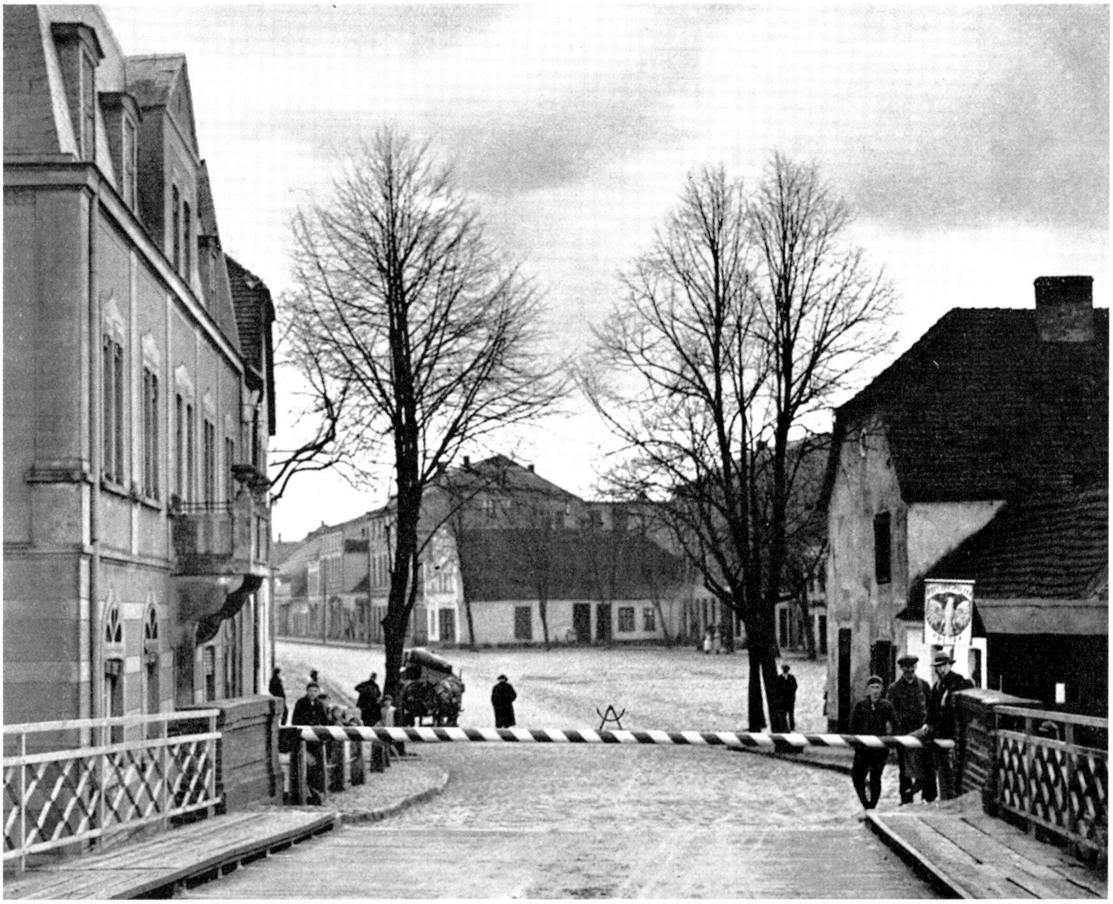

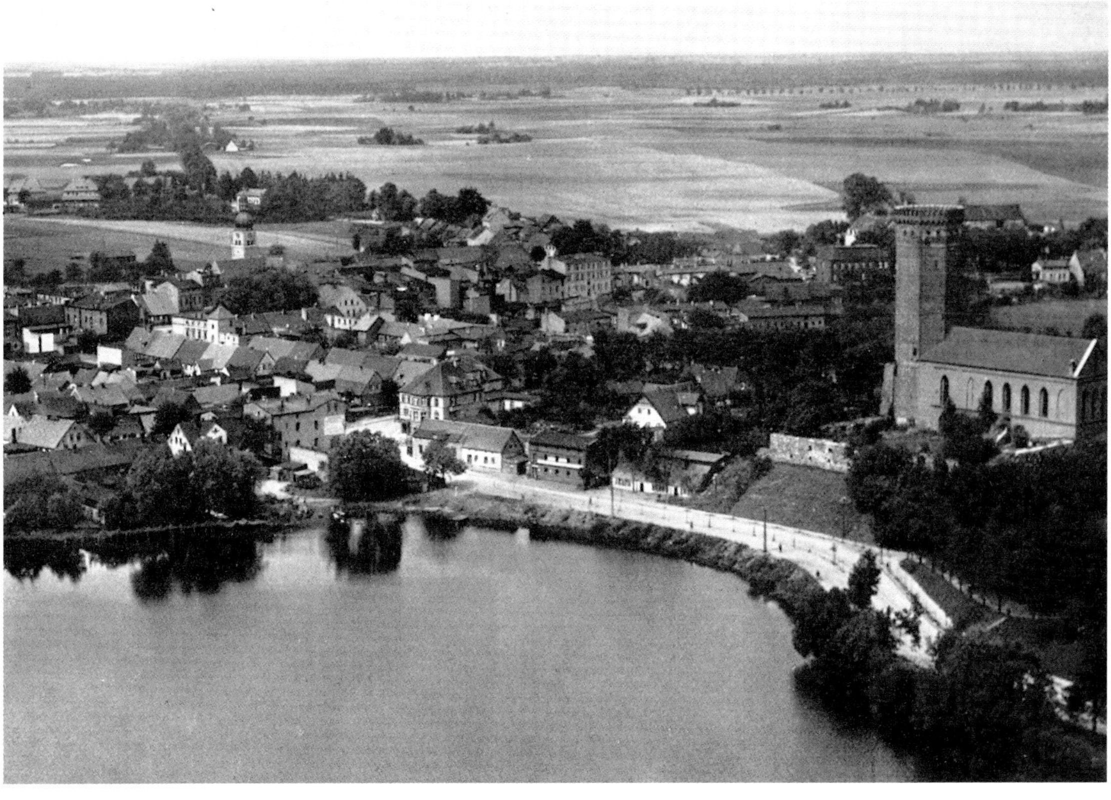

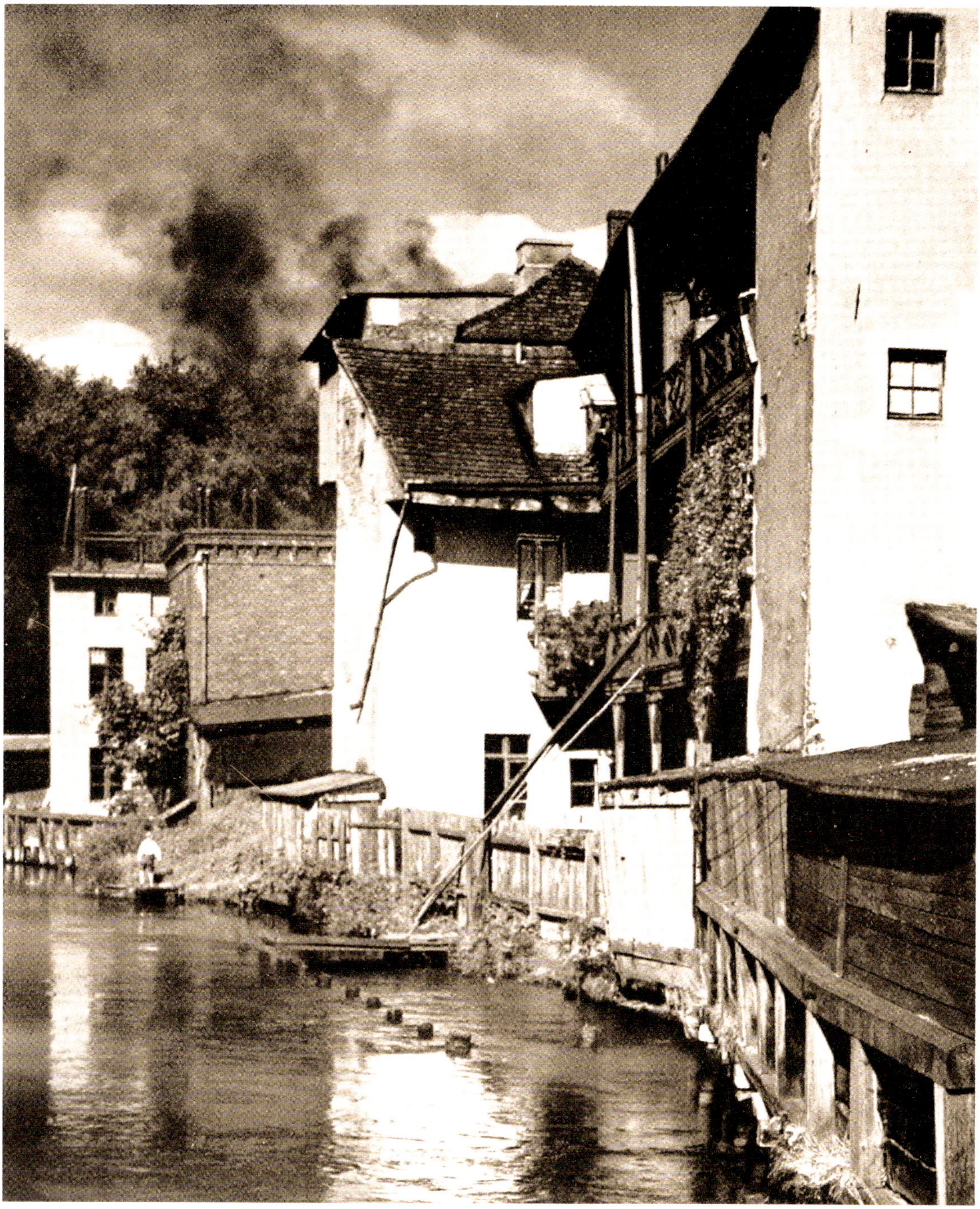

Schlagbaum in Filehne (links oben) - Schlochau in der Grenzmark Posen-Westpreußen (unten) - Bromberg, Blick auf die Brahe-Insel (oben). Filehne an der unteren Netze war eine Gründung des 15. Jh. Seit 1772 bei Preußen, teilte 1919 die Netze als deutsch-polnische Grenze die Stadt. - Schlochau, von katholischen Westfalen besiedelt, hatte als Wahrzeichen die alte Ordenskirche mit ihrem stumpfen Turm (rechts im Bild). - Bromberg, die alte Hauptstadt des Netzegaus, war schon früh ein Zankapfel zwischen Polen und Pommern. 1327 kam es zum Deutschen Orden, dann wieder an Polen. 1772 wurde die Stadt mit dem typischen Grenzlandschicksal von Friedrich dem Großen erworben, der durch den Bromberger Kanal Ostpreußen und die Weichsel mit Elbe, Havel und Oder verband.

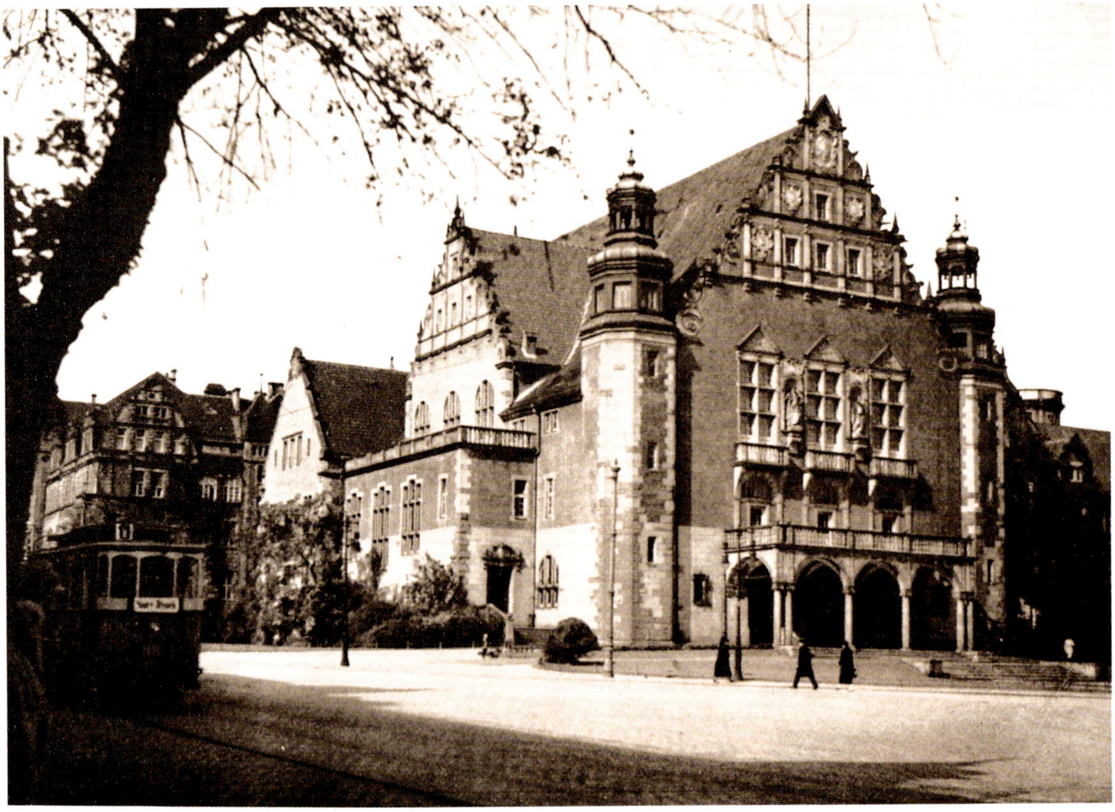

Posen, die Wissenschaftliche Akademie – Das Deutschordensschloß in Thorn. Die Stadt Posen verstand es bis ins frühe 17. Jh., ihren deutschen Charakter zu bewahren. Nach einem deutlichen Niedergang sorgte der Anschluß an Preußen dann noch einmal für eine Neubelebung. In Thorn, wie Posen im 1919/20 abgetretenen Gebiet, schlossen die deutschen Ritter 1411 und 1466 ihre Friedensverträge mit Polen.

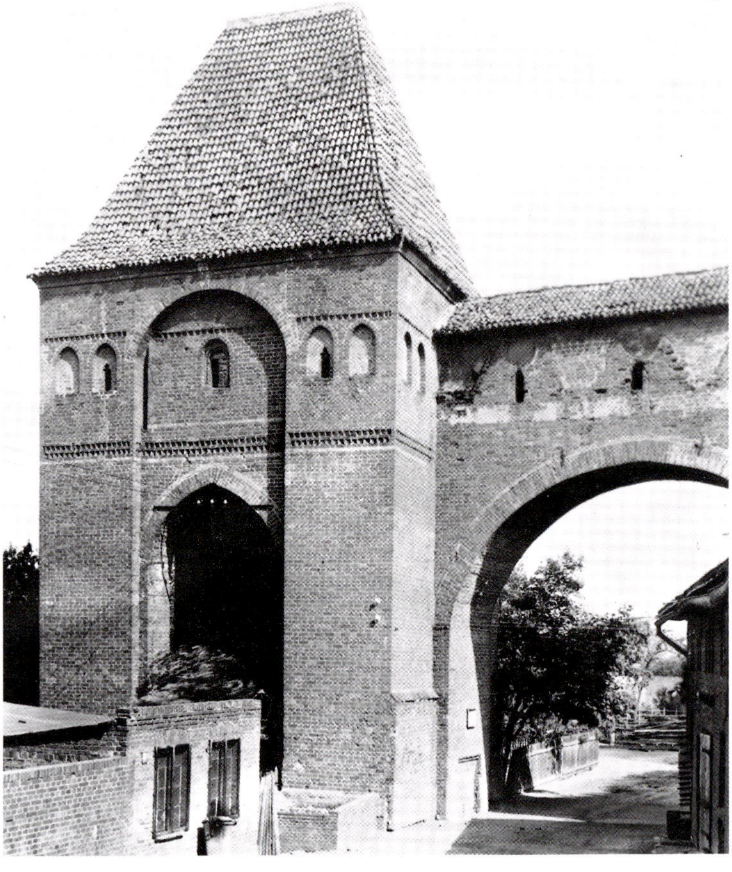

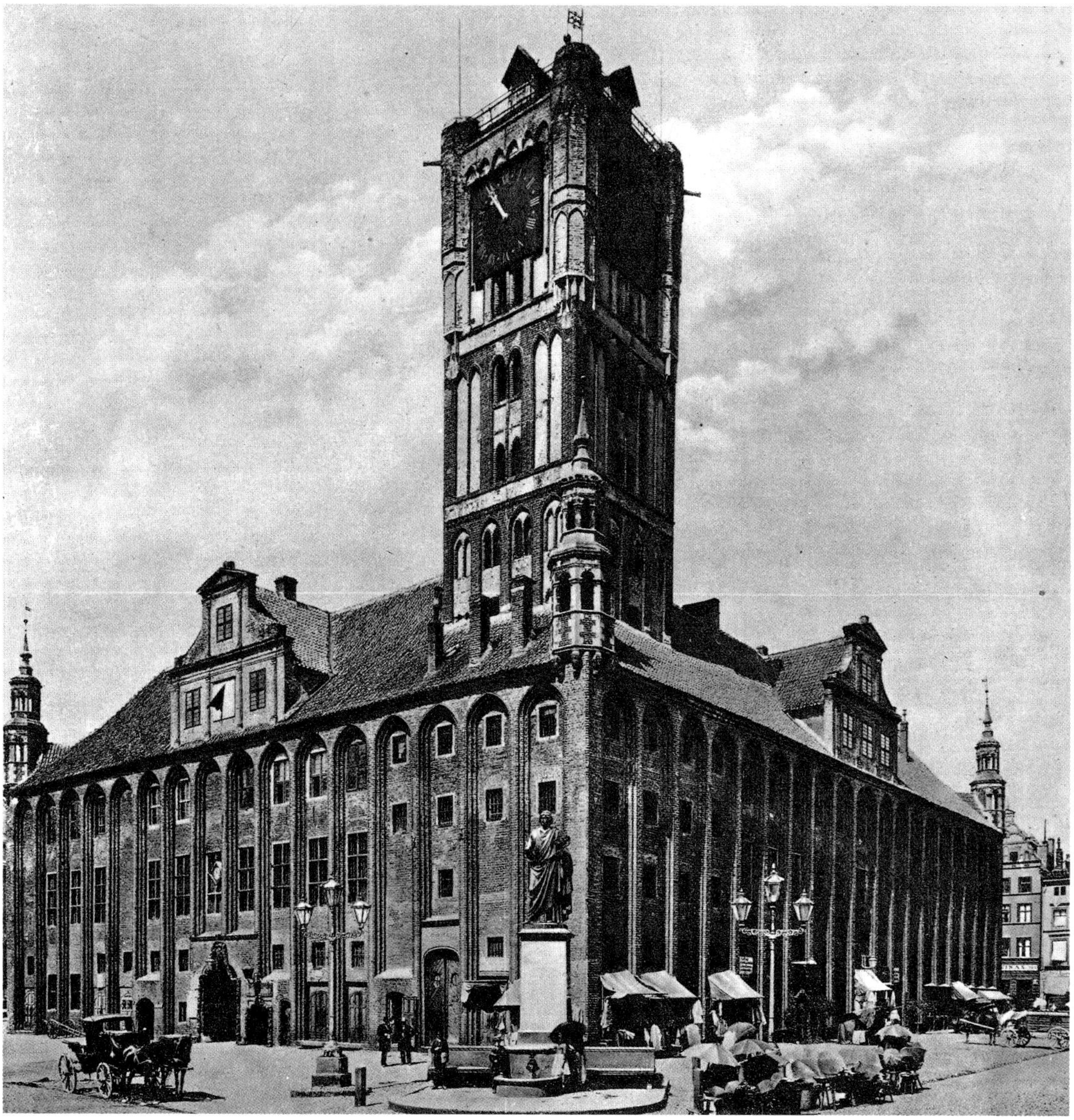

Das Rathaus von Thorn. Die „Weichselkönigin“, Festung und Bahnknotenpunkt, wurde 1231 von den Deutschordensrittern angelegt, die der polnische Herzog Konrad von Masowien zum Schutz gegen die heidnischen Preußen ins Land gerufen hatte. Ab 1263 Glied der Hansa, begann man 1275 mit dem Bau des Rathausturmes, 1393 mit dem Haupthaus dazu. Das gewaltige Bauwerk ist das Wahrzeichen der Stadt und sollte einmal dem Berliner Rathaus als Vorbild dienen.

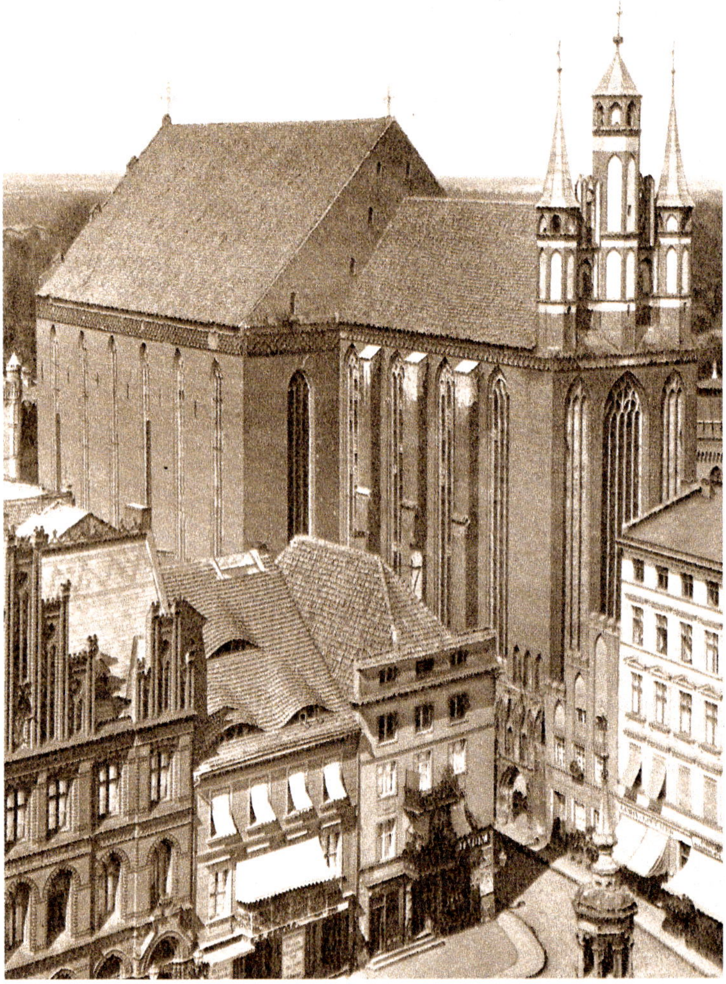

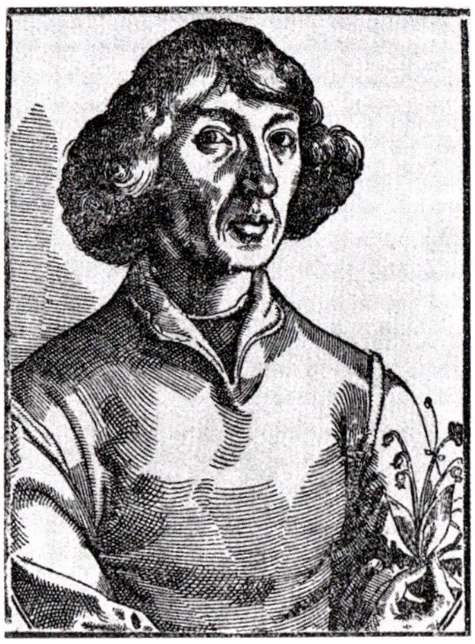

Nikolaus Kopernikus, Doktor des Kirchenrechts, Arzt, Domherr in Frauenburg im Ermland und Astronom, wurde 1473 in Thorn geboren. Seine Eltern waren Einwanderer aus dem schlesischen Dorf Köppernig. Im Ermland beschäftigte sich Kopernikus neben seinen Verwaltungsarbeiten für das Bistum besonders mit astronomischen Studien, die einmal das allgemeine Weltbild verändern sollten.

Die Marienkirche in Thorn. Die Weichselstadt hatte 1557 die Reformation angenommen. 1724 sollte es hier dann zu schweren Auseinandersetzungen zwischen Schülern des evangelischen Gymnasiums und des Jesuitenkollegiums kommen, in deren Folge das Thorner Jesuitenkloster verwüstet wurde. Als die polnische Regierung darauf den evangelischen Stadtpräsidenten Rösner und 9 weitere Bürger enthaupten ließ, ging der Zwischenfall als „Thorner Blutbad“ in die deutschpolnische Geschichte ein.

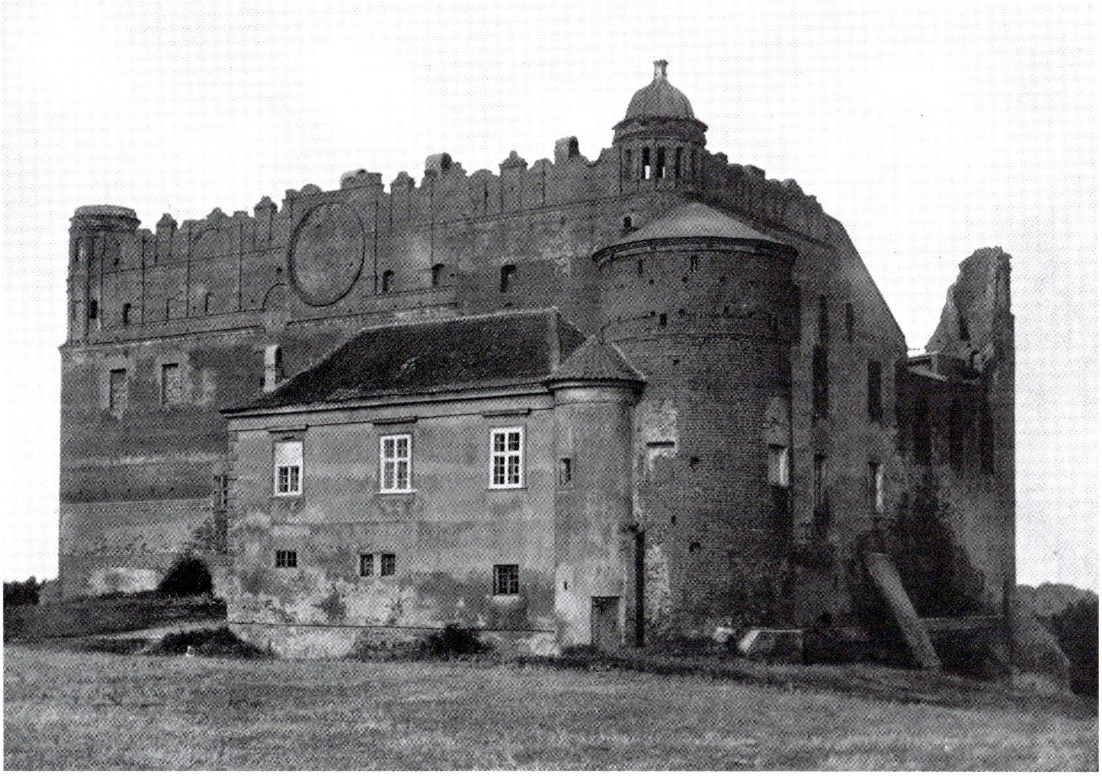

Deutsche Ordensburg im Kulmer Land. Unter dem Kulmer Land verstand man die Gegend zwischen Drewens, Ossa und Weichsel, in der Papst Innocenz IV. 1243 Westpreußens erstes Bistum eingerichtet hatte. Seit 1226 war es Lehen des Deutschen Ordens, der der Stadt Kulm mit der Kulmer Handveste eine beispielhafte Städteordnung verlieh. Von hier aus eroberten die Ritter das Land der Preußen. Mit dem Eintritt der Stadt in die Hansa hob sich das Gewerbe, besonders das der Tuchmacherei. Im Frieden von Thorn fiel Kulm an Polen, bevor es 1772 zu Preußen kam.

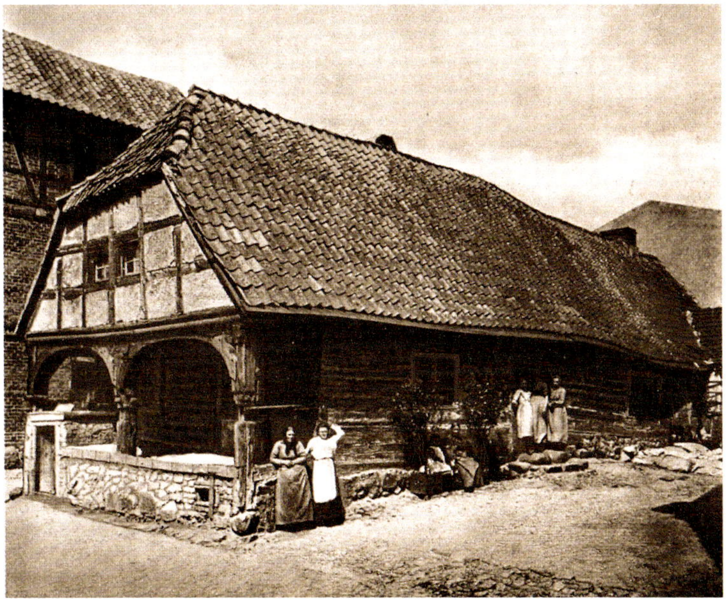

Bürgerhaus deutscher Siedler in Gollub, im westpreußischen Regierungsbezirk Marienwerder.

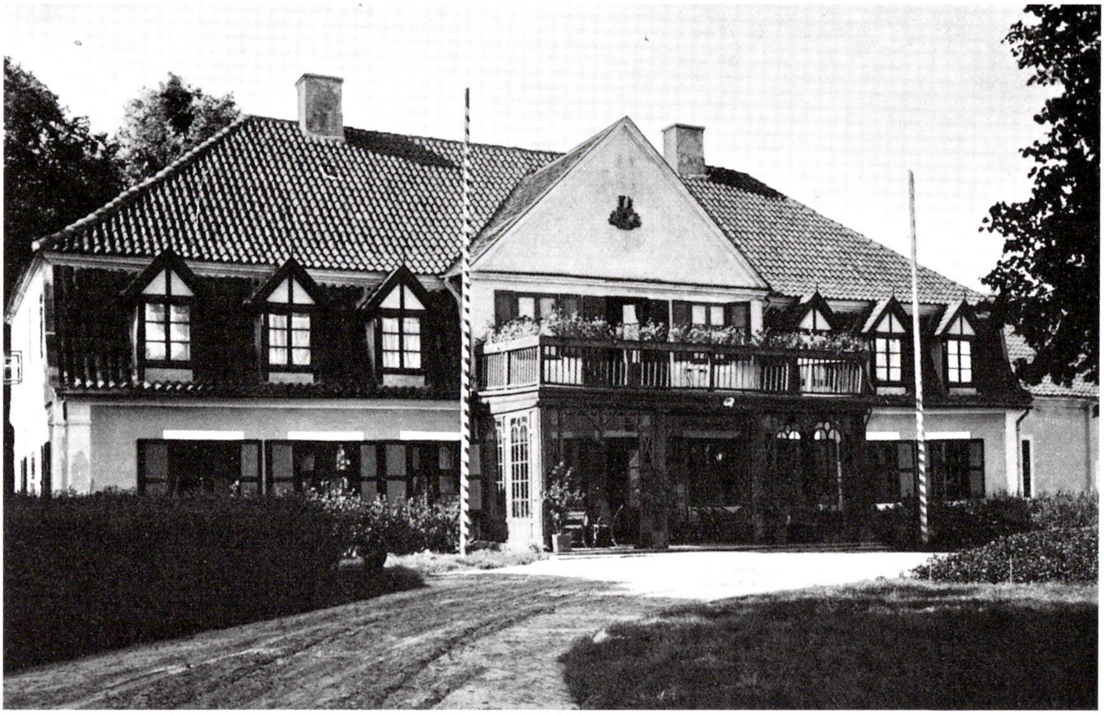

Neudeck in Westpreußen, Stammsitz der Familie Hindenburg in der Grenzzone zwischen Mittel- und Osteuropa.

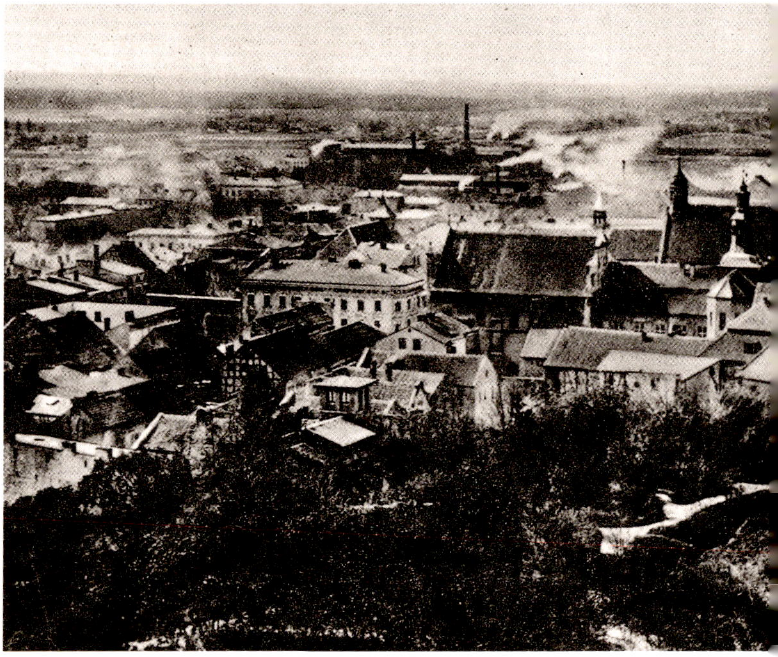

Graudenz/Westpreußen, Blick vom Schloßturm aus. Graudenz am rechten Weichselufer wurde im 13. Jh. als deutsche Siedlung gegründet. 1466 kam die alte Ordensstadt zu Polen, 1772 zu Preußen, das es zur Festung und wichtigen Garnison ausbaute. Bekannt wurde die Stadt und ihre Bevölkerung durch den heldenhaften Widerstand gegen die Franzosen im Jahre 1807.

Deutsches Volkslied aus dem Cholmerland = Kulm

„Meike, wist du frigge?“
„Nee, Mutte, nee.“
„Frigg di ane Dische!“
„Nee, Mutte, nee.
Keene Dische wi ick ne,
häwale verstau ick ne.
Nee, Mutte, nee.“

„Meike, wist du frigge?“
„Nee, Mutte, nee.“
„Frigg di ane Mjölle!“
„Nee, Mutte, nee.
Keene Mjölle wi ick ne,
Säcke flicke verstau ick ne,
Nee, Mutte, nee.“

„Meike, wist du frigge?“
„Nee, Mutte, nee.“
„Frigg di ane Schniede!“
„Nee, Mutte, nee.
Keene Schniede wi ick ne,
Naue eetrecke seh ick ne.
Nee, Mutte, nee.“

„Meike, wist du frigge?“
„Jau, Mutte, jau.“
„Ick wi ane Lehre.“
„Jau, Mutte, jau.“
„Übbe is de Lehre daue,
wast du em doch ne verstaue.“
„Jau, Mutte, jau.“

Erklärungen
Cholm = Kulm
frigge = freien
Dische = Tischler
häwale = hobeln
Mjölle = Müller
Naue = Nadel
eetrecke = einfädeln

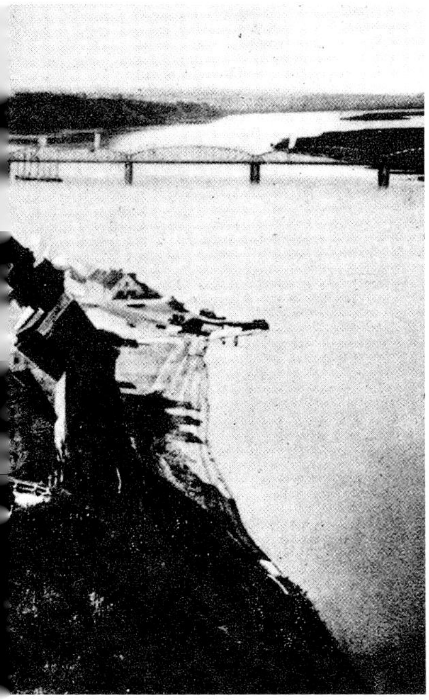

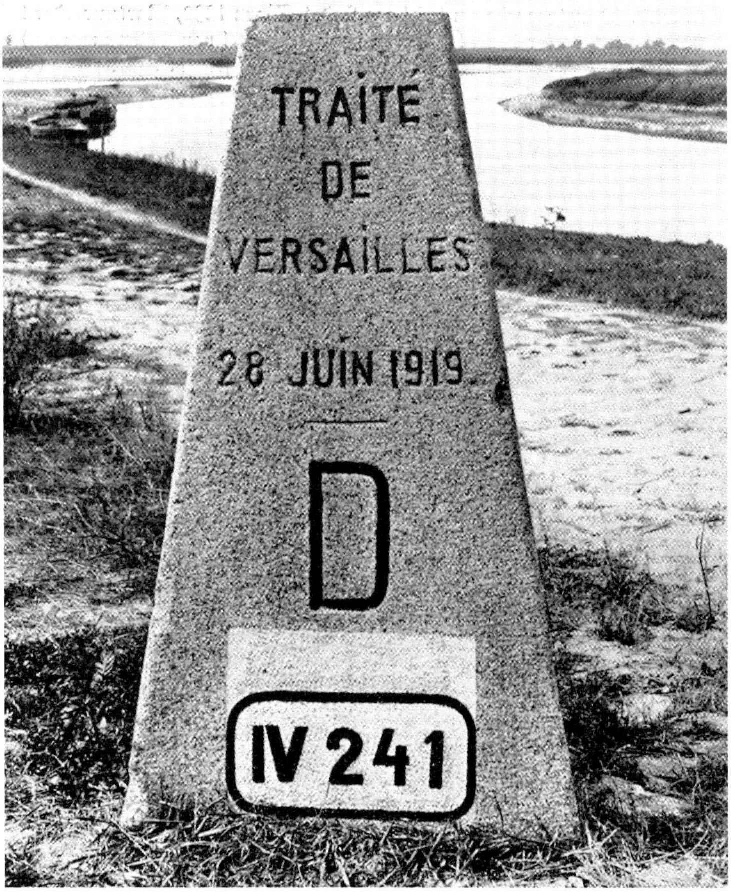

Der Dreiländerstein, der die nach 1919 gültigen Grenzen an Weichsel und Nogat symbolisierte: Korridor, Polen und Freie Stadt Danzig.

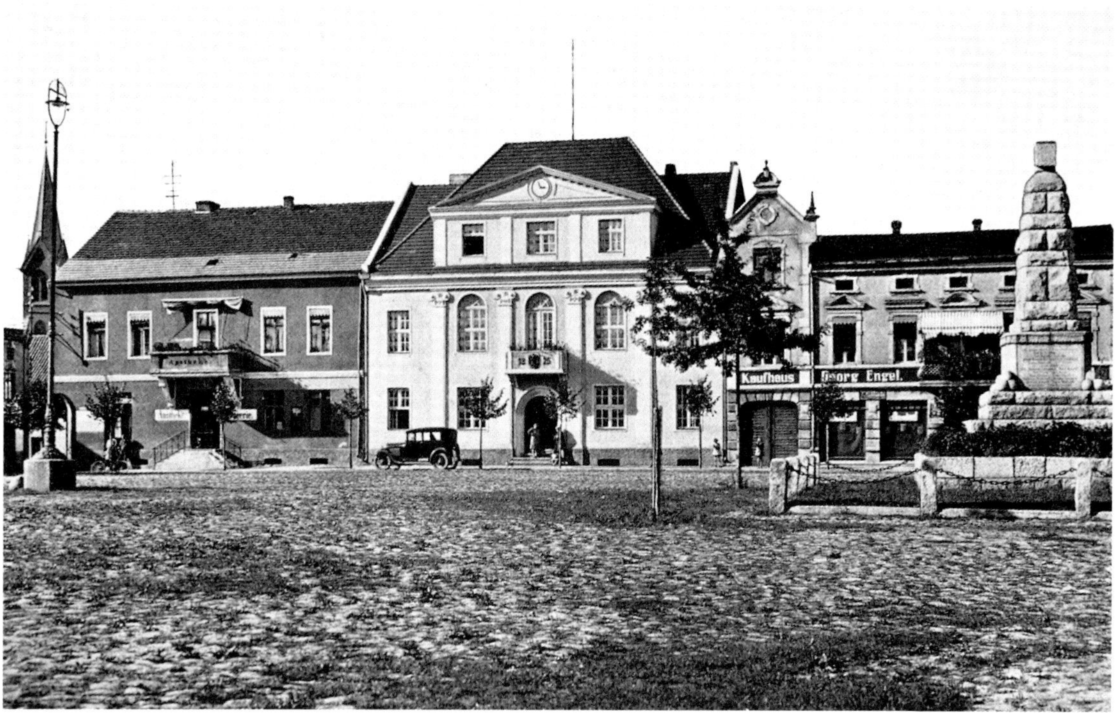

Marktplatz und Rathaus von Bischofswerder/Westpreußen, gegründet 1325 und nach einem großen Feuer 1726 neu aufgebaut. Teil des Regierungsbezirkes Marienwerder lag Bischofswerder an der preußischen Staatsbahn von Thorn nach Allenstein. In deutscher Zeit wurden in der Stadt die größten Viehmärkte Westpreußens abgehalten.

Die Marienburg am rechten Ufer der Nogat, ab 1274 vom Deutschen Orden gebaut und danach mehrfach erweitert. Die Marienburg galt als eines der großen Geschichtsdenkmäler der Welt. Ihr Baukörper vereinigte in sich die für Gottesdienst und Staatsführung notwendigen Räumlichkeiten und wirkte durch seine strenge Geschlossenheit und Wucht. Die Burg war Sitz des Hochmeisters und Großkomturs, zusätzlich Haupthaus und Waffenplatz des Deutschen Ordens, bevor Stadt und Burg 1457 von den Polen übernommen wurden: die Glanzzeit des Ordens war verfallen, als sich Polen mit dessen Erbfeind, dem Großfürstentum Litauen verbunden hatte. 1772 kam Marienburg an Preußen. Versailles, das nach dem Ersten Weltkrieg nahezu ganz Westpreußen links der Weichsel und das Kulmerland ohne Volksbefragung vom Deutschen Reich trennte und zu Polen schlug, erlaubte in den westpreußischen Kreisen Stuhm, Rosenberg und Marienburg östlich der Nogat und Marienwerder östlich der Weichsel sowie für den Regierungsbezirk Allenstein neben dem Kreis Oletzko eine Abstimmung, die 1920 zugunsten Ostpreußens (nicht des Deutschen Reiches) ausfiel. Teil eines neuen Regierungsbezirks Westpreußen, wurde Marienburg Ostpreußen angegliedert.
Die Stadt Marienburg war allerdings in zwei Hälften geschnitten. Gegenüber der Burg, auf dem linken Ufer der Nogat, begann das Gebiet Danzigs, das zwar freie Stadt, allerdings mit starken Einschränkungen seiner Souveränität zugunsten Polens war. Dort lagen etwa zwei Drittel des damaligen Stadtgebietes und der größte Teil seines Hinterlandes.

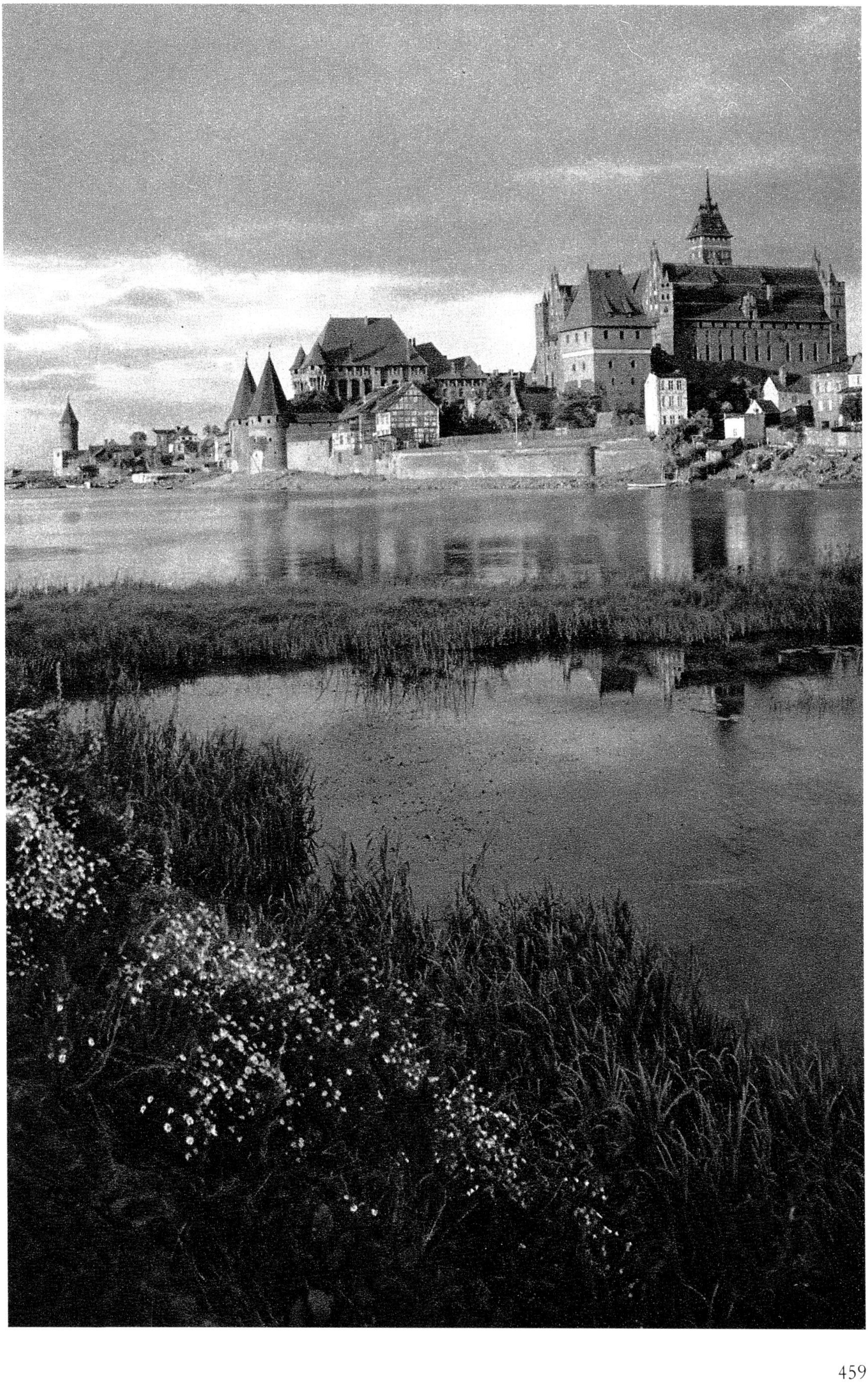

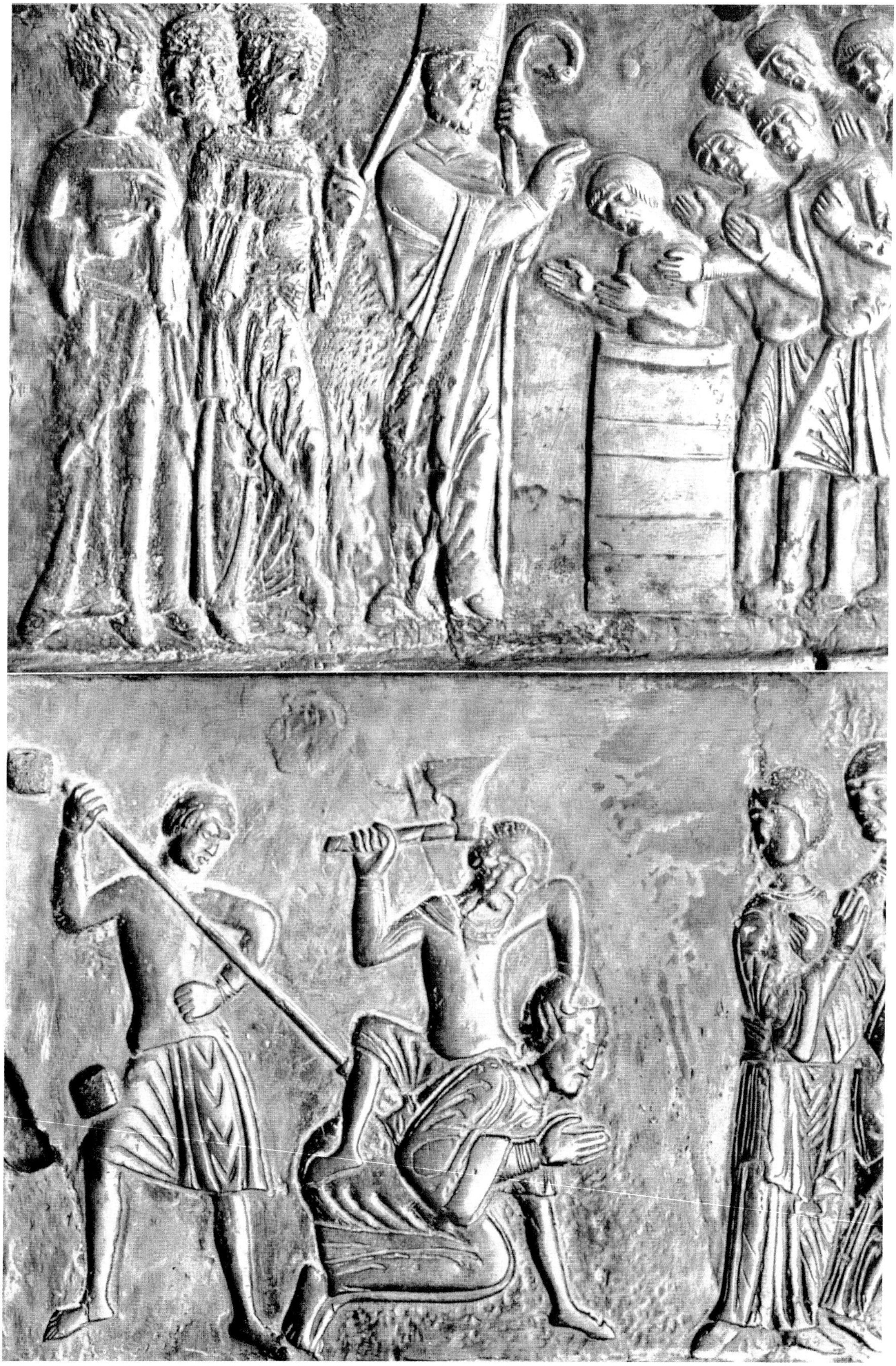

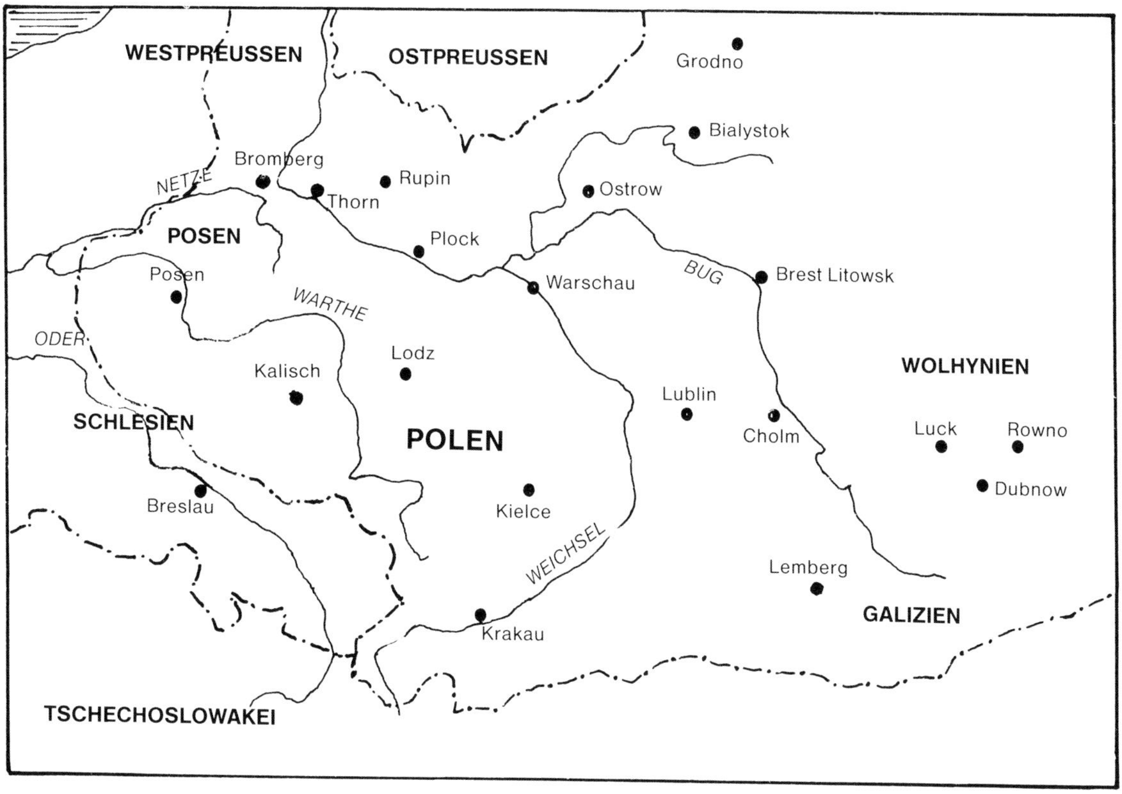

Das Bekehrungswerk des hl. Adalbert im Preußenland und seine Ermordung: zwei Felder aus der Bronzetür am Dom zu Gnesen. Das Werk des frühen 12. Jh. zählt zu den bedeutendsten Zeugnissen der Christianisierung Polens. Im Dom zu Gnesen wurden bis zum 14. Jh. die polnischen Könige gekrönt.

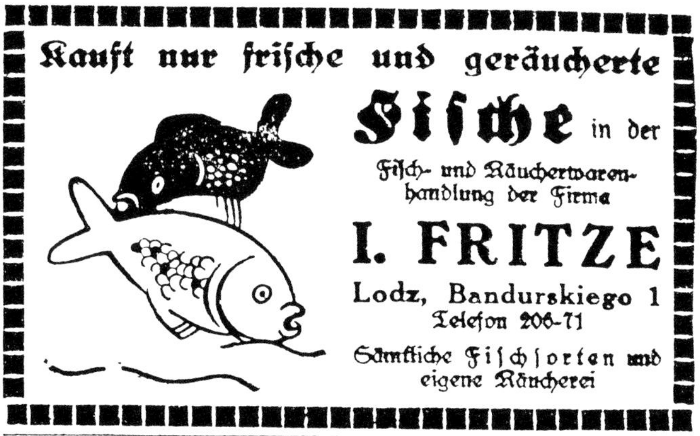

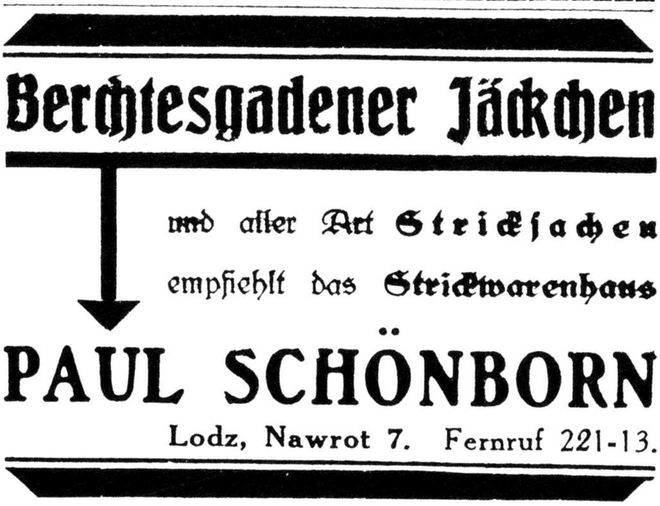

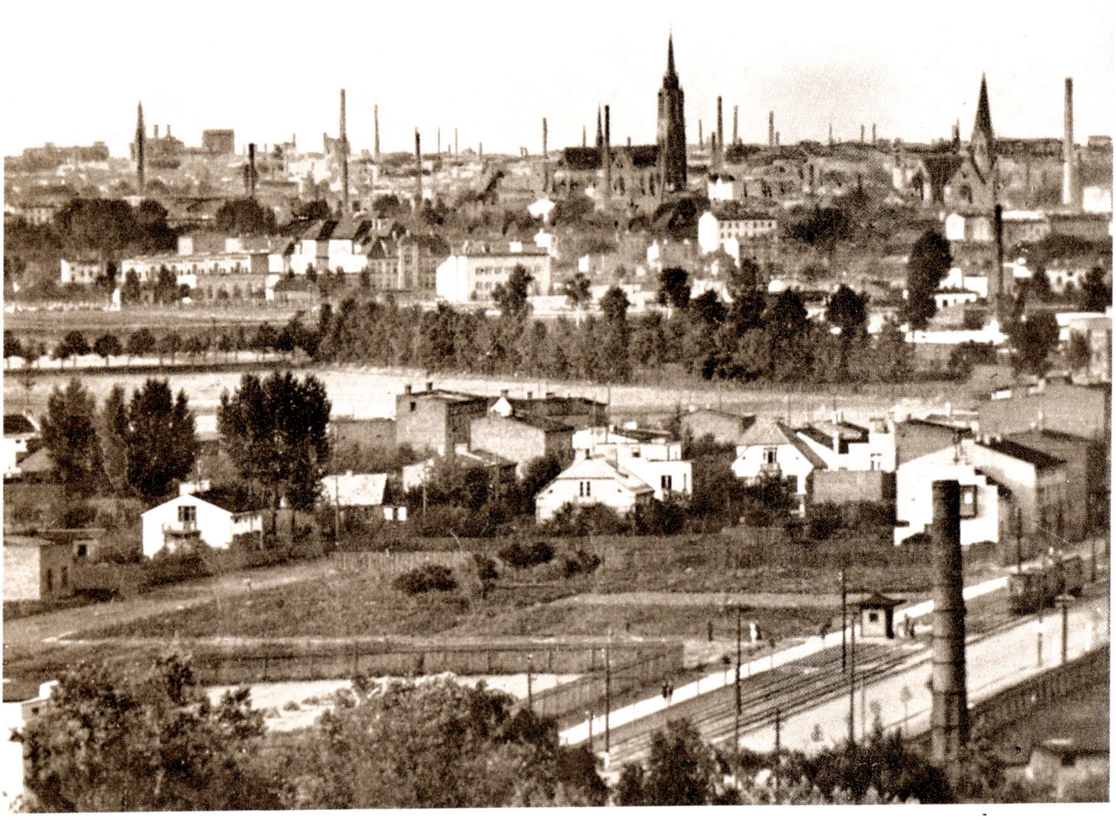

Die Textilstadt Lodz verdankte ihren Aufschwung „im amerikanischen Tempo“ in erster Linie Webern und Tuchmachern, der Einführung der Dampfweberei und Geschäftsleuten wie Carl Wilhelm von Scheibler (rechts). Man nannte diesen bedeutendsten Unternehmer der lokalen Textilindustrie den „Vater von Lodz“. Schon vor dem Ersten Weltkrieg beschäftigte Scheibler im „Manchester des Ostens“ über 10000 Menschen. Lodz galt nach Warschau als größte Stadt im alten Königreich Polen. Vor 1914 lebten im Lodzer Bezirk noch rund 121000 Deutsche, die die Stadt zum Zentrum ihrer Volksgruppe in Polen machten.

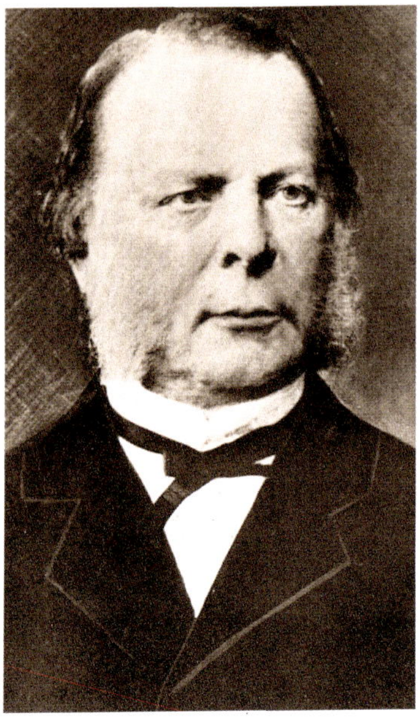

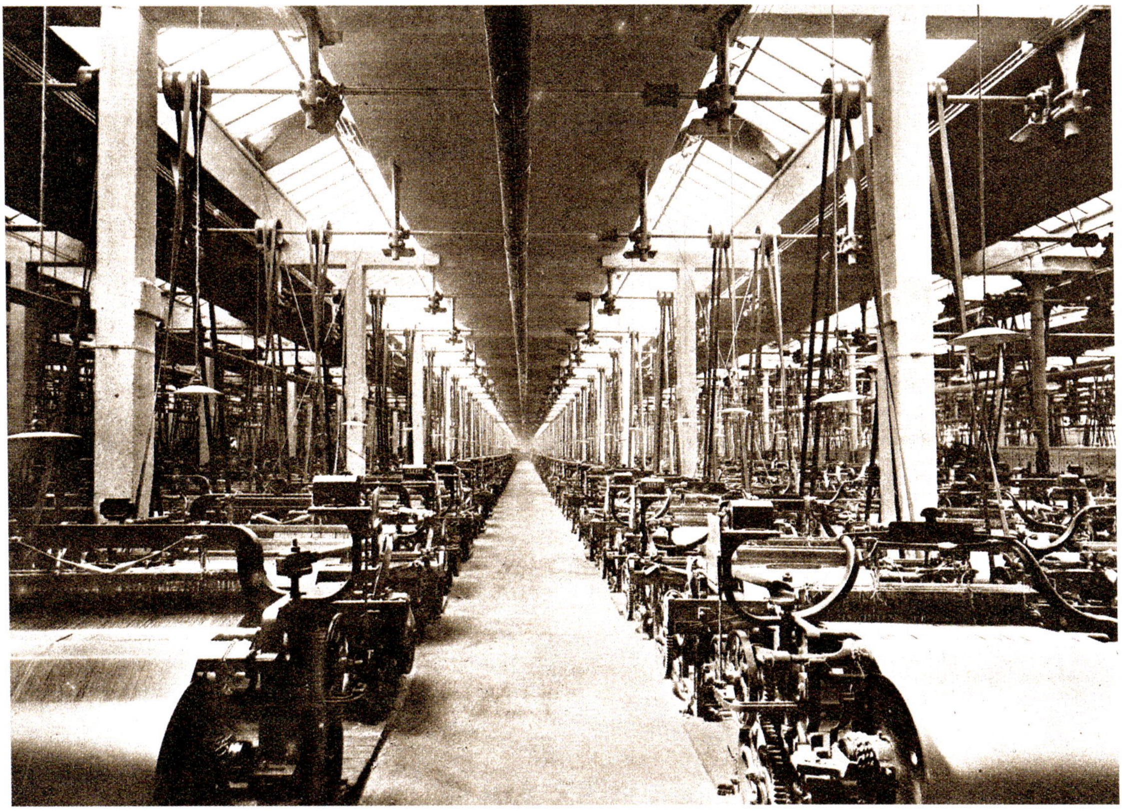

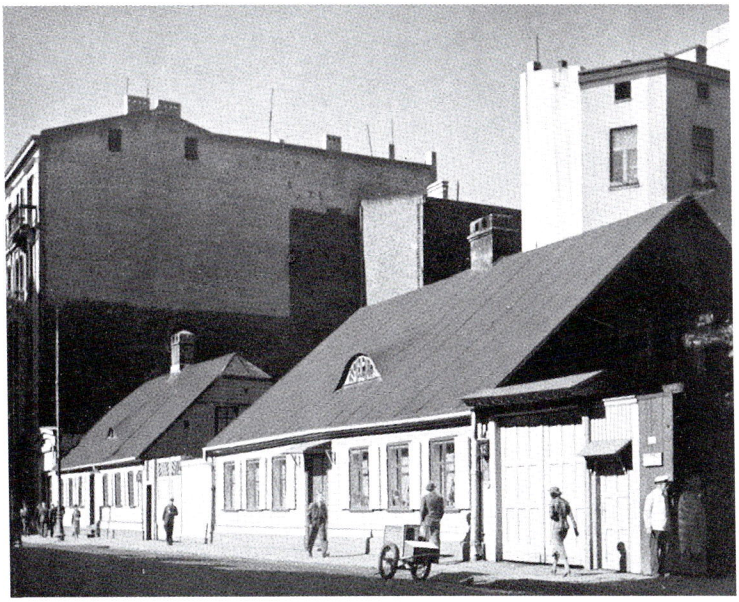

Webereisaal der Textilwerke Scheibler & Grohmann AG in Lodz – Deutsche Weberhäuser aus der Lodzer Gründungszeit.

Die Deutschen Mittelpolens verteilten sich auf die Wojewodschaften Lodz, Warschau, Kielce, Lublin und Wilna. Knapp dreiviertel von ihnen waren Bauern, die vor dem Ersten Weltkrieg rund 2000 Kolonien von der Grenze des Deutschen Reiches bis nach Wilna bewohnten. Das Gebiet hatte eine Reihe voneinander unabhängigen Einwanderungswellen aufgenommen. Abgesehen von den sehr viel älteren Weichselkolonien kamen die ersten Deutschen auf Initiative einzelner polnischer Fürsten noch vor der ersten Teilung Polens. Eine zweite Siedlungstätigkeit setzte zur Zeit Friedrich des Großen ein, die letzte Einwanderungswelle ergoß sich in der zweiten Hälfte des 19. und im ersten Jahrzehnt des 20. Jh. ins Land. Sie diente jetzt hauptsächlich der Industrialisierung der mittelpolnischen Städte.

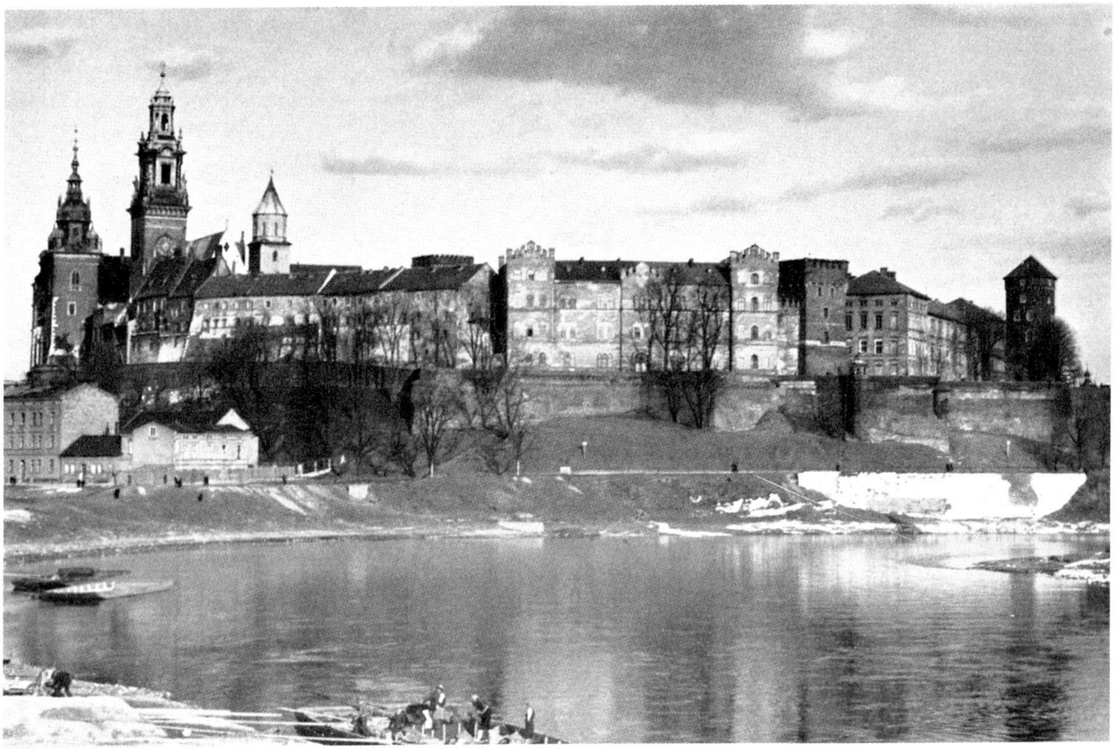

Blick auf die polnische Königsburg Wawel in Krakau, mit der Weichsel im Vordergrund – Grabplatte in der Schloßkirche von Krakau, ein Werk Peter Vischers. Krakau war kunsthistorisch die wohl bedeutendste Stadt in Polen. Mit ihren Kirchen und Türmen wurde sie gerne mit dem mittelalterlichen Nürnberg verglichen. Der Stil, der den weltlichen und kirchlichen Gebäuden hier sein Gepräge gab, war die Gotik. Neben Veit Stoß wirkte in Krakau der geniale Gießer Peter Vischer, der zusammen mit seinem Sohn Hermann wertvolle Bronzeplatten für das Wawelschloß schuf. Mit der Ausmalung dieses polnischen Heiligtums hatte König Kasimir einmal Albrecht Dürers Bruder Hans beauftragt.

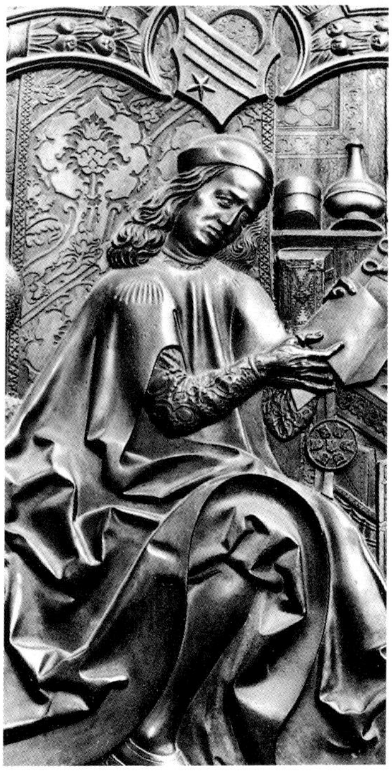

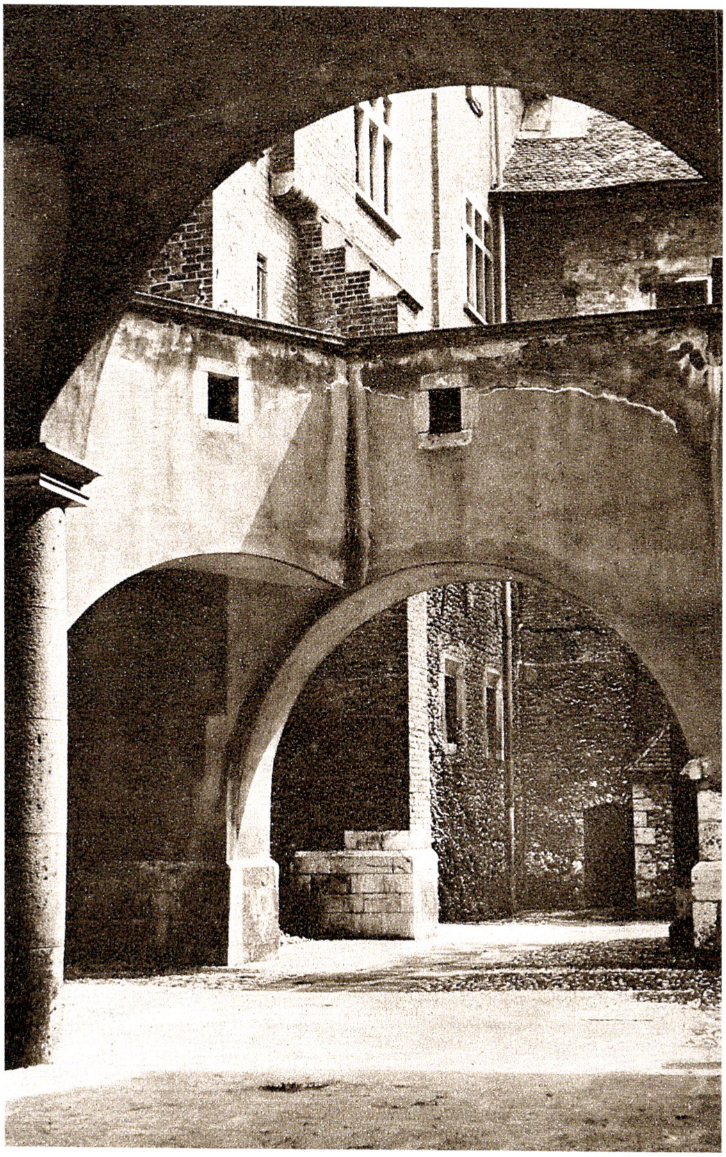

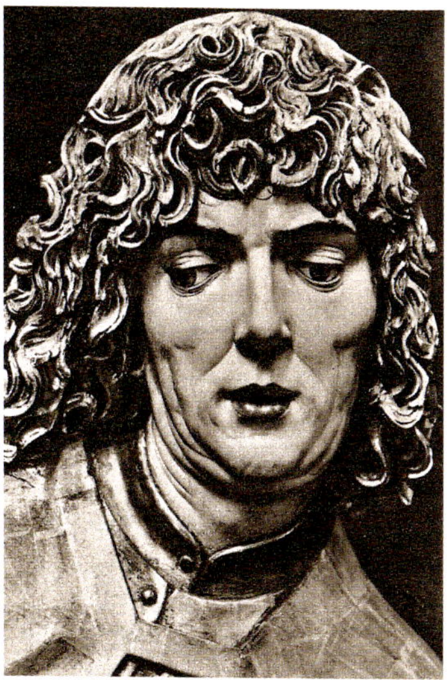

Johann Veit Stoß, der Nürnberger Bildhauer und Holzschnitzer, kam 1477 nach Krakau und gestaltete dort für die Marienkirche in 12jähriger Arbeit den größten Schnitzaltar der Spätgotik am Rande des Barock. Die Abbildung zeigt den Hl. Johannes; ein Ausschnitt des berühmten Marienaltars zu Krakau

Krakau, der „kleine Hof" im Königsschloß.

Durch die Geschichte Polens gehen die Gestalten der deutschen Burgbaumeister und Schloßbauer, Kaufleute und Verwalter wie Job Breitfuß (der Vater des polnischen Befestigungswesens), Hanus Scholz, Georg Ganzhorn, Bernhard von Prittwitz, Ulrich Hose und Johannes Ulrich Frankenstein. Unter ihnen gehörte die Krone dem Baumeister Frankenstein, der sich lange auch in Krakau aufgehalten hat.

Zal sie bog riczerstwa cznego
Tego lude Niemieczkiego,
Day Christe, bi zthoba bili
Bocz sie w gimie twoie bily.

Herr Gott, nehme Dich der edlen an,
der Ritterschaft vom deutschen Stamm.
Möge Christus sie zu sich bitten,
Da sie in seinem Namen stritten.

Strophe eines polnischen Soldatenliedes aus dem Jahre 1541, als Deutsche und Polen zusammen die Ostgrenze des Landes schützten.

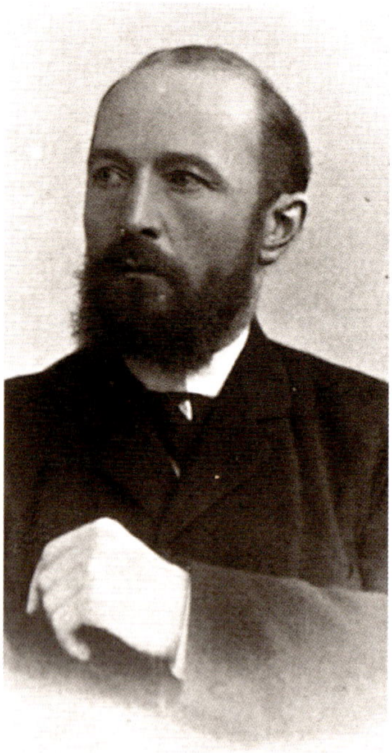

Krakau (Luftbild) - Hof der Universität von Krakau mit Kopernikus-Denkmal. Krakau, gegründet als deutsche Stadt, hatte um 1400 einen deutschen Bevölkerungsanteil von rund 90%. Aus der bereits 1364 gestifteten Casimir'schen Universität wurde 1397 die Jagellonen-Universität. Ihr Neuschöpfer Matthias, der später Rektor der Universität Heidelberg und Bischof von Worms wurde, war Sohn einer deutschen Patrizierfamilie. Krakau hatte damit nach Prag die zweitälteste deutsche Universität.

Links: Emil Adolph von Behring, Mediziner, geboren 1854 in Hansdorf, gestorben 1919 in Marburg.

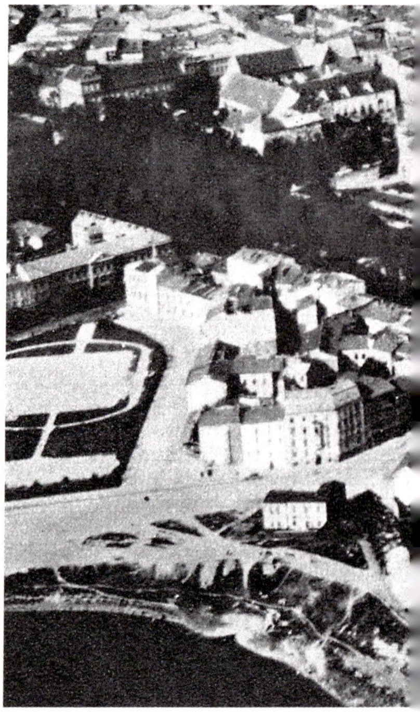

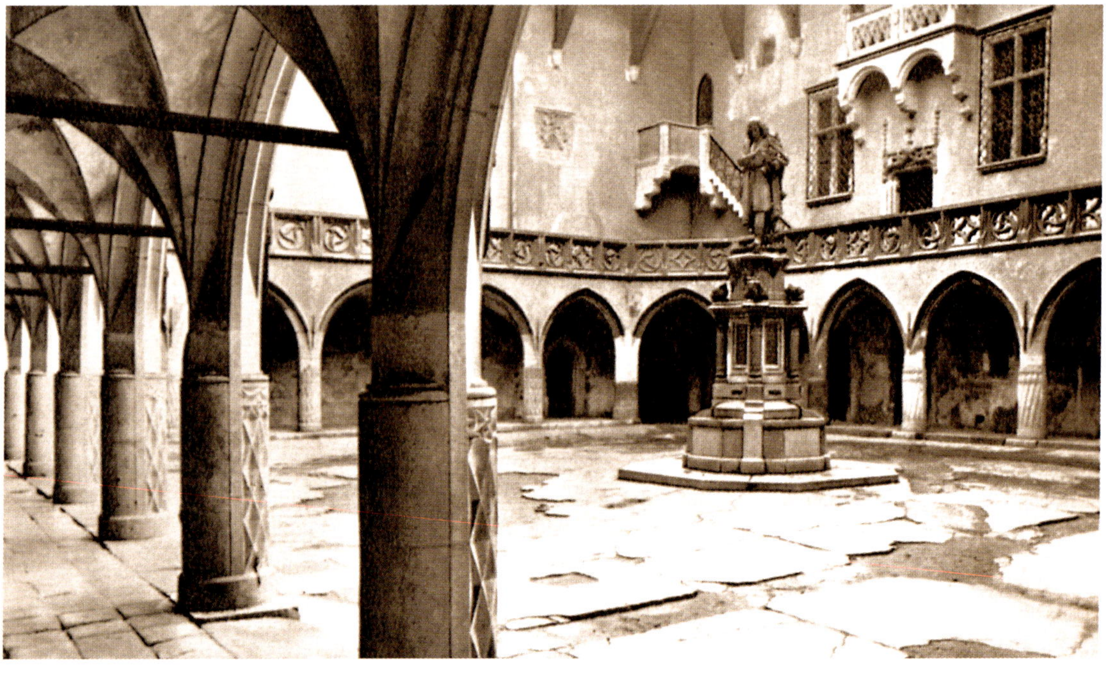

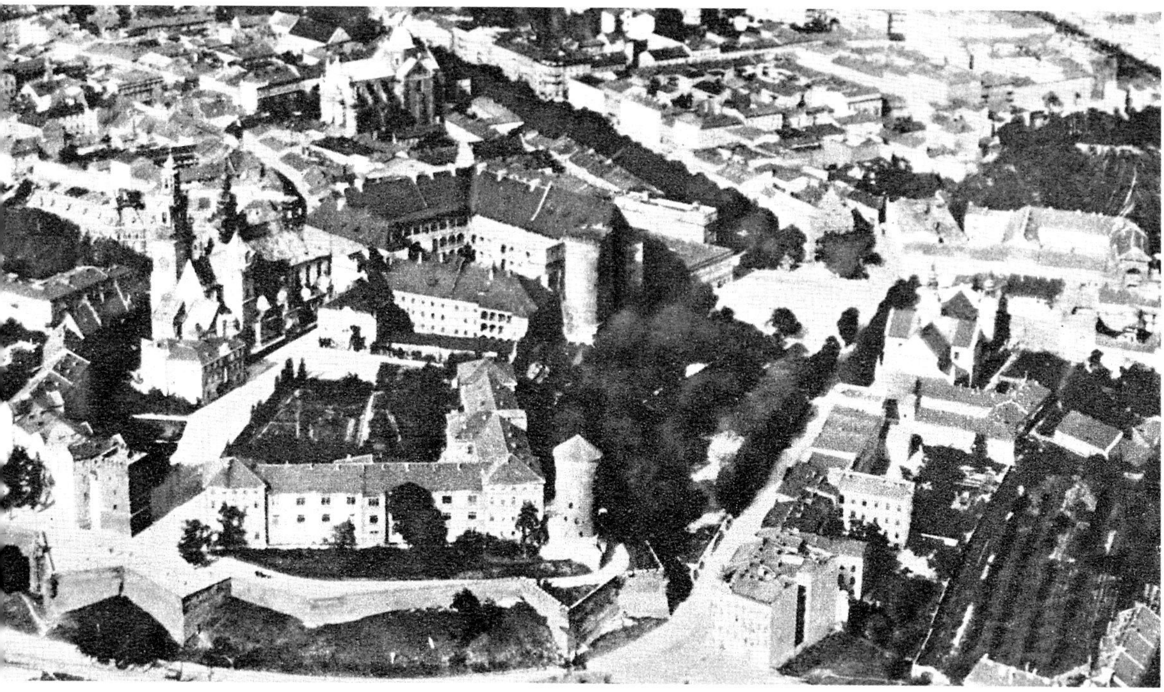

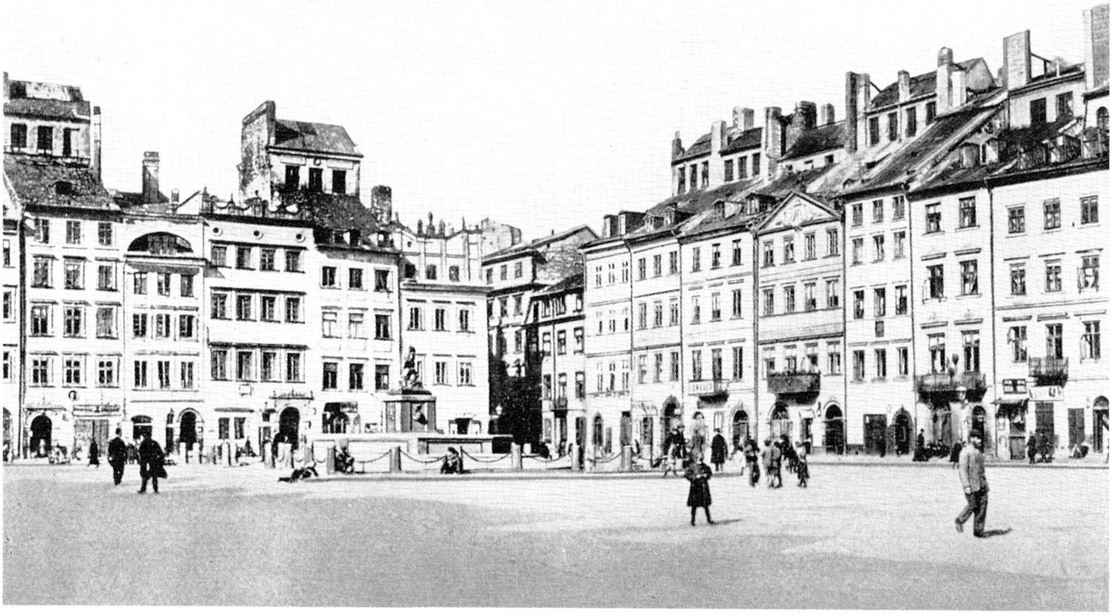

Warschau, der Alte Markt. Warschau, Residenz der Herzöge von Masowien, wurde im 13. Jh. als deutschrechtliche Stadt gegründet. Noch im 16. Jh. war der Handel hier praktisch vollkommen in deutscher Hand. Nach der 3. Teilung Polens wurde Warschau 1795 die Hauptstadt Südpreußens, 1805 teilte es der Wiener Kongreß Rußland zu.

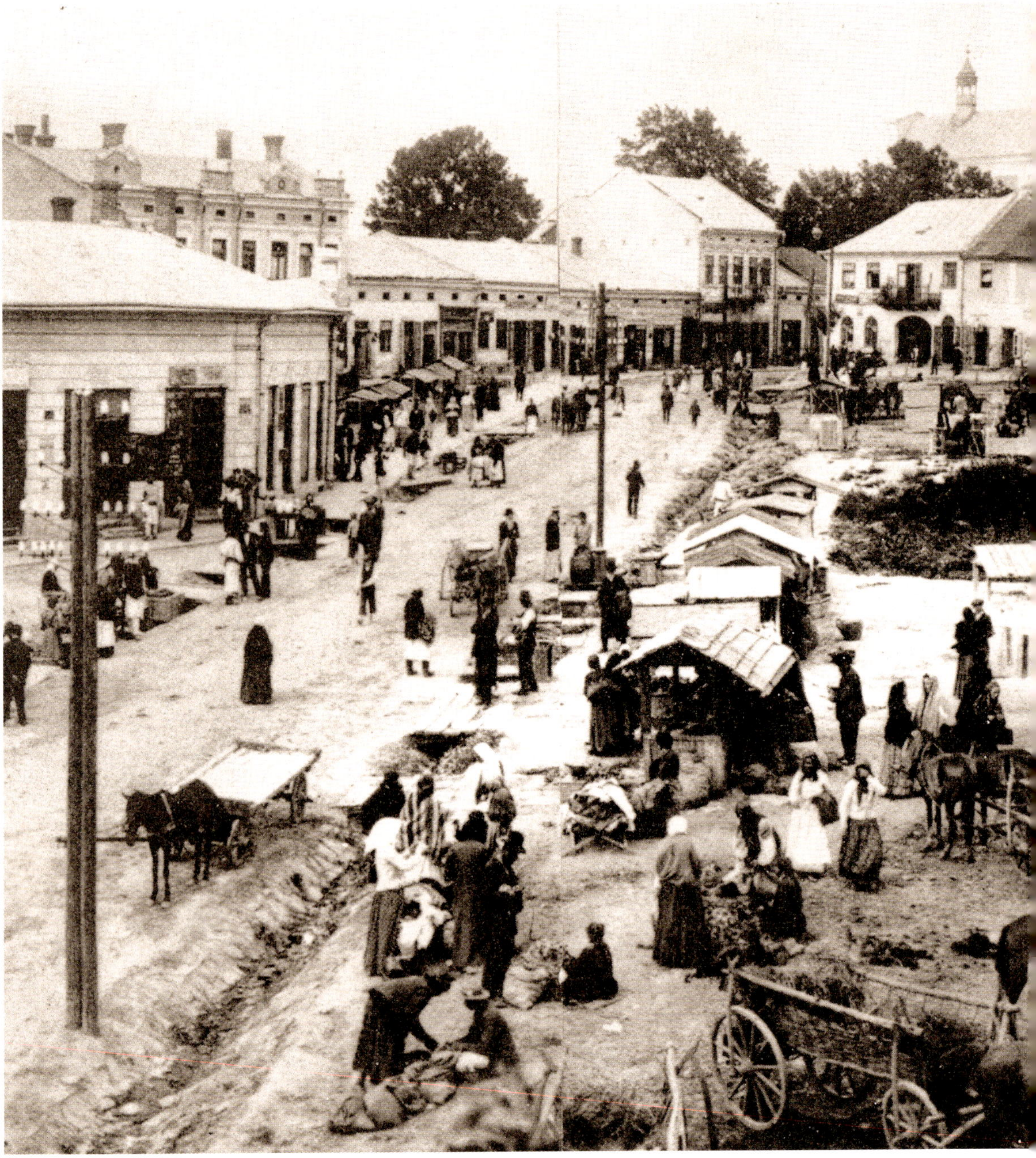

Wochenmarkt in Stryj/Galizien. Kleinpolen hatte bereits im Mittelalter eine starke deutsche Einwanderung verzeichnet, die im Westen und in der Mitte des Landes zahlreiche deutsche Siedlungen aufblühen ließ. Nach dem Erwerb Kleinpolens durch Österreich im Jahre 1772 begann eine neue Siedlungsepoche. Das 19. Jh. brachte die „Deutschböhmen“ ins Land, Kolonisten aus dem Egerland und dem Böhmerwald.

Das Wiener Ansiedlungspatent wurde auch anderswo gehört: zwischen 1782 und 1803 kamen rund 15000 Deutsche ins Kronland Galizien.

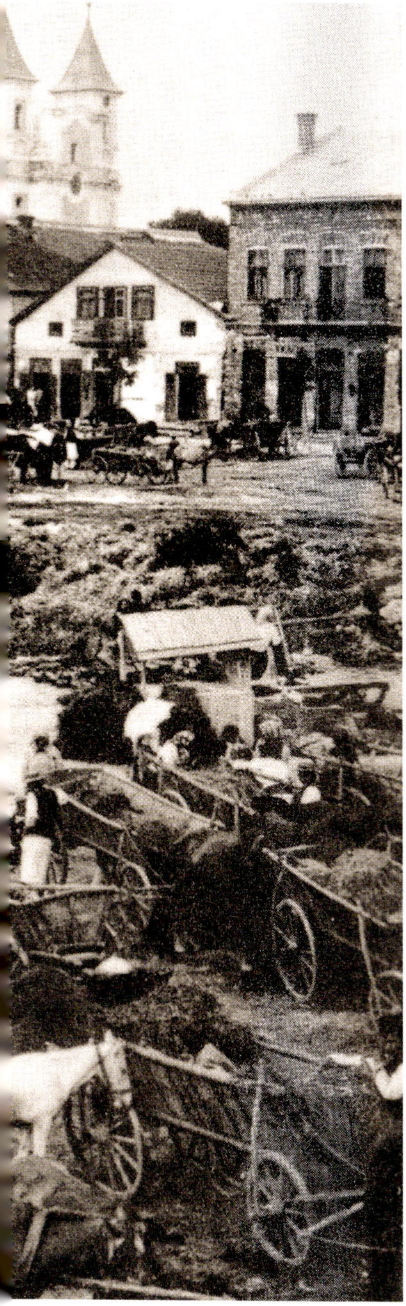

E Gruß an die Pälzer im Oschte …

E. Christmann

's es hunnertfufzig Johr jetzt her,
– a domols hat's die Palz recht schwer –,
Do hot de Kaiser Josepp grad
Dorchs ganze Reich hi(n) ingelad,
Bei uns so gut wie bei de annere,
No sei'm Galizie(n) aussewannere.

Do sinn gedippelt unn geposcht
Viel Pälzer Leit weit, weit no Oscht,
Se baue, rotte zack're, spate
Um Lemberg, Stryj, in de Karpate,
Am Bug, um Sandec, um Dolina
Unn hi(n) bis an die Bukowina,
Hunn sich gemieht unn abgequeelt
Unn deitsche Därfer hi(n)gestellt,
E wahre Staat! Die Palz am Rhei(n)
Därf heitsedaaks noch stolz druff sei(n).

Vor hunnertfufzig Johr war daß!
Jetzt heere zu! Daß war noch Rass',
War echter deitscher Pälzer-Schlag!
Die hunn dorch all die Johr unn Dag
Inmitte fremder Sitt unn Art
Ehr Deitsch- unn Pälzertum bewahrt
Unn redde heit noch u(n)ve(r)fälscht
Unn u(n)ve(r)ännert, u(n)ve(r)welscht
Ehr gudi, echti Pälzer Sprooch.
Daß merke eich unn mache's nooch!

Wie mir die ledschde Johre all
Hunn aus- unn fescht- unn dorchgehall
Im Weschte, so stehn die im Oschte
Noch heitsedaaks uff schwerem Poschte
Im Pole- unn im Bucheland
Unn dulde viel unn halle Stand
Wie all die deitsche Volksgenosse,
Wo dort von Art unn Blut net losse.

Um Rhei(n) unn Noh, um Blies unn Queich,
Mir all, mir all mir grieße eich
Unn danke eich unn schreiwe's in
Ins Herz, waß unser Bruderskinn
Seit seelje Kaiser-Josepps-Zeite
Gedah(n), geleischt unn trahn unn leide!

(Aus: Gedenkbuch zur Erinnerung an die Einwanderung der Deutschen in Galizien vor 150 Jahren, Posen, 1931.)

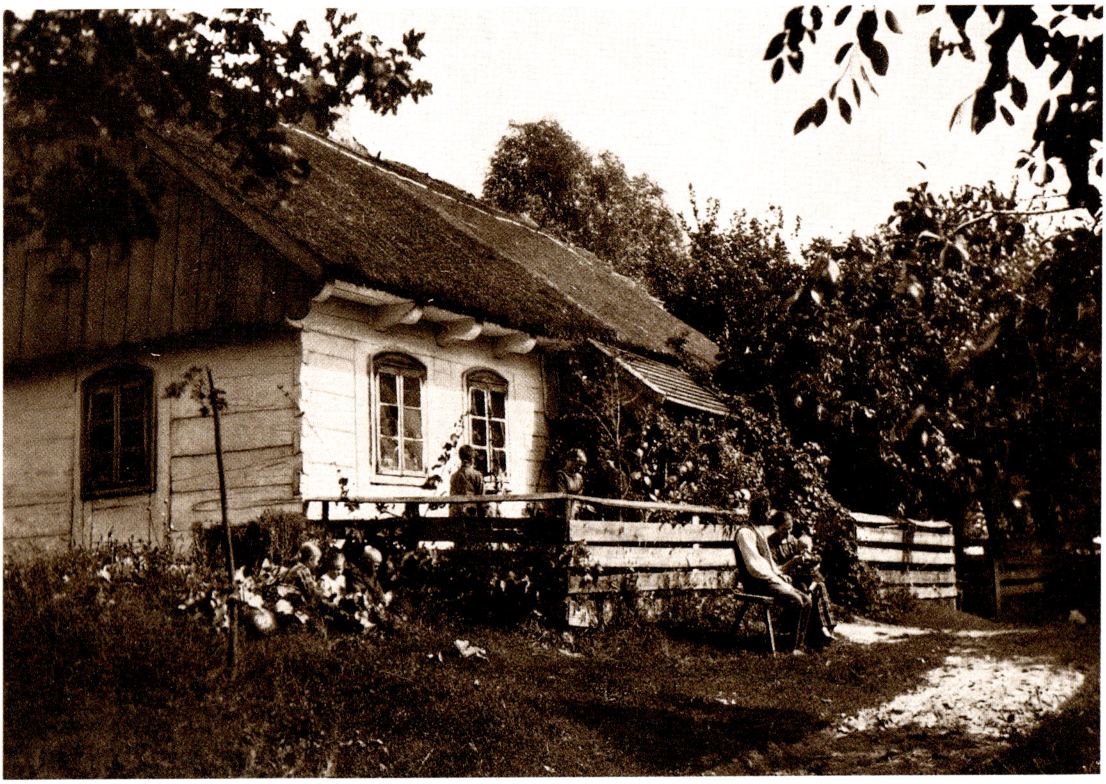

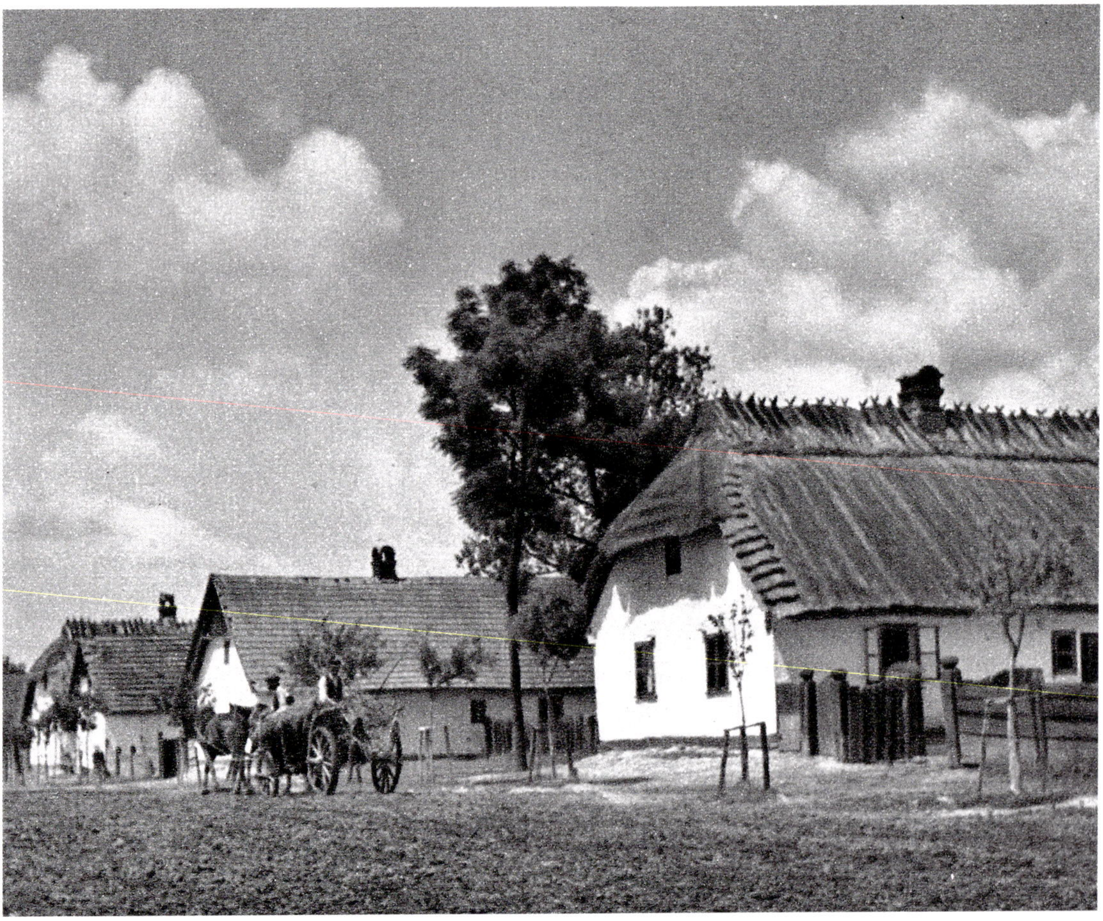

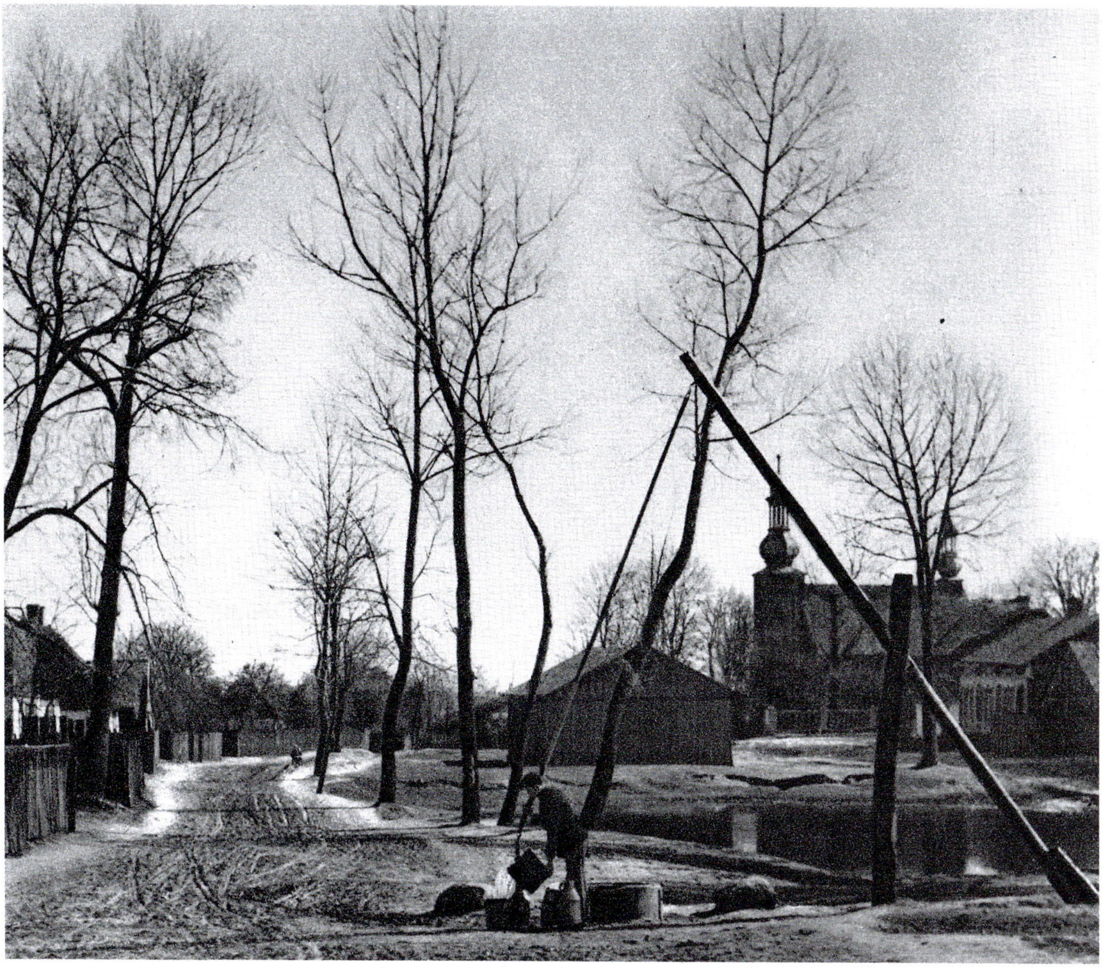

Oben links: Deutsches Kolonistenhaus in Amelyn/Wolhynien
Unten links: Josephsberg/Galizien. Auf den deutschen Sprachinseln Wolhyniens lebten vorwiegend Deutsche aus der Weichselniederung, Schwaben aus dem Lodzer und galizischen Raum und Schlesier aus dem Petrikauer und dem westlichen kongreßpolnischen Gebiet. Vor dem Ersten Weltkrieg gab es in Gesamtwolhynien rund 500 deutsche Handwerker- und Bauernkolonien mit etwa 200000 Siedlern. – Die Galiziendeutschen wurden, obwohl sie vorwiegend aus der Pfalz kamen, Schwaben genannt. Im 19. Jh. auf 172 Kolonien verteilt, begann sich bei ihnen nach der Einführung des Dualismus in der Donaumonarchie ein Auswandererteend zu regen. Ihre neuen Ziele lagen bevorzugt in Übersee.

Militsch, ein deutsches Dorf in Kongreßpolen. Angerdörfer waren eine typisch deutsche Siedlungsform im Osten. Sie wurden mit der Überlegung angelegt, daß eine genossenschaftliche Bindung für die Siedler notwendig war. Man lebte Haus an Haus an der Wohnstraße um den runden, ovalen oder eckigen Platz, den man gemeinsam als Anger benutzte. Hier befanden sich auch Kirche und Gottesacker.

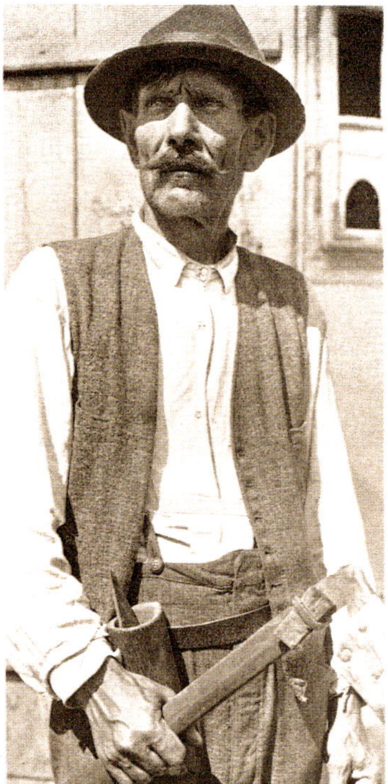

Böhmerwälder Bauer in Polen

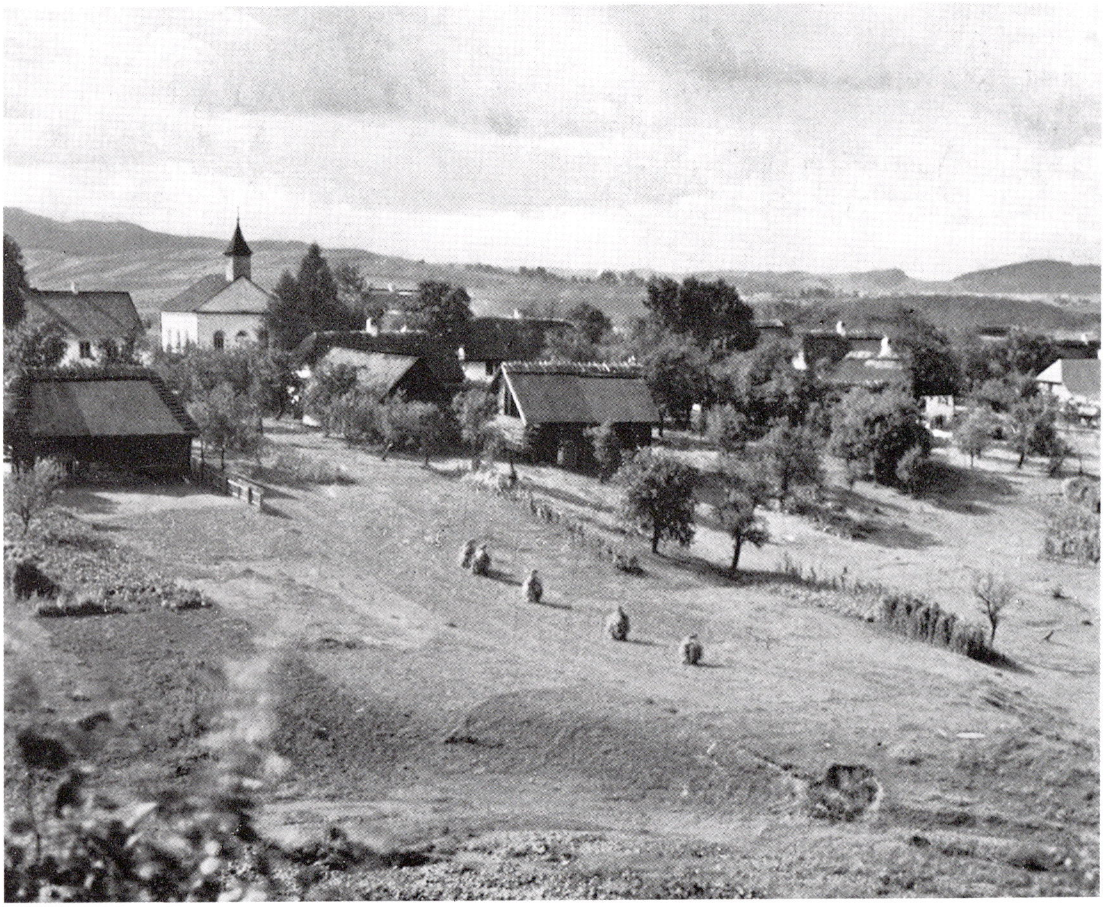

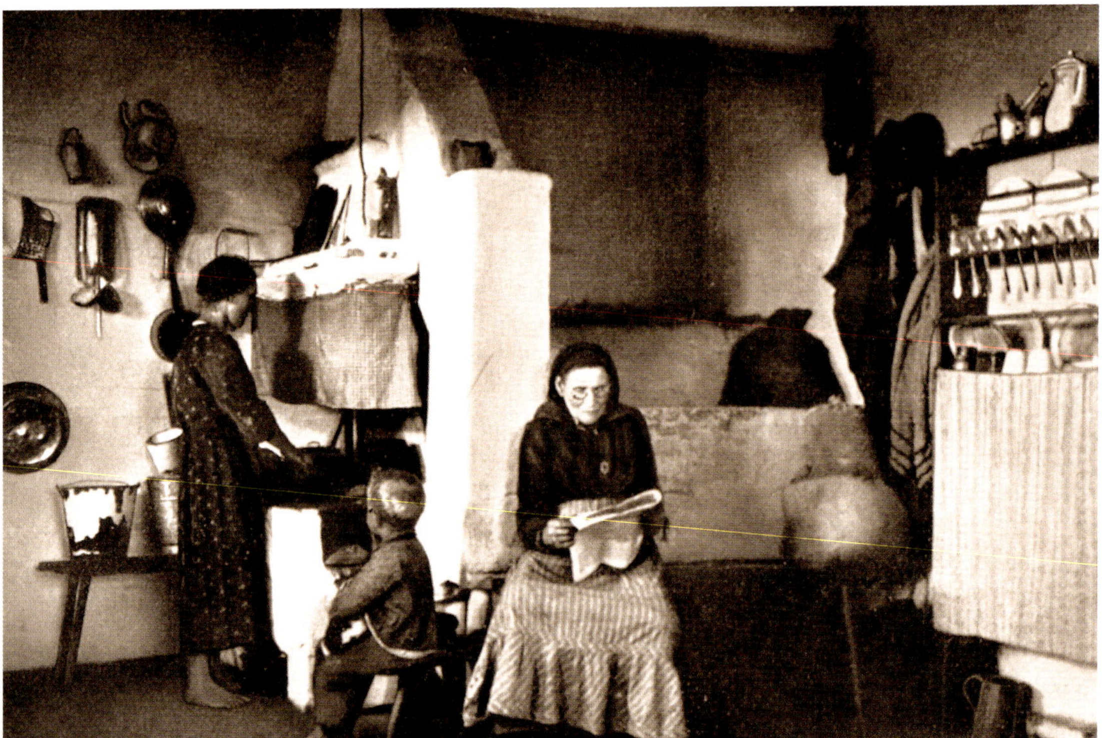

Das Engelsberg pfälzischer Protestanten in Ostgalizien (links) - Alter Hof in Engelsberg (rechts). Die Galiziendeutschen - abgesehen von einer mittelalterlichen Auswanderergruppe auf der Sprachinsel Bielitz-Biala - waren von den Habsburgern ins Land gerufen worden, das gerade zu Österreich gekommen war. Die Kolonisation erfolgte planmäßig: Bis 1805 trafen fast ausschließlich evangelische Pfälzer, Badener, Hessen, Württemberger und Elsäßer ein, dann folgten bis etwa 1850 katholische Kolonisten aus dem Egerland, Böhmerwald, aus Nordböhmen und Nordmähren.

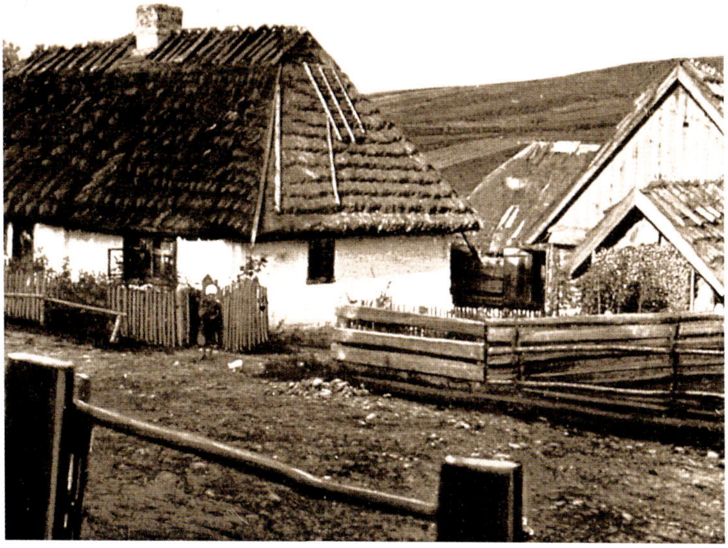

Kolonistenstube in Elisabethdorf/Wolhynien (links) - Luzk, Wolhyniens alte Hauptstadt (rechts). Luzk - im Vordergrund die von deutschen Rittern erbaute Burg Lubarta - erhielt schon im 12. Jh. deutsches Recht. Im 19. Jh. wurde es zum kulturellen Mittelpunkt der Wolhyniendeutschen. Der Erste Weltkrieg teilte Wolhynien zu zwei beinahe gleichen Teilen zwischen Polen und Rußland auf.

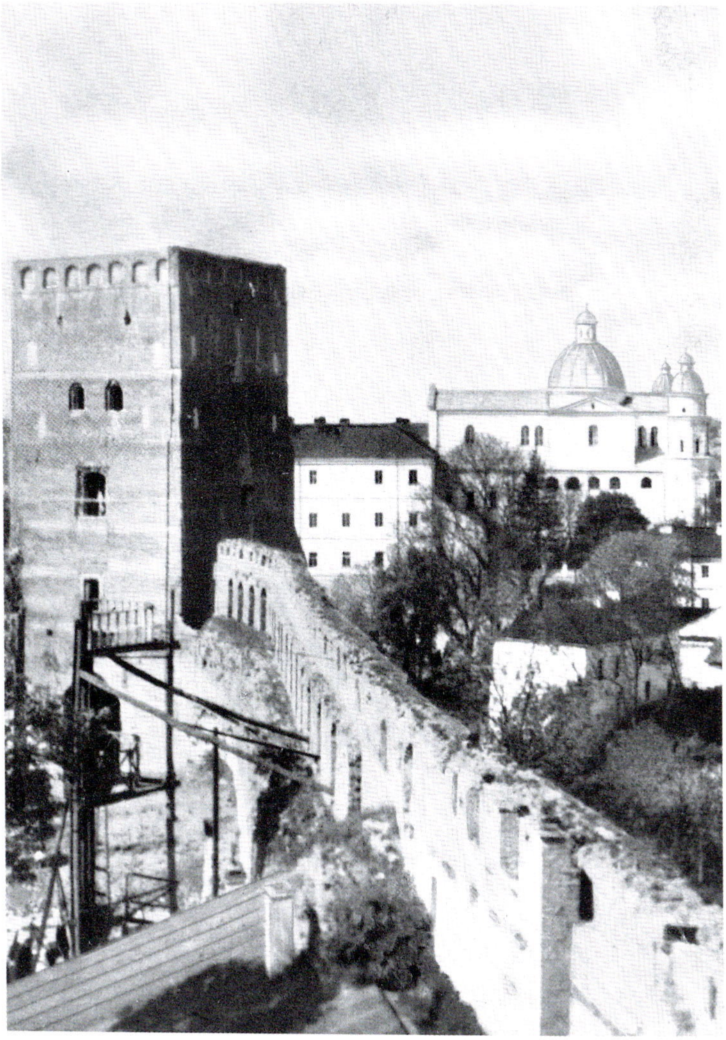

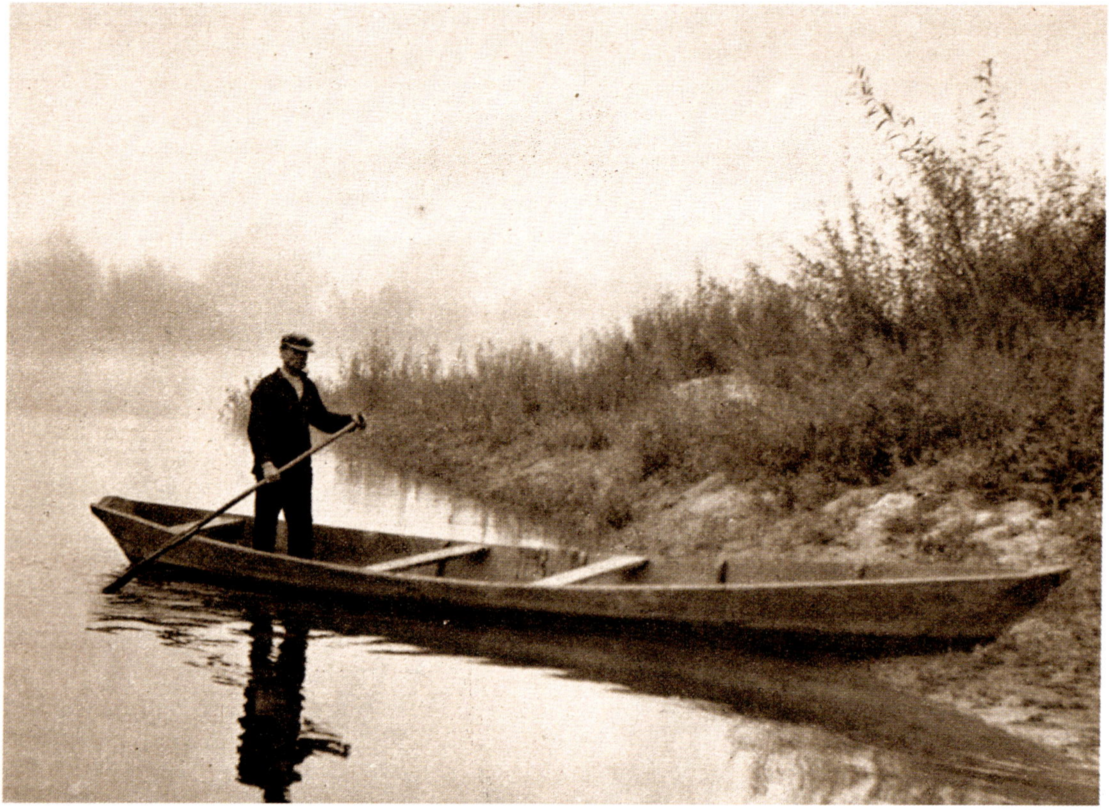

Bootfahrt auf dem Doryn – Deutschpolnischer Bauer aus der Wiesenkolonie Sofiowka. Der Doryn (auch Horyn) durchfloß östlich von Luzk ein sprachliches Mischgebiet mit einer großen Zahl von deutschen Siedlungen. Sofiowka war zuerst von Mennoniten angelegt worden, dann zogen Bauern aus der Weichselniederung nach.

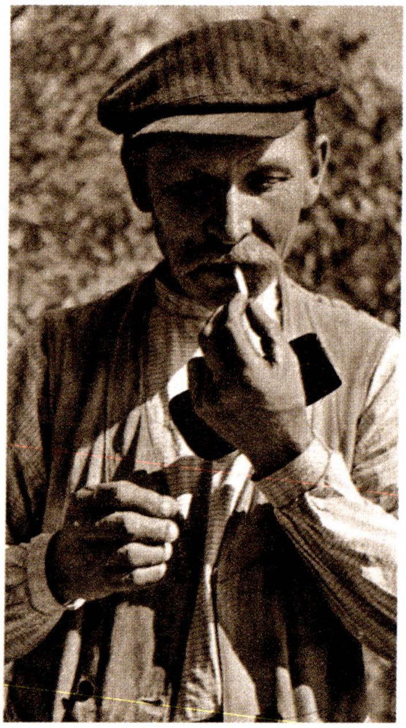

Wilna an der Wilija. Einst Sitz der Jagellonen, dann litauischer Großfürsten, hatte Wilna (zu deutsch Wildau) seinen Anteil an Kriegen und Zerstörungen gesehen. Hier stritten sich Polen, Littauer, Russen und Deutschordensritter, von hier aus versuchte Napoleon Litauen zu erobern. Zu Wilnas Sehenswürdigkeiten gehörte besonders die 1387 erbaute Kathedrale mit dem Grab des hl. Kasimir. Die Hauptstraße im alten Kaufherrenviertel war die „Ulica Niemiecka“, die Deutsche Straße, die im Deutschen Tor endete.

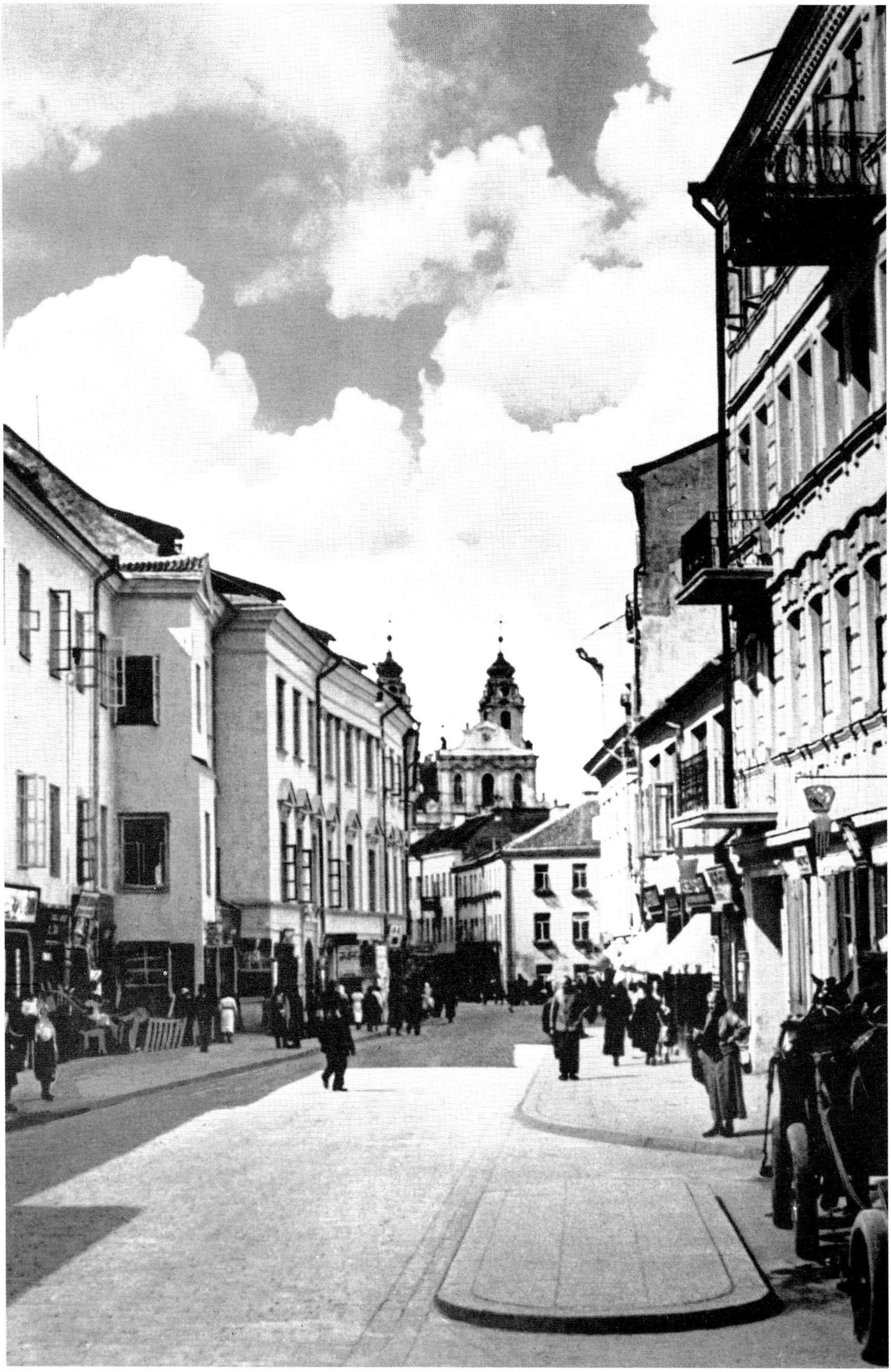

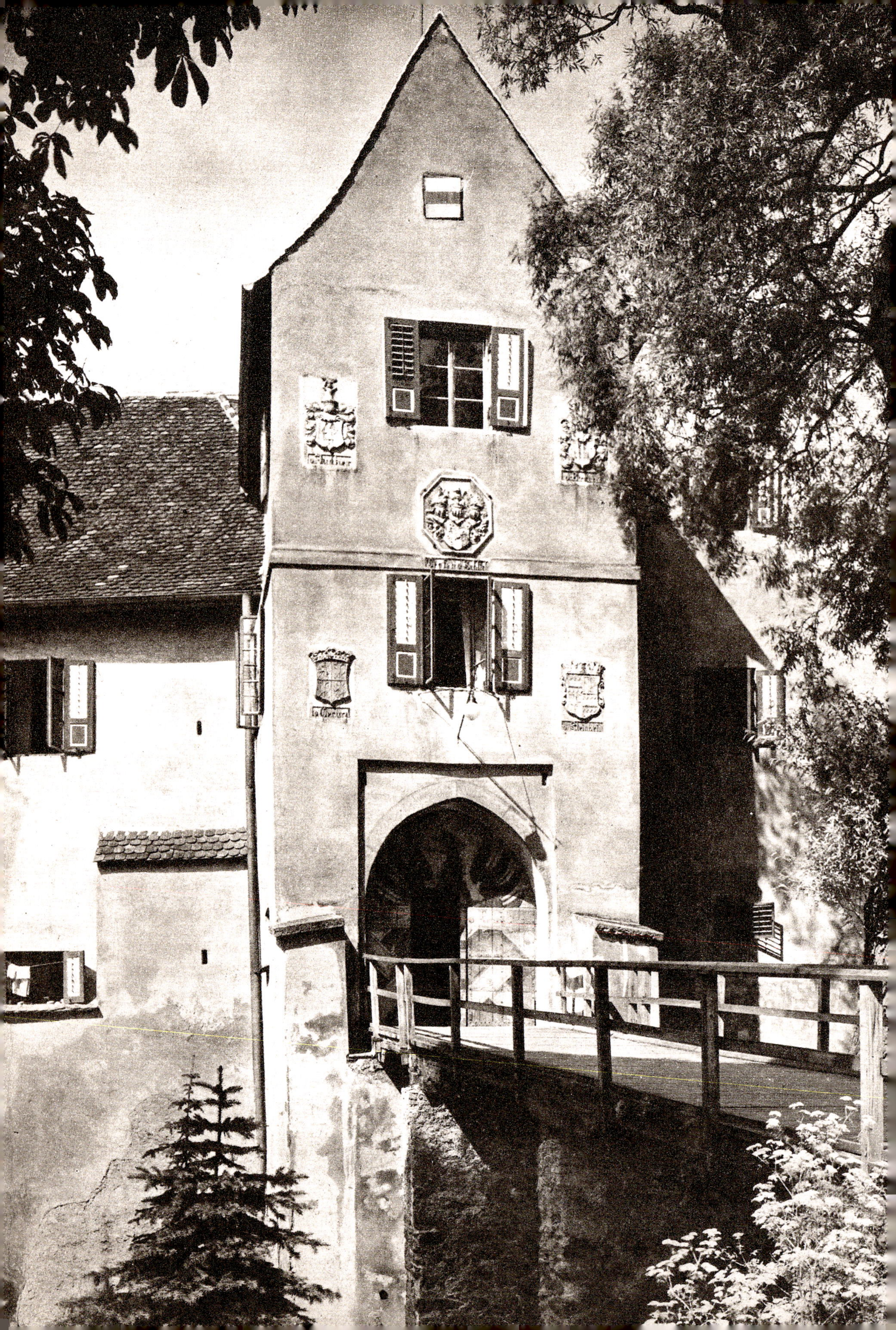

Böhmische Dörfer und eine kaiserliche Residenz

Wer immer das böse Wort von den „böhmischen Dörfern“ erfand ... besonders beliebt hat er sich dadurch nicht gemacht. Zugegeben, Böhmen hatte Dörfer. Warnsdorf wurde gar „das größte Dorf Österreichs“ genannt. Aber Böhmen in Europas unbekannter Mitte als geflügeltes Wort für „unbekannt“ festzuschreiben hatte das Land, das unter der Herrschaft der Luxemburger politisch und kulturell das Herz des Deutschen Reiches war, dessen erste Universität hier gestiftet wurde, nun wirklich nicht verdient.

Als nach dem Ersten Weltkrieg der neue Staat der Tschechoslowakei gegründet wurde, übernahm er die deutschen Sprachgebiete der Sudetenländer (Böhmen, Mähren und Sudetenschlesien) im Westen und der Karpathenländer (Slowakei, Karpathenrußland) im Osten. Während die einen aus dem ungarischen Staat kamen, hatte etwa Böhmen eine über 1000jährige geschichtliche Entwicklung im deutschen Kulturkreis durchlaufen, war von 1815 bis 1866 beim Deutschen Bund gewesen.

In Böhmen verband die mittelalterliche Besiedlung durch Bergleute, Bauern und Bürger die Deutschen mit dem germanischen Altertum des Sudetenraumes, noch bevor ihre Fürstentöchter und Könige das Land zur Residenz erhoben. Hier trafen sich dann die Scharnhorsts, Radetzkys, von Steins und Metternichs. Hier ließ sich Wagner im Anblick des Schreckensteins zum Pilgerchor für seinen Tannhäuser inspirieren oder pflegte Goethe seine freundschaftliche Beziehung zur Kaiserin Maria Ludivica. Der Flammentod des Magisters Jan Hus aus der Prager Bethlehemskirche führte zum blutigen Aufstand seiner sozialrevolutionären Schwarmgeister mit verheerenden Folgen für das Deutschtum ... der Streit um zwei evangelische Kirchen auf erzbischöflichem Grund war Auftakt zum noch viel blutigeren Dreißigjährigen Krieg.

Die Sudetendeutschen hatten sich in einer charakteristischen Randlage von Lundenburg bis zur Mährischen Pforte um die Länder der böhmischen Krone eingerodet, dabei so prächtige Zentren geschaffen wie die Stauferstadt Eger, das Bäderdreieck Karls-, Franzen- und Marienbad oder die Musikstadt Petschau. Wen wunderte es da, daß die übrigen deutschen Siedlungen in der neuen Tschechoslowakei, etwa um Preßburg oder in den Waldkarpathen, trotz ihrer reichen Vergangenheit etwas in Vergessenheit gerieten?

Die Deutschen in der Slowakei stammten ohnehin aus einer anderen politisch-historischen Einheit als die rund 3 Millionen Sudetendeutschen. Hatte doch schon Luther hier („Ich fresse wie ein Böhme und saufe wie ein Deutscher“) in seiner von vitaler Lebenslust gekennzeichneten Religiosität einen feinen Unterschied zwischen Deutschen und Deutschen gemacht.

Zeittafel:

500 Germanen verlassen Sudetenraum, Slawen ziehen nach

800 Böhmen Teil des Frankenreiches,

12. Jh. Beginn der deutschen Kolonisation,

1300 Prag Mittelpunkt des deutschen Kulturlebens,

1346–1378 Karl IV., Goldenes Zeitalter Böhmens,

1419–1436 Hussitenkriege,

1526 Ferdinand von Österreich König von Ungarn und Böhmen/Mähren,

1526–1784 Preßburg Haupt- und Krönungsstadt Ungarns,

1618 Fenstersturz zu Prag, Beginn des Dreißigjährigen Krieges,

1815–1866 Sudetenländer zum Deutschen Bund,

1918/19 Besetzung der Sudetenländer durch tschechische Militärs,

1919 Tschechen erhalten von Deutschland Hultschiner Ländchen, von Österreich Gebiete bei Gmünd und Feldsberg, von Ungarn Slowakei und Karpathenrußland

---

Schloß Seeberg in der Nähe von Franzensbad, die versteinerte deutsche Vergangenheit des Sudetenlandes.

Deutsche Persönlichkeiten: Alois Senefelder, Erfinder, Leo Slezak, Opernsänger, Adalbert Stifter, Dichter, Gregor Mendel, Erbforscher, Ferdinand Porsche, Konstrukteur, Sigmund Freud, Psychologe, Graf Radetzky, Feldmarschall, Albrecht von Wallenstein, Heerführer, Johannes von Nepomuk, Brückenheiliger, Franz Schubert, Komponist, Bertha von Suttner, Pazifistin, Wenzel Hocke, Priester und Böhmens „Eulenspiegel", Marie von Ebner-Eschenbach, Schriftstellerin, Rainer Maria Rilke, Dichter.

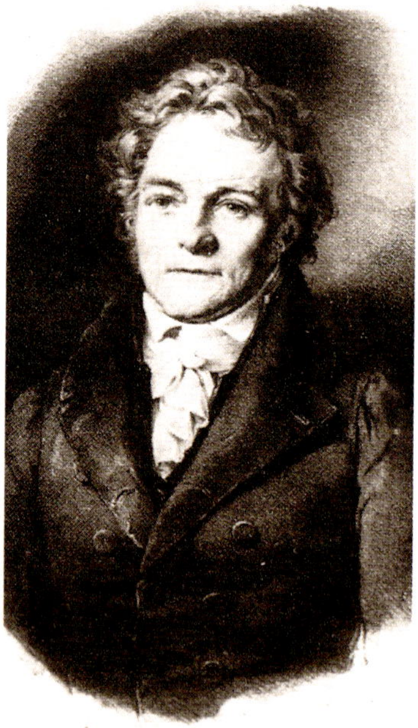

Alois Senefelder, 1771 in Prag geboren, war Schauspieler und Autor von Bühnenstücken. Beim Versuch, seine Arbeiten zu vervielfältigen, entdeckte er die „chemische Druckerei", das Steindruckverfahren.

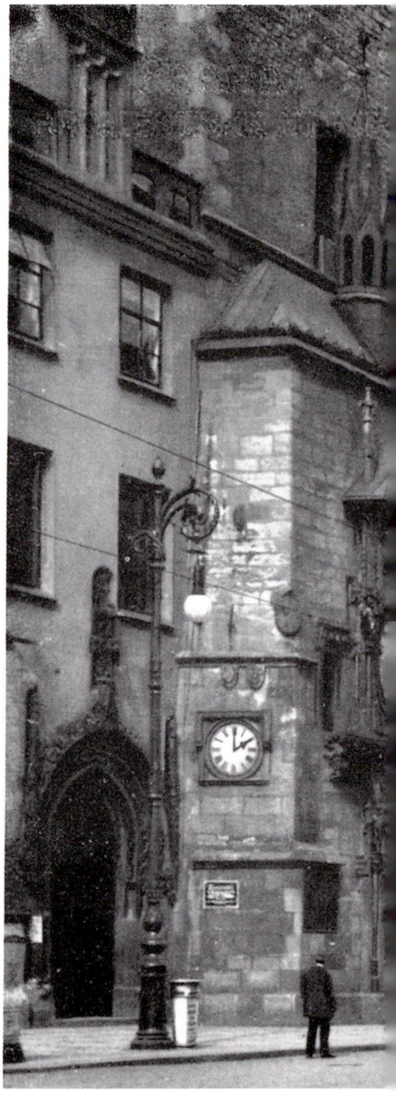

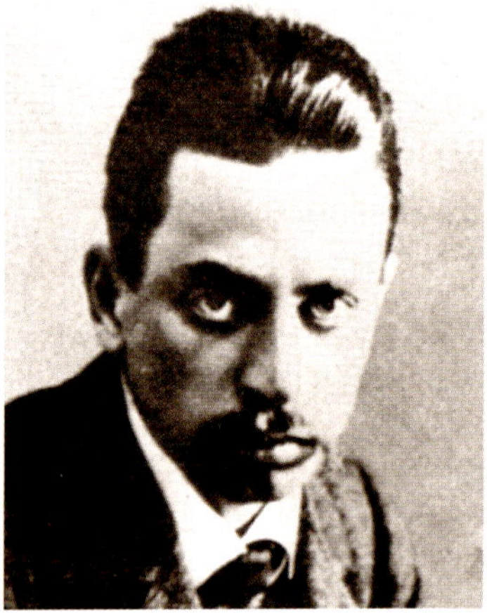

Rainer Maria Rilke, geboren 1875 in Prag. Von Vaterseite stammte der wohl bedeutendste deutsche Dichter seiner Zeit aus einem nordböhmischen Bauerngeschlecht, die Mutter kam aus einer Prager Bürgerfamilie.

Franz Kafka, der Schriftsteller, der seinen Lesern wie kein anderer unserer Epoche die Ausweglosigkeit des Daseins vor Augen führen wollte, ist 1883 in Prag geboren. Seine Romane gaben in ihrer bildhaft-symbolischen Form Anlaß zu zahlreichen Deutungen.

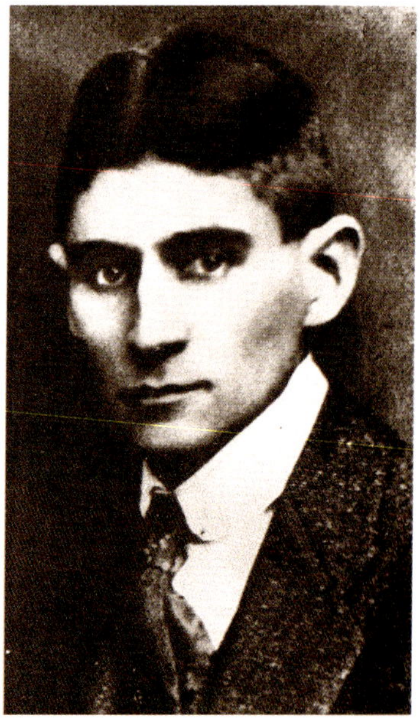

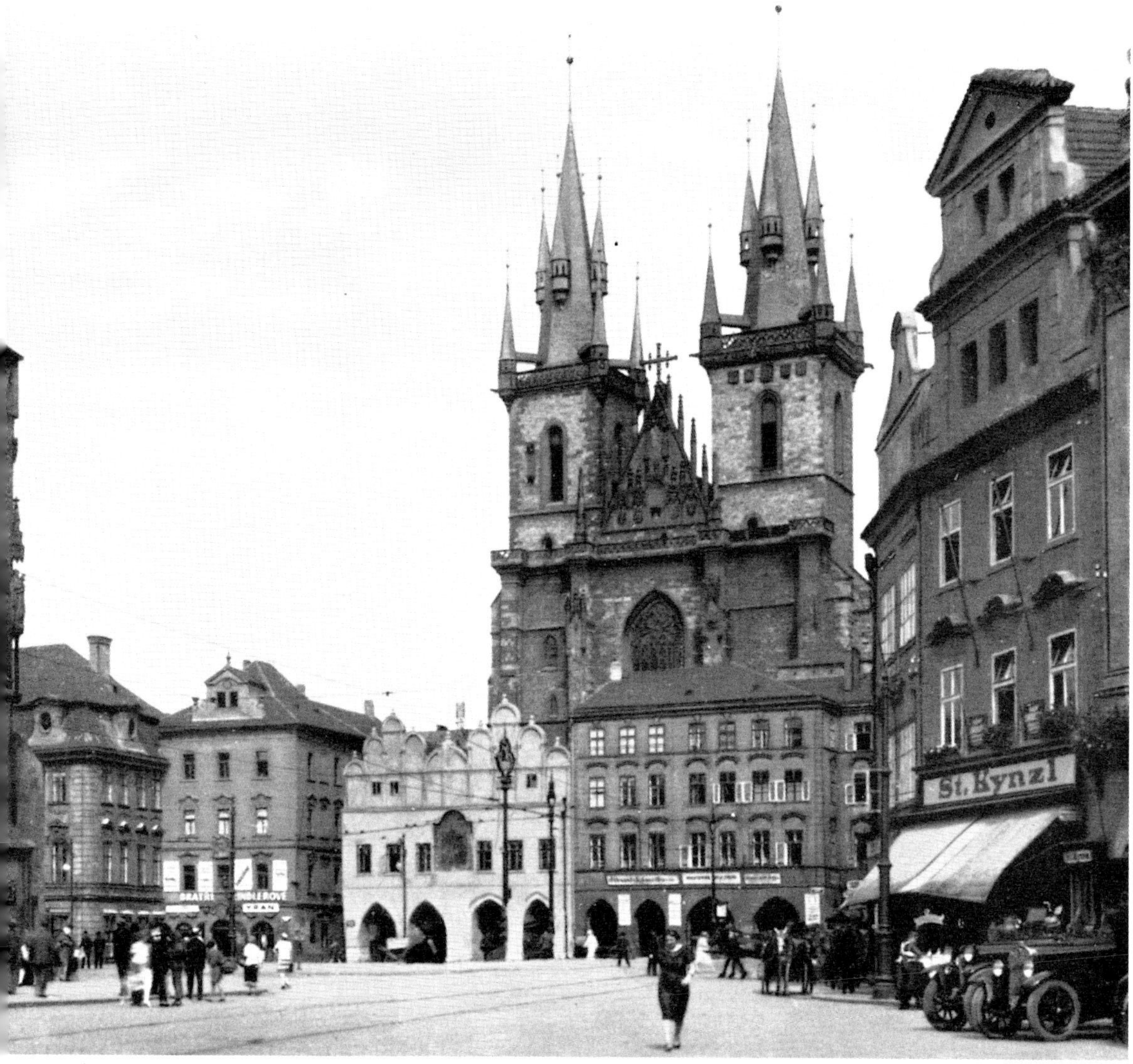

Prag, das Altstädter Rathaus und die Teynkirche. Prag, von Karl IV. zur Hauptstadt des Deutschen Reiches erhoben, war im 14. Jh. der Mittelpunkt des Sacrum imperium und Haupstadt Böhmens. Die Prager Altstadt erhielt Nürnberger, die Kleinseite Magdeburger Recht. Ab 1344 Sitz eines Erzbischofs wurde hier 1348 die erste deutsche Universität des Reiches gestiftet.
Die Hussitenkriege sorgen für einen vorübergehenden Niedergang, ab 1527 beherrschen die Habsburger die böhmischen Länder, unter Rudolf II., wird Prag wieder Hauptstadt des Reiches. Neue Höhepunkte in der Stadtgeschichte sind die Krönung Karls VI. und die Heiligsprechung Nepomuks. Gegen Mitte des 19. Jh. haben die Deutschen dann ihre Mehrheit selbst in Stadtrat und Landtag verloren, 1918 wird Prag die Hauptstadt der Tschechoslowakei . . .
Prags altstädtisches Rathaus (1338) am Altstädter Ring ziert die berühmte spätgotische astronomische Uhr mit dem Aufmarsch der Apostel.
Die Teynkirche, erstmals 1135 erwähnt, bekam 1250 gotische Akzente und im 14. Jh. unter Peter Parler, dem deutschen Dombaumeister Karls IV. ihre endgültige Form.

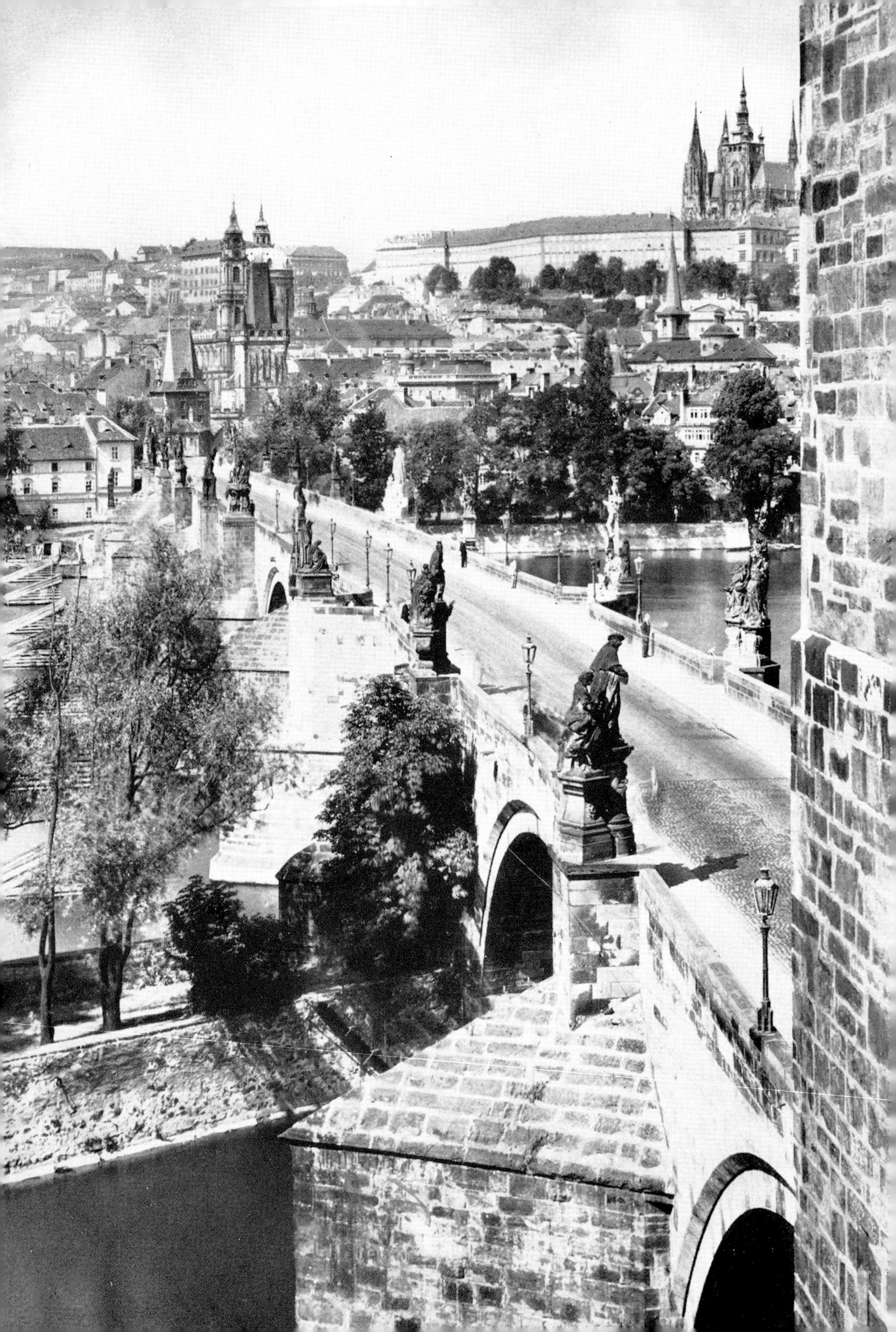

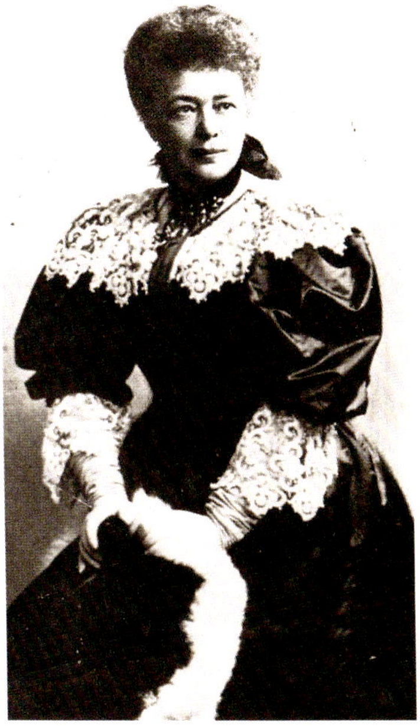

Bertha von Suttner, 1843 zu Prag geborene Gräfin Kinsky, erhielt 1905 den Friedensnobelpreis für ihre Rolle als Pazifistin und Schrifstellerin („Marthas Kinder“, „Die Waffen nieder!“).

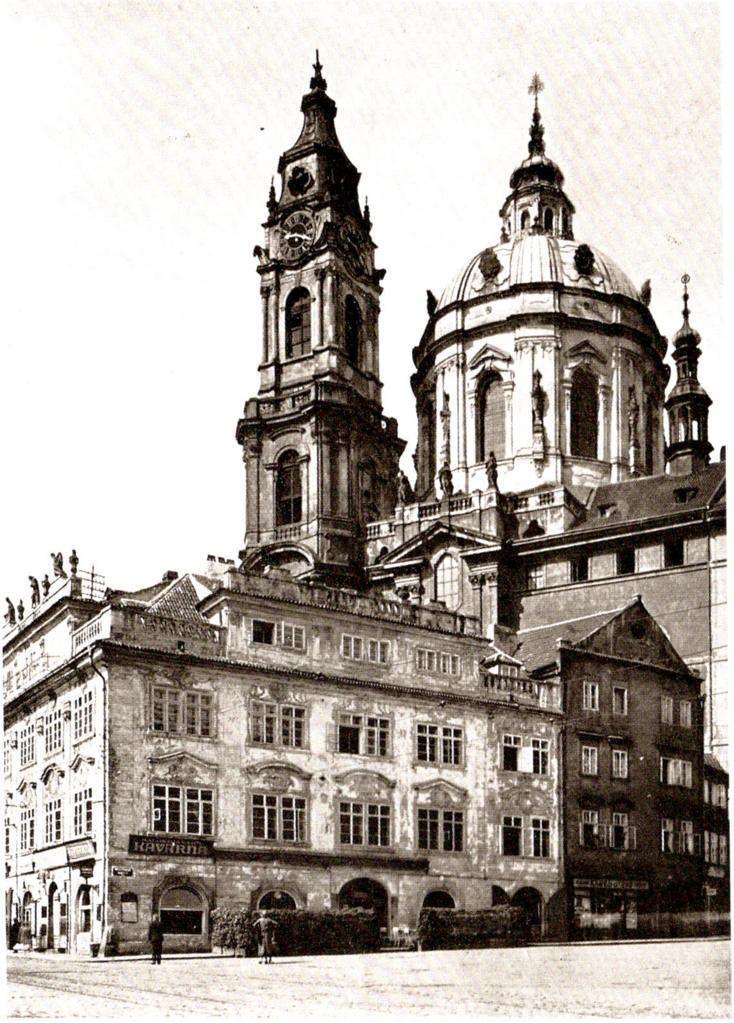

Die Jesuitenkirche St. Niklas auf der Prager Kleinseite, erbaut von Christian Dientzenhofer in der hohen Zeit des Barock. Dientzenhofer und Sohn Ignaz, aus einer oberbayerischen Baumeisterfamilie, beeinflußten Böhmens Barockbau wie keine anderen Künstler.

Prag, die Karlsbrücke mit dem Hradschin und dem von Peter Parler erbauten Veitsdom. Die 502 m lange Brücke über die Moldau ist von 30 barocken Standbildern aus dem 17. und 18. Jh. gerahmt. Im Prager Hradschin regierten einst die deutschen Herrscher.

Kaum eine deutsche Stadt bot einst ein so imponierendes Bild wie das alte Prag an der von Smetana besungenen Moldau. An ihrem rechten Ufer lagen die Alt-, Neu- und Judenstadt, am linken die Kleinseite mit dem Hradschin. Ein deutschböhmisches Gemeinschaftswerk, waren es historische Bauten, die Prag zu einem Juwel machten (darunter das alte Rathaus, das durch die altböhmische Sitte des Aus-dem-Fenster-Werfens Weltruhm erlangte). Doch vergessen wir die böhmische Küche nicht. Kenner Prags speisten bei Tempel in der Zeltnergasse, Binder am Großen Ring oder bei Peterzyck am Bethlehemsplatz, im einstigen Wohnhaus des Jan Hus. Zum Kaffee in k. u. k-Tradition ging's zu Melzer, Schoch oder Sturm, eine besonders gepflegte Atmosphäre herrschte im Goldenen Engel in der Alt- und im Blauen Stern in der Neustadt.

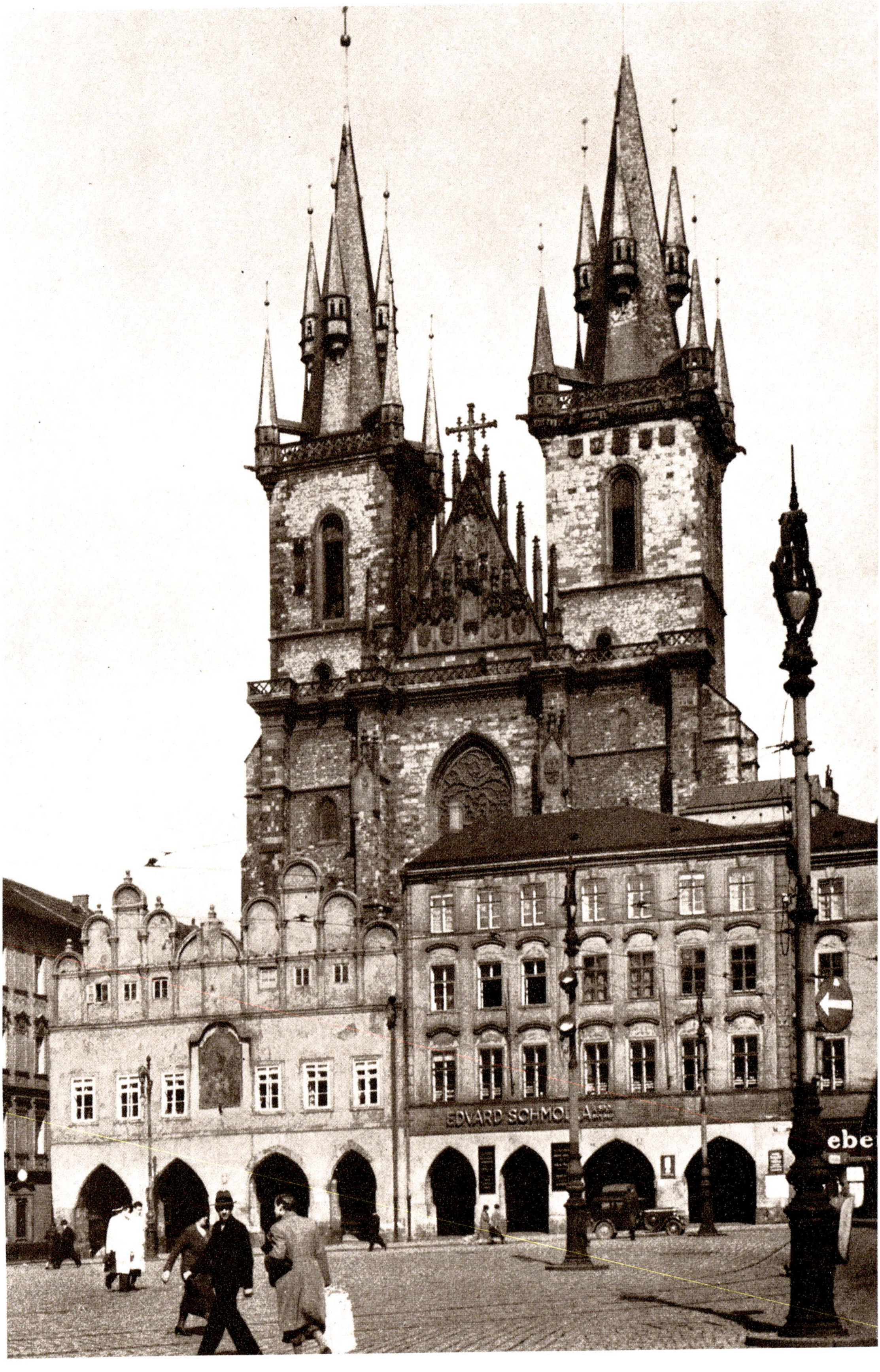
EDVARD SCHMOLKA
ebe

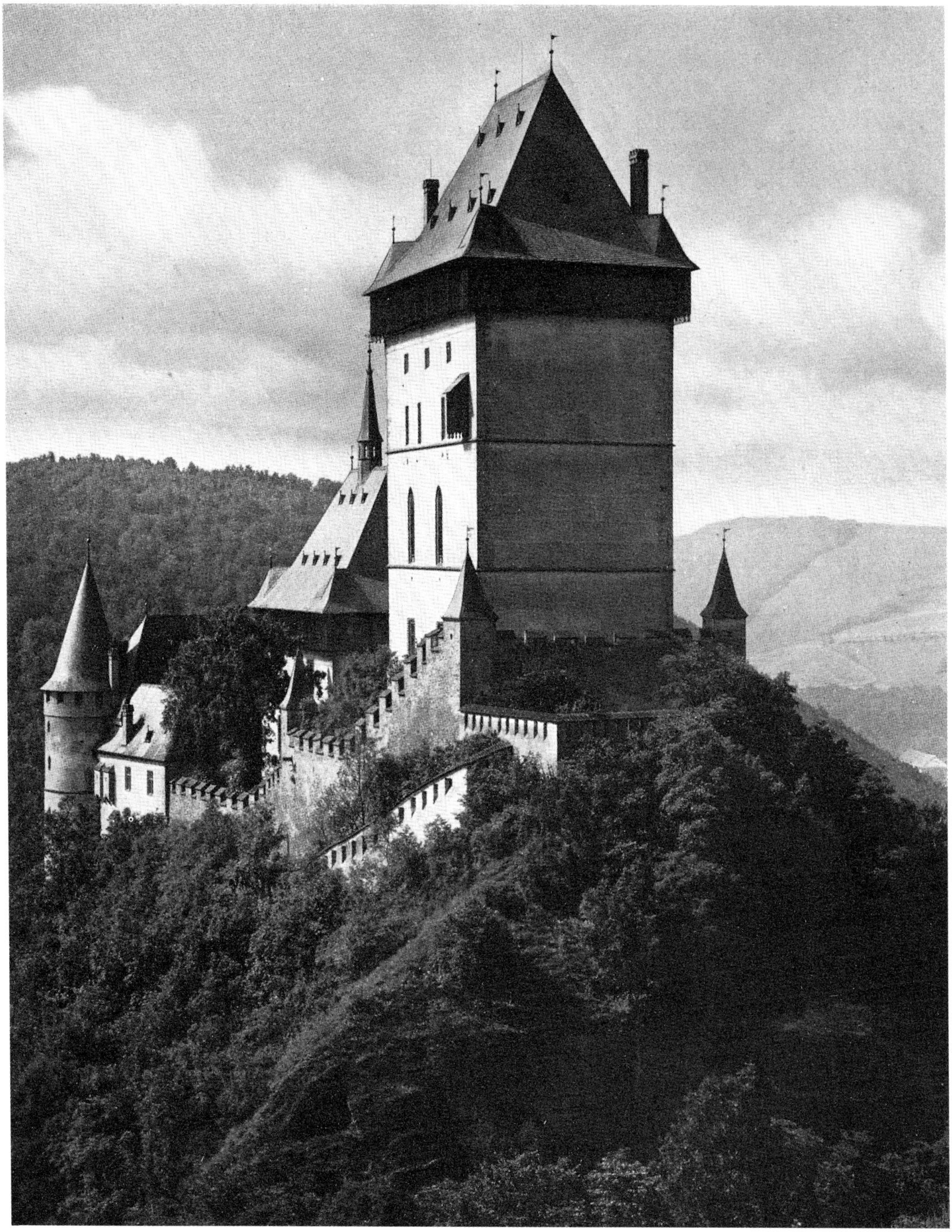

Die gotische Teynkirche im „goldenen" hunderttürmigen Prag. Im Innern des Gotteshauses am Großen Ring die Altarblätter von Carl Skreta und die Grabmäler Podiebrads und Tycho de Brahes.

Burg Karlstein zwischen Prag und Pilsen. Burg Karlstein, weniger eine Festung als ein Sakralbau, diente Kaiser Karl IV. aus dem Hause Luxemburg zur Aufbewahrung der Reichskleinodien. Erbaut zwischen 1348 und 1356 auf einem 72 m hohen Kalkfelsen über der Beraun, stammten die Pläne von Matthias von Arras, die kostbaren Tafelmalereien der Kreuzkapelle von Meister Theoderich und Thomas von Modena.

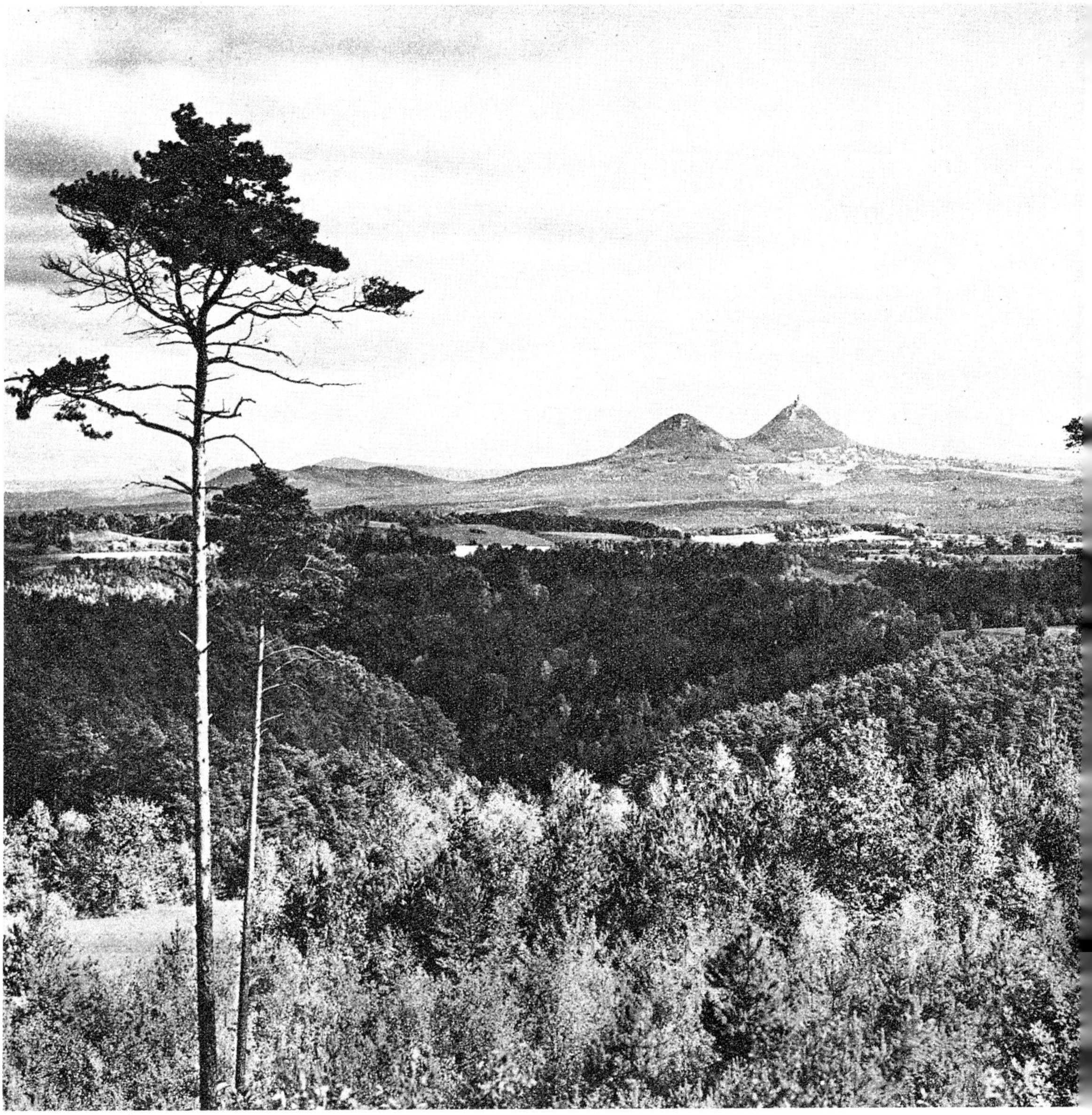

„Hand net lauta luſtige, wöi s da Vogl ſingt in' Bam, dohand d Zeit'n net danoh. Tuat ſcho' nout, daß ejmolſt ah da Bär drei' brummt. Und wenn er mi'n Tatznan drei' hau' kannt, tat s wöioft ah net ſchodn."

(Egerländer Mundart.)

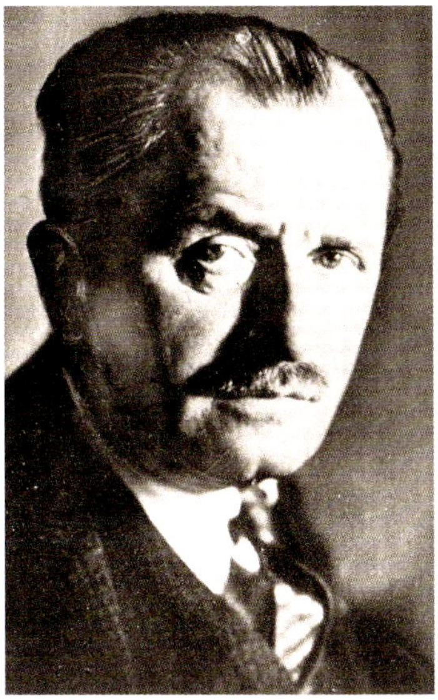

Ferdinand Porsche, geboren 1875 in Maffersdorf, dem Vorort Reichenbergs am Fuß des Isergebirges. Der Autokonstrukteur, der einmal rund 1230 Patente besaß, gilt als „Vater des Volkswagens“.

Ursprünglich Spengler und Elektriker entwickelte Porsche für die Pariser Weltausstellung ein Elektroauto. Über die österreichischen Daimler-Werke kam er zu Daimler-Benz in Stuttgart, wo er dann ein eigenes Ingenieurbüro eröffnete. Porsche baute einen Fünf-Liter-Kompressor-Rennwagen, den VW mit seinem luftgekühlten Heckmotor und den Porsche-Sportwagen.

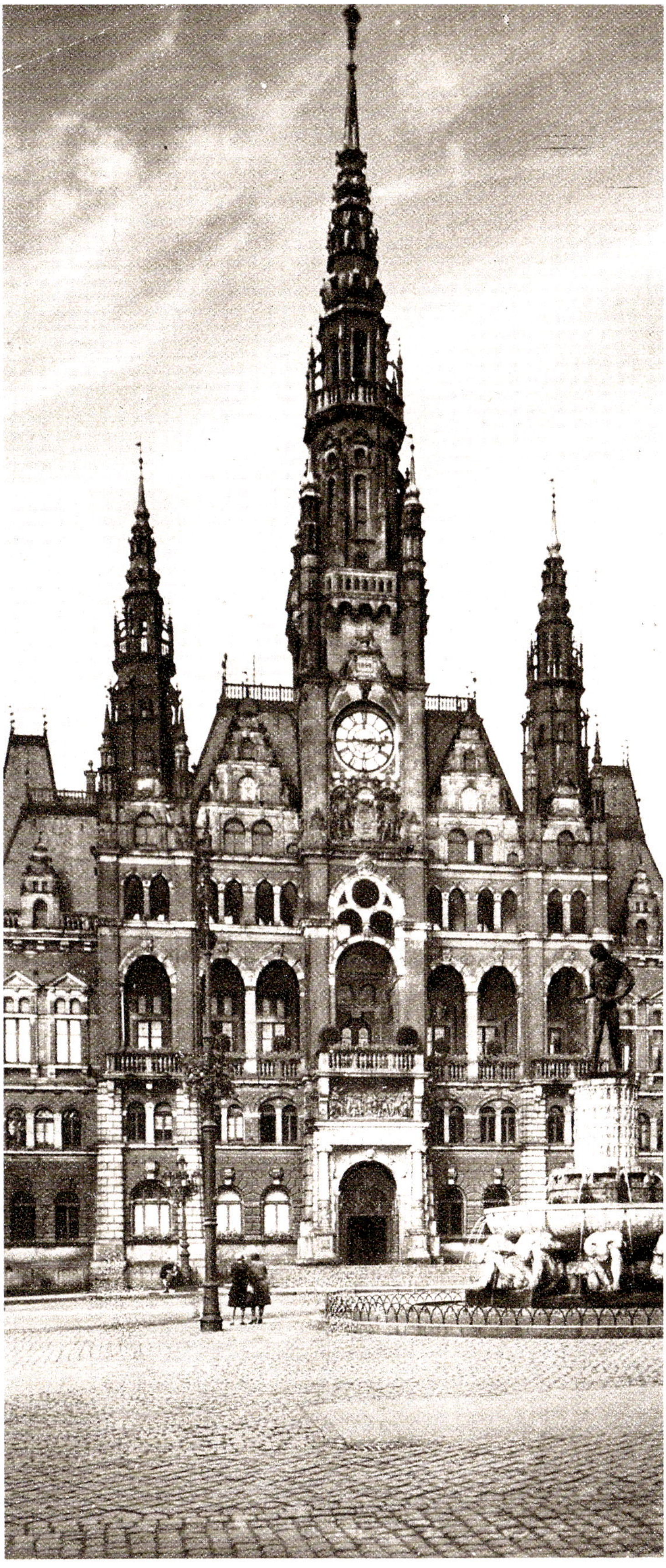

Das Rathaus der Tuchmacherstadt Reichenberg, 1893 als ein Werk der Neorenaissance geschaffen. Der Brunnen auf dem Rathausplatz stammt von Franz Metzner, dem bedeutendsten sudetendeutschen Bildhauer.

Der Schloßplatz von Teplitz-Schönau in Nordböhmen. 1156 um ein Benediktinerkloster herum als deutsche Siedlung entstanden, war Teplitz am Fuß des Erzgebirges in erster Linie durch seine radioaktiven Thermalquellen bekannt. Prächtige Badeanlagen dienten hier den Kurgästen, unter ihnen Goethe, Beethoven, Humboldt, Liszt und Chopin. Im Teplitzer Schloß wurde 1813 zwischen den drei verbündeten Monarchen Österreichs, Preußens und Rußlands die sogenannte Heilige Allianz geschlossen.

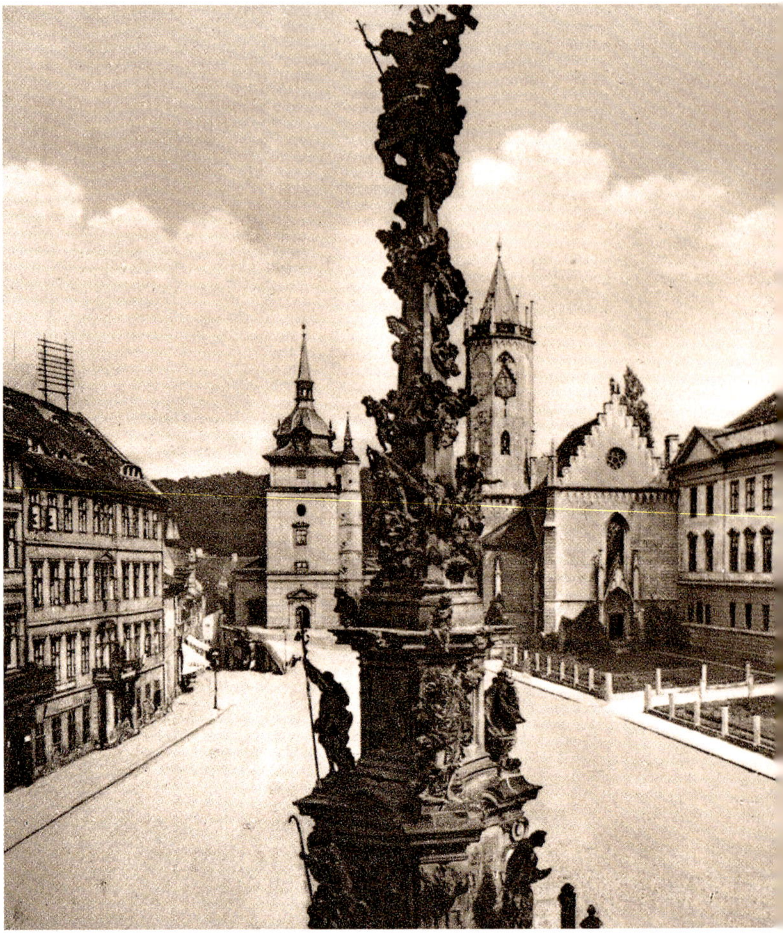

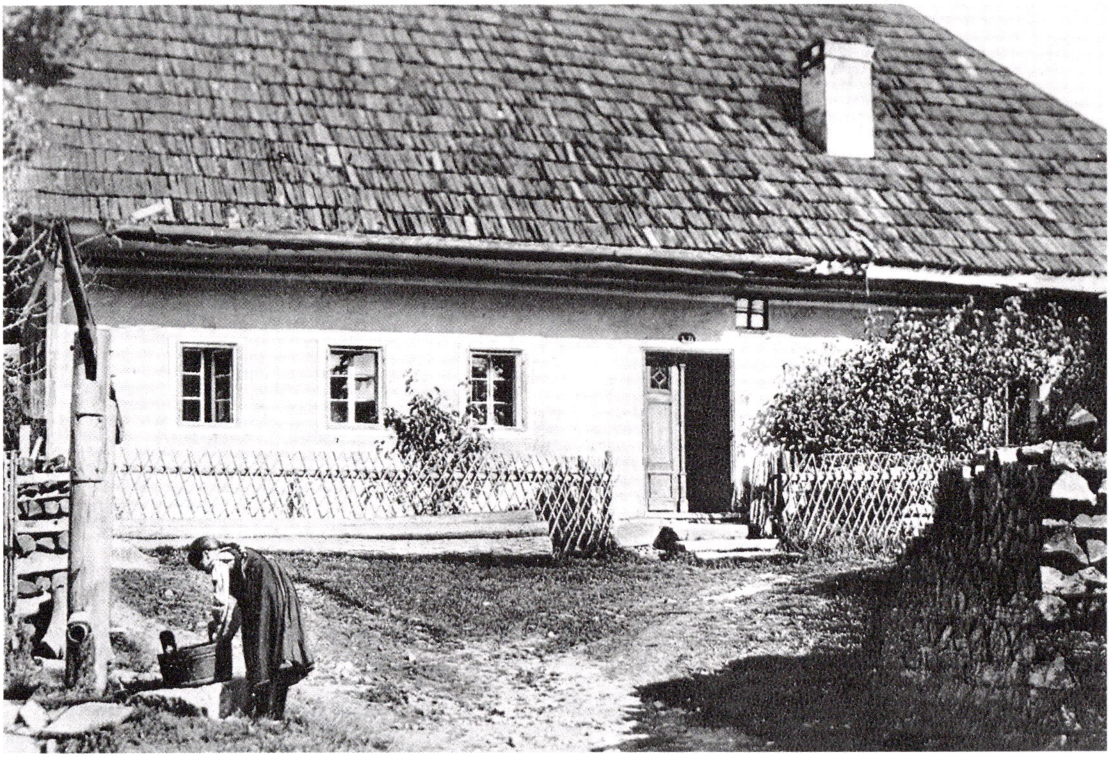

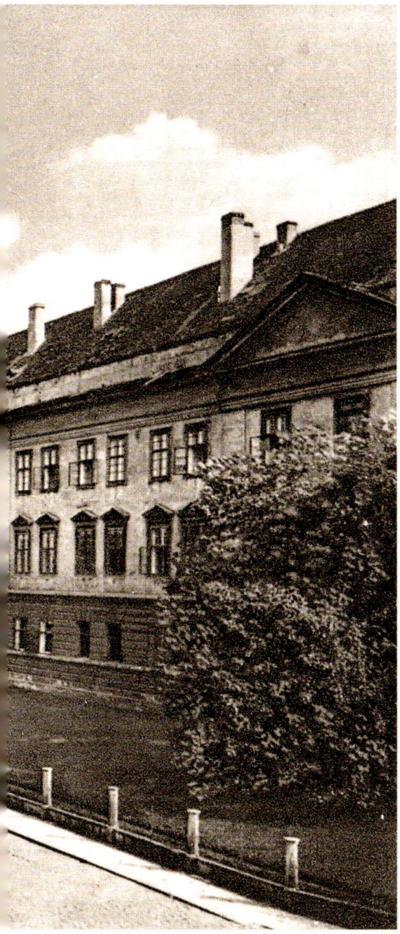

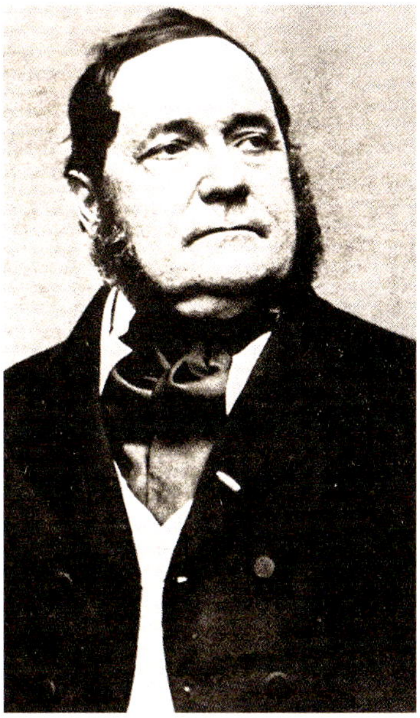

Adalbert Stifter

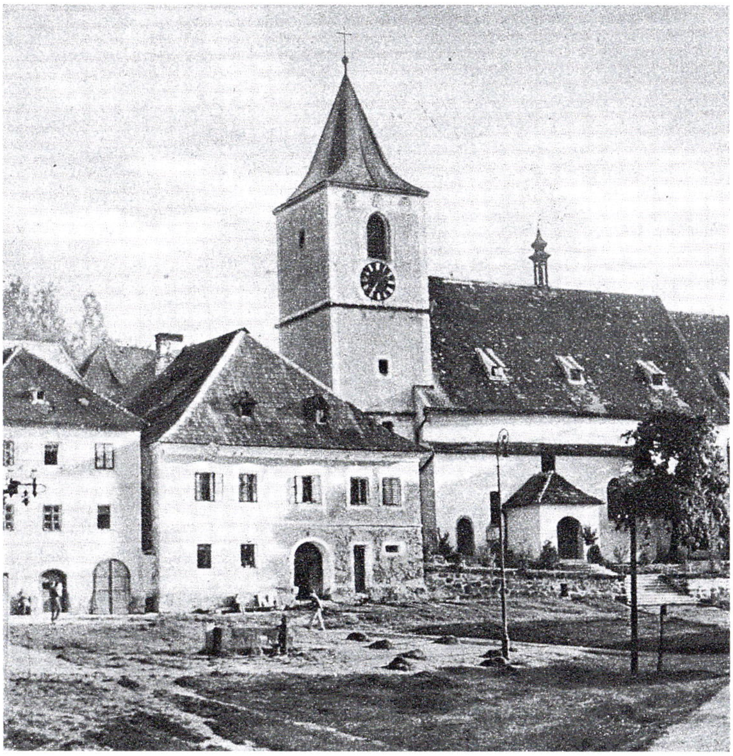

Geburtshaus und Geburtsort (unten links und rechts) Stifters in Oberplan. Der Schriftsteller aus dem Böhmerwald hatte eine Ausbildung im Benediktinerkloster von Kremsmünster erhalten. Nach einer aus Prüfungsangst abgebrochenen Studentenzeit verdiente er sein Geld als Landschaftsmaler und Privatlehrer beim Wiener Adel und als Schulrat in Linz. Erst dann wandte sich Stifter dem Schreiben zu. Seine Erzählungen und Romane („Der Condor“, „Bergkristall“, „Witiko“) verbinden eine romantische Naturauffassung mit dem humanistischen Bildungsideal der Klassik.

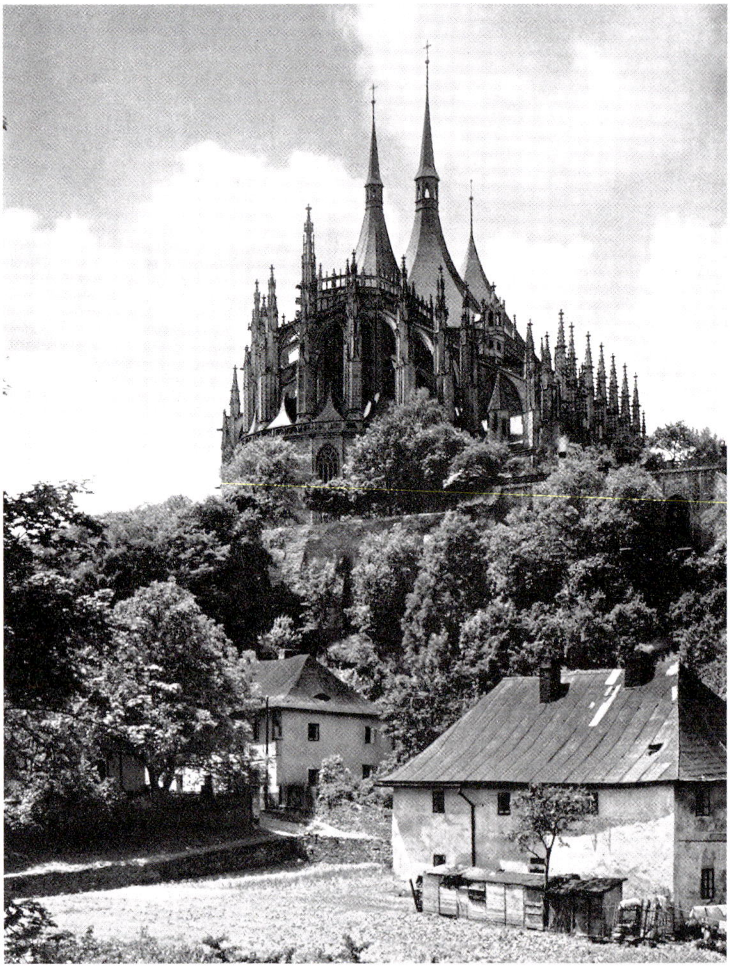

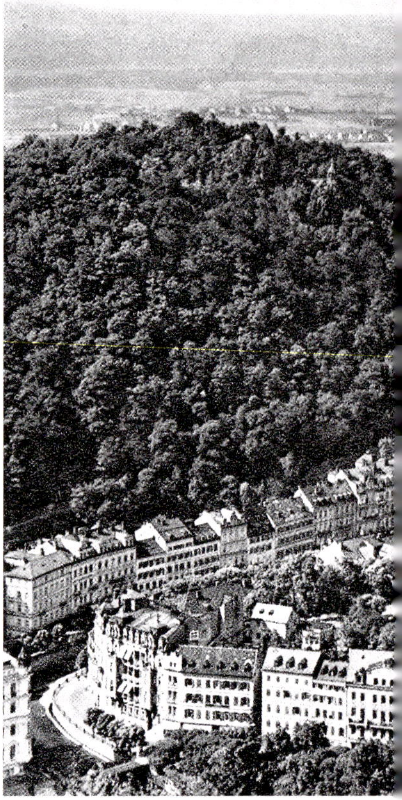

Die St.-Barbara-Kirche von Kuttenberg, östlich von Prag. Bereits im 13. Jh. eine blühende Bergbausiedlung, wuchs Kuttenberg im Mittelalter zur größten Stadt Böhmens heran. 1409 unterzeichnete hier König Wenzel IV. das sogenannte Kuttenberger Dekret, das Prags deutschen Studenten viele Rechte nahm. Studenten und Professoren zogen darauf nach Leipzig um. Zu den kostbarsten Bauwerken der Stadt zählt die gotische St.-Barbara-Kirche, von Peter Parler begonnen, von Benedikt Ried weitergeführt.

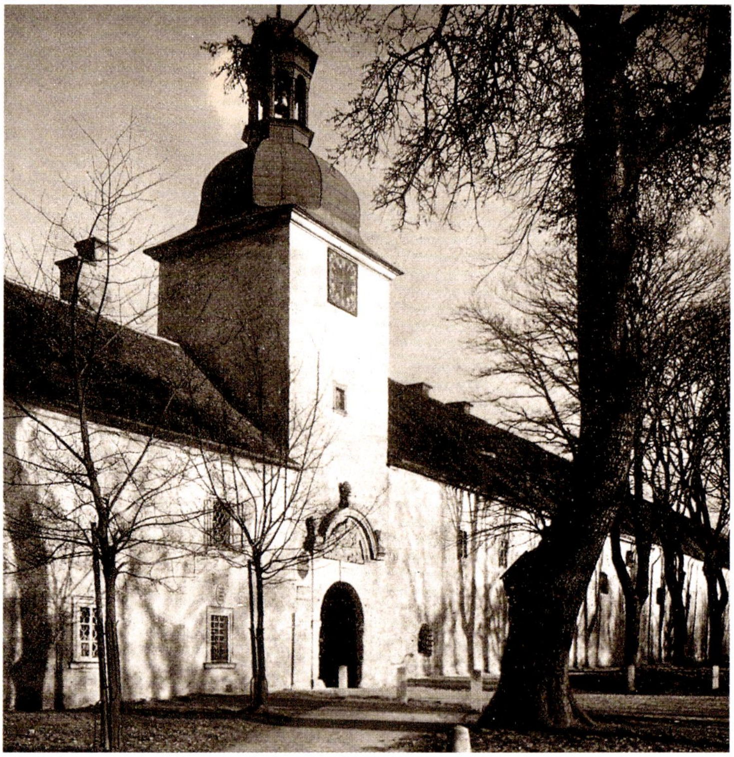

„Aus dem Böhmerwalde".
Als Probe der Mundart zwei Tanzliedchen:

Spielleut, spielt's lusti af,
Schenk eng söx Patzn draf,
Tröfft's ma no 's rechti Liad,
Wead's ma net müad.

Wennst no so stolz net tast
Und so voll Houmuat wast –
Reich und gschickt wast o gnua
Und hübsch dazua.

Leipzig 1843

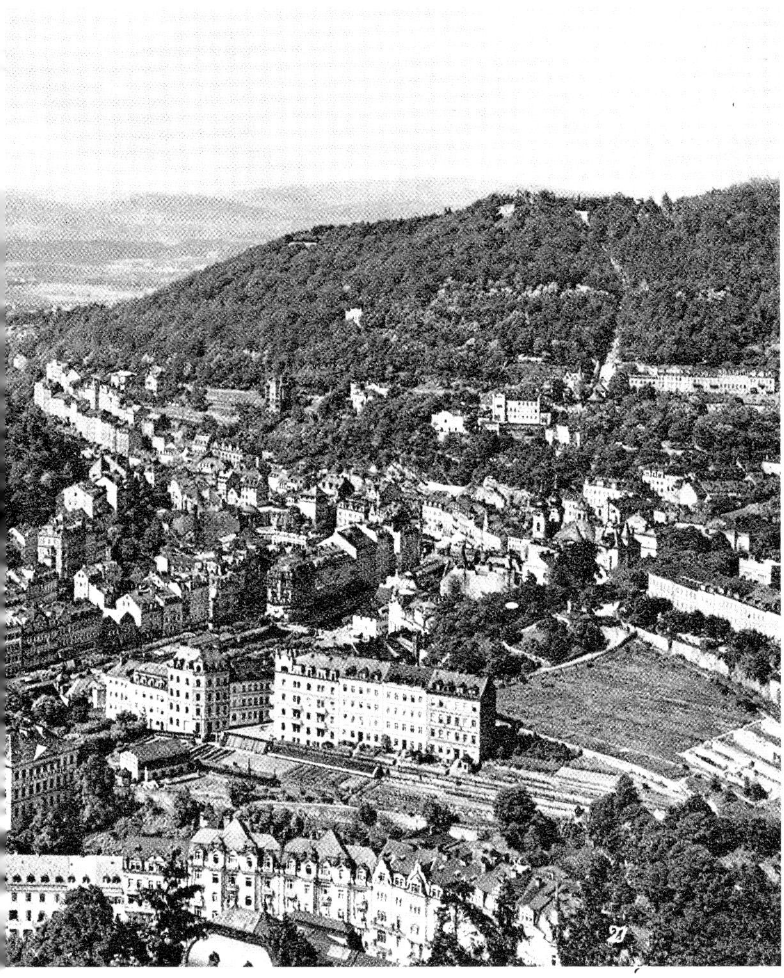

Das Kloster Tepl (links). Als eines der schönsten Klöster Böhmens galt das Prämonstratenserstift Tepl, 1193 durch Hroznata gegründet. Die Prämonstratenser hatten im Tepler Hochland eine hohe wirtschaftliche und kulturelle Bedeutung. Das Klostergebäude war ein Werk Dientzenhofers. Die wertvolle Bibliothek umfaßte rund 80000 Bände, darunter viele Inkunabeln und den Codex Teplensis, eine frühe Bibelübersetzung aus der Zeit um 1400. Im 19. Jh. gründete Abt Reitenberger von hier aus den Kurort Marienbad.

Oben: Karlsbad, Böhmens weltbekannter Kurort. Seine Gründung verdankte die Stadt an der Mündung der Tepl in die Eger nach der Sage Kaiser Karl IV. Der Herrscher soll hier während der Hirschjagd auf heiße Quellen gestoßen sein, um sich deren Heilwirkung selbst anzuvertrauen. Nach ihm erhielt der Ort seinen Namen. In die Kurlisten trugen sich später dann die Reichen der Welt, aber auch Schiller und Fichte, Mozart oder Bismarck ein. Goethe erschien gleich zwölfmal als Kurgast in der schönen Sprudelstadt.

Die Eger (folgende Doppelseite) auf ihrem Weg vom Schneeberg im bayerischen Fichtelgebirge durch Böhmen bis zur Mündung in die Elbe bei Theresienstadt.

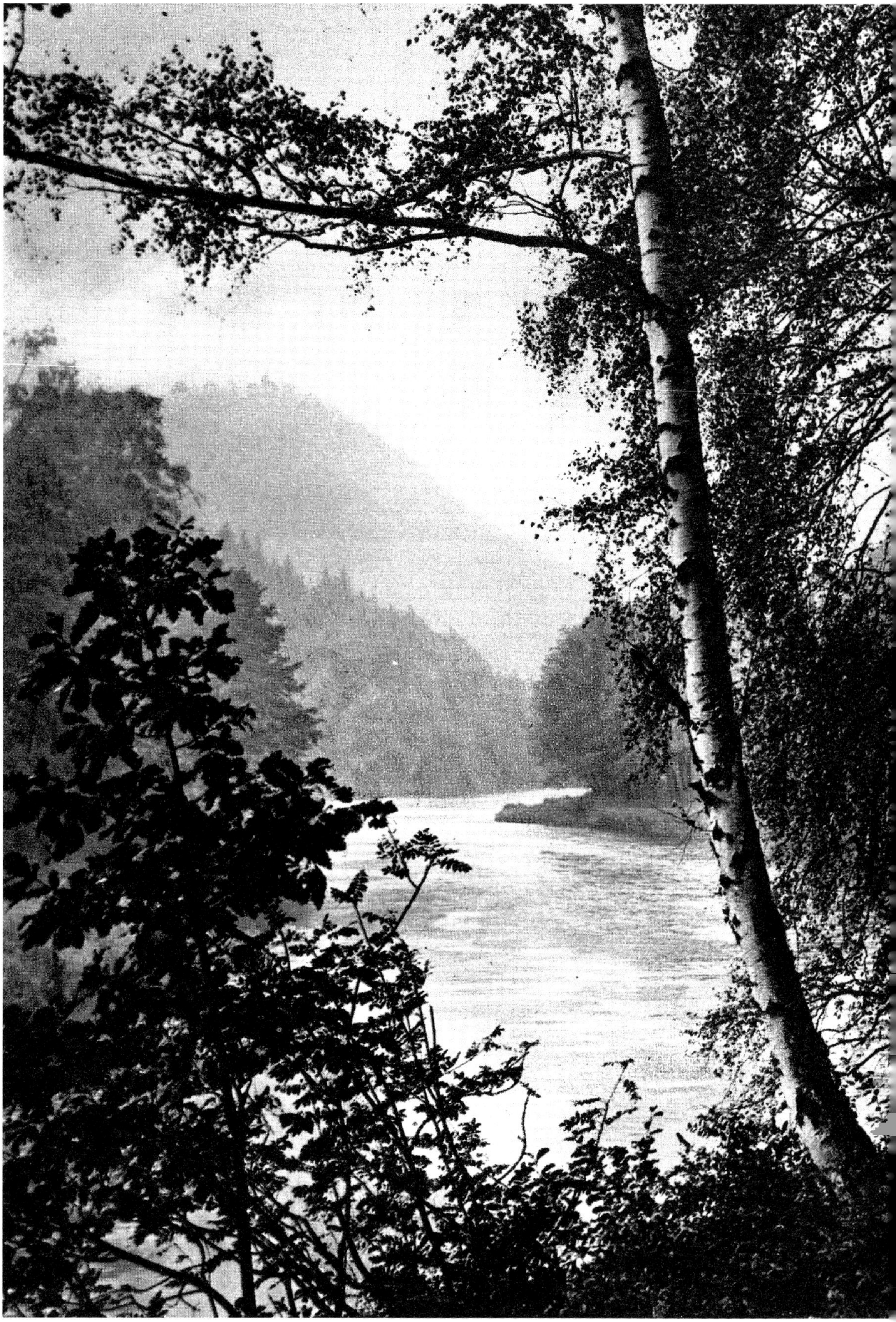

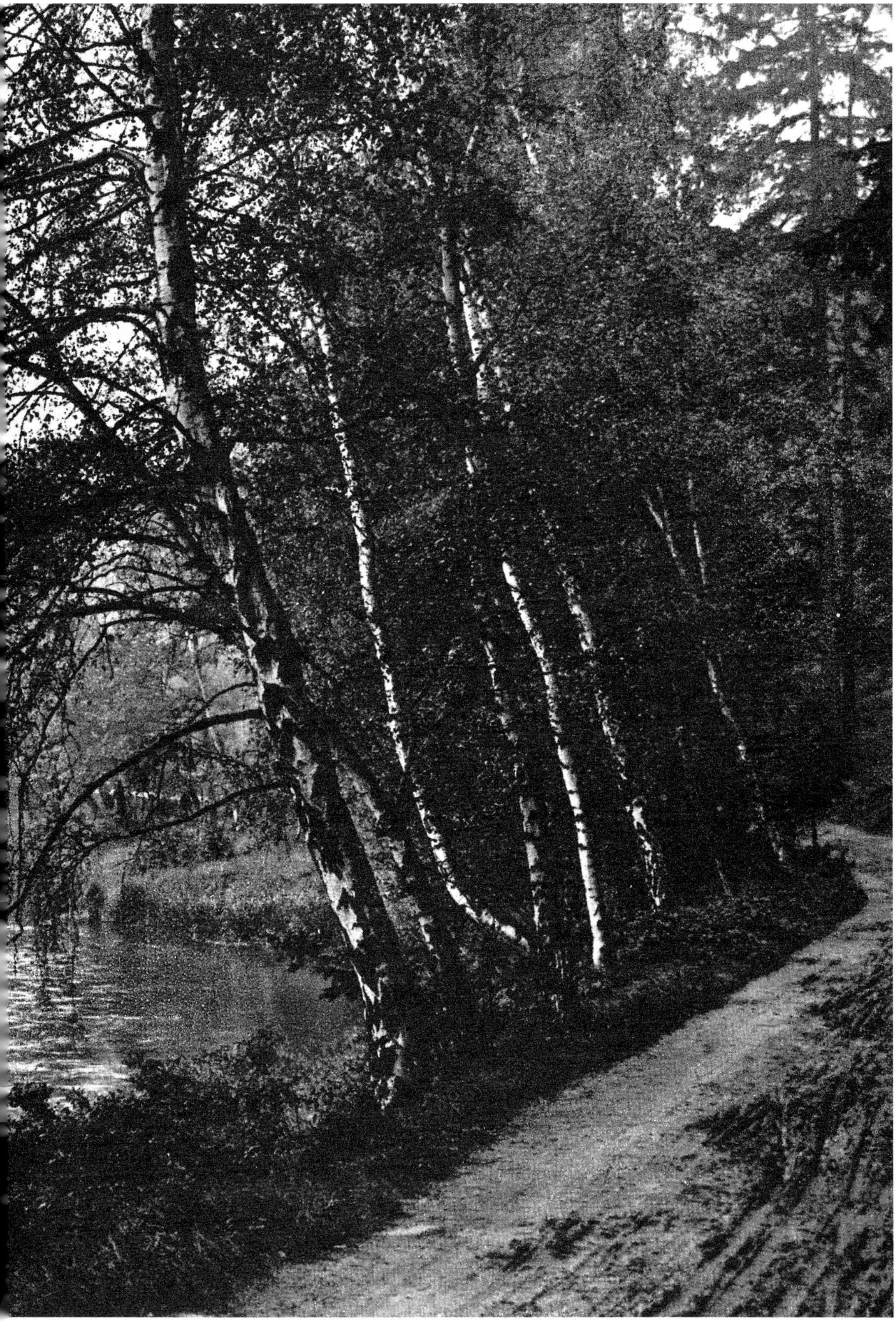

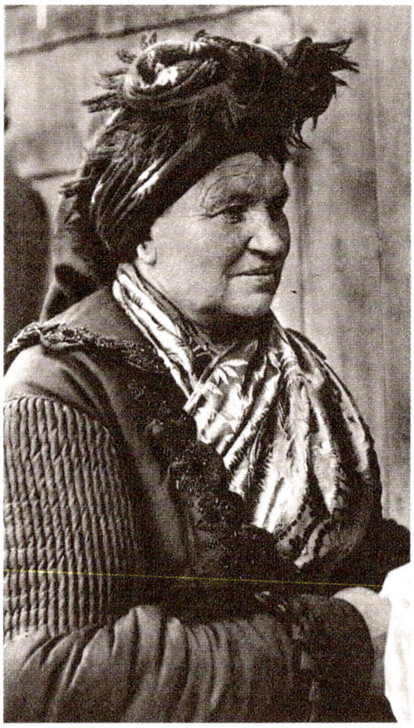

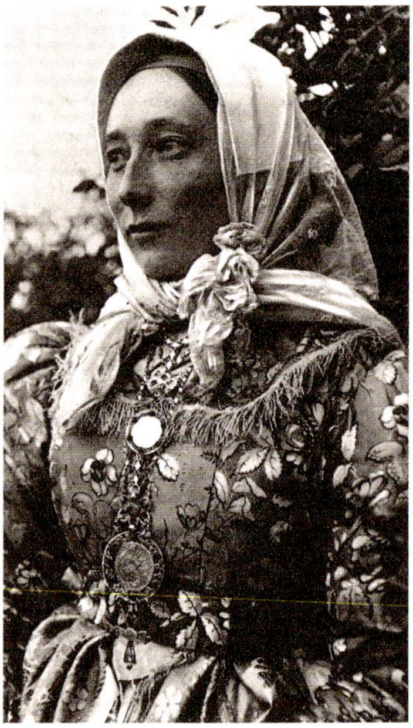

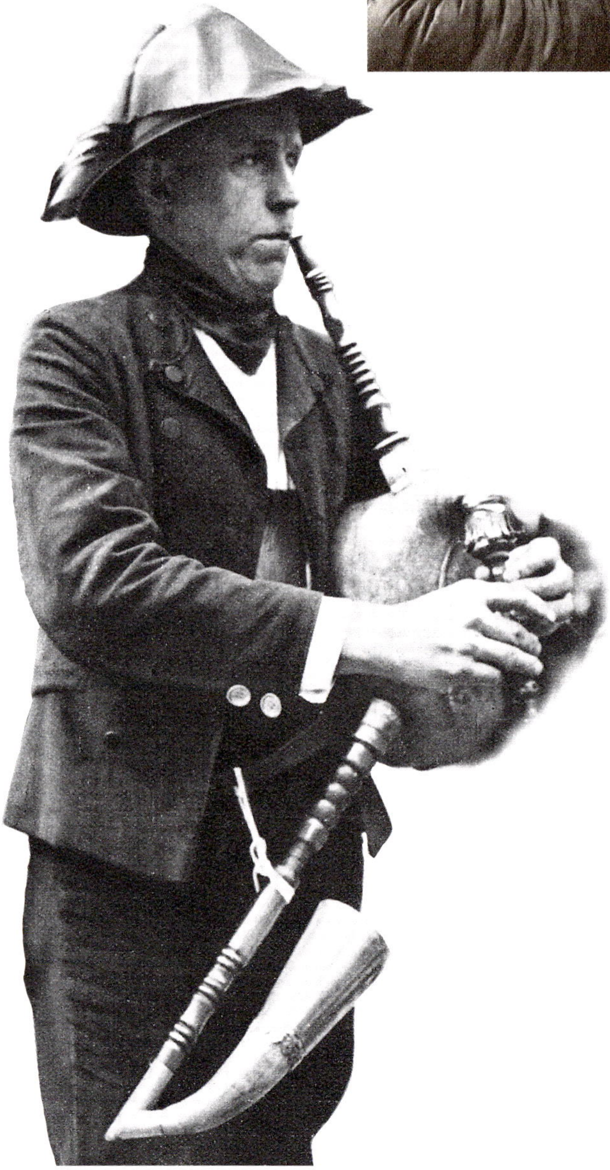

Egerländer – Egerländer Bauernhof. Die Egerländer galten als ein traditionell gebundener Menschenschlag, von dem Goethe einmal sagen sollte: „Es ist ein wackeres, abgeschlossenes Völkchen. Ich habe die Egerländer wegen ihrer beibehaltenen Kleidertracht, die ich in früheren Jahren wahrnahm, liebgewonnen." Die wechselvolle Geschichte der westlichsten Volksgruppe im einst deutschen Osten läßt Schiller im 4. Akt von „Wallensteins Tod" vom Egerer Bürgermeister knapp umreißen; „Wir waren reichsfrei, doch seit 200 Jahren ist die Stadt der böhm'schen Kron verpfändet."
Die Dörfer des Egerlandes liegen im breiten Ring um die Stadt Eger, von deren Stadttoren praktisch das ganze Land zu übersehen ist. 1625 füllte Wallenstein hier mit Egerländer Bauern seine Armada auf.

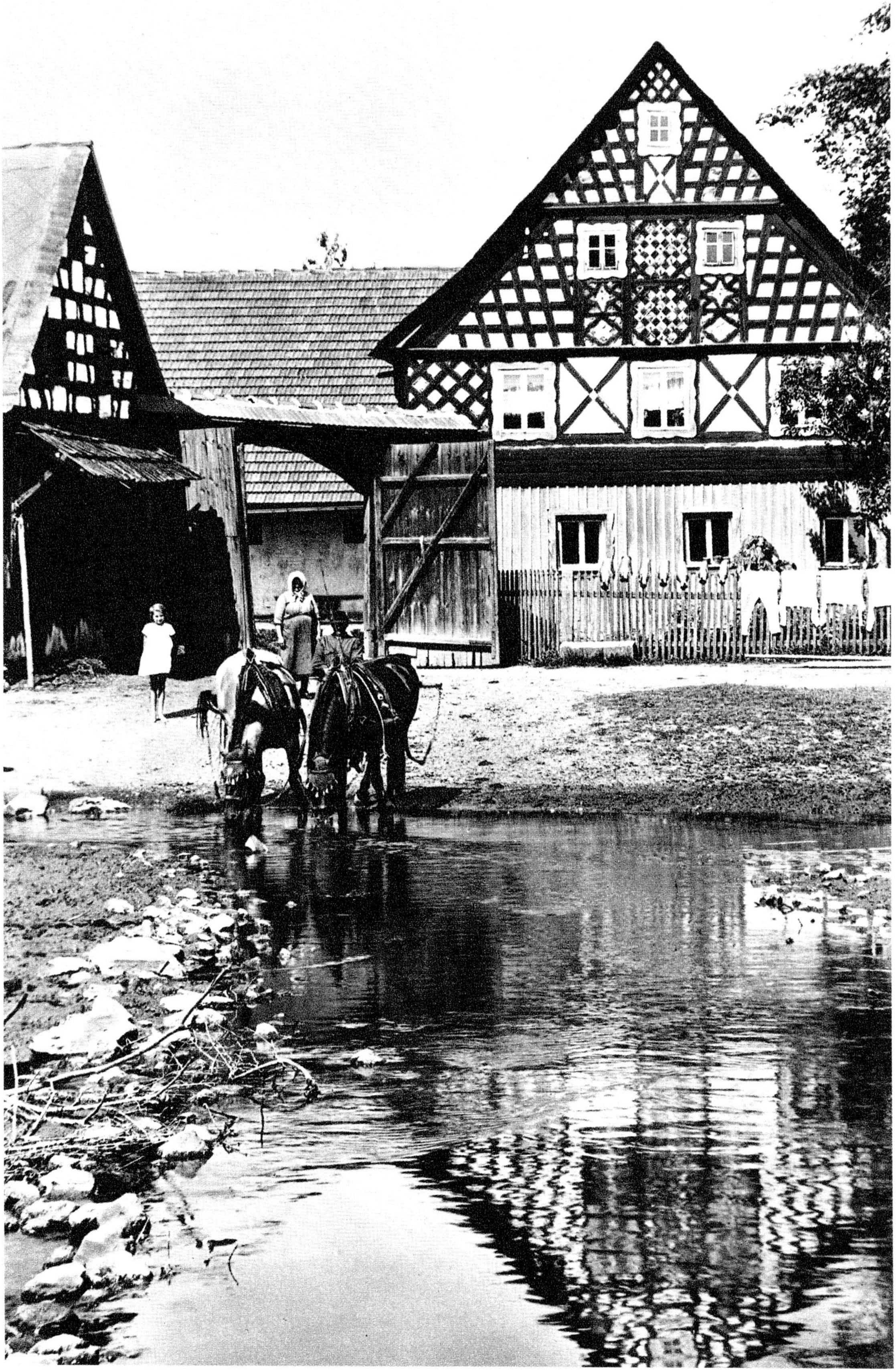

Balthasar Neumann, der große Baumeister und Architekt des Barock, wurde 1687 in Eger geboren. Der ausgebildete Glokkengießer begann 1720 mit dem Bau der Würzburger Residenz, er schuf die Wallfahrtskirche Vierzehnheiligen, Schloßbauten in Werneck und Sulzheim, Brücken, Festungsanlagen und Brunnenbauten. Seine Person stand für einen Höhepunkt der deutschen Kunst im 18. Jh.

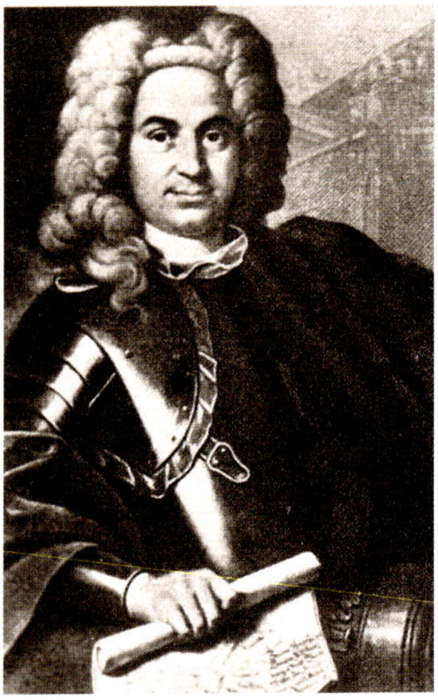

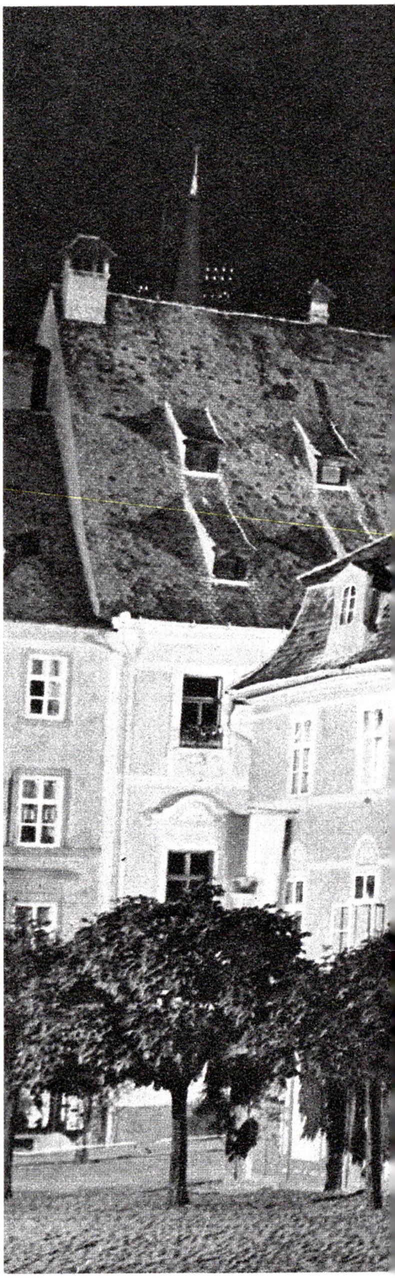

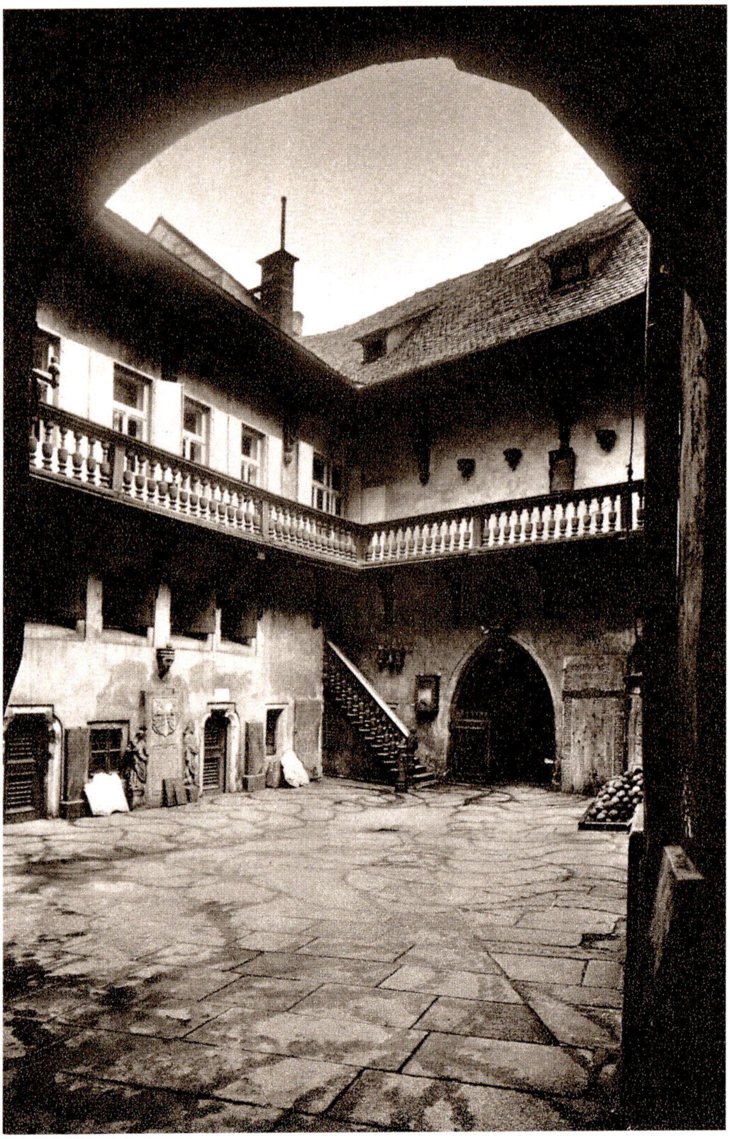

Innenhof des alten Stadthauses von Eger, wo Wallenstein 1634 ermordet wurde, während seine Anhänger auf der Egerer Burg dem Anschlag zum Opfer fielen.

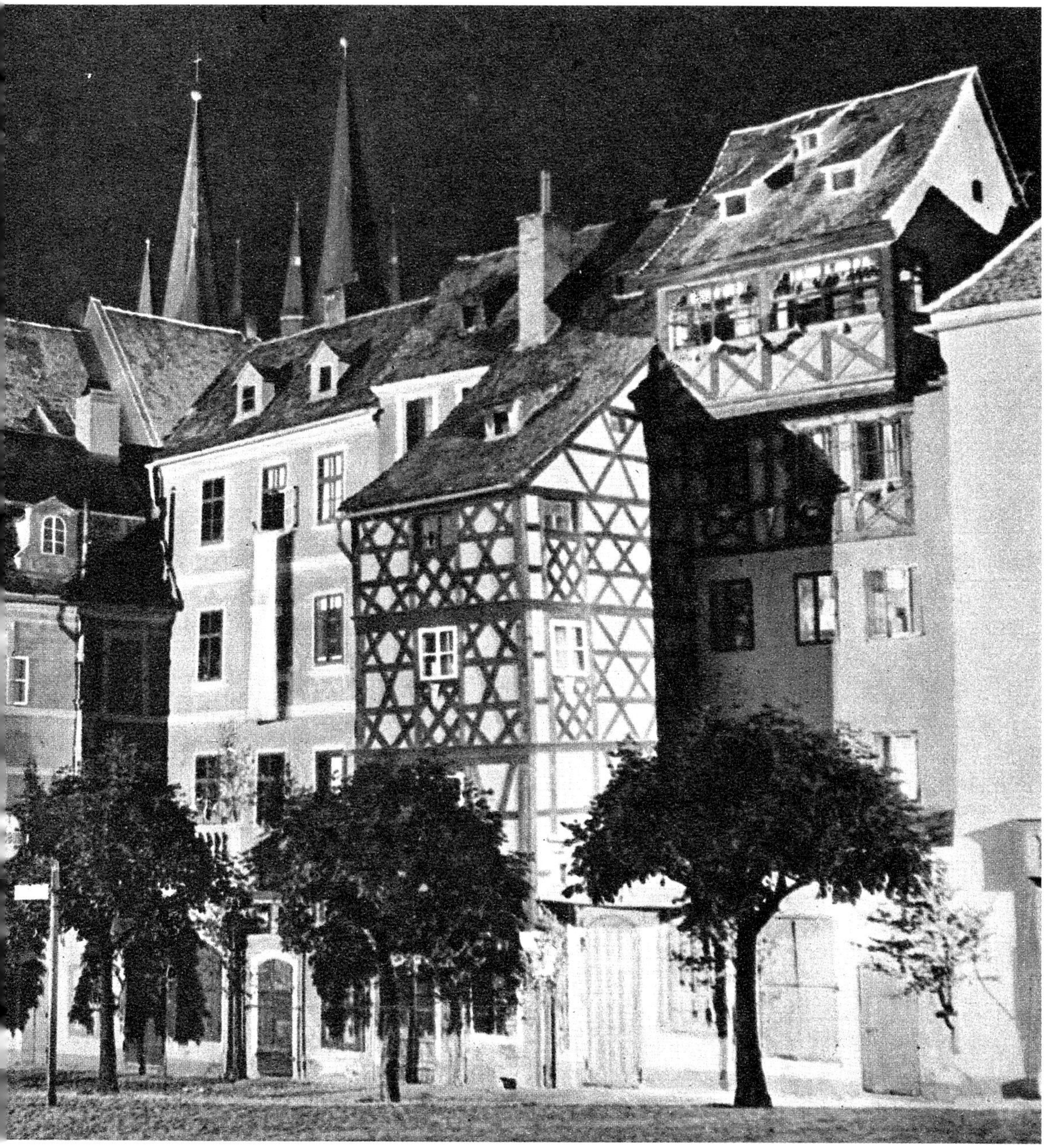

Blick von der Burg auf die Häusergruppe Stöckl in Eger. Der Mittelpunkt des Egerlandes, die Stadt Eger, liegt an jener Stelle, wo Böhmerwald, Erz- und Fichtelgebirge zusammentreffen. Seit Kaiser Friedrich Barbarossa seine Burg am Egerknie zur Kaiserpfalz erhob, war der Siedlung Macht und Einfluß zugeflossen. Das Prädikat „Klein-Nürnberg" erhielt die Stadt, die drei Reichstage beherbergt hatte, für ihren mittelalterlichen Kern, eine Anlage des 13. Jh., und für seine Kunst- und Kaufmannsschätze. Das sogenannte „Stöckl" am Marktplatz war dabei nur eine der großen Sehenswürdigkeiten. Würdig schlossen sich ihm die alte Kaiserpfalz an, die Erzdekanalkirche St. Nikolaus und der Schwarze Turm, das Wahrzeichen Egers aus Lavabasalt.

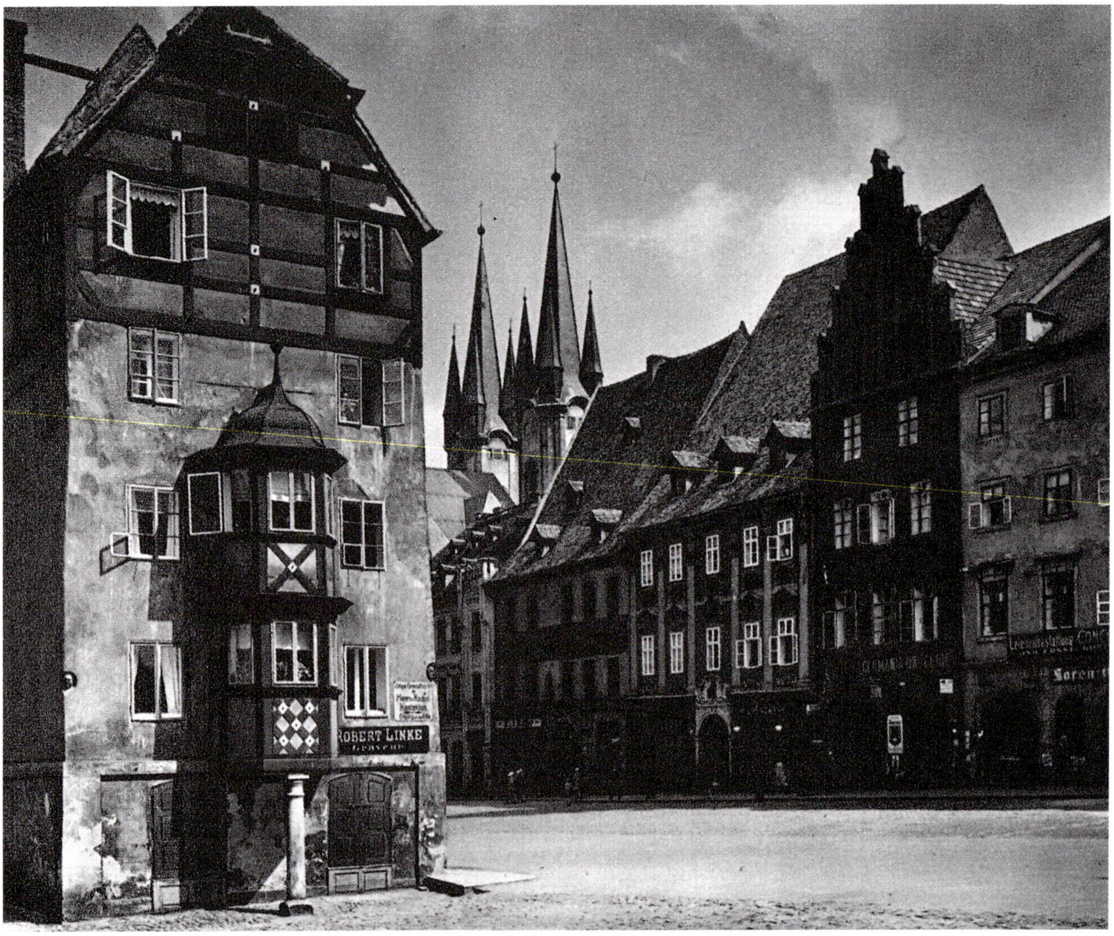

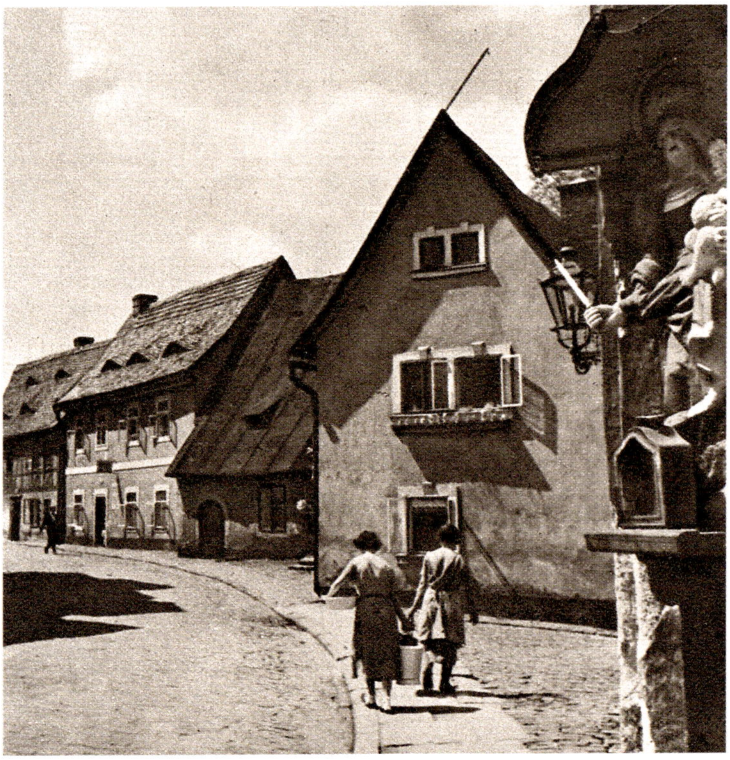

Eger: am Markt – Alte Gasse bei der Burg

Elbogen (rechts). – Wie ein natürlicher Burggraben umfließt die Eger jenen Felsen, auf dem Ellbogen, eine der schönsten Burgen Böhmens steht. Hohenstaufen, Przemysliden, Hohenzollern, Habsburger und Luxemburger nannten sie ihr Eigen, deutsche und tschechische Laute wechselten in ihr: ein Stück Egerländer und damit deutscher Geschichte.

Siehe auch nachfolgende Doppelseite: Elbogen, am Markt.

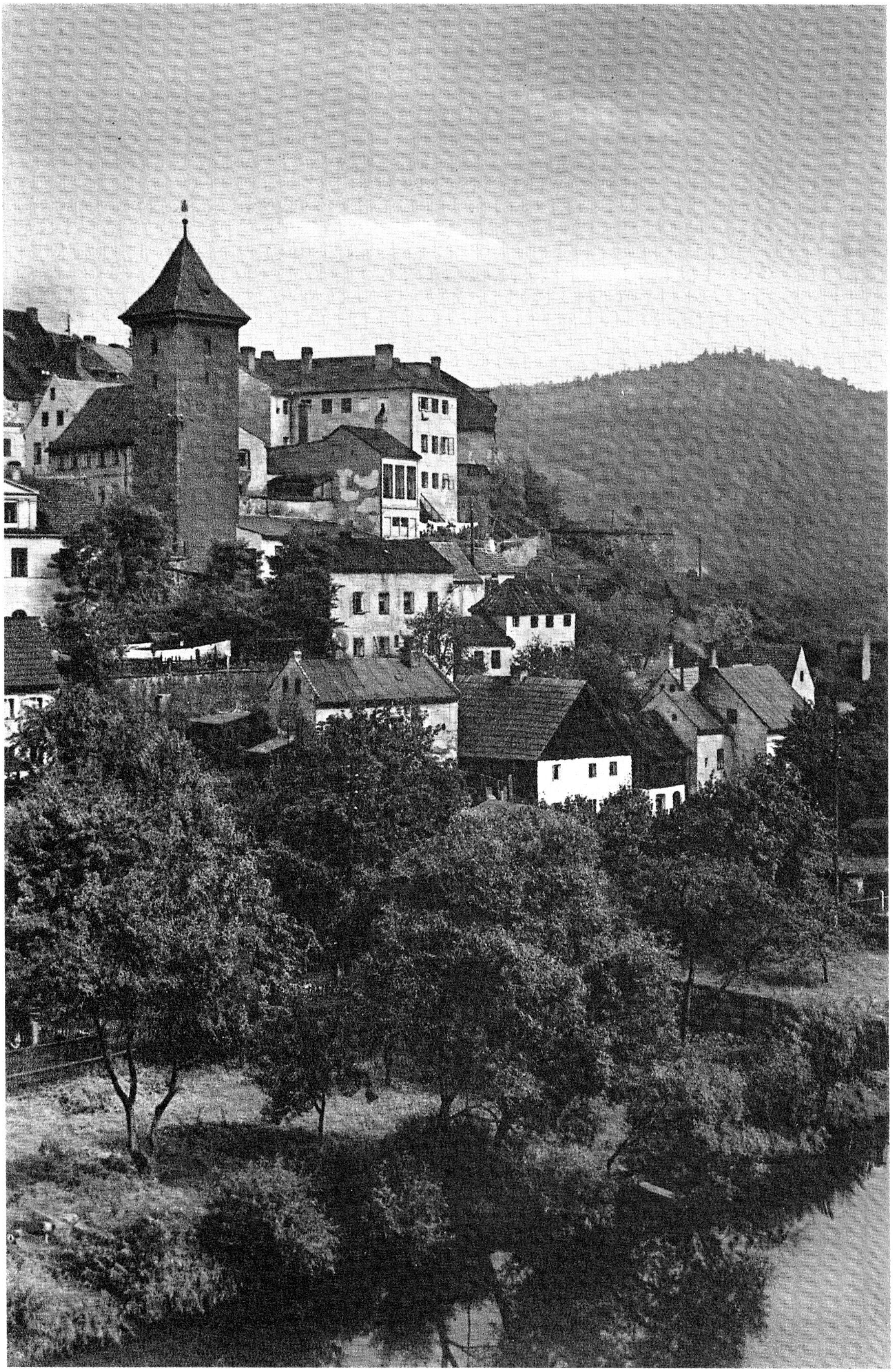

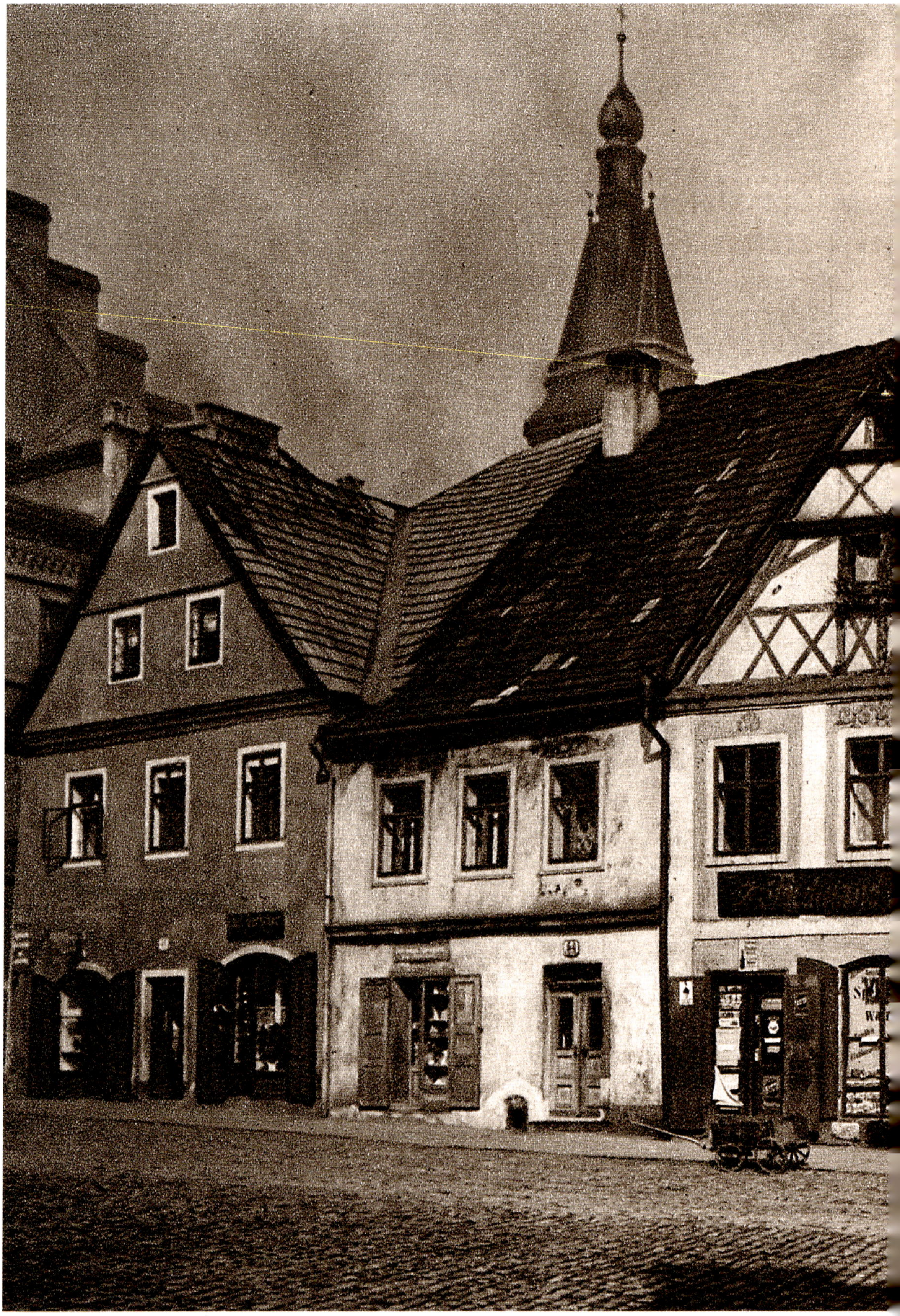

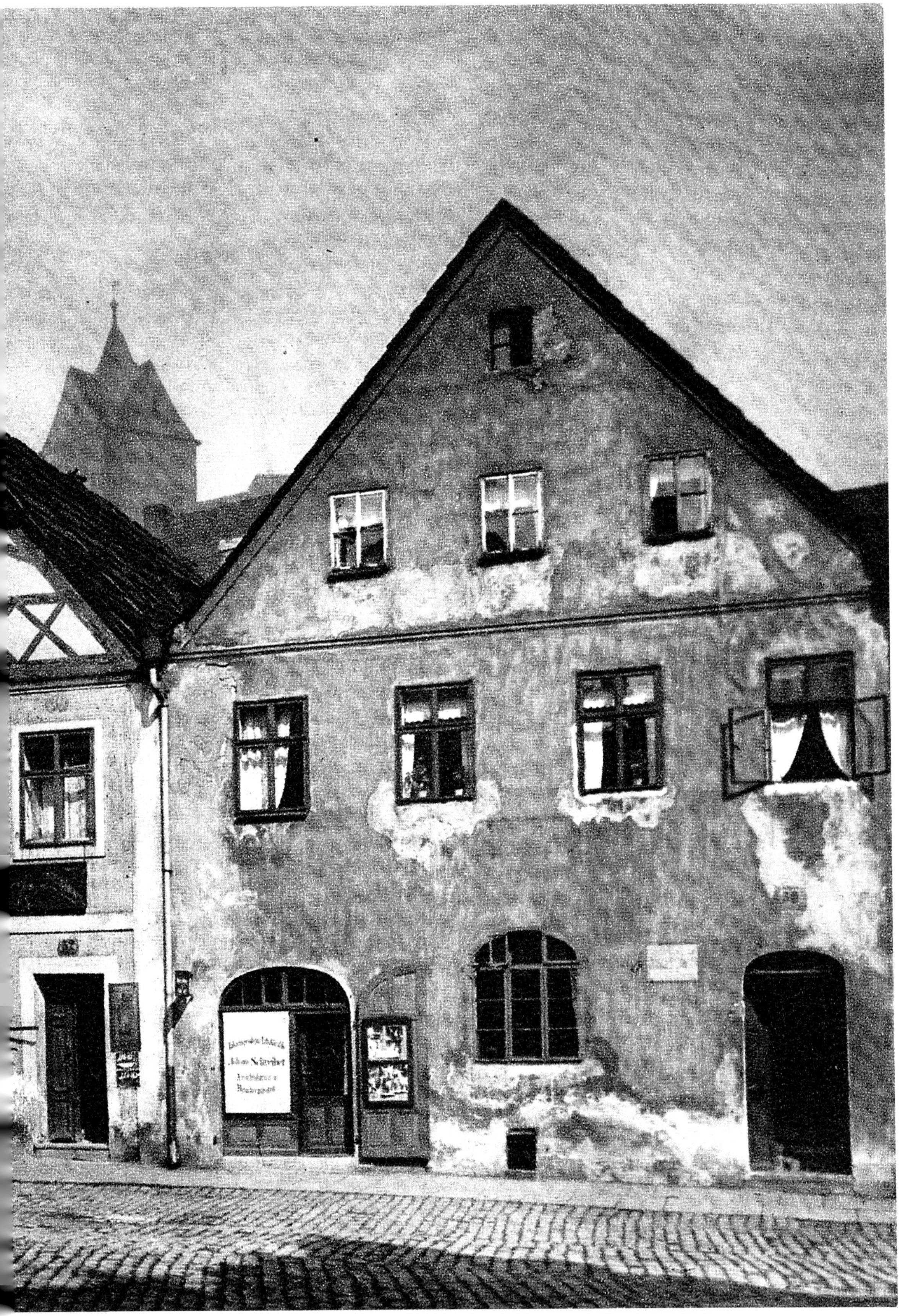

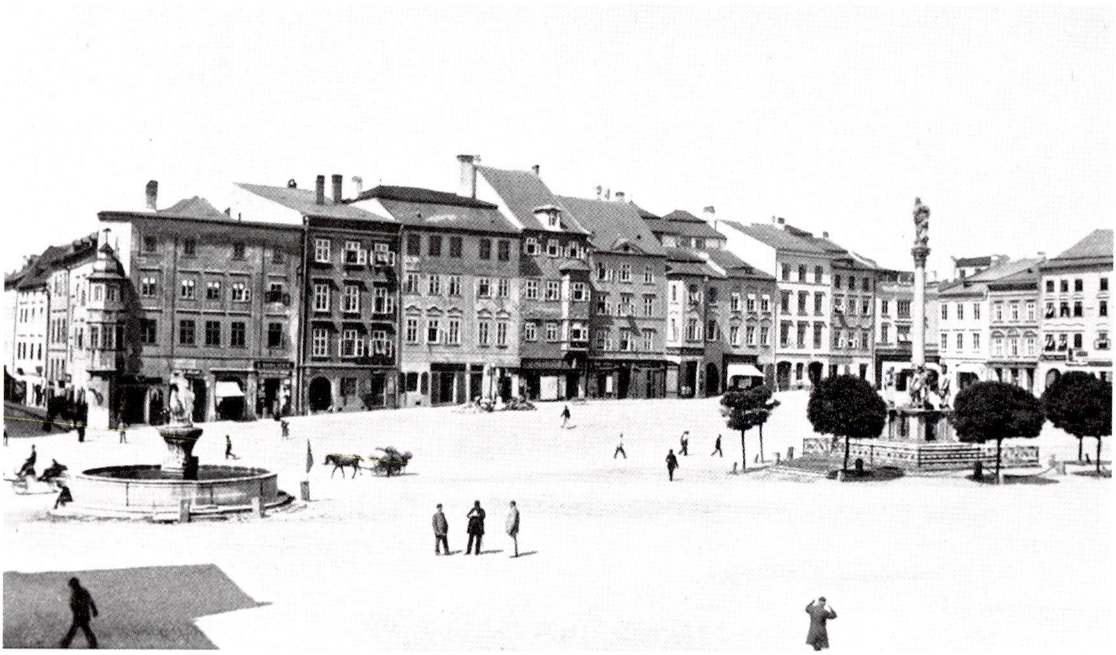

Marktplatz (oben) und Frauenturm (unten rechts) von Iglau in Mähren – Als größte Stadt der Böhmisch-Mährischen Rumpffläche galt Iglau an der Igel. Seinen frühen Reichtum verdankte es Silberbergwerken, in die Geschichte trug es sich ein, als hier die Iglauer Kompaktaten des Basler Konzils verkündet und damit die Hussitenkriege beendet wurden. Als Novum durfte gelten, daß Iglaus überaus trinkfester Bevölkerung von Rudolf II. einst „für alle Zeiten" der Ausschank von Wein außerhalb des Rathauses verboten wurde. Anlaß für den kaiserlichen Zorn war jenes große Feuer, das die Stadt praktisch vollkommen ausgebrannt hatte . . . und natürlich im Weinrausch gelegt worden war.

Aus der Nähe von Iglau stammt der Komponist Gustav Mahler.

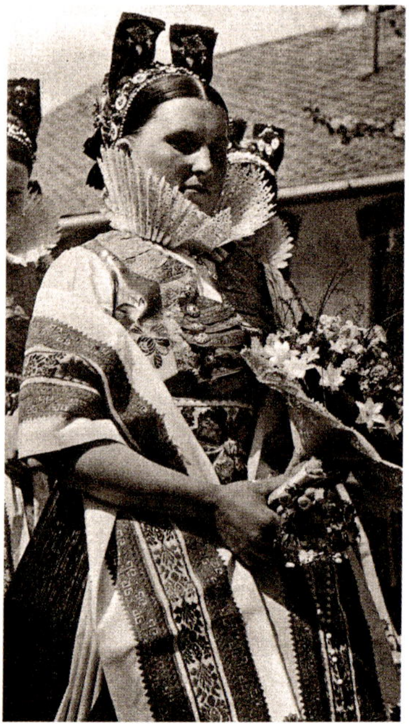

Hochzeitstracht aus dem Wischauer Land. Die deutsche Sprachinsel bei Wischau war die kleinste im böhmisch-mährischen Raum. Trotzdem hatte sich gerade hier ein überaus reiches volkskundliches Leben in Brauchtum und Tracht erhalten.

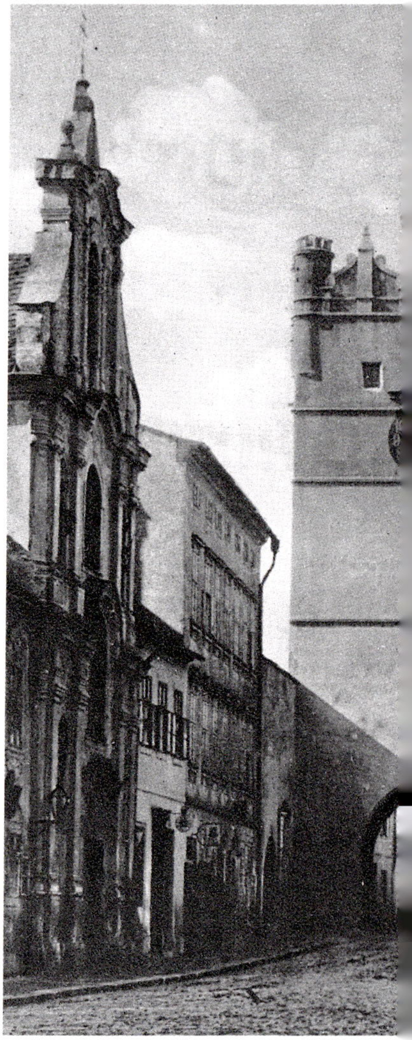

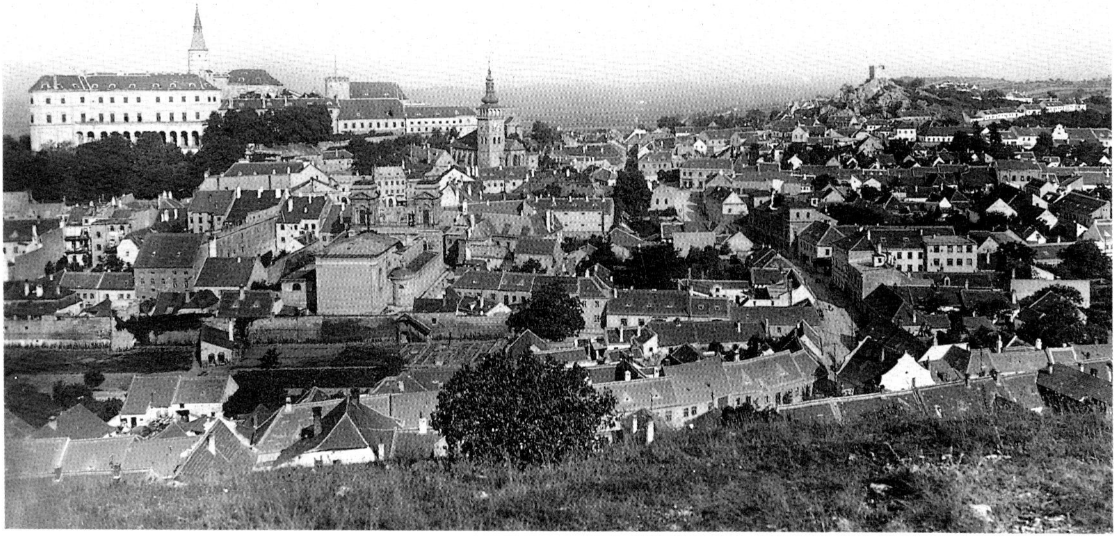

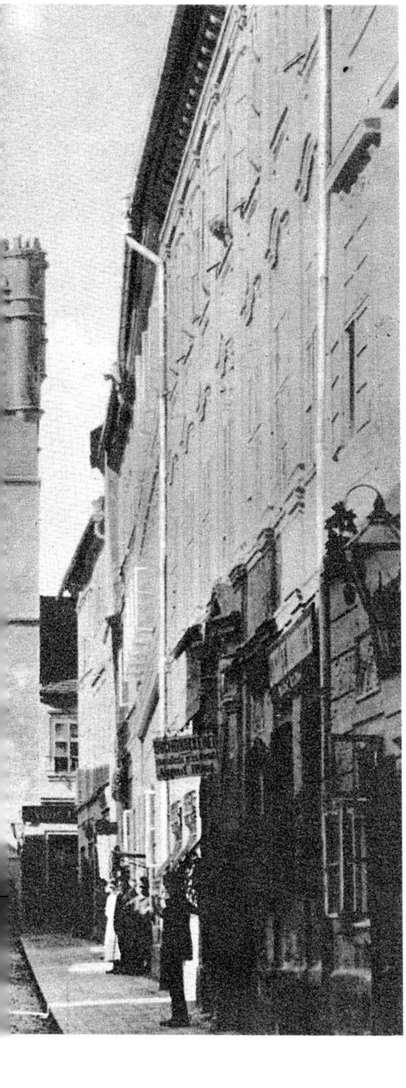

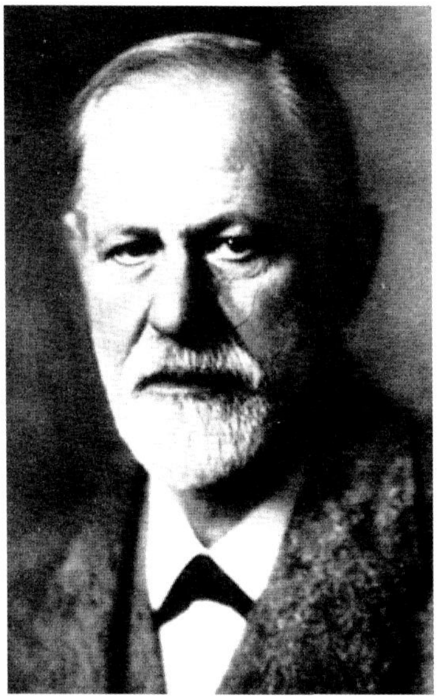

Blick auf Nikolsburg am Südabfall der Pollauer Berge. Über der Stadt das mächtige Barockschloß der Dietrichsteins. Nikolsburg in der fruchtbaren Thayaebene galt im 16. Jh. - noch unter der Herrschaft der Liechtensteins - als Paradies der deutschen Wiedertäufer, die hier von Balthasar Hubmaier eingeführt wurden. Später ein Zentrum der Gegenreformation, sollte in der Stadt 1866 der Vorfriede im Deutschen Krieg zwischen Preußen und Österreich geschlossen werden.

Sigmund Freud, geboren 1856 in Freiberg/Mähren. Der Vater der Psychoanalyse war Arzt und Dozent in Wien, bevor er nach London emigrierte. Seine Lehren haben die Psychologie, Ästhetik, die Literatur, Ethnologie und Religionswissenschaft beeinflußt.

Mähren, zeitweise selbständig, geschichtlich jedoch lange mit Böhmen verbunden, war von 1526–1918 österreichisches Kronland, bevor es zur neugebildeten Tschechoslowakei kam. Anders als Böhmen liegt Mähren offen im Herzen Europas, ohne große landschaftliche Kontraste. Davon sind auch die Pollauer Berge nicht auszuschließen, die sich in ihrem Hauptzug von Nikolsburg nach Unter Wisternitz ziehen. Die höchste Erhebung ist mit 550 m hier der Maidenberg mit den Ruinen der Maidenburg.
Die Pollauer Berge waren für ihren Wildreichtum, für fruchtbare Böden ... besonders aber auch für einen guten Wein bekannt. Hier finden sich daneben zahlreiche Stätten aus vor- und frühgeschichtlicher Zeit.

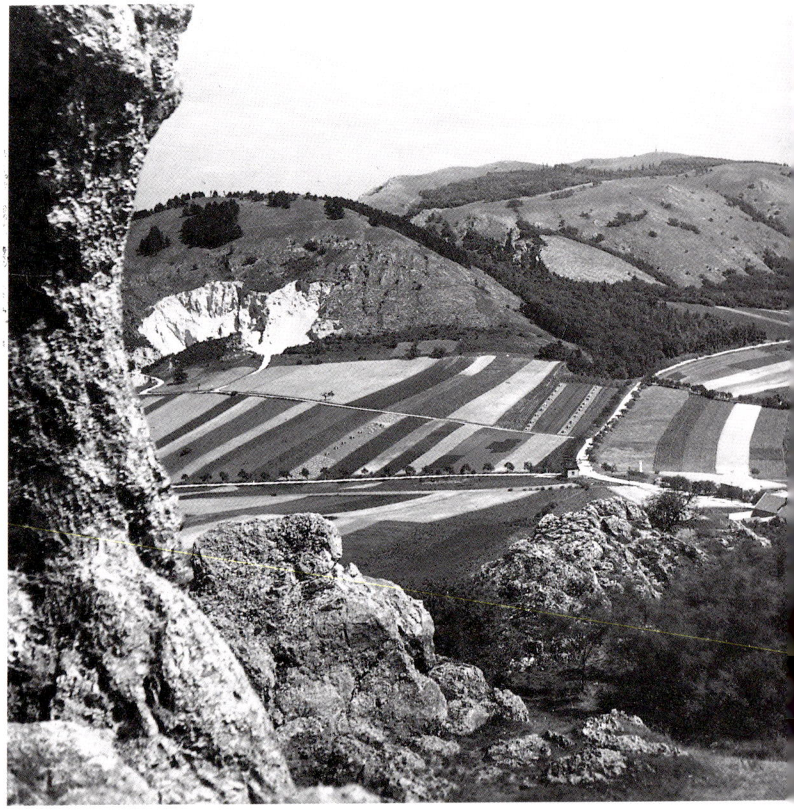

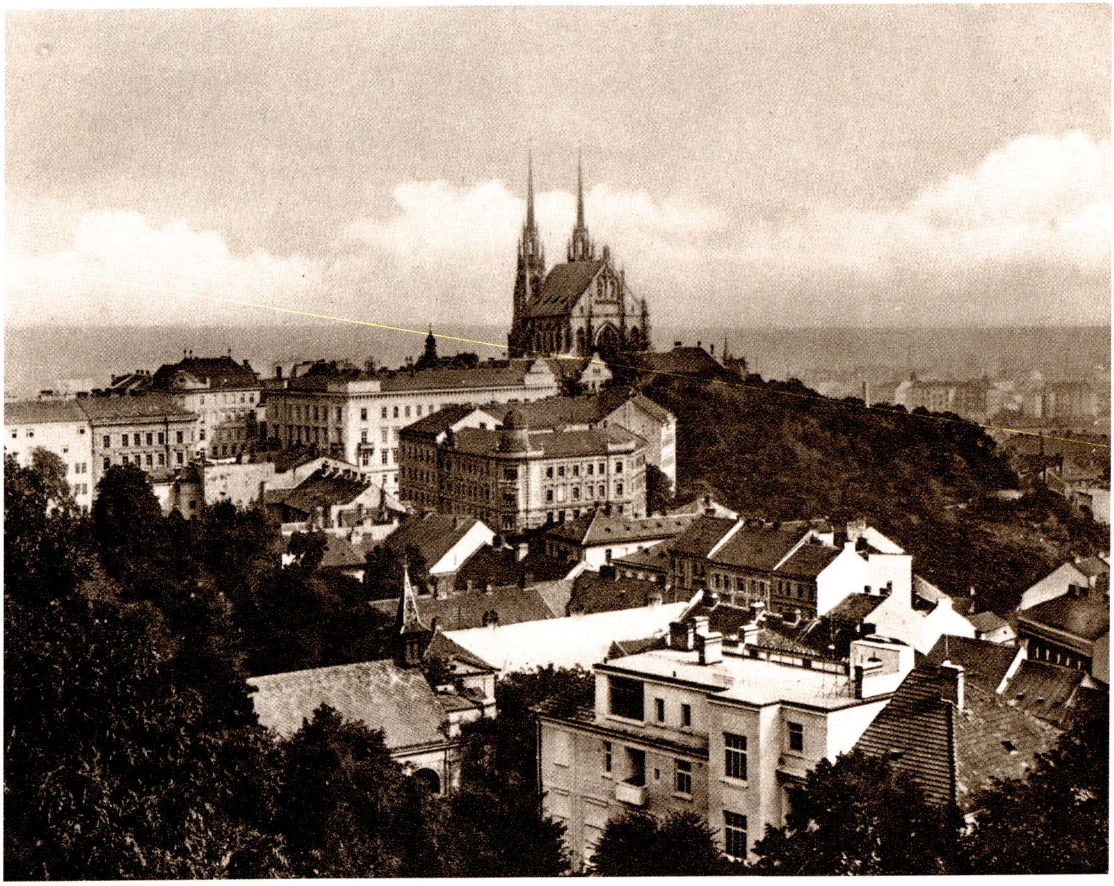

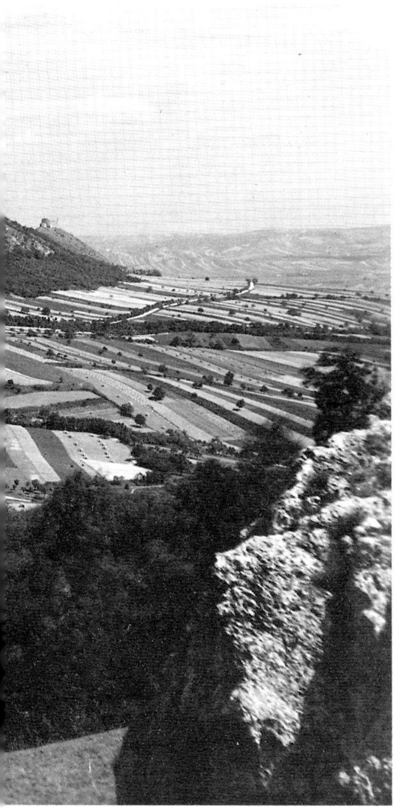

Blick auf Brünn mit dem neugotischen Dom St. Peter und Paul (links unten) – Thomaskirche in Brünn. Die Landeshauptstadt Mährens am Zusammenfluß von Zwita und Schwarza war Mittelpunkt einer deutschen Sprachinsel. Seit 1243 mit deutschem Stadtrecht, galt hier der berühmte Spielberg als Symbol der Wehrtüchtigkeit des Landes. An der mächtigen Festung hatten sich viele Gegner festgerannt, darunter die Hussiten und im Dreißigjährigen Krieg die Schweden. Zu Brünns Sehenswürdigkeiten zählten besonders auch seine Kirchen. Im Augustinerkloster der Stadt machte der spätere Abt Gregor Mendel seine weltberühmten Kreuzungsversuche an Erbsen und Bohnen, die zur Entdeckung der Vererbungslehre führten. Brünns Wirtschaft hatte der Stadt den Ruf eines „österreichischen Manchesters“ eingebracht.

Brünn galt in seiner deutschen Zeit als Stadt der gastlichen Gasthöfe, darunter der Kaiser von Österreich, der Schwarze Adler und die Drei Fürsten. Bekannter war es allerdings für eine Herberge, in die man recht unfreiwillig kam: die „Citadelle Spielberg“. Hier saßen der Pandurenführer Trenk und der sagenhafte Räuberhauptmann Babinsky, der vornehme Graf Wallin und jener Postmeister Drouet ein, der die Habsburgerin Marie Antoinette verraten und dadurch aufs Schaffott gebracht hatte.

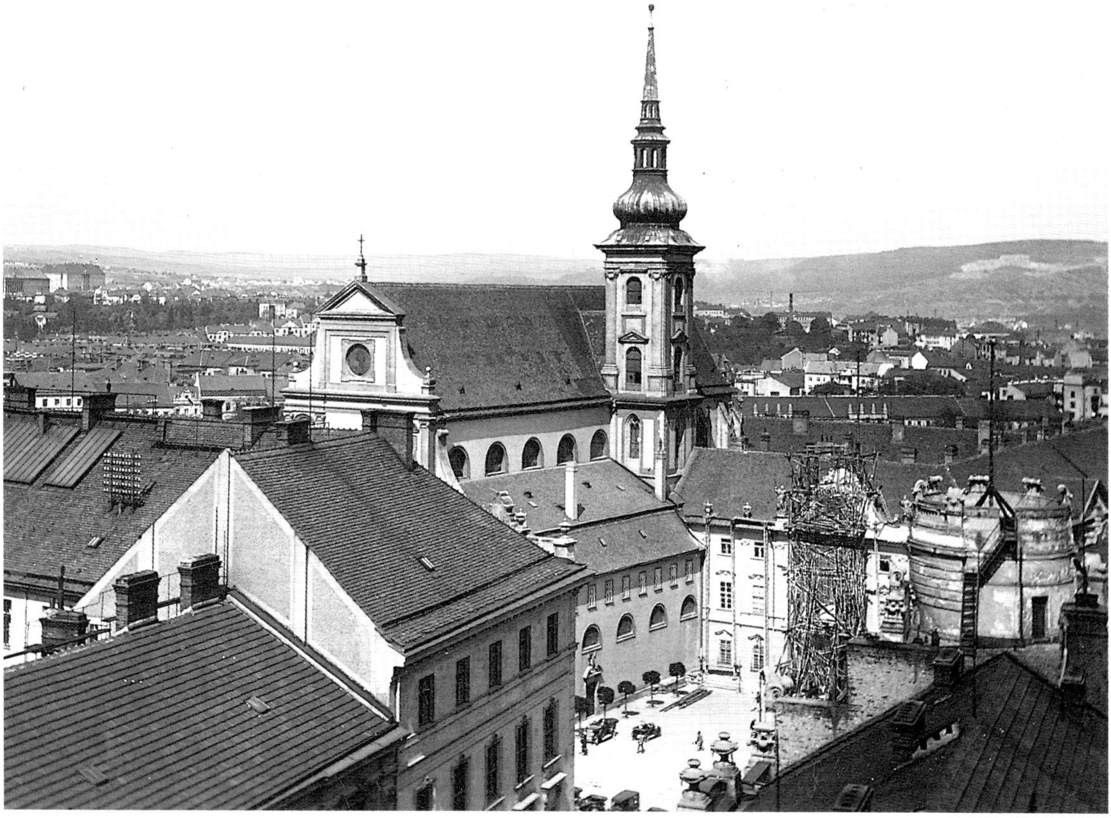

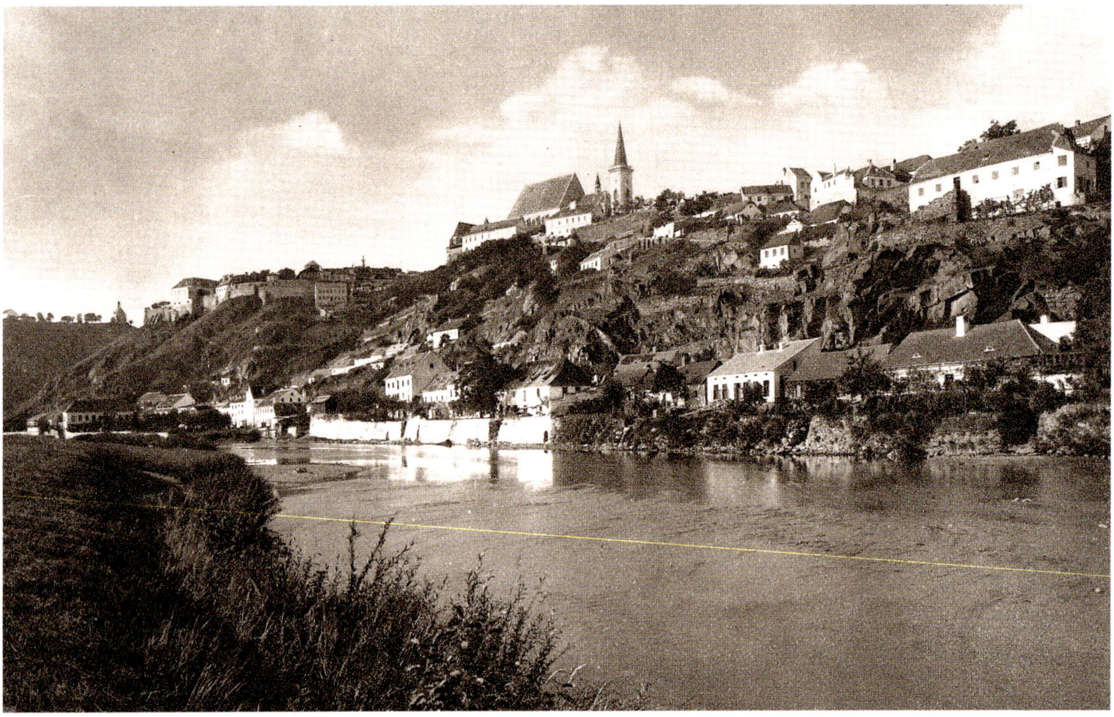

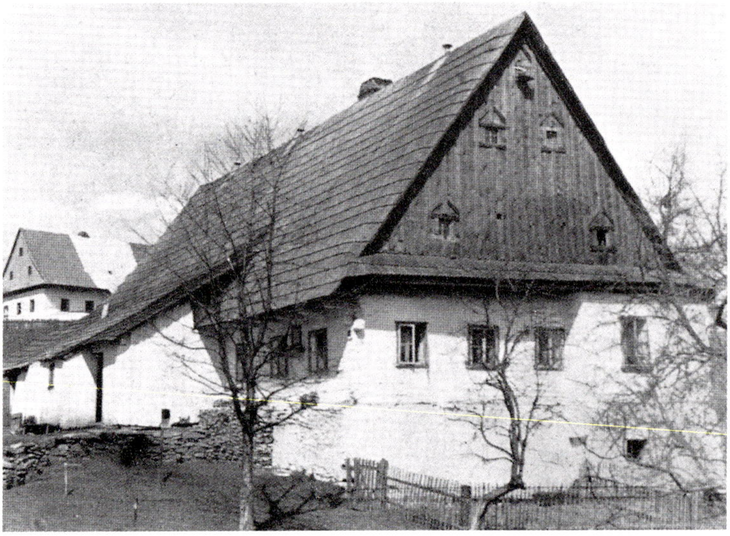

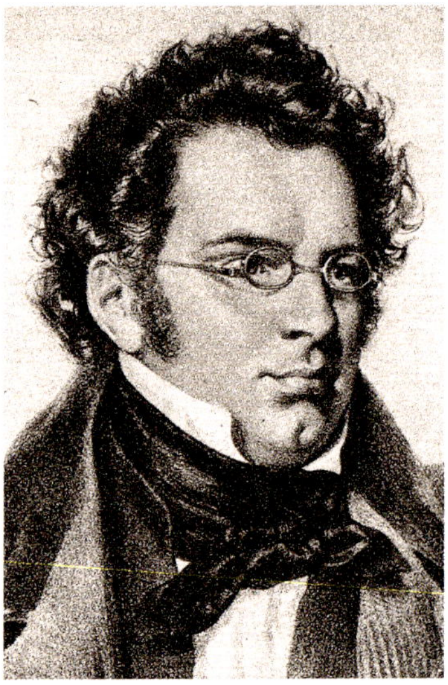

Znaim (oben) – Znaim, mit dem ältesten Stadtrecht Mährens, war die längste Zeit für seinen Weinbau bekannt, für seine Gurken gerühmt. Daneben gingen ein paar wichtige Ereignisse etwas unter: Hier kehrten Napoleon, Friedrich II. und Mozart ein. In Znaim wirkte Gregor Mendel als Lehrer. –

Das Stammhaus der Schuberts in Neudorf bei Mährisch-Altstadt

Der Komponist Franz Schubert ist 1797 in Lichtental bei Wien geboren. Doch die Schuberts waren ein altes fränkisches Geschlecht, das sich schon zu Beginn des 16. Jh. in der Mährisch-Altstätter Gegend nachweisen läßt. Zu Schuberts kompositorischem Schaffen zählen 600 Lieder, 19 Opern und Singspiele und 30 geistliche Werke.

Das Rathaus von Ölmütz. Die ehemalige Hauptstadt Mährens, schon zu Zeiten des Humanismus ein geistiges Zentrum, galt bis zum Ersten Weltkrieg als typisch deutsch. Nach Ölmütz hatte sich 1848 die kaiserliche Familie aus Wien geflüchtet, hier verzichtete Kaiser Ferdinand auf seinen Thron, dichtete Ferdinand von Saar sein Epos „Die Pincelliade“ und wirkte Graf Radetzky als Festungskommandant. Zu den vielen Sehenswürdigkeiten der Stadt – das Kloster Hradisch, der Dom St. Wenzel, die Dreifaltigkeitssäule – zählte das Rathaus mit seinem 70 m hohen Turm, der gotischen Erkerkapelle und der Renaissanceloggia.

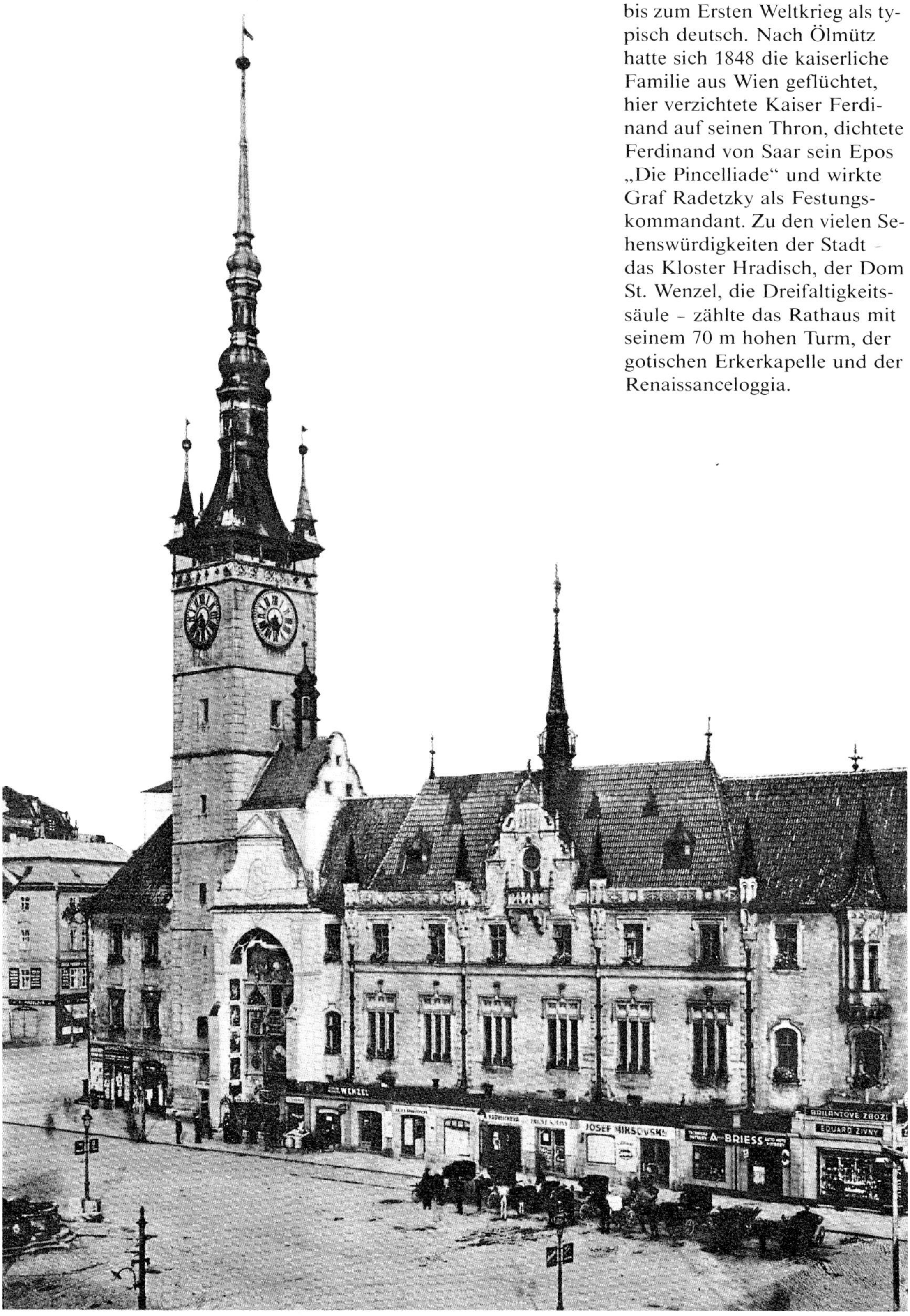

Hoamweh.

Karl Bacher

Zoigt a Wolkn übers Tol,
Zoigt noch Ostn hin,
Schau r i affi hunertmol,
Frog s': wo floigst'n hin?

Floigst ze'mhin, wohin i wollt,
Nimm den Tropfa mit,
Wos mer aus'n Augnan rollt
Und verloisn nit!

Kimmst amol so gegn der Nocht
Af dos Häuserl on,
Wos mi in de Welt hot brocht, –
Regn's a bisserl on!

D'Muider no geht aus und ein.
Wolk'n, iatzt bleib stehn!
's wird ihr scho ums Weder sein,
Ob's wird wieder schön.

Muiderl! och, so schau in d' Höh!
D' Wolkn wort't af di!
Follt der Tropfa r aus mein' Weh, –
Muiderl, denkst af mi?

Südmährische Gedichte

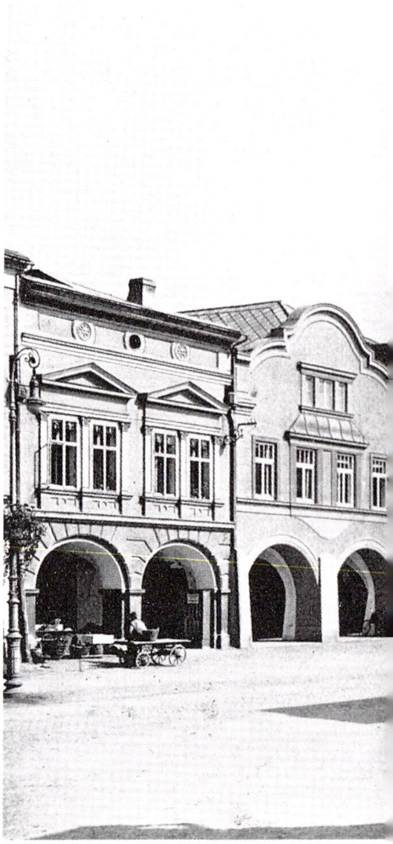

Der Vuglbärbaam

Kan schinnern Baam gippts wie den Vuglbärbaam, Vuglbärbaam, den Vuglbärbaam.
Es wärd a su leicht net an schinnern Baam gahm, schinnern Baam gahm, ei jo!
Ei jo, ei jo, an Vuglbärbaam, an Vuglbärbaam, an Vuglbärbaam,
ei jo, ei jo, an Vuglbärbaam, an Vuglbärbaam, eijo!

Beim Kannr sei Haus stieht a Vuglbärbaam,
da sitzt unsern Kannr sei Weibse drhahm.

No laßt se när sitzen, se schläft jo drbei,
un hot se's verschlof'n so holn mer sche rei.

Un wenn i gstorbn bin, i wersch net derlabn,
do pflanzt uf mei Grab mir an Vuglbärbaam.

Denn kan schinnern Baam gippts wie an Vuglbärbaam,
es wärd a su leicht net an schinnern Baam gahm.

„Nationalhymne" der Erzgebirgler

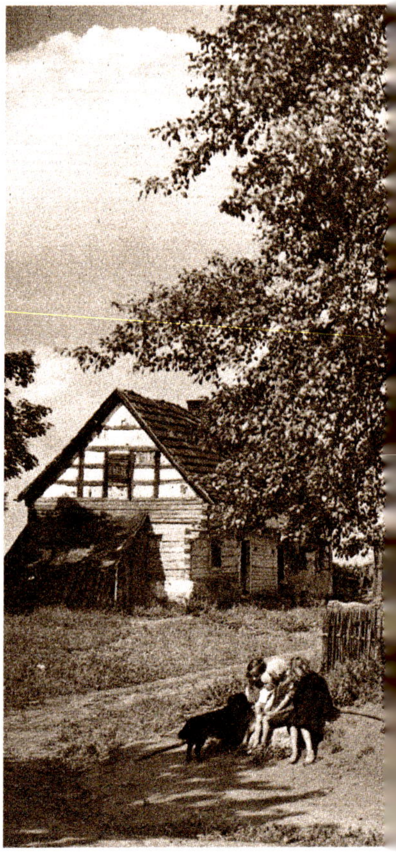

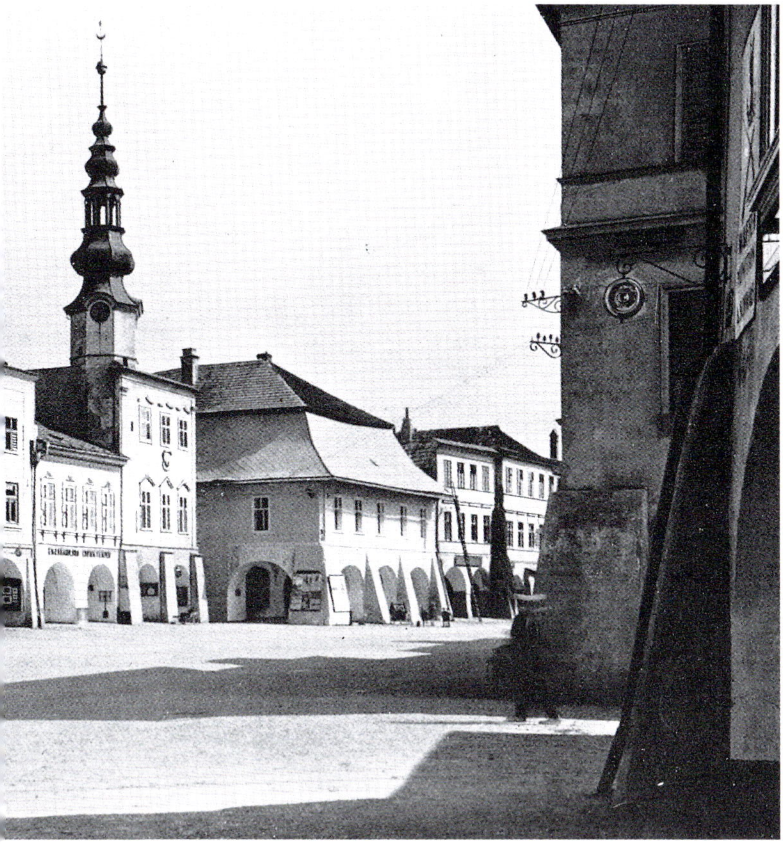

Der Marktplatz der Industriestadt Zwittau im Bezirk Mährisch-Trübau. Alte Urkunden aus der Mitte des 13. Jh. nennen bereits eine Siedlung Zwittau an der Straße von Prag nach Brünn und ein dazugehörendes Gotteshaus. Weberei und Tuchmacherei gelangten hier zur Blüte, Möbel- und Lederfabriken brachten der Stadt jenen Wohlstand, der sich in den Renaissancehäusern und Laubengängen am Marktplatz spiegelte.

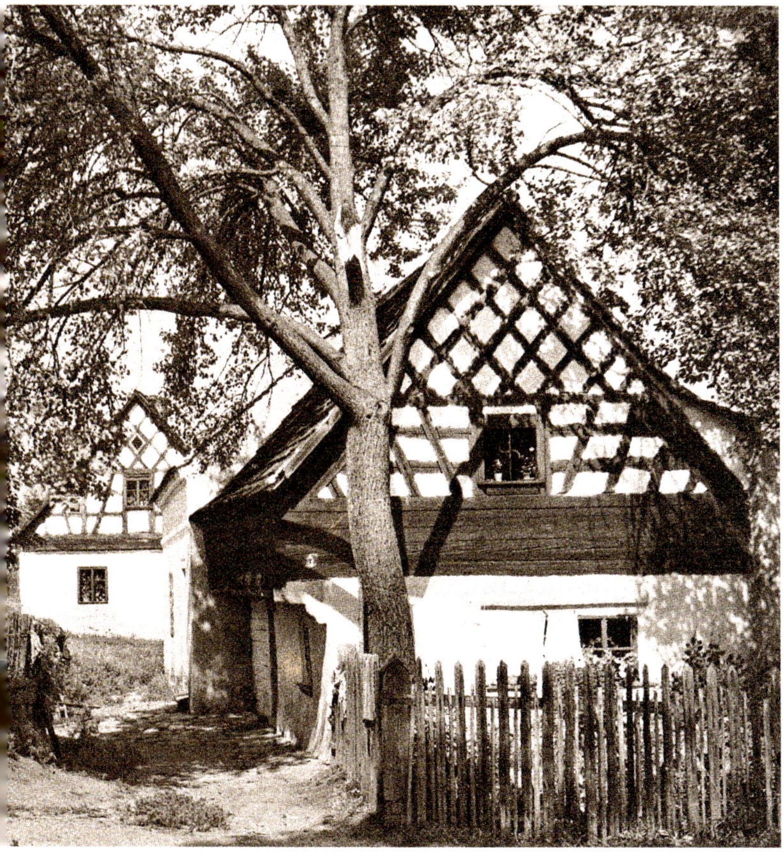

Sudetendeutscher Bauernhof in Oberndorf. In altem Brauchtum aufgewachsen, wohnte der sudetendeutsche Bauer auf form- und farbenfrohen Höfen. Das Fachwerk war rot, braun, blau und weiß gestrichen, die Tore zierte in ihrer oberen Hälfte häufig der Sonne sinnbildlicher Strahlenglanz.

Herrensitz in Kunersreuth (folgende Doppelseite).

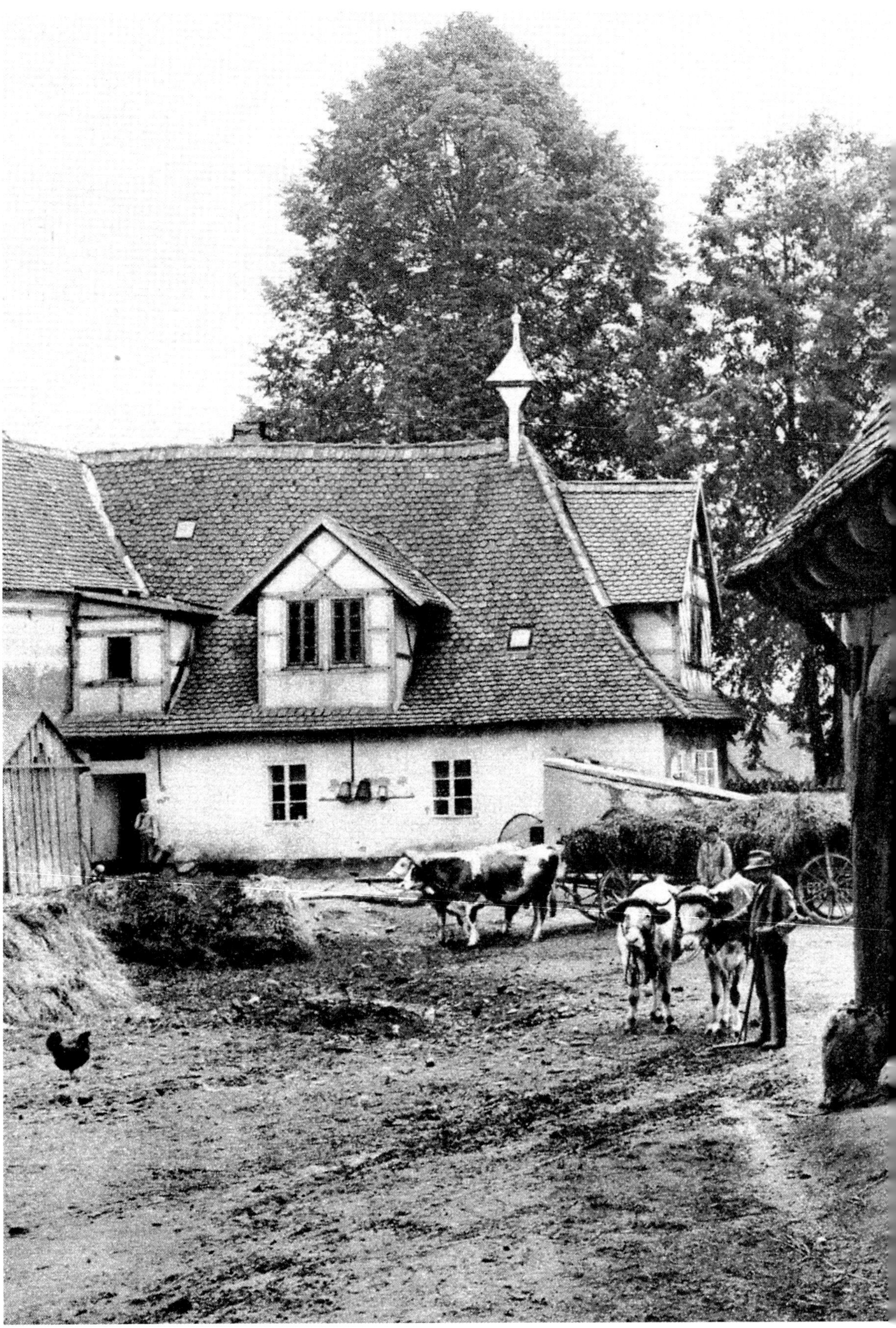

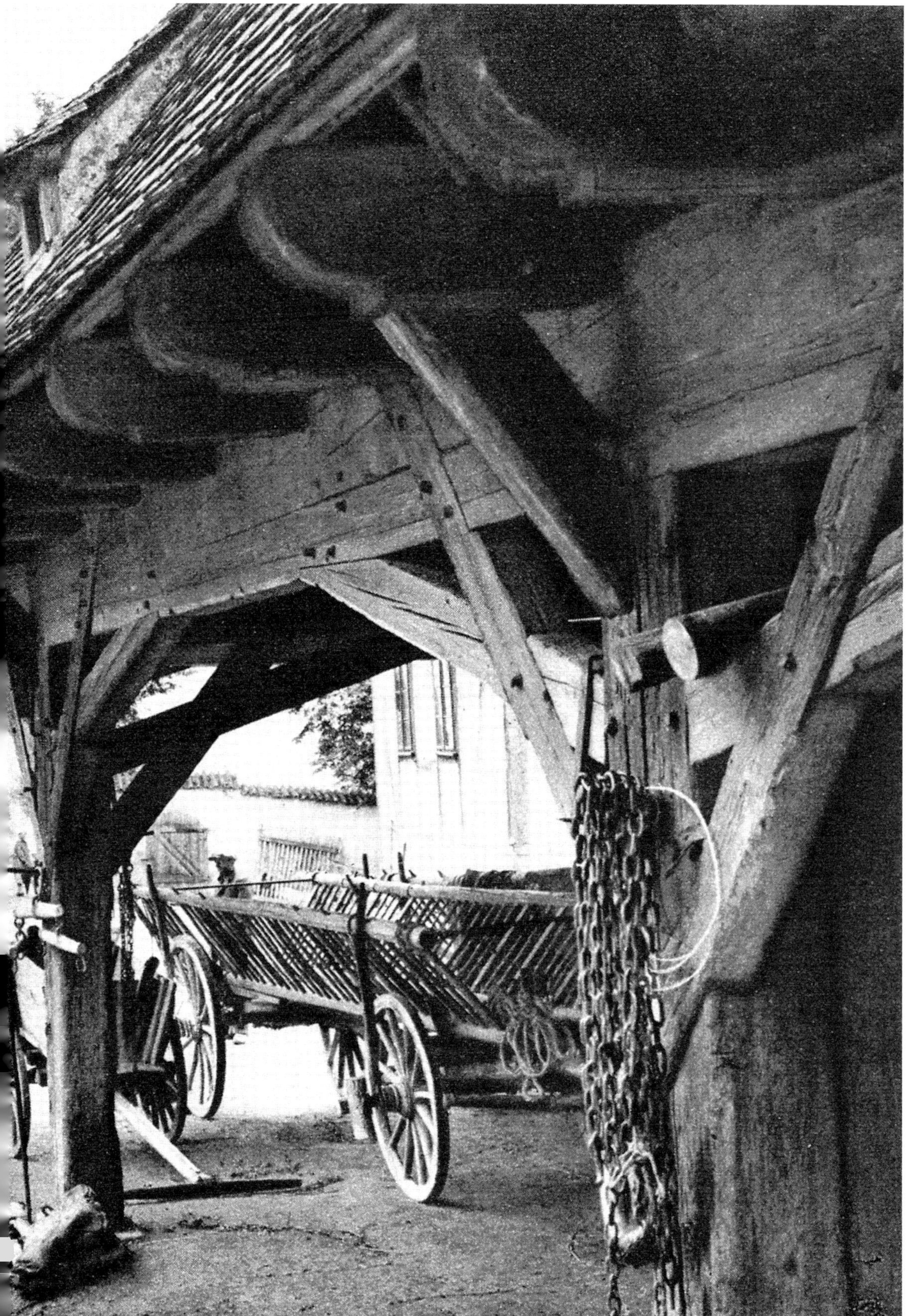

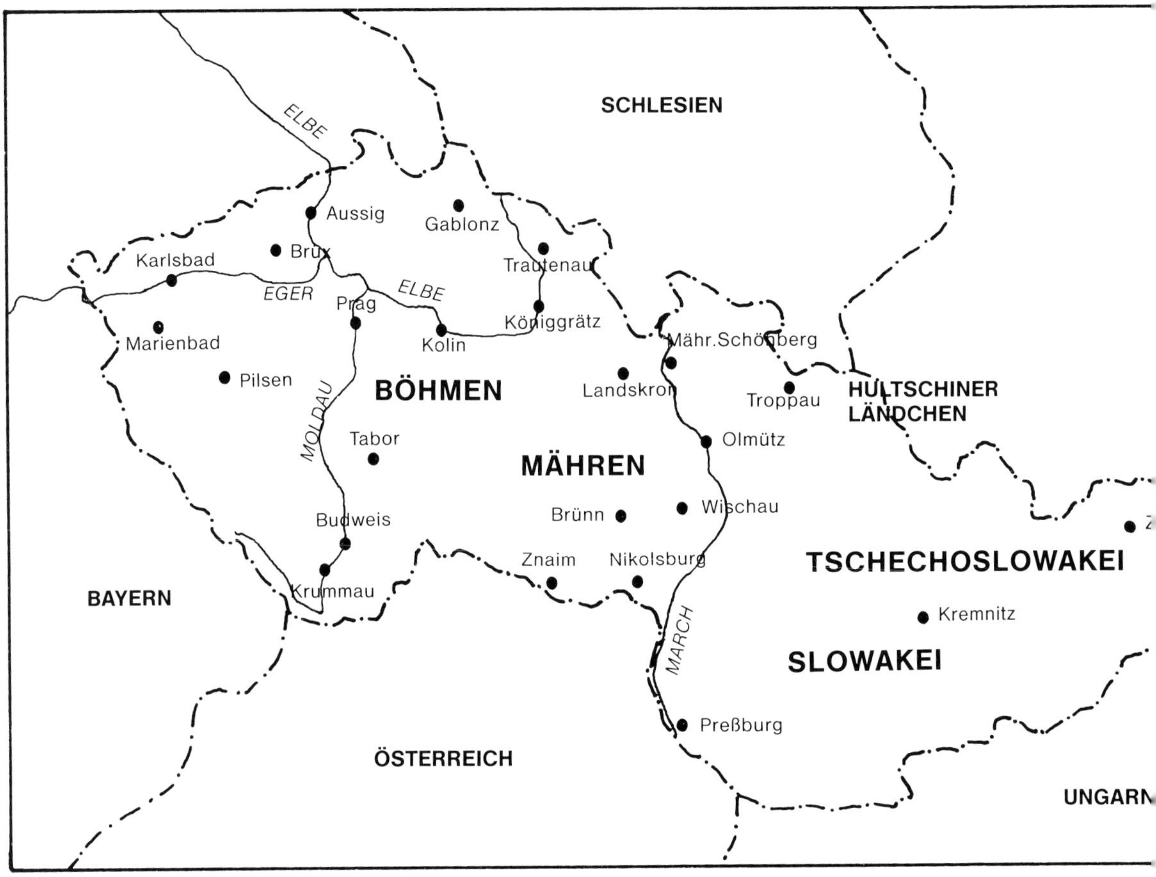

Freiwaldau unterm Altvatergebirge. Einst Eigentum der Breslauer Bischöfe, betrieben die Fugger und Thurzo hier ihre Bergwerke. Nach den Hussitenkriegen störten Reformation und Gegenreformation die wirtschaftliche Entwicklung der Stadt, in der in neuerer Zeit die Leineweberei von sich reden machte.

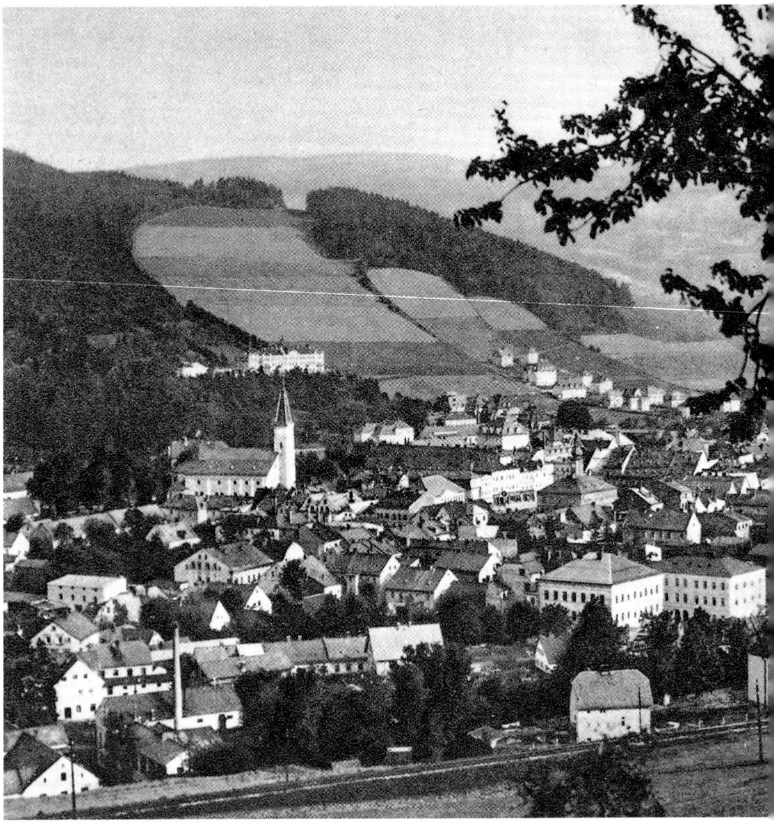

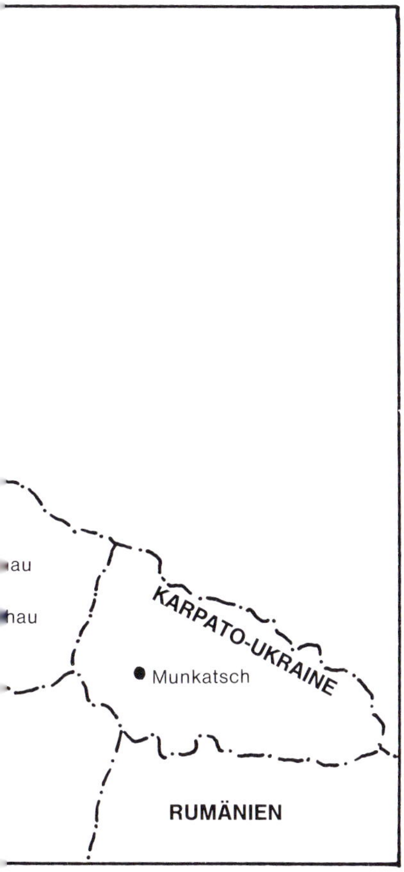

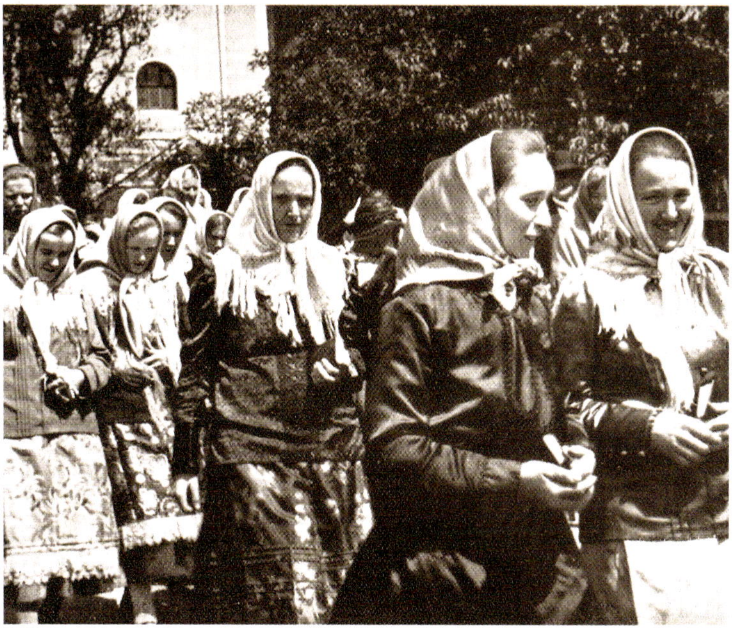

Hultschiner Mädchen beim Kirchgang.

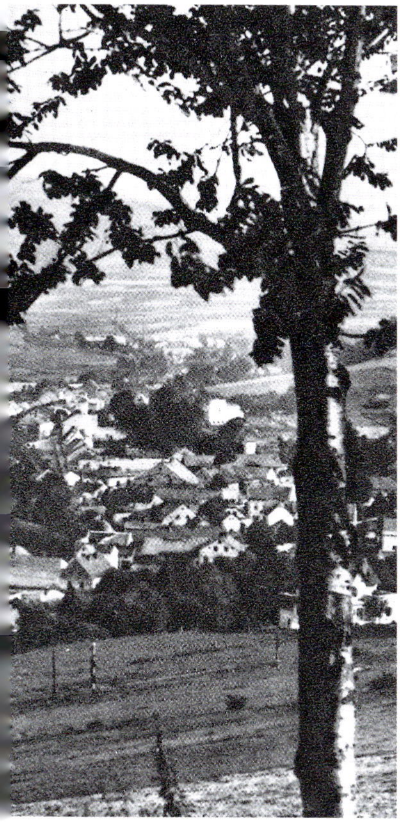

Schloß Deutsch-Krawarn (nachfolgende Seite oben). In einem Teil des früheren preußisch-schlesischen Kreises Ratibor liegt das Hultschiner Ländchen mit Deutsch-Krawarn, einst im Besitz der Eltern des Freiherrn Joseph von Eichendorff. Hultschin umfaßte ein kleines Gebiet unterhalb der sagenumwobenen Landecke, wo die Oder in das frühere deutsche Gebiet eintritt. Eine Eigentümlichkeit des „Ländchens“ waren einst die Maurer- und Hausiererdörfer Krawarn, Bolatitz, Schepankowitz und Kauthen. Deren Einwohner zogen während des Sommers nach Berlin, Hamburg, Dresden und in die westlichen Großstädte auf Maurerarbeit oder wanderten als Hausierer in Deutschland und Österreich herum. Hausierer wie Maurer legten ihre Ersparnisse danach mit Vorliebe in Grund und Boden in ihrer preußischen Heimat an.

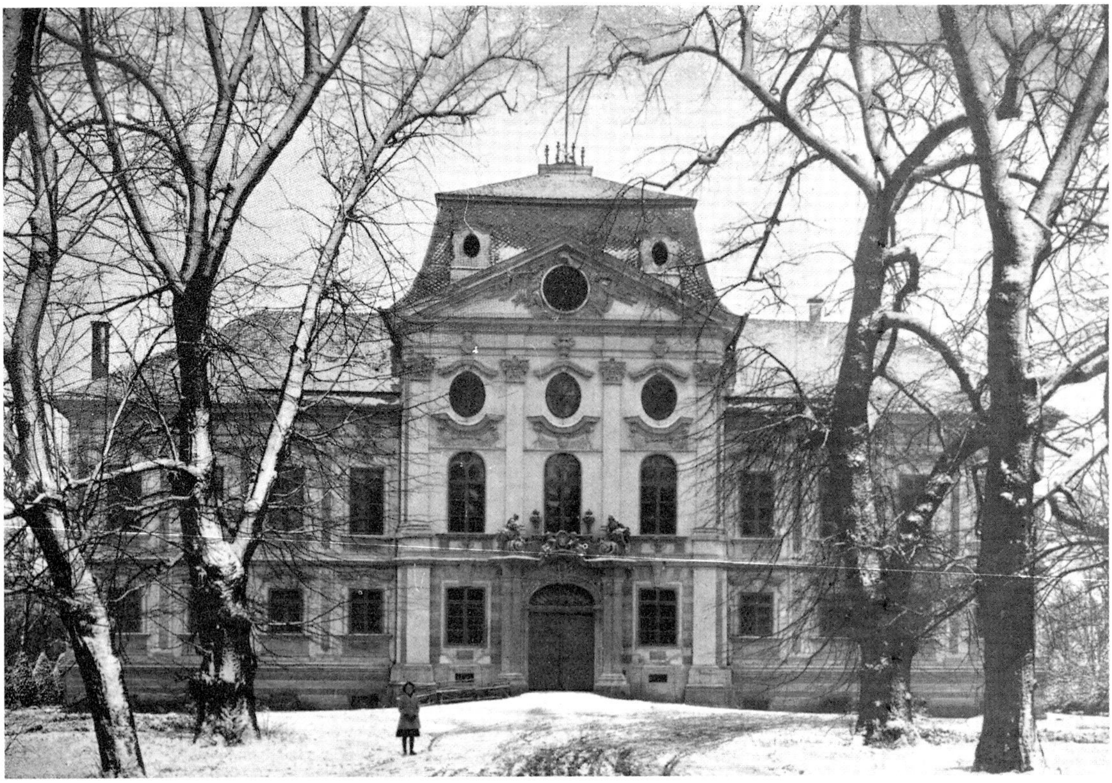

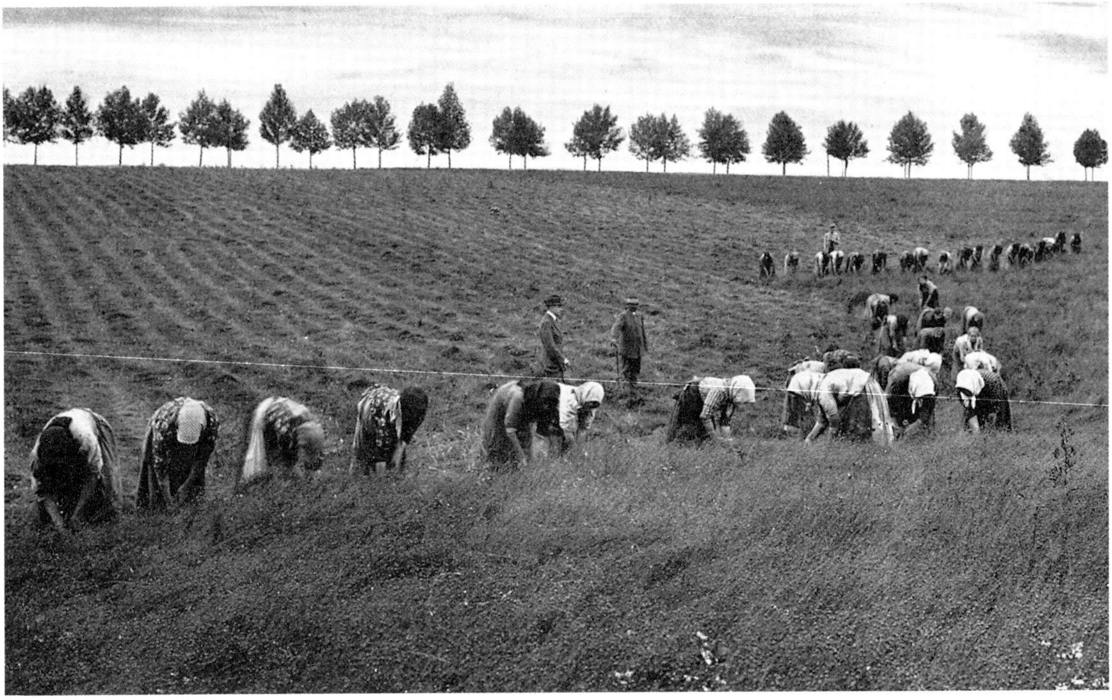

Flachsernte im Hultschiner Ländchen. Wo sich Oppa und Oder grüßen, stand die Landwirtschaft in besonders hoher Kultur. Die Großgrundbesitzer, vor allem die Herrschaften Kuchelna und Rothschild, gingen in der Landbestellung richtunggebend voran. Bahnbrechend waren die Hultschiner besonders im Flachsbau, der seine große Zeit in Schlesien bereits hinter sich hatte. Das Hultschiner Ländchen gehörte bis 1519 zu Böhmen, danach zum Herzogtum Ratibor und schließlich zu Preußen. Nach dem Ersten Weltkrieg wurde es der neuen Tschechoslowakei zugesprochen.

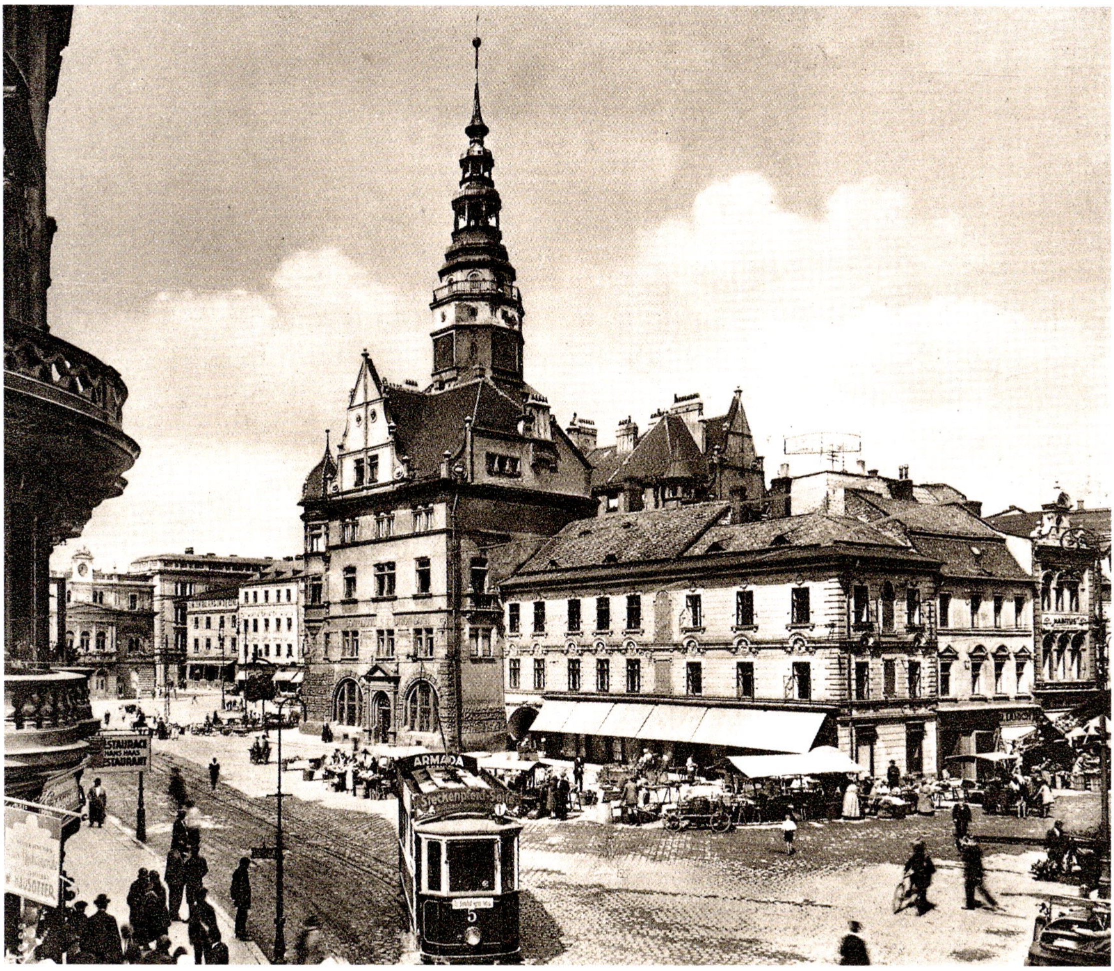

Troppau: das Rathaus am Oberring. Wahrzeichen der alten Hauptstadt Österreichisch-Schlesiens ist das Rathaus – oder Schmetterhaus – mit seinem 72 m hohen Turm. Einst im Besitz des Deutschen Ordens war Troppau ein Platz, an dem Geschichte geschrieben wurde. Nach der Teilung Schlesiens Metropole des Wiener Kronlandes trafen sich hier 1820 die Monarchen Preußens, Österreichs und Rußlands, um im Sinne der Heiligen Allianz ein Bündnis zur gegenseitigen Unterstützung zu schließen.

Außer den zusammenhängenden deutschen Gebieten an den Rändern Böhmens, Mährens und Schlesiens und den verschiedenen Volkstumsinseln gab es in der Slowakei eine ganze Reihe von deutschen Siedlungen. Vom geschlossenen Sprachraum Österreichs ragte eine kleine Halbinsel nach Preßburg und Umgebung, somit in den historischen Schnittpunkt zwischen Ost und West. Getrennt davon waren Sprachgebiete in den Kleinen Karpathen und auf der Schüttinsel der Donauebene. Im slowakischen Bergland lagen Kremnitz und Deutsch-Proben, deutsche Siedlungen fanden sich in der Ober-Zips am Fuß der Hohen Tatra und auf dem Gründner Boden. In Karpathenrußland saßen Deutsche bei Munkacs und in den Waldtälern des Gebirges. Ihre Geschichte war wie jene der Slowaken zwischen March, Dinau, Eipel, Slowakischem Erzgebirge und Karpatenbogen ein Jahrtausend lang eine Geschichte im Rahmen des ungarischen Staates gewesen. Nach dem Ersten Weltkrieg wurde die Slowakei von Ungarn abgetrennt und der Tschechoslowakei zugeteilt.

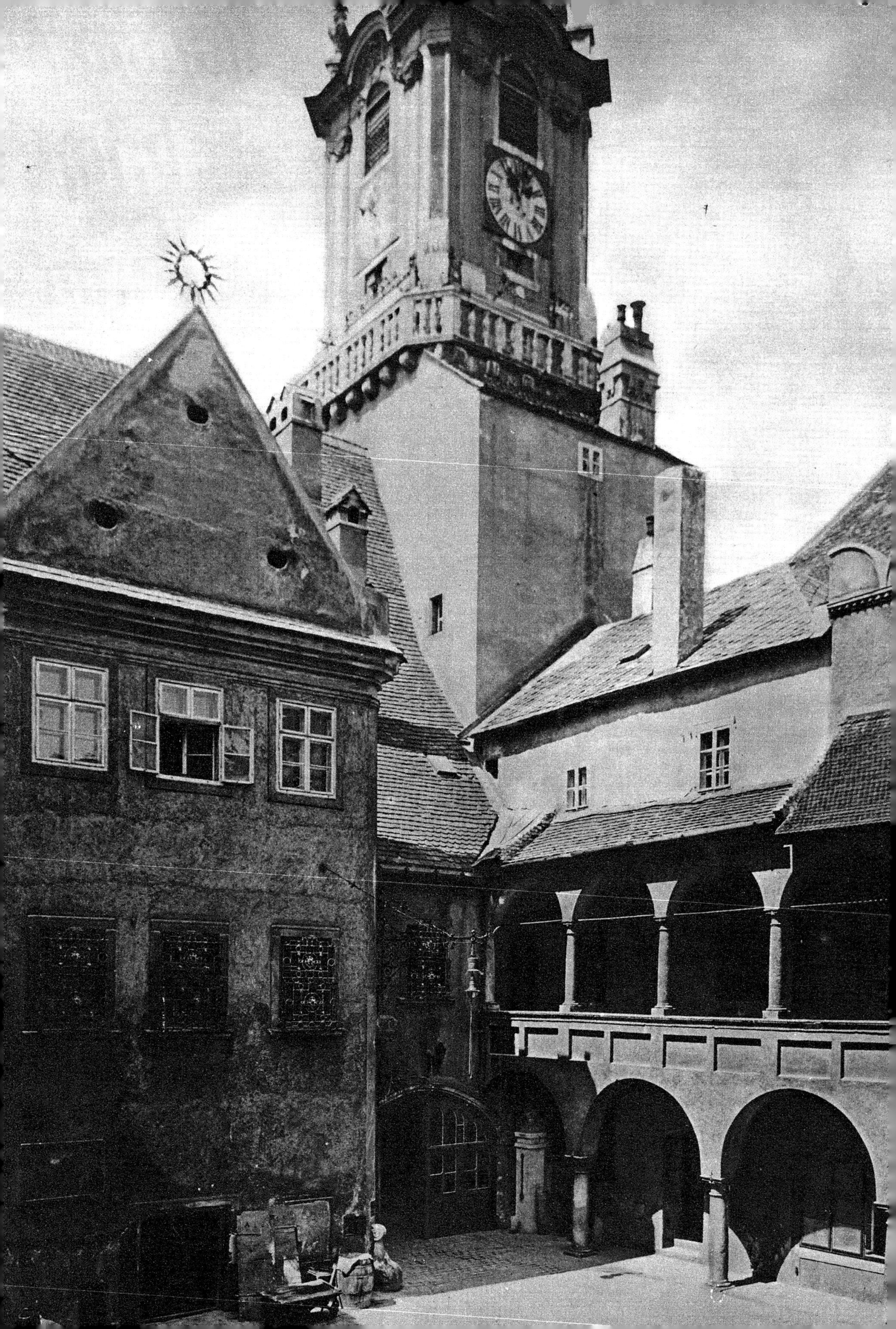

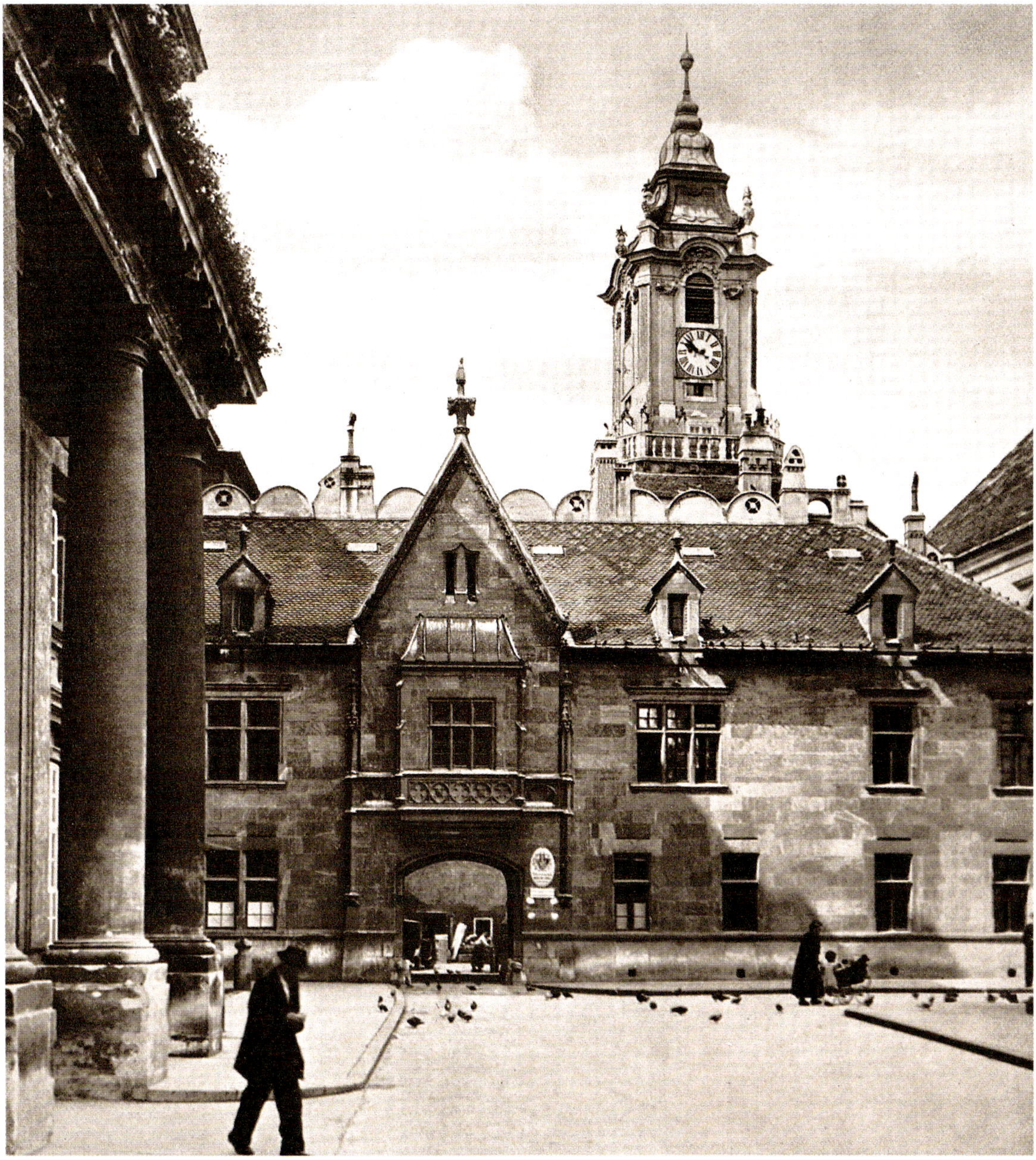

Links: Der Rathaushof von Preßburg, überragt vom 1288 erbauten Rathausturm. Nicht umsonst galt Preßburg, Hauptstadt der Slowakei, dem Kunsthistoriker als eigentlicher Vorort des Wiener Kaiserbarocks.

Preßburg, Rückseite des Rathauses.
Preßburg war viele Jahre hindurch der Ausflugsort von Wien, mit der „Blauen" Elektrischen knapp 2 Stunden von der Hauptstadt entfernt. Auch in Preßburg gab es einen Heurigenschank, Heurigenmusik und das Kaffeehaus, deren Ambiente die Nähe Wiens spüren ließen. Zusätzlich war die Stadt, in der zwischen 1536 und 1867 die ungarischen Könige gekrönt wurden, in ihrem alten Teil steingewordene Geschichte. Als eines der historisch wertvollsten Gebäude galt dabei das mächtige Rathaus.

Preßburger Zeitung,

Erstes Stück.

Sonnabend, den 14. Julii 1764.

AVERTISSEMENT.

Johann Michael Landerer, privilegirter Buchdrucker in Preßburg, hat sich entschlossen, wöchentliche Nachrichten von den neuesten und merkwürdigsten Vorfallenheiten in Europa sowohl, als besonders in dem Königreiche Hungarn unter dem Titel: Preßburger-Zeitungen zu drucken. Er wird denselben aber auch alles einverleiben, was man sonst in andern Städten, in den sogenannten Intelligenzblättern findet, als da sind: Oeffentliche Publicationen, Auctionen, Sachen die feil sind, Capitalien die gesucht werden, oder auszuleihen sind, und dergleichen; auch allezeit die Verstorbenen richtig anzeigen.

Beykommendes erstes Blatt wird nicht allein zum Muster dienen, sondern die Sachen selbst deutlicher erklären.

Ubrigens wird sich der Herausgeber alle Mühe geben, die besten, sichersten, und merkwürdigsten Nachrichten zu sammeln, und dieses Blatt so viel möglich zugleich nützlich und angenehm zu machen. Er hat zu diesem Ende sich um geschickte Correspondenten an verschiedenen Oertern beworben, die ihn in den Stand setzen werden, seinen Endzweck rühmlich auszuführen, und seine Absichten zu erreichen. Er wird es aber auch mit dem schuldigsten Danke erkennen, wenn auswärtige Gönner, und Freunde ihn in diesen Vorhaben unterstützen, und ihm merkwürdige Vorfallenheiten berichten werden. Besonders aber schmeichelt er sich mit der angenehmen Hofnung, daß seine Landesleute alles beytragen werden, was zu Beförderung dieser Arbeit dienen könnte.

Was den Druck, den Format, und die übrige außerliche Gestalt betrift: so wird sie beständig beykommendem ersten Stücke gleich seyn, und alle Wochen zweymal ein halber Bogen, auch wenn es nöthig seyn wird, ein, oder ein paar Blätter mehr erscheinen. Auswärtige Liebhaber können sich an das Königl. Oberpostamt allhier, oder an die nächsten Postämter wenden, wo sie mit diesen Blättern um den jährlichen Preis von 8. fl. mit halbjähriger Anticipation richtig bedienet werden sollen. Die hiesigen Freunde aber, können solche allezeit um 6. fl. jährlich, doch auch Anticipando, oder Stückweise den halben Bogen für 4. Kr. alle Mittwoche, und Sonnabende nachmittag bey dem Verleger abholen lassen.

Preßburg, den 14. Julii, 1764.

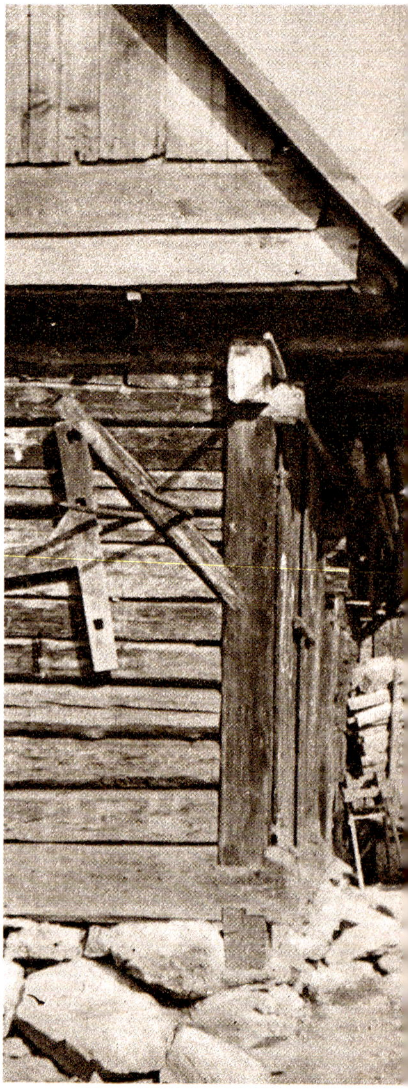

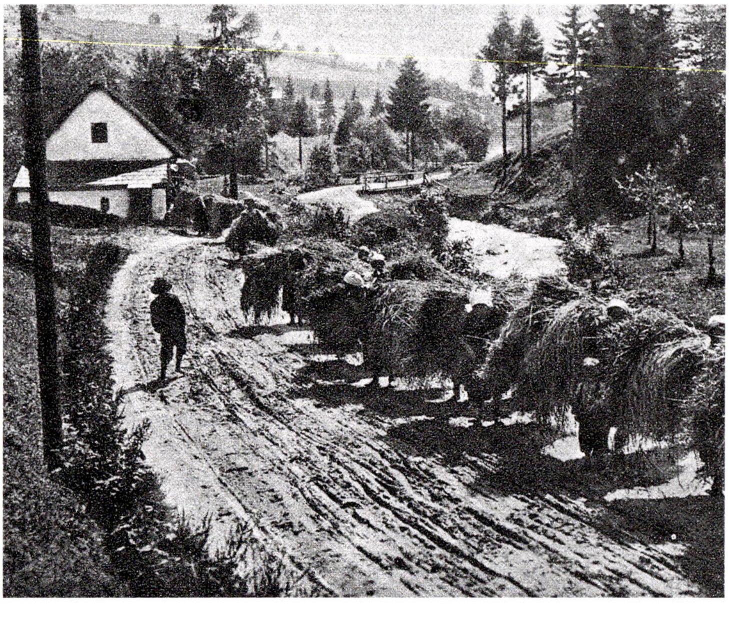

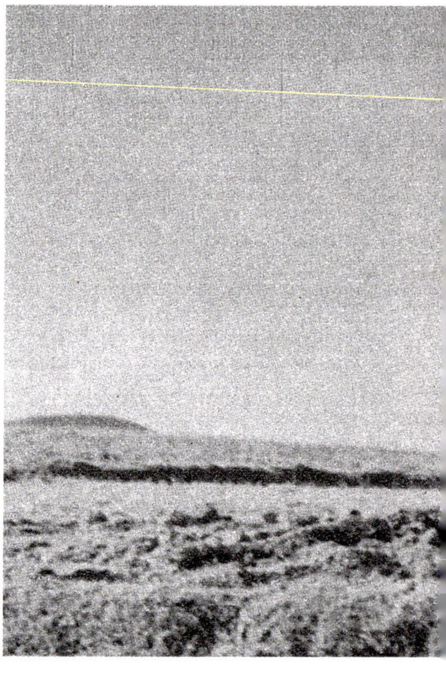

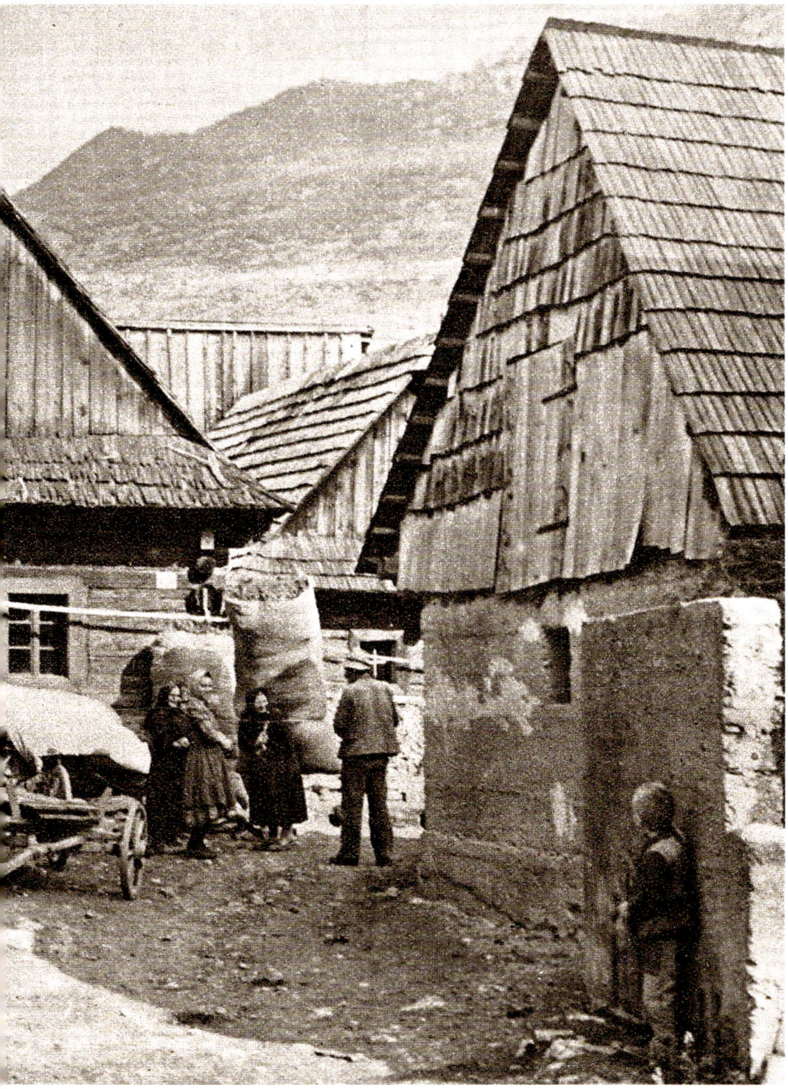

Links außen: Als erste Zeitung in deutscher Sprache erschien 1764 die „Preßburger Zeitung“, herausgegeben von Buchdrukker Michel Landerer und Gottlieb von Windisch. Als Vorbild dazu diente das „Wiener Diarium“ und die „Augsburger Ordinari Postzeitung“.
In Preßburg wurde Schillers „Kabale und Liebe“, das in Wien verboten war, für das Habsburgerreich uraufgeführt, hier residierte einst jener Fürst Esterházy, dessen Hofkapellmeister Josef Haydn war. Und glaubt man alten Überlieferungen, dann hat Haydn seine Musik zum Deutschlandlied im Umland der Stadt singenden Bauern abgelauscht.

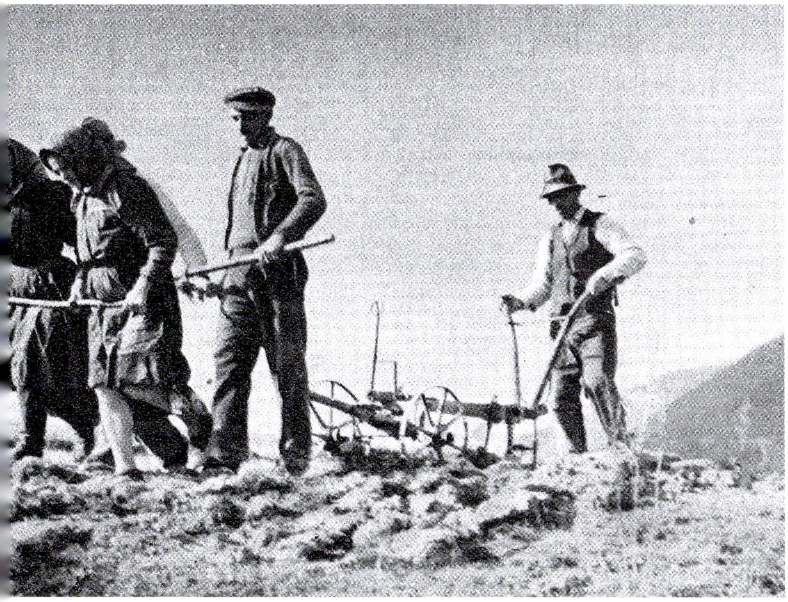

Bauern als „Tragtiere“ im Adlergebirge – Münnichwies zwischen Turz und Neutra (links) – Bauern vor dem Pflug bei Münnichwies. Nach dem Versiegen des Bergsegens in den alten deutschen Haudörfern wie Münnichwies – eine deutsche Gründung des 14. Jh. –, zwang eine karge Flur und Übervölkerung die Bauern häufig dazu, die Arbeit von Zug- und Tragtieren zu übernehmen. Zum Nachteil der deutschen Siedler wirkte sich auch das Erbrecht der Slowaken aus, die ihren jeweiligen Besitz immer unter allen Kindern aufteilten, was eine Zersplitterung des Landes mit sich brachte. Auswanderung war häufig der einzige Weg, um Not und Armut zu entkommen.

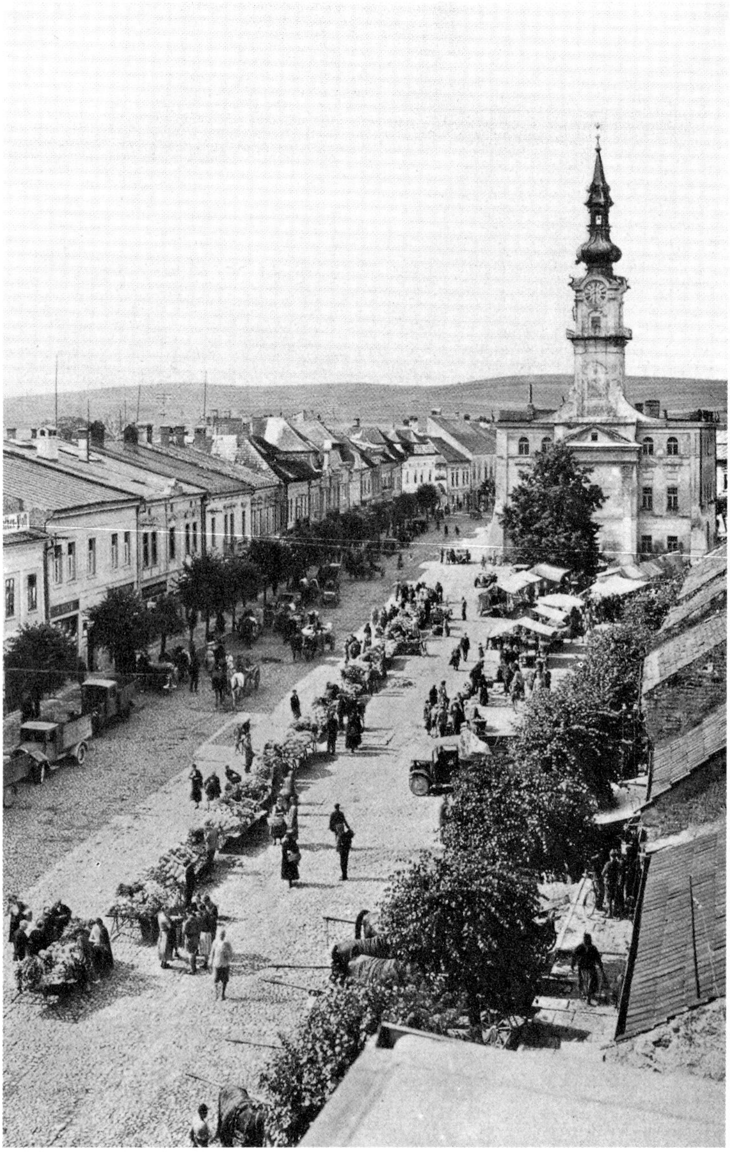

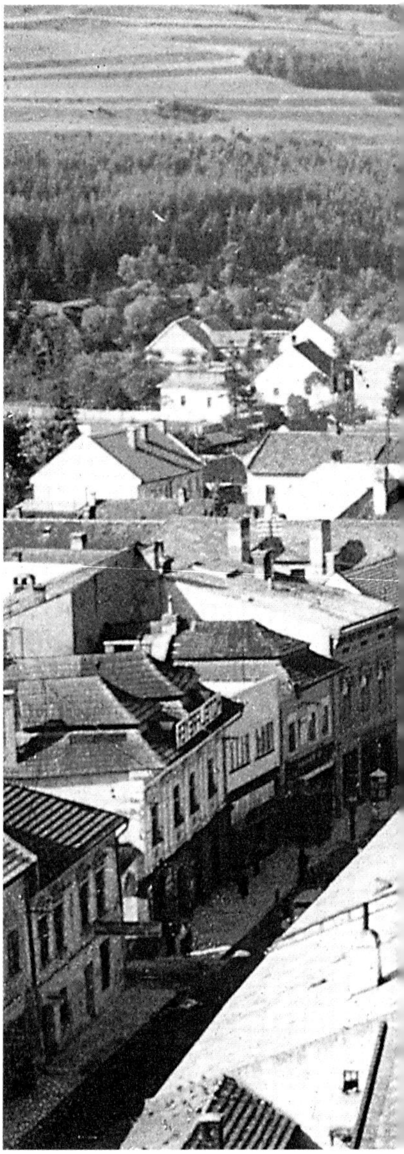

Ring und Rathaus von Käsmark, das bei der Umbenennung in Kezmarok eine leichte Slawisierung erfuhr. Im Hintergrund der typische Zipser Glokkenturm.

Käsmark im Bannkreis der Hohen Tatra, einst ein mächtiges und reiches Handelszentrum. Die Stadt an der Opper war einmal „Herz und Hirn des Deutschtums in der Zips" (Ernst Hornickel). Daneben verstanden sich die Bürger hier ganz besonders auf die Herstellung von Käse. Die Stadt hieß allerdings auch einmal Kaisersmark. Bei der endgültigen Namensgebung kämpfte dann der Kaiser mit dem Käse, wobei der letztere die weiche Oberhand behielt.

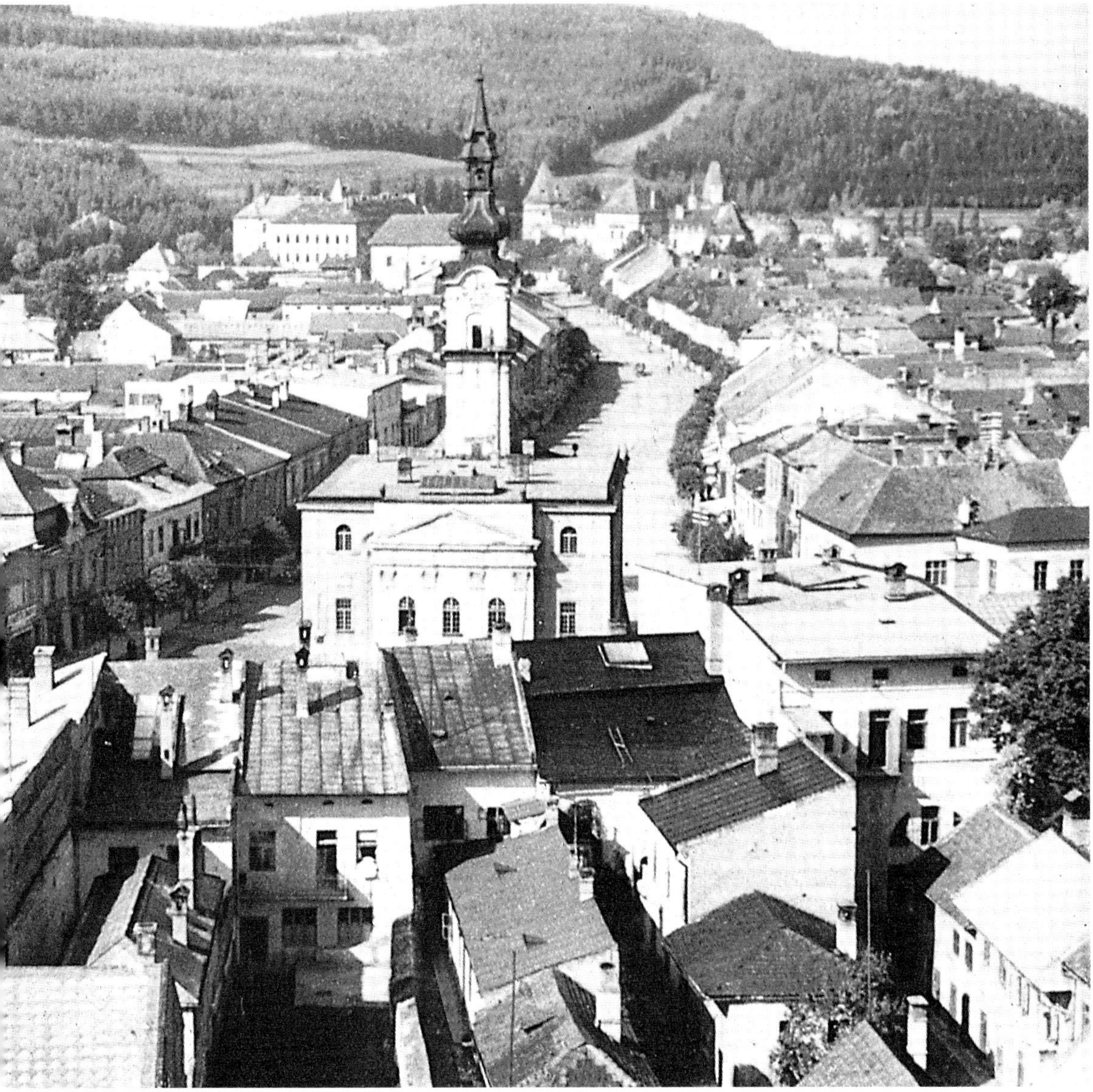

Die Zipser

E jeder läubt sein Voterland,
Drom läub ich mer's holt äuch,
Ond is es euch noch nech bekannt,
Derkennt er's on der Spräuch.

Ich ben e Zepser, ja ferwohr,
Schaat mich emäul recht on,
Dos es e Ländchen, ihr hot gor
Noch kein Begreff därvon.

Die Eldern wie die Kender sein,
Glaubt mer's, bei uns recht fromm,
Ond das geweß nech nar zum Schein,
Denn die sein äuch nech tomm.

Der Zepser es e ehrlich Blutt,
Met Recht kannst du nen traun;
Wos er verspricht, dos hält er gutt,
Off sein Wort kannst du baun.

Wie manch's Gedicht wär noch ze ruebme
Vom Sänger ehrefest un blind!
Ja, meeh wie er verdient's wohl nieme,
Denn rein un edel isch er g'sinnt;
Mer spuert e frumme Geist drinn wäie,
Drum bringe syni Schrifte Säie.

Aus dem Zipserlied von 1836
Von Adolf Lumnitzer (Leutschau)

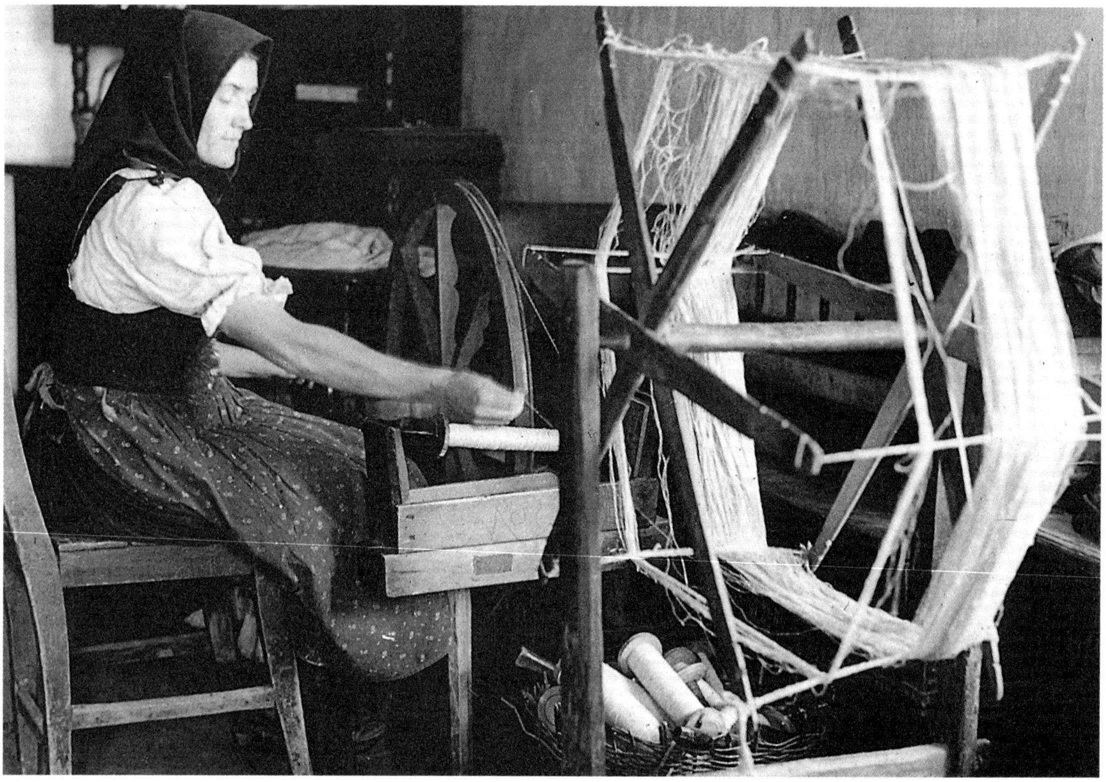

Bäuerin aus Klein-Lomnitz, am Fuß der Hohen Tatra. Nach dem Ende des Ersten Weltkriegs erfuhr das deutsche Leben in der Slowakei – im geschlossenen deutschsprachigen Gebiet um Preßburg wie auf den Sprachinseln und in der unteren und oberen Zips – noch einmal eine starke Förderung. Zahlreiche Vereine wurden gegründet, die Karpathendeutsche Partei zählte über 150 000 Mitglieder und in die deutschen Schulen gingen 22 000 Schüler.

Frauentracht aus Honneshau/ Kremnitzer Sprachinsel. Honnes- oder Hanneshau war eine alte Bergbausiedlung in jener Gegend, wo die Große und Kleine Tatra aneinander heranrücken. Wie in Honneshau konnten sich in den tief im abseits liegenden deutschen Gemeinden der Slowakei durch ihre Isolierung Brauchtum und Überlieferung häufig lange erhalten. Die Trachten der deutschen Sprachinseln, üppig aber ohne jeden verdorbenen Prunk, erinnerten an das Deutschland der Reformation, ohne den Einfluß der slowakischen Nachbarn gänzlich zu übersehen. Reich war auch das Erbe an Dichtung und Bildender Kunst.

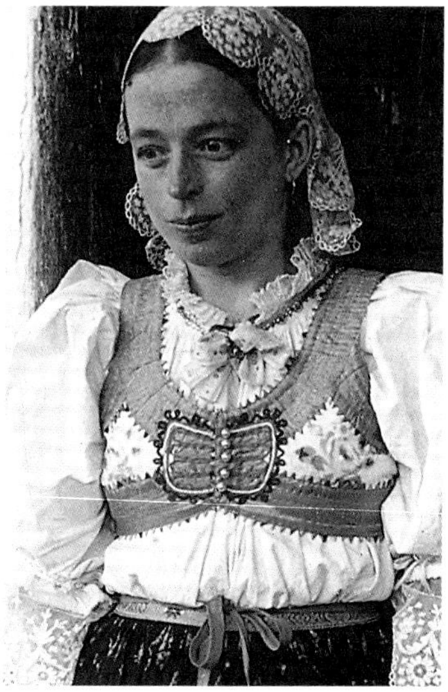

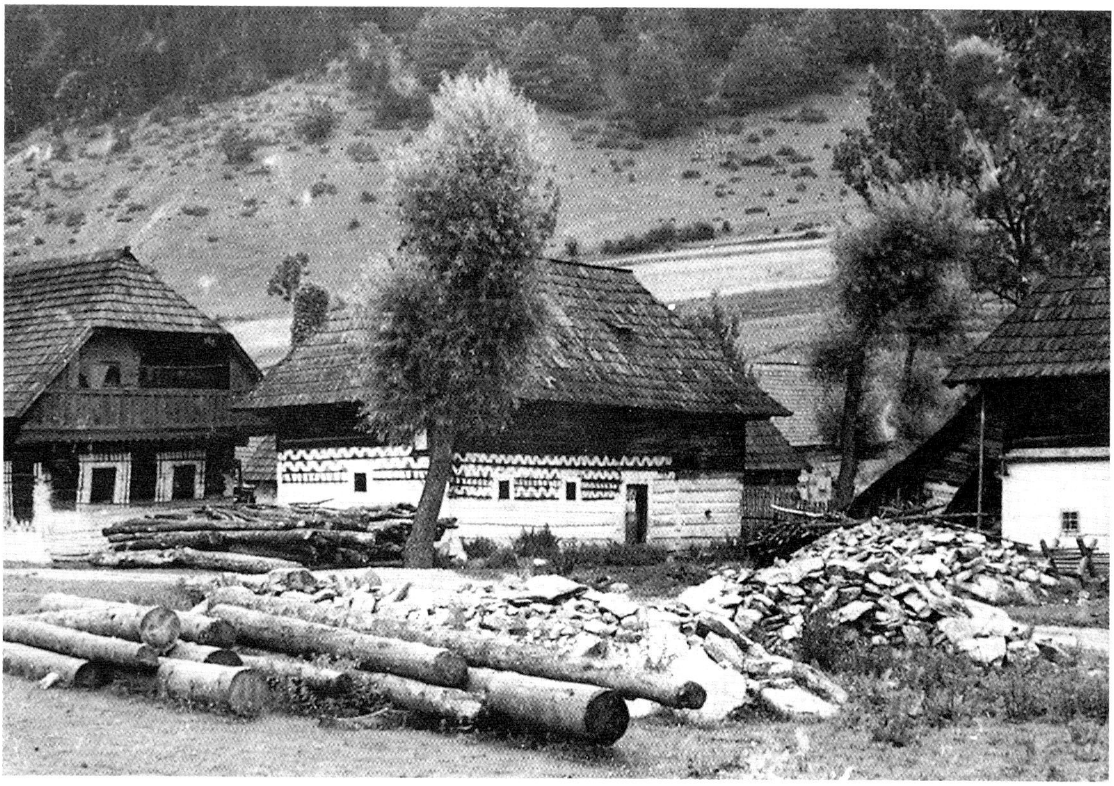

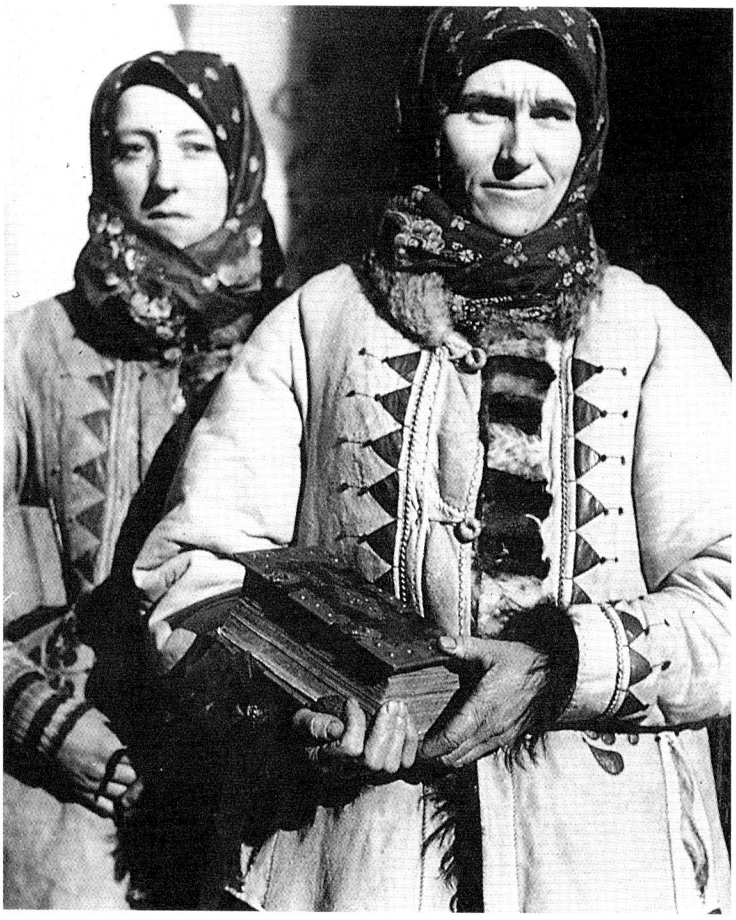

Oben: Klein Lomnitz - Deutsche Bäuerinnen aus Klein Lomnitz.

Die älteste der deutschen Gruppen in der Slowakei waren die Zipser Sachsen, die im landschaftlich schönsten Teil, zwischen der Hohen und Niederen Tatra wohnten. Nicht etwa, daß es sich bei den Zipsern ausschließlich um Sachsen handelte, doch lebten die Menschen hier lange nach „sächsischem Recht". Ihre Vorfahren waren bereits im 12. Jh. von ungarischen Königen ins Land gerufen worden. So wird auch Klein-Lomnitz im einst kompakten deutschen Siedlungsraum der Zips urkundlich bereits 1294 erwähnt.

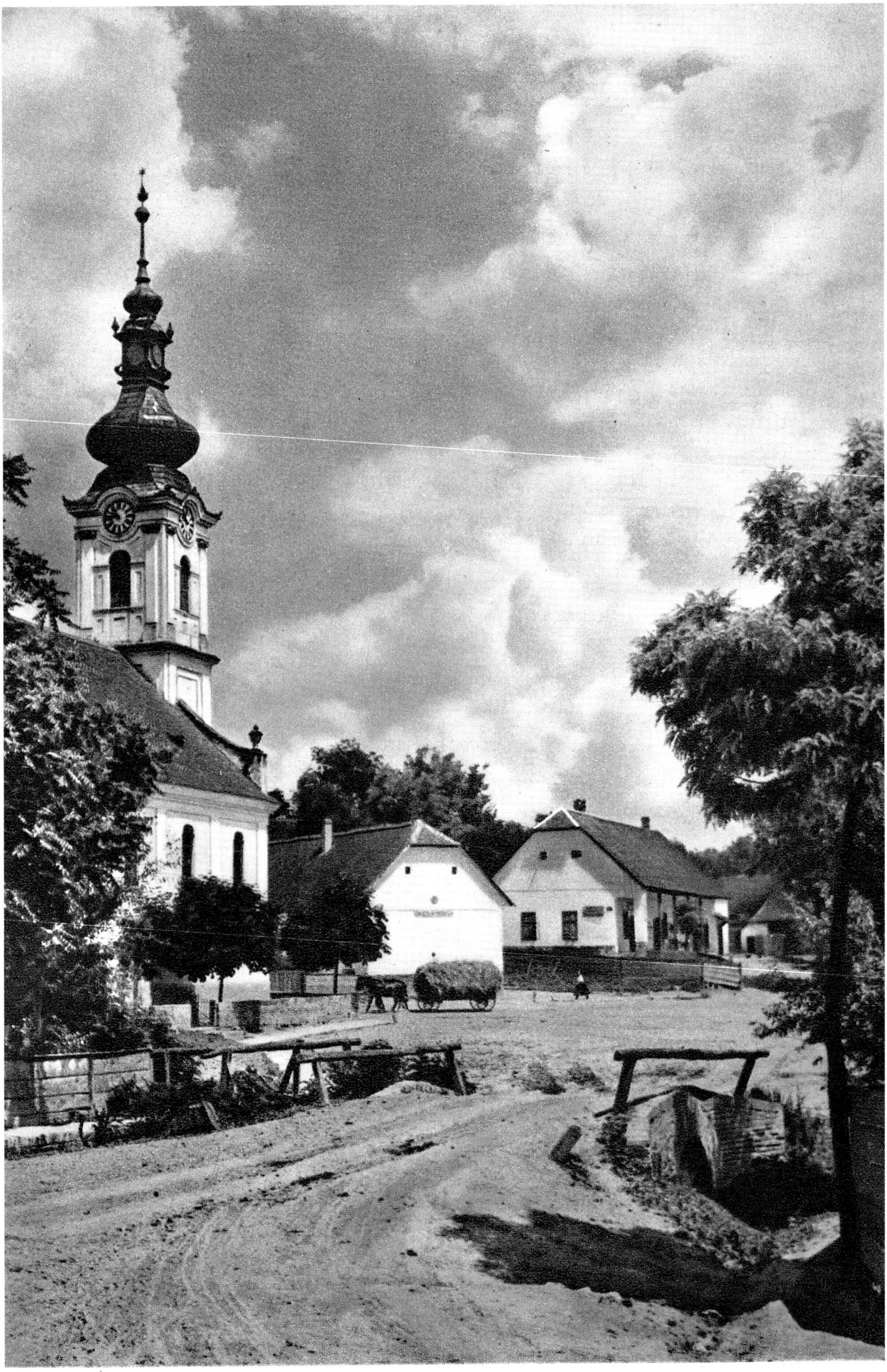

Ungarn oder das „blühend Eden der Donauschwaben“

Zeittafel:

1150 König Geza II. lädt deutsche Einwanderer ein,

1515 Erb- und Ehevertrag der Ungarn mit Habsburg,

1526 Niederlage der Ungarn bei Mohatsch, Dreiteilung unter der Herrschaft der Türken und Habsburgs,

1683 Niederlage der Türken vor Wien,

1699 Friede von Karlowitz, Ende der Türkenherrschaft,

1699–1867 Uneingeschränkte Herrschaft der Habsburger in Ungarn und Siebenbürgen,

ab 1722 Schwabenzüge,

1848/49 Rebellion gegen Habsburg,

1867–1918 Ungarn in der Doppelmonarchie Österreich-Ungarn,

1918 Ungarn zur Republik erklärt,

1920 Vertrag von Trianon, Ungarn auf ein Drittel seines früheren Gebietes verkleinert.

Seit es eine ungarische Geschichte gab, hatten Deutsche und Magyaren gemeinsam an der Kolonisierung des Donauraumes gearbeitet. Als die Ungarn dort einen Staat errichteten, schufen die Deutschen dazu die Städte. Möglich, daß in der Wiener Hofkanzlei dann eines Tages tatsächlich der Beschluß gefaßt wurde, „das hungarische, zu Revolutionen und Unruhen geneigte Geblüt mit dem Deutschen zu temporieren“. Ausgelöst haben die großen Schwabenzüge des 18. Jh. – und damit die Gründung des deutschen Neustammes der Donauschwaben – aber die Türken, die nach ihrem Rückzug aus Ungarn ein völlig verändertes, ja verödetes Habsburger Erbkönigreich hinterlassen hatten.

Prinz Eugen, der edle Ritter, den man gerne als Türkensieger preist, siedelte auf dem entvölkerten Boden zuerst seine ausgedienten Soldaten, dann einen deutschen Bauernstand an. Als sich beide schon bald über einen gravierenden Frauenmangel beklagten, machten sich in der Heimat spontan sogenannte Bräuteschiffe auf den Weg gen Osten. Dieses zweite Befreiungsheer besingt das fröhliche Volkslied von den „schwäbischen, bayrischen Dirndln juchheirassa“, die der Schiffsmann fahren lassen soll, noch heute.

Wen immer Habsburgs Werber – in Bayern wurden sie akzeptiert, in Preußen aufgehängt – daneben noch für Ungarn interessieren konnten, bewegte sich bald auf Ulmer Schachteln, Kehlheimer Plätten oder den bewährten Zillen donauabwärts. „Deitsche Leit“, wie sie sich selbst nannten, für die Umwelt Schwaben, das Synonym Ostmitteleuropas für jeden Deutschen seit jenen Tagen, als Markgraf Ludwig von Baden mit schwäbischen Kreistruppen Inner-Ungarn den Türken entriß. Den Erfolg ihrer Kolonisation besang der Schwabendichter Müller-Guttenbrunn: „Aus einer Wüste ward ein blühend Eden, aus Sümpfen hob sich eine neue Welt . . .“. Doch davor mußte Ungarn zuerst einmal zum „Grab der Deutschen“ werden. Den Neusiedlern wehte aus Sümpfen und Morästen ein giftiger Pesthauch entgegen, der im Ofener Bergland oder im Banat ganze Generationen von ihnen auslöschte.

Hartnäckig wie sie waren, bauten die Donauschwaben trotzdem weiter an des „Reiches Hofzaun“, dem Schutzwall gegen Türken und Krankheiten, immer im Vertrauen darauf, daß „überall, wo's Herrgöttle wohnt, a Schwäbli allwil a Plätzli han ka“. Zwei Millionen Schwaben siedelten in Alt-Ungarn, von der Zips bis in die Schwäbische Türkei, von Ofen(=Buda)-Pest bis in die Batschka, in Städten wie Stuhlweißenburg, Fünfkirchen, Abthausen oder Neusatz: alles zusammen auf einem Gebiet von der Größe Bayerns. Ganz generell waren sie Bauern geblieben, als Umgangssprache hatte im deutschen Völkerbabel das Rheinfränkische das Schwäbische jedoch bald besiegt.

Ungarndeutsche: Ella Triebnig, Erzählerin, Hans Faul, Schriftsteller, Saul von Altenburg, Erzbischof, Ignaz Filipp Semmelweiß, Mediziner, Franz Liszt, Komponist, Eduard Glatz, Kulturpolitiker, Mathes Nitsch, Erzähler, Josef Novak, Theologe, Franz Erkel, Komponist, Edmund Steinacker, Politiker.

Donauschwäbisches Dorf im ungarischen Komitat Tolnau, zwischen Donau und Plattensee. Nach Abzug der Türken waren hier von 570 mittelalterlichen Siedlungen noch 60 übriggeblieben. Deutsche Kolonisten, im Verband mit Slawen und Ungarn, besorgten den Wiederaufbau.

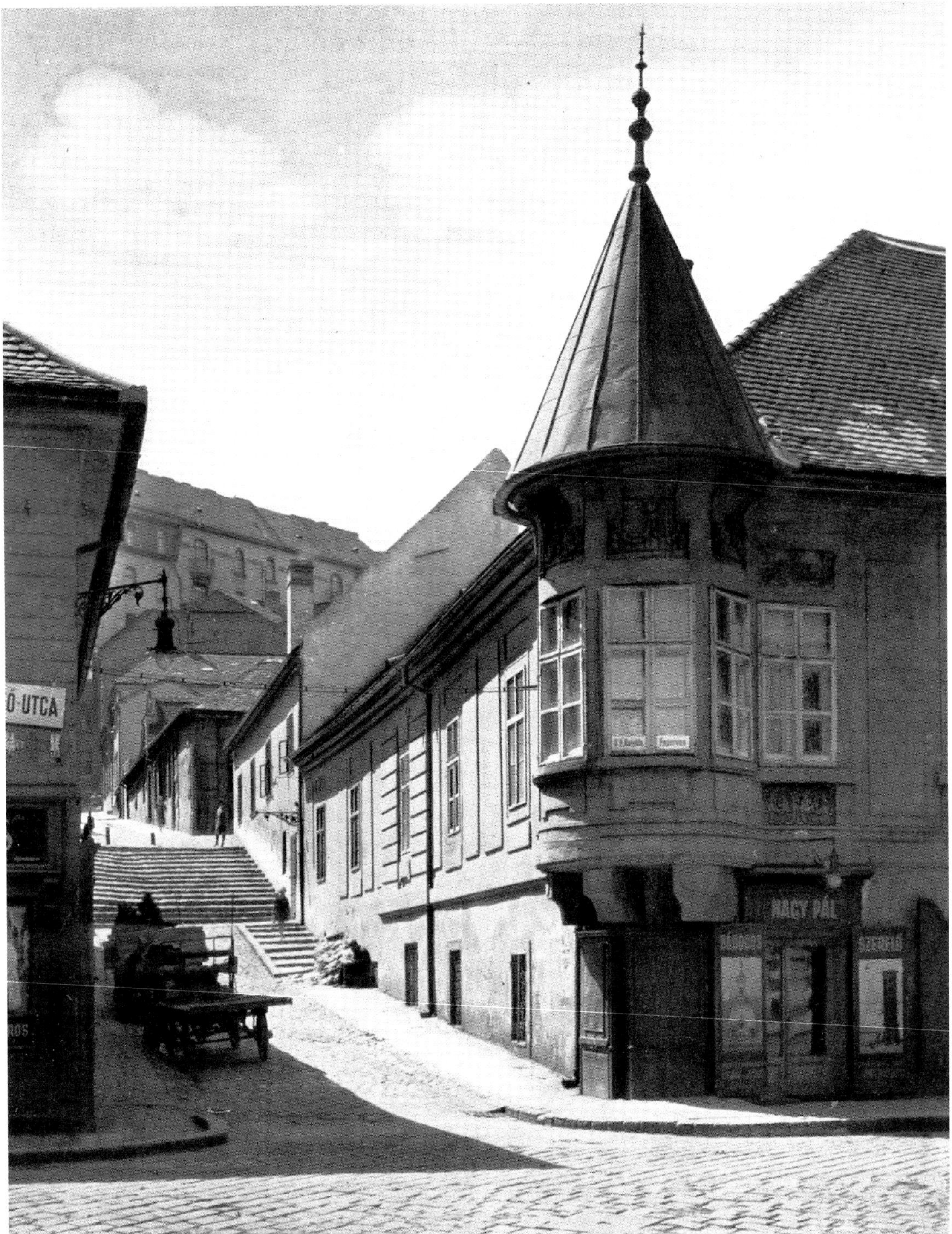

Deutsche Bürgerhäuser in Ofen (ungarisch: Buda), dem alten, westlich der Donau gelegenen Stadtteil von Budapest. Noch zur Jahrhundertwende wurden in der 1872 vereinigten Doppelstadt rund 120000 Deutsche gezählt, die auf reichen Traditionen aufbauend eine rege Geisteskultur entwickelt hatten.

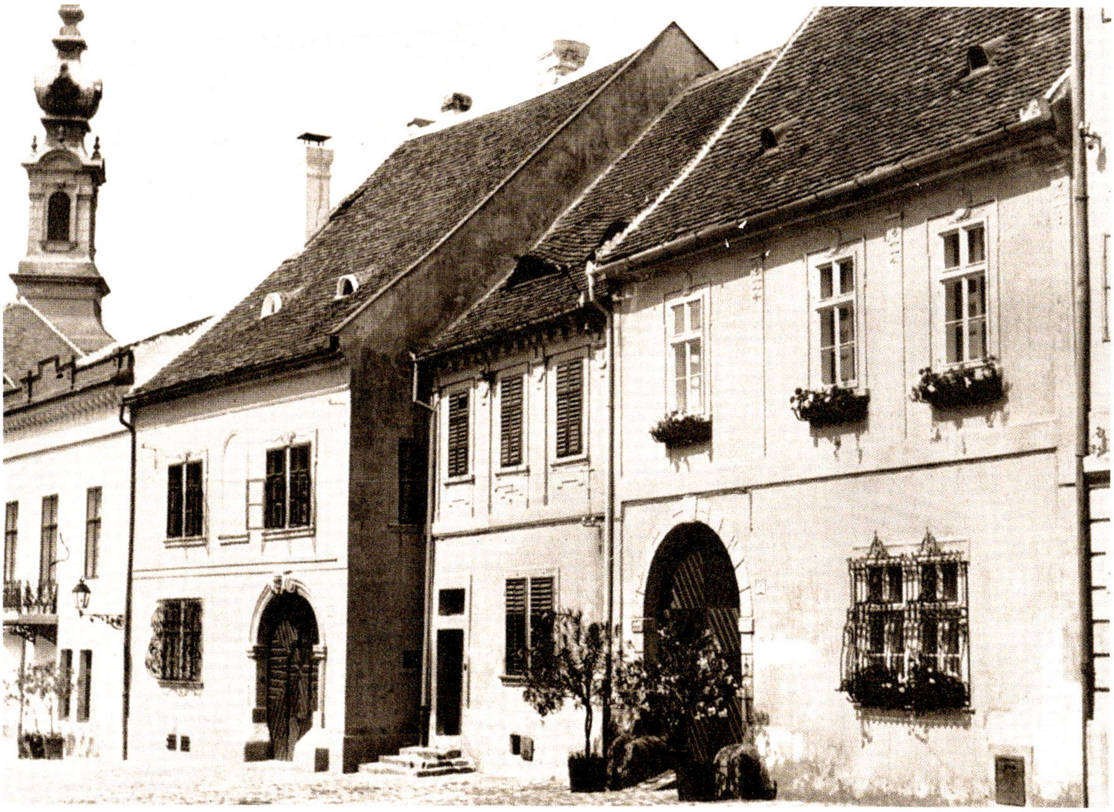

Auf dem Boden des späteren Königssitzes Ofen hatte Stefan der Heilige 1022 die Propstei St. Petrus und Paulus gegründet, die bald darauf die Marktrechte erhielt. Nach dem Mongoleneinfall stand Ofen, 1244 von Bela IV. mit besonderen Privilegien ausgestattet, unter deutscher Verwaltung. Das Ofener Stadtrecht beruhte auf dem Magdenburgischen Recht. Glanz und Reichtum Ofens überstrahlten alle Nachbarn in ungarischen Landen. Bis etwa Mitte des 18. Jh. galt der ältere der beiden Ortsteile von Budapest, der immer wieder zerstört und immer wieder aufgebaut wurde, im gewissen Sinne nicht nur als „Perle der Donau", sondern auch als „deutsche Stadt".

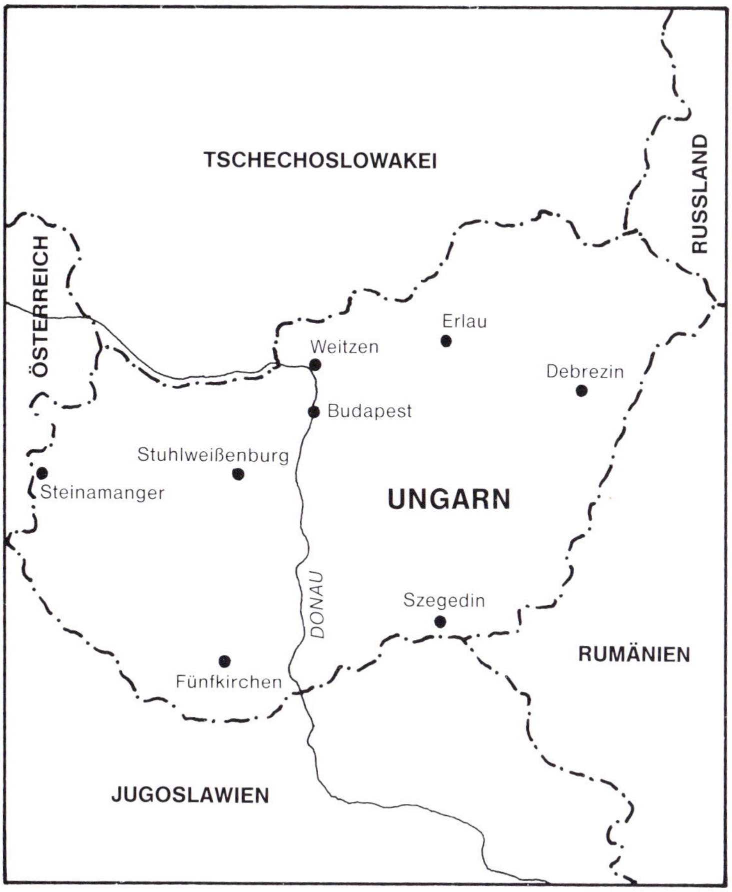

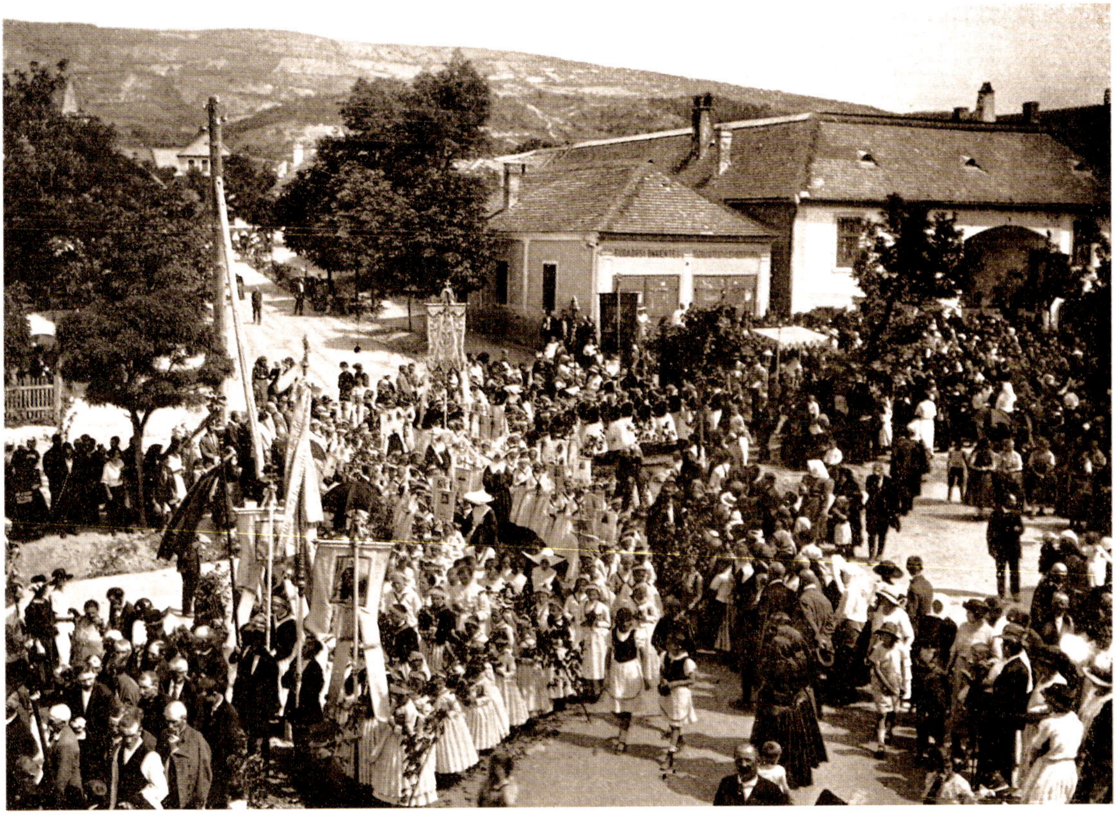

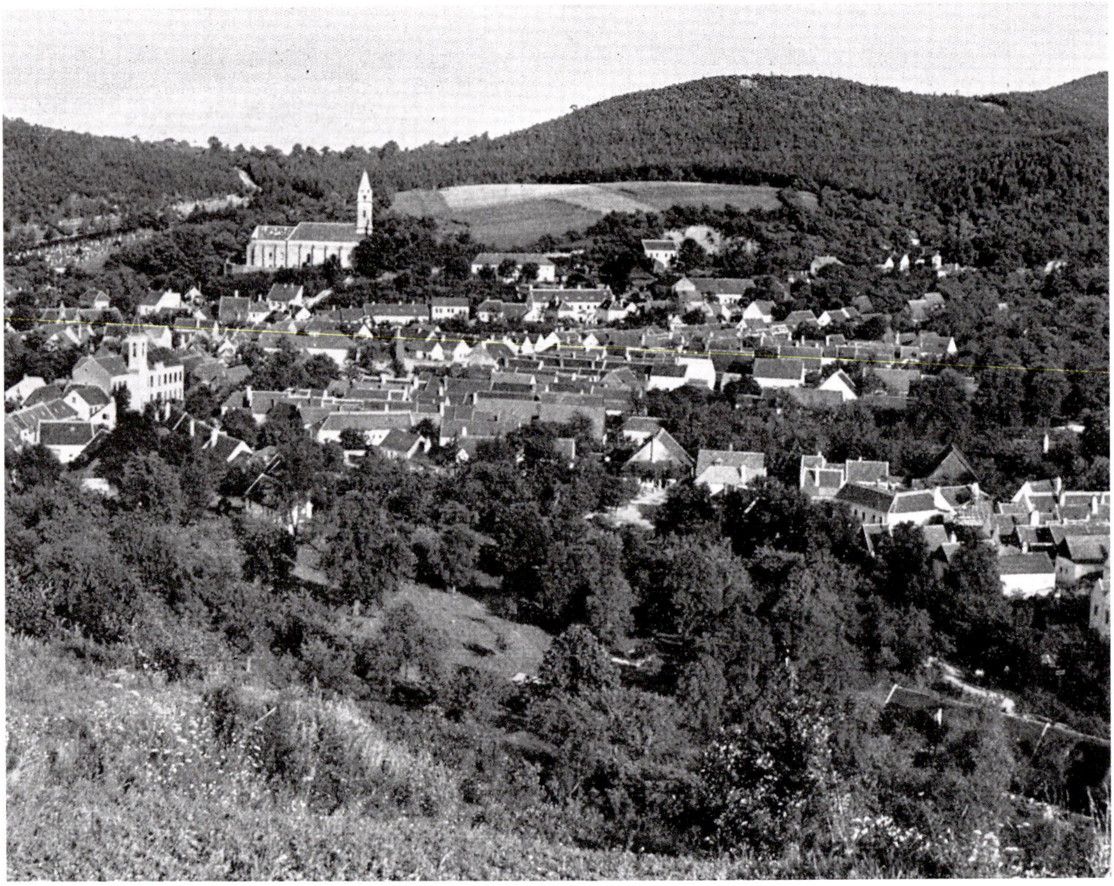

Fronleichnam in Budaörs. Der Ort am Südhang der Ofener Berge war für seine große deutsche Gemeinde und festlich begangenen Fronleichnamsprozessionen bekannt. Lebhafte Volksfrömmigkeit und farbenfrohe Blumenteppiche lockten dazu zahlreiche Besucher besonders aus der Hauptstadt Budapest. –

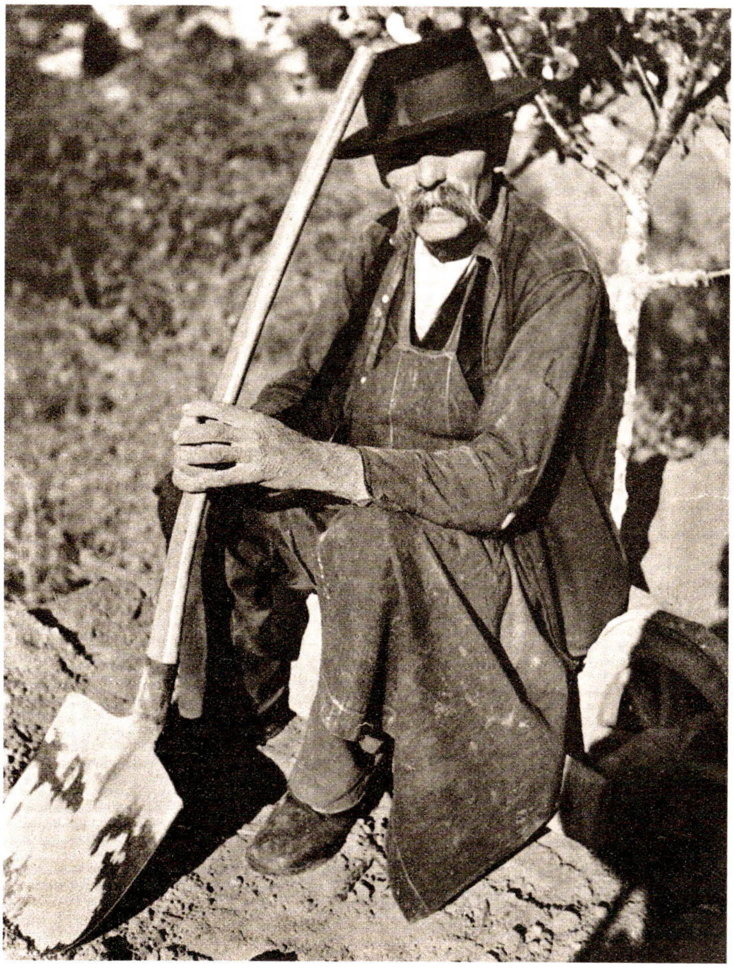

Wandorf bei Ödenburg (unten links). Die Deutschen im (Vier-)Burgenland wurden nach dem Krieg auf vier Länder verteilt: während das Hauptgebiet als Deutsch-Westungarn Österreich zugesprochen wurde, fiel Preßburg an die Tschechoslowakei, eine Gegend im Süden an Südslawien während die Städte Eisenburg, Wieselburg und das bereits von Karl dem Großen gegründete Ödenburg bei Ungarn blieben.

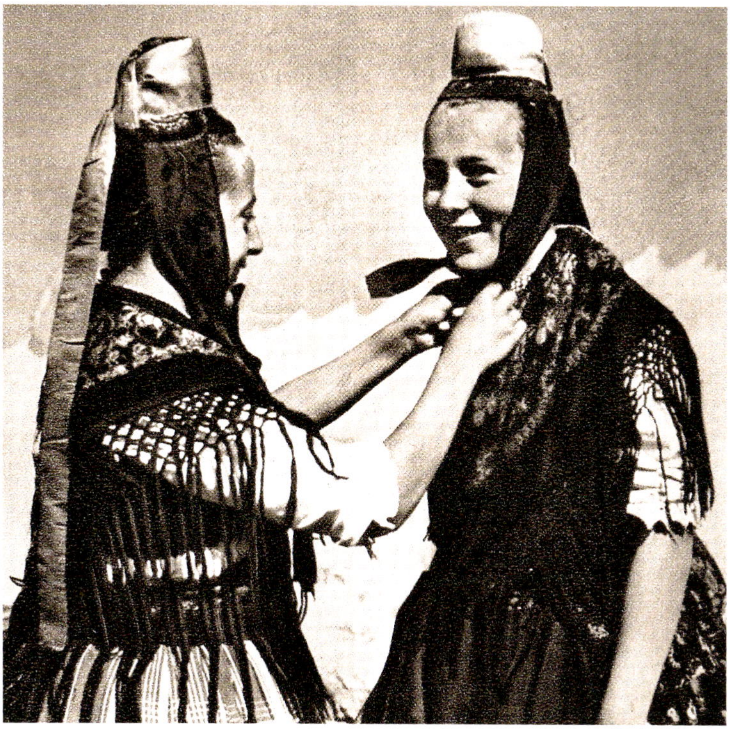

Schwäbischer Bauer – Mädchen in heimischer Tracht mit der berühmten Bänderhaube. Über die „Schwaben", die tatsächlich zum Beispiel auch aus Hessen, der Pfalz, Bayern oder Mainfranken kommen konnten, hatte Graf Karolyi im Jahre 1712 – rund 14000 deutsche Kolonisten kamen die Donau herunter – noch geschrieben: „Gott hat sie uns gegeben ... kaum 50 Kreuzer kostet uns eine Person, sie werden uns Hunderttausende bedeuten". Tatsächlich waren die Kontakte zwischen Deutschen und Magyaren aber schon viel älter. Zogen doch bereits die Burgunden des Niebelungenliedes auf ihrem Weg nach Osten genau auf jener Strecke, die einmal den auswandernden Donauschwaben gewiesen wurde.

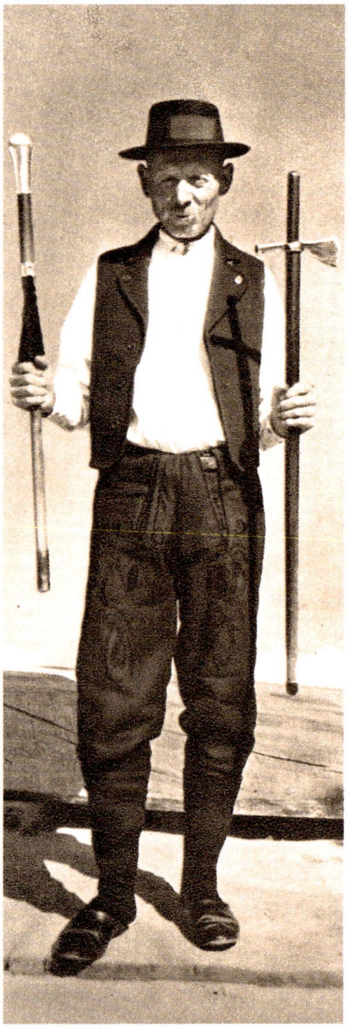

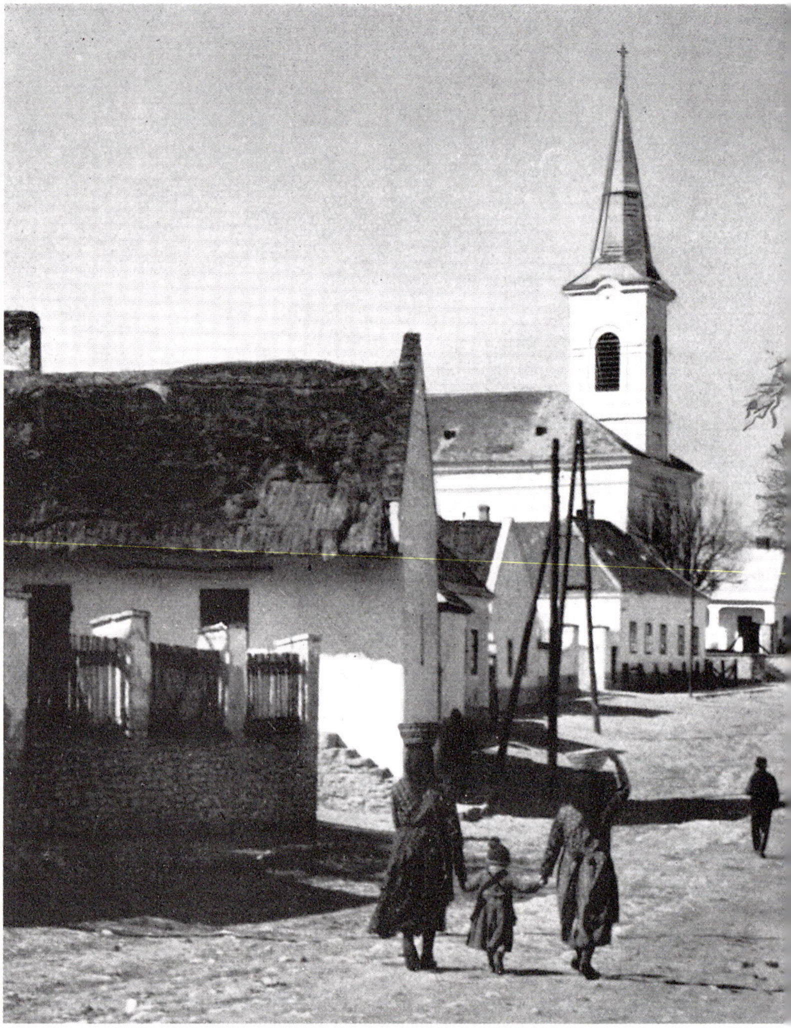

Ungarndeutscher Richter mit Richterstab und Nachtwächterstecken. Die Deutschen in Ungarn glichen ihre Tracht häufig schnell der einheimischen Mode und dem stark binnenländischen Klima an. Allerdings half der ungarische Staat dabei etwas nach. Im Tolnauer Komitat etwa führte er 1831 nicht nur die ungarische Schulsprache ein . . . er verbot den Deutschen auch ihre eigene Tracht. Jedermann war es jetzt erlaubt, den Deutschen die typischen langen Strümpfe („Strimpli") abzuschneiden.

Bakonynana, deutsches Dorf im Bakonyer Wald bei der Zisterzienser-Abtei Zierc. Von der Abtei Zierc und dem Domkapitel von Weißbrunn aus hatten sich geistliche Grundherrschaften neben den Grafen Esterthazy und Zichy nach der Türkenzeit darangemacht, das Umland wieder aufzubauen. Der Versuch, slawische Kolonisten einzusetzen, scheiterte. Daraufhin erhielten die ungarischen Stände vom Kaiser in Wien die Zustimmung für die Anwerbung von Siedlern aus seinen Erblanden und dem Heiligen Reich. Lag es doch im Interesse von beiden, Ungarn „als eine Vormauer der Christenheit mit teutschen Leuten zu besetzen". Im Gegensatz zum deutschen Städter, der sein soziales Vorbild gerne im ungarischen Adel sah und so auch verhältnismäßig schnell madjarisiert wurde, bildeten die deutschen Dörfer geschlossene Lebensgemeinschaften. Theodor Heuss, der spätere Bundespräsident, gab 1911 nach einer Ungarnreise die Zahl der Ungarndeutschen in Stadt und Land noch mit „über zwei Millionen " an.

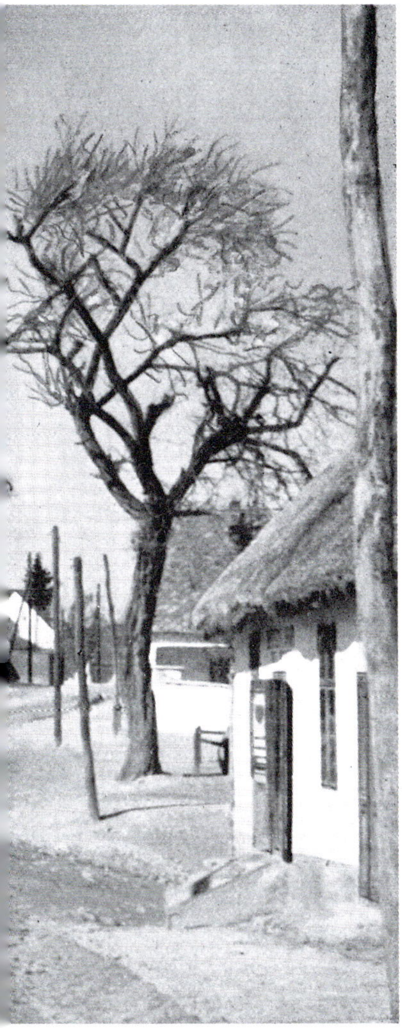

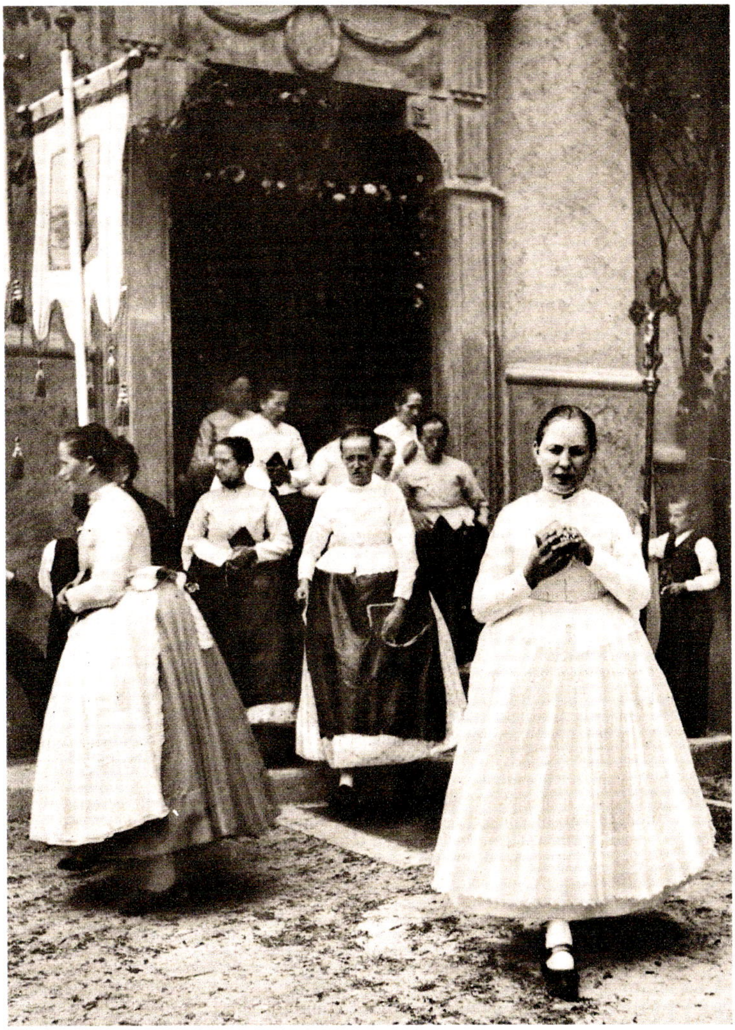

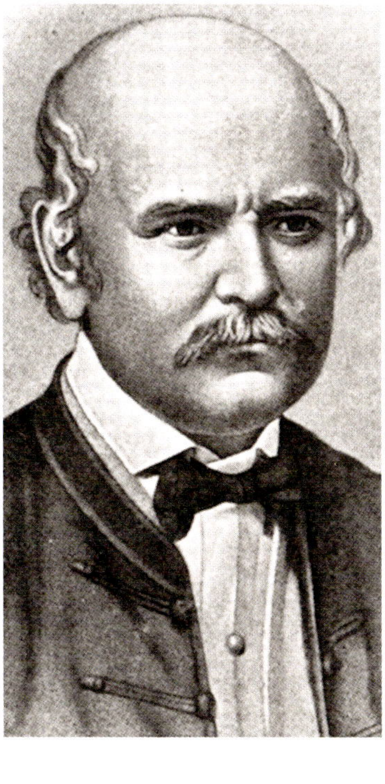

Kirchgang in einer ungarndeutschen Bauerngemeinde am Morgen des Kirchweihtages, der alljährlich am Namenstag des jeweiligen Schutzpatrons einer Siedlung gefeiert wurde. Viele der Schwabengemeinden pflegten bis lange in unser Jahrhundert hinein deutsche Traditionen wie die „Kirwe", das feierliche Umtragen von Traubengebinden zum Weinlesefest oder das Eierlaufen am Ostermontag.

Ignaz Philipp Semmelweis, geboren 1818 in Ofen, gestorben 1865 bei Wien. Der Professor der Geburtshilfe galt als „Retter der Mütter", nachdem er erkannt hatte, daß das Wochenbettfieber durch größte Reinlichkeit verhindert werden konnte.

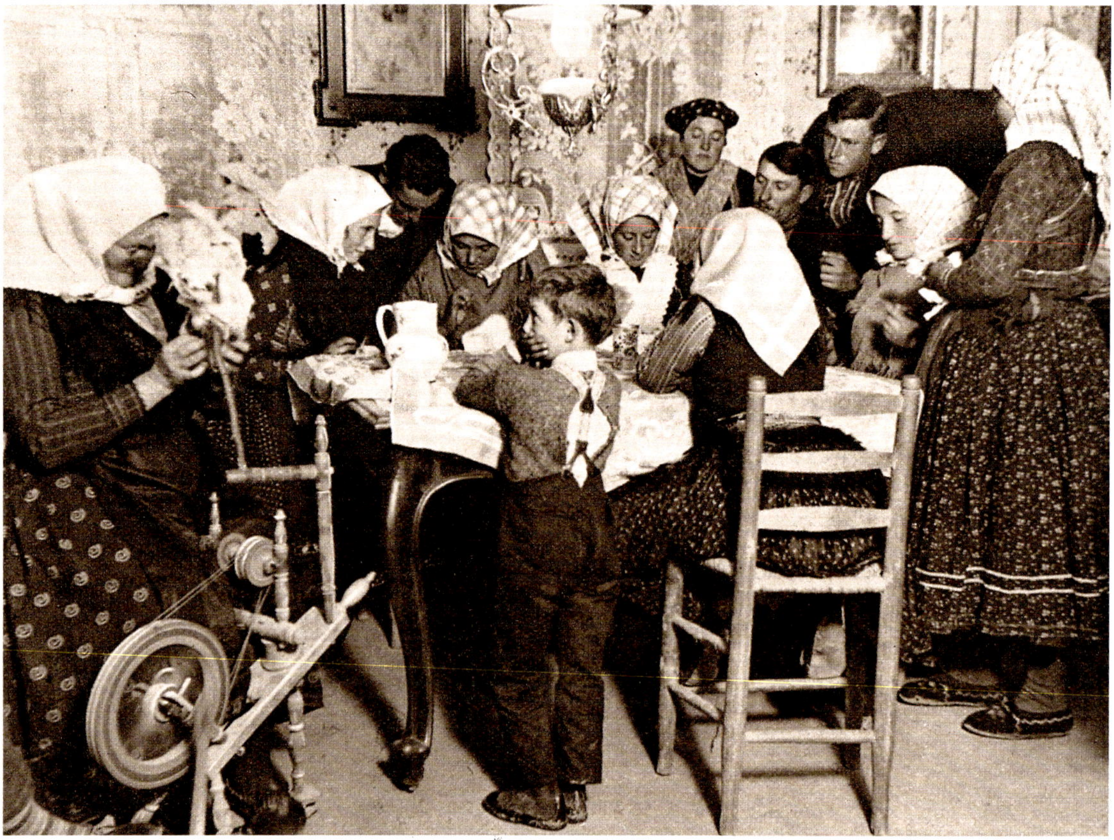

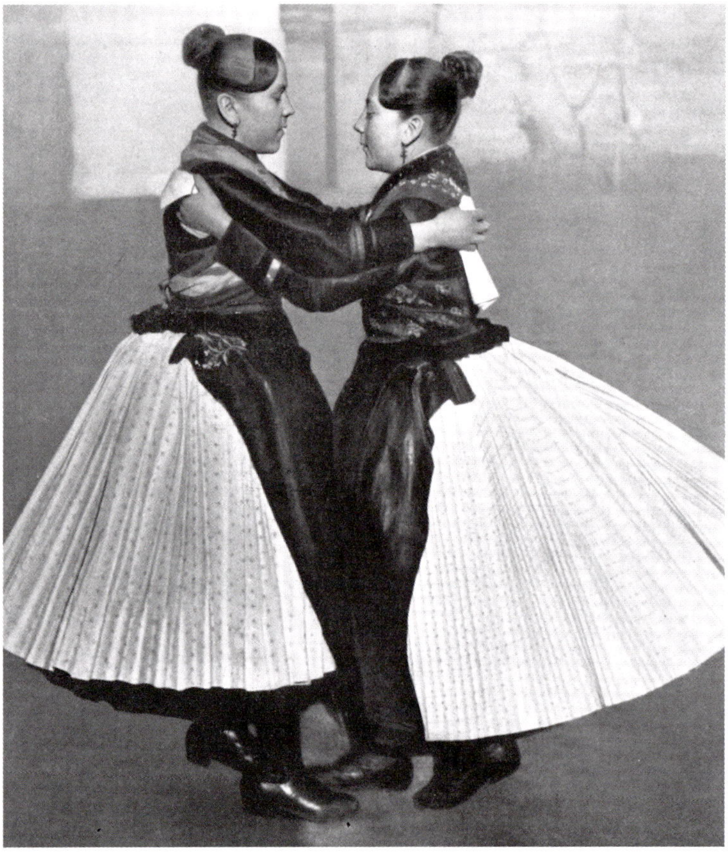

Oben: Spinnstube in Arpad, einem schwäbischen Bauerndorf in Südungarn.
Links: Deutsche Mädchen in Bercel bei Cegled im Pester Komitat beim landestypischen Czardas.
Oben rechts: Schwäbisches Bauernhaus in Südungarn.
Unten rechts: Fünfkirchen in der Baranya (Branau) in der Schwäbischen Türkei. Um Fünfkirchen (heute Pecs) waren schon vor dem Jahr 1000 besonders unter dem Einfluß der Salzburger Diözese zahlreiche deutsche Siedlungen entstanden. Bauern kamen ins Land, denen Handwerker und Kaufleute folgten. Bis zur Schlacht von Mohacs (1526) war jeder vierte „Ungar" ein „Teutscher" Den Deutschen gehörten die ummauerten Städte, zusätzlich ein Zehntel des Landes. Nach der Vertreibung der Türken aus Ungarn wurde die Schwäbische Türkei zu einem Kernraum der donauschwäbischen Besiedlung.

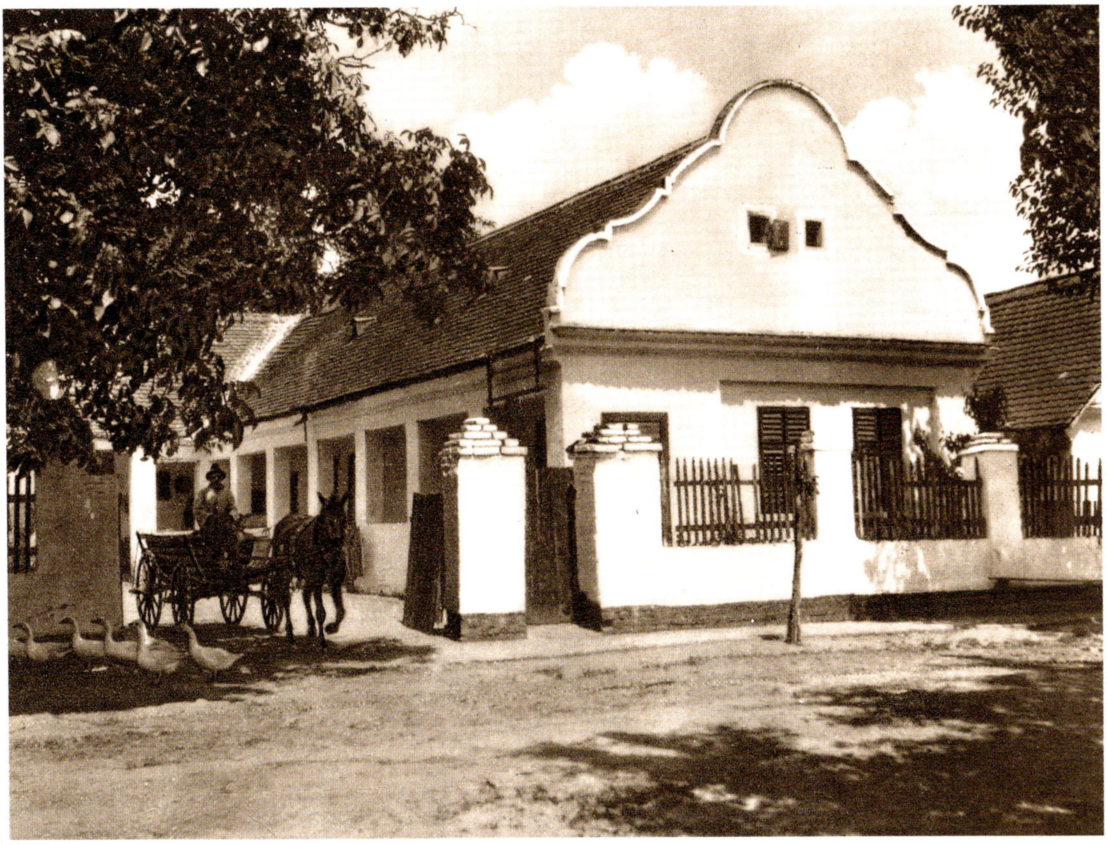

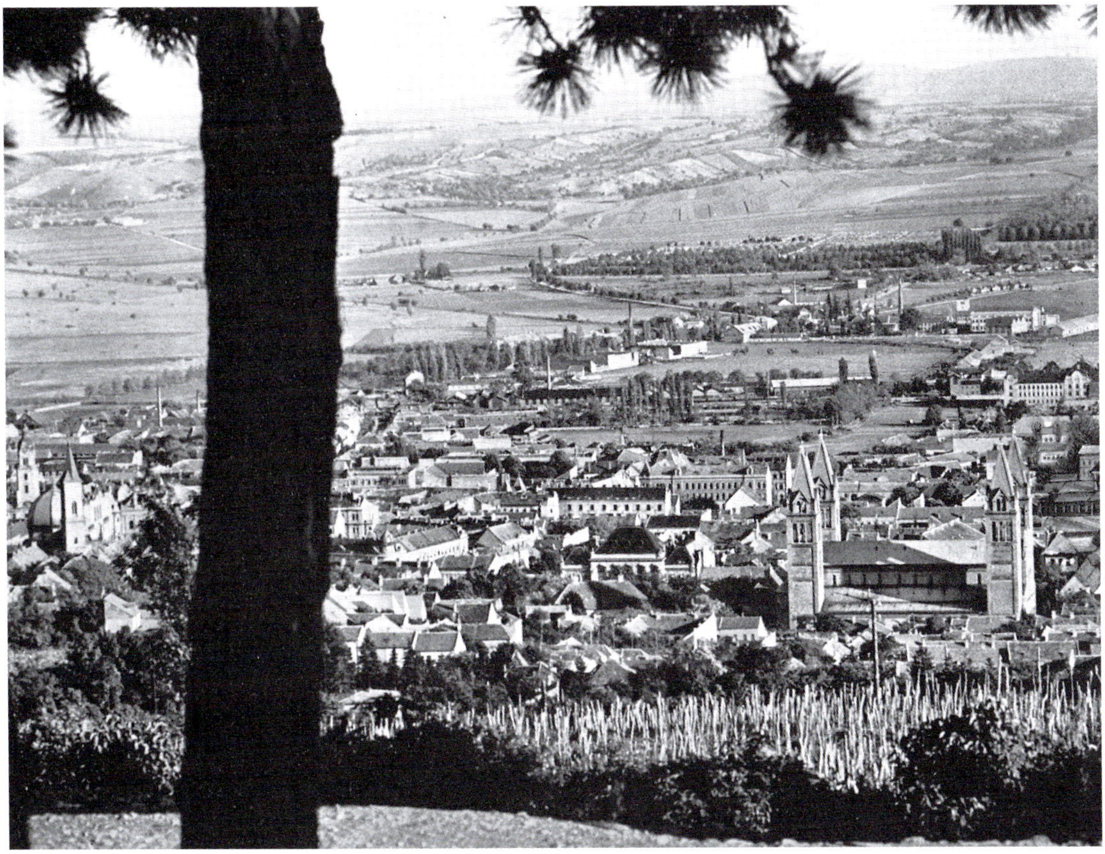

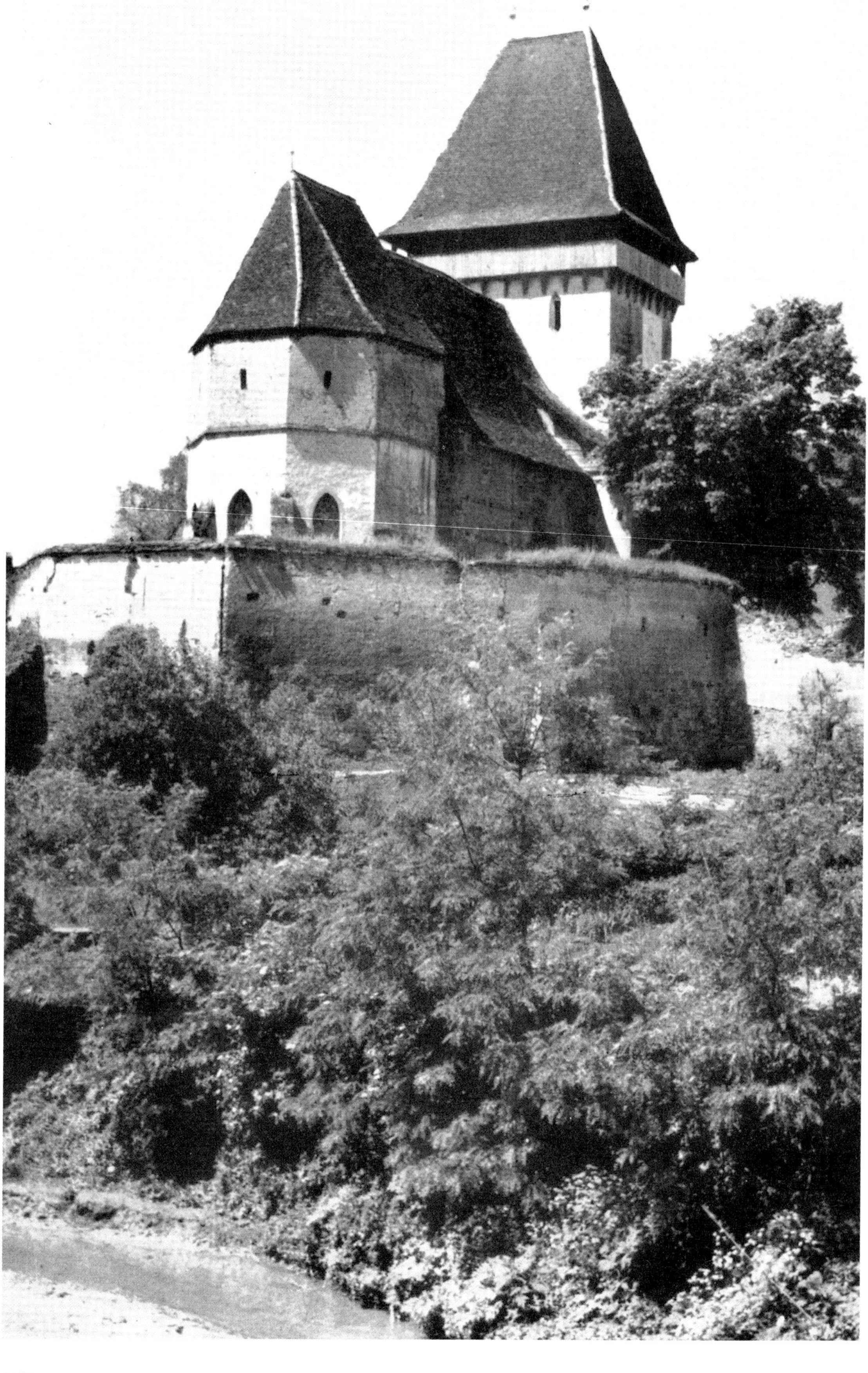

Zeittafel:
1141–1163 Ansiedlung der ersten Deutschen in Siebenbürgen,
1211–1225 Der Deutsche Orden im Burzenland,
1541 Siebenbürgen unter türkischer Oberhoheit,
1699–1867 Herrschaft der Habsburger in Siebenbürgen,
1716–1718 Türkenkrieg des Prinzen Eugen, Habsburg erhält Banat,
ab 1722 Schwabenzüge,
1755 Bukowina kommt zu Österreich, deutsche Einwanderungswelle,
1867/68 „Ausgleich“ zwischen Österreich und Ungarn, Siebenbürgen mit Ungarn vereinigt,
1878 Dobrudscha von der Türkei zu Rumänien
1916 Rumäniens Kriegseintritt auf der Seite der Alliierten,
1918 Siebenbürgen, Buchenland, Banat, Sathmar und Bessarabien im Königreich Rumänien,
1919/20 Friedensverträge von Saint Germain und Trianon.

Die Kirchenburg von Eibesdorf. Am Westturm der Umlauf aus Fachwerk, am hohen Chor eine Reihe von Schießscharten: Zeugen jener Vergangenheit, als Siebenbürgens Gotteshäuser den Siedlern häufig als letzte Zuflucht vor anstürmenden Feinden dienten.

Rumänien: Land der Reue, Land des Segens

So weit ging das Auftauchen der Siebenbürger Sachsen an der Pforte des Orients ins Mittelalter zurück, daß man es einmal mit Hilfe der Sage umschreiben mußte: Bei den Stammeltern der wohl klassischsten Auslandsdeutschen habe es sich um jene Kinderschar gehandelt, die der Rattenfänger aus Hameln zuerst in den Poppenberg und von dort auf den sogenannten Königsboden am Karpatenwall führte! Natürlich griff die offizielle Geschichtsschreibung hier bald korrigierend ein. Die „Sachsen“, die tatsächlich Moselfranken waren, wurden im 13. Jh. als Wächter der europäischen Kultur an die Grenzscheide zwischen Abend- und Morgenland gerufen, um dort dann rund 800 Jahre lang die kulturell in sich geschlossenste Siedlung der deutschen Diaspora recht erfolgreich zu verwalten.

Der Alltag dieser Sachsen in einem der politischen Wetterwinkel Europas war Generationen hindurch von Krieg und Heimatgefühl geprägt, was am besten sicher ihre mächtigen Kirchenburgen - wehrhaft nach außen, mit göttlichem Bezug im Innern - symbolisieren. Daneben waren sie hervorragende Kolonisten, die Siebenbürgen in ihrem Sachsenlied recht bildhaft als das Land des Segens, der Fülle und der Kraft, „...ein Land voll Gold und Rebensaft...“ besingen.

Wie die Sachsen keine Sachsen waren, so handelte es sich bei den Banater Schwaben nur in den selteneren Fällen um echte Schwaben. Doch das wurde mit dem Ende des Ersten Weltkrieges ohnehin belanglos. Die Hochlandfestung der Siebenbürger in der Mitte bildete jetzt das bodenständige, weitgehend bäuerliche Deutschtum des Banat, Sathmars, des Buchenlands, Bessarabiens und der Dobrudscha einen geometrischen Kreis im neuen Großrumänien. Rund 800000 Deutsche aus fünf verschiedenen Staaten und recht unterschiedlichen geschichtlichen Zusammenhängen waren somit vereint. In Siedlungen wie Schönberg, Honigdorf, Liebling, Friedensfeld und Gnadental spiegelte sich die Sehnsucht, die ihre Vorfahren einmal zur Emigration verleitet hatte.

Daß die Ostwanderung dieser Urpioniere nicht immer von Erfolg gekrönt war, entnehmen wir dem Weltwanderbuch gerade jener Schwaben, die als gute katholische Untertanen Habsburgs ins spätere Rumänien gezogen waren, um dort mit den Worten ihrer Zeit festzuhalten: „Hier ist das Banat. Den es reut, ist zu spat. Wer nicht arbeiten kann wie ein Gaul, fressen wie eine Sau, bellen wie ein Hund, der wird im Banat nicht gesund.“

Die Schwabenenkel hatten es da schon wesentlich besser. Das Banat war zu einer der Kornkammern des Deutschen Reiches geworden.

Rumäniendeutsche: Nikolaus Lenau, Dichter, Stefan Ludwig Roth, Märtyrer, Georg Daniel Teutsch, Bischof, Johannes Honterus, Reformator, Samuel von Brukenthal, Staatsmann, Adam Müller-Guttenbrunn, Schwabendichter, Johnny Weissmüller, Filmtarzan, Paul Celan, Lyriker, Hermann Oberth, „Vater der Weltraumfahrt“, Georg May II., Goldschmied, Jakob Berg, Bauerndichter, Martin Siebenbürger, Rechtsgelehrter, Adolf Meschendörfer, Dichter.

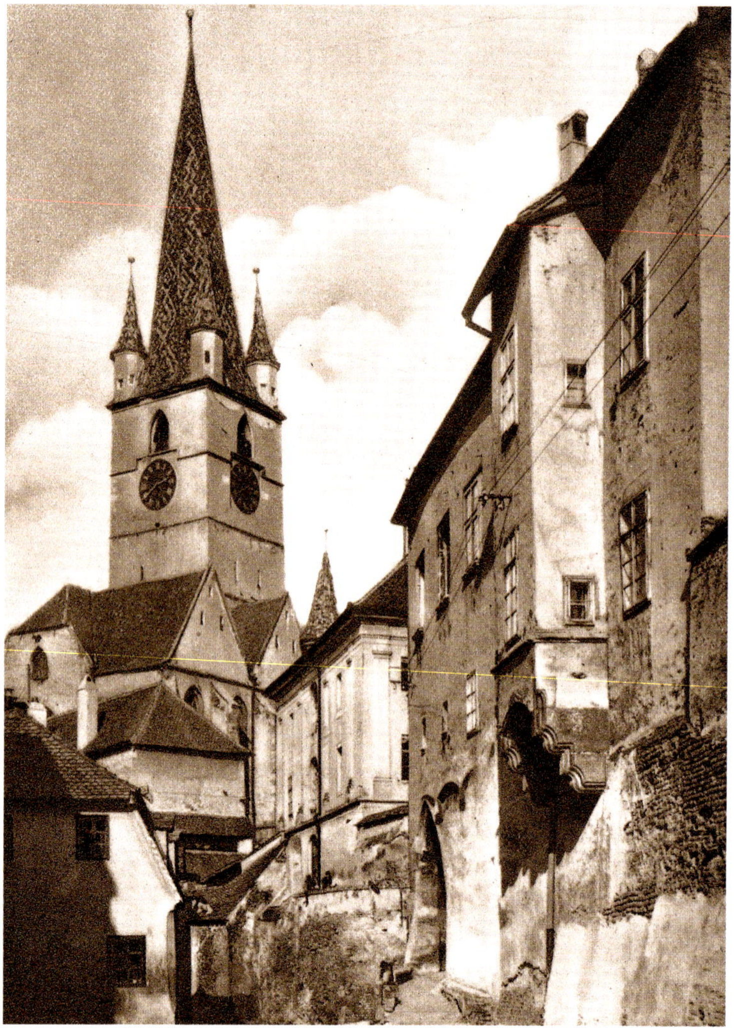

Alt-Hermannstadt, die geistige Hauptstadt der Deutschen in Siebenbürgen. In der Reisebeschreibung von Sebastian Münster aus dem Jahre 1550 wird „. . . Cibinium, zu Teutsch Hermanstatt“ als „eine grosse statt nit vil kleiner dann Wien“ bezeichnet. Als Wahrzeichen diente den Hermannstädtern die spätere evangelische Stadtkirche mit ihrem fast 74 m hohen Glockenturm. 1494 erbaut, fiel ihm die Rolle des turis civitatis, des Stadtturms zu. Seine vier Ecktürmchen mit den vergoldeten Knäufen waren das Symbol des Hermannstädter Rechts, mit dem Schwert eine eigene Blutgerichtsbarkeit auszuführen.

unten: Anzeige aus „Ostland“, 1926

Bodenkreditanstalt in Hermannstadt

gegründet 1872

befasst sich mit sämtlichen

Bankgeschäften

Stammkapital und Reserven über 80,000.000 Lei

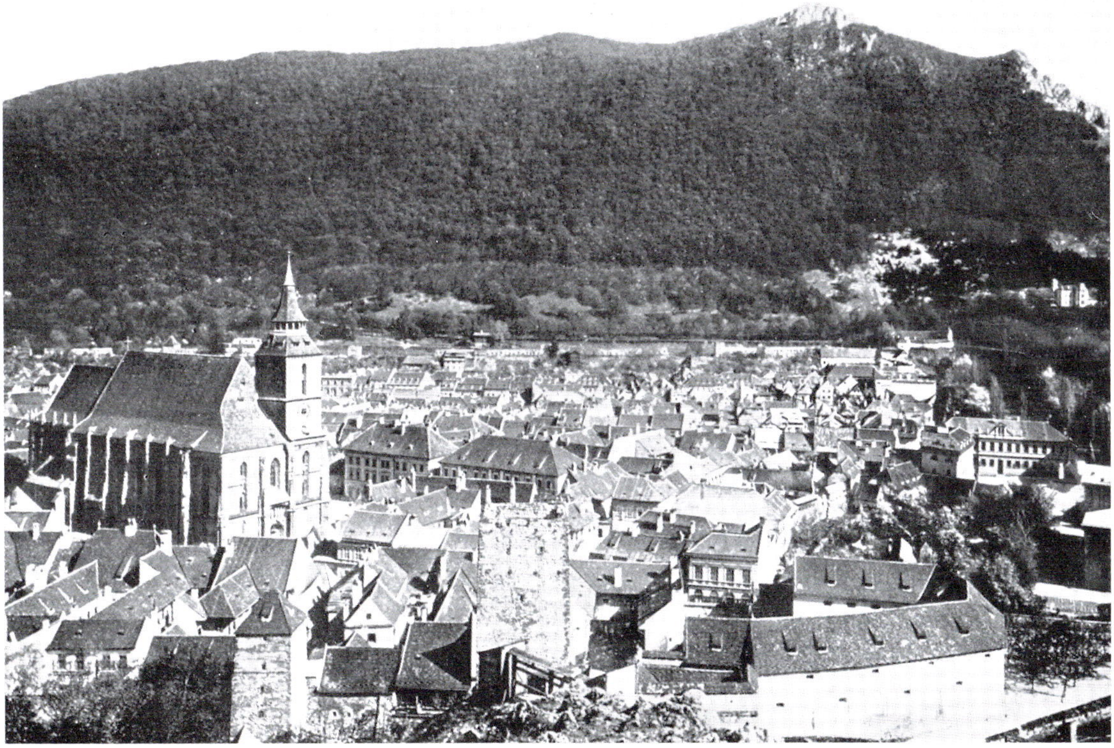

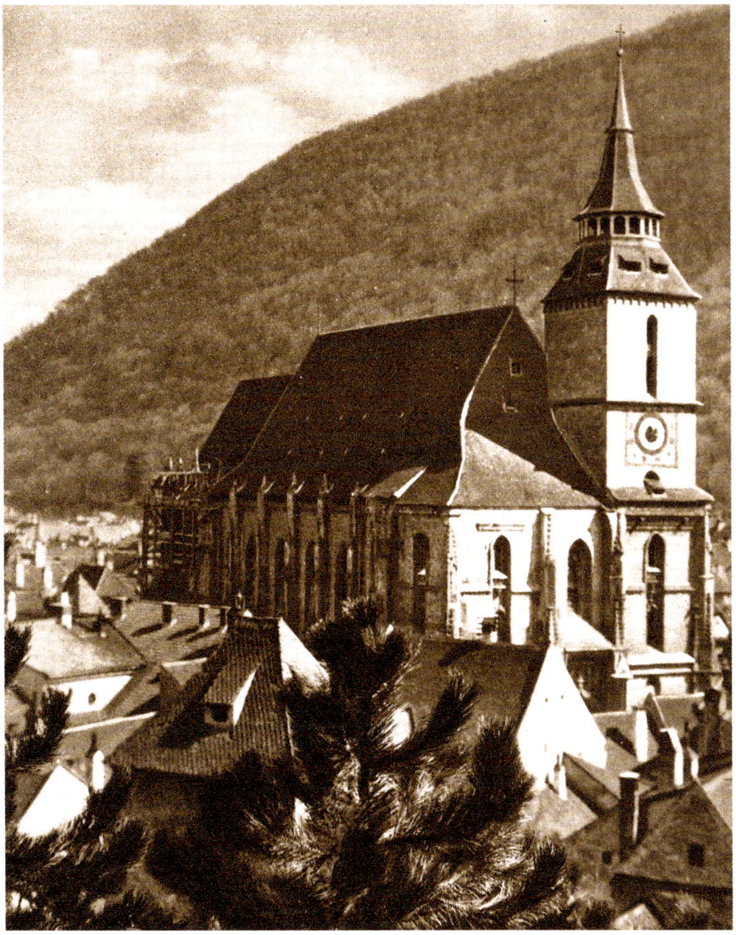

Blick auf Kronstadt - Kronstadts Schwarze Kirche. Kronstadt in der fruchtbaren Ebene des Burzenlandes ist eine Gründung des Deutschen Ordens. Hier, am Eingangstor zum Abendland, wurde Jahrhunderte hindurch jeden Morgen das früheste deutsche Vaterunser gebetet. In Kriegszeiten war den Kronstädtern im Bug der Karpaten die Aufgabe zugefallen, als erste den Westen vor dem Einbruch des Ostens zu schützen. Der Reichtum, der sich einmal in Kronstadt anhäufte, mutete dabei geradezu orientalisch an. In alten Chroniken wird etwa von einem Kaufmann berichtet, der sich von seinen Dienern auf dem Kirchgang jeweils goldene Platten vorlegen ließ. Kronstadts mächtigstes Gotteshaus, ein Hallenbau aus dem 15. Jh., symbolisierte diesen Reichtum der Bürger. Als es eines Tages brannte und rußgeschwärzt dastand, erhielt es seinen Namen „Schwarze Kirche". -
Aus Kronstadt wurde später einmal Orasull Stalin, Stalinstadt.

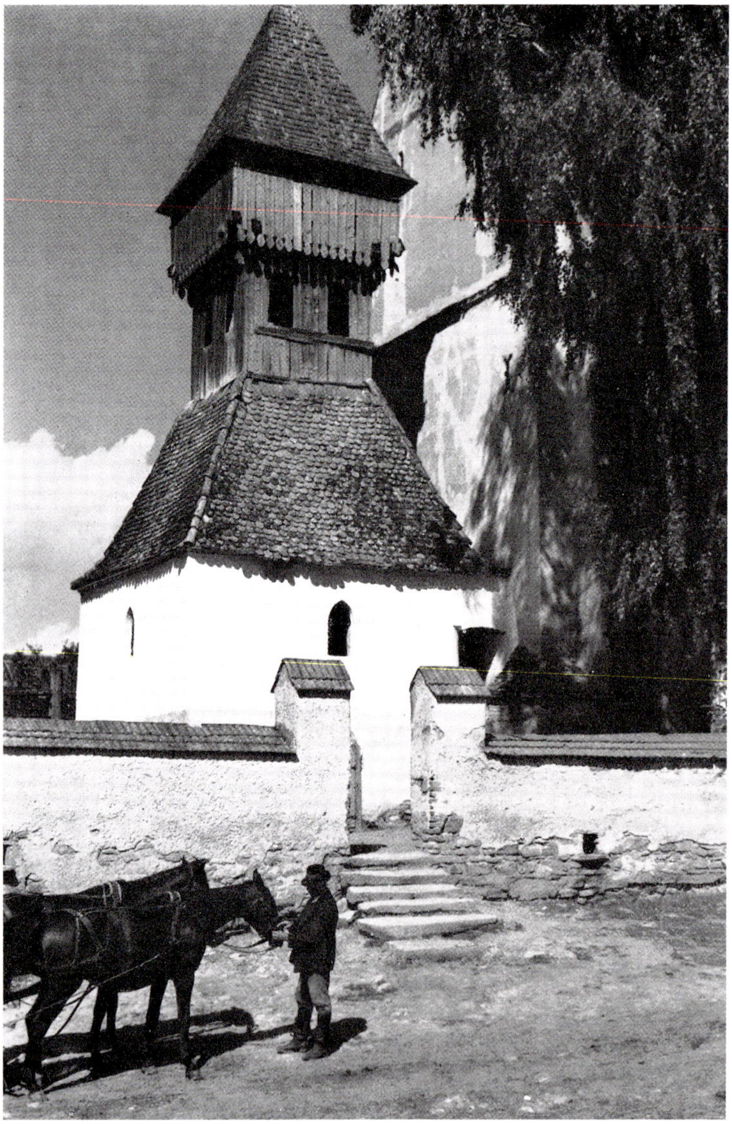

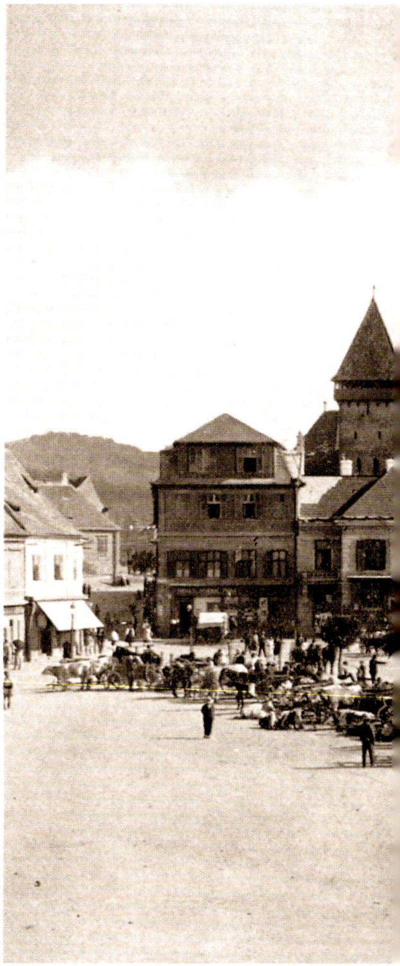

Der Glockenturm von Tobsdorf. Kirch- und Glockentürme dienten den Sachsen als „Luginsland“, somit in einer eigenartigen Verbindung, die friedliche Gotteshäuser mit einer kriegerischen Aufgabe eingingen. Vereinzelt war dabei der Zusammenklang von Kirche, Mauern und Wehranlagen so harmonisch, daß daraus kleine Kunstwerke entstanden.

„ . . . so hat König Geisa die verwüstete und eine Zeit her Kriegshalber unbewohnte Oerther mit gewissen und zwar nicht barbarisch – sondern so in Freien als Hand-Werks-Künsten erfahrenen auch dem Christenthum ergebenen Leuthen bewohnet zu machen getrachtet und also allerley Künstler und Hand-Werks-Leuthe aus dem Römischen Reich, insonderheit aber Nieder Sachsen zu Bewohnung des sogenannten Fundi Regii oder Königs Boden beruffen, mit Versicherung und Versprechen, sie in Königl. Freyheit als freywillig gekommen und sehr angenehme und liebe Gäste mit vielen vortrefflichen Privilegien und Prärogativen zu versehen und darin ewig so lang die Krone stehen würde zu erhalten; so seyn also darauf unsere liebe und seelige Hoch Eltern ins Land gekommen . . .sich auch nachgehends vermehret und im Land weiter ausgebreitet . . .“

Aus einer alten Stadtverordnung von Schäßburg/Siebenbürgen.

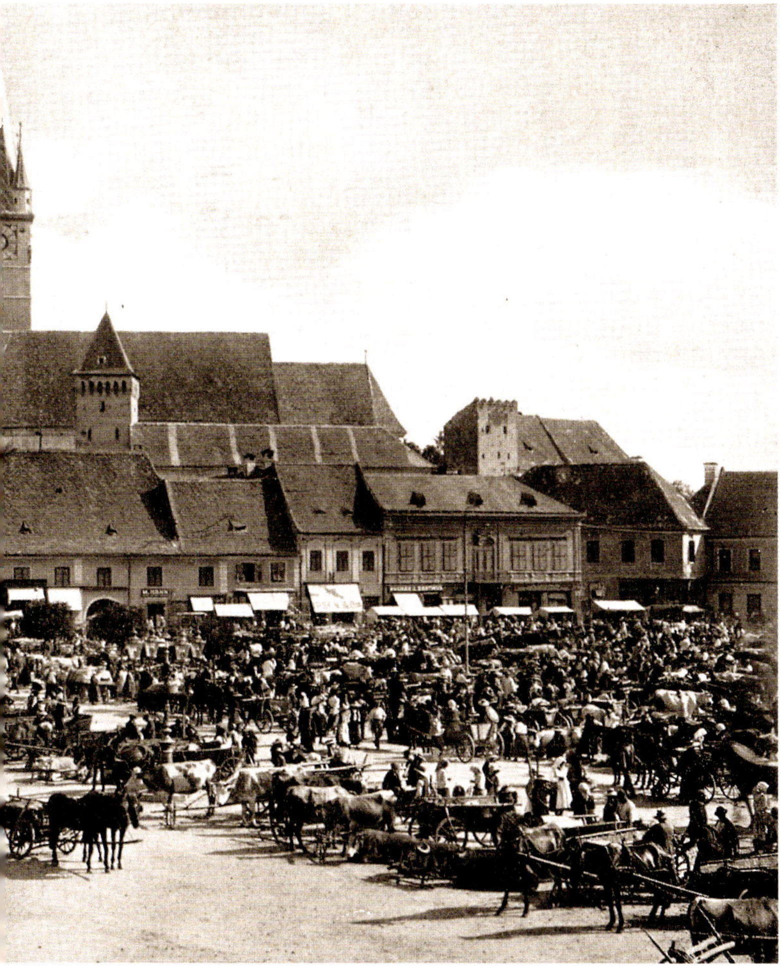

Der Marktplatz von Mediasch – Bauernhäuser in Deutsch-Weißkirch. Besonders in den Dörfen schloß sich das begabte Bürger- und Bauernvolk der Siebenbürger Sachsen zu Volksgemeinschaften zusammen: zu Nachbarschaften der Erwachsenen, zu Bruder- und Schwesterschaften der Jugend. Familien mehrerer Straßen oder eines Bezirks vereinigten sich zur gegenseitigen Hilfeleistung, zur Beratung in wichtigen öffentlichen Dingen und zur gemeinsamen Feier von Festen. Das Kolonistenrecht, das ihnen bei der Einwanderung verliehen worden war, garantierte eine ausschließliche Selbstverwaltung, vorbehaltlich der königlichen Oberaufsicht.

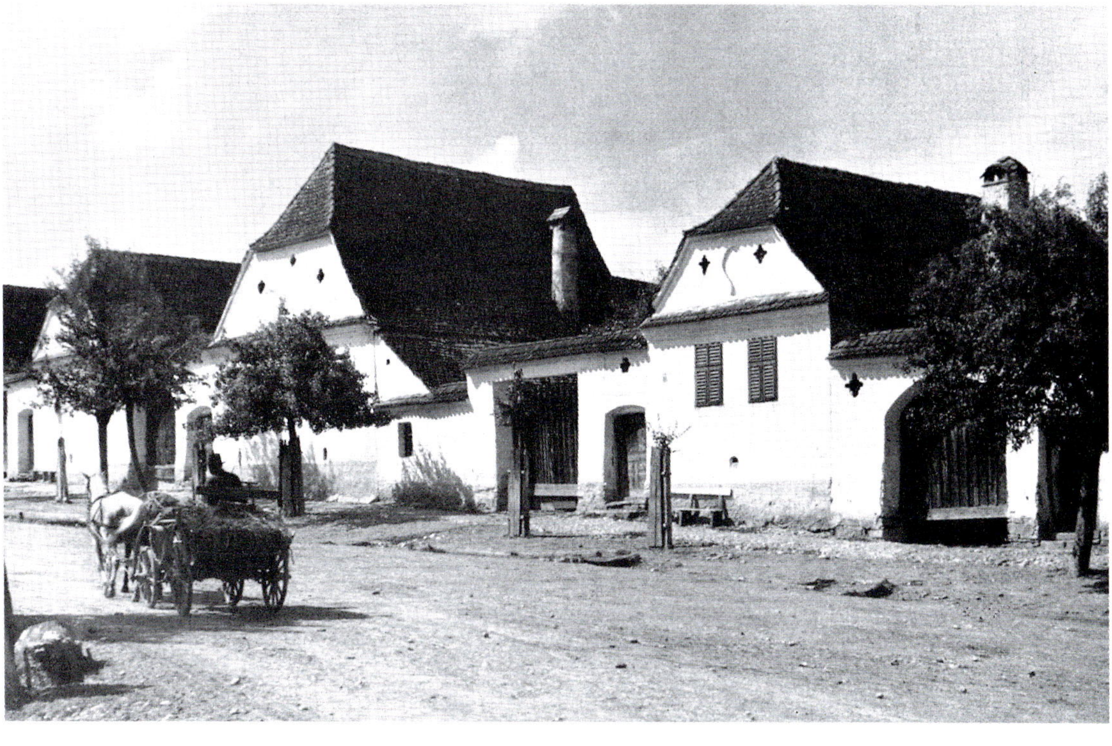

Unten: Dorfgasse in Deutsch-Zeplin im Nösnergau.
Die Dörfer auf Siebenbürger Sachsenboden sind Straßendörfer, die ausnahmslos im Talgrund liegen. In den Dorfstraßen reihen sich die Häuser in schnurgeraden Linien aneinander, die Zwischenräume von Haus zu Haus jeweils durch hohe Mauern oder Zäune durchschnitten. Anlage von Haus und Hof entsprechen dem fränkischen Typus.

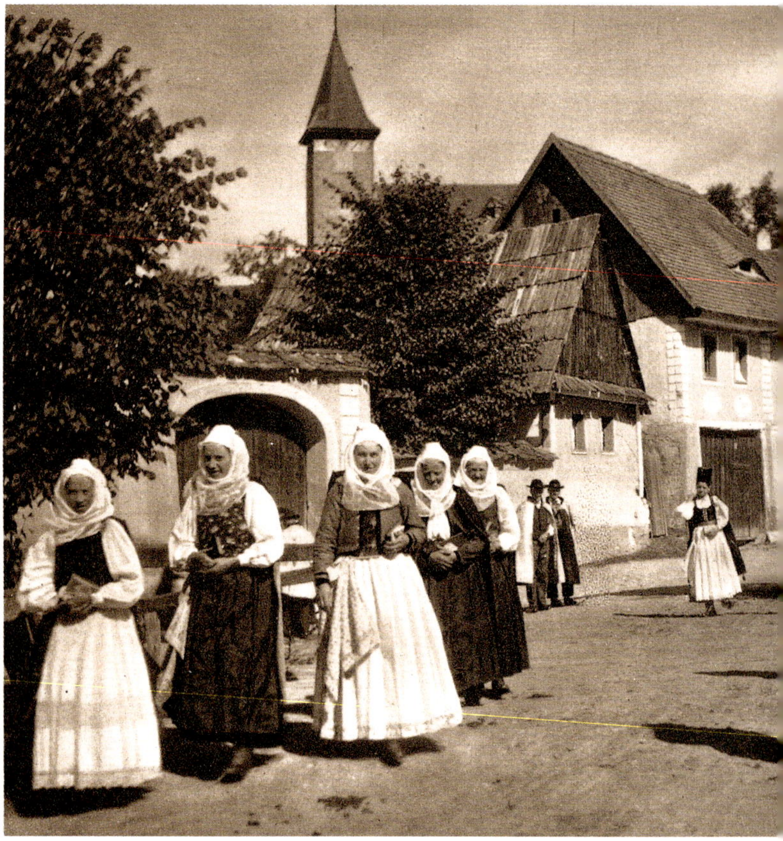

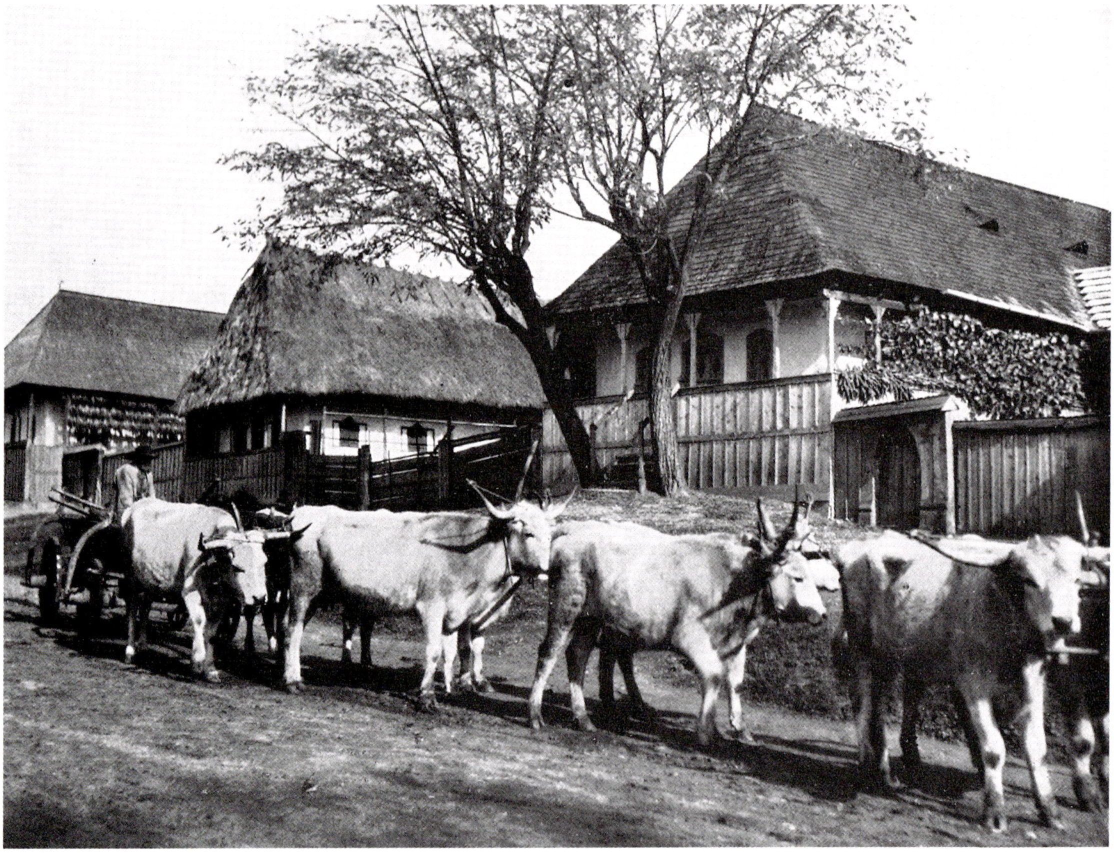

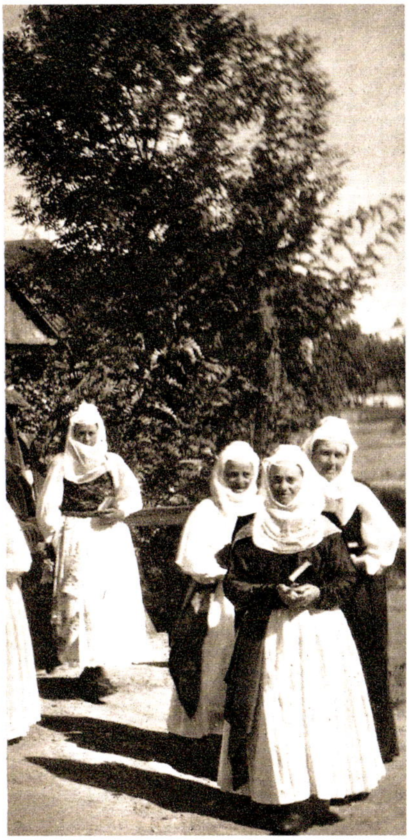

Kirchgang in Siebenbürgen. 1544 traten die Siebenbürger Sachsen geschlossen zum Protestantismus über. Ihr religiöses Leben spielte sich jedoch weiterhin in ganz bestimmten, von alters her überlieferten Traditionen ab. So gingen Männer und Frauen getrennt zur Kirche, ebenso die jungen Burschen und Mädchen, soweit sie konfirmiert waren, in einer geschlossenen Gruppe.

Klausenburg aus der Vogelschau, mit der St. Michaelskirche am Marktplatz. Klausenburg, die königliche Freistadt am Kleinen Szamos, ist eine Gründung des 13. Jh. Hier besiegten 1661 die Österreicher Türken und Siebenbürger, um das Sachsenvolk „wieder nach Europa zurückzuholen".

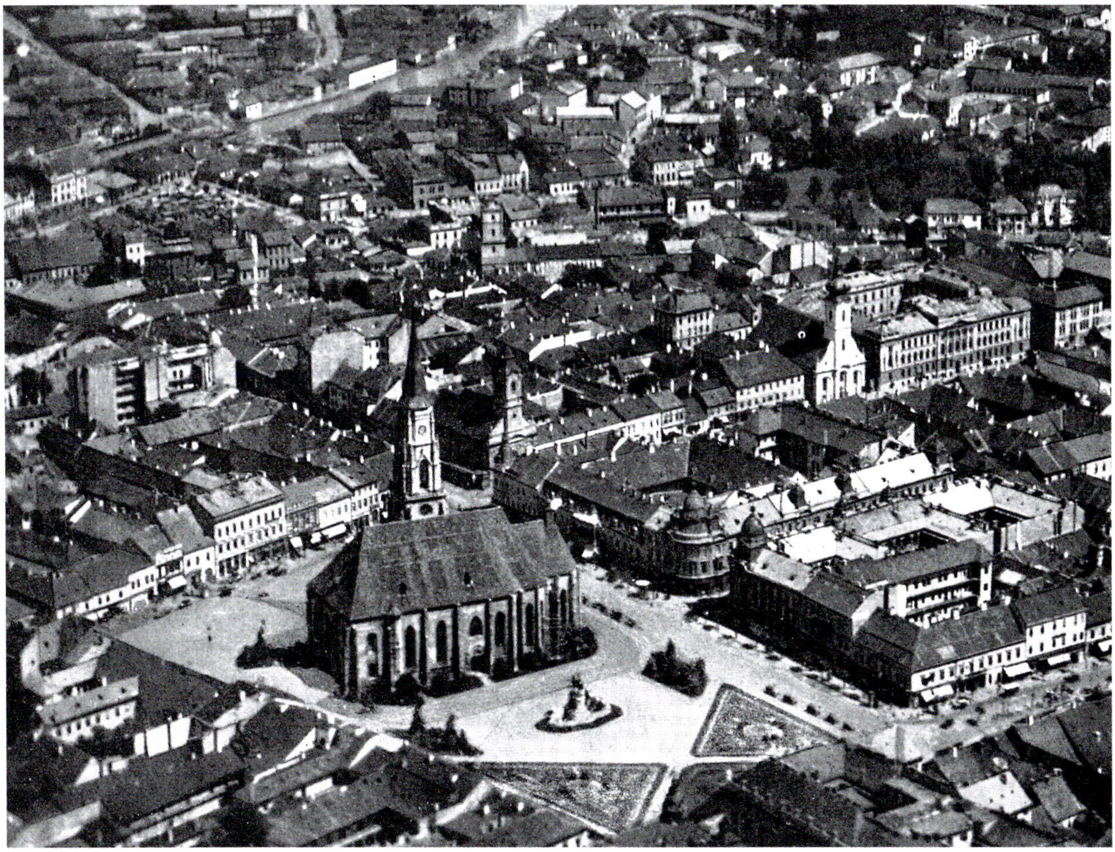

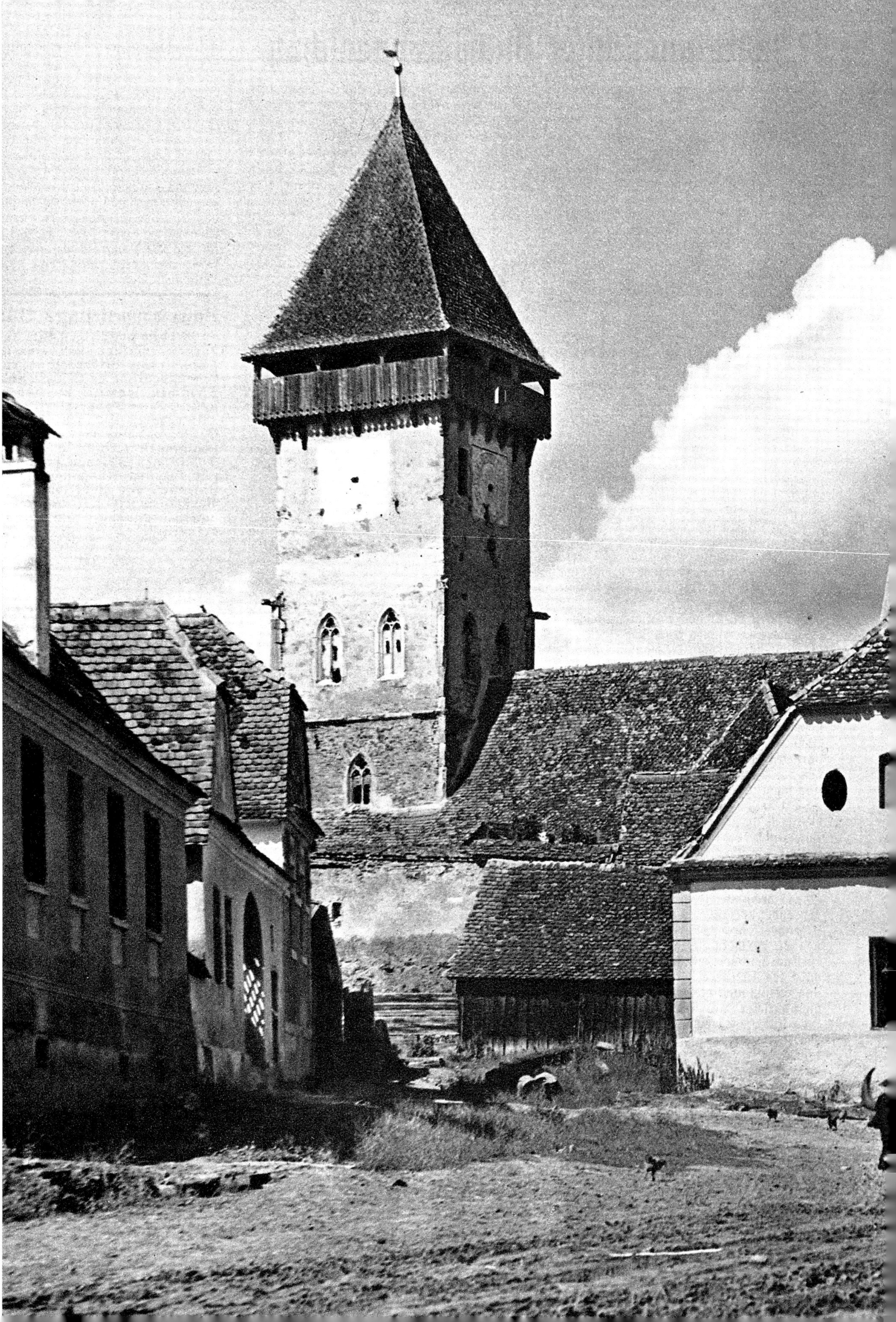

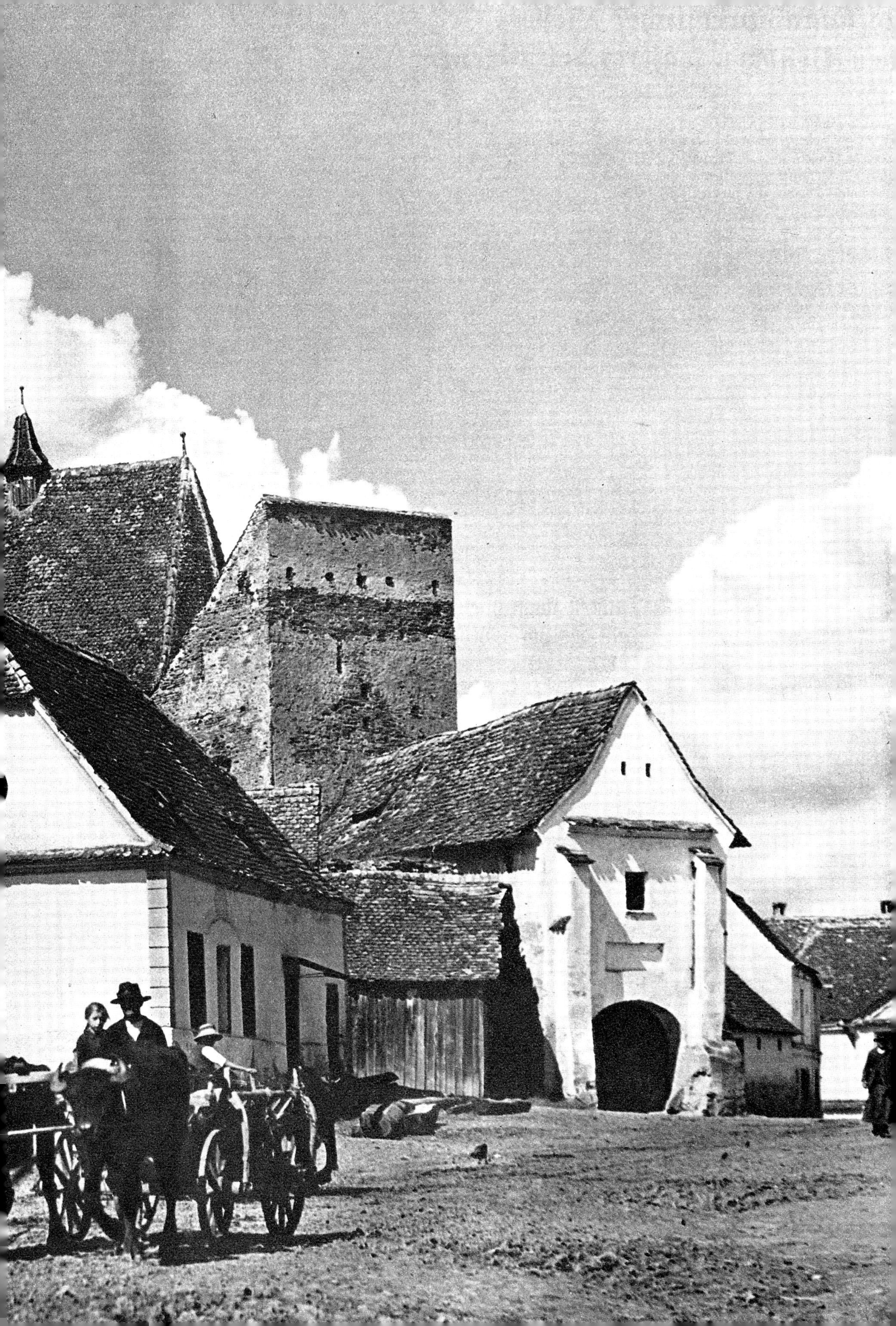

Die Törzburg bei Kronstadt – Kornkammer in der Kirchenburg von Tartlau (unten). Unweit von Kronstadt liegt auf steilem Fels am Eingang eines der Pässe, die aus dem Burzenland nach Süden über die Karpathen führen, die Törzburg. Die Anlage der Kronstädter galt lange Zeit als eine der malerischsten deutschen Burgen. – Im Markt Tartlau bauten die Siebenbürger ihre größte Kirchenburg. Kreisförmig umgaben drei mit Pechnasen und Schießscharten versehene Ringmauern das alte Kirchengebäude. Die ganze Anlage war von einem Graben umgeben, über den die Zugbrücke den einzigen Eingang bildete. Tartlau wurde 1552 von dem Moldauer Woiwoden, 1658 von den Türken und 1704 von aufständischen Szeklern vergeblich belagert. In Friedenszeiten diente die innere Ringmauer als Kornkammer.

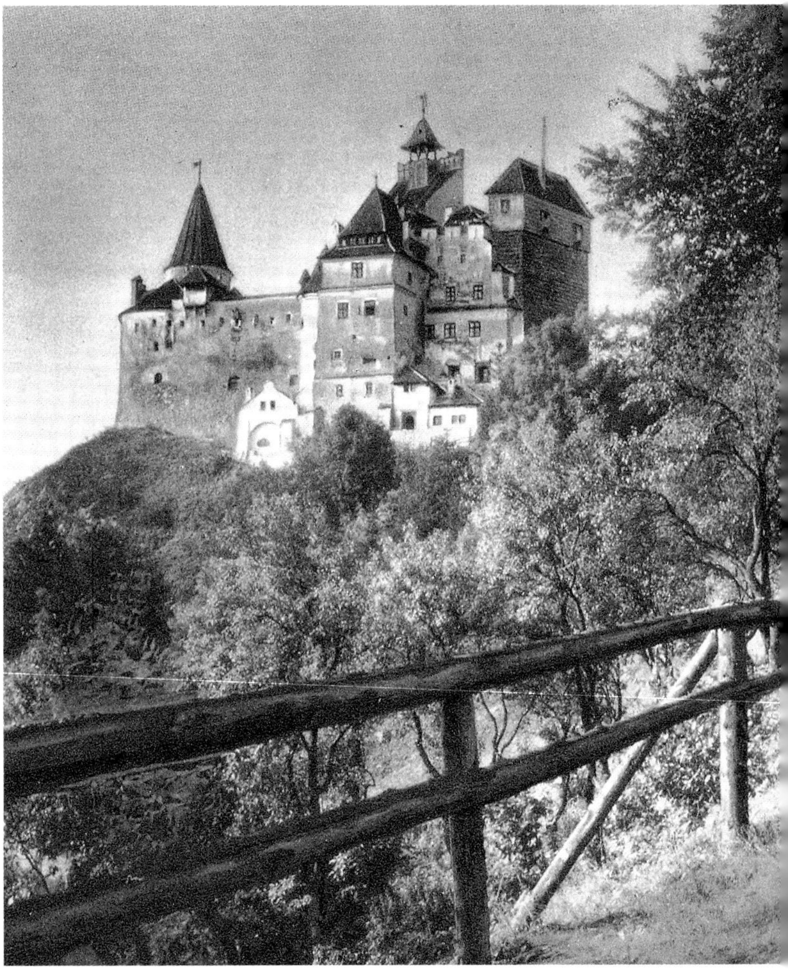

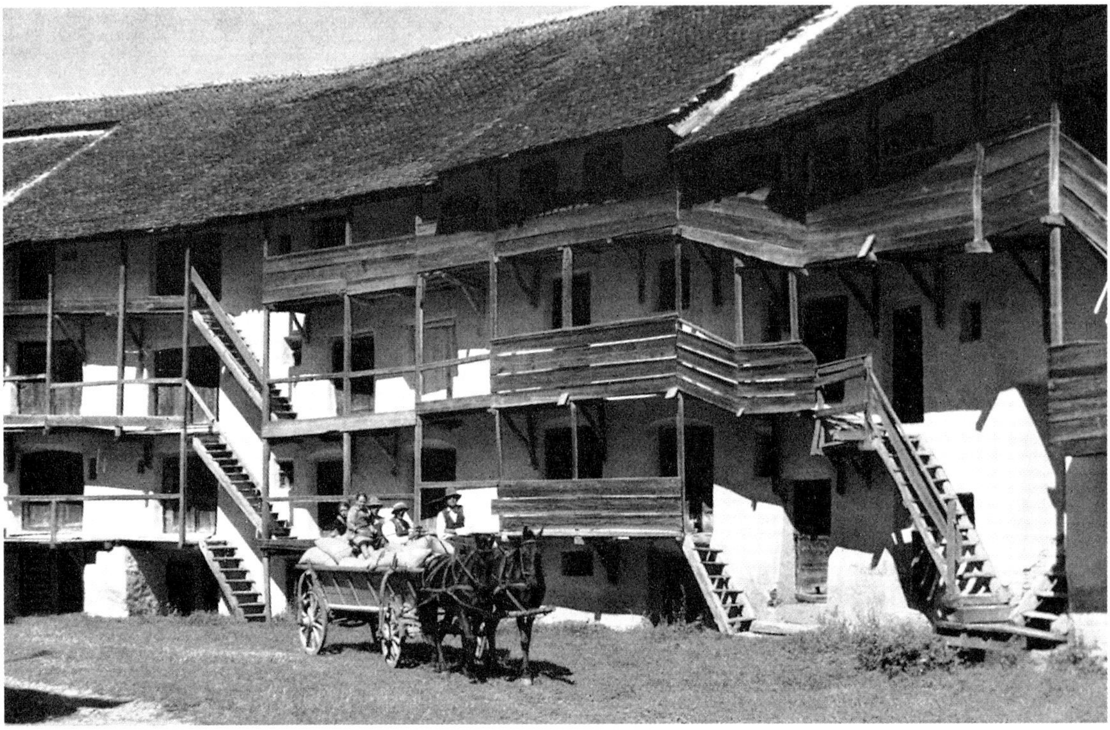

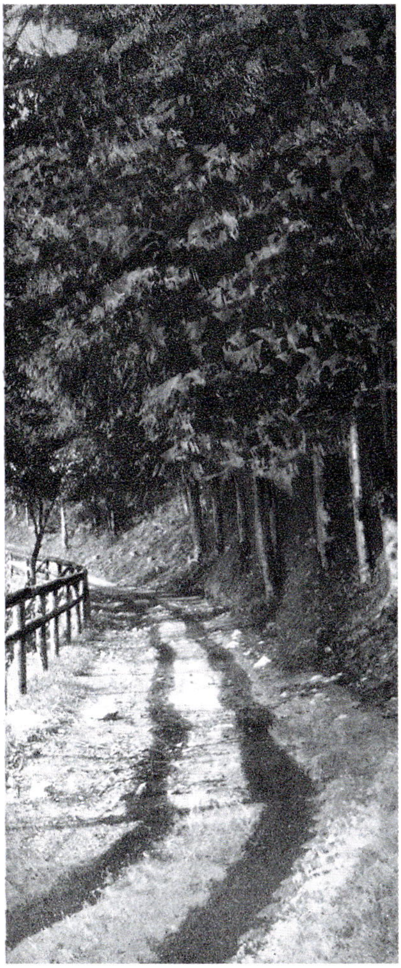

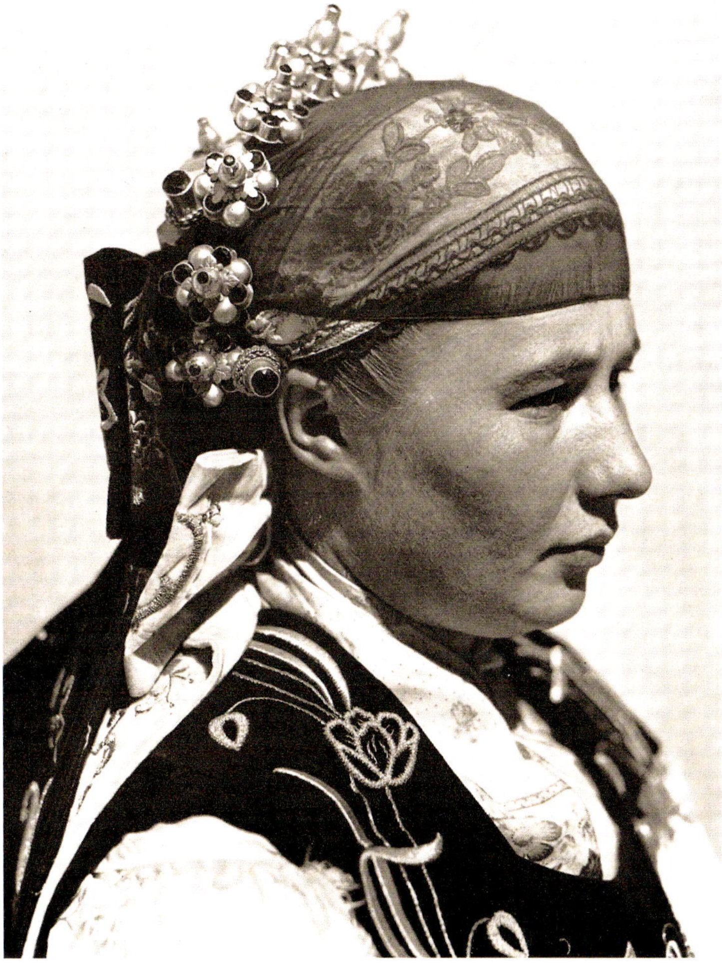

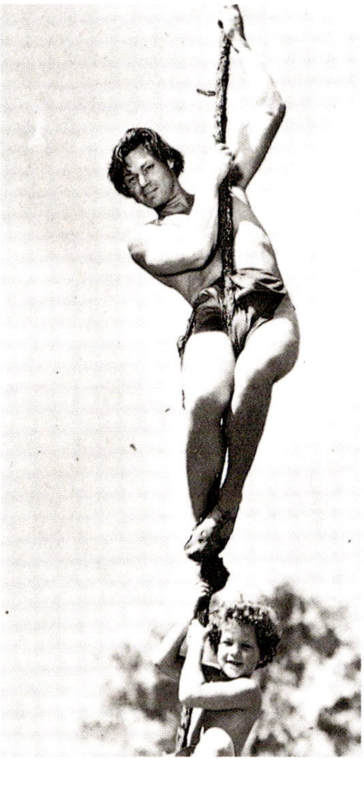

Gebockelte Bäuerin aus Tartlau. Wie zum Sachsenmann der Charme, die Toleranz und das rollende „R“ seiner Aussprache gehörten, hatte sich bei seiner Partnerin die mittelalterliche Bockelung erhalten. Das verhüllte Kopfhaar kennzeichnete die verheiratete Frau, wodurch die Siebenbürgerin nicht selten wie das lebendig gewordene Bild eines alten Meisters wirkte. Die Tracht der Bürgersfrau unterschied sich von jener der Bäuerin hauptsächlich dadurch, daß die Stoffe feiner, die Stikkereien noch reicher und kostbarer waren.

Johnny Weissmüller, 1904–1984, Sohn deutschstämmiger Auswanderer aus dem Banat erlangte Ruhm als Film-Tarzan und fünffacher Goldmedaillengewinner als Schwimmer auf den Olympischen Spielen von 1924 und 1928.

Wolfsberg, Dorfstraße und Kirchgang. In den Wäldern des Banater Erzgebirges wurden in den zwanziger Jahren des 19. Jh. in mehreren Dörfern Sudentendeutsche (oder Deutschböhmen) angesiedelt, um eine Lücke in der k. u. k Militärgrenze zu schließen. Von den Dorfgründungen konnte Wolfsberg seinen deutschen Charakter dabei am längsten erhalten.

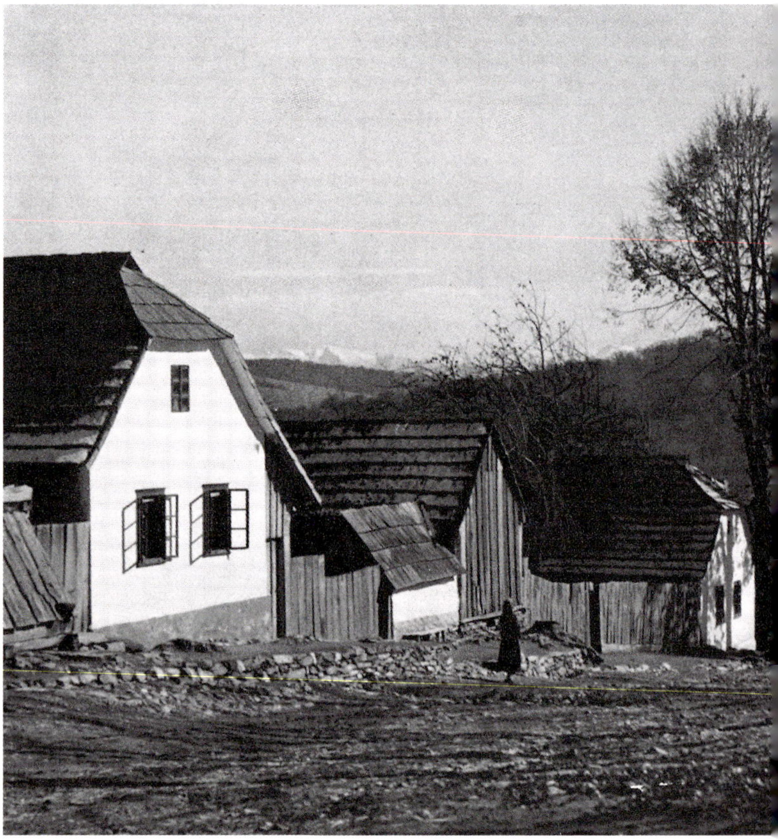

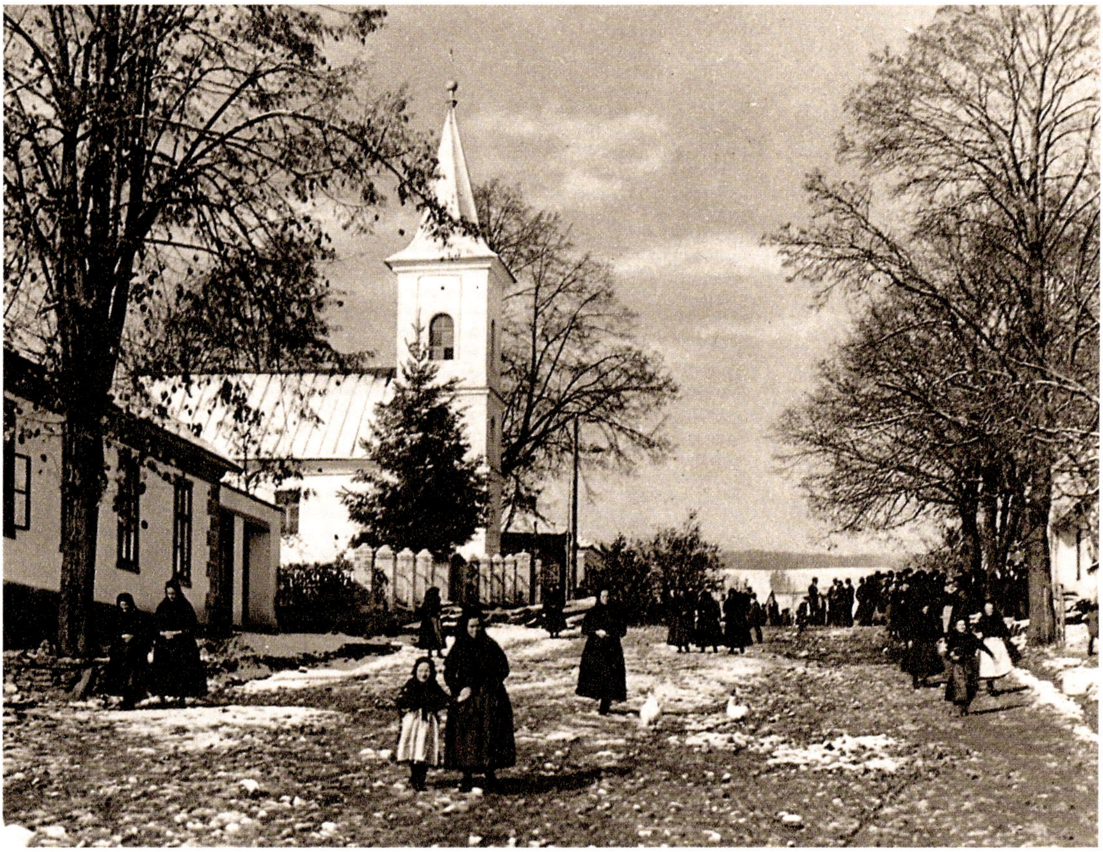

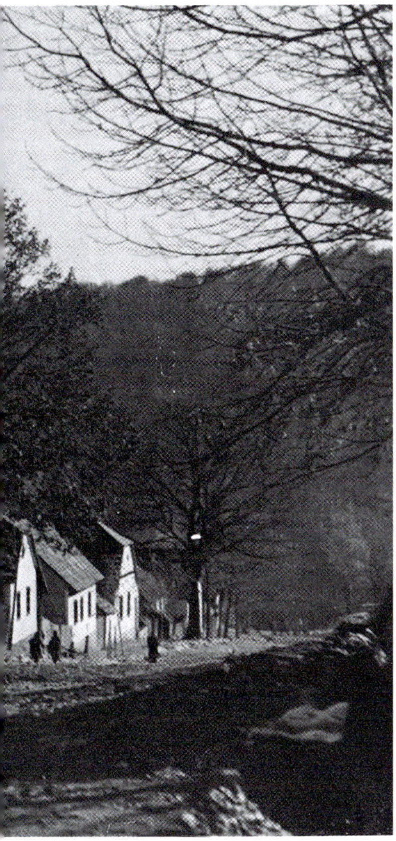

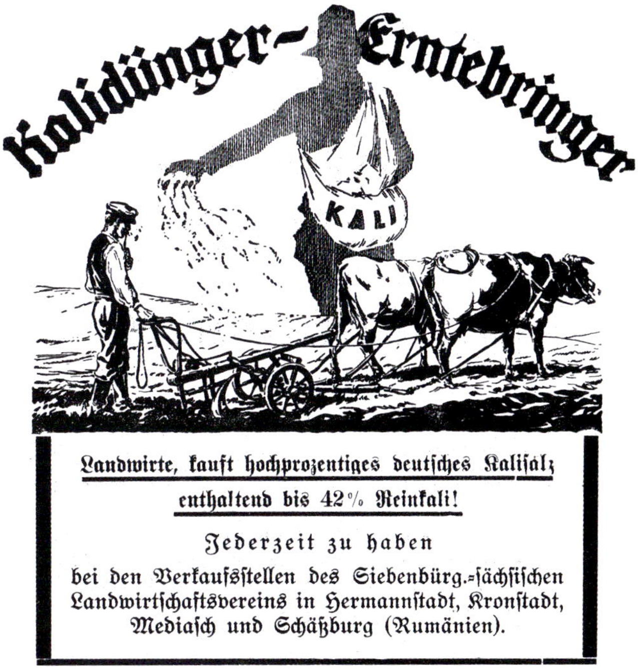

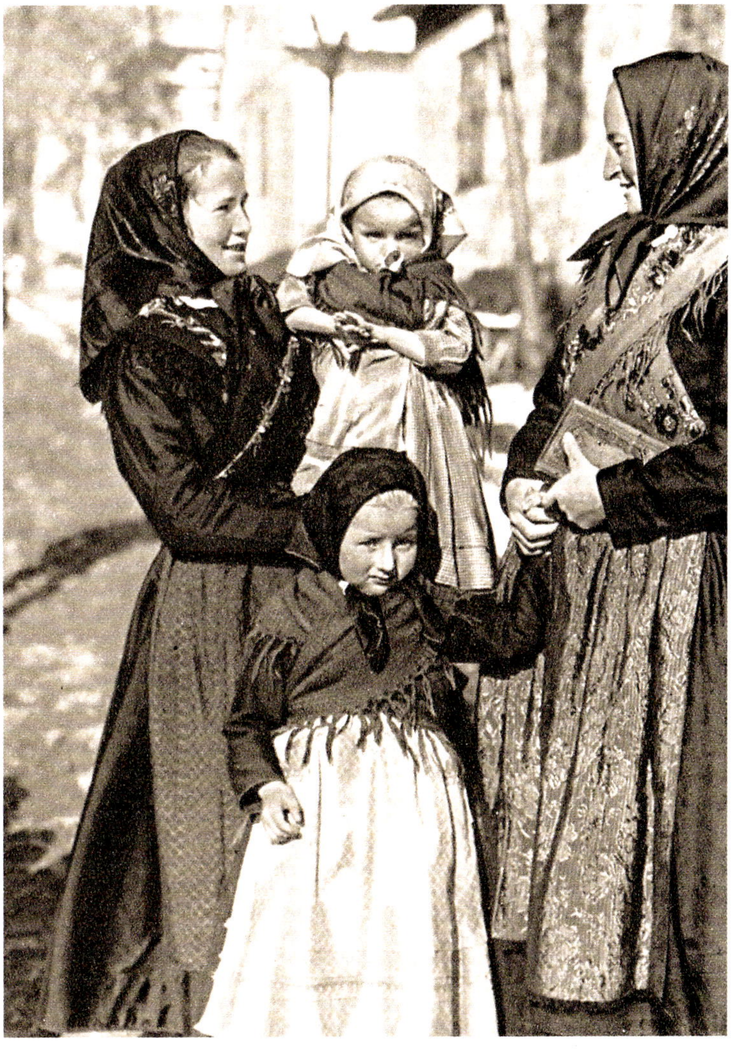

Wolfsberger Bäuerin mit ihren Kindern, selbst die Kleinsten tragen schon Kopf- und Fransenbrusttuch der Tracht, die jeweils zum Kirchgang und zu den Jahresfesten angelegt wurde. Als Sprache bedienten sich die Wolfsberger des niederbayrisch-böhmerwäldlerischen Dialekts ihrer alten Heimat.

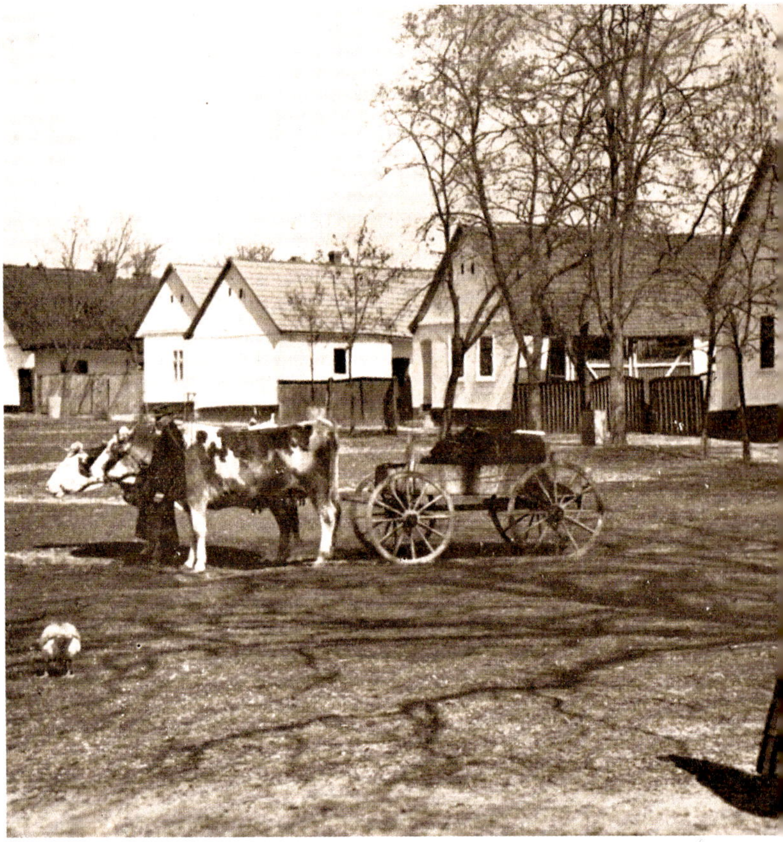

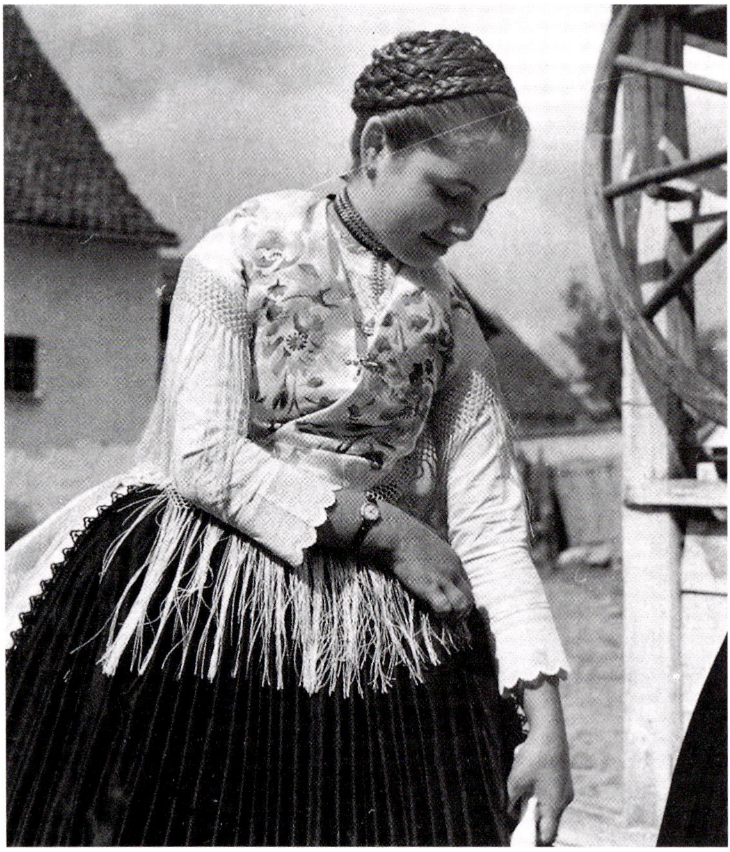

Das Kleindorf Charlottenburg in der Bergsau, im bewaldeten Banater Hügelland - Banaterin in ihrer Sonntagstracht. Das historische Banat wurde umgrenzt von Donau, Theiß, Marosch und den Karpathen. 1716 durch Prinz Eugen von 164 Jahren Türkenherrschaft befreit, gehörte es zuerst zur Habsburger Hausmacht. Von Maria Theresia den Ungarn geschenkt - 1780 führte Joseph II. dort trotzdem die deutsche Amtssprache ein - ging es nach dem Ersten Weltkrieg zum größten Teil unter rumänische Staatshoheit, ein Rest an Südslawien, das spätere Jugoslawien.

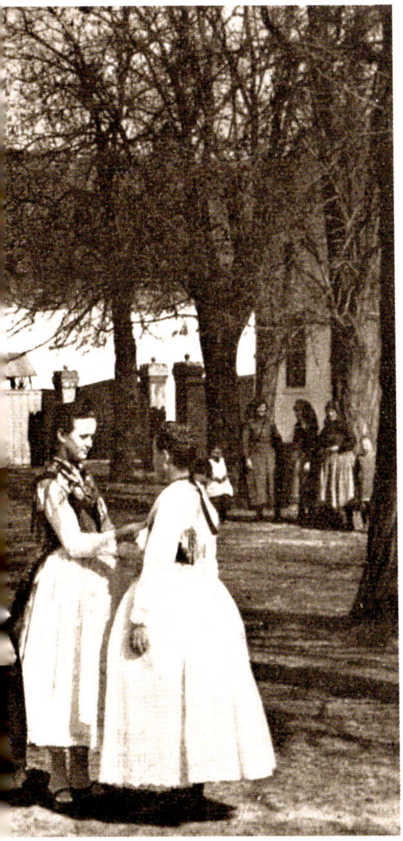

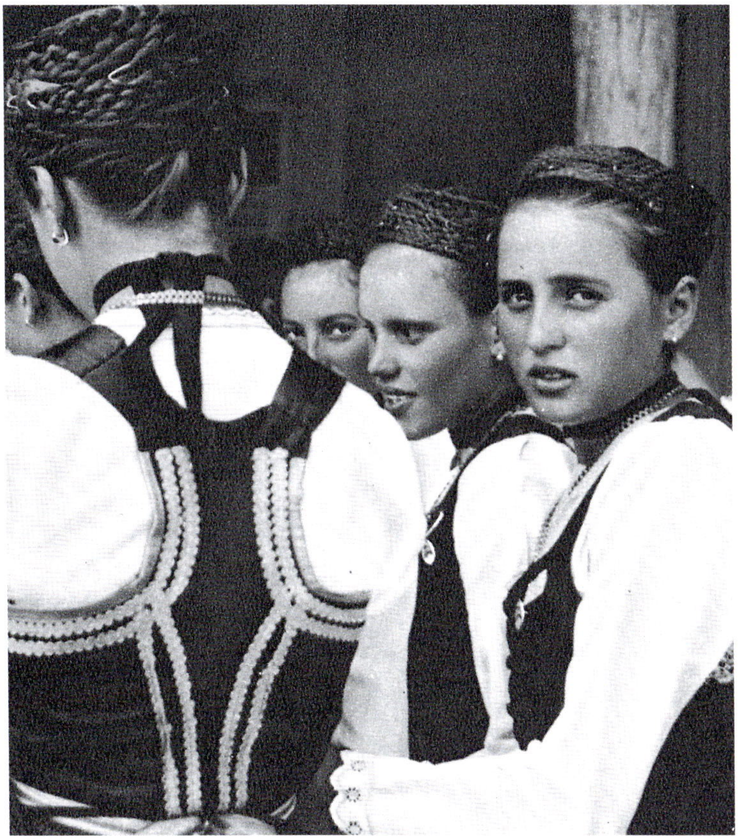

Mädchen in Segenthau, deren „Übergroßväter“ als typische Banater „Schwaben“ aus der Gegend von Rhein und Mosel, Odenwald und Hunsrück, Elsaß-Lothringen, Luxemburg, Baden aber teilweise eben auch aus Württemberg stammten.

Hochalemmanisch in Saderlach
Diebsbannen

Bi der Maarscht (Marosch) sin schöni Zwetschgebäum g'stande; un wenn do d'Buebe mit de Roß zur Maarscht in d' Roßschwemme g'ritte sin, sin aiwil Zwetschge abg'risse worre. Un do isch no e alt Wib gsi, die het banne chenne: mehrmols het sie g'macht, daß d' Buebe e Zit lang an de Zwetschgebäum henke blibe sin. No het des Wib au emol zu mim Großvater (Johann Neff) g'seit: „Dii ve'twisch i au no!“ Er het g'meint: „Mii kriegsch nit“ – aber er het nit recht b'halte. Wien n'er emol Zwetschge abg'risse het, isch er uf der Stell an dem Baum henke bliebe. Un do isch des Wib herecho un het g'seit: „Gell, jetz han i di!“ – un derno het er bitte mieße, daß er wieder frei worre isch.

Reime in Sanktannaer Mundart

Schneck, Schneck, streck toai Härna raus
in schmeiß di iwr siewa Berga naus,
in schmeiß di iwr da KRAWA,
fressa dich di Rawr,
fressa dich di wilde Sai,
no werscht du ka Schneck meh soai.

Lirum, larum Löffelstiel,
d'alda Weiwr essa viel,
d'junga missa faschta
s'Brot liegt im Kaschta,
s'Messa liegt danewa
da Woai wachst in da Rewa.

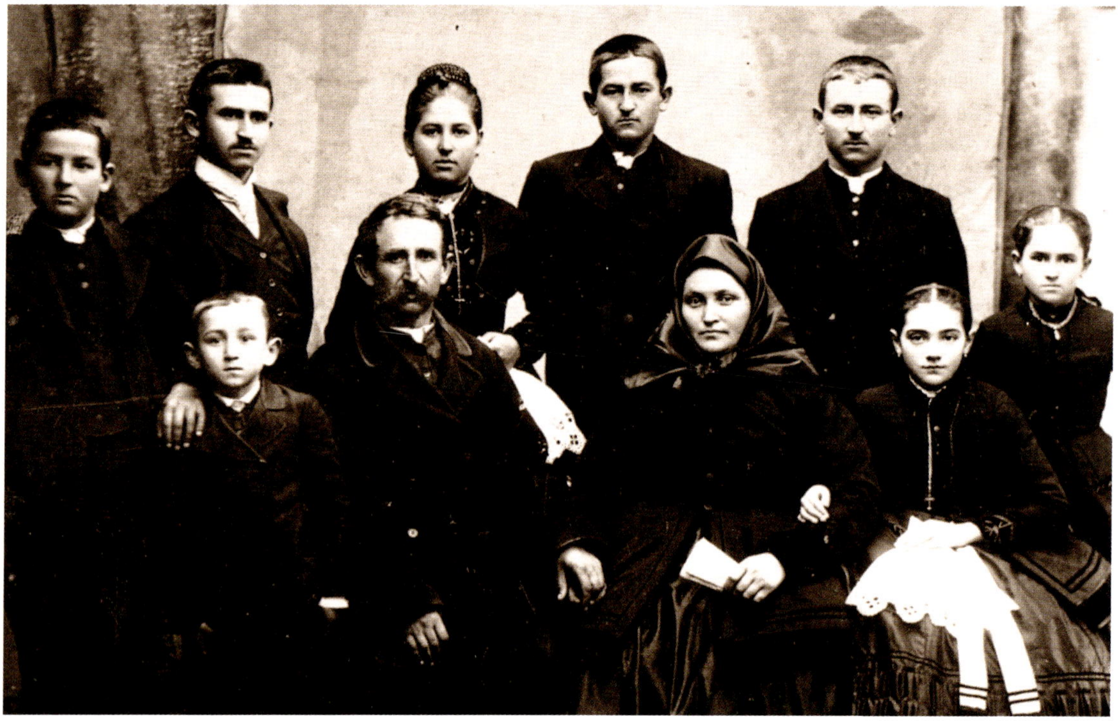

Der Banater Mundartdichter Joseph Gabriel der Ältere im Kreis seiner Familie. Gabriel nannte man gerne den „Bauer als Dichter hinter'm Pflug".

Franzdorfer Mundart im Banater Bergland

D'Muadasprach

„I hab von meina Muada g'irbt
A Hüttn alt, von Loahm,
Dort bin i seit i auf da Wölt
Im duriaus dahoam.

A Gärtl drunt in Wiesental
Wu's Gräserl waxt für d'Kuah.
So hab i für die irgsti Not
Mein Unterschlupf, mei Ruah.

Wem geht's wohl bessa als wia mie
Kae Kinnig lebt so guat.
Dass mi a so a Irbtoal gfreut,
Dös liagt ma halt im Bluat.

Doch's liabsti is ma no von alln,
Nit d'Wiesn drunnt am Bach,
Nit d'Hüttn, tuats nit wunalich,
's liabst ist ma d'Muadasprach."

So sprechen die Böhmerwäldler im Banater Bergland Dö Zwoa hot da Fuchs z'sammfot:

„... Ma Basl ... sagt: Wenn da Me'sch stirbt, kimmt a in a söchan Stean afi; durt lebt a wieda a bor Gahrla [=Jahre], und nachha kimmt a wieda in an onan Stean eini, und a so gölht's furt, vo oan Stean z'n onan, bis ma dur ali durchi is', und dös dauat a Ewi'keit, wal ma d'Stean goa nöt alle zähl'n ka... Hm, hm!... 's is' wirkla ninx Kloas nöt, sô a Ewi'keit!... Owa, wa wia r i ma a Wal'n Kopf z'brecha! ... I bin so gung [jung], und bis i älta wia, wia r i scho no g'scheita wöan ... I wia's o no fröih g'nou inna wöan, wöi's in Himmi do ômat ausschaut, und wöi sa si mit deara Ewi'keit eigentli vahalt'n tout..."

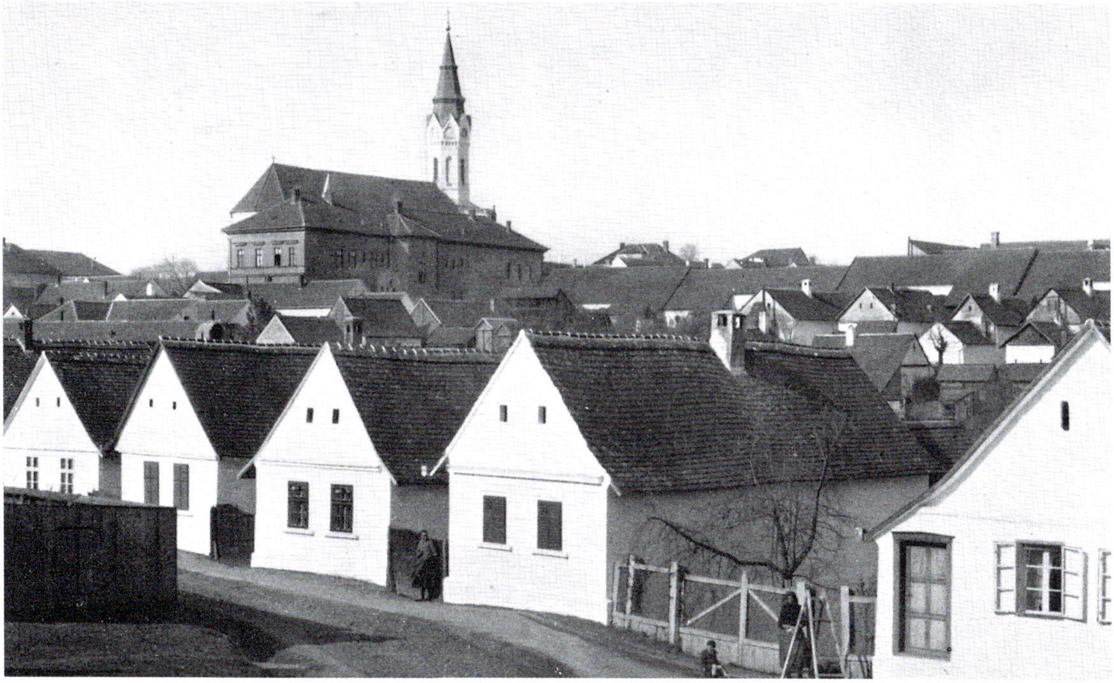

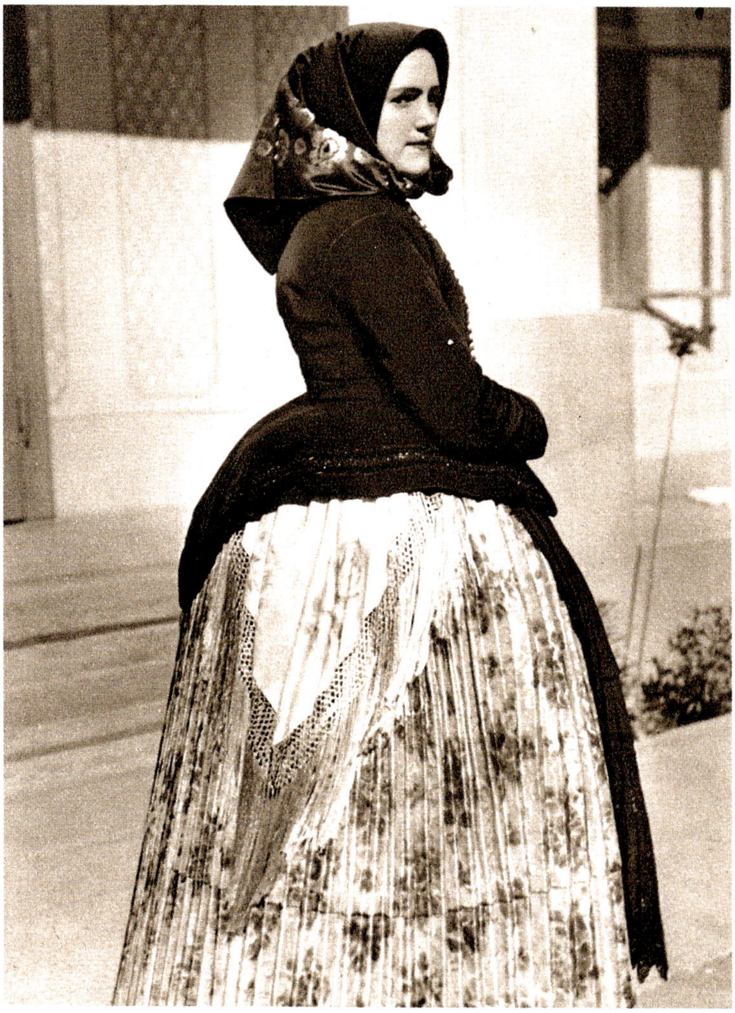

Guttenbrunn - Schwäbin aus Guttenbrunn. In den niederen, weißgetünchten Häusern der breit hingelagerten Banater Dörfer wurde - so der Schwabendichter Adam Müller-Guttenbrunn aus Guttenbrunn - „schwäbisch" gesprochen: „Man schwäbelte in jedem Dorf anders, aber man schwäbelte", wobei es sich am häufigsten tatsächlich jedoch um einen Pfälzer Dialekt handelte. Müller-Guttenbrunn indessen verstand sich auf's Hochdeutsche wie auf die Mundart. Seine bekanntesten Bücher wurden „Der große Schwabenzug", „Glocken der Heimat" und „Meister Jakob".
Die Mädchen im Heimatdorf des Schwabendichters zeigten sich gerne in ihrer alten Tracht, im weitabstehenden, vielfach gefälteten Rock, der sie wie wandelnde Glocken erscheinen ließ.

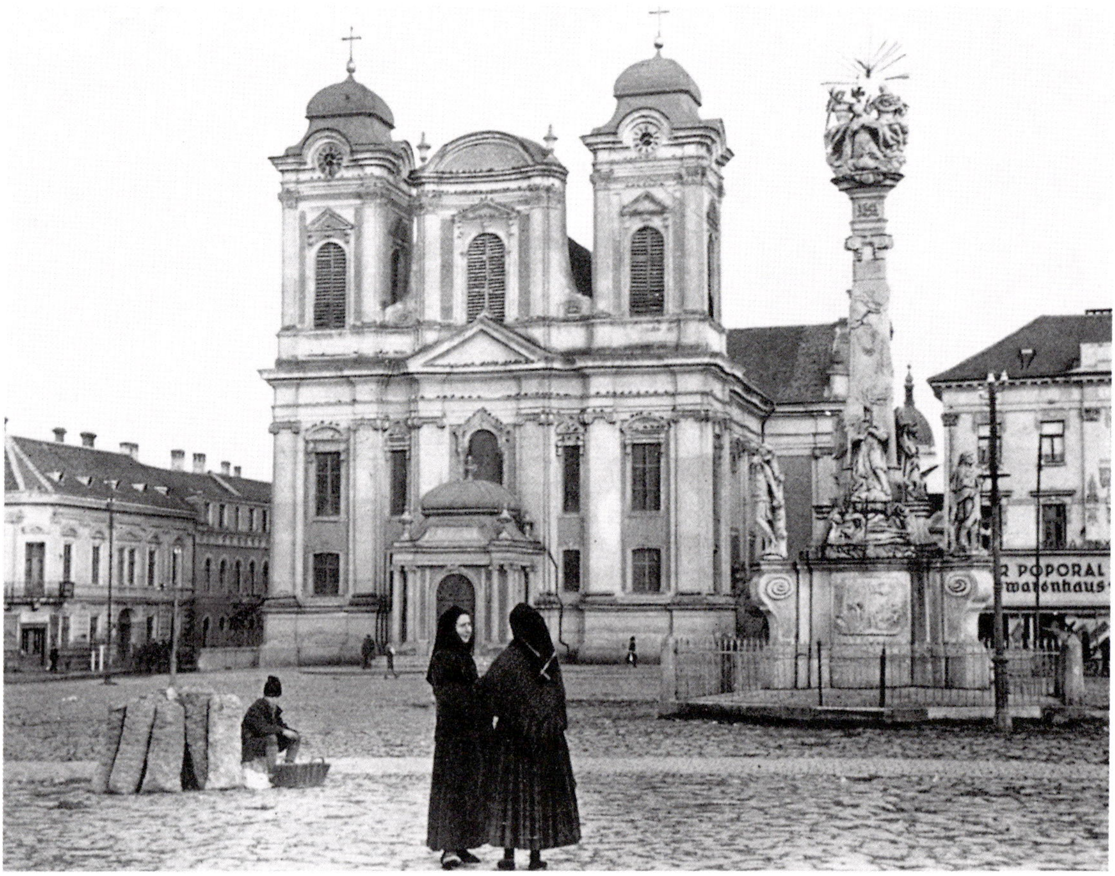

Der Domplatz von Temeswar, Zeugnis der frommen Gesinnung der Banater und der Auflage des Prinzen Eugen, in der Stadt nur katholische Deutsche anzusiedeln. Domkirche – 1736–1754 nach Plänen Fischer von Erlachs erbaut – und Pestsäule erinnern an die Zeit, in der das Banat eine Provinz der Donaumonarchie war. Die Banater nannten ihre Hauptstadt Temeswar so auch nicht völlig unberechtigt „Klein-Wien". Dieses Prädikat stand hier für österreichische Gemütlichkeit, vom Wiener Barock geprägte Bauten, für das Wiener Kaffeehaus oder die Wiener Musik. Im alten Ungarn war Temeswar nach Budapest daneben auch die größte Fabrikstadt.

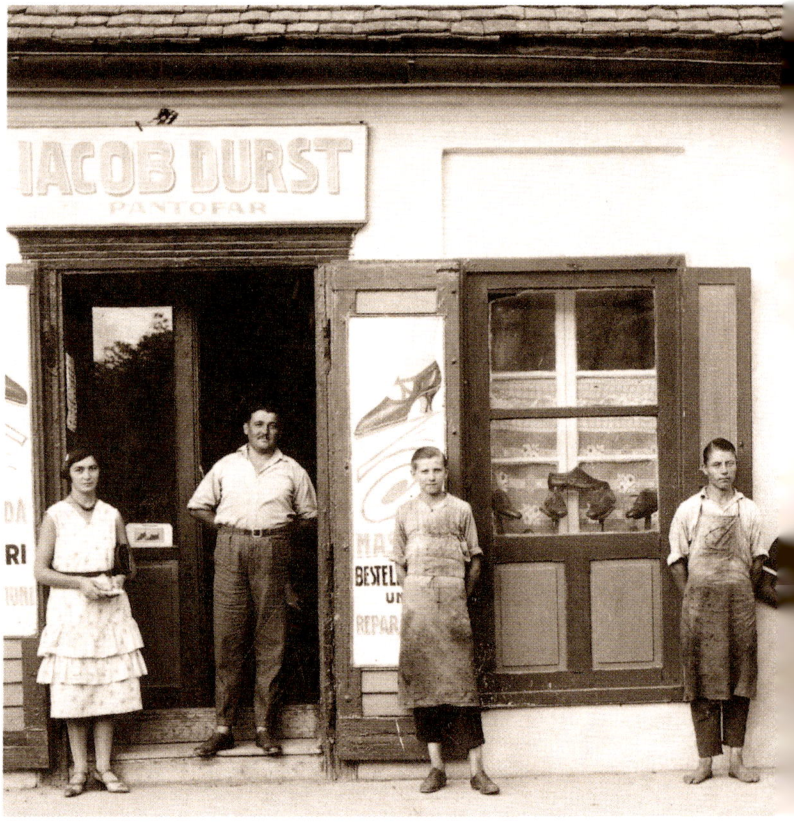

Bauern aus der „Heide", in der Nähe von Temeswar, beim Kartenspiel. Unter der Heide verstand man ein weites Gebiet mit Mais- und Weizenfeldern: in theresianischer Zeit besiedeltes Bauernland, das die Bewohner dem sumpfigen Boden abgerungen hatten. Durch die Heide wurde das Banat zu einer der Kornkammern des Reiches.

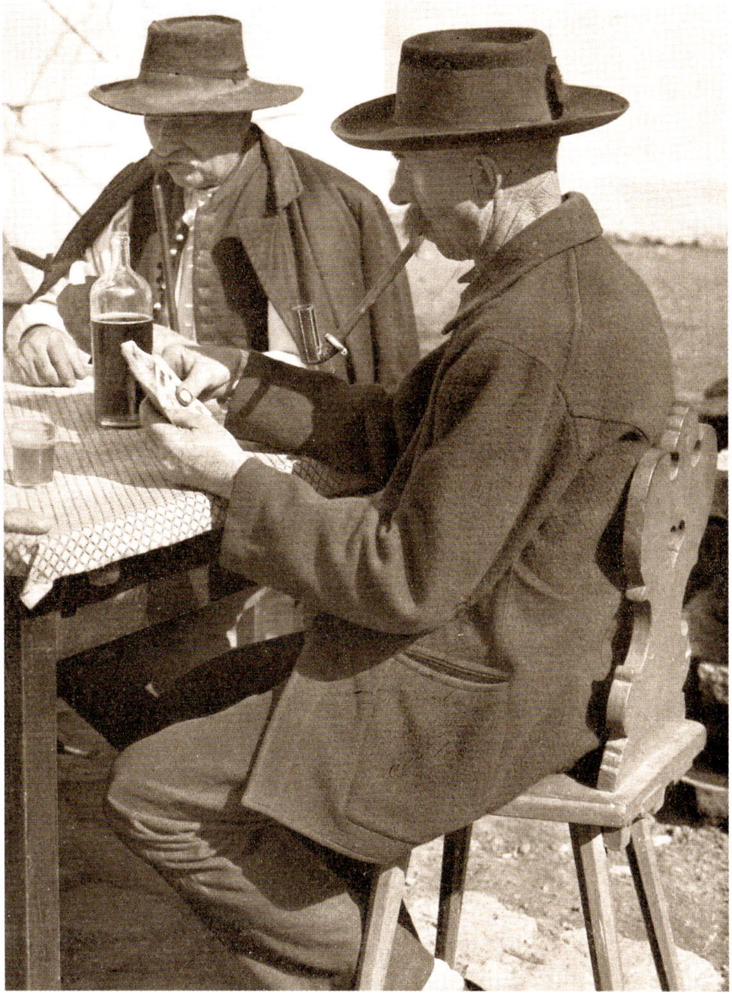

Die Fröblgasse in Temeswar. Als „schönste Stadt des Südostens" war Temeswar das wirtschaftliche, kulturelle und gesellschaftliche Zentrum der Banater Schwaben, die etwa ein Drittel der Bevölkerung des Landes stellten. Zwischen der Einwanderungszeit und dem Weltkrieg hatte sich ihre Zahl verzehnfacht.

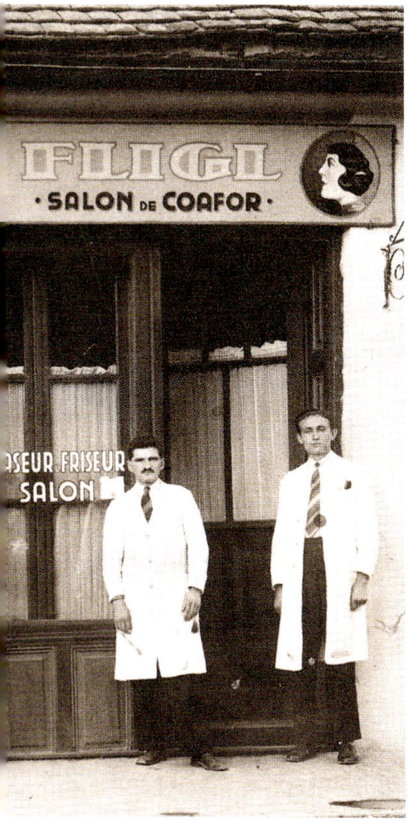

Franzfelder Mundart

Lied

„Kai Schwälmi im Ländli, kai Rösli im Garta,
Mei Schätzli tut lang, schun lang uf mi warta,
Wann Schnee uf die Feld'r, un Eis uf m Bach,
Vielleicht zu meim Schätzli, uf d'r Weg i mi mach.

Mei Schätzli ischt gut und hat mich so gern,
Und tät sie verlanga a Graf mit m' Stern,
Mei Schätzli tät saga: ‚ich bin net far eich,
Ihr mainat i nehm eich, weil d'r so reich.

Mei Bu isch zwar arm, doch bin ich'm gut,
Ihm g'hert in meim Herzli jed's Tröpfli Blut,
Un krieg i mei Bu net, eich nehm i net,
Un's Grabloch werd no mei Hochzeitbett.'".

Temeswarer Stadtdeutsch
Die Priefung

„Nach dem zweitn Weltkrieg in 1946 hats in alle Temeswarer Zeitungen gstandn, daß die Regierung aane Oper machn will und alle, die aan Instrument spieln kenna oda tanzn oda singa, solln sich bei da Direktorin Aca de Barbu meldn und a Priefung gebn.

Und scheen vorbereitet ist der Pfennigl Pepi zu der Priefung in der Oper ganga. Schon viele sein dort rumgstandn und habn graucht oda mit der Stimm geiebt, daß man hat glaubn kenna, es sein lauta Verruckte. De Pfennigl Pepi hat gschaut und gschaut und wie sie sei Namen habn grufn, ist er ruhig zum Tisch ganga und hat sich scheen vaneigt und dann die Geign ausgepackt und die Toselli-Serenade mit Doppeltönen gspielt, dabei die Augn halbat zugmacht und mit aanem Aug gschaut, wie sie reagiern.

Wie er fertig gwesn war, hat ihm der aane Herr gfragt, was er noch spieln kann?

‚Also, schauns, mein Herr, ich bin kaan geweehnlicha Bratlgeiga, der sei Lamentierbrettl ziegt, naa, ich spiel Ihna Tannenkreiza, Orpheus in der untare Welt und aach Ich kiss ihnara Hand, Madame!‘ Man hat segn kennan, daß vor der Kommission kaan geweehnlicha Geiga steht, sondarn aana, der sein Fach vasteht und darum is aach gleich der Dirigent George Pavel vom Stuhl aufgstandn und ist zum Pfennigl Pepi gang und hat aan Notnblatt gnomman und aufn Notnpult glegt, drauf gstandn is: ‚Madame Butterfly, Erster Akt.‘

‚Prima vista!‘ hat der Dirigent gsagt.

Der Pfennigl Pepi hat scheen draufgschaut, als meecht er aan Nähnadl einfädln. Es is jetzt sehr still wordn und alloes hat gwart, daß der Pfennigl Pepi zu spieln anfangt, aber er hats nit getan, sondern sich ruhig zum Ohr vom Dirigent hingstreckt und langsam gfischplt:

‚Herr Maasta, bittschen, pfeifns des aamal vor und ich kanns!‘

Zaus hat der Pfennigl Pepi zu seim Weib gsagt: ‚Stell dir vor, Rizi, tie kenna nit amal ohne Notn gspieln.‘ Der Pfennigl Pepi hat nie in der Oper gspielt, aber seine zwaa Bubn sein von dort schon längst in Pension gangen.“

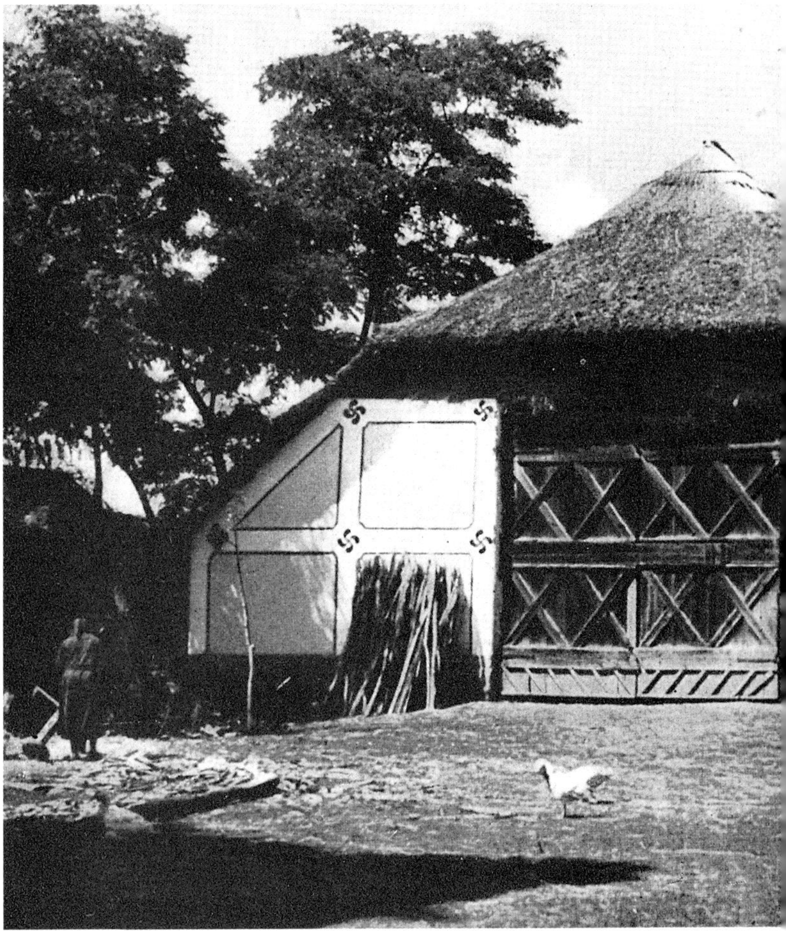

Alte Scheune in Sathmar. Auf den deutschen Volksinseln im europäischen Osten hatte sich das Brauchtum der Heimat häufig länger erhalten als im geschlossenen deutschen Raum selbst. Besonders der Bauer, als kräftiges Individuum, bewahrte hier Kulturbesitz und Symbole. Dazu zählte etwa das Hakenkreuz als uraltes Heilszeichen der Landwirtschaft, wie es die 200 Jahre alte Scheune aus dem Gebiet der Sathmarer Schwaben ziert. Die Sathmarer - ein abgesprengter Teil der Donauschwaben - siedelten seit 1712 in der nordwestlichen Ecke Rumäniens, wo sich die Grenzen des Landes mit denen von Ungarn und der Sowjetunion treffen.

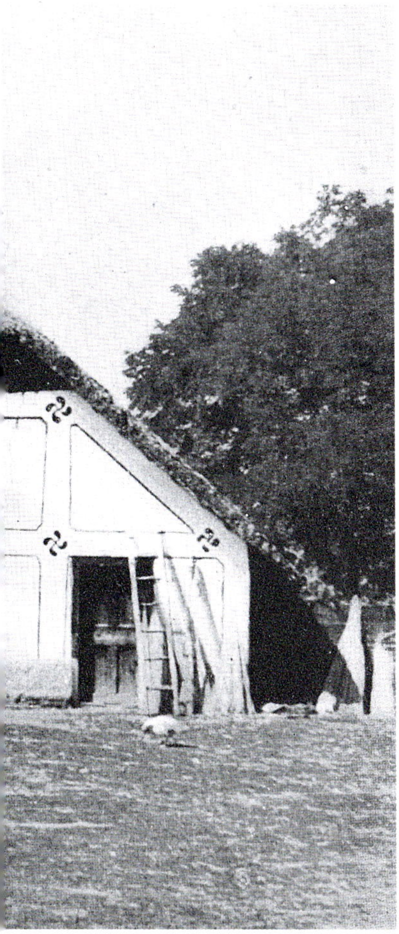

Wochenmarkt in Bildegg/Komitat Sathmar. An Bildegg wurde am Rande des Bükk-Gebirges ab 1730 von deutschen Kolonisten gebaut. Teil eines typischen Grenzlandes, wechselte es zusammen mit Sathmars übrigen schwäbischen Inseln im magyarisch/rumänischen Umfeld nach dem Ersten Weltkrieg die Hand. Die Bildegger waren jetzt rumänische Schwaben, keine ungarischen mehr.

Noch immer war es ein wahrer Ohrenschmaus für einen Schwaben, durch ein schwäbisches Dorf der Sathmarer zu gehen. Die Barths, Baumanns, Dillingers, Kleibers oder Wiesers, ganz gleich ob groß oder klein, sprachen ein kerniges, waschechtes Oberschwäbisch. Da „wattete" man noch durchs Gras, ging zum „Balbierer", nahm einen „Tanister" (Brotsack) mit, da spielten der „Götte" und die „Gotte" bei der Taufe und beim anschließenden „Gottlob" (Taufschmaus) noch eine Rolle. Vor dem Regen schützte man sich mit einem „Schattaflügel" (Schirm) und selbstverständlich ging einem hier „der Luft" und nicht die Luft aus, kroch der Schneck und nicht die Schnecke.

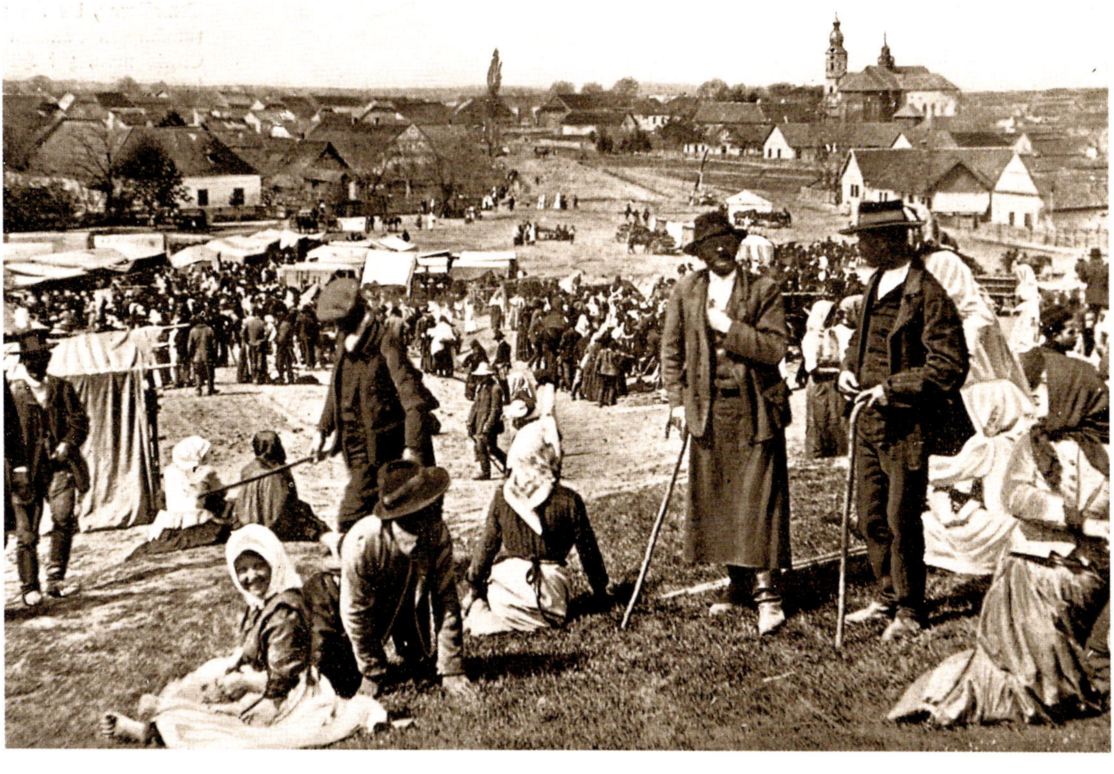

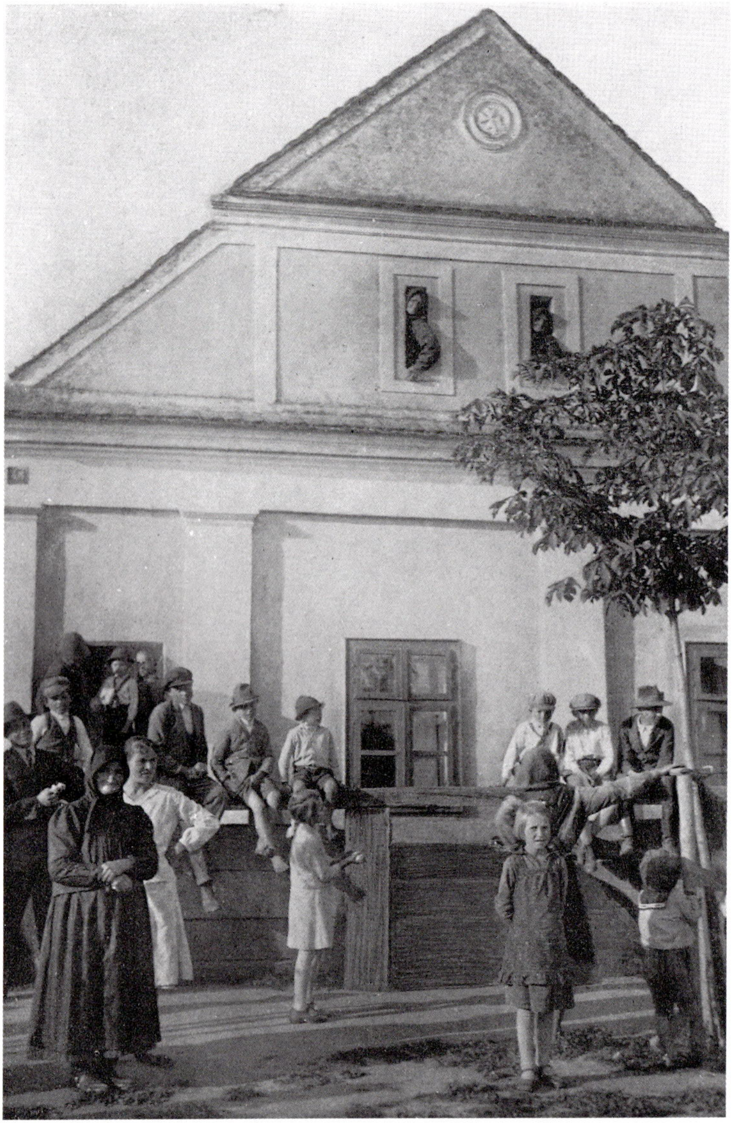

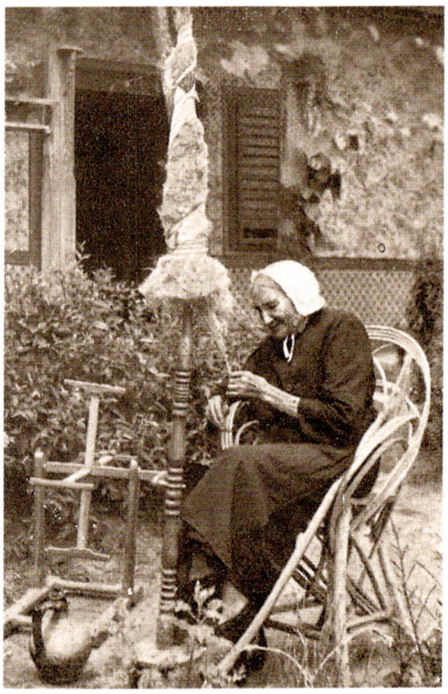

Versammlung in Bildegg – Sathmarer Schwäbin an der Kunkel. Bei den Sathmarern handelte es sich fast ausschließlich um katholische Kolonisten, die ab 1712 auf Einladung des Grafen Alexander Karolyi und dessen Familie aus Oberschwaben eingewandert waren, um ein dünn besiedeltes, von Türken- und Kurutzenkriegen verwüstetes Land aufzubauen. Bei ihrer Ansiedlung waren sie Fronbauern, die dem Grafen bestimmte Arbeiten zu leisten hatten. Ausnahmen bildeten lediglich ein paar Siedlungen mit Deutschen aus der Zips und Böhmen wie Oberwischau und Glashütten oder Kriegsdorf als einzige Gemeinde evangelischer Konfession. Auffallend bei der Sathmarer Volksgruppe war die reiche Kinderschar, die automatisch zu Landhunger und Ausbreitung der Siedlungen führte. Nach dem Ersten Weltkrieg wurden hier knapp 50 000 Schwaben gezählt. Als ihr Boden knapp wurde, wanderten viele von ihnen nach Amerika aus.

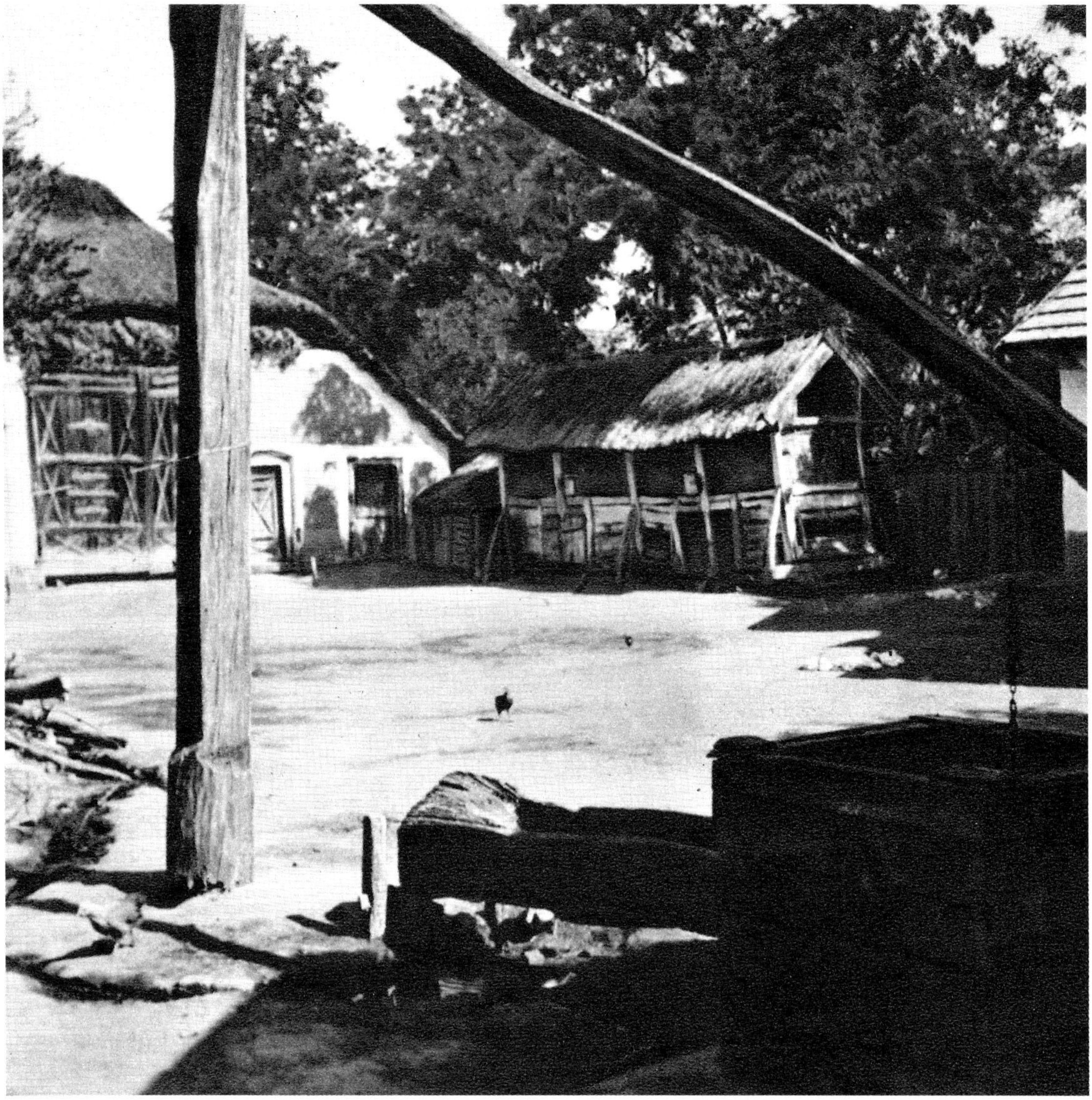

Schwabenhof in Petrifeld mit dem charakteristischen Ziehbrunnen der ungarischen Pusta. Die Anlage der Bauernhöfe ebenso wie die Mundart der Sathmarer trugen einen klaren schwäbisch-alemannischen Charakter, wodurch sich die Volksgruppe von den übrigen Donauschwaben unterschied. Hier waren sogenannte Abstammungs- und keine Nennschwaben zu Hause, deren Heimat in den späteren Landkreisen Biberach, Saulgau, Ravensburg, Wangen, Tettnang und Überlingen lag.

Alle Ortsnamen waren hier einst ungarisch, doch die Schwaben bogen sie dann frei nach Gehör. Köstlich die Gassen- und Flurnamen. Da gab es eine Kipfelgasse, ein Rotes Meer, ein Kasernengäßlein, einen Zinken und eine Lochgasse, den Storchenwinkel und die Erlenwiesen, die Schwarzwaldäcker und den Saustallberg.

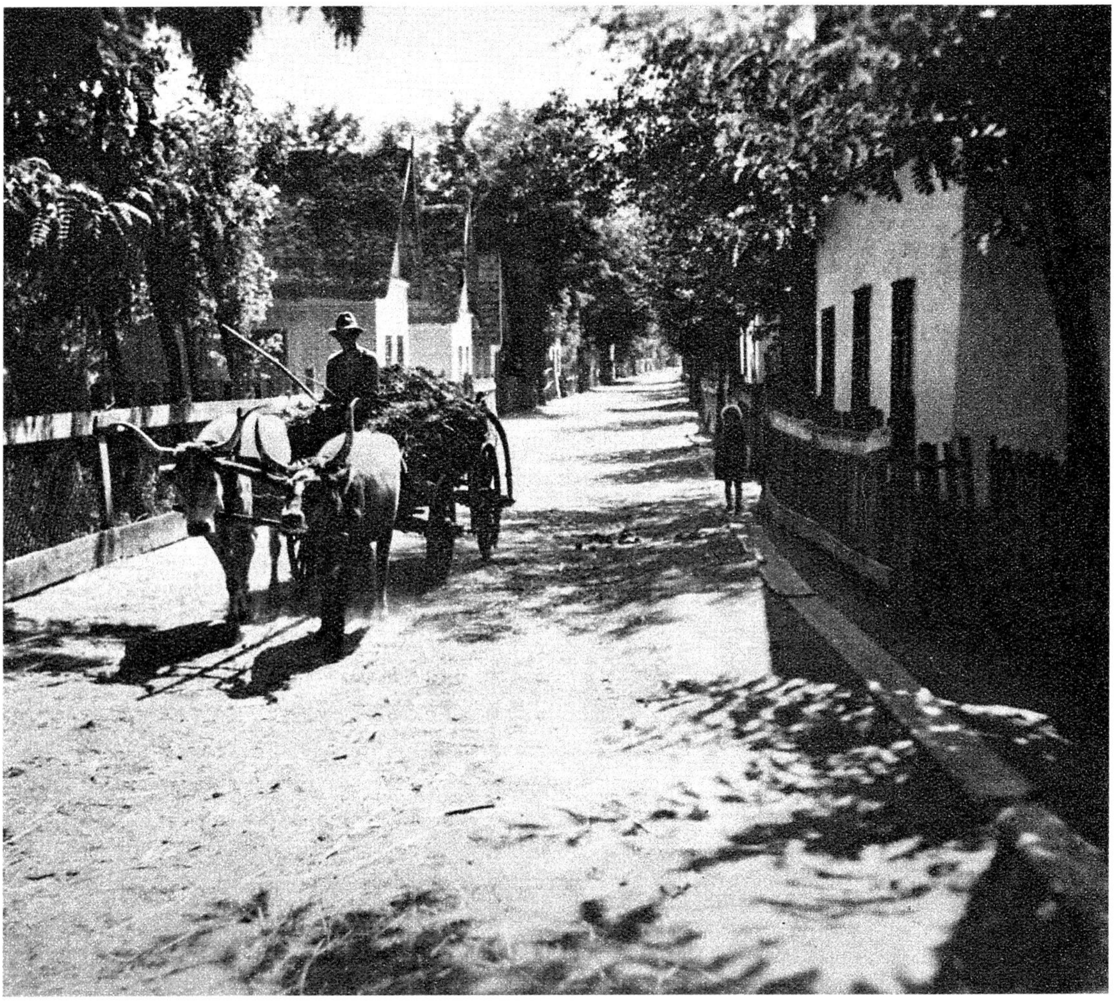

Sathmarer Dorfstraße. Die Häuser in den nüchtern angelegten Dörfern waren in der Regel mit Stroh, vereinzelt auch mit Ziegeln gedeckt. Wie im Banat wurden die Hauswände jährlich mehrmals mit Kalk geweißt.

Kleinschemlaker Mundart

Mei Vatrhaus

„Wus Bächle sich ins Derfche dreiht,
Dort steiht ou klounes Haus.
Wus Vailche blou im Fenschtr steiht
Dort geih ich ei un aus.

Vun dort hun ich mei eirschte Blick
Ins waiti Feld g'mach,
Dort hot meir ach mei eirschtes Glick
Frouh in mei G'sicht g'lacht.

Sou ouweds wann die Sunn v'rsinkt
Dort hinrem Maulbeirboum
Un frischi Luft durchs Fenschtr dringt,
Sitz ich alls still un troum.

Ich schau als nuf zum Sternezelt
Un weit ins Dunkle naus
Un denk bei meir: am beschte g'fällt
Meirs doch im Vatrhaus."

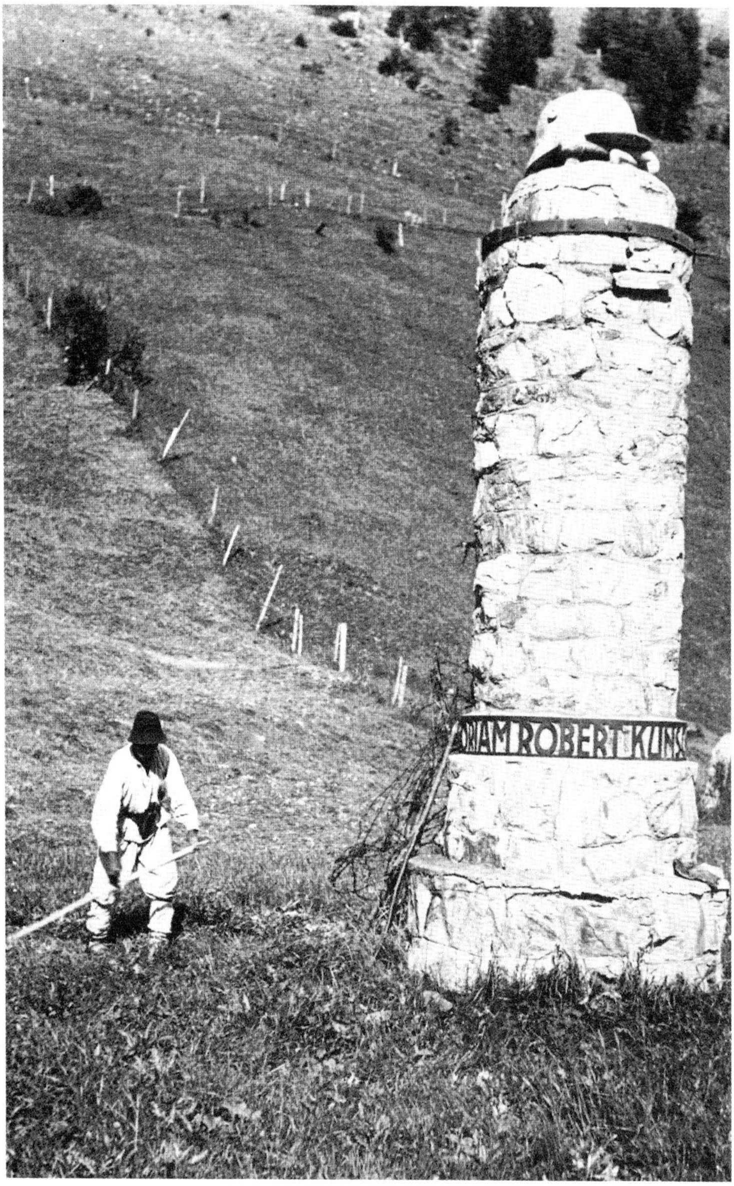

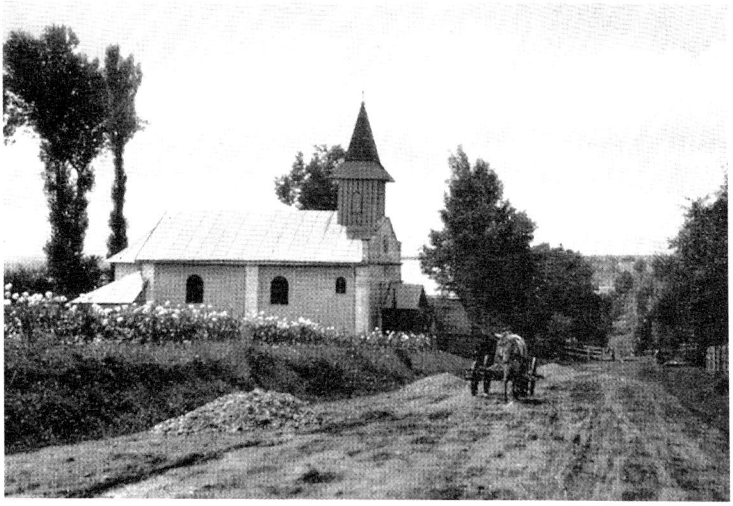

Soldatengedenkstein im oberen Moldowtal im Buchenland – Kirche katholischer Siedler aus Schwaben in Baince (unten).

Der deutsche Einwanderer kam nach der Türkenherrschaft ab 1771 ins sogenannte Buchenland (Bukowina), eine Kolonisation, die erst mit dem Ersten Weltkrieg ihren Abschluß fand. Fast das ganze Deutschtum Österreich-Ungarns war hier vertreten, aber auch die Rhein- und Maingegenden: Zipser Kumpels und böhmische Glasbläser und Holzhauer, galizische Bauern oder Kaufleute aus dem süddeutschen Raum. 1918/19 kam das Buchenland außer vier – jetzt polnischen – Bezirken an Rumänien.

Der deutsche Zug ins Buchenland hatte dabei eine Eigenart. Natürlich wanderten mehr arme als reiche Leute ein, angelockt von den in Aussicht gestellten Vorrechten wie Belehnung mit Grund und Boden, Steuerfreiheit für etliche Jahre und Zuweisung von Nutzvieh. So benutzten viele Kolonisten, die dem Ruf Kaiser Josephs II. folgten, auf ihrer monatelangen Wanderung von Hunden gezogene kleine Wagen oder Schlitten. Das Hundegeschirr aus jenen Tagen wurde pietätvoll aufbewahrt und traditionsgemäß von Generation zu Generation weitergereicht.

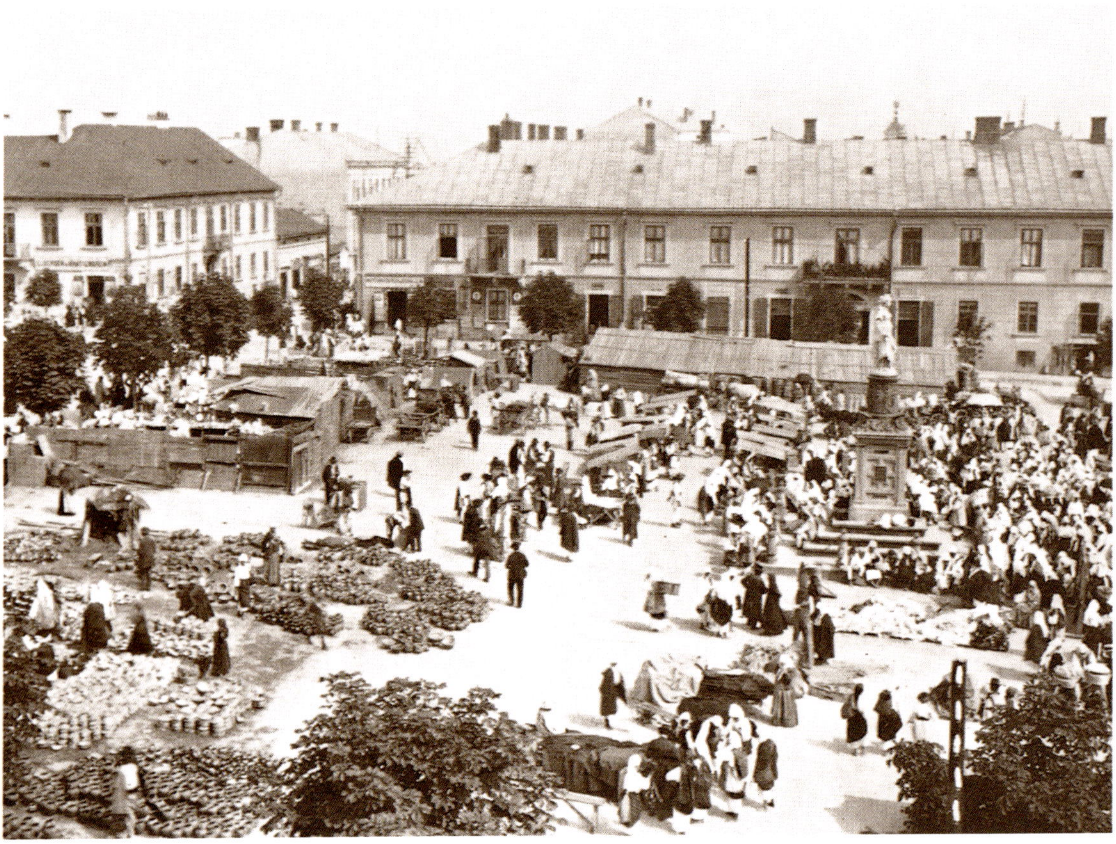

Markt in Czernowitz, der Hauptstadt des Buchenlands. – In Czernowitz, einem Schwerpunkt der Gesamtwirtschaft Osteuropas, war mit der „Francisco-Josephina" die südöstlichste deutsche Universität eingerichtet worden, neben Wien, Prag, Graz und Innsbruck die fünfte Universität des Habsburgerreiches überhaupt. In der Stadt erschien die Czernowitzer Zeitung, tagte der Deutsche Volksrat, am Theater mit dem Schillerdenkmal wurden lange ausschließlich deutsche Stücke bis hin zu Lohengrin und Tannhäuser aufgeführt. Nicht zu Unrecht galt Czernowitz so auch als geistiges und politisches Zentrum der rund 80000 Buchenlanddeutschen.

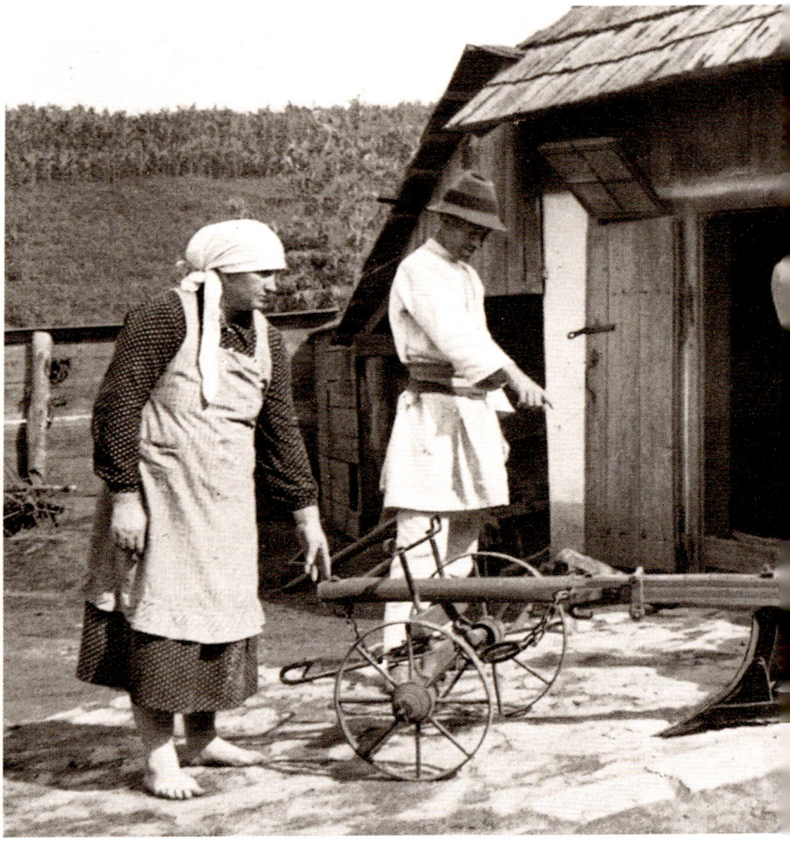

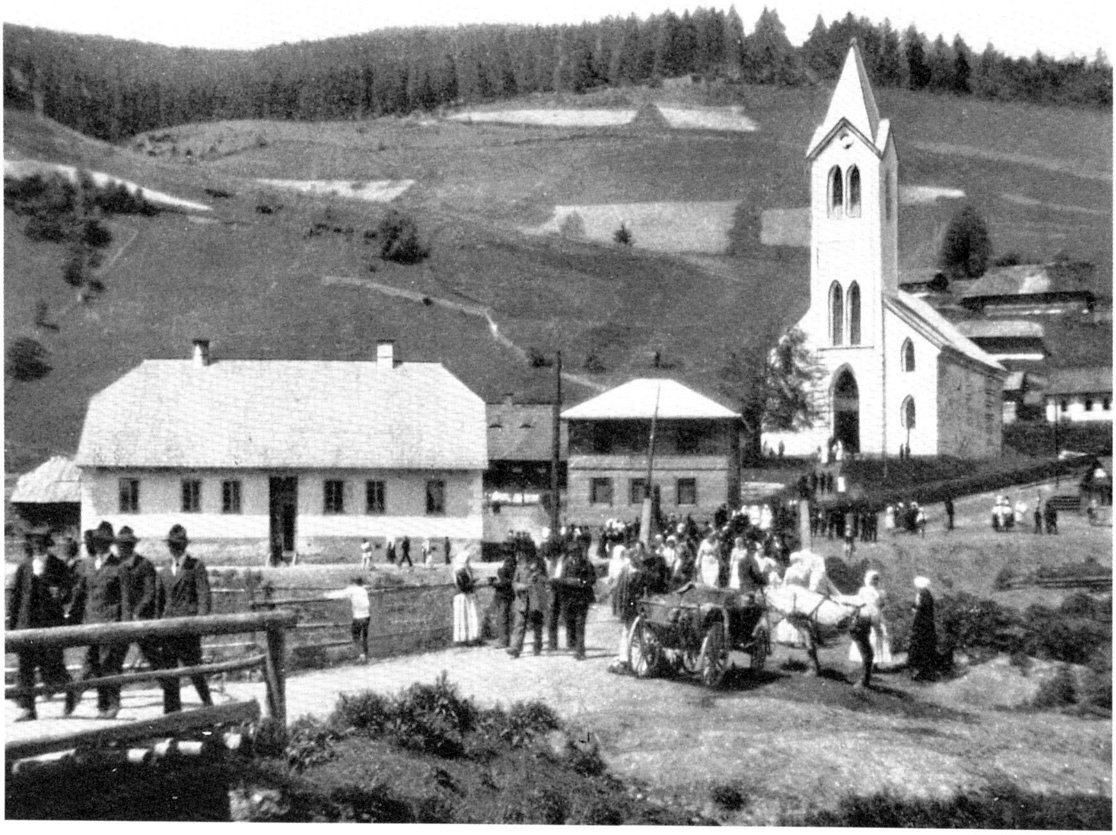

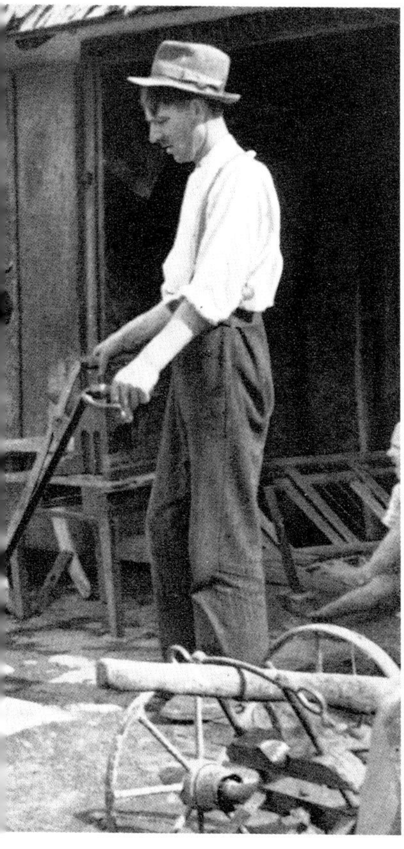

Die evangelische Kirche von Jakobeni an der Bistritz. In Jakobeni siedelten seit 1784 Zipser und Siebenbürger Bergbauleute. Als aufblühendes „Vorwerk Europas" war das Buchenland bei der Aufteilung Polens 1775 von Wien der Pforte abgehandelt worden, zum Schutz Galiziens und als Verbindungsstück nach Siebenbürgen. Durch eine kluge Nationalitätenpolitik entwickelte sich das menschenarme Wiener Kronland zu einem Außenposten westlicher Kultur.

Deutscher Schmied in Molodia. Die deutschen Siedler des Buchenlandes oder der Bukowina bezeichneten sich selbst ganz generell gerne als Wiener, als Buko-winer. Lange konnten sie hier ihre Muttersprache, ihr Liedgut und ihr heimatliches Brauchtum erhalten.

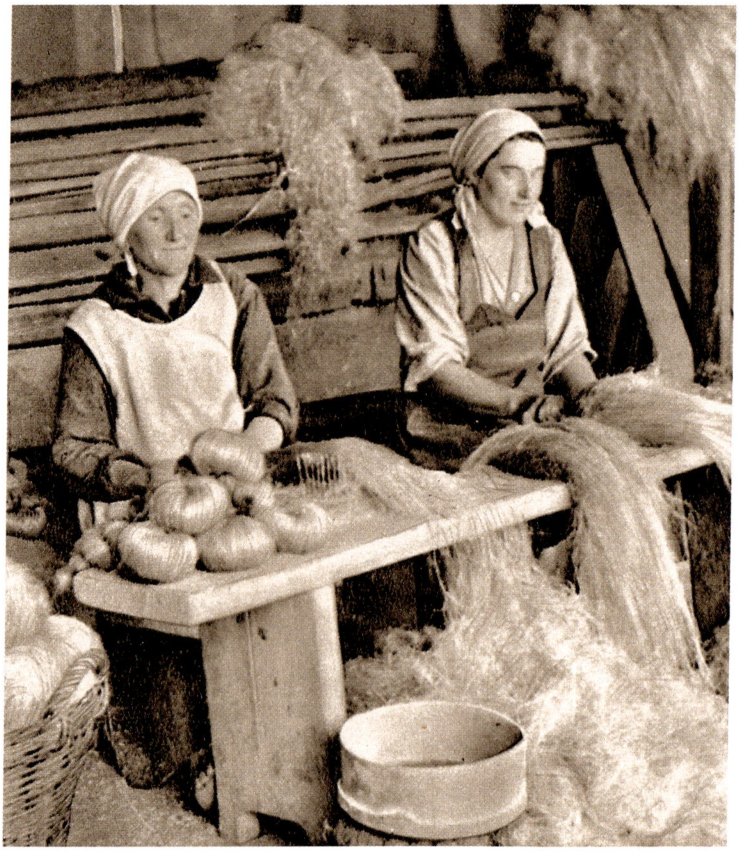

Handwerkskunst im Buchenland. Deutsche Handwerkskunst war besonders gefragt. Gerade die Klöplerin, die das kunstvolle Verschlingen, Zwirnen und Flechten von Fäden nach vorgezeichnetem Muster meisterhaft verstand, lieferte so manche kostbare Decke für die Freunde der Volkskunst.

Unten: Buchenlanddeutsche beim Hanfhecheln. Wie in Sathmar oder im Banat nannte man die rund 750000 deutschen Siedler (1914) hier etwas vereinfachend Schwaben, womit auch die bergbauerfahrenen Zipser oder die Holzhauer und Werkkolonisten aus Böhmen gemeint waren.

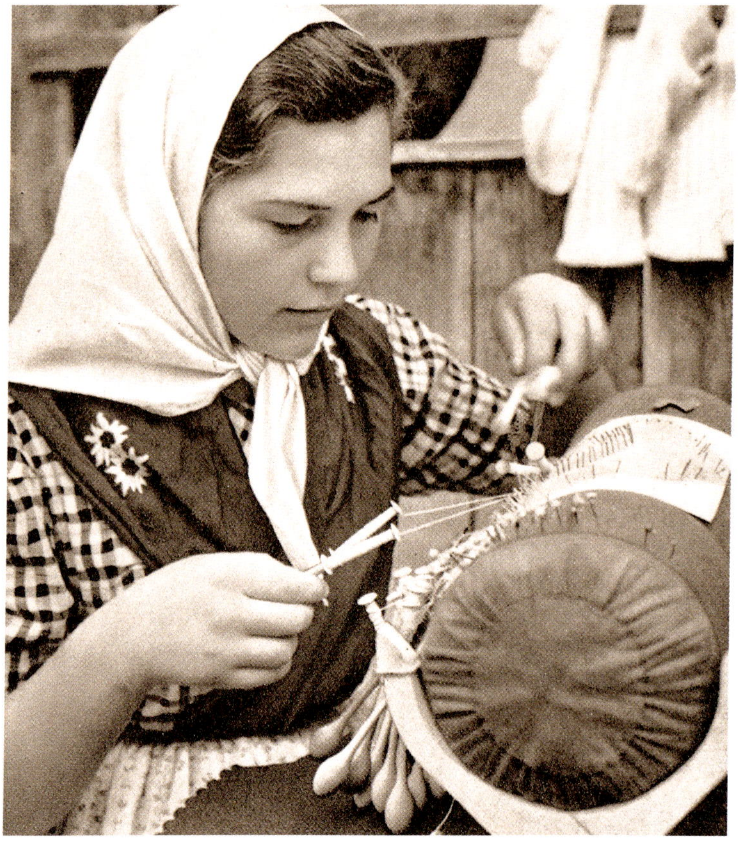

Die Mühle eines deutschen Kolonisten im Donaudelta – Die Deutschen in der Dobrudscha lebten mitten im Völkergemisch südlich des Donaudeltas, in das sie ab 1840, also noch zu türkischer Zeit, über Rußland eingewandert waren. Dem Stamm nach meistens Schwaben, standen sie im Geburtenreichtum an der Spitze aller Völker Europas. Doch ihre Siedlungen – 31 Dörfer um Tariverde, Atmagea und Konstantza – hatten wegen des harten Klimas und kriegerischer Einfälle der Tscherkessen lange mit erheblichen wirtschaftlichen Schwierigkeiten zu kämpfen. Erst 1878, mit der Einverleibung der Dobrudscha durch Rumänien, brachen dann ruhigere Zeiten an. Allerdings hatten die Tscherkessen vor ihrem Abzug das Land noch einmal gründlich abgeräumt, unter den deutschen Kolonisten, denen oft nur das nackte Leben geblieben war, noch lange als Aktion „der Hammer“ bekannt.

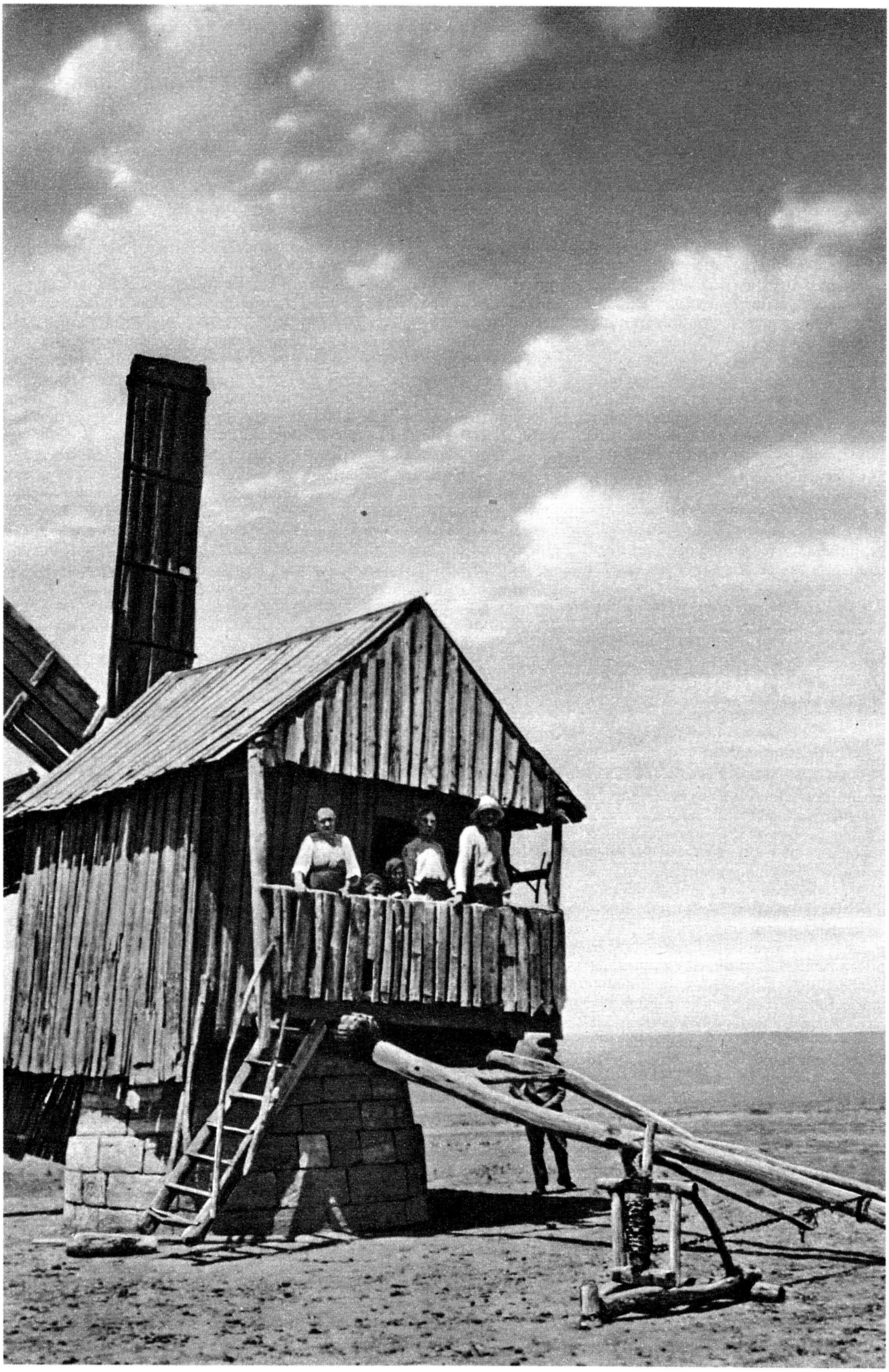

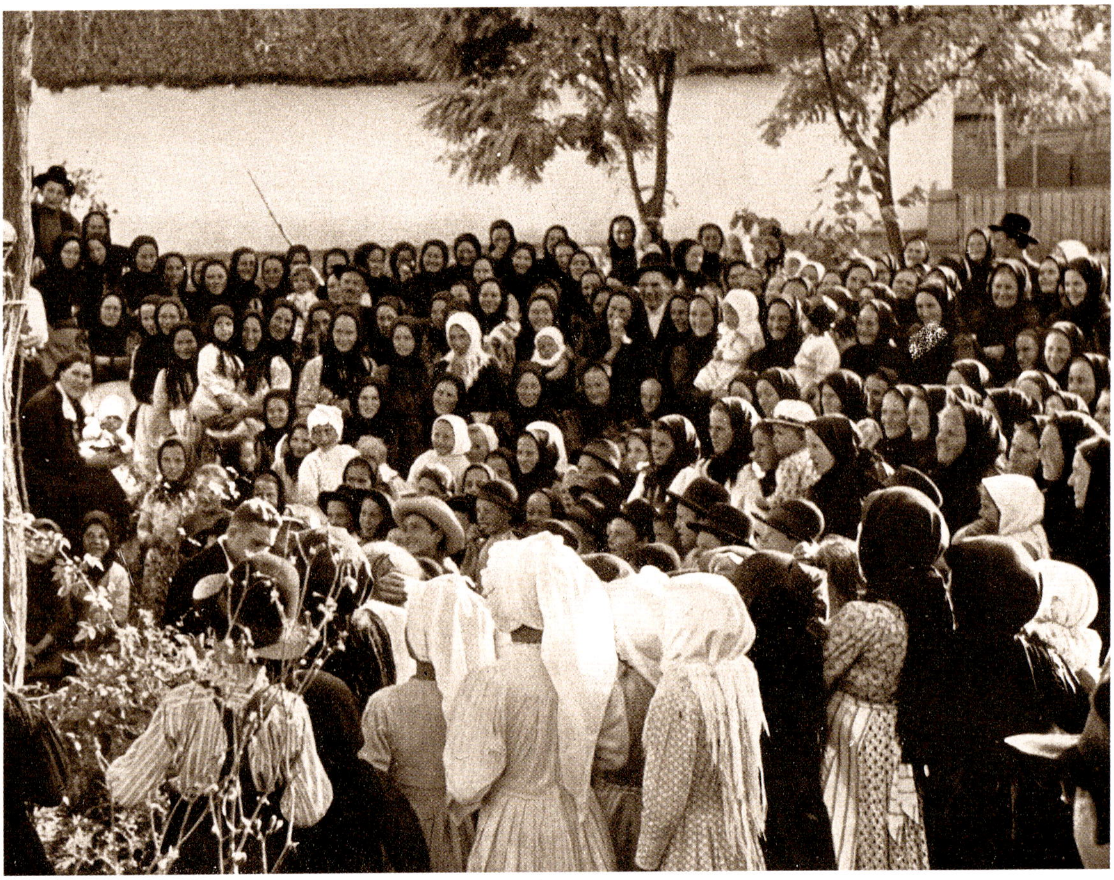

In Malcoci, 1843 als erste deutsche Siedlung in der Dobrudscha gegründet – Dorfstraße in Malcoci. Die deutschen Dörfer ähnelten den Muttersiedlungen in Bessarabien und Südrußland. Die Haupt- oder „Geraden“ Straßen waren jeweils 25 bis 30 Meter breit, aber wegen des Steinmangels nicht bepflastert. Pflicht eines jeden Bauern war es in der baumarmen Gegend, Akadzien um sein Haus zu pflanzen, dem einzigen Baum, der die Trockenperioden des Landstriches gut überstand.

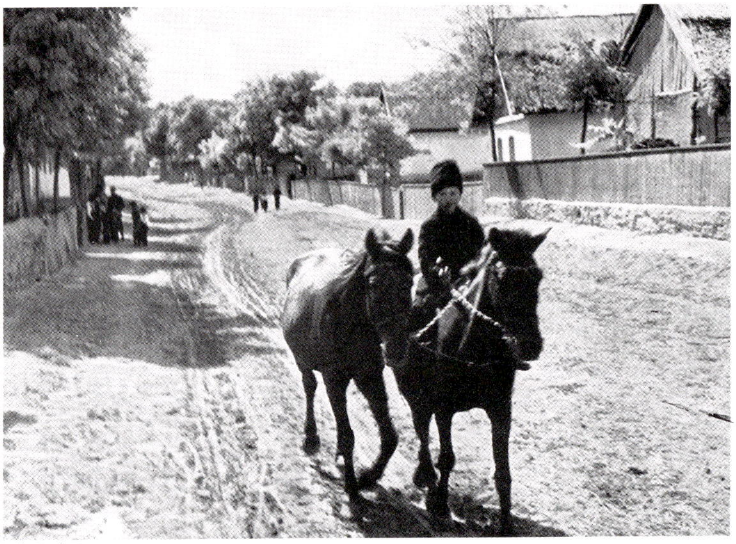

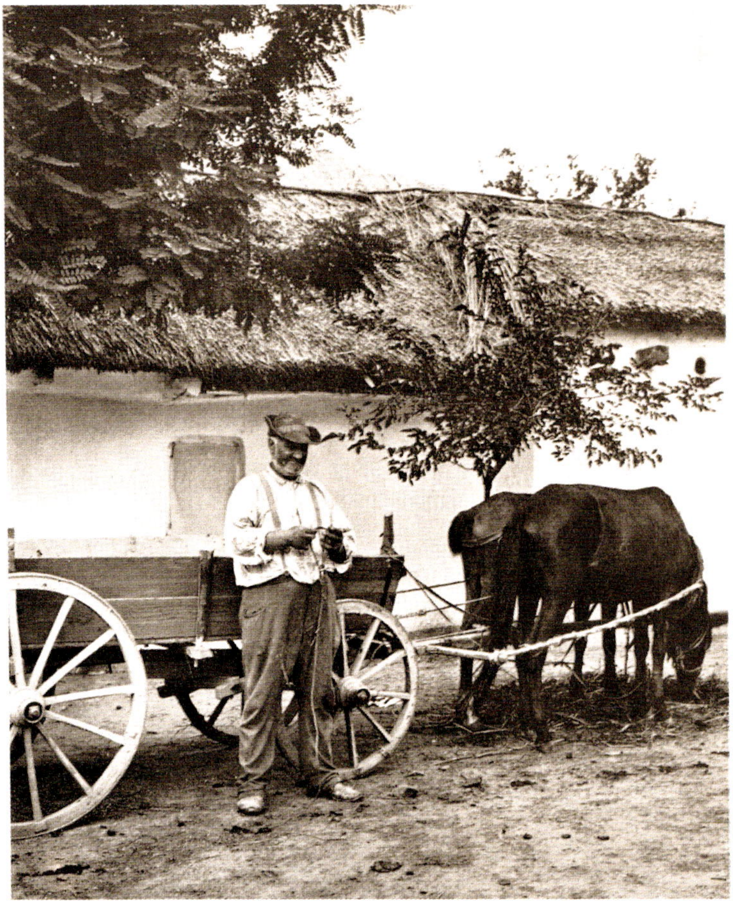

Deutscher Bauer in der Dobrudscha - Hof in Ciucurova. Im Norden der Dobrudscha sprachen die Kolonisten meist plattdeutsch, ihrer Urheimat Westpreußen, Pommern und Posen entsprechend. Im Süden unterhielt man sich in dem, was man hier Schwäbisch nannte, tatsächlich aber Dialekte aus der Pfalz, dem Elsaß, Baden und Württemberg repräsentierte. Die Schwaben galten mit Abstand als die fortschrittlichsten Ackerbauern der Dobrudscha. Angebaut wurden Gerste, Weizen, Mais, Leinsamen und Raps.

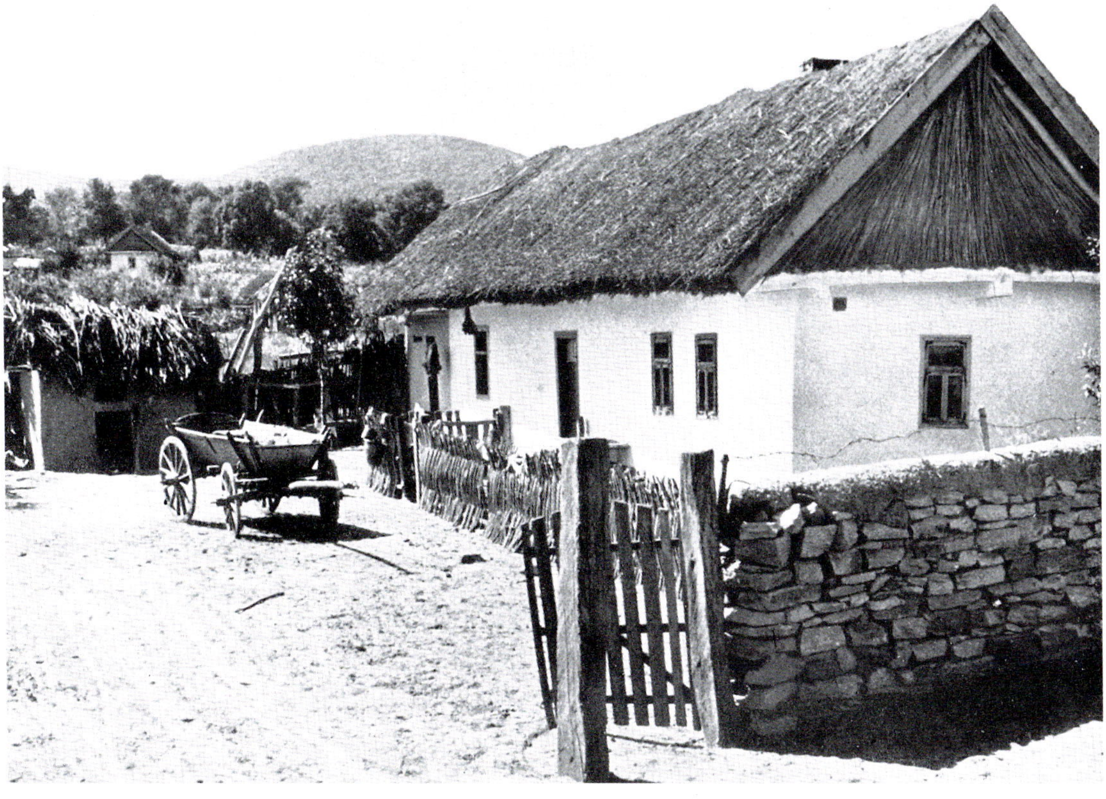

Die Glocke von Caramurat nördlich von Konstanza. Caramurat hatte nach dem Ersten Weltkrieg eine katholische deutsche Gemeinde mit nahezu 1000 Gliedern. Im Gegensatz zu den evangelischen Rumäniendeutschen, die konfessionell isoliert im Land eigene Kirchenkörper bilden mußten, lebten die deutschen Katholiken überall mit anderen Nationalitäten im gleichen Bistum zusammen.

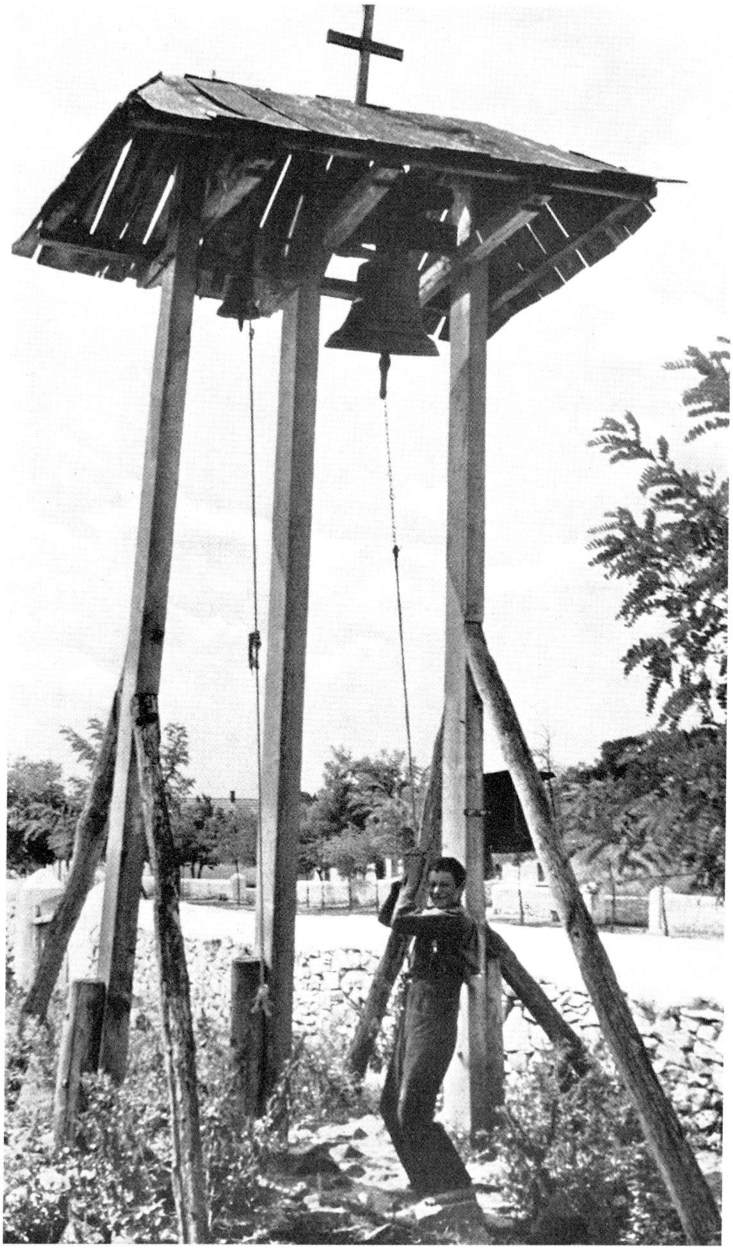

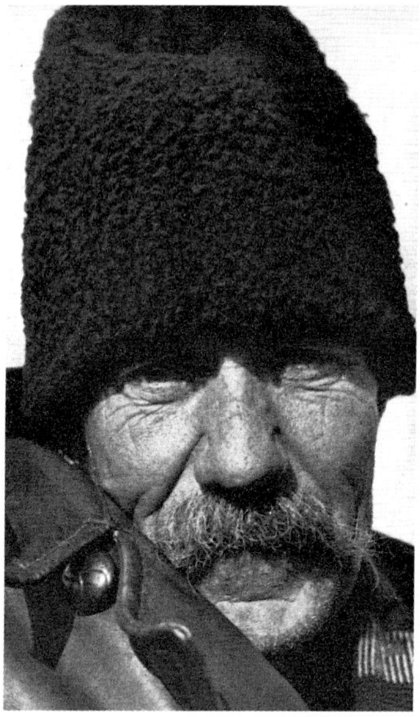

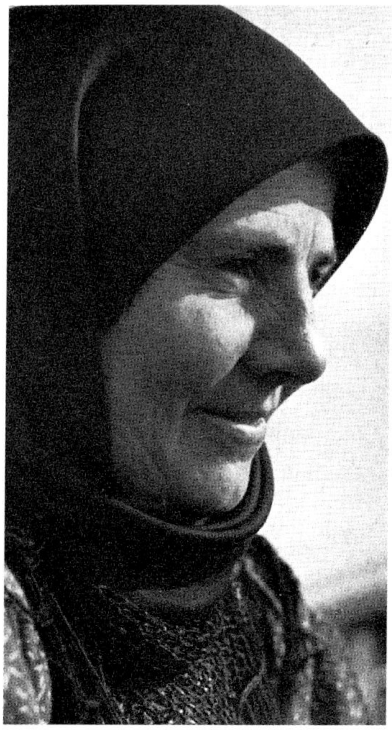

Dobrudschadeutsche Bauern aus der Nähe von Malcoci

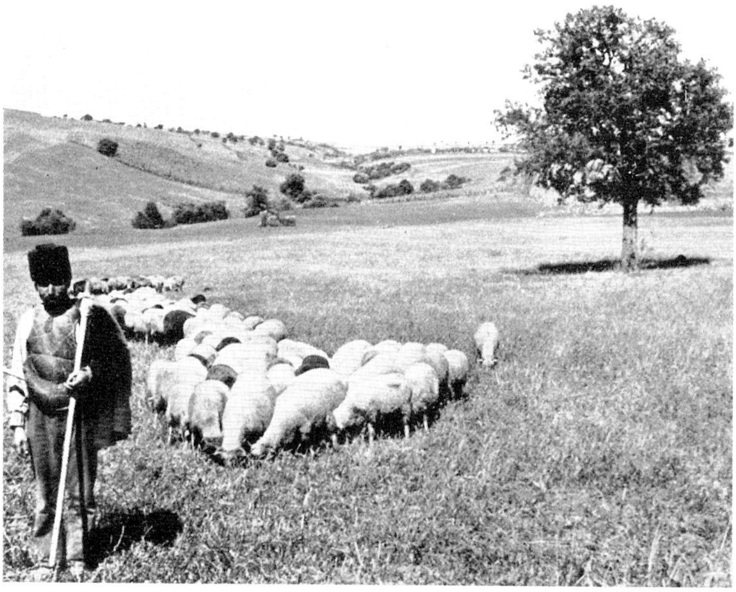

Landschaft der Dobrudscha in der Nähe von Atmagea.

Dobrudschadeutsches Dorf. Die Bezeichnung Dobrudscha stammt vom slawischen „dobri" ab, was so viel wie „gut" bedeutet. Viele der deutschen Kolonisten hätten der rumänischen Küstenlandschaft allerdings einen anderen Namen gegeben, wären sie nur danach gefragt worden. Das Klima der Dobrudscha hatte einst schon dem verbannten Dichter Ovid nicht gerade behagt: Jahraus, jahrein sturmdurchbraust, im Winter starke Fröste und Schneefall, im Sommer tropische Hitze.

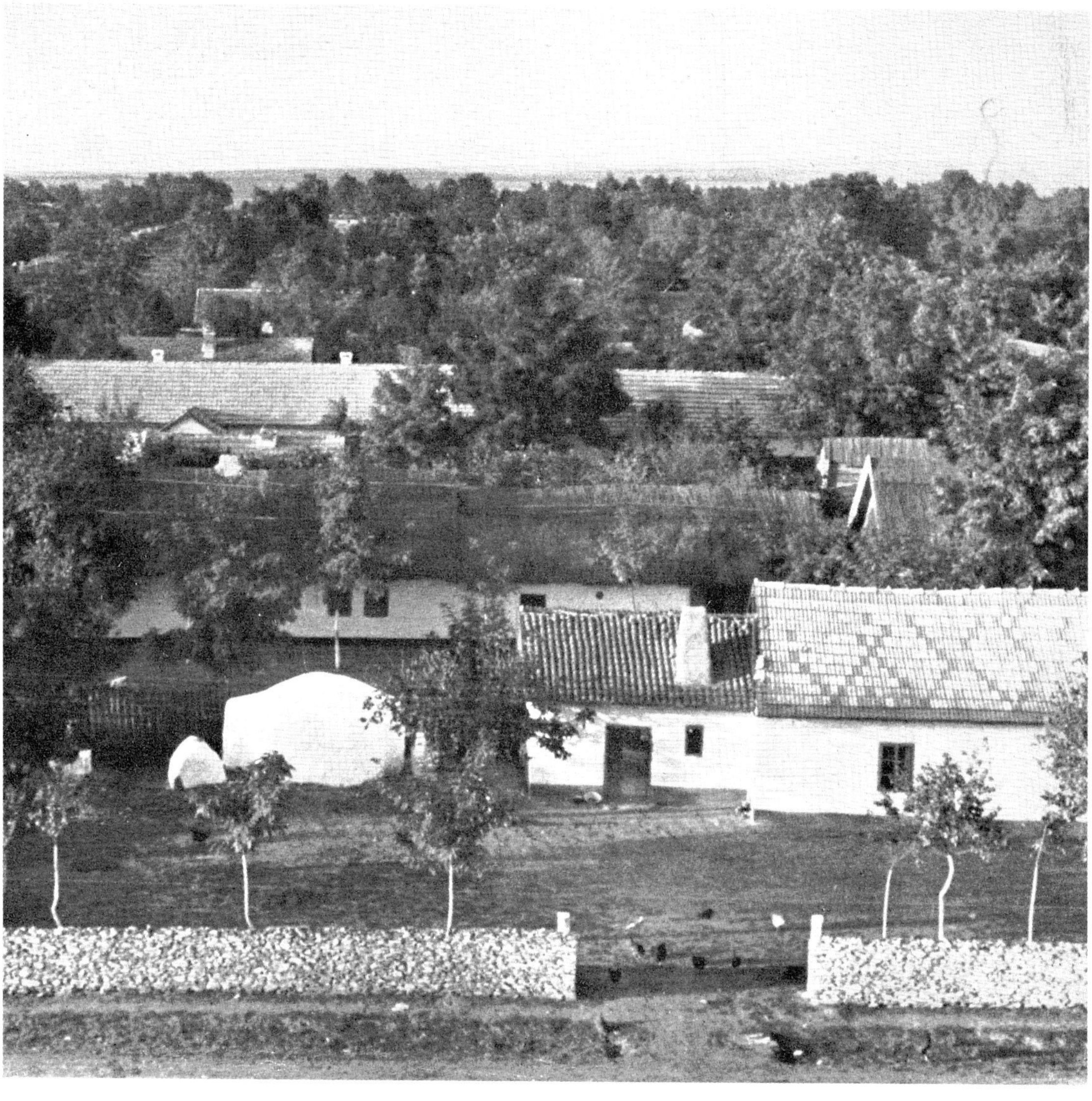

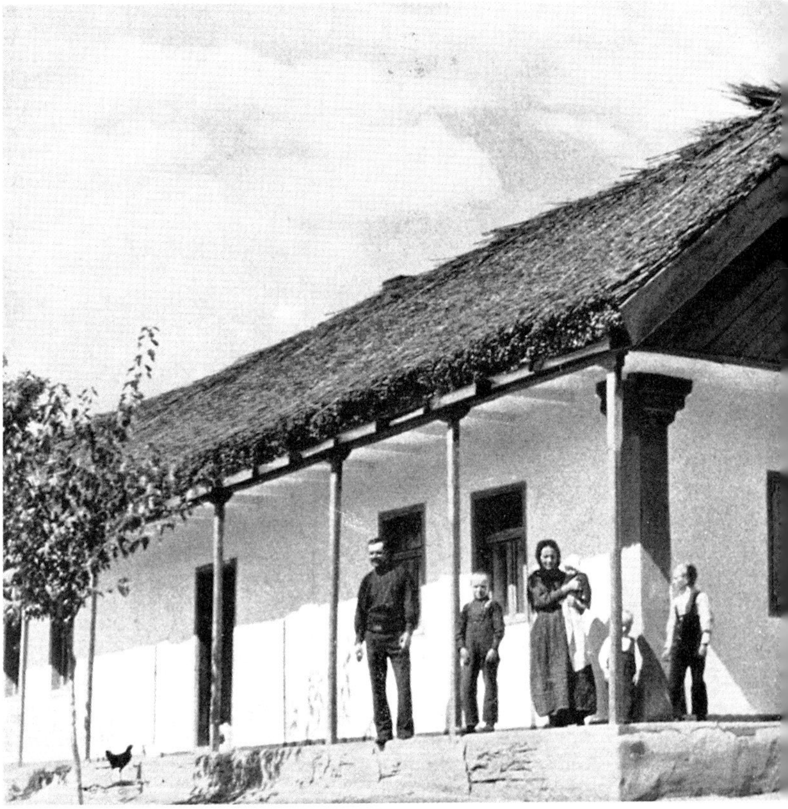

Unten: Am Sonntag vor der Notkirche von Colelic. Die rund 12000 Dobrudschadeutschen (1920) waren im Gegensatz zum weitgehend katholischen Buchenland zu zwei Dritteln evangelisch, der Rest katholisch. Allerdings förderte die Weltabgeschiedenheit des Landstrichs besonders auch das Sektenwesen.

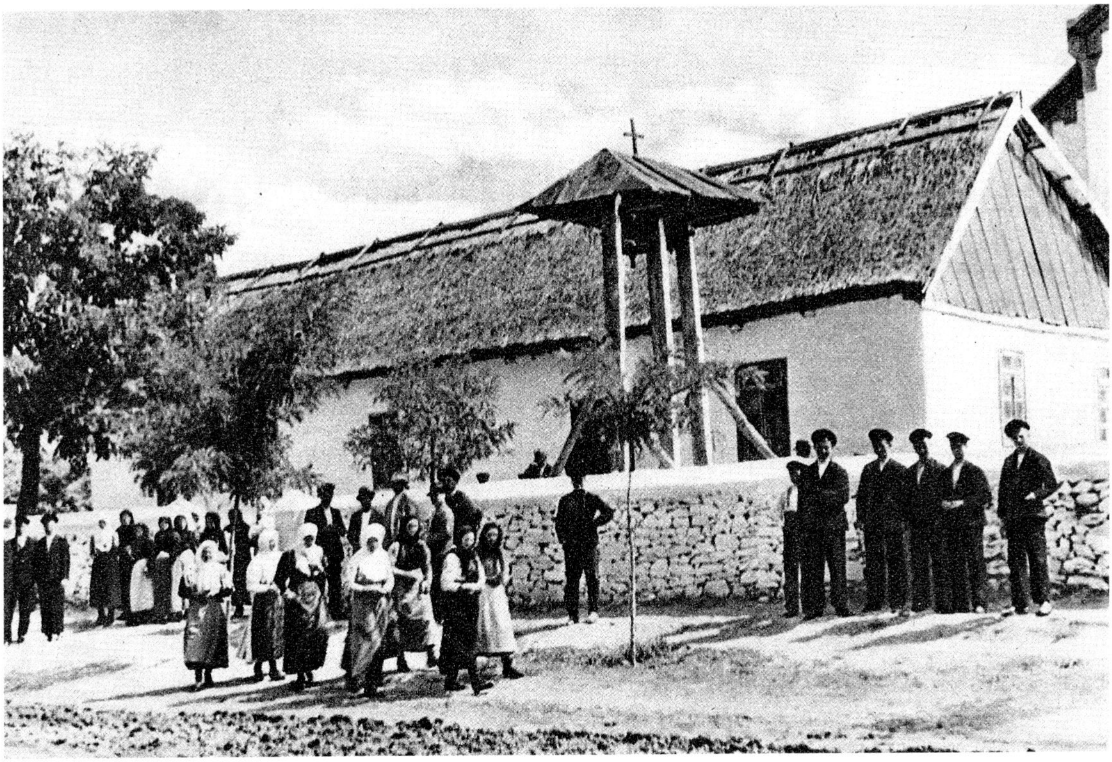

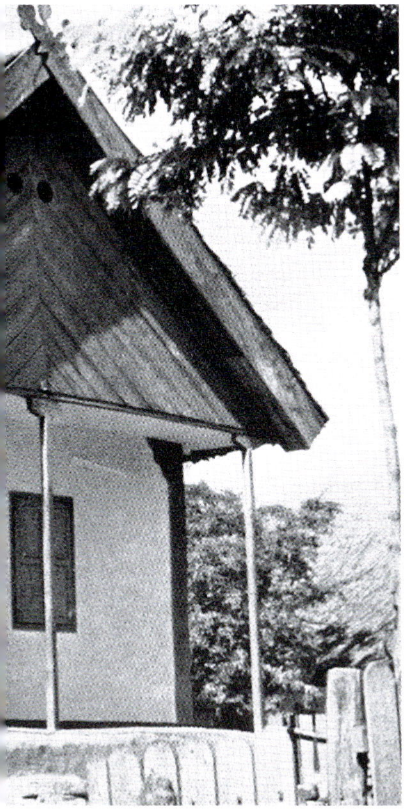

Strohgedecktes Bauernhaus mit Überhängen, die Schutz gegen die heißen Sommer bilden sollten. Nach russischem Geschmack strichen die Dobrudschadeutschen ihre Häuser gerne ultramarinblau, seltener auch grün an. Hier lebten die Kolonisten in Nachbarschaft mit Rumänen, Tataren, Bulgaren, Lippowanen, Türken und Russen.

Deutsche Bauern auf der Fahrt durch das Donaudelta. Die Küstenlandschaft am Schwarzen Meer hatte im 19. Jh. große Kolonistenströme angelockt. Ihr Unglück war, daß seit oströmischen Tagen, bestimmt aber seit der Zeit habsburgisch-zaristischer Gegensätzlichkeiten, der Donauraum ein politischer Brandherd war, an dem sich viele europäische Kontraste entzündeten.

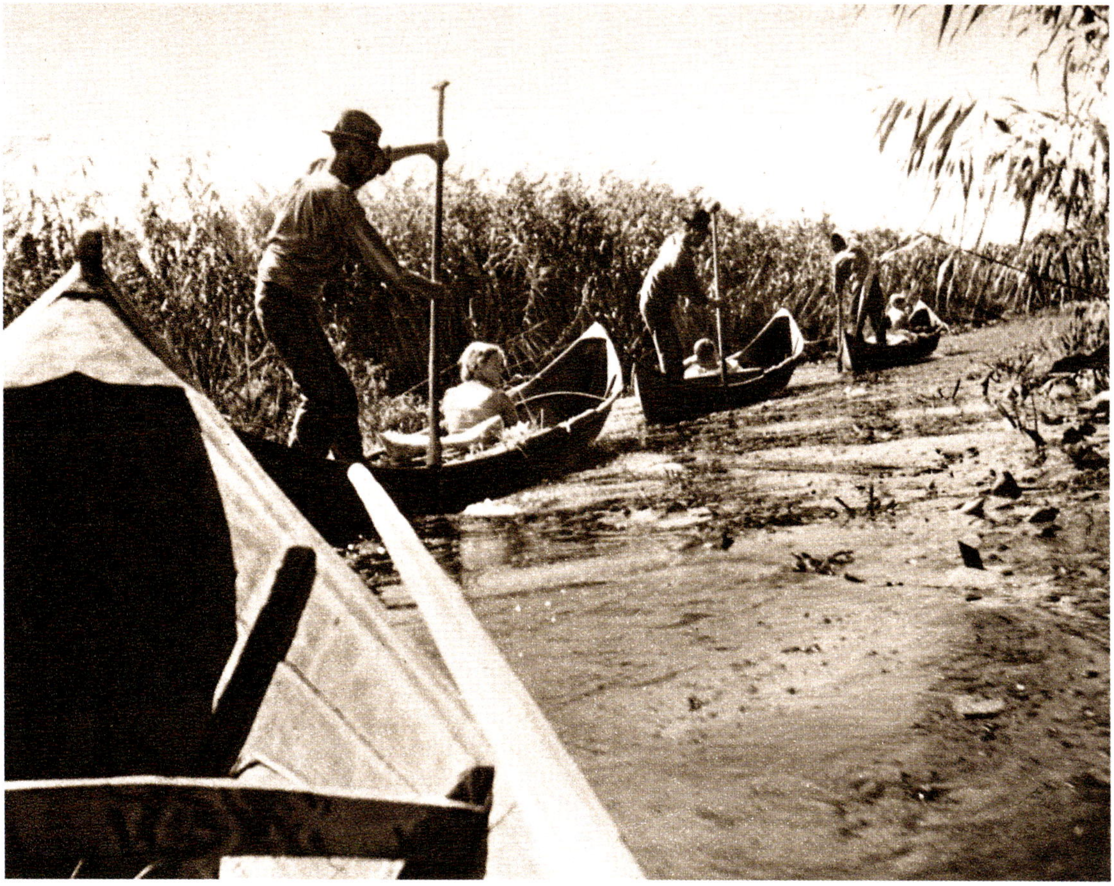

Flachsernte in Plotsk, einer Koloniegründung von 1838. In den deutschen Bauerndörfern Bessarabiens spielte sich das Leben der Siedler ähnlich ab wie irgendwo in Württemberg, in Bayern oder in den deutschen Ostseegebieten. Die Kolonisten waren zu Beginn des 19. Jh. vom russischen Zaren Alexander in das gerade den Türken abgenommene, weitgehend entvölkerte Land gerufen worden. Wer den Anforderungen der russischen Einwanderungsbeamten im Rahmen eines großzügigen Kolonisationsprogramms entsprechen wollte, mußte entweder ein guter Acker- oder Weinbauer sein oder etwas von Baum- und Viehzucht verstehen. Bald bearbeiteten die Neusiedler ein Gebiet nur wenig kleiner als das frühere Herzogtum Braunschweig. Der Schwerpunkt ihres Gemeinschaftslebens gruppierte sich um das Dorf Tarutino, Sitz des deutschen Volksrates. Noch nach dem Ersten Weltkrieg wohnten rund 80000 Bessarabiendeutsche in 130 Siedlungen mit Erinnerungsnamen wie Halle, Wittenberg, Straßburg I. und Straßburg II. oder Emmental. Sie hatten ihre eigenen Volkschulen und zwei Gymnasien, wissenschaftliche Vereine und Büchereien.

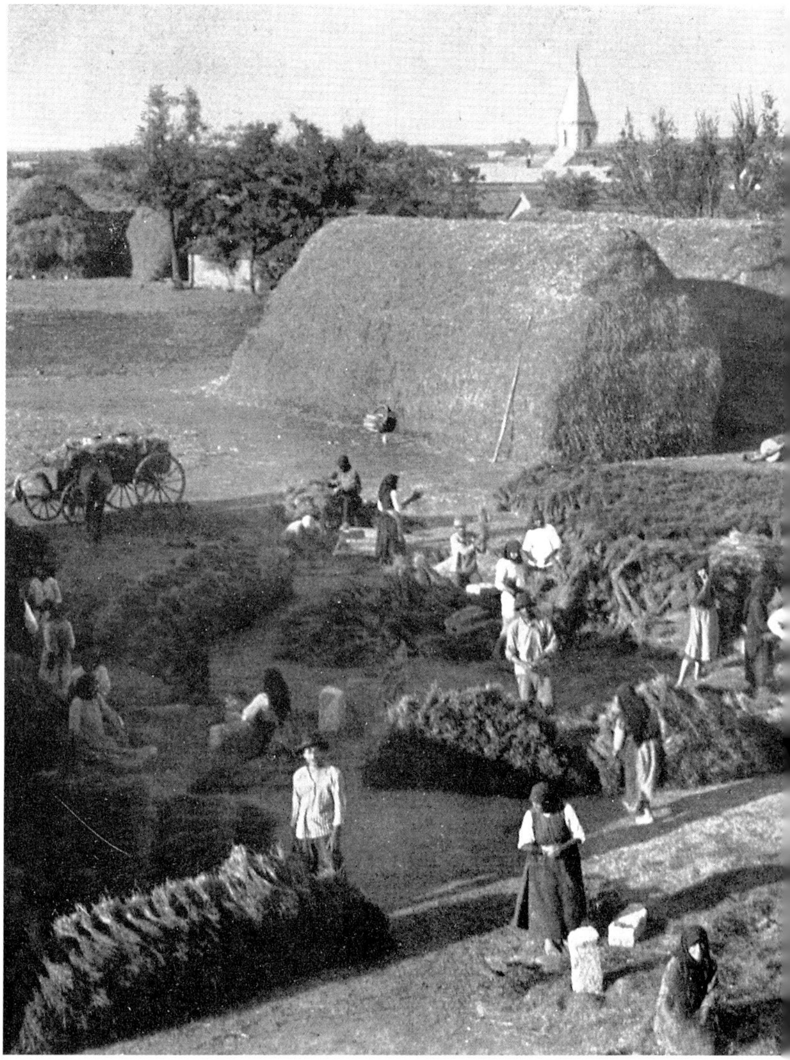

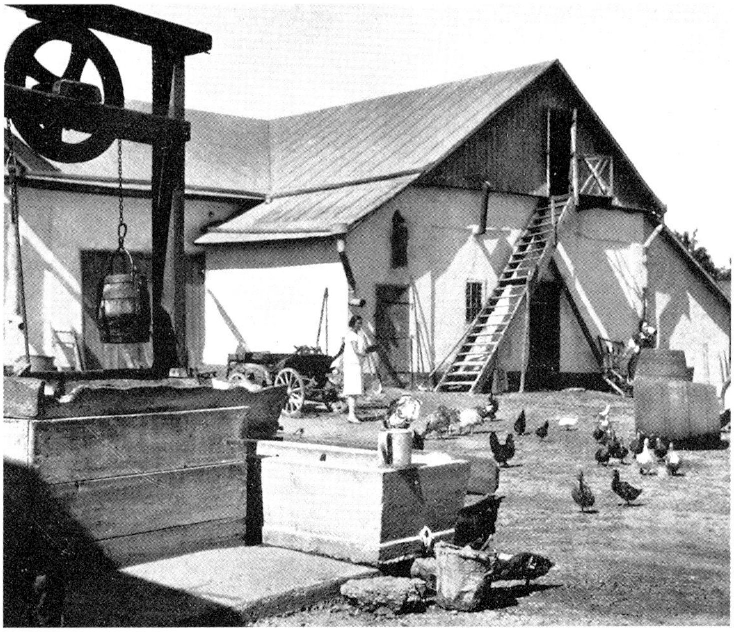

Das Weingut Büxel in Schabo, inmitten eines blühenden Anbaugebietes für Wein und Obst. Links im Bild der typische Ziehbrunnen mit Schwungrad und zwei Eimern.

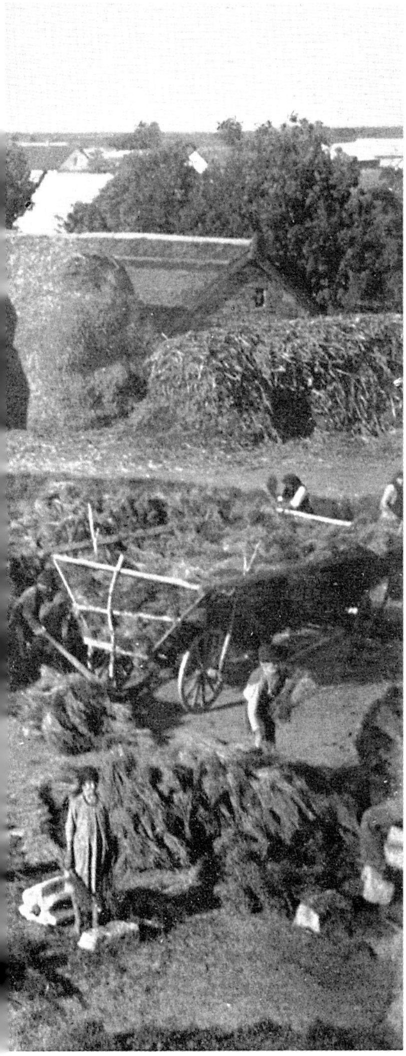

Prischib in Taurien, mit evangelischer Kirche. Die Deutschen saßen in Bessarabien in drei Kolonisationsbezirken, die sich noch im 19. Jh. durch die Anlage von Tochterkolonien schnell vergrößerten. Ein ursprüngliches Kolonistenlos umfaßte 60 Dessjatinen. Die deutschen Gemeinden hielten dabei streng ihr Grundeigentum zusammen. Beim Aussterben einer kinderlosen Familie ging alles Land an die Gemeinde zurück, die es wiederum unter deutschen Familien aufteilte. Kauf und Verkauf waren streng reguliert. Die Bessarabiendeutschen waren fast ausschließlich evangelisch, die Kirche galt als ihre wichtigste Institution. Eine besondere Note in ihr religiöses Leben brachte die Gründung der Kolonie Sarata durch Ignaz Lindl. Nicht ganz frei von Schwärmerei übte Lindl eine erweckende Bewegung aus, die weit über seine Gemeinde hinausreichte und württembergische Pietisten anzog.

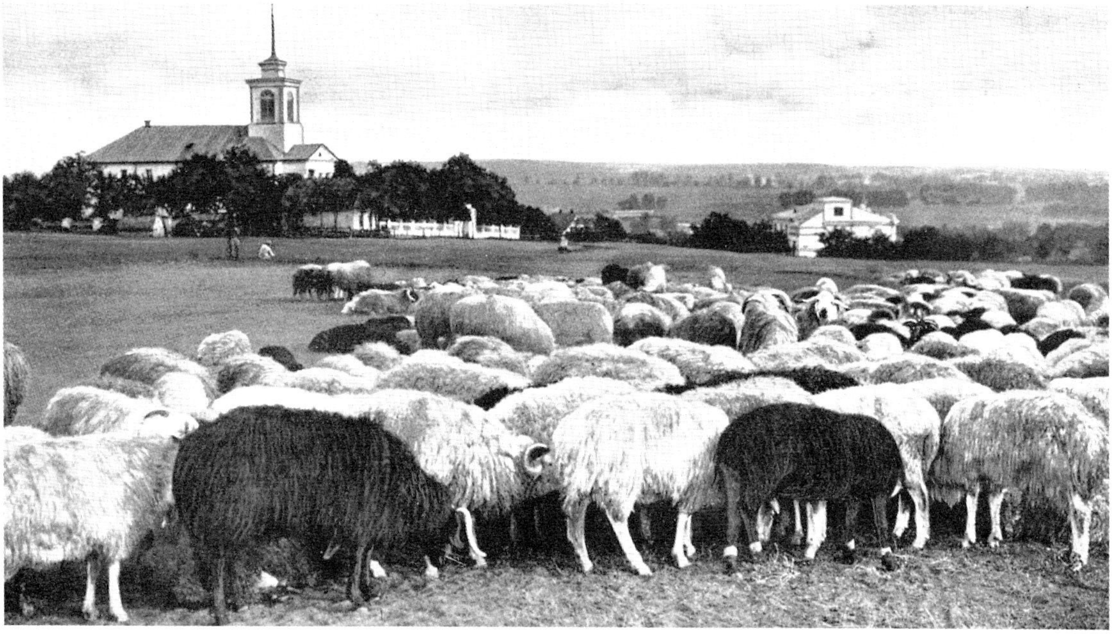

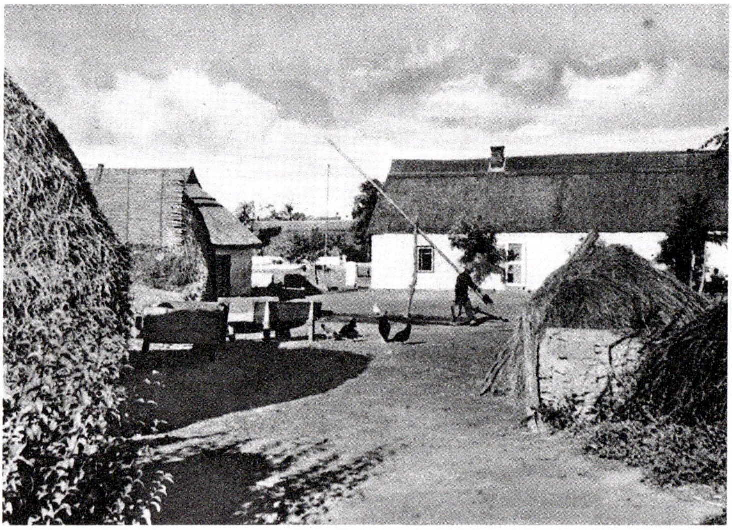

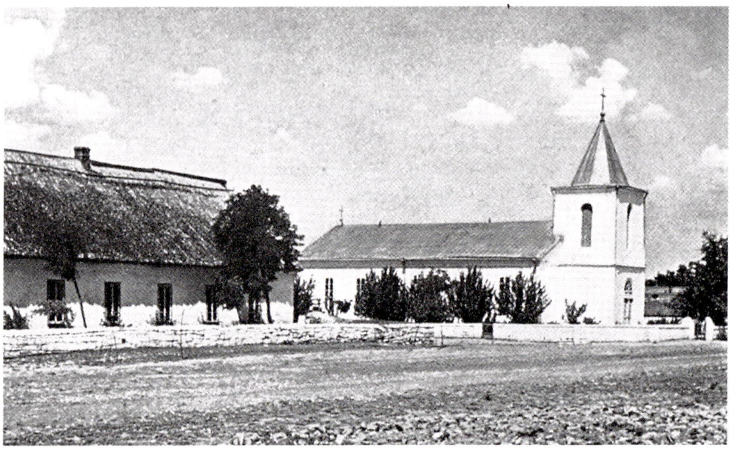

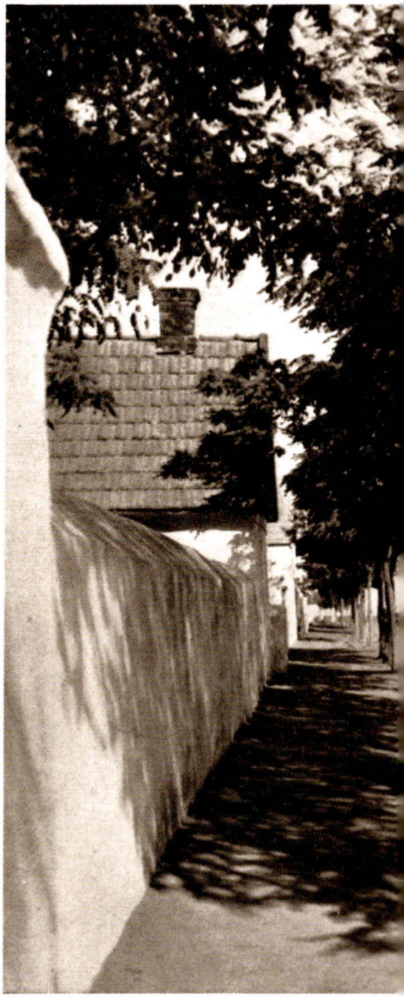

Schwabendorf Schöch in Sarata (oben) - Kirche und Schule in Katzbach. Bessarabiens deutsche Siedlungen waren typische Bauerndörfer mit den üblichen ebenerdigen Kolonistenhäusern, aus denen nur die Kirche, das Schulgebäude, manchmal die Dorfkanzlei und das Getreidemagazin herausstachen. Das Land zwischen Pruth, Dnjestr und Schwarzem Meer hatte in kurzen Zeiträumen viele Herrschaften gesehen: Türken, Russen, Rumänen, dann wieder Russen und wieder Rumänen. Und auch für die deutschen Kolonisten war hier - ebenso wie im Buchenland oder in der Dobrudscha - auf Dauer keine Bleibe. Kurz vor dem Zweiten Weltkrieg sollten sie nach Österreich oder ins Reich „zurückgesiedelt" werden.

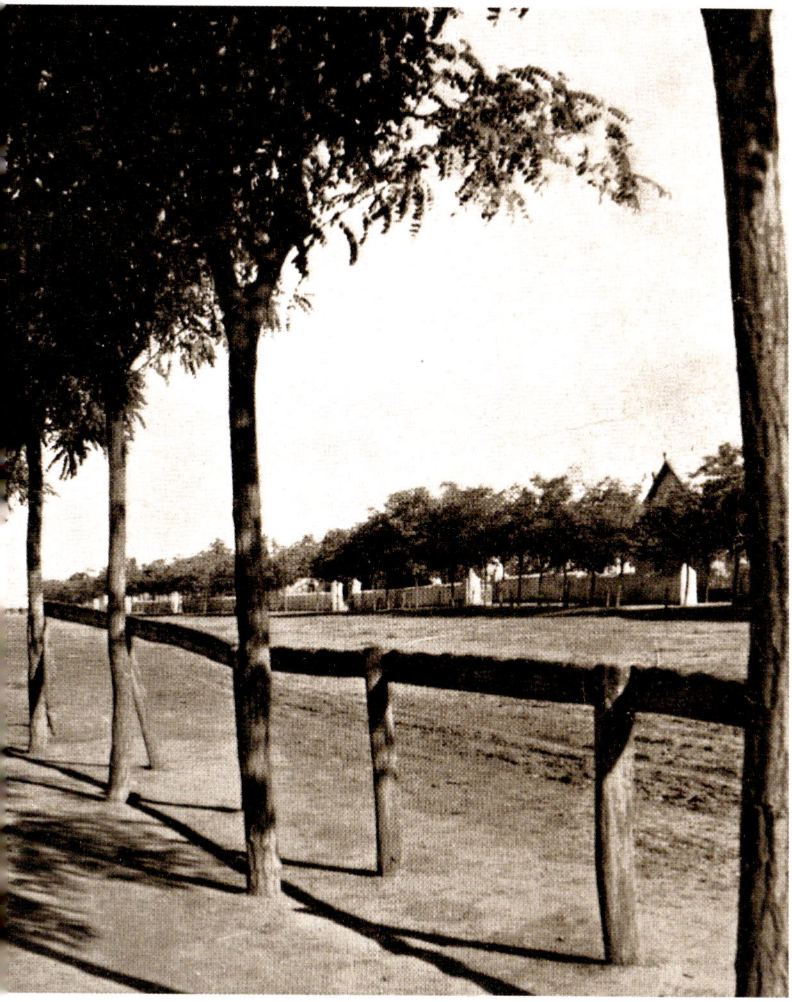

Deutsches Bauerndorf in Bessarabien. Im Gegensatz etwa zu den Buchenlanddeutschen und trotz der verschiedenartigen Zusammensetzung, gelang es den Kolonisten Bessarabiens lange, ihr bodenverbundenes, deutsches Bauerntum aufrechtzuerhalten. Rückgrad dafür waren immer die Kirchen und die der kirchlichen Verwaltung unterstellten Schulen.

Hof in Sarata. 1822 von dem katholischen Pfarrer Ignaz Lindl aus Bayern gegründet, versuchten hier konfessionslose deutsche Bibelchristen – etwa im Stil der Hutterischen Brüder – ein christlich-kommunistisches Leben zu führen. Lindls Experiment wurde jedoch bald aufgegeben, seine Gemeinde entschied sich jetzt für die lutherische Kirche.

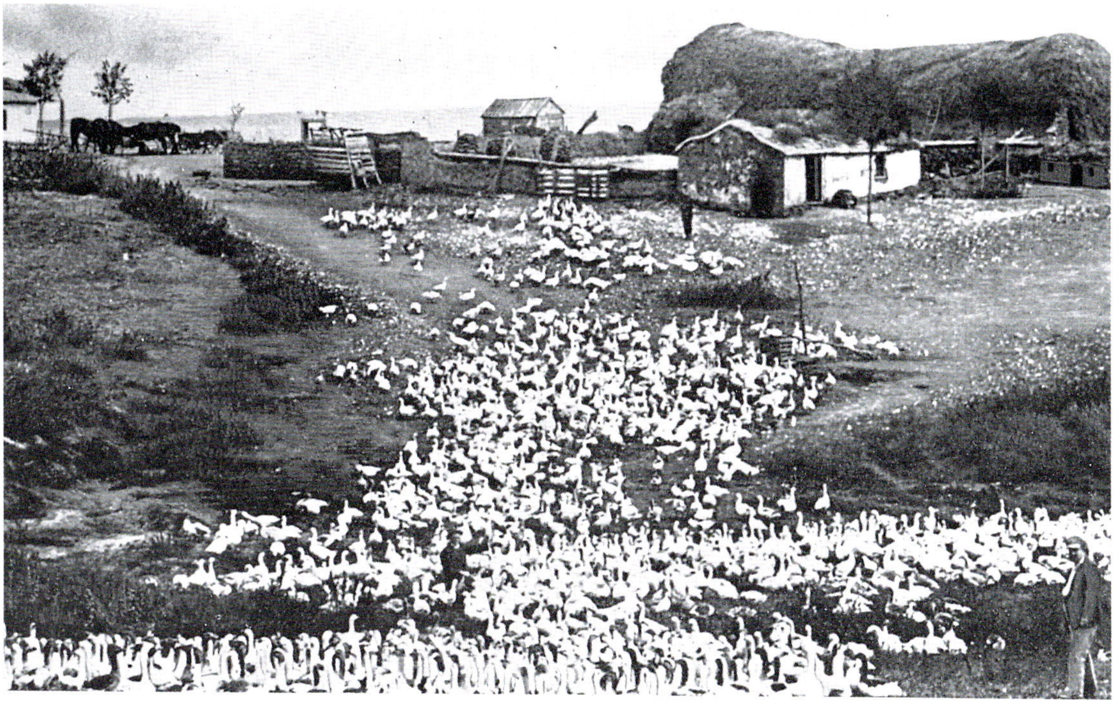

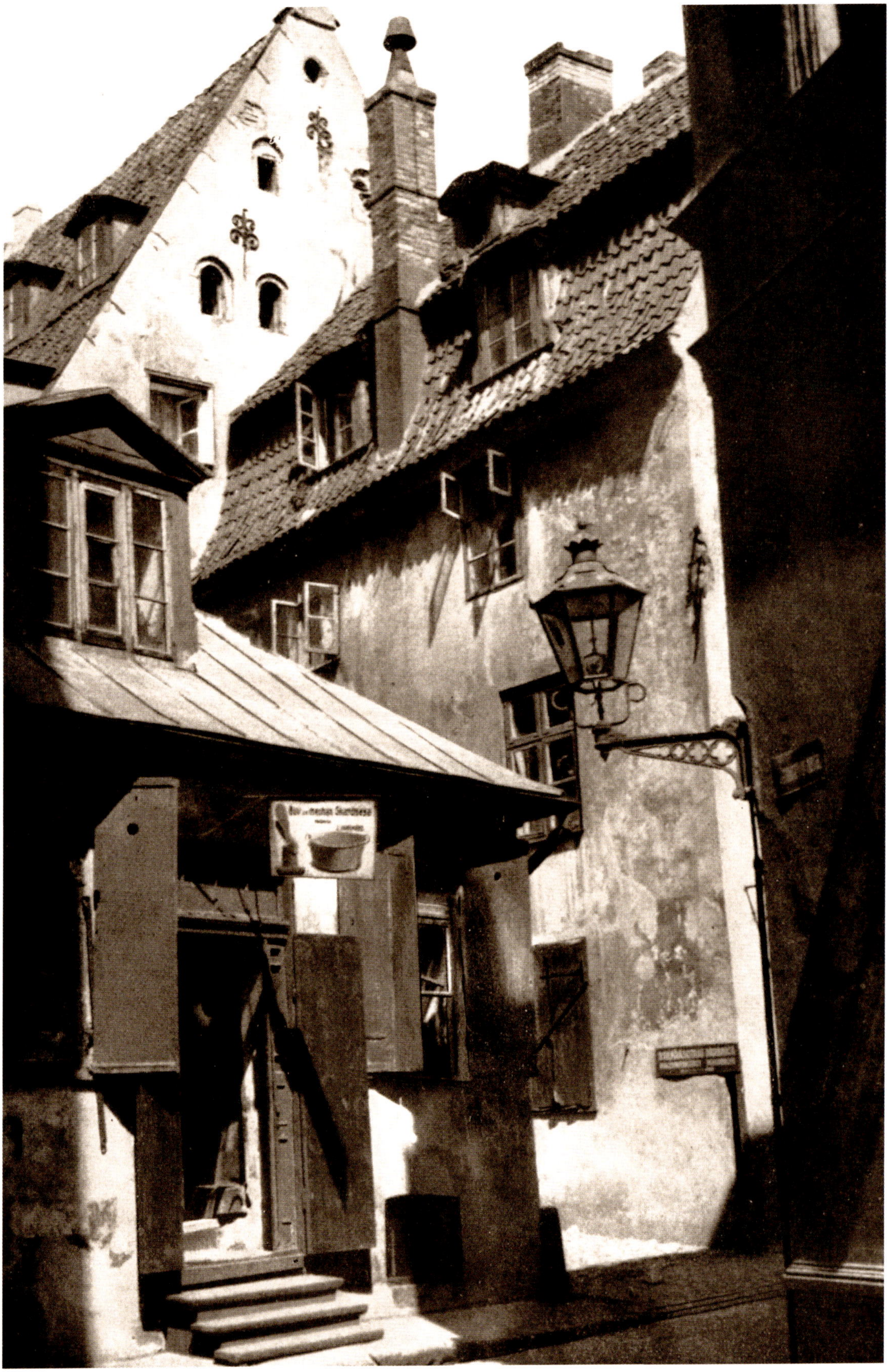

Das Baltikum: ein Reich für Gottesritter

Zeittafel:

1200 Bischof Albert mit 23 deutschen Schiffen in der Düna,

1201 Gründung der Stadt Riga,

1346 Vereinigung Estlands und Revals mit Alt-Livland unter dem Deutschen Orden,

1502 Sieg des Deutschen Ordens über die Russen,

1562 Der letzte Ordensmeister huldigt dem König von Polen, Livland scheidet aus dem Bestand des Deutschen Reiches aus,

1710 Livland und Riga unterwerfen sich Peter dem Großen,

1721 Schweden tritt Estland an Rußland ab,

1795 Kurland an Rußland,

1918 Entstehung der Nationalstaaten Estland, Lettland und Litauen,

1919/20 Enteignung des deutsches Grundbesitzes,

1927 und 1931 Enteignung der deutschen Domkirchen in Reval und Riga

Alt-Riga: die Jungferngasse. Der alte Teil Rigas machte mit seinen malerisch-engen Gassen, mit zahlreichen Kirchen und spitzgiebeligen Bürgerhäusern durchaus den Eindruck eines historischen deutschen Stadtkerns.

„Die Türme von Danzig setzen die Türme von Lübeck und Wismar fort und geben sie an die Türme von Riga und Reval weiter. Der Osten ist Hanse, der Osten ist Rodung . . .“
Mit einigem Recht hat man das Baltenland die „erste deutsche Kolonie in Übersee“ genannt. Jahrhunderte vor der Entdekkung Amerikas kamen Deutsche in hochbauchigen Hanseschiffen in die baltischen Lande, die Schwert und Kreuz der Ordensritter und der Kirche für eine erfolgreiche Kolonisation vorbereitet hatten. Schon 1201 legte der Bremer Domherr Albert am Ufer der Düna, „im Heidenland“, den Grundstein zur festen Stadt Riga.
Die Unterhaltung der „deutschen Ostseeprovinzen“ litt allerdings schwer darunter, daß es nur Adelige, Geistliche und Kaufleute ins Land zog. Der große heimische Bauernstand scheute den Weg über das Ostmeer. So sah der baltische Boden von der Memel bis zur Narwa fast ausschließlich nur den deutschen Grundherrn und Kaufmann, denen der livische, lettische oder estnische Bauer fremd bleiben mußte.
Das baltische Mittelalter ist dann auch von Haß und Hader zwischen den Volksgruppen gekennzeichnet. 1561 verliert das Reich seine älteste Kolonie, um die sich jetzt Russen und Polen, Dänen und Schweden reißen. Mit Beginn des 18. Jh. gewann nach schwedischer Herrschaft Rußland die Provinzen Estland und Lettland, Kurland kommt schließlich bei der dritten Teilung Polens dazu. Eine neue Zeit der Blüte beginnt. Unter deutschem Recht und weitgehender Selbstverwaltung entwickelt sich das Baltikum zum kultiviertesten Teil des Zarenreiches. Die 1802 gegründete Universität von Dorpat wird zur östlichen Hochburg der deutschen Wissenschaften, zum „Heidelberg des Nordens“.
Doch die goldene Periode der Baltendeutschen währte nur bis zur allgemeinen Russifizierung. 1855 wurde die deutsche Amtssprache ersetzt. Ein paar Generationen weiter bedeutet die Entstehung der Republiken Lettland und Estland einen letzten Schnitt in der Geschichte der „Ostseeprovinzen“. Die Vergangenheit hatte jetzt endgültig keine Zukunft mehr, was blieb war die Erinnerung:
In Riga, wo Wagner seinen „Rienzi“ vollendete, hatte die Uraufführung zu Schillers „Don Carlos“ stattgefunden, waren Kants Erstausgaben gedruckt worden oder hatte Hardenberg seine Denkschrift über die Reform des preußischen Staates geschrieben. Der große Gegner Friedrich des Großen, der österreichische Feldmarschall Ernst von Laudon, war Livländer, der höchste Turm des Ostens krönte mit seinen 140 m die holzgebaute St. Olai-Kirche in Reval, der Choral „So nimm denn meine Hände“ stammt von der Kurländerin Julie Hausmann . . .

Baltendeutsche: Werner Bergengrün, Schriftsteller, Ernst von Bergmann, Chirurg, Georg Schweinfurth, Forscher, Gustav Fleming, Poet, Nicolai Hartmann, Philosoph, Heinrich von Weyrauch, Dichter, Karl Ernst von Baer, Naturforscher, Wilhelm Ostwald, Chemiker, Adolf von Harnack, Theologe, Georg Dehio, Kunsthistoriker, Reinhold Lenz, Dichter, Eduard von Gebhard, Maler.

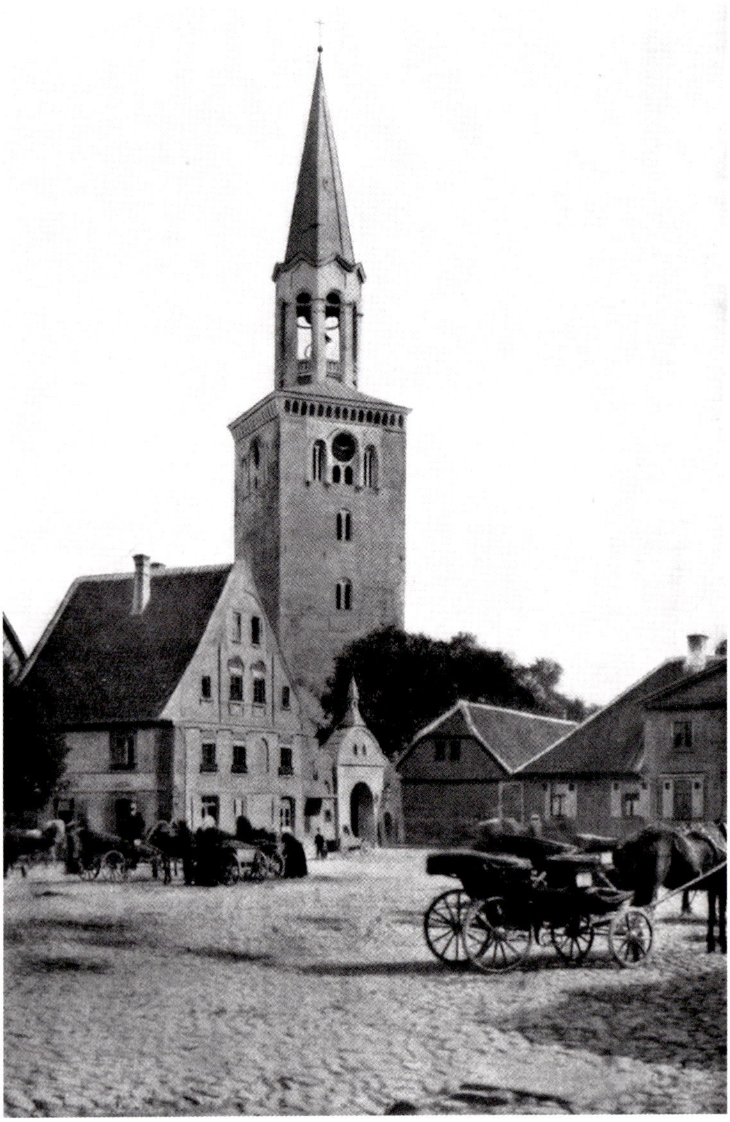

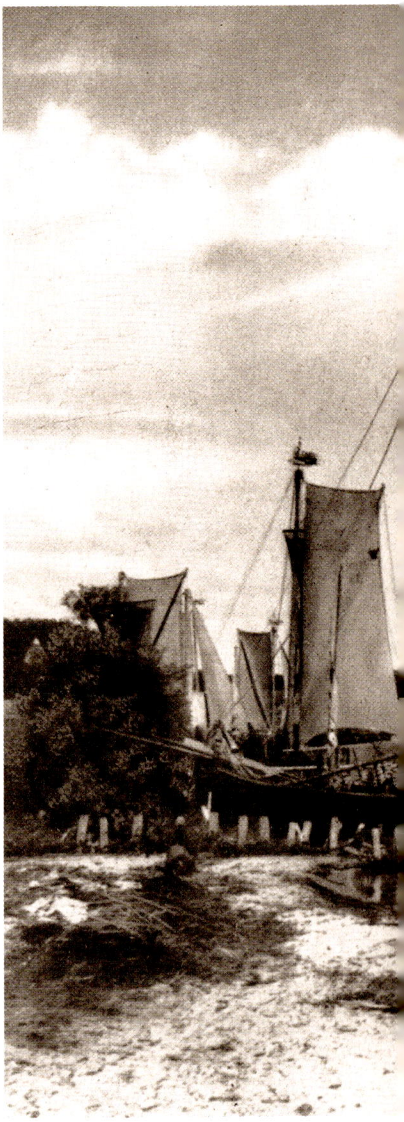

Marktplatz und Trinitatiskirche in Mitau. Die Hauptstadt des Kurlandes, Residenz der deutschen „Herzöge in Livland von Kurland und Semgallen", war um die Burg des Ordensmeisters Konrad von Mandern erstanden. Während die Trinitatiskirche mit ihrem massigen Turm als Wahrzeichen Mitaus galt, war sein monumentales Schloß die große Sehenswürdigkeit. Einst Zentrum eines üppigen Hoflebens, hatten sich zu Beginn des 19. Jh. die gestürzten Bourbonen hierher geflüchtet. Bis 1850 war Deutsch Mitaus Amtssprache, um danach vom Russischen abgelöst zu werden. Von Mitau aus hatte sich Herzog Jakob von Kurland im 17. Jh. als erster deutscher Fürst um die Gründung überseeischer Kolonien bemüht. Aus der karibischen Insel Tobago machte er kurzfristig Neu-Kurland mit dem Zentrum Jakobusstadt.

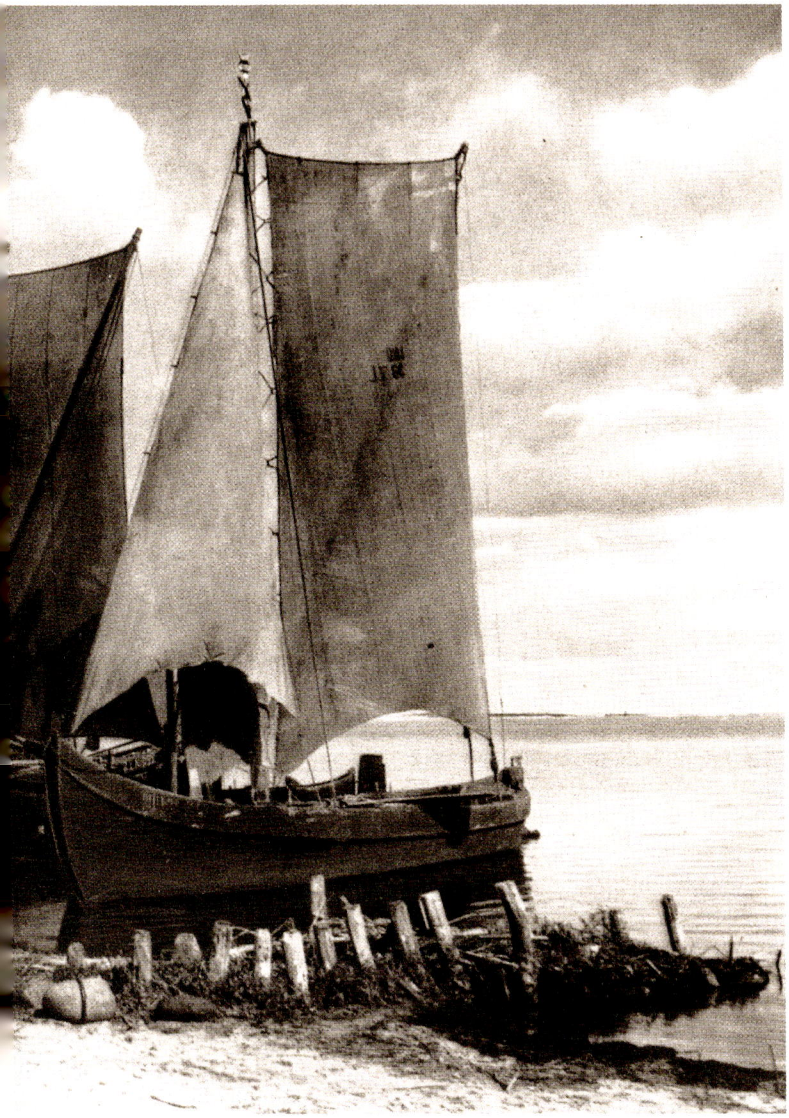

Kurenkähne am Ufer der Ostsee.

Schloß Katzdangen im Kurland, vor seiner Enteignung im Jahre 1920 Sitz des Barons Manteuffel. Ursprünglich von dem Berliner Architekten Berlitz erstellt, war Katzdangen während der Revolution von 1905 eingeäschert und danach wieder aufgebaut worden. – Die Deutschen waren zur gleichen Zeit ins Land der kurischen, lettischen, estnischen und livischen Stämme gekommen, in der die Siebenbürger Sachsen in den Südosten Ungarns vorstießen. Doch während dort im Dienst eines christlichen Königs der bäuerliche Ansiedler seinen Königsboden unter den Pflug nahm, trafen im Baltikum Ritter, Priester und Kaufleute ohne den Bauern ein. Sie unterwarfen die einheimische, heidnische Bevölkerung und machten sich zu den Herren des Landes. Sie wurden Träger einer eigenen Staatlichkeit – des Ordensstaates, der unabhängigen Bistümer und der freien Städte –, allerdings keines einheitlichen Staatswesens.

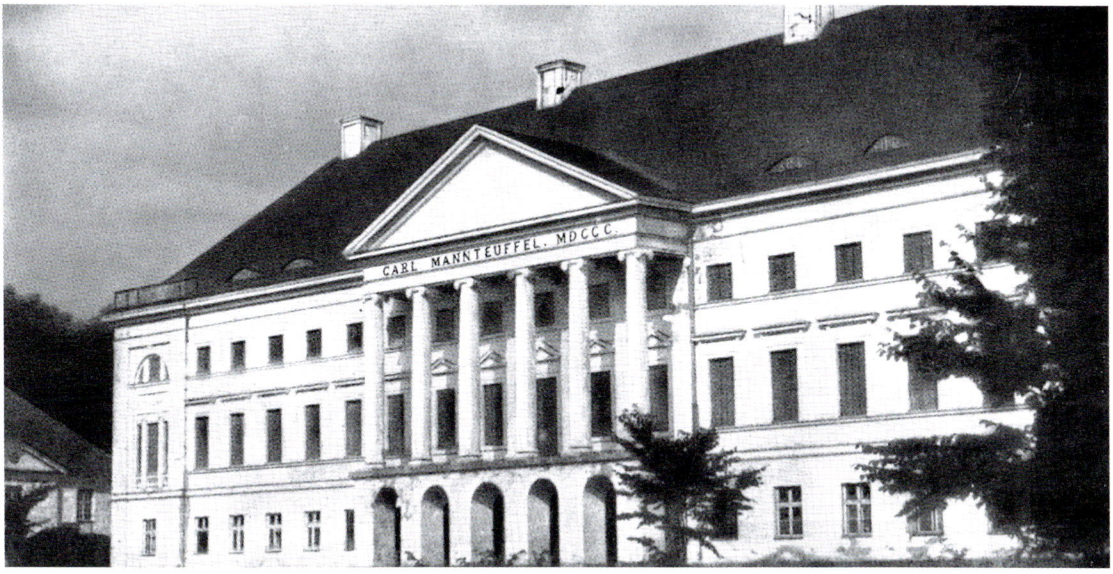

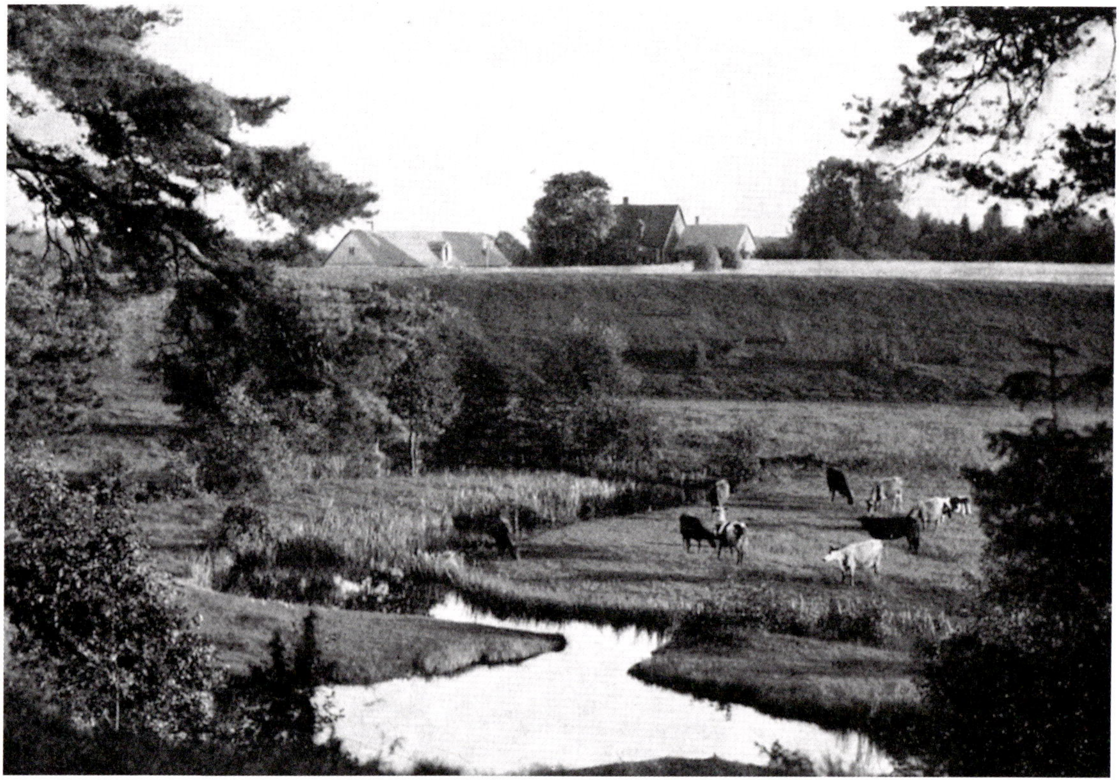

Baldohn im Kreis Bauske/Kurland. Ein mildes Waldklima und heilkräftige Quellen machten das „Staatliche Moor und Schwefelbad Baldohn“ zum beliebten Bade- und Ausflugsort der Rigaer.

Als die „Vormauer der Christenheit“, das deutsche Ordensland im baltischen Raum 1561 zusammenbrach, entstand aus den Restgebieten südlich der Düna das einzigartige Gebilde des Herzogtums Kurland, das einmal nahezu alle Herrscherhäuser Mittel- und Osteuropas beschäftigen sollte. Politische Verwirrungen machten es notwendig, daß das „Gottesländchen“ jetzt Schutz bei einem starken Nachbarn suchte. Nach Preußen wurde es so auch das zweite deutsche Staatswesen, das sich der polnischen Lehenshoheit unterstellte. In kultureller Hinsicht blieb man allerdings dem Reich verbunden wie in den Tagen, in denen dessen Grenzen erst an der Narwa geendet hatten.

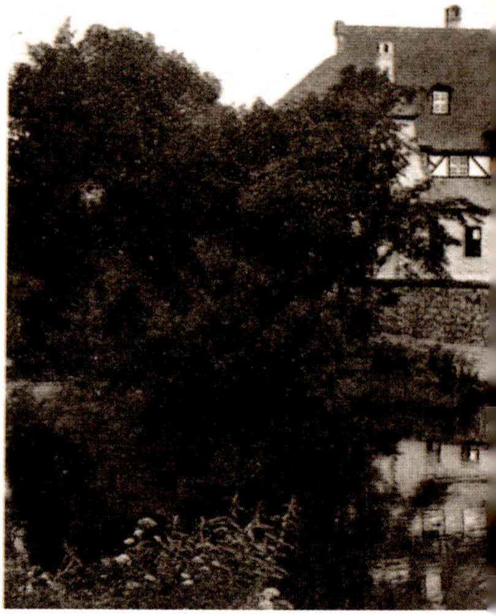

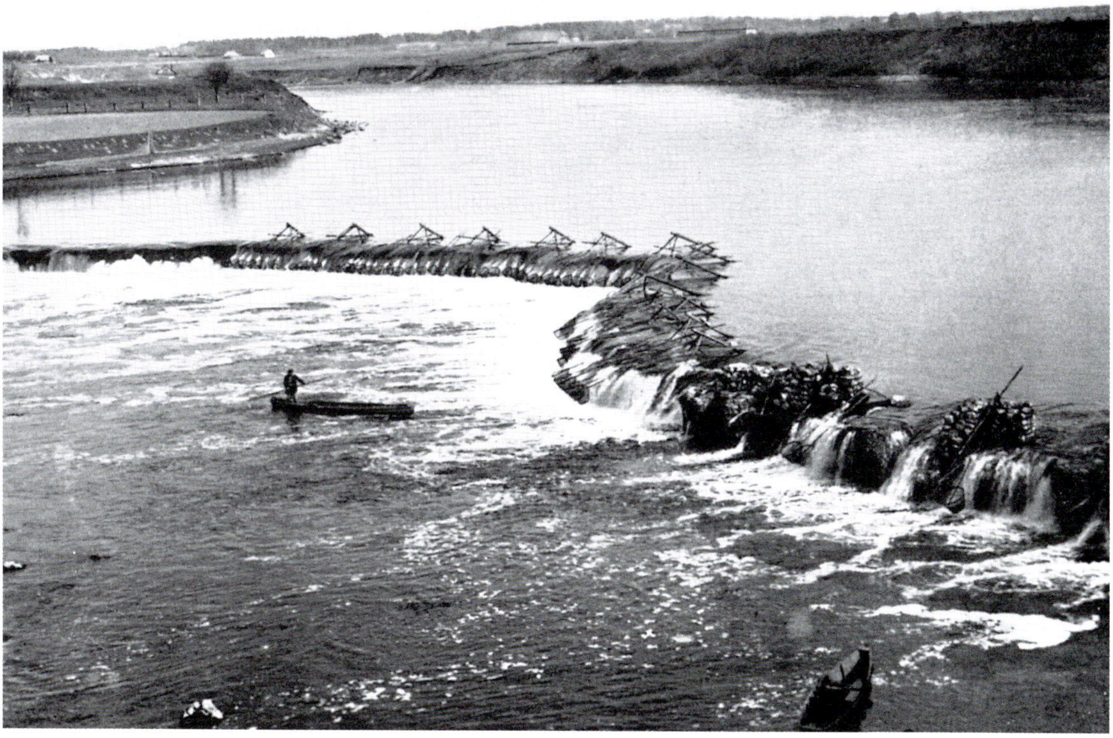

Flußlauf der Windau mit aufgestellten Lachsfallen. - Das alte Ordensschloß Groß-Roop in Livland. „Livland-Blivland“ reimte ein mittelalterlicher Chronist einmal. Er hatte es dabei darauf abgesehen, daß das alte Livland - später Lettland und Estland genannt - ab den 13. Jh. zur Heimat vieler Ordensritter wurde, die ursprünglich nur zu einem kurzen Kreuzzug in den Osten gezogen waren. Vor dem Ersten Weltkrieg lebten rund 200 000 Deutsche im Baltikum.

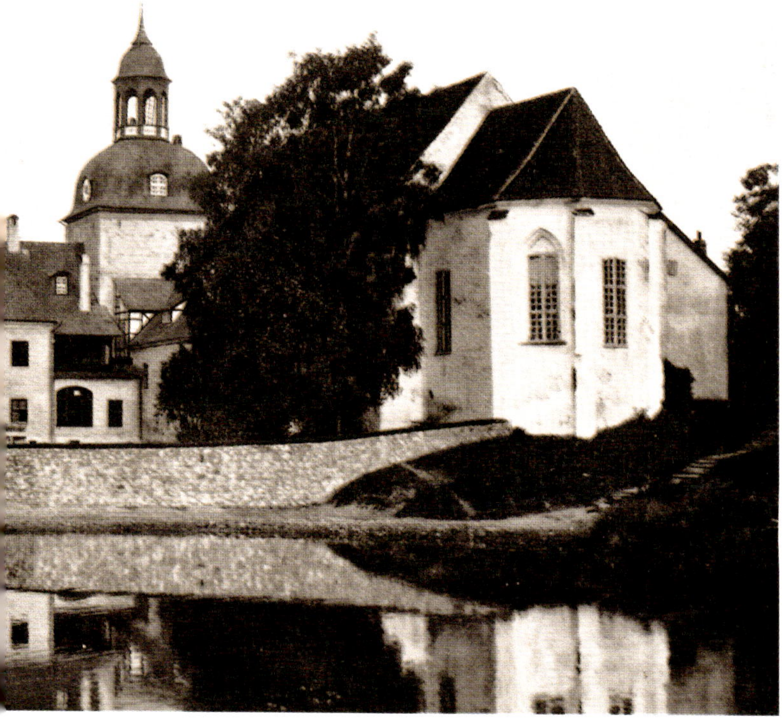

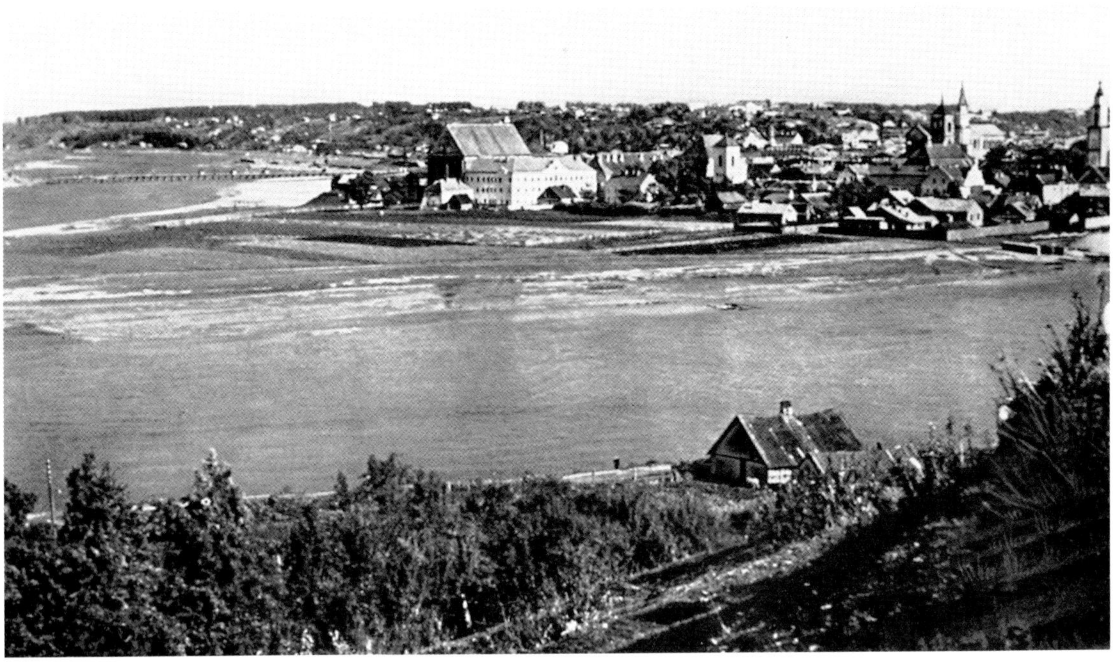

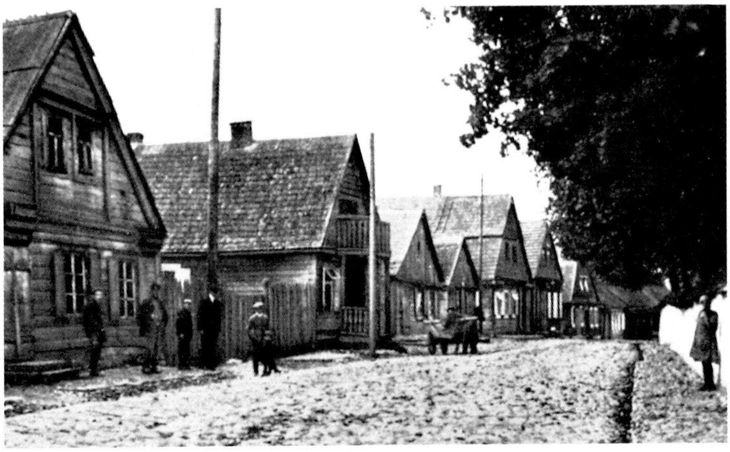

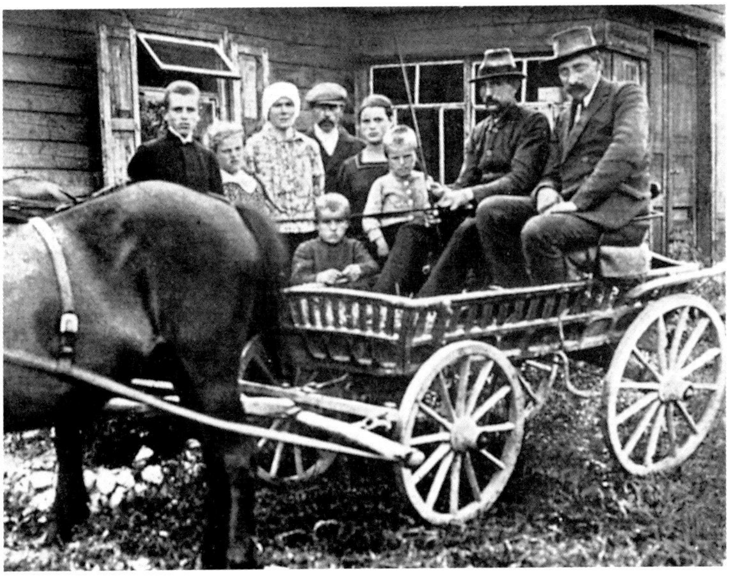

Litauischer Bilderbogen: Kowno, das alte deutsche Kauen an der Mündung der Wilia in die Memel. Bereits im 13. Jh. gegründet, war die Stadt, die einmal das Zarenreich mit Eisenwaren versorgen sollte, lange Zeit ein Streitpunkt zwischen dem Deutschen Orden und den Litauern.

Georgenburg nördlich der Memel (mitte), eine der stärksten deutschen Gemeinden des Landes. – Ein deutscher Pastor besucht Landsleute in Worna (unten).

Litauisches Landschaftsbild, mit einem für die Gegend typischen Dachkreuz im Vordergrund (rechts).

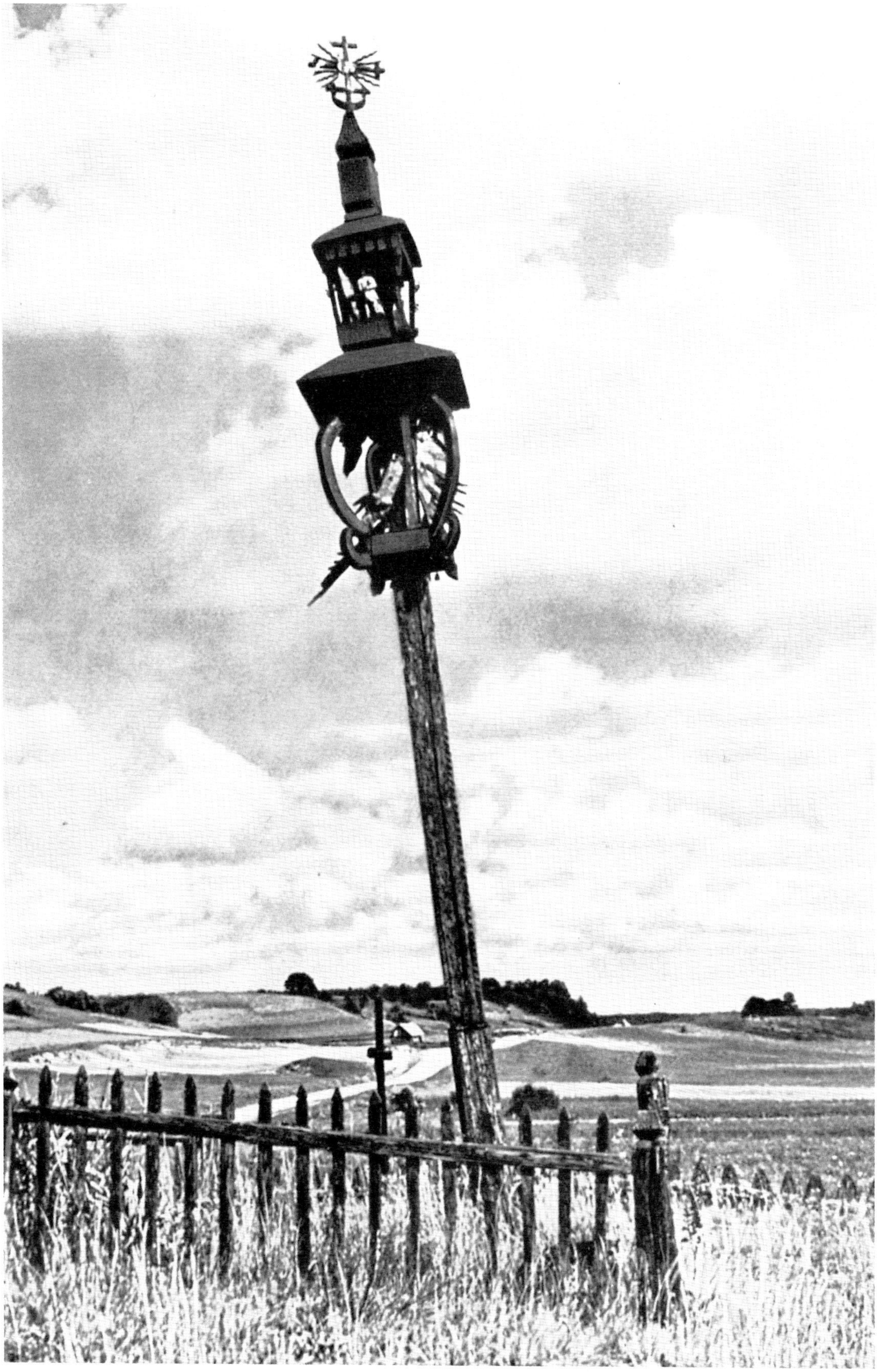

Heimatlied

Chr. Mickwitz

O Heimatland, auf der Begeist'rung
Schwingen
Schwebt unser Lied empor zu deiner Ehr!
Wie Sturmesrauschen soll es brausend
klingen,
Wie Glockenklang, so rein, so voll und hehr!

Von Kurlands wald'gen Gauen
Durch Livlands Bergesauen
Hell tönt's im Dreiklang bis zu Estlands
Strand,
Sei uns gegrüßt, o altes Heimatland!

Wie rauscht das Meer um deine weißen
Küsten
Und singt ein Lied von alter Hansemacht!
Wie stolz und stark sich deine Tannen
brüsten,
Die einsam stehn auf hoher Felsenwacht.

Ob Stürme sie umschmettern,
Sie trotzen Sturm und Wettern,
Denn ihre Wurzel senkt durch Stein und
Sand
Sich fest hinein ins alte Heimatland.

Und wetterhart, das trotz'ge Haupt im
Nacken,
Steht um dich deiner Söhne Ehrenschmuck,
Die Faust bereit, den Griff des Schwerts zu
packen,
Bereit die Hand zu festem Bruderdruck.

Im Kämpfen und im Lieben
Mit Herzblut dir verschrieben,
So schirmen dich, verschlungen Hand in
Hand,
Der Heimat Söhne, altes Heimatland!

Mag Leid, mag Glück durch uns're Tage
treiben,
Wir halten stand, vereint unwandelbar,
„Im Treuen fest!" soll unsre Losung bleiben,
Wie sie der Väter Stolz und Erbe war!

Daß uns dies Vätererbe
Nicht sterbe, noch verderbe,
So schwört aufs neu, ihr Brüder
stammverwandt,
Die alte Treu dem alten Heimatland!

Melodie des Studentenliedes: „Wo Kraft
und Mut".

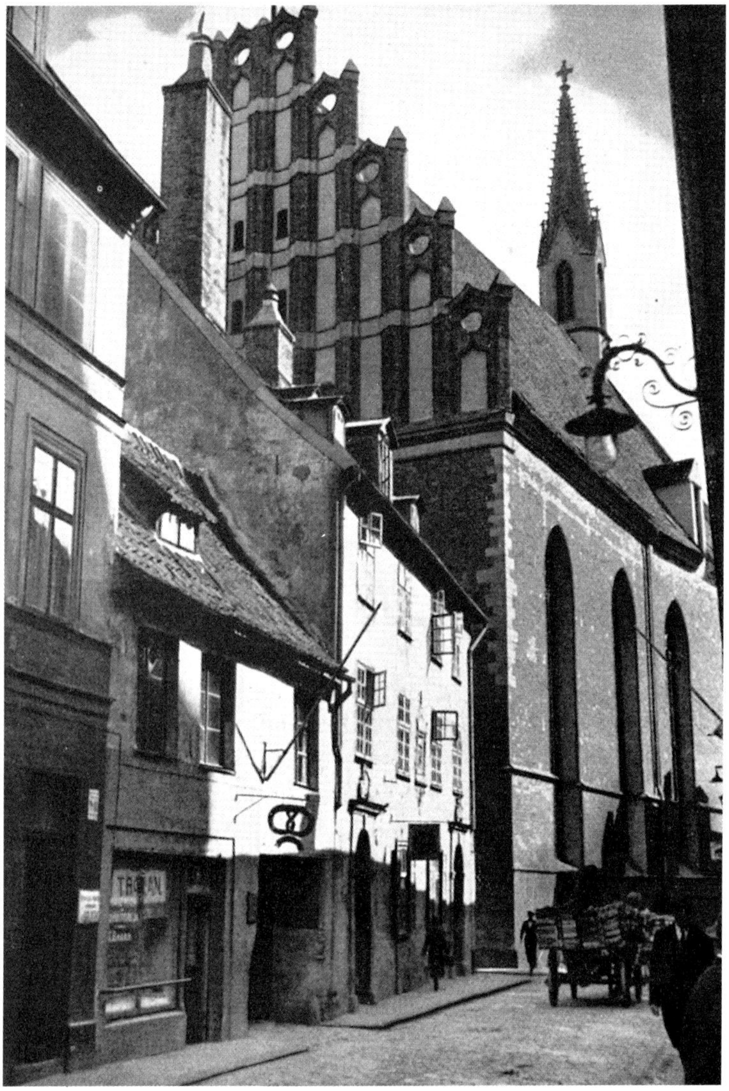

Die Johanniskirche in Riga, eines der schönsten Baudenkmäler Lettlands. 1234 als Klosterkirche der Dominikaner oder Predigerbrüder gebaut, erhob sich das Gotteshaus an jener Stelle, an der einmal die Wohnstätte Bischof Alberts, des Gründers von Riga, gestanden hatte. In ihrer späteren Gestalt gehörte die Johanniskirche der Spätgotik des 15. Jh. an. Das Gebäude neben der Kirche, Eigentum einer wohltätigen Stiftung, war in Riga als „Campenhausens Elend" bekannt.

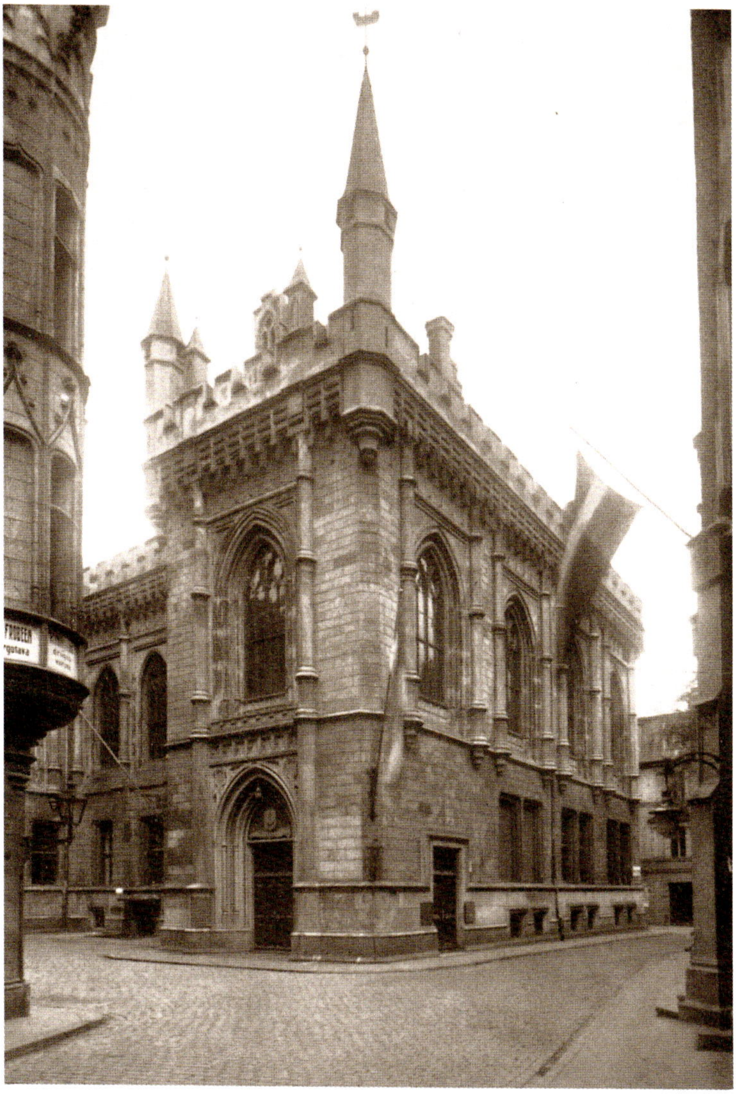

Die St.-Marien-Gilde in Riga, ein „halber" Neubau aus den Jahren 1854 bis 1859. Das Erdgeschoß stammte noch aus jenen mittelalterlichen Tagen, als das Gildenhaus mit einem Hinweis auf westfälische Inhaber „Stube von Münster" hieß. Hier war auch Rigas sogenannte Brautkammer untergebracht, in der bis ins 18. Jh. junge Eheleute die Hochzeitsnacht zu verbringen hatten.

Tal der Düna mit Überresten des Schlosses Kokenhusen. 1209 von Bischof Albert erbaut, war Kokenhusen später Sitz der Erzbischöfe von Riga, denen zwei Drittel des Kurlandes, Estlands und Livlands gehörten.

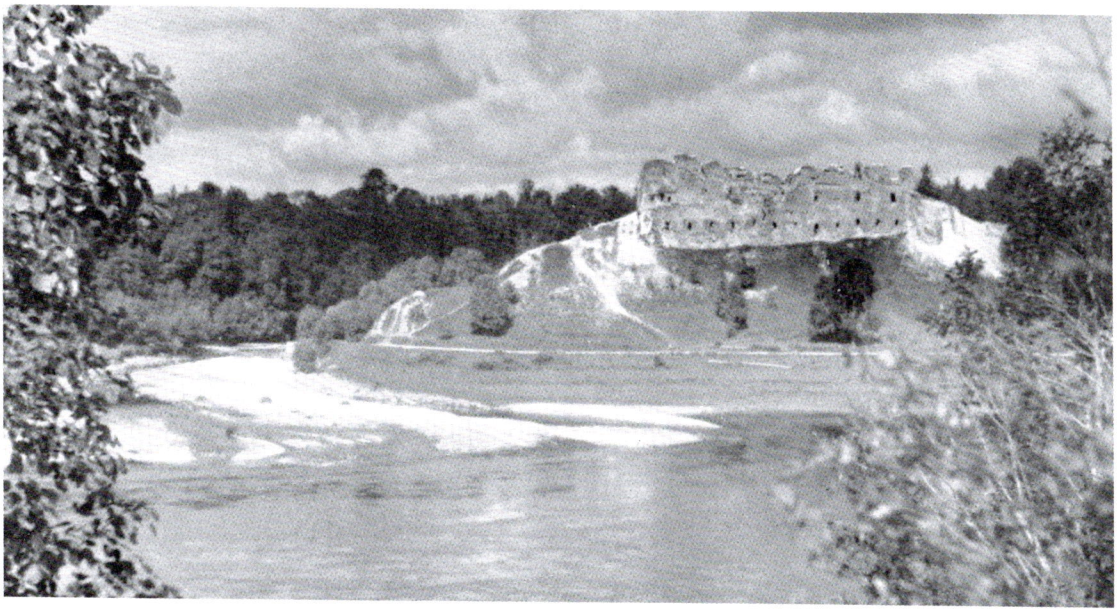

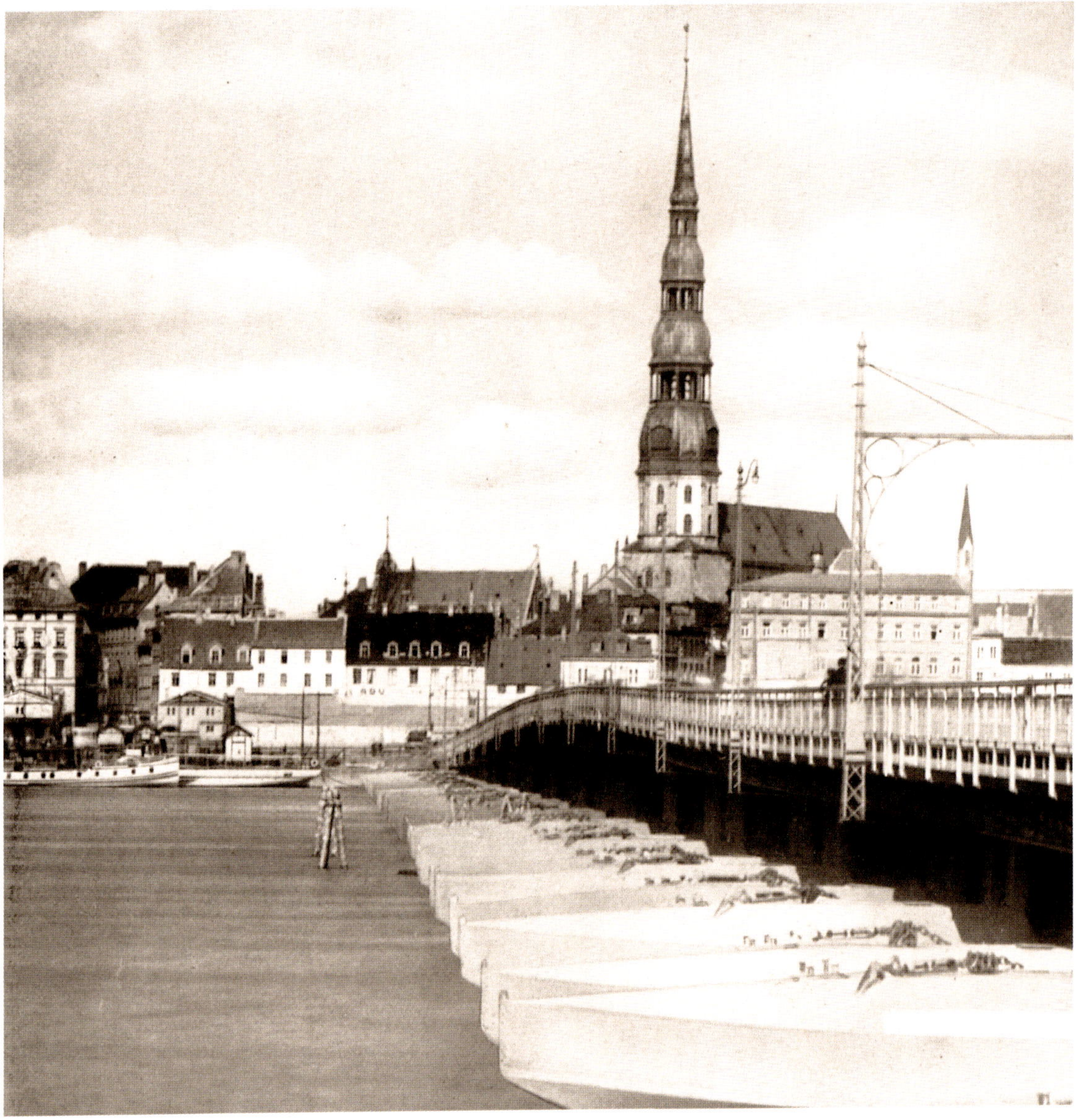

Blick vom westlichen Ufer der Düna auf Riga, die Haupstadt Lettlands. Hinter der Pontonbrücke die gotische St.-Petri-Kirche, deren hölzerner Turm als ein Meisterstück deutscher Zimmermannskunst galt. St. Petri, genannt nach dem Schutzpatron Rigas, war ursprünglich die Stadtkirche, im Gegensatz zum Dom des Bischofs und der St.-Georgs-Kirche des Ordens. In der Dünamündung war der zum Bischof von Livland geweihte Albert von Bremen 1200 gelandet, um an jener Stelle, wo sich der kleine Rigebach in den großen Fluß ergießt, den Grundstein zu Riga zu legen.

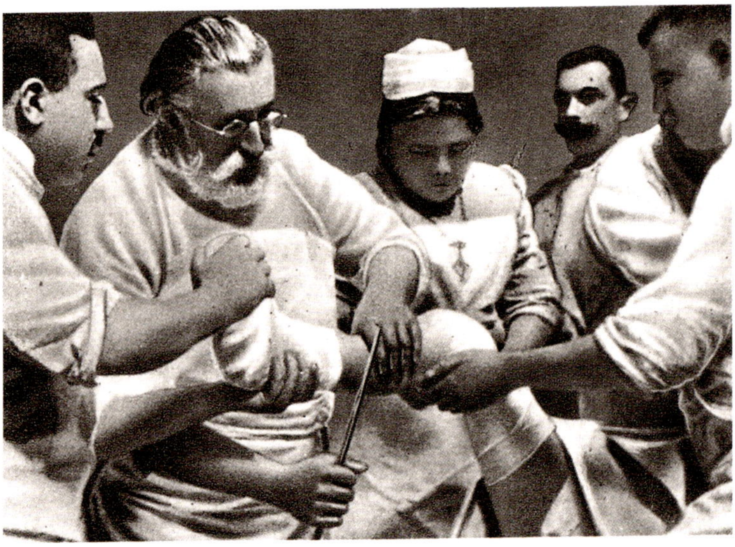

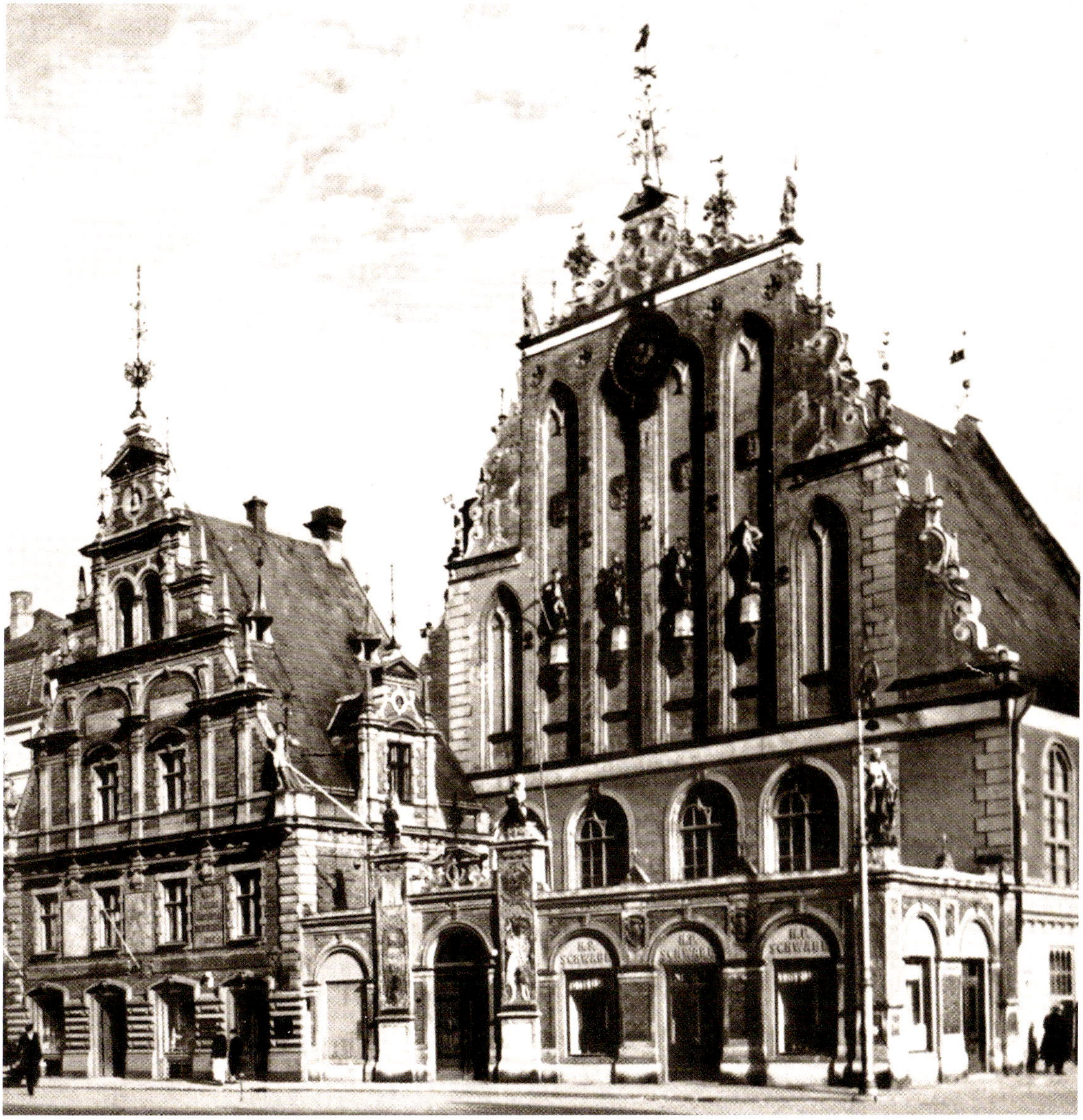

links: Ernst von Bergmann, Chirurg, geboren in Riga 1836, gestorben 1907 in Wiesbaden. Besondere Verdienste erlang von Bergmann auf den Gebieten der Asepsis und Gehirnchirurgie.

Rigas Schwarzhäupterhaus aus dem 14. Jh. Genannt nach einer Vereinigung unverheirateter deutscher Kaufleute, der „Brüderschaft der Schwarzen Häupter“, war es der gesellige und kulturelle Mittelpunkt der Stadt. Die gotischen Urformen des Marktgiebels waren im 17. Jh. mit Renaissanceornamenten und schmiedeeisernen Bekrönungen umgeben worden. Neben dem Gildehaus das Zeughaus der ehemaligen Stadtgarde.

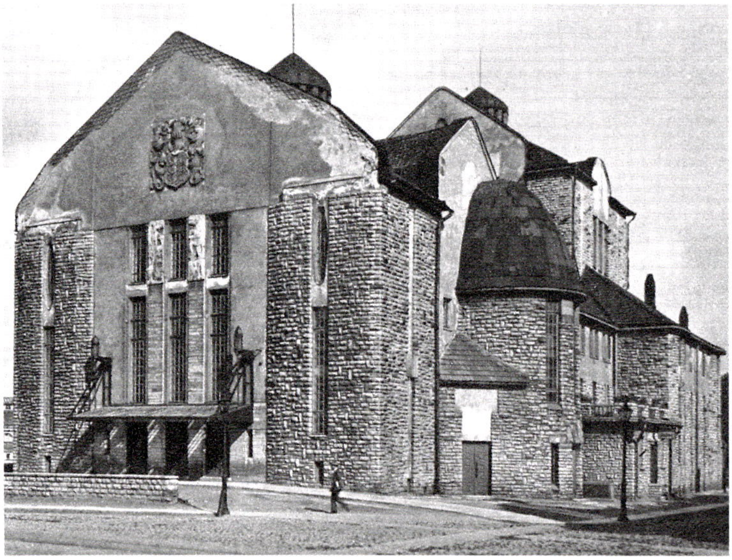

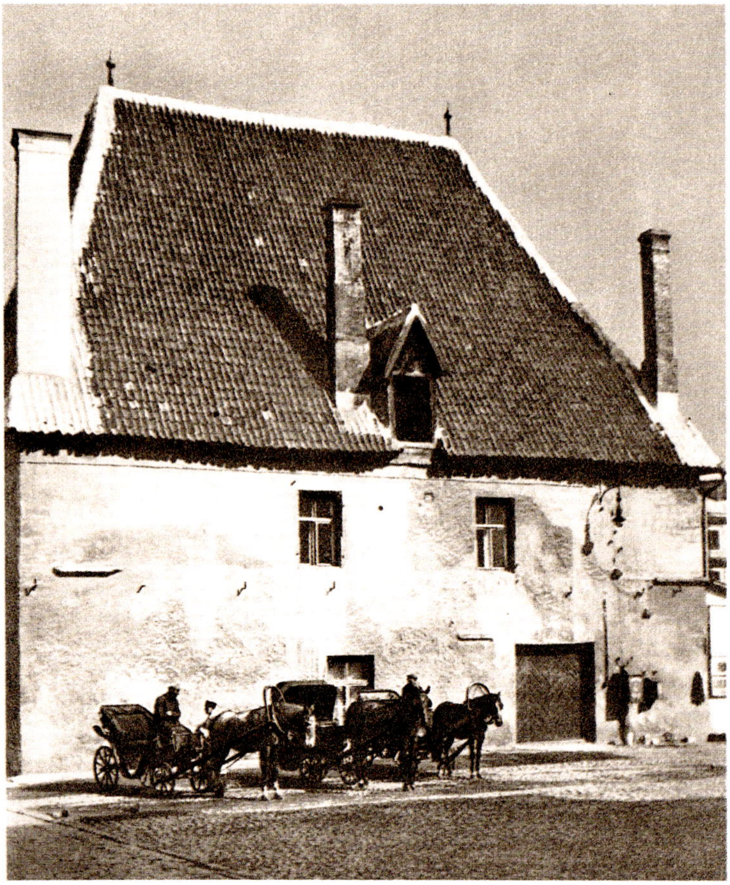

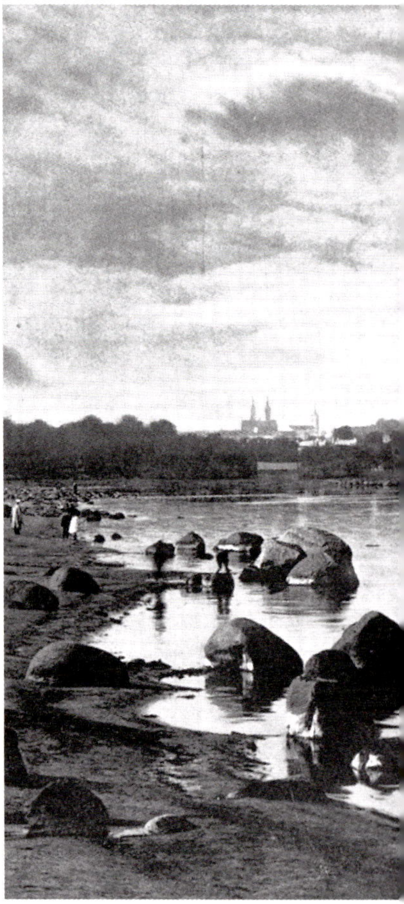

Reval: Das Deutsche Theater (oben) und das alte Waaghaus am Rathausplatz. Zu Beginn des 15. Jh. segelten lübische Kaufleute an die spätere Revalsche Bucht auf der Suche, der nach einem Stapelplatz die Vormachtstellung des schwedischen Wisby brechen sollte. Die Tiefe des Einschnitts und der Schutz vorgelagerter Inseln machten den Ort für den Bau einer Burg wie geschaffen. Politische Schwierigkeiten mit dem hier herrschenden Schwertbrüderorden ermöglichten zwar den Dänen, den Lübeckern nocheinmal zuvorzukommen und ein erstes festes Schloß zu bauen, doch alle nachfolgenden Herrschaften – Deutsche, Schweden, Russen – hinterließen in Reval dann bauliche Zeugen ihrer Zeit. So entstand eine Stadt von eigener Ausdruckskraft . . . von eigenartiger Schönheit.

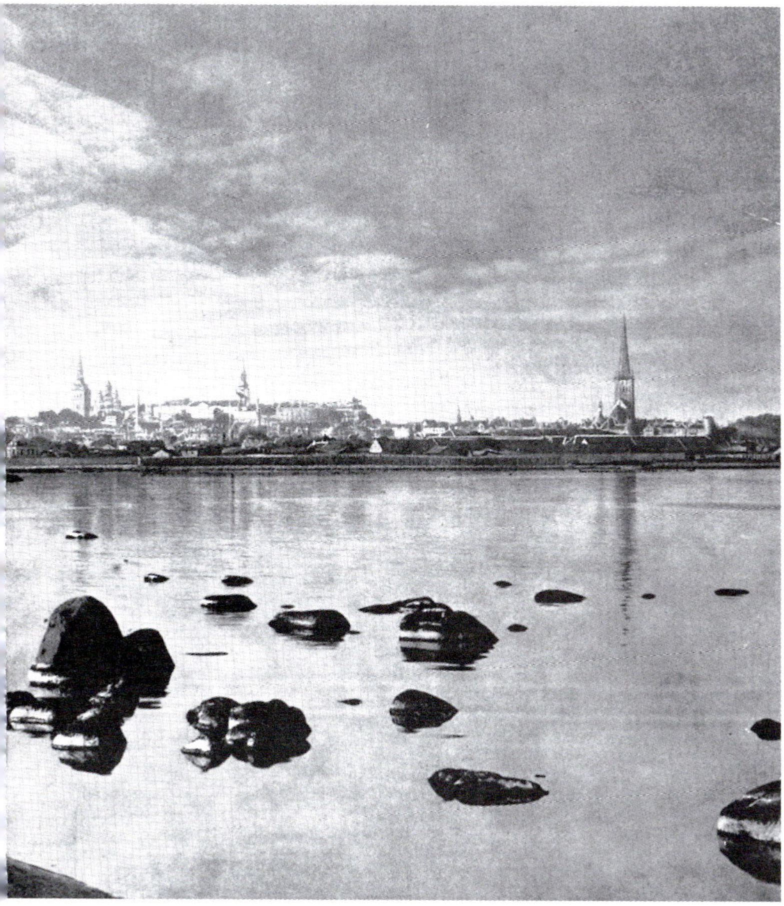

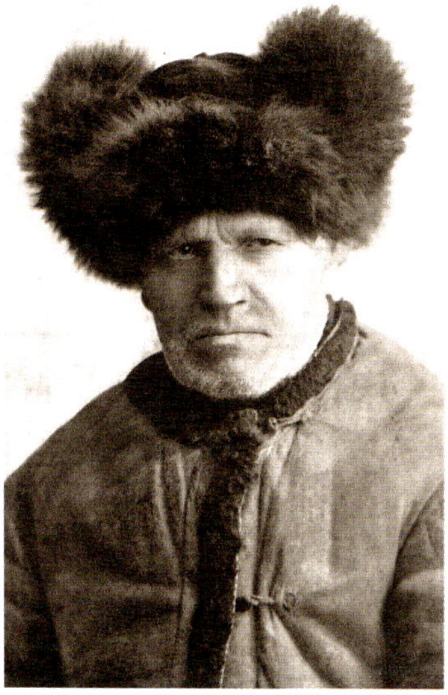

Reval: Gesamtansicht. Von allen Städten des Baltenlandes und der Ostseeküste hatte Estlands Metropole Reval das Gepräge einer alten deutschen Hansestadt am stärksten bewahrt. Von welcher Seite man sich dem „Nordischen Nürnberg" auch näherte, Reval am Eingang des Finnischen Meerbusens brauchte den Vergleich mit Frankens alten Städten nicht zu scheuen. Einst von den Dänen an der Stelle eines Zisterzienserklosters gegründet, kam das Tallin der Esten durch Kauf an den Ritterorden, um dann zu einem mächtigen Glied der Hanse aufzusteigen. Zu Revals Sehenswürdigkeiten zählten die Domkirche mit der Grabstätte des Matthias von Thurn, das Rathaus mit einem großen baltischen Archiv, die Gildenhäuser und das Schloß auf dem Domberg.
Oben rechts: Estischer Bauer aus Nordlivland.

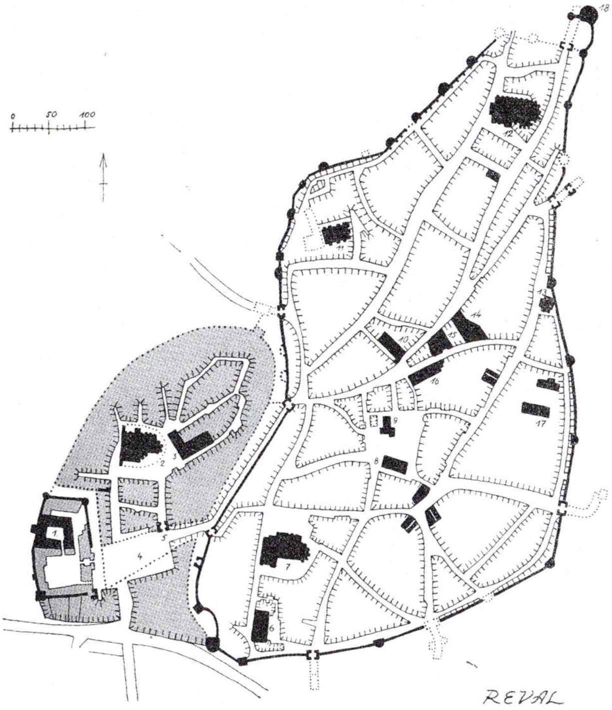

Stadtplan Revals aus dem 18. Jahrhundert

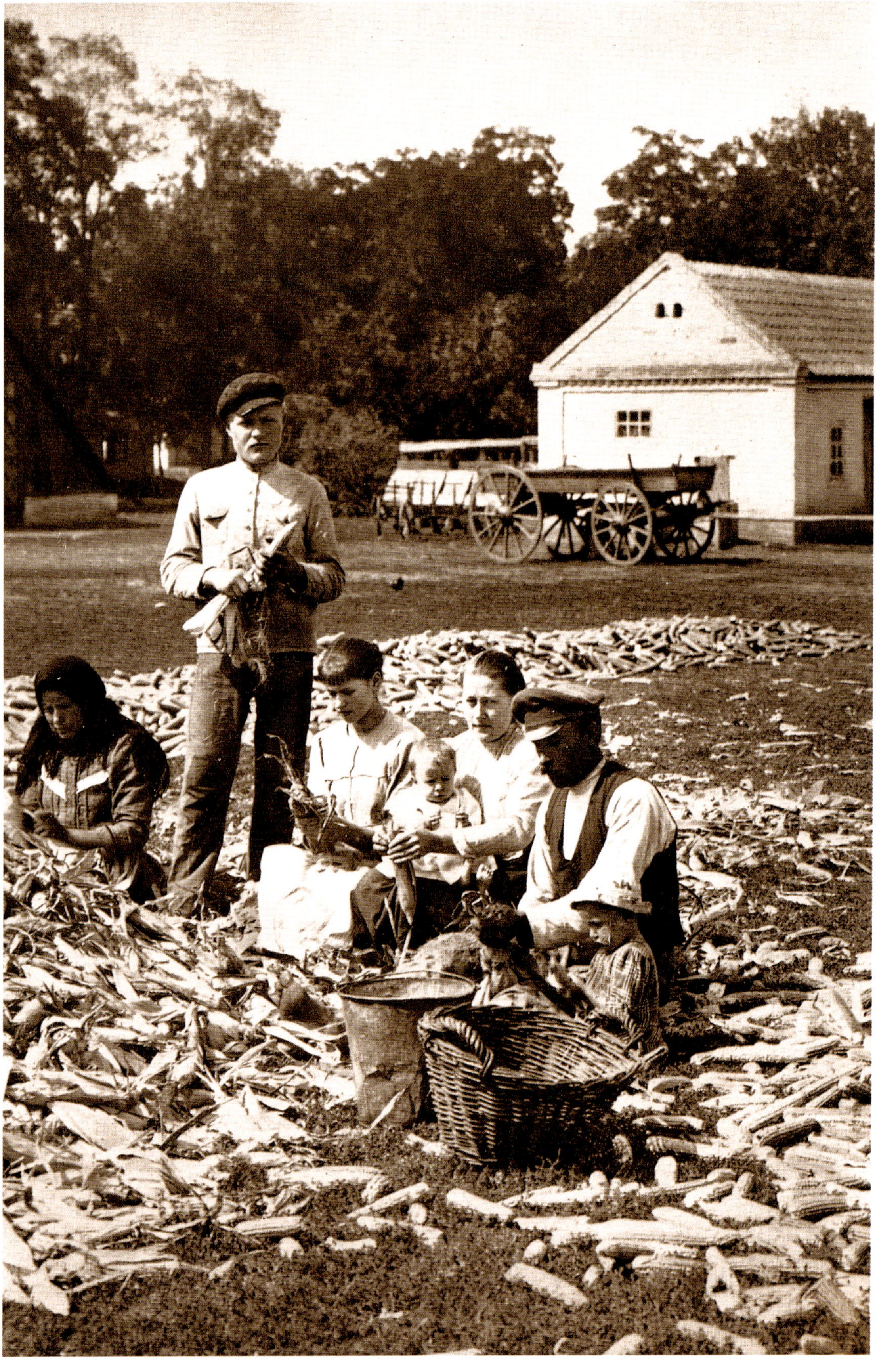

Harte Prosa im Weltwanderbuch: die Rußlanddeutschen

Zeittafel:

1533-1584 Deutsche Einwanderung unter Iwan dem Schrecklichen,

1689-1725 Rußland wird Großmacht unter Peter dem Großen,

1729-1796 Katharina die Große, ab 1762 Zarin,

1763 Entstehung geschlossener deutscher Siedlungsräume in Rußland, bis 1773 rund 15000 Familien eingewandert,

1766 Deutsche Streusiedlungen um Petersburg (später Leningrad)

1787 Mennoniten aus Danzig am Dnjepr

1804 Deutsche Siedlungen im Gebiet Odessa, Nikolajew und auf der Krim

1815 in Bessarabien,

1816/17 Schwäbische Schwärmer im Südkaukasus,

1871/74 Sonderrechte der Deutschen werden aufgehoben, Auswandererwelle,

1917 Russische Revolution

1927 Einrichtungsdekret der Autonomen Sozialistischen Sowjetrepublik der Wolgadeutschen.

Rußlanddeutsche Kolonisten im Schwarzmeergebiet nach der Maisernte. Im Gegensatz zu den Balten, denen ein deutscher Bauernstand von Anfang an fehlte, hatten die übrigen deutschen Gruppen auf dem Boden Rußlands einseitig bäuerlichen Charakter. Durch die Intensivierung des Getreideanbaus konnten sie Südrußland zu einer Kornkammer Europas machen.

Vom russichen Zaren Peter dem Großen behauptet man, er habe das „Fenster zum Westen“ aufgestoßen. Spätestens als er - so die Oper „Zar und Zimmermann“ - in Holland arbeitete, lernte er das westeuropäische Handwerk schätzen ... Grund genug, um sich einmal deutsche Fachleute ins eigene Reich zu holen, nachdem der deutsche Urpionier hier schon von Iwan dem Schrecklichen angeworben worden war.

Den Grundstein zu jenen gewaltigen deutschen Bauernsiedlungen, die noch im Ersten Weltkrieg mit über 2 Millionen Kolonisten den eurasischen Raum von der Pontischen Steppe über das Kaukasus- und Dongebiet zur Wolga, zum Ural, nach Sibirien und bis in den Fernen Osten überzogen, legte zu Zeiten des Alten Fritz dann die Zarin Katharina. Eine geborene Prinzessin von Anhalt, sollte man sie die Große nennen, nachdem sie ihren Zargemahl Peter III. erdrosseln hatte lassen.

Katharinas Werbern gelang es gegen Preußens Widerstand, deutsche Siedler mit gewaltigen Versprechungen in die unendliche Weite Rußlands zu locken, um dort die Landwirtschaft aufzubessern und die Grenzen gegen nomadische Turkvölker zu schützen. Ab 1763 entstanden geschlossene deutsche Distrikte an der Wolga, zwischen Dnjstr und Domez. Nachdem die Russen die türkischen Bollwerke im Süden gesprengt hatten, rückten deutsche Siedler den Soldaten Potemkins nach.

Den Deutschen - darunter die tüchtigen taufgesinnten Mennoniten aus dem Danziger Raum - war es in Orten wie Karlsruhe, Durlach, Darmstadt, Neu-Stuttgart oder Steinbach erlaubt, eigene Schulen und Kirchen zu errichten und sich selbst zu verwalten. Dies trug dazu bei, daß immer buntere Scharen von Einwanderern ins Land kamen. Kaum schreckte sie hier der wohl am häufigsten zitierte Ausspruch in der ohnehin harten Prosa des deutschen Weltwanderbuches: „Der erste arbeitet sich in Rußland tot, der zweite leidet Not, der dritte erst hat Brot.“

Der Verlauf des Ersten Weltkrieges und die russische Revolution sollte die Deutschen dann mit verheerender Wucht treffen. Die Sowjets gründeten 1927 zwar noch die „Autonome Sozialistische Sowjetrepublik der Wolgadeutschen“ auf der Berg- und Wiesenseite des mächtigen Stromes, immerhin auf einem Areal von der Größe Belgiens. Aber wie dort Katharinenstadt jetzt zu Marxstadt wurde, veränderte die neue Politik das Leben der Siedler grundsätzlich und verstreute sie schließlich in alle Welt.

Rußlanddeutsche: Heinrich Ostermann, Außenminister, Baron Münnich, Bildungspolitiker, Alexander Blok, Schriftsteller, Eduard Wüst, Theologe, Karl Lindemann, Wissenschaftler, Sergei Witte, Finanzminister, Arnold Dyck, Schriftsteller, Graf Falz'fein, Gutsbesitzer, Karl Stumpp, Historiker, Benjamin Unruh, Theologe, Johannes Cornies, Kaiserlicher Rat, General von Todtleben, Feldherr, Samuel Keller, Theologe, Marschall Blücher, Oberbefehlshaber der fernöstlichen Armeen, Lou Andreas-Salome, Schriftstellerin.

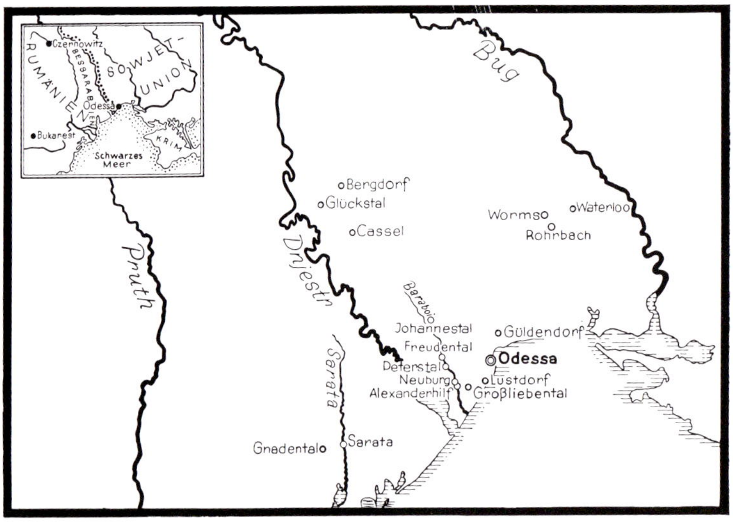

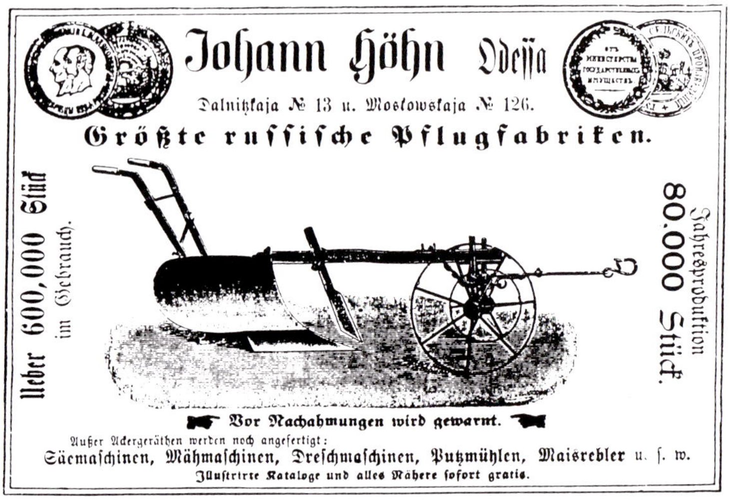

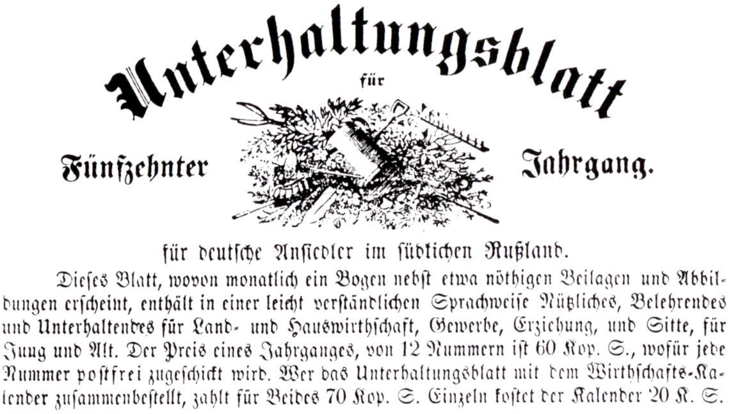

Im Gebiet von Odessa am Schwarzen Meer entwickelten sich seit 1804 deutsche Gemeinden, die sich im Bogen um die Stadt legten. Noch nach dem Ersten Weltkrieg zählte man hier 14 geschlossene deutsche Bezirke (Wolosten) mit 45, und 17 gemischte Bezirke mit 68 deutschen Siedlungen, denen man zum Teil so klassische Erinnerungsnamen wie Worms, Cassel oder Neuburg gegeben hatte.

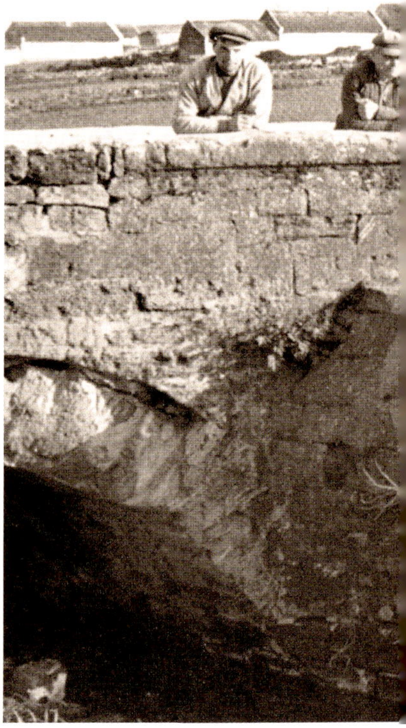

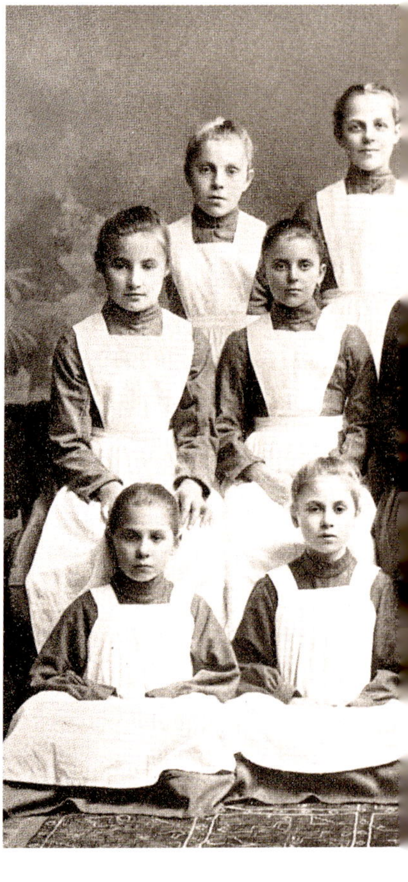

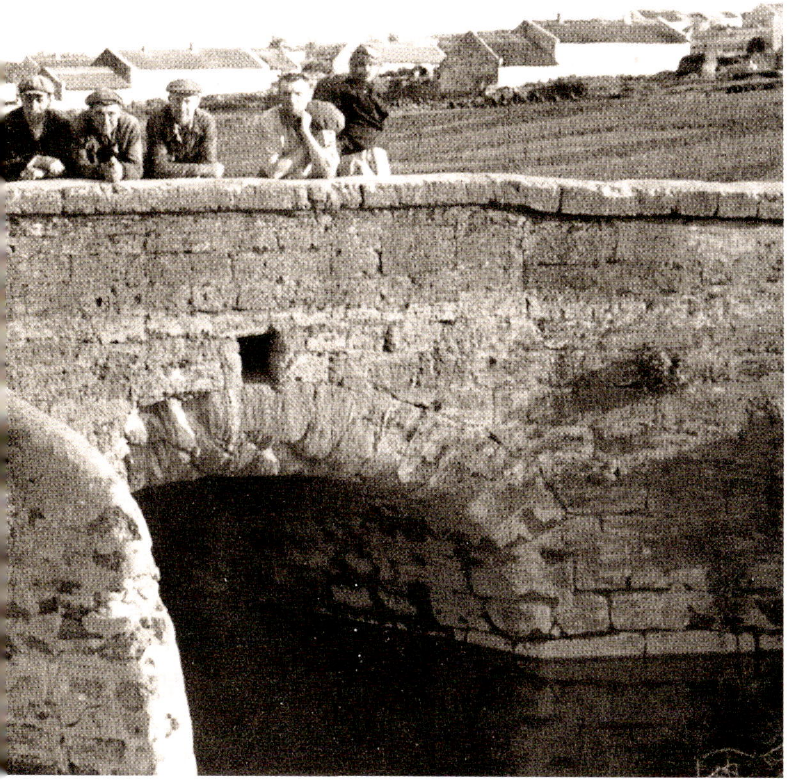

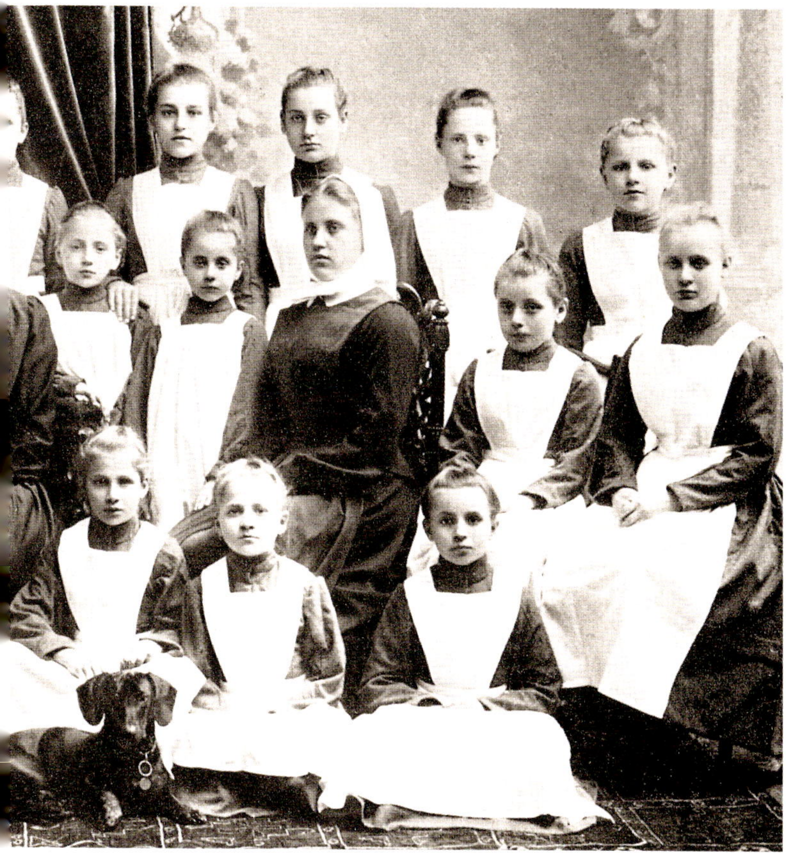

Mannheim bei Odessa – Evangelische Waisenmädchen in Odessa. Der zaristischen Siedlungspolitik des späten 18. und frühen 19. Jh. lag die Vorstellung zugrunde, nach Art der „friderizianischen Kolonien" deutsche Bauerngemeinden auf dem Boden Rußlands zu gründen, um wirtschaftlich kaum oder noch ungenutzte Gebiete mit den fortschrittlichen Ackerbaumethoden des Westens zu erschließen. Großzügige Sonderrechte lockten deutsche Kolonisten besonders in die Steppengebiete am Schwarzen Meer, wo ihre landwirtschaftlichen Erfolge auf der fruchtbaren Schwarzerde dann auch am größten waren. Ein starker Bevölkerungszuwachs trieb die Deutschen hier zu immer weiteren Kolonisierungen, bis ganz Südrußland von einem Netz deutscher Dörfer wie das katholische Mannheim unweit von Odessa überzogen war. Die Siedler hatten eine gemeindliche Selbstverwaltung, eigene Kirchen, Schulen und soziale Einrichtungen im Stil des Evangelischen Waisenhauses in Odessa.

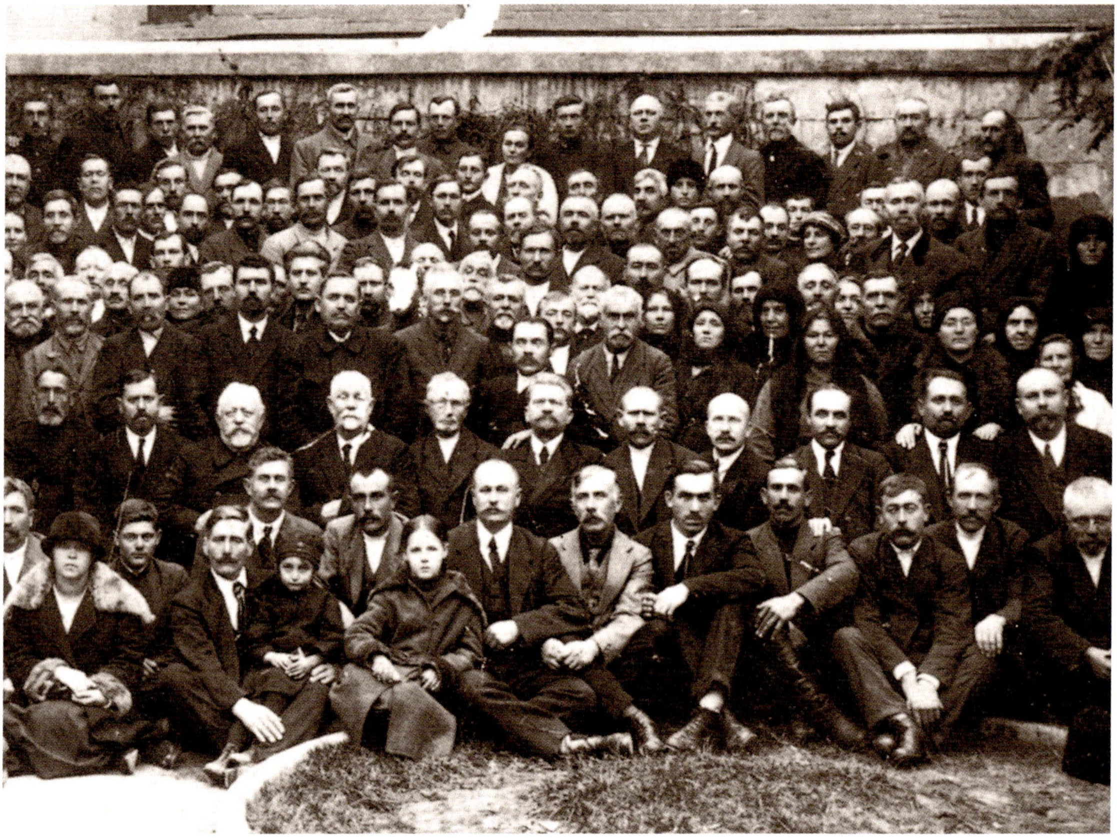

Der große Deutsche Männerchor aus Neudorf/Wolhynien bei einem Ausflug mit einigen Familienangehörigen im Jahre 1925. Schon im 13. Jh. kamen die ersten deutschen Kolonisten in das Land zwischen den Pripetschsümpfen und den östlichen Vorkarpathen. Als nach der 3. Polnischen Teilung Wolhynien russisches Gouvernement wurde, folgten mehrere große Einwanderungswellen deutscher Siedler. Nach ihrer Niederlage in den ersten großen Schlachten des Ersten Weltkriegs begannen russische Militärs damit, Wolhyniendeutsche ins Innere Rußlands auszusiedeln.

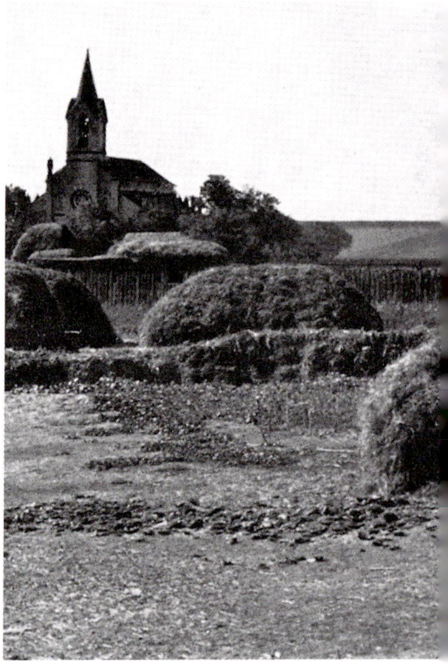

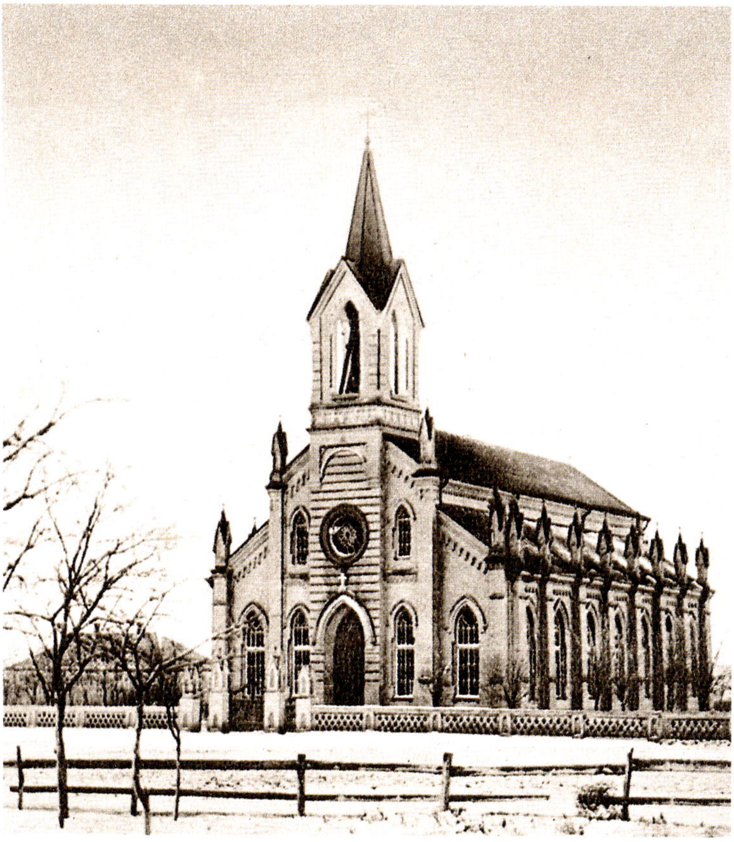

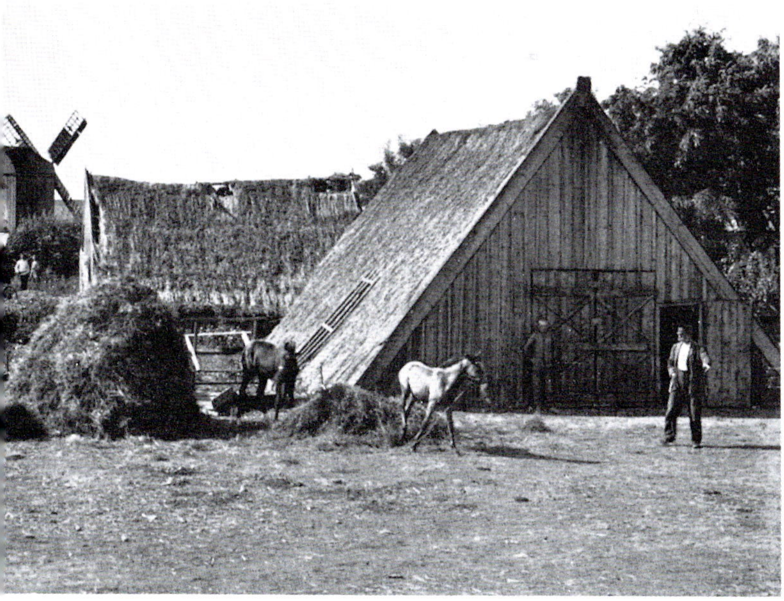

Kirche in Eugenfeld/Ukraine – Kirche, Windmühle und Speicher in Eugenfeld (unten). Die deutschen Dörfer in der Ukraine, wie Eugenfeld im Kreis Melitopol, waren nach einem gewissen Schema aufgebaut. An den geraden, 40 bis 100 m breiten Straßen lagen die stets aus Stein errichteten, mit Ziegeln oder Blech gedeckten Kolonistenhäuser. Da die Höfe meist 40 m auf 120 m groß waren, nahm das Dorf einen breiten Raum ein. Eugenfeld war 1848 gegründet worden und zählte im Ersten Weltkrieg 530 Einwohner.

Kirche und Schule waren die Eckpfeiler des Deutschtums im zaristischen Rußland. Schulzen und Geistliche hielten die Gemeinden zusammen, denen im Manifest Katharinas aus dem Jahre 1763 neben unantastbarem Grundbesitz auch freie Religionsausübung „für alle Zeiten" zugesichert worden war. Während die deutschen Siedler an der Wolga die russische Landordnung des „Mir" angenommen hatten, waren ihre Landsleute im Schwarzmeergebiet die Kolonisatoren unter den deutschen Kolonisten.

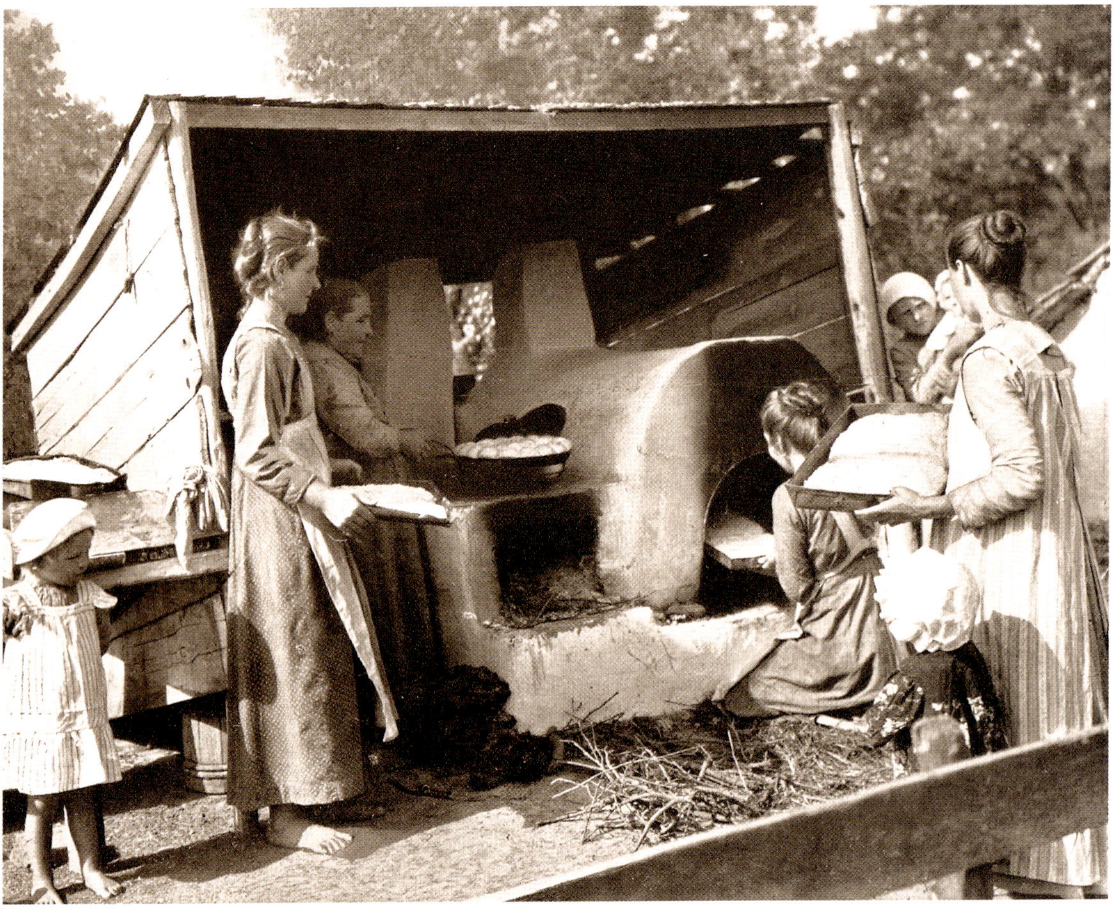

Deutsche Kolonistenfrauen in der Ukraine in ihrer luftgekühlten „Sommerküche."

Die Rußlanddeutschen auf dem Land gehörten fast ausschließlich zum bäuerlichen Stand. Hier bauten sie Weizen, Mais, Gerste oder Hafer an. In einigen Gegenden spielte der Weinbau eine Rolle, fast überall die von Deutschen gezüchtete „deutsche rote Kuh".

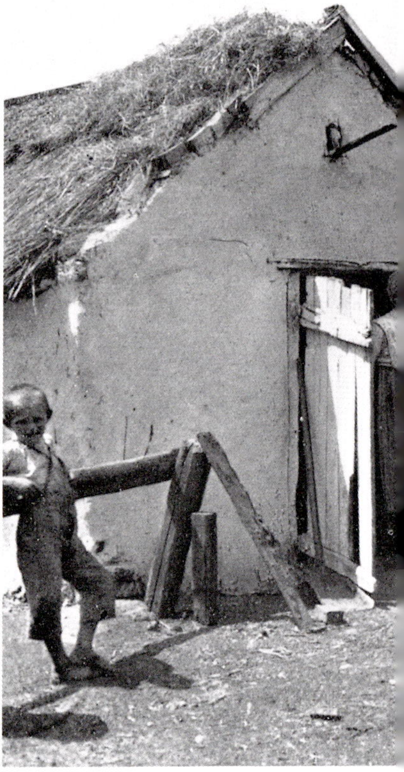

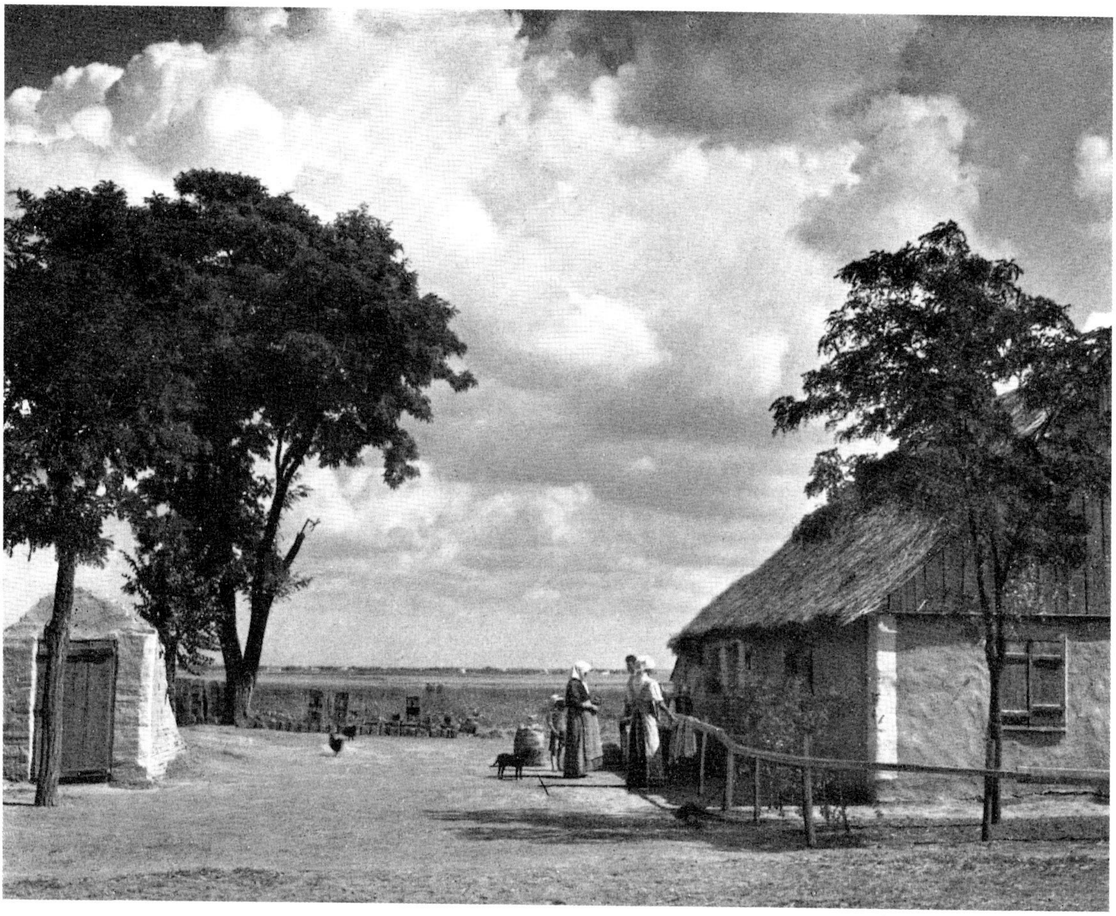

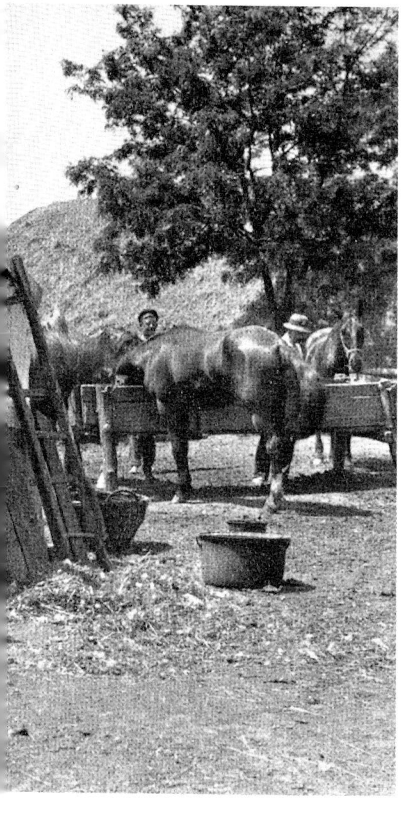

Alexanderfeld/Ukraine, strohgedecktes Lehmhaus (oben) und Scheunengasse. Alexanderfeld war 1858 als Tochterkolonie von Eugenfeld gegründet worden, das selbst erst zehn Jahre alt war. Der große Kinderreichtum zwang die deutschen Siedler – die sich selbst nie Bauern sondern Kolonisten nannten –, zu immer größerer Ausbreitung. Vor dem Ersten Weltkrieg lag ihr Landbesitz bei 14,4 Millionen ha. Er war damit um rund 3 Millionen ha größer als die Getreidefläche des gesamten Deutschen Reiches.

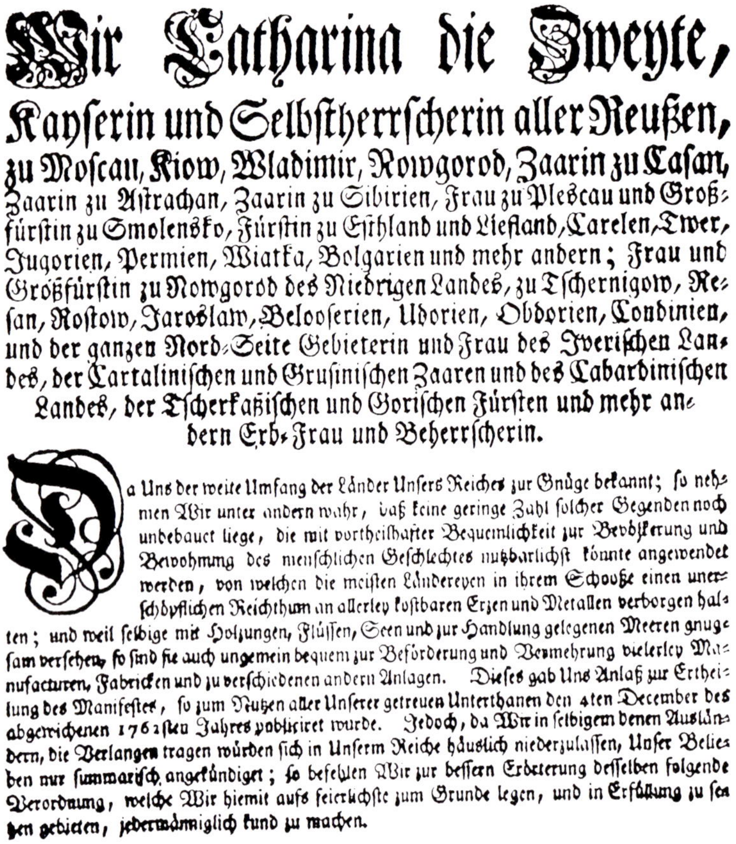

Wir Catharina die Zweyte,
Kayserin und Selbstherrscherin aller Reußen,
zu Moscau, Kiow, Wladimir, Nowgorod, Zaarin zu Casan, Zaarin zu Astrachan, Zaarin zu Sibirien, Frau zu Plescau und Groß-fürstin zu Smolensko, Fürstin zu Esthland und Liefland, Carelen, Twer, Jugorien, Permien, Wiatka, Bolgarien und mehr andern; Frau und Großfürstin zu Nowgorod des Niedrigen Landes, zu Tschernigow, Resan, Rostow, Jaroslaw, Belooserien, Udorien, Obdorien, Condinien, und der ganzen Nord-Seite Gebieterin und Frau des Iverischen Landes, der Cartalinischen und Grusinischen Zaaren und des Cabardinischen Landes, der Tscherkaßischen und Gorischen Fürsten und mehr andern Erb-Frau und Beherrscherin.

Da Uns der weite Umfang der Länder Unsers Reiches zur Gnüge bekannt; so nehmen Wir unter andern wahr, daß keine geringe Zahl solcher Gegenden noch unbebauet liege, die mit vortheilhafter Bequemlichkeit zur Bevölkerung und Bewohnung des menschlichen Geschlechtes nutzbarlichst könnte angewendet werden, von welchen die meisten Ländereyen in ihrem Schoße einen unerschöpflichen Reichthum an allerley kostbaren Erzen und Metallen verborgen halten; und weil selbige mit Holzungen, Flüssen, Seen und zur Handlung gelegenen Meeren gnugsam versehen, so sind sie auch ungemein bequem zur Beförderung und Vermehrung vielerley Manufacturen, Fabricken und zu verschiedenen andern Anlagen. Dieses gab Uns Anlaß zur Ertheilung des Manifestes, so zum Nutzen aller Unserer getreuen Unterthanen den 4ten December des abgewichenen 1762sten Jahres publiciret wurde. Jedoch, da Wir in selbigem denen Ausländern, die Verlangen tragen würden sich in Unserm Reiche häuslich niederzulassen, Unser Belieben nur summarisch angekündiget; so befehlen Wir zur bessern Erörterung desselben folgende Verordnung, welche Wir hiemit aufs feierlichste zum Grunde legen, und in Erfüllung zu setzen gebieten, jedermänniglich kund zu machen.

Das Manifest Katharinas zur Anwerbung deutscher Kolonisten aus dem Jahre 1762.

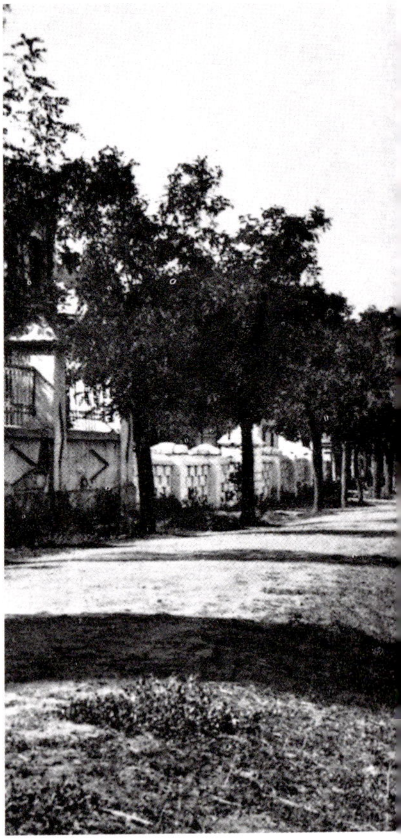

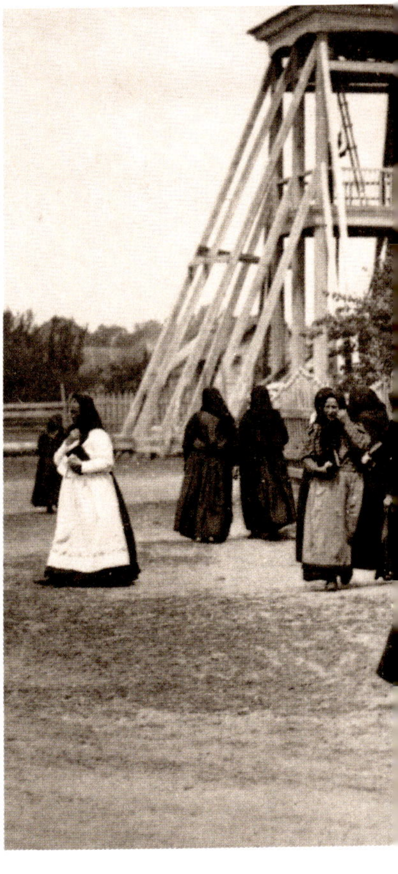

Lied der Deutschen im Kaukasus

Wo Sonnenglut und ew'ger Schnee sich fast die Hände reichen,
wo reb'umschlung'ne Lorbeerbäum' hinaufschau'n zu den Eichen,
wo Büffel und Kamel die Lasten keuchend schleppen,
dort liegt manch deutsches Heim auf Höhen wie in Steppen.

Wo Perser und Armenier sich im Handel überlisten,
wo Kurd', Tscherkesse und Tatar als Räuber heimlich nisten –
dies Land, vom Kaspi-See und Schwarzen Meer umschlungen,
hört manches deutsche Lied, aus deutscher Brust gesungen.

doch uns're Zahl ist winzig klein und möcht' sich deutsch erhalten,
so mag es oft so leicht nicht sein, nach deutschem Brauch zu walten,
daß uns'rer Väter Sinn und vielbewährte Treue
in Kind und Kindeskind sich wiederum erneue.

So lang' der Heimat Lieder hier von deutscher Zunge klingen,
so lang' wird echtes deutsches Blut in unsern Adern rinnen.
Strahl' hell, Gesangesstern! Erleuchte uns're Bahnen!
Wenn auch die Dörfer fern, wir halten doch zusammen!

Erschalle, Lied, und sei mein Gruß! Sollst deutschen Brüdern sagen,
daß auch im fernen Kaukasus noch deutsche Herzen schlagen!
Mocht' auch des Schicksals Hand weit von der Heimat treiben,
Wir sind von deutschem Stamm und werden's ewig bleiben!

Otto Klooß.

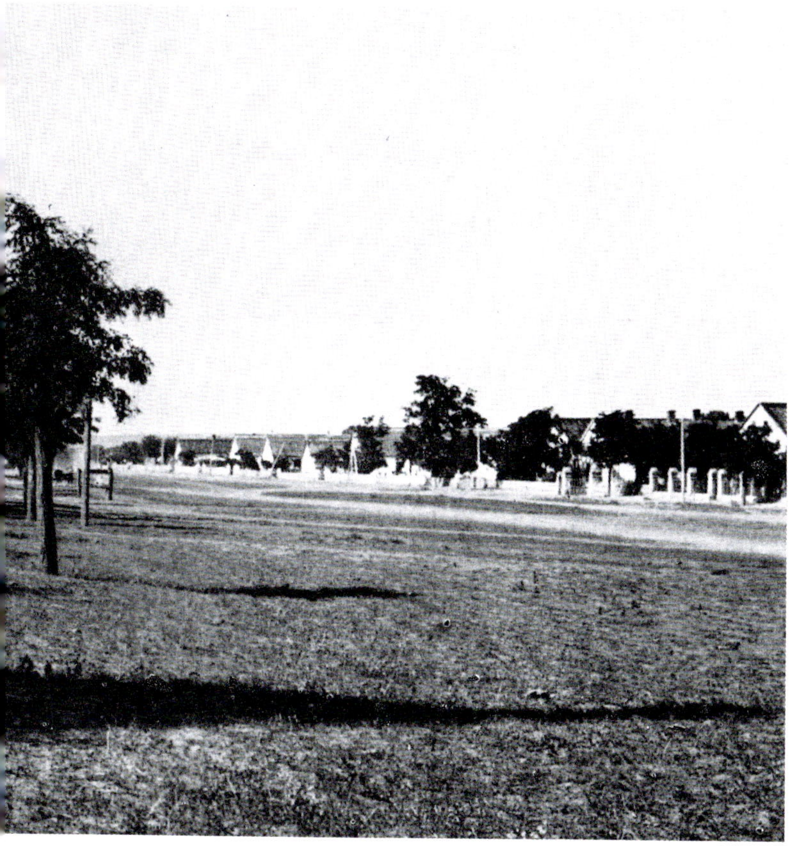

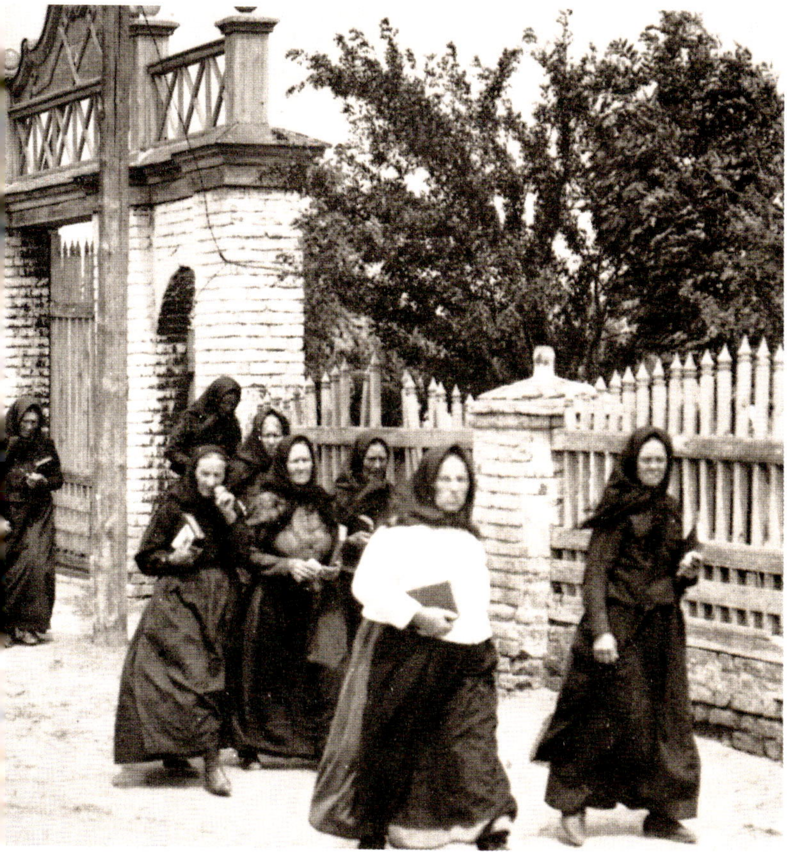

Groß-Liebental im Steppenrayon Spartakus – Deutsche Bauersfrauen in Kukkus an der Wolga nach dem Kirchgang. Bis 1918 wurden im Wolga- und Schwarzmeergebiet, um Petersburg, in der Ukraine, in Sibirien und im Kaukasus rund 3000 geschlossene deutsche Siedlungen gegründet, zu denen noch zahlreiche Einzelhöfe kamen. Diese Siedlungen waren fast ausschließlich konfessionell getrennt, die Umgangssprache der Kolonisten Deutsch mit Betonung auf einer Mundart. Ihre Geschichte bis 1914 verlief in zwei Perioden: in der ersten entwickelten sie sich unter dem Schutz der ihnen auf ewige Zeiten verliehenen großzügigen Rechte, in der zweiten werden ihnen diese zum größten Teil genommen, um sie zu russifizieren. Bis zum Ersten Weltkrieg galt das Verhältnis zum Staatsvolk der Russen und Ukrainer trotzdem als gut, gelegentlich sogar als ausgezeichnet.

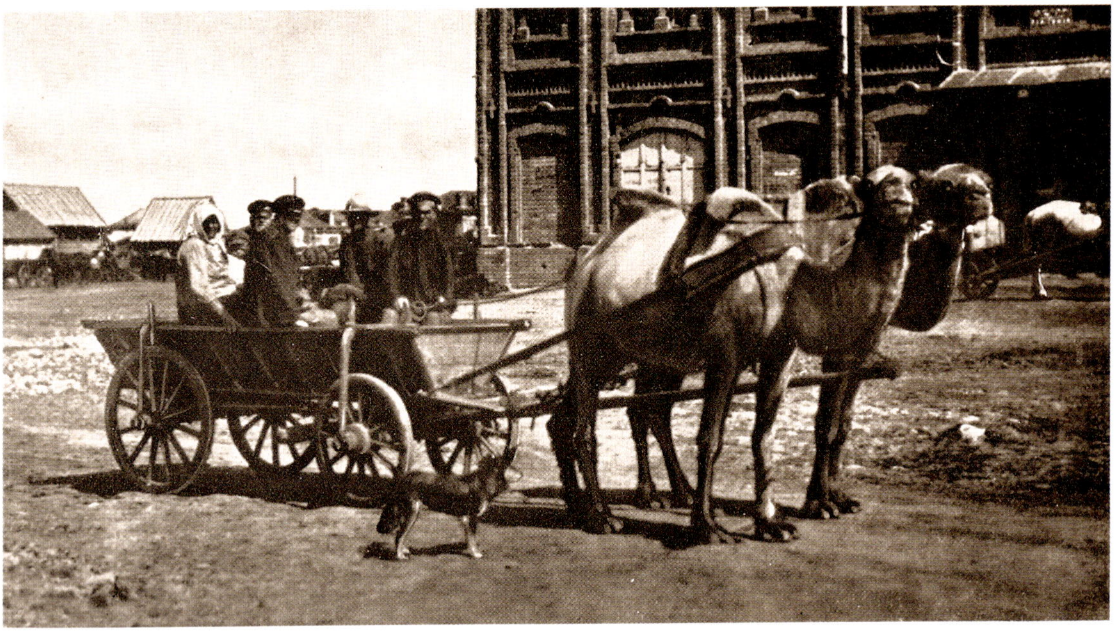

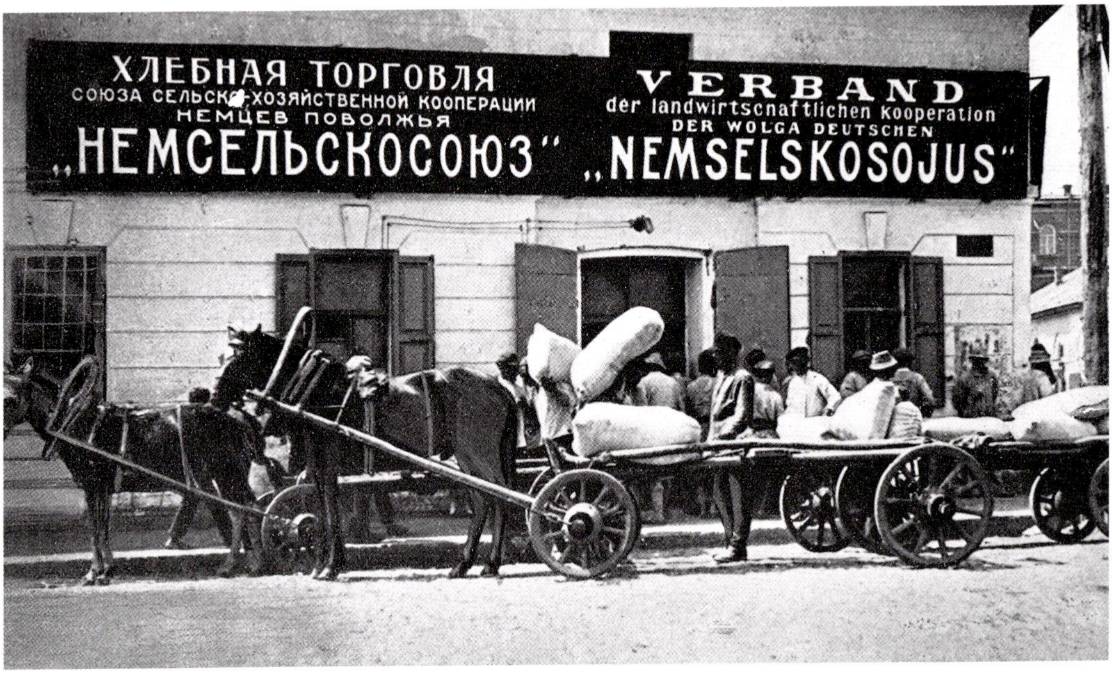

Deutsches Fuhrwerk in Engels – Lagerhaus in Astrachan (beide Aufnahmen um 1928). Das älteste der großen deutschen Siedlungsgebiete in Rußland lag an der Wolga, wo es die Kolonisten besonders schwer hatten, zu einigem Wohlstand zu kommen. Hier gelang es Geistlichen und Lehrern lange Zeit, Sprache und Traditionen der alten Heimat aufrechtzuerhalten. Doch das „orientalisch“ mit Dromedaren bespannte Fuhrwerk löste wie in Engels (früher Kosakenstadt) den klassischen Pferdewagen ab. – Starke Umwälzungen des Deutschtums in Rußland brachte die Kollektivierung der Siedlungen nach 1918. Die noch selbstständigen Bauern, wie im wolgadeutschen Nemselskosojus in Astrachan, wurden in Genossenschaften zusammengeschlossen, ihre Privatwirtschaft in staatliche Hände gelegt.

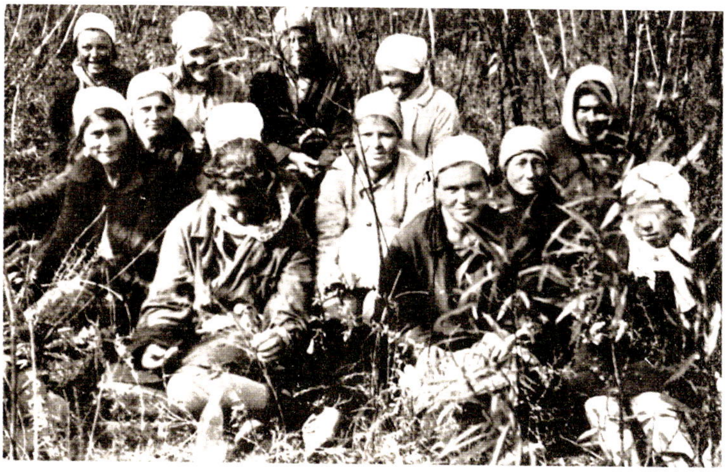

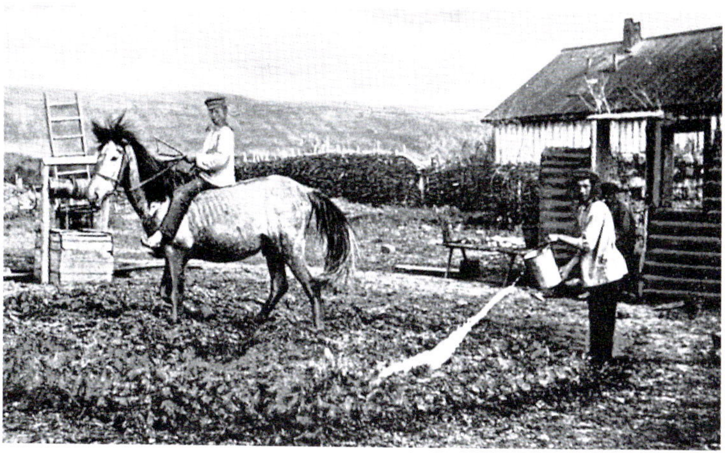

Bäuerinnen aus Katharinenstadt (später Marxstadt) – Düngeraufbereitung in einem deutschen Hof – Rußlanddeutsche Auswanderer 1929 in Kiel – Die Wolgakolonien, 1763–1767 in unmittelbarer Nachbarschaft nomadisierender Kirgisen und Tataren gegründet, wurden häufig von Mißernten und Dürreperioden heimgesucht, was Kolonisten immer wieder zur Auswanderung zwang. Große wolgadeutsche Siedlungen entstanden so in Nord- und Südamerika. Eine letzte Emigrantenwelle hatte allerdings politische Motive. Sie erreichte das Deutsche Reich auch dann noch, als entfernt vom deutschsprachigen Raum mit der Errichtung der Autonomen Sozialistischen Sowjetrepublik der Wolgadeutschen ein in gewissem Sinne selbstständiges deutsches Staatswesen in Rußland geschaffen worden war.

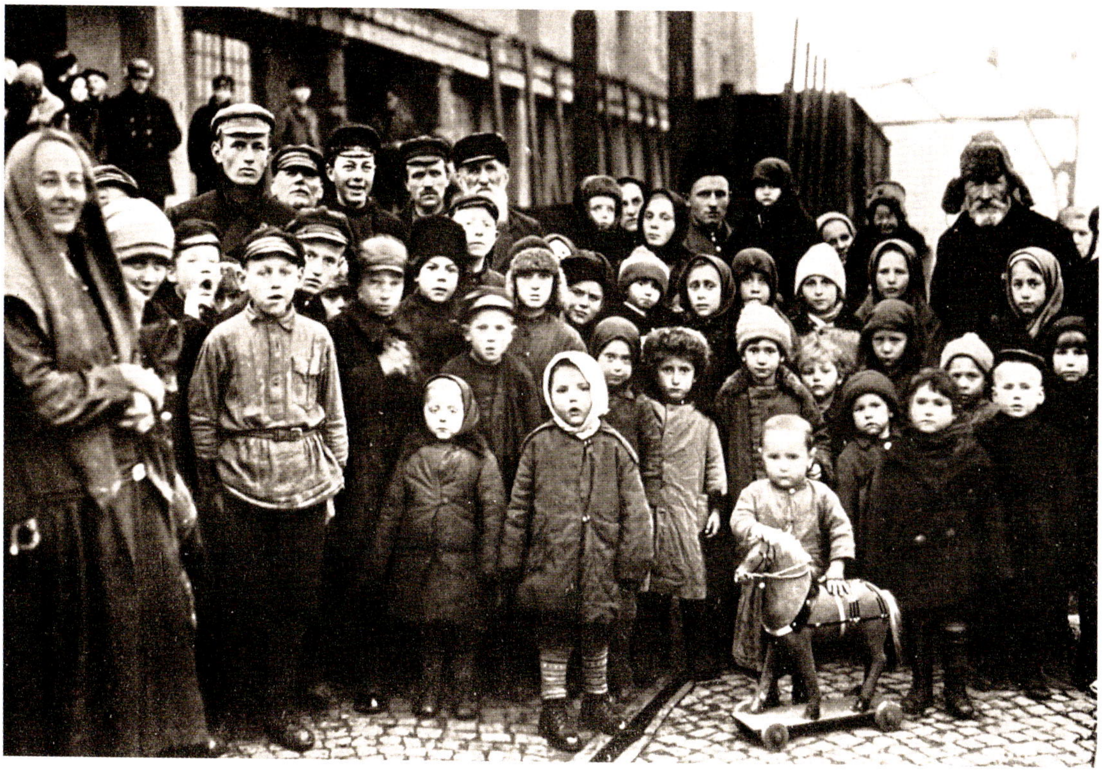

„Hier angekommen auf einem kahlen Lande, der Winter vor der Tür, kein Obdach, kein Brot, 5 Pferde und dazu kein Stall und kein Futter! Ach, da wurde das Gottvertrauen geprüft! Als die Kolonie und die Hausplätze verlost waren, machten wir uns an die Arbeit. Ich und ein anderer junger Mann bauten eine Erdhütte und einen Backofen darin, wo wir den Winter über warm und bequem zu wohnen hatten. Frucht und Brot konnten wir von den Tataren kaufen, Holz durften wir im nahen Walde holen. Aber die armen Pferde mußten den Winter über Tag und Nacht ohne Hirten auf der Steppe umher ihr Futter suchen. Viele von uns wohnten während des Winters in Hütten, die von umgebogenen Rohrstäben gemacht und mit einem Filzteppich bedeckt waren, wo es wegen des Rauches nicht angenehm zu wohnen war. So wurde endlich das Gemeindewesen geordnet und eine große Hütte zum Gottesdienst und zur Schule aufgerichtet. Geistliches und weltliches Regiment war schon im Anfang gewählt. Der ersehnte Frühling kam; es wurde aller Orten gesät und gepflanzt, auch Weingärten wurden angelegt. Alles wuchs in herrlicher Pracht und üppiger Fülle heran. Aber kaum hatte der Sommer begonnen, so brachen schon Krankheiten mancher Art herein, und bis in den August traf man nur hier und da einen, der noch gehen konnte. Gesund war niemand mehr. Die Sterbefälle wurden immer häufiger . . .“

Ein Kolonist aus dem Kaukasus an seine Verwandten in Württemberg

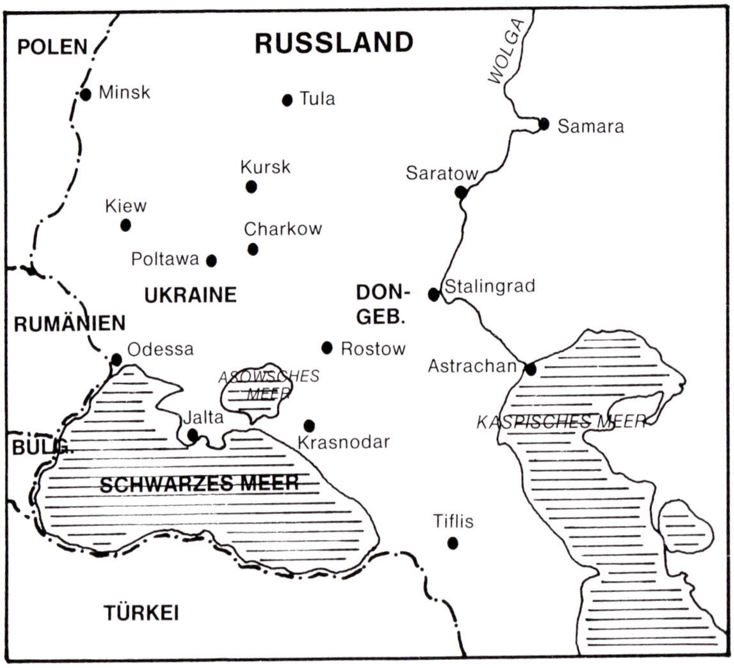

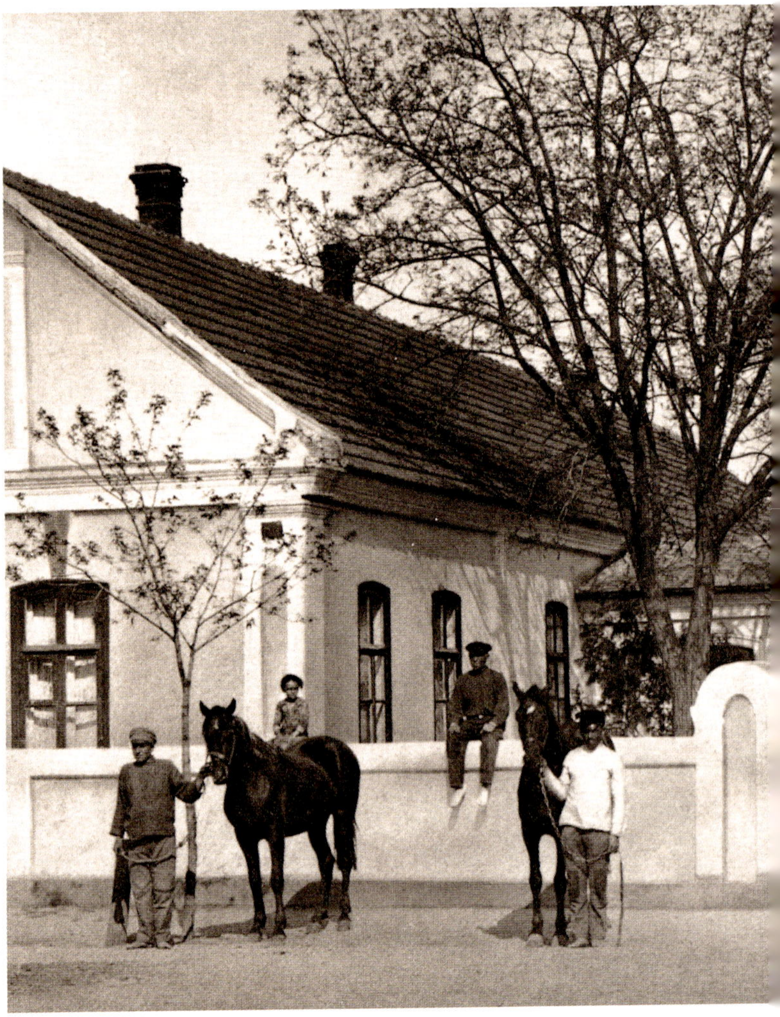

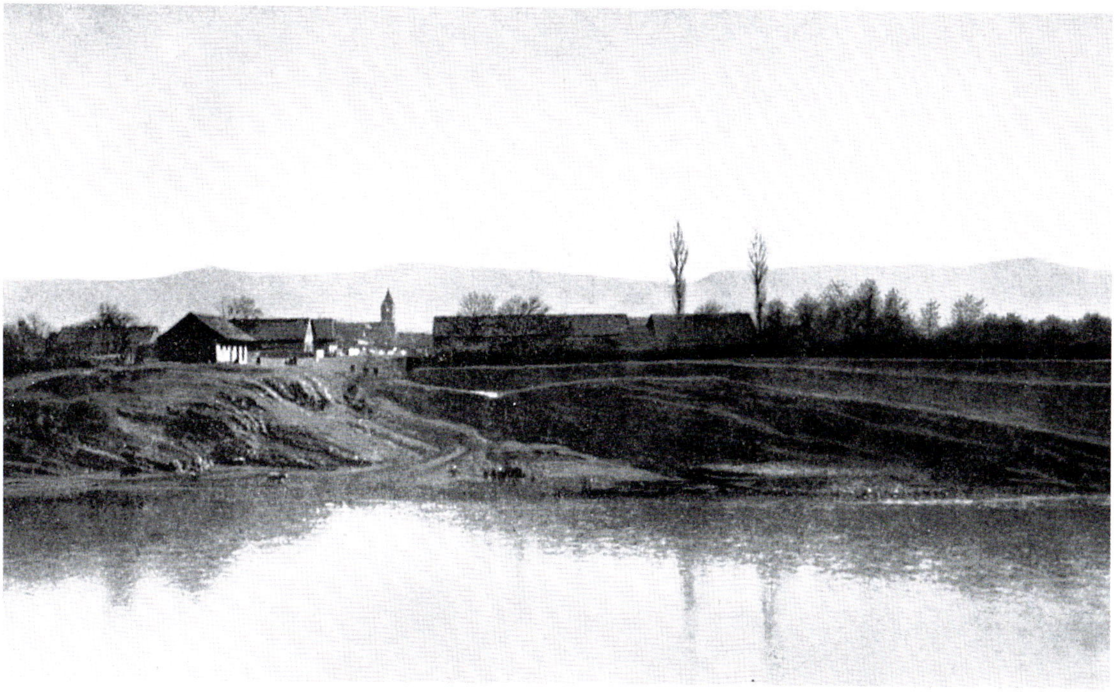

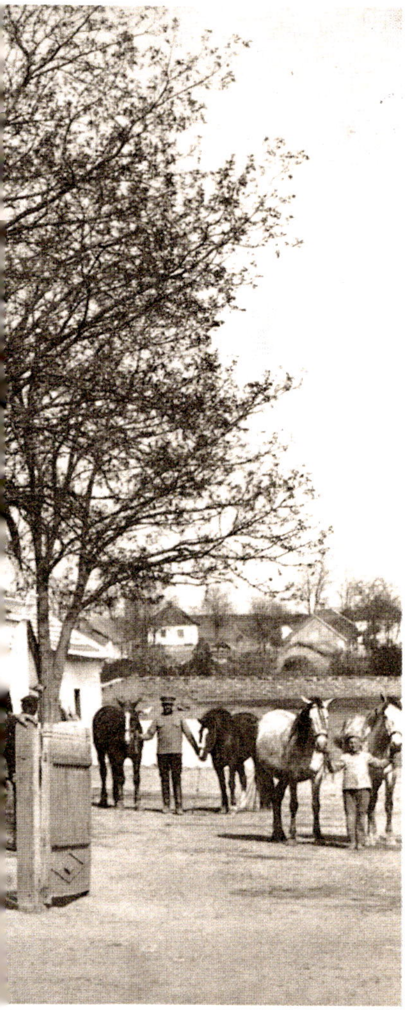

Alexanderdorf (später Liebknechtdorf) an der Kura in Georgien, nördlich von Tiflis (oben) – Haus eines reichen deutschen Bauern mit dem typischen angebauten „Vorderhäuschen", das die dahinterliegende „Staatsstube" gegen Fliegen, Staub und die Kälte des Winters schützen sollte.

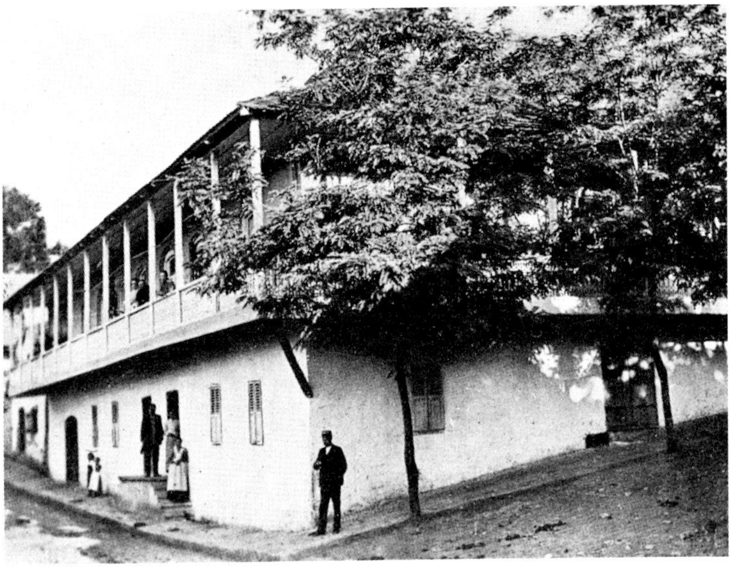

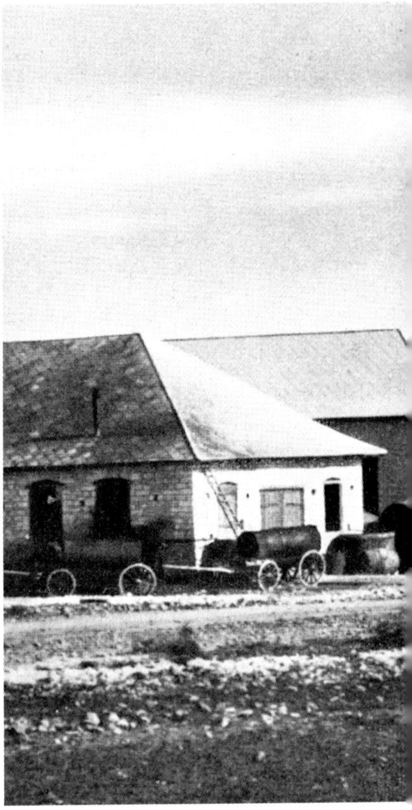

Wohnhaus der Gebrüder Allmendinger, Großbauern in Katharinenfeld/Georgien – Schwabenhof in Helenendorf/Aserbeidschan. Kirchlicher Separatismus und mystischer Glaube waren die Gründe der Auswanderung einer Gruppe von Schwaben, die zwischen 1816 und 1819 ihre Heimat verließen, um über den Kaukasus das gelobte Land Palästina zu erreichen. Im Kaukasus gelang es der russischen Regierung, den ersten Schwabenzug zu stoppen und in der Umgebung von Tiflis, in der Senke des Steppenflusses Kura, anzusiedeln. Kolonien wie Elisabethtal und Alexanderdorf in Georgien, Annenfeld und Helenendorf in Aserbeidschan entstanden und blühten vor allem durch den Weinbau wirtschaftlich schon nach wenigen Jahren auf.

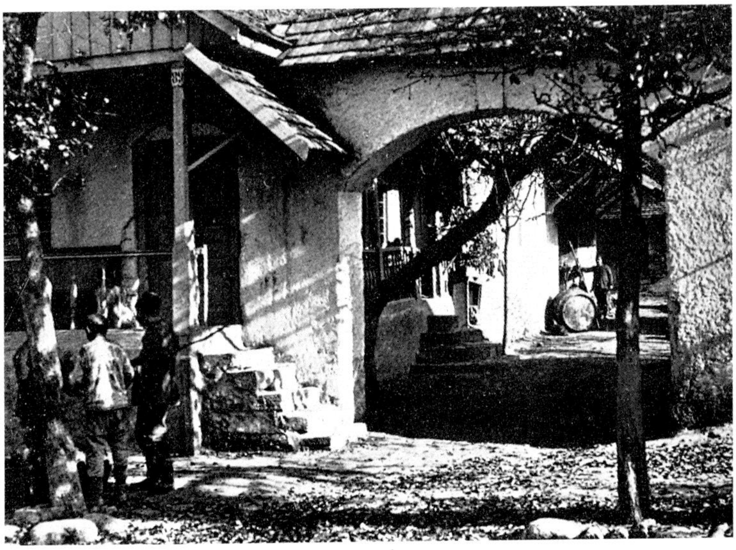

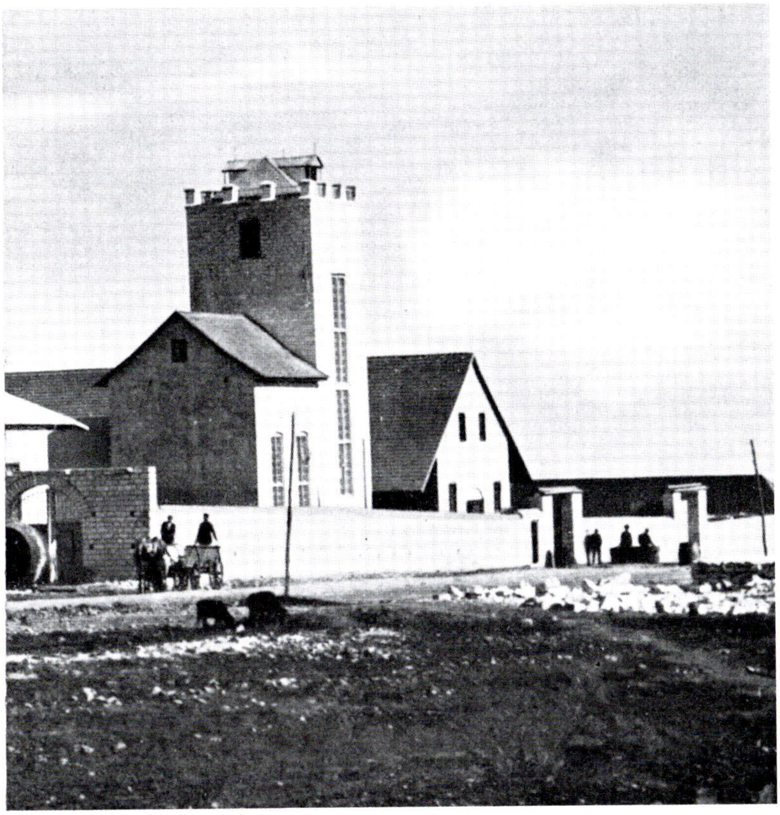

Gebäude der Weingenossenschaft Konkordia in Annenfeld – Wohnhaus in Helenendorf (unten). In den Sowjetrepubliken Georgien und Aserbeidschan wurden vor dem Ersten Weltkrieg noch rund 20000 Deutsche in 23 Alt- und Tochterkolonien gezählt, darunter 13000 evangelische Schwaben, die eine unabhängige kirchliche Synode bildeten. Helenendorf, 118 Wirtschaften groß, galt als kultureller und wirtschaftlicher Mittelpunkt der Deutschen im Kaukasus, die hier ihre eigene Oberrealschule unterhielten.

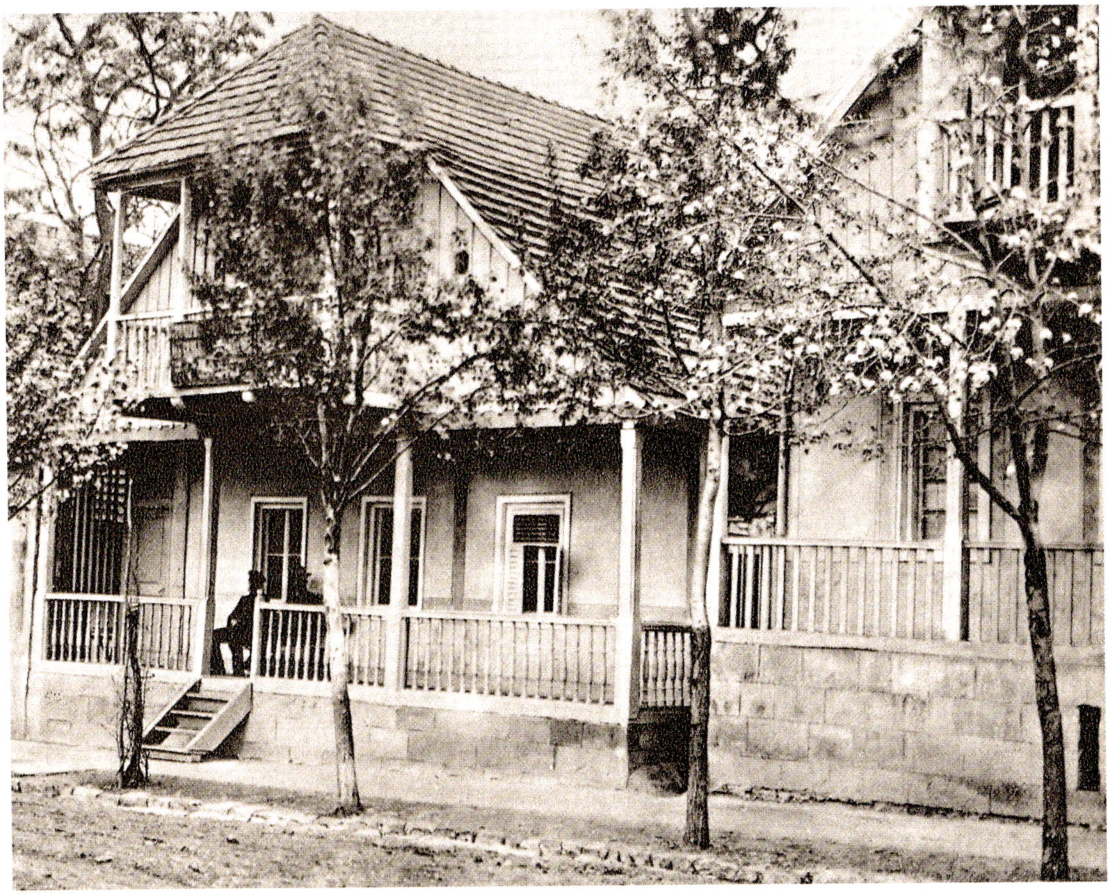

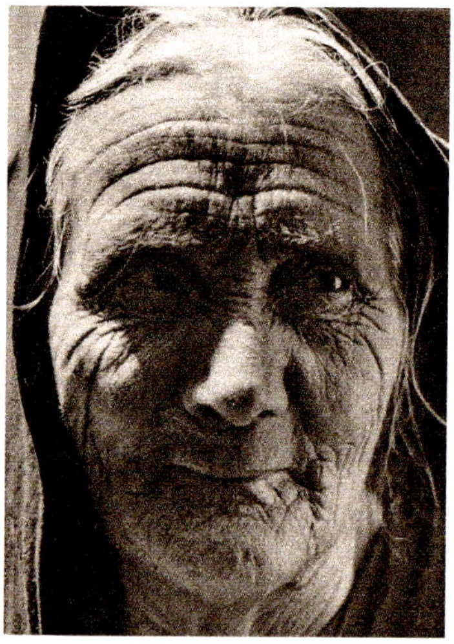

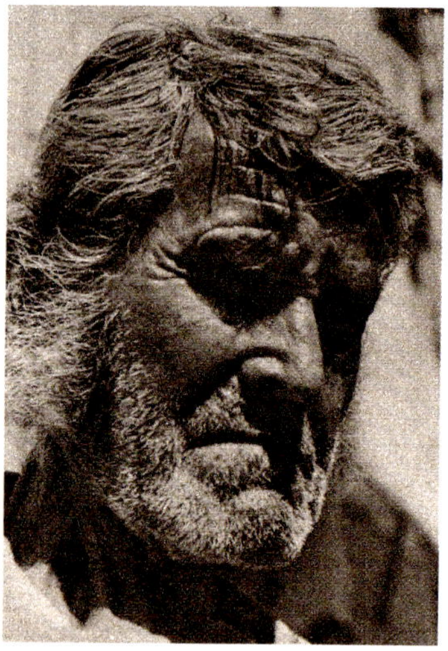

Menschen aus der Batschka. Nach Beendigung der Türkenkriege riefen ungarische Grundherren und deutsche Kaiser, die zugleich ungarische Könige waren, Bauern aus ganz Südwestdeutschland in die fruchtbare Batschka.

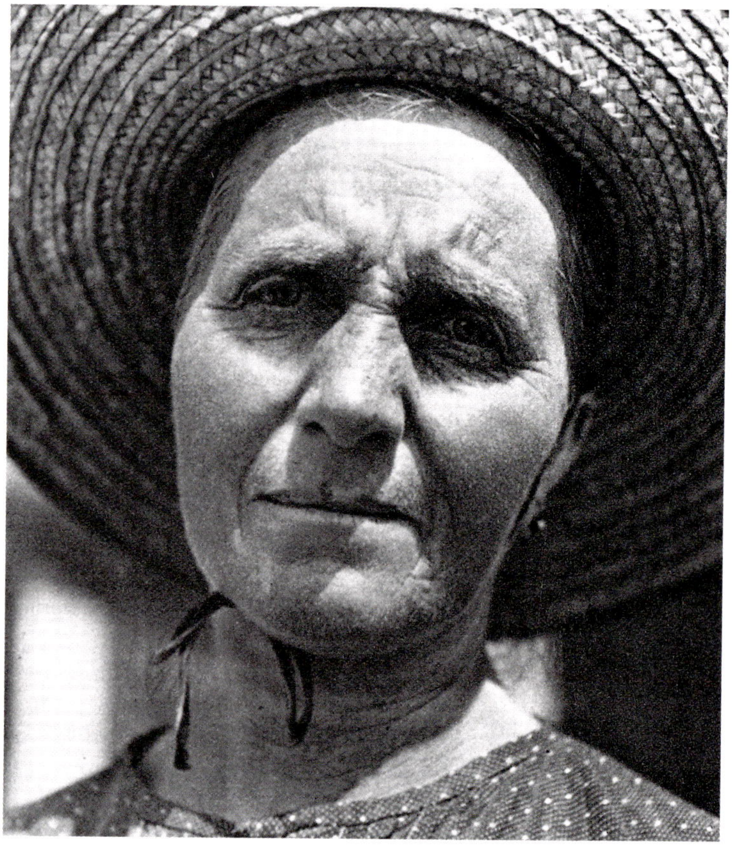

Preußen wie Österreich bluteten in jenen Tagen aus vielen Wunden, die der Dreißigjährige Krieg, die Türkenkriege und der Siebenjährige Krieg geschlagen hatten. Die Zeit war reif für Pioniere, die sich im südlichen Teil des ungarischen Tieflands an die Erschließung von Neuland und an das Abtragen von Kriegstrümmern machen wollten. Nach Kroaten und Serben, Magyaren und Slowaken trafen staatlich geführt zwei gewaltige Auswandererzüge mit deutschen Katholiken ein. Der schwere Überschwemmungsboden der Donau versprach den Siedlern eine tropisch üppige Ernte, die Geschichte Ungarns von den Türkenkriegen bis 1867 war Reichsgeschichte . . .

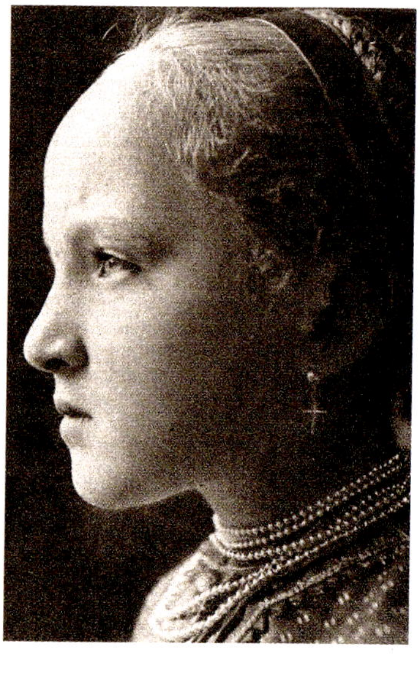

Bei der Teilung Ungarns in der Folge des Ersten Weltkriegs lebten alleine in der Batschka knapp 190000 Deutsche, die nahezu vollständig in das spätere Jugoslawien eingegliedert wurden.

Donaumüller an der Winde, die zum Stauwerk führt und dessen Schaufeln treibt - Die Satzungen der Fischer von Apatin aus der Zeit Franz I., ein Dokument in deutscher Sprache - Donaufischer von Apatin beim Teeren der Netze.

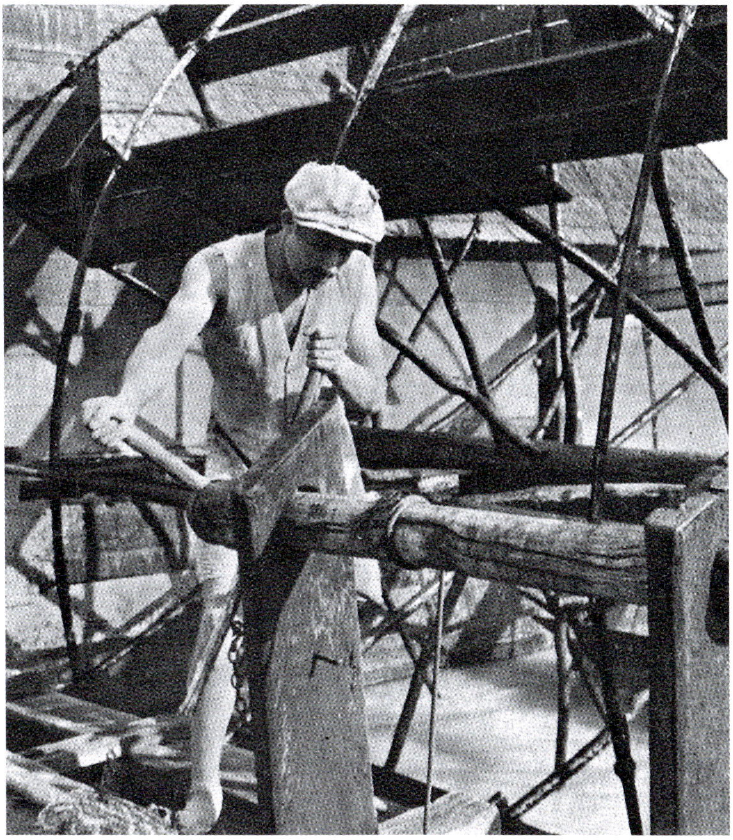

Apatin an der mittleren Donau, dort wo einst die meisten Kolonistenschiffe landeten, war lange die größte deutsche Siedlung im Gebiet der Donauschwaben und erfreute sich dadurch der besonderen Gunst der Habsburger Herrscher. In dem Gemeinwesen - gerade auch im streng zunftgebundenen Handwerk - spiegelte sich die erfolgreiche Kolonisation zwischen Donau und Theiß.

Am schönsten war das ausschließlich katholische Apatin dann immer zur Zeit der großen Prozessionen, ein Ereignis jeweils für die gesamte westliche Batschka.

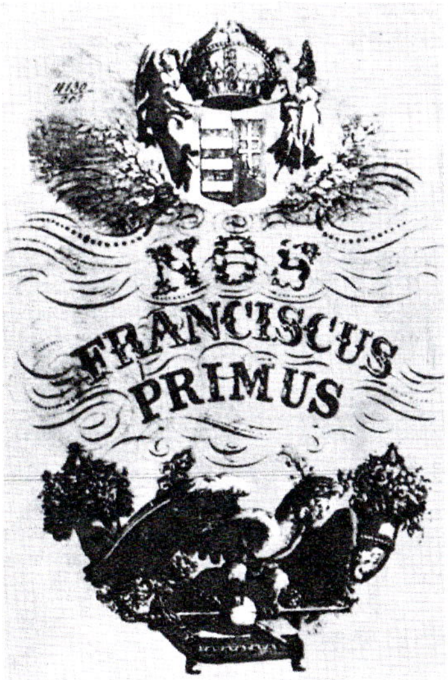

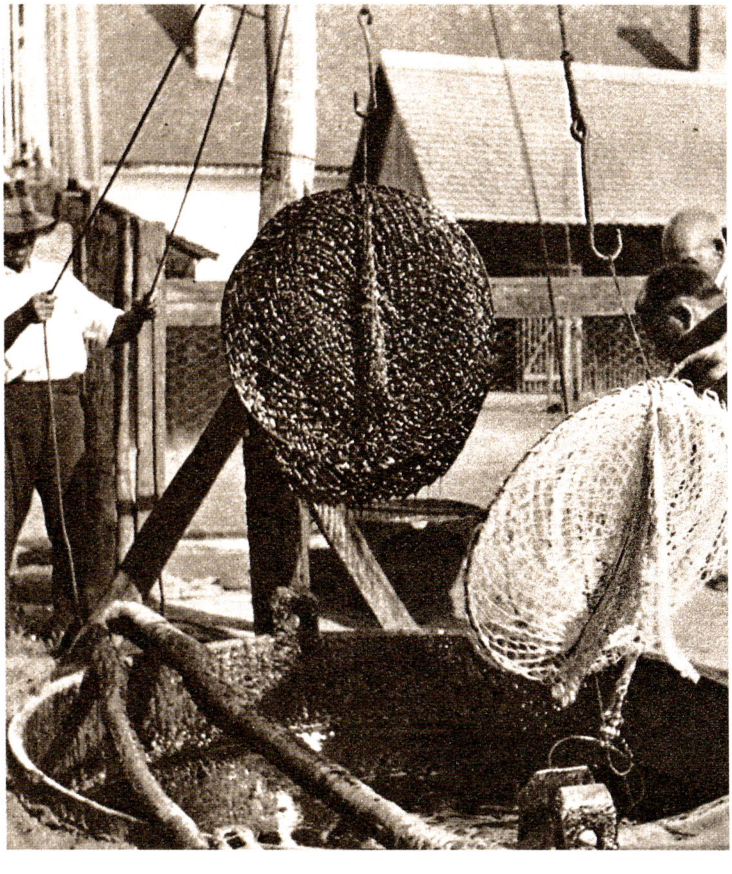

Deutsche Hanfbauern in der Batschka: beim Hanfbündeln (oben), beim Hanfbrechen (links) und auf einem der typischen Röstteiche, in denen der Hanf zum Gären gebracht wurde. Der feuchte, nahrhafte und zugleich warme Boden der Batschka bot sich den Kolonisten als Hanfbaugebiet geradezu an. Im Hochsommer waren die Bauern der Gegend so auch gemeinsam alle „im Hanf", der urwalddicht in den Überschwemmungsgebieten um Apatin stand. Als eigentlicher Markt dafür galt die vorwiegend von Schwarzwäldern und Österreichern bewohnte Gemeinde Hodschag zwischen Neusatz und Zombor.

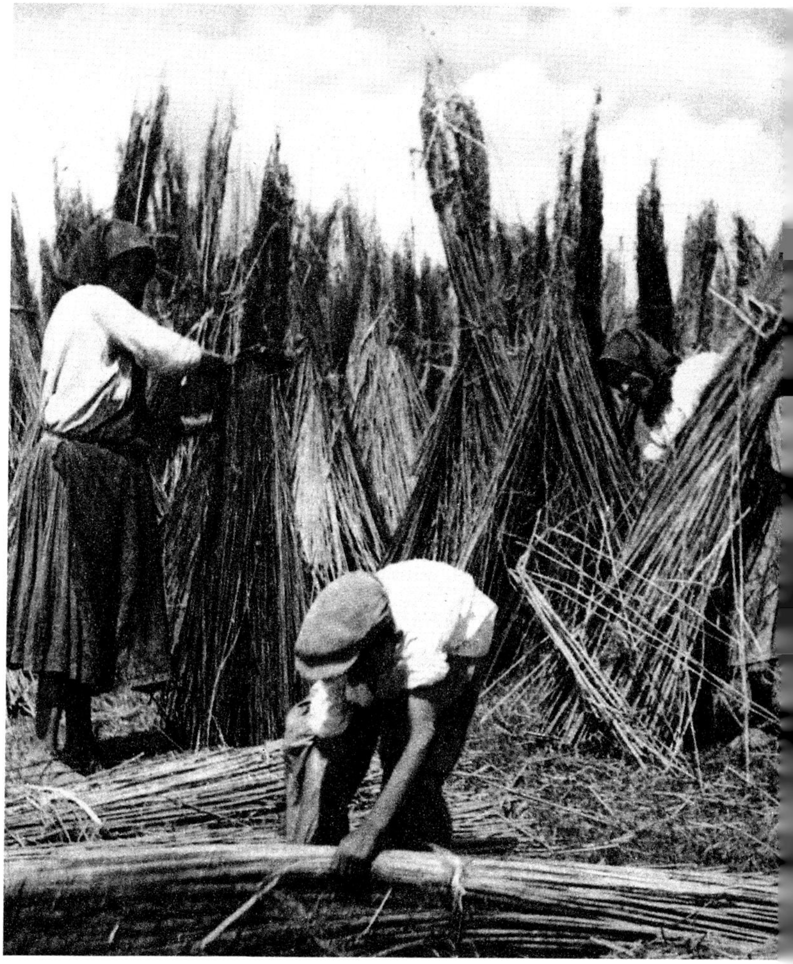

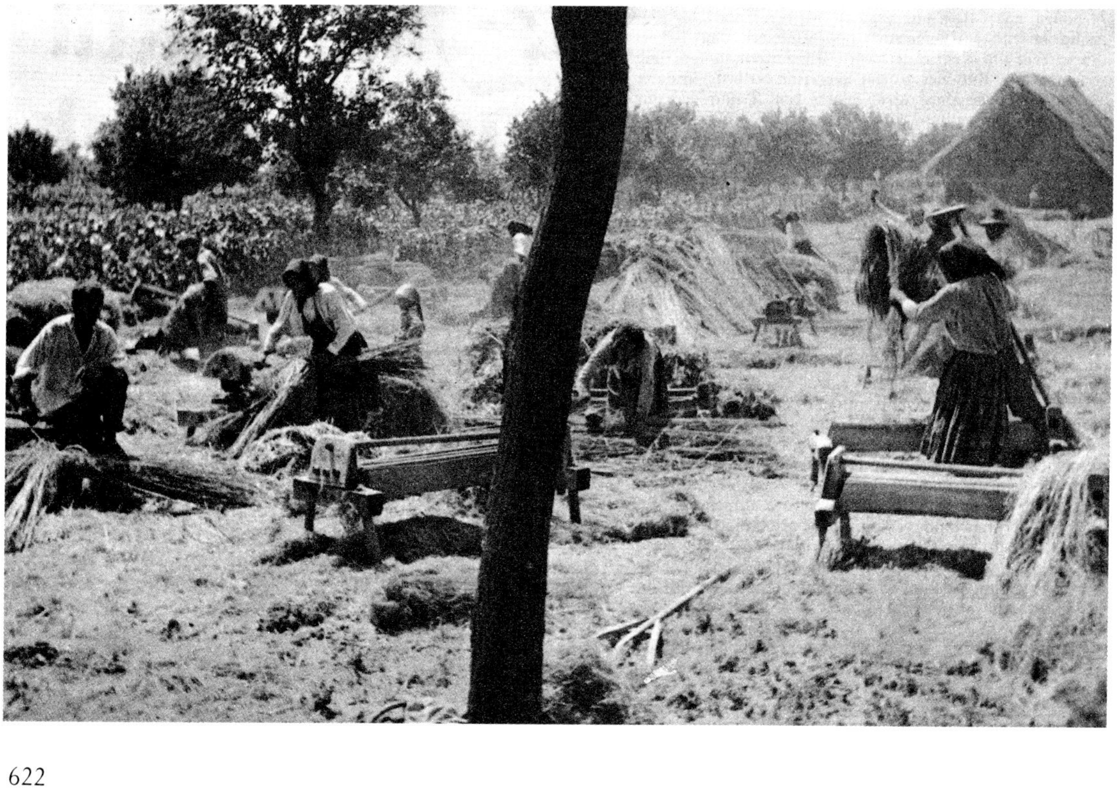

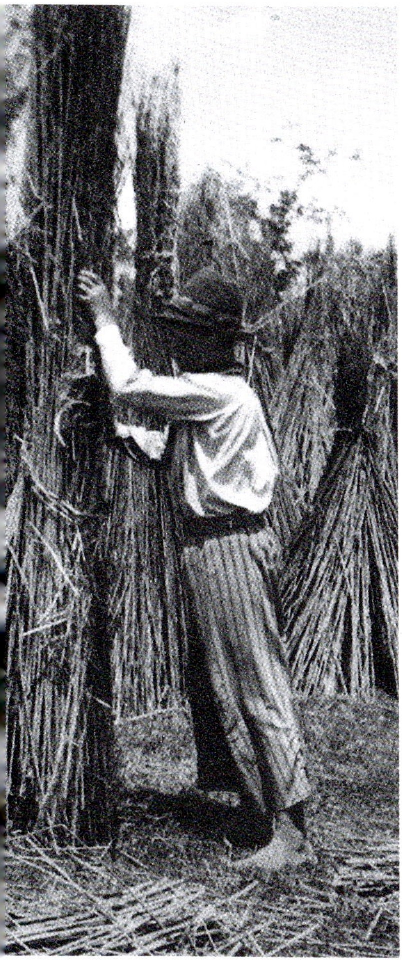

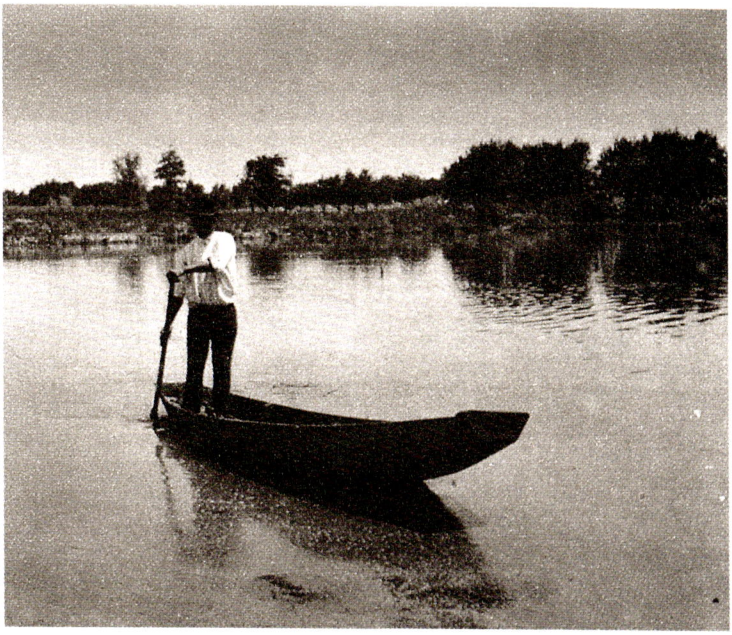

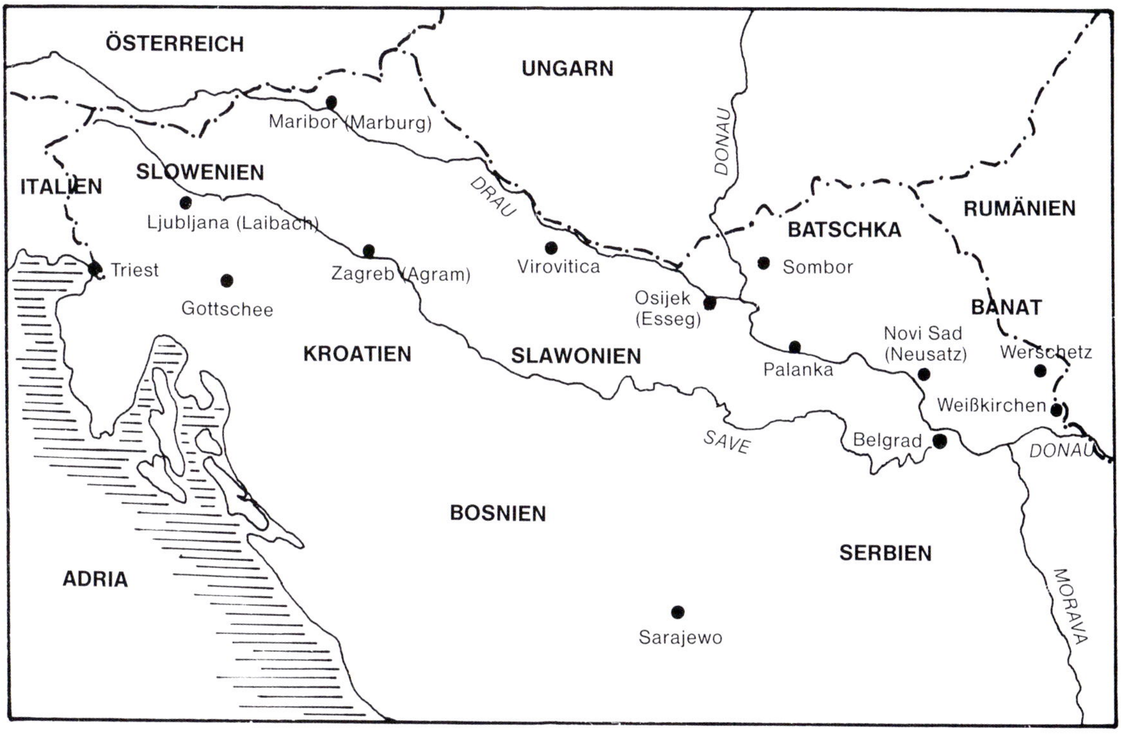
ÖSTERREICH
UNGARN
Maribor (Marburg)
DONAU
ITALIEN
SLOWENIEN
DRAU
RUMÄNIEN
Ljubljana (Laibach)
BATSCHKA
Triest
Zagreb (Agram)
Virovitica
Sombor
Gottschee
Osijek
(Esseg)
BANAT
Novi Sad
(Neusatz)
Werschetz
KROATIEN
SLAWONIEN
Palanka
Weißkirchen
SAVE
Belgrad
DONAU
BOSNIEN
SERBIEN
ADRIA
MORAVA
Sarajewo

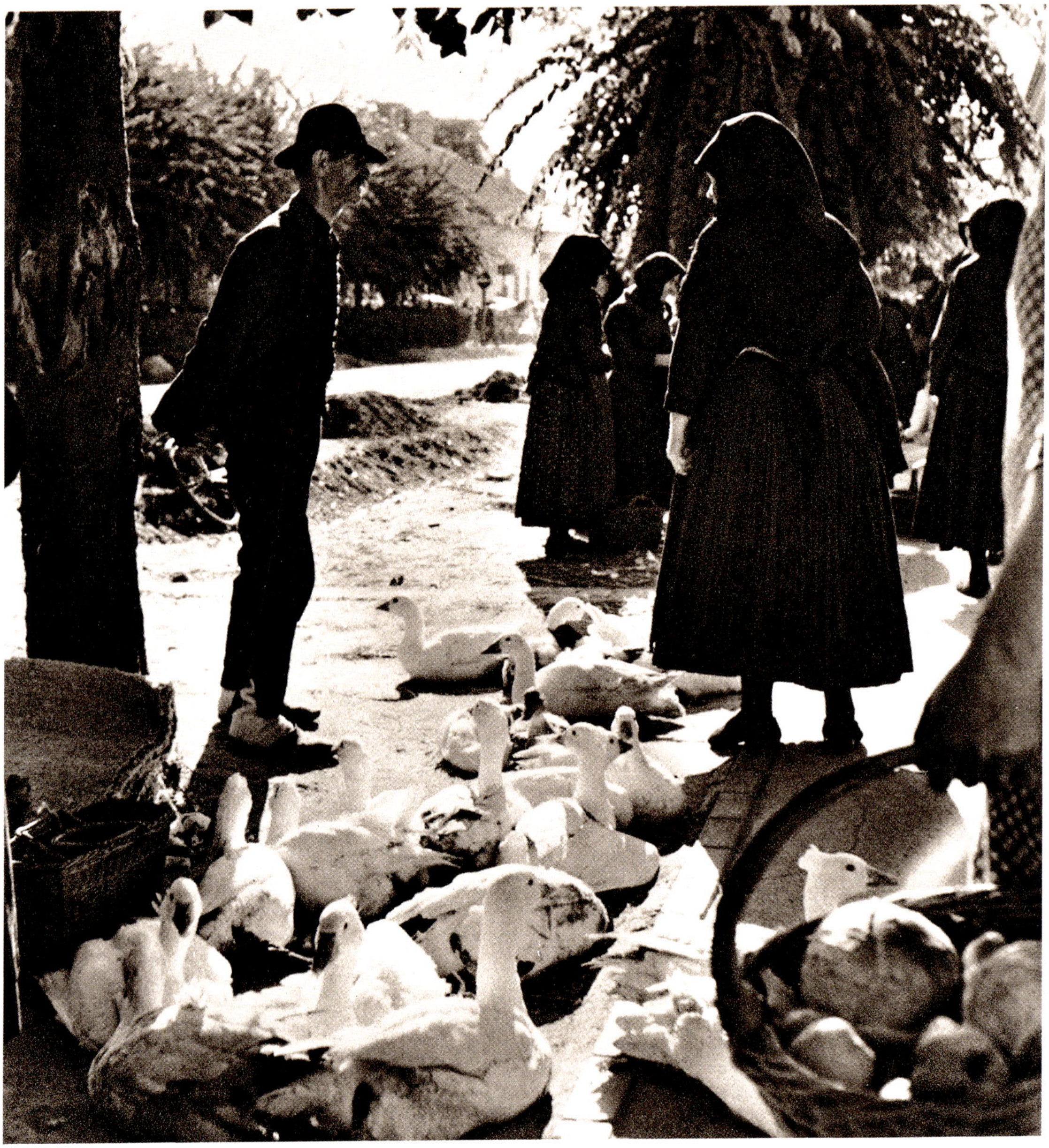

Markttag in der deutschen Großgemeinde Hodschag, im Batschkaer Land zwischen Zombor und Neusatz.

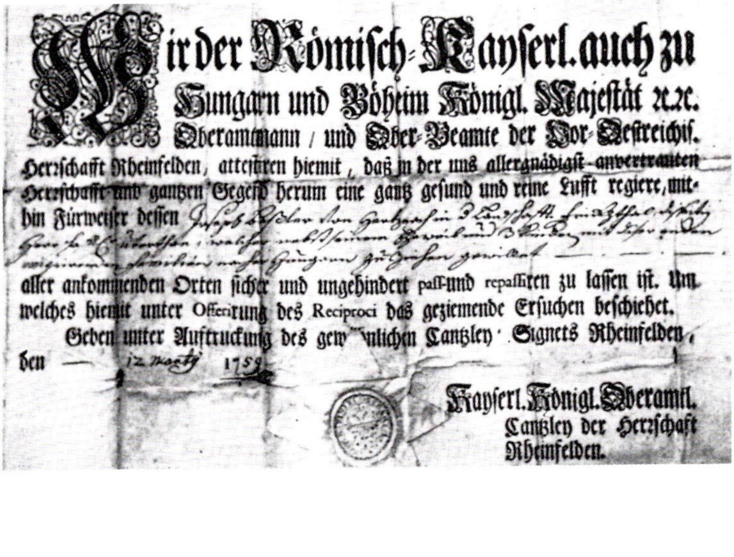

Wir der Römisch-Kayserl. auch zu Hungarn und Böheim Königl. Majestät r.r. Oberamtmann / und Ober-Beamte der Vor-Oestreichis. Herrschafft Rheinfelden, attestiren hiemit, daß in der uns allergnädigst anvertrauten Herrschafft und gantzen Gegend herum eine gantz gesund und reine Lufft regiere, mithin Fürweiser dessen [illegible]

aller ankommenden Orten sicher und ungehindert pass- und repassiren zu lassen ist. Um welches hiemit unter Offerirung des Reciproci das geziemende Ersuchen beschiehet.

Geben unter Auftruckung des gew[illegible]nlichen Cantzley-Signets Rheinfelden, den — 12 Martij 1759

Kayserl. Königl. Oberamtl. Cantzley der Herrschaft Rheinfelden.

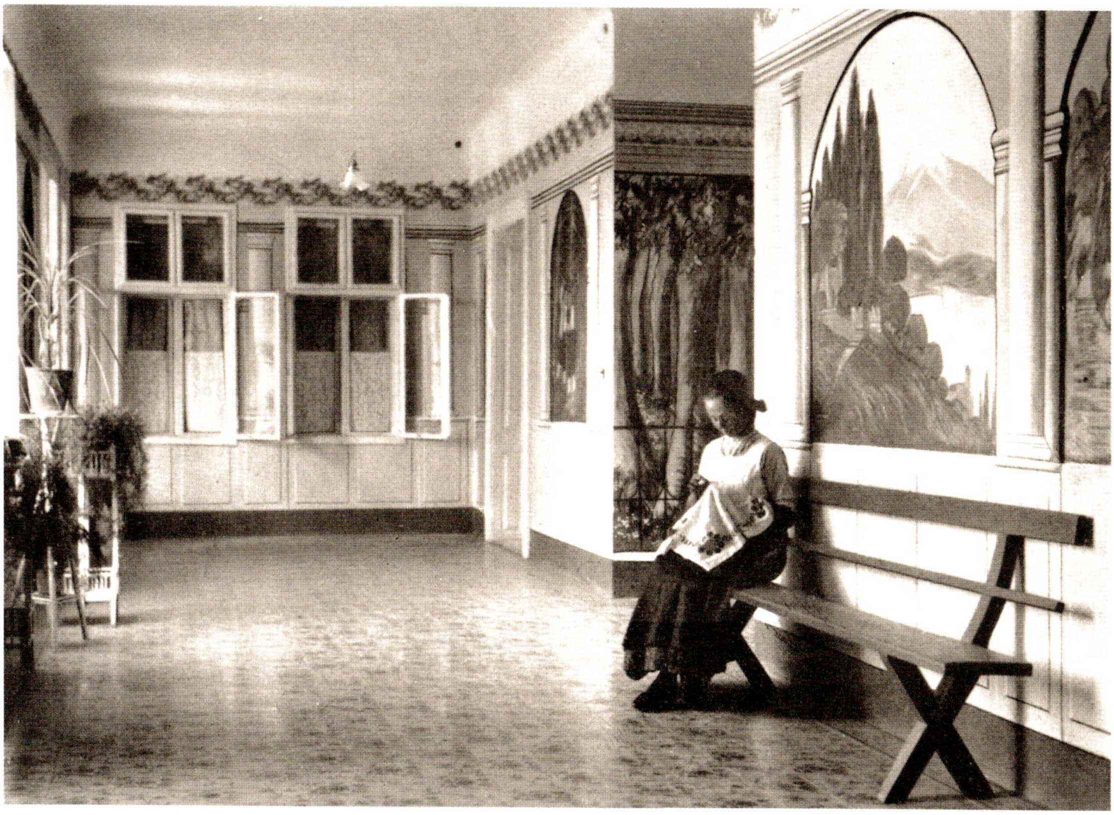

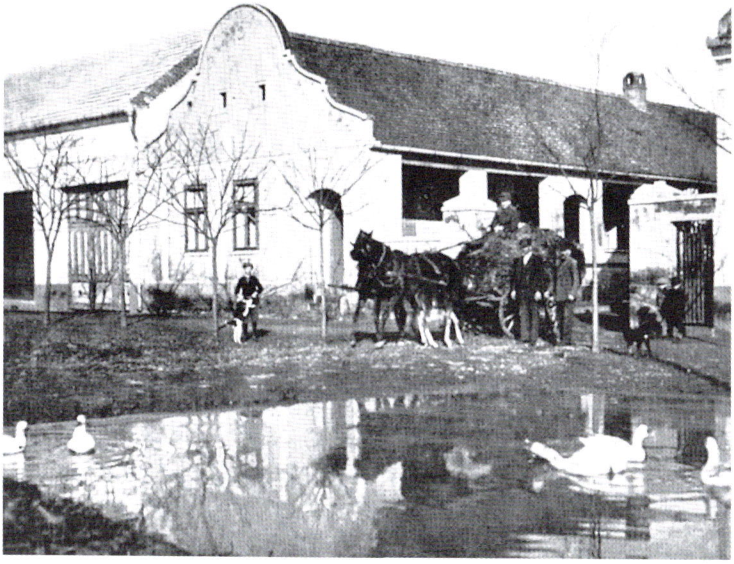

Hof in Stephansfeld im Banat. Von dem Tag an, als Prinz Eugen das Banat befreite und sein Feldherr Florimund Graf Mercy, der große Soldat im Krieg wie im Frieden, deutsche Bauernkolonisten ins Land holte, galt das: „Der Ritter hat gesiegt, jetzt ist die Zeit des Bauern". Noch war das Banat eine geographische, wirtschaftliche und kulturelle Einheit, besonders gefestigt durch die Familienbande der Kolonisten. Nach dem Zusammenbruch Österreich-Ungarns sollte sich dies ändern. Jetzt gehörte etwa Temeswar, als Mittelpunkt des Banats, zu Rumänien, die banaterdeutschen Städte Werschetz und Pantschowa zu Serbien.

Einwanderungsurkunde eines Donauschwaben, die unter anderem die Entlassung des Eigentümers aus der Grundherrschaft bestätigt. Es gibt keine genauen Zahlen, wieviele Deutsche in jenes Gebiet einwanderten, das einmal Jugoslawien heißen sollte. Die frühen Pioniere waren allerdings für ihren Kinderreichtum bekannt, was unter den Einheimischen zu den geflügelten Worten führte: „Kod Nemaca cak i babe radjaju" . . . bei den Deutschen gebären sogar die Großmütter. 1931 wurden hier rund 680000 deutsche Siedler gezählt.

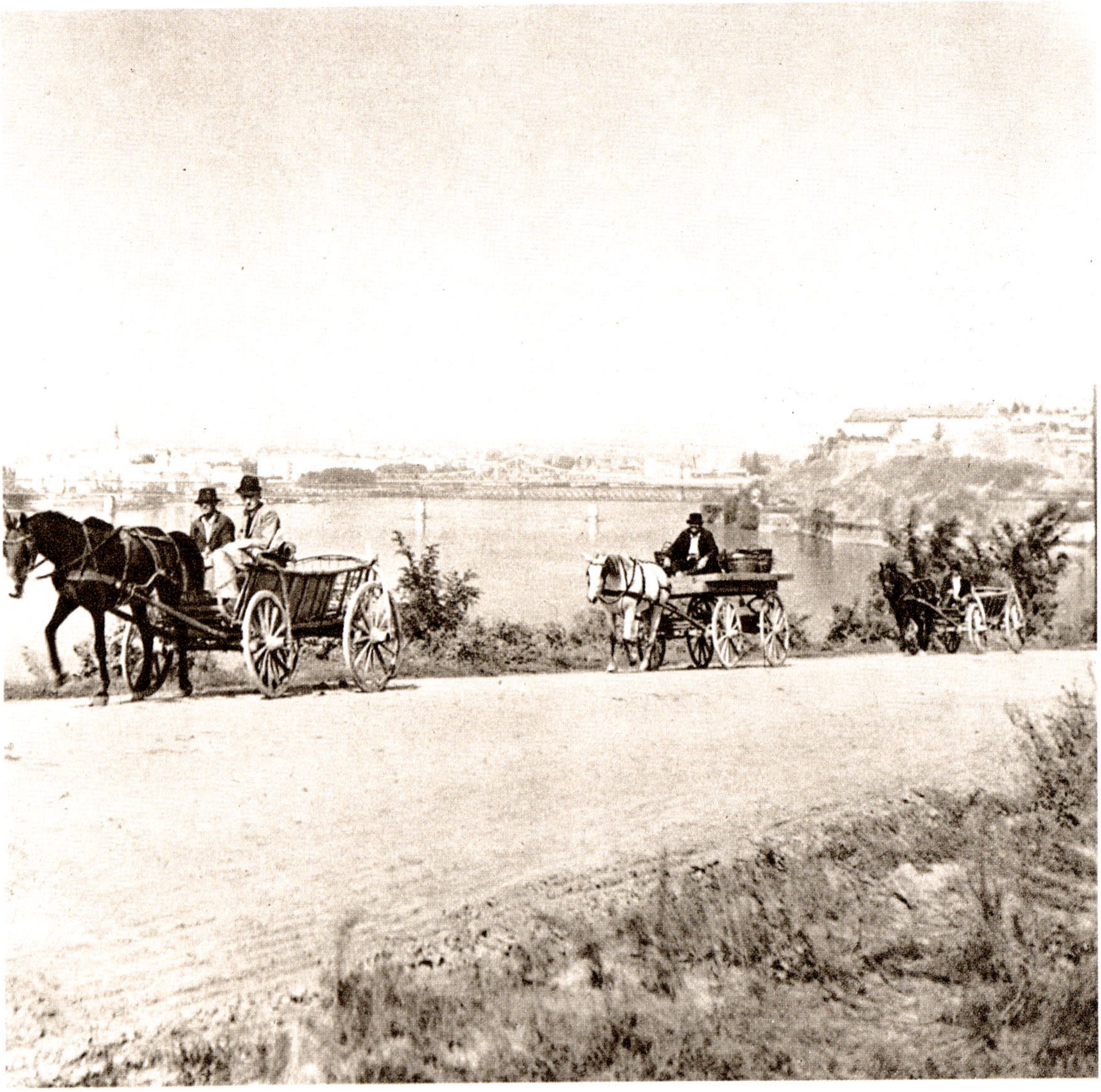

Oben: Neusatz an der Donau, königliche Freistadt und Mittelpunkt des Deutschtums in Südslawien. Ende des 17. Jh. als Peterwardeiner Schanze angelegt, war Neusatz nach der erneuten Einnahme Belgrads durch die Türken Ziel deutscher Flüchtlinge. Schnell bildete sich ein städtisches Deutschtum heran mit einem eigenen Gymnasium, einer Realschule, Zeitungen und einem regen Zunftleben.

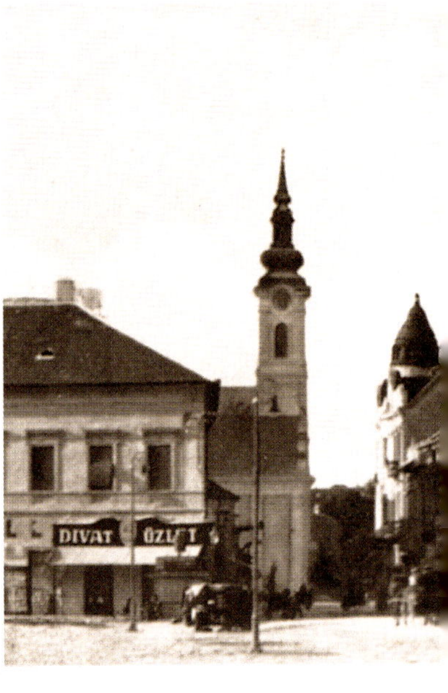

Deutsches Siedlerhaus in Neuwerbas aus der josephinischen Zeit. Das typische Haus der Donauschwaben war fast immer blendend weiß getüncht ... im Gegensatz zum grellen Grün oder Blau etwa der Slowaken. Als ein besonderes Kennzeichen des deutschen Dorfes galt daneben die Mauer, die jeden Hof gegen die Dorfstraße abschloß, und diese damit recht eigenartig einfaßte. Die deutschen Siedlungsgebiete am ungarischen Plattensee, in der Batschka, der Dobrudscha, in Bessarabien und im Buchenland unterschieden sich weit mehr durch diese Ausgestaltung der Mauerbrüstungen von ihren Nachbarn als durch das Bauernhaus selbst.

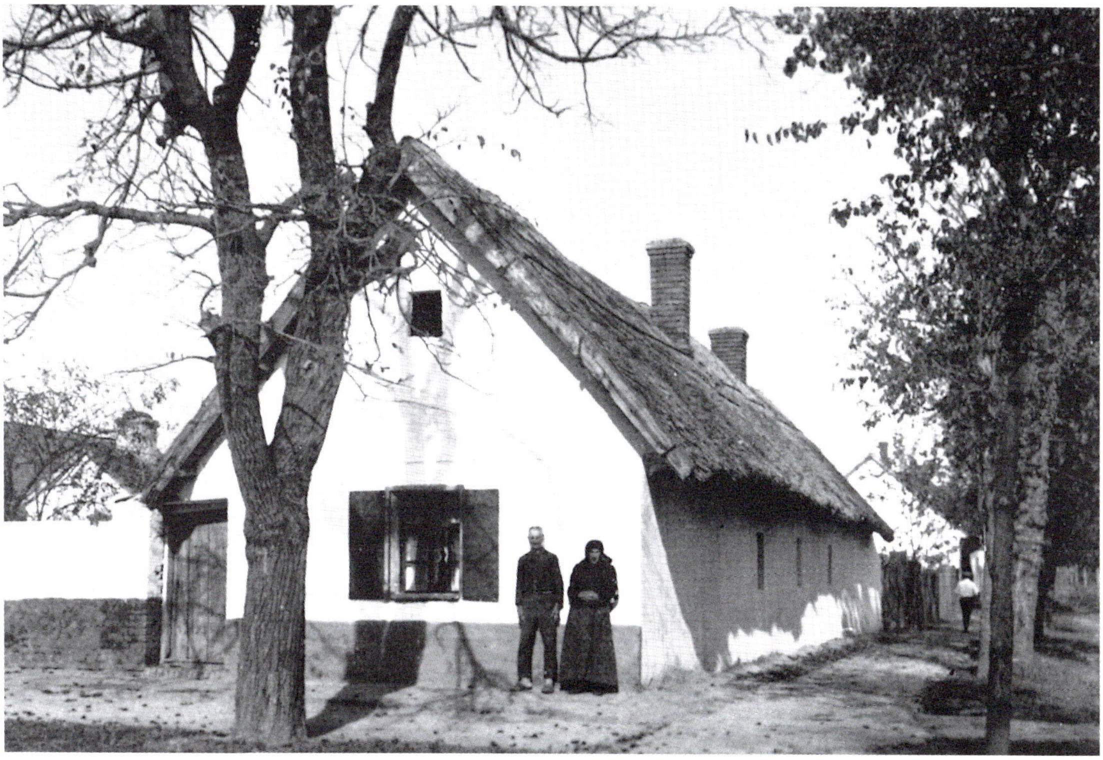

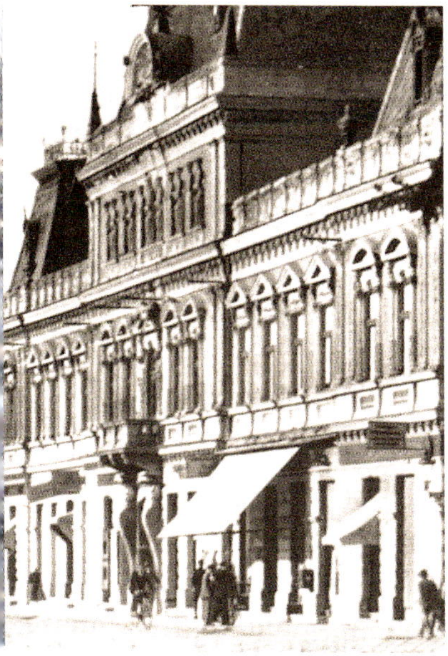

Baja in der nordwestlichen Batschka, die deutsche „Schulstadt" mit Gymnasium und Lehrerbildungsanstalt an der Donau. Bereits von Karl dem Großen als Francovilla angelegt, vom Wiener Hofkriegsrat später dann als Etappe ausgebaut, hatte man Baja wegen seines rasanten Aufstiegs einst den Beinamen „Klein-Pest" gegeben.

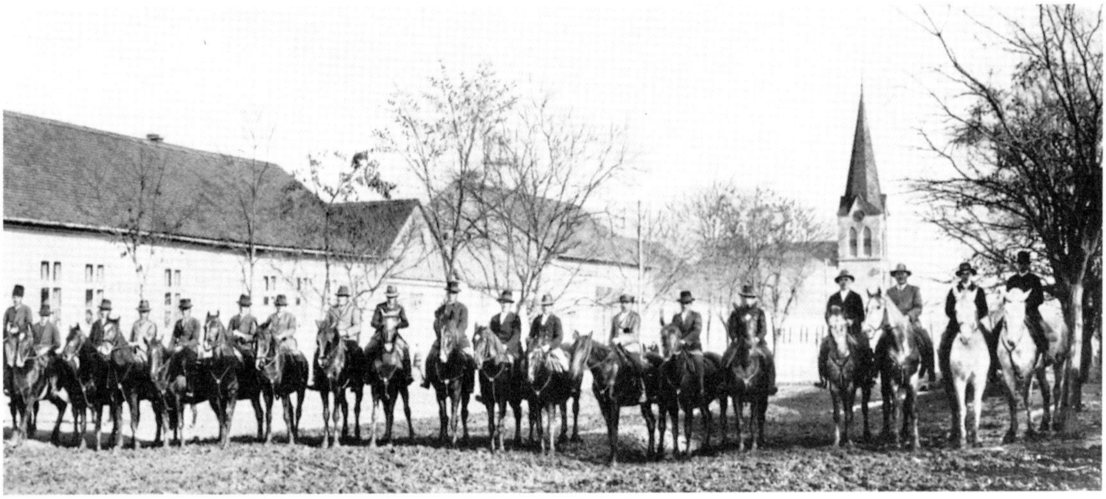

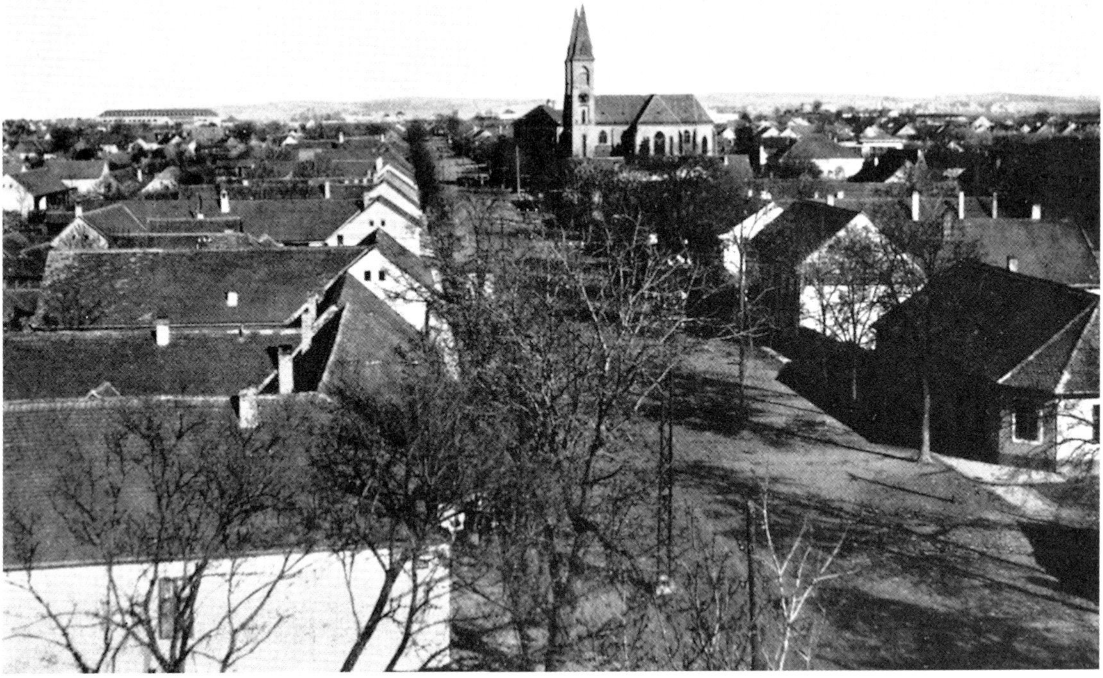

Oben: Die Reiterabteilung der Ortsgruppe Ruma/Syrmien im Schwäbisch-Deutschen Kulturbund um 1932. Auf den Assimilierungsdruck im neuen Jugoslawien antworteten die deutschen Siedler mit der Schaffung zentraler Organisationen wie der Zentralgenossenschaft „Agraria“, der Deutschen Partei oder dem Schwäbisch-Deutschen Kulturbund. Mittel-, Fachschulen und eine Lehrerbildungsanstalt wurden gegründet, zwei deutsche Tageszeitungen liefen von den Druckpressen, Donauschwaben waren zeitweilig im Belgrader Parlament stark vertreten, das Vereinswesen – vom Feuerwehr-, Turn-, Lese- und Schützenverein bis zum Deutschen Leichenbestattungsverein – blühte.

Franztal in Syrmien, Teil der früheren ungarisch-serbischen Grenzstation bei Belgrad. In der Ebene zwischen Drau und Sawe, in Slawonien und Syrmien, lagen die letzten Siedlungen der Donauschwaben. Habsburg hatte hier seit dem Beginn des 18. Jh. die sogenannte Militärgrenze mit Festungen und Wehrbauerndörfern bestückt. Das rein katholische Siegental, eine Tochterkolonie Banater Schwaben, war einst einmal anläßlich eines Kaiserbesuchs in Franztal umbenannt worden.

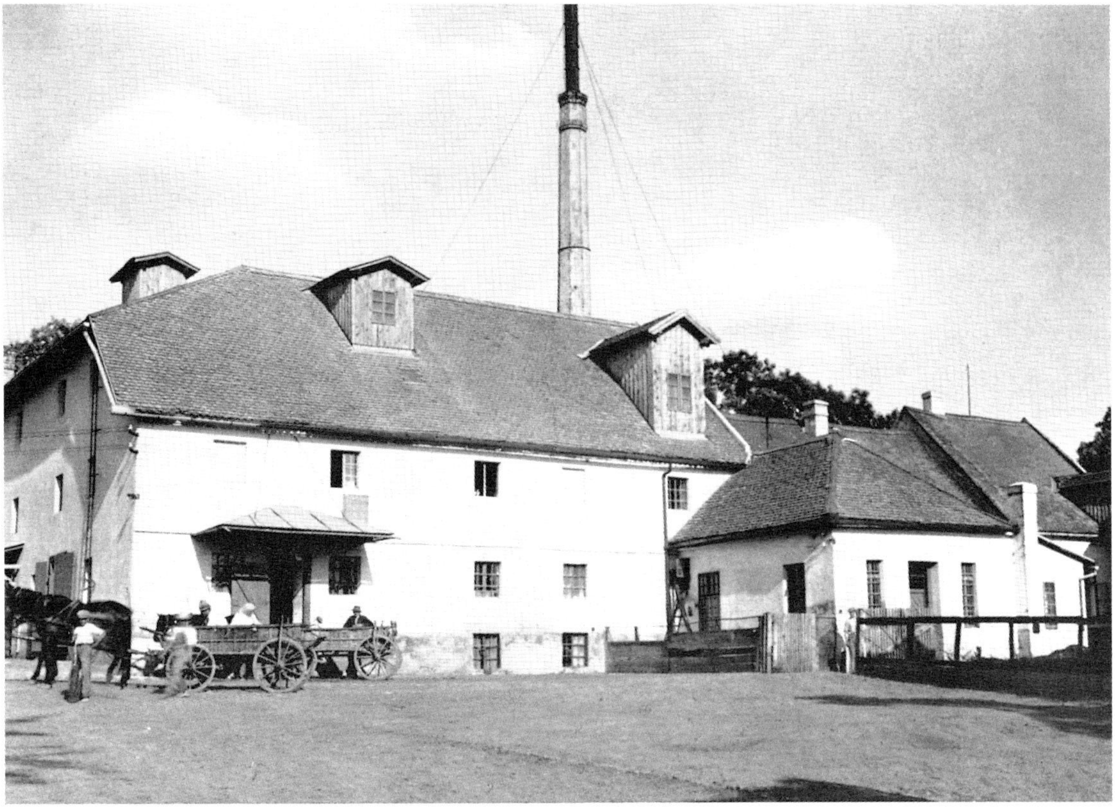

Die Rumaer Dampfmühle in Syrmiens Zwischenstromland. Syrmien, im Osten Slawoniens, bot sich als fruchtbares Ackerbaugebiet den Deutschen in der Batschka und im Banat lange zur Gründung von Tochterkolonien an. Nachdem man sich zuerst in Festungen und Wehrdörfern angesiedelt hatte, wurden ab Mitte des 18. Jh. verstärkt auch deutsche Musterdörfer angelegt. Die Neusiedler kamen jetzt auf Einladung slawonischer Großgrundbesitzer, um deren ausgedehnte Güter zu bewirtschaften.

Ein Gottscheer Volkslied

Atobn af dan Parglein
‘scht a goldeins Hausch,
du schag‘nt jedn vrie Moargen
drei schiane Jungfraun heraus.

Deu erschte deu hoaisset Rosala,
deut zboaite hoaisset Anna Maria,
deu dritte, deu deaf i et nennen,
es kennt mein deu eigenen shein.

Atin in a tiefn Tuele,
du treibet dos Bossr a Rod,
dos muelet nisch ondrsch asch bie Liebe
von schmoareisch pis schubeisch schpuet.

Dos Milrod ischt zeproschtn,
deu Liebe, deu hot an Ent,
und benn shi zbian Harzlein tent schoaidn,
shei reichnt anondr de Hänt.

Unten: Ruma, der gesellschaftliche Mittelpunkt der Deutschen in Syrmien. In Ruma, zwischen Donau und Save, lebten nach dem Ersten Weltkrieg rund 6500 Deutsche, die noch den Donauschwaben zugerechnet wurden. Sie stellten damit zwei Drittel der Bevölkerung des Ortes, den einst die Türken gründeten. Um 1750 siedelte die Herrschaft hier Familien aus Bayern an, 1784 „bestellte“ sie dann bei der Wiener Hofkammer noch weitere Einwanderer aus Südwestdeutschland. Trotz Anfangsschwierigkeiten – das Sumpffieber raffte viele Kolonisten hinweg – entwickelte sich Ruma zu einem blühenden Ort.

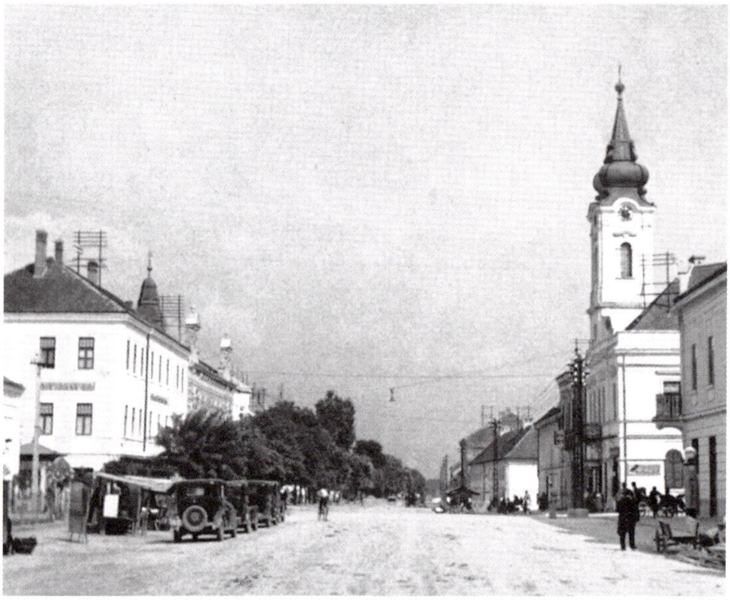

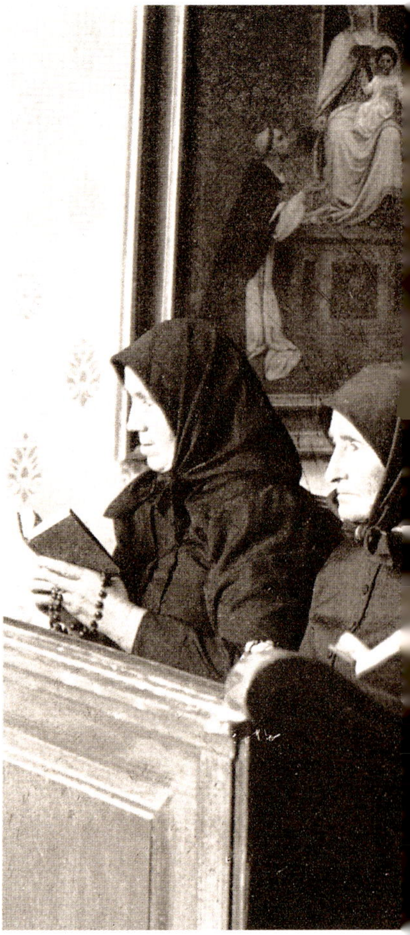

Links: In Wukowar, Sitz des Komitats Syrmien, sind bereits im Jahre 1210 „Deutsche, Sachsen, Ungarn und Slawen“ als Einwohner nachgewiesen. Im 18. Jh. siedelten sich dann Handwerker aus Schlesien und katholische Bauern aus der West-Batschka hier an.

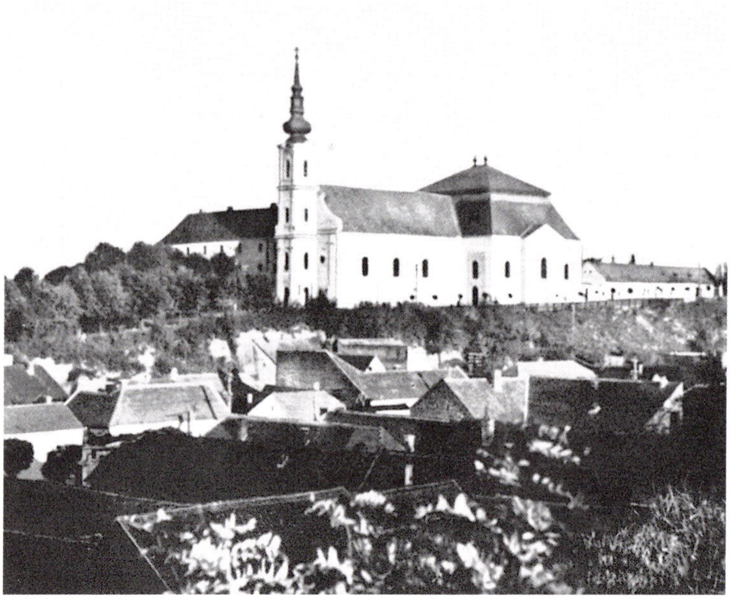

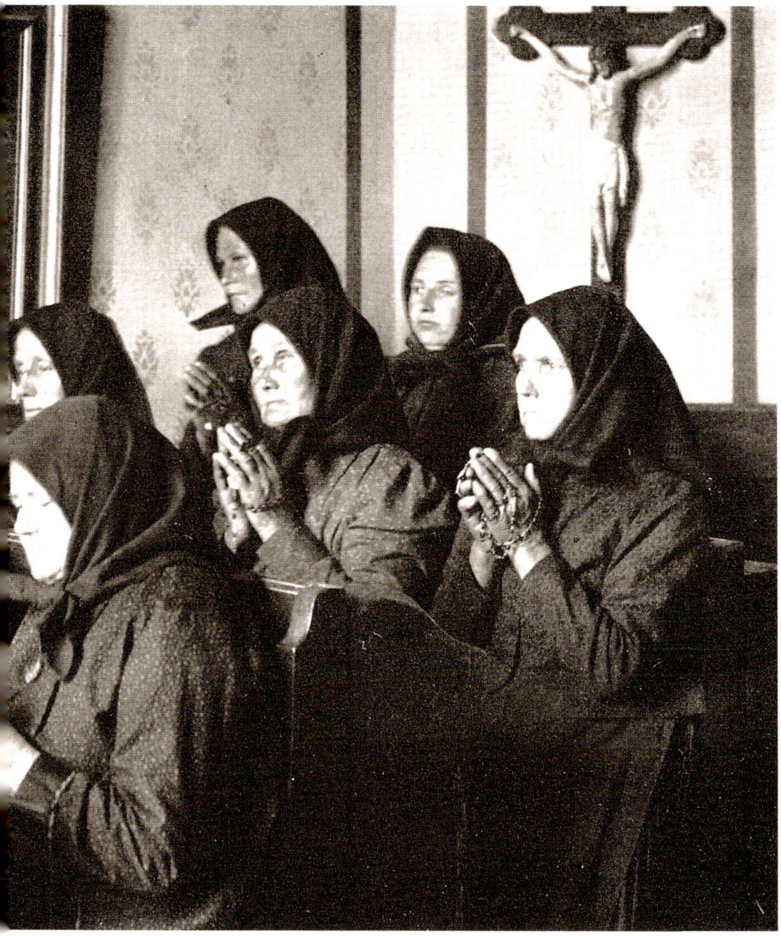

Donauschwäbinnen beim Gebet in Ruma. Blieb die Zahl der deutschen Siedlungen in Syrmien zu Beginn des 19. Jh. noch relativ begrenzt, wanderten nach der Bauernbefreiung (1848/49) und dem Protestantenpatent, das die Gleichstellung der Evangelischen brachte, zahlreiche Neusiedler ein.

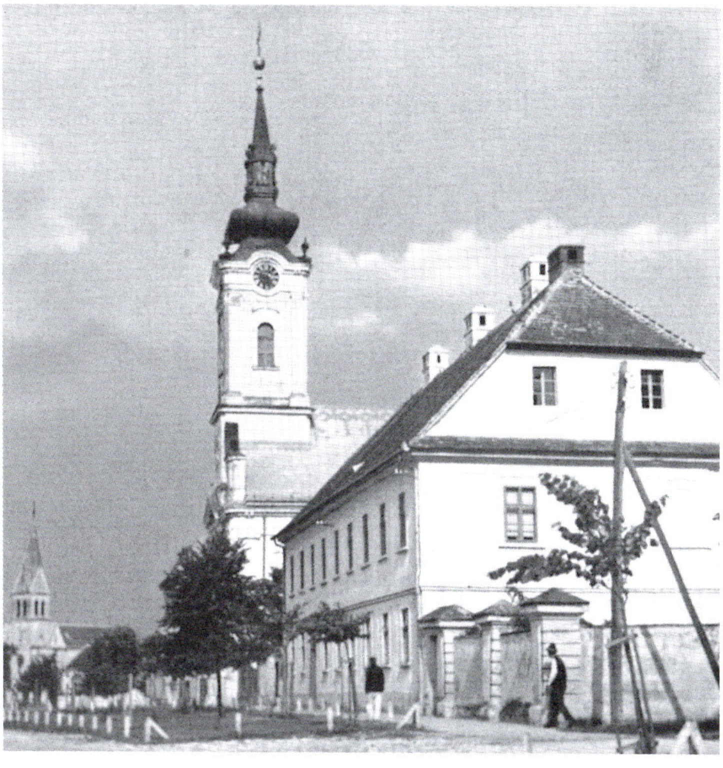

Sirmium, nach den Türkenkriegen Sitz der Herrschaft des Grafen Johann Baptist von Colloreda und Waldersee.

„Nachdem das Königreich 165 Jahre unter dem türkischen Joch geseufzet und sich in eine Wildniß verwandelt hatte … die fettesten Äcker lagen öde und die fruchtbarsten Ländereyen waren mit finstersten Wäldern bedeckt, die den Bären, Wölfen und anderen wilden Tieren zur Wohnung dieneten …" (so der Reiseschriftsteller Taube im Jahre 1777) teilte die Wiener Hofkammer Syrmien verschiedenen Adelsfamilien zu mit der Auflage, die menschenleeren Ländereien – gerade auch mit deutschen Siedlern – wieder zu bevölkern.

Alte Mühle an der Rinse, die zur Verteidigung der früheren Festung Gottschee um die Stadt geleitet wurde. Die deutschen Kaiser aus sächsischem Hause, Otto I. und seine Nachfolger, hatten nach der Besitzergreifung der Krain dort Grafen zum Schutz der Grenzmarken eingesetzt. Mit den Grafen kamen die Burgen – wie die Anlagen der Auersperger und Ortenegger an den Grenzen des Gottscheerlandes –, die Ritter, die Priester und die Bauern. Aus einer einst namenlosen Wildnis oberhalb von Fiume entstand so Deutschlands kleinste und jüngste Sprachinsel des Mittelalters.

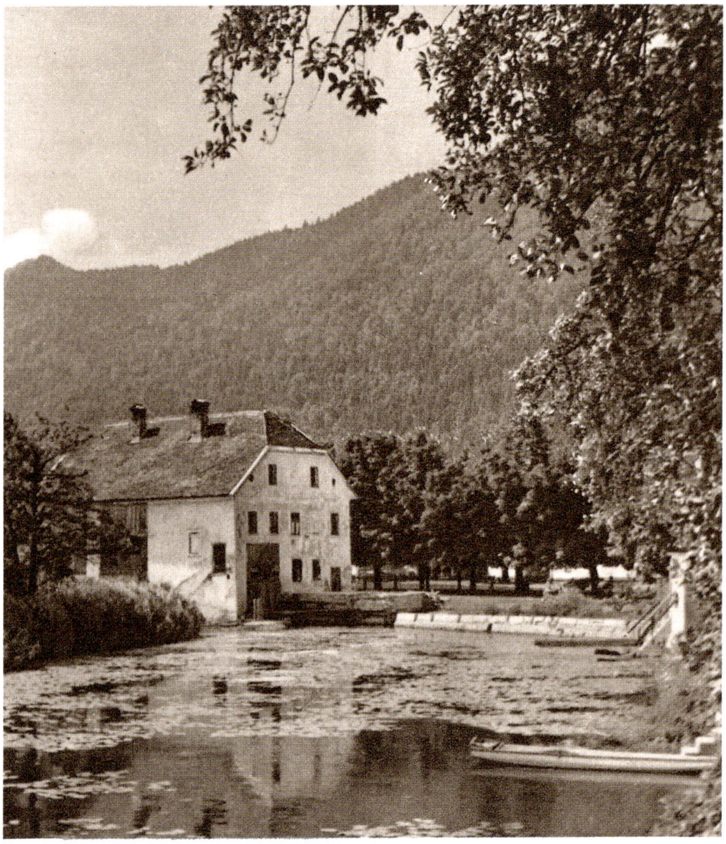

Deutsche Bauernmädchen aus Glogonj.

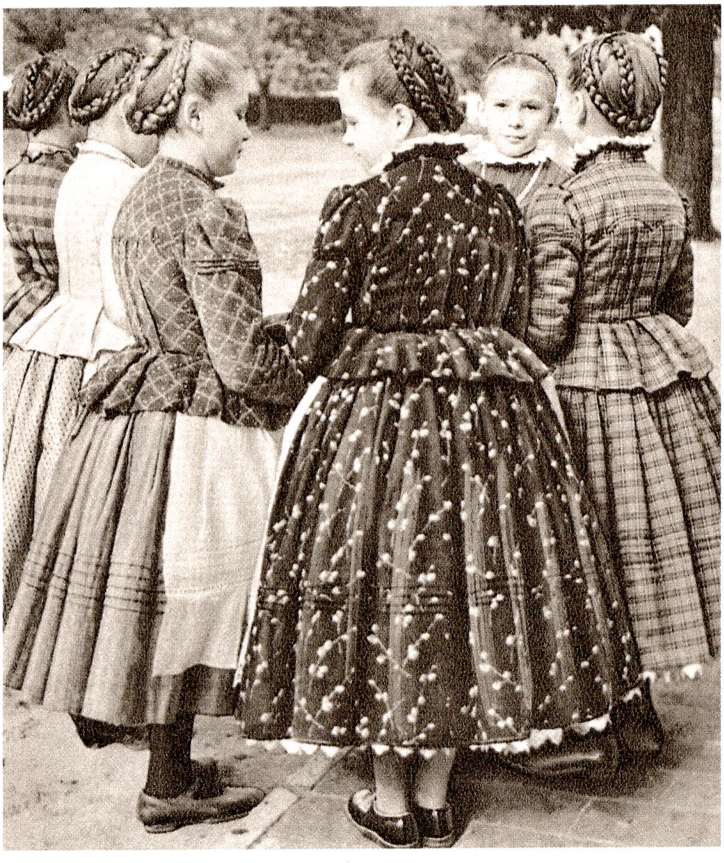

Mundartliche Sprichwörter

1. A guäter Wouter a großer Leidar.
2. Jungäs Pluät kafät et guät.
3. Koin Gachheit tuät a guät.
4. Schpack mochät in Back.
5. Biä af der Lung, sho af der Zung.
6. Je greaßer der Strick, desto greaßer shein Glick.
7. A Teitschn wrlout der Hearrgott et.
8. Der Hearrgott lout bohl a Teischn shinckn, ouber et drtrinkn.
9. Bintschigei Kinder bintschigei Kreizn, großei Kinder großei Kreizn.
10. Je beiter der Back zur Kirchn, desto nouhninter der Back zn Himml.
11. Kaotäs Eishn un bourms Proat ischt in Schmitt shein Toad.
12. Dr Schpoura winnät a Zehra.
13. 's Kessäle shpottät 's Hefnle.
14. Dä Kruckä winnät in Schtiel.
15. Heirotn ibers Lont, dä Pfottrschoft iber dä Bond.

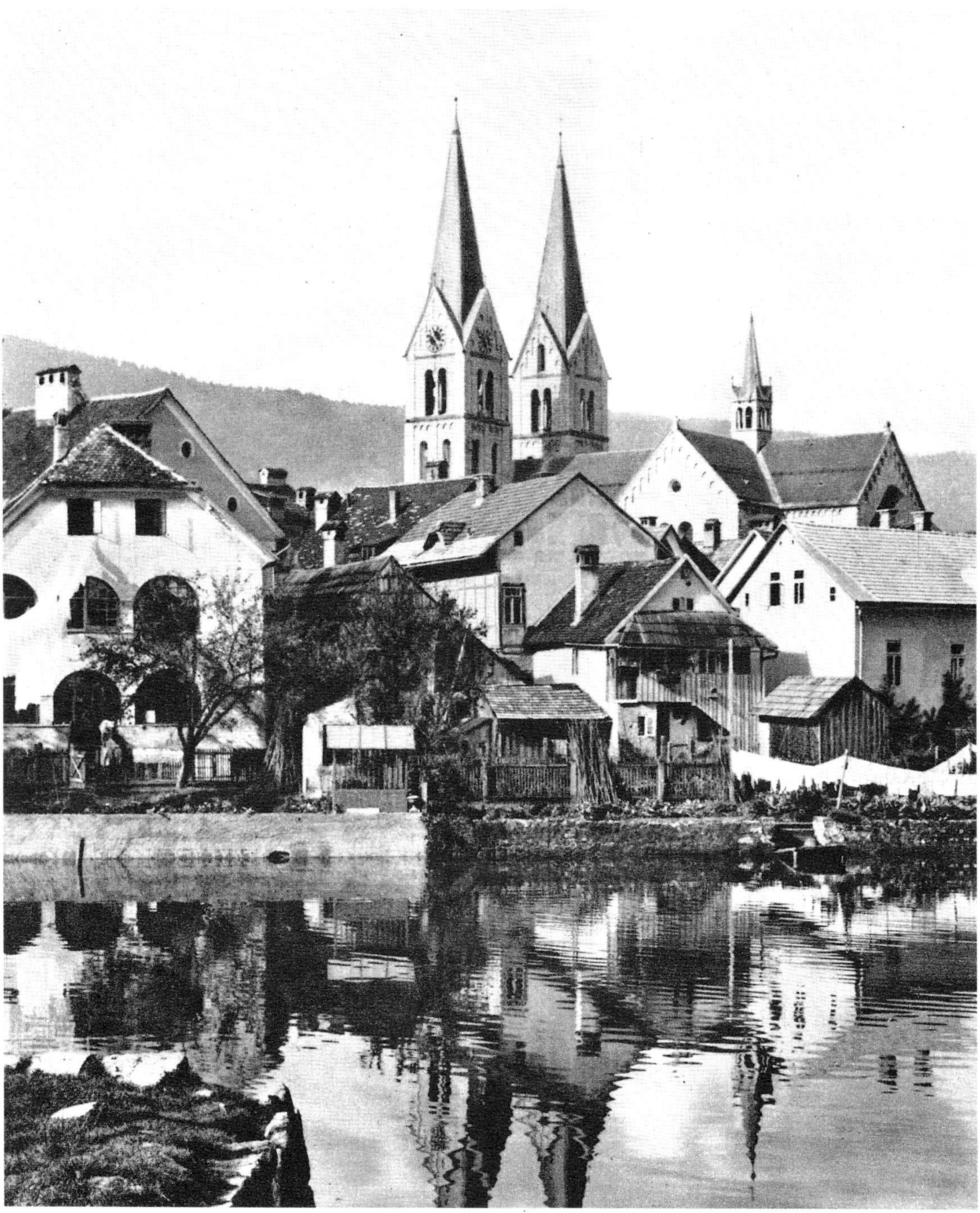

Blick auf Gottschee. In der Gottschee lebte ein relativ unbekannter Stamm deutscher Auswanderer aus dem Mittelalter. Die Grafen von Ortenburg hatten schon im 14. Jh. – als die Untertanen noch taten, was die Obrigkeit befahl – Kolonisten für ihr karges, von der Natur her wie von einer Festung umschlossenes Bergland angeworben. Die Stadt Gottschee war wirtschaftlich wie kulturell der Mittelpunkt der Sprachinsel-Deutschen.

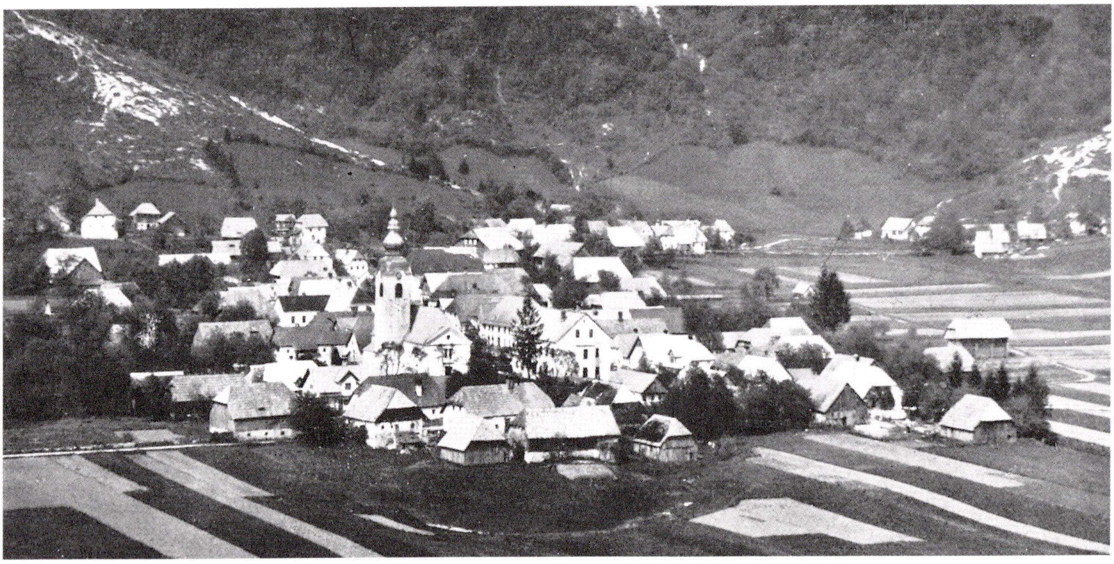

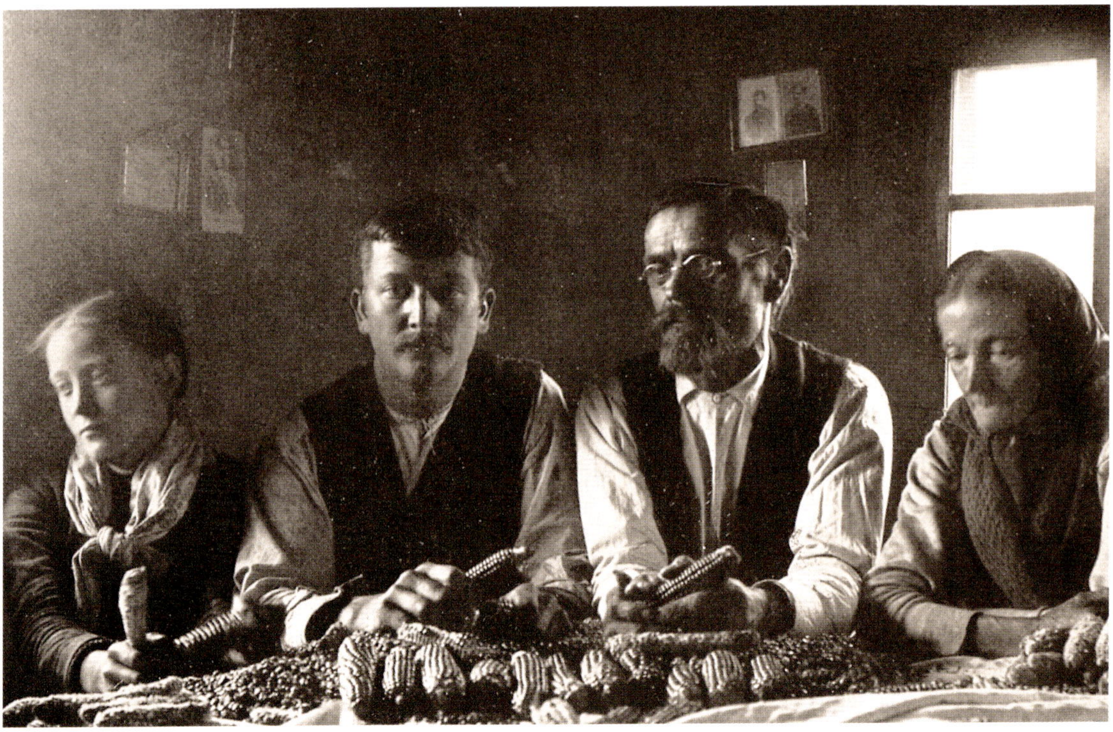

Nesseltal/Gottschee – Gottscheer Bauern. Aufgrund der kargen Landschaft ihrer Heimat, die den großen Familien der Gottscheer kein Auskommen bot, wurde ihnen schon von Kaiser Ferdinand III. „im Ansehen des erlittenen Türkenruins“ der Hausierhandel im Gebiet der innerösterreichischen Länder erlaubt. So zogen die Enkel und Urenkel der frühen Pioniere aus Franken und Bayern, aus dem schwäbischen Allgäu und aus Tirol in jedem Jahr zurück in deutsche Lande. Bei Volkszählungen wurde registriert, daß häufig ebensoviele Männer gerade auf Wanderschaft waren wie noch zu Hause lebten.

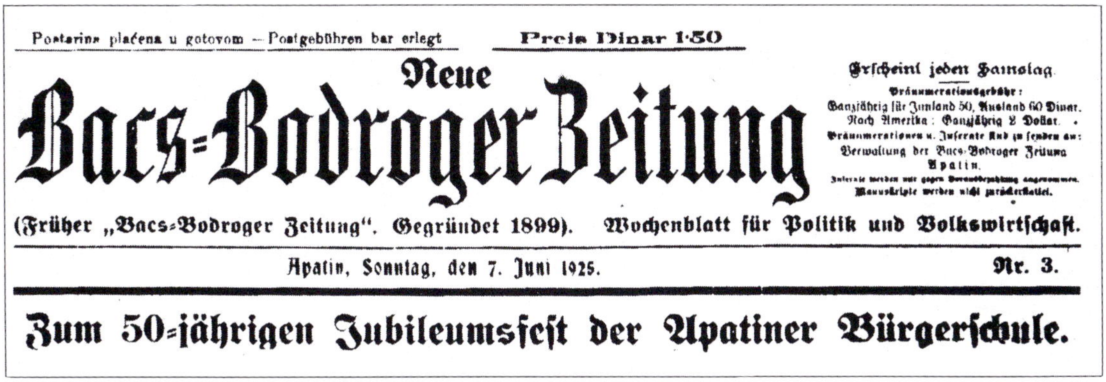

Postarina plaćena u gotovom – Postgebühren bar erlegt

Preis Dinar 1·50

Neue
Bacs-Bodroger Zeitung

Erscheint jeden Samstag.
Pränumerationsgebühr:
Ganzjährig für Inland 50, Ausland 60 Dinar.
Nach Amerika: Ganzjährig 2 Dollar.
Pränumerationen u. Inserate sind zu senden an:
Verwaltung der Bacs-Bodroger Zeitung
Apatin.
Inserate werden nur gegen Vorausbezahlung angenommen.
Manuskripte werden nicht zurückerstattet.

(Früher „Bacs-Bodroger Zeitung". Gegründet 1899). Wochenblatt für Politik und Volkswirtschaft.

Apatin, Sonntag, den 7. Juni 1925. Nr. 3.

Zum 50-jährigen Jubileumsfest der Apatiner Bürgerschule.

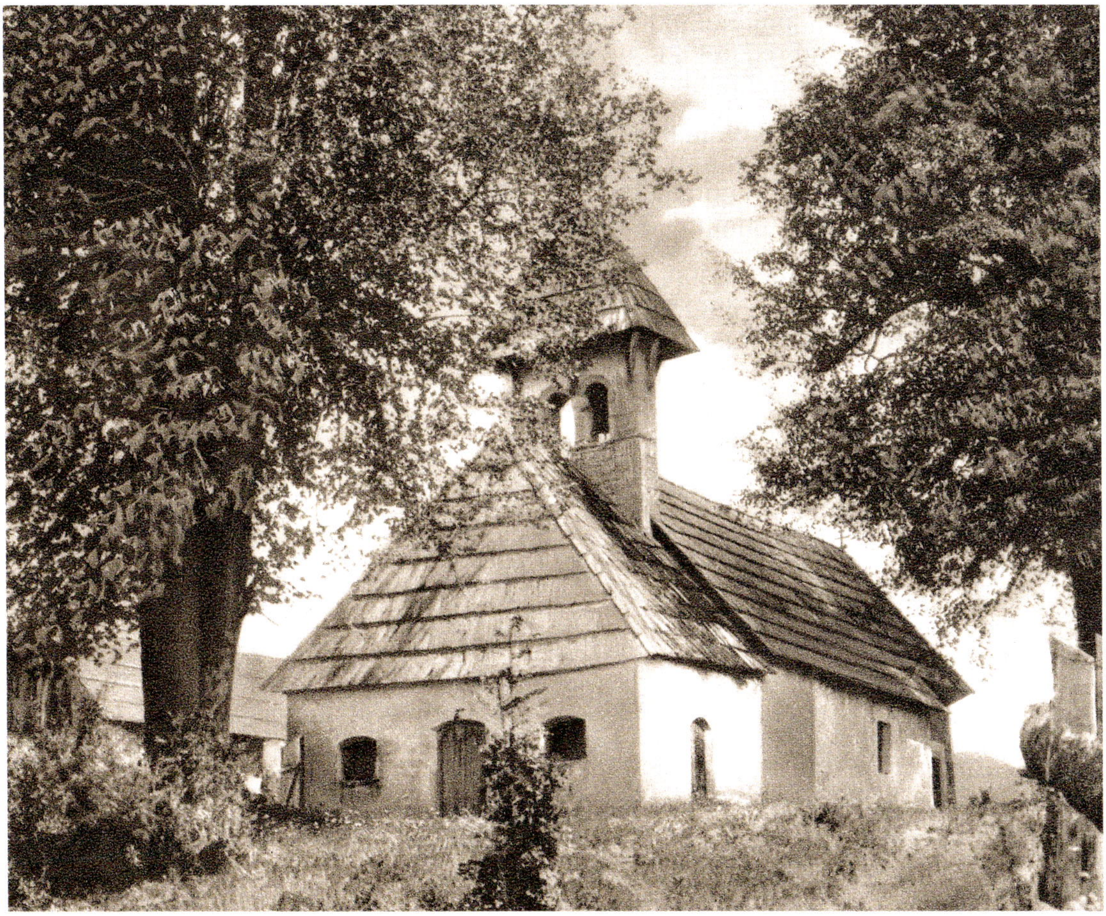

Alte Kirche in Raintal im Gottscheer Land. Die Gottschee gehörte zwar zu den landschaftlich eindrucksvollsten Gebieten Österreich-Ungarns, doch Armut und Wandertrieb zwangen ihre Bewohner immer wieder in die Emigration. So lebten bereits nach dem Ersten Weltkrieg mit über 20 000 Personen etwa mehr Gottscheer in den USA als in der bergigen Heimat selbst.

Pioniere der Amerikawanderung waren der Bolwäsch Kroinar und der Ritschäsch Joschl aus Altlag, die zusammen mit dem Görsch Honsch aus Mösel 1879 für 100 Gulden pro Kopf ihre Schiffspassagen nach New York buchten.

Ortsregister

Bildnachweis:
Archiv des Vereins für das Deutschtum im Ausland (VDA), Sächsische Landesbildstelle, Foto Atlantic, Lufthansa, Archiv Reiffenstein/Wien, Archiv Postiag/Wien, Foto Reimesch, Hans Retzlaff, Foto Seeland, Foto Dahl, Archiv Taureggen, Foto Pabst, Archiv Dr. Wehenkel, Foto Weißenfeld, DNB-Dienst, Foto Weskamp, Presse-Bild-Zentrale, Photographische Gesellschaft Berlin, Presse-Foto Lueders, Paul W. John, Hansaluftbild, Archiv Königsberg, Foto Wohnsdorf, Presseillustrationen Hoffmann, Foto Dettenbach, Westbild, Archiv „Der Volksdeutsche", Foto Löhrich, Delta-Film, Archiv Graudenz-Schindler, Weltbild Verlag Augsburg, Holle Bildarchiv, Windhock Archiv SWA, Volksdeutscher Bilderdienst, Ebba Feldweg, Sudetendeutscher Dienst, Dr. G. A. Küppers, Weltbild, Lichtbilder Scherl, Volksbund-Archiv, Erich Maenner, Archiv des Autors.

Der Bildnachweis gibt die uns bekannten Rechtsinhaber an. Bei der Fülle der Abbildungen schließen wir Irrtümer nicht aus. In einigen Fällen konnten Rechtsinhaber leider nicht oder nur ungenau ermittelt werden. Sollten dadurch Urheberrechte verletzt worden sein, wird der Verlag nach Anmeldung berechtigter Ansprüche diese entgelten.

ISBN 978-3-941557-70-3
Umschlaggestaltung: Ralph Handmann